APOLLONIOS DE RHODES
ET VIRGILE

LA MYTHOLOGIE

ET LES DIEUX

Dans les *Argonautiques* et dans l'*Énéide*

THÈSE

PRÉSENTÉE A LA FACULTÉ DES LETTRES DE PARIS

PAR

H. DE LA VILLE DE MIRMONT

Maître de conférences
à la Faculté des Lettres de Bordeaux

—※—

PARIS

LIBRAIRIE HACHETTE & Cie

79, boulevard St-Germain, 79

1894

APOLLONIOS DE RHODES
ET VIRGILE

Du même Auteur :

APOLLONIOS DE RHODES. *Les Argonautiques*. — Traduction française suivie de Notes critiques, mythologiques, géographiques et historiques, et de deux Index de noms propres. Bordeaux, G. Gounouilhou, éditeur, 8, rue de Cheverus, 1892.

(Ouvrage couronné par l'Académie française.)

A LA MÉMOIRE

DE

Monsieur Henri OUVRÉ

Recteur de l'Académie de Bordeaux

*Hommage
de respect et de reconnaissance.*

INTRODUCTION

Un des anciens éditeurs d'Apollonios de Rhodes, Hoelzlin, affirmait que si les *Argonautiques* n'avaient pas été écrites, l'*Énéide* ne serait pas ce qu'elle est[1]. Dans le présent travail, je me propose de démontrer que la Mythologie de l'*Énéide* ne serait pas ce qu'elle est, si Virgile n'avait eu à sa disposition d'autres épopées grecques que l'*Iliade* et l'*Odyssée*. Je laisse de côté toutes les autres questions que l'on peut se poser à propos de l'influence alexandrine sur la poésie romaine de Virgile[2]. Horace disait : *Adiecere bonae paulo plus artis Athenae;* Virgile aurait-il dû avouer que, pour connaître la Mythologie de l'Hellade et pour dépeindre ses dieux, Alexandrie a nourri son érudition et perfectionné son art? Tel est l'objet de cette étude.

A chacun des chapitres qui concernent une divinité des *Argonautiques* succède un chapitre concernant la divinité de l'*Énéide* qui lui correspond. Il n'y a pas lieu de s'occuper des divinités purement romaines : ainsi les Pénates ne seront cités qu'incidemment. Il ne sera rien dit de Vesta : Hestia est bien une divinité grecque, mais les *Argonautiques* ne la mentionnent pas. La description des Enfers de l'*Énéide*, qui

---

1. *Apollonii Rhodii Argonauticorum libri IV* ab Jeremia Hoelzlino in latinum conversi; commentario et notis illustrati, emaculati; scoliis ad carmina numerato additis concinnati... Lugd. Batavorum, ex officina Elzeviriana. Anno cIɔ Iɔ CXLI. — *Prolegomena*, p. 3 : « Neque enim Aeneis Virgiliana esset quod est si nullus fuisset Apollonius. »

2. Ces questions sont posées, sinon résolues, dans un article, *Apollonios de Rhodes et Virgile* (*Annales de la Faculté des Lettres de Bordeaux*, 1894, I, p. 1-83.)

ne correspond à rien dans l'épopée alexandrine, est réduite au strict nécessaire. M. Boissier a étudié « le *VIe livre de l'Énéide* » d'une manière définitive : après lui, il n'y a rien à glaner.

Pour ce qui est de la composition de l'ouvrage, on pourrait être choqué, à première vue, de la disproportion apparente des développements. Les Chapitres *Zeus* et *Jupiter* occupent deux cents pages : mais le Zeus d'Apollonios et le Jupiter de Virgile sont des dieux suprêmes qui absorbent tous les autres. Les Alexandrins, au temps des *Argonautiques,* les Romains, au temps de l'*Énéide,* sont presque monothéistes. Pour eux, Zeus ou Jupiter est tout : les autres dieux n'exercent leur pouvoir limité qu'en vertu de délégations qui leur ont été confiées par le souverain maître des mortels et des immortels.

Je n'ai pas prétendu composer une Mythologie comparée des Grecs et des Romains, mais un simple essai où la Mythologie d'Apollonios est mise en parallèle avec celle de Virgile, où le rôle des dieux dans les *Argonautiques* et dans l'*Énéide* est étudié en vue d'établir quelle influence l'œuvre du poète alexandrin a pu exercer sur l'érudition et sur l'art du poète romain.

LIVRE I

CHAPITRE I

THÉOGONIE ET COSMOGONIE

I. Le chant d'Orphée. En quoi le système exposé par l'Orphée des *Argonautiques* diffère des systèmes orphiques d'Eudème et de Damascios. Importance d'Ophion dans le système orphique adopté par Apollonios. Ophion cité par Lycophron, Lucien, Nonnos. La succession d'Ophion, de Cronos et de Zeus.

Antiquité d'Océanos dans le système orphique d'Apollonios. L'Océanide Eurynomé épouse d'Ophion. Océanos époux de Téthys et père des Nymphes. Comparaisons établies entre le chant d'Orphée et les chants du Silène des *Églogues* et de l'Iopas de l'*Énéide*.

II. La cosmogonie de l'Orphée des *Argonautiques* est vague. Théories d'Apollonios sur l'origine des êtres. Leur ressemblance avec celles d'Archélaos et de Straton de Lampsaque.

Théories hésiodiques d'Apollonios sur les hommes d'airain nés des frênes. Apollonios ne dit pas que l'humanité tire son origine des arbres ou des rochers. Il ne fait pas allusion au rôle de Deucalion créateur d'une humanité nouvelle. Renseignements sur les peuples les plus anciens, les Égyptiens et les Arcadiens. Apollonios ne dit rien de l'origine première de ces peuples et de celle de l'humanité en général.

Théories de Virgile sur les premières générations humaines. Étude des chants d'Iopas et de Silène.

Il est facile d'extraire des *Argonautiques* d'Apollonios de Rhodes toute une doctrine sur les origines du monde et des dieux. On sait que « longtemps avant Thalès, Anaximandre et Héraclite, la poésie mythologique avait entrepris de satisfaire, par des explications merveilleuses, la curiosité naturelle de l'homme au sujet de la formation de l'univers et de la naissance des dieux »[1]. Au dire d'Hérodote, les premiers auteurs qui aient

---

1. Decharme, *Mythol. de la Grèce antique*, 2ᵉ édit., Paris, 1886, p. 1.

donné à la Grèce une théogonie sont Homère et Hésiode [1]. Cette théogonie est restée celle de l'époque classique. Mais elle est peu complète et peu sûre. « Comme elle n'entrait pas dans le cadre de l'épopée héroïque, les poèmes homériques n'y font que de rares allusions et n'en renferment que de bien courts fragments d'où il est impossible de déduire un système [2]. » D'autre part, les remaniements successifs que la *Théogonie* hésiodique a subis nous empêchent de discerner quelles étaient les vraies théories du poète d'Ascra sur l'origine du monde et des dieux [3].

Apollonios a voulu présenter dans ses *Argonautiques* un ensemble savant de doctrines cosmogoniques et théogoniques qui s'éloignent parfois des théories d'Homère et d'Hésiode pour se rapprocher des systèmes de l'orphisme et de la philosophie antésocratique. La théogonie et la cosmogonie d'Apollonios sont, sans doute, celles que l'érudition du Musée avait adoptées.

I

Dès le commencement de son poème, Apollonios fait chanter par Orphée un récit de la création du monde et des premières générations des dieux jusqu'à l'avènement de Zeus. Une querelle s'est élevée entre le devin Idmon et Idas, fils d'Aphareus : les héros s'empressent d'adresser des reproches aux querelleurs; Jason lui-même les arrête, et Orphée, — que le fils d'Aison, par déférence pour les conseils de Chiron, a

---

[1]. Hérodote, II, LIII, 2 : Οὗτοι δὲ ['Ησίοδος καὶ Ὅμηρος] εἰσὶ οἱ ποιήσαντες θεογονίην Ἕλλησι.

[2]. Decharme, *Mythol.*, p. 2.

[3]. Pour la question des remaniements de la *Théogonie*, voir Decharme, *Mythol.*, p. 2 et suiv., et M. Croiset, *Hist. Littérat. grecque*, t. I, p. 554 et suiv., Paris, 1887.

accueilli comme auxiliaire secourable à ses travaux[1], — Orphée, de son côté, ayant pris sa cithare de sa main gauche, prélude à un chant : « Il chantait comment la terre, le ciel et la mer, autrefois confondus entre eux dans une seule forme, avaient été séparés, chaque élément de son côté, et tirés de cet état funeste de lutte; comment, dans les airs, les astres, la lune, et les chemins du soleil conservent toujours fixe la place qui leur est assignée ; comment les montagnes se sont élevées; comment sont nés, avec les Nymphes, les fleuves sonores; comment se sont produits tous les animaux qui vont sur la terre. Il chantait aussi comment à l'origine Ophion et l'Océanide Eurynomé régnaient ensemble sur l'Olympe neigeux; comment, vaincu par la violence d'un bras puissant, Ophion dut céder la souveraineté à Cronos, et Eurynomé à Rhéa; comment tous les deux furent précipités dans les flots de l'Océan. Cependant, leurs vainqueurs étaient rois des Titans, dieux bienheureux. Zeus alors était un enfant, il ne savait encore dans son esprit que ce que savent les enfants. Il habitait dans l'antre du Dicté, et les Cyclopes, nés de la terre, ne l'avaient pas encore armé de la foudre, du tonnerre et de l'éclair : car ce sont là les insignes qui font la gloire de Zeus[2]. »

Où Apollonios a-t-il pris ces théories sur l'origine et sur les premiers maîtres du monde? Les anciens commentateurs ne le disent pas. Les scolies aux vers 496, 498, 501, ne nous donnent qu'un commentaire assez confus du chant d'Orphée.

« Il veut chanter la confusion primitive des éléments, comment chacun d'eux est sorti de l'état de lutte et s'est organisé. Ce chant est adapté aux événements qui viennent de se passer, car il est convenable

---

1. *Argon.*, I, v. 32-33. — Je suis toujours le texte de Merkel.
2. *Argon.*, I, v. 496-511. — Tous les passages traduits sont extraits de ma traduction des *Argonautiques*.

de cesser la lutte et de revenir à des dispositions naturelles... Empédocle dit que, dans la confusion primitive de tous les éléments, la Lutte et l'Amitié [la Discorde et l'Amour], qui y furent envoyées, établirent la distinction ordonnée des parties, et que, sans elles, rien ne peut se faire : c'est lui, semble-t-il, que suit Apollonios. Thalès a supposé que le principe de tout est l'eau; il empruntait cette idée au poète qui a dit : *Mais, vous tous, devenez eau et terre* [*Iliade*, VII, v. 99]. Zénon dit que le chaos dont parle Hésiode, c'est l'eau [sur la conception du chaos dans Hésiode, cf. *Théogonie*, v. 116 sqq.]. Quand elle se solidifia, vint la boue, dont la condensation forma la terre ferme. En troisième lieu, selon Hésiode, naquit Éros, pour que le feu se produisît : car la passion qu'il inspire est comme le feu. Anaxagore dit que le soleil est une masse incandescente d'où toutes choses sont nées. Aussi, Euripide, qui le connaissait, dit-il que le soleil est un lingot d'or. Le même Anaxagore prétend que la lune est une vaste contrée, d'où il pense que le lion de Némée est tombé. Douris dit que des pierres précipitées par les géants, celles qui tombèrent dans la mer devinrent des îles, et celles qui tombèrent sur la terre, des montagnes. »

Tout cela ne nous instruit guère. Mais il est permis de supposer que cette cosmogonie et cette théogonie qu'Apollonios fait chanter par son Orphée doivent être l'expression de doctrines orphiques. Assurément, elles diffèrent beaucoup des systèmes d'Eudème et de Damascios, qui sont, pour ainsi dire, l'orphisme traditionnel et classique.

D'après Eudème, la Nuit était à l'origine; d'elle sont sortis le Ciel et la Terre, qui ont donné naissance à l'Océan et à Téthys.

D'après Damascios, c'est du limon primordial, une fois qu'il fut condensé, que sortit le premier être vivant, un dragon à double tête de lion et de taureau. Ce monstre, nommé Chronos ou Héraclès, s'unit à la nymphe Adrastée (la Nécessité), et cette union produisit un œuf immense, qui, brisé en deux, forma la terre et le ciel. De cet œuf naquit Phanès, nommé aussi Éros, Métis et Éricapaios, dieu hermaphrodite, père de tous les autres dieux, qui fut englouti dans la suite par Zeus [1].

Aucun de ces deux systèmes ne fait allusion ni à Eurynomé, qui, d'après Hésiode, est une des épouses de Zeus, celle qui lui enfanta les Charites [2], ni à Ophion, qui n'est pas plus mentionné dans la théogonie traditionnelle que dans celles d'Eudème et de Damascios.

Maury admet qu'Apollonios a emprunté à Phérécyde la notion de cet Ophion qui fut détrôné par Cronos : « Phérécyde, un des plus anciens philosophes théologiens de la Grèce, fondant dans un même récit le mythe du serpent et celui des Titans, dont il n'est qu'un cas particulier, fit du serpent, personnifié sous le nom d'Ophionée (Ὀφιονεύς), un Titan dont l'armée avait lutté contre celle de Cronos. Les deux armées s'étaient d'abord défiées mutuellement, puis, avant d'en venir aux mains, elles étaient convenues que celui des deux partis qui serait précipité dans l'Océan, se confesserait vaincu, et laisserait à l'autre l'empire du ciel. Cet Ophionée se retrouve dans l'Ophion d'Apollonius de Rhodes, qui régna sur l'Olympe, avec Eurynomé, fille de l'Océan, jusqu'à ce qu'il eût été chassé, ainsi que son épouse, et précipité dans les flots de l'Océan par Cronos et Rhéa [3]. »

Assurément, Apollonios a beaucoup emprunté à

---

1. Pour la cosmogonie orphique, voir Zeller, *La Phil. des Grecs*, traduct. Boutroux, t. I, Paris, 1877, Introduction, chap. II, § 4 suite, *Cosmologie*, p. 77-99. — A. Maury, *Hist. Relig. Grèce antique*, t. III, ch. XVIII, *Des Doctrines orphiques*.

2. Hésiode, *Théogon.*, v. 907 et suiv.

3. Maury, *ouvr. cit.*, t. I, p. 139-140.

Phérécyde, qui est très souvent cité par le Scoliaste des *Argonautiques* au nombre des autorités sur lesquelles le poète alexandrin s'appuie : mais, on l'a vu, le nom de Phérécyde n'est pas prononcé dans les scolies qui ont rapport au passage dont je m'occupe. D'ailleurs, l'érudition contemporaine distingue deux auteurs homonymes, l'un, Phérécyde de Syros, « auteur d'une *Théogonie* en prose, qui était évidemment pour le fond en relation étroite avec l'orphisme [1], » et l'autre, Phérécyde de Léros, auteur d'un ouvrage historique en dix livres [2]. Les deux Phérécyde ont été souvent confondus [3]. On trouve dans le Scoliaste d'Apollonios vingt-cinq citations qui se rapportent aux dix livres historiques de Phérécyde de Léros [4], et une seule tirée de la *Théogonie* de Phérécyde de Syros [5]. Vingt-six fois, le nom de Phérécyde est cité sans aucune indication qui permette de savoir s'il s'agit du théologien ou de l'historien [6]. Mais Sturz et Müller attribuent à Phérécyde de Léros tous les fragments qui nous sont donnés par les Scolies des *Argonautiques*. L'Histoire de Phérécyde de Léros ne devait être autre chose

---

[1]. A. Croiset, *ouvr. cité*, t. II, p. 454; cf. p. 470.
[2]. A. Croiset, *ouvr. cité*, t. II, p. 548.
[3]. Pour la distinction à établir entre Phérécyde de Syros et Phérécyde de Léros, voir Sturz, *Pherecydis fragmenta*, editio altera, Lipsiae, 1824, p. 1-70, *Commentatio de Pherecyde Syrio et Atheniensi* [c'est-à-dire Phérécyde de Léros qui a longtemps vécu à Athènes], et *Fragm. Hist. Graec.*, Didot, vol. I, p. XXXIV-XXXVI.
[4]. Livre I : Scol. *Argon.*, IV, 1091. — Livre II : Scol. *Argon.*, I, 146, 1212; II, 992, 1248; IV, 1091, 1396, 1515. — Livre III : Scol. *Argon.*, I, 1212. — Livre IV : Scol. *Argon.*, III, 1186. — Livre V : Scol. *Argon.*, III, 1179. — Livre VI : Scol. *Argon.*, I, 23; II, 181, 271, 299, 1149; III, 411. — Livre VII : Scol. *Argon.*, IV, 156, 223, 228. — Livre VIII : Scol. *Argon.*, I, 188, 752. — Livre IX : Scol. *Argon.*, I, 102. — Livre X : Scol. *Argon.*, I, 740; IV, 1396. — Voir mes notes aux vers : *Argon.*, II, 992, 1248; IV, 1091, 1396, 1515; III, 1178; II, 271, 299; III, 412; IV, 156, 223.
[5]. Scol. *Arg.*, II, 1210. — Voir ma note à ce vers.
[6]. Scol. *Arg.*, I, 4, 45, 105, 139, 152, 211, 230, 411, 645, 735, 761, 831, 1129, 1289; II, 178, 373, 498, 990, 1052, 1231; III, 62, 230, 467, 1087, 1093; IV, 57. — Voir mes notes aux vers : *Argon.*, I, 139, 152, 230, 411, 645, 735, 761, 831, 1129, 1289; II, 177, 178, 373, 965, 990, 1052, 1231; III, 230, 467, 1086, 1093; IV, 58.

qu'un ensemble de légendes, puisque les citations du Scoliaste, qu'elles se rapportent au X⁰ livre ou au I⁰ʳ, ont toujours trait à des récits mythologiques [1]. Si l'on admet que Phérécyde l'historien n'est au fond qu'un mythographe, on peut accorder sans difficulté que l'auteur suivi par Apollonios [2] est bien l'écrivain de Léros.

Quoi qu'il en soit, Phérécyde de Léros ne dit nulle part, à notre connaissance, que Cronos ait détrôné Ophion, maître avant lui de l'univers; et cette domination primitive d'Ophion serait, semble-t-il, en contradiction avec le système du philosophe de Syros.

Zeller [3] résume, en effet, ainsi la cosmogonie de Phérécyde, la plus ancienne, après celle d'Hésiode, qui nous soit connue :

Au début étaient Zeus, dieu du ciel supérieur; Chronos ou Cronos, dieu de la partie du ciel qui est voisine de la terre; Chthon, divinité de la masse terrestre. Chronos engendra de sa semence le Feu, le Vent et l'Eau; puis, des trois grands dieux naquirent cinq familles de dieux secondaires. Pour créer le monde, Zeus se métamorphose en Éros. C'est alors qu'à la tête de ses cohortes, qui représentent les forces inférieures de la nature, Ophionée attaque l'armée des dieux conduite par Cronos. Les dieux sont vainqueurs et restent maîtres du ciel d'où ils ont précipité Ophionée et ses alliés dans les profondeurs de la mer.

Zeller remarque que Phérécyde ne parle pas de luttes ultérieures entre Cronos et Zeus, et il conclut que la succession d'Ophion, de Cronos et de Zeus, telle que le chant d'Orphée l'établit, est loin de prouver

---

1. Cf. Sturz, *Commentatio*, § 12, p. 65 et suiv. : *A Cosmogonia autem plane diversam esse mythologiam illam, quae historiis in Pherecydis Atheniensis opere narratis immixta reperitur*, etc... *Mihi certe distinguenda videtur mythologia philosophica et historica...*
2. Scol. *Argon.*, II, v. 990 : Φερεκύδης, ᾧ ἕπεται Ἀπολλώνιος.
3. Zeller-Boutroux, *ouvr. cité*, t. I, p. 82-88.

qu'Apollonios se soit inspiré de Phérécyde. Dans l'œuvre du vieux philosophe, Ophionée combat pour la possession du ciel : rien n'indique qu'il l'ait déjà eue auparavant; une première possession du ciel par Ophionée serait au contraire incompatible avec l'existence éternelle de Zeus, qui est admise par Phérécyde. Aussi Zeller ne craint-il pas de placer le système chanté par Orphée dans les *Argonautiques* au nombre des versions particulières de la cosmogonie orphique qui sont parvenues jusqu'à nous, à côté de celle d'Eudème et de celle de Damascios.

Il semble même que cette version ait été classique à l'école d'Alexandrie. Nous n'avons aucun texte antérieur aux *Argonautiques* où il soit question d'Ophion; Phérécyde parlait d'Ophionée. Un contemporain d'Apollonios, Lycophron, l'auteur de l'*Alexandra*, mentionne, lui aussi, le dieu primitif Ophion [1]. Enfin, c'est Ophion et non Ophionée que l'on trouve cité plusieurs fois par un poète mythologue que l'on peut regarder comme le dernier représentant de l'épopée érudite chère à l'école d'Alexandrie. Je veux parler de Nonnos, l'auteur des *Dionysiaques,* qui est né à Panopolis, en Égypte, au Ve siècle, et qui a donné dans son épopée infinie une foule de renseignements confus mais utiles à la mythologie. Cet imitateur lointain de l'érudition d'Apollonios et de Lycophron mentionne à la fois Ophion, Eurynomé et leur contemporain Cronos [2].

Au IIe siècle de l'ère chrétienne, le dieu Ophion dont il n'était pas question avant Apollonios et Lycophron est déjà une divinité bien connue. Dans sa *Trago-*

---

1. Lycophronis *Alexandra*, edit. L. Bachmannus, Lipsiae, 1830, v. 1192 : ... τῶν Ὀφίωνος θρόνων. « Le géant Ophion régnait avec Eurynomé dans le ciel avant Saturne. » (Dehèque, *La Cassandre* de Lycophron, Paris, 1853, note au v. 1192.) Ophion, dieu primitif, n'est pas un géant.
2. Nonnos, edit. A. Koechly, Lipsiae, 1857, *Dionys.*, II, v. 573 : ...καὶ Εὐρυνόμη, καὶ Ὀφίων Καὶ Κρόνος ἀμφοτέροισιν ὁμόστολος. — Cf. *Dionys.*, XII, v. 44 : ...σκηπτοῦχος Ὀφίων. XLI, v. 352 : ...γέρων.... Ὀφίων. VIII, v. 161 : ...Ὀφίονος ἐγγύθι.

dopodagra, cette amusante parodie de la manière tragique, dont la goutte est l'héroïne, Lucien parle d'Ophion : une théogonie pour rire en fait le père de la goutte : « Notre déesse bienheureuse — chante le chœur — est née dans les bras robustes d'Ophion. Lorsque finit le ténébreux Chaos, quand se leva la radieuse Aurore et que le Soleil inonda le monde de sa clarté, alors parut la Goutte puissante[1]. » La parodie est une consécration de la popularité. Un auteur ne peut railler que des dieux bien connus de ses lecteurs : au temps de Lucien, Ophion était donc devenu un dieu classique.

Quant à la succession d'Ophion, de Cronos et de Zeus, qui n'est pas mentionnée avant Apollonios, elle devient une sorte de dogme théogonique admis par l'érudition des Scoliastes. Le Scoliaste d'Aristophane rappelle ces trois générations de dieux maîtres du monde[2]. Le Scoliaste d'Eschyle voit une allusion à Ophion et à Eurynomé dans les vers du *Prométhée enchaîné* : « Jeunes dieux, souverains d'hier, vous croyez habiter une citadelle inaccessible aux larmes : n'en ai-je pas vu déjà tomber deux tyrans[3] ? » Eschyle, dit le Scoliaste, fait allusion à Ophion et à Eurynomé et à Cronos lui-même qui fut renversé par Zeus. Brunck est de l'avis du Scoliaste dont il cite le passage dans sa note au v. 503 du Chant Ier des *Argonautiques*[4]. M. Girard, au contraire, pense que le héros d'Eschyle désigne Ouranos et Cronos : « Il

---

[1]. Lucien, *La Tragodopodagra*. Traduction Talbot, Paris, 1874, t. II, p. 536.

[2]. Scholia in *Nubes* (Didot, p. 92, col. 1, l. 43-47) : Πρῶτον μὲν τοὺς κατὰ Ὀρίωνα καὶ Εὐρυνόμην· δεύτερον δὲ τοὺς κατὰ Κρόνον καὶ Ῥέαν, οὕστινας Ὅμηρος Οὐρανίωνας· τρίτον δὲ τοὺς Διὶ τὴν ἀρχὴν καταλύσαντας τὴν ἐκείνων, οὓς Ὀλυμπίους κλήσομεν.

[3]. *Prométhée enchaîné*, v. 955 et suiv.

[4]. Brunck, *Argonautica*, Argentorati, 1780, in librum I Notae, p. 24 : *Hos* [Ὀρίων Εὐρυνόμη τε], *innuit Prometheus apud Aeschylum... Scoliastes:* Λέγει δὲ τὸν Ὀρίωνα καὶ τὴν Εὐρυνόμην, καὶ τὸν Κρόνον, ὃν ἔρριψεν ὁ Ζεύς.

[Prométhée] est antérieur à Jupiter et contemporain de Saturne et d'Uranus [1]. » Assurément, Eschyle ne connaît pas Ophion; tout au moins il ne fait allusion à ce dieu primitif dans aucune des tragédies et dans aucun des fragments que nous avons de lui.

Mais si Eschyle, qui suit les traditions de la théogonie classique, désigne Ouranos, Cronos et Zeus, pour le Scoliaste instruit du système théogonique mis à la mode par Apollonios, il s'agit bien de la succession d'Ophion, de Cronos et de Zeus. Ce passage du Scoliaste d'Eschyle est donc une preuve de la popularité acquise par la tradition exposée dans les *Argonautiques*. Cette tradition reste établie solidement jusqu'à la fin de la civilisation grecque. Quand Tzetzès compile ses scolies sur Lycophron, il trouve bon, à propos d'un vers de l'*Alexandra* où il est question d'Ophion [2], de rappeler comme un fait bien connu cette succession d'Ophion, de Cronos et de Zeus qu'Apollonios a exposée, mais à laquelle Lycophron ne fait pas allusion [3].

Née d'une version de la cosmogonie orphique, qui semble particulière à Apollonios, répétée par les Scoliastes et répandue parmi les érudits d'Alexandrie et de Byzance, la légende d'Ophion détrôné par Cronos ne semble pas avoir passé dans la littérature latine : le nom même du maître primitif du monde n'est pas cité par les auteurs latins [4].

---

1. Girard, *Sentiment religieux en Grèce*, Paris, 1869, p. 437.
2. Voir plus haut, p. 10, note 1.
3. Scholia Tzetzae, v. 1191-1193 : ...Πρὸ γὰρ τοῦ Κρόνου καὶ ‘Ρέας Ὀφίων καὶ Εὐρυνόμη, ἡ τοῦ Ὠκεανοῦ, τῶν θεῶν ἐβασίλευον, οὕς Τιτάνας καλοῦσι. Κρόνος δὲ τὸν Ὀφίωνα καταβαλών, ‘Ρέα δὲ τὴν Εὐρυνόμην καταπαλαίσασα, καὶ ἐμβαλοῦσα τῷ Ταρτάρῳ, τῶν θεῶν ἐβασίλευσαν, οὕς πάλιν ὁ Ζεὺς ταρταρώσας, ἔσχε τὸ κράτος, ὃ πρώην μὲν ὁ Κρόνος αὐτὸς εἶχε καὶ ἡ ‘Ρέα· πρὸ αὐτῶν δὲ Ὀφίων καὶ Εὐρυνόμη.
4. Ovide, *Mét.*, XII, v. 245, parle d'un *Ophionides Amycus* : mais le père de ce Centaure ne peut être le dieu antique précipité dans l'Océan, longtemps avant la naissance des Centaures. — On lit dans l'*Œdipe* de Sénèque le tragique (v. 483) : *Sacer et Cithaeron Sanguine inundavit, Ophioniaque*

Si, dans le système exposé par l'Orphée des *Argonautiques*, Ophion est le premier souverain de l'univers, il n'en est pas cependant le personnage le plus ancien. Océanos, en effet, est, sinon l'aîné, du moins le contemporain d'Ophion, puisque celui-ci a pour femme l'Océanide Eurynomé. En faisant d'Océanos un dieu très ancien, l'Orphée des *Argonautiques* se rapproche des doctrines théogoniques d'Homère plus que de celles d'Hésiode : pour celui-ci, en effet, Océanos, frère aîné de Cronos, est le fils d'Ouranos et de Gaia [1], tandis que, pour Homère, il est l'origine, le père de tous les dieux [2]. Cette théorie qui fait du dieu le premier principe, l'élément créateur, est évidemment antérieure au système théogonique qui place Océanos dans la série généalogique des dieux entre la génération d'Ouranos et celle de Cronos. Apollonios a soin de prêter à son Orphée, contemporain des Argonautes, les doctrines les plus anciennes sur le dieu Océanos.

D'ailleurs, dans les *Argonautiques* [3], comme dans l'*Iliade* [4] et dans la *Théogonie* [5], Océanos est l'époux de Téthys. Il est probable qu'Apollonios ne met pas comme Hésiode [6] cette déesse au nombre des enfants d'Ouranos et de Gaia, mais qu'il en fait une divinité primordiale, une *mère* [7], puisque l'une de ses filles, Eurynomé, est la compagne d'Ophion, le maître le plus ancien du monde.

caede. Il s'agit d'un des Spartes nommé Ophion, en qui Sénèque voit le père des Thébains. — L'Ophion cité par Claudien (*de Rapt. Proserp.*, III. v. 348 [Jeep, IV, v. 17]) est un des Géants vaincus par Jupiter dans les plaines de Phlégra. Quant à Eurynomé, Ovide (*Mét.*, IV, v. 210) la cite comme mère de Leucothoé; Hygin *(Praefat. Fabul.)*, comme mère des Grâces. Cf. Roscher, *Lexicon der... Mythologie*, I, p. 1426-1427.

1. *Théogon.*, v. 133.
2. *Iliad.*, XIV, v. 201 : Ὠκεανόν τε θεῶν γένεσιν; — v. 246 : Ὠκεανοῦ, ὅσπερ γένεσις πάντεσσι τέτυκται.
3. *Argon.*, III, v. 244.
4. *Iliad.*, XIV, v. 201 et 302.
5. *Théogon.*, v. 337.
6. *Théogon.*, v. 136.
7. Cf. *Iliad.*, XIV, v. 201 et 302 : μητέρα Τηθύν.

Orphée lui-même, dans les *Argonautiques*, invoque les Nymphes sous le nom de « postérité sacrée d'Océanos »[1]. C'est la doctrine de la *Théogonie*[2]; mais ce n'est pas celle des poèmes homériques où les Nymphes sont les filles de Zeus αἰγίοχος, le dieu de l'orage[3]. Dans son poème antéhomérique, Apollonios prétend conserver entière la puissance créatrice d'Océanos et de Téthys, qui n'ont jamais été un des couples maîtres du monde, mais qui ont donné sa compagne à Ophion, le plus ancien de ces maîtres. Leur activité féconde n'a pas subi d'interruption : une de leurs filles, Eurynomé, s'est unie à Ophion; une autre, Philyra[4], à Cronos, le vainqueur d'Ophion; une dernière enfin, Eidyia[5], à Aiétès, fils d'Hélios. La *Théogonie* plaçait déjà parmi les Océanides Eurynomé et Eidyia, femme d'Aiétès et mère de Médée[6]. Mais, en observateur attentif des vraisemblances chronologiques, Apollonios a soin de faire remarquer qu'Eidyia est la plus jeune de toutes les Océanides[7]. On ne pourrait concevoir, en effet, que la femme d'Aiétès, la mère de cette Médée qui aime le héros des *Argonautiques*, eût le même âge qu'Eurynomé, qui a été la femme d'Ophion, ou même de Philyra, dont Cronos a partagé la couche.

Tels sont les renseignements donnés par Apollonios sur les personnages mythologiques qui ont occupé le pouvoir, ou qui tout au moins vivaient déjà, au moment de l'avènement de Cronos et de Rhéa.

On ne peut chercher dans les œuvres de Virgile un passage correspondant au chant d'Orphée; on s'éton-

---

1. *Argon.*, IV, v. 1414.
2. *Théogon.*, v. 346 et suiv.
3. *Iliad.*, VI, v. 420; *Odys.*, VI, v. 105. — Voir Decharme, *Mythol.*, p. 350.
4. *Argon.*, II, v. 1232 et suiv.
5. *Argon.*, III, v. 244.
6. *Théogon.*, v. 358 et 960.
7. *Argon.*, III, v. 243 : Εἰδυῖαν... Τηθύος Ὠκεανοῦ τε πανοπλοτάτην γεγαυῖαν.

nerait de trouver, dans l'*Énéide* surtout, les théories savantes sur l'origine des premiers dieux où Apollonios se complaît. Virgile ne fait pas, comme l'auteur des *Argonautiques*, de l'érudition pour l'érudition même ; son poème n'est pas destiné aux savants du Musée, mais au grand public romain. S'il s'était attardé à des discussions trop curieuses, les lecteurs de l'*Énéide* auraient été surpris avec raison de se voir ainsi distraits de la légende d'Énée et de l'histoire de la fondation de Rome. M. Boissier fait très justement remarquer que Virgile s'arrête d'ordinaire à l'antiquité moyenne de l'*Iliade* et de l'*Odyssée* : car ses lecteurs n'auraient pas accepté d'autres dieux que les dieux homériques qui s'étaient depuis longtemps imposés à l'imagination du public romain [1]. Ainsi Virgile ne mentionne pas plus que ne le font les autres auteurs romains la légende d'Ophion et d'Eurynomé, qui semble ne jamais avoir été populaire en Italie.

Mais, pour ce qui est des généralités sur les origines du monde et des êtres qui le peuplent, on admet communément que Virgile s'est inspiré du chant cosmogonique d'Orphée, aussi bien dans les *Églogues* que dans l'*Énéide*.

Conington rapproche les théories de l'Iopas virgilien (*Én.*, I, v. 740 et suiv.) de celles de l'Orphée des *Argonautiques*; et, depuis Orsini [2], il n'est guère de commentateur des *Bucoliques* qui n'ait comparé le chant de Silène dans la VIᵉ *Églogue* avec celui d'Orphée : une étude de la cosmogonie orphique telle qu'elle se trouve dans les *Argonautiques* démontrera que l'influence d'Apollonios sur Virgile est à ce sujet plus apparente que réelle.

---

1. Boissier, *Religion romaine*, t. I, l. I, ch. IV, § 3, p. 249 et suiv. de l'édit. in-12 de 1884.

2. Fulvius Ursinus, *Virgilius collatione scriptorum Graecorum illustratus*, Antverpiae, 1558, p. 50 : Locus sine dubio sumptus est e primo Apollonii Rhodii *Argonauticorum* libro : ἤειδεν, etc.

II

Quant à la cosmogonie que l'auteur des *Argonautiques* fait chanter par Orphée, il est difficile d'indiquer de quel système elle procède. On ne peut trouver dans les poèmes homériques les bases d'une cosmogonie : « Les plus anciens indices de ces premières conceptions [sur la formation du monde] se trouvent dans deux passages de l'Iliade [1]. Il y est dit que toutes les choses et tous les dieux doivent leur naissance à *Océan*, et qu'Océan a pour épouse *Têthys*. Océan est donc le père, le générateur; Têthys est la mère, la mère féconde qui enfante et qui nourrit. Quelles furent les premières créations de ce couple divin? Comment toute la série des êtres dépend-elle de lui? C'est ce que nous ignorons [2]. » Hésiode [3] parle du Chaos, de la formation générale du monde, de la naissance du ciel, de la terre et de la mer, de la production des montagnes. Après l'époque où la *Théogonie* hésiodique fut composée, et avant que Socrate essayât de faire la psychologie et de constituer la morale de l'homme, toutes les écoles de philosophie naturaliste s'étaient posé les mêmes problèmes cosmogoniques que l'Orphée d'Apollonios : « Comment la terre, le ciel et la mer, autrefois confondus entre eux dans une seule forme, avaient été séparés, chaque élément de son côté, et tirés de cet état funeste de lutte; comment, dans les airs, les astres, la lune et les chemins du soleil conservent toujours fixe la place qui leur est assignée; comment les montagnes se sont élevées; comment sont

---

1. *Iliad.*, XIV, v. 201 et 246. [M. Decharme imprime par erreur : IV, 201, 246.]
2. Decharme, *Mythol.*, p. 2 et 3.
3. *Théogon.*, v. 116-130.

nés, avec les Nymphes, les fleuves sonores; comment se sont produits tous les animaux qui vont sur la terre [1]. » Mais chaque école a donné une réponse différente à ces mêmes questions. Excepté pour ce qui est de l'origine des Nymphes, nous ne pouvons savoir quelle était la solution de l'Orphée d'Apollonios, puisque, si le poète nous dit quels étaient les sujets de ce chant divin, il s'abstient — probablement à dessein — de nous indiquer dans quel sens ces sujets étaient traités.

Apollonios n'expose aucune théorie de la formation du monde. Mais, dans un passage du IVe Chant des *Argonautiques* où ce n'est plus Orphée qui parle, le poète lui-même explique « comment se sont produits tous les animaux qui vont sur la terre ». Il compare, en effet, aux types des premières générations animales les monstres bizarres par lesquels la magicienne Circé se fait suivre : « Tels, du limon primitif, la terre elle-même enfanta des monstres aux membres hétérogènes, alors que l'air sec ne l'avait pas encore condensée et qu'elle n'avait pas encore suffisamment absorbé les vapeurs humides, grâce aux rayons brûlants du soleil : mais la suite des temps combina les diverses parties de ces monstres et les classa pour en former des espèces. De même des êtres de genre incertain suivaient Circé [2]. » Apollonios emploie les termes mêmes [3] dont se servait le philosophe Archélaos [4], qui était l'élève d'Anaxagore et qui passe pour avoir été l'un des maîtres de Socrate. Ce philosophe disait que les êtres vivants doivent leur origine première à l'influence de la chaleur solaire qui les fit éclore du limon terrestre. Ces animaux aux membres hétérogènes se nourrissaient du

---

1. *Argon.*, I, v. 496-502.
2. *Argon.*, IV, v. 676-681.
3. *Argon.*, IV, v. 676 : προτέρης ἐξ ἰλύος ἐβλάστησεν χθών.
4. Diogène de Laerce, l. II, cap. IV, § 3 : Ἀρχέλαος... ἔλεγε... τὰ ζῶα ἀπὸ τῆς ἰλύος γεννηθῆναι.

limon d'où ils étaient sortis : ils ne vécurent que peu de temps [1]. La génération sexuelle ne se produisit que plus tard; et, peu à peu, par l'industrie et par les mœurs, les hommes s'élevèrent au-dessus des autres créatures.

Mais cette doctrine sur l'origine primitive des êtres animés n'est pas particulière à Archélaos : il l'a empruntée à son maître Anaxagore qui enseignait que tous les animaux sont sortis, au commencement, de la terre vaseuse, fécondée par les germes contenus dans l'éther. Empédocle admettait aussi cette théorie qui avait été professée avant lui par Anaximandre et Parménide, et qui fut répandue dans la suite par Démocrite et par Diogène [2]. Ces doctrines étaient d'ailleurs sorties des écoles philosophiques et étaient devenues populaires, puisque, au dire de Diodore de Sicile [3], le poète Euripide rappelait dans sa tragédie de *Mélanippé* que les animaux étaient nés du limon de la terre.

On voit qu'Apollonios répète, dans le passage qui nous occupe, un vrai lieu commun de l'ancienne philosophie cosmogonique. Peut-être cependant, quand il parle de ces monstres aux membres hétérogènes dont la suite des temps combina les diverses parties, en les classant pour en former des espèces, Apollonios suit-il plus particulièrement le système du philosophe Straton de Lampsaque [4]. Un texte de Plutarque indique, en effet, comment Straton expliquait la formation des êtres. Dans son *Histoire des causes finales*, Batteux donne de ce texte l'interprétation suivante adoptée par M. Carrau : « ... Celles de ces combinaisons qui se trouvèrent régulières ... sont restées dans la nature et y ont fondé les espèces. Celles au contraire qui ne

---

1. Hippolyte (*Refut.*, I, 9 [cité par Zeller-Boutroux, *ouvr. cité*, t. II, note 5 de la p. 445]): Ἀνεφαίνετο τά τε ἄλλα ζῷα πολλὰ καὶ ἀνόμοια πάντα τὴν αὐτὴν δίαιταν ἔχοντα ἐκ τῆς ἰλύος τρεφόμενα, ἦν δὲ ὀλιγοχρόνια.
2. Zeller-Boutroux, *ouvr. cité*, t. II, ch. II, III, § 3, p. 420 et suiv.
3. Diodore de Sicile, I, VII, 7.
4. Cf. G. Rodier, *La Physique de Straton de Lampsaque*, Paris, 1892.

se sont pas trouvées complètement ordonnées n'ont point eu de durée et ont péri avec l'individu, imparfait ou incomplet, que le hasard des rencontres avait formé, sans lui avoir donné les accessoires ou dépendances nécessaires pour conserver son espèce [1]. » Apollonios, qui est né vers 260, n'a pu entendre les leçons de Straton qui avait été appelé à Alexandrie vers 300 et qui y était resté jusqu'en 294 [2]. Mais l'enseignement de Straton a dû exercer une influence durable dans une ville où il y avait beaucoup moins de philosophes que de littérateurs et de savants, et il me semble qu'on peut trouver dans les vers 680-681 du IV° Chant des *Argonautiques* quelque souvenir des doctrines du philosophe de Lampsaque.

Archélaos disait que peu à peu les hommes, par leur industrie et par leurs mœurs, se sont élevés au-dessus des autres créatures. Apollonios dit bien que la suite des temps combina les diverses parties des monstres primitifs et les classa pour en former des espèces; mais il n'ajoute pas que le genre humain ait été au nombre de ces espèces formées successivement. Il n'est pas parlé dans les *Argonautiques* de cette sélection qui aurait dégagé peu à peu l'humanité de l'animalité.

Il semble même que, loin de croire au progrès de l'animal s'élevant jusqu'à l'homme, Apollonios admette la décadence de l'homme s'éloignant peu à peu des dieux. Il se conforme, en effet, aux théories hésiodiques sur la succession des générations intermédiaires entre la divinité et l'humanité, quand il parle du géant Talos, qui était « parmi les héros demi-dieux [et les hommes, car les contemporains des Argonautes ne sont pas tous des fils de dieux] un survivant de cette race d'hommes d'airain nés des frênes » [3]. Il est, en

---

1. Rodier, *ouvr. cité*, p. 83-84.
2. Rodier, *ouvr. cité*, p. 41.
3. *Argon.*, IV, v. 1641-1642.

effet, question, dans *les Œuvres et les Jours*, de cette troisième race d'hommes d'airain que Zeus fit naître des frênes après la disparition de la race d'or et de la race d'argent [1].

Mais Talos et ses congénères sont des monstres qui n'ont aucun rapport avec l'humanité. Apollonios ne dit pas que les hommes ordinaires, les simples mortels soient nés des arbres. Malgré l'opinion de M. Bouché-Leclercq [2], je ne crois pas qu'aucune théorie grecque ait établi que l'homme doit son origine à l'arbre. Pénélope dit bien à Ulysse, qui ne s'est pas fait encore reconnaître : « Expose-moi qui tu es, d'où tu viens, car tu n'es pas, sans doute, né d'un chêne ou d'une pierre [3]. » C'est apparemment une manière de parler proverbiale et vulgaire, comme on dirait aujourd'hui : « Apprends-moi le nom de tes parents, car je ne suppose pas qu'on t'ait trouvé sous une feuille de chou. » L'imagination grecque n'a fait sortir des arbres que des géants monstrueux, comme Talos, ou des divinités gracieuses, comme les Méliades ou les Dryades.

C'est au contraire une tradition admise par les Romains que les premiers hommes sont nés des arbres. Virgile dit des peuples barbares qui habitaient le Latium avant l'arrivée de Saturne que c'étaient des hommes nés des troncs les plus durs [4]. Cette théorie devient plus tard un lieu commun, et Juvénal [5], combinant les vers de Virgile avec ceux de Lucrèce [6], où il

1. *Œuvres et Jours*, v. 143-145.
2. Bouché-Leclercq, *Placita Graecorum*, thèse, Paris, 1871, p. 6 et 11.
3. *Odyssée*, XIX, v. 163.
4. *Én.*, VIII, v. 315 : *Gensque virum truncis et duro robore nata.*
5. *Satires*, VI, v. 11 :
    Quippe aliter tunc orbe novo, caeloque recenti
    Vivebant homines qui rupto robore nati
    Compositive luto nullos habuere parentes.
  Cf. Lucrèce, IV, v. 904 : *...tellure nova, caeloque recenti.*
6. *De Rer. nat.*, V, v. 922 :
    At genus humanum multo fuit illud in arvis
    Durius, ut decuit, tellus quod dura creasset.

est dit que l'homme primitif est un fils de la terre, aussi dur que sa mère, rappelle comme un fait communément admis que les premiers hommes étaient sortis des arbres ou du sol.

Apollonios ne dit pas que l'humanité ait été produite par les arbres ou par la terre. Il ne fait pas allusion à la légende bien connue suivant laquelle l'humanité, détruite par un déluge, aurait été renouvelée par les pierres que lançaient Deucalion et Pyrrha. Il est pourtant question du fils de Prométhée dans les *Argonautiques*; mais Jason, qui connaît bien les légendes de Thessalie, dit simplement que « Prométhée a engendré le bienfaisant Deucalion, qui, le premier, a bâti des villes et élevé des temples aux dieux immortels, et qui, le premier, a régné sur les hommes »[1]. Le héros thessalien d'Apollonios voit dans Deucalion un civilisateur et non un créateur. Il semble même que l'amour-propre patriotique du poète alexandrin revendique pour l'Égypte la gloire d'avoir été le premier pays peuplé; Apollonios ne dit pas comment la création de l'homme s'est produite aux bords du Nil. Mais Argos, fils de Phrixos, est évidemment l'interprète des idées de l'auteur des *Argonautiques*, quand il prétend que les Égyptiens existaient même avant la constitution définitive du monde. « Alors que tous ces astres qui font leur révolution dans le ciel n'existaient pas encore, alors que ceux qui s'en seraient informés n'auraient pas entendu parler de la race des Danaens, alors que seuls existaient les Arcadiens Apidanéens, les Arcadiens qui, suivant ce qu'en dit la renommée, existaient antérieurement à Séléné, se nourrissant de glands dans les montagnes; alors la terre pélasgienne n'avait pas encore pour rois les illustres fils de Deucalion : déjà, en ce temps, l'Ééria, riche en moissons, était célèbre, l'Égypte,

---

1. *Argon.*, III, v. 1085-1089.

mère d'une jeune population, la première qui soit venue au monde [1]. »

« Beaucoup d'auteurs, dit le Scoliaste, rapportent que les Égyptiens sont le plus ancien des peuples [2]. » Et le Scoliaste cite Mosmès, Léon, Cnossos, Nicanor, qui ont établi que les Égyptiens étaient le plus ancien des peuples *asiatiques* (on sait que les anciens plaçaient souvent l'Égypte en Asie [3]). C'était d'ailleurs une tradition bien connue que les Grecs tiraient leur origine de l'Égypte [4] : le fils de Phrixos, ou plutôt Apollonios, désigne avec intention les habitants d'Argos par le nom de Danaens qu'ils ont reçu de l'Égyptien Danaos [5]; il veut rappeler que le Péloponèse a été civilisé et dominé par un roi venu d'Égypte.

Avant que l'on connût les Danaens, Apollonios accorde qu'une partie de l'Hellade était peuplée comme l'Égypte : c'est l'Arcadie qui possédait des habitants autochtones, les plus anciens de tous les Hellènes [6]. Antérieurs à l'apparition de la lune [7], les Arcadiens ont l'honneur d'être les contemporains des Égyptiens primitifs; mais l'Égypte était déjà célèbre, alors que les Arcadiens, barbares encore, se nourrissaient de glands dans les montagnes [8]. En définitive, Apollonios indique quelles sont les races les plus anciennes qui ont peuplé l'Égypte et l'Hellade, mais il ne dit pas comment ces races humaines se sont produites; il ne fait nulle part aucune allusion à l'origine de l'humanité.

1. *Argon.*, IV, v. 261-268.
2. Scol. *Arg.*, IV, v. 262. Voir ma note au v. 262 du ch. IV des *Argon.*
3. Cf. Strabon, I, II, 25.
4. Cf. Maury, *ouvr. cité*, t. I, p. 234.
5. Euripide, *Fragm.* 227.
6. Scol. *Argon.*, IV, v. 264; Strabon, VIII, VIII, 1; Hellanicos, *Fragm.* 77 (*Fragm. Hist. Graec.*, Didot, vol. I); Pausanias, V, 1, 2, etc.
7. Cf. Eudoxe, Aristias, Denys de Chalcis, etc., cités dans la Scolie au v. 264 du ch. IV des *Argonautiques*.
8. Cf. Pausanias, VIII, 1.

On le voit, les traditions d'Apollonios sur la théogonie primitive semblent empruntées à une version particulière des systèmes orphiques, qui ne nous est connue que par les *Argonautiques*. Apollonios est le premier qui établisse la succession d'Ophion, de Cronos et de Zeus. Quant à la cosmogonie d'Orphée, le chant du fils de Calliope ne nous permet pas d'en prendre une idée bien nette; les doctrines que le poète expose en son propre nom sur l'origine des êtres se rapprochent de celles de toutes les écoles de philosophie naturaliste, et en particulier de celles d'Archélaos et de Straton de Lampsaque. Enfin, pour ce qui est de l'origine de l'homme, Apollonios admet les générations hésiodiques intermédiaires entre la divinité et l'humanité, parle des peuples de la terre les plus anciens; mais il ne dit pas comment ces peuples sont nés.

III

Les chants d'Iopas et de Silène doivent peu de chose au chant d'Orphée.

Elève d'Atlas, Iopas chante, en s'accompagnant de sa cithare dorée, les courses de la lune, les éclipses du soleil, l'origine de la race humaine et des animaux, la cause des pluies et des feux célestes; il parle de l'Arcture, des Hyades pluvieuses et des deux Ourses; il dit pourquoi les soleils d'hiver se hâtent tellement de se plonger dans l'Océan et quel obstacle arrête les nuits tardives [1].

Virgile obéit à une préoccupation alexandrine en faisant chanter par Iopas « les phénomènes physiques et les merveilles de la philosophie naturelle... plutôt que

---

1. *Én.*, I, v. 740-748.

les histoires ou les fables des hommes et des dieux » [1].

L'aède Démodocos racontait, pendant le festin d'Alcinoos, l'histoire scandaleuse des amours adultères d'Arès et d'Aphrodite [2]. Servius fait remarquer la réserve de Virgile [3] : il eût été inconvenant d'entendre chez une veuve chaste, comme Didon l'est encore, le récit de ces aventures galantes qui amusaient les Nymphes réunies dans la grotte de Cyrène [4].

Démodocos chantait aussi les principaux épisodes du siège de Troie. Tissot aurait voulu que le chant d'Iopas fût composé exactement sur le modèle de celui de Démodocos. « Iopas chante les phases de la lune, les travaux du soleil, la naissance des animaux et les signes célestes. Sans doute ces sujets sont beaux, mais ils touchent peu ; il n'y a rien pour les guerriers d'Ilion, rien pour Énée, dans les hymnes du poète. Il était néanmoins dans les convenances délicates d'une cour hospitalière de chercher à causer au héros une douce surprise par le choix des sujets indiqués à Iopas... On pouvait faire des allusions à quelques scènes du grand drame de la ruine de Troie [5]. » Mais Virgile ne pouvait prêter à son Iopas de semblables récits qui auraient rendu inutile la grande narration d'Énée : Gossrau remarque avec raison qu'il n'était pas possible à Virgile de faire célébrer d'autres sujets par Iopas [6]. Sainte-Beuve a noté, après Heyne, la convenance du développement fait par le poète phénicien qu'il appelle un Iopas-Lucrèce. « En Afrique, ils étaient grands obser-

---

1. Sainte-Beuve, *Étude sur Virgile*, Paris, 1870, p. 290.
2. *Odyssée*, VIII, v. 62 et suiv.
3. Servius, *ad Aen.*, I, v. 742.
4. *Géorg.*, IV, v. 346.
5. Tissot, *Études sur Virgile*, Paris, 1825, t. I, p. 80.
6. Gossrau, *Aeneis*, edit. sec., Quedlinburgi, 1876, note au v. 746 du ch. 1. « *Non habuit aliud quod canentem Iopam facere posset, nam Phoenicum res gestae hominibus Romanis, quibus scripsit, et ipso Vergilio erant ignotae; Graecas fabulas a Poeno referri ineptum erat : quare res modo supererat, qualis est hoc loco.* »

vateurs du ciel. Il y a peut-être une intention d'exactitude locale dans ce thème de chant supposé choisi par Iopas, et ce n'est pas au hasard qu'il est dit qu'il avait appris ces choses du grand Atlas, cet antique et mystérieux voisin [1]. » Il y a aussi une autre intention : si les Africains étaient grands observateurs du ciel, les contemporains de Virgile étaient grands amateurs de vulgarisation scientifique. L'auteur de l'*Énéide* ne pouvait, comme Apollonios qui écrit pour des savants, leur rappeler les théories de la cosmogonie orphique; mais il sait les intéresser en faisant exposer devant eux un sommaire des résultats acquis de la science.

Iopas n'est pas seulement un Iopas-Lucrèce, mais aussi un Iopas-Manilius. Le sujet dont il s'occupe a charmé les lecteurs du *De Natura rerum;* il plaira aussi à la génération nouvelle qui lira les *Astronomiques*. On sait combien de telles études étaient en faveur au temps de Virgile. Le souhait le plus ardent du poète des *Géorgiques* n'était-il pas d'avoir une intelligence capable de pénétrer les mystères de la nature, de connaître le cours des astres à travers le ciel, la cause des éclipses de lune et de soleil, pourquoi la terre tremble, pourquoi les mers profondes se gonflent, brisant tout ce qui s'oppose à elles, et reviennent ensuite sur elles-mêmes, pourquoi les soleils d'hiver se hâtent tellement de se plonger dans la mer et quel obstacle arrête les nuits tardives [2] ? C'est ce souci de connaître qui, depuis le temps de Lucrèce, préoccupe les Romains; ils mettent « parmi les plaisirs les plus vifs l'étude de la nature et la découverte de ses lois » [3]. Leur esprit pratique cherche des solutions toutes faites dans les diverses écoles et en combine un commode éclectisme. Qu'il s'agisse de phi-

---

1. Sainte-Beuve, *ouvr. cité*, p. 290. Cf. la note de Heyne au v. 740 du Ch. I de l'*Énéide*.
2. *Géorg.*, II, v. 475-482.
3. Boissier, *Relig. rom.*, t. I, l. I, ch. IV, § 2.

losophie naturelle ou de philosophie morale, les contemporains d'Horace, comme ceux de Lucrèce, ne veulent pas s'astreindre à jurer sur la parole d'un maître unique.

Le Silène de la *VIe Églogue* est un Silène-Lucrèce, lui aussi. Macrobe a fait remarquer que son chant s'inspire du *De Natura rerum* [1]. Les éditeurs ont relevé les termes en grand nombre qui procèdent de la langue de Lucrèce. Virgile ne s'est souvenu d'Apollonios que pour lui emprunter le cadre de son épisode et quelques détails de forme [2]. Quant aux théories que l'on trouve à la fois dans les deux passages, c'est qu'elles sont un lieu commun de toutes les écoles de philosophie naturelle.

Il n'est pas besoin de parler ici du système qu'Anchise développe à Énée [3] : cet exposé ne doit rien aux *Argonautiques*. Le poète emprunte à Pythagore, à Platon, à bien d'autres philosophes encore, les éléments d'une réponse pratique et consolante aux préoccupations des penseurs romains, curieux des origines du monde et inquiets du problème de la destinée humaine [4].

En dernière analyse, on ne peut noter aucun trait commun entre les divers passages d'Apollonios et de Virgile que la critique a souvent rapprochés et dont on vient de lire l'analyse. Virgile a évidemment emprunté quelques détails de forme aux *Argonautiques*. Mais son épopée nationale ne pouvait, comme un poème savant, présenter à un public peu soucieux de pareilles questions l'exposé des problèmes théogoniques et cosmogoniques qui intéressaient le Musée d'Alexandrie. Virgile nous donne le sommaire des chants d'Iopas : il ne nous dit pas comment l'aède phénicien expliquait l'origine et le système du monde.

---

1. Macrobe, *Saturn.*, VI, 11.
2. Cf. *Arg.*, I, v. 496 : Ἤειδεν δ' ὡς...
Égl., VI, v. 31 : *Namque canebat uti.*
3. *Én.*, VI, v. 724 et suiv.
4. Voir tout le chapitre de la *Religion romaine* sur le VIe Chant de l'*Énéide*

CHAPITRE II

LA PREMIÈRE GÉNÉRATION HÉSIODIQUE

(OURANOS ET GAIA, TELLUS OU TERRA)

I. La légende hésiodique d'Ouranos dans les *Argonautiques*. La mutilation d'Ouranos. Les Phaiaciens nés du sang d'Ouranos. Vénération particulière des Colchiens pour Ouranos et Gaia. Le dieu Caelus ne peut avoir aucune place dans l'*Énéide*.

II. Importance de Gaia dans la théogonie d'Apollonios. Gaia divinité infernale. Terra ou Tellus divinité infernale dans l'*Énéide*. Distinction entre la Terre en général et la terre d'Italie.

Gaia est la mère des Titans, des Cyclopes et des monstres redoutables. L'être qui fut enfanté par Gaia irritée contre Zeus. La Renommée *(Fama)*, fille de Terra dans l'*Énéide*.

Les Géants monstrueux de Cyzique, fils de Gaia. Distinction entre les Géants de Cyzique et les Géants de Phlégra.

Gaia mère du dragon qui garde la toison d'or. Typhaon et Typhoeus distingués par Apollonios et confondus par Virgile. Origine des serpents de Libye et du dragon des Hespérides.

Les nourrissons de Gaia ; Otos et Éphialtès ; Aigaion-Briareus ; le géant Tityos. Confusion de Gaia avec la terre elle-même.

Rôle malfaisant de Gaia ; pourquoi Terra a ce même rôle malfaisant, quand elle est la déesse *pronuba* d'Énée et de Didon.

I

Il n'est pas question d'Ouranos dans le chant d'Orphée.

L'*Iliade* et l'*Odyssée* ne donnaient aucun renseignement sur la légende du dieu, dont le nom ne se trouve employé par les poèmes homériques que dans les formules de serment. C'est la *Théogonie* d'Hésiode qui raconte l'histoire d'Ouranos; c'est la *Théogonie* qui est suivie dans les passages des *Argonautiques* où il est fait allusion à ce dieu.

Apollonios admet, comme Hésiode, qu'Ouranos est père de Cronos [1] et qu'il fut mutilé par son fils. Sans doute, il lui répugne de rappeler ce crime plus odieux qu'un parricide; il s'excuse de parler de cette mutilation qu'Hésiode se plaisait à raconter dans tous ses détails [2]; mais il y fait une allusion rendue nécessaire par un épisode des *Argonautiques* : « Avant le détroit Ionien, il est, dans la mer de Céraunie, une île riche et d'un abord facile, où, dit la tradition, se trouve la faux (Muses, pardonnez-moi; ce n'est pas de mon plein gré que je rapporte la parole des anciens), la faux dont Cronos se servit pour trancher cruellement les parties sexuelles de son père... Les Phaiaciens eux-mêmes sont, par leur origine, du sang d'Ouranos [3]. » D'après le Scoliaste [4], Apollonios suit l'historien Timée [5] quand il dit que la faux qui servit à mutiler Ouranos se trouve cachée dans l'île des Phaiaciens. Apollonios a aussi ses autorités pour s'éloigner de la tradition homérique qui fait les Phaiaciens descendants de Poseidon [6] : Acousilaos, en effet, et Alcée rapportaient que, lorsque Ouranos fut mutilé, des gouttes de son sang tombées sur la terre donnèrent naissance aux Phaiaciens [7].

S'il n'est question de la légende d'Ouranos que dans l'épisode du poème consacré à l'origine des Phaiaciens,

---

1. *Argon.*, II, v. 1232 : Οὐρανίδης... Κρόνος.
2. *Théogon.*, v. 160 et suiv.
3. *Argon.*, IV, v. 982-986, 991-992.
4. Scol. *Argon.*, IV, v. 984.
5. D'après la citation du Scol., Timée semblerait confondre la mutilation d'Ouranos par Cronos et le renversement de Cronos par Zeus : « Timée dit que l'instrument avec lequel Zeus trancha les parties sexuelles d'Ouranos ou de Cronos fut caché dans l'île des Phaiaciens. »
6. *Odyssée*, VII, v. 56 et suiv. — Hellanicos (*Fragm. Hist. Graec.*, vol. I, p. 51) dit aussi que Phaiax, héros éponyme des Phaiaciens, était fils de Poseidon et de l'Asopide Cercyra.
7. Scol. *Argon.*, IV, v. 992.

le dieu est, par contre, bien connu et singulièrement vénéré des Colchiens. C'est par Gaia et par Ouranos que Chalciopé demande à Médée de jurer qu'elle gardera ses paroles dans son cœur et qu'elle lui sera secourable [1]. Médée n'ignore pas l'importance du serment qui est exigé d'elle : « Qu'il sache, — c'est le serment inviolable des Colchiens par lequel tu me forces de jurer, — qu'il le sache, le grand Ouranos, qu'elle le sache aussi celle qui est au-dessous de lui, Gaia, la mère des dieux… [2]. » Dans Euripide, le grand serment de Médée était beaucoup moins archaïque ; il n'y était pas question d'Ouranos : « Jure, — disait-elle à Égée, — jure par le sol de Gaia, par Hélios, père de mon père, invoque ensemble dans ton serment toute la race des dieux [3] ! » Mais la Médée d'Apollonios jure suivant la formule du serment inviolable des Colchiens qui est aussi celui des divinités homériques. Héra [4] et Calypso [5] disent l'une et l'autre, en usant de termes identiques : « Qu'elle le sache, Gaia, qu'ils le sachent, le vaste Ouranos qui est au-dessus d'elle et le Styx qui coule au-dessous de la terre (c'est le plus grand, le plus terrible serment pour les dieux bienheureux). »

Le Styx est le témoin redoutable des serments prêtés par les divinités homériques [6] : de même, dans les *Argonautiques*, il est dit que « l'eau du Styx est très vénérée et très redoutée de tous les dieux » [7]. C'est par le Styx qu'Iris jure aux Boréades que jamais à l'avenir les Harpyes ne s'approcheront plus des demeures de Phinée. Le Styx n'est jamais invoqué par les mortels, ni par les Achaiens d'Homère, ni par les Colchiens d'Apollonios.

1. *Argon.*, III, v. 699.
2. *Argon.*, III, v. 714-716.
3. Euripide, *Médée*, v. 746-747. — A la vérité, dans ce passage ce n'est pas Médée qui jure : elle fait prêter serment à Égée, qui n'est pas un Colchien.
4. *Iliad.*, XV, v. 36 et suiv.
5. *Odyssée*, V, v. 184 et suiv.
6. *Iliad.*, II, v. 755.
7. *Argon.*, II, v. 291.

Les hommes des poèmes homériques prennent Gaia à témoin, mais ils n'invoquent jamais dans leurs serments le nom d'Ouranos. Agamemnon jure « par Zeus, très vénérable, très grand; par Hélios, qui voit et qui entend tout; par les fleuves et par Gaia » [1], ou « par Zeus, tout d'abord, le meilleur et le premier des dieux; par Gaia, par Hélios et par les Érinyes » [2]. C'est sans doute parce que l'action des *Argonautiques* se passe une génération avant celle de l'*Iliade* et parce que la Colchide a pour roi le petit-fils d'un Titan, qu'Apollonios juge à propos de faire invoquer à la fois par les sujets d'Aiétès le père et la mère des Titans. En effet, si les hommes d'Homère n'invoquent que Gaia, il faut remarquer que dans la formule de leur serment inviolable les Colchiens ne séparent pas Ouranos de Gaia, qui, d'après la *Théogonie* hésiodique [3], est à la fois sa mère et sa femme.

Ouranos ne peut avoir aucune place dans l'*Énéide* : car les Romains n'ont jamais vénéré parmi leurs divinités populaires *Uranus* ou *Caelus*, qui, d'après Ennius [4], fut le père de Saturne, comme Ouranos était le père de Cronos. Cicéron parle souvent, dans le *De Natura Deorum* [5], de ce dieu qui serait né de *Aether* et de *Dies*, et qui aurait lui-même été le père de Vulcain, de Mercure et de Vénus : mais ce sont là des curiosités savantes, étrangères à la tradition nationale qui seule devait avoir sa place dans l'*Énéide*. Quand Servius rapporte que Vénus est née du sang de Caelus mutilé par Saturne [6], il ne fait que modifier la tradition grecque par la transcription du nom d'Ouranos en Caelus [7].

1. *Iliad.*, III, v. 276-278.
2. *Iliad.*, XIX, v. 258-259.
3. *Théogon.*, v. 125-126, 133.
4. Ennius, *ap.* Non., III, 44 : *Saturno quem Caelu' genit.*
5. *De Nat. Deor.*, II, 24; III, 17, 22, 23.
6. Servius, *ad Aen.*, V, v. 801.
7. Pour *Caelus*, voir Preller-Jordan, *Römische Mythologie*, dritte Auflage, zweiter Band, 1883, p. 372, et l'article du *Lexicon* de Roscher.

Dans l'*Énéide*, le Ciel n'est jamais considéré comme une divinité : quand Énée et Latinus font leurs serments solennels, ils prennent à témoin le soleil, la terre, les sources, les fleuves, les dieux de la mer et de l'air *(quaeque aetheris alti Religio)*, les astres, les divinités infernales [1] : ils ne parlent pas du ciel. Quand Nisus atteste le ciel et les astres, témoins de ce qu'il a fait, il veut dire simplement les astres fixés à la voûte du ciel [2].

Le dieu Caelus n'a aucun rapport avec la légende d'Énée; il est inconnu des anciens Latins : Virgile n'a pas à s'en occuper dans le poème où il veut concilier la légende d'Énée avec les antiques traditions religieuses du Latium.

II

Gaia occupe une place importante dans la théogonie d'Apollonios. Le poète des *Argonautiques* distingue nettement les trois déesses de la terre qui appartiennent à trois générations différentes : Gaia, Rhéa, Déméter.

La plus ancienne, Gaia, est pour Apollonios une divinité infernale : elle n'a pas encore à l'époque homérique [3] ce caractère qu'Eschyle lui attribue. Le chœur des *Perses* [4] invoque Gaia parmi les divinités qui règnent sur les morts. Jason, à son arrivée en Colchide, verse dans le Phase des libations d'un vin sans mélange en l'honneur de Gaia et des héros morts [5].

---

1. *Én.*, XII, v. 176-182; v. 197-199.
2. *Én.*, IX, v. 429 : ...*Caelum hoc et conscia sidera testor.*
3. Decharme, *Mythol.*, p. 362 : « On voit qu'aux temps homériques Gaia se distingue nettement des divinités infernales qui habitent dans ses entrailles. »
4. *Les Perses*, v. 629-640.
5. *Argon.*, II, v. 1273.

Ce sacrifice de Jason s'adresse bien à la Gaia, déesse infernale, et non à la *terre* de Colchide où le héros vient d'aborder. C'est ainsi qu'à son arrivée en Italie Énée invoque *Tellus*, la plus ancienne des divinités [1]. En effet, dans l'*Énéide*, *Tellus Mater* ou *Terra Mater*, nettement distinguée de Rhéa-Cybèle et de Déméter-Cérès, correspond exactement à la Gaia des *Argonautiques* [2]. Déesse antique et redoutée, elle est, suivant la tradition hésiodique, la sœur aînée de la Nuit, mère des Euménides [3] : dans les cérémonies du sacrifice nocturne qu'il offre aux dieux d'en bas, Énée invoque à la fois les deux sœurs. Mais, s'il adresse des prières et des sacrifices à la Terre, Énée ne jure pas par sa divinité comme les Colchiens d'Apollonios jurent par la divinité de Gaia. Quand le roi italien et le héros troyen s'engagent par un serment solennel, Énée prend à témoin entre autres divinités non pas la déesse de la Terre, mais cette terre d'Italie pour laquelle il a pu supporter de si rudes travaux [4]. Latinus, à son tour, jure par les mêmes divinités qu'Énée [5]; aussi, quand nous l'entendons invoquer la Terre, faut-il comprendre la terre d'Italie. C'est ainsi que Virgile renouvelle l'antique formule du serment que les dieux homériques et les Colchiens des *Argonautiques* prêtaient devant Gaia, en l'adaptant spécialement à la déesse de la terre romaine.

Divinité infernale et redoutée, Gaia est, dans les *Argonautiques*, la déesse malfaisante de la terre. Alors

---

1. *Én.*, VII, v. 136 : ...*primamque deorum Tellurem*.
2. Sur *Terra* et *Tellus*, voir Preller-Jordan, *ouvr. cité*, zweiter Band, p. 2 et suiv.
3. *Én.*, VI, v. 250 : ...*matri Eumenidum magnaeque sorori.* Cf. Hésiode, *Théogon.*, v. 116 et 123.
4. *Én.*, XII, v. 176 :
> *Esto nunc Sol testis et haec mihi Terra vocanti,*
> *Quam propter tantos potui perferre labores.*

Servius : « *Ac si diceret* : O Italica terra, testis esto. »
5. *Én.*, XII, v. 197 : *Haec eadem, Aenea, Terram, Mare, Sidera, iuro.*

qu'elle était l'épouse d'Ouranos, elle a eu de lui la race des Titans, qui représentent, en quelque sorte, sa postérité légitime [1]. Mais elle a conservé sa puissance génératrice après la mutilation d'Ouranos. Pour se venger des dieux qui ont succédé à son compagnon, elle use de cette puissance en créant des êtres monstrueux et funestes.

Sans doute, elle est, dans les *Argonautiques*, comme dans la *Théogonie*, la mère des Cyclopes, soumis au roi Zeus pour qui ils forgent la foudre [2]. Mais, comme Hésiode, Apollonios lui attribue la maternité de beaucoup de monstres horribles.

Celui de tous ces enfants de Gaia qui nous paraît le plus effrayant, parce que sa description sommaire et peu précise laisse beaucoup à faire à l'imagination, c'est le monstre anonyme auquel Apollonios compare le sauvage Amycos : « Il semblait le fils du funeste Typhoeus, ou même l'être qu'autrefois Gaia, dans sa colère contre Zeus, mit au monde [3]. » On connaît Typhoeus, qui, suivant la *Théogonie* d'Hésiode, est né de Gaia [4], après que Zeus eut chassé les Titans du ciel. Nous verrons qu'Apollonios établit une distinction entre Typhoeus et Typhaon, que les mythographes confondent d'ordinaire. Mais nous ne savons rien du monstre que Gaia enfanta dans sa colère contre Zeus. Le Scoliaste ne donne aucun renseignement précis : « On dit que Gaia furieuse, car Zeus avait tué les Titans, enfanta les géants [5]. »

Il est évident qu'Apollonios ne fait pas ici allusion aux géants. Le passage des *Argonautiques* est traduit

---

1. Cf. *Én.*, VI, v. 580 : *... genus antiquum Terrae, Titania pubes.*
2. *Théogon.*, v. 139 et suiv.; *Argon.*, I, v. 510, 730. — Hésiode semble admettre que les Cyclopes sont nés d'Ouranos et de Gaia ; cf. *Théogon.*, v. 147, ἄλλοι δ' αὖ Γαίης τε καὶ Οὐρανοῦ... Apollonios cite la mère, mais non le père des Cyclopes. Virgile ne dit pas de qui les forgerons divins sont nés.
3. *Argon.*, II, v. 38-40.
4. *Théogon.*, v. 821.
5. Scol. *Argon.*, II, v. 40.

à peu près textuellement dans l'*Énéide* [1]; mais Virgile
ne peut nous renseigner sur le monstre peu clairement
indiqué par Apollonios, puisque, modifiant à son gré
la légende alexandrine, il désigne par les expressions
empruntées à son devancier l'effrayante Renommée
enfantée, suivant lui, par la Terre que la colère des
dieux Olympiens, meurtriers des Titans, a poussée à
bout.

On connaît la description fameuse que Virgile donne
de la Renommée. Macrobe [2] a fait remarquer que le
portrait de la *Fama* virgilienne est tracé d'après celui
de l'*Éris* homérique [3]. Nous ne savons où Virgile a pris
la tradition d'après laquelle la Renommée est fille de
la terre; peut-être le poète latin, sans autre autorité
que sa fantaisie, s'est-il permis de modifier le texte
d'Apollonios en attribuant à la Renommée ce qui, dans
les *Argonautiques*, se rapporte à un monstre inconnu.

Pour Homère, en effet, la Renommée, *Ossa*, messagère de Zeus[4], n'est qu'une divinité abstraite, sans
légende. La Renommée, *Phémé*, est, dit Hésiode [5],
une déesse; mais *les Œuvres et les Jours* ne donnent
aucun renseignement sur l'origine de cette déesse qui
n'est pas mentionnée dans la *Théogonie*. Honorée à
Athènes, où elle avait un autel [6], Phémé est souvent
citée par les auteurs attiques; Sophocle dit qu'elle est
la fille immortelle de l'Espérance d'or [7]. On le voit,
cette tradition sur l'origine de la Renommée, la seule
peut-être que nous rencontrions avant Virgile, diffère
singulièrement de celle qui nous est donnée par

---

1. *Én.*, IV, v. 178: *Illam Terra parens ira irritata deorum... Progenuit.*
Argon., II, v. 38: ...αὐτῆς Γαίης... πέλωρ τέκος, οἷα πάροιθεν χωομένη
Διὶ τίκτεν.
2. *Saturn.*, V, XIII.
3. *Iliad.*, IV, v. 440 et suiv.
4. *Iliad.*, II, v. 93 : ..."Οσσα... Διὸς ἄγγελος. — Cf. *Odyssée*, XXIV, v. 413.
5. *Œuvres et Jours*, v. 759-762.— Cf. v. 762 : ...Θεός νύ τίς ἐστι καὶ αὐτή.
6. Pausanias, I, 17, 1. Σφίσι [τοῖς Ἀθηναίοις] βωμός ἐστι... Φήμης.
7. *Œdipe-Roi*, v. 157 : ...ὦ χρυσέας τέκνον Ἐλπίδος, ἄμβροτε Φάμα.

l'*Énéide*. Déesse allégorique, née d'une autre allégorie, l'Espérance, la Renommée semble n'avoir jamais été dans la mythologie grecque autre chose qu'une abstraction. Apollonios n'en fait jamais une divinité : le mot φήμη ne se trouve pas dans les *Argonautiques*, et les mots ὀμφή[1] et ὄσσα[2] signifient simplement un *bruit*, une *tradition*.

C'est cependant à Apollonios que Virgile emprunte l'idée de l'épisode de la Renommée, au Chant IV de l'*Énéide*, comme il lui a emprunté, en modifiant l'esprit du texte grec, la généalogie de la déesse. En effet, pour que le mariage de Jason et de Médée soit authentique et irrévocable, Héra prend soin de répandre à ce sujet des bruits exacts[3] : c'est aussi pour annoncer à tous cette union de Didon et d'Énée, dont Junon voudrait faire un mariage définitif, que la Renommée parcourt le monde.

Mais les bruits répandus par la Renommée n'auront que de funestes conséquences : déesse impie, la fille de la Terre est une messagère de mauvaises nouvelles. Elle annonce à Didon qu'Énée se prépare à l'abandonner[4]. Quand la reine a péri sur le bûcher, la déesse se déchaîne par la ville qu'elle bouleverse, heureuse d'apprendre ce malheur aux Carthaginois[5]. Elle vole, pour annoncer à Évandre que la guerre est déclarée, pour répandre la terreur et faire redoubler les prières des mères anxieuses[6]. Plus tard, elle s'empresse à tire d'ailes pour changer cette terreur et cette anxiété en douleur et en désespoir, pour faire savoir à la mère d'Euryale la mort du jeune homme[7],

---

1. *Argon.*, IV, v. 1382.
2. *Argon.*, III, v. 1111.
3. *Arg.*, IV, v. 1184.
4. *Én.*, IV, v. 298 : ...*impia Fama*.
5. *Én.*, IV, v. 666 : ...*concussam bacchatur Fama per urbem*.
6. *Én.*, VIII, v. 554 : *Fama volat*...
7. *Én.*, IX, v. 473 : ...*volitans pinnata per urbem Nuntia Fama ruit*.

à Évandre la mort de Pallas[1]. — Ce rôle malfaisant que la Renommée joue dans l'*Énéide* explique que Virgile lui donne pour mère la déesse méchante de la terre, de qui les monstres sont nés : elle ne mérite plus le nom de fille de l'Espérance sous lequel le chœur d'*Œdipe-Roi* l'invoquait.

Peut-être, par ce monstre dont il ne dit pas le nom et dont il indique si vaguement le caractère, Apollonios a-t-il voulu désigner tout simplement Typhoeus lui-même : en ce cas, Amycos serait comparable non seulement à un monstre, digne fils de Typhoeus, mais bien à cet être odieux qui, suivant la tradition hésiodique, fut enfanté par Gaia, furieuse de voir Zeus chasser les Titans du ciel.

L'auteur des *Argonautiques* donne des renseignements plus précis sur les autres enfants prodigieux de Gaia dont il fait mention dans son poème.

C'est suivant une tradition qui se trouve déjà dans les *Argonautiques* d'Hérodore[2] qu'Apollonios fait de ces monstres sauvages qui habitaient le mont des Ours, dans la presqu'île de Cyzique, des enfants de la terrible Gaia. Ces fils de la déesse, étranges prodiges aux yeux de leurs voisins, font mouvoir chacun six bras d'une force extrême : deux, fixés à leurs robustes épaules, et les quatre autres, plus bas, adaptés à leurs flancs monstrueux[3]. Ils sont d'une taille si démesurée qu'une fois tués par les héros et renversés sur le rivage, une moitié du corps enfoncée dans l'eau salée et l'autre étendue sur la terre ferme, le poète peut les comparer à des troncs d'arbres immenses que des bûcherons viennent d'abattre à coups de hache[4].

Ces monstres terribles, dit Apollonios, ont été sus-

---
1. *Én.*, XI, v. 139 : ...*Fama volans, tanti praenuntia luctus.*
2. Scol. *Argon.*, I, v. 943.
3. *Argon.*, I, v. 943 et suiv.
4. *Argon.*, I, v. 1006 et suiv.

cités par Héra : on peut s'étonner que la déesse qui protège Jason d'une manière si constante [1] expose les Argonautes à une lutte aussi dangereuse. « Mais cette lutte était un des travaux réservés à Héraclès [2]. » C'est, en effet, au moment où Jason et la plupart des héros font l'ascension du mont Dindymos pour se rendre compte par eux-mêmes des routes de la mer, que les enfants de Gaia attaquent Héraclès et les plus jeunes hommes restés au port avec lui; et les Argonautes, qui reviennent en hâte de la montagne, n'ont qu'à terminer le combat contre les Géants déjà vaincus par les flèches d'Héraclès.

Nous ne possédons aucune tradition qui mette cette lutte contre les Géants de Cyzique au nombre des douze travaux classiques ou des travaux supplémentaires d'Héraclès [3]. Agathocle de Cyzique raconte seulement qu'Héraclès, aidé du Pélasge Besbicos, tua les Géants qui essayaient d'obstruer l'embouchure du Rhyndacos, fleuve de Dolionie qui se jette dans la mer à une certaine distance de la presqu'île de Cyzique [4].

La tradition ordinaire, rapportée par Apollodore [5], est que les dieux appelèrent Héraclès pour les aider à exterminer les Géants dans la plaine de Phlégra. L'intervention d'Héraclès à la bataille de Phlégra est déjà mentionnée par Euripide [6]; par Timée [7] et par Éphore [8]; Strabon y fait aussi allusion [9].

---

1. Voir, plus bas, livre III, ch. I, HÉRA.
2. *Argon.*, I, v. 997.
3. Cf. Apollodore, II, 5; Decharme, *Mythol.*, p. 517 et suiv. — Apollodore ne parle pas non plus de cette lutte dans le récit qu'il fait de l'expédition des Argonautes. Les vieillards thébains qui, dans l'*Héraclès furieux* d'Euripide, chantent les louanges du héros, n'en parlent pas davantage.
4. *Fragm. Hist. Graec.*, vol. IV, p. 288, *Fragm.* 1.
5. Apollodore, I, 6, 1 ; II, 7, 1.
6. *Héracl. fur.*, v. 177-180, 1191-1192.
7. *Fragm. Hist. Graec.*, vol. I, p. 195, *Fragm.* 10. Cf. Diodore de Sicile, IV, XV et XXI.
8. *Fragm. Hist. Graec.*, vol. I, p. 255, *Fragm.* 70.
9. Strabon, VI, III, 5.

Apollonios parle bien de cette bataille contre les Géants ; mais il ne parle pas de la part qu'Héraclès y aurait prise : « Héphaistos — dit le poète — avait fait des dons merveilleux à Aiétès, en témoignage de sa reconnaissance pour Hélios qui l'avait recueilli sur son char, alors qu'il était épuisé par le combat de Phlégra [1]. » Le Scoliaste fait remarquer qu'Héphaistos est mis au nombre des dieux vainqueurs des Géants [2], mais que le poète prend prétexte de l'infirmité des pieds du dieu pour imaginer qu'il ait dû être recueilli sur le char d'Hélios et pour expliquer le motif de ses présents à Aiétès [3]. Il est encore question dans les *Argonautiques* du Phlégraien Mimas, Géant qu'Arès mit à mort [4].

Apollonios distingue donc la lutte traditionnelle des dieux aidés d'Héraclès contre les Géants phlégraiens du combat que le héros livra aux Géants de Cyzique. Le récit de ce combat est sans doute l'embellissement d'une légende locale, racontée par Déiochos ou Déilochos, historien qui naquit, ou, tout au moins, qui vécut à Cyzique [5]. Dans l'ensemble de l'épisode, Apollonios aurait suivi Déilochos [6] : mais, sans doute afin d'augmenter la gloire d'Héraclès, le poète aurait fait des simples paysans thessaliens dont parle l'historien [7], ou des brigands que mentionne Polygnoste, auteur d'un ouvrage sur Cyzique [8], des êtres monstrueux et terribles, fils de la déesse Gaia. — C'est, en somme, d'après des légendes locales et peu connues que l'auteur des *Argonautiques* raconte qu'il s'est trouvé à Cyzique des Géants monstrueux, fils de Gaia et ennemis d'Héraclès.

1. *Argon.*, III, v. 232-233.
2. Cf. Apollodore, I, 6, 2.
3. Scol. *Argon.*, III, v. 233.
4. *Argon.*, III, v. 1227. Cf. Euripide, *Ion.*, v. 215.
5. *Fragm. Hist. Graec.*, vol. II, p. 17.
6. Scol. *Argon.*, I, v. 1037 : Ἠκολούθηκε δὲ Ἀπολλώνιος Δηιλόχῳ.
7. Scol. *Argon.*, I, v. 989.
8. Scol. *Argon.*, I, v. 996.

C'est aussi d'après une tradition peu commune (Apollonios est le seul auteur ancien qui nous la fasse connaître) que Gaia est la mère du dragon infatigable qui veille autour de la toison d'or, à l'abri de la mort et du sommeil [1]. Les auteurs qui parlent du monstre, gardien de la toison, ne disent rien de son origine; Apollonios, au contraire, marque avec précision en quelles circonstances et en quel lieu il naquit de Gaia : « Gaia elle-même l'a enfanté sur les flancs boisés du Caucase, là où est la pierre typhaonienne, où l'on dit que Typhaon, frappé par le tonnerre du Cronide Zeus, alors qu'il avait mis sur lui ses fortes mains, vit couler goutte à goutte de sa tête son sang bouillant : blessé de la sorte, il vint aux monts et à la plaine de Nysa, où, maintenant encore, il gît englouti sous les eaux du marais Serbonis [2]. »

M. Decharme [3] identifie comme Maury [4] et Preller [5] Typhaon et Typhoeus, qui sont pour Apollonios comme pour Hésiode deux monstres bien distincts. Dans son récit, le poète alexandrin suit Hérodore qui avait raconté que Typhaon fut englouti sous les eaux du marais Serbonis, en Syrie [6]; Phérécyde, au contraire, disait, dans sa *Théogonie,* que Typhaon s'était réfugié sur le Caucase, et, une fois la montagne consumée par le tonnerre, en Italie, où l'île Pithécousa s'éleva au-dessus de lui [7]. D'après l'*Iliade*, Typhoeus, foudroyé par Zeus, fut enseveli sous les Arimes, mont de Cilicie ou de Lydie [8].

1. *Argon.*, II, v. 1208 ; IV, v. 151.
2. *Argon.*, II, v. 1209-1215.
3. Decharme, *Mythol.*, p. 274, n. 2.
4. Maury, *ouvr. cité*, t. I, p. 374.
5. Preller, *Griech. Mythol.*, dritte Auflage von E. Plew, 1872, erster Band, p. 55, n. 2.
6. Scol. *Argon.*, II, v. 1211.
7. Scol. *Argon.*, II, v. 1210.
8. *Iliad.*, II, v. 783. Εἰν Ἀρίμοις ὅθι φασὶ Τυφωέος ἔμμεναι εὐνάς. Scol. : Τὰ Ἄριμα οἱ μὲν ὄρος τῆς Κιλικίας φασίν, οἱ δὲ Λυδίας.

Virgile fait des deux monstres un seul et même personnage qu'il nomme Typhoeus et qu'il place parmi les fils de la Terre, à côté des Titans Coios et Iapet [1]. Pour ce qui est de la destinée de Typhoeus, l'*Énéide* donne deux traditions contradictoires : vaincu par Jupiter [2], il est plongé dans le Tartare, comme le veut la *Théogonie* hésiodique [3]. Descendu aux enfers, Hercule voit le monstre sans en être effrayé [4]. Dans un autre passage de son épopée, Virgile, par une sorte de confusion entre les deux légendes rapportées par l'*Iliade* et par la *Théogonie* de Phérécyde, dit que Typhoeus a été enseveli par l'ordre de Jupiter sous l'île d'Inarimé, que les Grecs nommaient Pithécousa et qui se nomme aujourd'hui Ischia [5]. Cette confusion entre les monts Arimes et l'île Inarimé se retrouve, après l'*Énéide*, dans d'autres poèmes latins, en particulier dans la *Pharsale* de Lucain et dans les *Puniques* de Silius Italicus [6]. Au demeurant, il faut remarquer que Virgile et Homère parlent de Typhoeus, Apollonios et Hérodore de Typhaon, et que nous n'avons d'autre autorité que celle du Scoliaste sur l'origine de la légende qui est racontée dans les *Argonautiques*.

C'est aussi le Scoliaste qui complète les indications données par Apollonios à propos de la naissance du dragon : « Le poète veut dire que, foudroyé sur la pierre typhaonienne, Typhaon répandit des gouttes de sang d'où naquit le serpent qui devait garder la

---

1. *Géorg.*, I, v. 278 :

  ... *Tum partu Terra nefando*
  Coeumque Iapetumque creat, saevumque Typhoea.

2. *Én.*, I, v. 665 : ...*tela Typhoea* (les traits dont Jupiter s'est servi pour vaincre Typhoeus).

3. *Théogon.*, v. 853 et suiv.

4. *Én.*, VIII, v. 298 : ...*non terruit ipse Typhoeus Arduus arma tenens.*

5. *Én.*, IX, v. 715 : ...*durumque cubile Inarime, Iovis imperiis imposta Typhoeo.*

6. Voir, sur la confusion entre les monts Arimes et l'île Inarimé, la note de Forbiger au v. 715 du Ch. IX de l'*Énéide*.

toison [1]. » On doit supposer que Gaia, fécondée par le sang de Typhaon, a donné naissance au dragon monstrueux, comme elle avait eu du sang d'Ouranos les Géants, les Érinyes et les Nymphes Méliennes [2].

Apollonios, d'ailleurs, fait naître d'autres serpents des gouttes de sang d'un autre monstre qui fécondent aussi la terre : « Lorsqu'au-dessus de la Libye volait le héros égal aux dieux, Persée-Eurymédon (c'est de ce dernier nom que sa mère l'appelait), portant au roi la tête de la Gorgone qu'il venait de couper, aussi nombreuses tombèrent sur le sol les gouttes de sang noir, aussi nombreux grandirent les serpents nés de chacune d'elles [3]. » Cette tradition sur la naissance des serpents de la Libye ne se trouve pas dans la légende de Persée telle que la racontent Phérécyde [4] et, d'après lui, Apollodore [5]. A en croire le Scoliaste de Nicandre [6], Apollonios lui-même, dans sa *Fondation d'Alexandrie*, aurait dit de tous les animaux féroces ce qu'il dit, dans les *Argonautiques*, des serpents de la Libye : « On ne trouve dans Hésiode, nulle part, que les serpents qui mordent soient nés du sang des Titans. Acousilaos dit que tous les animaux à la morsure dangereuse sont nés du sang de Typhaon. Apollonios de Rhodes, dans sa *Fondation d'Alexandrie*, qu'ils sont nés des gouttes du sang de la Gorgone. »

Cette explication qu'Apollonios donne de l'origine des nombreux serpents qui infestent la Libye semble être devenue classique chez les poètes latins.

Virgile rappelle que la tête de la Gorgone est placée sur l'égide de Pallas [7]. Il met les Gorgones au nombre

---

1. Scol. *Argon.*, II, v. 1210.
2. Hésiode, *Théogon.*, v. 182-187.
3. *Argon.*, IV, v. 1513-1517.
4. Scol. *Argon.*, IV, v. 1515.
5. Apollodore, II, 4.
6. Scol. *Thériaques*, v. 11.
7. *Én.*, II, v. 616 : ...*Gorgone saeva*. Cf. *Én.*, VIII, v. 438.

des monstres infernaux[1]; il montre la Furie Allecto infectée des poisons de la Gorgone[2]. Mais il ne parle pas des serpents de la Libye nés de la Terre fécondée par le sang de la Gorgone. Cette tradition, négligée par l'*Énéide*, se retrouvera dans les *Métamorphoses* et dans la *Pharsale*. En effet, Ovide paraphrase le passage des *Argonautiques* : « Persée, rapportant la tête du monstre à la chevelure de vipères, dépouille mémorable, fendait l'air qui cédait à ses ailes sifflantes. Alors que ce vainqueur planait au-dessus des sables de la Libye, des gouttes sanglantes tombèrent de la tête de la Gorgone; la Terre les reçut, leur donna la vie : ce sont autant de reptiles divers. Telle est l'origine des serpents dont cette terre est pleine et infestée[3]. » Lucain, à son tour, rappelle l'origine légendaire des serpents de la Libye, avant d'en faire le long catalogue descriptif : « La Libye, sol stérile qui n'a de champs féconds pour aucune semence utile, reçoit le venin corrompu qui coule de la tête de Méduse, et la funeste rosée de son sang affreux. La chaleur féconde ce sang que la Libye anime dans son sable facilement pénétré[4]. »

Comme le dragon qui veille sur la toison, celui qui garde les pommes d'or des Hespérides doit être né lui aussi de Gaia : du moins, Apollonios lui donne le nom de serpent *fils de la terre*[5]. Suivant le Scoliaste[6], Pisandre en faisait aussi un fils de Gaia, alors qu'Hésiode[7] et Phérécyde le faisaient naître soit de Typhaon seul, soit de Typhaon et d'Échidna : cette

---

1. *Én.*, VI, v. 289.
2. *Én.*, VII, v. 340 : ...*Gorgoneis Allecto infecta venenis*.
3. *Mét.*, IV, v. 614-619.
4. *Pharsal.*, IX, v. 696-699.
5. *Argon.*, IV, v. 1398 : ...χθόνιος ὄφις.
6. Scol. *Argon.*, IV, v. 1396.
7. Contrairement à cette assertion du Scoliaste qui cite quelque œuvre perdue d'Hésiode, la *Théogonie* (v. 333-335) fait naître de Phorcys et de Céto le serpent qui, aux extrêmes limites de la terre, garde les pommes d'or.

dernière tradition est adoptée par la plupart des auteurs anciens [1]. Il semble d'ailleurs qu'Apollonios se conforme aux croyances populaires en faisant des serpents les plus affreux les fils de Gaia fécondée par quelque monstre fabuleux. On sait que les devins de Telmesse répondirent à Crésus que le serpent est fils de la terre [2] : il est, pour les anciens Hellènes, le symbole de l'autochtonie [3].

En outre des monstres qu'il donne comme fils à Gaia, Apollonios cite incidemment certains autres personnages mythologiques qui, d'après quelques auteurs, étaient nés de la déesse. Mais nous ne trouvons pas à leur sujet des renseignements assez précis dans les *Argonautiques* pour en dégager l'opinion du poète sur leur origine.

Ainsi, il est question, au Chant I[er][4], des fils Aloïades, Otos et Ephialtès, qui, dans l'*Iliade*[5], sont bien les fils d'Aloeus, et, dans l'*Odyssée*[6], d'Iphimédéia unie à Aloeus ou à Poseidon. Hésiode[7] dit qu'ils passaient pour fils d'Aloeus et d'Iphimédéia, mais qu'en réalité, ils étaient nés de Poseidon uni à la femme d'Aloeus. D'autre part, Ératosthène[8] rapporte qu'ils étaient fils de Gaia, et que, si on les dit fils d'Aloeus, c'est parce qu'ils furent nourris par la femme de ce dernier. — Le texte des *Argonautiques* ne nous permet pas de décider quelle est la tradition adoptée par Apollonios. Virgile ne s'explique pas plus clairement qu'Apollonios sur l'origine des Aloïades : la Sibylle a vu dans

---

1. Apollodore, II, 5, 11 ; Hygin, *Fab.*, 151, etc. Virgile mentionne le dragon des Hespérides (*Én.*, IV, v. 484) sans donner aucun renseignement sur son origine.
2. Hérodote, I, LXXVIII : Ὄφιν εἶναι γῆς παῖδα.
3. Maury, *ouvr. cité*, t. I, p. 227-229 ; cf. note 1 de la p. 228.
4. *Argon.*, I, v. 482.
5. *Iliad.*, V, v. 386.
6. *Odyssée*, XI, v. 305 et suiv.
7 et 8. Scol. *Argon.*, I, v. 482. — Pour la légende des Aloïades, voir Decharme, *Mythol.*, p. 597-598.

le Tartare les deux fils d'Aloeus, ces géants monstrueux qui avaient essayé de prendre d'assaut le vaste ciel et de renverser Jupiter de son trône élevé [1]. Parlant en son propre nom, l'auteur des *Géorgiques* dit que la Terre a enfanté ces frères qui se sont ligués pour prendre le ciel d'assaut [2] : il semble qu'il désigne les Aloïades dont il ferait ainsi les fils de la Terre.

Quand les Argonautes naviguent vers la Mysie, ils passent en vue du grand tombeau d'Aigaiôn [3]. Cet Aigaiôn, dit le Scoliaste [4], est un héros mysien, ou plutôt le fils bien connu de Gaia que les dieux appelaient Briareus et les hommes Agaiôn [5]. Il est naturel que les Argonautes voient sur la côte de Mysie le tombeau d'Aigaiôn, ou plutôt le tertre élevé en son honneur, puisque Conon [6] rapporte que, vaincu par Poseidon, ce géant fut englouti dans la mer auprès de la côte où le tertre s'élève. D'après une autre tradition [7], Aigaiôn, s'enfuyant de l'Eubée, vint en Phrygie où il mourut : son tombeau pourrait en ce cas s'élever sur la côte. — Apollonios fait évidemment allusion à Aigaiôn-Briareus : mais il ne dit pas s'il voit en lui un fils de Gaia.

Briarée aux cent bras est placé dans le Tartare de *l'Énéide* [8]. Virgile rappelle qu'Égéon aux cent bras, aux cent mains, vomissait la flamme par cinquante bouches et cinquante poitrines lorsque, pour combattre la foudre de Jupiter, il choquait cinquante boucliers et brandissait autant d'épées nues [9] : mais le poète ne dit pas si Égéon-Briarée est le fils de la Terre.

---

1. *Én.*, VI, v. 582-584.
2. *Géorg.*, I, v. 280 : *Et coniuratos caelum rescindere fratres*.
3. *Argon.*, I, v. 1165.
4. Scol. *Argon.*, I, v. 1165.
5. *Iliad.*, I, v. 404.
6. Scol. *Argon.*, I, v. 1165.
7. Scol. *Argon.*, I, v. 1165. C'est Lucillus de Tarra qui rapporte cette dernière tradition.
8. *Én.*, VI, v. 287 : *...centumgeminus Briareus*.
9. *Én.*, X, v. 565-568.

Tels sont les êtres monstrueux et gigantesques, funestes pour la plupart, dont Apollonios attribue plus ou moins explicitement la maternité à Gaia. Il en est d'autres qui ne sont pas, à vrai dire, les fils de la déesse.

Par exemple, ce géant Tityos qui est représenté sur le manteau de Jason, tirant Létô par son voile [1], et qui est cité, dans le *Catalogue* des Argonautes, comme étant le père d'Europé, mère elle-même d'Euphémos [2]. Le grand Tityos a été enfanté par la divine Élaré, puis nourri et mis au monde de nouveau par Gaia [3]. Il n'est pas question de cette double naissance de Tityos dans Homère [4], qui le dit fils de Gaia, et dans Hésiode [5], qui le dit fils d'Élaré. Apollonios suit une tradition de Phérécyde, reproduite après lui par Apollodore [6] : « Phérécyde dit que Zeus, s'étant uni à Élaré, la fille d'Orchomène, l'enfonça dans la terre, quand elle fut enceinte de lui, car il craignait la jalousie d'Héra. Quand elle fut morte, la terre mit au jour Tityos, qui fut, à cause de cela, nommé fils de la terre [7]. » Cette tradition rappelle la légende bien connue de la double naissance de Dionysos, légende dont il n'est pas encore question non plus dans Homère et dans Hésiode.

Gaia ne prend pas une part active à l'enfantement de Tityos. Alors qu'il a été déjà conçu par Élaré, elle se borne à le garder dans ses entrailles jusqu'au moment de sa naissance. La déesse fait pour Tityos ce que la terre, dont elle est la personnification divine, fait journellement pour les semences qu'on lui confie.

Dans l'*Énéide*, comme dans les *Argonautiques*, la

---

1. *Argon.*, I, v. 759 et suiv.
2. *Argon.*, I, v. 179 et suiv.
3. *Argon.*, I, v. 761-762.
4. *Odyssée*, XI, v. 576.
5. Hésiode-Didot, *Fragm.* CLXX.
6. Apollodore, I, 4.
7. Scol. *Argon.*, I, v. 761.

Terre est la gardienne nourricière et non la mère de Tityos [1].

Aussi bien que Tityos, les Géants, nés des dents du dragon de Thèbes semées par Jason dans le champ d'Arès, méritent le nom de *fils de Gaia* [2].

Le dragon de Thèbes, que quelques auteurs disent fils d'Arès [3], était, sans doute, né de Gaia, comme le dragon qui garde la toison d'or. Les dents du monstre sont une semence qui sera jetée dans la terre et d'où naîtra une merveilleuse et terrible moisson de Géants. Ces Géants sortent du sol comme le blé : « Quand j'ai fendu avec ma charrue la jachère d'Arès, — dit Aiétès à Jason, — ce n'est pas la semence de Déméter, ce n'est pas la graine que je jette dans les sillons. Mais j'y lance les dents d'un terrible serpent, qui croissent sous la forme nouvelle d'hommes armés... Au moment où le soir arrive, je termine la moisson [4]. » Et, dans tout cet épisode de sa lutte avec les Géants, Jason fait l'œuvre d'un semeur qui confie à la terre une semence insolite et d'un moissonneur qui fauche avec l'épée une moisson monstrueuse. Alors qu'il jette les dents du serpent dans le champ labouré à grand'peine, il attend « l'attaque des hommes nés de la terre, funeste moisson qui va sortir du sol » [5]. Bientôt, en effet, « par tout le champ on voit s'élever, comme des épis, les fils de la terre [6], » que l'épée de Jason moissonne au hasard [7].

Gaia a produit ces hommes monstrueux, comme les

---

[1]. *Én.*, VI, v. 595 : *...Tityon Terrae omniparentis alumnum.* — Le mot *alumnus* (alo) indique bien que Tityos est le nourrisson et non le fils de la Terre. Je ne puis admettre l'interprétation de Heyne : « Alumnum *accipiam pro filio, ut Homer.* γαίης ἐρικυδέος υἱόν. *Volunt tamen Intpp. poetam alteram narrationem sequi, qua ex Elara susceptus a Tellure utero fuit gestatus.* »

[2]. Γηγενέων ἀνδρῶν, *Argon.*, III, v. 1048, 1338, 1347, etc.

[3]. Apollodore, III, 4, 1, etc.

[4]. *Argon.*, III, v. 411-418.

[5]. *Argon.*, III, v. 1338.

[6]. *Argon.*, III, v. 1354.

[7]. *Argon.*, III, v. 1382-1391.

champs, ouverts par la charrue, produisent le blé. Dans les *Argonautiques*, la déesse primitive de la terre se confond souvent avec la terre elle-même : si les Colchiens invoquent Gaia dans leurs serments, si Jason lui fait des sacrifices, c'est une déesse de la génération postérieure à celle d'Ouranos et de Gaia, c'est Rhéa, épouse de Cronos, qui semble être pour les héros d'Apollonios la vraie divinité du sol dont elle demeure toujours distincte.

En résumé, Apollonios conserve et exagère même le caractère homérique et hésiodique de Gaia, considérée comme la déesse primitive du sol, divinité créatrice à l'origine d'êtres monstrueux et malfaisants. Il ne la confond pas, comme fait Solon [1], avec la mère très grande et très bonne des dieux Olympiens. Les Argonautes ne saluent pas en elle, comme fait l'auteur de l'*Hymne homérique* [2], la mère universelle qui nourrit tout, qui donne aux hommes des enfants et des fruits, qui couvre de moissons les champs de ses protégés.

Les moissons que Gaia produit, ce sont les Géants de fer que Jason doit faucher; les enfants qu'elle met au monde, ce sont les monstres de Cyzique qu'Héraclès doit abattre. Tous les êtres prodigieux et terribles que les Argonautes ont à combattre, ou qui sont nés autrefois pour le malheur des hommes et l'ennui des Olympiens, sont fils de Gaia. Dans les *Argonautiques*, comme dans les anciennes traditions auxquelles Apollonios reste fidèle, la mère des dieux, la déesse bienfaisante de la terre, c'est Rhéa.

Terra a, dans l'*Énéide*, un attribut qu'elle n'a pas dans les *Argonautiques* et qui semble au premier abord en contradiction avec le caractère malfaisant qu'Apollonios donne à la déesse. Elle remplit comme Junon le rôle de déesse *pronuba*, au moment de l'union

---

1. Solon (*Fragm.* 36, édit. Bergk) : Μήτηρ μεγίστη δαιμόνων Ὀλυμπίων, ἀρίστα Γῆ μέλαινα.
2. *Hymne homérique* XXX (Homère-Didot).

furtive de Didon et d'Énée [1] : dans le passage correspondant des *Argonautiques,* il n'était pas question de Gaia; Héra présidait seule aux noces de Jason et de Médée [2]. Sans doute, on a remarqué que *Terra* est souvent au nombre des divinités invoquées dans les mariages romains [3]. Il n'y aurait pas d'impossibilité à ce que Gaia figurât aussi dans un mariage grec : on a vu que pour l'auteur de l'*Hymne homérique* la Terre est, comme dans l'*Énéide,* la mère universelle [4]. Gaia est souvent confondue avec Hestia [5], et, en définitive, c'est elle qui en s'unissant à Ouranos, a donné le premier exemple du mariage.

Mais je crois qu'en faisant assister Terra à l'union funeste de Didon, qui sera bientôt proclamée par sa fille impie, la Renommée, Virgile conserve à la déesse de la terre le rôle malfaisant qui lui est donné par les *Argonautiques.* Si l'on compare les deux descriptions d'Apollonios et de Virgile, on voit que le mariage de Didon n'est qu'une triste parodie de celui de Médée : le chant nuptial des Nymphes phaiaciennes [6] est remplacé par les tristes hurlements des Nymphes de Libye [7]. L'union de Didon et d'Énée est accompagnée de tous les présages funestes nécessaires pour annoncer les malheurs qui suivront la faiblesse fatale de la reine [8]. La malfaisante Terra, mère des monstres, est à sa place dans cette cérémonie pénible.

1. *Én.,* IV, v. 166.
2. *Argon.,* IV, v. 1151 et suiv.
3. Cf. Servius, *ad Aen.,* IV, v. 166 : « *Quidam sane tellurem praeesse nuptiis tradunt, nam et in auspiciis nuptiarum vocatur.* » Voir aussi les notes de Heyne *(Én.,* IV, v. 166-168, *à la fin),* de Benoist, etc.
4. Cf. *Én.,* VI, v. 595 : ...*Terrae omniparentis;* XII, v. 900 : *Qualia nunc hominum producit corpora Tellus.*
5. Preller, *Griech. Mythol.,* erster Band, p. 344, note 2.
6. *Argon.,* IV, v. 1143-1160.
7. *Én.,* IV, v. 168 : ...*summoque ululārunt vertice Nymphae.*
8. *Én.,* IV, v. 166-168. Cf. Servius, *ad Aen.,* IV, v. 166 : « *Nam secundum Etruscam disciplinam nihil tam incongruum nubentibus quam terrae motus vel caeli... Cum ait fulsisse ignes, infaustum conubium videtur ostendere.* »

CHAPITRE III

LA DEUXIÈME GÉNÉRATION HÉSIODIQUE

(CRONOS ET RHÉA, SATURNE ET CYBÈLE)

I. La légende de Cronos dans les *Argonautiques*. Cronos fils d'Ouranos. Sens du mot *ouranide* dans les *Argonautiques*.

L'aventure de Cronos avec Philyra dans les *Argonautiques* et dans les *Géorgiques* de Virgile. Traditions sur la naissance de Chiron.

Cronos détrôné par Zeus. Traditions diverses sur le sort de Cronos après son expulsion de l'Olympe. La mer de Cronos.

II. Le dieu latin Saturne confondu avec Cronos. Saturne père de Jupiter, de Junon, de Neptune. L'âge d'or sous le règne de Cronos Olympien et l'âge d'or sous le règne de Cronos-Saturne, dieu et roi du Latium.

III. Rhéa. Indications sur Rhéa données par l'*Iliade* et par la *Théogonie*. Rhéa confondue avec la déesse asiatique Cybèle. Virgile donne une origine crétoise à Rhéa-Cybèle. La mère du mont Ida. La légende de Rhéa dans les *Argonautiques*. D'après Apollonios, ce sont les Argonautes qui instituent le culte phrygien de Rhéa. Rhéa honorée à Cyzique sous le nom de Mère Dindymène. Pouvoir souverain de cette déesse mère des dieux ; respect que Zeus a pour elle. Vénération du Jupiter de l'*Énéide* à l'endroit de Cybèle.

Cérémonies des Argonautes en l'honneur de Rhéa ; le *xoanon* de la déesse ; danses religieuses.

Titias et Cyllénos, les Dactyles Crétois, invoqués en même temps que Rhéa. Traditions sur les Dactyles. Rhéa, la Mère *Antaié*. Rhéa, déesse des montagnes et de la terre cultivée. Caractère bienfaisant et fécond de Rhéa.

IV. Distinction à établir entre les Courètes, les Corybantes, les Telchines, les Cabires et les Dactyles Idaiens. Les Courètes Crétois nourriciers de Zeus enfant. Adrestéia, sœur des Courètes ; la balle qu'elle donne comme jouet au petit dieu. Distinction entre Adrestéia, sœur des Courètes, et Adrestéia, divinité phrygienne assimilée à Némésis.

Les Courètes d'Acarnanie. Électra et les Cabires de Samothrace. Les Argonautes initiés par Orphée aux mystères cabiriques de Samothrace. Toutes les légendes qu'Apollonios donne sur les Dactyles et les Cabires semblent procéder des doctrines orphiques.

V. Cybèle dans l'*Énéide*. Antiquité du culte de la déesse à Troie et à Rome, d'après Virgile. Chloreus, prêtre troyen de Cybèle; Cybèle et Créuse. Renseignements donnés par Tite-Live sur l'introduction récente du culte de Cybèle à Rome. Ovide concilie la légende de l'*Énéide* avec le récit historique de Tite-Live. La Cybèle de l'*Énéide* est la déesse du mont Bérécynte, de l'Ida de Crète et de l'Ida de Phrygie, du Dindymos. Toute-puissance de la mère des dieux.

Prodiges accomplis à la demande de Cybèle. Virgile veut faire de Cybèle une déesse nationale de Rome. Il néglige tous les détails érudits donnés par Apollonios sur le cortège de Rhéa. La Cybèle de l'*Énéide* n'est que la mère vénérée et puissante de Jupiter.

I

La légende de Cronos est, comme celle d'Ouranos, à peine indiquée par Apollonios; le poète s'occupe bien davantage de Rhéa comme de Gaia. Dans les *Argonautiques*, en effet, les déesses et les femmes ont une place beaucoup plus importante que les hommes et que les dieux.

Cronos est le propre fils d'Ouranos [1] : il faut remarquer à ce propos que le mot *ouranide* n'a pas le même sens suivant qu'Apollonios l'applique à Cronos ou aux dieux en général. Quand Phinée rappelle aux Argonautes combien il est haï des *ouranides* [2], il désigne par ce mot les *habitants du ciel (caelicolae)*, compagnons et sujets de Zeus, et non les *fils d'Ouranos*, épithète qui ne saurait s'appliquer aux Olympiens. C'est ainsi que, dans l'*Iliade*, le mot οὐρανίωνες signifie tantôt, au sens propre, les Titans, fils d'Ouranos [3], tantôt, en général, les dieux célestes [4].

Pour ce qui est de la légende de Cronos, on a déjà vu que, d'après la théogonie d'Orphée, ce dieu enlève à Ophion la souveraineté du monde [5]; on a aussi fait

---

1. *Argon.*, II, v. 1232 : Οὐρανίδης... Κρόνος.
2. *Argon.*, II, v. 342 : ...οὐρανίδῃσιν. — Ici, Merkel écrit, comme il convient ce mot avec une minuscule initiale.
3. *Iliad.*, V, v. 898.
4. *Iliad.*, I, v. 570; V, v. 373.
5. *Argon.*, I, v. 505. — Cf., plus haut, ch. I, p. 5.

remarquer avec quelle réserve le poète rappelle par une simple allusion le crime commis par l'Ouranide sur la personne de son père [1]. Il faut noter, par contre, avec quelle complaisance Apollonios insiste sur une aventure scandaleuse et ridicule de Cronos, qui n'était pas mentionnée dans la *Théogonie* hésiodique. « Alors qu'il régnait dans l'Olympe sur les Titans... l'Ouranide Cronos, trompant Rhéa, s'unit à Philyra. La déesse, pendant qu'ils étaient dans le lit, les y surprit : Cronos bondit hors de la couche et s'enfuit, semblable par la forme à un cheval à l'épaisse crinière. Et, quittant, pleine de honte, ces lieux, son séjour habituel, l'Océanide Philyra vint dans les longues chaînes de montagnes des Pélasges où elle enfanta le monstrueux Chiron, semblable à la fois à un dieu et à un cheval, fruit de cette union équivoque [2]. »

Cette fuite du mari coupable qui, pris sur le fait par sa femme, se transforme en cheval pour mieux s'échapper, est un épisode de comédie qui semble imaginé par Apollonios. Tout au moins ne voyons-nous nulle part qu'il en soit question dans quelque ouvrage antérieur aux *Argonautiques* [3]; et Virgile traduit presque littéralement ce passage du poème alexandrin, quand il montre « Saturne, à l'arrivée de sa femme, répandant sa crinière sur son cou de cheval et, dans sa fuite rapide, remplissant le haut Pélion d'un hennissement aigu » [4]. Mais ce n'est pas dans

---

1. *Argon.*, IV, v. 986. — Cf., plus haut, ch. II, p. 28.
2. *Argon.*, II, v. 1231-1241. L'expression *union équivoque* ne traduit pas exactement les mots grecs ἀμοιβαίη εὐνῇ, qu'il est difficile de rendre avec précision. Merkel dit bien : « ἀμοιβαίη *explicari adhuc non potuit, vix tamen ut corrigere tutum sit.* » Mais le sens général se comprend sans peine : Chiron a les deux formes à la fois du dieu et du cheval, à cause des deux formes prises successivement par Cronos au moment de la conception.
3. L. von Sybel et M. Mayer n'en signalent aucun dans les articles *Cheiron* et *Kronos* du *Lexicon der... Mythologie* de Roscher.
4. *Géorg.*, III, v. 93 :
   ...Iubam cervice effudit equina
   Coniugis adventu pernix Saturnus et altum
   Pelion hinnitu fugiens implevit acuto.

l'*Énéide* que l'on retrouve l'épisode scabreux de l'épopée alexandrine : le poète latin y fait allusion dans ces *Géorgiques* où l'on entendra la Nymphe Clymène raconter tout au long la chronique scandaleuse de l'Olympe [1].

Les auteurs anciens ne sont pas d'accord sur l'origine de Chiron. La *Théogonie* hésiodique fait de Chiron le fils de Philyra [2] et le désigne par l'épithète de Philyride, comme un de ces enfants, nés de père inconnu, qui portent le nom de leur mère. Suidas, l'auteur des *Thessaliques*, dit que Chiron était, comme tous les centaures, fils d'Ixion et frère de Peirithoos [3]. Mais cette origine de Chiron ne semble pas généralement adoptée : « L'auteur de la *Gigantomachie* dit que Cronos, métamorphosé en cheval, s'unit à Philyra, et qu'à cause de cela Chiron, qui naquit d'eux, fut un hippocentaure [4]. » Nous ne connaissons rien de ce poème, ni la date à laquelle il fut composé, ni le nom de son auteur. On l'a identifié avec la *Titanomachie*, poème cyclique [5]; on l'a attribué à Eumélos [6]; quoi qu'il en soit, tout semble incertain à propos de la *Gigantomachie*, et il est sage de se rendre à l'opinion de H. Keil qui en place l'auteur inconnu parmi les *Incerti poetae* [7]. Le plus ancien auteur qui, à notre connaissance, ait fait naître Chiron de Cronos et de Philyra est donc Phérécyde : « Phérécyde dit que Cronos, changé en cheval, s'unit à Philyra, fille d'Océanos, et qu'à cause de cela Chiron eut la double forme de l'homme et du cheval [8]. » C'est la tradition communé-

---

1. *Géorg.*, IV, v. 345 et suiv.
2. *Théogon.*, v. 1001 : Χείρων Φιλυρίδης.
3. Scol. *Argon.*, I, v. 555; II, v. 1231.
4. Scol. *Argon.*, I, v. 554.
5. Homère-Didot, p. 585. — Sur la *Titanomachie*, voir M. Croiset, *Hist. Litt. grecque*, t. I, p. 452.
6. Weichert, *Ueber das Leben und Gedicht des Apollonius von Rhodus*, Meissen, 1821, p. 198.
7. H. Keil, édit. Merkel d'Apollonios, *Index Scriptorum*, p. 540, col. 2.
8. Scol. *Argon.*, II, v. 1231.

ment adoptée depuis Phérécyde[1]. Mais Apollonios se garde bien d'accepter cette tradition telle quelle : le scepticisme érudit du Musée d'Alexandrie veut tout expliquer à force de subtilité. L'auteur des *Argonautiques*, qui a lu les comédies d'Aristophane où les dieux sont tournés en ridicule, et qui connaît les doctrines médicales de ses illustres concitoyens Hérophile et Érasistrate, sait bien que Castor, Pollux, Persée, pour avoir été conçus de Zeus changé en cygne ou en pluie d'or, n'en ont pas moins été des héros semblables aux plus beaux des fils des hommes. Il imagine donc des péripéties auxquelles l'auteur de la *Gigantomachie* et Phérécyde n'avaient certes pas pensé : la double nature du centaure est due aux deux formes successives que Cronos a revêtues au moment où Chiron fut conçu. Le poète, qui croit médiocrement aux dieux dont il écrit l'histoire en savant, s'amuse à attribuer à Cronos le ridicule bourgeois d'un mari de comédie surpris en flagrant délit par une femme jalouse : Chiron supportera les conséquences de la frayeur de son père. — Ces érudites parodies de la légende traditionnelle ne sont pas rares dans les *Argonautiques*, où les entreprises amoureuses de Zeus sont encore plus raillées que celles de Cronos.

Détrôné par Zeus, Cronos se retire sur les bords de la mer Adriatique : Apollonios ne parle pas de cet exil d'une manière explicite, mais il nomme souvent la mer de Cronos[2]. « Il désigne ainsi, dit le Scoliaste[3], la mer Adriatique, car on rapporte que Cronos habita ces régions. » La légende de la fuite de Cronos au bord de la mer Adriatique ne se trouve ni dans l'*Iliade*[4] et la *Théogonie*[5], où il est dit que Zeus précipita son

[1]. Apollodore, I, 2, etc.
[2]. *Argon.*, IV, v. 327 : ...Κρονίην... ἅλα. Cf. v. 509, 548.
[3]. Scol. *Argon.*, IV, v. 327.
[4]. *Iliad.*, VIII, v. 479; XIV, v. 203, 274; XV, v. 225.
[5]. *Théogon.*, v. 851.

père au fond du Tartare, ni dans *les Œuvres et les Jours* [1], où Cronos est représenté comme le roi des îles bienheureuses, voisines de l'Océan et habitées par les héros. Postérieure à l'époque d'Homère et d'Hésiode, la légende du séjour de Cronos au bord de l'Adriatique semble, avant d'être indiquée par Apollonios, se trouver dans l'œuvre d'Eschyle. Prométhée dit bien que, d'après ses conseils, Zeus relégua Cronos au fond du Tartare [2]; mais il donne à la mer Adriatique le nom de grand golfe de Rhéa [3] : ce qui semble une allusion à l'exil de Cronos, exil qui aurait été partagé par Rhéa. D'autre part, une tragédie perdue d'Eschyle [4] rappelait que Cronos avait fondé des villes en Sicile, entre autres la cité de Cronia, nommée plus tard Hiéra.

II

On sait combien la tradition de la fuite de Cronos dans le Latium est devenue populaire en Italie. Virgile ne parle pas comme Apollonios de la mer de Cronos, mais bien de la terre de Saturne, qui est le Latium [5], où le dieu proscrit fit revivre l'âge d'or pour ses nouveaux concitoyens [6]. La légende latine pouvait à la rigueur s'autoriser de la mention qui est faite dans les *Argonautiques* de la mer de Cronos.

---

1. *Œuvres et Jours*, v. 169 et suiv.
2. Eschyle, *Prométhée*, v. 219.
3. Eschyle, *Prométhée*, v. 837.
4. Eschyle-Didot, p. 244, *Fragm.* 264.
5. *Géorg.*, II, v. 173: ...*Saturnia tellus.* Cf. *Énéid.*, VIII, v. 329; *Énéid.*, I, v. 569: ...*Saturniaque arva*, etc.
6. *Én.*, VIII, v. 319:
   Primus ab aetherio venit Saturnus Olympo,
   Arma Iovis fugiens...
   Aurea quae perhibent illo sub rege fuerunt
   Saecula.

Mais, en Italie, les traditions qui concernent le fils d'Ouranos prennent une importance qu'elles ne pouvaient avoir en Grèce. Cronos est, en effet, identifié avec le vieux Saturne, dieu local du Latium primitif. Toute la légende particulière de Saturne vient compléter ou modifier celle de Cronos.

Protecteur de l'agriculture, Saturne a une faux ou une serpe [1], qui ne sert pas à accomplir les crimes affreux dont le δρέπανον de Cronos s'est souillé [2]. Comme Cronos était le père de Zeus, d'Héra, de Poseidon, Saturne est le père de Jupiter [3], de Junon [4], de Neptune [5]. Comme le Cronos *des Œuvres et des Jours* [6], le Saturne de l'*Énéide* a donné l'âge d'or à l'humanité avant le règne de Zeus-Jupiter [7].

Puis, une fois ce règne arrivé, le père de Zeus-Jupiter, exilé en Italie, partage avec Janus le titre de grand dieu du Latium [8]. Dans ce pays tranquille dont il est le roi en même temps que le dieu, où il fait revivre pour un seul peuple l'âge d'or qui avant sa chute du trône céleste avait été commun à l'humanité entière, il semble oublier l'empire olympien qu'il a perdu. Il se crée une nouvelle famille et devient le père d'un ancêtre de Latinus, Picus, qui se trouve ainsi le frère de Jupiter [9]. Ce mélange des deux légendes de Saturne ne va pas sans quelques contradictions; mais les traditions grecques sur le passage de Cronos en Italie permettaient à Virgile d'identifier le Cronos hellénique avec le Saturne latin.

---

1. *Géorg.*, II, v. 406 : ...*Curvo Saturni dente.*
2. *Argon.*, IV, v. 984.
3. *Én.*, IV, v. 372 : ...*Saturnius... Pater.*
4. *Én.*, I, v. 23 : ...*Saturnia;* et très souvent. Voir, plus bas, *Junon*, l. III, ch. II.
5. *Én.*, V, v. 799 : ...*Saturnius... domitor maris.*
6. *Œuvres et Jours*, v. 111.
7. *Géorg.*, I, v. 125 : *Ante Iovem;* cf. *Géorg.*, II, v. 538, etc.
8. *Én.*, VII, v. 180 : *Saturnusque senex Ianique bifrontis imago.*
9. *Én.*, VII, v. 48 : ...*Fauno Picus pater, isque parentem Te, Saturne, refert.*

III

La conduite de Rhéa n'est pour Apollonios le prétexte d'aucune anecdote scabreuse, et sa divinité est pour les Argonautes l'objet d'un culte particulier.

Dans les poèmes homériques, il est à peine question de Rhéa, qui est seulement citée comme étant la mère de Zeus, de Poseidon et d'Adès [1]. Dans la *Théogonie* hésiodique, fille d'Ouranos et de Gaia [2], épouse de Cronos et mère de Zeus et des grands dieux Olympiens [3], Rhéa, déesse principalement honorée en Crète, a élevé, au milieu des montagnes de son île, à l'insu de Cronos, Zeus, dieu enfant dérobé à la voracité paternelle [4].

A l'époque d'Apollonios, Rhéa, la déesse crétoise, était, depuis longtemps, confondue avec Cybèle, divinité originaire de l'Asie-Mineure, qui était honorée comme mère des dieux. La similitude de noms entre l'Ida, mont de la Crète consacré à Rhéa, et l'Ida, mont de la Phrygie où se trouvait l'un des principaux sanctuaires de Cybèle, avait aidé à la confusion des deux déesses, généralement invoquées sous le nom commun et équivoque de Mère du mont Ida. Maury pense que le culte de Rhéa n'est pas originaire de la Crète, d'où il a passé dans l'Hellade : il viendrait de la Phrygie, où l'on adorait Cybèle, identifiée plus tard avec la Rhéa crétoise [5]. M. Decharme établit aussi que « ce culte de la mère des dieux, de bonne heure répandu en Grèce, y avait été apporté d'Asie-Mineure, où il remontait à

---

1. *Iliad.*, XIV, v. 203; XV, v. 187.
2. *Théogon.*, v. 135.
3. *Théogon.*, v. 453 et suiv.
4. *Théogon.*, v. 480 et suiv.
5. Maury, *ouvr. cité*, t. I, p. 79-80.

une haute antiquité » [1]. Cette origine asiatique de Rhéa n'était pas universellement admise par les anciens, qui croyaient aussi à l'origine crétoise de la déesse phrygienne. Virgile, qui veut que le berceau de la race troyenne se trouve en Crète [2], prétend que le culte de Rhéa a passé de l'île de la mer Égée en Troade. C'est à peu près la même thèse qu'Apollonios soutient, non pas assurément dans un intérêt patriotique, comme le poète latin, mais pour se livrer à des digressions savantes. Il veut établir que ce sont ses héros qui ont introduit en Asie-Mineure et enseigné aux Phrygiens le culte de la déesse que les Asiatiques ignorent encore et que les Argonautes semblent ne pas avoir connu eux-mêmes avant leur arrivée à Cyzique, où il leur est enseigné par une révélation divine. Apollonios prétend rattacher la légende des Argonautes à celle de la Mère du mont Ida de Crète [3]. Ce sont les héros Minyens qui, selon lui, ont institué les premiers le culte de la déesse : les Phrygiens, qui, à l'époque historique, enseignèrent aux Hellènes à adorer Cybèle, ne seraient, par suite, que les imitateurs et les élèves des Argonautes. En effet, dit le poète, c'est à cause des cérémonies célébrées par Jason et par ses compagnons « que les Phrygiens, encore aujourd'hui, se rendent Rhéa propice par le son du rhombe et du tympan » [4].

Voici à quel propos la légende de Rhéa prend place dans les *Argonautiques*.

Les héros ont tué, sans le vouloir, Cyzicos, roi de Cyzique, leur hôte, dans la confusion d'un combat nocturne. Malgré les splendides funérailles qu'ils ont faites à leur victime, de rudes tempêtes se sont élevées qui, depuis douze jours et douze nuits, les

---

1. Decharme, *Mythol.*, p. 365.
2. *Én.*, III, v. 105 : *Mons Idaeus ubi et gentis cunabula nostrae.*
3. *Argon.*, I, v. 1128 : Μητέρος Ἰδαίης... Δάκτυλοι Ἰδαῖοι Κρηταιέες.
4. *Argon.*, I, v. 1138-1139.

empêchent de prendre la mer[1]. La divinité qui règne à Cyzique ne laissera pas partir les Argonautes avant qu'ils aient expié par des sacrifices et des cérémonies le meurtre du roi du pays. Or, la divinité de Cyzique, c'est Rhéa, la Mère Dindymienne[2], qui habite le mont Dindymos, le plus élevé de la presqu'île de Cyzique[3]. Ce mont, dit Philostéphane[4], est ainsi nommé à cause de ses deux mamelons (διὰ τὸ διδύμους μαστοὺς ἐν αὐτῷ ἀνήκειν), emblème de la déesse aux puissantes mamelles : c'est pour la même raison qu'une autre montagne qui domine la ville de Pessinous, en Phrygie, s'appelait aussi le Dindymos et avait donné à la déesse qui y possédait un temple le même surnom de Mère Dindymène[5]. On sait, d'ailleurs, que « Cybèle est essentiellement *la déesse montagneuse,* comme on l'appelait, celle qui trône sur les hauts sommets et dans les solitudes impénétrables des forêts »[6].

Quand ils abordent à Cyzique, les Argonautes ignorent qu'une déesse vénérable règne sur le Dindymos, puisque, s'ils font l'ascension de la haute montagne, ce n'est pas avec l'intention d'aller adorer Rhéa, mais simplement pour aller se rendre compte par eux-mêmes des routes de la mer[7]. Après la funeste bataille nocturne où Cyzicos a été mis à mort involontairement par ses alliés de la veille, ils ne savent quelle divinité invoquer pour faire cesser la tempête qui les empêche de mettre à la voile. Il faut qu'un alcyon apparaisse à Mopsos pendant la nuit pour que le devin comprenne et explique à Jason ce que Rhéa demande de lui : « Aisonide, il faut que tu ailles au temple du Dindymos

---

1. *Argon.*, I, v. 1078-1079.
2. *Argon.*, I, v. 1125 : Μητέρα Δινδυμίην.
3. Au-dessus de la ville de Cyzique se trouve le mont des Ours, dominé lui-même par le Dindymos (Strabon, XII, viii, 11).
4. Scol. *Argon.*, I, v. 985.
5. Μήτηρ Δινδυμηνή. Cf. Strabon, XII, v, 3.
6. Decharme, *Mythol.*, p. 365.
7. *Argon.*, I, v. 985.

escarpé, apaiser la mère de tous les dieux qui y réside, assise sur un beau trône ; alors cesseront les tempêtes véhémentes. Voilà ce que m'a appris le chant d'un alcyon marin que je viens d'entendre ; il a volé tout autour de toi et au-dessus de ta tête, pendant que tu dormais. Certes, les vents et la mer, aussi bien que toute la terre en bas, et, en haut, le siège neigeux de l'Olympe, tout dépend de la déesse. Aussi, lorsque, venant des montagnes, elle entre dans le ciel immense, le Cronide Zeus lui-même recule devant elle. Et, de la même manière, tous les autres dieux immortels entourent d'honneurs la terrible déesse [1]. » Jason ne sait évidemment rien de cette « terrible déesse », puisque Mopsos doit lui expliquer ainsi la puissance qu'elle possède et les honneurs dont elle jouit. La déférence extrême de Zeus pour sa mère est assurément une conception alexandrine ; on n'y trouve aucune allusion dans l'*Iliade* et dans l'*Odyssée*. Aucune scène homérique ne nous fait assister aux relations de Zeus avec Rhéa ; mais on sait que les héros et les dieux homériques ignoraient cette respectueuse piété filiale si bien observée par le Zeus d'Apollonios. Si la déesse mère avait eu sa place dans l'Olympe d'Homère, il est probable que Zeus aurait eu pour Rhéa le même dédain protecteur que Télémaque montre à l'endroit de Pénélope. Cette déférence de Zeus, dont il n'est pas question dans les poèmes d'Homère, et qui est indiquée dans les *Argonautiques*, sera, pour ainsi dire, mise en action dans cette scène de l'*Énéide* [2] où l'on voit le Jupiter latin accueillir avec respect la demande de Cybèle au sujet des navires dont les pins de la forêt sacrée du mont Ida troyen ont fourni le bois, et concilier sa piété filiale pour les prières de sa mère avec la soumission que le maître de l'Olympe doit avoir aux ordres du destin.

---

1. *Argon.*, I, v. 1092-1102.
2. *Én.*, IX, v. 80-106.

Suivant les conseils de Mopsos, les Argonautes rendent à Rhéa un culte dont les pratiques conviennent au caractère de la déesse tel qu'il était établi au temps d'Apollonios.

Argos, le charpentier du navire Argo, taille avec art un solide cep de vigne, pour en faire un simulacre sacré de la déesse de la montagne ; on édifie ce *xoanon* en haut du mont Dindymos, à l'abri des chênes élevés [1]. En effet, le *xoanon* de la mère des dieux est fait d'un cep de vigne, parce que la vigne est consacrée à Rhéa [2]. Il faut remarquer avec quel scrupule érudit Apollonios indique qu'il s'agit d'un simple *brétas* [3], ou *xoanon;* au temps des Argonautes, la sculpture primitive était incapable de faire mieux : « Les premières idoles qui cessent d'être de simples fétiches et où apparaît un rudiment de forme humaine sont les *xoana* (ξόανα). Taillés dans le bois, le plus souvent, ces rudes et grossiers simulacres méritent à peine, au début, le nom de statues; ils dérivent du pilier et de la colonne, où une main inexpérimentée cherche à indiquer les principaux traits du corps humain [4]. » Le poète évite soigneusement de faire donner par Argos à la statue primitive de la déesse son type de l'époque classique [5]. C'est seulement après que le culte de Rhéa aura été constitué par les Argonautes que l'on pourra représenter la déesse « assise sur son trône, coiffée de la haute *stéphané*, d'où le voile retombe, tenant d'une main une coupe et de l'autre le tambour de forme aplatie, ou tympanon employé dans les cérémonies célébrées en son honneur » [6]. Puisque ces cérémonies, d'après le poète, ont été célébrées pour la première fois par les Argonautes, dont

---

1. *Argon.*, I, v. 1117-1122.
2. Euphorion, cité par le Scol. *Argon.*, I, v. 1117.
3. *Argon.*, I, v. 1119 : Δαίμονος οὑρείης ἱερὸν βρέτας.
4. Collignon, *Mythol. fig.*, p. 14.
5. Collignon, *ouvr. cité*, p. 230.
6. Collignon, *ouvr. cité*, p. 230.

les Phrygiens suivent les traditions, Argos ne peut, dans sa représentation de la déesse, faire allusion à des pratiques qui n'existent pas encore.

Une fois le *xoanon* taillé et placé, les héros construisent un autel en cailloutage et invoquent la déesse, couronnés de feuilles de chêne : « C'est naturel, puisque suivant Apollodore, dans le IIIe livre de son ouvrage *Sur les Dieux*, le chêne était consacré à Rhéa [1]. »

En même temps que Rhéa, Jason et ses compagnons invoquent les aides de la déesse, « Titias et Cyllénos, les seuls de tous que l'on nomme les conducteurs des destins et les associés des travaux de la Mère du mont Ida, les seuls de tous ces Dactyles Crétois de l'Ida, nés de la nymphe Anchialé, qui jadis les mit au monde dans une caverne du mont Dicté, saisissant à deux mains la terre oiaxienne [2]. » Il n'est pas parlé des Dactyles Idaïens dans Homère. Selon Pline [3], Hésiode aurait dit qu'ils furent les premiers à travailler le fer en Crète [4]. Mais il semble qu'il n'est guère question de ces compagnons de Rhéa avant Phérécyde [5], qui leur attribue un caractère de magiciens : ils se divisaient en Dactyles de droite, mâles, au nombre de vingt, et en Dactyles de gauche, femelles, au nombre de trente-deux ; ceux de gauche étaient des enchanteurs, et ceux de droite détruisaient les enchantements formés par les autres. D'après Hellanicos [6], ces serviteurs de Rhéa portaient le nom de Dactyles Idaïens parce que, s'étant rencontrés avec la déesse dans les cavernes du mont Ida, ils accueillirent bien la déesse et lui touchèrent les doigts (δάκτυλος, *doigt*) : cette rencontre eut lieu proba-

---

1. Scol. *Argon.*, I, v. 1124.
2. *Argon.*, I, v. 1126-1131. — Voir L. von Sybel, article *Daktyloi*, dans le *Lexicon* de Roscher.
3. *N. H.*, edidit L. Janus, Lipsiae, 1870, VII, 197.
4. Hésiode-Didot, *Fragm.* CLV.
5. *Pherecydis Fragmenta*, Sturz, p. 146-147. Cf. Scol. *Argon.*, I, v. 1129.
6. Scol. *Argon.*, I, v. 1129.

blement alors que la femme de Cronos était venue en Crète cacher l'enfant Zeus dérobé à la voracité de son père [1].

Apollonios se conforme à une tradition établie quand il fait invoquer par les Argonautes les deux principaux Dactyles Titias et Cyllénos, en même temps que Rhéa : « Il suit Maiandrios d'après qui les Milésiens, quand ils vont faire un sacrifice à Rhéa, commencent par sacrifier à Titias et à Cyllénos : ce sont, parmi les Dactyles Idaïens, les conducteurs des destins et les assesseurs de la mère des dieux [2]. » Les Dactyles sont des magiciens : Phérécyde nous le dit ; la *Phoronide* [3] nous apprend que ces enchanteurs sont aussi des travailleurs du fer, « eux qui, les premiers, ont découvert dans les vallons, entre les montagnes, l'art d'Héphaistos aux nombreuses pensées, le fer bleuâtre, eux qui l'ont mis sur le feu et qui ont montré des œuvres remarquables [4]. »

On comprend que le culte de ces Dactyles, devins et magiciens, les premiers ouvriers du fer, soit associé à celui de Rhéa, la déesse de la terre montagneuse : des cavernes de certaines montagnes s'exhalent les gaz qui inspirent le délire prophétique ; des montagnes aussi s'échappent ces eaux thermales, salutaires ou funestes, dont les unes semblent détruire l'enchantement dangereux que les autres ont produit sur les hommes qui s'y sont abreuvés. C'est la terre enfin, surtout dans les régions montagneuses, qui produit les métaux, et ceux

---

1. D'après le Scoliaste (*Argon.*, I, v. 1129), Mnaséas, dans le livre I de son ouvrage sur l'Asie, donnait une autre étymologie du surnom des Dactyles : ils se seraient nommés Dactyles de leur père Dactylos, et Idaïens, de leur mère Ida. — Pour ce qui est des Dactyles, voir Pausanias (V, 7, 6), Diodore de Sicile (V, LXIV), Pline (*N. H.*, VII, 197), et surtout Strabon. — Cf. aussi, dans ma traduction, les notes aux v. 1126 et 1129 du ch. 1er.

2. Scol. *Argon.*, I, v. 1126.

3. La *Phoronide* était un poème consacré à Phoroneus, personnage légendaire adoré en Argolide comme un génie du feu. — Voir Pausanias (II, 19, 5), Decharme, *Mythol.*, p. 265.

4. Scol. *Argon.*, I, v. 1129.

qui les travaillent sont les serviteurs reconnaissants, les prêtres, de la déesse qui les leur a donnés.

C'est pourquoi les Argonautes adressent leurs cérémonies aux Dactyles en même temps qu'à Rhéa. Ils bondissent en mesure, dansant la danse armée; ils heurtent leurs boucliers de leurs épées, afin d'égarer dans l'air les lamentations de mauvais augure que les habitants de Cyzique poussaient encore pour les funérailles de leur roi [1]. — Tels, plus tard, les prêtres de Rhéa-Cybèle s'élanceront sur les pentes de la montagne sacrée, dansant une danse forcenée, poussant des cris sauvages, faisant retentir la bruyante musique des rhombes et des tympans, pour que la déesse, oublieuse de la végétation morte, songe à préparer le renouveau de la nature.

Rhéa se montre « accessible aux prières » des héros. Le Scoliaste voit dans ces mots — ἀνταίη δαίμων [2] — soit une épithète ordinaire de la déesse, qui vint à la rencontre des Telchines [3], soit un synonyme des mots εὐλιτάνευτος *(facile à apaiser par des prières)* et εὐάντητος *(que l'on rencontre avec plaisir)*. Un *Hymne orphique* est adressé à Rhéa invoquée sous le nom de Μήτηρ Ἀνταίη [4]. Cette épithète fait peut-être allusion à cette première rencontre des Dactyles avec Rhéa qu'Hellanicos racontait [5]. La déesse prouve bien, en effet, qu'elle vient en amie à la rencontre des Argonautes : « Les signes convenables au caractère de la déesse se manifestaient. Les arbres produisaient des fruits en abondance, et la terre faisait naître d'elle-même, aux pieds des héros, les fleurs du gazon délicat. Les bêtes féroces, quittant les bois épais et leurs tanières, arri-

---

1. *Argon.*, I, v. 1134-1138.
2. *Argon.*, I, v. 1141.
3. Scol. *Argon.*, I, v. 1141. — Le Scoliaste confond les Telchines avec les Dactyles.
4. *Hymn. orph.*, XLI, v. 1.
5. Scol. *Argon.*, I, v. 1129. — Voir, plus haut, p. 61.

vèrent en remuant la queue d'un air caressant. La déesse fit éclater aussi un autre présage : jusqu'alors aucune source n'arrosait le Dindymos, et voici que, pour les Argonautes, l'eau se mit à couler du sommet aride, sans s'arrêter[1]. »

Apollonios indique ainsi avec une précision parfaite le double caractère de Rhéa qui n'est pas seulement, comme la montrait le commencement de l'épisode, la déesse des montagnes, mais celle aussi de la terre cultivée. La floraison de la nature due, d'après la mythologie homérique[2], à l'union de Zeus et d'Héra, est, dans les *Argonautiques*, l'œuvre de la compagne de Cronos, qui se plaît à manifester sa puissance sur les hauts sommets et dans les forêts profondes où l'homme ne pénètre pas. « Reine de la nature sauvage, elle la domine tout entière et les animaux qui habitent son domaine sont contraints à lui obéir et à lui faire cortège. Aussi, sur les monuments, est-elle ordinairement accompagnée de deux lions dont la farouche et majestueuse figure convient au caractère de la déesse[3]. » Argos ne pouvait sculpter ces bêtes féroces sur le *xoanon* de Rhéa; mais le poète a soin de décrire le cortège sauvage qu'il a vu dans les représentations artistiques de la grande déesse.

Apollonios rapporte à Rhéa tous les phénomènes bienfaisants qui sont attribués à l'union de Zeus et d'Héra par l'*Iliade*, à Gaia par l'*Hymne homérique*[4]. L'érudition du poète alexandrin l'autorisait à donner tous ces renseignements sur le culte de la déesse du mont Dindymos, puisque Néanthès de Cyzique, élève, d'après Suidas, de Philiscos, qui était lui-même le disciple d'Isocrate, avait déjà signalé comme l'un des

---

1. *Argon.*, I, v. 1141-1148.
2. *Iliad.*, XIV, v. 153 et suiv.
3. Decharme, *Mythol.*, p. 366.
4. Voir, plus haut, ch. II, p. 47.

incidents de la navigation des Argonautes vers le Phase l'érection des autels en l'honneur de la Mère Idaienne, qui se voyaient près de Cyzique [1]. Il se fondait, sans doute, sur le témoignage de Néanthès pour prétendre, non seulement que les Argonautes avaient élevé des autels à la déesse, mais même qu'ils avaient établi les premiers le cérémonial de son culte; peut-être, d'ailleurs, appuyait-il cette affirmation sur d'autres autorités que nous ne connaissons pas.

IV

Les Dactyles, assesseurs de Rhéa, sont identifiés avec les Courètes qui habitaient, comme eux, le mont Ida de Crète [2]. Strabon [3] dit que certains auteurs confondent les Corybantes, les Telchines, les Cabires, les Dactyles Idaiens et les Courètes; il regarde, lui-même, comme sœurs, les religions de la Crète dont les Courètes étaient les ministres, celles de la Phrygie dont les Dactyles Idaiens étaient les prêtres, et celles de Samothrace, dont les mystères étaient célébrés par les Cabires.

Diodore de Sicile [4] dit que, selon certains mythographes, les Courètes sont nés de Gaia, et que, selon d'autres, ils descendent des Dactyles. Apollonios ne dit rien de l'origine des Courètes; mais il les distingue nettement des Dactyles. Ils sont les uns et les autres des dieux crétois; les Dactyles, on l'a vu, sont les assesseurs de Rhéa; quant aux Courètes, ils ont été les nourriciers de Zeus enfant : « Alors que Cronos

---

1. Strabon, I, II, 38.
2. Voir L. de Ronchaud, article *Dactyles*, dans le *Dictionnaire* de Daremberg et Saglio.
3. Strabon, X, III, 7.
4. Diodore, V, LXV. — Voir, dans le *Lexicon* de Roscher, l'article *Kureten und Korybanten*.

régnait dans l'Olympe sur les Titans, Zeus était nourri, au milieu des Courètes Idaiens, dans l'antre de Crète[1]. » Cet antre est la caverne du Dicté, mont de Crète; Apollonios l'indique bien dans un autre passage : « Cronos et Rhéa étaient rois des Titans, dieux bienheureux. Zeus alors était un enfant, il ne savait encore dans son esprit que ce que savent les enfants. Il habitait dans l'antre du Dicté[2]. » Le petit dieu s'amusait comme les fils des simples mortels. Aphrodite décrit « un très beau jouet de Zeus, celui que lui fit sa chère nourrice Adrestéia, alors que, dans l'antre Idaien, il s'amusait en enfant. C'est une boule qui roule si bien que tu ne pourrais obtenir des mains d'Héphaistos un présent plus précieux : elle est formée de cercles d'or; autour de chacun d'eux s'enroulent de doubles anneaux qui l'enveloppent; on n'en voit pas les jointures, car une spirale bleuâtre court à leur surface...[3] » Il est facile de comprendre le sens allégorique de ce jouet instructif : « Cette balle enfantine deviendra plus tard la sphère du monde, attribut de Zeus. Les monnaies crétoises de l'époque romaine nous montrent Zeus enfant assis sur une sphère à côté de la chèvre Amalthée[4]. »

Quant aux Courètes, nourriciers du jeune dieu, nous n'avons aucun renseignement sur leur origine, leur nombre et leurs noms. Hésiode est, à notre connaissance, l'auteur le plus ancien qui ait parlé des dieux Courètes, amis des jeux et danseurs : mais, comme il en fait des descendants de la fille de Phoroneus, ces dieux, d'origine récente, ne peuvent avoir veillé sur les jeunes années de Zeus[5]. On voit bien, d'ailleurs, dans la *Théogonie* hésiodique[6], que Zeus naquit et fut

---

1. *Argon.*, II, v. 1232-1234.
2. *Argon.*, I, v. 507-509.
3. *Argon.*, III, v. 132-140.
4. Decharme, *Mythol.*, p. 39, note 2.
5. Hésiode-Didot, *Fragm.* XCI. — Cf. Strabon, X, III, 19.
6. *Théogon.*, v. 478 et suiv.

élevé en Crète : mais il n'y est pas question de la part que les Courètes auraient prise à l'éducation du dieu enfant. Les représentations artistiques ont popularisé la légende des Courètes nourriciers de Zeus, en montrant les dieux crétois sous la forme de jeunes guerriers qui dansent la pyrrhique et qui étendent au-dessus du Cronide allaité par la chèvre Amalthée leurs boucliers d'airain qu'ils entrechoquent et qu'ils frappent de leurs épées [1]. Mais cette légende ne remonte pas bien haut; les Courètes du Dicté crétois ne sont pas connus des vieux mythographes. « Platon est le plus ancien auteur qui parle des Curètes crétois; Strabon ne cite à propos d'eux d'autre autorité que le témoignage relativement récent de Démétrius de Scepsis [2]. »

Les Courètes sont aidés dans leur emploi auprès de Zeus enfant par Adrestéia, « la chère nourrice » du dieu, dit le poète. D'après le Scoliaste, Adrestéia est la sœur des Courètes [3]. Son rôle auprès du dieu semble consacré dans la tradition alexandrine. Le maître d'Apollonios, Callimaque, disait dans son *Hymne à Zeus* : « O dieu, Adrestéia a pris soin de toi [4]! »

On fait d'ordinaire un même personnage d'Adrestéia, nourrice de Zeus, et d'Adrestéia, divinité phrygienne que la Mythologie grecque devait confondre avec Némésis, déesse inconnue à Homère [5]. Apollonios ne fait pas cette identification. Fidèle imitateur d'Homère, le poète alexandrin évite de personnifier la vengeance divine dont Hésiode, le premier, a fait une déesse, fille de la funeste Nuit [6]; dans les *Argonautiques*, comme

1. Decharme, *Mythol.*, p. 40.
2. Maury, *ouvr. cité*, t. I, p. 198.
3. Scol. *Argon.*, III, v. 133.
4. *Hymne à Zeus*, v. 47. Comme Spanheim (Ezechielis Spanhemii in Callimachi *Hymnos* Observationes, Ultrajecti, 1697, p. 18), Roscher, dans son *Lexicon* (article *Adrasteia*, § 2), constate que seul le Scoliaste des *Argonautiques* fait d'Adrestéia ou Adrestéia la sœur des Courètes.
5. Cf. Decharme, *Mythol.*, p. 305. — Tournier, *Némésis*, Paris, 1863, p. 36-38.
6. *Théogon.*, v. 223.

dans l'*Iliade* et dans *l'Odyssée*, il n'est question que de la *vengeance des dieux* [1].

Puisque Némésis n'a pas sa place dans le poème alexandrin, à plus forte raison Adrestéia, synonyme récent de Némésis, ne doit-elle pas y jouer un rôle. Apollonios ne nous donne aucun renseignement sur Adrestéia de Phrygie : du haut du mont Dindymos, les Argonautes aperçoivent la ville et la plaine Népéienne d'Adrestéia [2]. Mais il est déjà parlé dans l'*Iliade* [3] de cette ville qui doit son nom à son fondateur [4], Adrastos [5] ou Adrestos, roi d'Adrestéia aux temps homériques [6]. Il ne semble donc pas que, dans l'idée d'Apollonios qui suit la tradition homérique, l'origine de la ville d'Adrestéia soit due à la déesse phrygienne, dont l'*Iliade* ne parle pas. — La *Phoronide* nommait une Adrestéia, déesse des montagnes, maîtresse des Dactyles Idaiens [7]. Étant donnée la confusion qui se fait fréquemment entre les Dactyles et les Courètes, on peut conjecturer que cette déesse des montagnes est la même que l'Adrestéia qui nourrissait Zeus enfant dans les monts de Crète. Mais, en dernière analyse, il est plus sage de reconnaître que nous ne savons rien de précis sur l'origine et la personnalité de la nourrice de Zeus.

Une dernière question se pose à propos des Courètes. A leur retour d'Aia, après avoir quitté l'île des Phaiaciens, les Argonautes passent en vue du pays des Courètes, situé sur le continent, au sud du golfe Ambracien et au nord des îles Échinades [8]. Ce pays des Courètes est évidemment l'Acarnanie. Homère,

---

1. *Argon.*, IV, v. 1043... νέμεσίν τε θεῶν.
2. *Argon.*, I, v. 1116.
3. *Iliad.*, II, v. 828.
4. Scol. *Argon.*, I, v. 1116.
5. Strabon, XIII, 1, 13.
6. *Iliad.*, II, v. 830.
7. Scol. *Argon.*, I, v. 1129.
8. *Argon.*, IV, v. 1228 et suiv.

qui ne parle pas des Courètes Crétois, fait rappeler par Phoinix la guerre qui eut lieu, longtemps avant l'expédition contre Ilion, entre les Courètes d'Acarnanie et les Aitoliens [1]. Hésiode fait aussi allusion à cette guerre entre les Courètes, aidés par Apollon, et les Aitoliens [2] : il ne semble pas confondre les habitants de l'Acarnanie avec leurs homonymes, ces dieux joueurs et danseurs, dont il a parlé autre part.

En faisant des Courètes les habitants primitifs de l'Acarnanie, Apollonios reproduit une tradition déjà rapportée par Éphore [3], par Archémaque d'Eubée [4], par Aristote, dans sa *Constitution des Acarnaniens* [5], et qui sera encore citée plus tard par Apollodore [6] et par Pausanias [7]. Mais on n'a aucune raison de mettre Apollonios parmi les auteurs qui, au dire de Strabon [8], faisaient venir de Crète les Courètes, habitants primitifs de l'Acarnanie.

Dans les *Argonautiques* les Courètes de Crète sont bien distincts des Dactyles. Les Cabires ne sont confondus avec aucune de ces classes de divinités. Leur nom n'est pas prononcé par le poète. Mais c'est à ces génies mystérieux qu'il fait allusion, quand il s'écrie : « Sur les conseils d'Orphée, ils abordèrent à l'île de l'Atlantide Électra, pour apprendre, dans les saintes cérémonies de l'initiation, ces arrêts des dieux qu'on ne peut répéter, et pour continuer ensuite avec plus de sûreté leur voyage sur la mer effrayante. Mais je ne parlerai pas davantage de ces initiations. Salut à

---

1. *Iliad.*, IX, v. 529 et suiv.
2. Hésiode-Didot, *Fragm.* CXI.
3. Strabon, X, III, 2.
4. Strabon, X, III, 6. — Voir, dans l'article *Kureten und Korybanten* du *Lexicon* de Roscher, le développement sur *die Kureten Aitoliens*.
5. Strabon, VII, VII, 2.
6. Apollodore, I, 7, 6.
7. Pausanias, VIII, 24, 9.
8. Strabon, X, III, 1.

cette île, salut à ces dieux mystérieux, qu'il ne m'est pas permis de chanter [1]. » Électra, fille d'Atlas, mère de Dardanos, d'Éétion et d'Harmonia, qui fut la femme de Cadmos, s'était établie à Samothrace [2], après avoir quitté la Libye [3]. C'est dans cette île que les dieux Cabires avaient leur demeure : Strabon le rapporte d'après beaucoup d'auteurs anciens, entre autres, Stésimbrote de Thasos [4]. Le nom de ces dieux venait du mont Cabiros, en Phrygie, d'où ils avaient passé dans l'île de Samothrace [5].

On ne sait à peu près rien des Cabires [6]. En disant qu'il ne peut chanter ces divinités mystérieuses, Apollonios se fait l'interprète de l'opinion générale des anciens : les initiés connaissaient les noms des Cabires et n'avaient pas le droit de les répéter [7]. Il n'est pas utile de citer ici ces noms qu'Apollonios a soin de nous taire, mais que Mnaséas nous a révélés [8] ; il suffit de remarquer que le poète regarde les Cabires comme des dieux protecteurs de la navigation [9] et qu'il ne dit rien du caractère de génies du feu qui leur était attribué d'ordinaire. D'après Hérodote [10], les Cabires de Samothrace s'identifiaient avec les Cabires Asiatiques, dieux de la navigation, dont l'image décorait la proue des navires phéniciens [11]. Apollonios ne parle pas de l'origine phénicienne des dieux de Samothrace, mais c'est « pour continuer avec plus de sûreté leur voyage

---

1. *Argon.*, I, v. 915-921.
2. Scol. *Argon.*, I, v. 916.
3. Démagoras, cité par le Scol. d'Euripide, *Phéniciennes*, v. 7.
4. Strabon, VII, *Fragm.* 50; X, III, 20.
5. Athénicon, cité par le Scol. *Argon.*, I, v. 917. — Stésimbrote (cité par Strabon, X, III, 20) le fait venir du mont Cabiros, en Bérécyntie.
6. Cf. Maury, *ouvr. cité*, t. II, ch. XI, p. 308 et suiv.; Decharme, *Mythol.*, p. 266-271.
7. Strabon, X, III, 21; Pausanias, IX, 25; Scol. Aristophane, *La Paix*, v. 278.
8. Scol. *Argon.*, I, v. 917.
9. Cf. Maury, *ouvr. cité*, t. II, p. 314, note 1.
10. Hérodote, III, XXXVII.
11. Maury, *ouvr. cité*, t. III, ch. XVI, p. 246.

sur la mer effrayante » que les Argonautes se font initier aux mystères de ces génies qui protègent les marins.

Les mystères de Samothrace étaient les plus anciens et, après ceux d'Éleusis, les plus vénérés du monde grec [1]. On sait que les doctrines orphiques ont peu à peu envahi les mystères d'Éleusis [2]. Le passage des *Argonautiques* qui nous occupe prouve qu'elles avaient envahi aussi les mystères de Samothrace, puisque c'est sur les conseils d'Orphée que les héros vont « apprendre dans les saintes cérémonies de l'initiation ces arrêts des dieux qu'on ne peut répéter ». De même, quand les Argonautes font leur sacrifice à Rhéa, c'est Orphée qui enseigne aux jeunes gens la danse armée que danseront plus tard les Phrygiens adorateurs de la déesse du mont Dindymos.

Apollonios veut, en savant mythographe, distinguer nettement les Dactyles, les Courètes et les Cabires, que l'on confondait d'ordinaire. Il semble emprunter à l'orphisme toutes les notions peu communes qu'il donne sur des cultes inconnus à la Grèce homérique. Il insiste longuement sur la légende de Rhéa, qu'il tient à rattacher à celle des Argonautes, parce que la compagne de Cronos n'ayant qu'une place à peine indiquée dans l'Olympe de l'*Iliade* et de l'*Odyssée*, il lui est permis de se livrer à propos de la déesse, de son histoire et du culte qui lui est rendu, à de curieuses et originales digressions d'érudit, qui montrent la Mère du mont Ida en rapport avec ces divinités mystérieuses de l'orphisme que les contemporains des épopées primitives ignoraient absolument et dont les savants du Musée s'occupaient en chercheurs studieux, bien plus qu'en dévots convaincus.

1. Maury, *ouvr. cité*, t. II, ch. XI, p. 306.
2. Maury, *ouvr. cité*, t. III, ch. XVIII, p. 303 et suiv.

V

A l'exemple du poète alexandrin, Virgile parle beaucoup de Cybèle avec qui Rhéa s'est de bonne heure confondue. Mais l'érudition de l'auteur de l'*Énéide* a un but national; la déesse du mont Ida n'a et ne peut avoir aucun rapport avec la légende des Argonautes. On a vu que Virgile veut faire du culte de Cybèle un des plus anciens de Troie et de Rome : la mère vénérée du dieu romain Jupiter serait une déesse crétoise; le berceau de la race troyenne se trouverait en Crète, et le culte de Cybèle aurait passé en Troade avec les ancêtres d'Énée, en Italie avec Énée lui-même.

Cette tradition est absolument contredite par l'histoire. Tite-Live[1] raconte comment, en l'an 207, au milieu des guerres puniques, les livres sibyllins promirent aux Romains la victoire sur les Carthaginois si la Mère du mont Ida était transportée à Rome, si son culte y était solennellement établi. C'est en 204 que la pierre noire, image de la déesse phrygienne, arriva à Rome, et que les jeux Mégalésiens furent institués en l'honneur de Cybèle. L'adoption du culte phrygien est une révolution dans la religion romaine, qui devait dès lors admettre les dieux étrangers[2].

Ovide, dans les *Fastes*[3], a tâché de concilier le récit historique de Tite-Live et la tradition légendaire de Virgile. La mère des dieux, dit-il, a toujours chéri la ville d'Ilion; quand Énée transporta ce qui restait de Troie en Italie, peu s'en fallut que la déesse ne suivît les navires qui portaient les objets sacrés : mais elle

---

1. Tite-Live, XXIX, x et suiv.
2. Preller-Jordan, *Röm. Mythol.*, zweiter Band, p. 56 et suiv.
3. *Fastes*, IV, v. 249 et suiv.

savait que les destins ne l'appelaient pas encore dans le Latium. C'est seulement quand Rome comptait déjà cinq siècles de durée que le prêtre consultant les livres sibyllins y trouva l'ordre de faire venir la Mère. Les Romains ignoraient si bien quelle était cette Mère, qu'il fallut avoir recours à l'oracle d'Apollon. Le dieu fit savoir qu'il s'agissait de la déesse de Phrygie; et, en même temps, au fond de son sanctuaire asiatique, Cybèle manifestait elle-même l'intention de passer en Italie.

Virgile ne veut pas admettre que Cybèle soit une divinité tardivement importée en Italie. Il fait proclamer par la voix autorisée d'Anchise lui-même, qui rappelle les traditions des hommes d'autrefois *(veterum volvens monumenta virorum)*, depuis combien de générations le culte de Cybèle est connu de la nation crétoise, d'où doivent sortir Troie et enfin Rome : « Au milieu de la mer est l'île de Jupiter, la Crète, où se trouvent le mont Ida et le berceau de notre race... C'est de là que le premier de nos ancêtres, Teucer, si je me rappelle exactement ce que j'ai entendu dire, aborda pour la première fois aux rivages du cap Rhoetée... C'est de là que sont venus la Mère des dieux, habitante du Cybèle, les Corybantes avec leurs cymbales d'airain; c'est de la Crète que notre mont Ida a pris son nom; de la Crète sont venus le silence religieux des mystères et les lions attelés au char de la déesse[1]. »

Le culte de la déesse s'est établi à Troie, puisqu'il y avait son prêtre, Chloreus[2]; Cybèle est devenue une protectrice de Troie, puisqu'au moment du sac de la ville, elle sauve Créuse et la garde avec elle[3].

---

1. *Én.*, III, v. 104-113.
2. *Én.*, XI, v. 768 : *...sacer Cybelae Chloreus, olimque sacerdos.* — Ribbeck écrit, d'après l'autorité du *Mediceus*, *sacer Cybelo* : on ne comprend pas pourquoi Chloreus aurait été consacré au mont Cybélus. La leçon *sacer Cybelae* est défendue par des passages similaires de l'*Énéide;* cf. VI, v. 484 : *...Cererique sacrum Polyboeten;* X, v. 316 : *...(Lichan) tibi, Phoebe, sacrum.*
3. *Én.*, II, v. 788 : *Sed me magna deum genetrix his detinet oris.*

Anchise donne à la déesse de l'Ida les mêmes caractères que nous lui voyons attribués dans les *Argonautiques*.

Qu'elle habite le mont Bérécynte [1], le mont Ida de Crète ou de Phrygie [2], le Dindymos [3], ou n'importe lequel des monts de la Troade qui, tout entière, a pris du sanctuaire principal de la déesse le nom de terre idéenne [4], l'*alma parens Idaea* [5] est bien la même que la μήτηρ Ἰδαίη [6] qui a eu pour compagnons les Dactyles de l'Ida crétois [7] avant de régner sur l'Ida asiatique. La mère vénérable des Olympiens, le front couronné de tours, se fait porter sur son char, traîné par des lions [8], au milieu des villes phrygiennes, fière d'avoir enfanté des dieux et de pouvoir embrasser ses cent petits-fils, tous habitants du ciel, tous occupant les hauteurs du monde [9]. C'est bien la déesse des *Argonautiques*, à qui tout est soumis, « la mer aussi bien que la terre entière, et, là haut, le siège neigeux de l'Olympe » [10].

Le fils le plus illustre de la déesse est Jupiter : Apollonios, on l'a vu, montre Zeus lui-même reculant avec respect en présence de sa mère. Le Jupiter de l'*Énéide* est aussi respectueux envers sa mère quand elle lui demande de permettre que les vaisseaux troyens

---

1. *Én.*, VI, v. 784 : ...*Berecyntia mater;* IX, v. 82: ...*genetrix Berecyntia;* IX, v. 619: *Tympana... Berecyntia Matris Idaeae.*
2. *Én.*, III, v. 112: *Idaeumque nemus;* II, v. 696: ...*Idaea... silva.*
3. *Én.*, IX, v. 617: ...*alta Dindyma;* X, v. 252: ...*cui Dindyma cordi.*
4. *Én.*, XI, v. 285: ...*Idaea... terra;* XII, v. 207: ...*Idaeas Phrygiae... ad urbes.*
5. *Én.*, X, v. 252 : *Alma parens Idaea;* IX, v. 619: ...*Matris Idaeae.*
6. *Argon.*, I, v. 1128.
7. *Argon.*, I, v. 1129 et suiv.
8. *Én.*, III, v. 113: *Et iuncti currum dominae subiere leones.* Cf. X, v. 253: ...*biiugique ad frena leones.*
9. *Én.*, VI, v. 784 :
...*qualis Berecyntia mater*
Invehitur curru Phrygias turrita per urbes,
Laeta deum partu, centum complexa nepotes,
Omnes caelicolas, omnes supera alta tenentes.
10. *Argon.*, I, v. 1098-1099.

construits avec les arbres coupés dans les forêts sacrées de l'Ida ne soient jamais détruits par la violence des vagues et l'impétuosité des tempêtes.

La Rhéa des *Argonautiques* accomplissait des prodiges : sur son ordre, les sources sortaient des sommets du Dindymos, les arbres produisaient des fruits en abondance; les bêtes féroces arrivaient en remuant la queue d'un air caressant. La Cybèle de l'*Énéide*, qui a dompté les lions devenus l'attelage de son char, obtient de Jupiter des prodiges plus remarquables encore, puisque, sur ses prières, les navires d'Énée deviennent des Nymphes de la mer.

C'est, d'après Apollonios [1], à la tradition établie par les Argonautes, qui ont dansé sur le Dindymos la danse armée devant le *xoanon* de la déesse, que les Phrygiens ont emprunté ces cérémonies en l'honneur de Cybèle dont Lucrèce donne la description [2] et auxquelles Virgile fait souvent allusion [3].

Mais cette tradition, dont Apollonios attribue l'origine à ses héros, n'a aucun rapport avec leur légende, tandis que Virgile met à profit les renseignements de pure érudition, qui lui sont fournis par les *Argonautiques*, pour démontrer l'antiquité du culte de Cybèle et pour faire de la déesse phrygienne, introduite à Rome au temps des guerres puniques, une vieille divinité nationale dont le culte aurait passé, en même temps qu'Énée, de Troie en Italie.

C'est pourquoi l'auteur de l'épopée nationale de Rome néglige tous les détails trop précis où le poète érudit du Musée s'arrêtait avec complaisance. Virgile ne dit rien des Dactyles, compagnons de Rhéa-Cybèle; il suit l'opinion vulgaire et erronée qui fait des Cory-

---

1. *Argon.*, I, v. 1135 et suiv.
2. Lucrèce, II, v. 600 et suiv.
3. *Géorg.*, IV, v. 64 : *Matris... cymbala*; *Én.*, III, v. 111 : *...Corybantiaque aera*; IX, v. 112 : *Idaeique chori*; IX, v. 618 : *...biforem dat tibia cantum; Tympana vos buxusque vocant.*

bantes les ministres des mystères de la déesse [1]. Il confond ces derniers avec les Courètes Idaiens, qui ont été les nourriciers de Zeus [2] dans l'antre du Dicté [3], où les abeilles donnaient leur miel au futur roi de l'Olympe [4]. Il ne distingue pas, comme Apollonios, les Courètes Idaiens des Courètes d'Acarnanie; il ne connaît que les *Curetes Dictaei*, et quand il parle de leur pays, c'est à la Crète qu'il fait allusion [5].

Fidèle à cette même préoccupation de ne rien présenter aux lecteurs romains qui ne leur soit familier [6], Virgile évite de parler des Cabires, ces mystérieuses divinités de Samothrace que l'on confondait parfois avec les Courètes. Cependant, l'occasion de parler de Samothrace semblait s'offrir plus naturellement dans l'*Énéide* que dans les *Argonautiques*. C'est simplement pour obéir à un ordre d'Orphée — et pour permettre au poète de faire allusion aux cérémonies de l'orphisme — que les Argonautes abordent dans l'île de Samothrace. Cette île est la demeure de l'Atlantide Électra, mère de Dardanos et de Iasios, ancêtres de la race troyenne [7]. Mais la tradition est bien ancienne : loin d'insister sur le culte mystérieux de Samothrace, Virgile se contente de faire rappeler par Latinus que Dardanus s'est jadis

---

1. *Én.*, III, v. 111. — Pour la confusion qui s'établit généralement entre les Courètes et les Corybantes, voir Maury, *ouvr. cité*, t. I, p. 198-200; t. III, p. 83-87.
2. *Argon.*, II, v. 1232-1234.
3. *Argon.*, I, v. 507-509.
4. *Géorg.*, IV, v. 150 :
(apes) ...*canoros
Curetum sonitus crepitantiaque aera secutae,
Dictaeo caeli regem pavere sub antro.*
5. *Én.*, III, v. 131 : *Et tandem antiquis Curetum adlabimur oris.*
6. Il ne semble pas probable que Virgile ait voulu, comme le pense Ladewig, après Klausen, désigner, au v. 584 du Ch. IX de l'*Énéide*, par *Matris*, Cybèle qui n'était pas une divinité locale de la Sicile. Le poète aurait indiqué d'une manière plus claire qu'il s'agit de la mère des dieux.
7. *Én.*, III, v. 167 :
*Hinc Dardanus ortus,
Iasiusque pater, genus a quo principe nostrum.*

arrêté dans cette île [1]; Latinus s'excuse presque de citer une légende que les années ont rendue obscure [2].

Le poète de l'*Énéide* évite avec soin toutes les légendes obscures qui se rapportent d'une manière plus ou moins directe à Cybèle. Il ne veut connaître de la déesse que ce qu'Énée en sait quand il l'invoque : « Bienfaisante Mère Idéenne des dieux, toi qui chéris le Dindyme et les villes couronnées de tours, toi qui te plais à avoir un char attelé de deux lions... [3]. »

La manière dont la légende de Rhéa-Cybèle est traitée dans les *Argonautiques* et dans l'*Énéide* est une preuve de la différence qui sépare le système d'Apollonios, qui ne s'occupe que de montrer son érudition, de celui de Virgile, qui ne s'inquiète que des traditions propres à intéresser ses lecteurs romains.

1. *Én.*, VII, v. 207 :
   Dardanus Idaeas Phrygiae penetravit ad urbes,
   Threiciamque Samum, quae nunc Samothracia fertur.
2. *Én.*, VII, v. 205 : ...*fama est obscurior annis.*
3. *Én.*, X, v. 252-253.

CHAPITRE IV

LES TITANS ET LA MAGIE

I. Les Titans, nés d'Ouranos et de Gaia, appartiennent à la même génération divine que Cronos et Rhéa à qui ils sont soumis. Les Titans et Déméter dans l'île de Drépané; cette légende ne nous est connue que par Apollonios. Les douze Titans cités dans la *Théogonie* d'Hésiode. Apollonios suit en général la tradition hésiodique.

Importance de la postérité des Titans dans les *Argonautiques*. Pourquoi les Titans ne peuvent avoir une place dans l'*Énéide*. Virgile ne donne sur eux que peu de renseignements. La conquête de la Toison d'or est une victoire des descendants des Olympiens sur la postérité des Titans.

II. La postérité des Titans dans les *Argonautiques*. Éôs; pourquoi la légende de l'Aurore a une place dans l'*Énéide*. La Lune, Séléné ou Méné. La légende d'Endymion. Rapports de Séléné avec Médée. Contradictions de Virgile au sujet de l'origine de la Lune. Sens de l'expression *Titania astra*. Dans l'*Énéide*, le Soleil est un Titan et la Lune se confond avec Hécate et avec Diane. Rôle effacé de la Lune dans l'*Énéide*. La Lune et Pan dans les *Géorgiques*.

La légende d'Hélios est très développée dans les *Argonautiques*. Hélios aide les Olympiens dans leur lutte contre les Géants. Les chevaux d'Hélios. Rôle du Soleil dans les poèmes de Virgile. Le dieu *Sol* en Italie. Le char et les chevaux du Soleil dans Virgile. Hélios et Sol voient tout et devinent tout.

Aiétés demeure à l'extrême Orient, Circé à l'extrême Occident. Sens primitif d'Aia de Colchide et d'Aia de Tyrrhénie.

Pasiphaé, fille d'Hélios, d'après les *Argonautiques*. Renseignements donnés par Virgile sur Pasiphaé.

Phaéthon, fils d'Hélios. Phaéthon est aussi le surnom d'Hélios dans les poèmes homériques, d'Apsyrtos dans les *Argonautiques*, et le nom d'un des chevaux d'Éôs dans l'*Odyssée*. Confusions que fait Virgile au sujet des divers sens de Phaéthon. La légende de Phaéthon, fils d'Hélios, dans les *Argonautiques*; les Héliades. La légende de Phaéthon rappelée par Virgile.

Légende homérique de Lampétia et de Phaéthousa, filles d'Hélios et gardiennes de ses troupeaux. Cette légende passe dans les *Argonautiques* et dans les *Métamorphoses* d'Ovide; pourquoi Virgile n'y fait pas allusion.

Comment Apollonios rattache la légende de Prométhée au sujet des *Argonautiques*. La racine de Prométhée; Deucalion considéré comme le civilisateur de la Thessalie, patrie de Jason. Prométhée et la magie.

III. Hécate inconnue à l'époque homérique. La légende d'Hécate dans les *Argonautiques*. Apollonios distingue Hécate de Séléné et d'Artémis. Le surnom Brimô donné à Hécate par Apollonios. Hécate a eu de Phorcos Scylla-Crataïs. Traditions diverses sur l'origine de Scylla.

Hécate est, dans les *Argonautiques*, la déesse de la magie. Rôle important d'Hécate dans l'*Énéide*. Le culte d'Hécate en Grèce depuis l'époque attique, et en Italie au temps de Virgile.

La magie dans les poèmes homériques. La Circé de l'*Odyssée*. Sa magie est enfantine et primitive. La Circé des *Argonautiques* conserve le caractère qu'elle avait dans l'*Odyssée*. Le songe de Circé; la purification de Jason et de Médée. La doctrine de la purification; la cérémonie mise en scène par Apollonios. La Circé de l'*Énéide*. Légendes latines qui identifient Circé et Marica. Cette identification ne se trouve pas dans l'*Énéide*. Rapports de Circé et de Picus dans l'*Énéide* et dans les *Métamorphoses*. Pourquoi, au XIIe Chant de l'*Énéide*, Latinus est donné pour un descendant du Soleil.

Les traditions sur la demeure de Circé dans les *Argonautiques* et dans l'*Énéide*. Prodiges attribués à Circé par Virgile. Le pouvoir magique de Circé est médiocre dans les *Argonautiques* et dans l'*Énéide*. Beaucoup d'autres personnages homériques possèdent le même pouvoir que Circé.

L'ancienne magie homérique dans les *Argonautiques* à côté de la nouvelle magie savante d'Hécate. Médée prêtresse d'Hécate. Nature et puissance de ses divers procédés d'enchantement. Pouvoirs de Médée sur la lune, les fleuves, les hommes et les personnages placés au-dessus de l'humanité. Puissance magique des Sirènes, d'Amphion, d'Orphée.

Union intime de Médée et d'Hécate. Jason doit se rendre Hécate propice. Le sacrifice offert par Jason à Hécate comparé au sacrifice d'Ulysse. Le sacrifice mystérieux offert par Médée à Hécate; pourquoi Apollonios s'abstient de le décrire.

IV. Hécate identifiée dans l'*Énéide* avec Artémis-Diane. La triple Hécate. Hécate-Diane, sœur de Phébus Apollon, adorée dans les mêmes temples que son frère.

Importance de la magie à Rome; persécutions fréquentes dirigées contre les pratiques de la magie. Comment Virgile pouvait décrire les cérémonies magiques populaires et proscrites. Les seuls magiciens, dans l'*Énéide*, sont des ennemis de Rome.

La vieille magie italienne; Umbro le charmeur de serpents. Les enchanteurs Marses.

La magie savante qui relève d'Hécate. La magie dans le IVe Chant de l'*Énéide*. Sacrifice magique de Didon, l'ennemie de Rome. La magicienne africaine. Pouvoirs qu'elle prétend posséder.

Au VIe Chant de l'*Énéide* le sacrifice d'Énée n'est pas une cérémonie magique. Comparaison de ce sacrifice avec celui de Jason. Énée sacrifie à Proserpine et non à Hécate. Caractère romain de ces cérémonies célébrées en l'honneur des dieux infernaux de Rome.

I

Alors que Zeus, encore enfant, était nourri en Crète, Cronos et Rhéa, dit Apollonios [1], régnaient sur les Titans : c'est la tradition hésiodique. Nés, comme Cronos et Rhéa, de Gaia et d'Ouranos, les Titans subissent

---

1. *Argon.*, I, v. 507; II, v. 1233.

la domination du couple divin qui a succédé, soit à Ophion et à Eurynomé, comme le dit Orphée, dans les *Argonautiques*, soit à Ouranos et à Gaia, comme le rapporte la *Théogonie* d'Hésiode.

Apollonios ne parle pas de la lutte de Zeus contre les Titans. Il distingue ces dieux, fils d'Ouranos et de Gaia, des Γηγενέες, monstres divers, dont il a déjà été parlé, qui sont nés de Gaia seule, et que des traditions postérieures à l'époque hésiodique [1] ont confondus avec les Titans. Dans la lutte des dieux Olympiens contre les fils de Gaia, Zeus a pour alliés, sinon les Titans eux-mêmes, qui ont, en même temps que Cronos, leur frère, cédé la place à une nouvelle génération, du moins le fils du Titan Hypérion, Hélios [2], qui recueille sur son char l'Olympien Héphaistos, épuisé par la bataille [3].

Les Titans en général ne jouent aucun rôle, ne sont l'objet d'aucune légende dans les *Argonautiques*. Apollonios fait simplement mention de rapports entre les fils d'Ouranos et de Gaia et Déméter, fille de Cronos et de Rhéa [4]: Déméter a autrefois habité l'île des Phaiaciens; elle a enseigné aux Titans à moissonner les épis nourrissants; c'est pourquoi cette île a reçu le nom de Drépané, à cause de la faucille dont la déesse de la terre se servait pour moissonner le blé [5]. Apollonios rapporte évidemment ici une légende locale [6], différente de la tradition ordinaire d'après laquelle, on l'a vu plus haut [7], l'origine du nom primitif de l'île des Phaiaciens est due à la faux dont Cronos se servit pour mutiler

---

1. Cf. Decharme, *Mythol.*, p. 12.
2. Hésiode, *Théogon.*, v. 371.
3. *Argon.*, III, v. 233-234.
4. *Théogon.*, v. 454.
5. *Argon.*, IV, v. 988-991.
6. *Argon.*, IV, 986 : ... οἱ δέ ἑ Δηοῦς
Κλείουσι χθονίης καλαμήτομον ἔμμεναι ἅρπην.

7. Voir, plus haut, ch. II, p. 28.

Ouranos. Il faut aussi remarquer que la *Déô Chthonia* (Δηὼ χθονία), qui enseigne à moissonner aux Titans, désigne ici la déesse des fruits de la terre et non pas la divinité infernale, la *Déméter Chthonienne*, qui, d'après Pausanias [1], était invoquée à Hermioné.

Quant au séjour de Déméter dans l'île de Drépané et à ses rapports avec les Titans, nous n'avons à ce sujet d'autres renseignements que ceux qui nous sont fournis par le Scoliaste : « L'île de Drépané est l'île de Corcyre; elle se nommait d'abord Schéria. Dans sa *Constitution des Corcyréens*, Aristote donne l'origine de ce premier nom. Car il dit que Déméter, craignant que les fleuves qui venaient du continent ne fissent de l'île même une partie du continent [sans doute, que les alluvions de ces fleuves ne rejoignissent l'île au continent, qui en est peu éloigné], demanda à Poseidon de détourner le cours de ces fleuves. Ceux-ci ayant été contenus [ἐπισχεθέντων], l'île, au lieu du nom de Drépané, prit celui de Schéria. [Or, elle se nommait Drépané], parce que Déméter, ayant demandé une faux [δρεπάνην] à Héphaistos, enseigna aux Titans à faire la moisson. Ensuite, elle cacha cette faux dans une partie de l'île voisine de la mer; mais, comme les flots battaient ce lieu, la forme en devint semblable à celle d'une faux [2]. »

Aucun auteur ancien, à notre connaissance [3], ne rapporte que Déméter ait enseigné l'agriculture aux Titans. Un mythographe contemporain dit bien qu'« en Sicile, Déméter passait pour avoir appris aux Titans à se servir de la faux pour moissonner » [4]. Mais cette affirmation, qui ne s'appuie sur aucune autorité, semble due à une simple confusion entre Drépané, ancien nom de l'île des Phaiaciens, et Drépanum, Drépana ou

---

1. Pausanias, II, 35, 5; III, 14, 5.
2. Scol. *Argon.*, IV, v. 984.
3. Le *Lexicon* de Roscher n'a pas l'article *Déméter*, qui doit paraître avec l'article *Perséphoné*. (Cf. Roscher, *Lexicon*, I, p. 986, au mot *Déméter*.)
4. Ploix, *La nature des dieux*, Paris, 1888, p. 353.

Drépané, qui est une ville maritime bien connue de la Sicile. On sait que la Sicile était consacrée à Déméter et à Perséphoné [1] : mais on ne voit nulle part que la déesse de la terre ait passé en Sicile pour avoir enseigné l'agriculture aux Titans; d'après la tradition ordinaire [2], c'est le héros Triptolème qui a appris de Déméter l'art de semer et de moissonner. Il semble d'ailleurs étrange que les Titans, fils d'Ouranos et de Gaia, aient pu recevoir cet enseignement d'une déesse fille de Cronos et de Rhéa, qui appartient, par conséquent, à une génération postérieure à la leur. — Il faut, quoi qu'il en soit, nous résigner à n'avoir aucun renseignement sur les rapports de Déméter avec les Titans et sur l'intervention de la Nymphe Macris en faveur de ces dieux, puisque c'est par amour pour cette Nymphe que Déméter a enseigné l'agriculture aux fils d'Ouranos et de Gaia [3].

« Les Titans, qui sont au nombre de douze (six Titans mâles et six Titans femelles), doivent leur naissance au couple générateur primitif : le Ciel et la Terre [4]. » Dans la *Théogonie* hésiodique, les six Titans mâles sont Coios, Crios, Cronos, Hypérion, Iapet, Océanos; les six Titans femelles, Mnémosyné, Phoibé, Rhéa, Téthys, Théia, Thémis. Longtemps après Hésiode, Apollodore ajoute à la liste de la *Théogonie* un autre Titan femelle, Dioné [5], qui, pour Hésiode, était une fille d'Océanos [6]. Nous ne pouvons savoir si Apollonios met Dioné au nombre des Titans ou des Océanides : le nom de cette déesse ne se trouve pas cité dans les *Argonautiques*. Il n'est pas question non plus de Mnémosyné dans le poème alexandrin.

Quant à Océanos, on a déjà vu qu'Apollonios ne le

---

1. Diodore de Sicile, V, 11, 3 : Ἱερὰν ὑπάρχειν τὴν νῆσον [τὴν Σικελίην] Δήμητρος καὶ Κόρης.
2. Decharme, *Mythol.*, p. 374 et suiv. C'est d'ailleurs la tradition suivie par Callimaque dans son *Hymne à Déméter.*
3. *Argon.*, IV, v. 990.
4. Decharme, *Mythol.*, p. 9.
5. Apollodore, I, 1, 3.
6. *Théogon.*, v. 353.

considère pas comme un Titan ainsi que le faisait la *Théogonie*, mais que, suivant les théories homériques, il voit en lui un dieu primitif [1] : il ne peut pas mettre Téthys, compagne d'Océanos, au nombre des Titans.

Abstraction faite de Cronos et de Rhéa, les autres Titans, qui ne jouent aucun rôle dans les *Argonautiques*, sont mentionnés par le poète à cause de leur postérité dont il est souvent parlé dans le récit de l'expédition des Minyens.

Il n'est rien dit de Coios et de Phoibé : mais Apollonios donne l'épithète de Coiogène [2] à Létô, fille de Coios et de Phoibé [3], qui a elle-même, dans les *Argonautiques* [4], comme dans la *Théogonie* [5], de son union avec Zeus, les deux Létoïdes Apollon et Artémis.

Il n'est rien dit de Crios, mais Apollonios parle de son fils Persès, qui a lui-même pour fille unique la déesse Hécate [6]; unie à Phorcos, celle-ci est mère de la monstrueuse Scylla [7].

Il n'est rien dit de Théia et d'Hypérion, mais Apollonios s'occupe beaucoup de leurs enfants [8], Éôs [9], la Lune, « la Titanienne Méné [10], » et Hélios, époux de l'Océanide Persé, dans les *Argonautiques* [11], comme dans la *Théogonie* [12], père de l'Argonaute Augéiès [13], du roi Aiétès [14], de Circé [15], de Pasiphaé [16], de Phaéthon [17],

---

1. Voir, plus haut, ch. I, p. 13.
2. *Argon.*, II, v. 710.
3. *Théogon.*, v. 134 et 404.
4. *Argon.*, I, v. 66, 759; II, v. 938.
5. *Théogon.*, v. 918.
6. *Argon.*, III, v. 467, 1035, etc. Cf. *Théogon.*, v. 375 et 411.
7. *Argon.*, IV, v. 828.
8. Cf. *Théogon.*, v. 371 et suiv.
9. *Argon.*, I, v. 519, etc.
10. *Argon.*, IV, v. 54.
11. *Argon.*, IV, v. 591.
12. *Théogon.*, v. 957.
13. *Argon.*, I, v. 172; III, v. 363.
14. *Argon.*, II, v. 1204, etc.
15. *Argon.*, IV, v. 591.
16. *Argon.*, III, v. 999.
17. *Argon.*, IV, v. 598.

de Phaéthousa et de Lampétia [1], et des Héliades en général [2]. — C'est parce qu'Aiétès est le petit-fils d'un Titan que la ville où il règne est nommée la Titanienne Aia [3]. D'après Ératosthène [4], le nom de terre Titanienne viendrait à la Colchide d'un fleuve Titan qui l'arrose : mais il n'est question nulle part d'un fleuve nommé Titan qui coule en Colchide : Pline [5] mentionne seulement un fleuve d'Éolide appelé Titanus.

Iapet est le père de Prométhée [6] : d'où le nom de racine Titanienne [7] donné à la racine de la plante née du sang de Prométhée, comme la ville d'Aiétès était surnommée la Titanienne. Le fils de Iapet est père lui-même de Deucalion [8].

Thémis, déesse prophétique, qui fait connaître toutes choses à Zeus, lui a appris, en particulier, pour le détourner de s'unir à Thétis, que le fils qui naîtrait de la Néréide serait supérieur à son père [9]. Cette tradition, très répandue [10], semble se trouver, pour la première fois, dans la *VIIe Isthmique* de Pindare : c'est seulement en la rappelant qu'Apollonios a l'occasion de mentionner Thémis.

Dieux spéciaux à la Mythologie grecque, les Titans autres que Cronos, identifié avec le dieu latin Saturne, et que Rhéa, confondue avec Cybèle, ont été peu populaires à Rome et ne doivent pas, par conséquent, occuper une place importante dans l'*Énéide*. Virgile se contente de rappeler que les Titans, fils de la Terre, ont été foudroyés par Jupiter et précipités au fond du

---

1. *Argon.*, IV, v. 971 et 973.
2. *Argon.*, IV, v. 604.
3. *Argon.*, IV, v. 131.
4. Scol. *Argon.*, IV, v. 131.
5. *N. H.*, V, 121 : Titanus amnis et civitas ab eo cognominata fuit.
6. *Argon.*, III, v. 866 et 1087.
7. *Argon.*, III, v. 865.
8. *Argon.*, III, v. 1087.
9. *Argon.*, IV, v. 800.
10. Apollodore, III, 13, 5, etc.

Tartare [1]. Mais il ne distingue pas les Titans, nés de la Terre et du Ciel, et les Géants que la Terre seule mit au monde. Les *Géorgiques* et l'*Énéide* font de Coeus (Coios) et de Iapet non pas des Titans, fils de la Terre et d'Ouranos, mais des Géants que la Terre seule mit au monde en même temps que Typhoeus, les Aloiades, la Renommée et Encelade [2]. Virgile ne cite ni Crios, ni Hypérion; et rien ne prouve qu'il fasse d'Océanos un Titan. Quant aux Titanides, Téthys n'est nommée qu'une fois [3] et il n'est pas fait mention de son origine. Phoebé devient le surnom de Diane [4]. Virgile ne dit rien de Mnémosyné, de Théia, de Thémis [5]. La pseudo-titanide Dioné est, dans les *Bucoliques*, l'aïeule de César [6] : elle est, en effet, dans l'*Énéide* [7], comme dans l'*Iliade* [8], la mère d'Aphrodite-Vénus.

1. *Én.*, VI, v. 580 :
   Hic genus antiquum Terrae, Titania pubes,
   Fulmine deiecti fundo volvuntur in imo.
2. *Én.*, IV, v. 178 :
   Illam [Famam] *Terra... Coeo Enceladoque sororem*
   Progenuit.
   Géorg., I, v. 278 :
   ...Tum partu Terra nefando
   Coeumque Iapetumque creat, saevumque Typhoea,
   Et coniuratos caelum rescindere fratres.
   « *Coeus, Iapetus, Typhoeus*, fils de la Terre, les deux premiers Titans, le dernier né du Tartare. » (Note de Benoist.) Benoist donne la tradition grecque : rien n'autorise à penser qu'elle soit suivie par Virgile, qui semble au contraire n'établir aucune différence d'origine entre ces divers personnages.
3. *Géorg.*, I, v. 31. — D'ailleurs Virgile confond *Téthys* avec la Néréide *Thétis* (*Égl.*, IV, v. 32 : *...tentare Thetim ratibus*). Cette confusion est fréquente dans la poésie latine. Cf. Stace, *Silv.*, IV, VI, v. 18 : *...Erythreae Thetidos*; Martial, X, XXX, v. 11; Claudien, *De Rapt. Pros.*, I, v. 148 : *...Gaetula Thetis.*
4. *Géorg.*, I, v. 431; *Én.*, X, v. 216.
5. Thémis n'est pas devenue une divinité romaine. Catulle, qui ne fait aucune allusion à son rôle dans l'*Épithalame de Thétis et de Pélée*, la mentionne dans un autre poème (LXVIII, v. 153). Ovide, qui la fait intervenir comme déesse de la justice dans plusieurs des légendes grecques de ses *Métamorphoses* (I, v. 321, 379; IV, v. 642; VII, v. 762; IX, v. 403, 418), dit, dans les *Fastes* (III, v. 658), que certaines traditions ont identifié Thémis et Anna Perenna.
6. *Égl.*, IV, v. 47.
7. *Én.*, III, v. 19.
8. *Iliad.*, V, v. 370.

Virgile ne dit pas que Latone (Létô) soit fille de Coios : il en fait, conformément à la tradition grecque, la mère de la Diane latine identifiée avec Artémis [1] ; il rappelle la légende de Latone à Délos [2]. Mais il est à remarquer qu'il ne désigne jamais Apollon par le nom de fils de Latone.

Confondue avec Diane, Hécate n'a pas dans l'*Énéide* une origine titanienne.

Les *Bucoliques* font une allusion au larcin et au châtiment de Prométhée [3] ; les *Géorgiques* rappellent comment Deucalion repeupla le monde [4]. Mais Virgile ne dit pas que Deucalion soit le fils de Prométhée et Prométhée le fils du Titan Iapet. D'ailleurs, n'ayant aucun rapport avec la légende nationale de Rome, le fils et le petit-fils du Titan n'ont aucun droit à une mention dans l'*Énéide*.

En somme, Virgile s'occupe peu des Titans et des traditions qui concernent leur postérité.

Apollonios, au contraire, pour tout ce qui a rapport à la postérité des Titans, suit en général, avec exactitude, la *Théogonie* d'Hésiode. Il en complète et en développe souvent les indications. Car les fils et les petits-fils des Titans ont, dans les *Argonautiques*, une importance qu'ils ne pouvaient avoir dans les poèmes d'Homère et d'Hésiode. Dans l'*Iliade* et l'*Odyssée*, en effet, les dieux des Troyens et des Achaiens, aussi bien que les dieux protecteurs et ennemis d'Ulysse, sont pour la plupart des Olympiens subordonnés à Zeus. Dans la *Théogonie*, Hésiode doit se borner à faire rapidement l'histoire des Titans dont le règne n'est qu'une époque de transition entre la puissance primi-

---

1. *Én.*, I, v. 502 ; XI, v. 534 et 557.
2. *Géorg.*, III, v. 6.
3. *Égl.*, VI, v. 42 : *Caucasiasque ...volucres, furtumque Promethei.*
4. *Géorg.*, I, v. 61 :
        ... quo tempore primum
  Deucalion vacuum lapides iactavit in orbem.

tive d'Ouranos et la domination définitive de Zeus. Dans les *Argonautiques,* au contraire, le peuple qui garde jalousement la toison d'or est un peuple de race titanienne, gouverné par un petit-fils d'Hypérion. Les héros qui viennent de l'Hellade pour conquérir la toison sont, presque tous, fils ou petits-fils d'Olympiens : seul, peut-être, Augéiès, qui est né d'Hélios comme Aiétès [1], descend d'un dieu Titan. La conquête de la toison peut être considérée comme une expédition des fils des Olympiens contre les petits-fils du Titan Hypérion. La fille même d'Aiétès, Médée, est une magicienne, initiée à l'art mystérieux que les Olympiens ne pratiquent point par la déesse Hécate, fille du Titan Persès; pour ses compositions magiques, la jeune fille use d'une plante née du sang de Prométhée, qui a pour père le Titan Iapet. La Titanienne Aia, ville d'Aiétès, patrie de la magicienne Médée, est la dernière capitale de la race vaincue et proscrite par Zeus. L'érudition d'Apollonios trouvera donc une occasion favorable et une matière abondante de s'exercer à propos de la filiation de tous ces personnages qui descendent des Titans, à propos des traditions, plus ou moins connues, qui les concernent et qui peuvent se rattacher par un lien plus ou moins artificiel à la légende des Argonautes, sujet principal du poème.

II

D'après la *Théogonie* [2], Hypérion et Théia donnent naissance à Éôs, à Séléné et à Hélios.

Apollonios ne dit rien du mythe d'Éôs; il cite souvent le nom de la fille d'Hypérion, mais Éôs Érigène

---

1. *Argon.*, III, v. 363.
2. *Théogon.*, v. 371 et suiv.

est plutôt, dans les *Argonautiques*, l'aurore elle-même qui apparaît au point du jour, que la personnification de la déesse Aurore [1]. Dans la plupart des passages où il est question de l'Aurore, il s'agit d'un phénomène naturel. C'est à peine si on peut admettre que le poète pense à une déesse, maîtresse du phénomène, quand il dit que « l'éclatante Éôs regarde de ses yeux brillants les sommets élevés du Pélion » [2], ou quand il montre « Éôs sereine resplendissant dans le ciel, alors qu'elle s'élève des extrémités de l'horizon » [3]. L'épithète *érigène*, celle qui naît le matin [4], est parfois employée, dans les *Argonautiques* [5], comme synonyme d'Éôs : ce mot *érigène* (ἠριγενής ou Ἠριγενής) se trouve sous la forme *érigénéia* dans les poèmes homériques. Dans l'*Iliade*, en effet, ἠριγένεια est une épithète [6]; dans l'*Odyssée*, Ἠριγένεια est un synonyme [7] d'Éôs.

Virgile ne trouvait pas dans la Mythologie romaine une légende constituée de l'Aurore que les anciennes traditions latines citaient simplement comme la fille du Soleil, et non comme sa sœur, suivant la tradition grecque [8]. Le plus souvent, dans l'*Énéide*, le mot Aurore est un terme géographique, synonyme d'Orient [9], ou le nom du phénomène céleste qui précède et ramène le jour sur la terre en chassant les ombres de la nuit [10]. Quand Virgile dégage du phéno-

---

1. *Argon.*, I, v. 519, 651, 985, 1151, 1280, 1360; II, v. 1007, 1285; III, v. 729, 820, 828, 1172, 1224, 1341; IV, v. 183, 244, 670, 885, 981, 1170, 1622, 1690, 1713.
2. *Argon.*, I, v. 519.
3. *Argon.*, I, v. 1280.
4. *Argon.*, III, v. 1224; IV, v. 981.
5. *Argon.*, II, v. 450; III, v. 824.
6. *Iliad.*, I, v. 477.
7. *Odyssée*, XXII, v. 197; XXIII, v. 347.
8. Preller-Jordan, *Röm. Mythol.*, erster Band, p. 327, note 2 : Fest., p. 197 : Obstinet *dicebant antiqui quod nunc est* ostendit, *ut in veteribus carminibus* : Sed iam se caelo cedens Aurora obstinet suum patrem.
9. *Én.*, VII, v. 606: *Auroramque sequi*; VIII, v. 686: *Victor ab Aurorae populis*; IX, v. 111 : ...*ab Aurora*.
10. *Géorg.*, I, v. 249: ...*Aurora diemque reducit*; *Én.*, III, v. 589, et IV,

mène la personnalité divine qui y préside, il suit la tradition homérique : l'Aurore sort de l'Océan [1], quittant la couche de Tithon, son époux [2], et elle parcourt le ciel, resplendissante sur son char, aux couleurs de rose ou de pourpre [3], qui est attelé soit de deux chevaux, comme dans l'*Odyssée* [4], soit de quatre [5]. L'*Énéide* montre aussi la déesse de l'Aurore portée sur le char du Soleil [6] : elle se confond alors avec Héméra, la déesse du jour [7].

Si Virgile parle si souvent de l'Aurore, en suivant la légende homérique, c'est sans doute parce que la déesse est la femme de Tithon, fils du roi troyen Laomédon, et la mère de Memnon, l'allié des Troyens [8] : à ce titre l'Aurore peut avoir dans l'*Énéide* une place à laquelle elle n'avait pas droit dans les *Argonautiques*.

La Lune, qu'Apollonios nomme tantôt Séléné [9], tantôt Méné [10], a le plus souvent une personnalité bien distincte de l'astre des nuits dont elle est la directrice divine. On sait que les deux noms divers de la déesse

---

v. 7 : *Humentemque Aurora polo dimoverat umbram*; *Géorg.*, IV, v. 544 : ...*nona suos Aurora ostenderit ortus*; v. 552 : ...*nona suos Aurora induxerat ortus*; *Én.*, III, v. 521 : *Iamque rubescebat stellis Aurora fugatis*; V, v. 64 : ...*si nona diem mortalibus almam Aurora extulerit*; IV, v. 568 : *Si te his attigerit terris Aurora morantem*; X, v. 241 : *Aurora... veniente*; XI, v. 182 : *Aurora interea miseris mortalibus almam Extulerat lucem*.

1. *Én.*, IV, v. 129, et XI, v. 1 : *Oceanum interea surgens Aurora reliquit*. — Cf. *Iliad.*, XIX, v. 1.
2. *Géorg.*, I, v. 447; *Én.*, IV, v. 585; IX, v. 460 : *Tithoni croceum linquens Aurora cubile*. Cf. *Odyssée*, V, v. 1. — *Én.*, VIII, v. 384 : ...*Tithonia... coniux*.
3. *Én.*, VI, v. 535 : ...*roseis Aurora quadrigis Iam medium aetherio cursu traiecerat axem*; VII, v. 26 : *Aurora in roseis fulgebat lutea bigis*; XII, v. 77 : *Puniceis invecta rotis Aurora*.
4. *Én.*, III, v. 26. — Cf. *Odyssée*, XXIII, v. 246 : Λάμπον καὶ Φαέθονθ', οἵ τ' Ἠῶ πῶλοι ἄγουσιν.
5. *Én.*, VI, v. 535.
6. *Én.*, V, v. 105 : *Auroram Phaethontis equi iam luce vehebant*. — Cf. Ἥλιος Φαέθων, *Iliad.*, XI, v. 735; *Odyssée*, V, v. 479, etc.
7. Decharme, *Mythol.*, p. 243, note 3.
8. *Én.*, I, v. 751 : ...*Aurorae... filius*; cf. v. 489. — *Odyssée*, IV, v. 188 : ...Ἠοῦς... φαεινῆς ἀγλαὸς υἱός.
9. *Argon.*, IV, v. 264.
10. *Argon.*, IV, v. 55.

lunaire, « *Séléné* et *Méné*, rappellent, soit l'éclat de sa lumière (σέλας), soit ses transformations périodiques pendant le mois, dont elle règle le cours [1]. »

Souvent, les mots *méné* ou *séléné* désignent simplement l'astre sacré dont les courses recommencent chaque nuit [2], qui envoie, quand il est dans son plein, ses rayons éclatants [3], que la jeune fille, enfermée dans une chambre haute, s'amuse à recueillir sur sa robe d'un fin tissu [4]; l'astre qui, aux premiers jours du mois, apparaît à peine, caché par un nuage [5], et qui disparaît complètement, vaincu par la grande nuit qui s'étend sur la mer [6]. Cet astre, d'ailleurs, n'a pas toujours éclairé le monde habité par les hommes, puisque, on l'a vu déjà [7], Apollonios cite la tradition d'après laquelle les Arcadiens Apidanéens sont un peuple prosélénite.

La personnalité divine, humaine surtout, de la Titanienne Séléné se trouve nettement indiquée dans les *Argonautiques*, qui nous montrent la déesse lunaire consumée d'amour pour le bel Endymion, et se hâtant d'aller le retrouver dans la caverne du mont Latmos, où ont lieu les rendez-vous de la fille d'Hypérion et de son amant mortel [8].

La légende de Séléné et d'Endymion, dont Apollonios place le théâtre en Carie (le mont Latmos est en Carie [9]), a été localisée, à la fois, dans ce pays et en Élide [10]. Elle est relativement récente : le nom d'Endymion ne se trouve ni dans les poèmes homériques, ni dans ce qui nous reste des œuvres d'Hésiode. Celui-ci

---

1. Decharme, *Mythol.*, p. 245.
2. *Argon.*, III, v. 533.
3. *Argon.*, I, v. 1232.
4. *Argon.*, IV, v. 167 et suiv.
5. *Argon.*, IV, v. 1479.
6. *Argon.*, IV, v. 1697.
7. Voir, plus haut, ch. I, p. 21.
8. *Argon.*, IV, v. 58 et suiv.
9. Strabon, XIV, 1, 8.
10. Pausanias, V, 1, 5.

cependant, au dire du Scoliaste d'Apollonios, aurait parlé d'Endymion, mais sans faire allusion à ses amours avec Séléné : « Hésiode raconte qu'Endymion, fils de Calycé et d'Aethlios, fils de Zeus, obtint de Zeus ce privilège qu'il fixerait lui-même le moment de sa mort, qu'il mourrait quand il voudrait. Le même fait est rapporté par Pisandre, par Acousilaos, par Phérécyde, par Nicandre, dans le livre II de ses *Étoliques*, et par Théopompe, le poète épique. Il est dit, dans *les Grandes Éées*, qu'Endymion fut enlevé au ciel par Zeus; mais, s'étant épris d'amour pour Héra, il fut trompé par l'apparence d'une nuée et précipité dans la demeure d'Adès... Épiménide rapporte que, vivant parmi les dieux, il s'éprit d'amour pour Héra, et que Zeus, irrité, lui ordonna de dormir sans cesse[1]. » Le Scoliaste ne cite pas d'auteurs qui se soient occupés de la légende des amours d'Endymion et de Séléné avant Sappho et Nicandre, ce dernier postérieur à Apollonios : « Au sujet de l'amour que Séléné éprouva pour lui, Sappho et Nicandre, dans le livre II de l'*Europé*, rapportent des traditions : il est dit que Séléné descendait dans l'antre du Latmos pour aller rejoindre Endymion. » M. Decharme[2] fait observer que le mythe d'Endymion est un de ceux qui s'expliquent le plus aisément : « *Endymion* (son nom l'indique), c'est le soleil qui disparaît à l'horizon céleste ou qui se plonge dans les flots de la mer, à l'heure même où la lune s'avance dans le ciel. Un gracieux sentiment poétique avait donc inspiré la fable grecque qui représentait Séléné venant embrasser son bien-aimé étendu dans la caverne de Latmos, ou autrement, la Lune caressant de ses rayons la couche du beau Soleil endormi. » Une allégorie d'une explication aussi aisée et d'un sentiment aussi gracieu-

---

1. Scol. *Argon.*, IV, v. 57. — L. von Sybel (article *Endymion* du *Lexicon* de Roscher) ne cite pas, pour cette légende, d'auteurs antérieurs à Sappho.
2. Decharme, *Mythol., Introduct.*, p. xxv.

sement raffiné ne peut être que de date récente. Quoi qu'il en soit, avant les *Argonautiques*, elle était déjà familière à la littérature alexandrine. Théocrite [1] parle de cet Endymion que Séléné était venue, du haut de l'Olympe, rejoindre dans le bois du Latmos, pour l'aimer et pour dormir avec lui.

Dans les *Argonautiques*, c'est la déesse Séléné elle-même qui fait allusion à son amour pour Endymion : au moment où Médée se décide à fuir avec Jason, Apollonios imagine que « la déesse, fille du Titan, qui commençait à s'élever de l'extrémité de l'horizon, la Lune, se réjouissait ardemment et parlait ainsi en elle-même : Je ne suis donc pas la seule à m'enfuir vers la caverne du Latmos; je ne suis pas la seule à me consumer d'amour pour le bel Endymion... [2]. » La déesse continue ses réflexions en rappelant que Médée l'a souvent forcée à descendre du ciel, quand elle voulait se livrer à ses opérations magiques. Cette mise en scène nous étonne. Dübner trouve détestable cette manière d'introduire dans les *Argonautiques* le souvenir de la légende d'Endymion : « *Pessime hae fabulae mixtae* [3]. » M. Girard qualifie d' « étrange discours » ces plaintes de Séléné, et ajoute qu' « il était difficile de revenir plus malheureusement aux données de la légende » [4]. Sans vouloir justifier pleinement Apollonios, on peut cependant admettre en sa faveur les circonstances atténuantes. L'érudit alexandrin tient à faire entrer dans son poème toutes ses connaissances mythologiques, *si possit recte, si non, quocumque modo*. Il prête à Séléné un discours étrange : mais celui que Lycophron, un autre poète du Musée, fait prononcer par Cassandra, est aussi déplacé et bien plus long. Enfin, la déesse

---

1. *Idyll.*, XX, v. 37. Cf. *Idyll.*, III, v. 49-50.
2. *Argon.*, IV, v. 54 et suiv.
3. Dübner, notes inédites au v. 66 du ch. IV. Voir, sur ces notes de Dübner, ma traduction d'Apollonios, *Préface*, p. XXV-XXVII.
4. J. Girard, *Études sur la Poésie grecque*, Paris, 1884, p. 334.

a quelque droit à comparer la situation de Médée avec la sienne, à se réjouir que, par un juste retour, la fille d'Aiétès connaisse les angoisses qu'elle a subies elle-même, à se souvenir, non sans rancune, que la magicienne, aujourd'hui vaincue par l'amour, l'a contrainte bien des fois, par ses enchantements, à descendre du ciel sur la terre. Sœur d'Hélios, qui est le grand-père de Médée, Séléné est la grand'tante de la jeune fille. Il semble que la déesse des nuits tienne à montrer par son monologue indiscret que les passions sont héréditaires dans la famille d'Hypérion, à laquelle ont appartenu, avant Médée, les célèbres victimes de l'amour qu'on nomme Pasiphaé, Ariane, Phèdre; elle cherche à son antique amour des excuses dans celui que la fille de son neveu éprouve pour Jason.

La déesse de la lune a, on le comprend sans peine, un rôle beaucoup moins important dans l'*Énéide* que dans les *Argonautiques*. Sans doute, à Rome, au temps de Virgile, *Sol* et *Luna*, vieilles divinités de la Sabine et de l'Étrurie, avaient leurs temples et leurs fidèles [1]. Mais ces deux dieux semblent n'être l'objet d'aucune légende.

Virgile hésite même et se contredit à propos de leur origine. Dans les *Géorgiques*, la Lune est sœur du Soleil [2] : dans l'*Énéide* il n'est plus question de cette parenté; il n'est pas dit clairement de qui les deux dieux tirent leur origine. D'après un vers de l'*Énéide* : « Et le globe lumineux de la Lune et les astres Titaniens [3], » on admet généralement que Virgile fait du Soleil et de la Lune deux divinités Titanides. C'est l'opinion de Benoist : « Littéralement, le Soleil et la Lune, enfants du Titan Hypérion. Cf. Hésiode, *Théogon.*, v. 371. Mais comme la Lune est déjà désignée, il

---

1. Preller-Jordan, *Röm. Mythol.*, erster Band, p. 324-328.
2. *Géorg.*, I, v. 396 : *...fratris radiis obnoxia... Luna.*
3. *Én.*, VI, v. 725 : *Lucentemque globum Lunae Titaniaque astra.*

faut admettre avec Wagner une sorte d'épexégèse. C'est comme s'il y avait : la Lune, et non seulement la Lune, mais les deux astres, fils du Titan [1]. » Cette démonstration pénible et peu satisfaisante est réfutée par le texte d'un autre vers de l'*Énéide* : « *Aussitôt que demain le Titan se sera levé et aura de ses rayons dissipé les ténèbres qui couvrent le monde* [2]. » Servius dit que ce Titan est le Soleil, fils d'Hypérion [3] : mais les Titans sont tous fils d'Ouranos et de Gaia. Benoist traduit : « Le Soleil, fils du Titan Hypérion [4]. » Mais le mot *Titan* ne signifie pas *fils de Titan*. Il faut admettre que Virgile s'écarte de la tradition hésiodique et qu'il fait du Soleil un Titan à l'exemple des auteurs grecs de la basse époque [5], qui seront d'ailleurs suivis par les poètes latins du siècle d'Auguste et par leurs successeurs [6].

Titaniaque astra ne peut donc signifier autre chose que l'astre du Titan, c'est-à-dire du dieu Soleil : il n'est pas besoin de recourir aux essais de correction et d'interprétation subtile du texte auxquelles les philologues se sont livrés [7]. Le pluriel *Titania astra* n'a rien non plus qui doive nous étonner : Ovide a bien dit *sidera solis* pour désigner le soleil [8].

1. Benoist, note au v. 725 du Ch. VI de l'*Énéide*.
2. *Én.*, IV, v. 118 :
   ...*ubi primos crastinus ortus*
   Extulerit Titan, radiisque retexerit orbem.
3. Servius, *ad Aen.*, IV, v. 119 : ...*Sol, unus de Titanibus, Hyperionis filius.*
4. Benoist, note au v. 119 du Ch. IV de l'*Énéide*.
5. Voir Preller, *Griech. Mythol.*, erster Band, p. 41, note 5. — Aux exemples de Titan synonyme d'Hélios cités par Preller, j'en ajouterai un qui se trouve au v. 512 de l'*Argonautique* d'Orphée (édit. E. Abel, Pragae et Lipsiae, 1885).
6. Tibulle, IV, 1, v. 51, 113, 157 : *Titan* ; Ovide, *Mét.*, I, v. 10 ; II, v. 118 ; *Fast.*, I, v. 617 : *Titan* ; Silius Italicus, XII, v. 648 : *Titan* ; Lucain, I, v. 15. — Dans tous ces exemples, et dans beaucoup d'autres, le mot *Titan* ne peut désigner que le Soleil.
7. Voir, en particulier, les renseignements donnés par Forbiger dans sa note au v. 725 du Ch. VI de l'*Énéide*.
8. *Mét.*, XIV, v. 172.

Si l'*Énéide* fait du Soleil un Titan, il ne s'ensuit pas que dans ce poème, où l'on ne trouve aucune allusion aux liens de parenté du Soleil et de la Lune, celle-ci soit considérée comme une Titanide. Nous verrons au contraire, en nous occupant de l'Hécate de l'*Énéide*, que Virgile confond Hécate, Diane et la Lune, et fait, en dernière analyse, de la Lune la fille de Latone.

Virgile personnifie rarement la Lune; il parle de sa course mensuelle, des jours propices aux travaux champêtres qu'elle amène, de ses erreurs et de ses éclipses, de ses phases régulières, de la troisième où elle reparaît sous la forme d'un croissant, du moment où elle est dans son plein, du commencement du mois où elle paraît à peine au milieu des nuages [1]. Il rappelle son éclat bienfaisant au milieu du silence de la nuit [2], la rosée qu'elle fait tomber pour ranimer la verdure des bois [3], et aussi l'obscurcissement passager de ses rayons causé par les nuages [4] et leur obscurcissement définitif qui marque la fin de la nuit [5].

Il dit l'influence magique de la Lune : c'est à sa clarté qu'il faut cueillir les herbes nécessaires aux enchantements [6]. Le pouvoir des magiciennes fait aussi descendre la Lune du ciel [7] : mais c'est l'astre seul qui obéit à leurs incantations, tandis que, dans les *Argo-*

---

1. *Géorg.*, I, v. 353 : ...*menstrua Luna*; *Én.*, III, v. 645 : *Tertia iam Lunae se cornua lumine complent;* *Géorg.*, I, v. 276 : *Ipsa dies alios alio dedit ordine Luna Felices operum;* v. 424 : ...*Lunasque sequentes Ordine;* v. 427 : *Luna revertentes cum primum colligit ignes, Si nigrum obscuro comprenderit aera cornu;* II, v. 478 ...*lunaeque labores;* *Én.*, I, v. 742 : ...*errantem Lunam;* III, v. 152 : *Plena... Luna;* VI, v. 453 : ...*primo... surgere mense... per nubila Lunam.*
2. *Én.*, II, v. 340 : ...*per Lunam;* v. 255 : ...*tacitae per amica silentia Lunae;* VI, v. 725 : *Lucentemque globum Lunae;* VII, v. 8 : ...*nec candida cursus Luna negat.*
3. *Géorg.*, III, v. 337 : ...*saltus reficit iam roscida Luna.*
4. *Én.*, III, v. 587 : ...*Et Lunam in nimbo;* VI, v. 270 : ...*per incertam Lunam, sub luce maligna.*
5. *Én.*, IV, v. 80 : ...*lumenque obscura vicissim Luna premit.*
6. *Én.*, IV, v. 513 : ...*messae ad Lunam... Pubentes herbae.*
7. *Égl.*, VIII, v. 69 : *Carmina vel caelo possunt deducere Lunam.*

nautiques, c'était la déesse Méné elle-même que Médée attirait sur la terre en la faisant souvenir de son amour pour Endymion.

Virgile ne s'occupe ni de la légende d'Endymion, ni de la tradition qui faisait les Arcadiens antérieurs à la Lune. Il cite seulement, et sous toutes réserves *(si credere dignum est)*, une autre histoire arcadienne d'après laquelle la Lune, considérée comme déesse, aurait été séduite par le dieu Pan : « C'est grâce au présent qu'il te fit d'une toison blanche comme la neige — s'il est permis de le croire — que Pan, le dieu d'Arcadie, te séduisit, ô Luné, et t'abusa en t'appelant au fond des bois : et toi, tu ne dédaignas pas celui qui t'appelait [1]. »

La légende d'Hélios est très développée dans les *Argonautiques* : on ne saurait s'en étonner, puisque le dieu solaire a pour fils Aiétès, possesseur de la toison que les Argonautes viennent conquérir, et père de Médée que Jason doit enlever pour la conduire en Hellade. La mythologie des *Argonautiques* ne pouvait laisser de côté les légendes qui se rapportent au dieu père d'Aiétès et grand-père de Médée.

Le fils d'Hypérion a aidé les dieux Olympiens au moment de leur lutte contre les Géants : témoin les nombreux et merveilleux présents faits à Aiétès par Héphaïstos, plein de reconnaissance pour Hélios qui l'avait recueilli sur son char, alors qu'il était épuisé par le combat de Phlégra [2]. C'est sans doute aussi en souvenir de quelque service rendu par Hélios à la même occasion qu'Arès a donné à Aiétès la cuirasse tout d'une pièce, dépouille du Phlégraien Mimas, que le dieu avait tué de sa propre main [3].

---

1. *Géorg.*, III, v. 391-393. — Sur cette légende, rapportée par Nicandre, voir Decharme, *Mythol.*, p. 487.
2. *Argon.*, III, v. 234.
3. *Argon.*, III, v. 1227.

Hélios protège son fils Aiétès : il lui a fait présent de chevaux rapides comme le souffle du vent [1]; on sait que les chevaux étaient consacrés au dieu du soleil [2] que la poésie grecque représente d'ordinaire monté sur un char et animant son attelage infatigable. Apollonios laisse de côté ces lieux communs; il ne dit rien des chevaux d'Hélios, et il ne parle que deux fois de son char [3].

Virgile, au contraire, fait souvent allusion aux chevaux et au char du Soleil.

Le Soleil n'est pas toujours personnifié dans les œuvres du poète latin : il est très souvent considéré comme l'astre du jour, qui préside aux révolutions de l'année, qui éclaire le monde dans sa puissance, ou qui s'éclipse [4]; qui se lève le matin [5]; qui brille au milieu de sa course, à midi [6], bienfaisant en été pour les moissons et fatigant pour les hommes et pour les animaux [7]; qui se couche le soir [8], hâtivement, semble-t-il, en hiver [9]; qui reparaît après la tempête dans le ciel d'où il a été chassé [10]. Chacune de ses courses marque la durée d'un jour [11]; il n'éclaire que la terre : le Tartare

---

1. *Argon.*, IV, v. 221.
2. Decharme, *Mythol.*, p. 240-241.
3. *Argon.*, III, v. 309; IV, v. 598.
4. *Géorg.*, I, v. 232 : *Per duodena regit mundi sol aureus astra*; II, v. 478 : *Defectus solis varios*; *Én.*, I, v. 742 : *...solisque labores*; III, v. 284 : *...magnum sol circum volvitur annum*; *Géorg.*, I, v. 92 : *...rapidive potentia solis*; II, v. 373 : *...solemque potentem*; *Én.*, VI, v. 796 : *Extra anni solisque vias*.
5. *Géorg.*, III, v. 277 : *...solis ad ortus*; *Én.*, VII, v. 130 : *...primo... cum lumine solis*; XII, v. 172 : *...ad surgentem... solem*, etc.
6. *Égl.*, II, v. 13 : *Sole sub ardenti*; *Géorg.*, IV, v. 401 : *...medios cum sol accenderit aestus*; v. 426 : *...medium sol igneus orbem Hauserat*; *Én.*, VIII, v. 97 : *Sol medium caeli conscenderat igneus orbem*, etc.
7. *Géorg.*, I, v. 48 : *...seges... solem... sensit*; III, v. 132 : *...[equum] sole fatigant*.
8. *Égl.*, II, v. 67 : *Et sol crescentes decedens duplicat umbras*; *Géorg.*, I, v. 402 : *Solis et occasum*; *Én.*, III, v. 508 : *Sol ruit interea*; IV, v. 480 : *...iuxta solemque cadentem*, etc.
9. *Géorg.*, III, v. 302 : *...hiberno... soli*; *Géorg.*, II, v. 481, et *Én.*, I, v. 745 : *Quid tantum Oceano properent se tingere soles Hiberni?*
10. *Én.*, I, v. 143 : *...solemque reducit*.
11. *Égl.*, IX, v. 52 : *...me condere soles*; *Géorg.*, II, v. 332 : *Inque novos soles*; *Én.*, III, v. 203 : *...tres... soles*.

est privé de notre soleil [1], et les Champs Élysées en possèdent un autre [2]. Il a reparu renouvelé après le déluge [3]; son nom indique l'exposition ou une direction géographique [4] de cette terre dont il est l'astre indispensable et tout-puissant.

Cet astre nécessaire, puissant et terrible, a sans doute été vite personnifié en Italie. On comprend que l'imagination populaire n'ait pas tardé à faire de ce soleil qui paraît le matin à l'Orient, qui parcourt le ciel toute la journée et qui disparaît le soir à l'Occident, un être vivant et conscient, un dieu qui recommence chaque jour la même course autour du monde habité par les hommes.

Mais le dieu Soleil n'avait pas de légende dans la Mythologie romaine, et Virgile ne pouvait introduire dans l'*Énéide* les traditions particulières qui concernent Hélios, père de l'Aiétès des *Argonautiques*. Il est probable que les Romains avaient fait depuis longtemps du soleil un dieu qui parcourt le monde sur son char, puisque Tacite parle d'un temple *antique* édifié au Soleil auprès du Cirque [5] : c'est en sa qualité de conducteur infatigable du char solaire que le dieu protégeait les exercices équestres [6]. J'ai déjà rappelé que les poètes grecs faisaient d'Hélios un conducteur de char. L'*Odyssée* représente Hélios comme un dieu qui s'élève le matin vers le ciel étoilé et qui le soir en redescend vers la terre [7] : mais les poèmes homériques ne font pas encore mention du char et des chevaux d'Hélios [8].

---

1. *Én.*, VI, v. 534 : ...*tristes sine sole domos*.
2. *Én.*, VI, v. 641 : ...*solemque suum*.
3. *Égl.*, VI, v. 37 : ...*novum... lucescere solem*.
4. *Én.*, II, v. 475 : ...*ad solem; Géorg.*, II, v. 512 : ...*alio patriam... sub sole iacentem*; III, v. 439 : ...*ad solem; Én.*, VII, v. 227 : ...*plaga solis iniqui*.
5. Tacite, *Annal.*, XV, LXXIV, 1 : *Soli cui est vetus aedes apud circum*. Cf. Tertullien, *De Spectac.*, VIII.
6. Preller-Jordan, *Röm. Mythol.*, erster Band, p. 325-326.
7. *Odyssée*, XI, v. 17-18.
8. Preller (*Griech. Mythol.*, erster Band, p. 350) pense que puisque Homère connaît le char d'Éôs, c'est par un cas fortuit qu'il n'est pas amené à mentionner le char et les chevaux d'Hélios. Il me semble, au contraire, que si

C'est à partir de l'*Hymne à Hermès* [1] que ce char et ces chevaux deviennent un des attributs nécessaires du dieu Soleil. Fidèle observateur de la tradition homérique, Apollonios laisse de côté cette légende posthomérique, bien rebattue à l'époque alexandrine. Virgile, au contraire, heureux de trouver un attribut commun à Hélios et à Sol, adoré dans le cirque romain, ne laisse pas échapper l'occasion d'enrichir la légende si pauvre du dieu italien en parlant fréquemment de son char et de ses chevaux.

Au matin, les chevaux du Soleil s'élèvent des gouffres profonds de l'Océan et dressent leurs naseaux d'où s'exhalent des flots de lumière [2]. Comme les dieux homériques, le Soleil attelle lui-même ses coursiers [3]; il les lance jusqu'en haut de l'éther; et, le soir, quand sa course est terminée, il précipite son char dans les flots de l'Océan qu'il embrase de ses lueurs [4]. Pendant leur trajet annuel, tantôt les chevaux du Soleil dépassent les constellations de l'été pour atteindre bientôt celles de l'hiver où l'éclat du char divin pâlira, tantôt, au contraire, ils sont vainqueurs de l'hiver et l'exilent sous la terre [5].

Aiétès a la plus grande vénération pour Hélios : il l'invoque comme témoin des mauvaises actions, au même titre que Zeus [6]. C'est d'ailleurs ce que faisait

l'idée du char d'Hélios avait été familière à Homère, il aurait trouvé l'occasion d'en parler dans un des nombreux passages où il rappelle la course du soleil à travers le ciel.

1. *Hymne homérique à Hermès*, v. 69.
2. *Én.*, XII, v. 114 : *...alto se gurgite tollunt Solis equi, lucemque elatis naribus efflant.* — Ennius et Lucilius avaient déjà parlé de ce feu qui sort des narines des chevaux du Soleil. (Voir la note de Forbiger au v. 115 du Ch. XII de l'*Énéide*.) La tradition du feu exhalé par les chevaux d'Hélios semble se trouver pour la première fois dans Pindare (*Olymp.*, VII, v. 70).
3. *Én.*, I, v. 568 : *...equos... Sol iungit.*
4. *Géorg.*, III, v. 358 : *...invectus equis altum petit aethera... Praecipitem Oceani rubro lavit aequore currum.*
5. *Géorg.*, II, v. 321 : *...cum rapidus Sol nondum hiemem contingit equis;* IV, v. 51 : *...ubi pulsam hiemem Sol aureus egit Sub Terras.*
6. *Argon.*, IV, v. 229.

l'Agamemnon homérique, qui prenait à témoin de ses serments, en même temps que Zeus et Gaïa, Hélios qui voit et entend toutes choses [1]. On connaît le respect des Hellènes pour « la lumière sacrée d'Hélios » [2], qui est « le grand et inévitable témoin des actions des hommes. » [3]

C'était aussi une croyance populaire en Italie que le dieu *Sol* voit tout, devine tout [4], comme l'Hélios homérique [5]. Dans les *Géorgiques*, le Soleil donne des présages sûrs aux laboureurs [6] ; c'est lui qui a prédit la mort de César [7]. Le dieu mythologique de l'*Énéide*, dans sa course quotidienne d'Orient en Occident, voit le monde entier de l'un à l'autre Océan [8] : comme l'Hélios homérique et l'antique dieu Sol de la Sabine, ce dieu dont Virgile établit le type en combinant des éléments empruntés à la légende italienne et à des traditions grecques de diverses époques, — ce dieu qui connaît tous les événements terrestres qu'il éclaire de son flambeau [9], est pris à témoin par Didon et par Énée [10], ainsi qu'il l'était par l'Agamemnon d'Homère, par l'Ajax de Sophocle et par l'Aiétès d'Apollonios.

Le fils d'Hélios, Aiétès, demeure à l'extrême Orient ; le dieu lui-même a conduit sa fille Circé dans les lointaines contrées de l'Occident : « J'ai fait autrefois — dit Aiétès — une course immense sur le char de mon père Hélios, quand il amena ma sœur Circé au milieu des

---

1. *Iliad.*, III, v. 277.
2. *Argon.*, IV, v. 1019 : ...ἱερὸν φάος Ἡελίοιο.
3. Decharme, *Mythol.*, p. 242. — Voir l'*Ajax* de Sophocle, v. 839, 850, 860.
4. Preller-Jordan, *Röm. Mythol.*, erster Band, p. 326.
5. *Iliad.*, III, v. 277 : Ἡέλιός θ' ὃς πάντ' ἐφορᾷς καὶ πάντ' ἐπακούεις.
6. *Géorg.*, I, v. 438 : *Sol quoque et exoriens, et cum se condet in undas, Signa dabit; solem certissima signa sequuntur.*
7. *Géorg.*, I, v. 463 : *Solem quis dicere falsum Audeat?* — Le mot *miseratus* appliqué au Soleil dans ce passage (v. 466) indique bien que le Soleil est ici personnifié.
8. *Én.*, VII, v. 100 : *...Sol utrumque recurrens Adspicit Oceanum;* v. 218 : *Extremo veniens Sol adspiciebat Olympo.*
9. *Én.*, IV, v. 607 : *Sol, qui terrarum flammis opera omnia lustras.*
10. *Én.*, IV, v. 607 ; XII, v. 176 : *Esto nunc, Sol, testis.*

régions occidentales, quand nous pénétrâmes jusqu'au rivage du continent tyrrhénien, où elle habite encore maintenant, bien loin de la terre de Colchide¹. » D'après le Scoliaste², c'est à Hésiode qu'Apollonios a emprunté cette tradition ; nous ne possédons pas l'œuvre hésiodique où se trouvait le récit auquel le Scoliaste fait allusion. Mais on se rend compte facilement de ce que signifie ce voyage de Circé sur le char d'Hélios. Aiétès demeure à l'extrême Orient du monde antique³, près de l'endroit où, chaque matin, le dieu sort du fleuve Océan pour commencer sa course. Aia de Colchide est la première *terre*⁴ au-dessus de laquelle il s'élève. Le soir, au moment où se termine le voyage quotidien du dieu dans le ciel, il redescend vers la terre occidentale où il amène Circé ; l'île d'Aia, désormais séjour de la fille d'Hélios, est la dernière *terre* que le dieu éclaire à l'Occident, avant de disparaître dans l'Océan. Le pays éclairé le premier par les rayons du soleil levant et celui qui est le dernier illuminé par le soleil couchant appartiennent naturellement à Aiétès et à Circé, fils et fille du dieu solaire. — Nous aurons à nous occuper de Circé considérée comme magicienne.

Hélios est aussi le père de Pasiphaé⁵, personnage dont le nom ne se trouve ni dans Homère, ni dans Hésiode⁶. La tradition qui fait de Pasiphaé une fille d'Hélios semble de date assez récente. C'est dans la tragédie de Racine, et non dans celle d'Euripide, que Phèdre, « la fille de Minos et de Pasiphaé, » peut s'adresser au sacré Soleil dont elle est descendue, « dont *sa* mère osait se vanter d'être fille ». En effet,

1. *Argon.*, III, v. 309-313.
2. Scol. *Argon.*, III, v. 311.
3. Decharme, *Mythol.*, p. 239.
4. On sait que le mot αἶα signifie *terre*.
5. *Argon.*, III, v. 999, 1076, 1107.
6. M. Decharme admet bien que « Pasiphaé est une fille d'Hélios et de Perséis, comme Circé » (*Mythol.*, p. 669) ; mais il néglige d'indiquer à partir de quels auteurs le nom de Pasiphaé est connu, et sa filiation admise.

le nom de Pasiphaé ne se trouve pas dans les tragiques, pas même dans l'*Hippolyte*, quoique l'allusion qui y est faite à la mère de Phèdre éprise du taureau [1] ne puisse se rapporter qu'à Pasiphaé, dont le nom [2] indique bien une déesse solaire. Maury place Apollonios en tête des auteurs de la légende qui fait de Pasiphaé la fille d'Hélios [3]. Avant Apollodore [4], on ne trouve guère qu'un historien d'une époque incertaine, antérieur peut-être à Apollonios, Acesander [5], qui donne Pasiphaé pour fille à Hélios.

Dans la *VIe Églogue*, où Virgile semble vouloir faire chanter par Silène un résumé de toutes les épopées possibles dans le genre alexandrin, auxquelles il s'abstiendra lui-même de toucher, le vieillard raconte, entre autres histoires, l'infortune de Pasiphaé qui aurait été heureuse s'il n'eût jamais existé de troupeaux de gros bétail : Pasiphaé, femme infortunée qu'une folle passion entraîna vers un taureau blanc comme la neige [6]. Dans l'*Énéide*, on trouve encore une allusion à Pasiphaé : sur la porte du temple élevé à Cumes par Dédale en l'honneur d'Apollon, Énée voit représenté le cruel amour de Pasiphaé pour un taureau, leur accouplement furtif, le monstre à double forme né du mélange de deux races, le Minotaure, témoignage d'une passion néfaste [7]. Mais Virgile n'insiste pas : la légende de Pasiphaé est une de celles qui n'ont aucun rapport avec le sujet précis dans les limites étroites duquel il prétend se borner; il abandonne à d'autres le soin de les développer [8].

---

1. Euripide, *Hippol.*, v. 337-339.
2. Πᾶς, φαίνομαι.
3. Maury, *ouvr. cité*, t. I, p. 508, note 1.
4. Apollodore, I, 9, 2. — Cf. Cicéron, *N. D.*, III, 19, 48 : *Circe autem et Pasiphae et Aeetes e Perseide, Oceani filia nati, patre Sole.*
5. *Fragm. Hist. Graec.*, vol. IV, p. 285.
6. *Égl.*, VI, v. 45 et suiv.
7. *Én.*, VI, v. 24 et suiv.
8. Cf. *Géorg.*, IV, v. 147 :
   ...spatiis exclusus iniquis
   Praetereo atque aliis post me memoranda relinquo.

Ce que Columelle fera pour l'art des jardins, on sait qu'Ovide devait le faire, dans les *Métamorphoses*, pour bien des sujets à peine indiqués par Virgile, pour l'épisode de Pasiphaé en particulier [1]. — Mais il faut noter que Virgile ne dit ni dans les *Églogues*, ni dans l'*Énéide*, qu'il regarde Pasiphaé comme la fille du Soleil.

Le dieu a un fils, Phaéthon [2]. Les Colchiens ont aussi donné le surnom de Phaéthon à Apsyrtos, fils d'Aiétès, parce que ce petit-fils d'Hélios était *brillant* entre tous les jeunes gens de son âge [3]. *Phaéthôn* signifie en effet *le brillant* [4] : c'est, à l'origine, dans les poèmes homériques, à la fois une épithète d'Hélios [5], et le nom propre d'un des chevaux d'Éôs [6].

Phaéthon est peut-être aussi dans l'*Énéide* une épithète du Soleil : « Les chevaux de Phaéthon ramenaient l'Aurore dans une lumière sereine [7]. » Depuis Servius, tous les commentateurs et tous les éditeurs de Virgile admettent que, dans ce passage, Phaéthon est synonyme de Soleil : je crois cependant qu'en montrant l'Aurore portée par les chevaux de Phaéthon, Virgile fait une confusion entre le φαέθων Ἥλιος homérique, qui n'a pas de chevaux, et le Φαέθων, qui est le nom propre d'un des chevaux de la déesse du matin.

La *Théogonie* d'Hésiode [8] fait de Phaéthon le fils d'Éôs et de Céphale : un autre ouvrage hésiodique, qui ne nous est pas parvenu, faisait de Phaéthon le fils d'Hélios et de Clymène [9]. Hygin [10] attribue à Hésiode

---

1. Ovide, *Mét.*, VIII, v. 136 et suiv.
2. *Argon.*, IV, v. 598.
3. *Argon.*, III, v. 245, 1236.
4. Φαέθω, de φάος.
5. *Iliad.*, XI, v. 735; *Odyssée*, V, v. 479; XI, v. 16. — On trouvera dans Bruchmann (*Epitheta deorum*, p. 149-150, Leipzig, 1893) les passages des poètes grecs où φαέθων est une épithète d'Hélios.
6. *Odyssée*, XXIII, v. 246.
7. *Én.*, V, v. 104-105.
8. *Théogon.*, v. 987-989.
9. Scol. Ambros. *Odyssée*, XI, v. 325.
10. Hygin, *Fab.*, 154. Cf. Hésiode-Didot, *Fragm*. CIV et CLXII.

une légende de Phaéthon, qui ressemble beaucoup à celle que nous trouvons dans les *Argonautiques* : « Phaéthon, fils de la nymphe Mérope et de Clyménès, fils du Soleil, sut par son père que le Soleil était son aïeul ; il obtint son char et en usa mal. S'étant laissé amener trop près de la terre, ses flammes trop voisines produisirent une conflagration universelle. Frappé, lui-même, par la foudre, il fut précipité dans l'Éridan... Les sœurs de Phaéthon, pendant qu'elles pleurent la mort de leur frère, sont changées en peupliers. Leurs larmes, au dire d'Hésiode, se durcissent et deviennent de l'ambre. On donne le nom des Héliades ; ce sont : Mérope, Hélié, Aiglé, Lampétié, Phoibé, Aïthérié et Dioxippé. » Voici, d'autre part, comment Apollonios raconte la légende de Phaéthon et de ses sœurs les Héliades : « C'est là [dans le cours de l'Éridan] qu'autrefois, frappé au cœur par la foudre ardente, Phaéthon tomba, à demi-consumé du char d'Hélios dans l'estuaire, vaste comme un étang, du fleuve profond ; et, maintenant encore, le fleuve exhale une lourde vapeur qui provient de la blessure enflammée... Aux alentours, les jeunes Héliades, enfermées dans de hauts peupliers noirs, gémissent, les misérables !... De leurs paupières se répandent et coulent vers la terre des gouttes transparentes d'ambre qui sont séchées par le soleil sur le sable [1]. »

Pline [2] rapporte que beaucoup d'auteurs grecs ont raconté cette légende avant Apollonios : « Phaéthon ayant été foudroyé, ses sœurs, qui le pleuraient, furent changées en peupliers, et, tous les ans, leurs larmes produisent sur les bords du fleuve Éridan, que nous avons nommé le Pô, l'*electrum* [l'*ambre*], ainsi appelé du Soleil qu'on surnomme *Élector* : c'est ce que beaucoup de poètes ont raconté, et, parmi ceux-ci, les

---

1. *Argon.*, IV, v. 597-607.
2. Pline, *N. H.*, XXXVII, 31.

premiers, à mon avis, sont Eschyle, Philoxène, Euripide, Satyros et Nicandre. » C'est dans les *Héliades* [1] et dans le *Phaéthon* [2] que les deux tragiques racontaient la légende du héros solaire foudroyé et de ses sœurs changées en peupliers. Le chœur de l'*Hippolyte* [3] parle du rivage de l'Éridan où des vierges trois fois misérables versent dans les flots de leur père [4], accablées par leur pitié pour Phaéthon, leurs larmes éclatantes d'ambre transparent. — Apollonios est omis par Pline dans la liste que l'auteur latin donne des poètes qui ont raconté les premiers la légende de Phaéthon et des Héliades : mais l'auteur des *Argonautiques* reste pour nous le plus ancien poète qui fasse connaître, autrement que par des allusions, le mythe de Phaéthon « image du soleil couchant qui se précipite dans les mers ou de la foudre lancée comme du soleil par Zeus » [5].

Phaéthon était, d'après Hésiode, le fils de Céphale et d'Éôs ou d'Hélios et de Clymène ; d'après Hellanicos [6], d'Hélios et de Rhodé. Apollonios ne dit pas, comme pour Aiétès et pour Circé, qu'il est fils d'Hélios et de Persé : le Phaéthon des *Argonautiques* a pour père Hélios ; mais sa mère peut être aussi bien Clymène ou Rhodé que Persé.

Après Apollonios, la légende de Phaéthon et de ses sœurs est très populaire, aussi bien dans la littérature latine que dans la littérature grecque. Si Denys le Périégète [7] et Diodore de Sicile [8] rapportent que les Héliades furent changées en peupliers noirs (αἴγειρος),

---

1. Eschyle-Didot, p. 234-236.
2. Euripide-Didot, p. 800-809.
3. Euripide, *Hippolyte*, v. 735-741.
4. Weil, *Sept Tragédies d'Euripide*, Paris, 1868. — Note au v. 739 d'*Hippolyte* : « Le Soleil se couche dans la mer d'Occident. »
5. Maury, *ouvr. cité*, t. I, p. 376.
6. *Fragm. Hist. Graec.*, vol. I, p. 59. Cf. Scol. Pindar., *Olymp.*, VII, v. 135.
7. Denys, *Périégèse*, v. 290 et suiv.
8. Diodore de Sicile, V, XXIII, 3.

Virgile rappelle, dans les *Églogues* [1], le malheur des sœurs de Phaéthon transformées en aulnes élevés que couvre une écorce amère et moussue : dans l'*Énéide* [2], il revient à la tradition d'Apollonios et fait allusion à l'ombre de ces peupliers où les sœurs de Phaéthon sont enfermées. Ovide, à son tour, amplifie, dans les *Métamorphoses* [3], le récit d'Apollonios qu'il complète probablement au moyen d'emprunts faits aux *Héliades* d'Eschyle et au *Phaéthon* d'Euripide.

Les Héliades qui ont été changées en peupliers ne sont pas, avec Circé et Pasiphaé, les seules filles d'Hélios dont il soit question dans les *Argonautiques*. Apollonios parle encore de Lampétia et de sa sœur Phaéthousa, la plus jeune des filles d'Hélios, qui font paître, celle-ci les troupeaux bêlants, celle-là les génisses mugissantes du dieu dans les prés de l'île de Trinacrie [4]. Ce sont les traditions homériques. Circé avait dit à Ulysse : « Tu arriveras à l'île de Trinacrie ; là, en grand nombre, paissent les génisses d'Hélios et ses grasses brebis ; il y a sept troupeaux de génisses, autant de beaux troupeaux de brebis : chacun comprend cinquante têtes de bétail. Ces animaux ne se reproduisent pas, ils ne meurent jamais ; leurs bergères sont des déesses, des Nymphes à la belle chevelure, Phaéthousa et Lampétia, que la déesse Néaira a enfantées à Hélios-Hypérion [5]. » Bientôt Ulysse et ses compagnons entendront le mugissement des génisses, enfermées dans l'étable, et le bêlement des brebis [6]. C'est ainsi que le bêlement des troupeaux parvient aux Argonautes, à travers l'espace, et que le mugissement des génisses frappe leurs

---

1. *Égl.*, VI, v. 62-63. — Le v. 190 du Ch. X de l'*Énéide* semble prouver que *Phaetontiadas* signifie les sœurs de Phaéthon et non les filles de Phaéthon-Hélios.
2. *Én.*, X, v. 189-190.
3. Ovide, *Mét.*, I, v. 755-779 ; II, v. 1-366.
4. *Argon.*, IV, v. 965-978.
5. *Odyssée*, XII, v. 127-133.
6. *Odyssée*, XII, v. 265-266.

oreilles [1]. Mais, plus heureux que les compagnons d'Ulysse, ils échappent à la nécessité d'aborder dans la dangereuse île de Trinacrie ; ils se contentent de voir au large la houlette d'argent que Phaéthousa tient en main, la barre recourbée de cuivre étincelant que Lampétia brandit, et les taches blanches que les bêtes aux cornes d'or mettent sur le fond vert des humides prairies où elles paissent sous la conduite de leurs gardiennes divines.

Ces troupeaux d'animaux blancs, parés de cornes d'or, représentent les jours. La brillante Phaéthousa, la plus jeune des filles d'Hélios, est la divinité du soleil levant qui mène avec sa houlette d'argent, aux lueurs aussi pâles que celles du matin, les blanches brebis, image du jour qui commence. Son aînée, l'éclatante Lampétia, divinité du jour plus avancé dans sa course, conduit avec son bâton de cuivre, étincelant comme le soleil de midi, ses génisses, plus grandes que les brebis de Phaéthousa, blanches comme elles, mais parées de cornes d'or [2]. C'est ainsi que l'art précis du poète alexandrin complète les conceptions primitives du génie homérique.

Ovide confondra les Héliades, gardiennes des troupeaux du Soleil, avec celles des sœurs de Phaéthon qui ont été changées en arbres [3]. Virgile évite cette confusion ; il ne mentionne pas Lampétia et Phaéthousa. Il ne peut rien dire à leur propos, puisque, au moment où la flotte troyenne arrive en Sicile, Énée ne trouve pas, comme autrefois Jason et Ulysse, les prés de Trinacrie peuplés par les troupeaux du Soleil : c'est un

---

1. *Argon.*, IV, v. 968-969.
2. Virgile n'a pas l'occasion, dans l'*Énéide*, de s'occuper de Phaéthousa et de Lampétia. Properce (IV, xi, v. 29-30) cite Lampétia. Les noms des deux Héliades se trouvent dans les *Métamorphoses* d'Ovide (II, v. 346 et 349), qui confond les bergères des troupeaux du Soleil avec les sœurs de Phaéthon, changées en arbres après la mort de leur frère.
3. *Mét.*, II, v. 346 et 349.

Troyen ami, Aceste, qui possède l'île, sortie déjà du domaine de la légende homérique pour appartenir à l'histoire romaine; la Sicile, au temps où se passe l'action de l'*Énéide*, est la demeure d'une population sœur de celle qui doit habiter l'Italie [1].

L'économie même de son poème amenait Apollonios à parler de deux des enfants d'Hélios, Aiétès et Circé, qui jouent un rôle dans les *Argonautiques*. Jason, dans ses conversations avec Médée, pouvait parler de Pasiphaé. Les incidents du voyage conduisent le navire Argo dans l'estuaire de l'Éridan, où la légende de Phaéthon et des Héliades a été localisée, et en vue de l'île de Trinacrie, où Phaéthousa et Lampétia font paître les troupeaux d'Hélios. L'art du poète réussit à rattacher aussi d'une manière qui peut sembler naturelle la légende du Titanide Prométhée à celle des Argonautes : le navire Argo passe en vue du rocher où le fils de Iapet est enchaîné; le Titanide, victime de la vengeance de Zeus, est le père de Deucalion, qui est un compatriote de Jason; enfin, la racine de la plante née du sang de Prométhée doit servir aux compositions magiques préparées par Médée pour sauver le chef des Argonautes.

Pour ce qui est de Prométhée, fils du Titan Iapet, Apollonios adopte la tradition popularisée par le drame d'Eschyle; il ne dit rien du crime de Prométhée, trop connu pour qu'il soit nécessaire de le rappeler; il ne parle que de son supplice dont les Argonautes sont les témoins lointains et effrayés. D'après Hésiode [2], Prométhée a été lié par Zeus à une colonne au moyen de chaînes terribles, et l'aigle vient chaque jour vers le captif pour dévorer son foie qui renaît chaque nuit : la *Théogonie* ne dit pas dans quel endroit du monde

---

1. *Én.*, I, v. 195 : *...bonus... Acestes Litore Trinacrio.*
2. *Théogon.*, v. 521 et suiv.

cette colonne est située. M. Ploix affirme à tort qu' « Hésiode et d'autres mythographes enchaînent Prométhée sur le Caucase »[1]. Il n'est pas question du Caucase dans ce qui nous reste des œuvres d'Hésiode, et la tradition d'après laquelle Prométhée est enchaîné sur cette montagne semble postérieure à l'époque attique. Eschyle montre, en effet, le fils de Iapet cloué à l'extrémité de la terre habitée, en Scythie[2], sur une montagne sauvage qui ne peut être le Caucase, puisque Prométhée lui-même, indiquant à Io les voyages qu'il lui reste à accomplir, lui parle du Caucase où elle parviendra, après avoir traversé le pays des Scythes et des Chalybes[3]. L'historien Douris, qui vivait au IVe siècle, semble être, à notre connaissance, le premier qui ait dit que Prométhée fut enchaîné sur le Caucase : c'est à lui, peut-être, qu'Apollonios emprunte cette tradition qui sera généralement adoptée par les écrivains postérieurs[4] : « Douris dit que Prométhée fut puni pour avoir été épris d'Athéné ; d'où vient que les habitants des environs du Caucase ne rendent aucun culte à Zeus et à Athéné, seuls entre les dieux, parce qu'ils ont été cause du châtiment de Prométhée, et qu'ils honorent, au contraire, Héraclès d'une manière excessive, parce qu'il a tué l'aigle au moyen de ses flèches. C'est donc naturellement qu'Apollonios, ayant eu à parler du Caucase, a fait mention de ces choses[5]. »

En effet, quand les héros passent devant les pics

---

[1]. Ploix, *ouvr. cité*, p. 422.
[2]. *Prométhée enchaîné*, v. 2 et suiv.
[3]. *Prométhée enchaîné*, v. 719.
[4]. Cf. Apollodore, I, 7, 1 ; Strabon, XI, v, 5, etc.
[5]. Scol. *Argon.*, II, v. 1249. — M. Decharme pense qu'Eschyle a emprunté à la Scythie la légende, originaire de ce pays, qui y localiserait le supplice de Prométhée (*Mythol.*, p. 260). Il semble, au contraire, que la Scythie, région peu connue des Grecs et à demi fabuleuse pour eux au temps des guerres médiques, représente dans l'idée d'Eschyle les dernières limites du monde vers l'extrême Orient. Le poète imagine l'exil de son héros aux confins de cette région légendaire, d'où la tradition qui sera suivie, après le *Prométhée*, ne peut lui être venue.

escarpés du Caucase, ils voient, le soir, l'aigle qui vient ébranler la voile d'Argo à coups d'ailes, en poussant des cris aigus. Ils entendent, au matin, la voix gémissante de Prométhée, dont le foie est arraché. L'air retentit, toute la journée, de ses lamentations, jusqu'au moment où l'aigle carnassier s'envole de nouveau de la montagne. Bientôt après, ils arrivent au cours du Phase et aux limites extrêmes de la mer [1].

Jason et ceux des Argonautes qui viennent de Thessalie ont d'ailleurs des raisons particulières de s'intéresser à Prométhée, qui est le père du premier roi de leur pays. On a déjà vu [2] qu'il n'est pas question, dans la cosmogonie des *Argonautiques*, de la légende bien connue d'après laquelle Deucalion et Pyrrha auraient peuplé à nouveau l'Hellade rendue déserte par un déluge. Mais Apollonios fait de Deucalion le héros civilisateur de la Thessalie. En effet, quand Médée demande à Jason quelle est sa patrie, le héros lui répond en ces termes : « C'est une terre entourée de hautes montagnes... C'est là que le Iapétide Prométhée a engendré le bienfaisant Deucalion, qui, le premier, a bâti des villes et élevé des temples aux dieux immortels, et qui, le premier, a régné sur les hommes. Les peuples voisins de ce pays l'appellent l'Haimonie; c'est là que se trouve Iolcos, ma ville [3]. » Apollonios a emprunté tous ces renseignements sur Deucalion à Hésiode, à Hellanicos et à Hécatée : « Hésiode, dans le premier livre des *Catalogues*, dit que Deucalion était fils de Prométhée et de Pandore, et qu'Hellen fut fils de Deucalion et de Pyrrha. Hellanicos, dans le premier livre de sa *Deucalionéia*, dit que Deucalion régna sur la Thessalie. Il ajoute aussi, dans le même ouvrage, que Deucalion éleva l'autel des douze dieux... Hécatée et

---

1. *Argon.*, II, v. 1247-1261.
2. Ch. I, p. 21.
3. *Argon.*, III, v. 1085-1091.

Hésiode rapportent que les descendants de Deucalion régnaient sur la Thessalie [1]. » Si le poète alexandrin ne fait pas de Deucalion l'ancêtre du genre humain, comme il l'était dans les traditions béotiennes [2], s'il admet que les Égyptiens étaient déjà civilisés, et qu'en Hellade les Arcadiens Apidanéens existaient à l'état sauvage, alors que la terre Pélasgienne n'avait pas encore pour rois les illustres fils de Deucalion [3], il regarde tout au moins le fils de Prométhée comme un héros bienfaisant qui, le premier, a bâti des villes, institué la royauté et établi le culte de ces dieux que son père bravait. Jason a le droit de faire allusion à ce civilisateur qui a régné le premier dans la Thessalie où Iolcos s'élève.

Prométhée lui-même a aussi le droit de figurer dans les *Argonautiques*, puisque tout attaché et gémissant qu'il est sur le pic le plus élevé du Caucase, il n'en devient pas moins pour les héros un allié inattendu qui doit contribuer par un secours inconscient mais décisif au succès de l'expédition.

En effet, pour sortir vainqueur du combat qu'Aiétès lui impose et dont la toison est le prix, l'Aisonide a besoin d'être muni par la magicienne Médée de quelque substance merveilleuse qui le rende invulnérable; or, « cette substance s'appelle, dit-on, du nom de Prométhée [4], » car elle est faite du suc d'une plante à laquelle le sang du Iapétide a donné naissance : « Cette plante est née pour la première fois alors que l'aigle carnassier laissait couler sur les coteaux boisés du Caucase le sang divin du misérable Prométhée. Sa fleur, haute d'une coudée environ, apparut semblable à peu près par la couleur au safran de Corycie : elle s'élevait sur deux tiges jumelles; et, dans la terre, la racine se déve-

---

1. Scol. *Argon.*, III, v. 1086; IV, v. 266.
2. Decharme, *Mythol.*, p. 264.
3. *Argon.*, IV, v. 262 et suiv.
4. *Argon.*, III, v. 845.

loppait, pareille à de la chair que l'on vient de couper. Son suc est semblable au suc noir des chênes des montagnes... Les noires entrailles de la terre étaient ébranlées par un gémissement qui sortait de leurs profondeurs au moment où la racine Titanienne était tranchée; et, lui-même, il gémissait, le fils de Iapet, agité dans son cœur par l'excès de la souffrance [1]. » Homère se contentait de décrire rapidement la plante qu'Hermès donne à Ulysse pour le préserver des enchantements de Circé, la plante merveilleuse à la racine noire, à la fleur blanche comme le lait, que les dieux nomment *moly* [2]. Apollonios, au contraire, fait un historique précis et une description complète de la plante de Prométhée, probablement parce qu'il est le premier à en parler. Le Scoliaste, en effet, ne dit rien de cette plante; nous ne la trouvons mentionnée dans aucun ouvrage antérieur aux *Argonautiques*. Après Apollonios, Properce y fait une allusion [3]. Valérius Flaccus paraphrase le passage de son modèle [4], et Ausone rapporte que la plante née du sang de Prométhée tombé sur les rochers est l'aconit [5].

La « racine Titanienne » [6], comme le poète l'appelle, a son utilité pour ces scènes de magie où les descendants des Titans jouent un rôle actif ou passif. On a déjà vu la Titanide Séléné se plaindre du pouvoir magique de Médée qui la force, par ses habiles incantations, à descendre du ciel sur la terre. Mais l'arrière-petite-fille du Titan Hypérion, pour grande magicienne

---

1. *Argon.*, III, v. 851-858, 864-866.
2. *Odyssée*, X, v. 304-305.
3. Properce, I, XII, v. 10.
4. Valér. Flacc., *Argon.*, VII, v. 356.
5. Ausone (Schenkl, XXVII, 9, v. 9-11):
    Sicca inter rupes Scythicas stetit alitibus crux :
    Unde Prometheo de corpore sanguineus ros
    Adspergit cautes et dira aconita creat cos.
6. *Argon.*, III, v. 865 : Ῥίζης... Τιτηνίδος.

qu'elle soit, n'est que l'élève appliquée et docile de la terrible Hécate, fille unique de Persès, qui a lui-même pour père le Titan Crios.

III

Il n'est pas du tout question d'Hécate dans les poèmes homériques et il est très peu parlé d'elle dans ce qui nous reste des œuvres hésiodiques. Car l'*Hymne à Déméter,* le seul des ouvrages attribués à Homère où il soit question d'Hécate [1], est postérieur à l'établissement des mystères d'Éleusis [2]; et, si l'on peut admettre que la *Théogonie* fait d'Hécate une fille de Persès, on doit regarder comme une interpolation orphique [3] l'hymne mystique où sont chantées les louanges de la toute-puissante Hécate [4].

Dans les *Argonautiques,* Hécate est la fille unique de Persès [5] : c'est la doctrine classique; on la trouve, avant Apollonios, dans Hésiode [6], et, après lui, dans Apollodore [7]. Assurément, beaucoup d'autres traditions avaient cours à propos de l'origine d'Hécate : « Quelques-uns disent qu'elle est fille de Zeus. Dans les *Orphiques,* elle est née de Déméter : *Alors, Déô enfanta Hécate, fille d'un père illustre.* Bacchylide dit qu'elle était fille de la Nuit : *Hécate, porteuse de torches, fille de la Nuit au vaste sein.* Musée dit qu'elle

---

1. *Hymne à Déméter,* v. 24 et *passim.*
2. Decharme, *Mythol.*, p. 380.
3. Decharme, *Mythol.*, p. 140.
4. Hésiode, *Théogon.*, v. 411-452.
5. *Argon.,* III, v. 847 et 1035. Sur le v. 847 et l'attribution à Hécate, et non à Coré-Perséphoné, des mots κούρην μουνογένειαν, voir mes *Notes sur divers passages d'Apollonios de Rhodes,* dans la *Revue des Études grecques,* année 1891, fascicule de juillet-septembre, p. 309-313.
6. Hésiode, *Théogon.*, v. 409-410.
7. Apollodore, I, 2, 4.

est fille de Zeus et d'Astéria [1]; Phérécyde dit qu'elle est fille d'Aristée, fils de Paiôn [2]. » Mais la doctrine classique fait d'Hécate la fille unique [3] d'Astéria et de Persès : « Astre sans rival de la nuit, elle est μουνογενής, l'enfant unique des deux puissances qui lui ont donné la vie, les ténèbres et la lumière [4]. » Il faut remarquer que, dans les *Argonautiques,* Hécate n'est pas l'astre de la nuit, puisque c'est grâce aux enseignements d'Hécate elle-même que Médée sait faire descendre la Lune du ciel sur la terre [5]. Apollonios a soin de conserver son caractère propre à Hécate, qu'il distingue aussi bien de Séléné que d'Artémis. Les poètes postérieurs, les Romains surtout, confondront les trois déesses; et, pour Virgile, par exemple, les trois personnifications de la triple Hécate seront la Lune, Diane et Hécate elle-même.

Hécate est surnommée Brimô par Apollonios [6]. Ce surnom, dit le Scoliaste [7], vient du caractère effrayant de la déesse (βρίμη, *force, colère*), ou du pétillement du feu (βρόμος), à cause des torches qu'elle porte. Le nom de Brimô, que Lycophron donne aussi à Hécate [8], est attribué, dans les Mystères d'Éleusis, à Déméter, mère de Brimos [9], et souvent à Perséphoné, que les poètes confondront d'ailleurs avec Hécate [10]. Mais il est évident qu'Apollonios, qui distingue soigneusement Hécate de Déméter et de Perséphoné, comme de Séléné et d'Artémis, suit la tradition la plus orthodoxe, quand il fait, à

---

1. Cf. Scol. *Argon.*, III, v. 1035 : « Musée raconte que Zeus, épris d'Astéria, s'unit à elle et qu'il la donna ensuite à Persès. »
2. Scol. *Argon.*, III, v. 467.
3. *Argon.*, III, v. 847: Κούρην μουνογένειαν; v. 1035 : Μουνογενῆ δ' Ἑκάτην.
4. Decharme, *Mythol.*, p. 141.
5. *Argon.*, IV, v. 54 et suiv.
6. *Argon.*, III, v. 861.
7. Scol. *Argon.*, III, v. 861.
8. Lycophron, v. 1176.
9. Decharme, *Mythol.*, p. 396.
10. Virgile, *Én.*, VI, v. 254-258; Properce, II, II, v. 12; Stace, *Silves*, II, III, v. 38.

l'exemple de Lycophron, de Brimô un surnom d'Hécate.

La déesse n'est pas inféconde : elle a eu de Phorcos la monstrueuse Scylla qu'on nomme aussi Crataïs [1] : cette origine de Scylla diffère de celles qui étaient généralement admises. « Acousilaos dit que Scylla est née de Phorcys et d'Hécate. Homère dit que la mère de Scylla est Crataïs [2] : Apollonios a donc suivi les deux auteurs. Dans les *Grandes Éées*, Scylla est la fille de Phorbas et d'Hécate. Stésichore, dans sa *Scylla*, dit que Scylla est la fille du monstre Lamia [3]. » Denys de Rhodes [4] donne Phorcys comme père à Scylla. Sémos [5] dit que Crataïs est fille d'Hécate et de Triton, et Scylla, de Crataïs et de Deimos.

Apollonios ne combine donc pas, comme le Scoliaste le prétend, diverses traditions pour établir la généalogie de Scylla; on le sait, il n'avance rien sans preuves : nous devons donc admettre qu'il a ses autorités, que nous ne connaissons pas, quand il fait de Scylla, surnommée par lui Crataïs, c'est-à-dire « la mer violente » [6], un monstre né d'Hécate et de Phorcos. En indiquant, comme dans une glose [7], que Crataïs est le surnom de Scylla, il semble qu'Apollonios ait voulu donner son avis au milieu des traditions contradictoires qui attribuent la maternité du monstre marin, soit à Crataïs, fille d'Hécate, soit à Hécate elle-même. Quant au père de Scylla, c'est Phorcos, d'après les *Argonautiques*, Phorcys, d'après l'opinion commune. D'ailleurs, Phorcos et Phorcys, ordinairement, ne font qu'un : Preller dit que le nom de la même divinité marine est tantôt Φόρκος, tantôt Φόρκυς [8]. Mais on a vu avec quel soin

1. *Argon.*, IV, v. 827-829.
2. *Odyssée*, XII, v. 124.
3. Scol. *Argon.*, IV, v. 828.
4. *Fragm. Hist. Graec.*, vol. II, p. 10.
5. *Fragm. Hist. Graec.*, vol. IV, p. 495.
6. Decharme, *Mythol.*, p. 341.
7. *Argon.*, IV, v. 829.
8. Preller, *Griech. Mythol.*, erster Band, p. 459.

Apollonios évite de confondre Typhaon et Typhoeus, généralement considérés comme deux variantes du même nom : cet exemple nous permet de supposer qu'il a ses raisons pour faire de Phorcos et de Phorcys deux personnages différents. Phorcys est invoqué par les Argonautes comme un dieu bienveillant, à côté de Nérée et de Triton [1]. Dans l'*Odyssée*, Phorcys est déjà un vieillard de la mer [2], qui a donné son nom à un port d'Ithaque [3]. Ce vieillard de la mer est, dans les *Argonautiques*, un dieu bienfaisant que des navigateurs en danger peuvent invoquer, alors que Phorcos, qui a donné naissance à un monstre dangereux pour les navires, ne peut être qu'un ennemi redoutable de ceux qui vont sur la mer [4].

Maîtresse de Médée en magie, Hécate occupe une place importante dans les *Argonautiques* [5]. Déesse Titanide, inconnue à la religion homérique, étrangère à l'Hellade où elle a été assez tard amenée de Thrace, adoptée par l'Orphisme qui fait d'elle une de ses principales divinités [6], Hécate, au temps d'Apollonios, est associée à toutes les pratiques de la magie orientale

1. *Argon.*, IV, v. 1598.
2. *Odyssée*, I, v. 72.
3. *Odyssée*, XIII, v. 96.
4. Après Homère et avant Apollonios, les poètes grecs attribuent tantôt à Phorcos, tantôt à Phorcys, la paternité d'une foule d'êtres monstrueux. Ainsi, dans la *Théogonie* hésiodique, Phorcys, fils de Gaia et de Pontos (v. 237), est le père des Graies, des Gorgones (v. 270 et suiv.) et du dragon qui garde les pommes d'or des Hespérides (v. 333). D'après Pindare aussi, Phorcys est le père des Gorgones (*Pyth.*, XII, v. 13). Phérécyde, au contraire, donne Phorcos pour père aux Graies (Scol. *Argon.*, IV, v. 1515); d'après Eschyle, Phorcos est le père des Graies et des Gorgones (*Prométhée*, v. 794 et suiv.), — cette tradition sera suivie par Apollodore (I, 2, 6), — et, d'après Sophocle, (Sophocle-Didot, *Fragm.* 254, p. 294), il est le père des Sirènes.
5. Au nombre des épithètes qui accompagnent le nom de la déesse, maîtresse de Médée, se trouve celle de κουροτρόφος (*Argon.*, III, v. 861), qu'on lit déjà dans l'Hymne hésiodique à Hécate (*Théogon.*, v. 452), et qui se retrouvera dans les Hymnes orphiques (cf. Bruchmann, *Epitheta deorum*, p. 96-97). Voir Preller, *Griech. Mythol.*, erster Band, p. 258, note 3, et l'article *Kurotrophos* du *Lexicon* de Roscher.
6. Decharme, *Mythol.*, p. 140.

qui fait irruption dans le monde hellénique à partir du
IV siècle avant l'ère chrétienne [1]. La religion nouvelle
de la magie se cherchait des ancêtres : elle imagina de
se choisir pour déesse et pour patronne la Titanide
Hécate. En Italie, comme en Grèce, le culte d'Hécate
deviendra le point central *(Mittelpunkt)* et la sanction
religieuse *(religiöse Sanction)* de tous les arts magiques [2].

Hécate doit avoir sa place et son rôle dans l'*Énéide*,
comme dans les *Argonautiques* : mais l'Hécate latine
n'est plus la fille du Titan Persès ni la mère de la
monstrueuse Scylla. Virgile ne parle pas de Persès et
il ne dit pas de qui est née Scylla, voisine de Charybde.

La légende grecque de la déesse ne l'a pas suivie en
Italie où sa personnalité se confond, soit avec celle
d'une vieille divinité locale, *Mana Geneta*, à qui l'on
sacrifiait des chiens comme à Hécate [3], soit avec celle de
Diane et de Proserpine. Mais cette déesse peu connue
est la grande maîtresse de la magie romaine à l'époque
impériale, comme elle l'était de la magie grecque après
l'époque attique ; et c'est à Apollonios surtout que les
poètes latins empruntent la plupart des renseignements
qu'ils donnent sur les cérémonies magiques auxquelles
Hécate préside.

Assurément, la magie a sa place dans les poèmes
homériques : mais il est intéressant de constater les
différences profondes qui séparent les pratiques primitives d'un art dans l'enfance qu'Homère nous montre,
et les théories savantes d'une science constituée qui
sont exposées par Apollonios.

Dans l'*Odyssée,* Circé aux belles tresses, divinité
terrible à la voix humaine, fille, comme Aiétès, de

---

1. Maury, *ouvr. cité*, t. III, ch. XVI, p. 255 et suiv.
2. Preller-Jordan, *Röm. Mythol.*, zweiter Band, p. 424.
3. Pline, *N. H.*, XXIX, 58. *Genitae* [Genetae] *Manae catulo res divina fit*. Cf. Maury, *ouvr. cité*, t. II, p. 99 : Le chien était généralement réservé comme victime à Hécate.

l'Océanide Persé et d'Hélios [1], est une magicienne qui sait, par des substances funestes et par la vertu de sa baguette de fée, changer en porcs les compagnons d'Ulysse [2]. Son pouvoir ne s'exerce que sur les hommes, et encore l'intelligence de ceux qu'elle métamorphose reste entière dans leurs nouveaux corps de brutes [3]. Elle ne peut rien contre les dieux : ses charmes cèdent à la force de la plante salutaire qu'Hermès a donnée à Ulysse ; la longue baguette de la magicienne perd sa vertu devant les menaces du glaive acéré que le héros brandit : la magie est vaincue par l'intelligence humaine aidée de la science divine, et Circé se jette en suppliante aux genoux d'Ulysse. Éprise de son vainqueur, elle rend, par amour pour lui, leur première forme à ses compagnons ; et, quand il doit partir, elle lui donne les moyens de descendre chez Adès et chez Perséphoné pour invoquer les âmes des morts : elle ne connaît d'autres dieux infernaux que le frère de Zeus et la fille de Déméter. Le sacrifice qu'elle conseille à Ulysse n'a rien de mystérieux : c'est celui que l'on fait aux dieux d'en bas. Il faut creuser une fosse d'une coudée en tous sens, y répandre des libations d'eau, de miel, de vin, en y jetant de la farine, puis immoler des brebis et des béliers noirs : ce sacrifice attirera l'ombre du devin Tirésias, qui enseignera à Ulysse le moyen de retourner dans sa patrie.

On le voit : cette magicienne, inférieure en puissance aux dieux d'en haut dont les charmes triomphent des siens, n'a de pouvoir que sur les hommes que leur propre imprudence lui livre. Elle ne commande pas aux éléments, et c'est sur de très petits objets que son habileté magique s'exerce : ainsi, elle enseigne à Ulysse le secret d'un lien compliqué grâce auquel ses coffres

---

1. *Odyssée*, X, v. 136-139.
2. *Odyssée*, X, v. 235-243.
3. *Odyssée*, X, v. 240.

seront à l'abri des voleurs [1]. Sans autorité sur les dieux d'en bas, elle est seulement capable, par ses enchantements, de mettre en rapports un homme qu'elle protège avec l'ombre d'un homme mort, Tirésias, à qui seul, parmi tous ceux qui sont aux enfers, Perséphoné a conservé son intelligence entière. Isolée dans son île lointaine d'Aia, la Circé homérique est seule de sa condition. Elle ne se mêle pas à la vie des hommes ; elle n'a de pouvoir que sur ceux que la fatalité amène dans les parages où elle règne. Elle n'a pour maîtresse et pour protectrice aucune déesse de la magie, qui lui donne une puissance plus étendue en lui enlevant quelque chose de son indépendance.

La magie de Circé, dans l'*Odyssée*, semble donc bien enfantine et bien primitive. Apollonios, qui tenait à rattacher ses *Argonautiques* aux poèmes homériques, ne pouvait modifier le personnage de la sœur d'Aiétès pour en faire une magicienne savante. Circé ne parle-t-elle pas à Ulysse de ce navire Argo, si universellement connu, qui, seul de tous les vaisseaux qui voguent sur la mer, a pu, alors qu'il revenait du pays d'Aiétès, franchir le difficile passage des Roches-Errantes, grâce à Héra, protectrice de Jason [2] ? Ce souvenir de l'*Odyssée* donne à Apollonios la matière de la longue narration qu'il consacre au passage d'Argo à travers les Roches-Errantes [3], mais il le force aussi à conserver à Circé à peu près le caractère qu'elle avait dans l'*Odyssée*. Magicienne naïve au temps d'Ulysse, elle ne peut être au moment de l'expédition des Argonautes, qui est antérieure à la guerre de Troie, une magicienne d'un art consommé.

La Circé des *Argonautiques* conserve à peu près son caractère homérique, qu'Apollonios modifie cependant

---

1. *Odyssée*, VIII, v. 448.
2. *Odyssée*, XII, v. 70 et suiv.
3. *Argon.*, IV, v. 753-981.

en exagérant le merveilleux des métamorphoses que la magicienne opère, et en lui prêtant à elle-même des sentiments qu'elle n'avait pas dans l'*Odyssée*. La Circé d'Homère, qui va changer en porcs les compagnons d'Ulysse, est entourée de loups des montagnes et de lions apprivoisés par ses breuvages funestes; ces animaux courent vers les étrangers en remuant leur longue queue, pour les flatter, comme des chiens caressants qui s'empressent autour de leur maître [1]. Le cortège de la Circé d'Apollonios est tout autre [2] : ce ne sont plus des animaux sauvages réduits à la domesticité par une dompteuse; on croirait voir les monstres fantastiques qui escortent quelque mauvaise fée du moyen âge. Ce sont des animaux étranges, semblables à ceux que la nature, encore hésitante dans ses créations, a produits au début, pour ses premiers essais : ils nous font penser aux monstres antédiluviens.

Tel est le merveilleux fantastique ajouté par l'érudition d'Apollonios à la description de l'*Odyssée*.

Mais la maîtresse de ce troupeau étrange a des terreurs superstitieuses, comme une femme, comme une habitante d'Alexandrie. Elle s'inquiète d'un songe dont le souvenir l'obsède. La Circé homérique n'avait peur que des réalités : elle criait, suppliait, pleurait, se jetait à genoux, quand elle pensait qu'Ulysse allait la tuer de son glaive acéré [3]. Mais elle ne se serait pas effrayée d'un songe, comme fait la magicienne d'Apollonios, elle qui, mal remise des terreurs de la nuit, va, dès le retour de l'aurore, à peine éveillée, purifier sa tête et ses vêtements dans les flots de la mer [4]. Elle nous fait penser à la reine Atossa, qui, au matin, effrayée des songes de la nuit, va se purifier dans l'eau d'une

---

1. *Odyssée*, X, v. 210 et suiv.
2. *Argon.*, IV, v. 672 et suiv. — Voir, plus haut, ch. I, p. 17.
3. *Odyssée*, X, v. 322-324.
4. *Argon.*, IV, v. 662-664; v. 670-671.

source[1]. Nous ne nous étonnerons pas de l'entendre appeler « les Naïades servantes qui lui préparent toutes choses »[2], et parler comme cette héroïne de quelque tragédie d'Euripide, dont Aristophane fait répéter le discours prétentieux par Eschyle, qui s'en moque : « Servantes, allumez une lampe ; puisez dans vos urnes la rosée des fleuves ; faites chauffer l'eau, que je me purifie de ce songe envoyé par les dieux[3] ! »

La « rosée des fleuves » ne suffit pas à Circé : il lui faut l'onde marine, car elle sait, comme l'Iphigénie d'Euripide, que la mer purifie toutes les souillures humaines[4]. Apollonios, d'ailleurs, a soin de faire pratiquer par sa magicienne une coutume qui remonte à une haute antiquité, qui est tout au moins antérieure à l'époque d'Eschyle et d'Euripide, puisque Hérodote rapporte qu'Hipparque ayant été effrayé par une vision nocturne, en prévint dès l'aurore les interprètes des songes, qui firent des expiations pour en détourner l'effet[5].

Mais cette magicienne, qui a peur des songes, au lieu d'en deviner le sens caché, est appelée, dans les *Argonautiques*, à jouer un rôle que l'épopée homérique ne lui aurait point attribué. Dans l'*Odyssée*, elle métamorphose les malheureux que leur fortune contraire conduit vers son île. Mais ses tentatives sur les Argonautes ne réussissent pas : aussi prudents que le prudent Ulysse lui-même, les compagnons de Jason résistent aux appels de l'enchanteresse. Sans se soucier d'elle, dociles aux ordres de leur chef, ils restent auprès de lui[6].

Quand la Circé homérique se trouve en face d'un étranger qui lui résiste, comme fait Ulysse, elle oublie

1. Eschyle, *Les Perses*, v. 201 et suiv.
2. *Argon.*, IV, v. 711.
3. *Les Grenouilles*, v. 1338 et suiv.
4. *Iphigénie en Tauride*, v. 1193 : Θάλασσα κλύζει πάντα τἀνθρώπων κακά.
5. Hérodote, V, LVI.
6. *Argon.*, IV, v. 689.

toute sa magie et ne songe plus qu'à l'accueillir de son mieux et à mener avec lui joyeuse vie. Un rôle plus austère est réservé par Zeus à la Circé des *Argonautiques* : le maître des dieux a décidé qu'elle purifierait Jason et Médée du crime atroce qu'ils ont commis en tuant Apsyrtos [1].

Apollonios prend occasion de cet ordre de Zeus pour décrire d'une manière complète et précise les cérémonies de la purification.

Il semble que l'usage de se faire purifier d'un meurtre soit postérieur à l'époque homérique. Après un meurtre, volontaire ou involontaire, les héros d'Homère se réfugient chez quelque roi ; souvent ils occupent auprès de lui une position subalterne, comme ce Lycophron de Cythère, qui, après s'être exilé de sa patrie, où il a commis un meurtre, devient l'écuyer (θεράπων) d'Ajax, chez lequel il a reçu l'hospitalité [2]. Lorsqu'un homme s'est rendu coupable d'un grand crime, il se réfugie sur la terre étrangère, il entre dans la demeure d'un roi puissant [3] : mais c'est pour demander l'hospitalité et non la purification. Ulysse, après avoir tué les prétendants, purifie lui-même la maison et la cour par le feu et le soufre [4], et ceux qui l'ont aidé dans son œuvre de justicier se contentent de laver le sang qui souille leurs mains et leurs pieds [5]. Les héros homériques ne demandent pas à Zeus de les purifier : ils savent que les coupables peuvent apaiser le dieu par des sacrifices, par des vœux pacifiques, par l'odeur des victimes, par des libations, et surtout par des prières [6].

La doctrine de la purification matérielle du meurtrier par Zeus ou par un délégué du dieu est relativement

---

1. *Argon.*, IV, v. 587.
2. *Iliad.*, XV, v. 432 et suiv.
3. *Iliad.*, XXIV, v. 481 et suiv.
4. *Odyssée*, XXII, v. 493-494.
5. *Odyssée*, XXII, v. 478-479.
6. *Iliad.*, IX, v. 500 et suiv.

récente. Phérécyde, le premier à notre connaissance [1], la mentionne à propos d'Ixion, héros dont il n'est parlé ni dans Homère [2] ni dans Hésiode. « Ixion, dit Phérécyde, d'après le Scoliaste des *Argonautiques*, Ixion était le premier mortel qui eût tué un allié. Aussi, ni homme ni dieu ne voulait le purifier : Zeus, pris de pitié, le purifia. » Dans les *Euménides* d'Eschyle [3], Apollon rappelle comment Ixion, le premier meurtrier, fut purifié par Zeus. On sait quelle importance l'auteur de l'*Orestie* donne à la doctrine et aux pratiques de la purification. Conseillé par Apollon, Oreste est arrivé en suppliant à l'autel de Delphes; ses mains, tachées de sang, tiennent, en même temps que l'épée sanglante, le rameau d'olivier entouré d'une bandelette de laine blanche, indice de ce qu'il vient demander au dieu [4] purificateur [5]. Puis, il ira à Athènes s'asseoir auprès de l'autel de Pallas, tenant embrassée la statue antique de la déesse [6]; auparavant, il a fait disparaître toute souillure de ses mains [7]. Les porcs immolés à l'autel de Phoibos ont expié le parricide [8]; le sang du meurtre a été lavé par celui d'un animal que sa mère allaitait encore, et l'eau qui a coulé sur les mains criminelles les a rendues pures [9]. — Telles sont les pratiques de la purification auxquelles Eschyle fait allusion.

Apollonios les met en scène d'une manière complète, à l'aide, sans doute, de ces anciens rituels qu'on attribuait à Pythagore et à Orphée, et qu'Aristophane et Euripide connaissaient déjà [10].

1. Scol. *Argon.*, III, v. 62. Cf. *Pherecydis Fragmenta*, Sturz, p. 204-205.
2. Dans les poèmes homériques, il n'est question que de la femme d'Ixion : Zeus (*Iliad.*, XIV, v. 317) la cite au nombre des mortelles dont il a été épris.
3. *Euménides*, v. 718; cf. v. 441.
4. *Euménides*, v. 40-45.
5. *Euménides*, v. 63 : καθάρσιος.
6. *Euménides*, v. 79.
7. *Euménides*, v. 237 et 446.
8. *Euménides*, v. 283.
9. *Euménides*, v. 450-452.
10. Cf. Maury, *ouvr. cité*, t. III, p. 334, note 2.

Les deux meurtriers entrent en silence dans la demeure de Circé; au lieu de s'asseoir sur des sièges splendides, comme la magicienne les invite à le faire, ils s'élancent, sans dire un mot, vers le foyer où ils prennent place, les yeux baissés suivant la coutume des tristes suppliants. En voyant Jason planter dans le sol sa grande épée, Circé comprend qu'elle a devant elle deux malheureux qui se sont souillés d'un crime horrible. L'épée de Jason, comme celle qu'Oreste portait au sanctuaire de Delphes, est l'indice du meurtre dont elle a été l'instrument.

La magicienne se prépare à accomplir les cérémonies de la purification. Elle adore la justice de Zeus, qui pardonne aux criminels repentants; puis elle procède au sacrifice. « Et, d'abord, pour expier le meurtre irréparable, elle tint étendu au-dessus d'eux le petit d'une truie (sa mère venait de mettre bas, et ses mamelles débordaient encore du premier lait); elle arrosait leurs mains de son sang, lui ayant tranché le cou par-devant[1]. » Oreste, lui aussi, a été purifié par le sacrifice d'un cochon de lait : c'est l'animal des expiations. « Le poète désigne la victime expiatoire; c'est un petit cochon de lait que les purificateurs immolent pour arroser de son sang les mains de celui qu'ils purifient[2]. » Mais, dans les *Euménides*, ce n'est pas le sang du porc, c'est l'eau lustrale qui, en coulant sur les mains du parricide, les a nettoyées de la souillure du crime.

L'immolation de ce porc étendu au-dessus des suppliants et arrosant de son sang leurs mains criminelles fait penser aux rites purificatoires du *taurobole*. Apollonios confond les pratiques du culte de la grande déesse phrygienne avec les anciennes cérémonies expiatoires dont il est question dans Eschyle. Le

---

1. *Argon.*, IV, v. 704-707.
2. Scol. *Argon.*, IV, v. 704.

sacrifice du porc est suivi d'un certain nombre de formalités secondaires dont le détail devait être décrit dans les rituels. « Puis, elle expiait le crime par d'autres libations, en invoquant Zeus purificateur, protecteur des suppliants dont les mains sont ensanglantées. Et toutes les eaux impures que l'on rejette après les purifications furent portées hors de la demeure par les Naïades servantes qui lui préparaient toute chose. Mais, se tenant à son foyer, elle consumait elle-même dans sa maison les gâteaux de fleur de farine et les offrandes expiatoires, en prononçant les prières qui accompagnent les sacrifices où les libations se font sans vin; elle se proposait d'apaiser ainsi la colère des redoutables Érinyes et de rendre Zeus lui-même doux et propice aux deux criminels, quelle que fût l'angoisse qui les amenât, souillés, soit d'un sang étranger, soit même du meurtre d'un parent[1]. »

Ces derniers détails du sacrifice n'ont rien qui soit particulier à Apollonios : quand, sur l'ordre d'Agamemnon, les guerriers se purifient, ils jettent à la mer, comme font les Naïades de Circé, l'eau qui a servi aux purifications[2]. Les « autres libations »[3] en l'honneur de Zeus purificateur se font dans les sacrifices à ce dieu; les gâteaux de fleur de farine[4] s'offrent, en général, dans tous les sacrifices[5]. Mais les sacrifices où les libations se font sans vin sont adressés spécialement aux Érinyes[6], dont Circé associe, dans ses prières, le nom redoutable à celui de Zeus, dieu des purifications.

C'est à cause de la partie mystérieuse de ce sacrifice aussi bien que pour amener la scène tragique de la

1. *Argon.*, IV, v. 707-717.
2. *Iliad.*, I, v. 313.
3. *Argon.*, IV, v. 707 : ...ἄλλοις... χύτλοισι.
4. *Argon.*, IV, v. 712 : ...πελανούς.
5. Cf. Aristophane, *Plutus*, v. 661, et les scolies à ce vers.
6. Cf. Eschyle, *Euménides*, v. 107.

reconnaissance entre Circé et Médée que le poète fait célébrer cette cérémonie expiatoire par la magicienne d'Aia. Les rites purificatoires du *taurobole*, que l'immolation du porc rappelle, avaient pour ministres les prêtres de la grande déesse de Phrygie, qui étaient des magiciens. C'est par cet épisode de la purification que la Circé des *Argonautiques* diffère surtout de la Circé de l'*Odyssée* et participe au caractère nouveau qu'Apollonios attribue, dans son poème, à la magie.

La Circé de l'*Énéide* est plus voisine de celle de l'*Odyssée* que de celle des *Argonautiques*. Virgile cependant aurait le droit de donner à la magicienne une importance égale à celle qui lui est conférée par Apollonios. Sœur d'Aiétès, dans les *Argonautiques*, la fille du Soleil [1] pourrait, dans l'*Énéide*, être regardée comme la mère du roi Latinus : Servius rapporte, en effet, que, selon Hésiode, Latinus est fils d'Ulysse et de Circé, qui a été identifiée avec la déesse latine Marica [2]. Les derniers vers de la *Théogonie* hésiodique [3] — qui semblent, d'ailleurs, apocryphes — disent bien que Latinos, roi des Tyrrhéniens, naquit de Circé, fille de l'Hypérionide Hélios, unie à Odysseus. Mais, quand Virgile établit la généalogie légendaire de Latinus, fils de Faunus et de Marica, nymphe de Laurente, et petit-fils de Picus, fils lui-même de Saturne [4], il ne parle pas d'une assimilation entre Marica et Circé : comme il vient de faire allusion à la puissante fille du Soleil [5], s'il l'avait regardée comme la mère de Latinus, il l'aurait certainement dit d'une manière explicite.

---

1. Cf. *Én.*, VII, v. 11 : *Solis filia* (Circe).
2. Servius, *ad Aen.*, VII, v. 47 : *Sane Hesiodus Latinum Circes et Ulixis filium dicit;* XII, v. 164 : *Ut etiam in septimo diximus, Latinus, secundum Hesiodum in* Ἀσπιδοποιΐᾳ, *Ulixis et Circae filius fuit, quam multi etiam Maricam dicunt.*
3. *Théogon.*, v. 1011-1016.
4. *Én.*, VII, v. 46-49. — Voir, plus haut, ch. III, p. 55.
5. *Én.*, VII, v. 10-24.

D'ailleurs, cette identification ne semble pas avoir été faite par des écrivains latins antérieurs à Virgile. Nous ne connaissons qu'un auteur chrétien, bien postérieur à Virgile, Lactance [1], qui affirme que Marica se confond avec Circé. Preller mentionne cette assimilation, sans citer aucune autorité à l'appui [2]. Le même mythographe raconte aussi que Picus fut changé en pic par sa femme Circé [3] : mais il ne dit pas non plus sur quelle autorité il se fonde pour faire de Circé la femme de Picus. Il s'appuie, sans doute, sur ce passage de Virgile lui-même : « Picus, le dompteur de chevaux que Circé, amante éprise de passion pour lui, frappa de sa baguette d'or et transforma par ses substances magiques en un oiseau dont les ailes sont nuancées de diverses couleurs [4]. » Je ne crois pas que *coniux* signifie ici *la femme* de Picus : on ne comprend pas quelle passion conjugale exciterait Circé à se priver d'un mari ardemment désiré en faisant de lui un oiseau. Servius comprenait bien : « *Coniux vero, non quae erat, sed quae esse cupiebat* [5]. » Il explique avec raison : « *Circe, cum eum amaret et sperneretur, irata eum in picum Martium convertit* [6]. »

Ovide développe, comme cela lui arrive souvent, la légende à laquelle Virgile faisait une simple allusion. Il raconte, en effet, comment Picus, époux de la nymphe Vénilia, surnommée Canens, est rencontré par Circé, qui s'éprend de lui, le supplie de ne pas mépriser son amour [7] : fidèle à sa femme, Picus

---

1. Lactance, *Inst. div.*, I, 21, 23.
2. Preller-Jordan, *Röm. Mythol.*, erster Band, p. 386, 412.
3. Preller-Jordan, *Röm. Mythol.*, erster Band, p. 377.
4. *Én.*, VII, v. 189 :
    Picus, equum domitor, quem capta cupidine coniux,
    Aurea percussum virga, versumque venenis,
    Fecit avem Circe, sparsitque coloribus alas.
5. Servius, *ad Aen.*, VII, v. 190.
6. Servius, *ibidem*.
7. Ovide, *Mét.*, XIV, v. 320-396.

repousse les avances de la magicienne, qui, pleine de passion et de dépit[1], change le téméraire qui la dédaigne en un pic furieux. Cette vengeance n'a rien qui nous étonne, venant de la magicienne passionnée et rancunière, qui fait, par jalousie, le malheur de Glaucos et de Scylla[2].

Valérius Flaccus a voulu, dans ses *Argonautiques*, rattacher cette légende latine de Circé à la légende de Médée : il montre Vénus qui prend la forme de la magicienne Circé pour apparaître en songe à Médée endormie et lui conseiller de suivre son exemple, d'épouser un étranger, comme elle-même a épousé Picus, et de devenir ainsi la reine d'un grand royaume[3].

Un passage de l'*Énéide* semblerait cependant prouver que Virgile a voulu faire de Latinus un descendant de Circé : « Latinus s'avance en grande pompe, monté sur un char que traînent quatre chevaux; son front est ceint d'une couronne formée de douze rayons d'or, symbole du Soleil, son aïeul[4]. » Latinus ne peut descendre du Soleil que par Circé : faut-il admettre que Virgile suit ici la légende d'après laquelle Latinus est fils de Circé, après qu'il a dit, inspiré par la Muse elle-même, que Latinus est fils de Faunus et de Marica[5] ? Virgile ne pourrait se contredire ainsi de parti pris; je crois qu'une imitation malencontreuse d'un passage des *Argonautiques* est l'origine de cette apparente contradiction. Les vers du XIIe Chant de l'*Énéide* que je viens de citer sont évidemment imités des vers

---

1. Ovide, *Mét.*, XIV, v. 384 : ...*amans et laesa*.
2. Il faut remarquer que, dans l'*Énéide* (X, v. 76), Vénilia n'est pas la femme de Picus, mais la mère de Turnus, petit-fils de Pilumnus, le propre frère de Picus.
3. Valér. Flacc., *Argon.*, VII, v. 232 :
    Et nunc Ausonii coniux ego regia Pici...
    Meque vides Tusci dominam maris...
4. *Én.*, XII, v. 161-164.
5. *Én.*, VII, v. 48-49. — Voir la note de Forbiger au v. 163 du Ch. XII; on y trouve mentionnées les opinions des principaux commentateurs sur cette contradiction de Virgile.

des *Argonautiques* où Apollonios nous fait voir Aiétès se préparant à aller assister au combat de Jason contre les taureaux. Le roi des Colchiens place sur sa tête un casque d'or, orné de quatre pointes en métal brillant, aussi splendide que la lumière qui rayonne autour d'Hélios au moment où il sort de l'Océan[1]. Le Latinus de l'*Énéide*, fils de Faunus, n'a pas évidemment, comme Aiétès, le droit de porter le symbole, je dirais presque les armes parlantes, du Soleil. Mais la situation est à peu près la même à la fin du IIIe Chant des *Argonautiques* et au commencement du XIIe Chant de l'*Énéide*. Aiétès, père de Médée, que le héros étranger Jason, venu en Colchide, doit épouser, est le fils d'Hélios : par une sorte de parallélisme instinctif, Virgile, en imitant les vers d'Apollonios, fait descendre du Soleil le roi Latinus, père de Lavinie, que le héros étranger Énée, venu en Italie, doit épouser. Heyne suppose que Virgile tenait à attribuer à Latinus la couronne radiée des futurs rois de Rome[2]. Je ne crois pas cette hypothèse nécessaire : entraîné par l'assimilation qu'il établissait entre Aiétès et Latinus, oubliant qu'il avait déjà fait de Latinus le fils de Faunus, Virgile a par mégarde donné au roi des Latins un attribut qui convenait au seul roi des Colchiens, fils d'Hélios. — On doit donc admettre entre les vers 48-49 du VIIe Chant et le vers 164 du XIIe l'existence d'une de ces contradictions qui ne sont pas rares dans l'*Énéide*, mais qui s'expliquent, puisque Virgile n'a pu mettre la dernière main à son poème, et qui s'excusent, puisqu'il voulait détruire son œuvre imparfaite.

Virgile n'essaie pas de rapprocher la légende de la Circé latine de celle de Médée. Il se contente de concilier les traditions latines sur la demeure de Circé avec

---

1. *Argon.*, III, v. 1225 et suiv.
2. Heyne, *ad Aen.*, XII, v. 161 : « *Ceterum radiatam coronam qualis in Regibus et Imperatoribus conspicitur exprimere utique voluit poeta.* »

les opinions admises par Apollonios. L'Hélénus de l'*Énéide*, qui ne pouvait connaître que les traditions antiques, parlait d'Aea, île de Circé[1] : quand Énée arrive en Italie, il se rend compte que Circé n'habite pas une île, mais bien un promontoire qui fait saillie sur la mer Tyrrhénienne[2]. Si l'on ne peut établir avec certitude la position de l'île d'Aia homérique, Apollonios a soin d'indiquer nettement les parages de la mer Tyrrhénienne où il place l'île de Circé, au sud de l'île Aithalia et au nord de l'île des Sirènes et de la Trinacrie. Cette île, au dire de Varron, était devenue le cap de Circé, après le dessèchement des marais qui la séparaient d'abord du littoral[3]. Hélénus, qui n'a jamais été en Italie, connaît de réputation l'île de Circé, telle qu'elle était au temps des Argonautes. Énée constate, à son arrivée en Italie, que cette île est devenue partie intégrante de la terre ferme, telle que les contemporains de Virgile la connaissaient[4].

Quant à Circé elle-même, le poète des *Églogues* rappelait qu'elle avait métamorphosé les compagnons d'Ulysse[5]. Dans l'*Énéide*, Énée et les Troyens voient seulement cette île où Jason et Ulysse avaient abordé,

---

1. *Én.*, III, v. 386 : ...*Aeaeaeque insula Circae.*
2. *Én.*, VII, v. 10 : *Circaeae... terrae;* v. 799 : *Circaeumque iugum.*
3. Servius, *ad Aen.*, III, v. 386 : *Aeaeaeque insula Circes. Qui nunc Circeius mons a Circe dicitur, aliquando, ut Varro dicit, insula fuit, nondum siccatis paludibus, quae eam dividebant a continente.* — Cf. ad *Aen.*, VII, v. 10.
4. Pline (*N. H.*, III, 57-58) s'appuie sur l'autorité de Théophraste (*Hist. Plant.*, V, 9) pour établir que ce dessèchement des marais qui séparaient l'île du continent est d'une époque récente, du Ve siècle de Rome : « *Circeii, quondam insula, immenso quidem mari circumdata, ut creditur Homero, at nunc planitie... [Theophrastus] Circeiorum insulae mensuram posuit stadia octoginta in eo volumine quod scripsit Nicodoro Atheniensium magistratui, qui fuit Urbis nostrae* CCCC. XL. *anno. Quidquid est ergo, terrarum praeter decem millia passuum prope ambitus adnexum insulae post eum annum accessit Italiae.* » — L'anachronisme de Virgile est, sans doute, volontaire. Le poète latin tient à ne pas dérouter ses lecteurs ; il veut leur faire croire qu'Énée a existé, en leur présentant l'Italie où son héros a abordé absolument semblable à celle qu'ils habitent eux-mêmes.
5. *Égl.*, VIII, v. 70 : *Carminibus Circe socios mutavit Ulixi.*

entendent seulement les hurlements des victimes de la magicienne : « On rase de très près les rivages de cette terre de Circé où la fille opulente du Soleil fait retentir de son chant ininterrompu d'inaccessibles bois sacrés, brûlant le cèdre odorant pour éclairer durant la nuit sa redoutable demeure, pendant qu'elle fait parcourir à sa navette bruyante les fils d'une trame ténue. De là, on entend sortir les mugissements des lions furieux qui, luttant contre leurs chaînes, rugissent très tard dans la nuit; là, grondent, au fond de leurs demeures, les sangliers, couverts de soie, et les ours; les loups aux fourrures monstrueuses hurlent : ce sont tous des hommes à qui la cruelle déesse a fait revêtir par le charme de ses herbes puissantes des têtes et des corps de bêtes féroces [1]. » C'est ainsi que, dans l'*Odyssée,* la déesse habitante des bois profonds [2] chante en tissant ses toiles [3], bien différente de la sombre magicienne des *Argonautiques*. Les bêtes féroces dont il est question dans l'*Énéide* nous font l'effet des animaux sauvages destinés aux combats du cirque, indomptés et hurlants au fond de leurs cages provisoires : ils ne ressemblent en rien aux hommes transformés en bêtes domestiques qui viennent flatter les compagnons d'Ulysse, ou à ces monstres fantastiques dont l'aspect effraie les Argonautes.

Virgile n'attribue à sa Circé qu'un seul prodige où l'on puisse reconnaître l'art de la magicienne, sœur d'Aiétès. Il rapporte que l'enchanteresse d'Aia a su, en faisant saillir des cavales ordinaires par les étalons qu'elle avait ravis au Soleil son père, produire des coursiers divins qui soufflent le feu par leurs naseaux [4].

---

1. *Én.*, VII, v. 10-20.
2. *Odyssée,* X, v. 150.
3. *Odyssée,* X, v. 221-222.
4. *Én.*, VII, v. 280 :
   ...*geminosque iugales*
   Semine ab aetherio spirantes naribus ignem,
   Illorum de gente patri quos daedala Circe
   Supposita de matre nothos furata creavit.

Les légendes grecques ne donnent aucun renseignement sur ce prodige que Virgile semble emprunter à l'*Iliade :* mais, dans le poème homérique, il n'est pas question de Circé, la déesse d'Aia; c'est Anchise qui s'est procuré de rapides chevaux en faisant saillir en secret ses cavales par les étalons merveilleux que Zeus avait donnés à Tros en échange de son fils Ganymède [1]. Anchise n'est pas un magicien, mais simplement un éleveur habile; aussi les produits qu'il obtient par le croisement d'une race ordinaire avec une race divine ne soufflent-ils pas le feu par les naseaux. Il est naturel que la race de chevaux créée par Circé ait cette propriété merveilleuse, tout comme les taureaux donnés par Héphaistos à son frère Aiétès. — En somme, le pouvoir magique de la Circé de l'*Énéide* est assez médiocre.

Malgré la cérémonie de la purification que nous voyons accomplie par elle dans les *Argonautiques,* il semble que la Circé d'Apollonios participe assez peu à cette magie nouvelle et savante dont le poète alexandrin se plaît à décrire les pratiques. Si la sœur d'Aiétès a été initiée aux mystères de la grande déesse, elle n'a guère progressé dans son art magique qui se borne toujours à enchanter les étrangers que leur destinée funeste a conduits à l'île d'Aia.

Circé reconnaît dans Médée une parente à un certain air de famille; « car tous ceux qui descendaient d'Hélios étaient faciles à reconnaître : l'éclat brillant de leurs yeux jetait au loin, en face d'eux, une splendeur semblable à celle de l'or [2]. » Mais, si elle voyait la jeune magicienne à l'œuvre, elle devrait avouer que l'art de sa nièce n'a rien de commun avec le sien propre.

La science des enchantements, la seule que possède

---

1. *Iliad.,* V, v. 268 et suiv.
2. *Argon.,* IV, v. 727-729.

Circé, ne lui est pas particulière : beaucoup d'autres parmi les dieux ou même les hommes de l'*Iliade* et de l'*Odyssée* ont un pouvoir égal ou supérieur au sien. La baguette d'Hermès est plus puissante que celle de Circé, et l'herbe *moly* détruit les enchantements de la fille d'Hélios [1]. La fameuse ceinture d'Aphrodite a de merveilleuses propriétés [2]. Héphaistos est un grand magicien, lui qui donne le mouvement aux trépieds qui vont d'eux-mêmes à l'assemblée des dieux [3] et la vie aux jeunes filles d'or qui le servent lui-même [4], comme aux chiens d'or et d'argent dont il a fait présent à Alcinoos [5]. Protée peut prendre les formes diverses sous lesquelles il lui plaît de se cacher [6]. Les Sirènes enchantent les hommes, aussi bien que fait Circé [7]; Calypso a le droit de promettre à Ulysse une éternelle jeunesse [8].

Les mortels eux-mêmes possèdent quelques-uns des secrets de la magie : Hélène sait composer un breuvage capable de rendre la joie à celui qui aurait les plus justes raisons de s'attrister [9]. Les fils d'Autolycos connaissent des incantations dont la vertu peut fermer la blessure d'Ulysse [10].

En somme, parmi les personnages de l'*Iliade* et de l'*Odyssée*, on trouve beaucoup de magiciens. Mais, à l'époque homérique, la magie n'est pas encore un art constitué : Apollonios ne rompt pas complètement avec les traditions qu'il trouvait dans les épopées du vieux poète. Aussi bienveillant pour l'Aiétès des

---

1. *Iliad.*, XXIV, v. 343; *Odyssée*, V, v. 47; X, v. 305.
2. *Iliad.*, XIV, v. 214 et suiv.
3. *Iliad.*, XVIII, v. 376.
4. *Iliad.*, XVIII, v. 418.
5. *Odyssée*, VII, v. 91.
6. *Odyssée*, IV, v. 455 et suiv.
7. *Odyssée*, XII, v. 40 et suiv.
8. *Odyssée*, V, v. 136.
9. *Odyssée*, IV, v. 220-226.
10. *Odyssée*, XIX, v. 457.

Argonautiques que pour l'Alcinoos de l'*Odyssée*, Héphaistos fabrique au roi des Colchiens des taureaux aux pieds d'airain dont les mufles, d'airain eux aussi, exhalent une flamme terrible [1]. Poseidon ne se transforme pas lui-même, comme faisait le Protée de l'*Odyssée* : mais il permet à son protégé Périclyménos — que nous ne voyons pas d'ailleurs user de cette permission dans les *Argonautiques* — de prendre, au milieu des périls de la mêlée, toute forme qu'il souhaitera d'avoir en combattant [2]. Les transformations sont d'ailleurs nombreuses dans les *Argonautiques* : on verra comment Héra se change en vieille femme, Triton en jeune homme, les Hespérides en terre et en poussière. Le titre de l'ouvrage de l'alexandrin Nicandre, ces Ἑτεροιούμενα qui ont sans doute servi de modèle aux *Métamorphoses* d'Ovide, permet de supposer que le merveilleux des transformations intéressait l'érudition et attirait l'art descriptif des poètes du Musée.

Cette magie homérique, accessible à beaucoup de personnages divins, primitive et rudimentaire, ne tient que peu de place dans l'épopée d'Apollonios. Le poète connaît bien cette science magique venue de l'Orient une première fois au temps des guerres médiques, et rapportée ensuite dans tout le monde grec à la suite des expéditions d'Alexandre. Les pratiques mystérieuses de la magie avaient d'ailleurs droit de cité depuis longtemps [3], et, avant Apollonios, Théocrite leur avait déjà donné place dans la littérature alexandrine.

Il faut le remarquer, le scrupuleux imitateur d'Homère, qui s'étudie minutieusement à n'employer guère dans son poème que des mots qui se trouvent déjà dans l'*Iliade* et dans l'*Odyssée*, évite de prononcer ce

---

1. *Argon.*, III, v. 230-231.
2. *Argon.*, I, v. 158-160.
3. Cf. Maury, *Magie et Astrologie*, Paris, 1860, partie I, ch. III.

mot de magie que les tragiques n'avaient pas craint de mettre dans la bouche des Atrides et des Labdacides [1]. Mais, si elle n'est pas nommée dans les *Argonautiques*, la magie n'en est pas moins, dans le poème d'Apollonios, une science ou plutôt une religion déjà constituée. Dans l'*Iliade*, la médecine est une religion qui a pour dieu Asclépios : dans les *Argonautiques*, la magie est une religion qui a pour déesse Hécate, et pour prêtresses, non seulement Médée, mais aussi toutes ces femmes qui s'occupent de poisons (γυναῖκες φαρμακίδες), qui ont coutume d'errer la nuit à la recherche des cadavres et de ces racines cachées dans la terre dont la puissance est irrésistible [2].

Consacrée au culte d'Hécate, Médée passe toutes ses journées occupée dans le temple de la déesse [3], qui lui a enseigné l'art des poisons [4], qui lui a appris à connaître toutes les substances utiles aux enchantements, celles que produisent la terre et la mer aux vastes flots. Par leur vertu, elle adoucit la flamme du feu indomptable, elle arrête à l'instant les fleuves qui coulent avec bruit, elle enchaîne les astres et le cours de la lune sacrée [5] : et, comme Séléné elle-même s'en plaint, Médée sait rappeler à la déesse lunaire son amour pour le bel Endymion ; par ses habiles incantations la fille d'Aiétès force la sœur d'Hélios à descendre du ciel sur la terre, afin de pouvoir, dans la nuit obscure, se livrer sans être inquiétée à ces opérations magiques qui lui sont si chères [6].

Cueillir des plantes aux racines puissantes pour les enchantements et faire descendre la lune du ciel sur

---

1. Sophocle, *Œdipe-Roi*, v. 387: μάγον. Euripide, *Oreste*, v. 1498: μάγων τέχναισιν.
2. *Argon.*, IV, v. 51-53.
3. *Argon.*, III, v. 251-252.
4. *Argon.*, III, v. 478.
5. *Argon.*, III, v. 529-533.
6. *Argon.*, IV, v. 59 et suiv.

la terre, c'est l'occupation ordinaire et le pouvoir traditionnel des magiciennes de l'antiquité. Dans une tragédie que nous ne possédons pas et qui était intitulée *les Coupeuses de racines* ('Ριζοτόμοι), Sophocle avait montré Médée et ses compagnes occupées à moissonner avec une faux d'airain les herbes malfaisantes, en prenant soin de détourner la tête pour éviter les exhalaisons mortelles qui s'en dégageaient [1]. Pline l'Ancien [2] rapporte que Ménandre, ce littérateur d'une finesse sans égale, avait donné, sous le nom de *la Thessalienne*, une comédie où il représentait les cérémonies mystérieuses par lesquelles les magiciennes font descendre la lune sur la terre [3]. Bien d'autres auteurs grecs, en particulier Aristophane [4] et Platon [5], avaient parlé, avant Ménandre, de ces Thessaliennes à qui la lune obéit.

Quant aux cadavres que Médée va chercher en même temps qu'elle s'occupe de cueillir des plantes funestes, les auteurs qui précèdent Apollonios ne nous en parlent pas : mais on peut supposer que les magiciennes grecques recherchaient les restes des morts comme le feront plus tard les magiciennes romaines et les sorcières du moyen âge. En tout cas, les cadavres, tenus pour impurs dans les croyances helléniques, avaient un emploi naturel pour les pratiques d'une science occulte. D'autre part, quand ils étaient nécessaires à Médée, elle n'avait que l'embarras du choix, puisque, dans la plaine Circaienne, s'élevait une suite d'arbrisseaux aux branches flexibles et de saules portant à leurs sommets, attachés par des liens, les corps des Colchiens morts que la coutume sacrée ne permettait pas de brûler sur un bûcher ou d'ensevelir dans la terre [6].

---

1. Sophocle-Didot, *Fragm.* 423, p. 328. Cf. Macrobe, *Saturn.*, V, XIX.
2. Pline, *N. H.*, XXX, 7.
3. *Menandri Fragmenta*, p. 23 (à la suite de l'Aristophane-Didot).
4. Aristophane, *Nuées*, v. 749.
5. Platon, *Gorgias*, 513ᵃ.
6. *Argon.*, III, v. 201-205.

Les enchantements de Médée ne s'exercent pas seulement sur la lune et sur les fleuves, mais aussi sur les êtres vivants, sur les hommes, et même sur des personnages qui, par leur origine, sont placés au-dessus de l'humanité.

C'est ainsi que, après avoir fait convoquer Apsyrtos par des hérauts à une entrevue secrète, pour l'attirer plus sûrement dans le piège qu'elle lui prépare, la magicienne répand dans les airs, au souffle des vents, des substances dont le charme est capable de faire venir du haut des montagnes escarpées les bêtes sauvages qui errent dans le lointain [1]. Or, c'est une des opérations magiques les plus ordinaires que d'user d'enchantements pour attirer où l'on veut et malgré elle la personne que l'on maîtrise. Pour attirer le frère qu'elle hait et qu'elle veut tuer, Médée emploie le même procédé que la magicienne de Théocrite [2] pour faire reprendre à un amant infidèle le chemin oublié de la maison de sa maîtresse : « O bergeronnette, — répète celle-ci, en s'adressant dans un refrain plaintif à l'oiseau qui sert à ses enchantements, — ô bergeronnette, entraîne cet homme vers ma maison ! »

Sans doute, dans les *Argonautiques* mêmes, d'autres personnages que la magicienne élève d'Hécate ont, comme elle, le pouvoir d'attirer les choses et les êtres. Le poète raconte que les chênes qui poussent vigoureux le long du rivage Thrace, à Zôné, sont venus, s'avançant à la suite d'Orphée, amenés par le charme de sa phorminx depuis les hauteurs du Piéros [3]. Quand Argo est en marche, le fils d'Oiagros chante en s'accompagnant de sa phorminx : les accents du chanteur et les accords de l'instrument, qui seront plus tard vainqueurs du concert si dangereux des Sirènes [4], attirent

---

1. *Argon.*, IV, v. 442-444.
2. Théocrite, *Idyll.*, II.
3. *Argon.*, I, v. 28 et suiv.
4. *Argon.*, IV, v. 905 et suiv.

les poissons qui suivent, en bondissant à la surface de la mer, le sillage du navire rapide [1]. D'autre part, Athéné a brodé sur le manteau de Jason l'épisode d'Amphion, qui en chantant et en jouant de sa phorminx d'or, se fait suivre d'un immense rocher destiné aux murailles de Thèbes [2].

Mais ces légendes sont de date récente : Maury [3] fait observer qu'il ne trouve pas avant Pindare d'auteur qui cite Orphée; M. Decharme [4] relève pour la première fois dans un fragment d'Ibycos le nom de l'aède mythique. C'est autour de ce nom que la secte des Orphiques a bientôt constitué la légende d'une sorte de prophète magicien. Il est question, dans l'*Odyssée* [5], d'Amphion et de Zéthos, fondateurs de Thèbes; et, d'après Palaephate, Hésiode [6] aurait déjà rapporté que Thèbes fut bâtie par eux, grâce aux sons de la cithare. — Mais ce qui semble distinguer la merveilleuse vertu de la cithare d'Amphion et de la phorminx d'Orphée de la puissance irrésistible des charmes magiques, c'est que les accents de cette phorminx et de cette cithare ont un but bienfaisant, alors que la magie n'use de ses enchantements que pour faire le mal.

Médée n'attire pas seulement à elle par l'effet de ses charmes les hommes mortels, comme le fait la magicienne de Théocrite.

Elle fascine le dragon monstrueux qui garde la toison : elle invoque, pour l'aider dans cette entreprise, Hypnos, le plus puissant des dieux; elle ne manque pas surtout d'adresser ses prières à la reine vagabonde des nuits, à la déesse souterraine Hécate dont elle est la

---

1. *Argon.*, I, v. 573.
2. *Argon.*, I, v. 740-741.
3. Maury, *Hist. Relig.*, t. I, p. 241.
4. Decharme, *Mythol.*, p. 615. — Ibycos vint à Samos en 560, et Pindare avait vingt ans en 501. (A. Croiset, *ouvr. cité*, t. II, p. 329 et 369.)
5. *Odyssée*, XI, v. 262-265.
6. Hésiode-Didot, *Fragm.* CCIV.

prêtresse fidèle et favorite. « Au moyen d'une branche de genévrier récemment coupée, puisant les pures substances qui composaient la préparation magique, Médée arrosait les yeux du monstre en chantant; et l'odeur pénétrante de ces substances l'enveloppa d'un profond sommeil [1]. »

Elle exerce aussi sa puissance sur un être merveilleux et redoutable, qui est au-dessus de l'humanité, Talos, qui était « parmi les héros demi-dieux un survivant de cette race d'hommes d'airain nés des frênes » [2]. Elle n'attire pas Talos, comme elle a attiré Apsyrtos, pour le livrer au fer de Jason qui serait sans force contre le Géant d'airain : elle l'enchante à distance. « Elle charma par ses chants les Kères, qui rongent le cœur des humains, chiennes rapides d'Adès, qui, du milieu des brouillards où elles tourbillonnent, se lancent sur les vivants. Les adorant à genoux, elle les invoqua trois fois en chantant, et trois fois en leur adressant des prières. Pénétrée de leur esprit funeste, elle fascina de ses yeux ennemis les yeux de Talos, le Géant d'airain, elle l'étreignit d'une rage pernicieuse et fit passer devant ses yeux d'affreuses apparitions [3]. » Le poète feint de s'étonner, pour mieux attirer l'attention du lecteur sur cet exploit rare dans les fastes de la magie : « O père Zeus, un grand étonnement trouble mon âme ! Ce n'est donc pas seulement par des maladies ou des blessures que la mort vient vers nous ! Un ennemi peut aussi nous atteindre de loin [4] ! »

Si Médée se distingue ainsi parmi les magiciennes, c'est grâce à sa communion intime avec Hécate. Déjà, dans la tragédie d'Euripide, elle jure par la maîtresse qu'elle honore entre tous les dieux, qu'elle s'est choisie

---

1. *Argon.*, IV, v. 155-159.
2. *Argon.*, IV, v. 1641-1642. — Voir, plus haut, ch. I, p. 19.
3. *Argon.*, IV, v. 1665-1672.
4. *Argon.*, IV, v. 1673-1675.

comme aide secourable à ses travaux, par Hécate qui habite au plus profond de ses foyers [1] : de même, quand elle implore Arété, la Médée d'Apollonios prend à témoin de sa véracité la vierge fille de Persès, qui erre pendant la nuit [2]. C'est Hécate qu'elle invoque pour les enchantements difficiles; c'est Hécate qui lui concilie l'assistance d'Hypnos; c'est Hécate qui lui permet de charmer les Kères, comme la déesse le ferait elle-même, d'évoquer pour les amener devant les yeux de Talos ces affreuses apparitions, ces spectres, ces fantômes qui forment le cortège de la fille de Persès et qui obéissent à la voix de sa prêtresse.

La prêtresse, en effet, et sa déesse, Titanides l'une et l'autre, sont inséparables; Médée vit dans le temple d'Hécate. Il faut une volonté spéciale d'Héra pour que, le jour où Jason se présente au palais d'Aiétès, Médée soit chez son père, elle qui a l'habitude de passer la journée dans le sanctuaire de sa divinité [3]. Quand elle est enfin résolue à aider Jason, c'est dans le temple d'Hécate qu'elle portera à l'étranger cette merveilleuse substance tirée de la plante de Prométhée qui rend invulnérable celui qui s'en est enduit. On dirait que Médée, préparant un crime contre son père, recherche la protection, la complicité presque d'Hécate, et que, dans sa superstition de magicienne, il lui semble que porté au sanctuaire de la déesse et remis en ce lieu sacré à Jason, le charme doit en acquérir une puissance nouvelle. C'est auprès du temple qu'elle consent à accorder un rendez-vous à Jason, comme si elle voulait présenter son amant à sa déesse et mettre son amour sous sa garde divine.

D'ailleurs, Jason comprend que pour se concilier Médée, c'est au nom d'Hécate qu'il doit la supplier [4];

---

1. Euripide, *Médée*, v. 394-396.
2. *Argon.*, IV, v. 1020.
3. *Argon.*, III, v. 250-252.
4. *Argon.*, III, v. 985.

et, de son côté, la jeune fille lui recommande de se rendre la déesse propice [1].

Pour mettre la déesse dans ses intérêts, Jason doit lui offrir un sacrifice. Tous les rites de cette cérémonie sacrée sont indiqués dans les *Argonautiques* avec un soin scrupuleux. Médée explique d'abord à Jason ce qu'il doit faire ; puis le poète décrit les opérations magiques. — C'est d'ailleurs le procédé employé par Homère pour raconter le sacrifice que Circé conseille à Ulysse d'offrir aux âmes des morts. La déesse d'Aia énumère les divers rites à accomplir [2] ; et le récit de la cérémonie sacrée [3] est une répétition textuelle des avis donnés par Circé. L'art plus raffiné du poète alexandrin ne saurait se contenter de ces redites habituelles au génie homérique. Dans les *Argonautiques*, le discours de Médée et l'acte de Jason ne font pas double emploi ; mais, après les instructions de Médée vient la mise en scène qui explique et complète les paroles de la magicienne.

Jason doit faire attention à commencer son sacrifice au moment précis, à l'instant où la nuit, au milieu de sa course, se divise en deux parties égales ; alors, les astres de la grande Ourse sont couchés [4]. La nuit sans étoiles est calme, et Hécate peut se manifester à ses fidèles. Le héros se lave tout entier, suivant les rites, dans le Phase divin dont les eaux ne tarissent jamais [5]. C'est ainsi qu'avant de recueillir le suc de la plante de Prométhée, Médée s'était baignée sept fois de suite dans des eaux qui ne tarissent jamais [6]. — Ce rite mystique de sept bains consécutifs est évidemment postérieur à l'époque de l'*Odyssée*. Il n'est pas dit qu'Ulysse,

---

1. *Argon.*, III, v. 1035.
2. *Odyssée*, X, v. 514 et suiv.
3. *Odyssée*, XI, v. 25 et suiv.
4. *Argon.*, III, v. 1029 et 1195.
5. *Argon.*, III, v. 1030 et 1202.
6. *Argon.*, III, v. 860.

avant d'offrir son sacrifice aux âmes des morts, se lave même les mains, comme le font, dans l'*Iliade*[1], les sacrificateurs qui vont commencer leur cérémonie expiatoire.

Jason se couvre ensuite d'un vêtement sombre[2], comme Médée le faisait aussi avant de cueillir la racine[3]. Ce vêtement (φᾶρος) est, à proprement parler, une grande pièce d'étoffe, un linceul pour ensevelir les cadavres. Dans l'*Odyssée*[4], Pénélope se propose de faire un φᾶρος dont elle enveloppera Laerte quand il sera mort. On comprend que ce manteau, qui a l'apparence d'un linceul, doit être, surtout si sa couleur est sombre, le costume le plus convenable à ceux qui invoquent Hécate. — Il n'est pas dit qu'Ulysse se revête d'un φᾶρος pour évoquer les morts.

Mais, sur les conseils de Circé, le héros creusait une fosse d'une coudée dans tous les sens[5]. C'est ce que fait aussi Jason : la fosse qu'il creuse est circulaire[6] et elle a une coudée de profondeur[7]; et c'est dans ce trou que l'Aisonide doit accomplir son sacrifice. Il y amoncelle des morceaux de bois fendus pour le feu, et, sur ce bûcher, il étend avec soin, cru et tout entier, l'agneau femelle qu'il a auparavant égorgé. Il enflamme le bois en allumant du feu au-dessous, et il verse par-dessus des libations de miel et de substances diverses en invoquant Hécate, protectrice de ses travaux[8]. Jason se conforme aux instructions de Médée qui lui a dit de placer la victime crue et tout entière sur le bûcher[9].

---

1. *Iliad.*, I, v. 449.
2. *Argon.*, III, v. 1031 et 1204.
3. *Argon.*, III, v. 863.
4. *Odyssée*, II, v. 97.
5. *Odyssée*, X, v. 517.
6. *Argon.*, III, v. 1032.
7. *Argon.*, III, v. 1207.
8. *Argon.*, III, v. 1032-1036 et 1208-1211.
9. *Argon.*, III, v. 1033 : ...ἀδαίετον ὠμοθετῆσαι.

Dans les sacrifices adressés aux dieux du ciel, on coupe, pour en faire la part de la divinité, des petits morceaux de chair appartenant à chacun des membres de la victime ; on les place sur les os des cuisses, enveloppés de l'*épiploon* (membrane qui recouvre les intestins). Le verbe ὠμοθετέω indique l'action qui consiste à placer ces morceaux de chair crue (ὠμά) pris aux diverses parties de la victime qui est ainsi censée avoir été offerte entière. Mais, dans les sacrifices aux dieux infernaux, on ne réserve aucune partie de la victime ; on la consume tout entière (ἄκλιστον).

L'animal qu'on immole d'ordinaire à Hécate est le chien [1]. Mais Jason, qui lui sacrifie d'après les instructions mêmes de sa prêtresse, ne fait pas la même offrande que le vulgaire : il tue en son honneur un agneau femelle, noir probablement, comme le sont en général les victimes offertes dans les poèmes homériques aux dieux infernaux, et, en particulier, celles qu'Ulysse égorge pour évoquer les âmes des morts [2]. Ce sont des libations sans vin que Jason verse à Hécate : du miel et des substances diverses, parmi lesquelles le lait qu'Argos a été chercher à une bergerie [3]. Ulysse offrait aux morts du vin délicieux en même temps que du miel [4] : mais, depuis l'âge homérique, les libations faites aux morts et aux dieux infernaux consistent surtout en lait et en miel.

C'est Hécate seule que Jason invoque en offrant ce sacrifice qui est destiné à la seule fille de Persès : il n'est question, dans ce passage des *Argonautiques*, d'aucune des divinités infernales contemporaines de Zeus ; il n'est parlé ni d'Adès, ni de Perséphoné. De même, quand Médée cueillait la racine de la plante

---

1. Decharme, *Mythol.*, p. 141 ; Maury, *ouvr. cité*, t. II, p. 99.
2. *Odyssée*, XI, v. 33.
3. *Argon.*, III, v. 1199.
4. *Odyssée*, XI, v. 27.

de Prométhée, c'est sa patronne Hécate qu'elle invoquait [1], et non pas Perséphoné, qui ne joue aucun rôle dans les opérations magiques décrites par Apollonios [2].

Le sacrifice une fois terminé, Hécate ne tarde pas à paraître. Mais Jason doit s'éloigner et ne pas tenter de voir la redoutable déesse qui se dirige vers la fosse où l'agneau femelle a été immolé. Les chiens qui accompagnent Hécate aboient lugubrement; le bruit des pas de la fille de Persès retentit [3], fait trembler le sol des prairies et hurler d'effroi les Nymphes fluviales qui habitent les marais du Phase; les torches portées par le cortège d'Hécate répandent une lumière éclatante [4]. Mais, semblable au prudent Ulysse, qui, d'après les conseils de Circé, détourne ses regards aussitôt qu'il a terminé son sacrifice [5], Jason se hâte de retourner vers ses compagnons [6].

Il évite de fixer ses regards sur la déesse qui se rend aux cérémonies sacrées accomplies en son honneur, couronnée de terribles serpents entrelacés à des rameaux de chêne [7]. — C'est ainsi que, dès l'époque de Sophocle, dont Apollonios imite ici une tragédie perdue, on se représentait Hécate : « Sophocle fait dire aussi à un chœur des *Rhizotomes* qu'Hécate a une couronne de serpents et de rameaux de chêne : O souverain Hélios, et toi, lumière sacrée, trait d'Hécate qui protège les carrefours, lumière qu'elle porte dans ses courses à travers l'Olympe, et quand elle va fréquenter sur la terre les endroits consacrés où trois routes se rencontrent, couronnée de branches de chêne et des

---

1. *Argon.*, III, v. 847.
2. Voir mes *Notes sur divers passages d'Apollonios de Rhodes*, dans la *Revue des Études grecques*, t. IV, p. 309-313, n° 15, juillet-septembre 1891.
3. *Argon.*, III, v. 1038-1040.
4. *Argon.*, III, v. 1216-1220.
5. *Odyssée*, X, v. 527.
6. *Argon.*, III, v. 1221-1223.
7. *Argon.*, III, v. 1214.

spirales entrelacées que forment les cruels serpents¹ ! »

Tels sont les sacrifices que les mortels célèbrent en l'honneur d'Hécate; il en est d'autres, plus mystérieux encore, que le poète n'ose décrire.

Quand les Argonautes retournent vers l'Hellade, ils relâchent sur les rivages de Paphlagonie, où, dit Nymphis, cité par le Scoliaste², s'élève un temple que Médée fit construire. « La jeune fille ordonna aux héros d'apaiser Hécate par des sacrifices. Mais ce sacrifice, les préparatifs qu'elle fit pour l'accomplir, que personne n'en soit instruit; que mon cœur ne me pousse pas à en faire l'objet de mes chants! La crainte m'empêche de parler...³. » Apollonios, dit le Scoliaste, veut indiquer par là qu'elle célèbre un sacrifice à la manière des magiciennes : nous le comprenons sans peine. Mais pourquoi le poète ne dit-il rien de ce sacrifice dont les pratiques pouvaient lui fournir la matière d'une description ingénieuse et érudite? Il feint d'éprouver en face des secrets de la magie la même terreur respectueuse qu'il manifestait à l'endroit des initiations de Samothrace, de ces mystères qu'il ne lui était pas permis de chanter⁴.

Sans doute, au lieu d'une terreur de croyant pieux et discret, Apollonios éprouvait un embarras de lettré délicat. Il ne craignait pas de dire ce qu'il est interdit de dévoiler, mais bien d'être forcé de répéter, à la manière homérique, ce qu'il avait déjà dit quand il montrait soit Médée à la recherche de la racine de Prométhée et des cadavres nécessaires à ses enchantements, soit Jason préparant et célébrant ses cérémonies en l'honneur d'Hécate, sur les conseils et d'après les instructions de Médée. — Le lecteur n'a pas besoin

---

1. Scol. *Argon.*, III, v. 1214.
2. Scol. *Argon.*, IV, v. 247.
3. *Argon.*, IV, v. 246-249.
4. *Argon.*, I, v. 918-921.

que le poète le fasse assister à ce sacrifice « célébré à la manière des magiciennes » : le III⁰ Chant des *Argonautiques* lui a appris tout ce qu'il peut désirer savoir des pratiques de la magie.

IV

Ce sacrifice dont Apollonios a sagement évité d'exposer les cérémonies mystérieuses, Virgile a essayé de le mettre en scène.

J'ai déjà rappelé [1] que le culte d'Hécate considérée comme déesse de la magie avait pris à Rome une très grande importance. Virgile ne pouvait pas laisser de côté dans l'*Énéide* la divinité qui préside à la magie. Assurément, le poète latin ne s'inquiète ni des parents ni des enfants d'Hécate : il ne parle pas de Persès, il ne dit pas que la monstrueuse Scylla soit la fille de la déesse. De plus, il identifie Hécate avec Artémis-Diane qu'il confond aussi avec la Lune. Nisus, en effet, invoque la Lune sous le nom de fille de Latone : « Toi, déesse, sois présente et secourable à mon entreprise, ô gloire des astres, ô fille de Latone, toi qui es la gardienne des forêts [2]. » En confondant la Lune et Diane, Virgile se conformait à la vieille tradition latine qui faisait de Diane une déesse lunaire [3] : cette tradition était officiellement adoptée à Rome au temps où l'*Énéide* fut composée, puisque, dans le *Chant Séculaire* d'Horace, Diane est à la fois la sœur de Phébus, la maîtresse des forêts, et l'astre brillant du ciel, c'est-à-dire la Lune elle-même [4].

1. Voir, plus haut, même chapitre, p. 117.
2. *Én.*, IX, v. 403-405.
3. Preller-Jordan, *Röm. Mythol.*, erster Band, p. 313.
4. *Carmen Saec.*, v. 1 : *Phoebe, silvarumque potens Diana,*
    Lucidum caeli decus...
   v. 35 : *Siderum regina bicornis, audi,*
    Luna, puellas.

A la même époque Hécate est confondue, dans les croyances romaines, avec Diane et, par suite, avec la Lune. Diane, Hécate et Trivia sont pour Virgile, comme pour ses contemporains, trois synonymes qui désignent indifféremment la triple déesse aux trois visages [1], adorée sur la terre, dans les carrefours où trois routes se rencontrent, — d'où l'un de ses noms, *Trivia* [2], — et puissante également au ciel et aux enfers [3].

Hécate peut donc être, en dernière analyse, considérée, dans l'*Énéide*, non plus comme la fille du Titan Persès et la mère de la monstrueuse Scylla [4], mais bien

---

[1]. *Én.*, IV, v. 511 : *Tergeminamque Hecaten, tria virginis ora Dianae.* Cf. Horace, *Od.*, III, XXII, v. 4 : *...diva triformis;* Ovide, *Epist.*, XII, v. 79 : *...triplicis... Dianae; Mét.*, VII, v. 94 : *...triformis... deae;* v. 177 : *...diva triformis;* v. 194 : *...triceps Hecate; Fast.*, I, v. 141 : *Ora vides Hecates in tres vergentia partes;* v. 387 : *...triplici... Dianae.* — Des épithètes de même ordre (τρίμορφος, τριοδῖτις, τριπρόσωπος) se trouvent chez les auteurs grecs. Cf. Preller, *Griech. Mythol.*, erster Band, p. 258-259, et Bruchmann, *Epitheta deorum*, p. 50. Mais si Hécate est souvent, en Grèce, identifiée à Artémis, le buste à trois têtes de la déesse est pour les Grecs, au moins à l'origine, le symbole des trois phases successives de la lune et non la représentation de trois déesses qui n'en font plus qu'une.

[2]. *Én.*, IV, v. 609 : *Nocturnisque Hecate triviis ululata per urbes.* — Trivia est synonyme d'Hécate : la déesse que sert la Sibylle est indifféremment nommée Trivia (*Én.*, VI, v. 35, etc.) et Hécate (*Én.*, VI, v. 118, 564). — Trivia est aussi un synonyme de Diane chasseresse (*Én.*, VII, v. 516, 774, 778; XI, v. 566, 836). Le mot Trivia ne se trouve ni dans les *Églogues*, ni dans les *Géorgiques*. Servius voit une allusion aux cérémonies des bergers en l'honneur de Trivia dans le vers 26 de l'*Églogue* III: *In triviis... solebas... disperdere carmen* : « *Consuetudo enim fuerat ut per trivia et quadrivia ululārent et flebile quiddam in honorem Dianae canerent rustici.* »

[3]. *Én.*, VI, v. 247 : *...Hecaten caeloque Ereboque potentem.*

[4]. « Dans les traditions postérieures, le caractère monstrueux de Scylla n'est qu'une métamorphose. Scylla avait été, à l'origine, une belle vierge de la mer, aimée, soit de Glaucos, soit de Poseidon, et qui devait sa transformation à la jalousie de Circé ou d'Amphitrite » (Decharme, *Mythol.*, p. 341). Ces traditions sont généralement admises à Rome (Ovide, *Mét.*, XIV, v. 1-74; Hygin, *Fab.*, 199, etc.). Dans les *Églogues* (VI, v. 74 et suiv.), Virgile confond Scylla, fille de Nisos, qui fut changée en un oiseau marin (cf. *Géorg.*, I, v. 405; la *Ciris*, attribuée à Virgile; Decharme, *Mythol.*, p. 342), avec Scylla, le monstre marin, dont il fait la description (*Én.*, III, v. 420 et suiv.), — c'est une jeune fille à la belle poitrine; à sa ceinture s'attachent des loups marins, et son corps se termine par des queues de dauphin, — mais dont il ne donne pas la généalogie. — Il place aussi, dans les Enfers, à côté des Centaures, des monstres à double forme, semblables à Scylla (*Én.*, VI, v. 286).

comme la fille de Latone [1] et la sœur de Phébus-Apollon : elle partage les temples du dieu ; les mêmes prêtres et les mêmes prêtresses sont attachés au culte du couple fraternel [2].

Quelle que soit son origine, quelles que soient les identifications inconnues au docte Apollonios, que l'ignorance romaine a fait subir à la déesse et que Virgile a dû admettre, pour être compris de ses contemporains, Hécate a dans l'*Énéide* aussi bien que dans les *Argonautiques* — et cela grâce à l'influence de l'épopée alexandrine sur l'épopée romaine — une place importante en tant que déesse de la magie.

La magie devait être l'objet des descriptions de Virgile dans un poème consacré aux antiquités nationales et religieuses des Romains. Car, dès les origines, bien avant que le culte d'Hécate eût absorbé celui de Mana-Geneta, la magie avait été pratiquée par les peuples d'Italie [3]. Ce qui prouve que cette science mystérieuse avait toujours été en faveur à Rome, c'est que le pouvoir la redoutait et s'acharnait à en persécuter les adeptes. En l'an de Rome 304, la loi des Douze Tables punit les magiciens qui exercent leurs maléfices sur les fruits de la terre [4]. En 324, les édiles proscrivent les cultes nouveaux et mystérieux [5]. En 539, un sénatus-consulte proscrit l'emploi des livres

---

1. Dans l'épisode de Camille, la même déesse est nommée *Latonia* (*Én.*, XI, v. 534), *Latonia virgo* (v. 557), *Diana* (v. 537, 582, 652, 843, 857) et *Trivia* (v. 566, 836).

2. La Sibylle Déiphobé est « *Phoebi Triviaeque sacerdos* » (*Én.*, VI, v. 35). Cf. *Én.*, X, v. 537 : *...Haemonides, Phoebi Triviaeque sacerdos*. — Le temple de Cumes (*Én.*, VI, v. 9-13) est consacré à la fois à Apollon et à Trivia.

3. Cf. Maury, *La Magie et l'Astrologie*, p. 70 : « La magie proprement dite ne s'introduisit à Rome qu'à la suite des doctrines grecques ou orientales, qui commencèrent à y pénétrer deux siècles environ avant notre ère. Mais la superstition d'où cette science chimérique tire son origine avait été répandue en Italie dès l'origine. »

4. Egger, *Latini sermonis vetustioris reliquiae*, Paris, 1843, p. 96. Cf. Sénèque, *Quaest. Nat.*, IV, 7 ; Pline, *N. H.*, XXVIII, 2 ; Servius, *ad Ecl.* VIII, v. 99.

5. Tite-Live, IV, 30.

divinatoires et les sacrifices accomplis suivant des rites
nouveaux [1]. Au temps même de Virgile, en 721, les
magiciens sont chassés de Rome [2], et Dion Cassius
prête à Mécène un discours que l'ami d'Auguste aurait
prononcé pour obtenir, dans l'intérêt de la sûreté
publique, l'interdiction des pratiques de la magie qui
conduisaient au mépris du culte national [3].

Cependant, on le sait par bien des témoignages
contemporains, la science suspecte avait des adeptes
fervents et nombreux : qu'on se rappelle l'imprécation
indignée d'Horace contre Canidie [4], et la description
que le poète fait des cérémonies magiques auxquelles
les sorcières se livrent [5]. Virgile lui-même flattait la
curiosité publique, en imitant, dans sa *VIIIe Églogue*,
la *IIe Idylle* de Théocrite, où sont exposées minutieusement les cérémonies mystérieuses au moyen desquelles
une magicienne ramène son berger infidèle. Mais
Horace ne parlait des sorcières que pour s'indigner
contre elles et pour les ridiculiser. Les lecteurs des
Satires ne peuvent que rire, comme fait Priape, de ces
sorcières qui s'échappent, effrayées par le dieu, l'une,
Canidie, semant ses dents sur la route, l'autre, Sagana,
perdant sa perruque, toutes les deux laissant tomber,
dans leur terreur, leurs herbes magiques et leurs bra-
celets enchantés [6]. Quant à la *VIIIe Églogue*, ce n'est
pas une magicienne romaine que Virgile y met en
scène, mais une sorcière sicilienne ou égyptienne,
dont il emprunte les aventures à Théocrite.

Dans l'*Énéide*, destinée à contribuer au relèvement
du culte national, il était difficile de décrire ces cérémonies magiques proscrites par Auguste ; mais il aurait

---

1. Tite-Live, XXV, 1.
2. Dion Cassius, XLIX, 43.
3. Dion Cassius, LII, 36.
4. Horace, *Épodes*, V et XVII.
5. Horace, *Sat.*, I, VIII.
6. Horace, *Sat.*, I, VIII, v. 47-50.

été impossible de ne pas y faire allusion à ces pratiques si chères aux Romains de tous les temps. Virgile s'occupera donc beaucoup de magie : ce en quoi, dit Lersch [1], il diffère beaucoup d'Homère, et, on doit l'ajouter, il se rapproche beaucoup d'Apollonios. Mais il se tire très habilement d'embarras en décrivant toutes les cérémonies de la magie, d'après Apollonios, et en n'en attribuant l'emploi qu'à des ennemis d'Énée, c'est-à-dire de Rome.

Tout d'abord, le poète fait sa part à la vieille magie italienne, qui est antérieure à l'adoption du culte d'Hécate. Voici, parmi les alliés de Turnus, un magicien, le très courageux Umbro : il avait coutume, grâce à ses chants et au mouvement de sa main, de répandre le sommeil sur les vipères et sur les hydres qui exhalent une haleine funeste; il apaisait leur colère et, par son art, soulageait les blessures que ces reptiles avaient faites. Mais il n'eut pas le pouvoir de guérir la plaie dont une lance dardanienne devait le percer; il n'éprouva aucun secours, ni de ses chants qui guérissaient les plaies, ni des herbes cherchées avec soin sur les montagnes des Marses [2]. On le voit : après avoir expliqué ce qu'Umbro sait faire, Virgile tient à dire bien haut que sa science ne pourra prévaloir contre les armes des compagnons du pieux Énée; tels les charmes des enchanteurs du moyen âge qui se trouvent sans force en face de l'épée d'un chevalier dévot à Notre-Dame. D'ailleurs, les procédés et le pouvoir magique d'Umbro sont les mêmes que ceux de Médée; nous avons vu la fille d'Aiétès chercher, elle aussi, ces plantes dont la puissance est irrésistible [3], et envelopper d'un profond sommeil le dragon qui garde la toison d'or [4]. La magicienne de la

---

1. Lersch, *Antiquitates Vergilianae*, Bonnae, 1843, p. 192.
2. *Én.*, VII, v. 752-758.
3. *Argon.*, IV, v. 51-53.
4. *Argon.*, IV, v. 155-159.

VIIIe Églogue a, sur les serpents, le même pouvoir que Médée et Umbro [1].

Ce pouvoir des enchanteurs Marses sur les serpents était proverbial à Rome [2]. D'ailleurs, suivant une tradition que Virgile connaissait sans doute et que Pline rapporte [3], cette magie, qui semble autochtone, serait, en réalité, d'importation hellénique, puisque les Marses descendaient d'un fils de Circé : rien d'étonnant alors que le fils et la nièce de la magicienne aient connu l'art d'enchanter les serpents par un procédé identique.

Pour ce qui est de la magie savante, celle qui dépend d'Hécate, Virgile en met les rites en action dans le IVe Chant de l'*Énéide*.

Mais ce n'est pas une femme romaine qui a recours à la science prohibée : c'est une ennemie de Rome, c'est Didon qui, après son sacrifice mystérieux, va évoquer à l'esprit du lecteur romain le souvenir des guerres puniques, puisque le dernier vœu qu'elle prononcera en mourant sera le souhait qu'un vengeur, sorti de Carthage, détruise Rome un jour. Et cependant, quelle délicatesse, quels ménagements Virgile sait employer pour expliquer et excuser ce recours à la magie de la part d'une ennemie de Rome qui a été l'hôtesse bienveillante et l'amante dévouée d'Énée!

C'est seulement quand elle est décidée à mourir [4], vaincue par la douleur qui la rend folle, qu'elle feint, pour rassurer sa sœur, de mettre sa confiance dans

---

1. *Égl.*, VIII, v. 71.
2. Cf. Lucilius (cité par Nonius, au mot *Coluber*): *Marsus colubras Disrumpit cantu.* — Il est inutile d'invoquer le témoignage de Silius Italicus qui paraphrase simplement (VIII, v. 495 et suiv.) les vers de Virgile sur Umbro.
3. Pline, *N. H.*, VII, 15 : *Simile et in Italia Marsorum genus durat, quos a Circae filio ortos servant et ideo inesse iis vim naturalem illam.* — Cf. Aulu-Gelle, XVI, xi, 1 : *Gens in Italia Marsorum orta fertur a Circae filio.*
4. *Én.*, IV, v. 474 : ...*Ubi concepit furias, evicta dolore, Decrevitque mori.*

la magie, à laquelle elle ne semble pas croire. Elle n'accomplira pas elle-même le sacrifice, comme font Médée et la magicienne de la *VIIIe Églogue* : mais on lui a *indiqué* [1] une prêtresse qui se chargera de la cérémonie. Comme dit Benoist, « Didon ne veut pas paraître avoir recours d'elle-même à de telles pratiques [2]. » En effet, elle se cherche des excuses, elle atteste les dieux et sa sœur que c'est malgré elle qu'elle se prépare à une cérémonie magique [3]. Servius fait remarquer qu'en mettant ces paroles dans la bouche de Didon, Virgile lui prête des sentiments romains [4]. Enfin, ce sacrifice, l'amante délaissée ne l'accomplit pas, comme elle le dit à sa sœur, dans l'espoir que l'amour d'Énée lui sera rendu, ou qu'elle sera elle-même délivrée de sa passion [5], mais bien pour cacher sous les apprêts de ces cérémonies nouvelles les préparatifs de sa mort [6].

Virgile a plaidé les circonstances atténuantes : Didon ne peut être convaincue de s'adonner volontairement et quand elle est dans son état normal à un art maudit que les lois romaines condamnent. Le poète peut donc, sans être troublé par aucun scrupule, décrire des cérémonies qui rappellent aussi bien les sacrifices célébrés par la Médée d'Apollonios que les jongleries auxquelles se livrent les sorcières raillées par Horace.

La magicienne qui prête son concours à Didon est une prêtresse du temple des Hespérides, qui était

---

1. *Én.*, IV, v. 483 : *...monstrata sacerdos.* — Cf. Gossrau : *Monstrata ei est, non ab ipsa quaesita, sed ab alio ei oblata.* — Forbiger : *Non ipsa magam quaesivit, nam invita ad has artes descendit. Sed in eo quod monstrata fuerit, quasi monitum divinum agnoscit.*
2. Benoist, note au v. 483 du Ch. IV de l'*Énéide*.
3. *Én.*, IV, v. 492 : *Testor... magicas invitam accingier artes.*
4. Servius, ad Aen., IV, v. 493 : *Quia, cum multa sacra Romani susciperent, semper magica damnarunt.*
5. *Én.*, IV, v. 479 : *Quae mihi reddat eum, vel eo me solvat amantem.*
6. *Én.*, IV, v. 500 : *...novis praetexere funera sacris.*

chargée de nourrir le dragon Ladon — de qui la mort est racontée dans le IVᵉ Chant des *Argonautiques* — et de répandre devant le monstre le miel liquéfié et les pavots qui endorment [1]. Cette prêtresse se vante de produire les divers prodiges familiers aux magiciennes. Elle promet de délivrer, à son gré, les cœurs que la passion tourmente, ou de lancer dans d'autres cœurs les durs soucis de l'amour, d'arrêter les fleuves, de faire rétrograder le cours des astres; elle évoque les mânes nocturnes; sous ses pieds, la terre mugit; à sa voix, les frênes descendent des montagnes [2]. C'est là le programme — on pourrait dire le prospectus — ordinaire des magiciennes contemporaines de Virgile [3], qui surpassaient les talents unis de l'Orphée et de la Médée des *Argonautiques*. Orphée savait entraîner les chênes à sa suite [4]; Argos vantait le pouvoir de Médée, capable d'arrêter à l'instant les fleuves qui coulent avec bruit et d'enchaîner les astres et le cours de la lune sacrée [5]. Mais, malheureusement pour elle, la fille d'Aiétès ne connaissait pas le moyen magique de délivrer son cœur des soucis de l'amour.

Voyons la prêtresse Massylienne à l'œuvre. J'ai déjà remarqué qu'Apollonios avait soin de ne pas nous faire assister au sacrifice mystérieux que Médée offre

---

1. *Én.*, IV, v. 484 :
...*epulasque draconi*
Quae dabat et sacros servabat in arbore ramos,
Spargens humida mella, soporiferumque papaver.
On a beaucoup discuté, depuis Servius, sur le sens de ce dernier vers que Ribbeck veut rejeter après le vers 517. On trouvera dans l'édition de Forbiger l'indication des diverses explications que la critique a proposées. Virgile, il me semble, veut dire que, d'une part, la prêtresse nourrit le dragon; et que, d'autre part, elle protège les branches sacrées contre la fureur du monstre, en le maintenant, grâce à ses narcotiques, dans un état de somnolence d'où elle le laisserait sortir apparemment si quelque impie venait faire une tentative sur les fruits précieux dont elle a la garde.
2. *Én.*, IV, v. 487-491.
3. Voir la *VIIIᵉ Églogue*. — Cf. Horace, *Sat.*, I, VIII, v. 19; Tibulle I, II, v. 43; Ovide, *R. A.*, v. 253 et suiv., etc.
4. *Argon.*, I, v. 28 et suiv.
5. *Argon.*, III, v. 532-533.

à sa déesse Hécate [1]. Ce sacrifice mystérieux, la prêtresse va le célébrer : mais — Virgile tient bien à le dire — la Massylienne ne peut qu'exécuter la contrefaçon d'un sacrifice authentique ; c'est une simple sorcière, ce n'est pas, comme Médée, une élève inspirée d'Hécate. Aussi, au lieu des ingrédients puissants que Médée combine, au lieu, par exemple, de ce suc de la racine de Prométhée recueilli dans une coquille de la mer Caspienne, elle n'a qu'une eau ordinaire, qui imite l'onde infernale de l'Averne [2], comme le char retentissant et la torche de Salmonée imitaient la foudre et l'éclair de Zeus [3].

Je n'ai pas à insister sur les détails de ce sacrifice qui rappelle celui de la magicienne des *Églogues*. C'est Théocrite que Virgile imite pour la seconde fois : il ne peut rien emprunter à Apollonios [4]. La Massylienne suit toutes les pratiques observées par la magicienne de la *VIIIᵉ Églogue* et par la Canidie d'Horace. En donnant une description complète de ce sacrifice, Virgile fait une concession au goût si vif de ses contemporains pour tout ce qui a rapport à la magie. Mais, s'il insiste sur toutes les minuties de ces pratiques, c'est pour en montrer la vanité et le danger : la sorcellerie ne rendra pas à Didon son amant ; elle exaspérera dans son cœur cette folie qui commence et qui doit l'amener à la mort.

Virgile a tenu à emprunter à Apollonios la description d'un autre sacrifice qui fait contraste avec celui de Didon, et qui, malgré ses pratiques mystérieuses, n'est pas, à proprement parler, une cérémonie magique.

1. Voir, plus haut, même chapitre, p. 145.
2. *Én.*, IV, v. 512 : *...latices simulatos fontis Averni.*
3. *Én.*, VI, v. 586 et suiv.
4. Virgile parle bien des plantes spéciales que la Massylienne a cueillies (v. 514 : *Pubentes herbae, nigri cum lacte veneni*). Mais toutes les magiciennes, Apollonios lui-même le dit (*Argon.*, IV, v. 51-53), usent de ces plantes qui ne sont pas le monopole de Médée. Ce qui appartient en propre à l'élève immédiate de la déesse Hécate, c'est l'usage de la plante de Prométhée.

Jason devait sacrifier à Hécate pour se rendre la déesse propice [1] : sur l'ordre de la Sibylle [2], Énée doit sacrifier aux dieux infernaux pour obtenir d'eux la permission de descendre aux enfers. Hécate est pour lui au second plan : il l'invoquera bien, ainsi que la Terre, et sa sœur, la Nuit, mère des Euménides [3]; mais le culte qu'il rend s'adresse surtout au roi du Styx, à Pluton, le Jupiter infernal, et à Proserpine, qui est la Junon des enfers [4]; c'est à elle qu'il doit porter le rameau d'or. Accomplie dans les grottes mêmes de l'Averne [5] et non plus au moyen d'une eau qui imite l'onde de l'Averne, cette cérémonie, qui s'adresse à des dieux officiels, au Jupiter et à la Junon des enfers, n'a rien de répréhensible; au contraire, elle fait partie du culte reconnu par la loi. Énée peut la célébrer sans scrupule : ce n'est pas une sorcière massylienne, c'est la vénérable Sibylle qui la lui prescrit.

Virgile, lui aussi, peut sans aucune gêne faire passer tous les détails des rites magiques accomplis par Jason dans la description de cette cérémonie, et renouveler ainsi l'intérêt du sacrifice que l'Ulysse homérique offrait avant d'évoquer les âmes des morts.

En même temps qu'il imite Apollonios, Virgile présente le tableau d'un sacrifice bien romain. A propos de presque tous les termes employés par le poète, Servius remarque qu'ils appartiennent à la langue religieuse. Virgile laisse de côté les bains mystiques et le manteau sombre de Jason; ce n'est pas dans une fosse qu'Énée célèbre son sacrifice comme le héros d'Apollonios : c'est dans la caverne même que la prêtresse

---

1. *Argon.*, III, v. 1035.
2. *Én.*, VI, v. 152.
3. *Én.*, VI, v. 247 : *Voce vocans Hecaten*; v. 250 : *...matri Eumenidum, magnaeque sorori.*
4. *Én.*, VI, v. 251 : *...Proserpina...*; v. 252 : *...Stygio regi.* Cf. v. 138 : *Iunoni infernae*; IV, v. 638 : *...Iovi Stygio.*
5. *Én.*, VI, v. 237 : *Spelunca alta fuit*, etc.

fait amener quatre taureaux noirs, leur verse le vin sur le front [1], et coupe entre leurs cornes l'extrémité des poils qu'elle place sur le feu sacré, comme première offrande, en invoquant Hécate [2], puissante dans le ciel et dans les enfers [3].

Ce n'est pas ainsi que Jason présentait son offrande à Hécate : il ne coupait pas les poils de la victime et il ne versait que les libations sans vin en usage dans les sacrifices infernaux. Virgile se conforme probablement à l'usage de son temps : à l'époque homérique, les sacrifices où le poète nous dit que l'on jette sur la flamme les poils arrachés à la victime ne sont pas des sacrifices infernaux [4]. — Les aides de la Sibylle enfoncent le couteau sous la gorge des victimes [5] et reçoivent dans des coupes le sang tiède. L'attention que Virgile met à n'employer que des termes consacrés prouve bien qu'il décrit exactement le sacrifice que l'on offrait de son temps aux dieux infernaux. Quand Énée prend part à la cérémonie, c'est pour immoler lui-même en l'honneur de la Nuit et de la Terre l'agneau femelle noir que Jason immolait à Hécate, et il offre à Proserpine la vache stérile qu'Ulysse [6] promettait de consacrer aux dieux infernaux, une fois qu'il serait de retour dans sa patrie. C'est pendant la nuit qu'Énée élève ses autels à Pluton [7] : c'est pendant la nuit que Jason creusait la fosse du sacrifice ; et, comme Jason, le héros troyen place les victimes tout entières sur le

---

1. Én., VI, v. 244 : *...frontique invergit vina.* — Servius : *Vergere est conversa in sinistram partem manu ita fundere ut patera convertatur : quod in infernis sacris fit.*
2. Én., VI, v. 247 : *Voce vocans...* Servius : *Non verbis, sed quibusdam mysticis sonis.*
3. Én., VI, v. 243-247.
4. Cf. *Odyssée*, III, v. 446, et XIV, v. 422.
5. Én., VI, v. 428 : *Supponunt alii cultros.* Cf. *Géorg.*, III, v. 492 ; Servius : *Fuit autem verbum sacrorum.*
6. *Odyssée*, XI, v. 30.
7. Én., VI, v. 252 : *...inchoat aras.* — Servius : *Et est verbum sacrorum.*

feu du bûcher[1]. Mais il répand simplement sur les entrailles qui se consument de l'huile grasse, et non ce mélange de substances magiques dont Médée avait muni Jason.

Virgile fait en sorte qu'il y ait le moins de magie possible dans ce sacrifice. — L'offrande d'Énée est suivie du même succès que celle de Jason : « Aux premières lueurs du jour qui se lève, la terre mugit sous les pieds des sacrificateurs; la cime des montagnes commença à trembler, et il sembla que des chiens hurlaient dans l'ombre, car la déesse arrivait[2]. » Ces vers sont un résumé du passage où Apollonios montre la redoutable Hécate se rendant aux cérémonies sacrées de l'Aisonide. Mais la déesse qui vient vers Énée et que Virgile ne nomme pas est-elle bien Hécate ? Les éditeurs de l'*Énéide* l'ont reconnue à son cortège de chiens hurlants[3]. Mais Servius pense qu'il est question de Proserpine[4]; je crois qu'il a raison : Hécate n'a aucun motif de venir à un sacrifice au commencement duquel on l'a évidemment invoquée, mais qui ne lui a pas été offert : l'agneau femelle, la vache, les taureaux, ont été immolés à la Terre, à la Nuit, à Proserpine et à Pluton. Ce n'est pas Hécate qu'Énée doit se concilier, mais Proserpine, la Junon infernale, à qui il fera hommage du rameau d'or. Le pieux Énée, fondateur de la religion romaine, sacrifie au Jupiter et à la Junon de l'Enfer, comme au Jupiter et à la Junon de l'Olympe; il ne peut, comme faisait Jason, s'adresser à Hécate qui n'est, pour un Romain, qu'une divinité secondaire du monde infernal. Déjà, dans la Mythologie grecque, Hécate semblait se confondre parfois avec Persé-

---

1. *Én.*, VI, v. 253 : *Et solida imponit taurorum viscera flammis.*
2. *Én.*, VI, v. 254-257.
3. Heyne, *ad Aen.*, VI, v. 255-258 : Adventante dea *de Hecate intelligendum, nihil est quod dubites.* — Aucun des éditeurs que j'ai consultés n'en doute.
4. Servius, *ad Aen.*, VI, v. 258 : Adventante dea : *ipsa scilicet Proserpina.*

phoné [1]; dans la hiérarchie infernale de l'*Énéide*, Hécate et ses chiens doivent faire partie du cortège de Proserpine.

Ainsi, tout en embellissant la description du sacrifice d'Énée au moyen de l'appareil magique emprunté au sacrifice de Jason, Virgile sait mettre son héros à l'abri du reproche qu'on aurait pu lui faire de s'adonner à la magie. Les cérémonies qu'il institue en l'honneur des dieux infernaux, régulièrement reconnus, dont le pouvoir émane de Jupiter, conviennent à son caractère de pontife pieux.

Virgile a l'art de mettre dans son poème toute la magie d'Apollonios en détournant vers Pluton et Proserpine tout ce qui, dans les *Argonautiques*, s'adressait à Hécate. Il peut ainsi satisfaire à la fois au goût de ses contemporains et aux prescriptions du pouvoir impérial, en multipliant les tableaux de la magie italienne et alexandrine, mais en montrant l'inutilité ou le danger de cette science réprouvée. C'est bien à tort que la superstition du moyen âge a voulu faire de Virgile un magicien [2] : l'auteur de l'*Énéide* s'est assimilé toute l'érudition en magie de Théocrite et d'Apollonios. Mais il ne décrit la science proscrite que pour en éloigner ses contemporains, et du sacrifice magique de Jason il fait une pieuse cérémonie offerte par Énée aux dieux infernaux officiels de Rome.

1. Preller, *Griech. Mythol.*, erster Band, p. 257 et 661.
2. Voir Francisque Michel : *Quae vices quaeque mutationes et Virgilium ipsum et ejus carmina per mediam aetatem acceperint*, Paris, 1846; D. Comparetti : *Virgilio nel medio ero*, Livourne, 1872.

LIVRE II

CHAPITRE I

ZEUS

I. Zeus fils de Cronos et de Rhéa. Son enfance. Luttes de Zeus pour assurer sa domination. Zeus, armé par les Cyclopes, maître de l'Olympe. L'Olympe demeure de Zeus. Zeus a Héra pour femme légitime. Ses autres épouses et ses enfants. Léda. Castor et Pollux. Héraclès. Athéné. Dionysos. Renseignements fournis par les *Argonautiques* sur la naissance de Dionysos. Artémis, la Muse, Aiacos, enfants de Zeus.

Aventures et tentatives amoureuses de Zeus : Europé ; Ganymède ; Thétis ; Sinopé.

II. Zeus considéré comme le dieu de tous les phénomènes atmosphériques. Le tonnerre, la foudre, l'éclair. Zeus maître de la pluie et des vents. Aiolos. L'Argestès, le Borée, le Notos, le Zéphyre. Les vents Étésiens créés par Zeus. Seirios et Orion. Les vents de tempête : les Harpyes, chiennes de Zeus. La lutte des Harpyes et des Boréades. La légende attique de Borée et d'Oréithyia. Les Boréades, Zétès et Calaïs. Iris envoyée en messagère par Zeus aux Boréades. Iris, déesse de l'arc-en-ciel, sœur des Harpyes, déesses de la tempête. L'arc-en-ciel, signe de paix dans les *Argonautiques*. Rôles divers d'Iris et d'Hermès messagers de Zeus.

III. Zeus arbitre souverain du monde moral. Le Zeus des *Argonautiques* vit éloigné des autres dieux sur lesquels sa puissance s'exerce. Zeus est le chef de tous les dieux, vénéré par tous les hommes. Rareté des hommes impies. Zeus voit tout ; il est très juste et très puissant. Le rôle de la *Moira* et de l'*Aisa* dans les *Argonautiques*. Les Moires considérées comme déesses dans les poèmes homériques et dans les *Argonautiques*. Les *Kères* et les *Érinyes*.

Rapports du Zeus des *Argonautiques* avec les hommes. Son courroux implacable quand la loi morale a été violée. Sa bonté pour les étrangers, les fugitifs, les suppliants. Sa compassion pour les meurtriers qui se repentent. Comment le Zeus d'Apollonios fait connaître ses desseins aux hommes. Rareté des présages dans les *Argonautiques*. Nécessité d'intermédiaires entre Zeus et les Argonautes : la voix prophétique du navire Argo. Les chênes de Dodone.

IV. Les dieux de la divination interprètent aux hommes les volontés de Zeus. Puissance divinatoire des dieux de la mer : Glaucos, interprète de Nérée ; Triton, fils de Poseidon. Les songes envoyés par Zeus. Hermès conducteur des songes. Phoibos-Apollon, dieu de la divination ; la *mantique* dépend de lui. L'oracle de Pytho. L'Apollon des *Argonautiques* n'est que le prophète de Zeus.

V. Rôle des devins dans les *Argonautiques*. Les devins Argonautes, Mopsos et Idmon. Science rudimentaire de ces devins; l'*ornithomancie*. L'épisode de Sthénélos n'est pas une scène de *nécromancie*. Méthode divinatoire d'Idmon; l'*empyromancie* et la *capnomancie*.

La puissance de Zeus est jalouse de la science rudimentaire des devins. Mort sans gloire réservée à Idmon et à Mopsos. Misérable vieillesse du devin Phinée. Limites mises par Zeus à la révélation de l'avenir. Pouvoir absolu de Zeus sur les hommes et sur les dieux.

Rareté, dans les *Argonautiques*, des prières adressées aux dieux et surtout à Zeus. Opinion de Phinée sur l'efficacité de la prière.

VI. Conclusions. Zeus est très loin des hommes et des dieux. Pourquoi Apollonios ne donne aucune représentation figurée de Zeus. Zeus, dégagé de sa légende humaine, est un dieu esprit qui se rapproche du Dieu des chrétiens.

I

On a déjà vu que Zeus est né de Rhéa, dont il se montre le fils reconnaissant, et de Cronos. Le chant d'Orphée nous a appris comment se sont passées les premières années du jeune dieu qui a dû, ainsi que les fils des hommes, commencer par être un faible enfant. Le poète, parlant en son propre nom, a fait allusion au temps où « Zeus était encore nourri au milieu des Courètes Idaiens dans l'antre de Crète ». On sait enfin qu'Aphrodite parlait du « très beau jouet de Zeus, celui que lui fit sa chère nourrice Adrestéia, alors que, dans l'antre Idaien, il s'amusait en enfant ». Il a déjà été question des Courètes, éducateurs de Zeus, et de sa chère nourrice Adrestéia; il a été dit que ces traditions sur les premières années de Zeus ne sont pas antérieures à l'époque de Platon, et que la légende de la balle du dieu enfant, symbole de la sphère du monde, est d'origine crétoise.

Apollonios n'explique pas comment Zeus succéda à son père. Mais, on l'a déjà vu, le nom de mer de Cronos que le poète donne à la mer Adriatique permet de supposer qu'il admet l'exil de Cronos détrôné sur les bords de cette mer.

Dans toutes les légendes qui ont rapport à la jeunesse du dieu, la tradition est trop sûrement établie depuis longtemps pour qu'Apollonios puisse innover en rien. Aussi, laisse-t-il ces légendes de côté. C'est pour les mêmes raisons que le poète insiste peu sur les événements arrivés à Zeus, depuis le jour où il est devenu le maître de l'Olympe, « armé par les Cyclopes de la foudre, du tonnerre et de l'éclair, insignes qui font sa gloire [1]. » On a déjà vu plusieurs allusions aux luttes que Zeus a dû soutenir pour affirmer sa puissance, et à sa victoire définitive. Il a été question de la colère de Gaia contre le dieu qui a précipité les Titans au fond du Tartare; on a vu aussi comment la foudre du Cronide Zeus a châtié Typhaon.

Au moment où se passe l'action des *Argonautiques*, Zeus est le dieu Olympien [2], maître du monde. Sa demeure, située au plus haut des cieux, est fermée par des portes éthérées [3]; « de là descend une route céleste; au-dessous apparaissent la terre qui porte des moissons, et les villes des hommes et les cours sacrés des fleuves; d'autre part, les crêtes des montagnes, et, tout autour, la mer [4]. »

L'Olympe, demeure de Zeus, est donc bien distinct pour Apollonios de l' « Olympe neigeux » [5], cette montagne de Thessalie où Ophion et l'Océanide Eurynomé régnaient ensemble à l'origine. C'est cette montagne, voisine de l'Ossa, que les Argonautes aperçoivent après avoir quitté le port de Pagases [6]. Le « siège neigeux de l'Olympe » [7] ne se confond pas avec le grand ciel, habi-

---

1. *Argon.*, I, v. 510-511.
2. *Argon.*, IV, v. 95: ...Ζεὺς... Ὀλύμπιος.
3. *Argon.*, III, v. 159: ...πύλας... οὐλύμποιο αἰθερίας.
4. *Argon.*, III, v. 158-166.
5. *Argon.*, I, v. 504. — Il est difficile de décider si c'est sur l'Olympe de Thessalie ou dans l'Olympe céleste qu'Apollonios place la demeure de Cronos. Cf. *Argon.*, II, v. 1232.
6. *Argon.*, I, v. 598.
7. *Argon.*, I, v. 1099.

tation de Zeus, où Rhéa pénètre quand elle vient des montagnes [1]. C'est ce grand ciel, ou Olympe céleste, qui est la demeure de Zeus et des dieux qui l'entourent [2]. On voit combien cette conception diffère de celle des poèmes homériques où l'Olympe, « que l'on ne saurait confondre avec le ciel, ainsi que l'a fait judicieusement remarquer Völcker, sert aux dieux de lieu de repos; » de cet Olympe ils peuvent « s'élever vers les espaces éthérés, en passant par une ouverture qui met en communication le ciel et la montagne » [3].

Dans les *Argonautiques*, l'Olympe est considéré comme un vaste domaine où se trouvent des prairies fleuries [4], des plaines abondantes en fruits [5], et où s'élèvent, non seulement les demeures de Zeus, mais aussi celles des autres dieux, suivant la tradition de l'*Iliade*. Tout au moins Apollonios fait-il une mention spéciale de la grande maison qu'Héphaistos a construite à son épouse Cypris [6].

Zeus a Héra pour femme légitime [7]; c'est la légende universellement admise. Il a eu beaucoup d'autres épouses divines ou mortelles : mais Apollonios ne fait que de simples allusions aux récits bien connus qui ont trait aux amours du dieu.

Léda a partagé la couche de Zeus [8]; elle lui a donné Pollux [9], le fils Thérapnaïen de Zeus [10], et Castor [11], qui

---

1. *Argon.*, I, v. 1100.
2. *Argon.*, II, v. 300 et 603; III, v. 113 et 1358; IV, v. 770 et 781.
3. Maury, *Hist. Relig.*, t. I, p. 260-261.
4. *Argon.*, III, v. 114.
5. *Argon.*, III, v. 158.
6. *Argon.*, III, v. 36 et suiv.
7. *Argon.*, I, v. 997, et IV, v. 1152 : Ἥρη, Ζηνὸς ἄκοιτις; III, v. 922, et IV, v. 959 : Διὸς δάμαρ; IV, v. 96 : Διὸς εὐνέτις; IV, v. 382 : Διὸς... ἄκοιτις; IV, v. 753, et 967 : Διὸς... ἄλοχος.
8. *Argon.*, I, v. 150.
9. *Argon.*, II, v. 43.
10. *Argon.*, II, v. 163.
11. *Argon.*, IV, v. 650 : ...κούρων Ζηνὸς. — C'est-à-dire les *Dioscures* (Διόσκουροι), comme le fait observer la scolie à ce vers.

sera chargé avec son frère de veiller sur les navires des hommes. « C'est dans le palais de Tyndare que Léda eut d'un seul enfantement ces deux fils bien-aimés [1]. » Voilà pourquoi Apollonios donne souvent à Castor et à Pollux le nom de Tyndarides [2] : il les appelle même expressément *les deux fils de Tyndare* [3]; mais le poète des *Argonautiques* ne semble pas hésiter entre les diverses légendes qui faisaient de Tyndare le père de Castor et de Pollux [4], ou de Castor seul, Pollux étant le fils de Zeus et de Léda qui se serait unie la même nuit à son mari et au dieu [5]. Il suit la tradition qui se trouve déjà dans l'*Hymne homérique* [6], et qui semble celle de l'école d'Alexandrie, puisque, avant Apollonios, Théocrite l'a adoptée dans l'*Idylle* 7 que le poète des *Argonautiques* imite quand il raconte l'épisode de Pollux et d'Amycos : Tyndarides de nom, Castor et Pollux sont, en réalité, les Dioscures, dans l'épopée d'Apollonios comme dans l'idylle de Théocrite.

Celui-ci rappelle [8], après l'auteur de l'*Hymne homérique* [9], comment les Dioscures, dieux bienveillants de la mer, se montrent secourables aux marins mis en danger par la tempête [10]. Apollonios rattache l'origine de cette légende au souvenir du service rendu par les Dioscures aux Argonautes, leurs compagnons, sur le premier vaisseau qui ait parcouru les mers : « La voix [d'Argo] ordonnait à Pollux et à Castor de supplier les dieux immortels... Les Tyndarides se levèrent, et, tendant les mains vers les immortels, ils firent toutes les

---

[1]. *Argon.*, I, v. 148-149.
[2]. *Argon.*, I, v. 1045; II, v. 30, 41, 74, 798, 806; III, v. 1315; IV, v. 593.
[3]. *Argon.*, III, v. 517 : ...υἷες Τυνδαρέοιο.
[4]. *Odyssée*, XI, v. 298-305.
[5]. Pindare, *Néméennes*, X, v. 80.
[6]. *Hymne homérique* XXXIII (Didot).
[7]. *Idyll.*, XXII, v. 1.
[8]. *Idyll.*, XXII, v. 8-22.
[9]. *Hymne homérique* XXXIII (Didot), v. 6-16.
[10]. Decharme, *Mythol.*, p. 656; Preller, *Griech. Mythol.*, zweiter Band, p. 104-105.

prières qui avaient été indiquées... [Les Argonautes] arrivèrent aux îles Stoichades, sains et saufs, grâce aux fils de Zeus : c'est pourquoi des autels ont été élevés et des cérémonies sacrées instituées en leur honneur d'une manière stable ; ce n'est pas seulement cette expédition qu'ils devaient accompagner pour lui porter secours, mais Zeus leur confia aussi les navires des hommes qui sont nés dans la suite [1]. »

Apollonios rattache aussi à l'expédition des Argonautes les légendes qui concernent le culte de Pollux en Laconie et dans le pays des Mariandyniens. Les Argonautes ont chanté la victoire du fils Thérapnaïen de Zeus sur Amycos [2] : le sanctuaire principal de Pollux en Laconie se trouvait, en effet, à Thérapné ou Thérapnai [3]. C'est aussi le vainqueur d'Amycos que Lycos et les Mariandyniens, longtemps opprimés par les Bébryces, entourent d'honneurs, « lui faisant accueil comme à un dieu [4]. » Lycos traitera comme des dieux les Tyndarides, et surtout Pollux : « Aux Tyndarides en particulier, je construirai sur le cap Achérousis un temple élevé, un temple que, de très loin en mer, tous les matelots apercevront et auquel ils adresseront des prières. De plus, je leur consacrerai devant la ville, comme on fait pour les dieux, les fertiles sillons d'un champ bien labouré [5]. » Le Scoliaste et les auteurs anciens ne disent rien de ce temple élevé aux Dioscures sur le cap Achérousis. Mais comme le Scoliaste [6] dit qu'Apollonios emprunte au livre I de l'ouvrage de Nymphis sur Héraclée tous les détails de la description du cap Achérousis, voisin d'Héraclée, il est permis de supposer que Nymphis

---

1. *Argon.*, IV, v. 588-589 ; v. 592-594 ; v. 650-653.
2. *Argon.*, II, v. 163.
3. Pausanias, III, 20, 1.
4. *Argon.*, II, v. 756.
5. *Argon.*, II, v. 806-810.
6. Scol. *Argon.*, II, v. 729.

parlait aussi de ce temple qui doit avoir été élevé à une époque où les Dioscures étaient déjà considérés comme les protecteurs des matelots. Apollonios commet, en effet, ici un anachronisme : que Lycos dédie un temple à ce Pollux homérique « habile au pugilat »[1], qui l'a délivré d'Amycos, rien d'étonnant : mais comment peut-il, en élevant un temple auquel les matelots adresseront leurs prières, prévoir que Zeus doit faire, à la fin du voyage, les Dioscures protecteurs des marins en danger ?

Apollonios ne parle pas des autres épouses de Zeus et il ne donne aucun renseignement sur les nombreux enfants que le dieu a eus de ces diverses unions.

Dans les *Argonautiques*, où il n'est rien dit d'Alcmène, Héraclès est le fils de Zeus[2] : c'est la tradition commune, qui se trouve déjà dans le XIe Chant de l'*Odyssée*[3].

Athéné est la fille de Zeus[4], née de la tête de son père[5] : tradition homérique déjà indiquée dans l'*Iliade*[6], et complétée dans l'*Hymne* à Athéné[7].

Dionysos est le fils Nyséien de Zeus[8]. Apollonios ne dit rien de Sémélé, mais il rappelle la naissance du dieu enfant, arraché aux flammes qui consumaient la demeure de sa mère[9]. La tradition homérique faisait de Dionysos le fils de Zeus et de Sémélé[10] : mais Homère ne parlait ni de la mort de la fille de Cadmos, consumée par la foudre, ni de la double naissance de Dionysos « recueilli par son père céleste Zeus, qui l'enferme et le coud dans sa cuisse, où doit s'achever la gestation, jusqu'au moment où l'enfant divin, venu à terme, verra

---

1. *Iliad.*, III, v. 237 : ...πὺξ ἀγαθὸν Πολυδεύκεα.
2. *Argon.*, I, v. 1188.
3. *Odyssée*, XI, v. 266-268.
4. *Argon.*, II, v. 547 : ...κούρη Διός ; III, v. 11 : ...θύγατερ Διός.
5. *Argon.*, IV, v. 1310.
6. *Iliad.*, V, v. 880 : ...αὐτὸς ἐγείναο.
7. *Hymne homérique*, XXVIII (Didot).
8. *Argon.*, II, v. 905 ; IV, v. 1134.
9. *Argon.*, IV, v. 1137.
10. *Iliad.*, XIV, v. 325.

le jour pour la seconde fois »[1]. Apollonios ne parle pas non plus de cette double naissance : dans les *Argonautiques*, Dionysos, dès le moment où sa mère est morte, est confié à la Nymphe Macris qui doit l'élever[2].

Conformément aux traditions homériques, le Zeus d'Apollonios a donné naissance à Artémis[3], à la Muse[4], à Aiacos[5]; il est enfin considéré comme le père des anciens héros en général[6].

Apollonios a raconté les amours de Cronos et de Philyra : il rappelle aussi quelques aventures ou tentatives amoureuses de Zeus.

Le Cronide a donné à Europé, pour qu'il fût le gardien de la Crète, le géant Talos qui, de ses pieds d'airain, faisait trois fois chaque jour le tour de l'île[7]. Si Apollonios est, à notre connaissance, le seul auteur qui rapporte que Talos ait été préposé à la garde de l'île où Europé demeurait, l'*Iliade*[8] raconte déjà que la fille de Phoinix, aimée par Zeus, avait eu de lui deux fils, Minos et Rhadamanthe.

Les *Argonautiques* indiquent discrètement que Zeus avait autrefois établi Ganymède dans le ciel et en avait fait le convive des immortels, car il était passionné pour sa beauté[9] : cet épisode de Ganymède enlevé par Zeus se trouve déjà dans l'*Iliade*[10].

Mais ce n'est pas aux poèmes homériques, c'est sans doute aux *Isthmiques* de Pindare[11] qu'Apollonios em-

---

1. Decharme, *Mythol.*, p. 435.
2. *Argon.*, IV, v. 1134 et suiv.
3. *Argon.*, IV, v. 334; *Iliad.*, XXI, v. 505-506.
4. *Argon.*, IV, v. 2; *Iliad.*, II, v. 491; *Odyssée*, I, v. 10; VIII, v. 488.
5. *Argon.*, III, v. 364; *Iliad.*, XXI, v. 189.
6. *Argon.*, III, v. 920.
7. *Argon.*, IV, v. 1643-1644.
8. *Iliad.*, XIV, v. 321.
9. *Argon.*, III, v. 115-117.
10. *Iliad.*, V, v. 266. — La même légende est racontée autrement dans le Chant XX de l'*Iliade* (v. 234 et suiv.), où il est dit que Ganymède fut enlevé par les dieux pour qu'il servît d'échanson à Zeus.
11. Voir, plus haut, l. I, ch. IV, p. 84.

prunte la légende de la passion malheureuse de Zeus pour Thétis. D'après Pindare, Zeus et Poseidon se disputaient la possession de la Néréide; mais, Thémis leur ayant appris que le fils de Thétis serait plus puissant que son père, les deux immortels décidèrent que la déesse marine épouserait un homme. Apollonios modifie cette légende, ou plutôt il la fait modifier par Héra, dont le récit est peut-être sujet à caution.

La femme de Zeus rappelle, en effet, que Thétis, sa protégée, pleine de respect pour elle, a refusé d'entrer dans le lit du dieu qui le désirait. Le Cronide a juré qu'elle ne serait jamais la compagne d'un dieu immortel, et cependant il n'a pas cessé de tourner ses regards vers elle et malgré elle, jusqu'au jour où la vénérable Thémis lui a prédit que la Néréide enfanterait un fils supérieur à son père. Alors, quoique enflammé de désirs, il a renoncé à Thétis, car il voulait garder pour lui-même sa puissance à jamais [1]. — Tel est le rôle ridicule et honteux qu'Héra attribue à Zeus : le dieu violerait bien son serment; s'il y reste fidèle, c'est par crainte de perdre le pouvoir.

La conduite de Zeus est encore plus grotesque dans l'épisode de Sinopé : la jeune fille le joue comme un barbon de comédie amoureux : « Désirant la posséder, il lui avait promis de lui donner ce qu'elle souhaiterait dans son cœur : elle lui demanda, pleine d'astuce, de conserver sa virginité. Par un semblable artifice, elle trompa Apollon, qui désirait s'unir à elle, et, après eux, le fleuve Halys. Et aucun homme ne put la dompter dans des enlacements voluptueux [2]. »

Cette légende, qui semble appartenir au drame satyrique, doit être de date récente, comme l'aventure de Cronos et de Philyra : nous ne la connaissons que par les *Argonautiques*, et elle est en désaccord avec

1. *Argon.*, IV, v. 793-804.
2. *Argon.*, II, v. 949-954.

les traditions ordinaires qui ne parlent pas des tentatives de Zeus et du fleuve Halys sur Sinopé, et qui rapportent simplement que la jeune fille, enlevée par Apollon, lui enfanta Syros, de qui les Syriens descendent [1]. — Tels sont les rapports de Zeus avec les déesses ou les femmes mortelles.

II

Dans l'épopée d'Apollonios, bien plus encore que dans celles d'Homère, le Cronide est considéré comme le dieu de tous les phénomènes atmosphériques.

Le tonnerre, la foudre et l'éclair sont les insignes qui font sa gloire [2]; il les doit aux Cyclopes [3]: il a les attributs du dieu homérique qui se réjouit de la foudre [4]. L'éclair appartient à Zeus [5], et c'est par le fracas de son tonnerre que le dieu manifeste ses volontés aux hommes [6].

Zeus est le dieu qui répand la pluie [7]. C'est à ce titre qu'il envoie une pluie immense au moment du naufrage des fils de Phrixos [8], qu'il accable de pluies désastreuses les plantes des pépinières [9] et que, d'autre part, il s'abstient de faire tomber la rosée de la pluie sur le sol de l'Égypte fécondé suffisamment par les inondations du Nil [10]. La conception vulgaire de Zeus, dieu

---

1. Scol. *Argon.*, II, v. 946. — Voir les notes de ma traduction à ce vers.
2. *Argon.*, I, v. 511.
3. *Argon.*, I, v. 510. Cf. v. 730-734.
4. *Iliad.*, I, v. 419 : ...Διὶ τερπικεραύνῳ; *Odyssée*, XIV, v. 268 : ...Ζεὺς τερπικέραυνος, etc.
5. *Argon.*, IV, v. 185.
6. *Argon.*, IV, v. 520.
7. *Argon.*, II, v. 522. — Cf. la note de ma traduction à ce vers.
8. *Argon.*, II, v. 1120.
9. *Argon.*, III, v. 1399.
10. *Argon.*, IV, v. 274.

de la pluie, justifiée par l'expression proverbiale Ζεὺς ὕει et par la prière bien connue des Athéniens, ὗσον, ὗσον, ὦ φίλε Ζεῦ [1], ne semble pas exister encore d'une manière précise dans les œuvres homériques, où l'on trouve bien la formule Ζεὺς ὕε [2], mais où l'on chercherait en vain les épithètes ἰκμαῖος, ὄμβριος, ὑέτιος, etc., attribuées ailleurs à Zeus [3].

Le Zeus homérique était aussi le maître des vents, celui qui envoie la brise aux vaisseaux [4], qui excite les tempêtes [5], et de qui seul Aiolos tient sa puissance [6].

La subordination d'Aiolos à Zeus n'est pas indiquée nettement dans les *Argonautiques*. Pour Apollonios, comme pour Homère, l'Hippotade [7] Aiolos semble un dieu indépendant. Il a reçu son pouvoir de Zeus, mais il n'a pas à lui rendre compte de la manière dont il l'exerce. « Il commande aux vents nés de la région supérieure de l'air [8]. » C'est par déférence pour un désir d'Héra, et non par soumission aux ordres de Zeus, qu'il arrête tous les souffles dans l'espace jusqu'au moment où les Argonautes seront arrivés à l'île Phaiacienne d'Alcinoos [9]. Mais l'autorité de ce maître des vents est bien précaire : c'est sans avoir recours à lui que le dieu suprême, Zeus, envoie aux Argonautes une brise favorable [10], qu'il fait souffler le vent Argestès, pour entraîner Argo loin du rivage où s'arment les Amazones ennemies [11], qu'il excite l'impétuosité du vent Borée, dont la violence causera le naufrage des fils de Phrixos [12].

---

1. Marc-Aurèle : Εἰς ἑαυτόν, V, 7. — Cf. Preller, *Griech. Mythol.*, erster Band, p. 95, n. 2.
2. *Iliad.*, XII, v. 25; *Odyssée*, XIV, v. 457. Cf. *Iliad.*, X, v. 5.
3. Voir, pour ces épithètes, Bruchmann, *Epitheta deorum*, p. 129, 136, 141.
4. *Odyssée*, V, v. 176.
5. *Iliad.*, XII, v. 253; XIII, v. 796; XVI, v. 365.
6. *Odyssée*, X, v. 21.
7. *Odyssée*, X, v. 2 et 36; *Argon.*, IV, v. 778, 819-820.
8. *Argon.*, IV, v. 765.
9. *Argon.*, IV, v. 766-769; v. 819-822.
10. *Argon.*, IV, v. 1223-1224.
11. *Argon.*, II, v. 993-994.
12. *Argon.*, II, v. 1098.

« Les quatre vents principaux, les seuls qu'Homère connaisse [1], » c'est-à-dire le Borée, le Notos, l'Euros et le Zéphyre, obéissent aussi, sans doute, au Zeus d'Apollonios. Mais, dans les *Argonautiques*, il n'est pas question de l'Euros. Par contre, le poète parle de l'Argestès, vent inconnu à Homère, pour qui le mot ἀργεστής, *celui qui amasse les nuages blancs* [2], est une simple épithète du Notos, vent du Sud-Ouest. Le Scoliaste assimile l'Argestès au Zéphyre, qui est le vent d'Ouest en général : mais, dans le passage à propos duquel le Scoliaste fait cette assimilation [3], il est évidemment question du vent du Nord-Ouest. Ailleurs [4], le mot ἀργεστής n'est plus pour Apollonios le nom propre d'un vent particulier : c'est, conformément à la tradition homérique, une épithète du Notos.

Maître suprême des vents qui existent, Zeus peut en faire naître de nouveaux. C'est ainsi que « les vents Étésiens envoyés par Zeus rafraîchissent la terre de leur souffle pendant quarante jours » [5]. Les vents Étésiens étaient inconnus à l'époque homérique : Apollonios prend occasion de la mention qu'il doit en faire pour raconter tout au long l'histoire légendaire de leur origine : « Voici par quel ordre de Zeus ces vents soufflent à la fois sur toute la terre... [6]. » Laissant de côté toute l'histoire d'Aristée, je me borne à mentionner ici son intervention auprès de Zeus : appelé par les habitants des Cyclades dont les îles sont brûlées par les ardeurs de Seirios, Aristée arrive à Céos. « Il éleva un grand autel à Zeus qui répand la pluie ; et il célébra sur les montagnes des sacrifices en l'honneur de cet astre Seirios et de Zeus lui-même, fils de Cronos.

---

1. Decharme, *Mythol.*, p. 279.
2. *Iliad.*, XI, v. 306 ; XXI, v. 334.
3. *Argon.*, II, v. 961.
4. *Argon.*, IV, v. 1628.
5. *Argon.*, II, v. 524-526.
6. *Argon.*, II, v. 499.

C'est grâce à ces cérémonies que les vents Étésiens, envoyés par Zeus, rafraîchissent la terre de leur souffle pendant quarante jours. Et, maintenant encore, à Céos, les prêtres sacrifient des victimes un peu avant le lever de la constellation du Chien [1]. »

Seirios, — « dont la poésie homérique ne connaît pas encore le nom, mais dont elle célèbre le lumineux éclat qu'elle compare à l'armure étincelante d'Achille ou de Diomède [2], » — Seirios représente le chien du chasseur Orion : c'est la plus brillante des étoiles fixes, qui apparaît dans le crépuscule du matin, au plus fort de l'été, alors que les chiens deviennent enragés. Symbole de tous les effets funestes de la canicule, Seirios est aussi dangereux que brillant : c'est à cette étoile qu'Apollonios compare Jason, dont la vue charme Médée et doit aussi lui causer bien des peines. Le héros apparaît aux yeux de la jeune fille « tel que Seirios s'élève de l'Océan : il est beau, sans doute, et resplendissant ; mais il amène bien souvent pour les troupeaux des misères affreuses » [3]. D'ailleurs, la constellation tout entière d'Orion, à laquelle Seirios appartient, n'a que des effets malfaisants. Le poète parle des « tempêtes excitées par le déclin du funeste Orion » [4]. Zeus, le maître équitable des phénomènes atmosphériques, tempère à son gré les ardeurs malfaisantes du ciel d'été ; dieu de l'humidité, il fait souffler pendant quarante jours les vents Étésiens qui rafraîchissent la terre, au moment où la constellation du Chien va se lever. En attribuant à la volonté du dieu l'origine des vents Étésiens, Apollonios s'inspire d'une tradition locale de Céos, où Aristée était confondu avec Zeus Aristaios [5]. Sur les monnaies de cette île, « on

---

1. *Argon.*, II, v. 522-527.
2. Decharme, *Mythol.*, p. 250.
3. *Argon.*, III, v. 957-959.
4. *Argon.*, I, v. 1202.
5. Decharme, *Mythol.*, p. 251.

voit à la fois la tête d'Aristée et l'image de Seirios, sous la forme d'un chien couronné de rayons[1]. »

Maître des vents réguliers et créateur des brises bienfaisantes, Zeus est aussi le dieu qui dirige à son gré les souffles pernicieux des tempêtes.

Les Harpyes, « dont le caractère n'a guère varié depuis Homère jusqu'aux derniers temps de la religion grecque[2], » sont, dans les *Argonautiques*, les « chiennes du grand Zeus »[3]. Il n'est pas permis de les tuer, car le dieu les suscite quand il lui plaît, et c'est à lui seul qu'il appartient d'arrêter leurs ravages. Monstres ailés au corps d'oiseau, du haut des nuages leur vol rapide les précipite vers Phinée à qui elles viennent, à coups de bec, arracher les aliments de la bouche et des mains. « Sur les restes de nourriture qu'elles lui abandonnent, elles répandent une odeur si infecte que personne n'eût supporté, non seulement de les approcher de la bouche, mais même de s'en tenir à quelque distance[4]... Aucun mortel ne pourrait s'en approcher de près, pas même l'homme dont le cœur serait cuirassé de l'acier le plus dur[5]. » Emportées par leurs ailes puissantes, « elles font irruption de quelque repaire funeste et mystérieux[6]. » Les Argonautes les voient, « tels de funestes ouragans ou des éclairs, se précipiter à l'improviste, s'élancer des nuages, poussant des cris aigus, avides de nourriture[7]. » Apollonios ne dit pas le nom des Harpyes et n'en fixe pas le nombre : la description qu'il en fait ne permet pas de se représenter les monstres ravisseurs plutôt avec cet « aspect d'oiseaux de proie à buste de femme »[8]

---

1. Decharme, *Mythol.*, p. 251.
2. Decharme, *Mythol.*, p. 279.
3. *Argon.*, II, v. 289.
4. *Argon.*, II, v. 191-193.
5. *Argon.*, II, v. 230-231.
6. *Argon.*, II, v. 224.
7. *Argon.*, II, v. 267-269.
8. Collignon, *Mythol. figurée*, p. 287.

qu'elles ont dans les monuments anciens, qu'avec le type purement humain « de deux femmes ailées emportées par une course rapide »[1] que les vases peints leur attribuent plus tard.

Quoi qu'il en soit, les Harpyes d'Apollonios représentent bien l'« image sensible des effets désastreux de l'ouragan qui détruit les moissons, arrache les fruits, nourriture des humains, qui les altère et les corrompt en les noyant dans des torrents de pluie »[2]. Zeus, qui règle l'ordre physique du monde, peut seul arrêter les ouragans; c'est lui qui les fait balayer par les vents du Nord : « Ces Harpyes, la parole divine déclare que les fils de Borée les chasseront[3]. »

Il est très souvent question, dans les *Argonautiques*, du vent Borée qui empêche les Argonautes de quitter Lemnos[4], qui soulève des tempêtes au-dessus du cap Carambis[5], qui, excité par Zeus, cause le naufrage des fils de Phrixos[6], et lance les Argonautes au fond de la Syrte[7]. Le Borée souffle principalement dans le pays qui est baigné par l'Ister[8] : au delà de ce pays, dans les monts Riphées où murmurent les sources du fleuve, se trouve la région de ces Hyperboréens mythiques dont il y aura lieu de s'occuper à propos d'Apollon qui est leur protecteur et l'objet de leur culte.

Mais, si, dans les *Argonautiques*, il est plusieurs fois parlé du vent Borée, on n'y trouve aucune mention du dieu qui est la personnification de ce vent. Le poète se contente de rappeler, à propos de Zétès et de Calaïs, la légende attique de l'enlèvement d'Oréithyia

---

1. Collignon, *ouvr. cité*, p. 288.
2. Decharme, *Mythol.*, p. 279.
3. *Argon.*, II, v. 234-235.
4. *Argon.*, I, v. 652.
5. *Argon.*, II, v. 362.
6. *Argon.*, II, v. 1098.
7. *Argon.*, IV, v. 1232.
8. *Argon.*, IV, v. 286.

par Borée : « Les fils de Borée vinrent aussi, eux qu'autrefois l'Érechthéide Oréithyia enfanta à Borée au fond de la Thrace, où l'hiver est rigoureux. C'est là que le Thrace Borée l'avait enlevée, loin de Cécropie, alors qu'elle tournait dans un chœur de danse auprès de l'Ilissos. Il l'amena bien loin, au lieu que l'on appelle le rocher de Sarpédon, près du cours du fleuve Erginos. C'est là qu'il la posséda, après l'avoir cachée dans les nuages sombres [1]. » Ce mythe était populaire en Attique [2]. Si Apollonios ne fait jouer aucun rôle à Borée, considéré comme dieu personnifié du vent du Nord, il donne une grande importance à Zétès et à Calaïs, fils du dieu de Thrace et d'Oréithyia, et Argonautes tous les deux. Ces héros, qui représentent le vent du Nord victorieux des tempêtes malsaines, doivent chasser les Harpyes, suivant la volonté de Zeus. Apollonios décrit Zétès et Calaïs, d'après la tradition des monuments figurés : « Ils agitaient au talon des ailes noires, — c'était grande merveille de les voir! — des ailes noires où brillaient des écailles d'or. Venant du haut de la tête, entourant leurs épaules, et tombant de tous côtés sur leur cou, leur chevelure azurée flottait avec le vent [3]. » Les fils de Borée, qui tiennent la place de leur père, ont reçu de Zeus le pouvoir de chasser les Harpyes qui tourmentent Phinée, le mari de leur sœur Cleiopâtré [4]. Mais ils n'ont pas le droit de détruire les chiennes de Zeus [5]. Ils les poursuivent jusqu'aux îles Strophades : vaincues, les Harpyes s'enfoncent dans une caverne de la Crète [6]; les souffles du Nord ont chassé les ouragans malfaisants jusqu'aux limites extrêmes du monde hellénique,

---

1. *Argon.*, I, v. 211-218.
2. Decharme, *Mythol.*, p. 562-563.
3. *Argon.*, I, v. 219-223. — Cf. *Revue critique*, 2 mai 1892, p. 342, l. 39 et suiv. de l'article de A. Cartault sur ma traduction des *Argonautiques*.
4. *Argon.*, II, v. 238-239.
5. *Argon.*, II, v. 288-289.
6. *Argon.*, II, v. 298-299. — Voir mes notes aux v. 296 et 299 du Ch. II.

vers le Midi. Mais ils ne les ont pas détruits : ce sont, au contraire, les Boréades qui, après avoir fait avec les Argonautes toute l'expédition où ils ont mis, mais en vain, la rapidité de leurs ailes au service de leurs compagnons pour rejoindre Héraclès entrevu au loin dans les plaines de la Libye [1], ce sont eux qui doivent mourir dans l'île de Ténos [2], tués par Héraclès. « Au retour des combats célébrés pour les funérailles de Pélias, ils furent tués par Héraclès dans Ténos que la mer entoure ; il entassa de la terre autour de leurs cadavres, et éleva au-dessus deux colonnes, dont l'une — miracle surprenant aux yeux des hommes ! — se meut au souffle du retentissant Borée. » Les fils mortels du vent du Nord, à qui la puissance de leur père a été déléguée par Zeus pour la lutte contre les Harpyes, sont tués par Héraclès, le dieu solaire : mais Borée lui-même est immortel, comme les Harpyes.

En effet, Zeus ne veut pas la mort des déesses de l'ouragan ; il promet seulement qu'elles ne reviendront plus tourmenter Phinée : ou, pour mieux dire, c'est Iris qui fait cette promesse au nom du dieu : « Moi-même, je vais vous faire ce serment qu'elles ne reviendront plus toucher cet homme... Ayant ainsi parlé, elle jura par l'eau du Styx, très redoutée et très vénérée de tous les dieux, que jamais à l'avenir elles ne s'approcheraient plus des demeures de l'Agénoride Phinée [3]. »

Iris parle au nom de Zeus qui ne parle jamais lui-même dans les *Argonautiques;* c'est par procuration qu'elle prête serment en invoquant le Styx : si elle agissait pour elle-même, une déesse secondaire comme Iris n'oserait pas jurer par le Styx, « ce qui est le plus grand et le plus terrible des serments pour les

---

1. *Argon.*, IV, v. 1461-1484.
2. *Argon.*, I, v. 1300-1308.
3. *Argon.*, II, v. 289-294.

dieux bienheureux [1] ». Le Scoliaste dit que, d'après Hésiode, c'est Hermès qui arrêta les Boréades : il ajoute qu'Apollonios a raison de faire intervenir Iris, puisqu'elle est la sœur des Harpyes [2]. Nous ne connaissons pas le passage d'Hésiode où il était question de la chasse donnée aux Harpyes par les Boréades ; mais la *Théogonie* [3] nous apprend que de Thaumas, second fils de Pontos, et de l'Océanide Électré *(la brillante)*, sont nées les deux Harpyes *(vents violents)*, Aello *(le souffle de l'ouragan)*, Ocypété *(la tempête impétueuse)*, et Iris *(l'arc-en-ciel)*, qui paraît après l'orage [4].

C'est par la même volonté de Zeus que les tempêtes se déchaînent et que l'arc-en-ciel resplendit après l'orage dont il marque la fin. En faisant d'Hermès le messager de Zeus auprès des Harpyes, Hésiode suit ou peut-être inaugure une tradition qui sera de plus en plus populaire chez les poètes posthomériques : en toute occasion, Hermès sera le messager ordinaire de Zeus, tandis qu'Iris sera considérée comme la messagère divine attachée spécialement au service d'Héra [5]. Sans doute, dans l'*Iliade*, comme dans les *Argonautiques* [6], d'ailleurs, Héra envoie Iris en mission auprès des dieux ou même des hommes. Mais c'est parfois d'après l'ordre de Zeus que l'Héra de l'*Iliade* fait porter des messages par Iris [7] : la déesse ne sert alors que d'intermédiaire entre le maître de l'Olympe et la messagère des dieux immortels [8]. C'est à partir de

---

1. *Odyssée*, V, v. 186 ; Cf. *Iliad.*, II, v. 755. — Il n'est pas question ailleurs, dans les *Argonautiques*, du fameux serment par le Styx. — Voir, plus haut, l. I, ch. II, p. 29.
2. Scol. *Argon.*, II, v. 286 et 297.
3. *Théogon.*, v. 265 et suiv.
4. Celaeno *(la nuée obscure)* n'est pas mentionnée dans la *Théogonie*. C'est postérieurement à l'époque d'Hésiode qu'elle sera « placée à la tête du chœur hideux des Harpyes ». Cf. Decharme, *Mythol.*, p. 279.
5. Preller, *Griech. Mythol.*, erster Band, p. 410, n. 4.
6. *Argon.*, IV, v. 757 et suiv.
7. *Iliad.*, XV, v. 55 et 144.
8. *Iliad.*, XV, v. 144 : Ἶρίν θ', ἥτε θεοῖσι μετ' ἄγγελος ἀθανάτοισιν.

l'*Odyssée*, où Iris ne joue plus aucun rôle, qu'Hermès devient le messager en titre de Zeus, le Διὸς ἄγγελος ¹. Chez les tragiques, Hermès est, soit le *courrier de Zeus* ², soit le *serviteur des divinités* ³. Dans les *Argonautiques*, Hermès est bien le messager de Zeus, comme dans l'*Odyssée*. Mais Apollonios fait, semble-t-il, accomplir spécialement par Hermès les messages de Zeus considéré comme le conservateur de l'ordre moral : c'est lui que le dieu envoie à Aiétès pour ordonner au roi des Colchiens de se montrer l'hôte bienveillant de Phrixos ⁴ ; c'est Hermès aussi qu'il envoie à Phrixos lui-même pour lui ordonner de sacrifier le bélier d'or ⁵. La déesse Iris, éponyme de l'arc-en-ciel ⁶, est chargée des messages de Zeus régulateur de l'ordre physique de l'univers. L'*Iliade* parle des « arcs-en-ciel que le Cronide a fixés dans la nuée, présage effrayant pour les hommes à la voix articulée » ⁷. Je traduis le mot τέρας ⁸ par *présage effrayant*, car un autre passage de l'*Iliade* montre bien que, dans les idées homériques, l'arc-en-ciel était regardé comme un signe funeste : « Tel l'arc brillant que, du haut du ciel, Zeus déploie aux yeux des mortels, pour être le présage effrayant de la guerre ou de la tempête glaciale qui fait abandonner aux hommes les travaux de la terre et qui inquiète les troupeaux... ⁹. » En effet, Preller ¹⁰

---

1. *Odyssée*, V, v. 28-29.
2. Eschyle, *Prométhée enchaîné*, v. 941 : ...Διὸς τρόχιν.
3. Euripide, *Ion*, v. 4 : ...Μαῖαν, ἥ 'μ' ἐγείνατο Ἑρμῆν μεγίστῳ Ζηνὶ, δαιμόνων λάτριν. Hermès dit bien que Maia l'a enfanté au très grand Zeus pour qu'il fût le serviteur des dieux. — C'est donc par erreur, semble-t-il, que Preller (*Griech. Mythol.*, erster Band, p. 326, n. 4) écrit : « [Hermes] Διὸς λάτρις, b. Eurip. *Ion*, 4. »
4. *Argon.*, III, v. 587-588.
5. *Argon.*, IV, v. 119-121.
6. *Iliad.*, XVII, v. 547. — Voir l'article *Iris* de Max. Mayer dans le *Lexicon* de Roscher, *der Regenbogen*, II, p. 320.
7. *Iliad.*, XI, v. 27 et suiv.
8. *Iliad.*, XI, v. 28 : ...τέρας μερόπων ἀνθρώπων.
9. *Iliad.*, XVII, v. 547-550.
10. Preller, *Griech. Mythol.*, erster Band, p. 410. Dans la note 3 à la p. 410, Preller cite « Ἔριδας τὰς ἐν οὐρανῷ ἴριδας ἀττικῶς, Hesych. ».

le remarque : Iris est une messagère de querelle. Elle est, dit M. Decharme [1], « plus spécialement attachée au service d'Héra, la déesse querelleuse qui trouble le ciel. » Dans les *Argonautiques*, Iris n'est jamais, une messagère de querelle : son intervention dans l'épisode des Harpyes montre bien que, présage de malheur à l'époque homérique, l'arc-en-ciel est considéré par Apollonios comme une promesse faite au nom de Zeus même que l'ordre physique du monde ne sera plus troublé par les tempêtes.

Nulle part, à ma connaissance, dans la littérature grecque, l'arc-en-ciel n'est donné comme une promesse de paix dans le ciel [2]. C'est dans la *Genèse* que le rédacteur élohiste parle de l'arc de la nuée qui sera le signe de l'alliance promise par Élohim à son serviteur Noah. Le dieu des Juifs se rappelle, en voyant l'arc qu'il a placé lui-même dans les nuages, « qu'aucune chair ne sera plus détruite par les eaux du déluge, et qu'il n'y aura plus de déluge pour perdre la terre [3]. » La traduction des Septante avait été rédigée à Alexandrie avant la date où les *Argonautiques* furent composées : il semble probable qu'Apollonios a eu connaissance de la version grecque de la *Bible*, et qu'en faisant d'Iris, déesse éponyme de l'arc-en-ciel, l'interprète des promesses de Zeus au sujet de Phinée, il songeait à l'arc placé dans la nuée par l'Élohim des Juifs.

---

1. Decharme, *Mythol.*, p. 221. — M. Decharme a tort de citer, à l'appui de cette assertion (p. 221, n. 1), « Apollon. *Argon.*, II, 228, 432 » : ces vers appartiennent justement à l'épisode qui nous occupe, et où, on l'a vu, Iris est la messagère de Zeus et non d'Héra.

2. Cf. Servius, *ad Aen.*, V, v. 606 : *...Iris ad discordiam mittatur : unde Iris dicta est quasi* Ἔρις. — IX, v. 2 : *Iris quasi* Ἔρις *dicta est. Nunquam enim ad conciliationem mittitur, sicut Mercurius, sed ad disturbationem.* Dans l'article *Iris* déjà cité, Max. Mayer (*Iris und die Feuchtigkeit*, p. 321) rapporte un certain nombre de passages d'auteurs grecs où Iris est une messagère qui annonce la pluie ou la tempête. Il ne fait pas allusion aux vers des *Argonautiques* et n'indique aucune œuvre littéraire où l'apparition d'Iris présage le beau temps ou la paix.

3. Ledrain, traduction française de la *Bible*, Paris, 1887, t. III, p. 27.

III

Conservateur du monde physique, Zeus est l'arbitre souverain du monde moral. Maître des dieux, s'il ne se mêle pas, comme dans les poèmes homériques, à la foule de ceux qu'il gouverne, il s'occupe cependant de leurs affaires privées : c'est de sa main qu'Héphaistos a reçu Cypris pour épouse [1]. Mais il reste caché dans quelque sanctuaire de l'Olympe, tout à ses méditations. C'est loin de lui qu'Héra et Athéné se réunissent pour délibérer au sujet des Argonautes dont elles veulent favoriser le succès [2]; loin de lui aussi qu'Éros et Ganymède jouent aux osselets dans une plaine fleurie [3]. Seul dans sa retraite, le maître suprême du monde n'a pas à s'occuper, comme le Zeus homérique, des querelles qui divisent les dieux : car il n'y a pas de dissensions dans l'Olympe d'Apollonios. Le Zeus des *Argonautiques* ne songe qu'aux hommes ; il veille également sur tous les mortels, quel que soit le pays qu'ils habitent. Déjà, d'ailleurs, dans les poèmes homériques, Zeus était le dieu calme, impartial et souverain de tous les humains indistinctement [4].

Pour faire montre de sa science archéologique, Apollonios indique bien un sanctuaire peu connu de Zeus, celui du cap Génétès, promontoire de la côte des Tibaréniens sur le Pont-Euxin, auquel le dieu doit son surnom de *Zeus Génétaios* [5]. Il se trouvait, en effet, sur ce cap un temple de Zeus protecteur des étran-

---

1. *Argon.*, III, v. 37-38.
2. *Argon.*, III, v. 8-9.
3. *Argon.*, III, v. 114 et suiv.
4. Bertrand, *Essai sur les dieux protecteurs des héros grecs et troyens dans l'Iliade*, Rennes, 1858, ch. II, § 13, Zeus, p. 151 et suiv.
5. *Argon.*, II, v. 1009 : ...Γενηταίου Διός.

gers [1]. Mais ce n'est pas là seulement que l'on vénérait Zeus *Euxeinos*[2], à moins que l'on ne veuille admettre que cette épithète désigne Zeus du Pont-Euxin, et non Zeus hospitalier : ce dernier, tout au moins, Ζεὺς Ξείνιος, est vénéré, d'après les *Argonautiques*[3], comme d'après l'*Iliade*[4] et l'*Odyssée*[5], partout où il vient des étrangers, c'est-à-dire dans toutes les régions de la terre habitée.

Les habitants d'Iolcos invoquent le roi Zeus[6] ; à l'autre bout du monde connu au temps de l'expédition, le barbare Aiétès se soumet à la volonté de Zeus qui lui ordonne de bien recevoir Phrixos[7]. Ils sont rares les insensés, comme Idas, qui font profession de mépriser Zeus[8], de se confier dans la force de leur lance plus que dans le secours du Cronide, à l'exemple de ce héros d'Eschyle qui jugeait ses armes plus vénérables qu'un dieu, et qui espérait détruire Thèbes, malgré Zeus[9]. Cette impiété n'est pas rare chez les héros de l'époque classique : le Philoctète de Sophocle maudit à la fois les dieux et Ulysse ; elle était inconnue aux personnages homériques. A la vérité, le Diomède de l'*Iliade* blesse cruellement de sa lance la main de l'immortelle Aphrodite[10] ; il n'a pas le moindre respect pour le grand Apollon[11], et il ne recule que devant les menaces du dieu : mais l'époque de Diomède est

... le temps où le ciel sur la terre
Marchait et respirait dans un peuple de dieux.

---

1. Scol. *Argon.*, II, v. 378. — Le Scoliaste ne se fonde, d'ailleurs, sur aucune autorité pour établir l'existence de ce temple. Il ne fait peut-être que paraphraser dans sa note le texte même d'Apollonios.
2. *Argon.*, II, v. 378 : Ζηνὸς 'Εὐξείνοιο.
3. *Argon.*, II, v. 1132 ; III, v. 193.
4. *Iliad.*, XIII, v. 625.
5. *Odyssée*, IX, v. 270 ; XIV, v. 389.
6. *Argon.*, I, v. 242.
7. *Argon.*, III, v. 587.
8. *Argon.*, I, v. 463 et suiv.
9. Eschyle, *Les Sept contre Thèbes*, v. 529 et suiv.
10. *Iliad.*, V, v. 335-340.
11. *Iliad.*, V, v. 434.

C'est sur la terre où ils descendent, sur les champs de bataille où ils aident les Troyens, que Diomède attaque et brave les dieux. Il ne les méprise pas en tant que dieux ; il lutte contre les alliés de Troie, quels qu'ils soient, divins ou mortels. La conduite du bouillant guerrier de l'armée achaienne n'a aucun rapport avec la froide insolence d'Idas. Cette insolence, d'ailleurs, ne se trouve qu'à l'état d'exception chez les héros d'Apollonios, qui, au contraire de ceux d'Homère, vivent si loin de leurs dieux, d'autant plus respectés qu'ils leur sont moins familiers et moins connus. Les Boréades eux-mêmes, fils d'un dieu, ont beau reconnaître en Phinée le mari de leur sœur Cléiopâtré, ils n'osent pas le secourir avant d'être sûrs que les dieux autorisent leur intervention : « Nous n'écarterons pas de toi les Harpyes quand elles viendront, — nous le voudrions bien cependant ! — avant que tu n'aies juré que cette action ne nous rendra pas haïssables aux dieux [1]. » Et Phinée prête le serment qu'on exige de lui : il se montre soumis à la volonté sainte de Zeus qui l'a privé de la vue et qui lui a envoyé une vieillesse prématurée.

Dieu universel de l'humanité, Zeus doit nécessairement tout connaître : Zeus voit tout [2] ; il remarque toute chose avec attention ; les hommes ne peuvent rien avoir de caché pour lui [3]. Il est, en particulier, témoin des mauvaises actions [4], et sa justice est implacable [5]. C'est lui qui distribue aux hommes le bien et le mal, suivant les lois de son équité : c'est par sa volonté qu'un jour funeste se lève pour le peuple des Dolions [6]. Si Héraclès et Polyphémos s'écartent loin

---

[1]. *Argon.*, II, v. 251-253.
[2]. *Argon.*, II, v. 1123 : ...Ζηνὸς 'Εποψίου.
[3]. *Argon.*, II, v. 1179-1180.
[4]. *Argon.*, IV, v. 229.
[5]. *Argon.*, IV, v. 1100.
[6]. *Argon.*, I, v. 1071.

de leurs compagnons, c'est que Zeus a ses desseins particuliers sur les deux héros. La volonté du dieu est que Polyphémos fonde une ville chez les Mysiens et qu'Héraclès retourne à Argos pour continuer de se fatiguer aux travaux imposés par Eurysthée [1]. Tout arrive suivant les ordres de Zeus [2].

Cette conception d'un dieu très clairvoyant, très juste et très puissant, s'éloigne de la conception homérique de Zeus. Le dieu de l'*Iliade* fait parade volontiers de sa force immense [3]; il n'est question, dans les *Argonautiques*, que de la force morale de Zeus, et cette force réside dans sa justice. Le Zeus homérique est assurément le dieu dont les regards s'étendent au loin [4]. Mais c'est Hésiode qui, le premier, fait du maître des immortels le dieu auquel rien n'est caché : « L'œil de Zeus voit tout, remarque tout, inspecte tout [5]. » Après Hésiode et avant Apollonios, c'est une idée admise universellement — on la retrouve, par exemple, chez Pindare, chez Épicharme, chez Euripide, chez Aristophane [6] — que Zeus voit tout et que l'homme ne peut rien lui dissimuler de ce qu'il fait.

Si les regards du Zeus homérique s'étendent au loin sans voir cependant toutes choses, son pouvoir est plus limité encore que sa clairvoyance.

En effet, la destinée, la *Moira*, est une nécessité immuable à laquelle le Zeus homérique doit se soumettre. Malgré sa douleur paternelle, il ne peut empêcher son fils Sarpédon de tomber, vaincu par la fatalité [7]. Dans les *Argonautiques*, le rôle de la Moira est bien restreint : la destinée est identifiée avec la volonté de

---

1. *Argon.*, I, v. 1315 et suiv.; v. 1345 et suiv.
2. *Argon.*, II, v. 154.
3. *Iliad.*, VIII, v. 18 et suiv.
4. *Iliad.*, I, v. 498 : ...εὐρύοπα Κρονίδην; V, v. 265 : ...εὐρύοπα Ζεύς; XVI, v. 241 : ...εὐρύοπα Ζεῦ.
5. Hésiode, *Œuvres et Jours*, v. 267-268.
6. Maury, *ouvr. cité*, t. III, p. 60 et notes 4, 5, 6, 7 à cette page.
7. *Iliad.*, XVI, v. 433.

Zeus. Glaucos, quand il raconte aux Argonautes ce qui doit arriver à Polyphémos et à Héraclès, confond la βουλή Διός avec la μοῖρα [1]. Lorsque, plus tard, le poète, rappelant la mort de Polyphémos, dit que « la Moire le dompta »[2], on sait que, pour être personnifiée dans ce passage, la destinée n'en reste pas moins synonyme de la volonté de Zeus. Dans aucun des nombreux endroits des *Argonautiques* où le mot μοῖρα est employé, la destinée ne semble en désaccord avec les ordres de Zeus : il est toujours question de la μοῖρα Διός ou de la μοῖρα θεῶν, déjà mentionnée dans les poèmes homériques [3]; jamais de la μοῖρα indépendante et souveraine qui s'oppose aux ordres de Zeus [4].

On trouve souvent, dans les poèmes homériques, le nom d'une autre déesse de la destinée, qui désigne soit la destinée indépendante [5], soit la destinée soumise à Zeus [6], l'*Aisa*, qui a un sens à peu près identique à celui de la *Moira*, puisque, si cette dernière indique le partage, l'autre indique l'égalité dans le partage [7]. Cette déesse n'a, semble-t-il, aucune place dans les *Argonau-*

1. *Argon.*, I, v. 1315, 1317, 1323.
2. *Argon.*, IV, v. 1475.
3. Cf. *Iliad.*, XV, v. 117 : ...Μοῖρα Διός [on lit aussi Μοῖρα, Διός...] ; *Odyssée*, III, v. 269 : ...Μοῖρα θεῶν ; — *Argon.*, I, v. 299 : Τῶν [θεῶν] Μοῖραν ; v. 422 : la Moira favorable, due aux desseins d'Apollon ; v. 440 : ...Μοῖρα θεῶν ; II, v. 815 : La Moira fixée par Zeus (πεπρωμένη ...Μοῖρα) enlève Idmon.
4. Le mot μοῖρα est souvent employé par Apollonios comme par Homère dans le sens primitif (μέρος) de *lot, portion de butin ou de repas, qui revient à chaque guerrier ou à chaque convive.* Cf. *Odyssée*, III, v. 66 ; XI, v. 534 ; XVI, v. 385. De même, *Argon.*, I, v. 691 : ...κτερέων... μοῖραν (*la part de funérailles qui revient à chacun*) ; II, v. 451 : ...μοῖραν ἐδωδῆς (*la portion de nourriture*). — Apollonios emploie aussi (*Argon.*, II, v. 1159) l'expression homérique κατὰ μοῖραν (*comme il est convenable*). — Dans les divers passages où μοῖρα signifie *la destinée qui est réservée à chacun*, cette destinée est toujours d'accord avec les ordres de Zeus. Cf. *Argon.*, I, v. 6 ; II, v. 855 ; III, v. 660, 754, 779. Il faut remarquer, en particulier, le passage où il est question de la mort de Cyzicos : le héros doit accomplir sa destinée (*Argon.*, I, v. 1035 : Μοῖραν ἀνέπλησεν), à laquelle il n'y a pas moyen d'échapper ; il est enchaîné par elle, alors qu'il se croit à l'abri de l'ἄτη (v. 1037 : ...ἀδευκέος ἔκτοθεν ἄτης).
5. *Iliad.*, XX, v. 127.
6. *Iliad.*, IX, v. 608 : ...Διὸς αἴσῃ ; XVII, v. 321 : ...ὑπὲρ Διὸς αἶσαν.
7. Decharme, *Mythol.*, p. 299.

tiques, où αἶσα est un nom commun qui indique soit le lot, le partage [1], soit le destin en général [2], soit le destin fixé par Zeus [3] ou par quelque dieu [4]. Un seul vers des *Argonautiques* semble marquer une certaine différence entre la volonté de Zeus et l'*Aisa* [5]: « Ces hommes, — disent les fils de Phrixos à Aiétès, en parlant des Argonautes qui les ont recueillis, — ces hommes avaient été retenus là par la pitié de Zeus ou par quelque hasard (αἶσα). » Apollonios ne nous donne pas d'autre exemple de l'*Aisa* considérée comme un hasard distinct de la volonté de Zeus.

L'*Iliade* emploie une seule fois le mot les *Moires* au pluriel [6]. Les Moires sont alors cette triple personnification de la destinée que l'on retrouve, dans la *Théogonie* hésiodique, décomposée en trois personnes, Clotho, Lachésis et Atropos [7]. Apollonios ne parle qu'une fois des Moires : il dit qu'en souvenir du mariage de Médée, « des victimes sont immolées en l'honneur des Moires et des Nymphes [8] ». Le Scoliaste prétend que deux autels avaient été élevés pour perpétuer le souvenir de ce mariage, l'un dédié aux Nymphes, l'autre aux Néréides : Apollonios confondrait les Néréides avec les Moires [9]. Mais, si les Nymphes ont assisté aux cérémonies nuptiales, d'après les ordres d'Héra [10], on

---

1. *Argon.*, III, v. 3 : ...Κύπριδος αἶσαν (*le lot de Cypris*); v. 207 : ...ἴσην... αἶσαν (*une part égale*); IV, v. 961 : ...ἤματος αἶσα (*la durée d'un jour*). (Voir la note de ma traduction à ce vers.) — Cf. III, v. 613 : ...παρ' αἶσαν (*hors de propos*).
2. *Argon.*, I, v. 449; II, v. 66, 486; III, v. 261, 468; IV, v. 36, 1065, 1503. — Dans tous ces exemples le mot αἶσα, qui est généralement accompagné d'épithètes telles que κακή, ἀδευκής, σμυγερή, a le sens de *destinée funeste*.
3. *Argon.*, IV, v. 1254 : ...ὑπὲρ Διὸς αἶσαν. Cf. *Iliad.*, XVII, v. 321.
4. *Argon.*, IV, v. 1468 : ...αἶσα θεῶν; I, v. 443 : ...στυγερῇ ὑπὸ δαίμονος αἴσῃ (cf. *Odyssée*, XI, v. 61 : ...δαίμονος αἶσα κακή).
5. *Argon.*, III, v. 328.
6. *Iliad.*, XXIV, v. 49.
7. Hésiode, *Théogon.*, v. 217 et suiv.
8. *Argon.*, IV, v. 1217.
9. Scol. *Argon.*, IV, v. 1217.
10. *Argon.*, IV, v. 1151.

ne voit pas pourquoi les Néréides s'y seraient rendues, et l'on sait, au contraire, que les Moires sont invoquées par les fiancés avant leur union [1]. D'après les traditions posthomériques, ces divinités jouent d'ailleurs un rôle important dans les noces des immortels; elles ont chanté l'hymne nuptial d'Héra elle-même [2], et elles étaient présentes aux noces de Thétis et de Pélée [3].

Dans l'*Iliade* [4], les Moires exercent leur influence sur l'esprit des hommes dont elles dirigent les dispositions; dans l'*Odyssée* [5], sous le nom de *Filandières pénibles* (Κατακλῶθες βαρεῖαι), ce sont elles qui filent la destinée des hommes. C'est seulement à l'époque posthomérique que « leur action est surtout souveraine au moment de la mort » [6]. Fidèle imitateur d'Homère, Apollonios s'interdit de faire intervenir les Moires au moment de la mort de ses héros. Dans les *Argonautiques*, les déesses de la mort, qu'elle soit naturelle ou violente, sont les Kères : c'est d'elles que la vieille Polyxo attend la mort [7]; c'est par ces déesses funestes que Canthos est dompté, quand il tombe sous les coups de Caphauros [8].

Mais, il faut le remarquer, ces déesses de la mort n'ont, dans les *Argonautiques*, aucun rapport avec Zeus : pourvoyeuses d'Adès, dont elles sont les chiennes rapides [9], elles se jettent sur les vivants pour les entraî-

---

1. Decharme, *Mythol.*, p. 300.
2. Aristophane, *Les Oiseaux*, v. 1731 et suiv.
3. Decharme, *Mythol.*, p. 300. — Preller, *Griech. Mythol.*, erster Band, p. 435.
4. *Iliad.*, XXIV, v. 49.
5. *Odyssée*, VII, v. 197.
6. Decharme, *Mythol.*, p. 300.
7. *Argon.*, I, v. 689-690. Voir ma note au v. 689 du Ch. I. Les Kères, dit Polyxo, ont jusqu'à présent craint de me faire mourir. Je supposais que cette crainte venait, soit de ce que les Kères respectaient Polyxo, soit de ce qu'elles ne voulaient pas dépeupler Lemnos. O. Crusius, qui combat ces deux suppositions (*Lexicon* de Roscher, article *Keren*, § 40), prétend que les Kères ne s'attaquent pas encore à Polyxo par crainte de trouver en elle une adversaire redoutable. Cette interprétation d'un « ungelöstes Problem », comme dit O. Crusius, me semble bien subtile.
8. *Argon.*, IV, v. 1485.
9. *Argon.*, IV, v. 1665 et suiv.

ner aux enfers. Déjà les épopées homériques considèrent la *Kèr* [1], ou les *Kères*, comme la déesse ou les déesses de la mort [2] : c'est pour la première fois, dans un poème hésiodique, *le Bouclier d'Héraclès* [3], que ces déesses nous apparaissent, sur le champ de bataille, enfonçant leurs ongles dans le corps des blessés, qu'elles achèvent pour les précipiter vers la demeure d'Adès.

Les Moires n'exercent aucune influence sur les volontés du Zeus d'Apollonios : il ne commande pas aux Kères; son impartiale justice n'a besoin d'aucune aide extérieure. *Até* et les *Prières* ne sont plus, comme dans les poèmes homériques, les filles de Zeus : aucun des héros d'Apollonios n'a recours aux prières pour fléchir le dieu suprême, et, dans les *Argonautiques*, *Até* signifie simplement le malheur ou la faute d'où résultent les malheurs [4]. L'*Até* peut être envoyée par quelque dieu [5], et elle atteint les divinités elles-mêmes [6]. Fidèle à la doctrine homérique, Apollonios évite de faire une déesse de Némésis, qui est simplement, dans les *Argonautiques*, comme dans l'*Iliade* et dans l'*Odyssée*, la vengeance des dieux [7].

Les Érinyes, dont le rôle a été si important à l'époque d'Eschyle, restent, dans les *Argonautiques*, ce qu'elles sont dans l'*Iliade* et dans l'*Odyssée*, les conservatrices de l'ordre moral. Apollonios ne dit pas d'une manière précise qu'elles soient les exécutrices des ordres de Zeus : sans doute, c'est par la volonté du dieu que

---

1. Le mot κήρ, au singulier, est, dans les *Argonautiques*, un nom commun qui désigne *le sort* (II, v. 258) ou *la mort* (II, v. 116, 487; III, v. 702).
2. *Iliad.*, II, v. 302, 834, etc.
3. *Le Bouclier d'Héraclès*, v. 249 et suiv.
4. *Argon.*, I, v. 274, 290, 477, 803, 1037, 1255, 1288; II, v. 153, 438, 623, 889; III, v. 56, 262, 306, 470, 504, 600, 769, 798, 973 ; IV, v. 4, 62, 228, 235, 380, 404, 449, 637, 817, 1016, 1262, 1528.
5. *Argon.*, I, v. 803 : Κύπριδος, ἥτε... ἔμβαλεν ἄτην; IV, v. 448 : ...δαῖμον... Μηδείη... ἔμβαλες ἄτην.
6. *Argon.*, IV, v. 817 : ...καὶ γάρ τε θεούς... ἐπινίσσεται ἄτη.
7. *Argon.*, IV, v. 1043 : ...νέμεσίν τε θεῶν. — Voir ce qui a été dit plus haut de Némésis-Adrestéia, l. I, ch. III, p. 67-68.

l'Érinys s'est ruée à coups de pied sur Phinée qui a révélé les secrets de Zeus [1]. Mais les rapports du dieu souverain avec ces redoutables divinités ne sont indiqués nulle part dans le poème : l'Érinys poursuivra Médée si elle ne secourt pas les fils de Chalciopé [2] ; c'est un dieu ou une Érinys qui a ramené ces jeunes gens en Colchide pour le malheur de Médée [3] ; quand Jason et la fille d'Aiétès ont tué Apsyrtos, une redoutable Érinys voit aussitôt de son œil au regard oblique l'horrible forfait qu'ils viennent d'accomplir [4]. Mais l'Érinys protège aussi les suppliants [5]. Chalciopé menace Médée des Érinyes [6] ; ce seraient *les propres Érinyes* de la fille d'Aiétès qui chasseraient Jason infidèle de sa patrie [7]. Les Érinyes sont de redoutables déesses que le coupable doit apaiser [8].

A l'exemple d'Homère, Apollonios ne dit pas les noms, ne fixe pas le nombre, ne décrit pas la forme de ces déesses qui sont, dans les *Argonautiques*, comme dans l'*Iliade* et dans l'*Odyssée*, la personnification anonyme et invisible de la conscience du mal accompli, du remords qui punit le crime, de la malédiction qui poursuit le criminel. L'Érinys vit dans le cœur du coupable qu'elle torture : mais elle ne semble pas avoir une existence propre hors de la conscience des hommes. Personne ne la voit : ceux qu'une faute a rendus ses victimes sentent les tourments qui viennent de la déesse, mais ils ne sauraient dire quel est l'aspect de son visage et la forme de son corps : ils n'ont pas même aperçu, au moment où ils venaient d'accomplir leur forfait, la redoutable Érinys qui les contemplait de son œil au regard oblique.

1. *Argon.*, II, v. 220.
2. *Argon.*, III, v. 704.
3. *Argon.*, III, v. 776.
4. *Argon.*, IV, v. 476.
5. *Argon.*, IV, v. 1042 : ...'Ερινὺν Ἱκεσίην.
6. *Argon.*, III, v. 712.
7. *Argon.*, IV, v. 386 : ...ἐμαί σ' ἐλάσειαν Ἐρινύες.
8. *Argon.*, IV, v. 714.

Le Zeus d'Apollonios se tient à l'écart des dieux Olympiens : il ne les appelle pas au conseil pour décider avec eux de la destinée des hommes ; il n'a pas recours non plus à toutes ces divinités subalternes de l'ordre moral, les Érinyes, Némésis, Até, les Prières, les Kères et les Moires.

Dieu puissant et solitaire, il n'a besoin d'aucun concours pour s'occuper des hommes. Justicier souverain, il est parfois implacable, et sa colère devient funeste [1]. Mais le courroux de Zeus n'est excité que lorsque la loi morale a été violée : il s'irrite contre les Aiolides, parce que les restes de Phrixos n'ont pas été rapportés dans sa patrie ; mais il sera apaisé dès que Jason aura été accomplir en Colchide les sacrifices expiatoires dus au mort [2].

Bon et compatissant, il est le dieu hospitalier, protecteur des étrangers et des suppliants [3] ; il étend sur eux sa main bienfaisante [4]. Il s'intéresse aussi aux fugitifs [5] : c'est à ce titre qu'il fait ordonner par Hermès à Aiétès de bien recevoir Phrixos, et c'est en reconnaissance de la protection qui lui a été accordée par le dieu que Phrixos élève en l'honneur de Zeus secourable aux fugitifs un autel où il lui sacrifie le bélier d'or, suivant les instructions d'Hermès [6]. Le dieu reporte sur les fils de Phrixos la bonté qu'il témoignait à leur père [7]. Cette bonté ne s'étend pas seulement sur les innocents qui sont malheureux : Zeus est bon aussi pour les meurtriers qui le supplient [8], et Circé peut,

---

1. *Argon.*, III, v. 337.
2. *Argon.*, II, v. 1195.
3. *Argon.*, II, v. 215 : Ἱκεσίου... Ζηνός ; v. 1131 : ...Διός... Ξεινίου Ἱκεσίου τε ; III, v. 193 : Ξεινίου... Ζηνός ; IV, v. 358 : ...Διὸς Ἱκεσίοιο. — Voir, pour *Zeus Euxeinos*, plus haut, p. 182.
4. *Argon.*, III, v. 986 : ...Διός, ὃς ξείνοις ἱκέτῃσί τε χεῖρ' ὑπερίσχει.
5. *Argon.*, IV, v. 119 : ...Διὶ Φυξίῳ ; II, v. 1147 : Φυξίῳ... Κρονίδῃ Διί.
6. *Argon.*, IV, v. 119-121. Cf. *Argon.*, II, v. 1147.
7. *Argon.*, III, v. 328.
8. *Argon.*, IV, v. 709 et suiv.

grâce aux cérémonies de la purification, le rendre propice aux deux meurtriers, Jason et Médée, qui se sont souillés d'un fratricide [1].

La plupart de ces caractères bienfaisants de Zeus sont déjà indiqués dans les poèmes homériques [2]. Mais ce dieu, clément pour l'humanité, est encore plus éloigné des hommes que des autres dieux, et les simples mortels ne peuvent pas deviner les desseins qu'il a sur eux.

Le Zeus homérique manifestait d'une manière très claire ses intentions aux personnages de l'*Iliade* et de l'*Odyssée* : il donnait des présages que les yeux voyaient, que les oreilles entendaient, dont l'esprit humain comprenait la signification sans difficulté [3]. Le Zeus d'Apollonios a très rarement recours à ces manifestations naturelles et intelligibles de sa volonté. Sans doute, il fait retentir son tonnerre sur les monts Cérauniens, pour détourner les Colchiens de passer dans l'île d'Alcinoos [4] : ce présage, très simple, est destiné à des barbares. Le dieu n'en a pas de semblables pour les Argonautes : il a l'air de compter sur la pénétration des héros; mais bien à tort, car il leur faudrait, à eux aussi, des présages homériques, pour concevoir les desseins du dieu.

Lorsque Zeus, saisi d'une violente colère, à cause du meurtre d'Apsyrtos, décide que Jason et Médée

---

1. *Argon.*, IV, v. 714 et suiv.
2. *Odyssée*, XIII, v. 213 : Ζεὺς... ἱκετήσιος; *Iliad.*, XIII, v. 624 : Ζηνὸς... ξεινίου, etc. — L'épithète de Ζεὺς φύξιος semble spéciale à la légende de Phrixos et à celle de Deucalion. Lycophron (*Alexandra*, v. 288) parle aussi de Ζεὺς φύξιος à propos de la légende de Troie. Dans sa scolie à ce vers de l'*Alexandra*, Tzetzès, qui emploiera la même épithète pour son propre compte (*Chiliades*, VII, v. 332), explique φύξιον Δία par τὸν δυνάμενον ποιῆσαι φυγεῖν τὸν κίνδυνον. Voir, dans ma traduction des *Argonautiques*, la note au v. 1147 du Ch. II, et Preller, *Griech. Mythol.*, erster Band, p. 116, n. 1, et zweiter Band, p. 311.
3. Cf. A. Thomas, *De Vaticinatione, vaticinantibusque personis in Graecorum tragoedia*, Paris, 1879, p. 2-3; Bougot, *Étude sur l'Iliade d'Homère*, Paris, 1888, p. 421-422.
4. *Argon.*, IV, v. 520.

doivent se faire purifier par les soins de Circé du sang répandu d'une manière impie et subir bien des peines avant de rentrer dans leur patrie, aucun des héros ne devine les ordres du dieu, ne comprend qu'il faut se diriger vers Aia, l'île de Circé[1]. On se demande, à la vérité, comment les Argonautes auraient pu deviner des ordres divins qui n'ont pas été exprimés. Il faut qu'une divinité autre que Zeus vienne à leur secours : c'est Héra qui, pénétrant les desseins de son mari et comprenant sa grande colère contre les Argonautes, excite en face d'eux des vents impétueux qui les ramènent violemment en arrière[2]. « Et voici que, tout à coup, au milieu des héros dont le vent précipitait la course, une voix humaine retentit, la voix de la poutre douée de la parole qui faisait partie du navire creux. Car Athéné avait adapté dans le milieu de la carène cette poutre tirée d'un chêne de la forêt de Dodone. Et, cependant, une affreuse terreur les saisit, en entendant cette voix et l'annonce de la pénible colère de Zeus...[3] » C'est ainsi qu'Argo parle, au moment du crépuscule, pour leur apprendre qu'il faut aller réclamer de Circé la purification des meurtriers. C'est pour la première fois que les Argonautes entendent leur navire parler d'une manière distincte : au moment où ils quittaient la terre d'Hellade, « un bruit terrible avait fait retentir le port de Pagases, et Argo elle-même, enfant du Pélion, qui avait hâte de prendre la mer. Car, dans le navire, une poutre divine avait été enfoncée, qu'Athéné avait tirée d'un chêne de Dodone, pour l'adapter au milieu de l'étrave[4]. » — On voit combien il est exagéré de dire que « le chêne de Dodone leur fournit [aux Argonautes] une boussole

---

1. *Argon.*, IV, v. 557-562.
2. *Argon.*, IV, v. 576 et suiv.
3. *Argon.*, IV, v. 581 et suiv.
4. *Argon.*, I, v. 524-527.

parlante » [1]. Le chêne de Dodone ne parle distinctement qu'une fois : au moment du départ de Pagases, il n'avait fait entendre qu'un bruit confus [2] ; en effet, d'ordinaire, les arbres de la forêt de Dodone ne parlaient pas d'une manière qui fût intelligible à de simples mortels. « Si le chêne de Dodone était l'organe de la parole de Zeus, ce langage, vaguement exprimé dans les frémissements mystérieux du feuillage sacré, avait besoin d'être interprété [3]. » Dans l'*Iliade*, ce sont les Selles qui interprètent le langage des chênes de Dodone [4], ces arbres au feuillage touffu qui font entendre les desseins du roi Zeus [5]. Sur le navire Argo, dont elle fait partie, la poutre de Dodone parle avec les accents de la voix humaine : si la parole de la poutre devient intelligible pour les Argonautes, au lieu de réclamer un interprète religieux, comme le frémissement du bois sacré a besoin d'être traduit par les Selles, c'est sans doute grâce à Athéné, qui a adapté la poutre merveilleuse au milieu de la carène, grâce surtout à Héra, qui est « soucieuse de faire accomplir aux héros la navigation qui leur a été fixée » [6].

IV

Zeus est en effet trop éloigné des hommes pour faire parler leur langage à ses oracles : il faut que d'autres divinités servent d'interprètes entre le dieu suprême et les simples mortels. Ce rôle de dieux de la divination,

---

1. Bouché-Leclercq, *Histoire de la Divination dans l'Antiquité*, Paris, 1880, t. II, p. 37.
2. *Argon.*, I, v. 525 : Πηλιὰς ἴαχεν Ἀργώ.
3. Decharme, *Mythol.*, p. 47-48.
4. *Iliad.*, XVI, v. 234.
5. *Odyssée*, XIV, v. 327-328.
6. *Argon.*, IV, v. 578.

ou plutôt d'explicateurs des volontés de Zeus, incompréhensibles aux mortels, appartient aux divinités de la mer et surtout à Apollon.

La puissance divinatoire des dieux des eaux est bien connue [1]. Apollonios met en scène Glaucos, le « très sage interprète du divin Nérée »[2]. Nérée est désigné dans l'*Iliade* par le surnom de vieillard de la mer[3] ; l'*Hymne à Apollon*[4] est le seul poème homérique où son nom se trouve. Mais, dans la *Théogonie* hésiodique, il est déjà considéré comme le dieu marin bienveillant qui ne trompe personne[5]. Glaucos est son prophète. Glaucos d'Anthédon n'est nommé ni par Homère ni par Hésiode. C'est, semble-t-il, Euripide qui le cite le premier comme un dieu véridique, prophète de Nérée[6]. Pauvre pêcheur qui a conquis l'immortalité par un hasard miraculeux, Glaucos n'appartient à aucune génération divine. Mais, comme M. Bouché-Leclercq le fait remarquer, son titre de prophète de Nérée permet « de le rattacher à la période titanique, à l'époque où le sceptre des mers n'avait point encore passé des mains du vieux Nérée, fils de Pontos, aux mains du Cronide Poseidon »[7]. Rien d'étonnant que dans un poème comme les *Argonautiques*, où, on l'a déjà vu plusieurs fois, les dieux Titans ont une grande importance, Apollonios fasse intervenir un prophète qui se rattache à la période titanique : mais ce prophète est aussi un serviteur du grand Zeus ; il ne prend la parole que pour interpréter les desseins du dieu[8].

C'est également la volonté de Zeus qui est expliquée

---

1. Bouché-Leclercq, *ouvr. cité*, t. II, p. 261 et suiv.
2. *Argon.*, I, v. 1311.
3. *Iliad.*, XVIII, v. 141 : …γέρονθ' ἅλιον.
4. *Hymne à Apollon*, v. 319. — Il est question des *Néréides* dans l'*Iliade* (XVIII, v. 38).
5. *Théogon.*, v. 233 : Νηρέα δ'ἀψευδέα καὶ ἀληθέα.
6. Euripide, *Oreste*, v. 364 : Νηρέως προφήτης Γλαῦκος, ἀψευδὴς θεός.
7. Bouché-Leclercq, *ouvr. cité*, t. II, p. 265.
8. *Argon.*, I, v. 1315.

aux Argonautes par un autre dieu marin, Triton, celui-ci fils de Poseidon et appartenant, par conséquent, à la période olympienne [1]. Dieu inconnu à l'époque homérique et dont il est pour la première fois question dans la *Théogonie* [2], *le très puissant Triton* [3] est considéré par Apollonios comme un dieu bienveillant et prophétique. Le poète alexandrin se borne d'ailleurs à développer l'épisode de Triton qu'il trouvait dans la *IVᵉ Pythique*, en conservant au dieu le caractère que Pindare lui a donné [4]. Dans son entrevue avec les Argonautes, Triton ne fait que leur prodiguer les avis bienveillants et leur indiquer le moyen d'arriver à la mer [5]. C'est en envoyant un songe à Euphémos qu'il manifeste son pouvoir prophétique [6] : ce songe, dont il n'est pas parlé dans la *IVᵉ Pythique*, doit être de l'invention d'Apollonios. Mais si Triton a eu le pouvoir d'envoyer un songe à Euphémos, c'est que ce pouvoir lui a été délégué par Zeus.

Tous les songes, en effet, viennent de Zeus, comme il est dit dans l'*Iliade* [7] ; et, dans les *Argonautiques*, c'est sans doute de Zeus aussi, quoique le poète ne l'affirme pas explicitement, que viennent les songes effrayants envoyés à Médée [8] et à Circé [9], pour détourner l'une du crime qu'elle va commettre, et pour préparer l'autre à la terrible cérémonie de purification qu'elle doit accomplir.

Euphémos, d'ailleurs, n'attribue pas à Triton l'origine du songe qu'il a eu pendant la nuit. Quoiqu'il ait vu en

---

1. *Argon.*, IV, v. 1551 et suiv.
2. *Théogon.*, v. 931 et suiv.
3. L'expression Τρίτων εὐρυβίης se trouve à la fois dans la *Théogonie* (v. 931) et dans les *Argonautiques* (IV, v. 1552).
4. Pindare, *Pythiques*, IV, v. 24 et suiv. — Cf. Hérodote, IV, CLXXIX.
5. *Argon.*, IV, v. 1586.
6. *Argon.*, IV, v. 1731 et suiv.
7. *Iliad.*, I, v. 63 : ...καὶ γάρ τ' ὄναρ ἐκ Διός ἐστιν.
8. *Argon.*, III, v. 618, 636, 691.
9. *Argon.*, IV, 664, 685, 723.

rêve la motte de terre, donnée par Triton, prendre la forme d'une femme qui se dit la fille de Triton lui-même, ce n'est pas le dieu marin, c'est le fils illustre de Maia qu'il vénère en se réveillant [1]. Car Hermès est le conducteur des songes [2] envoyés par Zeus. — C'est Zeus seul, ou ses mandataires officiels et coutumiers, que l'on remercie des indications sur l'avenir que le dieu veut bien donner, soit par des songes, soit par tout autre genre de présages. Le rôle des songes, considérés comme présages, est très restreint dans les *Argonautiques*. Les rêves sont le plus souvent des ἐνύπνια, qui indiquent une disposition présente de l'âme, qui viennent des désirs ou des craintes qui l'agitent, et qui ne renferment aucune valeur divinatoire [3]. Les songes dont parle Alcimédé [4] viennent des inquiétudes que l'abandon des ossements de Phrixos en Colchide lui causait pour l'avenir de son fils Jason. Les songes qui effraient Médée ont pour cause l'angoisse où l'a jetée son amour naissant pour le héros Aisonide [5].

Mais le songe de Circé [6] est un songe révélateur qui lui a été envoyé par Zeus pour la préparer à la venue de Jason et de Médée, dont le dieu a confié la purification à la magicienne. La fille d'Hélios le comprend bien, puisque, quand elle voit les deux suppliants pénétrer dans sa demeure, « le souvenir affreux de ses songes pénètre son âme, et son cœur s'agite [7]. »

Pour Apollonios, comme pour Homère, Phoibos-Apollon est le dieu par excellence de la divination. On peut dire que la *mantique*, « dans son sens le plus général, et sous ses formes les plus diverses, dépendait

---

1. *Argon.*, IV, v. 1733.
2. *Hymne homérique à Hermès* (II, édit. Didot), v. 14 : ...ἡγήτορ' ὀνείρων. — Cf. Decharme, *Mythol.*, p. 156.
3. Bouché-Leclercq, *ouvr. cité*, t. I, Paris, 1879, p. 299.
4. *Argon.*, I, v. 290.
5. *Argon.*, III, v. 618 et suiv.
6. *Argon.*, IV, v. 664 et suiv.
7. *Argon.*, IV, v. 724-725.

de Phoibos[1]. » Dans l'*Iliade*, maître de l'oracle de Pytho[2], il communique à qui il veut l'art de prédire l'avenir[3]. Dans les *Argonautiques*, on apprend qu'il a donné des réponses favorables à Jason, qui était venu consulter son oracle de Pytho[4], et le héros comprend et interprète les prédictions du dieu qui lance au loin les traits[5].

Mais, comme l'Apollon des *Euménides*, celui des *Argonautiques* n'est que le prophète de Zeus, et ses oracles ne sont autres que ceux du dieu suprême[6] : il ne peut rien prédire que d'après l'ordre du père des Olympiens[7]. Sans doute, il a conseillé à Jason d'entreprendre son voyage[8] : mais on sait que ce voyage était ordonné par Zeus qui voulait faire expier par les Aiolides l'exil immérité de Phrixos et l'abandon des restes du héros sur la terre étrangère. Apollon a promis à Jason, dans ses prédictions, qu'il lui indiquerait par des signes certains les routes de la mer[9] : il suffit de lire le récit des voyages des Argonautes, de se rappeler les angoisses de l'Aisonide et de ses compagnons qui hésitent sans cesse sur la direction à prendre, pour se rendre compte que les signes sont bien incertains et pour remarquer qu'ils sont souvent envoyés par d'autres dieux qu'Apollon.

V

On sait que tous les devins de l'âge héroïque sont les fils ou au moins les élèves d'Apollon[10].

---

1. Decharme, *Mythol.*, p. 121.
2. *Iliad.*, IX, v. 405.
3. *Iliad.*, I, v. 72.
4. *Argon.*, I, v. 208-210, 301-302, 412-414.
5. *Argon.*, IV, v. 1747-1748.
6. Eschyle, *Euménides*, v. 19 : Διὸς προφήτης δ' ἐστὶ Λοξίας πατρός.
7. Eschyle, *Euménides*, v. 616-618.
8. *Argon.*, I, v. 412-414.
9. *Argon.*, I, v. 359-361.
10. Bouché-Leclercq, *ouvr. cité*, t. II, p. 12-54.

Des deux devins qui se trouvent au nombre des Argonautes, l'un est, en effet, le fils du dieu, l'autre, son élève. Mopsos, qui est né de la nymphe Chloris et d'Ampycos, fils lui-même de Titaron [1], a été instruit entre tous par le fils de Létô dans la divination par le moyen des oiseaux [2]. Idmon a été engendré par Apollon, qui lui a enseigné l'art de prédire l'avenir par l'observation des oiseaux et les présages que l'on tire du feu [3] : Apollon a donc été plus généreux pour son fils que pour son élève : il n'a enseigné à Mopsos que l'*ornithoscopie*, et à Idmon, en plus de cette science, l'*empyromancie*. Mopsos, qui est le seul devin mis par Pindare au nombre des Argonautes, prophétise au moyen des oiseaux dans les *Argonautiques*, comme dans la *IV*e *Pythique* [4]. Le Mopsos de Pindare devine aussi l'avenir par *les sorts sacrés* : il a recours à cette *cléromancie*, dont il est question dans l'*Iliade* [5], mais dont Apollonios ne parle pas, car il en juge apparemment l'usage postérieur à l'époque des Argonautes [6].

La science du Mopsos d'Apollonios semble très rudimentaire, comme il convient à un devin de l'âge antéhomérique. Il ne sait qu'interpréter les présages fournis par les oiseaux qui se présentent devant ses yeux, envoyés par quelque divinité. Incapable d'expérimenter, il se contente d'observer. — Pendant qu'il veillait avec Acastos, gardien de ses compagnons endormis, « au-dessus de la tête blonde de l'Aisonide, un alcyon vola, prédisant par son chant clair la fin de

---

1. Scol. *Argon.*, I, v. 65.
2. *Argon.*, I, v. 65-66.
3. *Argon.*, I, v. 142-145. Cf. v. 145 : ...ἔμπυρα σήματ' ἰδέσθαι. Ma traduction (p. 8, l. 31-32) : « tirer des présages des entrailles brûlées des victimes, » est inexacte ; il s'agit simplement de l'*empyromancie*, ou divination par le feu.
4. Pindare, *Pythiques*, IV, v. 336. — Il n'est pas question d'Idmon dans la *Pythique*.
5. *Iliad.*, VII, v. 175 et suiv.
6. Sur la *cléromancie*, voir Bouché-Leclercq, *ouvr. cité*, t. I, p. 190 et suiv.

la tempête soulevée. Mopsos le comprit, quand il eut entendu les accents de bon augure de l'oiseau qui aime les rivages. Bientôt, suivant l'ordre de la divinité qui l'envoyait, l'oiseau se détourna et vint se poser en haut de la poupe, perché à l'endroit le plus élevé [1]. » C'est Héra [2] qui envoie ce présage aux Argonautes qu'elle protège. Mopsos se hâte de réveiller Jason pour lui rendre compte de ce que lui a appris le chant de l'alcyon qu'il vient d'entendre; il a compris ce que l'oiseau présageait en volant tout autour de Jason et au-dessus de sa tête pendant qu'il dormait; il a pénétré aussi le sens de la voix de l'alcyon : car les devins de l'âge mythique avaient « l'intelligence du langage des oiseaux » [3].

Mopsos est-il au courant de la *nécromancie* comme de l'*ornithomancie* ? Il comprend ce que veut dire le chant des oiseaux; mais saisit-il le sens de l'apparition des morts?

Quand les héros passent en vue du tombeau de Sthénélos, l'ancien compagnon d'Héraclès supplie Perséphoné de lui permettre de voir quelques instants des hommes dans l'intimité desquels il avait vécu. La déesse y consent, et Sthénélos, tel qu'on le voyait autrefois, quand il partait en guerre, apparaît sur le couronnement de son tombeau; après avoir contemplé le navire, il s'enfonce dans les ténèbres infernales, et les héros qui l'ont aperçu sont saisis d'effroi. C'est alors que l'Ampycide Mopsos, « interprète de la volonté des dieux, » intervient : il engage ses compagnons à aborder pour apaiser par des libations l'âme du mort. Les héros s'empressent autour du tombeau de Sthénélos; des libations sont répandues, et des brebis, sacrifiées au mort, sont consumées sur l'autel [4].

1. *Argon.*, I, v. 1082-1089.
2. Scol. *Argon.*, I, v. 1086.
3. Bouché-Leclercq, *ouvr. cité*, t. I, p. 135.
4. *Argon.*, II, v. 911-926.

On ne peut voir dans cet épisode de Sthénélos une scène de *nécromancie*. Mopsos ne fait pas, pour attirer le fantôme du héros hors de son tombeau, le sacrifice que l'Ulysse de la *nékyia* homérique accomplissait pour évoquer les ombres des morts. C'est Sthénélos lui-même qui sollicite la permission de sortir de son tombeau; à sa vue, ses anciens compagnons ne songent pas à le questionner sur le succès de leur expédition : ils sont saisis d'effroi, ils n'ont qu'une idée, faire force de rames et s'enfuir au plus vite. Mopsos n'interprète la volonté des dieux qu'en ce qui a rapport à Sthénélos : il devine — ce qui est à la portée de l'intelligence commune des hommes de son temps — que les dieux veulent qu'on apaise l'âme du mort. C'est après le retour de l'ombre de Sthénélos dans les ténèbres de l'enfer qu'on lui offre des libations et un sacrifice : ces cérémonies ne précèdent pas et ne préparent pas l'apparition.

« La célèbre *nékyomancie* de l'*Odyssée* est le plus ancien document que nous possédions sur la matière[1]. » Il est probable que les Alexandrins n'en connaissaient pas non plus d'antérieur : pour conserver à son poème le caractère archaïque qu'il tient à lui donner dans tous ses détails, Apollonios veut bien montrer qu'au temps des Argonautes la nécromancie n'est pas encore connue. Ses héros voient se présenter à leurs yeux, d'elle-même, une ombre amie qu'ils n'ont pas songé à évoquer; ils ne savent pas profiter de sa présence pour l'interroger.

Mopsos se borne à interpréter par l'*ornithoscopie* les présages très intelligibles que la bienveillance divine envoie aux Argonautes.

Au moment où les héros se trouvaient très embarrassés de la conduite à tenir avec Aiétès qui avait

---

[1]. Bouché-Leclercq, *ouvr. cité*, t. I, p. 331-332.

proposé à Jason une épreuve terrible, alors que l'on se demandait si l'on aurait recours à l'aide de la magicienne Médée, « les dieux bienveillants leur donnèrent un présage. Car une timide colombe, fuyant l'attaque d'un faucon, vint, du haut du ciel, tomber tout effrayée dans le sein de Jason, et le faucon s'abattit lui-même sur le haut de la poupe. Aussitôt, Mopsos, interprète des dieux, prononça ces paroles au milieu de tous les héros : C'est pour vous, ô mes amis, que le présage a été produit par la volonté des dieux. Il n'y a pas de meilleure manière de l'interpréter que d'aller à la jeune fille et de la supplier par tous les moyens possibles. Je pense qu'elle ne repoussera pas votre demande, si toutefois Phinée s'est montré véridique en prédisant que notre retour aurait lieu grâce à la déesse Cypris. Or, ce doux oiseau qui lui est consacré a échappé à la mort; puisse donc arriver ce que, dans ma poitrine, mon cœur pressent d'après ce présage [1] ! »

L'intelligence d'un présage aussi clair ne semble pas réclamer le savoir d'un devin de profession : quand les Achaiens de l'*Iliade*, accablés par les Troyens qui les repoussent vers leur campement, voient, à la suite d'une prière adressée par Agamemnon à Zeus, un aigle, qui tient un faon dans ses serres et qui le laisse tomber auprès de l'autel où l'on sacrifiait au dieu, ils comprennent la signification de ce présage, sans avoir besoin de l'explication d'un devin, et ils fondent sur les Troyens avec ardeur [2].

Mopsos est, en somme, un devin médiocre et un homme de peu de sens. Les oiseaux le lui disent eux-mêmes; et il ne retire de sa science dans le langage des oiseaux d'autre profit que de s'entendre adresser ces mots par une corneille que ses compagnons ne comprennent pas : « Méprisable est le devin qui n'a

---

1. *Argon.*, III, v. 540-552.
2. *Iliad.*, VIII, v. 245-252.

pas su concevoir dans son esprit ce que savent les enfants eux-mêmes ¹ ! »

Voici en quelle occasion Mopsos s'attire cette critique bien méritée. — Jason va au rendez-vous qu'Argos lui a ménagé avec Médée; il est conduit par Argos et suivi par Mopsos, « habile à tirer des présages des oiseaux qu'il apercevait, habile à conseiller ceux avec qui il allait ². » Ce dernier éloge semble si peu fondé que le Scoliaste explique « habile à bien tirer des présages des oiseaux, alors qu'ils apparaissaient ou qu'ils se retiraient » ³. Quoi qu'il en soit, Mopsos ne comprend pas que sa présence est inopportune, que « la vierge ne dira à ce jeune homme aucune parole de bienveillance ou d'amour, tant qu'il sera accompagné par d'autres hommes, par des intrus » ⁴. C'est une corneille, interprète des volontés d'Héra ⁵, qui congédie ainsi « le mauvais devin, le mauvais conseiller » ⁶. Mopsos ne garde pas rancune à cette corneille si franche dans ses propos; il « sourit, en entendant la voix de l'oiseau inspiré par la divinité » ⁷, et il se conforme à ses ordres en se tenant à l'écart et en faisant rester Argos avec lui, pendant que Jason va seul à son rendez-vous.

Le fils d'Apollon, Idmon, sait, dit le poète, tirer des présages du feu aussi bien que de l'observation des oiseaux ⁸. M. Bouché-Leclercq se fonde sur le témoignage d'Hygin pour écrire : « La principale méthode divinatoire attribuée à Idmon, ou du moins la seule dont il soit fait mention, est l'ornithoscopie ⁹. » C'est

---

1. *Argon.*, III, v. 932-933.
2. *Argon.*, III, v. 918 : ...ἐσθλὸς δὲ σὺν εὖ φράσσασθαι ἰοῦσιν.
3. Scol. *Argon.*, III, v. 917. — Voir ma note au v. 918 du Ch. III.
4. *Argon.*, III, v. 933-935.
5. *Argon.*, III, v. 931. — La corneille est l'oiseau prophétique d'Héra. — Cf. Bouché-Leclercq, *ouvr. cité*, t. I, p. 133.
6. *Argon.*, III, v. 936.
7. *Argon.*, III, v. 938-939.
8. *Argon.*, I, v. 45.
9. Bouché-Leclercq, *ouvr. cité*, t. II, p. 39.

une erreur : dans le poème d'Apollonios, qui est, pour la légende des Argonautes, une autorité autrement sûre que la compilation d'Hygin, la méthode ornithoscopique d'Idmon est bien mentionnée, mais elle n'est que mentionnée. Par crainte, sans doute, de se répéter, le poète montre le seul Mopsos tirant des présages de l'observation des oiseaux. La méthode d'Idmon est l'*empyromancie*, qui n'a « rien de commun avec l'*extispicine* ou autopsie des victimes, inconnue au temps d'Homère » [1], et, à plus forte raison, au temps où se passe l'action des *Argonautiques*. Seul un faussaire maladroit, comme l'auteur de l'*Argonautique* attribuée à Orphée, peut faire du héros de son poème apocryphe l'inventeur de cette science [2]. Aux temps homériques, « lorsqu'on brûlait sur le brasier de l'autel les cuisses des victimes, on regardait si la fumée montait droit vers les immortels. Si la colonne de fumée paraissait tourmentée, ou arrêtée dans son ascension, il y avait lieu de craindre le courroux des dieux; de même si les viandes résistaient à la cuisson, ou tombaient par terre [3]. » Idmon n'examine pas les entrailles des victimes : il observe la fumée des sacrifices, et confirme, par la divination au moyen de cette fumée — c'est-à-dire la καπνομαντεία [4] — et par l'empyromancie, les notions que l'ornithoscopie lui a déjà fournies.

Au moment de quitter le port de Pagases, les Argonautes font un sacrifice à Apollon; les cuisses des victimes se consument, revêtues d'une couche épaisse de graisse. « L'Aisonide versait des libations de vin pur, et Idmon était plein de joie à la vue de la flamme du sacrifice qui brillait de tous côtés, et de la fumée qui — présage heureux — s'en élevait en tourbillons

---

1. Bouché-Leclercq, *ouvr. cité*, t. I, p. 169. — Cf. Terpstra, *Antiquitas Homerica*, Lugd. Bat., 1831, lib. I, cap. x, § 5.
2. *Argonautique* d'Orphée, v. 34.
3. Bouché-Leclercq, *ouvr. cité*, t. I, p. 169; cf. p. 178-180.
4. Sur la καπνομαντεία, voir Bouché-Leclercq, *ouvr. cité*, t. I, p. 179.

éclatants. Aussitôt, sans hésiter, il interpréta la pensée du fils de Létô : Pour vous, la destinée divine, la nécessité est que vous reveniez ici, porteurs de la toison. Mais, dans l'intervalle, à l'aller et au retour, innombrables sont les épreuves. Quant à moi, la cruelle volonté du dieu a fixé que je mourrai loin d'ici, quelque part sur le continent asiatique. C'est ce que, déjà autrefois, de funestes présages d'oiseaux m'avaient appris sur mon sort [1]. »

On le voit, la science de ces deux devins est bien médiocre, et leurs procédés sont bien rudimentaires. La seule supériorité du fils d'Apollon sur Mopsos, c'est que son art lui a appris sa mort prochaine.

Il semble que la jalousie de Zeus s'acharne sur les devins et veuille, en abrégeant leur vie, les punir de cette science qui empiète sur les mystères de la divinité. Si Mopsos ne sait pas, comme Idmon, qu'il doit mourir par un accident imprévu, le poète lui-même, dès le commencement des *Argonautiques*, tient à prévenir le lecteur du sort qui est réservé à l'Ampycide : « C'était le destin que Mopsos, habile à la divination, périrait aux confins de la Libye [2]. » Le fils d'Apollon, lui, sait que la mort doit l'atteindre pendant le voyage, mais il quitte son pays, volontairement, afin de laisser une bonne renommée et de ne pas être méprisé par ses concitoyens [3].

Et c'est une mort honteuse, indigne des héros, que la jalousie de Zeus réserve aux deux devins : ils ne tombent pas sous les coups des guerriers de Cyzique ou des compagnons d'Amycos. Idmon meurt, percé par la défense d'un sanglier [4]. « Elle ne put le sauver, sa

---

1. *Argon.*, I, v. 435-446.
2. *Argon.*, I, v. 80-81.
3. *Argon.*, I, v. 141 ; v. 447-448.
4. *Argon.*, II, v. 815-850.

science de l'avenir ; car la nécessité voulait qu'il mourût. » — La nécessité, on l'a déjà vu, est, dans les *Argonautiques*, synonyme de la volonté de Zeus[1]. — Mopsos meurt piqué à la jambe par un serpent[2]. Pour les deux héros, la blessure est sans remède, et la mort, rapide. Dans quelques ouvrages où il était question de la légende des Argonautes, Idmon jouait un rôle important en Colchide, et revenait, sans doute, sain et sauf avec ses compagnons, à Pagases[3]. Apollonios a tenu à le faire mourir, comme Mopsos, d'un accident sans gloire, pour montrer comment Zeus punit les devins de leur science.

Le dieu les punit aussi en les condamnant à une vie pire que la mort. Témoin ce devin Phinée dont Apollonios rattache l'histoire fabuleuse à la légende des Argonautes. Phinée enseigne aux héros « le chemin de la Colchide et le moyen d'échapper à l'étreinte des terribles Symplégades, qui devaient rester immobiles, après avoir manqué leur dernière proie. Le moyen était bien simple : il fallait d'abord constater qu'une colombe pouvait passer en volant à tire d'aile, et la suivre, en imprimant au navire, par un vigoureux effort, une vitesse égale. Il n'y a rien là qui dépasse la portée des connaissances humaines, et un homme bien renseigné valait en pareil cas un prophète[4]. »

Mais justement si, dans les avis donnés par Phinée, il n'y a rien qui dépasse la portée des connaissances humaines, c'est que, lorsque le devin a eu le malheur de faire montre de connaissances plus qu'humaines, la vengeance de Zeus s'est abattue sur lui.

Phinée avait reçu d'Apollon le don de prophétie : le

---

1. Voir, plus haut, p. 184-185.
2. *Argon.*, IV, v. 1502-1536.
3. Voir, dans ma traduction, les notes au v. 1372 du Ch. III, et aux v. 62 et 86 du Ch. IV.
4. Bouché-Leclercq, *ouvr. cité*, t. II, p. 40-41.

fils de Zeus peut bien conférer aux hommes le pouvoir de la divination, mais c'est à Zeus jaloux qu'il appartient d'en restreindre l'usage. Phinée a été indiscret : il s'est servi sans mesure du don qui lui venait d'Apollon ; aussi l'Érinys envoyée par Zeus s'est ruée sur lui à coups de pied[1]. Aveugle, vieux avant le temps, victime des immondes Harpyes, le devin imprudent « plus que tous les hommes eut à supporter de funestes maux, à cause de cette science que le Létoïde lui avait autrefois donnée : car il n'avait pas eu la moindre réserve, et ses oracles avaient dévoilé aux hommes en toute exactitude les desseins sacrés de Zeus lui-même »[2].

Qu'on le remarque : les traditions anciennes attribuaient des causes diverses à la cécité et aux malheurs de Phinée. Suivant les unes, le devin aurait préféré une longue vie à l'usage de la vue; suivant d'autres, ses infortunes seraient la punition, soit du secours donné aux fils de Phrixos, soit des mauvais traitements qu'il aurait infligés à ses propres fils[3].

En disant nettement que Phinée a souffert parce qu'il usait sans mesure de sa science divinatoire en faveur des hommes, Apollonios fait du vieux prophète un héros philanthrope à la manière de Prométhée, victime comme le Iapétide de la jalousie de Zeus. Le maître des dieux consent bien à donner aux devins une part qu'il fixe lui-même dans la connaissance des mystères de l'avenir : mais il ne souffre pas qu'ils s'arrogent d'eux-mêmes le pouvoir de dire tout ce qu'ils connaissent. La longueur de la vie humaine est abrégée pour les plus modestes devins; et des peines honteuses et dures sont réservées à ceux dont la science, sûre d'elle-même, se montre orgueilleuse.

Le vrai dieu de la divination, ce n'est pas Apollon,

---

1. *Argon.*, II, v. 220-221.
2. *Argon.*, II, v. 179-182.
3. Voir, dans ma traduction des *Argonautiques*, la note au v. 178 du Ch. II.

qui en accorde le don à quelques hommes, mais Zeus qui restreint à son gré l'usage de ce don et qui en châtie cruellement l'abus. L'avenir n'est à aucun des dieux : il appartient à Zeus qui n'en révèle que ce qu'il lui plaît. C'est Phinée lui-même, instruit par une pénible expérience, qui l'enseigne aux Argonautes : « Écoutez donc : certes, il n'est pas permis que vous connaissiez toute chose clairement... J'ai pâti déjà pour avoir révélé imprudemment les conseils de Zeus, et prédit l'avenir en annonçant l'enchaînement des faits jusqu'à leur terme. Car le dieu veut ne dévoiler aux hommes qu'incomplètement la connaissance de l'avenir, pour qu'ils ignorent toujours quelque chose des conseils divins [1]. »

Aucun dieu ne peut dévoiler ce que Zeus veut cacher; la protection d'aucun d'eux ne saurait prévaloir contre les ordres du maître. Le Zeus d'Apollonios n'a pas besoin, comme le Zeus homérique, de faire parade de sa force, de rappeler qu'il a suspendu Héra dans l'espace, alors qu'impuissants à la délivrer les autres dieux murmuraient en vain [2]. Les dieux des *Argonautiques* n'oseraient pas même murmurer contre leur maître qui vit loin d'eux, invisible à leurs yeux comme à ceux des hommes, gouvernant le monde du fond de sa retraite silencieuse. Seul arbitre de la punition ou du pardon, « Zeus protecteur des suppliants, le plus terrible des dieux pour les hommes criminels [3], » est toujours entouré du respect et de la crainte des mortels. Si les Argonautes font naufrage dans la Syrte c'est, pensent-ils, parce qu'ils sont « partis contre la volonté de Zeus » [4]. Ils se résignent à la mort, car « assurément Zeus ne veut pas mettre le jour du retour comme terme à leurs épreuves [5]. » Leur fatalisme se

1. *Argon.*, II, v. 311-316.
2. *Iliad.*, XV, v. 18-22.
3. *Argon.*, II, v. 215-216.
4. *Argon.*, IV, v. 1254.
5. *Argon.*, IV, v. 1275-1276.

soumet aux ordres de cette volonté, qu'ils doivent accepter et qu'ils ne peuvent deviner, car les révélations en sont rares et incomplètes.

« O père Zeus, un grand étonnement trouble mon âme[1] ! » C'est Apollonios qui parle ainsi, en son propre nom : les héros des *Argonautiques* ne s'adressent pas au dieu suprême. Je l'ai déjà dit : dans les *Argonautiques*, les prières ne sont pas, comme dans l'*Iliade*, les filles de Zeus[2]. On ne voit pas les personnages d'Apollonios lever les mains vers le ciel, on ne les entend pas crier vers les dieux, — vers Zeus, surtout, — comme font les héros homériques[3].

On ne trouve guère dans le poème alexandrin que des prières officielles; on n'en rencontre pas qui soient des élans sincères de l'homme vers la puissance et la bonté divine.

Au moment du départ des Argonautes, les femmes d'Iolcos et Alcimédé elle-même se bornent à exprimer en formules banales de vagues regrets : « Plût au ciel — disent ces femmes — que Phrixos eût été englouti avec le bélier dans les flots sombres[4] ! » — « Plût au ciel — dit Alcimédé — que le jour où j'ai entendu Pélias prononcer l'ordre fatal, j'eusse aussitôt rendu l'âme[5] ! » C'est une phrase toute faite pour marquer l'étonnement, ce n'est pas une prière que les habitants d'Iolcos prononcent, quand ils s'écrient : « O roi Zeus, quel est le dessein de Pélias[6] ? » Dans les angoisses de la séparation, Jason et Alcimédé ne songent pas à élever par la prière leurs âmes vers les dieux. Le fils

---

1. *Argon.*, IV, v. 1673.
2. Voir, plus haut, p. 188.
3. Sur les prières dans les poèmes homériques, voir Terpstra, *Antiquitas Homerica*, lib. I, cap. VI, p. 21-25.
4. *Argon.*, I, v. 256-257.
5. *Argon.*, I, v. 278-280.
6. *Argon.*, I, v. 242.

dit simplement à sa mère : « Les dieux distribuent des maux imprévus aux mortels[1]. » — La prière serait évidemment sans effet sur ces dieux indifférents et froids, et sur Zeus, leur chef.

Quand Argo va prendre la mer, Jason fait un sacrifice et adresse une prière à Apollon protecteur des embarquements[2] : mais ce n'est qu'une simple formalité, ordinaire à tous ceux qui s'embarquent.

Quand Jason quitte Lemnos, Hypsipylé dit simplement : « Que les dieux te ramènent avec tes compagnons, sains et saufs, portant au roi la toison[3] ! » Ce souhait lui suffit : elle ne fait aux dieux aucune prière pour qu'ils en amènent la réalisation. « Hypsipylé, — répond Jason, — puissent les événements tourner aussi bien, les dieux le voulant[4]. »

Les Argonautes sont loin d'être impies, on l'a déjà vu : ils sont religieux, superstitieux même. Ils font des sacrifices aux dieux suivant les rites ; ils leur adressent des prières officielles dans les occasions où il convient de prier la divinité. Mais ils ignorent la prière spontanée et personnelle qui, dans les moments d'angoisse, est un élan de l'âme humaine vers la puissance divine.

Vainqueurs des Bébryces, les Argonautes offrent aux dieux des sacrifices d'actions de grâce[5]. Avant de quitter la demeure de Phinée, ils invoquent Apollon dieu des oracles, ils lui font un sacrifice[6] ; ils construisent aussi sur le rivage, en l'honneur des douze dieux bienheureux, un autel où ils immolent des victimes[7]. A leur arrivée dans l'île Arétias, ils se rendent au temple d'Arès pour immoler des brebis[8] : car il est convenable

1. *Argon.*, I, v. 298.
2. *Argon.*, I, v. 402-425.
3. *Argon.*, I, v. 888-889.
4. *Argon.*, I, v. 900-901.
5. *Argon.*, II, v. 153-166.
6. *Argon.*, II, v. 493-495.
7. *Argon.*, II, v. 528-534.
8. *Argon.*, II, v. 1168-1171.

d'honorer le dieu protecteur du pays où l'on aborde. C'est pour le même motif que, dès que le navire Argo a pénétré dans le Phase, Jason verse au milieu des eaux du fleuve des libations de vin pur en l'honneur de Gaia, des dieux du pays et des âmes des héros morts : il les supplie à genoux de lui être secourables et propices [1]. Au moment du mariage de Jason et de Médée, on fait, suivant les rites, des sacrifices aux dieux; on leur adresse des prières [2] : c'est le cérémonial ordinaire des mariages.

La religiosité des Argonautes ne se contente pas de célébrer les pratiques des cultes connus. Quand les héros passent à Samothrace, ils se font initier aux mystères particuliers à cette île [3]. Quand ils se trouvent aux environs du Dindymos, quand ils apprennent quelle est la divinité vénérée sur cette montagne, ils instituent une fête sacrée en l'honneur de Rhéa. Confection d'un *xoanon* de la déesse, édification d'un autel, supplications prononcées à genoux par Jason entouré de ses compagnons, couronnés de feuilles de chêne, libations versées sur les victimes enflammées, danse armée exécutée par les Argonautes : il ne manque rien aux formalités de ce culte que les Minyens portent d'emblée à la perfection et que les futurs adorateurs de la déesse n'auront qu'à suivre exactement [4].

Abstraction faite de ces divers épisodes où les supplications aux dieux ne sont autre chose qu'une partie des formalités du culte, les prières des Argonautes s'adressent aux dieux, d'ordre secondaire généralement, qui les ont provoquées en quelque sorte par des manifestations merveilleuses de leur présence. Si, à leur arrivée dans l'île Thynias, les héros élèvent des

---

1. *Argon.*, II, v. 1271-1275.
2. *Argon.*, IV, v. 1128 et suiv.
3. *Argon.*, I, v. 910-921.
4. *Argon.*, I, v. 1117-1152. — Voir, plus haut, l. I, ch. III, p. 60 et suiv.

autels, offrent un sacrifice et instituent un chœur de danse en l'honneur d'Apollon, c'est que le dieu s'est, pour ainsi dire, rappelé à leur souvenir en leur apparaissant d'une manière fantastique au moment du crépuscule du matin [1]. La cérémonie religieuse est une réponse d'actions de grâces au miracle que le dieu a procuré aux voyageurs. Si Jason s'adresse aux déesses tutélaires de la Libye, c'est que leur apparition, leurs bons avis, leurs promesses l'ont à la fois autorisé et incité à faire cette prière [2]. De même, ce sont les transformations merveilleuses des Hespérides qui engagent Orphée à leur adresser ses supplications pour se les concilier [3]. C'est lorsque Triton a manifesté sa qualité divine par ses sages conseils et ses avis bienveillants, qu'on lui fait un sacrifice, qu'on lui adresse des prières [4]. Après avoir échappé aux dangers des Syrtes, grâce à l'intervention du dieu, on lui élève en reconnaissance des autels, ainsi qu'à son père Poseidon [5].

Si les dieux ne provoquent pas des prières de la part des hommes, il est rare que ceux-ci leur en adressent spontanément. L'opinion des héros d'Apollonios et, semble-t-il, du poète lui-même sur l'efficacité de la prière est formulée dans ce conseil que Phinée donne aux Argonautes : « Tenant bien en mains les rames, fendez les flots du détroit : car votre salut ne sera pas tant dans vos prières que dans la force de vos bras... Avant ce moment, je ne vous défends pas d'invoquer les dieux [6]. » Le vieux devin parle à peu près comme le sceptique Salluste fera parler le stoïcien Caton : « Ce n'est pas, dit Caton au Sénat occupé à délibérer

---

[1]. *Argon.*, II, v. 669-719.
[2]. *Argon.*, IV, v. 1305 et suiv.
[3]. *Argon.*, IV, v. 1400-1460.
[4]. *Argon.*, IV, v. 1593-1600.
[5]. *Argon.*, IV, v. 1621-1622.
[6]. *Argon.*, II, v. 332-334, 336.

sur le sort des complices de Catilina, ce n'est pas par des prières et des supplications de femmes que l'on se ménage le secours des dieux : veillez, agissez, prenez de sages résolutions, et tout vous réussit. Si vous vous livrez à la lâcheté et à l'inaction, c'est en vain que vous implorerez les dieux[1]. » C'est le simple bon sens, sinon l'impiété, qui s'exprime ainsi; en tout cas, ce n'est pas la foi.

Phinée, on le sait, est loin d'être un impie ; il fait profession d'une humble obéissance à la volonté de Zeus qui l'a si cruellement frappé, mais il n'a pas foi à l'intervention du dieu en faveur des hommes, amenée par la prière.

Aussi, ne voit-on que bien rarement, quand la situation est désespérée, les Argonautes recourir à la prière comme à un pis aller; et encore, cette prière ne s'adresse-t-elle pas à Zeus. Effrayés par la nuit profonde qui s'étend sur la mer de Crète, les héros invoquent Phoibos, qui est plus près d'eux que Zeus, qui leur est déjà apparu dans l'île Thynias; leur prière fait appel aux sentiments intéressés du dieu à qui ils proposent une sorte de marché : sauvés par Apollon, ils porteront des présents magnifiques à ses divers sanctuaires[2]. Cette prière est une exception : en proie à l'angoisse qui leur est causée, soit par des difficultés physiques, soit par de terribles inquiétudes morales; ils s'abstiennent de prier les dieux. C'est la voix d'Argo — et non le sentiment religieux des Argonautes — qui ordonne à Castor et à Pollux de supplier les dieux immortels, et cela dans un intérêt immédiat, pour que la volonté divine ouvre au navire les routes de la mer d'Ausonie[3].

---

1. *Catilina*, LII : « *Non votis, neque suppliciis muliebribus auxilia deorum parantur : vigilando, agendo, bene consulendo prospera omnia cedunt. Ubi socordiae te atque ignaviae tradideris, nequidquam deos implores...* » — Voir le passage d'un discours de Métellus Numidicus, dont le sens est à peu près le même, cité par Aulu-Gelle, I, VI, 8.
2. *Argon.*, IV, v. 1694 et suiv.
3. *Argon.*, IV, v. 587-591.

Les héros sont épouvantés par la loi cruelle qu'Aiétès leur a imposée; aucun d'eux, pas même Jason, ne songe à élever une prière vers Zeus. Ils ne prient pas non plus au milieu des dangers dont Charybde et Scylla les menacent. Jetés au fond des Syrtes, ils se jugent perdus; ils s'abandonnent au désespoir, ils ne se confient pas à la prière. Ils se disent qu'ils sont partis contre la volonté de Zeus [1]; persuadés que Zeus ne veut pas mettre le jour du retour comme terme à leurs souffrances [2], ils se résignent, ils s'étendent sur le sable dans leurs manteaux; ils n'ont pas l'idée de s'arracher à leur assoupissement, de se lever pour prier.

Vénéré en Colchide comme dans l'Hellade, Zeus n'est pas plus prié par Aiétès que par les Argonautes. Le père de Médée prend Zeus, en même temps qu'Hélios [3], à témoin des mauvaises actions de sa fille, mais il ne le supplie pas. Médée elle-même, dans les longues heures de sa nuit d'insomnie, ne trouve pas un instant pour prier. Quand elle craint d'être abandonnée par Jason, elle supplie à genoux Arété, une reine étrangère; elle prie tour à tour chacun des Argonautes, ces ennemis des Colchiens. Elle ne songe pas à adresser ses prières à Zeus. Les humains sentent que le dieu tout-puissant de l'Olympe est trop loin d'eux pour s'inquiéter de leurs supplications.

VI

Si les personnages humains des *Argonautiques* ont conscience qu'ils sont loin de Zeus, les autres dieux, eux aussi, savent qu'ils sont bien éloignés de leur roi.

---

1. *Argon.*, IV, v. 1254.
2. *Argon.*, IV, v. 1275-1276.
3. *Argon.*, IV, v. 229-235.

Le conseil divin ne se réunit pas sous sa présidence, comme dans les épopées homériques. On l'a vu, quand Héra et Athéné veulent délibérer, elles s'enferment dans une chambre retirée, loin de Zeus, et le dieu ne daigne pas s'apercevoir, comme il le fait dans l'*Iliade*, des ruses de sa femme [1]. C'est loin de Zeus aussi que Ganymède et Éros jouent aux osselets [2], comme si les ébats bruyants de ces deux enfants étaient capables de troubler les profondes méditations de ce dieu, qui, dans l'*Iliade*, au contraire, se plaît au milieu des éclats de rire sonores des immortels.

Par une sorte d'anachronisme qu'il lui était bien difficile d'éviter, Apollonios a placé, dans un poème qu'il voulait faire antéhomérique, un Zeus bien postérieur à celui de l'*Iliade* et de l'*Odyssée*. L'époque où se passe l'action des *Argonautiques* est plus ancienne que celle des épopées d'Achille et d'Ulysse. Il est déjà question, dans l'*Odyssée*, du navire Argo [3]; d'après Apollonios lui-même, au moment du départ d'Argo pour le pays d'Aiétès, le fils de Pélée, Achille, le futur héros de l'*Iliade*, n'est encore qu'un petit enfant que la femme du centaure Chiron porte dans ses bras [4]; et cependant, le Zeus des *Argonautiques* semble un vieillard à côté du Zeus de l'*Iliade* et de l'*Odyssée*.

Si l'érudition du Musée peut restituer et compléter les légendes les plus antiques qui concernent les héros d'Homère, il est évident que l'esprit alexandrin ne peut concevoir Zeus comme le génie homérique le concevait. Entre l'époque primitive de la civilisation hellénique et le temps des Ptolémées, la conception de la divinité supérieure a dû changer autant que celle de la royauté. Considéré comme dieu suprême, le Zeus

---

1. *Argon.*, III, v. 8-9.
2. *Argon.*, III, v. 114. — Voir ma note à ce vers.
3. *Odyssée*, XII, v. 70.
4. *Argon.*, I, v. 557-558.

d'Apollonios doit ressembler aussi peu au Zeus homérique que Ptolémée ressemble peu à Agamemnon. Premiers entre leurs pairs, Zeus, le dieu des dieux, et Agamemnon, le roi des rois, président des conseils où leur voix n'est pas toujours écoutée, ont des intrigues à dissiper, des révoltes à soumettre, et n'établissent, en somme, leur pouvoir précaire que grâce à la supériorité de la force brutale ou de l'intelligence rusée. Ils se mêlent à la vie active des hommes ou des dieux. Mais, alors que Ptolémée reste au fond de son palais et gouverne de loin, invisible et redouté, Zeus aussi reste enfermé dans sa demeure olympienne et administre le monde physique et le monde moral sans tenir de conseils divins, sans même se laisser voir des autres dieux dont la puissance apparente est nulle quand elle veut faire obstacle à ses décisions absolues.

Le Zeus des *Argonautiques* est un dieu souverain dont la haute divinité, survivant à la légende qui la rapprochait de l'humanité, s'est épurée avec le temps. Il semble, comme le Moïse d'Alfred de Vigny, avoir « vieilli puissant et solitaire ». Ce dieu invisible, qui dirige tout dans sa solitude, doit connaître la mélancolie de la toute-puissance, la tristesse de la supériorité absolue qui l'isole des autres dieux. Mais ceux-ci ne peuvent être, comme autrefois, ses compagnons, car ils ne sont plus ses égaux. Zeus, à proprement parler, est le seul dieu.

Le monde entier est plein de Zeus, disait l'Alexandrin Aratos, dans le Préambule de ses *Phénomènes* : mais les hommes ne connaissent pas ce dieu dont l'esprit divin, et non la présence réelle, occupe toutes les parties de l'univers. L'esprit de Zeus plane bien haut, comme l'esprit de l'Élohim de la *Genèse* planait au-dessus des eaux, avant la création du monde. Ce qu'Arété disait d'Aiétès, les hommes peuvent le dire de Zeus : « Aiétès ne demeure pas dans notre voisinage. Aiétès nous est tout à fait inconnu, nous entendons seulement parler de lui[1]. » Zeus n'est pas dans le voisinage des hommes, ni dans celui des dieux; il ne se fait connaître aux hommes par aucune manifestation; on sait seulement qu'il est la divinité suprême.

Autrefois, dit Apollonios, ce dieu suprême a été un enfant qui ne savait encore dans son esprit que ce que savent les enfants[2]. Il semble que, longtemps après avoir été un enfant, comme les fils des hommes, il soit, comme eux, soumis à la vieillesse, sinon à la mort.

Les légendes de sa jeunesse ne sont plus qu'un lointain souvenir. C'est jadis qu'il a frappé Typhaon de son tonnerre; jadis qu'il a fait souffler les vents Étésiens pour la première fois; jadis qu'il a exercé ses vengeances divines et qu'il s'est abandonné à la fureur de ses passions.

>...Sed haec prius fuere; nunc recondita
> Senet quiete[3].

Dans le repos majestueux où il vieillit, le Zeus d'Apollonios n'est plus le Cronide homérique qui se réjouit à lancer la foudre, qui se plaît à faire jaillir la lueur blanche de l'éclair, le dieu au fracas retentissant qui gronde au plus haut du ciel, précipitant, dans sa fureur, sur la terre la pluie abondante qui inonde les champs, la grêle serrée qui fauche les moissons, la neige épaisse dont les blancs flocons couvrent la campagne. Souverain régulateur de tous les phénomènes atmosphériques qu'il ne produit que lorsque c'est nécessaire, le Zeus d'Apollonios est le même que celui d'Aratos, que ce dieu juste et bon dont les phénomènes indiquent et règlent les saisons, au lieu d'être les signes capricieux de sa faveur ou de sa colère.

---

1. *Argon.*, IV, v. 1076-1077.
2. *Argon.*, I, v. 508.
3. Catulle, IV, v. 25.

Zeus règle l'ordre moral, comme l'ordre physique, avec une sagesse profonde, une expérience de vieillard que les passions ne peuvent égarer. Si Apollonios indiquait une représentation figurée de Zeus, il le dépeindrait comme les artistes italiens de la Renaissance peignaient le Dieu des chrétiens, avec le visage d'un vieillard dont les traits respirent la sérénité profonde et la toute-puissance.

Mais Apollonios ne trace aucune image de son Zeus. Un sculpteur alexandrin n'aurait pu trouver dans les *Argonautiques* le modèle d'une statue du dieu, comme Phidias avait vu dans des vers fameux de l'*Iliade* le type du Zeus Olympien qu'il devait faire revivre dans l'or et dans l'ivoire [1]. L'épopée alexandrine ne donne aucune indication sur les traits du visage, sur la majesté de l'aspect de ce dieu suprême qui, dégagé maintenant des liens étroits de l'anthropomorphisme, semble ordonner aux érudits et aux penseurs de ne plus le représenter suivant leur image humaine.

Quelque embellie, quelque agrandie que soit cette image, conçue dans l'*Iliade*, exécutée dans la statue chryséléphantine d'Olympie, elle ne saurait pourtant être digne du dieu suprême de l'époque alexandrine que le sage peut concevoir, mais que l'artiste ne peut représenter.

En dernière analyse, le Zeus des *Argonautiques*, comme celui de l'école platonicienne, s'éloigne aussi bien de l'Élohim de la *Genèse* qui a fait Adam à son image et à sa ressemblance, que du Zeus de l'*Iliade* que les hommes se représentaient à leur image et à leur ressemblance divinement agrandies et embellies.

Le Zeus de l'époque alexandrine, très puissant, très sage, très juste et très bon, serait presque le Dieu des chrétiens s'il était moins loin des hommes. Mais un

---

1. Strabon, VIII, III, 30. — Cf. Macrobe, *Saturn.*, V, XIII.

abîme sépare Zeus et Dieu. Les chrétiens adorent un père miséricordieux et tendre, que la prière rapproche d'eux, qui s'inquiète de ses enfants, qui a compté tous les cheveux de leur tête[1]. Les érudits et les sages conçoivent un père juste et bon, sans doute, mais d'une justice austère, d'une bonté froide, avec qui ils ne savent pas se mettre en communication par la prière, qui rapproche la créature chrétienne de son créateur.

1. *Évangile* de Mathieu, X, 30.

CHAPITRE II

JUPITER

I. Jupiter, fils de Saturne et de Cybèle. Son enfance. Jupiter armé de la foudre par les Cyclopes. Jupiter a foudroyé les Titans, les Aloïades, Égéon, Encélade, Typhon, Salmonée et Anchise. La foudre de Jupiter aux mains d'Héra et d'Athéné.

    L'Olympe demeure de Jupiter et des dieux du ciel. Conception virgilienne de l'Olympe. Les dieux s'assemblent dans l'Olympe sous la présidence de Jupiter. Entretiens de Jupiter avec les dieux.

    Jupiter a Junon pour femme légitime. Renseignements donnés par Virgile sur ses divers enfants. Hercule. Vénus. Le génie Palique. Iarbas. Jupiter considéré, dans l'*Énéide*, comme le père des races de Dardanus et d'Énée.

    Aventures amoureuses de Jupiter : Io. Juturne. Ganymède.

II. Jupiter considéré comme le dieu de tous les phénomènes atmosphériques. Jupiter dieu de la pluie. Caractère de l'Éole de Virgile. Les vents dont les conflits causent les tempêtes : l'Eurus, le Notus, l'Africus; l'Aquilon, le Zéphyre; l'Auster. Sacrifices aux vents et à la tempête. Le Caurus. Personnification du vent Borée; Orithyia; la postérité de Borée. L'épisode des Harpyes, dans l'*Énéide*, complète l'épisode correspondant des *Argonautiques*. Description et caractère des Harpyes. Rôle d'Iris dans l'*Énéide*. Iris messagère de Jupiter et de Junon; Mercure messager de Jupiter. Les astres qui excitent les tempêtes ou qui amènent la sécheresse. Orion et Sirius. Les astres soumis à Jupiter.

III. Jupiter arbitre souverain du monde moral. Jupiter est le père et le maître des hommes et des dieux. Le Jupiter de l'*Énéide* ne vit pas à l'écart des autres Olympiens. Le conseil des dieux.

    Dans quels rapports sont entre eux les pouvoirs de Jupiter et ceux des autres dieux. La théorie des *numina*. Hiérarchie des divers *numina*.

    Dans quels rapports sont entre eux les pouvoirs de Jupiter et des autres dieux avec le pouvoir de la destinée. La théorie du *Fatum*. Le hasard *(fortuna, sors, casus)*. Puissance de la Fortune dans l'*Énéide*. La Fortune des nations et la Fortune des individus. Influence sur la Fortune que les hommes attribuent aux dieux. Prières à la divinité. Les dieux n'ont aucun pouvoir sur le *Fatum*. Limites de la puissance de Jupiter. Jupiter et le *Fatum*. Les Parques, agents subalternes du *Fatum*.

IV. Rapports de Jupiter avec les hommes. Comment Jupiter fait connaître à l'humanité ce qu'il a décrété de concert avec le *Fatum*. Conversations de Jupiter avec les dieux. Communications avec les hommes par l'intermédiaire de Mercure. La Furie, messagère de Jupiter. Les Furies dans l'*Énéide*. Leurs rapports avec les Harpyes des

Argonautiques. Tisiphoné, Allecto et Mégère. Théories contradictoires de l'*Énéide* sur les Furies. Les *Dirae.* Noms divers des Furies. Leur origine; leur demeure et leur rôle aux Enfers. Tisiphoné punit les damnés du Tartare. Allecto agent de Junon sur la terre et messagère de Jupiter.

Communications de Jupiter et des dieux avec les hommes par le moyen des songes. Les apparitions qui se présentent aux hommes endormis sous forme de songes. Les songes vrais et les songes trompeurs. Les songes naturels dus à des préoccupations morales. Les songes envoyés par les dieux. Interprétation facile ou nécessité de l'*onirocritique*. Songes envoyés par les dieux autres que Jupiter. Apparition du Tibre à Énée endormi. D'où viennent les Songes. Le dieu Somnus. Son autorité subordonnée au pouvoir suprême de Jupiter. Somnus et Palinure. Faunus et les pratiques de l'*incubatio*.

V. *Monita* que les dieux donnent aux hommes; les suggestions divines. Les présages. Valeur relative des termes dont Virgile se sert pour désigner les présages. Les *signa;* les *portenta;* les *monstra;* les *prodigia.* L'*augurium;* la science augurale dans l'*Énéide.* Les *haruspices.* Sens du mot *augurium* et du mot *auspicium.* Rapports des *omina* et des *auguria.*

VI. Conclusions. Le Jupiter de l'*Énéide* est le *Jupiter Optimus Maximus* de Rome. Il est impartial, équitable, bienveillant. Rareté, dans l'*Énéide,* des impies et des sceptiques qui blasphèment Jupiter ou qui ne se soucient pas de lui. Jupiter est universellement invoqué et pris à témoin par les personnages de l'*Énéide.* Jupiter est le dieu purificateur et hospitalier, le dieu des serments et des traités. Le Jupiter de l'*Énéide,* qui est représenté à l'image du Zeus homérique, est aimé et prié comme ne l'était pas le Zeus des *Argonautiques.*

I

Fils de Saturne et de Cybèle, comme le Zeus d'Apollonios est fils de Cronos et de Rhéa, le Jupiter de Virgile a été nourri dans l'antre du Dicté par les abeilles qu'attirait le bruit retentissant des cymbales d'airain maniées par les Curètes [1]. La Crète, où le dieu enfant a été élevé, lui est restée consacrée [2] : il y possède des forêts [3], sans doute des forêts de chênes [4]; il est le dieu adoré sur le mont Ida de Crète, et c'est à ce titre qu'Énée l'invoque [5].

1. *Géorg.*, IV, v. 152 : [apes] *Dictaeo caeli regem pavere sub antro.*
2. *Én.*, III, v. 104 : *Creta Iovis magni.*
3. *Én.*, IX, v. 672 : ...*Idaeo Alcanore creti, Quos Iovis eduxit luco silvestris Iaera.*
4. *Én.*, III, v. 680 : *Aeriae quercus... silva alta Iovis.* — Cf. *Géorg.*, II, v. 15 : ... *nemorumque Iovi quae maxima frondet Aesculus, atque habitae Graiis oracula quercus;* III, v. 332 : ... *magna Iovis antiquo robore quercus.*
5. *Én.*, VII, v. 139 : *Idaeumque Iovem.*

Il a déjà été raconté comment Jupiter a détrôné Saturne, qui a dû se retirer en Italie; on a déjà vu quel respect filial il témoigne à l'endroit de sa mère Cybèle [1].

Au moment où se passe l'action de l'*Énéide*, Jupiter est, depuis longtemps, sorti vainqueur de toutes les luttes qu'il a dû soutenir contre les dieux des générations antérieures. Armé de la foudre par les Cyclopes [2], il a foudroyé et précipité aux enfers les Titans [3], les frères Aloïades, ces géants monstrueux qui avaient essayé de prendre d'assaut le vaste ciel et de renverser le dieu des royaumes d'en haut [4], Égéon, le monstre aux cent bras, aux cent mains, qui vomissait par cinquante bouches la flamme ardente dans cinquante poitrines, alors que pour combattre la foudre du dieu,

---

1. Cf. *Én.*, IX, v. 80-106. — Voir, plus haut, l. I, ch. III, p. 54-56, 59, 74-75.
2. *Én.*, VIII, v. 423-432. Ce passage est imité des v. 730-734 du Ch. I des *Argonautiques* : mais il faut remarquer que les Cyclopes de l'*Énéide* sont les ouvriers de Vulcain, tandis que l'Héphaistos des *Argonautiques* travaille seul (*Argon.*, III, v. 36 et suiv.). D'autre part, les Cyclopes de l'*Énéide* font, en outre de la foudre, le char de Mars, les armes de Pallas (*Én.*, VIII, v. 433 et suiv.); le palais infernal de Pluton et le mur qui l'entoure ont été aussi forgés dans leurs fournaises (*Én.*, VI, v. 630). — A côté des Cyclopes de la *Théogonie*, forgerons de Zeus, Virgile cite les Cyclopes de l'*Odyssée*, géants sauvages et monstrueux dont le plus puissant était Polyphème (cf. *Én.*, III, v. 569 : ...*Cyclopum adlabimur oris;* v. 617-691). Comme Thucydide (VI, 11), il place la demeure de ces monstres auprès de l'Etna (*Én.*, III, v. 678 : *Aetnaeos fratres;* XI, v. 263 : ...*Aetnaeos vidit Cyclopas Ulyxes*) : ce qui ne laisse pas d'amener une certaine confusion entre les géants vus par Ulysse et par Énée aux environs de l'Etna, et les ouvriers de Vulcain qui travaillent dans les cavernes de la même montagne (*Én.*, VIII, v. 418 : ...*Cyclopum exesa caminis Antra Aetnaea tonant*), et qui sont désignés, eux aussi, par le nom de *Aetnaei Cyclopes* (*Én.*, VIII, v. 440) : mais il n'est pas vraisemblable que Virgile ait eu l'idée d'identifier ces deux sortes de personnages.
3. *Én.*, VI, v. 580 :
   Hic genus antiquum Terrae, Titania pubes,
   Fulmine deiecti fundo volvuntur in imo.
4. *Én.*, VI, v. 582 : ...*Aloidas geminos... qui manibus magnum rescindere caelum adgressi, superisque Iovem detrudere regnis.* Cf. *Géorg.*, I, v. 280. Voir plus haut, l. I, ch. II, p. 43-44. — Virgile est en contradiction avec l'*Odyssée* (XI, v. 317-320), où il est dit que les Aloïades périrent de la main d'Apollon : ce qu'Idmon rappelle dans les *Argonautiques* (I, v. 482 et suiv.).

il brandissait cinquante épées et faisait retentir autant de boucliers [1]. Il a aussi à moitié consumé Encélade des feux de son tonnerre, avant de l'enfouir sous l'Etna [2] ; il a fait peser sur Typhon foudroyé l'île d'Inarimé [3].

Depuis le temps des grandes luttes, la colère du dieu jaloux s'est également appesantie sur un dieu qui voulait arracher les hommes à la mort, sur un roi qui tentait d'imiter le bruit du tonnerre, sur un prince troyen que Vénus avait distingué. « Indigné qu'un mortel remontât de la nuit des enfers à la clarté de la vie, le père tout-puissant précipita d'un coup de sa foudre dans les eaux du Styx le fils d'Apollon, inventeur de cet art de guérir [4]. » Salmonée avait essayé de contrefaire l'éclat de la foudre et le bruit du tonnerre : « Mais le père tout-puissant brandit au milieu des nuages un trait enflammé et non pas des torches fumeuses, et il le précipita au fond du Tartare dans un épouvantable tourbillon de feu [5]. » Anchise rappelle lui-même que le père des dieux et des hommes l'a effleuré du vent de sa foudre et touché de son feu céleste [6].

---

1. *Én.*, X, v. 565-568. Égéon, sous son autre nom de Briarée, est aussi placé aux Enfers (*Én.*, VI, v. 287). Voir plus haut, l. I, ch. II, p. 44. — En faisant de ce géant un ennemi et une victime de Jupiter, Virgile est en contradiction avec la doctrine homérique. Cf. *Iliad.*, I, v. 402-404. Voir ma note au v. 1165 du Ch. I des *Argonautiques*.
2. *Én.*, III, v. 578 et suiv. — Encélade, d'après l'*Énéide* (IV, v. 179), serait le frère de Coios et de la déesse allégorique *Fama*. — Sur Encélade, voir la note de Forbiger au v. 578 du Ch. III de l'*Énéide*.
3. *Én.*, IX, v. 716. Cf. I, v. 665.
4. *Én.*, VII, v. 770-773. — Voir Apollonios, *Argon.*, IV, v. 616, et ma note à ce vers.
5. *Én.*, VI, v. 592-594. — Salmonée est déjà nommé ἄδικος par Hésiode (édit. Didot, *Fragm.* XXIII). M. Decharme (*Mythol.*, p. 17) fait remarquer que l'« image du char roulant et grondant du tonnerre n'est pas étrangère à la Grèce ». Quand, armé d'une torche enflammée qu'il secouait, Salmonée lançait sur un pont d'airain son char attelé de quatre chevaux aux sabots retentissants, le roi impie de l'Élide essayait une sacrilège parodie de la course du char de Zeus au milieu des nuées chargées d'orage.
6. *Én.*, II, v. 647-649. — Dans l'*Hymne homérique à Aphrodite* (v. 287 et suiv.), la déesse menaçait Anchise de ce châtiment s'il dévoilait aux hommes le secret de ses amours.

Aussi bien dans l'*Énéide* que dans les *Argonautiques*, la foudre, le tonnerre et l'éclair sont les insignes qui font la gloire du dieu [1]. Jupiter, qui règle par ses ordres éternels les destinées des hommes et des dieux, les effraie les uns et les autres par sa foudre [2].

Par sa foudre aussi, il donne des présages aux mortels [3]; par les éclats de son tonnerre, il sanctionne les serments auxquels il assiste, invisible [4]. Virgile représente le Jupiter romain *Fulgurator, Fulminaris, Fulminator* [5], identique au Ζεὺς τερπικέραυνος des poèmes homériques. Le fils de Saturne conserve dans l'*Énéide* son caractère primitif de « dieu de la foudre » [6].

Mais il y a une différence à noter dans l'emploi qu'il fait de la foudre, suivant les traditions grecques et suivant l'*Énéide*. « Fait très digne de remarque, — dit M. Ploix [7], — il [Zeus-Jupiter] est le seul dieu qui lance la foudre et ne partage cette faculté avec aucun autre. » Le fait est vrai du Zeus grec; mais non du Jupiter virgilien : c'est un proverbe grec qui disait qu'il est impossible de dérober à Zeus sa foudre [8]. Le Jupiter de l'*Énéide* la prête ou se la laisse dérober. Junon se plaint que, pour exercer ses vengeances sur Ajax, fils d'Oïlée, Pallas ait eu le privilège de lancer elle-même le feu de Jupiter du haut des nuées [9]. Il semble même que Junon ait le droit de faire éclater l'orage : « Au moment de l'union de Didon et d'Énée, — dit-elle à Vénus [10], — j'ébranlerai tout le ciel du

---

1. *Argon.*, I, v. 510-511.
2. *Én.*, I, v. 229-230. Cf. *Odyssée*, XX, v. 112-113.
3. *Én.*, IX, v. 630-631. Cf. *Iliad.*, XV, v. 377.
4. *Én.*, XII, v. 200 : *...genitor qui foedera fulmine sancit.*
5. Preller-Jordan, *Röm. Mythol.*, erster Band, p. 190-191. — Cf. Roscher, *Lexicon*, II, p. 751.
6. Ploix, *La Nature des Dieux*, p. 89-90 : « *Le dieu de la foudre.* »
7. Ploix, *ouvr. cité*, p. 89.
8. Macrobe, *Saturn.*, V, III : *Cum tria ex aequo impossibilia iudicentur, vel Iovi fulmen, vel Herculi clavam, vel versum Homero subtrahere.*
9. *Én.*, I, v. 42 : *Ipsa Iovis rapidum iaculata e nubibus ignem.*
10. *Én.*, IV, v. 122 : *...tonitru caelum omne ciebo.*

bruit du tonnerre. » Elle exécute ce qu'elle a annoncé : quand Énée et Didon se sont réunis dans la caverne, sur l'ordre de la déesse, les éclairs brillent au ciel [1]. Dans les *Argonautiques*, comme dans les poèmes homériques, Héra et Athéné n'ont aucun droit sur la foudre. Quand Héra veut donner un avertissement aux Argonautes, elle est réduite à pousser un grand cri du haut des monts Hercyniens [2] : elle n'a pas le pouvoir de faire interpréter sa volonté par la terrible voix du tonnerre. Que Minerve lance la foudre, comme elle est la déesse de l'éclair [3], la chose semble moins insolite : Virgile avait ses autorités, sinon dans l'ancienne épopée dont Apollonios suit scrupuleusement les traditions, du moins dans quelques légendes adoptées par les tragiques [4]. Quant au rôle de Junon lançant la foudre, les commentateurs de Virgile se contentent de le faire remarquer, avec une certaine nuance d'étonnement et sans en donner d'autre exemple [5]. Il faut admettre, suivant l'opinion de Servius [6], que, dans l'*Énéide*, Virgile unit aux traditions homériques les doctrines étrusques d'après lesquelles plusieurs divinités, entre autres Junon, avaient le pouvoir de lancer la foudre.

Quoi qu'il en soit, c'est seulement par exception que le Jupiter virgilien laisse d'autres divinités user de l'arme qui fait sa force et sa gloire. Les humains ne connaissent d'autre maître du tonnerre que lui. « Que le père tout-puissant — s'écrie Didon [7] — me précipite

1. *Én.*, IV, v. 167 : ...*fulsere ignes*.
2. *Argon.*, IV, v. 640.
3. Decharme, *Mythol.*, p. 77.
4. Cf. Eschyle, *Euménides*, v. 827; Euripide, *Troyennes*, v. 80; l'*Excursus* I de Heyne, au Ch. I de l'*Énéide*.
5. *Én.*, IV, v. 120. Heyne : *Ergo habemus et hic Iunonem* κεραυνοβόλον (Bruchmann ne cite pas l'épithète κεραυνοβόλος au nombre de celles qui sont attribuées à Héra par les poètes grecs). Forbiger : *Animadverte Iunonem tonantem*.
6. Servius, *ad Aen.*, I, v. 42.
7. *Én.*, IV, v. 25-26.

d'un coup de sa foudre au milieu des ombres pâles de l'Érèbe, dans la nuit profonde ! » Et c'est dans une crise passagère de mauvaise humeur, causée par la jalousie, que Iarbas doute du pouvoir de Jupiter sur la foudre : « O père, quand tu brandis ta foudre, est-ce sans raison que nous frissonnons ? Sont-ce des feux inintelligents, qui, par leur éclat dans les nuages, effraient nos esprits ? Ne font-ils entendre qu'un vain bruit [1] ? » Ce scepticisme d'Iarbas ne dure qu'un instant ; il est exceptionnel. Horace est aussi bien l'interprète de ses propres contemporains que des personnages de l'*Énéide* quand il dit : « Nous avons toujours cru que Jupiter règne aux cieux, où il fait entendre son tonnerre [2]. »

Les cieux où Jupiter règne portent le nom d'Olympe. *Olympe, ciel* et *éther* sont des mots synonymes. Virgile représente indifféremment Jupiter s'arrêtant *au sommet du ciel (vertice caeli)* pour contempler *du haut de l'éther (aethere summo)* la mer couverte de navires, les terres étendues à ses pieds, les rivages et les peuples aux vastes contrées [3], ou, s'asseyant *au plus haut de l'Olympe (summo sedet... Olympo)*, pour observer les batailles des Troyens et des Latins [4].

Jupiter est aussi bien nommé le roi de l'éther [5], que le roi du grand, du tout-puissant Olympe [6]. L'Olympe

---

1. *Én.*, IV, v. 208-210.
2. *Odes*, III, v, v. 1 :

   Caelo tonantem credidimus Iovem
   Regnare.

3. *Én.*, I, v. 223 :
   ...Iupiter aethere summo,
   Despiciens mare velivolum, terrasque iacentes
   Litoraque et latos populos, sic vertice caeli
   Constitit.

4. *Én.*, XI, v. 726 : *Observans oculis summo sedet altus Olympo.*
5. *Én.*, XII, v. 140 : *...rex aetheris altus... Iupiter;* X, v. 621 : *...rex aetherii... Olympi.*
6. *Én*, XII, v. 791 : *...rex omnipotentis Olympi;* X, v. 437 : *...magni regnator Olympi;* II, v. 779 : *...superi regnator Olympi;* V, v. 533 : *...rex magnus Olympi;* VII, v. 558 : *...summi regnator Olympi.*

est l'espace éthéré [1], le ciel vu des hommes : de son extrémité orientale, le soleil part au matin [2] ; à la fin de la journée, Vesper, l'étoile qui précède et annonce la nuit, s'avance dans l'Olympe qui paraît s'incliner [3], et qui, le soir venu, disparaît à la vue des humains. « Couvert de ténèbres, il semble comme fermé par un rideau [4]. » Pendant la nuit, il est parcouru par le char de la Lune [5].

Avant de devenir la demeure de Jupiter, l'Olympe a appartenu à Saturne, qui en a été chassé par son fils [6]. Depuis que toutes les résistances ont été vaincues, Jupiter domine dans l'Olympe dompté [7]. Avec lui tous les *caelicolae* ont leur demeure dans cet Olympe qui désigne à la fois l'habitation des dieux d'en haut et l'ensemble des divinités célestes : c'est en ce sens que César, descendant à la fois de Jupiter et de Vénus, « tire son origine de l'Olympe [8], » autrement dit, de deux grands dieux qui y ont leur demeure.

C'est de l'Olympe que Jupiter lance la foudre [9] ; c'est de cette haute demeure que Mercure [10], Iris [11] et Juturne [12] sont envoyés sur la terre par le dieu lui-même ou par Junon. C'est de là que Vénus adresse des présages à Énée [13] ; c'est là que Diane rappelle sa Nymphe Opis [14].

---

1. *Én.*, VI, v. 579, et XI, v. 867 : *Aetherium... Olympum.* Cf. X, v. 621 ; VIII, v. 319.
2. *Én.*, VII, v. 218 : *Extremo veniens Sol... Olympo.*
3. *Én.*, VIII, v. 280 : *Devexo interea propior fit Vesper Olympo.*
4. Benoist, note au v. 374 du Ch. I de l'*Énéide* : *...diem clauso componet Vesper Olympo.*
5. *Én.*, X, v. 215 : *...almaque curru Noctivago Phoebe medium pulsabat Olympum.*
6. *Én.*, VIII, v. 319 : *Primus ab aetherio venit Saturnus Olympo.*
7. *Én.*, IX, v. 84 : *...domito... Olympo.*
8. *Én.*, VI, v. 834 : *...genus qui ducis Olympo.*
9. *Én.*, VI, v. 586 : *...sonitus... Olympi.*
10. *Én.*, IV, v. 268 : *Ipse deum tibi me claro demisit Olympo.*
11. *Én.*, IV, v. 694 : *...Irim demisit Olympo.*
12. *Én.*, XII, v. 634 : *...Olympo Demissam.*
13. *Én.*, VIII, v. 533 : *...Olympo Hoc signum cecinit missuram diva creatrix.* — Sur la ponctuation de ce passage, voir la note de Benoist.
14. *Én.*, XI, v. 867 : *Opis ad aetherium pinnis aufertur Olympum.*

Comme le Zeus homérique, le Jupiter virgilien ébranle l'Olympe d'un signe de tête [1] : on voit facilement que l'Olympe de l'*Énéide* n'est pas celui de l'*Iliade*, mais bien celui des *Argonautiques*.

Cependant le Jupiter de Virgile n'y reste pas isolé, à l'écart des autres dieux, comme le Zeus d'Apollonios. Il n'est plus, évidemment, ce qu'il était dans l'*Iliade*, le dieu des dieux, ainsi qu'Agamemnon était le roi des rois, mais il semble un prince du sénat romain ou un consul. S'il ne vit pas dans la familiarité des grands festins homériques, égayés par les sonores éclats de rire des commensaux divins, il ne se tient pas toutefois, comme le Zeus des *Argonautiques*, dans un isolement de roi oriental.

Il a dans l'Olympe sa demeure où les dieux viennent se ranger autour de lui pour assister aux sanglantes batailles des Latins et des Troyens [2]. C'est dans cette demeure étoilée, dans le palais du tout-puissant Olympe, que se réunit le conseil régulièrement convoqué auquel tous les dieux d'en haut prennent part [3]. Jupiter préside, assis sur un trône d'or d'où il se lève [4] quand il a clos la séance : il rentre dans ses appartements particuliers et les habitants du ciel l'entourent, pour le reconduire, jusqu'au seuil de la salle du conseil [5]. « Virgile fait rendre à Jupiter par les autres dieux l'honneur que les sénateurs rendaient au consul [6]. »

Virgile ne nous introduit pas dans les appartements

---

1. *Én.*, IX, v. 106, et X, v. 115 : *Annuit et totum nutu tremefecit Olympum.* — Cf. *Iliad.*, I, v. 528 et suiv.
2. *Én.*, X, v. 758 : *Di Iovis in tectis iram miserantur inanem.*
3. *Én.*, X, v. 1-3 :
   Panditur interea domus omnipotentis Olympi
   Conciliumque vocat divum pater atque hominum rex
   Sideream in sedem.
4. *Én.*, X, v. 116 : *...Solio tum Iupiter aureo Surgit.*
5. *Én.*, X, v. 117 : *...Caelicolae medium quem ad limina ducunt.*
6. Note de Benoist au v. 117 du Ch. X de l'*Énéide*. — Cf. Servius : *Poëtice mores hominum ad deos refert, ut magistratus deducunt.* Heyne : *Hic Romanum agnosce : ut magistratum, ita dii deducunt Iovem venerabundi.*

privés de Jupiter. On ne trouve, dans l'*Énéide*, entre Jupiter et Junon, aucune de ces conversations sur l'oreiller que l'*Iliade* et les *Argonautiques* racontent, soit qu'il s'agisse de Zeus et d'Héra [1], ou de simples mortels, de ce sage roi Alcinoos et de sa très vénérable épouse Arété, qui causent ensemble, la nuit, dans leur maison, alors qu'ils sont couchés [2]. Quand Jupiter interpelle Junon avec colère [3], le lieu de la scène n'est pas indiqué; dans une autre occasion, il s'adresse à elle, alors que du haut de la nuée éclatante, elle est occupée à observer le combat [4]. Alors même qu'il médite loin des dieux, il est accessible aux prières de Vénus; elle peut interrompre le cours de ses pensées et l'entretenir [5].

Il n'y a pas de recoin mystérieux dans l'Olympe virgilien. Si cet Olympe possède une salle de délibérations où les conseils ont une majesté inconnue à l'*Iliade* [6], on n'y trouverait pas ces chambres écartées où Athéné et Héra se réunissent furtivement, dans les *Argonautiques* [7], pour conspirer loin de Zeus, comme « les monstres de l'Égypte » [8] devaient se rencontrer en secret pour concerter la mort de Pompée. Quand le poète nous montre Junon et Vénus s'occupant de Didon et d'Énée, comme Héra et Athéné s'inquiétaient de Jason et de Médée, il nous fait assister à l'entretien des déesses sans indiquer qu'il ait lieu dans quelque retraite cachée [9]. L'Olympe de l'*Énéide* est un séjour majes-

---

1. *Iliad.*, XIV, v. 225 et suiv.
2. *Argon.*, IV, v. 1068 et suiv.
3. *Én.*, X, v. 606 : *Iunonem interea compellat Iupiter ultro.*
4. *Én.*, XII, v. 791 :
   Iunonem interea rex omnipotentis Olympi
   Adloquitur fulva pugnas de nube tuentem.
5. *Én.*, I, v. 223 et suiv.
6. *Iliad.*, IV, v. 1 et suiv.; VIII, v. 1 et suiv.
7. *Argon.*, III, v. 8 et suiv.
8. Corneille, *Pompée*, acte II, scène II.
9. *Én.*, IV, v. 90 et suiv.

tueux et sévère qui ne connaît ni les familiarités d'une demeure de l'âge héroïque, ni les mystères d'un palais oriental.

Suivant la tradition grecque, universellement adoptée depuis les poèmes homériques, Jupiter-Zeus a pour femme sa sœur germaine, Juno-Héra, née, comme lui, de Saturne-Cronos et de Cybèle-Rhéa ¹.

Virgile n'a pas plus qu'Apollonios à raconter les divers épisodes des amours de Jupiter, à donner la longue liste de ses nombreuses épouses mortelles ou divines et de tous ses enfants hommes ou dieux. Il cite Léda, comme mère d'Hélène ², et non comme femme de Jupiter; il fait allusion à Castor et à Pollux, sans parler de leur origine ³. L'Hercule romain est le fils de Jupiter ⁴, bien qu'il conserve dans l'*Énéide* le nom d'*Amphitryoniade* ⁵, comme, dans les *Argonautiques*, les Dioscures portent celui de *Tyndarides*. Le poète ne rappelle pas que Jupiter est le père des Muses, de Diane, de Bacchus, de Minerve, d'Apollon.

Pour ce qui est de la naissance de Vénus, on trouve à la fois dans l'*Énéide*, où elles se contredisent, la tradition homérique qui fait d'Aphrodite la fille de Zeus ⁶, et la tradition hésiodique d'après laquelle la déesse est née de l'écume marine fécondée par le sang d'Ouranos ⁷.

Le plus souvent Vénus est donnée par le poète comme la fille de Jupiter ⁸; elle appelle le dieu son père ⁹. Elle

---

1. *Én.*, I, v. 46 : ...*Iovisque Et soror et coniux;* III, v. 380 : *Saturnia Iuno;* cf. IX, v. 745, 802, etc.; X, v. 607 : *O germana, mihi atque eadem gratissima coniux;* XII, v. 830 : *Es germana Iovis, Saturnique altera proles.*
2. *Én.*, I, v. 652 : ...*matris Ledae.*
3. *Én.*, VI, v. 121.
4. *Én.*, VIII, v. 301 : *Salve [Hercules], vera Iovis proles!* X, v. 466 : *Tum genitor* [Iupiter] *natum* [Herculem] *dictis adfatur amicis.*
5. *Én.*, VIII, v. 103 : *Amphitryoniadae magno;* 214 : *Amphitryoniades.*
6. *Iliad.*, III, v. 374 : ...Διὸς θυγάτηρ Ἀφροδίτη; cf. V, v. 131, etc.
7. *Théogon.*, v. 187-206.
8. *Én.*, I, v. 256, etc.
9. *Én.*, X, v. 30, 45, 62, etc.

a, ainsi que dans l'*Iliade* [1], Dioné pour mère [2]. Cependant, Neptune, qui dompte la mer profonde, peut lui dire : « Tu as tout droit, ô Cythérée, à mettre ta confiance dans mon royaume, d'où tu tires ton origine [3]. »

Virgile a l'occasion de citer bien d'autres enfants de Zeus-Jupiter dont il ne pouvait être question dans les légendes grecques. Car, on le sait, la personnalité du Jupiter romain, telle qu'elle se trouve constituée au temps de l'*Énéide*, est la synthèse de beaucoup de divinités spéciales venant de plusieurs pays et de diverses origines. En même temps qu'il a gardé les principaux traits du Zeus panhellénique, le maître de l'Olympe virgilien, qui est resté pour Évandre le Zeus Lycaios, dieu local de l'Arcadie [4], s'identifie aussi avec le dieu libyen Hammon, avec les divinités italiennes, telles que le dieu d'Anxur, dans le pays des Volsques [5]. C'est en tant que Jupiter sicilien qu'il est père du génie Palique [6], en tant que Jupiter Hammon qu'il a eu Iarbas d'une Nymphe du pays des Garamantes [7].

Il est tout particulièrement considéré, dans l'*Énéide*, comme le père des races de Dardanus et d'Énée. Le héros troyen rappelle que sa famille a pour origine le très grand Jupiter [8], et il donne à ses compagnons le titre de « magnanimes Dardanides, issus du noble sang des dieux » [9]. Ilionée explique à Latinus toute la

1. *Iliad.*, V, v. 370.
2. *Én.*, III, v. 19 : ...*Dionaeae matri.* Énée parle de sa mère qui est fille de Dioné. Cf. *Égl.*, IX, v. 47 : ...*Dionaei... Caesaris.*
3. *Én.*, V, v. 800 : *Fas omne est, Cytherea, meis te fidere regnis Unde genus ducis.*
4. Comparer la prière d'Évandre (*Én.*, VIII, v. 573 : *Iupiter* [et superi] *Arcadii, quaeso, miserescite regis*) et la prière des Arcadiens citée par Pausanias (IV, 22, 7) : Χαῖρε, Ζεῦ βασιλεῦ, καὶ σάω Ἀρκαδίαν.
5. *Én.*, VII, v. 799 : ...*Iupiter Anxurus.* Cf. Preller-Jordan, *Röm. Mythol.*, erster Band, p. 267.
6. *Én.*, IX, v. 585 : ...*ara Palici.* Cf. Preller-Jordan, *Röm. Mythol.*, zweiter Band, p. 145-146.
7. *Én.*, IV, v. 198 et suiv.
8. *Én.*, I, v. 380 : ...*genus ab Iove summo;* VI, v. 123 : ...*mi genus ab Iove summo.*
9. *Én.*, V, v. 45 : *Dardanidae magni, genus alto a sanguine divum.*

généalogie d'Énée : « Notre origine remonte à Jupiter ; le peuple de Dardanus se réjouit d'avoir Jupiter pour ancêtre. Notre roi lui-même, le Troyen Énée, descend de la très haute race de Jupiter [1]. » En effet, de l'Atlantide Électra, Zeus-Jupiter a eu Dardanus [2], le fondateur de Troie. De Dardanus est né Érichtonius, qui a eu pour fils Tros, père de Ganymède, d'Ilus et d'Assaracus : d'Ilus est né Laomédon, père de Priam ; d'Assaracus, Capys, père d'Anchise, et par suite grand-père d'Énée [3]. Fils d'Anchise et de Vénus, Énée descend encore plus directement de Jupiter que les autres Dardanides, puisque la Vénus de l'*Énéide* nomme Jupiter son père.

Virgile parle peu des amours de Jupiter : l'épopée nationale de Rome est tenue à une plus grande réserve que les *Argonautiques*. Nous avons vu qu'on n'y trouve pas l'histoire de Saturne et de Philyra : on n'y rencontre pas davantage d'anecdotes dans le goût des aventures de Zeus avec Sinopé. A peine y aperçoit-on une rapide allusion à la légende d'Io, qui est retracée sur le bouclier de Turnus. « Sur l'or poli de son bouclier, on voit, comme ornement, Io, les cornes dorées, déjà couverte de poils, déjà génisse, — magnifique sujet de sculpture ! — et Argus, le gardien de la jeune fille, et Inachus, son père, épanchant un fleuve d'une urne ciselée avec art [4]. »

La sœur même de Turnus, Juturne, a été l'objet de la passion de Jupiter. Déesse primitive des eaux dans le Latium, elle doit jouer un certain rôle à la fin de l'*Énéide* : aussi Virgile rappelle ses amours. C'est par

---

1. *Én.*, VII, v. 219 :
> Ab Iove principium generis; Iove Dardana pubes
> Gaudet avo ; rex ipse Iovis de gente suprema
> Troius Aeneas.

2. Voir ma note au v. 916 du Ch. I des *Argonautiques*. Cf. *Én.*, III, v. 167 et suiv.

3. Voir la note de Benoist au v. 35 du Ch. III des *Géorgiques*.

4. *Én.*, VII, v. 789-792.

Junon qu'il les fait raconter; il prête à la femme de Jupiter un discours à Juturne qui est l'ingénieuse contre-partie de celui qu'Héra, dans les *Argonautiques*, adressait à Thétis. Héra louait Thétis d'avoir repoussé les avances de Zeus, et, en raison de leur mutuelle amitié, elle la chargeait d'un message important pour les Argonautes. Junon envoie par Juturne ses avis à Turnus; elle parle avec affection à la Nymphe qui a été la maîtresse de Jupiter : il faut faire attention que ce n'est pas ici Héra hellénique, la déesse jalouse, qui prononce ce discours, mais bien Junon du Mont-Albain, divinité latine amie de Juturne [1]. « Cependant, du haut du mont que l'on appelle maintenant Mont-Albain,... Junon s'adresse à la sœur de Turnus qui préside aux étangs et aux fleuves sonores (c'est le privilège sacré que le maître de l'éther élevé lui donna pour prix de la virginité qu'il lui avait ravie) : Nymphe, honneur des fleuves, toi que mon cœur a toujours eue pour très agréable, tu sais que, seule entre toutes les Latines qui sont montées à la couche infidèle du magnanime Jupiter, je t'ai préférée et je t'ai assuré volontiers une place dans le ciel [2]. »

Ce n'est pas à Ganymède que Junon aurait assuré de bon cœur une place dans le ciel. On a vu avec quelle discrétion Apollonios rappelait que Zeus avait fait de l'enfant troyen le convive des immortels. Virgile doit se montrer encore plus discret : il ne peut recommencer l'églogue d'*Alexis* dans un poème où il n'aurait pas osé introduire l'aventure de Saturne avec Philyra. De plus, dans l'*Énéide*, la passion de Jupiter pour Ganymède est une sorte d'inceste, en même temps qu'un amour contre nature : Ganymède, fils de Tros, a pour arrière-grand-père Dardanus, qui est lui-même

---

[1]. Preller-Jordan, *Röm. Mythol.*, zweiter Band, p. 128 : *Juturna... eine Freundin der Albanischen Juno.*
[2]. *Én.*, XII, v. 134-145.

le propre fils de Jupiter. Aussi entendons-nous simplement Junon rappeler avec dépit les honneurs dont jouit Ganymède enlevé au ciel [1] ; et, comme rien de ce qui a rapport à la légende troyenne ne peut rester étranger à l'épopée d'Énée, Virgile raconte, ou plutôt dépeint l'enlèvement du fils de Tros, sans insister sur les causes et sur les conséquences de ce rapt. La broderie du manteau destiné au vainqueur de la course navale représente l'enfant royal poursuivant de ses javelots et fatiguant à la course dans les forêts de l'Ida les cerfs rapides ; il est ardent, il semble hors d'haleine, quand, du haut de la montagne, l'oiseau qui porte la foudre de Jupiter se précipite et l'enlève dans ses serres recourbées. En vain, les vieux gouverneurs lèvent leurs mains au ciel et les chiens lancent aux espaces de l'air des aboiements furieux [2].

II

Aussi bien pour Virgile que pour Apollonios, le dieu qui lance la foudre est le maître et le régulateur de tous les phénomènes atmosphériques.

C'est assurément dans les *Géorgiques*, où le souvenir de Lucrèce est vivant, que l'on trouve d'une manière précise la conception naturaliste de Jupiter identifié avec le ciel éclatant, qui descend en pluies fécondantes dans le sein de la Terre, son épouse [3], qui inonde la

---

1. *Én.*, I, v. 28 : ...*rapti Ganymedis honores.*
2. *Én.*, V, v. 252-257. — C'est peut-être à la description des sujets brodés sur le manteau de Jason *(Argon.,* I, v. 721 et suiv.) que Virgile emprunte l'idée de décrire l'enlèvement de Ganymède sur le manteau destiné au vainqueur de la course des navires.
3. *Géorg.,* II, v. 325 :

> *Tum pater omnipotens fecundis imbribus Aether*
> *Coniugis in gremium laetae descendit, et omnes*
> *Magnus alit, magno commixtus corpore, fetus.*

campagne au souffle de l'Auster[1], ou qui lance les averses dangereuses pour les raisins déjà mûrs[2]. Dans l'*Énéide*, la personnalité du dieu se dégage : mais le rôle de Jupiter, maître des éléments, reste le même. C'est lui qui enveloppe le ciel de ténèbres[3], qui déchaîne le souffle de l'Auster, lance le tourbillon des noires tempêtes et fait éclater au ciel les nuages creux[4]. Dans l'épopée, le dieu est distinct du ciel avec qui le poème didactique le confondait : comme les Arcadiens, dont parle Évandre, les héros de l'*Énéide* croient voir au milieu de la tempête Jupiter lui-même agiter son égide, alors qu'il amoncelle les nuages orageux[5]. Pour répondre aux prières d'Énée, qui le supplie d'éteindre l'incendie de ses vaisseaux, Jupiter amasse les nuages et excite une tempête furieuse : les hauteurs et les plaines tremblent sous les coups du tonnerre ; du ciel se précipite une pluie trouble, épaissie par l'Auster[6]. Le dieu ne se lance pas lui-même, comme dans les *Géorgiques* : il ne *pleut* pas, il *fait pleuvoir*. Sa puissance divine s'affirme, distincte des phénomènes ; son sourire suffit à calmer les tempêtes que sa volonté a soulevées[7].

Dieu suprême de l'atmosphère, maître d'exciter et d'apaiser à son gré les vents et les tempêtes, le Jupiter de l'*Énéide* a délégué le gouvernement des vents à Éole, ce dieu de l'épopée antique qui a sa place dans

---

Cf. *Égl.*, VII, v. 60 : *Iupiter et laeto descendet plurimus imbri.*
Lucrèce, I, v. 251 :
*...pereunt imbres ubi eos pater Aether
In gremium matris Terraï praecipitavit.*

1. *Géorg.*, I, v. 418 : *...Iupiter uvidus Austris.*
2. *Géorg.*, II, v. 419 : *Et iam maturis metuendus Iupiter uvis.*
3. *Én.*, VI, v. 271 : *...Caelum condidit umbra Iupiter.*
4. *Én.*, IX, v. 670 :
*...Iupiter horridus Austris
Torquet aquosam hiemem et caelo cava nubila rumpit.*
5. *Én.*, VIII, v. 352 :
*...Arcades ipsum
Credunt se vidisse Iovem, cum saepe nigrantem
Aegida concuteret dextra nimbosque cieret.*
6. *Én.*, V, v. 693 et suiv.
7. *Én.*, I, v. 254 : *...subridens... Vultu quo caelum tempestatesque serenat.*

l'*Odyssée* et dans les *Argonautiques*, mais dont il n'est pas question dans les *Géorgiques*, où, seul et sans aide, le dieu de l'éther régit les vents. L'Aiolos d'Apollonios était indépendant de Zeus; l'Éole de Virgile est le subordonné de Jupiter, mais un subordonné infidèle, puisque, sans ordre, à l'insu même de son maître, il soulève la tempête, comme le faisait, dans l'*Odyssée*, Poseidon qui est maître de la mer [1].

Apollonios montrait Héra envoyant Iris porter une requête à Aiolos. Virgile fait de cette indication le thème d'un épisode où, mettant en présence Éole et Junon, il trace à sa manière le portrait et le caractère du roi des vents. « L'Éole de Virgile, — dit Sainte-Beuve [2], — est dans toutes les mémoires. » Toutes les mémoires aussi ont conservé le portrait que l'illustre critique a fait du dieu d'après le passage de l'*Énéide* qu'il croyait expliquer et développer. On connaît « ce dieu subalterne, sombre, peu curieux, un peu ennuyé sur son rocher. La rude discipline romaine a passé sur le front de l'Éole de Virgile et y a gravé sa ride : c'est un de ces chefs, comme il est dit de Burrhus, qui auraient pu vieillir *dans les honneurs obscurs de quelque légion*, et que le chef suprême a établi commandant absolu dans un poste des plus importants, aussi prompt à obéir qu'à être obéi. Il y a en lui du centurion ou du tribun des soldats anobli, divinisé [3]. »

Cette caractéristique est plus ingénieuse que juste. Virgile ne nous indique rien de tel dans le passage suivant, qu'il est difficile d'interpréter comme le fait Sainte-Beuve : « Dans une vaste caverne, le roi Éole accable sous son empire, maîtrise enchaînés et emprisonnés les vents qui font effort pour s'échapper et

---

1. *Én.*, I, v. 85 et suiv. — Ces vers sont traduits des v. 295 et suiv. du Ch. V de l'*Odyssée*, où Homère décrit la tempête soulevée par Poseidon.
2. Sainte-Beuve, *Étude sur Virgile*, 2ᵉ édit., Paris, 1870, p. 202.
3. Sainte-Beuve, *ouvr. cité*, p. 207.

les tempêtes sonores. Indignés, ils frémissent pressés contre la barrière qui les enferme, faisant retentir la montagne de leurs mugissements. Éole, son sceptre en main, siège au sommet du rocher. Il adoucit leur humeur et tempère leur courroux. Sans ses efforts, les mers, les terres, le ciel profond seraient emportés par les vents rapides et balayés à travers l'espace. Mais, redoutant ce danger, le père tout-puissant les a renfermés dans de noires cavernes, a entassé au-dessus d'eux une masse de hautes montagnes, et leur a donné un roi qui, docile au pacte convenu, sût, d'après les ordres du maître, serrer ou lâcher et rendre les rênes[1]. » Si la rude discipline romaine a passé sur le front d'Éole et y a gravé sa ride, elle a laissé peu de traces dans son esprit; plus prompt à être obéi des vents qu'à obéir lui-même à Jupiter, ce tribun des soldats qui oublie si vite le *foedus certum* ne peut être qu'un tribun militaire contemporain des guerres civiles. Les paroles séductrices de Junon lui font violer sa consigne. Il agit avec Junon comme un Burrhus accessible à la corruption eût agi avec Agrippine. Heureux de la perspective du mariage légitime qui lui est promis par la déesse *pronuba*, il répond d'une manière assez étrange : « A toi, reine, le soin d'examiner ce que tu souhaites; à moi le devoir d'exécuter tes ordres. Car, tout mon royaume, mon sceptre, la faveur de Jupiter, c'est toi qui me les donnes; grâce à toi, je m'assieds aux festins des dieux; tu me fais le maître des nuages et des tempêtes[2]. » Il n'est question nulle part, dans les auteurs anciens, de cette entremise de Junon qui aurait fait donner à Éole son gouvernement par Jupiter. Servius affirme que Virgile considère ici Junon comme la déesse de l'air[3];

---

1. *Én.*, I, v. 52-63.
2. *Én.*, I, v. 76-80.
3. Servius, *ad Aen.*, I, v. 78 : *Rediit ad physicam rationem. Nam motus aeris, id est Iunonis, ventos creat quibus Aeolus praeest.*

Heyne reproduit à peu près le texte de Servius et suppose que le poète s'appuie sur des autorités que nous ne connaissons pas [1]. On sait que, dans la mythologie grecque, Héra est « la grande divinité féminine du ciel dont Zeus est le grand dieu masculin »[2]. La Junon romaine, forme féminine de Jupiter, est aussi la déesse du ciel[3]. Si, dans l'*Iliade,* Héra peut, avec l'aide de Borée, déchaîner les souffles qui bouleversent la mer[4], on comprendrait sans peine que Junon, dans l'*Énéide,* pût déchaîner une tempête. Ce qui semble plus étrange, c'est cette intervention de Junon auprès de Jupiter pour faire donner à Éole le gouvernement des vents. Heyne suppose que Virgile s'inspire de quelque ancien poème aujourd'hui perdu : je croirais plutôt que, dans tout cet épisode, Virgile s'inspire mal à propos de l'entretien homérique d'Héra avec Hypnos [5] : il modifie ainsi d'une manière peu heureuse le type de l'Aiolos de l'*Odyssée* en essayant de faire entre Aiolos et Héra la scène qu'Apollonios s'était abstenu de composer. Remarquons encore que ce n'est pas par son supérieur hiérarchique que ce dieu, agent subalterne de Jupiter, est puni de sa désobéissance. C'est Neptune qui lui adresse un blâme : le maître de la mer chasse les vents et leur ordonne d'aller dire à leur roi de faire ses embarras dans son palais et de régner sur la prison bien close où il doit garder ses sujets [6]. Jupiter, dont un seul regard calme les tempêtes, n'intervient pas. — Il n'est question d'Éole dans aucun autre passage de

---

1. Heyne, note au v. 78 : *Obscuriorem aliquam fabulam, quam antiquior poeta haud indocte invenerit, subesse necesse est : scilicet antiquiores poetae qui aerem, atmosphaeram nos dicimus, per Iunonem declararunt, eius beneficio Aeolum deum factum narrasse videntur : quandoquidem aer concitatus ventos creat.*
2. Decharme, *Mythol.*, p. 64.
3. Preller-Jordan, *Röm. Mythol.*, erster Band, p. 271.
4. *Iliad.*, XV, v. 26.
5. *Iliad.*, XIV, v. 231-291.
6. *Én.*, I, v. 140-141.

l'*Énéide* : Vénus rappelle seulement, au conseil des dieux, comment Junon a excité le roi des tempêtes et fait sortir les vents furieux de l'île d'Éolie[1].

D'après l'épisode d'Éole et de Junon, ces vents furieux seraient au nombre de trois : l'Eurus, le Notus et l'Africus; quand Éole a frappé de son sceptre en forme de lance le flanc creux de la montagne, « les vents, se formant en bataillon, se ruent par la porte qui leur est ouverte et balaient la terre de leur tourbillon. Voici, s'abattant sur la mer et la bouleversant depuis le fond de ses abîmes, l'Eurus, le Notus et l'Africus, fécond en tempêtes[2]. » Le poète, dit Servius, énumère dans la description de la tempête les quatre vents cardinaux qui vont disperser la flotte d'Énée[3] : il montre en effet, excitant la tempête, l'Aquilon[4] qui n'a pas été nommé au moment où les vents se précipitent de leur caverne.

C'est la lutte des quatre vents principaux déchaînés à la fois et se combattant qui produit la tempête. L'ouragan de l'*Odyssée* a pour cause, lui aussi, le choc des souffles des vents de toute espèce (πάσας δ'... ἀέλλας Παντοίων ἀνέμων), qui sont, d'après les doctrines homériques, l'Euros, le Notos, le Zéphyre et le Borée[5].

Les principaux agents de la tempête du Ier Chant de l'*Énéide* sont le Zéphyre et surtout l'Eurus. Quand Neptune intervient pour rétablir le calme, c'est le Zéphyre (dont il n'a pas été question au moment de la sortie des vents hors de leur caverne) et l'Eurus qu'il

---

1. *Én.*, X, v. 37 :
    Quid tempestatum regem, ventosque furentes
    Aeolia excitos ?
2. *Én.*, I, v. 81-86.
3. Servius, *ad Aen.*, I, v. 85.
4. *Én.*, I, v. 102. — Cf. Heyne, *Excursus III ad librum I Aeneidos*. Heyne fait remarquer avec raison que, dans la description de la tempête qui jette Énée sur la côte d'Afrique, Virgile imite la description de la tempête qui jette les Argonautes au fond de la Syrte (*Argon.*, IV, v. 1232 et suiv.).
5. *Odyssée*, V, v. 295-296.

fait comparaître devant lui [1]; c'est l'Eurus qu'il nomme seul, alors qu'il s'adresse à tous les vents [2]. Une comparaison du IIe Chant de l'*Énéide* ne met en scène que le Zéphyre, le Notus et l'Eurus, comme auteurs des tempêtes : il n'est pas parlé de l'Aquilon : « Tels, déchaînant leurs tourbillons, les vents contraires entrent parfois en conflit : le Zéphyre, le Notus et l'Eurus, fier de ses chevaux orientaux [3]. » Une autre comparaison — celle-ci au Xe Chant de l'*Énéide* — décrit la tempête causée par le combat des vents : mais le poète ne dit pas les noms des *discordes venti* qui troublent la paix de l'éther : « Tels, dans l'éther, les vents en discorde excitent des combats avec des souffles [4] et des forces égales : ils luttent; les nuages, les flots ne cèdent pas; le combat est longtemps douteux; tous les éléments tiennent bon, faisant effort en sens contraire [5]. »

Les tempêtes de l'*Énéide* naissent du conflit de l'Eurus, du Zéphyre, du Notus, de l'Aquilon et de l'Africus, qui sont, chacun pris isolément, des vents réguliers.

L'Africus, cité seulement dans la tempête du Ier Chant de l'*Énéide*, « est le vent qui souffle de l'Afrique ou de la Libye, en grec λίψ. C'est un vent du Sud-Ouest, un peu différent du Notus, qui est un vent du Sud [6]. »

1. *Én.*, I, v. 131 : *Eurum ad se Zephyrumque vocat.*
2. *Én.*, I, v. 133 : *meo sine numine, Venti...*; v. 140 : *Vestras, Eure, domos.*
3. *Én.*, II, v. 416-418. — Cette comparaison est imitée d'une comparaison homérique où il n'est question que de deux vents contraires, le Borée et le Zéphyre (*Iliad.*, IX, v. 4 et suiv.).
4. *Animis... aequis.* — Remarquer le rapprochement du mot grec ἄνεμος et du mot latin *animus*. Cf. Decharme, *Mythol.*, p. 281.
5. *Én.*, X, v. 356-359. — Cette comparaison est imitée d'une comparaison homérique où l'on voit la lutte du Notos et de l'Euros (*Iliad.*, XVI, v. 765-769).
6. Note de Benoist au v. 86 du Ch. I de l'*Énéide*. Cf. Preller-Jordan, *Röm. Mythol.*, erster Band, p. 330. L'Africus est très souvent cité par Horace comme un vent tempétueux et funeste. Cf. *Odes*, I, III, v. 12 : *...praecipitem Africum Decertantem Aquilonibus;* I, I, v. 15 : *...Luctantem Icariis fluctibus Africum;* III, XXIII, v. 5 : *...pestilentem... Africum;* III, XXIX, v. 57 : *Africis... procellis;* *Épod.*, XVI, v. 22 : *...protervus Africus.* — Sénèque, *Nat. Quaest.*, V, 16,5 : *Ab Occidenti hiberno Africus furibundus et ruens apud Graecos* Λίψ *dicitur.* Pour Pline (*N. H.*, II, 119, 125; XVIII, 336), l'Africus est le vent opposé à l'Aquilon.

Vent desséchant du Sud, l'Auster [1] se place entre l'Africus et le Notus. D'après une tradition suivie par Virgile, trois éléments empruntés à l'Auster entrent dans la combinaison de la foudre [2] : l'Auster est, en effet, un vent d'orage [3]. C'est à ce titre qu'il empêche le départ des navires [4], qu'il engloutit dans la mer démontée une partie de la flotte d'Énée [5]. Mais le mot Auster indique aussi, dans l'*Énéide*, un vent quelconque, même un vent favorable à la navigation [6].

Au pluriel, les *Austri* sont les vents en général, mais plutôt les vents méchants *(procaces, furentes, densi)*. Ils gonflent les flancs de la caverne d'Éole [7]; ils sont déchaînés par Orion, qui soulève les tempêtes, et par Jupiter, maître souverain des phénomènes atmosphériques [8]; ils font tomber les pluies d'orage [9]; ils excitent la flamme qui incendie les moissons [10] : mais, comme l'*Auster*, les *Austri* sont aussi, parfois, les vents favorables à la navigation [11].

Le Notus, vent du Sud-Ouest, et l'Eurus, vent du Sud-Est, sont connus des Grecs. Le Notus est rapide

---

1. Le nom de l'Auster vient du verbe αὔω, *dessécher*, d'après Curtius, cité par Preller-Jordan, *Röm. Mythol.*, erster Band, p. 330, note 2.
2. *Én.*, VIII, v. 430 : ...*tres... alitis Austri.* Cf. Servius, ad *Aen.*, VIII, v. 429 : *Nonnulli vero manubias fulminis* (= les coups de tonnerre) *his numinibus, i. e. Iovi, Iunoni, Marti et Austro vento adserunt attributas, quod hoc loco ostendunt.*
3. Lucrèce, V, v. 743 : ...*Auster fulmine pollens.*
4. *Én.*, II, v. 110 : ...*Saepe illos aspera ponti Interclusit hiems et terruit Auster euntes.*
5. *Én.*, VI, v. 336 : ...*ventosa per aequora vectos Obruit Auster.*
6. *Én.*, III, v. 70 : ...*lenis crepitans vocat Auster in altum.* — Servius : *Auster pro quovis vento.* — *Én.*, III, v. 357 : ...*tumidoque inflatur carbasus Austro;* V, v. 764 : *Creber et adspirans rursus vocat Auster in altum.*
7. *Én.*, I, v. 51 : ...*loca feta furentibus Austris.* — Servius : *Est species pro genere.*
8. *Én.*, I, v. 535 : ...*nimbosus Orion... penitusque procacibus Austris;* IX, v. 670 : ...*Iupiter horridus Austris.* Cf. *Géorg.*, I, v. 418 : ...*Iupiter uvidus Austris*
9. *Én.*, V, v. 696 : ...*Imber... densis... nigerrimus Austris.*
10. *Én.*, II, v. 304 : *In segetem veluti cum flamma furentibus Austris Incidit.*
11. *Én.*, III, v. 61 : ...*dare classibus Austros;* v. 481 : ...*surgentes demoror Austros.*

et violent : c'est lui qui a amené Danaé dans le Latium [1] et qui a ballotté Palinure sur la mer tempêtueuse [2]. Souvent, Notus est pris dans le sens général de vent rapide [3]. Au pluriel, les Noti sont les vents pluvieux [4], ou simplement les vents rapides en général [5], ou encore les régions supérieures de l'air où règnent les vents [6].

L'Eurus est cité dans des comparaisons pour la vitesse de sa course [7]. On a vu que Virgile représente le dieu de ce vent porté sur un char que traînent des chevaux venus de l'Orient [8] : c'est une tradition grecque, commune à tous les vents [9], qu'Horace reprend à propos de l'Eurus lui-même [10].

Le Zéphyre, dont le nom latin est Favonius [11], est le vent ami qui, au printemps, amène de l'Ouest l'humidité douce et favorable. Le *Zephyrus* ou les *Zephyri* (car Virgile emploie aussi le mot au pluriel) sont le symbole de la rapidité, comme d'ailleurs la plupart des vents [12]. Mercure les invoque pour qu'ils accélèrent le mouvement de ses ailes [13]. Ils apaisent leur souffle, pour que le calme de la nature soit parfait [14]. Favorables aux voiles des navires, comme aux ailes de Mercure, ils s'émeuvent quand un vaisseau doit partir pour un heureux voyage [15].

---

1. *Én.*, VII, v. 411 : *Praecipiti delapsa Noto.* — Voir la note de Benoist à ce vers.
2. *Én.*, VI, v. 355 : *...Notus... violentus.*
3. *Én.*, I, v. 575. — Voir la note de Benoist à ce vers ; V, v. 242 : *...Noto citius.*
4. *Én.*, X, v. 266. — Voir la note de Benoist à ce vers.
5. *Én.*, III, v. 268 ; XI, v. 798 ; XII, v. 334.
6. *Én.*, V, v. 512.
7. *Én.*, VIII, v. 223 ; XII, v. 733 : *...ocior Euro.* — On trouve le pluriel, les *Euri*, dans les *Géorg.*, IV, v. 192.
8. *Én.*, II, v. 416-418.
9. Cf. Euripide, *Phéniciennes*, v. 218 : *...Ζεφύρου πνοαῖς ἱππεύσαντος.*
10. *Odes*, IV, IV, v. 44 : *Eurus Per Siculas equitavit undas.*
11. Preller-Jordan, *Röm. Mythol.*, erster Band, p. 329.
12. *Én.*, XII, v. 334 : *Ante Notos Zephyrumque volant.*
13. *Én.*, IV, v. 223.
14. *Én.*, X, v. 103.
15. *Én.*, IV, v. 562 : *...Zephyros... spirare secundos ;* V, v. 32 : *...vela secundi Intendunt Zephyri.*

Aussi, lorsque les navigateurs vont quitter le port, ils immolent une brebis blanche aux Zéphyres bienveillants, en même temps qu'une brebis noire à la malfaisante divinité de la tempête, *Hiems,* qu'il faut apaiser [1]. Les Grecs sacrifiaient aux vents des animaux, surtout des ânes et des chevaux [2]; les Romains, surtout des brebis [3]. Dans l'*Énéide*, on leur offre des victimes, on les prie, on les prend aussi à témoin : ce n'est pas une prière que Turnus leur adresse, c'est une imprécation de désespoir qu'il lance vers eux, quand il s'écrie : « Vous plutôt, ô vents! ayez pitié de moi; entraînez ce navire vers des rochers, vers des écueils : c'est Turnus qui, de son plein gré, vous en conjure en vous adorant. Jetez ce vaisseau dans les bas-fonds funestes de la Syrte! [4] »

Contrairement à l'opinion des Grecs qui voient dans les vents du Nord des vents bienfaisants qui balaient les nuages orageux et rassérènent l'atmosphère en lui apportant une fraîcheur salutaire, les Romains redoutent l'Aquilon, qui étreint de ses serres d'aigle et tue la végétation [5] : seuls, les ifs aiment le froid et l'Aquilon [6]. Ce vent est le plus violent de ceux qui excitent la tempête contre la flotte d'Énée [7]. C'est seulement quand les Aquilons, changeant de direction, ont laissé la place à d'autres souffles, que les navires peuvent arriver au port [8]. Ce sont les Aquilons qui obscur-

---

1. *Én.*, III, v. 120 : *Nigram Hiemi pecudem, Zephyris felicibus albam.* Cf. V, v. 772 : *...tempestatibus agnam Caedere deinde iubet.* — Malgré l'interprétation de Heyne : « *sacra diis maris praesidibus faciamus,* » adoptée par Forbiger et par Benoist, qui explique : « en faisant des sacrifices aux dieux qui règnent sur la mer, » je crois que *Placemus ventos* (v. 115) signifie simplement : Apaisons les vents par un sacrifice. Ce sacrifice est indiqué au v. 120.
2. Decharme, *Mythol.*, p. 281.
3. Preller-Jordan, *Röm. Mythol.*, erster Band, p. 330-331.
4. *Én.*, X, v. 676-678.
5. Preller-Jordan, *Röm. Mythol.*, erster Band, p. 329-330. Cf. *Géorg.*, II, v. 404 : *Frigidus et silvis Aquilo decussit honorem.* Cf. III, v. 196.
6. *Géorg.*, II, v. 113 : *...Aquilonem et frigora* [amant] *taxi.*
7. *Én.*, I, v. 102 : *...stridens Aquilone procella.*
8. *Én.*, I, v. 391 : *...versis Aquilonibus.*

cissent les flots [1], et qui, pendant les tempêtes hivernales, hérissent les vagues de la mer [2]; il est insensé d'entreprendre une navigation au moment où ils se déchaînent [3]. Une seule fois dans l'*Énéide*, Aquilon est synonyme de vent favorable, alors qu'il s'agit de s'éloigner de l'Italie dans le sens de la Sicile : c'est le souffle du vent du Nord qui permet de prendre cette direction [4]. Une fois aussi, dans les *Géorgiques*, l'Aquilon est le vent salutaire qui, comme le Borée, purifie le ciel [5].

D'ailleurs, en même temps que l'Aquilon latin, l'*Énéide* cite le Borée grec qui fait double emploi avec lui : c'est, en effet, des régions hyperboréennes que vient le souffle de l'Aquilon [6].

Virgile parle aussi d'un autre vent du Nord, voisin du Borée, le Caurus [7]. Le *Corus* ou *Caurus* a été identifié à tort par les Romains avec l'Argestès grec, qui correspond en réalité au Notus, vent du Sud-Ouest, et non au Caurus, vent du Nord-Ouest [8]. Vents humides et froids [9], les *Cauri* répandent sur le ciel un voile de nuages et cachent les astres pendant les nuits d'hiver [10].

Fidèle à ses souvenirs grecs, Virgile fait du Borée, dont il parle beaucoup plus que de l'Aquilon, le vrai maître des régions septentrionales. De grandioses com-

---

1. *Én.*, V, v. 2 : *...fluctusque atros Aquilone secabat.*
2. *Én.*, III, v. 285 : *Et glacialis hiems Aquilonibus asperat undas.*
3. *Én.*, IV, v. 309 :
   Quin etiam hiberno moliris sidere classem
   Et mediis properas Aquilonibus ire per altum?
4. *Én.*, VII, v. 361. — Voir la note de Benoist à ce vers.
5. *Géorg.*, I, v. 460 : *...claro... Aquilone.*
6. *Géorg.*, III, v. 196 : *...hyperboreis Aquilo cum densus ab oris Incubuit.*
7. *Géorg.*, III, v. 278 : *In Boream Caurumque.*
8. Pline, *N. H.*, XVIII, 338 : *Flat ab occasu solstitiali et occidentali latere septentrionis, Corus, Graecis dictus Argestes.* — Voir, plus haut, l. II, ch. I, p. 171-172, et ma note au v. 961 du Ch. II des *Argonautiques*.
9. *Géorg.*, III, v. 356 : *...spirantes frigora Cauri.*
10. *Én.*, V, v. 126 : *...hiberni condunt ubi sidera Cori.* — Servius : *Cori nimbibus abscondunt et obruunt sidera.*

paraisons montrent les Borées des Alpes luttant pour renverser de leurs souffles un chêne que les années ont fait robuste [1], ou le Borée, qui vient du pays des Édones en Thrace, s'abattant avec fracas sur la mer Égée, suivant les flots en déroute qu'il pousse jusqu'au rivage, pendant que les nuages fuient à travers le ciel [2]. Envoyé par les dieux, le puissant Borée sauve des Cyclopes le navire d'Énée, en le faisant passer au large [3].

Seul de tous les vents, dans l'*Énéide* comme dans les *Argonautiques*, le Borée a une personnalité divine. Il est bien question, on l'a vu, des chevaux symboliques de l'Eurus : mais Virgile ne personnifie pas autrement ce vent. Il parle au contraire de la femme de Borée, l'athénienne Orithyia [4], dont il rattache la légende à celle de Pilumnus [5], d'une manière que déjà, au dire de Servius, les anciens critiques jugeaient bien artificielle. Borée et Orithyia ont une postérité [6]; l'*Énéide* cite comme descendants de Borée trois obscurs guerriers thraces dont le nom n'est pas prononcé; il n'est pas fait allusion aux Boréades, Zétès et Calaïs, qui ne pouvaient avoir dans l'épopée romaine la place qu'ils occupaient dans le poème alexandrin.

Mais l'épisode de la lutte des Boréades avec les Harpyes, ingénieusement exploité par Virgile, trouve

---

1. *Én.*, IV, v. 441 :
   Ac velut annoso validam cum robore quercum
   Alpini Boreae nunc hinc nunc flatibus illinc
   Eruere inter se certant.

2. *Én.*, XII, v. 365 :
   Ac velut Edoni Boreae cum spiritus alto
   Insonat Aegaeo, sequiturque ad litora fluctus;
   Qua venti incubuere, fugam dant nubila caelo.

3. *Én.*, III, v. 687 : *Ecce autem Boreas... Missus adest.* — Servius : *Favore scilicet numinum.*

4. *Georg.*, IV, v. 463 : *...Actias Orithyia.*

5. *Én.*, XII, v. 83. — Servius : *Critici culpant hoc loco Vergilium, dicentes incongruum esse figmentum.*

6. *Én.*, X, v. 350.

dans l'*Énéide* un complément inattendu. En effet, ce seront les Harpyes qui, sur le rivage d'une des îles Strophades où Énée a abordé, lui révéleront un vieil oracle, célèbre dans les antiquités romaines; cette révélation est une conséquence indirecte de la victoire de Zétès et de Calaïs sur les Harpyes : car, si elles n'avaient pas été chassées par les Boréades loin des demeures de Phinée, les déesses de la tempête seraient restées dans les régions du Pont-Euxin, et n'auraient pas été contraintes de se fixer dans les parages où Énée devait être entraîné par la course vagabonde de sa flotte; elles n'auraient donc pas pu lui faire cette prédiction qui est si importante dans l'intrigue de l'*Énéide*.

« Sauvé de la fureur des eaux, dit Énée, ce sont tout d'abord les rivages des Strophades qui me reçoivent. Les Strophades, ainsi nommées par les Grecs, sont des îles qui s'élèvent au milieu de la grande mer Ionienne, habitées par la sinistre Celaeno et les autres Harpyes, depuis que la maison de Phinée leur a été fermée et que, chassées par la crainte, elles ont quitté ces tables où elles se nourrissaient jadis [1]. » On le voit : Virgile tient à faire comprendre que son épisode des Harpyes est la suite de celui d'Apollonios. Tout lecteur des *Argonautiques* sait en quelle occasion les Grecs ont donné aux îles Plotées le nom de Strophades [2], et par crainte de quels héros les Harpyes ont dû quitter la demeure de Phinée.

Virgile complète la description un peu vague qu'Apollonios avait donnée des Harpyes : « Monstres ailés aux visages de vierges, leurs ventres laissent échapper d'immondes déjections; leurs mains sont crochues; leurs visages, toujours pâles de faim [3]. » L'*Énéide* ne

---

1. *Én.*, III, v. 209-213.
2. Cf. *Argon.*, II, v. 296-297.
3. *Én.*, III, v. 216-218. — On peut remarquer que le v. 218 est incomplet : peut-être Virgile pensait-il ajouter quelques traits à cette description.

fixe pas le nombre des Harpyes, qui sont, en tout cas, plus de deux [1] ; elle ne donne que le nom de la principale, Celaeno [2]. Par une confusion, qui doit être volontaire, le poète fait de ces filles de Thaumas et d'Électré les monstres les plus cruels que la colère des dieux ait suscités du Styx [3] ; et leur demeure est située aux enfers, aux portes mêmes du Tartare [4]. Celaeno s'intitule elle-même « la plus âgée des Furies » : Virgile ne pouvait identifier les Furies avec les Harpyes. Mais le nom des Furies est plus effrayant pour des Romains que celui des Harpyes qui n'est guère connu en Italie [5]. Était-il possible de faire prononcer par des divinités grecques qui ne s'étaient pas naturalisées en Italie, le texte d'un oracle si important pour les destinées de Rome [6] ? Celaeno dit à Énée qu'elle tient la prédiction de Phébus-Apollon, qui la tient lui-même de Jupiter [7]. Il n'y a pas, à notre connaissance, de rapport entre le dieu de la divination et les déesses de la tempête. Selon Varron, au dire de Servius [8], elles avaient reçu directement en Épire cet oracle de Jupiter Dodonéen.

Afin de justifier la colère des Harpyes contre Énée et ses compagnons, — colère nécessaire pour amener l'apparition des déesses et la prédiction de Celaeno, — Virgile imagine que les Troyens ont immolé des

---

1. *Én.*, III, v. 252. Celaeno s'intitule *Furiarum maxima*, et non *maior*.
2. *Én.*, III, v. 245. Cf. Decharme, *Mythol.*, p. 279 et 316.
3. *Én.*, III, v. 214 :
   Tristius haud illis monstrum, nec saevior ulla
   Pestis et ira deum Stygiis sese extulit undis.
4. *Én.*, VI, v. 289.
5. Servius, *ad Aen.*, III, v. 252 : *Alii dicunt, ideo sibi assumpsisse Furiae nomen Harpyiam, ut terreat.*
6. Sur cet oracle, voir les notes de Benoist, aux v. 251 et 256 du Ch. III de l'*Énéide*, et Heyne, *Excursus VIII (Vaticinium de mensis ambesis), ad Librum III Aeneidos.*
7. *Én.*, III, v. 250 : *...Dicta Quae Phoebo Pater Omnipotens, mihi Phoebus Apollo Praedixit.*
8. Servius, *ad Aen.*, III, v. 256 : *Ut Varro, in secundo Divinarum dixit, oraculum hoc a Dodonaeo Iove apud Epirum acceperunt.*

bœufs et des chèvres, propriété des Harpyes [1] : c'est une imitation malheureuse de l'épisode des bœufs d'Hélios dans l'*Odyssée* [2]. On connaît le sens symbolique des troupeaux du Soleil [3]; on ne voit pas pourquoi les génies des tempêtes posséderaient des bœufs et des chèvres.

Pour les autres détails de l'épisode, Virgile suit fidèlement les indications d'Apollonios. Les Harpyes apparaissent de la même manière aux Argonautes et aux Troyens; leur attaque est identique [4]. Les inutiles préparatifs de défense faits par Énée, les flèches lancées contre les Harpyes qui tourbillonnent dans les airs, rappellent un autre épisode des *Argonautiques*, celui des oiseaux de l'île Arétias [5]. La vaine tentative que fait Misène, fils d'Éole [6], pour écarter les Harpyes en soufflant de la trompette, correspond à la poursuite que les fils du vent du Nord donnent aux déesses de l'ouragan. Mais l'économie de l'*Énéide* ne demande pas que Misène mette les Harpyes en fuite, comme celle des *Argonautiques* demandait la victoire des Boréades sur les persécutrices de Phinée.

L'intervention d'Iris n'est pas non plus nécessaire dans l'épisode virgilien des Harpyes.

---

1. *Én.*, III, v. 219 et suiv.
2. *Odyssée*, XII, v. 261 et suiv.
3. Decharme, *Mythol.*, p. 241.
4. *Argon.*, II, v. 265-272; *Én.*, III, v. 225 et suiv.
5. *Argon.*, II, v. 1030 et suiv.
6. *Én.*, III, v. 239. — Le poète appelle ailleurs Misène, *Misenum Aeoliden* (*Én.*, VI, v. 164). Dans sa note à ce vers, Benoist admet que Misène, fils du dieu des vents, en tant qu'il est lui-même une personnification du bruit des flots poussés par le vent dans le golfe de Baies, doit être regardé, en tant que héros compagnon d'Énée, comme le fils d'un Troyen, *Aeolus*, qui périt dans un combat contre les Latins (*Én.*, XII, v. 542). Cf. Heyne, *Excursus VII (de Miseno) ad librum VI Aeneidos*. Forbiger, dans sa note au v. 164 du VIe Chant, se montre très affirmatif : *Misenum Aeoliden dicit, i. e. haud dubie eiusdem Aeoli Troiani filium, quem XII, 542, in pugna cum Latinis occubuisse narrat*. D'autre part, Preller (*Röm. Mythol.*, zweiter Band, p. 316) soutient que Misène est bien le fils du dieu des vents : cette filiation semble prouvée par le rôle de Misène dans l'épisode des Harpyes, et surtout par son démêlé avec Triton (*Én.*, VI, v. 170-173). Le fils de Neptune punit l'insolence du fils d'Éole, comme, après avoir calmé la tempête, Neptune envoyait par les vents ses menaces dédaigneuses à leur roi (*Én.*, I, v. 140-141).

Iris, fille de Thaumas [1], est, dans l'*Énéide* comme dans les *Argonautiques*, la messagère de Jupiter. Alors que Junon s'obstine à protéger Turnus contre les Troyens, c'est Iris que Jupiter envoie, du haut du ciel, porter à sa sœur ses ordres rigoureux [2]. Mais la messagère divine, personnification de l'arc-en-ciel, est le plus souvent au service de Junon. Celle-ci l'envoie pour délivrer Didon des souffrances de l'agonie : « Iris, étincelante de gouttes de pluie, traverse le ciel, portée par ses ailes dorées, nuancée de mille couleurs par les rayons du soleil qui la frappent en face [3]. » Junon la fait aller en Sicile pour donner aux Troyennes le funeste conseil d'incendier la flotte. Iris descend invisible du ciel : « Là vierge se hâte, et par le chemin rapide de l'arc aux mille couleurs, sans être vue de personne, elle descend [4]. » Ici, Virgile distingue la déesse de l'arc qui est son symbole : comme Servius le fait observer, l'arc n'est plus *Iris elle-même*, mais *la route d'Iris (via Iridis)* [5].

Par une de ces transformations dont le merveilleux de Virgile, parfois voisin de celui d'Ovide, est si prodigue [6], Iris prend la forme de la vieille Béroé pour adresser aux Troyennes un discours autorisé ; quand Pyrgo, amie de Béroé, a reconnu dans la fausse vieille tous les traits de la majesté divine, la déesse, déployant ses ailes, s'envole vers le ciel d'un vol régulier et parcourt dans sa fuite un arc immense sous les nuées [7]. C'est sans doute aussi sous un déguisement qu'Iris

---

1. *Én.*, IX, v. 5 : ...*Thaumantias*.
2. *Én.*, IX, v. 803 : ...*aeriam caelo nam Iupiter Irim Demisit germanae haud mollia iussa ferentem*.
3. *Én.*, IV, v. 700-701.
4. *Én.*, V, v. 609-610.
5. Servius, *ad Aen.*, V, v. 610.
6. Virgile imite d'ailleurs le passage de l'*Iliade* (III, v. 121 et suiv.) où Iris vient vers Hélène sous la forme de Laodicé, la plus belle des filles de Priam.
7. *Én.*, V, v. 657 :
  Cum dea se paribus per caelum sustulit alis
  Ingentemque fuga secuit sub nubibus arcum.

vient, par l'ordre de Junon, apprendre à Turnus ce qui se passe au camp d'Énée, puisque le jeune homme ne la reconnaît que lorsqu'il l'a vue monter au ciel [1]. En la suivant des yeux, il assiste à un prodige éclatant : « D'où vient cette soudaine clarté? Je vois le milieu du ciel s'ouvrir et les étoiles errer dans le firmament [2]. » « Le ciel est considéré comme un rideau qui cache les astres pendant le jour. Iris, en le traversant, le divise et les étoiles paraissent. Selon Cicéron, un tel aspect, qu'il appelle (*De Divin.*, II, 28) *caeli discessus*, était compté parmi les prodiges les plus remarquables [3]. »

Junon use un peu trop souvent de la messagère divine; au conseil des dieux, Vénus s'en plaint [4], et Junon ne peut se défendre qu'en reprochant à Vénus des interventions semblables auprès des humains [5].

Dans l'*Énéide*, Mercure est le messager attitré de Jupiter : mais le maître des dieux n'a pas souvent recours à ses services. Zeus envoyait Hermès ordonner à Aiétès de se montrer l'hôte bienveillant de Phrixos [6]. De même, Jupiter fait descendre du haut du ciel le fils de Maia, pour que les forteresses nouvellement bâties de Carthage s'ouvrent hospitalières aux Troyens : Mercure exécute les ordres du dieu, et, aussitôt, dociles à la volonté souveraine, les Phéniciens dépouillent leur humeur farouche [7]. Hermès était dépêché par Zeus à Calypso et à Ulysse pour hâter le retour du héros vers Ithaque [8] : de même, Jupiter fait encore

---

1. *Én.*, IX, v. 14-15. Ces vers sont les mêmes que les v. 657-658 du Ch. V.
2. *Én.*, IX, v. 19 :

    ...*Unde haec tam clara repente*
    Tempestas? Medium video discedere caelum
    Palantesque polo stellas.

3. Note de Benoist au v. 20 du Ch. IX.
4. *Én.*, X, v. 38 : ...*actam nubibus Irim.*
5. *Én.*, X, v. 73 : ...*ubi hic Iuno, demissave nubibus Iris?*
6. *Argon.*, III, v. 587-588.
7. *Én.*, I, v. 297-303.
8. *Odyssée*, V, v. 28 et suiv.

partir Mercure pour Carthage où il doit, cette fois, rappeler à Énée que l'Italie l'attend [1]. — Ce second épisode est à peu près traduit de l'*Odyssée*, comme le premier était inspiré de quelques vers des *Argonautiques*.

Dans le Ier Chant de l'*Énéide*, Virgile ne fait qu'indiquer la rapidité du vol de Mercure; dans le IVe, pour mieux la caractériser, il traduit la comparaison homérique du dieu avec le plongeon : Mercure, qui s'est lancé du haut du ciel, rase la surface de la mer, pareil à l'oiseau qui vole autour des rivages et des roches poissonneuses [2]. Il a un appareil d'ailes qui battent les airs, comme les rames battent les flots [3]. Homère parlait des sandales d'or qui emportent le dieu au-dessus de la terre et de la mer, en même temps que les souffles des vents (ἅμα πνοιῇς ἀνέμοιο) [4]. En traduisant ce passage, Virgile insiste sur ce fait que les vents aident les sandales ailées à procurer à Mercure un vol rapide *(rapido pariter cum flamine)* [5]. D'ailleurs, Jupiter avait déjà dit à son messager d'appeler les Zéphyres à son aide [6]. — On doit donc remarquer que le caractère d'Hermès-Mercure, dieu du vent, indiqué dans l'*Iliade* et dans l'*Odyssée*, rappelé par des allusions dans les *Argonautiques*, est nettement admis dans l'*Énéide* [7]. Il est naturel que Zeus-Jupiter, dieu suprême de l'éther, où les vents prennent naissance, ait pour fils et pour messager Hermès-Mercure, dieu du vent rapide qui s'abat, suivant sa volonté souveraine, du ciel sur la terre.

---

1. *Én.*, IV, v. 222 et suiv.
2. *Odyssée*, V, v. 50-54; *Én.*, IV, v. 253-255.
3. *Én.*, I, v. 301 : *Remigio alarum*.
4. *Odyssée*, V, v. 44-46. Cf. *Iliad.*, XXIV, v. 341-342, où ce passage se trouve aussi.
5. *Én.*, IV, v. 239-241.
6. *Én.*, IV, v. 223 : ...*voca Zephyros et labere pinnis*.
7. M. Decharme, dans la 2e édit. de sa *Mythologie* (p. 149-150), adopte absolument la théorie de Roscher (*Hermes, der Windgott*, 1878), qui reconnaît, après Cox, dans Hermès, non un dieu du crépuscule, mais un dieu du vent.

Certaines constellations, qui brillent dans le ciel au moment des violentes tempêtes, semblent travailler avec les vents à exciter les ouragans. En même temps qu'il rappelait les effets malfaisants de la canicule dus à Seirios, Apollonios parlait des tempêtes soulevées par le dangereux Orion. L'influence de ces deux astres est aussi redoutée dans l'*Énéide* que dans les *Argonautiques*.

Sirius, *le ravisseur*[1], flétrit la végétation et brûle les plantes; les herbes se dessèchent; la moisson malade refuse aux hommes toute nourriture[2]. Une comparaison, inspirée d'une comparaison des *Argonautiques*[3] et d'une autre de l'*Iliade*[4], — dans cette dernière Seirios est désigné sous le nom de *Chien d'Orion*[5], — insiste sur l'éclat dangereux de cet astre : « Ainsi, dans une nuit transparente, de sanglantes comètes ou l'ardent Sirius jettent un lugubre éclat. Cet astre s'élève pour porter la soif et la maladie aux malheureux mortels, et sa sinistre lueur attriste le ciel[6]. »

Avant de mettre à la voile, Palinure, le prudent pilote, observe tous les astres qui font leur révolution dans le ciel silencieux : l'Arcture, les Hyades qui amènent la pluie, la Grande et la Petite Ourse, — ces constellations dont Iopas chantait l'origine aux Tyriens et aux Troyens rassemblés, après le festin de Didon[7], — et surtout Orion aux armes étincelantes[8].

---

1. *Géorg.*, IV, v. 425 : ...*rapidus... Sirius.*
2. *Én.*, III, v. 141 : ...*tum steriles exurere Sirius agros; Arebant herbae et victum seges aegra negabat.*
3. *Argon.*, III, v. 957-959.
4. *Iliad.*, XXII, v. 26-31.
5. Voir, plus haut, l. II, ch. I, p. 173.
6. *Én.*, X, v. 272-275.
7. *Én.*, I, v. 744. Ce vers se répète, Ch. III, v. 516.
8. *Én.*, III, v. 515 :
   Sidera cuncta notat tacito labentia caelo,
   Arcturum, pluviasque Hyadas, geminosque Triones,
   Armatumque auro circumspicit Oriona.

Cf. Euripide, *Ion*, v. 1153 : ...ὅ τε ξιφήρης Ὠρίων.

Orion est en effet, pour les marins, le plus dangereux des astres. L'*Énéide* ne dit rien de ces tempêtes dont parlent les *Argonautiques*, de ces tempêtes que Zeus fait soulever par Borée au moment où l'Arcture se couche, en automne [1]; le lever des Hyades, en mai, coïncide avec d'abondantes pluies printanières, qui sont plutôt bienfaisantes, qui n'ont rien en tout cas de la violence funeste des averses hivernales ou des orages d'été. La Grande et la Petite Ourse, qui ne disparaissent jamais de l'horizon, qui semblent craindre de se baigner dans les eaux de la mer [2], ne donnent jamais de présages de tempêtes : ce sont des guides utiles pour les sages pilotes, pour Palinure comme pour Tiphys [3].

Orion, au contraire, n'annonce que des dangers pour les navigateurs : il est question, dans les *Argonautiques*, des tempêtes qu'il soulève à son déclin; Ilionée explique à Didon qu'il a excité à son lever l'ouragan où une partie de la flotte d'Énée a péri [4]. La reine de Carthage espère retenir Énée tant que sévissent sur la mer la tempête d'hiver et Orion, qui amène la pluie; tant que les navires sont fracassés, tant que le ciel reste orageux [5]. Quand le cruel Orion se plonge dans les eaux, à l'approche de l'hiver, la mer de Libye roule des vagues sans nombre [6].

La terreur des matelots a donné une personnification à cet astre redoutable et en a fait un dieu : Orion est un chasseur; aux enfers, Ulysse l'aperçoit, poursuivant

---

[1]. *Argon.*, II, v. 1099.
[2]. *Géorg.*, I, v. 245 : ...*duas... Arctos Oceani metuentes litore tingi.* Les deux Ourses, ou *gemini Triones*, font partie de la constellation des *Septem Triones*, appelée par les Grecs *le chariot*, ἡ ἅμαξα.
[3]. *Argon.*, I, v. 108. — Voir ma note à ce vers.
[4]. *Én.*, I, v. 535 : ...*adsurgens fluctu nimbosus Orion,*
[5]. *Én.*, IV, v. 52 :
    Dum pelago desaevit hiems et aquosus Orion,
    Quassataeque rates, dum non tractabile caelum.
[6]. *Én.*, VII, v. 718 :
    Quam multi Libyco volvuntur marmore fluctus,
    Saevus ubi Orion hibernis conditur undis.

les bêtes fauves dans la prairie d'asphodèles [1]. Les marins voient ou pensent voir le chasseur gigantesque poursuivant dans le ciel les astres qui pâlissent à sa lumière, traquant les Pléiades qui fuient devant lui, craintives, et se précipitent dans l'Océan [2]. « Quand, dans leurs voyages nocturnes, lancés au sommet des vagues ou perdus dans leurs profondeurs, ils [les marins] voyaient la brillante constellation tour à tour monter ou disparaître à l'horizon, ils disaient que le géant s'avançait d'île en île, se frayant un chemin à travers les flots, la tête au ciel, les pieds dans la mer [3]. » Théocrite montre Orion enfonçant ses pieds dans l'Océan [4], et Virgile reprend cette légende : « Le géant Orion, s'avançant à pied au milieu des vastes étangs de Nérée, s'ouvre un chemin et dépasse de l'épaule le niveau des ondes ; ou, rapportant du haut des montagnes un orne antique, il foule la terre de ses pieds et cache sa tête parmi les nuages [5]. »

Dangereux ou bienfaisants, tous ces astres, qui guident les navigateurs ou qui lancent contre eux les tempêtes, dépendent, comme les vents dont ils déchaînent la fureur, de Jupiter, maître suprême de tous les phénomènes du monde physique.

On a vu que, pour éviter les dangers que la fureur des vents pourrait faire courir à la terre habitée et à la mer sillonnée par les navires, le père tout-puissant a renfermé au fond de sombres cavernes tous les souffles qui agitent l'air. S'ils s'échappent parfois de leur prison, d'un seul regard Jupiter rend la sérénité à la terre et au ciel troublés par les tempêtes que les vents et les astres funestes excitent [6]. Les vents sont subordonnés

---

1. *Odyssée*, XI, v. 572-575.
2. Hésiode, *Œuvres et Jours*, v. 619 et suiv.
3. Decharme, *Mythol.*, p. 248-249.
4. Théocrite, *Idyll.*, VII, v. 54 : ...Ὠρίων ὅτ' ἐπ' Ὠκεανῷ πόδας ἴσχει.
5. *Én.*, X, v. 763-767.
6. *Én.*, I, v. 255.

au Jupiter de Virgile[1] comme au Zeus d'Apollonios. La puissance de ceux des astres qui travaillent avec les vents à soulever l'ouragan est vaincue par l'omnipotence du dieu qui apaise les tempêtes.

Les autres astres ne sont que l'ornement du ciel, de cet Olympe qui est le domaine propre de Jupiter. C'est suivant l'ordre du maître qu'au matin l'astre de l'Aurore, *Lucifer-Eous*, dissipe les ombres qui cachent le grand ciel bleu à la vue des hommes[2]. « Humide encore des ondes de l'Océan, Lucifer, dont Vénus chérit la lueur entre celles de tous les astres, élève dans le ciel son front sacré et dissipe les ténèbres[3]. » Et, le soir, quand un voile d'obscurité doit recouvrir le ciel, Vesper, l'étoile qui précède et annonce la nuit, ferme l'Olympe[4].

Les astres, dans leur ensemble, se confondent avec la demeure de Jupiter où ils sont fixés, l'Olympe dont ils font partie intégrante. Les mots *astres* et *ciel* sont généralement synonymes dans l'œuvre de Virgile[5]. Les héros de l'*Énéide* prennent souvent les astres à témoin de leur prières et de leurs serments : c'est au nom des astres qu'Achéménide supplie Énée de le recueillir[6]; au moment de se tuer, Didon prend à témoin « les astres qui sont comme les yeux du ciel »[7],

---

1. Preller-Jordan, *Röm. Mythol.*, erster Band, p. 331.
2. *Én.*, III, v. 588 : ...*primo... Eoo.* — *Eous* ou *Lucifer* est l'ἀστὴρ ἑῷος.
3. *Én.*, VIII, v. 589 :
   Qualis ubi Oceani perfusus Lucifer unda
   Quem Venus ante alios astrorum diligit ignes
   Extulit os sacrum caelo, tenebrasque resolvit.
   Cf. *Égl.*, VIII, v. 17; *Géorg.*, III, v. 324; *Én.*, II, v. 801.
4. *Égl.*, VI, v. 86 : ...*processit Vesper Olympo*; *Én.*, I, v. 374 : ...*diem clauso componet Vesper Olympo*; VIII, v. 280 : *Devexo... propior fit Vesper Olympo.* Cf. *Égl.*, VIII, v. 30; X, v. 77; *Géorg.*, I, v. 251, 461; III, v. 336; IV, y. 186, 434, 474; *Én.*, V, v. 19.
5. En laissant de côté les *Églogues* et les *Géorgiques*, on trouve *sidera* pour *caelum* dans les passages suivants de l'*Énéide* : I, v. 93; II, v. 153, 222, 687; III, v. 243, 574, 620; IV, v. 322; V, v. 256; IX, v. 16, 239, 637; X, v. 193, 667; XI, v. 833; XII, v. 196, 795.
6. *Én.*, III, v. 599 : ...*per sidera testor.*
7. Note de Benoist au v. 519 du Ch. IV de l'*Énéide*.

et qui vont assister à sa mort [1]. Aux Enfers, Palinure jure par les astres qu'il observait naguère et qu'il ne doit plus revoir [2]. Nisus prend à témoin le ciel et les astres qui ont vu ce qu'il a fait [3]. Dans son grand serment où il jure par toutes les divinités possibles, Latinus ne manque pas de citer les astres [4].

Jurer par les astres, c'est en effet jurer par le ciel qu'ils éclairent et par Jupiter qui est le maître du ciel. — Seul, peut-être, le culte qu'Énée rend à Lucifer a un sens particulier [5] : car l'étoile du matin est l'étoile de Vénus [6], et le héros honore sa mère en honorant l'astre matinal. — Mais tous les astres, quels qu'ils soient, sont soumis à Jupiter, dieu suprême de l'éther et du ciel. Le Psalmiste disait du dieu des Juifs que les cieux racontent sa gloire et prouvent sa force [7]. L'Olympe dompté, les astres dont le cours est réglé par une volonté sûre, les vents dirigés, les tempêtes apaisées, le tonnerre et l'éclair obéissants, sont autant de preuves de la gloire et de la force de Jupiter, maître suprême de tous les phénomènes qui se produisent dans le monde physique.

III

Comme le Zeus d'Homère et d'Apollonios, le Jupiter de Virgile est l'arbitre souverain de l'ordre moral, en même temps que le conservateur de l'ordre physique. Père et maître des dieux et des hommes, il est la divi-

---

1. *Én.*, IV, v. 519 : *Testatur moritura deos et conscia fati Sidera.*
2. *Én.*, VI, v. 458 : *...per sidera iuro.*
3. *Én.*, IX, v. 429 : *...Caelum hoc et conscia sidera testor.*
4. *Én.*, XII, v. 197 : *...sidera iuro.*
5. *Én.*, XI, v. 4 : *Vota deum victor primo solvebat Eoo.*
6. *Én.*, VIII, v. 590. — Cf. Decharme, *Mythol.*, p. 247.
7. *Psaumes*, XIX, verset 2.

nité calme, impartiale et suprême des immortels comme des mortels.

Jupiter est appelé le père des dieux et des hommes [1], ou le père des dieux et le roi des hommes [2], ou le maître suprême des dieux [3], ou le créateur des hommes et du monde [4]; il est le père par excellence, le père tout-puissant [5].

Ses décrets éternels règlent les affaires des hommes et des dieux [6], comme sa volonté « fait mouvoir en cercle » le ciel et la terre [7]. Les hommes et les dieux citent des preuves de sa toute-puissance dont ils attendent même des miracles. Jupiter, dit Junon, a pu abandonner à la colère de Diane le territoire de Calydon, ville d'Étolie [8]. « C'est Jupiter, disent les Pénates à Énée, qui te refuse le territoire de la Crète [9]. » C'est Jupiter, dit Ilionée, qui a permis à Didon de fonder Carthage [10]. Le dieu pourrait même rendre à un vieillard sa jeunesse: « Oh! s'écrie Évandre, si Jupiter me rendait mes années qui ne sont plus [11]! » Nestor et

---

1. *Én.*, I, v. 254; XI, v. 725: *...hominum sator atque deorum.* — Cf. l'expression homérique, πατὴρ ἀνδρῶν τε θεῶν τε (*Iliad.*, I, v. 544 et souvent).
2. *Én.*, I, v. 65; X, v. 2 et 743: *... divum pater atque hominum rex*; X, v. 875: *...pater ille deum*; VII, v. 306: *...deum... genitor*; IX, v. 495: *Magne pater divum.*
3. *Én.*, VIII, v. 572: *...divum tu maxime rector, Iupiter*; III, v. 21: *Caelicolum regi.*
4. *Én.*, XII, v. 829: *...hominum rerumque repertor.*
5. *Genitor*: *Én.*, VIII, v. 427; IX, v. 630; XII, v. 200 et 843. — *Pater omnipotens*: *Én.*, I, v. 60; III, v. 251; IV, v. 25; VI, v. 592; VII, v. 141 et 770; VIII, v. 398; XI, v. 789; XII, v. 178. — Cf. I, v. 665: *...patris summi;* V, v. 687: *Iupiter omnipotens;* X, v. 18: *O pater, o hominum divumque aeterna potestas;* X, v. 668: *Omnipotens genitor.*
6. *Én.*, I, v. 229: *...O qui res hominumque deumque Aeternis regis imperiis.*
7. *Én.*, IV, v. 269: *Regnator caelum ac terras qui numine torquet.* — Voir la note de Benoist à ce vers.
8. *Én.*, VII, v. 306:
   ...concessit in iras
   Ipse deum antiquam genitor Calydona Dianae.
9. *Én.*, III, v. 171: *...Dictaea negat tibi Iupiter arva.*
10. *Én.*, I, v. 522: *O regina, novam cui condere Iupiter urbem... dedit.*
11. *Én.*, VIII, v. 560: *O mihi praeteritos referat si Iupiter annos.*

Ulysse expriment aussi un vœu du même ordre; mais ils ne semblent pas supposer que la réalisation en appartienne à Zeus. Puissé-je redevenir jeune! disent-ils simplement [1]. Parlant en son nom personnel, Virgile attribue les guerres des hommes au bon plaisir du dieu : « O Jupiter, a-t-il donc pu te plaire qu'une telle passion fît se heurter en ennemies deux nations destinées à s'unir par une paix éternelle [2]! »

Fils de Saturne et de Cybèle, frère de Pluton, de Neptune et de beaucoup d'autres divinités, Jupiter n'est pas, à proprement parler, le père des dieux; il n'est pas non plus le créateur des hommes qui sont contemporains de Saturne et antérieurs à son règne. Appliqué à Jupiter, comme à Énée, le mot *pater* est, dans l'*Énéide*, un terme de vénération [3]. Le dieu est, sinon le créateur, tout au moins le souverain respecté comme un père par les dieux et les hommes.

Le Zeus des *Argonautiques* n'intervenait pas dans les affaires des dieux : à l'exemple du Zeus de l'*Iliade* et de l'*Odyssée*, le Jupiter de l'*Énéide* s'y intéresse et fait sentir à ses sujets divins une autorité qui, pour être moins brutale que dans les poèmes homériques, n'en est que plus sûre et plus ferme [4]. La révolte d'Éole est isolée; les dieux se plaignent parfois, mais ils obéissent, tout en maugréant. Le maître parvient, sans avoir recours à la violence, à conserver la paix entre sa femme et sa fille : il apaise facilement les pleurs de Vénus, et il sait dompter la mauvaise humeur de Junon.

Il a déjà été parlé de la demeure étoilée de Jupiter, de ce palais du tout-puissant Olympe où le conseil des

---

1. *Iliad.*, XI, v. 670; *Odyssée*, XIV, v. 468 : ...Εἴθ' ὣς ἡβώοιμι!
2. *Én.*, XII, v. 503 : ...*tanton placuit concurrere motu, Iupiter, aeterna gentes in pace futuras?*
3. Forbiger, note au v. 725 du Ch. XI de l'*Énéide* : Sator *Iupiter hic eodem sensu dicitur quo alibi pater deorum hominumque, i. e. rector et moderator, non procreator, auctor, quem alias haec vox significat.*
4. Cf. Boissier, *Relig. rom.*, t. I, l. I, ch. IV, p. 254 : « Jupiter a reçu de Virgile un maintien plus digne, une autorité plus respectée. »

dieux se réunit sous la présidence du dieu suprême : c'est surtout dans cette assemblée des immortels, décrite au commencement du X⁰ Chant de l'*Énéide*, que l'on peut apprécier les relations officielles qui existent entre Jupiter et ses dieux. « Il a, comme le Jupiter grec, son conseil qu'il réunit dans les circonstances importantes ; mais ce conseil ne ressemble pas tout à fait à ces assemblées d'Homère, bruyantes, populeuses, démocratiques, où se trouvent tous les dieux, grands et petits. Aucun des fleuves n'y manquait, nous dit-on, aucune des Nymphes qui habitent les belles forêts, ou les sources des rivières, ou les plaines verdoyantes[1]. Virgile n'y admet que les grands dieux ; il ne les fait pas délibérer après boire, usage dangereux qui peut entraîner beaucoup d'abus ; il les représente gravement assis, comme des sénateurs dans la curie. Jupiter leur parle avec une dignité toute romaine ; puis, quand il a fini et qu'il s'est levé de son trône d'or, les dieux le reconduisent, comme on fait pour les magistrats et les grands citoyens de Rome[2]. »

En effet, par l'ordre de Jupiter, s'ouvre le palais de l'Olympe où l'assemblée des dieux est convoquée ; tous s'assoient, comme des sénateurs sur leurs chaises curules, dans l'enceinte ouverte des deux côtés[3]. Jupiter prend la parole : en deux mots[4], il expose la situation et formule ses ordres ; que les dieux laissent les événements s'accomplir. Vénus, avec une loquacité toute féminine[5], fait un long réquisitoire contre Junon, exhale ses plaintes au sujet du sort d'Énée et des Troyens. Junon répond avec colère : elle redit, en les réfutant, les griefs de Vénus contre les Latins ; elle met en parallèle ce que les Troyens ont fait ; elle conclut, non sans raison, qu'il

---

1. *Iliad.*, XX, v. 8 et suiv.
2. Boissier, *Relig. rom.*, I, p. 254-255.
3. Note de Forbiger au v. 5 du Ch. X de l'*Énéide*.
4. *Én.*, X, v. 16 : *Iupiter haec paucis.*
5. *Én.*, X, v. 16 : *...At non Venus aurea contra Pauca refert.*

est maintenant trop tard pour se répandre en plaintes injustes et pour provoquer d'inutiles débats [1].

En entendant ces deux discours contradictoires où la thèse et l'antithèse sont établies et discutées, il nous semble assister, non pas aux débats orageux de l'Olympe homérique, mais bien à quelque scène de notre tragédie classique : on croirait voir Auguste entre Maxime et Cinna. L'Olympe virgilien a, de plus, ces figurants que le théâtre de Corneille ne possède pas et dont Voltaire se vantait d'avoir enrichi notre tragédie. A la vérité, les sénateurs de *Brutus* votent sans mot dire : « Nous avons vu — dit Villemain [2] — dans nos assemblées la vive impression, et, comme dit le journal, *la sensation inexprimable* que produit parfois le dépouillement d'un scrutin. Mais, au théâtre, rien de plus froid que ces votes muets. » Les membres du conseil des dieux font entendre ce que l'*Officiel* appellerait *des bruits confus* : « Tous les dieux, suivant leurs sentiments divers, faisaient entendre un bruit vague : tels ces premiers souffles confus, perçus dans les forêts, ces murmures sourds qui trahissent aux matelots la tempête prochaine [3]. » Mais cette tempête n'est pas redoutable : ce n'est pas la sédition qui s'élève dans un grand peuple où sévissent les passions de la foule ignoble [4].

On se rappelle, en effet, que les dieux inférieurs ne sont pas convoqués au conseil du Jupiter virgilien, comme ils le sont à celui du Zeus homérique. Les *caelicolae magni* s'apaisent bien vite ; il suffit que

---

1. *Én.*, X, v. 94 : ...*Nunc sera querelis Haud iustis adsurgis et irrita iurgia iactas.*
2. Villemain, *Littérature au* XVIII*e siècle*, vol. I, p. 189, édit. Didier (1868).
3. *Én.*, X, v. 96 :
   ...*Cunctique fremebant*
   Caelicolae, adsensu vario, ceu flamina prima
   Cum deprensa fremunt silvis et caeca volutant
   Murmura, venturos nautis prodentia ventos.
4. Cf. *Én.*, I, v. 148 :
   Ac veluti magno in populo cum saepe coorta est
   Seditio, saevitque animis ignobile vulgus.

Jupiter prenne la parole : « A sa voix la vaste maison des dieux se tait ; la terre tremble sur sa base ; les hautes régions de l'air font silence ; les Zéphyres retiennent leur haleine ; la mer apaise et aplanit ses flots [1]. » Le maître des dieux et des hommes a rendu son arrêt ; il le confirme en prononçant, à la manière du Zeus homérique [2], le serment solennel par le Styx : « Il prend à témoin les fleuves du Styx soumis à son frère, ces rives où bouillonnent de noirs torrents de poix ; il fait un signe de tête, et ce signe ébranle l'Olympe [3]. » Ayant ainsi parlé, il se lève de son trône d'or et les habitants du ciel le conduisent jusqu'au seuil de la salle des délibérations.

La soumission des dieux s'explique par le respect et la reconnaissance qu'ils doivent avoir pour le conservateur souverain des privilèges divins. Jupiter est leur maître, il règle leur pouvoir : mais il empêche l'homme d'empiéter sur leurs droits restreints. Quand Esculape veut affranchir les hommes de la mort et leur conférer l'immortalité divine, indigné, le dieu foudroie l'inventeur de la médecine [4]. Malgré tout son respect pour Cybèle, il reçoit, sinon avec indignation, du moins avec les accents d'une surprise désolée, la requête de sa mère qui lui demande l'immortalité pour les vaisseaux d'Énée : « O ma mère, qu'exiges-tu pour ces vaisseaux ? Où entraînes-tu les destins ? Des navires, construits par une main mortelle, auraient droit à l'immortalité !... Quel dieu eut jamais semblable pouvoir [5] ? »

---

1. *Én.*, X, v. 101-103.
2. *Iliad.*, I, v. 528.
3. *Én.*, X, v. 113-116. — Jupiter confirme par le même serment la promesse qu'il a faite à sa mère Cybèle (*Én.*, IX, v. 104-106). Voir plus haut, l. I, ch. III, p. 59.
4. *Én.*, VII, v. 770-774.
5. *Én.*, IX, v. 94 :
    O genetrix, quo fata vocas? Aut quid petis istis?
    Mortaline manu factae immortale carinae
    Fas habeant?...
        ...Cui tanta deo permissa potestas?

En effet, si l'équité de Jupiter est absolue, son pouvoir est limité : c'est ce que prouve sa réponse à Cybèle. Et, de son ultimatum aux dieux, il faut retenir ces deux importantes déclarations : « Le roi Jupiter sera pour tous impartial; les destins trouveront leur voie libre [1]. »

Dans quels rapports sont entre eux les pouvoirs de Jupiter et ceux des autres dieux? Quelles relations ces divers pouvoirs divins ont-ils avec le destin? Enfin, quelle est l'impartialité de Jupiter à l'endroit des hommes? — Autant de questions qui se posent et qu'il convient d'étudier.

Tous les dieux, les plus subalternes comme les plus puissants, ont chacun leur *numen :* ce mot est souvent synonyme de *deus* [2]. Tous les dieux sont des *numina :* par les *magna numina,* on entend les grands dieux [3]. Chaque lieu a ses *numina* [4]; ceux qu'Évandre supplie sont originaires de l'Arcadie [5]. Troie possède les siens propres [6], auxquels des *numina* ennemis s'opposent [7]. Pallas encourage ses compagnons en leur disant que ce ne sont pas des *numina* ennemis qui les accablent, mais bien des hommes [8].

Le *numen* est la divinité dans son sens abstrait, la manifestation que fait un dieu de sa puissance et de son aptitude à dominer [9]. Le mot *numen*, voisin du mot *nutus*, signe de tête (en grec, νεύω, *incliner la tête;* νεῦμα, *inclinaison de tête*), veut dire, au sens propre,

---

1. *Én.*, X, v. 112 : *...rex Iupiter omnibus idem Fata viam invenient.*
2. *Én.*, I, v. 603, *et passim.*
3. *Én.*, III, v. 264 : *Numina magna vocat;* III, v. 633 : *...nos, magna precati Numina*
4. *Én.*, III, v. 697 : *Numina magna loci.*
5. *Én.*, VIII, v. 574 : *...numina vestra...*
6. *Én.*, VI, v. 68 : *Errantesque deos, agitataque numina Troiae;* IX, v. 247 : *Di patrii, quorum semper sub numine Troia est.*
7. *Én.*, II, v. 622 : *...inimicaque Troiae Numina magna deum.*
8. *Én.*, X, v. 375 : *Numina nulla premunt, mortali urgemur ab hoste.*
9. Cf. Preller-Jordan, *Röm. Mythol.*, erster Band, p. 57 et suiv.

assentiment, et, par suite, *puissance* [1]. Quand Jupiter ébranle le monde en faisant ce signe de tête qui exprime sa volonté, il donne l'idée la plus complète de son *numen*. Les autres dieux peuvent aussi, comme Jupiter, marquer leur assentiment [2], et montrer ainsi qu'ils permettent et protègent les entreprises des hommes.

Dans l'*Énéide*, chaque divinité a son *numen* actif : non seulement les *caelicolae magni*, appelés au conseil de l'Olympe, mais même les mortels divinisés et les objets inanimés auxquels une transformation merveilleuse a conféré les privilèges de l'immortalité.

Les vaisseaux d'Énée, changés en Nymphes, ont un *numen* à titre de divinités marines [3]. Éryx, fils de Vénus, divinisé après sa mort, a un *numen*, qui se tourne contre Darès [4]. Évandre rend un culte au *numen* d'Hercule, celui-là même qui a vaincu et tué Éryx [5]. Le Tibre a son *numen* qu'Énée invoque [6]. Les dieux de la mer ont le leur [7], qui semble intolérable aux femmes troyennes [8]. Le fleuve infernal, le Styx, a un redoutable *numen* que les dieux craindraient de prendre à témoin pour un faux serment [9]. Redoutables aussi sont le *numen* collectif des divinités infernales que Didon atteste au moment de mourir [10], que Virgile invoque avant de décrire les Enfers [11], et le *numen* particulier de la terrible Érinys [12].

---

1. Bréal, *Dictionn. étymol.*, Paris, 1885, au mot *Nuo*, p. 225, col. 1. — Cf. Varron, *de Ling. Lat.*, VII, 85, etc.
2. *Én.*, XI, v. 20 : *Adnuerint Superi.*
3. *Én.*, X, v. 220 : *...Nymphae quas alma Cybebe Numen habere maris Nymphasque e navibus esse iusserat.*
4. *Én.*, V, v. 466 : *Non vires alias conversaque numina sentis?*
5. *Én.*, VIII, v. 186 : *...tanti numinis aram.*
6. *Én.*, VIII, v. 78 : *...tua numina.*
7. *Én.*, XII, v. 182 : *...Quae caeruleo sunt numina ponto.*
8. *Én.*, V, v. 768 : *Visa maris facies et non tolerabile numen.*
9. *Én.*, VI, v. 323 : *...Stygiamque paludem Di cuius iurare timent et fallere numen.*
10. *Én.*, IV, v. 611.
11. *Én.*, VI, v. 266 : *...sit numine vestro*, etc.
12. *Én.*, VII, v. 570 : *...Erinys, Invisum numen.*

Le traître Sinon a l'audace de prendre à témoin dans un serment mensonger le *numen* des astres que l'on n'invoque pas impunément pour faire un parjure [1]. La reine Amata, égarée par la passion et la folie, feint d'obéir au *numen* de Bacchus [2]. Le saint *numen* de Vulcain [3] et le puissant *numen* de l'Amour sont également invoqués par Vénus [4]; celui de la déesse elle-même et de son fils Cupidon est tourné en ridicule par la haineuse Junon [5]. Énée adore le *numen* de Mars qui dirige les guerres [6]. C'est en vain que les Troyens adressent leurs supplications au *numen* de Pallas-Minerve [7] qu'Énée et ses compagnons essaieront de désarmer par leurs prières à leur arrivée en Italie [8].

Le *numen* de Phébus-Apollon est familier au prophète Hélénus [9], qui conduit vers le seuil divin Énée « troublé par la puissante majesté du dieu, par sa présence et sa volonté qui se manifeste avec force » [10]. C'est ce même *numen* qui inspire la Sibylle [11] et qui pousse Ascagne au combat [12].

Le *numen* de Junon qui voulait faire de Carthage la première ville du monde est blessé, infirmé, par la décision du *fatum* qui promet à la cité que les Troyens fonderont la victoire sur Carthage [13]. Aussi la déesse

---

1. *Én.*, II, v. 154 : *Vos, aeterni ignes, et non violabile vestrum Testor numen.*
2. *Én.*, VII, v. 385 : *...simulato numine Bacchi, Maius adorta nefas.*
3. *Én.*, VIII, v. 382 : *...sanctum ...numen.*
4. *Én.*, I, v. 666 : *Ad te confugio et supplex tua numina posco.*
5. *Én.*, IV, v. 94 : *...memorabile numen.* — Malgré l'autorité de Benoist, qui admet *nomen*, j'aime mieux conserver *numen*, leçon des meilleurs mss. L'emploi de *numen* est aussi légitime dans ce vers que dans la plupart des autres où Virgile désigne la puissance divine.
6. *Én.*, XII, v. 179 : *...tuque, inclite Mavors, Cuncta tuo qui bella, pater, sub numine torques.*
7. *Én.*, II, v. 232 : *...orandaque divae Numina.*
8. *Én.*, III, v. 543 : *...tum numina sancta precamur Palladis armisonae.*
9. *Én.*, III, v. 359 : *...numina Phoebi.*
10. *Én.*, III, v. 372 : *...multo suspensum numine.* — Note de Benoist.
11. *Én.*, VI, v. 50 : *...Adflata est numine quando Iam propiore dei.*
12. *Én.*, IX, v. 661 : *...numine Phoebi.*
13. *Én.*, I, v. 8 : *...quo numine laeso.*

se demande-t-elle qui adorera maintenant sa divinité annulée par le destin [1]. C'est en vain qu'elle recevra un culte spécial d'Énée utilement conseillé par Hélénus [2] : Junon se plaindra toujours que son *numen* soit sans force [3] et impuissant [4].

Le *numen* de Jupiter est naturellement celui de tous qui a le plus de pouvoir : dans l'ordre physique, il fait mouvoir en cercle le ciel et la terre [5]; dans l'ordre moral, il a de redoutables exigences [6]. Ce n'est certes pas, dit Vénus, en opposition aux ordres de ce *numen*, que les Troyens auraient pu parvenir jusqu'aux rivages de l'Italie [7].

De cette diversité des *numina*, qui sont opposés et souvent se combattent, naît un certain scepticisme des hommes, non pas à l'endroit de la divinité suprême, mais bien des *numina*, qui peuvent être des dieux ennemis et malveillants. Énée se demande, non sans quelque hésitation, si les *numina* tiennent compte de la piété des hommes [8]. Didon se demande aussi quel est le pouvoir des *numina* pieux [9]; prennent-ils quelque souci des amants [10]? Énée sait bien que c'est un *numen* ennemi qui l'affole au moment du sac de Troie [11].

Les *numina* ne sont puissants et infaillibles, ne méritent toute créance et toute adoration de la part des hommes, que lorsqu'ils sont unanimes. Énée prend à

---

1. *Én.*, I, v. 48 : ...*Et quisquam numen Iunonis adorat Praeterea?*
2. *Én.*, III, v. 437 : *Iunonis magnae primum prece numen adora.*
3. *Én.*, VII, v. 297 : ...*mea numina tandem Fessa iacent.*
4. *Én.*, VII, v. 310 : ...*mea numina non sunt Magna satis.*
5. *Én.*, IV, v. 269 : ...*Caelum ac terras qui numine torquet.*
6. *Én.*, XI, v. 901 : ...*Saeva Iovis sic numina poscunt.*
7. *Én.*, X, v. 31 : *Si sine pace tua atque invito numine Troes Italiam petiere.*
8. *Én.*, I, v. 603 : ...*Siqua pios respectant Numina.*
9. *Én.*, IV, v. 382 : ...*Siquid pia Numina possunt.* — Cf. II, v. 536 : ...*siqua est caelo pietas.*
10. *Én.*, IV, v. 520 : ...*siquod non aequo foedere amantes Curae Numen habet.*
11. *Én.*, II, v. 735 : ...*male Numem amicum Confusam eripuit mentem.*

témoin ces *numina* [1] qui connaissent la vérité [2], qui l'appellent lui-même en Italie [3], qui le poussent à la lutte contre les Grecs entrés dans Ilion par surprise [4], qui l'étonnent par l'accomplissement inattendu de leur volonté [5], qui, il l'espère, confirmeront ses espérances [6]. Les grands événements ne peuvent se produire sans le *numen divum* [7]: aucune entreprise ne réussit quand elle se fait sans [8] et surtout contre [9] le *numen divum*: celui-ci prend d'autant plus de force qu'il est l'émanation de toutes les volontés divines réunies [10] et qu'il se trouve d'accord avec le *fatum* [11].

Un passage de l'*Énéide* montre bien quels sont les pouvoirs supérieurs qui doivent régler et refréner l'audace humaine: les Latins assiègent le palais de Latinus pour lui demander de déclarer la guerre; mais cette guerre sera funeste parce qu'elle a contre elle *les présages (contra omina), le destin* et *la volonté des dieux (contra fata deum, perverso Numine)* [12]. — Il sera plus tard question des *omina :* il faut auparavant rechercher quelle est la puissance respective du *numen* et du *fatum*.

Le verbe *fari* signifie « parler par inspiration religieuse, prédire l'avenir ». Le *fatum* est d'abord « ce qui

---

1. *Én.*, XII, v. 201 : *...Numina testor.*
2. *Én.*, II, v. 141 : *...Per superos et conscia Numina veri.* — Cf. IV, v. 204 : *...media inter Numina divum*; II, v. 123 : *...quae sint ea Numina divum.*
3. *Én.*, VIII, v. 512 : *...quem Numina poscunt.*
4. *Én.*, II, v. 336 : *...Numine divum In flammas et in arma feror.*
5. *Én.*, VII, v. 119 : *...stupefactus Numine.*
6. *Én.*, XII, v. 188 : *..potius di Numine firment.*
7. *Én.*, II, v. 777 : *...Non haec sine Numine divum Eveniunt;* V, v. 56 : *Haud equidem sine mente reor, sine Numine divum;* VI, v. 368 : *...neque enim credo sine Numine divum.*
8. *Én.*, II, v. 396 : *...haud Numine nostro.*
9. *Én.*, VII, v. 584 : *...perverso Numine.*
10. *Én.*, III, v. 363 : *...cuncti suaserunt Numine divi.*
11. *Én.*, XI, v. 232 : *...fatalem Aenean manifesto Numine ferri.*
12. *Én.*, VII, v. 583-584.

a été déclaré », ce qui est prédit, puis « ce qui a été prononcé, décidé par Jupiter ». Une confusion entre deux familles de mots a fait interpréter par les Romains comme un dérivé de *fari* le mot *fas* « qui correspond au grec θέμις et appartient au primitif *dha, établir* »[1].

Fas, qui correspond aux lois divines, comme *ius* aux lois humaines[2], signifie ce qui est permis par le *fatum*, considéré comme l'expression de la volonté divine en général[3]. Le *fatum* s'applique à chaque homme, à chaque dieu : il indique à la fois la destinée particulière attribuée à un homme, à une nation, et la connaissance partielle qu'un dieu peut avoir de la destinée, la portion de puissance divine qui lui est dévolue.

Troie a sa destinée fatale qui la force à être vaincue par les Grecs[4]; l'Italie a aussi la sienne[5]. Il y a souvent conflit entre les destins de deux peuples[6]. Dans ce cas, pour assurer le succès à la nation qui doit l'obtenir, Jupiter pèse, sans doute, les destinées des deux nations ennemies, comme nous lui voyons mettre dans la balance les destinées d'Énée et de Turnus. « Jupiter tient lui-même une balance en équilibre et met dans les plateaux les destinées contraires des deux hommes, pour voir quel est celui qui est condamné, de quel

---

1. Voir Bréal, *Dictionn. étymol.*, au mot *For*, p. 101.
2. *Géorg.*, I, v. 269 : *Fas et iura sinunt*. — *Én.*, II, v. 157 : *Fas... sacrata resolvere iura*.
3. *Én.*, I, v. 205 : *...Latium, sedes ubi fata quietas Ostendunt; illic fas regna resurgere Troiae;* II, v. 779 : *...Fas aut ille sinit superi regnator Olympi;* VIII, v. 397 : *...Fas nobis... Nec Pater omnipotens... nec fata vetabant;* IX, v. 96 : *...Fas immortale* = ce qui est permis aux immortels, leur condition. — Cf. *Én.*, I, v. 77; II, v. 158 et 402; III, v. 55; IV, v. 113 et 350; V, v. 800; VI, v. 63, 266, 438, 563; VII, v. 692; VIII, v. 502; IX, v. 208; XI, v. 181; XII, v. 28.
4. *Én.*, I, v. 257 : *...Fata tuorum* = Troianorum; II, v. 34 : *...Troiae sic fata ferebant*.
5. *Én.*, III, v. 182, et V, v. 725 : *...Iliacis... fatis;* X, v. 109 : *...fatis Italum* = fata Italis propitia (Wagner).
6. *Én.*, VII, v. 293 : *...Fatis contraria nostris Fata Phrygum*. — Benoist pense que Junon veut dire : « destins contraires aux miens, à ceux que je voulais imposer aux Troyens; » Ladewig et Forbiger expliquent : « contraires à ceux de mon peuple, des Carthaginois, » ce qui semble offrir un sens plus naturel.

côté penchera la mort [1]. » C'est d'ailleurs ce que faisait le Zeus homérique [2]. La lutte d'Énée et de Turnus n'est, en effet, autre chose que la lutte de leurs deux destinées. Les *fata* d'Énée qu'Anchise lui a révélés [3], auxquels les dieux Pénates et les Troyens se sont confiés [4], les *fata* que le fidèle Ilionée prend à témoin [5], promettent au fils de Vénus un royaume en Italie [6]. Turnus est, au contraire, appelé à la lutte par des destins [7] qui sont inférieurs à ceux de son ennemi [8].

Chaque homme a son *fatum* : Anchise passe en revue les destinées de ses descendants [9], ces destinées promises aux enfants de Troie [10], qui seront gravées sur le bouclier d'Énée [11]. Le *fatum* de chaque homme peut se composer d'une série de vicissitudes fatales. « Nous sommes, — dit Énée à Andromaque, — nous sommes emportés de destins en destins [12]. »

Comme la mort est le terme fatal de la destinée des hommes, *fatum* est souvent synonyme de *mort*. Quand Virgile dit de Lausus et de Pallas que leur *fatum* leur est réservé, qui leur viendra de la main d'un illustre ennemi [13], il fait allusion à la mort que l'épée d'Énée et de Turnus leur réserve. Le *fatum* de Lycus [14], de Priam [15],

---

1. *Én.*, XII, v. 725-727.
2. *Iliad.*, VIII, v. 69-72 ; XXII, v. 209-212.
3. *Én.*, VI, v. 759 : ...*te tua fata docebo*.
4. *Én.*, II, v. 294 : (Penates) *Fatorum comites*; IX, v. 204 : *Magnanimum Aenean et fata extrema secutus*.
5. *Én.*, VII, v. 234 : *Fata per Aeneae iuro*.
6. *Én.*, VI, v. 66 : ...*Non indebita posco Regna meis fatis*.
7. *Én.*, X, v. 471 : ...*sua Turnum Fata vocant*; IX, v. 137 : ...*Sunt et mea contra Fata mihi*.
8. *Én.*, XII, v. 149 : ...*Imparibus... fatis*; v. 676 : ...*Fata... superant*.
9. *Én.*, VI, v. 682 : ...*recensebat... Fataque fortunasque virum*.
10. *Én.*, II, v. 194 : ...*nostros ea fata manere nepotes*.
11. *Én.*, VIII, v. 731 : *Attollens humero famamque et fata nepotum*.
12. *Én.*, III, v. 494 : ...*Nos alia ex aliis in fata vocamur*.
13. *Én.*, X, v. 438 : ...*Illos sua fata manent*.
14. *Én.*, I, v. 222 : *Fata Lyci* = *mortem fatis adductam quae nemo potest effugere* (Forbiger).
15. *Én.*, II, v. 506 : ...*Priami... fata*; v. 554 : ...*Fatorum exitus illum Sorte tulit*.

de Déiphobe[1], de Sychée[2], de Didon[3], d'Amata[4], n'est autre chose que la mort violente à laquelle ces divers personnages sont conduits par leur destinée. Différer le *fatum* est synonyme de différer la mort[5]; une blessure mortelle au flanc est dite une blessure qui atteint la région où l'épée trouve la voie de la destinée la plus prompte[6]. Pleurant sur le cadavre de Pallas, Évandre se plaint que la durée de sa vie ait vaincu sa destinée, c'est-à-dire ait triomphé de la mort que le *fatum* devait lui envoyer plus tôt[7]. Mais le terme que la destinée fixe à la vie est ignoré de l'humanité : « O esprit des hommes, — dit Virgile, — esprit ignorant du *fatum* et du sort à venir[8]! » Les mortels tiennent à connaître « les arcanes du *fatum* »[9]. Peu d'entre eux les apprennent par les oracles et par la divination. C'est en vain que soucieux de la vie de son fils chéri, un père prendra toutes les précautions à l'endroit du destin menaçant : la précaution humaine est inutile[10]. C'est en vain que Cassandre chantait les destinées de Troie[11] : la folie humaine devait ne pas s'inquiéter de ces chants prophétiques.

Dans l'*Énéide*, le destin n'est guère révélé utilement qu'en faveur d'Énée : Jupiter envoie Mercure instruire Didon pour qu'elle n'aille pas, dans son ignorance du *fatum*, mal accueillir le héros troyen[12]. Ce qui fait la force d'Énée, c'est qu'il connaît une partie des *fata* qui

1. *Én.*, VI, v. 511 : *...Me fata mea.*
2. *Én.*, IV, v. 20 : *...miseri post fata Sychaei.*
3. *Én.*, IV, v. 519 : *...conscia fati Sidera;* v. 678 : *...eadem me ad fata vocasses.*
4. *Én.*, XII, v. 610 : *Coniugis... fatis.*
5. *Én.*, XII, v. 395 : *...proferret fata parentis.*
6. *Én.*, XII, v. 507 : *...qua fata celerrima.*
7. *Én.*, XI, v. 160 : *...Vivendo vici mea fata.*
8. *Én.*, X, v. 501 : *Nescia mens hominum fati, sortisque futurae.*
9. *Én.*, VII, v. 123 : *...fatorum arcana.*
10. *Én.*, X, v. 417 : *Fata cavens.* — Voir la note de Benoist qui justifie cette leçon contre la leçon vulgaire *Fata canens.*
11. *Én.*, II, v. 246 : *...Fatis... Cassandra futuris.*
12. *Én.*, I, v. 299 : *...ne fati nescia Dido Finibus arceret.*

le dirigent : Anchise, Hélénus, la Sibylle [1], Apollon lui-même [2] lui en apprennent successivement l'essentiel. Il erre avec ses compagnons, poussés comme lui par les destins [3]. En effet, Benoist le fait remarquer, « les oracles indiquaient aux Troyens l'Italie comme le but de leurs voyages ; ils y étaient poussés par les destinées, mais au milieu de tentatives infructueuses [4]. » Énée ne sait pas comment il parviendra en Italie, mais, confiant dans ce qu'il connaît du *fatum*, il a la persuasion qu'il y parviendra. Il peut dire à ses compagnons : « A travers des hasards de toute sorte, à travers tant de dangers, nous faisons route vers le Latium où les *fata* nous montrent des demeures paisibles, où le *fas* permet la résurrection du royaume de Troie [5]. » Aussi, exilé, ballotté par le *fatum* [6], qui le plus souvent l'entraîne il ne sait où [7], il lui abandonne la direction de ses voiles [8]. « Les destins sont ses conseillers [9] : » ils le conduisent, ils l'appellent en Italie où leurs oracles lui garantissent la possession d'un pays qu'ils lui doivent [10]. Énée le sait, il se le répète et il le dit aux autres ; Latinus lui-même en est convaincu : l'immuable arrêt des destins est que Lavinie soit l'épouse du héros troyen [11]. Cet arrêt est connu du père de Lavinie auquel le *fatum* a prédit pour gendre ce héros étranger qui doit venir se présenter devant lui [12].

1. *Én.*, III, v. 444 : *Fata canit.* Cf. VI, v. 45 et suiv.
2. *Én.*, III, v. 395 : *Fata viam invenient, aderitque vocatus Apollo.*
3. *Én.*, I, v. 32 : *Errabant acti fatis.*
4. Note de Benoist au v. 32 du Ch. I de l'*Énéide*.
5. *Én.*, I, v. 204-206.
6. *Én.*, I, v. 2 : *...fato profugus*; IV, v. 14 : *Iactatus fatis.*
7. *Én.*, III, v. 7 : *Incerti quo fata ferant.*
8. *Én.*, III, v. 9 : *...dare fatis vela.*
9. Note de Benoist au v. 67 du Ch. X : *fatis auctoribus.*
10. *Én.*, VI, v. 72 : *...Arcanaque fata Dicta meae genti;* VII, v. 120 : *...Fatis mihi debita tellus;* V, v. 656 : *...Fatisque vocantia regna;* VII, v. 272 : *...Hunc illum poscere fata;* VIII, v. 12 : *...fatis regem se dicere posci;* VIII, v. 477 : *..fatis huc te poscentibus adfers.*
11. *Én.*, VII, v. 314 : *...Immota manet fatis Lavinia coniux.*
12. *Én.*, VII, v. 255 : *Hunc illum fatis externa ab sede profectum Portendi generum.*

Évandre rappelle à Énée qu'il a pour lui les destins et les dieux qui favorisent sa robuste jeunesse et son illustre race [1]. Un vieil haruspice qui dévoile les *fata* [2] a vu dans Énée le héros choisi par le destin, qui doit, à la tête des Étrusques, vaincre Mézence.

Le *fatum* est pour Énée : le héros en acquiert constamment des preuves nouvelles. Si les *fata* t'appellent, lui disait la Sybille [3], tu cueilleras sans peine le rameau d'or : et le rameau se laisse détacher par sa main. Énée connaît en partie les destins décrétés par les dieux à son sujet : il les a exposés à Didon [4]. Au moment de son combat suprême avec Turnus, il console Iule et ses compagnons en leur rappelant que les destinées lui promettent la victoire [5] : il sait assurément aussi bien que Junon qu'elles lui promettent l'apothéose à la fin de sa carrière mortelle [6].

Et, cependant, que d'incertitudes, que d'hésitations, pour un homme que tout conspire à éclairer sur la destinée qui lui est réservée ! Il accuse volontiers les *fata* d'injustice, quand il n'en saisit pas le sens [7]. Il oublie chez Didon le royaume qu'ils lui assurent [8]; il se plaint qu'ils ne lui permettent pas de conduire sa vie à son gré [9] : il faut que Mercure vienne lui rappeler leurs ordres et fermer ses oreilles aux prières de Didon [10]. Arrivé chez Aceste, il oublie encore ses ordres, comme il le faisait à Carthage [11] : il faut qu'ils lui soient rappelés par le vieux Nautès qui a appris de Pallas l'art

---

1. *Én.*, VIII, v. 511 : ...*Tu, cuius et annis Et generi fata indulgent, quem numina poscunt.*
2. *Én.*, VIII, v. 498 : ...*Longaevus haruspex Fata canens.*
3. *Én.*, VI, v. 147 : *Si te fata vocant.*
4. *Én.*, III, v. 717 : *Fata renarrabat divum.*
5. *Én.*, XII, v. 111 : *Fata docens.*
6. *Én.*, XII, v. 795 : *Deberi caelo, fatisque ad sidera tolli.*
7. *Én.*, III, v. 17 : ...*Fatis... iniquis.*
8. *Én.*, IV, v. 225 : ...*Fatisque datas non respicit urbes.*
9. *Én.*, IV, v. 340 : *Me si fata meis paterentur ducere vitam Auspiciis.*
10. *Én.*, IV, v. 440 : *Fata obstant, placidasque viri deus obstruit aures.*
11. *Én.*, V, v. 703 : *Oblitus fatorum.*

de les interpréter [1] et qui doit enseigner au fils de Vénus à comprendre la destinée et à s'y soumettre [2]. Ces faiblesses ne prennent fin qu'en Italie, alors que la prédiction de la Sibylle, l'entrevue avec Anchise, les oracles de Faunus, les révélations d'Évandre rendent toute défaillance du héros aussi impardonnable qu'impossible.

Fils d'une déesse, futur dieu lui-même, protégé par Jupiter qui lui a fait savoir l'essentiel de ses destins, le héros appartient à peine à l'humanité. Les simples mortels, que Jupiter n'éclaire pas et qui n'ont pas su, comme le philosophe des *Géorgiques*, fouler aux pieds le *fatum* inexorable [3], sont naturellement désarmés et craintifs en face de ce problème de la destinée qu'ils ne peuvent résoudre et dont les difficultés les déconcertent et les effraient. Pour ceux-là le destin inévitable est presque synonyme du hasard, de la Fortune : « Ce sont, dit Évandre à Énée, ce sont la Fortune toute-puissante et l'inévitable destin qui m'ont fixé en Italie [4]. » « Nous sommes brisés par les destins, » dit Latinus [5]. C'est le destin qui repousse pendant plusieurs années les Grecs loin de Troie [6], qui cause la perte de Troie elle-même [7], qui amène la lutte de l'Europe et de l'Asie [8], qui enlève Créuse à Énée [9], qui, par ses ordres, domine tous les événements humains [10].

On comprend que la destinée effraie Didon [11]. Les

1. *Én.*, V, v. 707 : *...quae fatorum posceret ordo.*
2. *Én.*, V, v. 709 : *Nate dea, quo fata trahunt retrahuntque sequamur.*
3. *Géorg.*, II, v. 491 : *...metus omnes et inexorabile fatum Subiecit pedibus.*
4. *Én.*, VIII, v. 334 : *Fortuna omnipotens et ineluctabile fatum His posuere locis.*
5. *Én.*, VII, v. 594 : *Frangimur, heu! fatis.*
6. *Én.*, II, v. 13 : *...Fracti bello, fatisque repulsi Ductores Danaum.*
7. *Én.*, II, v. 54 : *...Fata deum.*
8. *Én.*, VII, v. 223 : *...Quibus actus uterque Europae atque Asiae fatis concurrerit orbis.*
9. *Én.*, II, v. 738 : *...fatone erepta Creusa.*
10. *Én.*, III, v. 700; VI, v. 449, 466; XI, v. 112.
11. *Én.*, IV, v. 450 : *...fatis exterrita Dido.*

Grecs, au dire de Sinon, tremblaient, se demandant à qui la destinée préparait la mort des victimes sacrifiées aux dieux [1]. C'est le destin qui appelle les peuples à la guerre meurtrière [2]. La destinée est le plus souvent regardée comme injuste et cruelle : Orodès mourant prédit à Mézence qu'une destinée aussi funeste que la sienne l'attend lui-même [3]. Arruns est dû à la destinée [4], Lagus est amené à la mort par une destinée injuste [5], Camille pressée par une destinée cruelle [6].

Le *fatum* enserre les âmes dès leur naissance à la vie humaine jusqu'à leur mort; il en est même qu'il fait revivre une seconde fois [7]. On ne peut qu'essayer de lui arrracher ses victimes [8], qu'exprimer le vœu que tel ou tel homme sera conservé par le destin [9], que se répandre, après un malheur, en regrets superflus et que dire : « Si le destin l'avait voulu, le succès aurait été différent [10]. » C'est en vain que, dans son désespoir, au moment du sac de Troie, Anchise veut peser sur le destin qui accable son pays, en précipiter la marche [11]; en vain qu'il souhaite, alors qu'il est un des bienheureux des Champs-Élysées, que le jeune Marcellus puisse rompre la chaîne des destins et vivre plus longtemps qu'ils ne l'ont permis [12]. Le jour de la mort fixé par le *fatum* ne peut être retardé, avancé par la volonté humaine : Didon qui se tue, qui veut périr avant

---

1. *Én.*, II, v. 121 : ...*cui fata parent.*
2. *Én.*, XI, v. 96 : *Nos... horrida belli Fata vocant.*
3. *Én.*, X, v. 740 : ...*Te quoque fata Prospectant paria.*
4. *Én.*, XI, v. 759 : ...*Fatis debitus Arruns.*
5. *Én.*, X, v. 380 : ...*Fatis adductus iniquis.*
6. *Én.*, XI, v. 587 : ...*Fatis urgetur acerbis.*
7. *Én.*, VI, v. 713 : ...*Animae quibus altera fato Corpora debentur.*
8. *Én.*, X, v. 624 : ...*Turnum... instantibus eripe fatis.*
9. *Én.*, I, v. 546 : *Quem si fata virum servant;* VI, v. 546 : ...*melioribus utere fatis;* VIII, v. 575 : ...*Pallanta mihi si fata reservant.*
10. *Én.*, II, v. 433 : ...*si fata fuissent;* XI, v. 287 : ...*versis lugeret Graecia fatis.*
11. *Én.*, II, v. 653 : ...*Fatoque urgenti incumbere vellet.*
12. *Én.*, VI, v. 869 : *Ostendent terris hunc tantum fata;* v. 882 : ...*si qua fata aspera rumpas.*

le jour fatal, ne succombant pas à la destinée, à la mort méritée [1], Didon ne peut mourir : l'effet de son suicide n'est pas la mort, mais une longue agonie à laquelle seule la volonté divine de Junon peut mettre un terme.

En dernière analyse, l'humanité n'a qu'une liberté, c'est d'accomplir sans obstacle ce qui lui a été fixé par la destinée. On n'est libre, dégagé des liens du *fatum (liber fati)* que lorsqu'on a accompli ce que le *fatum* ordonnait [2]. On n'a pas à rechercher la voie à suivre : ce sont les destins qui trouvent cette voie [3]; l'homme doit la suivre; s'il s'en écarte, il y est ramené par les avertissements sévères de la destinée.

Mais on comprend que les hommes ne se rendent pas toujours compte qu'ils sont dirigés en toute occasion par le *fatum* dont les voies sont, le plus souvent, mystérieuses. Aussi ils admettent un autre pouvoir à côté de la destinée : les mots *fortuna, sors, casus,* dissimulent leur ignorance du *fatum ineluctabile*.

On sait quelle importance le culte de la Fortune avait à Rome et dans l'Italie en général [4].

Macrobe remarque que la Fortune n'est pas même nommée dans Homère [5]. Après l'époque homérique, il est souvent question de la déesse dans la littérature attique : Thucydide et Démosthène attribuent, en particulier, une influence prépondérante à la *Tyché*, qui, d'après la seconde *Olynthienne*, serait « le tout des choses humaines » [6]. A Alexandrie, le culte de la For-

---

1. *Én.*, IV, v. 696 : ...*Nec fato, merita nec morte peribat, Sed misera ante diem.*
2. *Én.*, X, v. 154 : ...*Libera fati.* — Wagner : *Ut* voti liber *is dicitur, qui solvit votum, sic* liber fati, *qui fecit quod voluit fatum.*
3. *Én.*, X, v. 113 : *Fata viam invenient.*
4. Preller-Jordan, *Röm. Mythol.*, zweiter Band, p. 178-195.
5. Macrobe, *Saturn.*, V, XVI : *Fortunam Homerus nescire maluit et soli deo quem* μοῖραν *vocat omnia regenda committit; adeo ut hoc vocabulum* τύχη *in nulla parte homerici voluminis nominetur.*
6. Démosthène, *Olynth.*, II, 22. — Voir Allègre, *Étude sur la déesse grecque Tyché*, Paris, 1889, p. 74, 77 et suiv.

tune devait recevoir une sorte de sanction officielle. « Quand l'adulation voudra diviniser les femmes des Ptolémées, c'est sous les traits de Tyché que la flatterie des Grecs ingénieux d'Égypte représentera les Bérénice et les Cléopâtre [1]. »

Malgré les développements que le culte de Tyché avait pris à Alexandrie, Apollonios, fidèle imitateur d'Homère, s'abstient de donner à la déesse, dans les *Argonautiques*, la place qu'elle n'avait pas dans l'*Iliade* et dans l'*Odyssée* : je crois même qu'il n'emploie pas le nom commun τύχη [2].

Un exemple suffira à montrer comment Virgile emploie le mot *Fortuna* pour rendre une idée qu'Homère et Apollonios exprimaient sans avoir recours au mot τύχη. La *Fortune*, dit l'*Énéide*, avait refusé à Pallas, comme à Lausus, le retour dans leur patrie [3]. *Il a été fixé* (πέπρωται), dit l'*Iliade*, que Patrocle et Achille doivent rougir de leur sang la plaine de Troie [4]. Canthos, disent les *Argonautiques*, *ne devait pas* revenir dans sa patrie (οὐ μὲν ἔμελλεν νοστήσειν... ὑπότροπος) [5]. L'αἶσα était qu'il mourût, ainsi que Mopsos, sur la terre de Libye.

« La Fortune, dit Évandre, est toute-puissante, et le *fatum*, inévitable [6]. » Faut-il voir dans ce vers la théorie des pouvoirs relatifs de la *Fortuna* et du *fatum*? Au dire de Servius, Virgile ferait parler Évandre suivant la doctrine stoïcienne qui met la vie et la mort dans les attributions du *fatum*, les événements intermédiaires de l'existence humaine dans celles de la *Fortuna* [7]. Selon Forbiger, la *Fortuna* n'est qu'un agent du

---

1. Allègre, *ouvr. cité*, p. 40. Cf. p. 213.
2. Le mot τύχη ne se trouve pas dans les index de Beck et de Wellauer.
3. *Én.*, X, v. 435 : ...*Fortuna negarat In patriam reditus.*
4. *Iliad.*, XVIII, v. 329.
5. *Argon.*, I, v. 78-80.
6. *Én.*, VIII, v. 334 : *Fortuna omnipotens et ineluctabile fatum.*
7. Servius, *ad Aen.*, VIII, v. 334 : *Secundum Stoicos locutus est, qui nasci et mori fatis dant, media omnia fortunae. Nam vitae humanae incerta sunt omnia.*

fatum : elle mène à leur terme les événements marqués par la destinée [1]. Mais il semble plutôt que la *Fortuna* correspond à ce qu'il y a d'inattendu dans le *fatum :* le *fatum* est l'ensemble des événements liés dont l'intelligence humaine admet la suite fatale et nécessaire ; la *Fortuna* est l'ensemble de ceux qu'elle ne peut rattacher à des causes connues.

« Qu'entendez-vous, dit Cicéron, quand vous parlez de *fors*, de *fortuna*, de *casus*, d'*eventus*; sinon qu'il s'est produit un *accident*, un *événement* qui aurait pu, ou ne pas se produire, ou se produire autrement [2] ? » Tous ces événements, tous ces accidents échappent à notre raison qui ne peut les régler : ils échappent aussi à notre divination qui ne peut les pressentir.

Il faut, sans essayer de comprendre, se résigner à ce que la Fortune demande [3]. Elle est impénétrable ; elle peut être favorable ou contraire [4] ; elle est douteuse dans les combats [5], où elle peut amener des hasards inattendus [6]. C'est elle qui semble exciter à la guerre pour des causes inconnues les hommes ignorants de la loi du *fatum* [7]. Elle leur donne des armes [8] ; elle peut

---

1. Forbiger, *ad Aen.*, VIII, v. 334 : *Quae, quod in fatis est, ad finem perducit.*

2. Cicéron, *De Divin.*, II, vi, 15 : « ...*Potesne igitur earum rerum quae nihil habent rationis, quare futurae sint, ulla esse praesensio? Quid est enim aliud fors, quid fortuna, quid casus, quid eventus, nisi cum sic aliquid cecidit, sic evenit, ut vel non cadere atque evenire, vel aliter cadere atque evenire potuerit?* »

3. *Én.*, V, v. 22 : ...*Superat quoniam Fortuna, sequamur*; X, v. 48 : *Aeneas... quamcumque viam dederit Fortuna, sequatur.*

4. *Én.*, IX, v. 282 : ...*Fortuna secunda Aut adversa cadat.* — Voir la note de Benoist qui admet *Haud* et non *Aut*.

5. *Én.*, IV, v. 603 : ...*Anceps pugnae... Fortuna.*

6. *Én.*, VII, v. 559 : ...*siqua super Fortuna laborum est*; IX, v. 41 : ...*siqua interea Fortuna fuisset.*

7. *Én.*, XI, v. 108 : *Quaenam vos tanto Fortuna indigna, Latini, Impulit bello?* v. 253 : ...*quae vos Fortuna quietos Sollicitat, suadetque ignota lacessere bella?*

8. *Én.*, VII, v. 553 : ...*armis quae Fors prima dedit.* — A peu près synonyme de *Fortuna*, *Fors* indique cependant l'incertitude des hasards plus que *Fortuna* ne le fait. Cf. Cicéron, *de Leg.*, II, xi, 28 : *Fortuna... vel Fors, in quo incerti casus significantur magis.*

même aider leurs travaux [1]. C'est grâce à elle que les chances de salut se présentent [2], qu'Arruns trouve le moyen d'atteindre Camille [3].

L'homme ne saurait mettre sa confiance dans la Fortune, dont les vicissitudes échappent à l'intelligence humaine [4].

Elle est, le plus souvent, envieuse [5], mauvaise, sans retour vers le bien [6]. Elle trompe les efforts des hommes [7], interdit ce qu'ils souhaitent [8] et met le comble à leurs malheurs [9]. Aussi est-ce à elle qu'on attribue l'origine des épreuves, des maux dont on ne peut comprendre la cause [10]. C'est sous la forme dubitative d'un souhait exprimé sans grand espoir de réalisation que l'on dit : Puisse la Fortune démentir mes paroles de mauvais augure, donner une issue favorable à mon entreprise, seconder l'audace téméraire de ce guerrier [11].

« La Fortune, dit Turnus, aide ceux qui osent [12]. » Mais, Cicéron nous l'apprend [13], cette phrase, comme

---

1. Én., II, v. 385 : ...adspirat primo Fortuna labori.
2. Én., II, v. 387 : ...qua prima... Fortuna salutis Monstrat iter; v. 656 : ...quae iam Fortuna dabatur; VIII, v. 476... quam Fors inopina salutem ostentat; XII, v. 637 : quae iam spondet Fortuna salutem?
3. Én., XI, v. 761 : Quae sit Fortuna facillima.
4. Én., XI, v. 426 : ...multos alterna revisens Lusit et in solido rursus Fortuna locavit.
5. Én., XI, v. 43 : Invidit Fortuna mihi; V, v. 356 : Ni me... Fortuna inimica tulisset.
6. Én., XI, v. 413 : ...neque habet Fortuna regressum.
7. Én., XII, v. 405 : Nulla viam Fortuna regit.
8. Én., IX, v. 214 : ...Solita aut siqua id Fortuna vetabit.
9. Én., XII, v. 593 : Accidit haec fessis etiam Fortuna Latinis.
10. Én., III, v. 609 : ...quae... agitet Fortuna; VI, v. 533 : ...quae te Fortuna fatigat?
11. Én., XII, v. 41 : ...Fors dicta refutet! II, v. 94 : ...Fors siqua tulisset; XI, v. 128 : ...siqua viam dederit Fortuna; IV, v. 109 : Si modo... Fortuna sequatur; VIII, v. 15 : ...si Fortuna sequatur; X, v. 458 : ...siqua Fors adiuvet!.
12. Én., X, v. 284 : Audentes Fortuna iuvat.
13. Tuscul., II, IV, 11 : Fortes enim non modo Fortuna adiuvat, ut est in vetere proverbio, sed multo magis ratio. — Cicéron cite encore (De Fin., III, IV, 16) sed Fortuna fortes, ce vieux proverbe qui se trouve avant lui dans Ennius (Annal., VII, v. 59 : Fortibus est Fortuna viris data) et dans Térence (Phormio, I, IV, v. 25 : ...fortes Fortuna adiuvat).

notre « Aide-toi, le ciel t'aidera », est un vieux proverbe qui n'a que la vérité contestable des adages populaires : Turnus en fera lui-même la cruelle expérience.

Le vieux Nautès, le sage conseiller d'Énée, dit avec plus de raison que l'homme doit triompher de la Fortune à force de patience [1]. Souffrir avec résignation les coups inattendus et incompréhensibles de la Fortune, c'est le rôle de la sagesse humaine : ne cherchons pas à pénétrer le secret de lois qui sont pour nous le hasard. « Ne cherche pas, dit la Sibylle à Énée [2], quelle Fortune a plongé les damnés dans les tortures infernales. »

L'homme ne doit pas chercher davantage quelle Fortune le met aux prises avec les embarras inattendus de la vie, avec les peines qui semblent imméritées.

La Fortune en soi peut être bonne ou mauvaise : mais on la croit mauvaise le plus souvent, car l'homme a coutume de faire moins d'attention aux bonheurs qu'aux malheurs qui lui arrivent et de rapporter ceux-ci au hasard, ceux-là à son propre mérite. Or, le mérite et la Fortune peuvent s'aider mutuellement [3]; la Fortune et le courage habile contribuent ensemble à la victoire [4]. Cette confiance dans le succès que le mérite personnel peut donner tempère les craintes qui viennent naturellement de l'inconstance bien connue de la Fortune [5].

Mais ce n'est pas dans la Fortune aveugle et imper-

---

1. *Én.*, V, v. 710 : *...superanda omnis Fortuna ferendo est.*
2. *Én.*, VI, v. 614 et suiv.
3. *Én.*, XI, v. 179 : *...meritis vacat hic tibi solus Fortunaeque locus.* — Servius : *Nihil est aliud quod possit vel virtus tua, vel Fortuna praestare; nam his rebus victoria contingit.* Benoist : « En réalité, c'est comme s'il y avait *tuis meritis tuaeque Fortunae.* »
4. *Én.*, XII, v. 714 : *...Fors et virtus miscentur in unum.* — Servius dit à tort : *Casus in Turno, virtus in Aenea.* Heyne corrige bien : *Non Fors Turni, Aeneae virtus : sed pugnantes non modo virtutem praestant, sed et casum ac fortunam in ictibus et vulneribus inferendis observant.* — Cf. Tite-Live, XXI, XLIII, 13 : *Militiam vestram cum illa virtute, cum illa Fortuna taceam.*
5. *Én.*, IX, v. 260 : *...quaecumque mihi Fortuna fidesque est;* X, v. 107 : *Quae cuique est Fortuna hodie, quam quisque secat spem.*

sonnelle que l'homme place sa confiance : c'est dans sa propre Fortune. On le sait, chaque ville, chaque personnage a sa Fortune particulière, symbole et synonyme de sa destinée, capable de s'améliorer ou d'empirer suivant les événements qu'elle amène d'après des raisons fatales, inconnues à l'humanité. Ces événements, ce sont les *casus :* l'étymologie du mot indique que les *casus* sont des *faits accidentels*. Rien, dit Servius, n'est aussi opposé au *fatum* que le *casus* [1]. Dans les idées humaines, il n'est rien de si contraire au *fatum* que ces accidents qui dépendent de la Fortune et qui semblent venir à la traverse des lois fixées par la destinée. « O Fortune, dit Évandre [2], me menaces-tu de quelque accident indicible ? » Le rapprochement fréquent des deux mots *casus* et *fortuna* en montre la corrélation [3]. Ils sont souvent synonymes [4], mais il est rare que *casus* ait le sens de bonne fortune [5]. Le plus souvent, ce mot, accompagné des épithètes *iniquus*, *durus*, *acerbus*, indique la *chute*, la mort inattendue et qui semble imméritée [6]. L'homme s'indigne d'ordinaire contre le *casus :* il s'y résigne en gémissant et il parvient à trouver des allègements à ses rigueurs. L'appui moral d'Anchise permet à Énée de supporter les soucis et les cruautés du *casus* [7].

1. Servius, *ad Aen.*, VIII, v. 234 : *Nam nihil tam contrarium est fato quam casus.*
2. *Én.*, VIII, v. 578 : *Sin aliquem infandum casum, Fortuna, minaris.*
3. *Én.*, I, v. 240 : *Nunc eadem Fortuna viros tot casibus actos Insequitur* ; III, v. 317 : *...quis te casus... Excipit ? Aut quae digna satis Fortuna* ; IX, v. 723 : *...quo sit Fortuna loco, qui casus agat res.*
4. *Én.*, I, v. 614 : *Casu... viri tanto... Quis te... casus Insequitur ?* — Benoist : « *Casu*, même sens que *Fortuna* » ; II, v. 563 : *parvi casus Iuli.*
5. *Én.*, V, v. 201 : *Attulit ipse viris optatum casus honorem.*
6. *Én.*, I, v. 623 : *...Casus mihi cognitus urbis Troianae* ; II, v. 507 : *Urbis... captae casum* ; V, v. 453 : *At non tardatus casu* (au sens propre de chute fatale) ; X, v. 791 : *...mortis durae casum* ; VI, v. 377 : *...duri solacia casus* ; VI, v. 475 : *...casu concussus iniquo* ; V, v. 869 : *...casuque animum concussus amici* ; V, v. 700 : *...casu concussus acerbo* ; V, v. 350 : *Me liceat casus miserari insontis amici* ; II, v. 93 : *Et casum insontis mecum indignabar amici* ; I, v. 221 : *Nunc Amyci casum gemit.*
7. *Én.*, III, v. 709 : *...genitorem, omnis curae casusque levamen.*

De même que le malheur passé que l'on déplore, le *casus* exprime aussi le malheur à venir que l'on pressent [1], que les prodiges font prévoir et redouter [2].

Au pluriel, le mot *casus* indique la série d'événements inattendus, d'ordres divers [3], en général pénibles et dangereux, auxquels l'homme est soumis par la Fortune : événements futurs qu'une prophétesse, comme Cassandre, pouvait prévoir [4]; que la prudence humaine cherche à apprécier d'avance [5], ou que les guerriers rencontreront à l'improviste dans un combat [6]; événements passés dont on a eu le bonheur de sortir avec succès [7], auxquels l'homme de cœur ne craint pas de s'exposer une seconde fois après qu'il y a déjà échappé [8]; suite d'aventures qui dominent la banalité ordinaire de la vie, qui méritent, comme celles d'Icare et de Dédale, qu'on essaie d'en graver la représentation dans l'or [9], comme celles d'Andromaque et d'Hélénus qu'Énée veuille les connaître [10], comme celles d'Énée lui-même et de Troie que Didon tienne à en entendre le récit complet [11].

Tels sont les faits accidentels dont l'ensemble constitue la Fortune propre d'une ville ou d'un personnage.

---

1. *Én.*, IV, v. 560 : *...hoc sub casu*. — Benoist : « Sous la menace d'un tel danger. »
2. *Én.*, VIII, v. 533 : *Quem casum portenta ferant*.
3. *Én.*, I, v. 9 : *...tot volvere casus*; v. 204 : *Per varios casus... Tendimus in Latium*; III, v. 504 : *Atque idem casus*; VI, v. 531 : *Sed te qui vivum casus... Attulerint*; IX, v. 277 : *...casus... in omnes*; v. 291 : *...audentior ibo In casus omnes*; v. 513 : *...omnes Ferre iuvat... casus*.
4. *Én.*, III, v. 183 : *...tales casus Cassandra canebat*.
5. *Én.*, XII, v. 21 : *Consulere atque omnes metuentem expendere casus*.
6. *Én.*, IX, v. 299 : *...casus factum quicumque sequentur*; XII, v. 32 : *...qui me casus, quae... sequantur Bella*; v. 61 : *Qui te cumque manent isto certamine casus*.
7. *Én.*, X, v. 316 : *...casus evadere ferri Quod licuit*; XI, v. 244 : *...casus superavimus omnes*.
8. *Én.*, II, v. 750 : *Stat casus renovare omnes*.
9. *Én.*, VI, v. 32 : *...casus effingere in auro*.
10. *Én.*, III, v. 298 : *...miroque incensum pectus amore... casus cognoscere tantos*.
11. *Én.*, I, v. 754 : *...casusque tuorum*; II, v. 10 : *Sed si tantus amor casus cognoscere nostros*; X, v. 61 : *...casus... Iliacos*.

Il est question de la Fortune de Carthage [1], de celle du peuple latin [2], surtout de celle de Troie. Tant qu'Ilion a été debout, tant que la gloire de la Dardanie est restée immense [3], la Fortune de Troie a été heureuse et illustre; elle s'est retirée de la ville assiégée [4]; elle a péri avec Ilion [5]. Bien inférieure à l'antique Fortune de Troie dans la prospérité est celle des Troyens exilés, errant sur les mers à la recherche d'une nouvelle patrie [6]. A mesure qu'ils s'approchent de cette Italie qui semble les fuir, la Fortune de leur race, d'abord favorable, leur devient infidèle [7]. Récapitulant tous les malheurs que les exilés ont supportés, depuis sept ans qu'ils courent le monde au hasard, la fausse Béroé peut dire avec raison aux femmes troyennes : « O nation misérable! à quelle fin désastreuse ta Fortune ne te réserve-t-elle pas [8]? » Aussi, la première prière d'Énée, à son arrivée en Italie, sera-t-elle celle-ci : « Puisse la Fortune de Troie ne pas nous suivre plus loin [9]! »

Il est souvent question de la Fortune particulière des individus. Au moment de son duel avec Énée, Turnus comprend bien que la Fortune du combat s'identifie avec la sienne propre [10]. Sinon [11] et Achéménide parlent de leur Fortune qui les a fait naître dans la pauvreté : ce dernier se plaint qu'elle ne l'ait pas laissé dans son humble condition première, qu'elle l'ait enrichi un moment du butin conquis à Troie, pour

---

1. *Én.*, I, v. 454 : *...quae Fortuna sit urbi.*
2. *Én.*, XI, v. 345 : *Quid Fortuna ferat populi.*
3. *Én.*, VI, v. 64 : *Ilium et ingens Gloria Dardaniae.*
4. *Én.*, III, v. 53 : *...Fortuna recessit.*
5. *Én.*, II, v. 350 : *...quae sit rebus Fortuna videtis;* III, v. 16; X, v. 43 : *Dum Fortuna fuit.*
6. *Én.*, I, v. 517 : *Quae Fortuna viris;* VII, v. 243 : *...Fortunae...prioris.*
7. *Én.*, V, v. 604 : *Hic primum Fortuna fidem mutata novavit.*
8. *Én.*, V, v. 624 : *...O gens Infelix, cui te exitio Fortuna reservat?*
9. *Én.*, VI, v. 62 : *Hac Troiana tenus fuerit Fortuna secuta!*
10. *Én.*, XII, v. 694 : *Quaecumque est Fortuna; mea est.*
11. *Én.*, II, v. 79 : *...miserum Fortuna Sinonem Finxit.*

l'abandonner ensuite à l'état misérable où il est réduit quand il rencontre Énée[1].

La Fortune d'Énée ne se confond pas avec celle de son peuple; elle laisse libre carrière à son audace : « Ne cède pas à l'adversité, — lui dit la Sibylle, — mais marche avec audace partout où ta Fortune te permettra d'aller : la première voie de salut (tu ne t'en doutes guère) te sera ouverte par une ville grecque[2]. » C'est en effet la Fortune d'Énée qui lui ordonne d'aller implorer d'Évandre une alliance qui lui sera si utile[3]. Il semble donc qu'Énée qui voit, après tant de traverses, la Fortune s'occuper de mener à bien son entreprise, comme s'il était, ainsi que Servius Tullius, un *Filius Fortunae*[4], montre une certaine mauvaise grâce en même temps qu'une grande jactance, quand il dit à Ascagne : « Mon fils, apprends de moi le courage et la vraie persévérance : que d'autres te donnent leur Fortune[5]! »

Ajax, qui va se tuer, peut dire à son fils, avec bien plus de raison qu'Énée : « O mon enfant, semblable en tout le reste à ton père, surpasse-le en bonheur (εὐτυχέστερος)[6] ! » Hector se montre plus modeste que le père d'Ascagne, quand il supplie les dieux qu'on puisse

---

1. *Én.*, III, v. 615 : *...mansissetque utinam Fortuna!* — Voir la note de Benoist à ce vers.
2. *Én.*, VI, v. 95 :

> Tu ne cede malis, sed contra audentior ito
> Qua tua te Fortuna sinet. Via prima salutis,
> Quod minime reris, Graia pandetur ab urbe.

Contrairement à la leçon *quam*, adoptée par Benoist, Gossrau, etc., je suis la vulgate *qua*, qui est conservée par Heyne, Ribbeck, Forbiger (4ᵉ édit.), etc., et qui me semble justifiée par le v. 127 du Ch. VIII : *cui me Fortuna precari... voluit*, puisque c'est la Fortune même d'Énée qui lui fait demander à Évandre ce secours qu'il ne s'attendait guère à obtenir d'un roi d'origine grecque.

3. *Én.*, VIII, v. 127.
4. Preller-Jordan, *Rom. Mythol.*, zweiter Band, p. 180.
5. *Én.*, XII, v. 435 : *Disce, puer, virtutem ex me verumque laborem, Fortunam ex aliis.* — Servius : *Fortunam : subaudimus opta; neque enim Fortuna discitur.* Heyne : *Secundae Fortunae exempla pete ex aliis.*
6. Sophocle, *Ajax*, v. 550-551.

dire un jour d'Astyanax : « Il vaut bien mieux que son père[1]. » Et cependant, peut-on comparer le courage et le malheur d'Énée à la bravoure d'Hector et à l'infortune d'Ajax ?

Mieux qu'Énée, Didon aurait le droit de se plaindre d'une fortune qui a été pour elle constamment et implacablement mauvaise, depuis le jour où la mort de Sychée l'a forcée à s'exiler de Tyr jusqu'au moment où l'abandon d'Énée cause sa propre mort. La Fortune de Didon l'a soumise à bien des épreuves avant de lui permettre enfin de s'arrêter à Carthage[2], où l'arrivée d'Énée doit être pour elle l'origine de nouveaux malheurs. Vaincue et résignée, elle souhaite seulement que sa Fortune lui enseigne à souffrir les maux auxquels elle ne saurait échapper[3]. Elle n'a même pas la force de souffrir : elle va se tuer, mais, au moment de mourir, elle se rend cette justice qu'elle a accompli la carrière que sa Fortune lui avait imposée[4].

Parfois, c'est avant la mort que la carrière imposée par la Fortune se trouve accomplie : après avoir demandé à la veuve d'Hector si elle a eu depuis la ruine de Troie une Fortune digne d'elle[5], instruit des événements qui ont procuré à Hélénus et à Andromaque une situation calme où ils pourront désormais vieillir résignés, Énée leur dit : « Vivez heureux, vous qui avez accompli la carrière que votre Fortune vous avait fixée[6]. » Les peuples heureux, dit-on, n'ont pas d'histoire : les peuples et les gens dont la vie plate

---

1. *Iliad.*, VI, v. 479 : ...πατρὸς δ'ὅγε πολλὸν ἀμείνων.
2. *Én.*, I, v. 628 :
   Me quoque per multos similis Fortuna labores
   Iactatam hac demum voluit consistere terra.
3. *Én.*, IV, v. 434 : *Dum mea me victam doceat Fortuna dolere.*
4. *Én.*, IV, v. 653 : *...quem dederat cursum Fortuna peregi.*
5. *Én.*, III, v. 318 : *...quae digna satis Fortuna revisit Hectoris Andromachen.*
6. *Én.*, III, v. 493 : *Vivite felices, quibus est Fortuna peracta Iam sua.*

ignore les grands bonheurs et les infortunes inouïes n'ont pas de Fortune. En effet, la Fortune ne maîtrise que ces vies où l'on trouve, suivant les paroles de Bossuet, « toutes les extrémités des choses humaines ; la félicité sans bornes aussi bien que les misères ».

Le mot *sors* est quelquefois synonyme de *nécessité fatale* ou de *fortune* [1]. « *Sors* a désigné le lot attribué à chacun, puis la destinée [2]. » Correspondant au grec κλήρος, *sors* est successivement le signe qui sert à tirer au sort [3], le tirage au sort [4], le lot obtenu par ce tirage, la condition [5], et enfin le sort en général [6], bon [7] ou mauvais [8]. Comme le *fatum*, dont Virgile le rapproche, le sort à venir est impénétrable à l'âme humaine [9]. Raison de plus pour que l'homme essaie de le pénétrer : aussi, de même que le mot *sors* désigne les objets qui servent à tirer au sort, le pluriel de ce mot, *sortes*, indique « des tablettes, des baguettes, des cailloux, des dés qui servent pour les oracles » [10]. Virgile donne le nom de *sortes* aux prédictions en général, aussi

---

1. Servius, *ad Aen.*, II, v. 554 : Sorte, *fatali necessitate, vel Fortuna*.
2. Bréal, *Dictionn. étymol.*, au mot *Sors*, p. 357.
3. Én., V, v. 490 : *deiectamque aerea sortem Accepit galea* (Cf. *Iliad.*, XXIII, v. 861); VI, v. 22 : ...*stat ductis sortibus urna*.
4. Én., I, v. 138 : ...*imperium pelagi... mihi sorte datum*; v. 507 : ...*operumque laborem Partibus aequabat iustis aut sorte trahebat*; II, v. 201 : ...*ductus Neptuno sorte sacerdos*; V, v. 132 : *Tum loca sorte legunt*; VI, v. 431 : *Nec vero hae sine sorte datae, sine iudice sedes* (sine iudicibus sorte lectis); IX, v. 268 : ...*praedae dicere sortem*; v. 271 : *Excipiam sorti*.
5. Én., VI, v. 114 : ...*vires ultra sortemque senectae*; v. 761 : *Proxima sorte tenet loca*; X, v. 39 : ...*haec... Sors rerum* (cette partie du monde tirée au sort entre Jupiter, Neptune et Pluton); XI, v. 165 : ...*sors ista senectae Debita erat nostrae*; XII, v. 54 : ...*nova... pugnae sorte* (cette condition nouvelle du combat); XI, v. 110 : ...*Martis sorte* (le lot de Mars, la guerre).
6. Én., X, v. 450 : ...*sorti pater aequus utrique est* (Évandre est en état de supporter l'un ou l'autre sort possible de son fils, la victoire ou la mort).
7. Én., XII, v. 932 : *Utere sorte tua*.
8. Én., II, v. 554 : ...*fatorum hic exitus illum Sorte tulit*; V, v. 190 : ...*Troiae... sorte suprema*; VI, v. 332 : *sortemque animo miseratus iniquam*; XII, v. 243 : ...*Turni sortem miserantur iniquam*.
9. Én., X, v. 501 : *Nescia mens hominum fati sortisque futurae*.
10. Bréal, *Dictionn. étymol.*, au mot *Sors*.

bien à celles du dieu italien Faunus [1], qu'à celles d'Apollon Lycien [2] ou de la Sibylle [3].

Les dieux ont-ils quelque influence sur les diverses manifestations de la Fatalité et de la Fortune? Les hommes paraissent le croire; ils semblent confondre le *fatum* et la *Fortuna* avec les *Numina divum*. Anchise invoque les grands dieux (*Numina magna vocat*), pour les supplier d'éloigner le *casus* [4]. La mort possible de Nisus, les succès des Rutules, sont attribués par Euryale et par Énée indifféremment à un dieu ou au *casus* [5]. Pallas demande bien au dieu du Tibre de diriger la fortune du trait qu'il lance contre Halaesus [6], mais Turnus se croit appelé à la mort par le pouvoir égal de la divinité et de la Fortune [7].

Énée et les Troyens sont convaincus que tous les dieux se partagent en protecteurs et en ennemis de Troie. Tous les dieux protecteurs, par qui subsistait l'empire troyen, sont partis, abandonnant leurs sanctuaires et leurs autels, au moment du sac d'Ilion [8]. Resté seul avec les divinités particulières de sa patrie, pour qui il cherche un nouveau pays et à qui il rend un culte pieux ainsi qu'Anchise, Alétès et les Troyens en général [9], Énée est persuadé que la ruine de Troie

---

1. *Én.*, VII, v. 254 : ...*Fauni... sortem;* v. 269 : *Non patrio ex adyto sortes*
2. *Én.*, IV, v. 346, 377 : ...*Lyciae sortes.*
3. *Én.*, VI, v. 72 : ...*tuas sortes arcanaque fata.*
4. *Én.*, III, v. 265 : ...*Di, talem avertite casum!*
5. *Én.*, IX, v. 211 : *Si quis in adversum rapiat casusve deusve;* XII, v. 321 : *Quis tantam Rutulis laudem casusne deusne Attulerit.*
6. *Én.*, X, v. 421 : *Da nunc, Thybri pater, ferro quod missile libro Fortunam.*
7. *Én.*, XII, v. 677 : *Quo deus et quo dura vocat Fortuna.*
8. *Én.*, II, v. 351 : *Excessere omnes adytis arisque relictis Di quibus imperium hoc steterat.*
9. *Én.*, II, v. 700 : *Adfaturque* [Anchises] *deos;* v. 702 : *Di patrii, servate domum;* VII, v. 229 : *Dis sedem exiguam patriis litusque rogamus Innocuum;* IX, v. 247 : *Di patrii, quorum semper sub numine Troia est;* v. 786 : ...*veterumque deorum;* XII, v. 192 : *Sacra deosque dabo.* Cf. I, v. 5 : ...*dum conderet urbem, Inferretque deos Latio.* (On sait que ces *di patrii*

est due aux dieux ennemis [1] qui, excités par Jupiter lui-même, — c'est Vénus qui le dit à son fils [2], — ont voulu la destruction totale du royaume de Dardanus [3]. Il adresse ses prières à ces divinités hostiles [4], méchantes, colères et envieuses [5], dont le dieu du Tibre lui annonce que le courroux s'est enfin apaisé [6].

Les dieux ont, en général, toutes les mauvaises passions de l'humanité. C'est, dans la pensée d'Énée, un dieu qui, par un caprice cruel, précipite Palinure au milieu des flots [7]. C'est — Virgile ose à peine le croire *(si credere dignum est)* — un dieu jaloux qui noie Misène [8]. Auléstès, au dire de Messapus qui le tue, sera une agréable victime offerte aux dieux [9]. Anchise se croit l'objet de la haine des dieux [10], à tort, il est vrai, puisqu'Hélénus, qui est prophète, lui assure qu'il est l'objet de leur sollicitude [11]. Mais Vénus, qui est encore mieux en situation qu'un devin de connaître les sentiments des dieux, parle bien haut de leur méchanceté [12]. D'autre part, les hommes semblent avoir peu de confiance en leur bonté et même en leur justice : c'est dans un discours officiel à Didon qu'Ilionée parle des dieux qui n'oublient ni le bien ni le mal [13].

---

sont les Pénates. Cf. I, v. 68 : *Ilium in Italiam portans, victosque Penates;* III, v. 11 : *...feror exsul in altum Cum sociis natoque Penatibus et magnis dis.* Voir les notes de Benoist à ce vers et au vers 293 du Ch. II.)

1. *Én.*, III, v. 1 : *...evertere gentem Immeritam visum Superis.*
2. *Én.*, II, v. 617 : *Ipse pater... deos in Dardana suscitat arma.*
3. *Én.*, II, v. 659 : *Si nihil ex tanta Superis placet urbe relinqui.*
4. *Én.*, VI, v. 64 : *Dique deaeque omnes quibus obstitit Ilium et ingens gloria Dardaniae.*
5. *Én.*, I, v. 11 : *...tantaene animis caelestibus irae?* XI, v. 233 : *Admonet ira deum;* v. 269 : *Invidisse deos.*
6. *Én.*, VIII, v. 40 : *...tumor omnis et irae Concessere deum.*
7. *Én.*, VI, v. 341 : *...quis te, Palinure, deorum Eripuit nobis?* Cf. V, v. 840 et suiv.
8. *Én.*, VI, v. 171-174.
9. *Én.*, XII, v. 296 : *...haec melior magnis data victima divis.*
10. *Én.*, II, v. 647 : *Iam pridem invisus divis.*
11. *Én.*, III, v. 476 : [Anchises] *cura deum.*
12. *Én.*, II, v. 602 : *...divum, inclementia divum.*
13. *Én.*, I, v. 543 : *At sperate deos memores fandi atque nefandi.*

Mais, dans son for intérieur, l'homme doute de la bienveillance et de l'équité divines. « Que les dieux, — dit Priam à Pyrrhus qui va le tuer, — que les dieux (s'il est au ciel quelque piété soucieuse de tels crimes) te récompensent comme tu le mérites [1] ! » Énée espère que Didon, qui a bien accueilli les Troyens, sera dignement récompensée par les dieux, si toutefois ils ont quelque égard pour la vertu et la bonté [2]. Didon, abandonnée par Énée, se demande si les dieux ont quelque puissance pour protéger les gens de bien contre les méchants [3]. La plus haute récompense que l'homme puisse obtenir pour son courage lui sera donnée aussi bien par « sa vertu qui a conscience d'elle-même » que par les dieux [4]. C'est ce que dit le vieil Alétès dont l'âme a mûri la sagesse [5], et qui parle, d'ailleurs, à peu près comme Cicéron [6]. Emportée par la colère, Didon s'écrie que les dieux, calmes et indifférents, ne s'inquiètent guère de ses propres malheurs [7].

Ces dieux, pourtant, les héros de l'*Énéide* les invoquent et les prient beaucoup plus que ne faisaient les personnages des *Argonautiques*. Avant d'être la victime des malheurs que le séjour d'Énée doit lui amener, Didon elle-même ordonne qu'on célèbre des sacrifices dans leurs temples [8] : trahie par le héros troyen, elle invoque tous les dieux qui veillent sur les amants méprisés, les divinités vengeresses qui se

---

1. *Én.*, II, v. 536 :
   Di, siqua est caelo pietas, quae talia curet,
   Persolvant grates dignas et praemia reddant.
2. *Én.*, I, v. 603 : *Di tibi, siqua pios respectant numina...*
3. *Én.*, IV, v. 382 : *siquid pia numina possunt.*
4. *Én.*, IX, v. 253 : ...*pulcherrima primum Di moresque dabunt vestri.* — Voir la note de Benoist à ce vers.
5. *Én.*, IX, v. 246 : ...*annis gravis atque animi maturus Aletes.*
6. Cicéron, *Philipp.*, II, XLIV : « *Satis in ipsa conscientia pulcherrimi facti fructus.* »
7. *Én.*, IV, v. 379 : *Scilicet is Superis labor est, ea cura quietos Sollicitat.*
8. *Én.*, I, v. 632 : ...*divum templis indicit honorem.*

souviennent du crime pour le punir, toutes celles qui à un titre quelconque peuvent être touchées de sa mort [1].

En toute occasion grave, l'homme se tourne vers ses dieux : Déiphobe les supplie de rendre aux Grecs le mal que ceux-ci lui ont fait [2]; c'est au nom des dieux qu'Achéménide supplie les Troyens de le sauver [3]; il conjure les divinités de préserver la terre habitée des Cyclopes [4], cette peste redoutable. Anchise invoque les dieux, leur fait des sacrifices, leur demande de détourner l'effet des menaces des Harpyes [5] : il s'adresse à eux tous, dieux de la terre et de la mer, suivant la coutume romaine [6], pour obtenir une navigation heureuse [7]. C'est la prière de Cloanthus aux divinités marines [8] et le sacrifice qu'il leur promet [9], qui décident sa victoire dans la course des vaisseaux. Les prières restent sans effet quand elles sont tardives ou inopportunes comme celles de Turnus, qui fatigue en vain le ciel de ses supplications répétées [10]. Aussi bien que les Troyens, les Latins implorent les dieux [11]. Latinus les invoque, les prend à témoin [12], comme Énée [13] qui jure par eux que c'est malgré lui qu'il fait

---

1. *Én.*, IV, v. 519 : *Testatur moritura deos... siquod non aequo foedere amantes Curae numen habet iustumque memorque, precatur;* v. 610 : *...di morientis Elissae.*
2. *Én.*, VI, v. 529 : *...di, talia Graiis Instaurate, pio si poenas ore reposco.*
3. *Én.*, III, v. 599 : *...Testor Per Superos... Tollite me, Teucri.*
4. *Én.*, III, v. 620 : *...Di, talem terris avertite pestem.*
5. *Én.*, III, v. 265 : *Di, prohibete minas, di talem avertite casum, Et placidi servate pios.*
6. Voir la prière que Tite-Live (XXIX, XXVII) attribue à Scipion.
7. *Én.*, III, v. 528 :

> *Di maris et terrae tempestatumque potentes,*
> *Ferte viam vento facilem et spirate secundi.*

8. *Én.*, V, v. 235 : *Di, quibus imperium est pelagi...*
9. *Én.*, V, v. 236-238.
10. *Én.*, VII, v. 471 : *...divosque in vota vocavit;* v. 597 : *...votisque deos venerabere seris;* IX, v. 24 : *Multa deos orans, oneravitque aethera votis.*
11. *Én.*, VII, v. 576 : *Implorantque deos.*
12. *Én.*, VII, v. 259 : *...di nostra incepta secundent;* v. 593 : *Multa deos... testatus.*
13. *Én.*, VII, v. 135-140.

la guerre [1]. Les serments solennels du héros Troyen et du roi Latin sont prêtés en présence de tous les dieux [2].

Mais, semble-t-il, les prières ne sont efficaces, les invocations utiles, qu'en raison de la qualité des dieux que l'homme prétend rendre favorables à ses intérêts. S'adresser aux grands dieux authentiques, c'est un acte de religion; aux dieux inférieurs, une pratique superstitieuse.

Évandre justifie le culte qu'il rend à Hercule en disant que ce n'est pas par l'effet d'une vaine superstition, par oubli des anciens dieux, qu'il a consacré un autel à cette divinité nouvelle qui a sauvé l'Italie des plus grands dangers [3]. Le préjugé dont Horace se plaint, ce préjugé qui fait qu'en littérature on juge du mérite des auteurs d'après leur date ancienne [4], est une vérité en religion : l'épithète de *vetus* est celle qui recommande le plus les dieux de Troie et de l'Italie, le vieux Saturne [5] et le vieux Faunus [6], comme les vieilles divinités nationales adorées par les ancêtres d'Énée [7]. C'est par une superstition, excusable sans doute, qu'Eurytion invoque son frère Pandarus qui est devenu pour lui une divinité [8] : car le culte des anciens dieux se nomme *religio,* celui qu'on adresse aux hommes divinisés, *superstitio* [9].

Il y a un tel nombre, un tel peuple de dieux [10], qu'il faut bien savoir auquel d'entre eux les prières doivent être adressées. Il est des divinités de toute espèce : au temps d'Actium, des monstres et le chien Anubis

---

1. *Én.*, XII, v. 581 : *Testaturque deos iterum se ad proelia cogi.*
2. *Én.*, XII, v. 118 et suiv.; 175-182; 195-201.
3. *Én.*, VIII, v. 187 : *Vana superstitio, veterumque ignara deorum.*
4. Cf. Horace, *Epist.*, II, 1, v. 48.
5. *Én.*, VII, v. 204 : *...veterisque dei.*
6. *Én.*, VII, v. 254 : *...veteris Fauni.*
7. *Én.*, IX, v. 786 : *...veterumque deorum.*
8. *Én.*, V, v. 514 : *...fratrem Eurytion in vota vocavit.*
9. Lactance, *Inst. div.*, IV, 28.
10. *Én.*, XI, v. 305 : *...gente deorum.*

combattront contre Neptune, Vénus et Minerve [1], alors que les dieux de Troie et du Latium ne formeront plus qu'un seul parti, celui des divinités italiennes [2].

Les divinités protectrices de chaque pays sont plus ou moins puissantes suivant la puissance même du pays qu'elles protègent. En dehors de cette division en dieux locaux et protecteurs, les dieux considérés en général se divisent en plusieurs classes particulières, qui ont des pouvoirs spéciaux et des attributs divers. A côté des dieux marins, on trouve les innombrables divinités des Enfers [3], sur la puissance desquelles les dieux d'en haut n'ont pas le droit d'empiéter : les *caelicolae* eux-mêmes seraient incapables de forcer les portes infernales [4]. Ils n'ont aucune autorité sur les morts. En présence du cadavre de Pallas, Énée s'écrie : « Tristes, nous accompagnons d'un honneur vain ce jeune homme sans vie qui ne doit plus rien aux dieux du ciel [5]. » Car les morts appartiennent aux dieux des Enfers [6]. Voyant qu'il va mourir, Turnus implore la bonté des dieux d'en bas, puisque ceux du ciel se sont détournés de lui [7].

Malgré les restrictions apportées à leur puissance, ce sont pourtant les *caelicolae* qui forment le conseil de Jupiter [8] et qui sont regardés comme les dieux par

---

1. *Én.*, VIII, v. 698 :
    Omnigenumque deum monstra et latrator Anubis
    Contra Neptunum et Venerem contraque Minervam
    Tela tenent.
2. *Én.*, VIII, v. 715 : ...*Dis Italis.*
3. *Én.*, IV, v. 510 : *Ter centum tonat ore deos.*
4. *Én.*, VI, v. 553 : ...*non ipsi exscindere bello Caelicolae valeant.*
5. *Én.*, XI, v. 51 :
    Nos iuvenem exanimum et nil iam caelestibus ullis
    Debentem vano maesti comitamur honore.
6. Servius, *ad Aen.*, XI, v. 51 : *Vivi enim superorum sunt; mortui ad inferos pertinent.*
7. *Én.*, XII, v. 646 : ...*Vos o mihi, Manes, Este boni, quoniam Superis adversa voluntas!*
8. *Én.*, X, v. 6 : *Caelicolae magni...* Cf. X, v. 97, 117.

excellence. C'est vers eux que la Renommée élève les hommes [1]. Anchise les considère comme capables de prolonger son existence [2]; il voit en eux les conducteurs de la route qu'il est ordonné de suivre aux Troyens fugitifs [3]. C'est leur volonté, dit Énée, qui a amené la mort d'Anchise [4]; c'est à leurs ordres que le héros obéit quand il quitte Carthage [5], quand il s'enfonce dans les ombres des Enfers [6]. La volonté des dieux décide la mort de Riphée qui aurait mérité de vivre [7]. Bienveillante pour les mortels qui croient agir sous les auspices divins [8], cette volonté des dieux se manifeste par leur parole [9], c'est-à-dire par les oracles sacrés [10] qui, grâce à l'interprétation des devins [11], donnent des réponses aux demandes des hommes [12], et par les présages qui, suivant les cas, avertissent ou effraient ceux à qui ils s'adressent [13].

Mais cette volonté se brise contre des obstacles plus forts qu'elle. Les dieux ne peuvent protéger Cupencus contre Énée qui l'attaque [14]. Témoins impuissants de la grande bataille qui se livre entre les Latins et les Troyens, ils sont réunis dans la demeure de Jupiter et ne savent que prendre en pitié la vaine colère qui

---

1. *Én.*, XII, v. 234 : *...Ad superos... Succedet Fama.*
2. *Én.*, II, v. 641 : *Me si caelicolae voluissent ducere vitam.*
3. *Én.*, III, v. 114 : *...divum ducunt qua iussa, sequamur.*
4. *Én.*, V, v. 50 : *...sic, di, voluistis.*
5. *Én.*, IV, v. 396 : *Iussa tamen divum exsequitur.*
6. *Én.*, VI, v. 461 : *Sed me iussa deum... Imperiis egere suis.*
7. *Én.*, II, v. 428 : *Dis aliter visum.*
8. *Én.*, IV, v. 45 : *Dis equidem auspicibus reor.*
9. *Én.*, VII, v. 370 : *...sic dicere divos.*
10. *Én.*, VIII, v. 131 : *...sancta oracula divum.*
11. *Én.*, XII, v. 28 : *...idque omnes divique hominesque canebant.*
12. *Én.*, VI, v. 799 : *Responsis horrent divum*; IX, v. 133 : *...nil me fatalia terrent... responsa deorum*; X, v. 33 : *...responsa secuti Quae Superi Manesque dabant.*
13. *Én.*, III, v. 59 : *Monstra deum*; VIII, v. 504 : *...monitis exterrita divum*; XII, v. 895 : *... di me terrent et Iupiter hostis.*
14. *Én.*, XII, v. 539 : *...Nec di texere Cupencum Aenea veniente sui.*

anime les hommes et les grandes épreuves que la guerre leur fait supporter [1]. Les dieux de l'*Iliade* ignorent cette compassion stérile : ou bien, ils descendent sur le champ de bataille et se mêlent à la lutte à côté de leurs protégés, ou bien ils se désintéressent du combat, et, pendant que les Achaiens et les Troyens se tuent sans merci, ils restent tranquilles et indifférents dans leurs demeures [2]. Trop bons pour être indifférents aux malheurs des guerriers, mais incapables d'agir efficacement pour les hommes, les dieux de l'*Énéide*, maîtrisés par le destin, s'abandonnent à une inutile pitié.

Assurément, beaucoup de passages dans l'*Énéide* feraient supposer à première vue que les *fata* et les dieux se prêtent un mutuel secours, ou même que les *fata* dépendent des dieux.

Ce sont à la fois, dit Créuse, le *fas* et le maître des dieux qui interdisent à Énée d'emmener de Troie sa femme, compagne de son exil [3]. Didon, qui va mourir, pense au temps où les *fata* et la divinité lui permettaient de vivre heureuse avec Énée [4]. Ce sont les destins des dieux qui veulent la ruine de Troie [5], qui privent Latinus d'enfant mâle [6], qui forcent Énée à aller chercher une nouvelle patrie en Italie [7], qui défendent à Latinus de marier sa fille à un Italien [8]. Ces *fata deum*

---

1. *Én.*, X, v. 758 :
   Di Iovis in tectis iram miserantur inanem
   Amborum et tantos mortalibus esse labores.

2. *Iliad.*, XI, v. 75-77.

3. *Én.*, II, v. 778 : *Fas aut ille sinit summi regnator Olympi.*

4. *Én.*, IV, v. 651 : *...dum fata deusque sinebant.* — Le mot *deus* se trouve souvent dans l'*Énéide* avec ce sens de la divinité en général. Cf. I, v. 199; III, v. 715; IV, v. 440, etc.

5. *Én.*, II, v. 54 : *...fata deum;* II, v. 257 : *...fatisque deum... iniquis.*

6. *Én.*, VII, v. 50 : *...fato divum.*

7. *Én.*, VII, v. 239 : *Sed nos fata deum vestras exquirere terras Imperiis egere suis.*

8. *Én.*, VII, v. 584 : *Contra fata deum.* Cf. VII, v. 96.

sont inflexibles ; la Sibylle dit à Palinure : « Cesse d'espérer que tu pourras à force de prières fléchir les destins des dieux [1]. » Sénèque, qui cite ce vers, explique : « Les *fata* arrêtés et fixés sont établis par une nécessité puissante et éternelle [2]. » — Mais cette nécessité ne dépend pas des dieux.

Il est bien parlé des injustes destins de Junon qui soumettent Hercule à Eurysthée [3]. Mais l'*Iliade* nous apprend comment la ruse d'Héra a trompé, non le *fatum* que les Grecs homériques ne connaissent pas, mais Zeus, qui est souvent déçu par les ruses de son astucieuse épouse [4]. Virgile suit une légende grecque ; Évandre, par qui il la fait raconter, est un Grec d'origine. La Junon romaine sait bien qu'elle est inférieure au destin : elle a beau faire tous ses efforts pour que Carthage soit la capitale des nations, il faut que les *fata* consentent à la réalisation de ses vœux [5], ces *fata* dont la défense l'arrête en excitant son indignation ironique [6]. Junon avoue bien son impuissance quand elle se borne à demander à Jupiter pour le Latium « ce qu'aucune loi du destin n'interdit » [7]. C'est pure présomption de sa part que de prétendre diriger la fortune des événements [8] : elle assure qu'elle le peut à Allecto, sa subordonnée ; elle se garderait bien d'être aussi affirmative en présence de Jupiter.

D'après Turnus, Vénus aurait aussi ses destins obéissants : « Il a, s'écrie-t-il, il a déjà été assez accordé aux

---

1. *Én.*, VI, v. 376 : *Desine fata deum flecti sperare precando.*
2. Sénèque, *Epist.*, LXXVII, 12 : « *Rata et fixa sunt et magna atque aeterna necessitate ducuntur.* »
3. *Én.*, VIII, v. 291 : ...*ut duros mille labores Rege sub Eurystheo fatis Iunonis iniquae Pertulerit.*
4. Cf. Forbiger, *ad Aen.*, VIII, v. 292 : *Ceterum Maronem etiam hic Homerum sequi, Il.*, XIX, v. 91-133, *dubitare non possumus.*
5. *Én.*, I, v. 18 : *Siqua fata sinant.*
6. *Én.*, I, v. 39 : *Quippe vetor fatis.*
7. *Én.*, XII, v. 819 : *Illud te, nulla fati quod lege tenetur, Pro Latio obtestor.*
8. *Én.*, VII, v. 559 : ...*ego, siqua super fortuna laborum est, Ipsa regam.*

destins de Vénus [1]. » Mais, loin de commander aux destins, Vénus ne les connaît même pas. Quand elle va implorer Jupiter, désolée, ses beaux yeux brillants de l'éclat des larmes qu'elle verse, elle ne sait rien du *fatum :* elle espérait qu'une compensation s'établirait entre les destins malheureux de Troie et ceux d'Énée [2]; le malheur persistant du héros la déconcerte. Pour qu'elle se console, Jupiter doit lui assurer que les destins de son fils restent immuables [3] et lui dévoiler les secrets du *fatum* [4] pour un long avenir. Cependant, elle n'en reste pas moins anxieuse : ce qu'elle sait des destinées ne fait qu'augmenter son incertitude [5]. Elle croit même qu'une puissance inconnue peut casser les ordres de Jupiter ou que le dieu peut créer de nouveaux destins [6].

La mère vénérée des dieux, Cybèle elle-même, n'a aucun pouvoir sur les destins. « O ma mère, — lui dit Jupiter avec un étonnement mêlé d'effroi, — ô ma mère, où appelles-tu les destins, à quels changements prétends-tu les soumettre [7] ? »

Père et maître des dieux et des hommes, Jupiter est regardé comme tout-puissant par les mortels qui l'invoquent : par Anchise, qui espère qu'il est accessible aux prières [8]; par Iarbas, qui fait appel à sa justice [9]; par Énée, soit que celui-ci lui demande d'arrêter l'incendie qui dévore la flotte [10], soit qu'il le prenne à témoin de son serment [11]; par Ascagne, qui le supplie

---

1. *Én.*, IX, v. 135 : *Sat fatis Venerique datum.* — L'expression *fata et Venus* équivaut à *fata Veneris.* Voir la note de Heyne à ce vers.
2. *Én.*, I, v. 239 : *...fatis contraria fata rependens.*
3. *Én.*, I, v. 257 : *...manent immota tuorum Fata tibi.*
4. *Én.*, I, v. 262 : *Longius et volvens fatorum arcana movebo.*
5. *Én.*, IV, v. 110 : *Sed fatis incerta feror...*
6. *Én.*, X, v. 34 : *...cur nunc tua quisquam Vertere iussa potest, aut cur nova condere fata ?*
7. *Én.*, IX, v. 94 : *O genetrix, quo fata vocas ?*
8. *Én.*, II, v. 689 : *Iupiter omnipotens, precibus si flecteris ullis.*
9. *Én.*, IV, v. 206 : *Iupiter omnipotens...*
10. *Én.*, V, v. 687 : *Iupiter omnipotens...*
11. *Én.*, XII, v. 178 : *Et pater omnipotens...*

de favoriser son audacieuse entreprise [1]. Mais, comme Servius le remarque fort bien, l'épithète *omnipotens* sert à honorer le dieu auquel on l'attribue, ou se rapporte à l'intérêt de celui qui parle [2].

Les hommes sentent la nécessité de la suprême protection de Jupiter [3], en qui Vénus reconnaît la puissance éternelle qui dirige les humains et les dieux [4]. Il est constamment parlé des *iussa*, de l'*imperium*, des *fata* de Jupiter [5].

Mais Vulcain, dieu prudent et sage, établit nettement quelle différence sépare les *fata* et la volonté de Jupiter : « Ni le tout-puissant Jupiter, ni les destins ne s'opposaient à ce que Troie restât debout dix ans encore, à ce que Priam régnât encore dix ans [6]. » C'est-à-dire : les destins ordonnaient la ruine de Troie, mais Jupiter pouvait différer l'accomplissement de l'ordre fatal. Incapable de rien changer aux ordres du *fatum*, le dieu a le privilège d'en retarder l'effet [7]. Junon se vante, sans raison semble-t-il, d'avoir sur les destins le même pouvoir que Jupiter, quand elle dit : « L'immuable arrêt du destin est que Lavinie épouse Énée : mais il est permis de traîner la chose en longueur, de retarder l'accomplissement de ce mariage [8]. »

---

1. *Én.*, IX, v. 625 : *Iupiter omnipotens, audacibus annue coeptis.*
2. Servius, *ad Aen.*, IX, v. 625 : *Hoc epitheton interdum ad gloriam numinis ponitur, interdum ad causam dicentis.*
3. *Én.*, III, v. 116 : *...modo Iupiter adsit.*
4. *Én.*, X, v. 18 : *O Pater, o hominum divumque aeterna potestas!*
5. *Én.*, IV, v. 614 : *Et sic fata Iovis poscunt;* V, v. 747 : *Et Iovis imperium;* v. 784 : *...Iovis imperio fatisque...;* VIII, v. 381 : *...Iovis imperiis;* XII, v. 877 : *...iussa superba Magnanimi Iovis.*
6. *Én.*, VIII, v. 398 :
Nec Pater omnipotens Troiam, nec fata vetabant
Stare, decemque alios Priamum superesse per annos.
7. Forbiger, *ad Aen.*, VIII, v. 398 : *Fata immutari quidem non possunt, sed ea differre non est prohibitum. In fatis quidem erat, ut Troia deleretur, non vero ut statim, ideoque Iupiter, a quo pendebat quo tempore ea evenirent, non obstitit quominus ea per decem annos Graecis resisteret.*
8. *Én.*, VII, v. 314 :
Atque immota manet fatis Lavinia coniux,
At trahere atque moras tantis licet addere rebus.

Jupiter seul a ce pouvoir, et il n'en a pas d'autres sur les destins : il avoue lui-même qu'il ne peut faire qu'une chose en faveur de Turnus, condamné par le destin, c'est de retarder le moment de sa mort [1].

La péroraison du discours de Jupiter à l'assemblée des dieux montre bien quelle idée il se fait de son autorité comparée au pouvoir du destin : « Quelle que soit la fortune des deux partis, les espérances que chacun d'eux considère pour se diriger, Troyens ou Rutules, je ne mettrai pas de différence entre eux, que le camp soit assiégé en vertu des destins propices aux Italiens, ou par suite d'une erreur funeste des Troyens et d'oracles mal interprétés. Je n'affranchis pas les Rutules de cette loi : chaque parti devra à ce qu'il aura entrepris revers ou succès. Le roi Jupiter sera le même pour tous, et les destins trouveront leur voie [2]. » Dans ce passage on voit parfaitement délimités les domaines respectifs de la liberté des hommes, de l'autorité de Jupiter, du pouvoir du destin. A chacun ses œuvres, dit le dieu : mais, soumise au *fatum*, la liberté humaine ne peut être que très précaire et très dépendante. « Les actions de notre liberté, dit Bossuet, sont comprises dans les décrets de la divine Providence, et elle a des moyens certains de la conduire à ses fins [3]. » Qu'à la place de l'expression *divine Providence*, on mette le mot *fatum*, et on aura la formule du fatalisme théologique de Virgile. S'ils sont sûrs du pouvoir absolu du *fatum*, les héros de Virgile sont trop peu certains de leur liberté pour pouvoir « tenir toujours fortement comme les deux bouts de la chaîne », car il leur est impossible de trouver entre le *fatum* et leur liberté « le milieu par où l'enchaînement se continue ».

---

1. *Én.*, X, v. 622-625.
2. *Én.*, X, v. 107 et suiv.
3. Bossuet, *Libre Arbitre*, ch. IV.

Mais Jupiter connaît parfaitement les ordres du destin : il ne veut pas les révéler aux dieux. La critique n'a pas toujours admis la profession de foi de Jupiter que je viens de traduire : Peerlkamp supprime les vers 109-112 ; Ribbeck met entre crochets les vers 109-110. Mais le sens fort net de tout le passage ne me semble pas en contradiction avec ce que nous savons des pouvoirs et de la science de Jupiter. Le dieu n'est pas embarrassé ; il ne se demande pas si le siège est amené par le destin des Italiens ou par l'erreur funeste des Troyens. Mais il reprend les arguments de Junon et de Vénus : Vénus se plaignait que les destins eussent changé ; Junon répliquait qu'en interprétant mal les oracles Énée était devenu l'artisan de son propre malheur. Jupiter répond qu'il n'a pas à examiner les causes du siège que les déesses peuvent attribuer à telle ou telle influence qu'il leur plaira.

Le maître des dieux connaît les destins : il peut les tenir cachés aux immortels, comme il le fait dans l'assemblée du Xe Chant, ou les dévoiler, comme il les dévoile à Vénus, dans son entretien avec la déesse, au Ier Chant de l'*Énéide*. Il exerce aussi une certaine influence sur ces destins qu'il connaît. Nous avons entendu Vulcain dire que le dieu aurait pu retarder leur effet à propos de la ruine de Troie. Le devin Hélénus apprend à Énée que le roi des dieux dispose les destins et en développe les vicissitudes[1] : il ne peut changer les *fata*, mais il a le droit de les ordonner et de leur faire subir quelques modifications de détail. Il a, en somme, par rapport au destin, la liberté que certaines écoles philosophiques attribuent à l'homme en essayant de concilier cette liberté humaine avec le

---

1. *Én.*, III, v. 375 : ...*sic fata deum rex Sortitur volvitque vices.* — Cf. Forbiger : *Fata sortitur, disponit, ordinat, tamquam sorte ducta quid ex fatis fieri debeat, constituit ; nam fatorum non mutandorum quidem, ordinandorum tamen et moderandorum potestatem habuisse Iovem, iam ad* Aen., I, v. 39, *vidimus ;* volvit vices, *moderatur vicissitudines rerum.*

fatalisme théologique : la volonté divine a fixé d'avance l'ensemble des événements nécessaires, mais la liberté humaine peut modifier quelques détails de cet ensemble.

Ou plutôt, si nous cherchons une comparaison bien romaine, Jupiter est par rapport au *fatum* dans la condition du magistrat romain par rapport à la loi. Honoré par les dieux comme un magistrat supérieur, il n'est en somme qu'un magistrat : il n'est pas un tyran capable de se mettre au-dessus du droit commun. Interprète de la loi, le préteur romain, investi de la juridiction, gardien du droit civil, possède en outre l'*imperium*, c'est-à-dire le pouvoir souverain de prendre toutes les mesures d'intérêt général qui apportent à l'application rigoureuse et par suite injuste du droit civil les tempéraments nécessaires pour le plus grand bien de tous : l'application stricte de la loi serait parfois une injustice [1]. Le préteur établit en face du *ius civile* le *ius praetorium* qui en est la correction nécessaire et bienfaisante [2].

Comme le préteur, qui est avant tout l'organe de la loi [3] et le gardien du droit civil [4], le Jupiter de l'*Énéide* est l'interprète et le conservateur du *fatum*. Mais, comme le préteur, il a aussi son *imperium* (on a vu déjà plusieurs exemples de l'*imperium Iovis*) qui lui permet d'atténuer, surtout de différer les ordres du *fatum*. En dernière analyse, il doit, aussi bien que le magistrat romain, se soumettre à la loi : il le dit lui-même quand il rappelle à Hercule qu'il lui a fallu laisser périr son fils Sarpédon au jour fixé par le destin, c'est-à-dire par la loi divine [5].

1. Cf. Cicéron, *de Offic.*, I, 10 : *Summum ius, summa iniuria, factum est iam tritum sermone proverbium.*
2. Papinien, *Digeste*, I, 1, 7 : *Ius praetorium est quod praetores introduxerunt adiuvandi, vel supplendi, vel corrigendi iuris civilis gratia propter utilitatem publicam.*
3. Cicéron, *de Leg.*, III, 1 : *Magistratum legem esse loquentem.*
4. Cicéron, *de Leg.*, III, 3 : *Iuris civilis custos esto.*
5. *Én.*, X, v. 467-473.

Dans l'*Énéide*, les Parques sont des agents subalternes du *fatum;* elles ne dépendent pas de Jupiter. Déesses de la naissance, à l'origine [1], elles furent plus tard assimilées aux Moires grecques [2]. Mais si le rapport de celles-ci « avec le dieu suprême est nettement indiqué après Homère par l'épithète de μοιραγέτης appliquée à Jupiter » [3], dans l'*Énéide*, Jupiter ne peut pas être le chef des Parques, puisqu'il ne commande pas au destin. Or, les Parques de Virgile sont d'accord avec les immuables décrets des *fata* [4]; elles préparent les événements conformément aux ordres du *fatum* [5]. L'opinion des hommes va même jusqu'à croire qu'elles ont à la fois le pouvoir de diriger le cours des événements et d'en restreindre la connaissance pour l'humanité. « Les Parques, dit Hélénus, me défendent d'en savoir davantage [6]. » Les dieux mêmes semblent s'exagérer le pouvoir des Parques : Vénus les confond avec le *fatum* quand elle parle de la ville qu'elles doivent accorder à Énée [7]; c'est par suite d'une confusion semblable que Junon les met en opposition avec la Fortune qui, on l'a vu, s'oppose en réalité au *fatum*. « J'ai protégé Turnus — dit la déesse à Juturne — tant que la Fortune a paru le souffrir, tant que les Parques ont continué de le permettre [8]. » Mais les Parques ne permettent rien, elles ne font qu'exécuter scrupuleusement et à l'heure voulue les décisions du destin.

Ce sont elles qui amènent les jours fixés par le

---

1. Preller-Jordan, *Röm. Mythol.*, zweiter Band, p. 193. — Preller fait venir leur nom de *partus*.
2. Comme *Moire* vient de μέρος, *Parque* peut venir de *pars*. Suivant Bréal (*Dictionn. étym.*, p. 247), « du verbe *parcere* vient probablement le nom propre de divinité, *Parca* (celle qui épargne ou doit épargner la vie) ».
3. Decharme, *Mythol.*, p. 301.
4. *Égl.*, IV, v. 47 : *Concordes stabili fatorum numine Parcas*.
5. *Én.*, I, v. 22 : *...sic volvere Parcas*.
6. *Én.*, III, v. 379 : *...prohibent nam cetera Parcae Scire Helenum*.
7. *Én.*, V, v. 798 : *...si dant ea moenia Parcae*.
8. *Én.*, XII, v. 147 : *Qua visa est Fortuna pati, Parcaeque sinebant*.

fatum pour quelque grand événement [1], le jour de la mort, en particulier, que Junon appelle *le jour des Parques* [2]. Elles se rendent compte que ce jour est arrivé, quand, ramassant et roulant autour du fuseau les derniers brins de laine, symbole de la vie humaine, elles s'aperçoivent qu'elles vont cesser de filer, faute de matière, les jours de celui dont la mort approche [3]; et, à l'instant fatal, elles mettent la main sur celui qui va mourir [4]. Servius fait observer qu'elles agissent comme le créancier qui réclame sa dette [5]. C'est le *fatum* qui est le véritable créancier de l'homme à qui il réclame la vie au jour dit; les Parques se conduisent comme des agents subalternes, des licteurs qui font mainmise sur le débiteur au nom et pour le compte du *fatum*. Divinités mystérieuses, les Parques ne descendent jamais sur la terre; les hommes ne les voient point : aussi Virgile s'abstient-il de donner leur description. Il fait une simple allusion au travail coutumier des *sœurs filandières* : mais il ne dit pas leur nombre, il ne cite pas leurs noms. Elles restent pour l'homme dans les ténèbres de l'inconnu, comme le jour de la mort dont elles fixent la date inattendue.

IV

Nous avons vu dans quels rapports sont entre eux les pouvoirs de Jupiter et ceux des autres dieux, et quelles relations ces divers pouvoirs divins ont avec la puis-

---

1. Én., IX, v. 107 : *Ergo aderat promissa dies et tempora Parcae Debita complerant.*
2. Én., XII, v. 150 : *Parcarumque dies... propinquat.*
3. Én., X, v. 814 : *...extremaque Lauso Parcae fila legunt.*
4. Én., X, v. 419 : *Iniecere manum Parcae.*
5. Servius, *ad Aen.*, X, v. 419 : *Sermone usus est iuris; nam manus iniectio dicitur quotiens, nulla iudicis auctoritate exspectata, rem nobis debitam vindicamus.*

sance du destin. Comment les hommes peuvent-ils connaître en une certaine mesure les décisions du *fatum* dont Jupiter est l'agent suprême? Comment le maître des dieux permet-il à certaines divinités d'initier les mortels à quelques-uns des secrets de la destinée? Telle est la dernière question à étudier avant de rechercher quelle est l'impartialité de Jupiter à l'endroit des hommes.

J'ai déjà cité un passage caractéristique de l'*Énéide*[1] où le poète énumère les pouvoirs supérieurs qui doivent régler les entreprises humaines : ce sont les *omina*, les présages qui annoncent qu'une guerre est commencée contre l'ordre du destin et contre la volonté des dieux. De quelle manière Jupiter, qui est le maître des dieux et l'exécuteur conscient des ordres du destin, fait-il connaître à l'humanité ce que la volonté divine a arrêté, en conformité avec la loi fatale?

Si le Zeus des *Argonautiques* reste toujours silencieux, le Jupiter de l'*Énéide* fait volontiers entendre sa voix : mais il ne parle qu'aux dieux.

Dès le Chant I de l'*Énéide*, on le voit s'entretenir familièrement avec Vénus et lui découvrir le mystère des destins, en ce qui concerne Énée[2]. Plus tard, il donne ses instructions à son messager Mercure, avant de l'envoyer sur la terre[3]. On a vu comment, à l'assemblée des dieux, il se fait l'interprète des volontés du destin. Enfin, il adresse de fréquents discours à Junon au sujet de Turnus[4]. — Mais il ne fait pas entendre sa voix aux hommes.

Il communique avec certains d'entre eux par l'intermédiaire de Mercure[5]. Il use aussi, pour se mettre en rapports avec Juturne, d'une messagère dont il n'est

---

[1]. *Én.*, VII, v. 583-584. — Voir, plus haut, page 265.
[2]. *Én.*, I, v. 256-297.
[3]. *Én.*, IV, v. 223-236.
[4]. *Én.*, X, v. 606 et suiv.; XII, v. 791 et suiv.; v. 829 et suiv.
[5]. *Én.*, IV, v. 265 et suiv.

pas question dans les poèmes homériques, ni dans les *Argonautiques*, — de la Furie, qui correspond à l'Érinys grecque. On a vu déjà qu'Apollonios n'indique nulle part les rapports de Zeus avec les Érinyes [1]; on a vu aussi que Virgile confond les Furies avec les Harpyes [2].

A la fin de l'*Énéide*, au moment où Turnus va succomber sous les coups d'Énée, Jupiter veut éloigner Juturne de son frère, pour qu'elle n'assiste pas à sa mort. Virgile explique alors quelle messagère le dieu se propose d'envoyer vers la sœur de Turnus. « Il est, dit-on, deux pestes qu'on nomme les *Dirae*. La Nuit profonde et silencieuse les mit au monde en même temps que Mégaera qui habite le Tartare, d'un seul et même enfantement; elle les ceignit également de serpents enroulés en spirale et leur donna à toutes des ailes dont le mouvement rapide excite les vents. Les *Dirae* se tiennent devant le trône de Jupiter, au seuil du roi terrible, et aiguisent le sentiment de la crainte dans le cœur des malheureux mortels, quand le roi des dieux se dispose à envoyer sur la terre l'horrible mort et les maladies, ou qu'il effraie par la guerre les villes qui méritent un châtiment. C'est l'un de ces monstres que Jupiter dépêche, rapide, du haut du ciel, en lui ordonnant de se présenter devant Juturne comme un présage *(omen)*. La fille de la Nuit s'envole, un tourbillon impétueux l'emporte vers la terre [3]. »

Arrivée en vue de l'armée troyenne et des troupes de Turnus, la messagère de Jupiter, laquelle, en qualité d'être divin, est gigantesque, se ramasse sous la forme d'un de ces hiboux qui se perchent la nuit sur les tombeaux ou sur les toits déserts, pour faire retentir leur chant lugubre. Revêtue de cette apparence nou-

---

[1]. Livre II, ch. I, p. 188-189.
[2]. Voir, plus haut, même chapitre, p. 246.
[3]. *Én.*, XII, v. 845-855.

velle, la Furie passe et repasse devant Turnus, frappant son bouclier à coups d'ailes. Le héros, épouvanté, est saisi d'un engourdissement inconnu; ses cheveux se dressent d'horreur; sa voix s'arrête dans son gosier. Juturne reconnaît le bruit des ailes de la Furie, ce bruit qui est une annonce de mort; arrachant ses cheveux, se déchirant le visage et se meurtrissant le sein, elle quitte le champ de bataille et se plonge dans le fleuve, la tête couverte d'un voile azuré en signe de deuil [1].

Telle est la conception de la Furie messagère de Jupiter. On voit que Virgile ne compte que deux *Dirae*, qui se tiennent comme des *appariteurs* [2] auprès du trône du dieu et qui rappellent ainsi, sous une forme romaine, à la fois le rôle donné dans les *Argonautiques* aux Harpyes, « chiennes du grand Zeus [3] » (que l'*Énéide* identifie d'ailleurs avec les Furies), et la posture attribuée par la statuaire gréco-romaine à Cerbère, le chien infernal de Pluton [4]. Ce sont les Furies que Jupiter envoie sur la terre pour punir les humains de leurs crimes. Le Zeus de l'*Iliade*, pour châtier les hommes injustes et impies, fait tomber des pluies immenses qui noient les campagnes et pourrissent les moissons [5]. Peut-être trouverait-on dans ce rapprochement l'origine de l'identification des Furies virgiliennes avec les

1. *Én.*, XII, v. 861-886.
2. Cf. la note de Forbiger au v. 850 du Ch. XII de l'*Énéide* : « Apparent, *vox propria de ministris, unde* apparitores. Conington confert Liv., II, 55 : Quattuor et viginti lictores apparere consulibus. »
3. *Argon.*, II, v. 289.
4. Voir Collignon, *Mythologie figurée de la Grèce*, p. 302. — Il n'est pas question de Cerbère dans les poèmes homériques et dans les *Argonautiques*. Hésiode, qui parle le premier, à notre connaissance, de ce monstre, le place à la porte des Enfers qu'il défend contre ceux qui veulent sortir, et non auprès du trône d'Adès (*Théogon.*, v. 311; v. 769 et suiv.). La Mythologie grecque fait de Cerbère « le chien de garde qui veille sans cesse au seuil des Enfers » (Decharme, *Mythol.*, p. 414). Virgile suit cette tradition : l'*Énéide* (VI, v. 417 et suiv.) place l'antre où Cerbère est couché en face du port du fleuve infernal où Charon débarque les morts, bien loin du palais de Pluton.
5. *Iliad.*, XVI, v. 384-392.

Harpyes de la Mythologie grecque, ces symboles des vents d'orage qui gâtent et perdent les fruits de la terre.

Les traditions posthomériques comptent trois Furies et non deux. « Chez Euripide déjà, les Érinyes sont au nombre de trois[1]... Les poètes et les mythographes postérieurs donneront des noms à cette triade. Les Érinyes s'appelleront : *Mégaera* (l'envie ou la haine personnifiée), *Allecto* (la colère incessante, la fureur implacable), *Tisiphoné* (la vengeance du meurtre), qui exprime leur fonction principale[2]. »

Nous ne savons sur quelle autorité Virgile se fonde pour séparer Mégaera de ses deux sœurs Tisiphoné et Allecto[3]. D'après le XIIe Chant de l'*Énéide*, Mégère serait seule une déesse du Tartare; les deux autres Furies seraient des habitantes de l'Olympe.

Cette théorie est en contradiction avec plusieurs autres passages de l'*Énéide*. Les trois déesses sont d'ordinaire regardées comme trois divinités infernales filles de la Nuit. Le poète les désigne indifféremment par leur nom grec d'Érinyes et d'Euménides ou par leur nom latin de Furies et leur surnom de *Dirae*.

On a voulu établir une distinction entre les *Furiae* et les *Dirae*. A la vérité, sur le bouclier d'Énée, les *Dirae* sont ciselées dans le cortège de Mars à côté de la Discorde et de Bellone[4] : il semble que, dans ce passage, les *Dirae* correspondent aux *Kères* que le *Bouclier d'Héraclès*[5] montre parmi les aides d'Arès. Les Érinyes grecques ne sont pas subordonnées au dieu sauvage de la guerre. Mais, justement à propos du passage où il est question des Furies messagères de Jupiter, on a prétendu que les Furies correspon-

---

1. *Troyennes*, v. 457.
2. Decharme, *Mythol.*, p. 426-427.
3. Voir la note de Forbiger au v. 845 du Ch. XII de l'*Énéide*.
4. *Én.*, VIII, v. 701 : ...*tristesque ex aethere Dirae*.
5. *Bouclier d'Héraclès*, v. 248 et suiv.

dent aux Érinyes et les *Dirae* aux *Arai* [1]. L'Étéocle d'Eschyle invoque à la fois l'Érinys et l'Ara [2]; les deux divinités sont distinguées aussi dans l'*Électre* de Sophocle [3]. Mais cette distinction ne saurait s'admettre dans l'*Énéide*. La demeure d'Allecto et de ses sœurs se nomme *Dirarum sedes* [4]. Les Érinyes qui persécutent Oreste sont désignées par le nom de *Dirae* [5]. Didon, après que son cœur a été envahi par les Furies [6], invoque, au moment de mourir, les *Dirae* vengeresses [7]. Si on assimile les *Dirae* aux *Arai*, comme les Furies aux Érinyes, ce sont, en dernière analyse, les mêmes déesses, puisque « l'imprécation personnifiée, *Ara*, n'est autre qu'Érinys elle-même avec son irrésistible pouvoir » [8].

On voit, sur le bouclier d'Énée, le Romain Catilina tremblant à la vue des Furies [9]; de même l'Italien Turnus est entraîné par les Furies [10] qui exaspèrent son amour pour Lavinie [11] : par contre, à l'exemple d'Eschyle [12], Virgile appelle la Lacédémonienne Hélène l'Érinys, le fléau de Troie et de la Grèce [13]. — C'est dans ce sens que Cicéron appelait le Romain Clodius « *Furia et pestis patriae* » [14]. — Énée lui-même, alors qu'il est un héros troyen ignorant de l'Italie où bientôt les destins vont le conduire, Énée donne le nom d'Érinys au trouble et à la fureur que la déesse lui inspire quand elle le précipite au milieu des horreurs

1. Gossrau, *Aeneis*, note au v. 845 du Ch. XII.
2. *Les Sept contre Thèbes*, v. 69.
3. *Électre*, v. 111.
4. *Én.*, VII, v. 324.
5. *Én.*, IV, v. 473 : ...*ultricesque sedent in limine Dirae.*
6. *Én.*, IV, v. 474 : *Ergo, ubi concepit Furias...*
7. *Én.*, IV, v. 610 : *Et Dirae ultrices.*
8. Decharme, *Mythol.*, p. 423.
9. *Én.*, VIII, v. 668-669.
10. *Én.*, XII, v. 101 : *His agitur Furiis.*
11. *Én.*, XII, v. 668 : *Et Furiis agitatus amor* [Turni].
12. *Agamemnon*, v. 749 : ...νυμφόκλαυτος Ἐρινύς.
13. *Én.*, II, v. 573 : *Troiae et patriae communis Erinys.*
14. *Pro Sextio*, XIV.

du sac de Troie [1]. Mais il ne faut pas admettre comme absolument rigoureuse, dans l'*Énéide*, cette distinction entre les Érinyes grecques et les Furies latines : Évandre, qui est Arcadien, dit que ce sont de justes Furies qui ont soulevé l'Étrurie contre Mézence [2]. Andromaque parle du Grec Oreste agité par les Furies — et non par les Érinyes — vengeresses du crime [3]; et c'est, par contre, sous le nom d'Érinys qu'est désignée la Furie qui vient exciter Turnus à la guerre [4].

Virgile ne fait pas davantage la distinction classique entre les anciennes Érinyes, qui sont implacables, et les Euménides, protectrices des pays où elles se sont fixées [5]. Une comparaison de l'*Énéide* montre Penthée se voyant, dans sa folie, poursuivi par les Euménides [6], alors que le chœur des *Bacchantes* d'Euripide invoquait les « chiennes rapides de Lyssa » [7].

Virgile désigne le plus souvent les Furies par le nom d'Euménides, et il en fait les filles de la Nuit, sœur de la Terre [8]. D'après la *Théogonie* hésiodique, *Nyx* et *Gaia* sont bien deux sœurs, filles l'une et l'autre du Chaos [9], mais les Érinyes sont nées de Gaia fécondée par le sang d'Ouranos mutilé [10]. C'est la tradition d'Eschyle [11] que Virgile suit en donnant aux Furies la Nuit pour mère. Allecto, en particulier, est qualifiée par Junon de « vierge enfantée par la Nuit » [12]. — Dans les *Géorgiques*, Virgile rappelait, d'après Hésiode [13],

1. *Én.*, II, v. 337 : ...*tristis Erinys*.
2. *Én.*, VIII, v. 494.
3. *Én.*, III, v. 331.
4. *Én.*, VII, v. 447-570.
5. Decharme, *Mythol.*, p. 425.
6. *Én.*, IV, v. 469.
7. *Bacchantes*, v. 997. — « Lyssa, la Furie de la rage » (Decharme, *Mythol.*, p. 512).
8. *Én.*, VI, v. 250 : ...*matri Eumenidum, magnaeque sorori*.
9. *Théogon.*, v. 116 et 123.
10. *Théogon.*, v. 185 et suiv.
11. *Euménides*, v. 321-322, 416, 745, etc.
12. *Én.*, VII, v. 331.
13. *Œuvres et Jours*, v. 800.

que le cinquième jour après la nouvelle lune est celui de la naissance des Furies [1].

Suivant la Sibylle, les Euménides habitent aux Enfers, et non dans le palais de Jupiter, comme Virgile le dira au XIIe Chant. La prêtresse d'Apollon, qui connaît bien les demeures infernales où elle guide Énée, donne au Styx le nom de fleuve redoutable des Euménides [2]. L'Enfer semble tout entier être la demeure des divinités vengeresses; comme si elles étaient les portières du monde d'en bas, elles ont leurs chambres fermées par des grilles de fer à l'entrée même de l'Orcus [3]. Mais elles n'y séjournent guère puisqu'on les voit ensuite occupées à persécuter les damnés du Tartare. Il serait puéril, dit Heyne [4], de conclure qu'elles ont leurs demeures à l'entrée de l'Orcus et qu'elles en sont le plus souvent absentes pour vaquer aux devoirs de leur terrible ministère. Mais on sait que les contradictions abondent dans la description que Virgile fait des Enfers et de leurs habitants. En dernière analyse, les Furies semblent être les déesses par excellence du royaume d'en bas, puisqu'on les y retrouve partout : les fleuves infernaux sont leurs fleuves; leurs chambres sont situées à l'entrée du palais de Pluton; on les voit elles-mêmes à l'œuvre dans le Tartare.

C'est Tisiphone, vengeresse des meurtres et des crimes en général, qui préside au châtiment des coupables. Il n'est pas question qu'elle demeure dans une de ces chambres des Euménides qui sont à l'entrée du royaume d'en bas : c'est dans le vestibule du Tartare qu'elle siège en permanence, nuit et jour, vêtue d'une

---

1. *Géorg.*, I, v. 277-278.
2. *Én.*, VI, v. 374 : ...*Stygias... aquas, amnemque severum Eumenidum*.
3. *Én.*, VI, v. 279 : ...*adverso in limine... Ferreique Eumenidum thalami*.
4. Heyne, *ad Aen.*, VI, v. 280 : *Dicere eas hic habere sedes suas et per alia loca discursitare, forte ieiunum sit*.

robe ensanglantée [1]. Mais le poète se contredit bientôt : Tisiphone ne reste pas plus à l'entrée du Tartare que les autres Euménides dans leurs demeures de fer, au seuil de l'Orcus. En effet, semblable au licteur romain, qui frappe de verges le condamné avant de l'envoyer dans le Tullianum pour le dernier supplice [2], Tisiphone bondit sur les coupables, les frappe du fouet dont elle est armée, pendant que, leur présentant de la main gauche ses serpents à l'œil farouche, elle appelle la troupe cruelle de ses sœurs [3]. Les mots *agmina saeva sororum*, que je traduis par *la troupe cruelle de ses sœurs*, ont beaucoup embarrassé les commentateurs, préoccupés de l'idée que les Furies sont au nombre de trois. Servius veut que le mot *agmina* signifie l'impétuosité des Furies ou se rapporte aux troupes de serpents dont leur chevelure se compose [4]. Gossrau suppose qu'au vers 572 du Chant VI de l'*Énéide*, comme au vers 469 du Chant IV, *agmina* signifie les trois Furies [5]. Mais, dans le Chant IV, le nombre des Érinyes qui poursuivent Penthée n'est pas spécifié. Les exemples cités par Gossrau ne confirment pas sa thèse : au vers 227 du Chant II de Valérius Flaccus, rien ne prouve que les femmes de Lemnos ne croient voir que les trois Euménides ; au vers 147 du Chant VII, les *agmina matris* qui effraient Oreste font clairement allusion aux nombreuses Érinyes qui formaient le chœur des *Euménides* d'Eschyle. Le mot *agmina* ne peut signifier Tisiphone et Allecto : comme Heyne le remarque [6], à propos de la demeure des Euménides,

1. *Én.*, VI, v. 555-556.
2. Servius, *ad Aen.*, VI, v. 573.
3. *Én.*, VI, v. 570-572.
4. Servius, *ad Aen.*, VI, v. 572.
5. Gossrau, *ad Aen.*, IV, v. 469 : *Agmina autem de tribus Furiis dici saepe legitur : sic* Agmina Eumenidum *dicuntur*, VI, v. 572 ; Val. Flacc., II, v. 227 ; VII, v. 147.
6. Heyne, *ad Aen.*, VI, v. 280 : *Sed poetae licet diversis in locis diversos sequi mythos*.

Virgile adopte successivement des mythes divers et contradictoires; cette observation peut se répéter à propos de tous les passages où il est question de la demeure des Furies, de leur nombre, de leur description figurée. Pour ce qui est, en particulier, du nombre des Furies, on doit admettre que Virgile suit tantôt les traditions anciennes d'après lesquelles les Furies sont innombrables, comme dans la tragédie d'Eschyle, tantôt les traditions récentes qui font des divinités vengeresses une simple triade.

Quant à Tisiphone, elle ne reste pas toujours dans les chambres de fer des Euménides à l'entrée de l'Orcus, ni dans sa demeure particulière aux portes du Tartare, ni même dans le Tartare où elle punit les damnés. Chargée d'exécuter les ordres de Jupiter irrité, Tisiphone sort des Enfers pour aller sur la terre. C'est elle qui, dans les *Géorgiques*, excite la peste des animaux : « Envoyée à la lumière du fond des ténèbres du Styx, la pâle Tisiphone sévit, faisant marcher devant elle la crainte et les maladies; la déesse se dresse et, de jour en jour, lève plus haut sa tête dévorante [1]. » Dans l'*Énéide*, elle ne s'attaque plus aux animaux, mais bien aux hommes : pendant la bataille entre les Troyens et les Latins, jouant le même rôle que l'Éris ou la Kèr homérique [2], la pâle Tisiphone promène sa rage au milieu des armées ennemies [3]. I. n'est pas admissible que la Furie excite les combattants au moyen du fouet dont elle est armée aux Enfers : comme les *Dirae* du bouclier d'Énée [4], elle plane dans les airs au-dessus du champ de bataille.

Mégère ne sort pas du Tartare [5]. Les commentateurs hésitent à décider si c'est elle ou Allecto que l'*Énéide*

---

1. *Géorg.*, III, v. 551-553.
2. *Iliad.*, XI, v. 73; XVIII, v. 535.
3. *Én.*, X, v. 761.
4. *Én.*, VIII, v. 701.
5. *Én.*, XII, v. 846.

désigne par le nom de *Furiarum maxima*, — cette Furie qui, dans les Enfers, s'assied aux côtés des damnés, les empêche de toucher aux mets qui sont étalés devant eux sur des tables servies avec un luxe royal, se dresse en levant sa torche et fait retentir sa voix effrayante comme le tonnerre [1]. Quel que soit son nom, cette déesse se conduit avec les damnés comme faisaient les Harpyes avec Phinée.

Si *maxima Furiarum* signifie, non pas l'aînée, mais la plus grande des Furies, il est évidemment question d'Allecto : c'est elle, en effet, qui a, dans l'*Énéide*, le rôle le plus important. C'est elle, sans doute, que Jupiter, au Chant XII, envoie à Juturne ; c'est elle — le poète le dit expressément — qui a accompli tous les messages funestes de Junon dans les six derniers Chants de l'*Énéide*.

Descendue sur la terre, Junon évoque du séjour des funestes déesses, du fond des ténèbres infernales, Allecto qui produit le deuil, qui se plaît aux tristes guerres, aux fureurs, aux perfidies, aux horribles calomnies [2]. La Furie est un monstre terrible, haï même du dieu Pluton [3] et de ses propres sœurs : Allecto sait prendre tant de formes diverses, ses traits sont si hideux, les serpents pullulent tellement sur son horrible tête [4] ! Junon traite avec elle d'égale à égale ; dans un discours très habile, elle flatte son orgueil en donnant à la déesse le nom de fille de la Terre ; elle exalte son génie pour le mal : « Tu peux armer l'un contre l'autre les frères les mieux unis, troubler les familles

---

1. *Én.*, VI, v. 604-606.
2. *Én.*, VII, v. 323-326.
3. *Én.*, VII, v. 327. — *Pater ipse Pluton* ne peut signifier que Pluton soit le père des Furies. C'est seulement dans les *Hymnes orphiques* (*Hymn.*, XXIX, v. 6 ; LXX, v. 1-3, édit. E. Abel) qu'il est dit que les Euménides sont les filles du grand Zeus souterrain et de Perséphoné. *Pater* est, on le sait, le titre honorifique des grands dieux : il peut convenir aussi bien à Pluton qu'à ses frères Jupiter et Neptune.
4. *Én.*, VII, v. 327-329.

par des haines mutuelles, porter dans les maisons tes coups, tes flammes funestes : on t'appelle de mille noms, tu sais mille moyens de nuire [1]. »

La Furie ne donne que trop de preuves de son pouvoir pour le mal : « infectée de poisons semblables à celui qui gonfle les serpents de la Gorgone [2], » elle se rend chez Amata, lui lance une des vipères entremêlées à sa chevelure [3]. Le venin du reptile qui s'insinue peu à peu dans le sein de la reine jette la folie dans son cœur et lui inspire enfin des transports semblables à ceux des Bacchantes [4]. Ce n'est pas assez : la Furie ouvre ses ailes sombres et s'envole vers la cité de Turnus [5]. Habile à prendre mille formes diverses, comme Junon le lui disait, Allecto dépouille son visage farouche et ses membres de Furie ; elle se transforme en vieille femme, et, le front sillonné de rides, la tête couverte de cheveux blancs entourés d'un bandeau et ceints d'un rameau d'olivier, elle se présente à Turnus endormi sous la forme de Calybé, prêtresse de Junon [6]. Elle excite le héros à la guerre : Turnus répond par des railleries à l'endroit de cette vieille femme qui prétend se mêler de ce qui ne la regarde pas. Ces paroles dédaigneuses excitent la colère d'Allecto ; Turnus parlait encore : un tremblement subit maîtrise ses membres, ses yeux restent fixes, tant la Furie fait siffler d'hydres, si effrayant apparaît son visage ! Brandissant ses torches enflammées, dressant deux serpents au milieu de sa chevelure, faisant siffler son fouet, elle crie avec rage, elle dit qu'elle vient du séjour des sœurs funestes. Après avoir ainsi parlé, elle lance au jeune

---

[1]. *Én.*, VII, v. 335-338.
[2]. *Én.*, VII, v. 341 : *...Gorgoneis Allecto infecta venenis.* — Traduct. de Benoist.
[3]. *Én.*, VII, v. 343 et suiv.
[4]. *Én.*, VII, v. 405.
[5]. *Én.*, VII, v. 408-409.
[6]. *Én.*, VII, v. 415-420.

homme effrayé un brandon enflammé, elle lui enfonce dans le cœur une torche fumant d'un sombre éclat. L'épouvante réveille Turnus en sursaut; la sueur jaillit de tout son corps, inonde tous ses membres. Hors de lui, il demande à grands cris ses armes; il ne respire plus que guerre et batailles. — La Furie a accompli son œuvre [1].

Il reste encore à mettre aux prises les Troyens et les Latins. Excitant le vol rapide de ses ailes infernales [2], la vierge qui habite les bords du Cocyte [3] souffle aux chiens d'Ascagne une rage subite et les lance à la poursuite d'un cerf apprivoisé qui appartient au Latin Tyrrhus. Ascagne bande son arc et tire sur l'animal : « une divinité ne manque pas de rendre assurée sa main incertaine [4]. »

Quelle est cette divinité? Depuis Servius, les commentateurs admettent ordinairement que c'est Allecto elle-même. Forbiger se fonde sur le vers 654 du Chant IX pour supposer qu'il est question d'Apollon : mais, précisément dans ce passage du Chant IX, c'est Jupiter et non Apollon qui dirige la flèche d'Ascagne contre Rémulus. Ici aussi, *deus* veut dire Jupiter; c'est la volonté du dieu suprême qui permet le commencement de cette guerre inévitable entre les Troyens et les Latins. Peu importe que la flèche d'Ascagne ait été dirigée par la Furie, qui, à vrai dire, ne s'entend guère à tirer de l'arc, ou par Apollon dont c'est l'attribut spécial. Aucun dieu n'a pu diriger cette flèche sans la permission du maître du monde qui devait assurer la main d'Ascagne pour faire commencer cette lutte fatale. Allecto n'est qu'un agent secondaire : elle ne peut qu'exaspérer les colères de Turnus et d'Amata et

---

1. *Én.*, VII, v. 421-462.
2. *Én.*, VII, v. 476 : *Allecto... Stygiis se concitat alis.*
3. *Én.*, VII, v. 479 : *...Cocytia virgo.*
4. *Én.*, VII, v. 498 : *Nec dextrae erranti deus abfuit.*

précipiter de quelques instants l'occasion et le début des hostilités. Ascagne n'aurait pas tué le cerf, la guerre se serait simplement engagée un peu plus tard à cause de quelque autre prétexte.

Le rôle d'Allecto n'est pas de diriger les traits, mais d'exciter les hommes à les lancer. Elle se tient cachée en silence dans les forêts pendant le tumulte causé par la mort du cerf [1]; puis, elle donne le signal du combat que ses provocations perfides ont rendu inévitable. « Quittant le lieu où elle s'était placée pour observer les événements, la cruelle déesse, qui a trouvé le moment favorable pour nuire, gagne le sommet en forme de pointe d'une hutte de berger; de là elle fait entendre le signal auquel les bergers accourent quand un danger est annoncé; sa voix infernale se déploie dans une trompe recourbée [2]. » Ce signal est entendu au loin; de toutes parts, les paysans armés se rendent à l'endroit où la trompette de la Furie a retenti [3].

Dans tout cet épisode, Allecto se conduit à la manière de l'Éris homérique dont la fureur insatiable fait commencer les combats [4]. C'est elle que Zeus envoie vers les navires des Achaiens pour donner le signal de la bataille [5]. Virgile imagine [6] bien, pour correspondre à Éris, une divinité romaine allégorique, *Discordia*, dont la représentation est gravée sur le bouclier d'Énée : on y voit la Discorde triomphante, qui va çà et là, la robe déchirée, entre les Furies et Bellone, armée d'un fouet sanglant [7]. A la porte des Enfers, la Discorde insensée,

1. *Én.*, VII, v. 505.
2. *Én.*, VII, v. 511-514.
3. *Én.*, VII, v. 520.
4. *Iliad.*, IV, v. 440 et suiv.
5. *Iliad.*, XI, v. 3.
6. Je pense que Virgile imagine cette déesse allégorique; la *Mythologie* de Preller-Jordan ne dit rien de *Discordia*, que je ne trouve citée qu'après et d'après Virgile par Pétrone, Valérius Flaccus, Claudien, etc. Hygin *(Fabul., Praefat.)* fait de la Discorde la fille de la Nuit et de l'Érèbe. Voir l'article *Discordia* du *Lexicon* de Roscher.
7. *Én.*, VIII, v. 702.

dont la chevelure formée de serpents est enlacée de
bandelettes sanglantes, a sa demeure auprès de celle
des Euménides [1]. Cette divinité, voisine des Furies et
qui leur ressemble tant par son aspect et son costume,
se confond tout à fait avec Allecto dans l'épisode du
VIIe Chant [2].

Cependant, Allecto quitte l'Hespérie où elle a allumé
la guerre; elle vole vers le ciel. Sa mission est accomplie, elle vient en rendre compte à Junon et lui offrir
de nouveau ses services, si la reine des dieux les juge
nécessaires. Mais Junon la congédie; la Furie a joué le
rôle d'agent provocateur; cela suffit, la fille de Saturne
pourvoira au reste. D'ailleurs, Jupiter ne saurait permettre que la Furie erre plus longtemps à la clarté du
soleil: sans doute, le maître du monde a dû la laisser
précipiter les débuts d'une guerre voulue par le *fatum*;
mais maintenant que la lutte va suivre son cours, il ne
peut tolérer qu'Allecto l'envenime davantage. Docile
aux ordres de Junon, la Furie secoue ses ailes hérissées de serpents qui sifflent et abandonne les espaces
éthérés pour se plonger dans sa demeure infernale,
voisine du Cocyte [3].

C'est d'après Apollonios que Virgile décrit l'entrée
par où Allecto se précipite dans le Tartare : « Il est,

---

1. *Én.*, VI, v. 280-281. — Le mot *discordia* ne semble pas personnifié dans les autres passages de Virgile où il se trouve (*Géorg.*, II, v. 496; IV, v. 68; *Én.*, VII, v. 545; X, v. 9, 106; XII, v. 313, 583).

2. Virgile ne parle pas de la déesse allégorique opposée à la Discorde, la *Concorde,* qui avait pourtant une place importante dans la religion romaine. Voir Preller-Jordan, *Röm. Mythol.*, zweiter Band, p. 260-262, et l'article *Concordia* du *Lexicon* de Roscher. — Apollonios rapporte que les Argonautes élevèrent dans l'île Thynias un monument en l'honneur de la bienveillante Ὁμονοία, déesse qui correspond à la *Concordia* latine (*Argon.*, II, v. 718). Cette divinité inconnue à Homère et aux auteurs anciens n'est pas citée par Preller et par Decharme. Pausanias (V, 14, 9) rapporte qu'un autel était élevé en son honneur à Olympie. En parlant du monument de Ὁμονοία dans l'île Thynias, lequel subsiste encore au temps où il écrit, Apollonios doit faire allusion à quelque culte local de la déesse sur les bords du Pont-Euxin. — Pour ce qui est des endroits où la déesse eut des monuments et de l'époque où ils furent élevés, voir l'article *Homonoia* du *Lexicon* de Roscher.

3. *Én.*, VII, v. 540-562.

au centre de l'Italie, à la base de hautes montagnes, un lieu célèbre et renommé dans bien des contrées, la vallée d'Ampsanctus. Une sombre forêt l'enserre des deux côtés de ses ombrages épais; au milieu roule avec fracas un torrent dont les eaux font des tourbillons sur les rochers. Là se voit une horrible caverne, soupirail de Pluton, gouffre immense d'où l'Achéron débordant exhale ses vapeurs empestées. C'est là que l'Érinys s'abîme, délivrant le ciel et la terre de la présence de son odieuse divinité [1]. »

Dans la suite de l'*Énéide*, il n'est plus dit d'une manière précise qu'Allecto reparaisse sur la terre [2]. C'est elle, cependant, qui doit être la Furie anonyme envoyée par Jupiter vers Juturne à la fin du Chant XII; d'après ce passage de l'*Énéide*, deux Furies seulement se tiennent auprès de Jupiter; Mégère demeure aux Enfers à poste fixe, Tisiphone semble y séjourner pour punir les coupables. Le poète désigne probablement, sans la nommer, Allecto qui doit être la messagère de Jupiter comme elle l'est de Junon.

Tel est le rôle des Furies dans l'*Énéide*. Il est impossible, en dernière analyse, de se faire une idée nette de ces déesses d'après Virgile. Il les confond avec les Harpyes; il semble assimiler Allecto avec la Discorde; il représente les Érinyes comme innombrables, et ailleurs il les réduit à la *triade* admise depuis Euripide; il se contredit sans cesse au sujet de leurs demeures, de leur rôle, de leur représentation figurée. On peut appliquer à tous les passages de l'*Énéide* où il est question des Furies ce que Forbiger dit à propos de l'un d'eux : « *Ultima igitur lima in hoc loco deside-*

---

1. *Én.*, VII, v. 563-571. — Cette description procède évidemment de celle que fait Apollonios du cap Achérousis et du fleuve Achéron qui se jette dans le Pont, auprès de l'antre d'Adès (*Argon.*, II, v. 720-751). Voir mes notes aux v. 353-355, 728, 734 du Ch. II des *Argonautiques*.

2. Dans son discours à l'assemblée des dieux, Vénus fait allusion à Allecto (X, v. 40-41) pour rappeler le rôle qu'elle a joué au Ch. VII.

ratur, cui fortasse poeta post quaedam additurus erat[1]. »

Si Virgile avait remanié son épopée, il y aurait certainement introduit les additions et les changements nécessaires pour concilier les traditions contradictoires et donner de ses Furies une représentation plus nette.

La Furie n'est qu'à titre exceptionnel une messagère des dieux. C'est le plus ordinairement d'une autre manière que Jupiter et la divinité en général procèdent pour communiquer avec les hommes.

On a déjà vu que les messagers ordinaires des dieux apparaissent fréquemment sous une forme étrangère et pendant le sommeil des humains auxquels ils sont envoyés. C'est pendant le sommeil d'Énée que Mercure lui apparaît pour lui ordonner de quitter Carthage. Allecto se présente à Turnus endormi sous les traits de la vieille prêtresse Calybé, et les mépris seuls du héros lui font reprendre sa forme naturelle. Les femmes Troyennes sont en état de veille quand Iris vient à elles sous les traits de Béroé; mais la messagère de Junon, pour accroître leur confiance, s'autorise d'une prétendue apparition de Cassandre qu'elle aurait vue en songe[2].

Les apparitions qui se présentent en songe pendant le sommeil sont un moyen fréquent de communication entre les dieux et les hommes. La divinité emploie pour cet objet des intermédiaires occasionnels autres que Mercure, Iris et la Furie.

Dès l'époque homérique, on faisait le départ entre deux classes de songes ou apparitions. Pénélope reconnaît que les rêves sont souvent peu intelligibles; elle admet que ceux qui viennent par la porte d'ivoire abusent les mortels; ceux, au contraire, qui ont passé par la porte de corne, sont suivis d'effets pour les dor-

1. Note au v. 570 du Ch. VI de l'*Énéide*.
2. *Én.*, V, v. 636 et suiv.

meurs qu'ils ont visités[1]. Virgile reproduit la même théorie[2]. Il est, semble-t-il, bien difficile aux hommes de faire la distinction entre les songes véridiques et les songes trompeurs.

Mais, à côté des songes envoyés par les dieux, il faut remarquer qu'il en est d'autres qui sont naturels, qui n'ont rien de merveilleux; ces derniers sont dus à l'état de préoccupation de celui qui les voit dans son sommeil. C'est ainsi que Didon endormie est obsédée par l'image du cruel Énée qui semble l'abandonner[3]; ce sont là les *aegri somnia* dont parle Horace. La reine, maudissant celui qui l'a séduite, lui promet qu'elle paraîtra sans cesse dans ses rêves : « Quand la froide mort aura séparé mon corps de mon âme, mon ombre te sera présente en tous lieux[4]. » Ce seront là pour Énée les *noxii somnia*, les sommeils troublés par le remords qui suscite des apparitions vengeresses :

Te videt in somnis; tua sacra et maior imago
Humana turbat pavidum...[5]

Nés de préoccupations morales, excités par la conscience d'une mauvaise action, ces songes sont bien humains; ils n'ont aucune cause divine. Dans une comparaison de l'*Énéide*, Virgile fait allusion à ces mauvais rêves qui procèdent d'une origine physique ou psychologique. « Ainsi, dans notre sommeil, la nuit, quand un assoupissement fait de fatigue a accablé nos yeux, il nous semble que nous voulons en vain prolonger une course impétueuse; au milieu de nos efforts, faibles, nous succombons; notre langue ne peut se mouvoir; les forces bien connues de notre corps nous

---

1. *Odyssée*, XIX, v. 560-567.
2. *Én.*, VI, v. 893-896.
3. *Én.*, IV, v. 466 : *In somnis ferus Aeneas...*
4. *Én.*, IV, v. 385-386.
5. Juvénal, *Satires*, XIII, v. 221-222.

font défaut; la voix et les mots nous manquent également[1]. » Déjà l'*Iliade* donnait une description à peu près semblable des vains efforts que l'on fait en rêve[2], et Lucrèce, avant Virgile, analysait les illusions des songes[3].

Il faut donc « savoir distinguer entre les rêves (ἐνύπνια, *insomnia*), qui ne renferment aucune révélation, et les songes proprement dits (ὄνειροι, *somnia*), qui possèdent seuls une valeur divinatoire »[4]. Didon emploie le terme propre quand elle s'écrie à propos des visions qui l'agitent : « Qu'ils sont effrayants les rêves qui m'angoissent[5] ! »

Mais les songes où n'apparaissent pas les messagers attitrés des dieux, aussi bien que les visions qui se produisent devant les humains endormis ou en état d'extase, peuvent avoir et ont, le plus souvent, dans l'*Énéide*, une cause divine.

D'après l'Achille de l'*Iliade*[6], les songes viennent de Zeus. C'est de Jupiter lui-même, ou tout au moins avec la permission du dieu, que les visions véridiques viennent d'ordinaire aux personnages de l'*Énéide*.

1. *Én.*, XII, v. 908-912.
2. *Iliad.*, XXII, v. 199-200.
3. Lucrèce, IV, v. 451 et suiv. — Heyne dit, à propos de la comparaison de Virgile : « *Est etiam Apollonii similis locus*, lib. II, v. 278. » Je ne vois aucun trait commun entre les deux passages des *Argonautiques* et de l'*Énéide* que Heyne rapproche.
4. Bouché-Leclercq, *Hist. Divinat.*, t. I, l. II, ch. 1, § 2, p. 299.
5. *Én.*, IV, v. 9 : ...*quae me suspensam insomnia terrent!* — Servius entend par *insomnia* un état où la veille succède aux songes : « *Non ex aperto vigilasse se dixit, sed habuisse quietem implacidam, i. e. somniis interruptam, ut intellegamus eam et in somnis territam; et propter terrorem insomniorum vigilias quoque perpessam.* » Macrobe (*Somn. Scip.*, I, 3) donne la définition de l'*insomnium* : « *Insomnium* (ἐνύπνιον) *est, quotiens cura oppressi animi corporisve sive fortunae, qualis vigilantem fatigaverat, talem se ingerit dormienti.* » Au v. 896 du Ch. VI, *falsa ad caelum mittunt insomnia Manes*, l'expression *falsa insomnia* ne signifie pas des songes menteurs, mais des songes vains, sans effet. — Dans le passage des *Argonautiques* (III, v. 636) que Virgile imite évidemment, Médée est effrayée par des songes pesants (βαρεῖς... ὄνειροι). Nés des préoccupations morales de Médée, ces ὄνειροι, qui n'ont aucune valeur divinatoire, sont des ἐνύπνια correspondants aux *insomnia* de Didon. C'est une preuve de plus que le mot *insomnia* ne peut être considéré ici comme synonyme du mot *vigiliae*.
6. *Iliad.*, I, v. 63.

Lorsque Anchise apparaît en songe à Énée, pour lui donner l'ordre de passer en Italie, c'est, dit-il, par l'ordre de Jupiter qu'il vient vers son fils [1]. Alors qu'Énée s'attardait à Carthage, c'est sans doute aussi par l'ordre de Jupiter — qui, bientôt après, devait lui faire apparaître Mercure en songe — que, chaque nuit, l'image d'Anchise se dressait devant lui, effrayante [2]. L'apparition de Créuse à Énée, en état de veille, est sans doute ordonnée par Jupiter, puisque la femme du héros, déjà consciente des volontés divines, peut lui dire que le destin et le maître de l'Olympe ne veulent pas qu'elle accompagne son mari en Italie [3]. Ce doit être aussi le dieu suprême qui envoie à Didon endormie l'ombre de Sychée, pour lui faire connaître le crime de Pygmalion et l'engager à fuir loin de sa patrie [4]. Quand Hector apparaît à Énée au milieu de son sommeil, il lui donne des conseils trop sages et trop précis pour que l'on n'admette pas qu'il vient de la part de Jupiter soucieux de sauver le fondateur du futur royaume d'Italie [5]. Enfin, quand les Pénates viennent ordonner à Énée de s'embarquer à la recherche de l'Italie, si ce n'est pas par l'ordre formel de Jupiter, c'est du moins avec sa permission qu'ils apparaissent au héros, puisqu'ils sont les interprètes précis de la volonté du dieu : « Jupiter, disent-ils, ne veut pas que tu demeures en Crète [6]. » L'apparition des Pénates tient à la fois de la vision, comme celle de Créuse, et du songe, comme celle d'Hector : c'est au milieu de son sommeil qu'Énée voit les dieux de Troie se tenir devant lui [7], qu'il les entend lui adresser la

---

1. *Én.*, V, v. 726 : *Imperio Iovis huc venio.*
2. *Én.*, IV, v. 351-353.
3. *Én.*, II, v. 772 et suiv.
4. *Én.*, I, v. 353-359.
5. *Én.*, II, v. 270 et suiv.
6. *Én.*, III, v. 171 : *Dictaea negat tibi Iupiter arva.*
7. *Én.*, III. v. 150 : *...visi ante oculos adstare iacentis In somnis.*

parole; ce discours le tire de son sommeil, et il est bien éveillé[1], quand il reconnaît leurs visages, leurs chevelures voilées de bandelettes, quand il doit admettre leur présence réelle[2].

Tous ces songes, toutes ces apparitions sont d'une interprétation aisée, qui ne demande le secours d'aucune *onirocritique*. La volonté de Jupiter est clairement manifestée.

Quant aux dieux autres que Zeus-Jupiter, ils « sont réduits, lorsqu'ils veulent parler aux hommes pendant leur sommeil, à se produire eux-mêmes sous la figure qu'il leur plaît »[3]. C'est ce que fait le dieu du Tibre : Énée dort; le dieu sort de son fleuve, et, revêtu de son costume de divinité fluviale, couvert d'un léger vêtement de lin azuré, la chevelure entourée d'une couronne de roseaux, il lui enseigne les moyens de sortir vainqueur des périls qui l'attendent en Italie[4]. Il lui promet un signe manifeste pour qu'Énée ne se croie pas abusé par les vaines illusions d'un songe[5].

Le Tibre ne se recommandant pas de Jupiter, cet avis est nécessaire; car les songes qui ne viennent pas du maître de l'Olympe peuvent être trompeurs. Il est, en effet, bien des rêves mensongers, qui se jouent des sens assoupis de l'homme[6]. D'où viennent ces songes perfides? D'après le VIe Chant de l'*Énéide*, les Mânes envoient des enfers, par la porte d'ivoire, les rêves qui ne sont suivis d'aucun effet[7], et par la porte de corne, les apparitions véridiques. On ne comprend pas bien pourquoi les songes viendraient tous des Enfers, puisque c'est Jupiter qui les envoie le plus souvent. Tibulle

---

1. *Én.*, III, v. 173 : *Nec sopor illud erat.*
2. *Én.*, III, v. 174 : *...praesentiaque ora.*
3. Bouché-Leclercq, *ouvr. cité*, t. I, l. II, ch. I, § I, p. 283.
4. *Én.*, VIII, v. 31 et suiv.
5. *Én.*, VIII, v. 42 : *...ne vana putes haec fingere somnum.*
6. *Én.*, X, v. 642 : *...quae sopitos deludunt somnia sensus.*
7. *Én.*, VI, v. 896 : *...falsa ad caelum mittunt insomnia Manes.*

dit, à peu près dans les mêmes termes que Virgile, mais avec un autre sens qui est bien plus clair, que les Mânes d'une personne morte que l'on néglige peuvent envoyer aux oublieux des songes mauvais [1]. Mais les Mânes, en général, n'ont pas à envoyer de songes bons ou mauvais, vrais ou vains. Il est plus simple d'admettre que, d'après le VIe Chant de l'*Énéide*, tous les songes viennent du pays des Mânes, c'est-à-dire des Enfers. Leur véracité ou leur vanité ne dépend pas de leur lieu d'origine qui est le même pour tous, mais de la volonté de Jupiter qui évoque, suivant qu'il lui plaît, des songes véridiques ou vains. Le dieu du Sommeil envoie, d'après leur nature, les songes que Jupiter demande, par la porte d'ivoire ou par la porte de corne.

C'est en effet le dieu infernal *Somnus* qui, dans l'*Énéide*, semble préposé à la garde et à l'envoi des songes. Il n'est pas question, dans les poèmes homériques, que *Hypnos*, à qui *Somnus* correspond, soit un dieu infernal, conservateur et envoyeur de songes. Frère jumeau de *Thanatos* [2], dompteur des hommes et des dieux [3], il ne réside pas dans les Enfers, puisque c'est à Lemnos [4] qu'Héra va le chercher, quand elle a besoin de son concours pour endormir Zeus.

La tradition de l'*Iliade* est suivie par les *Argonautiques* : pour venir à bout du dragon qui garde la toison, Médée « demande d'une voix douce à Hypnos protecteur, le plus puissant des dieux, de fasciner le monstre » [5]. Mais Apollonios ne dit nulle part que Hypnos envoie les songes : quand Euphémos se sou-

---

1. Tibulle, II, vi, v. 37 : *Ne tibi neglecti mittant mala somnia Manes.*
2. *Iliad.*, XIV, v. 231.
3. *Iliad.*, XIV, v. 233; cf. XXIV, v. 4 : ...ὕπνος... πανδαμάτωρ.
4. *Iliad.*, XIV, v. 230.
5. *Argon.*, IV, v. 146. — Hypnos n'est personnifié dans aucun autre passage des *Argonautiques*. C'est à tort que le *Lexicon* de Roscher (p. 2846) cite *Argon.*, II, v. 409.

vient de celui qu'il a eu pendant la nuit, il vénère le fils illustre de Maia [1], Hermès, qui est chargé par Zeus de les envoyer aux hommes.

A la vérité, Hésiode faisait déjà de Hypnos, sinon un envoyeur de songes, du moins un dieu infernal : la *Théogonie* [2] montre les divinités du sommeil et de la nuit demeurant de compagnie aux Enfers. La troupe des Songes [3] est née de Nyx, comme Hypnos lui-même ; pour Euripide, les génies aux ailes sombres qui restent le jour dans les demeures souterraines et qui, la nuit, vont porter les rêves aux hommes, sont fils de Gaia [4].

A l'époque d'Auguste, la Mythologie romaine fait de Somnus le dieu et le père des songes, qu'il envoie lui-même aux hommes : telle est la théorie d'Ovide [5].

Rien, dans l'*Énéide*, ne permet de supposer que Virgile fait de Somnus le père des songes : mais tout prouve qu'il le considère comme leur maître et leur dieu. Le Sommeil et la Nuit qui endort demeurent ensemble dans les ombres infernales [6]. C'est au milieu du vestibule de l'Orcus qu'un orme touffu et immense élève ses rameaux antiques, sous toutes les feuilles desquels les songes se tiennent [7]. C'est, d'ailleurs, une tradition que Virgile ne donne pas pour certaine [8]. Le mot *vains (somnia vana)* a embarrassé Servius : il prétend que les songes vains sont envoyés des Enfers, et que les songes véridiques *(vera)* viennent des dieux d'en haut [9]. Mais la doctrine même du VIe Chant de l'*Énéide* affirme que tous les rêves résident dans la

---

1. *Argon.*, IV, v. 1733.
2. *Théogon.*, v. 758 et suiv.
3. *Théogon.*, v. 212 : ...φῦλον Ὀνείρων.
4. *Hécube*, v. 70 et suiv.
5. *Mét.*, XI, v. 633 : *At pater e populo natorum mille suorum...*
6. *Én.*, VI, v. 390 : *Umbrarum hic locus est, Somni, Noctisque soporae.*
7. *Én.*, VI, v. 282-284.
8. *Én.*, VI, v. 284 : *...ferunt.*
9. Servius, *ad Aen.*, VI, v. 284 : *Vana autem ideo quia ab inferis; nam vera mittunt superi.*

demeure du Sommeil, puisqu'ils en sortent tous : la seule différence, c'est que les véridiques sortent par la porte de corne, les mensongers par la porte d'ivoire. *Vana* est ici un terme général qui s'applique à tous les rêves qui, mensongers ou véridiques, sont, au même titre, de vaines apparences de la réalité, des visions sans consistance.

Si tous les songes sortent des Enfers, comment expliquer ce qui est dit de ceux qui sont envoyés par Jupiter? Exactement comme on explique que Jupiter a le pouvoir de faire souffler tel ou tel vent qu'il lui plaît de susciter. Somnus est le dieu des songes, qu'il garde fixés sous les feuilles du grand ormeau des Enfers, tout comme Éole est le dieu des vents, qu'il tient enfermés dans sa caverne. Les habitudes de la hiérarchie romaine, que l'on retrouve si souvent dans la mythologie de l'*Énéide*, permettent de voir dans Somnus un dieu subalterne préposé à l'administration des songes au même titre qu'Éole est commis au gouvernement des vents et des tempêtes.

Maître souverain du monde physique, Jupiter peut commander directement aux vents ou ordonner à leur roi soit de les exciter, soit de les calmer. Régulateur suprême des phénomènes de l'ordre moral, Jupiter se fait envoyer des Enfers les songes véridiques qu'il veut adresser lui-même aux humains; il délègue à Somnus le pouvoir de faire sortir les songes menteurs par la porte d'ivoire, ou il le charge d'aller les porter lui-même aux hommes à qui ils sont destinés.

Génie ailé, le dieu du sommeil et des songes est comparé aux vents légers, à un oiseau rapide [1]. Le dieu homérique Hypnos voyage au milieu des airs, à la manière des Olympiens, enveloppé d'un nuage; mais, arrivé au terme de sa course, il se cache dans

---

1. *Én.*, II, v. 794; VI, v. 702.

les branches d'un sapin, sous la forme d'un oiseau de nuit [1]. Le dieu Somnus de l'*Énéide* est chargé d'aller porter en personne à Palinure les songes funestes qui doivent causer sa perte. C'est évidemment par l'ordre de Jupiter qu'il vient s'abattre sur le navire d'Énée. Anchise a déjà été envoyé par Jupiter pour rassurer son fils effrayé de l'incendie de la flotte. Neptune, qui ne parle pas sans l'autorisation de son frère tout-puissant, a dit à Vénus qu'il suffit d'une victime expiatoire pour que les Troyens puissent aborder en sûreté aux ports de l'Averne [2]; cette victime unique sera Palinure [3], et ce ne peut pas être sans ordre de Jupiter que le dieu Somnus fera périr cet homme qui doit payer de sa tête le salut de tous.

Quand la flotte est en route pour l'Italie, quand, au milieu de la nuit, l'infatigable Palinure veille, soucieux du salut du navire qui lui est confié, le dieu Somnus vient s'asseoir à la poupe. Il a pris la forme du Troyen Phorbas et il essaie, par ses conseils perfides, d'inviter Palinure au repos. Fidèle à son devoir, le pilote n'écoute rien et lève à peine les yeux [4] vers l'importun dont la présence le préoccupe peu. Pour en venir à ses fins, le dieu est obligé de le maîtriser comme Médée maîtrisait le dragon. « Au moyen d'une branche de genévrier récemment coupée, puisant les pures substances qui composaient la préparation magique,

---

1. *Iliad.*, XIV, v. 280-291.
2. *Én.*, V, v. 814-815.
3. Servius déjà fait remarquer qu'il y a deux victimes, Palinure et Misène. (Sur Misène, voir plus haut, p. 247, n. 6.) Les éditeurs admettent en général qu'il est ici question de Palinure : Forbiger, cependant (*ad Aen.*, V, v. 814), veut que Neptune désigne Misène. Mais il faut noter que le vers 815 est inachevé; Virgile se réservait de compléter sa pensée; il faut aussi se rappeler qu'Énée fera plus loin (*Én.*, VI, v. 343 et suiv.) allusion à un oracle qui promettait l'arrivée de Palinure sain et sauf en Italie, oracle dont il n'a été rien dit auparavant dans l'*Énéide*. Tous ces passages auraient été éclaircis et mis d'accord dans le remaniement du poème que Virgile n'a pu faire.
4. *Én.*, V, v. 847 : ...*vix attollens... lumina*. — J'adopte l'interprétation donnée par Benoist, Conington, Forbiger.

Médée arrosait les yeux du monstre en chantant, et l'odeur pénétrante de ces substances l'enveloppa d'un profond sommeil [1]. » De même, le dieu Somnus secoue sur les deux tempes de Palinure un rameau humide des eaux du Léthé et imprégné des vertus soporifiques du Styx : quand les yeux du pilote sont noyés dans le sommeil, quand ses membres commencent à se détendre, le dieu le lance dans la mer [2]. Il n'est pas question, dans tout cet épisode, des *songes funestes* [3] que Somnus devait porter à Palinure : c'est sous une forme empruntée que le dieu apparaît au pilote et l'accable d'un sommeil qui causera sa perte.

On ne voit dans l'*Énéide* aucun songe qui donne aux hommes une révélation obscure de l'avenir; on n'en voit aucun qui ressemble, par exemple, à ceux de Joseph, du panetier et de l'échanson dans la *Genèse* : l'*onirocritique* ne trouverait matière à s'exercer à propos d'aucun des héros de Virgile. Qu'ils soient véridiques ou mensongers, il n'y a rien autre chose dans les songes de l'*Énéide* que des apparitions divines ou humaines qui se présentent au dormeur ou à la personne en état de veille ou d'extase pour lui dire des paroles vraies ou fausses, lui donner des conseils salutaires ou perfides, mais dont le sens est toujours parfaitement intelligible.

Une fois seulement, Virgile fait allusion à une manière particulière de provoquer et d'interpréter les songes, aux pratiques de l'*incubation*. On sait que l'*incubatio* (ἐγκοίμησις) « diffère de l'*oniroscopie* ordinaire, en ce qu'elle implique de la part du consultant une préméditation et un acte préparatoire » [4]; elle est

---

[1]. *Argon.*, IV, v. 156 et suiv.
[2]. *Én.*, V, v. 854-858.
[3]. *Én.*, V, v. 840 : ...*somnia tristia portans*. — « Pro somno exitiali » (Forbiger).
[4]. Bouché-Leclercq, *ouvr. cité*, t. I, l. II, ch. I, § 1, p. 289.

surtout en usage dans la divination médicale [1]. Dans l'*Énéide*, l'*incubatio* est le procédé particulier par lequel Faunus communique avec l'humanité. « Le roi Latinus, inquiété par les prodiges, va trouver les oracles de son père, le fatidique Faunus [2]... C'est là que les peuples d'Italie, que toute la région d'Oenotrie vient, dans les circonstances embarrassantes, demander au dieu des réponses. C'est là que le prêtre, après avoir porté ses offrandes, se couche dans le silence de la nuit sur les toisons des brebis immolées et cherche le sommeil ; endormi, il voit de nombreux fantômes voltiger d'une manière étrange, il entend diverses voix, jouit de l'entretien des dieux et parle avec les habitants de l'Achéron et du fond de l'Averne [3]. »

Virgile ne nous fait pas assister à ces scènes où la nécromancie se joint à l'oniroscopie. Latinus, fils du dieu, n'a pas besoin du concours d'un prêtre ; il va consulter son père pour un objet précis ; il n'entend pas les voix infernales, il n'aperçoit pas les fantômes étranges. Son père Faunus lui parle d'une manière très claire, sans même lui apparaître : les *réponses (responsa)* que fait le dieu sont trop précises pour réclamer la moindre explication [4].

Tel est le seul exemple d'*incubatio* qui se trouve dans l'*Énéide* ; et encore, on le voit, les conditions où cette révélation mystérieuse se produit ne sont pas ordinaires : ce n'est pas ainsi que la divinité, inter-

---

1. Bouché-Leclercq, *ouvr. cité* ; voir t. IV, p. 393, *Index général*, au mot *Iatromantique*.
2. Latinus (voir plus haut, l. I, ch. III, p. 55 ; ch. IV, p. 126-127) est fils de Faunus et de la Nymphe Marica (*Én.*, VII, v. 47 et 213). Virgile cite une autre épouse du dieu, la Nymphe Dryopé (*Én.*, X, v. 551). Fils de Picus, qui est fils lui-même de Saturne (*Én.*, VII, v. 48-49), Faunus est le père et le chef d'un certain nombre de divinités secondaires qui portent son nom (*Fauni*, les *Faunes*) et qui ont les mêmes attributions que lui (*Égl.*, VI, v. 27 ; *Géorg.*, I, v. 10 ; *Én.*, VIII, v. 314). — Sur *Faunus*, voir Preller-Jordan, *Röm. Mythol.*, erster Band, p. 379-392.
3. *Én.*, VII, v. 81-91.
4. *Én.*, VII, v. 92-101.

rogée par les procédés de l'*incubatio*, a coutume de répondre au commun des mortels. C'est par une permission spéciale de Jupiter que Faunus peut révéler à Latinus d'une manière précise et complète tout ce qu'il doit faire. Faunus n'apparaît pas ailleurs comme dieu fatidique dans l'*Énéide* : c'est à cette réponse, aussitôt publiée par Latinus [1], qu'il est fait allusion quand il est parlé de l'oracle [2], des ordres du dieu [3]. C'est pour exagérer l'importance des révélations qui lui ont été faites que Latinus dira à Turnus : « Tous, hommes et dieux, m'ordonnaient par leurs prédictions de ne pas te donner ma fille [4]. » Il n'a entendu que la prédiction d'un seul dieu, Faunus, et pour la comprendre, il n'a dû avoir recours à l'interprétation d'aucun homme, d'aucun devin [5].

V

Les songes ne sont pas le seul moyen de communication entre Jupiter et les hommes. Les avertissements (*monita*) que le dieu envoie aux mortels peuvent leur parvenir par diverses voies. C'est Mercure qui les porte à Énée [6]; le plus souvent Jupiter n'use d'aucun intermédiaire. Il inspire aux Troyens, sans qu'ils s'en doutent, l'idée de manger les galettes qui leur servent

---

1. *Én.*, VII, v. 103-106.
2. *Én.*, VII, v. 254 : ...*Fauni... sortem.*
3. *Én.*, VII, v. 368 : ...*Fauni... iussa parentis.*
4. *Én.*, XII, v. 28 : ...*omnes divique hominesque canebant.*
5. Faunus accomplit encore un miracle, à la fin de l'*Énéide* : mais ce miracle n'a aucun rapport avec la divination. Grâce aux prières de Turnus, le javelot d'Énée reste fixé dans le bois d'un olivier sauvage consacré au dieu. Mais le *numen* de Vénus est plus puissant que celui de Faunus, et la mère d'Énée arrache le javelot du tronc d'arbre où il était retenu par le protecteur de Turnus (*Én.*, XII, v. 766-787).
6. *Én.*, IV, v. 331 : ...*Iovis monitis.*

de plats, pour que l'oracle de Celaeno s'accomplisse [1] : en somme, il les avertit à leur insu de ce qu'ils doivent faire. Ce sont les avertissements *(monita)* — nous dirions les *suggestions* de Jupiter — qui poussent à la bataille qui lui sera funeste, Mézence, le *contemptor divum*, lui qui ne se rend pas compte qu'il obéit à une impulsion divine [2]. Les *monita* des autres dieux effraient les humains [3] pour qui la colère divine est aussi un avertissement [4].

On peut remarquer que les dieux d'Apollonios, qui entrent rarement en rapports directs avec les hommes, usent surtout de ces suggestions pour agir de loin sur les volontés des humains qui ne s'en doutent pas, comme Médée fascinait à distance le géant d'airain Talos. Cypris suggère aux femmes de Lemnos le dessein de tuer leurs maris [5] et inspire aux Argonautes le désir de prolonger leur séjour dans l'île qu'il faut repeupler [6]. De même, c'est la volonté latente d'Héra qui fait rester Médée dans le palais de son père où elle verra Jason [7]; plus tard, l'influence secrète de la déesse empêche la jeune fille de se tuer [8], et, enfin, la pousse à s'enfuir avec Jason [9].

Mais, le plus souvent, ces avertissements divins sont peu clairs pour les hommes. Nous pouvons, comme Nisus [10], confondre le désir qui nous aveugle avec une suggestion divine et prendre les « murmures de nos cœurs » [11] pour des voix d'en haut.

1. *Én.*, VII, v. 110 : ...*sic Iupiter ipse monebat*.
2. *Én.*, X, v. 689 : ...*Iovis... monitis*.
3. *Én.*, VIII, v. 504 : ... *monitis exterrita divum*.
4. *Én.*, XI, v. 233 : *Admonet ira deum*.
5. *Argon.*, I, v. 804 et suiv.
6. *Argon.*, I, v. 849 et suiv.
7. *Argon.*, III, v. 250.
8. *Argon.*, III, v. 802-824.
9. *Argon.*, IV, v. 11.
10. *Én.*, IX, v. 185 : ...*An sua cuique deus fit dira cupido?*
11. A. de Vigny, *La bouteille à la mer*, XII :
   Murmures de nos cœurs, qui nous semblez des voix.

Aussi, pour admettre l'authenticité de ces avertissements, les anciens, les Romains surtout, gens pratiques, demandent des gages à Jupiter; pour se fier à lui, on veut des *présages* apparents, qui sont une garantie, ou au moins une promesse [1].

Jupiter entend les prières des hommes; il y répond quand il le juge convenable. Sans doute, il n'entre pas en conversation avec les humains, comme le fait le Jéhovah de la *Genèse* avec Abraham, à propos de la destruction de Sodome et de Gomorrhe. Ce n'est pas en empruntant les accents d'une voix humaine que le Ζεὺς πανομφαῖος [2] de l'*Iliade* communique avec les mortels. Le Zeus d'Apollonios ne parle ni aux dieux, ni aux hommes: en thèse générale, le Zeus grec et le Jupiter romain ne s'entretiennent pas avec l'humanité.

Iarbas est le fils de Jupiter: il élève la voix et adresse une prière à son père en lui offrant un sacrifice [3]; le dieu entend les plaintes de son fils [4], mais il ne lui répond pas directement: il se contente d'envoyer Mercure porter à Énée des ordres qui donneront satisfaction aux plaintes d'Iarbas.

Ascagne s'adresse à Jupiter tout-puissant; il le supplie de l'aider dans son entreprise audacieuse et lui promet un sacrifice magnifique. Le père des dieux entend et, pour montrer qu'il a entendu cette prière et qu'il va l'exaucer, il fait gronder le tonnerre à gauche et dans une partie sereine du ciel [5]: le tonnerre est la grande voix de Jupiter, intelligible à tous. Déjà l'Ulysse homérique se réjouit quand, après qu'il a fait une prière à Zeus, le tonnerre retentit du haut de l'Olympe: le héros comprend qu'il a été entendu par le dieu [6]. De

---

1. *Én.*, V, v. 17: ...*si mihi Iupiter auctor Spondeat.*
2. *Iliad.*, VIII, v. 250.
3. *Én.*, IV, v. 198 et suiv.
4. *Én.*, IV, v. 219-221.
5. *Én.*, IX, v. 630-631.
6. *Odyssée*, XX, v. 102-104.

même, dans l'*Enéide*, Énée comprend, et tous les Troyens avec lui, que Jupiter a exaucé sa prière, que les exilés d'Ilion sont arrivés au pays qui leur est destiné, quand on entend le tonnerre que le père tout-puissant fait retentir trois fois du haut du ciel serein, quand on voit un nuage brillant des rayons du soleil que la main même du dieu fait mouvoir rapidement dans les airs [1].

Si la Minerve et la Junon de Virgile lancent la foudre, Vénus a aussi, dans l'*Énéide*, le pouvoir de donner au moyen de l'éclair des présages intelligibles à son fils : elle fait briller, trois fois de suite, au milieu d'un ciel sans nuages, l'éclair que suit le bruit du tonnerre : en même temps, dans une région sereine du ciel, on entend le son de la trompette, le bruit d'armes entre-choquées que l'on voit resplendir [2]. Ce prodige céleste, commun dans l'histoire romaine [3], est facilement interprété par Énée qui y voit le gage de promesses qui lui ont été faites par sa mère, promesses que le lecteur de l'*Énéide* ne connaît pas, mais que le héros a dû recevoir [4]. Dans les *Argonautiques*, Cypris donne à Jason un présage beaucoup plus clair, facile à comprendre sans avis préalable, quand elle fait paraître une colombe qui échappe à la poursuite d'un faucon : tous les héros reconnaissent l'oiseau consacré à la déesse qui les protégera [5].

C'est encore en faisant entendre la voix du tonnerre que Jupiter annonce à Anchise que celui-ci a compris le sens d'un prodige envoyé par le dieu. Au moment du sac de Troie, une aigrette de feu paraît au-dessus de

---

1. *Én.*, VII, v. 141-143.
2. *Én.*, VIII, v. 523-529.
3. Cf. Tite-Live, XXII, 1. Voir la note de Forbiges au v. 528.
4. *Én.*, VIII, v. 531 : *Agnovit sonitum et divae promissa parentis.* — Servius : Κατὰ τὸ σιωπώμενον *intellegimus Venerem ei promisisse.* Cf. les v. 534 et 612, où il sera fait de nouveau allusion à ces promesses.
5. *Argon.*, III, v. 540-554.

la tête d'Iule et se joue autour de la chevelure et des tempes de l'enfant, sans lui causer aucun mal. Anchise voit dans ce prodige un bon présage : il prie Jupiter de le confirmer [1]. Le dieu le fait aussitôt : la foudre retentit à la gauche du vieillard. Mais Jupiter ne se contente pas de rassurer Anchise : une étoile filante, qui traverse le ciel sombre en laissant derrière elle un long sillon de lumière, avertit le père d'Énée de prendre la fuite et lui indique, en même temps, la route à suivre [2]. Anchise comprend sans peine le sens de ce présage : c'est ainsi que les Argonautes suivaient le sillon lumineux qu'Héra faisait paraître devant eux [3], et que les Israélites, à leur sortie d'Égypte, marchaient derrière Jéhovah qui s'avançait, le jour, dans une nuée, la nuit, dans une colonne de feu [4].

Après avoir entendu le tonnerre, Anchise prie Jupiter de confirmer cet *omen*; après avoir vu briller le sillon de feu, il reconnaît dans ce présage un *augurium* divin [5] : on s'étonne que deux phénomènes d'ordre semblable soient désignés par deux mots dont le sens paraît bien différent. Il convient de passer en revue les divers termes qui désignent les manifestations de la volonté divine aux hommes : on pourra ainsi essayer d'en fixer la valeur relative.

Le terme le plus général est *signum*, « le signe qui s'adresse à un de nos sens et qui veut dire quelque chose [6]. » C'est ainsi que, dans les *Géorgiques*, l'état de l'atmosphère [7], les vents, la lune [8], les astres en géné-

---

1. *Én.*, II, v. 691 : ...*haec omina firma*.
2. *Én.*, II, v. 692-698.
3. *Argon.*, IV, v. 294 et suiv.
4. *Exode*, XIII, 21-22.
5. *Én*, II, v. 703 : *Vestrum hoc augurium*.
6. Cicéron, *de Invent.*, I, 30 : *Signum est quod sub sensum aliquem cadit et quiddam significat*.
7. *Géorg.*, I, v. 394.
8. *Géorg.*, I, v. 351 et suiv.

ral [1], et surtout le soleil [2], peuvent donner d'utiles pronostics aux agriculteurs. — Dans une comparaison de l'*Énéide* [3], il est question des grues du Strymon qui, sous les sombres nuées, font éclater leur allégresse en traversant les plaines de l'air à grand bruit, pour fuir la région des vents pluvieux : *Strymoniae dant signa grues*. Il n'est pas question d'*augurium :* les grues ne donnent aux hommes aucun pronostic à interpréter ; leurs cris joyeux sont simplement le *signe* de leur allégresse.

Le plus souvent, les *signa* sont de l'ordre naturel. Mais les *signa* qui apparaissent dans le ciel peuvent être des phénomènes insolites amenés par la volonté divine : par exemple, cet orage qui est le présage envoyé par Tellus et Junon au moment de l'union de Didon et d'Énée [4]. De même, c'est dans le ciel que Vénus fait apparaître le signe qu'elle a promis de procurer à Énée pour lui annoncer à la fois que la guerre est déclarée et qu'il va recevoir l'armure fabriquée par Vulcain [5]. Le héros explique à son hôte ce que signifient ces coups de tonnerre, ces bruits de trompette entendus dans les airs, et lui recommande de ne pas croire que ce sont là des présages *(portenta)* de malheur [6]. C'est également dans les plaines du ciel que Juturne fait paraître un *signum* [7], qui est du ressort de la science augurale proprement dite et qui trompera l'augure Tolumnius : car ce *signum* n'est pas l'indice de la volonté divine, mais un *monstrum* [8], contrefaçon d'un prodige authentique.

1. *Géorg.*, I, v. 229.
2. *Géorg.*, I, v. 438 et suiv.
3. *Én.*, X, v. 264-266.
4. *Én.*, IV, v. 166 : *Tellus et pronuba Iuno Dant signum*. — Forbiger admet, à tort semble-t-il, que *signum* veut dire le *signal* du mariage : Dant signum, *scil.* nuptiarum sollemnia celebrandi, quae sane hic plane novi sunt generis.
5. *Én.*, VIII, v. 523-536.
6. *Én.*, VIII, v. 533 : *Quem casum portenta ferant*.
7. *Én.*, XII, v. 244-264.
8. *Én.*, XII, v. 246 : *...monstroque fefellit*.

Les *signa* qui appartiennent à l'ordre sunaturel ne se produisent pas tous dans le ciel : la mort de César, en particulier, est annoncée par les signes que donnent les chiennes messagères de malheur et les oiseaux qui apparaissent à contretemps[1] ; tous ces présages se rapportent à ce qu'on entend communément par *augurium*.

La tête de cheval que les Tyriens découvrent en fouillant le sol est le signe merveilleux donné par Junon de l'endroit où Carthage doit se construire[2]. De même, Énée devra élever sa ville à l'endroit où il aura trouvé la truie couchée, avec ses trente petits autour d'elle[3] : la découverte de la tête de cheval et la rencontre de la truie sont des *signa* aussi précis que merveilleux.

Au dire du traître Sinon, Minerve, furieuse de l'enlèvement du Palladium, donne des indices *(signa)* de sa colère par des *monstra* dont le sens n'est pas douteux[4] : la statue de la déesse jette des flammes par les yeux ; une sueur salée en inonde les membres, elle bondit sur le sol[5].

Cet exemple, aussi bien que deux de ceux qui viennent d'être cités, montre la différence qui sépare le sens de *signum* de celui de *monstrum* et de *portentum*. *Signum* est le signe en général, clair et précis, d'ordinaire ; *monstrum* et *portentum*, le présage funeste.

Étymologiquement, le mot *portentum* signifie « ce qui est placé devant » ; mais le sens ordinaire du mot indique soit un objet d'un aspect effrayant, soit un présage grave et funeste. Virgile désigne par *portenta*

---

1. *Géorg.*, I, v. 470 : *Obscenaeque canes importunaeque volucres Signa dabant.*
2. *Én.*, I, v. 443.
3. *Én.*, III, v. 388.
4. *Én.*, II, v. 171 : *Nec dubiis ea signa dedit Tritonia monstris.*
5. *Én.*, II, v. 172-175.

des signes dont la vue est épouvantable [1], qui annoncent la guerre [2], qui jettent la terreur dans l'âme des hommes pour leur montrer l'opposition des dieux à leurs desseins [3], ou pour leur manifester la colère divine [4]. Assurément, le mot *portendere* est employé à propos de la patrie nouvelle promise à Énée [5] et du gendre nouveau destiné à Latinus [6]: mais Latinus avait choisi Turnus, et la Sibylle prédit qu'une fois arrivés en Italie, les Troyens auraient bien voulu ne pas y être venus [7]. Si donc, dans ces deux cas, *portendere* ne signifie pas donner un présage funeste, le mot veut dire, tout au moins, donner le présage d'une chose inattendue et terrible qui causera bien des peines et bien des difficultés.

Le mot *monstrum*, qui, par l'étymologie, ressemble beaucoup à *monitum*, s'en éloigne singulièrement par le sens. Si *portentum* désigne, dans l'ordre physique, des êtres d'un aspect horrible [8], « *monstrum* désigne tous les êtres nuisibles et hideux d'aspect [9] ».

En effet, depuis le taon [10] et le crapaud [11], jusqu'à l'horrible Cacus [12], au répugnant Polyphème [13], à l'affreuse Fama [14], aux Harpyes [15] et aux Furies [16], tous les animaux, tous les êtres surnaturels, qui blessent la vue ou dont

---

1. *Én.*, XI, v. 271 : *...horribili visu portenta.*
2. *Én.*, VII, v. 80 : *...populo magnum portendere bellum.*
3. *Én.*, VII, v. 58 : *...variis portenta deum terroribus obstant.*
4. *Én.*, V, v. 706 : *...quae portenderet ira Magna deum.*
5. *Én.*, III, v. 184 : *...generi portendere debita nostro.*
6. *Én.*, VII, v. 256 : *Portendi generum.*
7. *Én.*, VI, v. 86 : *Sed non et venisse volent.*
8. Cicéron, *N. D.*, II, 5, 14; Lucrèce, V, v. 37; Horace, *Epist.*, II, I, v. 11, etc.
9. Benoist, note au v. 152 du Ch. III des *Géorgiques*.
10. *Géorg.*, III, v. 152.
11. *Géorg.*, I, v. 185.
12. *Én.*, VIII, v. 198.
13. *Én.*, III, v. 658.
14. *Én.*, IV, v. 181.
15. *Én.*, III, v. 214.
16. *Én*, VII, v. 328.

la présence est un danger, sont qualifiés de monstres. Ce nom est aussi donné à un objet matériel, le funeste cheval de Troie [1], au serpent que la Furie lance dans le sein d'Amata [2], à ceux qui sont étouffés par Hercule enfant [3], aux poissons et aux cétacés hideux qui peuplent l'océan [4], aux bêtes marines qui font à Scylla une hideuse ceinture [5]. Les fantômes d'animaux effrayants qui se trouvent à la porte des Enfers [6] sont des monstres, tout comme les dieux bizarres de l'Égypte [7].

Les phénomènes naturels dont on ne peut pas pénétrer la cause sont des *monstra :* c'est le nom que les Troyens, qui ne connaissent pas les volcans, donnent aux flammes qui sortent de l'Etna et au fracas produit par les éruptions de la montagne incandescente [8].

En fait de prodiges, le *monstrum* signifiera, d'abord, tout présage surnaturel dont on ne pénètre pas la cause, et qui, étant inexpliqué, doit sembler funeste; puis, en thèse générale, tout présage funeste.

Rapproché de *signum, monstrum* remplit l'office d'un péjoratif qui indique que ce *signum* sera funeste [9]. Employé seul, il marque déjà un présage mauvais [10] ou terrible : c'est par ce mot que Virgile désigne les présages divins, les manifestations surnaturelles qui effraient Latinus et Amata [11], qui empêchent le roi d'unir sa fille à un prince de son pays [12], l'apparition de la Furie, qui est pour Juturne l'indice fatal de la mort prochaine de Turnus [13].

1. *Én.*, II, v. 245.
2. *Én.*, VII, v. 348.
3. *Én.*, VIII, v. 289.
4. *Én.*, VI, v. 729; VII, v. 780.
5. *Égl.*, VI, v. 75.
6. *Én.*, VI, v. 285.
7. *Én.*, VIII, v. 698.
8. *Én.*, III, v. 583.
9. *Én.*, II, v. 171; XII, v. 245. — Voir plus haut, même chapitre, p. 332.
10. *Én.*, IX, v. 128.
11. *Én.*, VII, v. 81, 376.
12. *Én.*, VII, v. 269-270.
13. *Én.*, XII, v. 874.

On a vu que, dans l'ordre physique, le *monstrum* désigne un animal ou un être contre nature : dans l'ordre surnaturel, le *monstrum* indiquera une transformation subite et effrayante, ou un présage qui, par son apparence, s'éloigne de l'aspect ordinaire des prodiges.

Dans le premier cas, la transformation d'Iris qui, après avoir paru sous les traits de Béroé, reprend sa forme naturelle, est un *monstrum* qui effraie et excite les Troyennes [1]. Il en est de même de l'étonnante transformation des vaisseaux changés en Nymphes [2], des métamorphoses terribles et prodigieuses que Circé fait subir à ses victimes [3], du fantôme mensonger créé par Junon à la ressemblance d'Énée [4].

Dans le second cas, le *monstrum* est un prodige qui confond la raison et qui, par son apparence étrange, fait craindre, avec ou sans raison, à celui qui en est témoin un événement funeste. Andromaque, occupée à de pieux sacrifices en l'honneur d'Hector, est dans l'erreur quand, à la vue subite d'Énée et des anciens compagnons de son mari qui lui semblent des fantômes menteurs, elle se croit en présence d'un funeste présage et s'en effraie [5]. Mais Palinure a raison de reconnaître un prodige monstrueux et redoutable dans ce calme apparent de la mer auquel le dieu Somnus lui conseille perfidement de s'abandonner et de remettre le salut de son navire [6].

L'apparition de la truie n'est pas un présage funeste, non plus que la transformation des navires en Nymphes de la mer : aussi, dans les deux cas, le mot *monstrum* est-il accompagné de l'épithète *mirabile* ; dans l'un, il signifie transformation ; dans l'autre, la truie, animal

---

1. *Én.*, V, v. 659.
2. *Én.*, IX, v. 120 : ...*mirabile monstrum*.
3. *Én.*, VII, v. 21.
4. *Én.*, X, v. 637.
5. *Én.*, III, v. 307.
6. *Én.*, V, v. 849. Cf. Lucrèce, II, v. 557, 559.

d'un aspect repoussant comme le taon ou le crapaud, peut bien être désignée par le terme qui s'applique dans l'ordre naturel à tous les animaux hideux [1]. La même épithète prouve bien que la flamme qui apparaît au-dessus de la tête d'Iule n'est qu'un prodige extraordinaire, sans caractère funeste [2], tandis que l'épithète *horrendum*, appliquée à un phénomène du même ordre dont Lavinie est l'objet, donne à entendre que, dans ce cas, le prodige aura des conséquences mauvaises [3]. Les mêmes épithètes accompagnent et caractérisent le terme *monstrum* dans l'épisode de Polydore [4].

Quand la flèche lancée par Aceste s'enflamme dans les airs, c'est un *monstrum* qui n'a rien d'effrayant en soi : c'est seulement par l'*augurium* qu'on en tire, par les *omina* que les *vates* y trouveront trop tard, que l'on s'apercevra de la gravité de ce présage [5].

Ce passage important prouve bien que le *monstrum* est objet d'étude et d'interprétation pour l'*augurium*, et qu'on peut en déduire des *omina*, comme on le fait des *prodigia* en général.

Le mot *prodigium* signifie « *ce qui doit être éloigné ou ce qui dépasse la mesure normale* » [6]. Cicéron emploie souvent à la fois les deux termes *monstrum* et *prodigium* pour désigner le même acte ou le même individu [7]. Le mot *prodigium* se trouve rarement dans l'*Énéide ;* c'est dans le sens de « ce qui dépasse la mesure nor-

---

1. *Én.*, VIII, v. 81 : ...*subitum atque oculis mirabile monstrum*.
2. *Én.*, II, v. 680 : ...*subitum dictuque... mirabile monstrum*.
3. *Én.*, VII, v. 78 : ...*horrendum ac visu mirabile*.
4. *Én.*, III, v. 26 : *Horrendum et dictu... mirabile monstrum*. — Cf. III, v. 59 : *Monstra deum*.
5. *Én.*, V, v. 522 :
> *Hic oculis subitum obicitur magnoque futurum*
> *Augurio monstrum : docuit post exitus ingens*
> *Seraque terrifici cecinerunt omina vates.*

6. Bréal, *Dictionn. étym.*, p. 7, col. 2.
7. *Verrin.*, Act. II, III, LXXIII, 171 : *Non mihi iam furtum sed* monstrum *ac* prodigium *videbatur*. — *Catil.*, II, I, 1 : *A* monstro *illo atque* prodigio [Catilina].

male » qu'Évandre et Iris emploient le mot, soit pour désigner le monstrueux taureau de Crète qu'Hercule apportait à Eurysthée [1], soit pour exagérer l'importance de la prétendue apparition de Cassandre [2]. C'est dans le sens de « ce qui doit être éloigné », que le terme de *prodigium* s'applique à la funeste prédiction des Harpyes dont Énée devra détourner l'effet [3], aux signes de la colère céleste, c'est-à-dire à la peste que les Lucaniens ne pourront éloigner qu'après avoir apaisé l'ombre de Palinure en lui élevant un cénotaphe [4].

Tous ces signes surnaturels, que ce soient des *signa*, des *prodigia*, des *monstra*, des *portenta*, sont confondus sous le nom d'*omina* ou d'*auguria*, quand l'intelligence humaine les interprète ou simplement les remarque. Tous les *présages* que la divinité envoie pour entrer en communication avec l'humanité ne peuvent *présager* quelque chose de bon ou de mauvais que si l'homme y fait attention, en tire quelque indication grâce à l'*omen* et à l'*augurium*.

On l'a vu, le sillon de lumière qui apparaît dans le ciel aux yeux d'Anchise et d'Énée est un *prodige* : Anchise, pour être sûr de l'existence de ce prodige, demande à Jupiter de confirmer ce qu'il croit être le sens de ce signe : le sillon de lumière brille de nouveau et devient un *omen* d'où un *augurium* peut être tiré. De même, quand la flèche d'Aceste s'enflamme dans le ciel, l'*augurium* fait reconnaître que ce présage aura des conséquences dont les *omina* des *vates* prédiront trop tard la gravité. Les *omina* — on l'a déjà vu [5] — sont la manifestation des pouvoirs supérieurs qui règlent et contiennent l'audace humaine : une guerre

---

1. *Én.*, VIII, v. 294 : ...*Cresia... Prodigia.*
2. *Én.*, V, v. 639.
3. *Én.*, III, v. 365.
4. *Én.*, VI, v. 378-381. — Voir le commentaire de Servius et la note de Heyne sur ce passage.
5. Voir, plus haut, même chapitre, p. 265.

sera funeste parce qu'elle a contre elle les présages *(contra omina)*, les destins et la volonté des dieux *(contra fata deum, perverso numine) :* les *omina* enseignent à l'humanité, si elle est capable de les comprendre, quelles sont les volontés des dieux, quel est l'ordre du destin.

Au premier abord, *augurium* et *omen* semblent avoir un sens tout différent. On sait que, dans la langue de la divination romaine, les mots *augurium* et *auspicium* s'appliquent spécialement à la pratique de l'ornithomancie. « L'auspice est l'*inspection*, et l'augure, la *dégustation* ou appréciation des oiseaux [1]. »

Très souvent, dans l'œuvre de Virgile, il est question de la science augurale proprement dite : les oiseaux ont donné des présages de la mort de César [2]. Quand Vénus se présente à Énée sous la forme d'une Nymphe chasseresse, elle se vante de connaître l'art des augures, et elle explique un présage, d'ailleurs fort clair, qu'elle a sans doute provoqué avec l'assentiment de Jupiter, puisque les oiseaux qui y figurent sont l'aigle du maître des dieux et les cygnes consacrés à la déesse elle-même [3]. Les parents de la prétendue chasseresse lui ont enseigné l'*augurium* [4]; elle profite de son savoir pour rassurer Énée sur le sort de ses navires : douze cygnes volent joyeux, en troupe, après avoir échappé à l'aigle ; de même, les douze vaisseaux d'Énée arrivent joyeux au port, après avoir échappé à la tempête. La déesse donne encore à son fils un *augurium*, si simple qu'elle n'a pas besoin de le lui expliquer, quand elle envoie ses colombes pour conduire le héros à l'endroit

---

1. Bouché-Leclercq, *Hist. Divinat.*, t. IV, l. II, ch. III, p. 162. —. Voir d'ailleurs tout ce tome IV.
2. *Géorg.*, I, v. 470. — Il faut remarquer que, dans ce cas, d'autres animaux que les oiseaux donnent des présages, *obscenaeque canes, importunaeque volucres.* — Voir, plus haut, p. 332.
3. *Én.*, I, v. 393-400. — Sur le rôle des cygnes considérés comme oiseaux dont on tire des présages, voir le commentaire de Servius et les notes des éditeurs modernes.
4. *Én.*, I, v. 392.

où se trouve le rameau d'or [1]. Juturne, qui est une simple Nymphe, mais qui agit avec les pleins pouvoirs de Junon [2], provoque elle aussi un augure où les cygnes et l'aigle jouent leur rôle, comme dans le présage que Vénus faisait apparaître et expliquait à Énée : mais cet *augurium* est mensonger [3]. Il trompera les Rutules et l'augure Tolumnius lui-même. On voit, en effet, l'aigle de Jupiter à la poursuite des oiseaux du rivage saisir un cygne d'une éclatante beauté; aussitôt, tous les oiseaux se lancent sur l'aigle, qui est forcé de lâcher prise : l'augure Tolumnius accepte l'*augurium*, qu'il juge favorable [4] : Énée, dit-il, menace les Rutules, comme l'aigle menaçait les oiseaux, et, comme lui, il devra lâcher prise et s'enfuir [5].

La science augurale de Tolumnius est bien médiocre, puisqu'il se laisse mettre en défaut par un *monstrum* qu'il prend pour un *augurium*. Il va cependant mourir dans la bataille, puni, comme les devins des *Argonautiques*, de son savoir rudimentaire qui fait ombrage à Jupiter [6]. Nous ne savons pas ce que valait la science de l'augure Rhamnès, si cher au roi Turnus [7] : mais le poète constate que, lui non plus, son savoir augural ne peut l'arracher à la mort [8].

1. *Én.*, VI, v. 190-201.
2. Cf. *Én.*, XII, v. 159.
3. *Én.*, XII, v. 246 : ...*monstroque fefellit.* — Voir, plus haut, p. 331.
4. Sur le droit d'accepter ou de refuser les présages, sur la « valeur contractuelle des signes fortuits », voir Bouché-Leclercq, *Hist. Divinat.*, t. IV, p. 136 et suiv.
5. *Én.*, XII, v. 244-265.
6. *Én.*, XII, v. 460 : ...*cadit ipse Tolumnius augur.*
7. *Én.*, IX, v. 327 : ...*regi Turno gratissimus augur.*
8. En même temps que des augures, on trouve, dans l'*Énéide*, des haruspices étrusques. Mais ils ne jouent pas un rôle considérable. Virgile ne fait allusion que trois fois aux haruspices et à leurs pratiques.

1º Un vieil haruspice, dont le nom n'est pas cité, connaissant et proclamant la destinée (*Én.*, VIII, v. 498 : ...*longaevus haruspex Fata canens*), conseille aux Étrusques de prendre pour chef contre Mézence un héros étranger. — Le poète ne dit pas sur quel procédé spécial se fonde la science divinatoire de cet haruspice.

2º Tarchon parle des présages favorables dus à la science des haruspices

Pour tous les exemples d'*augurium* qui viennent d'être cités, on peut admettre que l'étymologie du mot est une des quatre que les anciens proposaient: *avem gerere, avis garritus, avis et augere, avis gustus* [1]. Dans toutes les quatre, on fait intervenir le mot *avis*, et on voit dans *augurium* un présage d'une nature quelconque dû au rôle actif ou passif d'un oiseau.

Mais il est bien d'autres passages de l'*Énéide* où l'*augurium* ne suppose aucune divination par le moyen des oiseaux.

Quand la flèche d'Aceste s'enflamme dans les airs, l'*augurium* tire de ce fait un présage funeste *(monstrum)* [2].

Quand ils ont quitté Carthage, les Troyens voient briller les flammes du bûcher de Didon, ils ne savent

---

et des grasses victimes immolées dans les bois sacrés (*Én.*, XI, v. 739 et suiv.). Ces présages se fondent sur l'*extispicine* (Heyne, ad Aen., XI, v. 739: ...*qui secunda nuntiat ex extis inspectis*), sur l'inspection des entrailles des victimes, qui est, par excellence, la méthode divinatoire des haruspices (Bouché-Leclercq, *Hist. Divinat.*, t. IV, p. 16, 61-74).

3º Enfin, Asilas, l'un des chefs qui viennent d'Étrurie au secours d'Énée (*Én.*, X, v. 175 et suiv.), est un haruspice, quoique Virgile ne le désigne pas expressément par ce nom. En effet, Asilas lit l'avenir dans les entrailles des victimes *(pecudum fibrae)*, dans les astres du ciel *(caeli... sidera)*, dans le langage des oiseaux *(linguae volucrum)*, dans les feux prophétiques de la foudre *(praesagi fulminis ignes)*. On reconnaît dans ces méthodes, d'abord l'*extispicine* et l'*art fulgural*, pratiqué communément en Étrurie (Bouché-Leclercq, *Hist. Divinat.*, t. IV, p. 32 et suiv.). Quant à la science des astres du ciel, c'est peut-être l'observation du temple étrusque ou plutôt l'astrologie, qui avait envahi au temps de Virgile les disciplines toscanes primitives (Bouché-Leclercq, *Hist. Divinat.*, t. IV, p. 26). Enfin, il n'est pas prouvé que l'intelligence du langage des oiseaux fût du domaine de l'art des haruspices : assurément, la science augurale existait en Étrurie (Bouché-Leclercq, *Hist. Divinat.*, t. IV, p. 57-60); mais ce sont peut-être des souvenirs de l'art d'Idmon des *Argonautiques* et de celui qu'il prête lui-même à Hélénus, élève d'Apollon (*Én.*, III, v. 361), qui poussent Virgile à étendre arbitrairement les limites du savoir des haruspices. En faisant d'Asilas un prince chef de mille soldats (*Én.*, X, v. 178), et le montrant dans les batailles à la tête de ses troupes (*Én.*, XI, v. 620; XII, v. 127 et 150), le poète est d'accord avec l'histoire; car on sait que « le sacerdoce, en Étrurie, paraît avoir été la propriété des classes aristocratiques » (Bouché-Leclercq, *Hist. Divinat.*, t. IV, p. 100).

1. Ces quatre étymologies sont discutées par Bouché-Leclercq, *Hist. Divinat.*, t. IV, p. 162, n. 2.

2. *Én.*, V, v. 523. — Voir, plus haut, p. 336.

pas qui a allumé ce feu; mais cette lueur est considérée par eux comme un funeste *augurium* [1].

Dans la course errante qui mène les fugitifs de Troie à Carthage, Énée dit qu'ils sont conduits par les *auguria* des dieux [2] : or, à la connaissance des lecteurs de l'*Énéide*, le seul *augurium*, au sens propre du mot, qui ait pu, non pas guider Énée, mais le rassurer sur le sort de ses compagnons, est celui qui lui a été procuré par Vénus [3]. Les présages qui ont engagé Énée à quitter Troie, l'apparition d'Hector [4], les conseils de Vénus [5], le sillon de feu [6], les instructions données par Créuse, interprète de Cybèle [7], n'ont aucun rapport avec l'*augurium*.

C'est à Cybèle elle-même qu'Énée s'adresse après la transformation des navires en Nymphes, pour lui demander de hâter l'effet de la promesse qu'elle lui a faite par cet *augurium* [8] : mais la métamorphose opérée par la déesse n'est pas un *augurium* au vrai sens du mot.

C'est aussi par abus, semble-t-il, que Latinus emploie le mot *augurium* pour désigner l'oracle de Faunus [9]. On voit ce sens d'oracle souvent attribué au mot qui, d'après l'étymologie reçue, devrait désigner spécialement la divination par le moyen des oiseaux.

« O dieu vénérable, donne-nous un *augurium*, » dit Énée à Apollon qu'il est venu supplier dans son sanctuaire de Délos [10]. Le dieu exauce cette demande en

---

1. *Én.*, V, v. 7 : *Triste per augurium*. — Forbiger : « Augurium autem hoc latiore sensu usurpatum legitur etiam, Cic. *Tusc.*, I, xv, 33; *Phil.*, II, xxxv, 89; Ovid., *Met.*, I, v. 395; *Her.*, XVII, v. 234, al. »
2. *Én.*, III, v. 5 : *Auguriis agimur divum*.
3. *Én.*, I, v. 390 et suiv.
4. *Én.*, II, v. 293.
5. *Én.*, II, v. 619.
6. *Én.*, II, v. 693 et suiv.
7. *Én.*, II, v. 780 et suiv.
8. *Én.*, X, v. 254 : ...*tu rite propinques Augurium*.
9. *Én.*, VII, v. 259 : ...*Di nostra incepta secundent, Auguriumque suum*.
10. *Én.*, III, v. 89 : *Da pater, augurium*.

répondant, non par un *augurium*, mais par un oracle, d'ailleurs obscur. Apollon, qui rend des oracles pour satisfaire aux questions qui lui sont faites par les mortels, est cependant l'augure par excellence aussi bien pour Horace [1] que pour Virgile [2]. Ovide donne à Calchas, qui est un *vates*, le nom d'*augure* [3]. L'Apollon de l'*Énéide* avait voulu donner à Iapyx, qui lui était particulièrement cher, l'ensemble de tous ses arts, de tous ses attributs divins, à savoir l'*augurium*, le talent de la cithare, l'habileté à lancer les flèches [4] : l'*augurium* désigne, sinon l'art particulier de la prophétie, dont le même Apollon a gratifié Cassandre, tout au moins l'art de la divination en général et non pas la science de la divination par le moyen des oiseaux, qui n'est pas pratiquée par le dieu.

Enfin, le verbe *augurare* a dans la langue commune le sens très général que le verbe *augurer* a conservé en français. « Si mon esprit, dit Latinus, augure avec quelque vérité [5]. » C'est donc par un de ces contresens étymologiques, si familiers aux grammairiens latins, qu'on aurait fait du mot *augurium*, par assimilation avec le mot *auspicium*, un dérivé du mot *avis*.

Auspicium indique évidemment le procédé de divination par l'inspection du vol des oiseaux : à vrai dire, il a perdu ce sens dans l'*Énéide* ; on sait que le terme *auspicium* fut dépouillé à la longue de tout caractère spécial et réduit au sens fondamental de *présage* [6], en particulier de présage envoyé officiellement aux magis-

---

1. *Od.*, I, II, v. 32 : *Augur Apollo*.
2. *Én.*, IV, v. 376 : ...*augur Apollo*.
3. *Mét.*, XII, v. 18 : ...*veri providus augur Thestorides*.
4. *Én.*, XII, v. 394 : *Augurium citharamque dabat, celeresque sagittas*..
5. *Én.*, VII, v. 273 : ...*siquid veri mens augurat*. — Avant et après Virgile, le verbe *auguro* est employé dans le même sens très large. Voir les nombreux exemples cités par Forbiger dans sa note à ce vers. Cf. aussi Neue, *Formenlehre*, zweiter Theil (zweite ungearbeitete und erweiterte Auflage), Berlin, 1875, p. 275.
6. Bouché-Leclercq, *Hist. Divinat.*, t. IV, p. 161.

trats par les dieux [1]. Quand la flèche d'Aceste s'enflamme au milieu des airs, Énée voit dans ce présage de remarquables auspices envoyés par Jupiter au prince sicilien [2]. Les auspices peuvent être heureux ou malheureux, bons ou mauvais [3]. Ils sont plus ou moins importants, *majeurs* ou *mineurs*, suivant la qualité du dieu qui les envoie et celle du mortel à qui ils sont envoyés. C'est ainsi qu'Hélénus donne le nom d'*auspices majeurs* aux importants présages donnés par Jupiter lui-même à Énée qui est le chef suprême de l'expédition [4].

A Rome, en effet, le chef suprême revêtu de l'*imperium* prend les auspices en même temps qu'il reçoit le commandement : c'est en ce sens romain, qu'Énée peut dire à Didon : « Si la destinée me permettait de conduire ma vie d'après mes auspices [5], » ce qui signifie : « d'après mon propre pouvoir, ma propre volonté ». Les auspices que l'on prend au moment de recevoir le commandement deviennent, par suite, synonymes d'*imperium* : Junon propose à Vénus de gouverner toutes les deux avec des auspices égaux le peuple commun que formera la réunion des Troyens d'Énée et des Phéniciens de Didon [6]. Faunus a prédit à Latinus qu'un gendre étranger viendrait régner en Italie avec des auspices égaux à ceux du vieux roi [7].

Comme l'auspice est synonyme du commandement,

1. Bouché-Leclercq, *Hist. Divinat.*, t. IV, p. 164.
2. *Én.*, V, v. 533 : ...*te voluit rex magnus Olympi Talibus auspiciis exsortem ducere honores*.
3. *Én.*, III, v. 498 : ...*melioribus...Auspiciis*; XI, v. 32 : ...*non felicibus... auspiciis*.
4. *Én.*, III, v. 374 : ...*maioribus ire per altum Auspiciis*. — Voir, sur les auspices *majeurs* et *mineurs*, Bouché-Leclercq, *Hist. Divinat.*, t. IV, p. 218 et suiv.
5. *Én.*, IV, v. 340 : *Me si fata meis paterentur ducere vitam Auspiciis...* — Voir la note de Forbiger à ce vers.
6. *Én.*, IV, v. 102 : *Communem hunc ergo populum paribusque regamus Auspiciis*.
7. *Én.*, VII, v. 256 : *Portendi generum paribusque in regna vocari Auspiciis*.

marcher sous les auspices d'un chef signifie marcher sous sa direction. Cette direction peut être funeste et amener des désastres, quand les auspices ont été pris à contretemps : c'est en ce sens que Drancès parle des auspices funestes de Turnus [1], qui, selon lui, ont causé la défaite des armées de Latinus. Mais, en général, on entend par aller sous les auspices de quelqu'un, suivre un chef qui donne une bonne et heureuse direction. C'est sous les auspices de Romulus que Rome deviendra la maîtresse du monde [2] : autrement dit, le règne de Romulus sera si heureux qu'il deviendra comme le gage de la toute-puissance future de Rome [3]. Benoist explique autrement : « Romulus, dit-il, est devenu le dieu protecteur de Rome ; c'est donc, en quelque sorte, toujours en son nom que se prennent les auspices pour les guerres dans lesquelles Rome a conquis le monde [4]. » Il n'y a pas besoin de supposer que les auspices se prennent au nom de Romulus : si l'on admet que, dans ce passage de la prédiction d'Anchise, Romulus est divinisé, il suffit qu'il soit dieu pour être considéré comme un *auspex*, c'est-à-dire comme un *protecteur*, un patron. Nous voyons Énée, en effet, offrir des sacrifices aux dieux, pour qu'ils soient les protecteurs *(auspices)* des travaux commencés [5], et nous entendons Anna dire à Didon qu'elle est persuadée que les dieux protecteurs *(auspices)* ont amené Énée à Carthage [6].

On le voit, dans aucun des cas où Virgile emploie le mot *auspicium*, il ne le prend dans son sens primitif de *avis spicium*. Quant au mot *augurium*, que l'on rapproche ordinairement du mot *auspicium*, et que

---

1. *Én.*, XI, v. 347 : *Cuius ob auspicium infaustum.*
2. *Én.*, VI, v. 781-785.
3. Tel est le sens admis par Wagner. — Voir la note de Forbiger, *ad Aen.*, VI, v. 781.
4. Benoist, note au v. 781 du Ch. VI de l'*Énéide*.
5. *Én.*, III, v. 19 : *...divisque ferebam Auspicibus coeptorum operum...*
6. *Én.*, IV, v. 45 : *Dis equidem auspicibus reor...*

l'on a trouvé dans l'*Énéide* avec le sens de divination par le moyen des oiseaux, il semble que son étymologie ne le rapproche en rien d'*avis* et d'*auspicium* et le fait au contraire à peu près synonyme d'*omen*, à côté de qui il est souvent employé.

Je crois, en effet, qu'*augurium* vient du verbe *augere*, comme *tugurium*, du verbe *tegere*, et que ce mot indique toute manifestation de la volonté divine qui augmente *(quod auget)* le savoir, et, par suite, le pouvoir de l'homme. *Augur Apollo* a le même sens à peu près que *auctor Apollo* [1].

D'après M. Bouché-Leclercq, « les présages fournis par le langage humain sous forme d'allusions détournées et involontaires étaient ce que les Romains appelaient proprement *omina* [2] » : l'étymologie généralement admise par les Anciens rapproche bien *omen* de *os* : *omen, quod ex ore primum elatum est* [3] ; *omen, quod fit ore augurium* [4].

Mais Virgile n'emploie jamais le mot *omen* dans ce sens; il ne qualifie pas d'*omen* la parole d'Iule : « Tiens, nous avons dévoré jusqu'à nos tables [5] ! »

M. Bouché-Leclercq dit encore que, par extension, les Romains ont fait entrer dans la catégorie des *omina* tous les présages fortuits et imprévus [6]. Pour ce qui est de Virgile, il semble, au contraire, qu'il n'emploie guère *omen* dans le sens de présage fortuit; lorsqu'il n'est pas synonyme de *signum*, de *prodigium*, ou de tout autre mot signifiant un présage quelconque, *omen* indique, dans les *Géorgiques* et dans l'*Énéide*, la catégorie de présages où le dieu qui envoie et l'homme qui reçoit le *signum* mettent le plus de liberté et

---

1. *Én.*, IV, v. 376, et VIII, v. 336.
2. Bouché-Leclercq, *Hist. Divinat.*, t. IV, p. 134.
3. Varron, *de L. L.*, VI, 76; VII, 97.
4. Festus, p. 195, édit. Müller.
5. *Én.*, VII, v. 116.
6. Bouché-Leclercq, *Hist. Divinat.*, t. IV, p. 135.

de volonté, l'un à l'interpréter, l'autre à le produire.

Voici, je crois, le seul cas où Virgile emploie *omen* pour désigner un présage fortuit et imprévu. Le premier objet qui se présente aux Troyens à leur arrivée sur les côtes d'Italie, ce sont quatre chevaux blancs qui paissent le gazon [1]. Il faut le remarquer, cette apparition inattendue n'a aucun rapport avec celle du cheval que les Argonautes voient sortir de la mer [2]. Instruits par Triton, les héros comprennent, à la vue de ce présage, que le char de Poseidon est dételé : cette apparition est un *signum* promis par Triton ; dans l'*Énéide*, au contraire, l'apparition des quatre chevaux est un *omen* que rien ne faisait prévoir et qu'il faut expliquer. Anchise, en effet, qui connaît la science divinatoire, explique cet *omen* qui annonce la guerre, mais une guerre qui se terminera par une paix heureuse, puisque, après avoir été armés pour les batailles, les chevaux portent le joug pacifique.

Si les Troyens sont si empressés à faire un *omen* de la présence de ces quatre chevaux blancs sur le rivage, c'est que, à Rome, « la règle générale était que *des présages sont attachés d'ordinaire aux débuts* [3] ». On sait avec quel soin, quand ils abordaient à un rivage inconnu, les Romains observaient le premier objet qui frappait leur vue et d'où ils pouvaient tirer un *omen* [4]. Le mot *omen* est employé dans le sens d'*auspicium* pour désigner les présages que l'on prend au début d'une expédition : Calchas dit que les Grecs,

---

1. *Én.*, III, v. 537.
2. *Argon.*, IV, v. 1364.
3. Ovide, *Fastes*, I, v. 178, cité par Bouché-Leclercq, *Hist. Divinat.*, t. IV, p. 140.
4. Tite-Live, XXIX, xxvii, 12 : *Placet omen, inquit* [Scipio]; *huc dirigite naves.* Scipion fait conduire les navires vers le cap qui, lui a-t-on dit, s'appelle *Pulchri promunturium*, nom qui lui semble de bon présage. De même, XXX, xxv, 12, quand son navire se dirige vers un lieu appelé *Sepulcrum dirutum*, Annibal voit dans le nom de ce lieu un funeste présage (*abominatus*).

ne réussissant pas devant Troie, doivent aller reprendre les *omina* à Argos [1]; on sait qu'après un échec le chef d'une expédition doit retourner à Rome prendre les *auspicia* avant de poursuivre son entreprise [2].

Omen signifie, par suite, tout présage qui a lieu au commencement d'une entreprise. La manière dont une bataille s'engage est un *omen* favorable [3] ou funeste [4] qui annonce la victoire ou la défaite. « Qu'Énée, s'écrie Didon au moment de mourir, qu'Énée voie du milieu des mers les flammes de mon bûcher et emporte avec lui les *omina* de ma mort [5] ! » C'est-à-dire : « que la vue de ces flammes soit un *omen infaustum*, un funeste présage pour ce voyage qui commence sous de mauvais *auspices* ». C'est dans le même sens d'auspices que Virgile dira du temple de Picus, où les rois Latins avait coutume de recevoir le sceptre au début de leur règne : c'était un heureux *omen* d'y recevoir les insignes de leur nouvelle royauté [6]. Heyne explique : « *Hic regnum auspicari solebant reges.* »

Virgile emploie le mot *omen* comme synonyme exact du mot *augurium*, au sens propre de ce dernier terme, quand il fait dire par Énée à Hélénus : « Toi qui connais le langage des oiseaux et les *omina* que l'on tire de leur vol rapide... [7]. » Le mot *omen* est employé aussi dans le sens large du mot *augurium*, quand Turnus dit à Amata : « Épargne-moi tes larmes : qu'un si funeste présage ne m'accompagne point [8]. » Les larmes versées en abondance au moment d'une

---

1. *Én.*, II, v. 178 : *Omina ni repetant.*
2. Tite-Live, VIII, xxx, 2 : *Cum, ad auspicium repetendum, Romam proficisceretur.*
3. *Én.*, X, v. 311 : *...omen pugnae.* — Cf. Tite-Live, XXI, xxix, 4 : *Hoc principium simul omenque belli...*
4. *Én.*, XI, v. 589 : *...infausto committitur omine pugna.*
5. *Én.*, IV, v. 662 : *...nostrae secum ferat omina mortis.*
6. *Én.*, VII, v. 174 : *Regibus omen erat.*
7. *Én.*, III, v. 361 : *Et volucrum linguas et praepetis omina pennae.*
8. *Én.*, XII, v. 72 : *Ne, quaeso, ne me lacrimis, neve omine tanto Prosequere.*

séparation étaient de *mauvais augure* pour celui qui partait [1]. C'est dans le même sens que le Jason d'Apollonios conjurait sa mère Alcimédé de ne pas être, par ses larmes et ses cris, un oiseau de mauvais augure pour l'expédition des Argonautes [2].

Ailleurs, l'*omen* est regardé comme un présage, sinon fortuit, du moins peu clair, dont un *augurium* doit confirmer le sens. Jupiter a envoyé une flamme divine qui court au-dessus de la chevelure d'Iule : c'est un *omen* dont Anchise connaît l'origine s'il n'en pénètre pas le sens; il demande à Jupiter de le confirmer par un *augurium* [3]. De même, quand une des Nymphes nées de la métamorphose des vaisseaux troyens adresse la parole à Énée, lui dit le prodige auquel ses sœurs et elles doivent leur naissance, et enfin pousse le navire où le héros se trouve pour en accélérer la marche, Énée s'étonne de cet *omen* qu'il ne comprend pas et qui cependant l'encourage [4] : il demande à Cybèle de lui procurer un *augurium* qui en hâte l'effet [5].

Omen est souvent pris dans le sens de présage quelconque. Quand Turnus voit les étoiles lui apparaître en plein jour dans le ciel entr'ouvert, il s'écrie : « J'obéis à de tels *omina* [6]. » Le sens d'*omina* est ici très général, puisque Cicéron rapporte que le *discessus caeli* était, d'ailleurs à tort, selon lui, mis au nombre des *portenta* [7]. C'est aussi dans le sens général de présage que Virgile emploie le mot *omen*, quand il dit que Jupiter

---

1. Forbiger, ad Aen., XII, v. 72 : *Ominabantur enim veteres ex multis lacrimis interitum abeuntium.*
2. Argon., I, v. 304 : ...μὴ δ'ὄρνις ἀεικελίη πέλε νηΐ.
3. Én., II, v. 691 : *Da deinde augurium, pater, atque haec omina firma.* — Les manuscrits ont *auxilium*; *augurium* est une conjecture de Peerlkamp. Voir la note de Forbiger.
4. Én., X, v. 249 :
   ...*stupet inscius ipse*
   Tros Anchisiades, animos tamen omine tollit.
5. Én., X, v. 254 : ...*tu rite propinques Augurium.*
6. Én., IX, v. 21 : ...*sequor omina tanta.*
7. De Divin, II, 28. — Voir, plus haut, p. 249.

envoie la Furie à Juturne, *in omen* [1], pour lui annoncer la mort prochaine de Turnus. C'est dans le même sens que le mot *omen* désigne le bruit du tonnerre que Jupiter fait gronder trois fois dans le ciel et le nuage resplendissant qu'il fait briller dans les airs, présages qui remplissent de joie les Troyens [2]. C'est dans le même sens encore que le mot *omina* désigne tous les présages que l'on doit tirer d'un sacrifice et que les troubles apportés à la cérémonie peuvent rendre funestes [3].

Dans bien des cas, *omen* indique avec précision un présage qui ne peut avoir rien de fortuit. Minerve donne un *omen* dont la provenance n'est pas douteuse, quand elle anime sa propre statue qui a été transportée de Troie dans le camp des Grecs; Calchas explique clairement le sens de ce présage auquel le hasard n'a aucune part [4]. Le prodige de la flèche d'Aceste qui s'enflamme dans les airs n'a rien de fortuit: c'est un *omen* très clair envoyé par les dieux; s'il n'est pas compris tout de suite, la faute en est aux *vates* qui l'expliquent trop tard [5]. Après avoir offert un sacrifice aux dieux et leur avoir adressé des prières, Cyrène jette du nectar sur le feu de l'autel: aussitôt la flamme s'élève, brillante, ce qui, dans la *pyromancie*, est un bon présage. Cette réponse favorable des dieux est un *omen* qui donne confiance à Cyrène [6]: elle ne peut le regarder comme fortuit, puisqu'elle l'a elle-même réclamé des dieux.

Ce qui prouve bien que l'*omen*, au sens propre du mot, n'a rien du présage fortuit et inattendu, c'est que Virgile désigne par ce nom spécial les signes divins

---

1. *Én.*, XII, v. 854.
2. *Én.*, VII, v. 146 : ...*omine magno... laeti.*
3. *Én.*, III, v. 407 : ...*omina turbet.*
4. *Én.*, II, v. 171-182.
5. *Én.*, V, v. 524 : *Seraque terrifici cecinerunt omina vates.*
6. *Géorg.*, IV, v. 386 : *Omine quo firmans animum.*

qui indiquent l'existence d'une sorte de pacte entre les dieux et les hommes. C'est dans la production et l'acceptation de l'*omen* que le dieu qui envoie l'*omen* et l'homme qui le reçoit ou le refuse mettent le plus de liberté et de volonté.

En vertu de ce pacte qui permet à l'intelligence humaine d'agréer les présages qui semblent favorables et de rejeter ceux qui paraissent mauvais, nous voyons Sinon prier les dieux de détourner l'effet d'un *omen* sur Calchas [1], Énée en accepter un qui lui semble bon [2] et prier les dieux d'annuler, par la production d'un second présage, un autre *omen* qui lui semble funeste [3].

On peut conclure de tous ces exemples que, dans bien des cas, *omen* est synonyme d'*augurium*; dans d'autres, où le mot est employé avec son sens propre, il marque un pouvoir tout spécial de l'homme sur le présage produit par la divinité. M. Bouché-Leclercq le remarque lui-même, souvent « l'*omen* est, pour ainsi dire, créé de toutes pièces par l'observateur » [4]. L'homme exerce une certaine autorité sur l'*omen*, qu'il peut rejeter ou accepter. Si cette autorité n'existe pas en fait, du moins les hommes croient qu'elle existe, ce qui, dans l'espèce, revient au même; ils exercent un véritable pouvoir sur le sens des *omina*, parce qu'ils sont persuadés qu'ils possèdent ce pouvoir : *possunt quia posse videntur* [5]. La production de l'*omen* augmente donc la puissance de l'homme par rapport à la divinité : c'est cette raison aussi bien que la synonymie fréquente d'*omen* et d'*augurium* qui me fait admettre, avec M. L. Havet, qu'*omen* est pour *augmen* [6] et vient du verbe *augere*, étymologie que j'ai déjà acceptée pour le mot *augurium*.

---

1. *Én.*, II, v. 190 : ...*quod di prius omen in ipsum Convertant*.
2. *Én.*, V, v. 530 : ...*nec maximus omen Abnuit Aeneas*.
3. *Én.*, III, v. 36 : ...*omenque levarent*.
4. Bouché-Leclercq, *Hist. Divinat.*, t. IV, p. 142.
5. *Én.*, V, v. 231.
6. L. Havet, *Mém. Soc. Linguist.*, t IV, p. 233.

Tels sont les divers genres de présages que Jupiter envoie lui-même aux hommes ou que les autres dieux leur envoient, soit par son ordre, soit avec sa permission.

Il est un genre spécial de présages dont la production a été déléguée à Apollon. C'est lui qui annonce aux hommes par des oracles l'avenir et la volonté divine. Comme le Phoibos des *Argonautiques*, le Phoebus de l'*Énéide* n'est qu'un subordonné, un prophète du maître des dieux : il prédit ce que le père tout-puissant lui a fait savoir [1]. — C'est pour le chapitre consacré à Apollon que l'étude du rôle des oracles dans l'*Énéide* sera naturellement réservée. — Cette abondance de manifestations venues d'en haut est un des caractères de l'*Énéide*. « Ce qui préoccupe surtout Énée, ce sont les oracles, les présages, les signes de toute sorte par lesquels se révèle la volonté divine [2]. » La lecture de Tite-Live nous prouve que telle a été aussi la préoccupation constante des héros historiques de Rome républicaine.

VI

La puissance du Jupiter de l'*Énéide* est étroitement limitée par le destin; éclairés par des présages fréquents qui leur donnent un certain pouvoir sur les volontés divines mieux connues, les hommes de Virgile se sentent plus près que les hommes d'Apollonios de ce dieu suprême qui est moins étranger à l'humanité que le Zeus des *Argonautiques*. On sait qu'Auguste

---

1. *Én.*, III, v. 251 : *Quae Phoebo pater omnipotens... Praedixit.* — Sur l'antiquité de l'opinion qui faisait en Grèce de Phoibos le Διὸς προφήτης, voir la note de Forbiger à ce vers.

2. Boissier, *Relig. rom.*, t. I, l. I, ch. IV, p. 244.

avait conçu le projet d'appuyer son gouvernement sur la religion, et que Virgile est celui de tous les écrivains contemporains qui a le mieux servi les desseins de l'empereur [1]. « Virgile aida surtout Auguste dans les efforts qu'il fit pour restituer l'ancienne religion romaine [2]. » Il veut faire du Jupiter de son *Énéide* le vrai Jupiter Optimus, Maximus, un dieu réellement très grand et très bon, à qui l'humanité puisse, dans ses angoisses, s'adresser en toute confiance, comme à un père impartial et compatissant.

Jupiter, en effet, est impartial pour tous les hommes : tout au moins, il le prétend lui-même dans son discours aux dieux assemblés [3]. Cette impartialité peut sembler sujette à caution : ainsi, pendant la bataille du XIe Chant, il ne regarde pas d'un œil indifférent les efforts contraires des amis et des ennemis d'Énée; il anime contre les Latins le Tyrrhénien Tarchon [4], exactement comme Mars, au IXe Chant, excitait les Latins contre les Troyens [5]. D'ordinaire, cependant, Jupiter reste neutre, prenant en pitié, comme font les autres dieux réunis dans son palais, l'inutile colère des mortels.

Les hommes se fient à la justice du dieu; ils savent que non seulement il est juste, mais qu'il est aussi équitable et propice pour quelques mortels [6]. Il se laisse fléchir par les prières quand on ne lui demande rien qui soit contraire aux ordres du destin [7].

C'est seulement alors que la passion les égare, que les hommes accusent d'injustice et de cruauté Jupiter qui ne fait qu'exécuter les arrêts du *fatum*. On com-

---

[1]. Boissier, *Relig. rom.*, t. I, l. I, ch. I et IV, *passim*.
[2]. Boissier, *Relig. rom.*, t. I, l. I, ch. IV, p. 231.
[3]. *Én.*, X, v. 112 : ...*rex Iupiter omnibus idem*.
[4]. *Én.*, XI, v. 725-728.
[5]. *Én.*, IX, v. 717-719.
[6]. *Én.*, VI, v. 129 : ...*pauci, quos aequus amavit Iupiter*. — Benoist : *Aequus* est pris ici dans le sens de *propice, favorable;* Forbiger : *Aequus, i. q. propitius*.
[7]. *Én.*, II, v. 689 : *Iupiter omnipotens, precibus si flecteris ullis*.

prend que Didon déplore l'injustice de Jupiter [1], que Turnus s'effraie de son hostilité [2]. Un prêtre d'Apollon, Panthus [3], s'indigne de la férocité du dieu qui transporte la victoire et l'empire à Argos [4]. Mais ce prêtre est Troyen et il blasphème contre Jupiter au moment où Vénus elle-même montre à Énée le maître de l'Olympe excitant les Grecs et les dieux à détruire Ilion [5]. Panthus a tort comme prêtre, mais son patriotisme excuse cette colère contre Jupiter qui s'acharne à la ruine de Troie [6]. La colère d'Iarbas a aussi ses circonstances atténuantes. En apprenant que Didon, qui l'a dédaigné, s'est éprise du Troyen fugitif, son hôte, voici que le roi de Mauritanie devient fou de colère [7] : il doute de la justice de Jupiter, du pouvoir de sa foudre [8]. Il parle le langage des épicuriens, dit Servius [9]. Non, il s'exprime en insensé que la fureur aveugle; d'ailleurs, fils de Jupiter, plus voisin du dieu suprême que ne le sont les autres hommes, sa colère d'un instant est moins condamnable que ne le serait celle d'un simple mortel.

Panthus et Iarbas ne blasphèment pas de sang-froid comme l'Idas des *Argonautiques*. Les vrais impies sont rares dans l'*Énéide*, et, pour eux, le châtiment ne se fait pas attendre : Salmonée est, aux Enfers, un témoin de la vengeance de Jupiter.

Mézence, qui fait profession de mépriser les dieux [10],

---

1. *Én.*, IV, v. 372 : *Nec Saturnius haec oculis pater adspicit aequis.*
2. *Én.*, XII, v. 895 : *...di me terrent et Iupiter hostis.*
3. *Én.*, II, v. 319 : *Panthus Othryades, arcis Phoebique sacerdos.*
4. *Én.*, II, v. 326 : *...ferus omnia Iupiter Argos Transtulit.*
5. *Én.*, II, v. 617 :
   Ipse pater Danais animos viresque secundas
   Sufficit, ipse deos in Dardana suscitat arma.
6. Cf. Servius, *ad Aen.*, II, v. 326 : *Summae necessitatis est, cum etiam sacerdos in convitia ruit deorum... Ferus autem invidiose dictum est. Nam Iupiter aequus est omnibus.*
7. *Én.*, IV, v. 203 : *...amens animi.*
8. *Én.*, IV, v. 208-210. — Voir plus haut, p. 225.
9. Servius, *ad Aen.*, IV, v. 210 : *Secundum Epicureos locutus est.*
10. *Én.*, VII, v. 648 : *Contemptor divum Mezentius*; VIII, v. 7 : *Contemptorque deum Mezentius.*

qui s'écrie que Jupiter fera de lui ce qu'il voudra [1], qui, à l'exemple d'Idas, ne reconnaît d'autre divinité que son propre bras armé d'un trait [2], Mézence sera puni par la perte de son fils, bien plus terrible pour lui que la mort même, qui d'ailleurs le frappera par la main d'Énée.

A côté de cet impie, on trouve, dans l'*Énéide*, un sceptique qui se demande s'il ne prend pas sa propre passion pour une manifestation de la volonté divine, et qui hésite à reconnaître Jupiter pour le dieu suprême. Ce sceptique, c'est Nisus, l'un des deux héroïques amis que le poète donne comme exemples à la postérité. « Cher Euryale, dit Nisus, sont-ce les dieux qui inspirent cette ardeur à mon esprit, ou bien faisons-nous un dieu de la violente passion qui nous entraîne?... Puissé-je être ramené vainqueur auprès de toi par le grand Jupiter, ou par le dieu, quel qu'il soit, qui me regarde d'un œil favorable [3]. » Mais il ne faut pas attacher trop d'importance à ce scepticisme apparent. Le Diomède de l'*Iliade*, au moment d'entreprendre une action hasardeuse, ne pense pas que son audace lui vienne des dieux : il dit à Nestor que c'est son propre courage et son esprit valeureux qui le poussent au combat [4]. Le Médon de l'*Odyssée* se demande si c'est un dieu ou une impulsion de son propre esprit qui entraîne Télémaque à aller chercher à Pylos des nouvelles de son père [5]. La surexcitation causée par la grande entreprise qu'il prépare explique ce que les paroles de Nisus peuvent avoir d'étrange.

En thèse générale, les héros de l'*Énéide* se confient à Jupiter : ils le prient volontiers, ils le prennent à témoin des actes solennels de leur vie. Ils n'ont pas ce

---

1. *Én.*, X, v. 743 : ...*de me divum pater atque hominum rex Viderit.*
2. *Én.*, X, v. 773 : *Dextra mihi deus, et telum, quod missile libro.*
3. *Én.*, IX, v. 184-185; v. 208-209. — Voir, plus haut, p. 327.
4. *Iliad.*, X, v. 220.
5. *Odyssée*, IV, v. 711-714.

dédain superbe de la prière que les Argonautes professaient ; ils sont pieux comme Auguste aurait voulu que ses contemporains le fussent. Soumis avec respect à la volonté sainte du dieu suprême, Virgile fait de ses personnages des croyants qui craignent Jupiter et qui mettent en lui leur recours.

Suivant le rite romain, les Troyens, après avoir tué les bœufs et les chèvres qu'ils trouvent dans les îles Strophades, convient les dieux et Jupiter lui-même à partager leur butin [1]. Ils offrent, comme font les héros homériques, une partie de leur chasse en sacrifice aux dieux : mais c'était une coutume italienne, et non seulement romaine, puisque les habitants de Véies l'observaient [2], d'offrir aux divinités en général, et à *Iupiter Praedator*, principalement, une partie du butin [3].

Jupiter est universellement invoqué et pris à témoin par Didon trahie [4], par Énée qui va attaquer Mézence [5], par Évandre [6], comme par Turnus [7]. Personne qui ne lui offre des sacrifices : à l'exemple d'Agamemnon [8], Énée lui immole un taureau [9].

Un sacrifice à Jupiter purifie les Troyens du contact des Harpyes [10]. C'est ainsi que Circé [11] purifiait par un

---

1. *Én.*, III, v. 222 : *...divos ipsumque vocamus In partem praedamque Iovem.* Forbiger : *Nam decima pars praedae Iovi de more dicabatur.*
2. Tite-Live, V, xxi, 5 : *Veientes ignari... iam in partem praedae suae vocatos deos...*
3. Servius, *ad Aen.*, III, v. 222 : *Nam Romani moris fuit, ut bella gesturi de parte praedae aliquid numinibus pollicerentur; adeo ut Romae fuerit unum templum Iovis praedatoris : non quod praedae praeest, sed quod ei aliquid ex praeda debeatur.* — Sur *Iupiter Praedator*, voir Preller-Jordan, *Röm. Mythol.*, erster Band, p. 198.
4. *Én.*, IV, v. 590 : *...pro Iupiter !...*
5. *Én.*, X, v. 875 : *Sic pater ille deum faciat.*
6. *Én.*, VIII, v. 572 : *...divum tu maxime rector, Iupiter.*
7. *Én.*, X, v. 668 : *Omnipotens genitor.*
8. *Iliad.*, II, v. 402 ; VII, v. 315.
9. *Én.*, III, v. 21. *Caelicolum regi mactabam in litore taurum.* Servius trouve déplacé le sacrifice d'un taureau à Jupiter, à qui, prétend-il, on immolait un *iuvencus*. Mais on lit dans Ovide (*Mét.*, IV, v. 755) : *Mactatur...taurus tibi, summe deorum.*
10. *Én.*, III, v. 279 : *Lustramurque Iovi.*
11. *Argon.*, IV, v. 699 et suiv.

sacrifice à Zeus Jason et Médée souillés du meurtre d'Apsyrtos. Comme le Zeus Καθάρσιος des Grecs, le Jupiter romain purifie de toute souillure.

Comme le Zeus Ξένιος, le Jupiter romain est le dieu de l'hospitalité : il envoie Mercure à Didon pour ménager un bon accueil aux Troyens sur le sol et dans les murs de Carthage nouvellement construite [1]. Didon, qui ne connaît ni le Ζεὺς Ξένιος des Grecs, ni le *Jupiter Hospitalis* [2] des Romains, la Phénicienne Didon sait cependant que le dieu préside à l'hospitalité : « Jupiter, dit-elle, car c'est toi qui assures les droits des hôtes...[3]. »

Jupiter est le dieu des serments et des traités. C'est devant son autel que l'on voit, sur le bouclier d'Énée, Romulus et Tatius, debout et en armes, une coupe à la main, immolant une truie pour confirmer leur alliance [4]. Déjà, au temps d'Énée, Jupiter remplit ces fonctions de dieu des traités qu'il conservera dans l'histoire romaine : au moment de conclure son pacte avec le chef troyen, Latinus prend à témoin Jupiter qui prouve sa présence aux serments par l'éclat de son tonnerre et qui poursuit de sa foudre les parjures [5]. Énée invoque le dieu et ses autels où a été prêté le serment violé [6] ; il sait que Jupiter, conservateur des traités jurés, le favorise [7]. Il voit partout la main bienfaisante et puissante de Jupiter : les oracles du dieu l'ont conduit en Italie ; à

---

1. *Én.*, I, v. 298 : *Ut terrae utque novae pateant Carthaginis arces Hospitio Teucris.*
2. *Iupiter Hospitalis* est souvent cité par Cicéron. *Pro Deiotaro*, VI : *Iovis quidem illius Hospitalis numen*; *de Fin.*, III, 20, 66 : *Iovem... Hospitalem*; *Epist. ad Quintum fratrem*, II, XII : *Fidem Iovis Hospitalis...* etc.
3. *Én.*, I, v. 731 : *Iupiter (hospitibus nam te dare iura loquuntur).*
4. *Én.*, VIII, v. 639 :
                    ...*reges*
  Armati Iovis ante aram paterasque tenentes
  Stabant et caesa iungebant foedera porca.

Servius rapporte que ce traité fut conclu devant l'autel de Jupiter Stator : *Ante templum Iovis Statoris, quod fecerat Romulus postquam, orans elatis armis, meruit ne suus exercitus fugeret.*
5. *Én.*, XII, v. 200 : *Audiat haec Genitor qui fulmine foedera sancit.*
6. *Én.*, XII, v. 496 : *Multa Iovem et laesi testatus foederis aras.*
7. *Én.*, XII, v. 565 : *Iupiter hac stat.*

peine débarqué sur le rivage, il fait des libations en
son honneur [1], alors que Jason, à son arrivée en Colchide, n'offrait aucun témoignage de reconnaissance à
Zeus, à qui il ne devait rien, et se contentait de verser
dans le Phase les libations douces comme le miel d'un
vin sans mélange, en l'honneur de Gaia, des dieux du
pays et des âmes des héros morts [2].

Énée connaît en effet et adore Jupiter bien plus que
Jason ne connaissait et n'adorait Zeus. Arbitre souverain du monde physique et du monde moral, comme
le Zeus des *Argonautiques*, le Jupiter de l'*Énéide* ne
se tient pas à l'écart des autres dieux et trop au-dessus
des hommes pour que leurs prières puissent monter
jusqu'à lui. Il préside l'assemblée des Olympiens et
sait leur imposer les volontés du destin dont il est
l'interprète; il écoute avec bienveillance les requêtes
des hommes et les exauce, suivant que la justice et
les bornes de sa propre puissance le lui permettent.

Le cri d'Apollonios à Zeus est isolé dans les *Argonautiques* : « O père Zeus, un grand étonnement trouble mon âme [3]! » Ce n'est d'ailleurs qu'une exclamation
de surprise : Virgile, au contraire, fait comme ses héros,
aussi pieux que lui, quand il s'écrie, confondu des
décrets divins qu'il ne peut comprendre, tout en étant
persuadé de leur profonde équité : « O Jupiter, a-t-il
donc pu te plaire qu'une telle passion fît se heurter en
ennemies deux nations destinées à s'unir par une paix
éternelle [4]! »

On a vu qu'Apollonios ne trace aucune image de
son Zeus. Le Jupiter de l'*Énéide* est trop vivant, il se
rapproche trop de l'humanité par ses bienfaits et sa

---

1. *Én.*, VII, v. 133 : *Nunc pateras libate Iovi.*
2. *Argon.*, II, v. 1271-1274. — Voir, plus haut, l. I, ch. II, p. 31-32.
3. *Argon.*, IV, v. 1673.
4. *Én.*, XII, v. 503-504.

providence toujours en éveil pour que ses adorateurs n'aient pas essayé de se représenter sous une forme visible le dieu qu'ils connaissent et qu'ils prient comme un père.

Virgile, à la vérité, ne nous dit pas ce qu'étaient les antiques statues des dieux en général, et de Jupiter en particulier, adorées en Italie ou à Troie. Les *Argonautiques* nous apprenaient comment Argos sculptait la statue archaïque de Rhéa : l'*Énéide* fait seulement allusion aux *effigies divum* conservées dans un temple d'Italie par Calybé, la vieille prêtresse de Junon [1]. Au moment de conclure le pacte avec Énée, Latinus avait porté sur le lieu du sacrifice les images des dieux qui devaient assister à la cérémonie : quand le traité a été rompu, à l'instigation de Junon, le roi remporte ses dieux outragés par le tumulte qui a troublé le sacrifice [2]. Mais Virgile, qui ne se plaît pas, comme Apollonios, à l'archéologie inutile, se garde de nous décrire ces antiques *xoana*, qui seraient évidemment indignes de la beauté et de la majesté des dieux tels qu'il veut se les représenter : il dit simplement que dans le vestibule du temple de Picus étaient rangées les statues de cèdre antique, images des dieux, ancêtres de Latinus [3].

Jupiter est très beau : c'est Junon elle-même qui le dit [4]. La beauté du père des dieux et du maître des hommes doit être la beauté sévère et majestueuse d'un souverain dans la vigueur de l'âge mûr. Virgile s'imagine Jupiter à la ressemblance du Zeus de Phidias, puisque, à deux reprises différentes, il traduit les vers de l'*Iliade* qui avaient inspiré au sculpteur athénien sa fameuse statue chryséléphantine. Deux fois, il nous montre Jupiter assis sur son trône d'or, prenant à

---

1. *Én.*, VII, v. 443.
2. *Én.*, XII, v. 285 : ...*Fugit ipse Latinus, Pulsatos referens infecto foedere divos.*
3. *Én.*, VII, v. 177-178.
4. *Én.*, X, v. 611 : ...*o pulcherrime coniux.*

témoin les fleuves soumis à son frère, le roi du Styx, les rives où bouillonnent des torrents de poix, faisant un signe de tête, et, par ce signe, ébranlant tout l'Olympe [1].

Les armes du Jupiter virgilien, c'est-à-dire les carreaux de la foudre, sont portées par un aigle fauve [2] : un aigle surmontait le sceptre du Zeus Olympien de Phidias [3]; mais nous aimons mieux nous imaginer l'aigle aux pieds du maître des dieux qui, assis sur son trône, préside l'assemblée des Olympiens. C'est la position de l'oiseau dans le groupe du palais Verospi, qui représente le dieu assis [4].

L'*Énéide*, qui prétendait être à la fois l'*Iliade* et l'*Odyssée* de Rome, doit remonter jusqu'à la tradition des poèmes homériques pour essayer une représentation figurée du Jupiter romain. Malgré cette ressemblance physique avec le dieu de l'Hellade primitive, le Jupiter de Virgile est bien plus voisin du Zeus d'Apollonios que de celui d'Homère. S'il possède une personnalité agissante qui manque au dieu des *Argonautiques*, comme lui, « il est devenu tout à fait le dieu des dieux, celui en qui les autres doivent finir par s'absorber et qui profite tous les jours des progrès que fait le monothéisme [5] ».

1. *Én.*, IX, v. 104-106; X, v. 113-115.
2. *Én.*, IX, v. 563 : ...*Iovis armiger;* XII, v. 247 : ...*fulvus Iovis ales;* cf. I, v. 394.
3. Cf. Decharme, *Mythol.*, p. 63, n. 1.
4. Cf. Collignon, *Mythol. fig. de la Grèce*, p. 41, fig. 14.
5. Boissier, *Relig. rom.*, t. I, l. I, ch. IV, p. 254.

LIVRE III

CHAPITRE I

HÉRA

I. Héra, femme et sœur de Zeus, a bien moins de pouvoir divin que son époux, mais elle se mêle bien davantage aux affaires humaines.
    Dans les *Argonautiques*, Héra est la déesse d'Iolcos. *Héra Pélasgienne*. Le culte d'Héra à Samos.
    Légende de la déesse. Jeunesse d'Héra à Samos. Héra et Macris. Héra et Héraclès. Héra mère d'Héphaistos. Héra protectrice de la Néréide Thétis. Héra préside au mariage de Médée comme à celui de Thétis ; Héra, déesse des mariages dans les *Argonautiques*. Faible pouvoir dans l'ordre physique de l'Héra d'Apollonios.

II. Héra protectrice des Argonautes. Son intervention au moment des dangers d'Argo. Caractère d'Héra dans les *Argonautiques*. Opinion d'Hémardinquer. Les haines de l'Héra d'Apollonios. Héra, dans les *Argonautiques*, se montre la persécutrice de Pélias plus que la protectrice de Jason.
    Cause romanesque de l'intérêt qu'Héra prend à Jason. Héra protège Jason jusqu'au moment où il a épousé Médée qui châtiera Pélias ; ensuite, elle l'abandonne. Persistance, dans les *Argonautiques*, du caractère rancunier de l'Héra homérique.

III. Caractère alexandrin de l'Héra des *Argonautiques*. L'entrevue avec Cypris. Apollonios ne donne aucune représentation figurée d'Héra.

I

On comprend que, le Zeus d'Apollonios réunissant en lui seul à peu près toutes les attributions et tous les privilèges de la divinité, les autres dieux ne doivent, dans les *Argonautiques*, jouir que d'une puissance très restreinte ; mais, par contre, leur rôle actif, leur caractère humain est beaucoup plus développé et acquiert toute l'importance négligée par le dieu suprême qui n'a aucun rapport direct avec l'humanité, qui dirige du fond de l'Olympe tous les événements dans lesquels il n'intervient jamais d'une manière personnelle.

Héra, en particulier, femme et sœur de Zeus, est très inférieure comme divinité au dieu maître du monde. Elle est loin de posséder un pouvoir universel; son culte est localisé dans quelques sanctuaires; n'étant pas toute-puissante, elle n'est pas impartiale. Accessible à la vengeance et à la faveur, elle a ses victimes et ses protégés : c'est pour ceux-ci et contre celles-là qu'elle use du pouvoir restreint qui lui appartient. Elle se mêle personnellement aux événements humains : son rôle est d'autant plus actif que son autorité est moindre. Les passions féminines auxquelles elle obéit la rapprochent de l'humanité autant qu'elles l'éloignent de la divinité de Zeus.

A l'époque classique, Héra « est la grande divinité féminine du ciel dont Zeus est le grand dieu masculin »[1]. Dans l'*Iliade*, où elle est déjà très puissante, on la voit encore, à côté de Zeus impartial entre les deux nations dont il pèse les destinées, déesse passionnée, protectrice déclarée des Achaiens, ennemie acharnée des Troyens[2]. « Avant d'être la femme de Zeus, avant d'être une déesse olympienne, Junon, ou plutôt Héra, était la protectrice d'Argos. C'est là seulement qu'elle était vraiment souveraine[3]. »

Dans les *Argonautiques* — dont Apollonios, je l'ai déjà dit, prétend faire un poème antéhomérique — Héra n'est pas même encore la déesse d'Argos. La ville d'Argos est souvent citée : c'est la patrie des Argonautes Talaos, Aréios, Léodocos et Idmon[4]; c'est

---

1. Decharme, *Mythol.*, p. 64.
2. Bertrand, *Les dieux protecteurs*, ch. II, § 1, p. 58-67.
3. Bertrand, *ouvr. cité*, p. 64.
4. *Argon.*, I, v. 118 et suiv.; v. 139 et suiv.

la ville Lyrcéienne, ainsi nommée du mont Lyrcios qui sert de frontière entre l'Argolide et l'Arcadie [1]. — Ce n'est pas encore la ville d'Héra.

Pour Apollonios, la ville d'Héra est Iolcos; le protégé de la déesse est le Thessalien Jason. L'*Odyssée* rapportait qu'Héra veillait sur Argo parce que Jason lui était cher [2]: c'est cette donnée homérique qui sert de thème à Apollonios.

L'Héra des *Argonautiques* est l'Héra Pélasgienne [3], qui était adorée dans les Πελασγικὰ πεδία, région de la Thessalie où se trouve Iolcos [4] et dont le culte est antérieur à celui de l'Héra Argienne dont il est question dans les poèmes homériques. Après l'époque pélasgique, il ne sera plus fait mention de temples d'Héra en Thessalie [5]: dès les temps homériques, le culte de la déesse a passé de la Thessalie dans le Péloponèse. « L'épithète de Pélasgique ("Ηρα Πελασγίς) rappelait son origine et lui était donnée à Iolcos en Thessalie, pays d'où son culte avait été sans doute porté dans le Péloponèse; de cette péninsule il passa à Samos [6]. » D'après Hérodote, le nom d'Héra est d'origine pélasgienne [7].

Suivant Apollonios, le culte d'Héra a passé, non pas du Péloponèse dans l'île de Samos, comme le pense Maury, mais bien de Samos dans les champs Pélasgiques, et, sans doute des champs Pélasgiques dans le Péloponèse, puisque les *Argonautiques*, où il n'est pas

1. Voir ma note au v. 125 du Ch. I.
2. *Odyssée*, XII, v. 72 : ...ἐπεὶ φίλος ἦεν Ἰήσων.
3. *Argon.*, I, v. 14 : ..."Ηρης... Πελασγίδος.
4. Strabon, IX, v, 15.
5. Bertrand, *ouvr. cité*, p. 62, n. 3 : « J'ai cherché en vain dans Homère, Pindare, Eschyle, Strabon, Pausanias, Mézières (*Mémoire sur l'Ossa et le Pélion*) des traces de temples de Héra en Thessalie après l'époque pélasgique; le vers d'Apollonius de Rhodes, *Argon.*, I, v. 108 [*sic*, pour I, v. 14], sur la Héra Pélasgis reste isolé. » — Cf. Ploix, *La Nature des dieux*, ch. XII, *Héra*, p. 240.
6. Maury, *Relig. Grèce antique*, t. I, p. 75.
7. Hérodote, II, L, 3.

question d'Héra Argienne, citent « Parthénia, demeure d'Héra Imbrasienne »[1]. L'Imbrasos est un fleuve de l'île de Samos, surnommé Parthénien, parce qu'Héra, vierge encore, fut nourrie sur ses bords[2]. « Samos, dit M. Decharme, disputait à Argos l'honneur d'avoir institué le culte d'Héra[3]. » On voit que, d'après Apollonios, les deux sanctuaires les plus anciens de la déesse sont Iolcos et Samos; c'est seulement à l'époque où se passe l'action de l'*Iliade*, une génération après celle des Argonautes, que les trois villes les plus chères à Héra seront Argos, Mycènes et Sparte[4]. Cette localisation marque le temps où le culte de la patronne d'Iolcos a passé de la Thessalie et de Samos dans le Péloponèse.

Il est peu question, dans les *Argonautiques*, de la légende de la protectrice de Jason. Sans doute, quand il parle de « Parthénia, demeure d'Héra Imbrasienne », Apollonios fait allusion à la tradition d'après laquelle la déesse, avant d'épouser Zeus, aurait passé sa jeunesse à Samos. Mais les seuls traits de la légende d'Héra que l'on trouve rappelés dans les *Argonautiques* sont quelques-uns de ceux qui ont rapport à la haine dont la femme légitime de Zeus poursuit les fils nés des épouses mortelles du dieu.

Macris, fille d'Aristée et Nymphe de l'île d'Eubée, avait reçu dans ses bras le fils Nyséien de Zeus, le petit Dionysos, qu'Hermès lui apportait. Elle nourrissait l'enfant divin, quand Héra la vit et, pleine de colère, la chassa de l'île[5]. Cette colère est d'ailleurs

---

1. *Argon.*, I, v. 187-188. — Cf. Denys, *Périégèse*, v. 534 : Καὶ Σάμος ἱμερόεσσα, Πελασγίδος ἕδρανον Ἥρης.
2. Voir ma note au v. 186 du Ch. I des *Argonautiques*.
3. Decharme, *Mythol.*, p. 69 — Sur le culte d'Héra à Samos, voir Pausanias, V, 13, 8; VII, 4, 4.
4. *Iliad.*, IV, v. 51-52.
5. *Argon.*, IV, v. 1131-1138. — Voir, plus haut, p. 82 et 168.

assez naturelle : on sait que l'Eubée était consacrée à Héra [1]; Pausanias rapporte que, dans un moment de colère contre Zeus, la déesse s'y était retirée [2]. Rien d'étonnant qu'elle expulse d'une de ses demeures propres la Nymphe Macris qui y-élevait le fils de Sémélé. Mais nous ne connaissons cette tradition que par Apollonios qui est amené à en parler, quand il fait l'histoire de l'île des Phaiaciens où se réfugia Macris, expulsée de l'Eubée Abantide [3].

Apollonios parle aussi de la haine d'Héra contre Héraclès; la persécution que la reine des dieux dirige contre le fils d'Alcmène est bien connue. « Son ennemie [d'Héraclès], celle qui l'a soumis dès sa naissance à l'empire d'Eurysthée, c'est Héra, l'épouse de Zeus [4]. » Cette haine est si violente que, séparant la cause d'Héraclès de celle des Argonautes qu'elle protège, la déesse suscite contre le héros, d'ailleurs sans succès, les enfants de Gaia, monstres terribles de la presqu'île de Cyzique [5]. Il a déjà été dit que seul le poème d'Apollonios nous renseigne sur cette lutte d'Héraclès contre les Géants de Cyzique [6].

Apollonios donne à Héphaistos le nom de fils illustre d'Héra [7]. « Il suit Hésiode, qui dit qu'Héphaistos est le fils de la seule Héra [8]. Homère [9] le dit fils de Zeus et d'Héra [10]. » La *Théogonie* reproduit, sans doute, une tradition antéhomérique à laquelle le poète des *Argonautiques* se conforme.

---

1. Scol. *Argon.*, IV, v. 1138. — Cf. Roscher, *Lexicon der... Mythologie, Hera*, p. 2081.
2. Pausanias, IX, 3, 1.
3. Voir ma note au v. 540 du Ch. IV des *Argonautiques*.
4. Decharme, *Mythol.*, p. 514.
5. *Argon.*, I, v. 989-1011.
6. Voir, plus haut, l. I, ch. II, p. 36-38.
7. *Argon.*, I, v. 859.
8. *Théogon.*, v. 927.
9. *Iliad.*, I, v. 571 et suiv.
10. Scol. *Argon.*, I, v. 859.

Dans l'épopée alexandrine [1] comme dans l'*Iliade* [2], Héra est la protectrice de la Néréide Thétis. Elle rappelle à sa protégée qu'elle l'a nourrie, élevée, aimée plus que toutes les autres déesses de la mer et mariée à Pélée. L'Héra d'Apollonios donne même sur le rôle qu'elle a joué dans les cérémonies du mariage des renseignements qui ne se trouvent pas dans l'*Iliade* : « Moi-même — dit-elle à Thétis — j'ai tenu dans mes mains la torche nuptiale en témoignage de l'honneur flatteur que je te faisais [3]. » C'était une coutume ancienne que, dans les mariages, la mère de l'époux ou de l'épousée portât une torche [4]. Euripide fait allusion à cet usage [5] que les poèmes homériques ne mentionnent pas. Dans la description de la noce gravée sur le bouclier d'Achille [6], on voit seulement le cortège nuptial qui conduit les fiancés par la ville à la lueur des torches. Mais Héra tient à rappeler à Thétis qu'au moment de son mariage elle lui a tenu lieu de mère.

Héra est, d'ailleurs, considérée, dans les *Argonautiques*, comme la déesse qui préside aux mariages; elle n'a pas nettement cette attribution dans les poèmes homériques où, cependant, elle est déjà la seule déesse mariée légitimement. Mais le Jason d'Apollonios prend à témoin Héra, déesse des unions légitimes [7] : c'est elle, en effet, qui s'occupe de toutes les cérémonies — on pourrait dire de toutes les formalités — du mariage du fils d'Aison et de la fille d'Aiétès. C'est elle qui répand la nouvelle de cette union dès qu'elle a été consommée [8].

La seule fonction que les *Argonautiques* attribuent à

---

1. *Argon.*, IV, v. 791 et suiv.
2. *Iliad.*, XXIV, v. 59 et suiv.
3. *Argon.*, IV, v. 808. — Voir, plus haut, l. II, ch. I, p. 169.
4. Scol. *Argon.*, IV, v. 808.
5. Euripide, *Phéniciennes*, v. 344-346.
6. *Iliad.*, XVIII, v. 490 et suiv.
7. *Argon.*, IV, v. 96 : Ἥρη τε Ζυγίη.
8. *Argon.*, IV, v. 1152 et suiv.; v. 1185.

Héra dans l'ordre moral, c'est le rôle de déesse des mariages qui s'affirme dans tout ce qui a rapport aux noces de Jason et de Médée [1].

En tant qu'épouse légitime de Zeus, Héra pénètre les desseins du maître des dieux sur les Argonautes [2]; elle a le privilège de faire interpréter ses volontés par une corneille [3]. Mais, en somme, son pouvoir est bien limité; il n'a rien de général, il ne se manifeste qu'en faveur des Argonautes qu'elle protège ou contre leurs ennemis.

II

Il en est de même dans l'ordre physique. L'Héra de l'*Iliade*, qui exerce à peu près, quoique à un moindre degré, la même action que Zeus sur les phénomènes célestes [4], gronde quelquefois dans les hauteurs de l'éther [5] et déchaîne les souffles impétueux qui bouleversent la mer [6]. Dans les *Argonautiques*, c'est seulement pour être utile aux héros ses protégés, et toujours soutenue de l'assentiment tacite de Zeus avec qui elle n'est jamais en désaccord, qu'elle manifeste son pouvoir sur les éléments. Elle entoure d'une nuée les héros qui vont au palais d'Aiétès, pour les dérober à l'importune curiosité des Colchiens [7]; elle enveloppe aussi d'un nuage le navire Argo, pendant qu'il traverse le pays des Celtes, pour le faire échapper à l'hostilité

---

1. Sur Héra γαμηλία et ζυγία, voir Preller, *Griech. Mythol.*, erster Band, p. 137; Bruchmann, *Epitheta deorum*, p. 152.
2. *Argon.*, IV, v. 577.
3. *Argon.*, III, v. 931. — Voir, plus haut, l. II, ch. I, p. 202.
4. Decharme, *Mythol.*, p. 64.
5. *Iliad.*, XI, v. 45.
6. *Iliad.*, XV, v. 26.
7. *Argon.*, III, v. 210 et suiv.

des indigènes [1]. Mais l'Athéné de l'*Odyssée* en agissait de même pour faire arriver Ulysse invisible au palais d'Alcinoos [2].

« Soucieuse de faire accomplir aux Argonautes la navigation qui leur est fixée, elle excite en face d'eux des vents impétueux qui les ramènent en arrière [3]. » Plus tard, quand elle voit que les héros vont se perdre dans les golfes de l'Océan, elle s'élance du ciel, et, du haut des monts Hercyniens où elle s'est établie, elle pousse un cri. « En entendant ce cri, les héros furent, tous à la fois, saisis de terreur, car l'air immense le répercutait d'une manière terrible. Ils étaient donc ramenés en arrière par la déesse et ils comprenaient alors quelle était la route par laquelle leur retour devait s'accomplir [4]. »

Les signes envoyés par la bienveillante déesse sont plus intelligibles que les présages qui viennent de Zeus : Héra prend d'ailleurs le soin de faire expliquer par la poutre merveilleuse d'Argo les volontés du dieu tout-puissant [5]. Elle pousse elle-même des cris dont les héros doivent comprendre le sens : quand le poète dit qu'Héra pousse un cri pour avertir les Argonautes, il ne s'agit pas d'un de ces hurlements de la tempête où les anciens croyaient reconnaître la voix terrible d'un dieu ; c'est une voix humaine que les Argonautes entendent, c'est le cri féminin de cette déesse que l'on verra plus tard, effrayée comme une simple mortelle, entourer Athéné de ses bras, si grande sera son angoisse au moment du passage d'Argo au milieu des Roches-Errantes [6].

En effet, si Zeus, dieu tout-puissant et invisible, n'a

1. *Argon.*, IV, v. 646-648.
2. *Odyssée*, VII, v. 14 et suiv.
3. *Argon.*, IV, v. 578-580.
4. *Argon.*, IV, v. 640-644.
5. *Argon.*, IV, v. 577-585.
6. *Argon.*, IV, v. 959-960.

aucun rapport avec l'humanité, à laquelle il ne se mêle jamais, l'épouse de Zeus met ce qu'elle a de pouvoir divin au service de passions bien humaines, de rancunes bien féminines.

Héra n'est pas le moins du monde, dans les *Argonautiques*, la grande divinité féminine du ciel, dont « la dignité et la puissance ne le cèdent qu'à la majesté supérieure et à la force irrésistible du maître du monde »[1]. C'est après l'époque d'Homère et d'Hésiode que « Héra élevée au rang de reine du ciel, en sa qualité de parèdre de Zeus, emprunta à son époux une partie des attributs de l'être suprême; elle devint la déesse puissante par excellence (μεγαλοσθενής) »[2].

Doit-on admettre qu'en conservant à Héra le rôle de déesse particulière et locale que l'*Iliade* lui attribuait, Apollonios, dans un poème qui a la prétention d'être une épopée antéhomérique, a modifié du tout au tout le caractère de la déesse homérique? On sait que « de toutes les divinités grecques, elle [Héra dans l'*Iliade*] est la moins sympathique, la plus grave, la plus sombre, la plus revêche, si j'ose dire. Ses ennemis sont célèbres et nombreux parmi les hommes et parmi les dieux[3]. » Héra est-elle devenue, dans les *Argonautiques*, une déesse bienveillante?

C'est ce qu'Hémardinquer prétend[4]. D'après lui, Héra, qui joue parmi les divinités le rôle principal dans les *Argonautiques*, diffère complètement de la Junon de l'*Énéide*, déesse impérieuse, colère comme une simple mortelle, tenace dans ses haines, en un mot, vrai personnage de tragédie : quant à l'Héra d'Apollonios, ses sentiments sont tout autres; elle ne fait de mal à personne, elle fait du bien à beaucoup de gens.

---

1. Decharme, *Mythol.*, p. 65.
2. Maury, *ouvr. cité*, t. I, ch. VI, p. 413.
3. Bertrand, *Les dieux protecteurs*, ch. II, *Héra*, p. 59-60.
4. *De Apollonii Rhodii Argonauticis*, Parisiis, 1872, III, *De Diis*, p. 43-44.

Elle ne sévit ni contre Pélias, qui méprise son culte et qui est réservé à des destinées ultérieures, ni contre son fils Acastos qui vient rejoindre les Argonautes à l'insu de son père; elle ne poursuit pas de sa haine Héraclès qui, d'ordinaire, en est l'objet.

Telle est la thèse d'Hémardinquer : elle me paraît tout à fait contestable. On verra dans le chapitre consacré à Junon, si la déesse des *Argonautiques* diffère tellement de la déesse correspondante de l'*Énéide*. Pour ce qui est de l'Héra d'Apollonios, il est absolument faux de prétendre que c'est une déesse bienveillante pour tout le monde, « *quae de nemine male, de multis bene meretur,* » suivant l'expression d'Hémardinquer.

Sans doute, l'Héra d'Apollonios protège Jason : j'ai déjà rappelé que l'*Odyssée* fait allusion à ce rôle de la déesse et que le poète alexandrin développe le renseignement qui lui est fourni par l'épopée homérique. Mais ce serait une grave erreur de croire que le Jason d'Apollonios retrouve dans Héra la protectrice dévouée et désintéressée que l'Ulysse d'Homère avait dans Pallas-Athéné.

Remarquons d'abord que la déesse ne renonce pas à ses vieilles haines par amour pour son protégé. Quoi qu'en dise Hémardinquer, elle ne cesse pas de persécuter Héraclès, qui est cependant le plus utile des auxiliaires de Jason. Le poète constate qu'il est le plus fort, le plus valeureux de tous les Argonautes[1]. D'une seule voix, les héros le conjurent de prendre le commandement de l'expédition, comme en étant le plus digne[2]. Cela n'empêche pas, comme on l'a vu, Héra de susciter contre lui les Géants de la presqu'île de Cyzique, dans l'espoir que le héros succombera, vaincu par ces redoutables adversaires. A plus forte raison la déesse ne fait-elle rien pour soustraire quelque

---

1. *Argon.*, I, v. 197.
2. *Argon.*, I, v. 341 et suiv.

temps, pendant la durée de l'expédition à laquelle il pourrait être si utile, Héraclès à la soumission aux ordres d'Eurysthée qu'elle lui a imposée. Elle le laisse s'égarer loin de ses compagnons. Télamon pourra s'indigner contre Jason, persuadé que l'Aisonide, jaloux de la gloire d'Héraclès, a tout arrangé pour abandonner un rival dangereux[1]. Après la bataille contre les Bébryces, un des Argonautes s'écriera : « Qu'auraient fait ces gens-là avec leur lâcheté, si quelque dieu avait amené Héraclès ici? Car je compte bien que, lui présent, le combat au pugilat n'aurait pas même eu lieu... Chacun de nous éprouvera des malheurs désastreux à cause de son absence[2]. » Le regret d'avoir perdu Héraclès subsistera dans le cœur des Argonautes pendant tout le cours de l'expédition. Mourant de soif dans les déserts de Libye, les héros ont pu s'abreuver à une source qu'Héraclès, qui passait naguère dans ces contrées, avait fait jaillir d'un rocher en le frappant à coups de pied. Un Argonaute s'écrie alors : « Par les dieux! Il est certain que, même loin de ses compagnons, Héraclès les a sauvés alors qu'ils étaient accablés de soif. Plût au ciel qu'en nous avançant nous puissions le rencontrer faisant route à travers le continent[3]! » Aussitôt, tous ceux des Argonautes qui sont propres à une telle entreprise, entre autres les deux fils de Borée, confiants dans leurs ailes, Euphémos, qui compte sur ses pieds légers, Lyncée, dont les yeux perçants pénètrent au loin, se précipitent, chacun de son côté, à la recherche d'Héraclès. Héra ne fait rien pour leur permettre de le retrouver, comme elle n'a rien fait pour l'empêcher jadis de s'égarer loin du navire Argo. Et cependant, elle le sait bien, Héraclès est l'auxiliaire le plus puissant de son protégé Jason; mais sa haine

---

1. *Argon.*, I, v. 1290-1296.
2. *Argon.*, II, v. 145-153.
3. *Argon.*, IV, v. 1458-1460.

ne désarme pas : elle ne permet pas au fils d'Alcmène d'échapper quelque temps au servage auquel elle l'a soumis en faveur d'Eurysthée, pour qu'il puisse s'employer utilement dans l'expédition que Jason conduit. Alors même qu'il est encore au nombre des Argonautes, elle lui suscite des épreuves qui pourraient lui devenir funestes. Est-ce le fait d'une protectrice dévouée et bienveillante que de priver méchamment son protégé d'un allié tel qu'Héraclès ?

On le voit, dans les *Argonautiques*, Héra est aussi rancunière qu'elle l'était dans l'*Iliade*. On peut même se demander si ce n'est pas la haine pour un ennemi, plus que la bienveillance à l'endroit d'un protégé, qui inspire toute sa conduite dans l'épopée alexandrine. La protectrice de Jason n'est-elle pas avant tout l'ennemie de Pélias ?

C'est, semble-t-il, un ressentiment tout humain, une haine toute féminine contre Pélias qui inspire et qui excite la déesse. Le poète indique lui-même, dès le début des *Argonautiques*, les causes de la colère d'Héra : « Pélias offrait un festin au père Poseidon et aux autres dieux; quant à Héra Pélasgienne, il ne s'en souciait pas [1]. »

Héra Pélasgienne sera l'ennemie de Pélias, comme, dans l'*Iliade*, Héra Argienne sera l'ennemie de Troie. C'est la vengeance longuement méditée par la déesse contre le mortel insolent dont elle a à se plaindre qui donne le secret de sa conduite pendant tout le cours de l'expédition des Argonautes. Héra le dit elle-même très franchement à Cypris, quand elle lui demande son aide en faveur de Jason : « C'est pour que Pélias ne puisse pas me railler, ayant évité son destin funeste, lui dont l'insolence m'a exclue de l'honneur de ses sacrifices... Pélias ne pourra subir sa peine, si tu ne donnes à Jason le moyen de revenir [2]. »

---

1. *Argon.*, I, v. 13-14.
2. *Argon.*, III, v. 64-65; v. 74-75.

La rancune contre Pélias est plus forte dans l'âme d'Héra que la bienveillance pour Jason. La fin que la déesse poursuit, c'est le châtiment du tyran d'Iolcos; elle ne veut, au fond, le retour de Jason dans sa patrie que parce qu'elle voit en lui l'instrument de sa vengeance; si elle fait tous ses efforts pour concilier à Jason l'amour de Médée, c'est que, venue en Hellade avec le fils d'Aison, la fille d'Aiétès causera la mort de Pélias.

Qu'on le remarque : si la déesse des mariages, si la protectrice de Jason s'inquiète tellement de faire arriver les deux époux à Iolcos, ce n'est pas qu'elle s'intéresse à leur bonheur. Elle sait que l'union à laquelle elle a présidé sera malheureuse; que Jason abandonnera sa femme pour se fiancer à Glaucé, fille de Créon; que Médée, furieuse, tuera les enfants qu'elle aura eus de son mari et se vengera en magicienne de la jeune fille qui lui aura été préférée; que Jason, chassé d'Iolcos, mourra d'une manière misérable [1].

Apollonios a soin de rappeler plusieurs fois le vrai motif de l'intérêt que prend Héra à l'arrivée de Médée en Hellade. Après avoir dépeint les angoisses de la jeune fille effrayée des crimes que lui fait commettre la passion envoyée par les dieux, il ajoute : « Cependant, elle ne devait pas longtemps refuser d'aller habiter en Hellade. En effet, Héra méditait que, pour la perte de Pélias, la jeune fille d'Aia, Médée, vînt dans la ville sacrée d'Iolcos, ayant quitté sa patrie [2]. » Plus tard, si le voyage vers l'Hellade est hâté, c'est « d'après les desseins de la déesse Héra qui voulait que Médée, la jeune fille d'Aia, arrivât le plus tôt possible sur la terre Pélasgienne, comme un fléau pour la maison de Pélias » [3].

---

1. Cf. Weil, *Sept Tragédies d'Euripide, Médée*, v. 1386-1388, et les notes critiques et explicatives à ces vers.
2. *Argon.*, III, v. 1133-1136.
3. *Argon.*, IV, v. 241-243.

Héra déteste bien plus Pélias qu'elle n'aime Jason, et l'aide qu'elle prête à l'expédition des Argonautes a pour cause bien plutôt le châtiment futur du tyran d'Iolcos que le succès et surtout le bonheur du fils d'Aison, lequel n'est qu'un instrument aux mains de la déesse.

L'épouse de Zeus expose à Cypris, en même temps que ses griefs contre Pélias, les raisons qui l'engagent à être bienveillante pour Jason. « Devrait-il naviguer jusqu'aux Enfers pour délivrer Ixion de ses liens d'airain, j'emploierais à sauver Jason toute la force qui est en moi... D'ailleurs, il y a longtemps qu'il m'est très cher : depuis que, sur les rives de l'Anauros débordé, un jour que j'éprouvais les bonnes dispositions des hommes, il s'est présenté à moi, revenant de la chasse ; la neige blanchissait toutes les montagnes, tous les sommets élevés d'où les torrents, formés par les pluies d'hiver, s'élançaient, tourbillons rentententissants. Je m'étais faite semblable à une vieille femme : il eut pitié de moi et, m'ayant enlevée sur ses épaules, il me porta à travers l'eau qui se précipitait. Aussi, depuis lors, il est sans cesse l'objet de mes soins[1]. »

Ce récit romanesque mérite de fixer l'attention : il porte bien la marque de l'époque alexandrine ; il aurait pu donner matière à quelque petite épopée dans le genre de l'*Hécalé* de Callimaque. Héra, en effet, dit qu'elle s'était, un beau jour, déguisée en vieille femme « pour éprouver les bonnes dispositions des hommes » : c'est ainsi que, dans l'épisode fameux de Philémon et de Baucis, Jupiter se déguise en pauvre voyageur pour éprouver, lui aussi, les bonnes dispositions des hommes ; Ovide, après Apollonios, emprunte à quelque auteur de *Métamorphoses*, postérieur aux périodes épique et tragique, l'idée de cette transformation qui

---

[1]. *Argon.*, III, v. 60-63 ; v. 66-74.

rappelle pour nous des procédés plus familiers aux fées du moyen âge qu'aux dieux Olympiens des poèmes homériques. — C'est pour donner de bons conseils à Télémaque et d'utiles indications à Ulysse, ce n'est pas pour éprouver les deux héros, que l'Athéné de l'*Odyssée* prend la forme de Mentor ou d'une jeune fille phaiacienne.

Quoi qu'il en soit, Jason est sorti à son honneur de l'épreuve qui lui était imposée. La déesse lui en garde une reconnaissance éternelle. Elle emploierait toute sa force à le sauver, quand même il irait jusqu'aux Enfers délivrer Ixion de ses liens d'airain ; le dévouement d'Héra serait extrême en ce cas : il suffit de se rappeler la conduite d'Ixion à l'égard de la déesse, lui qui « eut l'audace de poursuivre de ses amoureux désirs la reine même du ciel »[1]. Ce qui atténue singulièrement l'héroïsme de ce dévouement possible, c'est qu'Héra se dévouerait pour Jason, instrument nécessaire de sa propre vengeance.

D'ailleurs, la bonne volonté de la déesse n'a pas besoin d'être mise à une si rude épreuve : il ne lui faut sacrifier aucune de ses rancunes pour servir les Argonautes qui servent eux-mêmes, sans le savoir, ses desseins sur Pélias. Pour perdre son ennemi d'Iolcos, il ne lui est pas nécessaire de cesser ses persécutions contre Héraclès.

Mais, quelque peu honorable que soit le sentiment véritable qui pousse Héra à s'intéresser au succès de l'expédition, on doit reconnaître qu'elle prête aux Argonautes une aide constante, depuis le moment du départ jusqu'à ce que Jason ait épousé Médée. Dans la *IVe Pythique* de Pindare, Héra s'occupe bien de donner des compagnons à Jason : armée de la douce persuasion, elle met au cœur des héros un ardent

---

1. Decharme, *Mythol.*, p. 592.

désir de s'embarquer sur le navire Argo. Mais, une fois embarqués, elle ne se soucie plus d'eux : c'est Aphrodite qui enseigne à Jason les enchantements nécessaires pour séduire Médée.

Au contraire, l'Héra des *Argonautiques* ne laisse pas un seul instant les Minyens dans l'embarras, tant que le mariage de Jason et de Médée n'a pas assuré le châtiment de Pélias.

Quand les Argonautes, dès le commencement de leur voyage, sont retenus par les vents contraires, c'est Héra qui envoie un alcyon pour leur prédire la fin de la tempête et pour conseiller à Jason d'aller apaiser Rhéa sur le mont Dindymos [1]. Phinée sait qu'entre toutes les divinités Héra protège particulièrement les héros dans leur expédition [2]. Le succès de cette expédition est bien compromis après la mort de Tiphys. Privés de leur bon pilote, les héros sont incapables d'agir ; leur cœur est abattu par l'angoisse, car l'espoir du retour s'en va loin d'eux : mais alors Héra inspire une audace extraordinaire à Ancaios qui se propose lui-même pour remplacer Tiphys [3].

Ancaios est agréé comme pilote ; il amène Argo en Colchide : mais il reste bien des difficultés à surmonter dans le pays d'Aiétès. C'est Héra qui a l'idée d'inspirer à la fille du roi des Colchiens un violent amour pour Jason qu'elle fera sortir vainqueur des durs travaux qui lui seront imposés. Pour arriver à son but, elle se ménage le concours de Cypris et d'Athéné. Il faut que Jason parvienne sans encombre au palais d'Aiétès : Héra a soin de l'entourer d'un nuage qui lui permet d'entrer, invisible, à l'abri de la curiosité des Colchiens [4], dans la demeure royale où elle s'est arrangée

---

1. Scol. *Argon.*, I, v. 1086 : « C'est Héra, dit Pindare, qui avait envoyé l'alcyon. » — Voir, plus haut, l. II, ch. I, p. 199.
2. *Argon.*, II, v. 216-217.
3. *Argon.*, II, v. 865.
4. *Argon.*, III, v. 210 et suiv.

de manière à retenir Médée qui, d'ordinaire, passait toutes ses journées dans le temple d'Hécate dont elle elle était la prêtresse [1].

Docile aux ordres d'Héra, le fils de Cypris a frappé au cœur la jeune fille qui, désormais, est follement éprise de Jason [2]. Vaincue par Éros, circonvenue par Chalciope, Médée hésite encore à trahir son père au profit de celui qu'elle aime. C'est alors, en ce moment suprême d'angoisses, que « Héra change son âme; ses pensées ne sont plus hésitantes » [3]; elle ira à ce rendez-vous où elle doit donner à Jason le moyen magique de vaincre les taureaux aux pieds d'airain qu'Aiétès lui ordonne de combattre. Jason va, de son côté, à la rencontre de la jeune fille; mais Mopsos l'accompagne : la présence de cet intrus peut intimider la jeune fille et rendre inutile l'entrevue de Jason et de Médée. Héra fait dire par une corneille au devin malencontreux qu'il ferait bien de retourner au vaisseau [4]. C'est grâce à la déesse que Jason se trouvera seul en présence de Médée : Héra, d'ailleurs, a eu soin de parer son protégé de tant de charmes, de le faire si éloquent, si resplendissant de grâces que Médée sera séduite à sa vue [5]. L'œuvre commencée par le trait d'Éros est parfaite par l'aspect vainqueur qu'Héra donne à Jason.

La fille d'Aiétès a remis au bel étranger la substance magique qui lui permet de vaincre les taureaux; mais elle est effrayée de ce qu'elle a fait : elle n'ose se résoudre à quitter la maison de son père pour fuir avec celui qu'elle aime. Héra jette alors dans le cœur de Médée une terreur pleine d'angoisses [6]; elle lui inspire, au milieu de son effroi, l'idée de partir avec

1. *Argon.*, III, v. 250-252.
2. *Argon.*, III, v. 275-298.
3. *Argon.*, III, v. 818-819.
4. *Argon.*, III, v. 931. — Voir, plus haut, l. II, ch. I, p. 201-202.
5. *Argon.*, III, v. 922.
6. *Argon.*, IV, v. 11.

les fils de Phrixos [1]. Elle ne peut lui persuader de s'échapper d'Aia avec Jason : c'est sous la protection de ses neveux que la sœur de Chalciopé fuira loin de la colère paternelle. Mais, si Médée peut l'oublier, Héra se souvient que les fils de Phrixos sont les compagnons de l'Aisonide : fuir avec eux, c'est, pour Médée, fuir avec Jason.

Héra dirige cette fuite de Médée et de Jason, pour en assurer l'heureux succès : du jour où le navire Argo quitte les ports de Colchide en emmenant les deux amants fugitifs, jusqu'au jour où il quittera les ports de l'île des Phaiaciens en conduisant vers Iolcos les amants enfin mariés, elle se montre, en toute occasion, « soucieuse de faire accomplir aux héros la navigation qui leur a été fixée » [2]. Elle excite les vents qui les ramèneront dans la route qu'ils doivent parcourir ; elle pousse un cri terrible qui indique aux Argonautes dans quel sens il leur faut se diriger [3] ; elle les enveloppe d'une nuée obscure qui leur permet de s'avancer invisibles au milieu des peuples innombrables des Celtes et des Ligyens [4].

Quand ils s'éloignent de l'île de Circé, « ils ne restent pas cachés à l'épouse du Cronide Zeus [5] ». La déesse fait surveiller la marche du navire par Iris qu'elle envoie successivement vers Thétis, vers Aiolos, vers Héphaistos. Mandée par Héra, Thétis va trouver l'épouse de Zeus qui l'attend et qui lui dit, comme elle l'a déjà dit à Cypris et à Athéné, combien sont chers à son cœur le héros Aisonide et tous les autres héros qui l'accompagnent. « Tu sais comment je les ai sauvés, alors qu'ils pénétraient au travers des roches mobiles, dans ce passage où de terribles tempêtes

1. *Argon.*, IV, v. 21-23.
2. *Argon.*, IV, v. 578.
3. *Argon.*, IV, v. 643-644.
4. *Argon.*, IV, v. 645-648.
5. *Argon.*, IV, v. 753.

accueillent en grondant les navigateurs, où les flots jaillissent de tous côtés sur les durs rochers[1]. » Il semble qu'ici Héra se vante : car, si le poète a montré Athéné s'empressant au secours des Argonautes, alors qu'ils pénétraient dans le Pont au travers des Roches-Cyanées, il n'a rien dit de l'aide salutaire qu'Héra leur aurait portée dans cette circonstance difficile[2].

Mais la déesse rappelle le concours plus ou moins effectif qu'elle a prêté à ses protégés pour s'en autoriser quand elle demande à Thétis de les secourir de même dans le détroit dangereux qu'ils doivent franchir entre Charybde et Scylla. Thétis fait ce qu'Héra lui demande ; elle communique à Pélée les ordres de la déesse, en lui faisant observer que les Argonautes doivent se montrer dociles à Héra qui les aide[3]. C'est pour obéir à la protectrice des héros que les Néréides guident sûrement Argo au milieu des Roches-Errantes, et la déesse prend un tel intérêt au péril de ses protégés qu'elle se pâme presque de frayeur dans les bras d'Athéné[4].

Après avoir échappé aux dangers de la mer, les Argonautes sont arrivés à bon port dans l'île des Phaiaciens. Mais un danger nouveau les menace : voici en effet une immense expédition de Colchiens qui apparaît sur les côtes de l'île, demandant que Médée soit livrée aux hommes de son pays pour être reconduite à Aiétès. Le roi prudent des Phaiaciens, Alcinoos, décide que, si Médée est vierge encore, il la laissera ramener à son père ; si elle a déjà partagé le lit de Jason, il ne permettra pas qu'elle soit séparée de son mari. Le roi ne veut pas tenir secrète pour sa femme Arété la décision qu'il a prise : Héra inspire

---

1. *Argon.*, IV, v. 786-788.
2. *Argon.*, II, v. 582-618.
3. *Argon.*, IV, v. 858.
4. *Argon.*, IV, v. 959-960.

aussitôt à Arété l'idée de révéler à Jason le sage dessein d'Alcinoos [1]. Utilement averti, l'Aisonide se hâte de procéder aux préparatifs du mariage. De son côté, Héra fait venir les Nymphes pour honorer son protégé [2]. Elle ne veut pas que ce mariage reste secret; elle en rend les cérémonies solennelles et elle en répand la nouvelle dans toute l'île des Phaiaciens [3]. Les Colchiens, qui apprennent à la fois le mariage de Médée et l'arrêt d'Alcinoos, renoncent à réclamer plus longtemps la jeune fille.

Le châtiment de Pélias est désormais certain. Femme de Jason, Médée, sur les instances de son mari, se chargera de punir le tyran. Héra sait que la magicienne persuadera « aux filles de Pélias de couper en morceaux le corps de leur père et de le faire bouillir, leur assurant que cette opération lui rendra une nouvelle jeunesse » [4]. Mais elle sait aussi que bien des dangers, bien des angoisses, attendent les Argonautes après leur départ de l'île d'Alcinoos. « Le destin ne permettait pas encore aux héros de débarquer en Achaïe : ils devaient auparavant supporter de nouvelles épreuves sur les frontières de la Libye [5]. »

Qu'importe à Héra, sûre maintenant d'être vengée de Pélias? Elle ne fera rien pour adoucir les épreuves de son protégé d'autrefois. On dirait que, du moment où il est marié à Médée qui tuera le tyran d'Iolcos, Jason n'est plus cher au cœur de la déesse, comme elle le prétendait quand elle demandait à Cypris de rendre Médée amoureuse de l'Aisonide.

Les Argonautes sont jetés dans la Syrte de Libye, d'où les navires qui ont été forcés d'y entrer ne peuvent plus sortir. Ils sentent leur cœur se glacer

---

1. *Argon.*, IV, v. 1110-1123; v. 1199-1200.
2. *Argon.*, IV, v. 1151-1152.
3. *Argon.*, IV, v. 1184-1185.
4. Decharme, *Mythol.*, p. 613.
5. *Argon.*, IV, v. 1225-1227.

d'effroi ; Ancaios, désespéré, renonce à diriger Argo : Héra se dispense d'intervenir et d'inspirer une seconde fois à Ancaios cette audace extraordinaire qu'elle lui avait mise dans l'âme, quand il s'agissait de remplacer Tiphys, pour arriver plus sûrement à Aia, patrie de Médée.

Plus tard, quand Argo navigue sur la vaste mer de Crète, une nuit funeste, sans lune et sans étoiles, enveloppe et effraie les navigateurs qui ne savent plus s'ils sont emportés au milieu des régions d'Adès ou sur les flots : pour les délivrer des angoisses qui les accablent, la déesse ne songe plus à exciter les vents qui doivent les ramener dans la bonne route, à pousser un cri terrible qui leur indique la direction qu'il faut prendre, à faire surveiller la marche du navire par Iris, comme elle y songeait, alors qu'il s'agissait de conduire le navire vers l'île d'Alcinoos où l'union de Jason et de Médée devait s'accomplir.

Une fois le mariage consommé, qui assure sa vengeance, Héra abandonne Jason. Pour hâter ce mariage elle aurait fait l'impossible. Certes, elle eût, comme elle le dit, délivré Ixion : cette grâce accordée à un insolent aurait été chose bien pénible pour l'orgueil de l'Héra homérique. Mais l'Héra d'Apollonios se résigne, pour concilier à Jason l'amour de Médée, à une démarche bien pénible à son amour-propre, à sa dignité d'épouse de Zeus, à sa délicatesse de grande dame alexandrine.

III

Héra, dans les *Argonautiques,* conserve le caractère rancunier de l'Héra de l'*Iliade*. De plus, elle a les travers charmants des grandes dames de l'époque alexandrine : elle est romanesque et nerveuse ; elle aime à se déguiser en vieille femme pour éprouver les bonnes dispositions des humains ; elle est prête à tomber en pâmoison, quand elle voit les Néréides peiner à dégager le navire Argo des Roches-Errantes. Elle tient à rester loin de toutes les vilenies qui impressionneraient son âme délicate ; elle évite toute compromission désagréable à sa pruderie ; elle garde avec un soin jaloux son rang de femme légitime et irréprochable de Zeus.

Cependant, elle a besoin de Cypris, la déesse déclassée, dont la conduite fait le contraste le plus éclatant avec l'austère moralité de la reine de l'Olympe ; elle se décide à aller la solliciter. Mais elle n'ira pas seule : en effet, Athéné, la déesse vierge, consent à l'accompagner, à condition que ce soit Héra qui porte la parole.

Apollonios s'est amusé à faire une scène de comédie dont les interlocutrices sont justement les trois déesses que le légendaire jugement de Pâris doit réunir. « Leur longue entrevue... où la passion se dissimule sous les dehors de la politesse et du savoir-vivre, ressemble bien peu aux délibérations tumultueuses des dieux de l'*Iliade*[1]. » Le poète des *Argonautiques* est bien plus voisin d'Euripide et surtout de Théocrite que d'Homère. Il sait conduire un dialogue aussi bien que le tragique athénien et il se plaît à donner un pendant aux *Syracusaines* du poète alexandrin. Au lieu de deux petites bourgeoises, tracassières et bavardes, il met en scène de vraies grandes dames de la cour des Ptolémées, telles que les Bérénice ou les Arsinoé.

En étudiant les caractères de Cypris et d'Athéné dans les *Argonautiques*, il y aura lieu de faire remarquer la raideur guindée de la déesse vierge, qui croirait

---

1. Couat, *Poésie alexandrine*, Paris, 1882, p. 306.

se compromettre en adressant la parole à Cypris, et
dont la gravité dédaigneuse ne se relâche que par un
sourire de mépris à l'endroit de la mère d'Éros incapable de se faire obéir par son fils. Il faudra apprécier
aussi avec quelle modestie ironique la déesse courtisane
semble se féliciter de l'honneur que lui font ses visiteuses dont la démarche, elle le sait bien, est intéressée;
avec quelle perfide habileté elle force Héra, qui voudrait
parler le moins possible, à lui exposer tout au long le
but de sa requête.

Pour ce qui est de la légitime épouse de Zeus,
protectrice attitrée du mariage, c'est après avoir cherché inutilement un autre moyen de secourir Jason
qu'elle se décide, en désespoir de cause, à implorer
l'aide de Cypris. « Allons, rendons-nous auprès d'elle ! »

L'ironie de l'accueil modeste de la mère d'Éros ne
saurait échapper à une déesse perspicace comme Héra.
Mais elle doit s'exécuter : elle fait un long discours,
une longue prière. Elle explique, en y insistant à dessein, les motifs très purs et très honorables de son
attachement pour Jason. Elle se montre « pleine de
prudence », comme dit le poète, quand elle demande à
Cypris de lui assurer le concours d'Éros : les termes de
la requête sont très habiles, très étudiés. Si elle laisse
échapper un sourire ironique en entendant la déesse
raconter comment Éros se conduit avec une mère
impuissante à commander le respect, elle corrige bien
vite cette imprudence en accompagnant d'un doux
sourire les paroles flatteuses qu'elle adresse à son
interlocutrice. Elle consent à prendre dans ses mains
la main délicate de Cypris. Mais, aussitôt après, elle
quitte son siège; elle ne peut plus y tenir. Elle sort de
la demeure de Cypris, suivie par Athéné, toujours
silencieuse.

L'entrevue a été bien pénible pour l'amour-propre
de l'irréprochable déesse qui n'a pas coutume de fré-

quenter chez Cypris. A peine hors de la présence de la déesse courtisane qu'il lui a fallu solliciter pour assurer le châtiment de Pélias, elle se pâmera, sans doute, dans les bras d'Athéné, comme elle manque de le faire en voyant le navire Argo en péril.

Dans cet épisode caractéristique, aussi bien que dans les autres endroits de son poème où il fait paraître Héra, Apollonios s'abstient de tracer le portrait de la déesse.

Mais le lecteur des *Argonautiques*, qui connaît le rôle que le poète alexandrin attribue à la déesse, qui se rappelle surtout l'attitude qu'il lui prête dans la visite à Cypris, se représente volontiers la compagne de Zeus sous les traits de l'Héra de la villa Ludovisi ou de l'Héra Téléia du Vatican. C'est « la déesse aux bras blancs, aux bras d'ivoire, au regard magnifique, au splendide vêtement », dont parle Maxime de Tyr[1]. Le splendide vêtement a, probablement, en plus quelque chose de l'élégance raffinée d'Alexandrie; l'expression du regard magnifique doit se tempérer de quelque mièvrerie prétentieuse et voulue sur le visage de la déesse romanesque et nerveuse, qui va sous un déguisement éprouver les bonnes dispositions des hommes et qui manque tomber en pâmoison quand ses beaux yeux s'arrêtent sur des spectacles que l'Héra homérique contemplerait insensible et sévère dans sa souveraine dignité.

1. *Diss.*, 14, 6, cité par Collignon, *Mythol. fig. de la Grèce*, p. 56.

CHAPITRE II

JUNON

I. La Junon de l'*Énéide* correspond à l'Héra Argienne de l'*Iliade*. Sens du titre *Regina deum*. Il n'est pas encore question dans l'*Énéide* de la *Iuno Regina* romaine.
Junon n'est qu'une déesse protectrice dont le pouvoir est en proportion de la fortune de ceux qu'elle protège. La Junon de l'*Énéide* est la synthèse de toutes les déesses qui protègent les ennemis d'Énée. Griefs de Junon contre Énée. L'Héra hellénique et la *Iuno Caelestis* de Carthage. Junon a un temple à Troie, mais elle est hostile aux Troyens. Allusion au temple Capitolin de la Junon romaine. *Iuno Argiva* honorée par Énée. La Junon d'Ardée. *Iuno Lacinia*. La Junon de Gabies. La Junon du Mont-Albain et Juturne. *Saturnia Iuno*, déesse protectrice du Latium en général. Junon Saturnienne mène la campagne contre les envahisseurs étrangers.

II. La légende de Junon dans l'*Énéide*. Junon, femme et sœur de Jupiter. Junon et Hercule. Ce qu'il faut penser de la puissance et de la cruauté de Junon. Le pouvoir de la déesse est beaucoup plus apparent que réel. Opinion générale de la critique moderne sur la cruauté de Junon. Ressemblance de la Junon de l'*Énéide* avec l'Héra de l'*Iliade* et l'Héra des *Argonautiques*. Pourquoi la déesse semble beaucoup plus méchante dans l'épopée de Virgile que dans celles d'Homère et d'Apollonios.

III. Rôle de Junon dans l'*Énéide*. Junon et Éole. L'orgueil de Junon. Junon et Vénus. Junon et Allecto. Junon à l'assemblée des dieux. Junon et Juturne. Junon cesse d'être la déesse protectrice de Turnus.

I

Si les *Argonautiques* ont la prétention d'être un poème antéhomérique, on sait que Virgile, au contraire, veut donner dans l'*Énéide* une continuation romaine de l'*Iliade* et de l'*Odyssée*. M. Boissier a fait observer que le poète latin s'arrête le plus souvent à

« l'antiquité moyenne »[1] d'Homère. Cette remarque s'applique en particulier à la légende de la Junon de l'*Énéide* : la déesse ne correspond pas à Héra d'Iolcos, mais bien à Héra Argienne : nous sommes avertis, dès les premiers vers du poème, que Junon est la divinité homérique, protectrice d'Argos, qui a fait la guerre de Troie dans l'intérêt de ses protégés[2]. Elle sera l'ennemie d'Énée, qui représente Troie, et c'est seulement bien longtemps après que le souvenir d'Énée et d'Ilion aura disparu, que l'Argienne Héra et la Romaine Junon se confondront pour ne faire qu'une seule divinité, protectrice des Romains, la nation qui portera la toge et qui sera la maîtresse du monde[3].

Il semble, à première vue, que Virgile attribue à Junon un pouvoir bien plus considérable que celui qui appartient à Héra dans les poèmes homériques et dans les *Argonautiques*, et que la déesse romaine est, dans l'*Énéide*, comme dans les œuvres littéraires de la Grèce à l'époque classique, la grande divinité féminine du ciel dont Jupiter est le grand dieu masculin.

Sœur et épouse de Jupiter, Junon se vante d'être la reine des dieux : c'est un titre que Virgile lui donne dès le commencement de son poème. Pourquoi, demande-t-il à la Muse, pourquoi la reine des dieux persécute-t-elle ainsi Énée[4]? Junon elle-même rappelle qu'elle marche en reine à la tête du cortège des dieux[5]. Mais le titre de *Regina deum* est simplement honorifique et un peu banal comme celui de θεῶν βασίλεα que Pindare donnait à Héra[6].

Il ne peut être encore question, dans l'*Énéide*, de

---

1. *Relig. rom.*, t. I, ch. IV, § 3, p. 249.
2. *Én.*, I, v. 23 : ...*veterisque memor Saturnia belli Prima quod ad Troiam pro caris gesserat Argis*.
3. *Én.*, I, v. 279-282.
4. *Én.*, I, v. 9 : ... *regina deum*.
5. *Én.*, I, v. 46 : ...*divum incedo regina;* IV, v. 114, et VII, v. 438 : ...*regia Iuno;* VII, v. 620 : *regina deum*.
6. Pindare, *Néméennes*, I, v. 39.

la *Iuno Regina*, reine du ciel, qui, adorée sur toutes les hauteurs de l'Italie, fit partie avec Jupiter et Minerve de la toute-puissante triade divine à qui on rendait un culte sur le Capitole, dès les commencements de Rome [1]. La déesse vraiment reine ne sera connue à Rome que du moment où, revenue à de meilleurs sentiments, elle protégera, de concert avec Jupiter, la nation qui porte la toge [2].

Au temps où se passe l'action de l'*Énéide*, Junon n'est qu'une déesse protectrice : comme ce ne sont pas les Troyens qu'elle protège, elle doit avoir une puissance inférieure à celle qu'Héra possédait dans l'*Iliade*. La déesse homérique parvient à ruiner Troie : si la déesse virgilienne avait le même pouvoir, elle empêcherait les Troyens exilés de s'établir en Italie. Virgile doit donc à la fois restreindre les limites de l'autorité et de l'influence divine de sa Junon, et exagérer ses haines et ses rancunes humaines pour expliquer tout le mal qu'elle fait aux Troyens et l'impossibilité où elle se trouve d'empêcher leur arrivée, leurs victoires et leur établissement en Italie.

Comme Héra, dans les *Argonautiques*, protège Jason, parce qu'elle voit en lui un instrument nécessaire pour châtier Pélias, Junon, dans l'*Énéide*, protège successivement tous les individus et tous les peuples qui pourront, espère-t-elle, empêcher Énée d'arriver aux bords du Tibre et d'épouser Lavinie. Mais tous ces individus, tous ces peuples appartiennent à des religions et à des races diverses. Les grandes divinités protectrices de ces peuples — Grecs, Carthaginois et Rutules — et de ces individus — Didon et Turnus — s'identifieront en une seule déesse, la Junon de l'*Énéide*,

---

1. Tertull., *ad Nat.*, II, 12 : *Varro antiquissimos deos Iovem, Iunonem et Minervam refert.* — Cf. Preller-Jordan, *Röm. Mythol.*, erster Band, p. 284; Roscher, *Lexicon der... Mythologie, Iuno*, II, p. 574 et 610.

2. *Én.*, I, v. 279-282.

qui participera des attributs de ces grandes divinités féminines de Carthage, d'Argos, du Mont-Albain, et dont l'unité de caractère résidera dans la haine contre Énée, qui est, successivement, l'ennemi vaincu des Grecs, l'hôte et le perfide amant de Didon, l'ennemi vainqueur de Turnus.

Personnalité synthétique formée de plusieurs déesses locales et particulières, la Junon de l'*Énéide* ne peut avoir le caractère d'impartialité et d'universalité qui est le propre de Jupiter. Divinité essentiellement protectrice comme l'est Héra dans l'*Iliade* et dans les *Argonautiques*, elle a ses favoris et, par suite, ses ennemis qui sont ceux de ses clients.

Dès les premiers vers de l'*Énéide*, Virgile a soin d'exposer les motifs qui font nécessairement d'Énée, exilé de Troie, au moment où il va être accueilli à Carthage, un ennemi de la divinité complexe en qui se réunissent sous le nom de Junon, Héra d'Argos et la grande déesse phénicienne.

Junon semble oublier ses sanctuaires helléniques pour ses temples phéniciens : en effet, elle chérit et protège Carthage plus que toute autre ville, que toute autre contrée ; elle la préfère même à Samos. C'est là que se trouvent ses armes et son char ; c'est à Carthage qu'elle veut, si les destins le permettent, assurer l'empire du monde [1].

Quand la colonie tyrienne conduite par Didon est arrivée, après une rude traversée, à l'endroit où Carthage devait s'élever, les premières fouilles pratiquées pour jeter les fondations des maisons ont été guidées par Junon. On a déterré la tête d'un cheval ; la déesse a enseigné à ses protégés que cette tête de cheval — qui devait être plus tard empreinte sur les monnaies des Carthaginois — était le symbole de la puissance

---

[1]. *Én.*, I, v. 14-19.

future du nouveau peuple : Carthage sera illustre à la guerre et comblée de richesses. Aussi, Didon reconnaissante bâtit en l'honneur de la protectrice de la cité un temple immense tout plein de riches offrandes et de la présence de la déesse [1]. A la fin du repas qu'elle offre à Énée, son hôte, Didon invoque *la bonne Junon* [2]. Quand la reine s'est éprise de son hôte, Anna est persuadée que c'est Junon qui a amené le Troyen à Carthage : la sœur de Didon ne voit pas seulement dans Junon la faiseuse de mariages, mais aussi et bien plus la divinité favorable à la ville nouvelle [3]. En offrant des sacrifices à la déesse, les deux sœurs invoquent à la fois Junon qui préside aux unions légitimes [4] et Junon qui protège Carthage. Quand, désabusée enfin et résignée à la mort, Didon fait sa dernière prière, elle s'adresse à Junon témoin et confidente de ses chagrins [5]. Car, l'amante trompée du héros étranger le sait bien, Junon ne l'a pas abandonnée : c'est seulement dans un mouvement de désespoir que Didon s'écrie que la très grande Junon lui est hostile [6]. Elle est, au contraire, la fidèle protectrice de Carthage et de la malheureuse reine; si les destins l'avaient permis, l'union projetée et imprudemment conclue par la déesse aurait été sérieuse et durable. Pleine de pitié pour la pauvre femme qui n'a d'autre tort que de s'être fiée aveuglément à sa protectrice, Junon enverra Iris pour l'aider à mourir [7].

Cette Junon à qui Didon élevait un temple dès son arrivée à Carthage et qu'elle invoque encore au moment de se tuer, c'est la *Iuno Caelestis* [8] ou *Virgo Caelestis*,

---

1. *Én.*, I, v. 441-447.
2. *Én.*, I, v. 734 : ...*bona Iuno*.
3. *Én.*, IV, v. 45 : ...*Iunone secunda*.
4. *Én.*, IV, v. 59.
5. *Én.*, IV, v. 608 : *Tuque, harum interpres curarum et conscia, Iuno*.
6. *Én.*, IV, v. 371.
7. *Én.*, IV, v. 693-705.
8. Preller-Jordan, *Röm. Mythol.*, erster Band, p. 288; zweiter Band, p. 406-

qui fut évoquée dans les formes et transportée à Rome à la fin des guerres puniques, mais qui ne devint populaire dans le monde romain que sous les empereurs. C'est parce que, au moment où l'*Énéide* est écrite, la *Iuno Caelestis* de Carthage est devenue une déesse romaine, que Virgile peut, sans crainte, parler longuement de la divinité phénicienne. *Urbs antiqua fuit :* l'ancienne Carthage n'est plus, et sa grande déesse a passé de la ville vaincue à la ville victorieuse où elle est maintenant honorée et dont elle sera désormais la protectrice.

Virgile a soin d'identifier cette déesse, qui n'est autre que l'Astarté phénicienne, avec l'Héra hellénique. Elle préfère, dit-il, Carthage à Samos même [1] : on sait que l'île de Samos était, avec la ville d'Argos, un des principaux centres du culte de la déesse. La Junon de l'*Énéide* est aussi la déesse d'Argos. Virgile rappelle, au nombre de ses griefs contre Énée, la guerre qu'elle a faite jadis pour ses chers Argiens [2], guerre où elle n'a pu anéantir jusqu'au dernier ces Troyens coupables d'avoir eu pour princes Pâris, qui a préféré la beauté de Vénus à celle de la reine des dieux, et Ganymède, qui a été le favori de Jupiter.

C'est pour ces motifs que Junon, en même temps qu'elle protège les Grecs, poursuit les Troyens chez qui elle est une divinité inconnue. « Pausanias, Apollodore, Strabon nous donnent l'énumération des principaux temples de la déesse. Aucun d'eux n'est situé sur les côtes d'Asie. Le culte de Héra ne domine ni en Phrygie, ni en Troade, ni en Lycie [3]. » Virgile, cependant, fait mention d'un temple de Junon, qui se

---

407. — Cf. Servius, *ad Aen.*, X,II v. 841 : *Constat bello punico secundo exoratam Iunonem ; tertio vero bello a Scipione sacris quibusdam etiam Romam esse translatam.*

1. *Én.*, I, v. 16 : *Posthabita coluisse Samo.*
2. *Én.*, I, v. 23.
3. Bertrand, *Les dieux protecteurs*, ch. II, § 1, p. 59.

trouvait dans la citadelle de Troie, non loin du palais de Priam : c'est d'ailleurs dans ce sanctuaire que Phénix et Ulysse mettent, pour ainsi dire, sous la protection de la déesse argienne les trésors qu'ils ont pillés dans Troie [1]. Le sanctuaire de Junon n'est pas un lieu de protection pour les Troyens, mais un magasin où les Grecs peuvent entasser leur butin en sûreté. La déesse prend elle-même une part active à la destruction de Troie : c'est elle qui, s'empressant en armes aux portes Scées, appelle avec fureur des vaisseaux la troupe des Grecs ses alliés [2].

Virgile imagine probablement l'existence de ce temple de Junon dans la citadelle de Troie [3], parce que la déesse devait avoir aussi un temple dans le Capitole à cette époque prédite par Jupiter à Vénus, où Junon serait devenue une déesse romaine [4]. Mais c'est seulement en l'an 410/344 que sera construit à Rome le temple de *Iuno Moneta in arce* [5]. Le temple du Capitole, commencé sous les rois, fut achevé dans les premières années de la République : le consul Horatius Pulvillus en fit la dédicace en 245/509. Mais, à propos de cette dédicace, Tite-Live ne parle que du temple de Jupiter Capitolin [6]. C'est seulement en 294/460 que nous entendons Valérius Publicola dire au peuple, alors que des exilés et des esclaves, sous la conduite du Sabin Herdonius, avaient occupé le Capitole : « Jupiter très bon, très grand, Junon reine, Minerve, les autres dieux et déesses sont assiégés [7]. »

Dès cette époque se trouvaient, sur le Capitole, les

---

1. *Én.*, II, v. 761 et suiv.
2. *Én.*, II, v. 612-614.
3. Cf. Gossrau, *ad Aen.*, II, v. 761 : *Iunonis autem, propitiae sibi deae, in templo asservant Graeci praedam. Templum autem in arce fingit Iunonis, quod eius erat in Capitolio Romano.*
4. *Én.*, I, v. 279-282.
5. Preller-Jordan, *Röm. Mythol.*, erster Band, p. 283.
6. Tite-Live, II, VIII : *Nondum dedicata erat in Capitolio Iovis aedes.*
7. Tite-Live, III, XVII.

trois sanctuaires particuliers des dieux σύννχοι : de Jupiter au centre, de Minerve à droite, de Junon à gauche [1]. Plus tard, enfin, les oies consacrées à *Iuno Regina* donneront par leurs cris l'alarme aux défenseurs du Capitole envahi par les Gaulois [2].

Mais, au moment où se passe l'action de l'*Énéide*, il n'est pas question encore de ce rocher immuable du Capitole [3], où la maison d'Énée sera un jour établie. — La *Iuno Regina* romaine n'existe pas encore, et la Junon de la citadelle troyenne ne semble exister que dans l'imagination de Virgile.

La déesse qui, au commencement de l'*Énéide*, poursuit de sa haine ceux des Troyens qui ont échappé aux Grecs et à l'impitoyable Achille [4], la déesse qui tâche de les éloigner des rivages d'Italie [5], c'est l'Argienne Héra. C'est elle que le devin Hélénus recommande à Énée de fléchir avant toutes les autres divinités : « Au lieu de toutes les recommandations que je pourrai te faire, voici la plus importante que je ne me lasserai pas de te répéter : adore d'abord la divinité de la grande Junon; fais-lui des prières, n'épargne rien dans tes vœux. Triomphe par tes dons de cette puissante maîtresse : c'est seulement ainsi que tu pourras quitter la Sicile et parvenir victorieusement en Italie [6]. » Docile aux conseils d'Hélénus, Énée offre, suivant les rites, à *Iuno Argiva* les sacrifices prescrits [7]. Les Troyens se prosternent au pied des autels, la tête couverte du voile phrygien : c'est la première fois que les compagnons d'Énée observent cet usage qui leur a été recommandé par Hélénus : « Souviens-toi de te

---

1. Cf. Cicéron, *Pro Domo*, LVII : *Capitoline [Iupiter]... Iuno Regina... Custos urbis Minerva.*
2. Tite-Live, V, XLVII.
3. *Én.*, IX, v. 448 : *...Capitoli immobile saxum.*
4. *Én.*, I, v. 30.
5. *Én.*, I, v. 38.
6. *Én.*, III, v. 435-440.
7. *Én.*, III, v. 546-547. Cf. v. 547 : *Iunoni Argivae.*

couvrir la tête d'un voile de pourpre, de peur qu'au milieu des feux sacrés allumés en l'honneur des dieux, une figure hostile ne se présente et bouleverse les présages. Que tes compagnons observent ce rite dans les sacrifices; observe-le toi-même. Que tes descendants demeurent pieusement fidèles à cet usage sacré [1]. » C'est, en effet, un usage romain [2] : les Grecs, au contraire, sacrifiaient la tête découverte.

Virgile rapporte à Énée conseillé par Hélénus l'institution de ce rite, un des plus caractéristiques du culte romain : Junon est la première divinité adorée à la manière romaine. Cela pourrait suffire pour désarmer *Iuno Argiva* et en faire déjà une déesse romaine. Mais les malheurs de Didon, dus à Énée, vont être une cause nouvelle de colère pour la Junon carthaginoise, dont la vieille rancune contre Troie se réveille en voyant les Troyens heureux en Sicile, alors que Didon meurt sur le bûcher [3]. La déesse envoie Iris aux femmes troyennes, et, grâce aux conseils perfides de sa messagère, elle obtient qu'elles incendient la flotte. Vénus se plaint que la colère de Junon soit pesante, que son cœur soit insatiable de vengeance [4]. — Les rancunes de la déesse d'Argos ont été excitées par l'indignation de la protectrice de Carthage.

Cette haine divine n'est pas encore apaisée au moment de l'arrivée des Troyens en Italie; la Sibylle le prédit à Énée : « Attachée à la poursuite des Troyens, Junon sera partout présente... Le Latium a un autre Achille, né, lui aussi, d'une déesse [5]. » On remarque le soin de la Sibylle — et du poète — à mettre en parallèle le Latium et l'Hellade, Turnus et Achille, l'Héra héllénique et la Junon d'Ardée. Pour donner l'unité

---

1. *Én.*, III, v. 405-409.
2. Cf. les textes cités par Forbiger, *ad Aen.*, III, v. 405.
3. *Én.*, V, v. 608 : *...necdum antiquum saturata dolorem.*
4. *Én.*, V, v. 781 : *Iunonis gravis ira et inexsaturabile pectus.*
5. *Én.*, VI, v. 89-91.

nécessaire au caractère de cette divinité complexe qu'il désigne par le nom de Junon, Virgile identifie Héra d'Argos avec Junon d'Ardée, comme il l'identifiait au commencement de son poème avec la divinité de Carthage.

En effet, quand Junon va exciter la guerre en Italie contre Énée, Virgile la représente revenant dans le Latium, d'Argos, ville d'Inachus [1]. Le monologue indigné auquel s'abandonne la Junon d'Italie [2] correspond à celui où, au commencement du Chant Ier de l'*Énéide*, Héra d'Argos épanchait sa colère contre les compagnons d'Énée [3]. La haine de la déesse d'Argos, puis de celle de Carthage, a causé les courses errantes des Troyens, sujet des six premiers Chants de l'*Énéide* : la colère de la déesse italienne va exciter les combats, sujet des six derniers Chants. — Les diverses déesses se confondent en une pour que le personnage de la Junon virgilienne conserve son unité.

Hélénus recommandait à Énée d'offrir un sacrifice à *Iuno Argiva*. Le dieu du Tibre lui recommande aussi, à son arrivée en Italie, de sacrifier à la déesse : il le fait presque dans les mêmes termes que le devin troyen ; c'est bien, semble-t-il, la même déesse qui est désignée par le devin troyen et par le dieu italien. « Fais tes prières à Junon suivant les rites et, par tes vœux suppliants, triomphe de sa colère et de ses menaces [4]. » Énée obéit ; un hasard, voulu sans doute par le destin, lui permet d'offrir à Junon le sacrifice qui lui était le plus agréable, celui d'un porc [5]. « Or, — dit le poète, — voici que tout à coup un prodige merveilleux se manifeste aux yeux d'Énée ; dans la forêt, sur le rivage

---

1. *Én.*, VII, v. 286 : ...*Inachiis sese referebat ab Argis Saeva Iovis coniux*.
2. *Én.*, VII, v. 294-323.
3. *Én.*, I, v. 37 et suiv.
4. *Én.*, VIII, v. 60-61.
5. Cf. Servius, *ad Aen.*, VIII, v. 84.

verdoyant, une truie blanche est étendue avec ses petits, blancs comme elle. C'est à toi, très grande Junon, à toi, comme il le devait, que le pieux Énée l'immole, ainsi que ses petits amenés à l'autel pour le sacrifice [1]. »

Cette offrande aurait pu désarmer *Iuno Argiva* ou *Iuno Lacinia*, dont Énée et ses compagnons ont aperçu le temple alors qu'ils longeaient la côte d'Italie pour arriver en Sicile [2]. Servius donne diverses étymologies de ce surnom de la déesse [3]; Tite-Live [4] rapporte que son temple, voisin de Crotone, était l'objet de la vénération de tous les peuples des environs [5]. Virgile tenait à faire mention de la déesse Lacinienne, si célèbre dans l'Italie méridionale; mais il ne pouvait donner un rôle dans les six derniers Chants de l'*Énéide* à une divinité connue et adorée aux environs de Crotone et de Tarente; le rôle de *Iuno Argiva* doit cesser du moment que les Troyens sont en Italie.

C'est la Junon de Gabies, d'Ardée, du Mont-Albain, qui peut être la déesse protectrice des indigènes du Latium et l'ennemie des étrangers Troyens : on comprend que le sacrifice d'Énée n'est pas suffisant pour apaiser la déesse du Latium.

Gabies, ville du Latium, était un des centres du culte de Junon [6]. Mais la déesse de Gabies n'a pas à jouer un rôle important dans la lutte de Turnus : on voit simplement les habitants des campagnes consacrées à *Iuno Gabina* accourir sous les drapeaux de Turnus [7]. Les Gabiens sont simplement les alliés du roi des Rutules; leur déesse ne sera, elle aussi, que l'alliée de la protectrice de Turnus.

---

1. *Én.*, VIII, v. 81-85.
2. *Én.*, III, v. 552 : *...attollit se diva Lacinia contra*.
3. Servius, *ad Aen.*, III, v. 552.
4. Tite-Live, XXIV, III, 3.
5. Voir, pour les auteurs qui en parlent, la note de Forbiger au v. 552 du Ch. III. — Cf. Preller-Jordan, *Rom. Mythol.*, erster Band, p. 288.
6. Servius, *ad Aen.*, VII, v. 682 : *Sane illic Iuno religiosissime colitur*.
7. *Én.*, VII, v. 682 : *...quique arva Gabinae Iunonis... colunt*.

Junon possède dans Ardée, capitale de Turnus, une prêtresse, Calybé [1], et un temple cité par l'*Histoire naturelle* de Pline aussi bien que par l'*Énéide* [2] : la déesse d'Ardée et de Turnus sera nécessairement l'ennemie des Troyens et d'Énée.

Protectrice de Turnus, elle est aussi, en qualité de déesse du Mont-Albain, la protectrice de Juturne, la sœur du chef des Rutules. On a déjà vu [3] que la Junon des six derniers Chants de l'*Énéide* est bien la déesse du Mont-Albain : son amitié pour Juturne, qui a été aimée par Jupiter, ne peut s'expliquer autrement. Héra ne pardonne pas à Zeus ses nombreuses infidélités; Junon n'est pas plus indulgente pour Jupiter. Virgile essaie évidemment de concilier deux légendes diverses, quand il fait de Juturne à la fois l'amante de Jupiter et l'amie de Junon; quand il montre Junon, contrairement à ses habitudes rancunières, assurant sa rivale que, seule de toutes les filles du Latium que le magnanime Jupiter fit entrer dans sa couche infidèle, elle a trouvé grâce aux yeux de l'épouse outragée [4].

Je crois que toutes les déesses protectrices des diverses localités du Latium, la déesse de Gabies, celle d'Ardée, celle du Mont-Albain, se confondent sous le nom général de *Saturnia Iuno*. La déesse Saturnienne est la protectrice commune de tout le Latium, ce pays que les *Géorgiques* nommaient *la terre Saturnienne* [5], et que l'*Énéide* nomme *les campagnes Saturniennes* [6].

On attribue d'ordinaire un tout autre sens à l'épithète *Saturnia* de Junon.

A propos du vers 23 du Chant Ier, où Virgile rappelle

---

1. *Én.*, VII, v. 419 : ...*Calybe Iunonis anus, templique sacerdos*.
2. Pline, *N. H.*, XXXV, 17, 115. — Cf. Roscher, *Lexicon der... Mythologie*, II, p. 604.
3. Voir, plus haut, l. II, ch. II, p. 232.
4. *Én.*, XII, v. 143-145.
5. *Géorg.*, II, v. 173 : ...*Saturnia tellus*.
6. *Én.*, I, v. 569 : ...*Saturniaque arva*.

la haine de *Iuno Saturnia* contre les Troyens, Servius fait remarquer que chaque fois que le poète donne à Jupiter et à Junon les noms de *Saturnius* et de *Saturnia*, c'est qu'il va leur prêter des sentiments de colère et de cruauté [1].

Benoist dit de son côté : « Il est possible de se rendre compte de cette particularité, en songeant que l'antique dieu latin, identifié avec le Cronos des Grecs, et devenu ainsi le père de Jupiter et de Junon, confondue avec l'Héra homérique, fut plus tard assimilé encore au Baal phénicien, dont la physionomie offrait des analogies avec celle de Cronos. Or, à ce dieu l'on immolait des victimes humaines et surtout des enfants, ce qui donnait à son culte un caractère remarquable de cruauté et de violence [2]. »

Il ne semble pas, malgré le dire de Servius, que le mot *Saturnius* ait un sens péjoratif. Le *Saturnius pater* du vers 372 du Chant IV correspond simplement au terme homérique Κρονίων. C'est avec le même sens que Neptune, qui correspond au Cronide Poseidon, est appelé *Saturnius domitor maris* [3], dans un passage de l'*Énéide* où le dieu des mers fait montre de sentiments très bienveillants à l'endroit de Vénus qui implore sa protection.

Quant au mot *Saturnia*, on peut remarquer que Virgile en fait très souvent une épithète de Junon quand il veut montrer la déesse irritée contre les Troyens et occupée à leur nuire.

En effet, c'est par le nom de *Saturnia* qu'Hélénus désigne la déesse qui l'empêche d'exposer complète-

---

1. Servius, *ad Aen.*, I, v. 23 : Saturnia *autem nomen quasi ad crudelitatem aptum posuit. Vergilius enim ubicumque Iovi vel Iunoni Saturni nomen adiungit, causas eis crudelitatis adnectit, ut* [IV, v. 372]: Nec Saturnius haec oculis pater adspicit aequis. *Alibi* [XII, v. 830] : Es germana Iovis, Saturnique altera proles : Irarum tantos volvis sub pectore fluctus.
2. Benoist, note au v. 23 du Ch. I de l'*Énéide*.
3. *Én.*, V, v. 799.

ment ses prédictions [1] ; que le poète appelle Junon, quand elle va trouver Vénus pour essayer de la tromper et de l'amener à retenir, de concert avec elle, Énée à Carthage, loin de l'Italie [2], ou quand elle envoie Iris sous la figure de Béroé, pour persuader aux Troyennes d'incendier la flotte, ce qui empêchera Énée d'arriver en Italie [3].

Lorsque la Furie Allecto se présente, sous le nom de Calybé, à Turnus endormi pour l'exciter à la guerre contre les Troyens, elle se dit l'envoyée de *Saturnia Iuno* [4]. Allecto rend compte à Junon de sa mission ; la déesse lui répond en se félicitant d'avoir allumé la guerre : *tales dederat Saturnia voces*, dit Virgile [5].

C'est encore la déesse *Saturnia* qui met la dernière main à la préparation des hostilités [6], qui brise elle-même les portes du temple de la guerre [7], qui envoie Iris à Turnus pour l'avertir de l'absence d'Énée et l'exciter à faire avancer ses troupes contre les ennemis privés de leur chef [8]. Alors que la bataille est engagée et que Turnus va être atteint mortellement, *Saturnia Iuno* détourne le trait loin de son protégé [9]. C'est aussi *Saturnia Iuno* qui se voit forcée par les ordres absolus de Jupiter, qu'Iris lui porte, d'abandonner le héros rutule [10] ; c'est elle encore qui arrache plus tard Turnus au péril qui le menace, lui présente une image trompeuse d'Énée, l'attire sur un vaisseau dont elle rompt le câble [11] pour le faire aborder au rivage d'Ardée où il sera à l'abri des poursuites d'Énée.

1. *Én.*, III, v. 380.
2. *Én.*, IV, v. 92.
3. *Én.*, V, v. 606.
4. *Én.*, VII, v. 428.
5. *Én.*, VII, v. 560.
6. *Én.*, VII, v. 572.
7. *Én.*, VII, v. 622.
8. *Én.*, IX, v. 2.
9. *Én.*, IX, v. 745.
10. *Én.*, IX, v. 802.
11. *Én.*, X, v. 659 : *...rumpit Saturnia funem*.

C'est avec des sentiments hostiles aux Troyens et favorables aux Italiens que *Saturnia Iuno*[1] regarde du haut des demeures de Jupiter, en compagnie des autres grandes divinités, la bataille que Turnus et ses amis livrent aux soldats et aux alliés d'Énée. C'est *Saturnia Iuno* qui sollicite Juturne de faire échapper son frère Turnus à la mort qui l'attend[2]. C'est *Saturnia coniux* qu'Énée invoque pour se rendre favorable la vieille ennemie des Troyens[3]. C'est enfin la déesse *Saturnia* qui, vaincue, s'abaisse devant Jupiter, promet de ne plus secourir Turnus et reconnaît dans Énée le possesseur de cette *Saturnia terra* dont elle est la déesse locale, et dont elle devra protéger les maîtres nouveaux imposés par le destin[4].

Voilà, assurément, bien des exemples où le mot *Saturnia* désigne la déesse Junon irritée contre les Troyens. Mais est-il nécessaire de supposer que l'épithète « fille de Saturne » indique une déesse méchante, parce que le Cronos grec a été identifié avec le Baal phénicien auquel on immolait des enfants ? Si Héra est la fille de Cronos, Junon est la fille de Saturne que l'*Énéide* et les *Géorgiques* représentent comme un dieu bienfaisant. C'est sous son règne que l'âge d'or a reparu dans le Latium, alors que le reste du monde était en proie à la barbarie de l'âge de fer. Le nom de « fille de Saturne » ne peut indiquer *a priori*, comme Servius le prétend, une divinité malfaisante. Si l'on admet que, dans les divers passages cités plus haut, Virgile emploie à dessein l'épithète *Saturnia* au lieu du nom *Iuno*, il faut supposer que le poète indique simplement par *Saturnia* que Junon est la fille du vieux dieu local et bienfaisant de l'Italie, et que, par suite et

---

1. *Én.*, X, v. 760.
2. *Én.*, XII, v. 156.
3. *Én.*, XII, v. 178.
4. *Én.*, XII, v. 807 : *...submisso... Saturnia vultu.*

à ce titre, elle est la protectrice de la race italienne autochtone et l'ennemie des Troyens et de leurs alliés qui vont imposer à la vieille terre de Saturne une domination nouvelle et étrangère. Par extension, l'épithète *Saturnia* s'applique non seulement à la Junon du Latium hostile aux Troyens étrangers, mais à l'Héra d'Argos ou à la grande divinité de Carthage considérée comme ennemie d'Énée et de son peuple.

Déesse d'Ardée et protectrice de Turnus, déesse du Mont-Albain et amie de Juturne, divinité locale de la terre Saturnienne, c'est Junon qui, en face de l'abstention de Latinus docile aux oracles et fidèle à l'alliance conclue, descend elle-même du ciel et pousse de sa propre main les portes du temple de la guerre qui résistent; c'est elle qui, les faisant rouler sur les gonds, enfonce les battants de fer; la guerre est déchaînée [1]. Junon mène la campagne, comme elle avait mené l'expédition des Argiens contre Troie; tous les moyens lui sont bons pour réussir. C'est en vain que, faisant les prières aux dieux au moment de conclure le traité avec Latinus, Énée supplie Junon de lui devenir enfin favorable [2]; la déesse ne désarme que contrainte et forcée. Il faut que Jupiter lui promette que les Troyens se confondront avec les Italiens et ne les domineront pas, que les deux peuples n'en feront plus qu'un et que ce peuple nouveau, le peuple romain, rendra à la déesse un culte tel qu'aucune autre nation ne lui en aura jamais offert de semblable [3]. En entendant ces paroles, Junon se réjouit et abandonne Turnus à la fatalité qui veut la mort du héros rutule.

Elle sera désormais la Junon du Capitole, protectrice du grand peuple romain : Argos, Samos, Carthage, Ardée, le Mont-Albain seront peu à peu délaissés pour

---

1. *Én.*, VII, v. 620-622.
2. *Én.*, XII, v. 178-179.
3. *Én.*, XII, v. 840 : *Nec gens ulla tuos aeque celebrabit honores.*

la citadelle de la capitale romaine. *Iuno Regina* sera la dernière et la seule incarnation de cette divinité complexe dont l'*Énéide* montre successivement les divers sanctuaires locaux et les divers protégés.

En dernière analyse, dans tout le cours du poème, Junon est une déesse particulière, locale, protectrice de tel ou tel peuple, jusqu'au moment où la promesse de Jupiter, interprète du destin, opère une révolution dans ses sentiments[1] et permet de prévoir comme prochains les temps où, suivant la prédiction du père des dieux à Vénus, Junon ne sera plus que la protectrice de ce grand peuple qui portera la toge et qui sera le maître du monde[2].

II

La légende de Junon n'est pas traitée dans l'*Énéide*; ou, pour mieux dire, le poète se contente d'indiquer les légendes locales et particulières qui ont rapport aux diverses déesses protectrices d'Argos et des Grecs, de Carthage et de Didon, d'Ardée et de Turnus, du Mont-Albain et de Juturne, toutes déesses qu'il désigne sous le nom commun de Junon. On trouve seulement dans le poème de Virgile une allusion à la haine dont la déesse a poursuivi l'Héraclès grec confondu avec l'Hercule latin[3].

Comme Héra est la femme et la sœur de Zeus, Junon est la femme et la sœur de Jupiter : on ne peut l'ignorer. Dès les premiers vers de l'*Énéide*, elle dit bien haut, pour marquer sa supériorité sur Pallas-Minerve : « Moi

---

1. *Én.*, XII, v. 841 : *Adnuit his Iuno et mentem laetata retorsit.*
2. *Én.*, I, v. 281-282.
3. *Én.*, VIII, v. 291 : *...ut duros mille labores Rege sub Eurystheo, fatis Iunonis iniquae, Pertulerit.*

qui suis la femme et la sœur de Jupiter [1]. » Au commencement de la deuxième partie du poème, elle répète la même affirmation pour montrer combien grandes sont sa misère et sa honte d'être vaincue par un simple mortel, Énée, elle la majestueuse épouse de Jupiter [2]. Junon, dit le poète, est la chère épouse de Jupiter [3]. Le maître des dieux lui confirme ce titre à plusieurs reprises : « O toi, qui es à la fois ma sœur et ma femme bien-aimée [4]... Tu es la sœur de Jupiter, la fille comme lui de Saturne [5]. » C'est avec une certaine ironie que Vénus dit à Junon : « Tu es la femme de Jupiter ; il t'est permis d'essayer par tes prières de connaître ses destinées et d'agir sur ses résolutions [6]. » C'est avec dépit que la même déesse parle à Jupiter de son épouse intraitable [7]. « Cruelle épouse de Jupiter, » telle est aussi l'épithète que Virgile applique à Junon [8].

La cruauté de Junon paraît bien contestable et son pouvoir est borné par des limites étroites. Il a déjà été dit que le titre de *Regina deum* ne signifie rien, quant au pouvoir de la déesse. La femme de Jupiter est reine, comme, dans certains pays, on appelle roi le mari de la souveraine qui règne elle-même effectivement.

Les *Argonautiques* n'attribuaient à Héra que des pouvoirs bien restreints dans l'ordre physique; l'*Énéide* fait exercer par Junon à peu près la même action que l'Héra de l'*Iliade* exerçait sur les phénomènes atmosphériques.

Junon, comme d'ailleurs Minerve, a le droit de lancer la foudre, aussi bien que Jupiter [9]. Iris, déesse de l'arc-

---

1. *Én.*, I, v. 46.
2. *Én.*, VII, v. 308.
3. *Én.*, IV, v. 91 : *Cara Iovis coniux.*
4. *Én.*, X, v. 607.
5. *Én.*, XII, v. 830.
6. *Én.*, IV, v. 113-114.
7. *Én.*, X, v. 44 : *...tua coniux Dura.*
8. *Én.*, VII, v. 287: *Saeva Iovis coniux.* — Cf. VII, v. 592.
9. Voir, plus haut, l. II, ch. II, p. 223-224.

en-ciel, sert de messagère plus souvent à Junon qu'à Jupiter [1] : c'est une preuve de la grande part que la déesse prend à la production des phénomènes atmosphériques. Non contente d'amener l'apparition de l'arc-en-ciel, elle a le pouvoir d'exciter la violence des vents dont elle a fait, par son influence sur Jupiter, confier le gouvernement à Éole [2].

Enfin, si l'Athéné de l'*Odyssée* et l'Héra des *Argonautiques* peuvent produire des nuages qui enveloppent et cachent Ulysse et Jason, la Junon de l'*Énéide* façonne un nuage à la ressemblance d'Énée pour que Turnus, se lançant à la poursuite de cette vaine image, échappe aux coups du véritable Énée [3]. C'est d'ailleurs ce que faisait l'Apollon de l'*Iliade*, qui formait un nuage semblable pour tromper Diomède [4].

Le pouvoir de Junon s'exerce aussi sur la terre. Elle ne se contente pas de regarder les batailles du haut des cieux [5] et de se tenir dans les nuages d'où elle peut tout voir [6], mais elle se mêle aux luttes des hommes. Après avoir ouvert les portes du temple de la guerre [7], elle va sur les champs de bataille. Elle détourne le trait que Pandarus lançait à Turnus [8], comme, dans l'*Iliade*, Apollon et Athéné écartent loin de leurs protégés les traits qui sont dirigés contre eux [9]. Elle donne des forces et du courage à ceux qu'elle favorise [10], elle arrête les efforts inutiles de Turnus [11]. Elle paie de sa personne : sa main, qui a enfoncé les portes du temple de la guerre, rompt le câble et détache le navire où

---

1. Voir, plus haut, l. II, ch. II, p. 248.
2. Voir, plus haut, l. II, ch. II, p. 236-237.
3. *Én.*, X, v. 633-641.
4. *Iliad.*, V, v. 449-450.
5. *Én.*, X, v. 760.
6. *Én.*, XII, v. 842.
7. *Én.*, VII, v. 620-622.
8. *Én.*, IX, v. 745.
9. *Iliad.*, VIII, v. 311 ; XX, v. 438-440.
10. *Én.*, IX, v. 764 : ...*Iunō vires animumque ministrat*.
11. *Én.*, X, v. 685.

Turnus poursuit le fantôme formé à l'image d'Énée [1].

Au point de vue moral, Junon peut agir de loin sur les mortels, principalement sur les femmes, dont elle est la déesse particulière, puisque, comme l'Héra des poèmes homériques, elle préside au mariage : c'est à ce titre qu'elle est invoquée par Didon [2] et qu'elle promet à Éole de lui donner en mariage légitime une des Nymphes qui la servent [3]. Soit avec le concours de sa fidèle messagère Iris, soit avec l'aide d'Allecto, la Furie infernale, par qui elle a le droit de se faire servir, la déesse jette une folie furieuse dans l'âme des femmes troyennes [4] et de la reine Amata [5].

Non contente de donner des ordres à la Furie, Junon prétend posséder le pouvoir de mettre en mouvement les puissances infernales soumises à Pluton [6]. De fait, elle empiète sur les droits de Proserpine quand, émue de compassion à la vue de Didon qui se débat dans les luttes de l'agonie, victime d'une mort qui vient avant le temps fixé par le destin, elle envoie Iris pour affranchir la reine des liens du corps [7].

Elle envahit aussi sur les privilèges de Jupiter et de son interprète Apollon, quand elle restreint l'étendue des révélations prophétiques d'Hélénus [8]; elle effraie et torture, au sujet d'Énée, Vénus, qui est une déesse comme elle [9]; elle jure par le Styx, comme Jupiter lui-même [10].

Mais cette puissance ne s'exerce librement que lorsqu'elle n'est pas en opposition avec la volonté de

---

1. *Én.*, X, v. 659-660.
2. *Én.*, IV, v. 59.
3. *Én.*, I, v. 71.
4. *Én.*, V, v. 679.
5. *Én.*, VII, v. 341 et suiv.
6. *Én.*, VII, v. 312 : *...Acheronta movebo.*
7. *Én.*, IV, v. 693-705. — Voir la note de Forbiger au v. 693.
8. *Én.*, III, v. 380 : *...farique vetat Saturnia Iuno.*
9. *Én.*, I, v. 662 : *Urit atrox Iuno.*
10. *Én.*, XII, v. 816-817.

Jupiter et les ordres du destin. La déesse querelleuse et ardente s'agite et fait beaucoup de bruit : le dieu suprême la mène, et, quand il le faut, la contient brutalement.

Seuls, les clients de Junon croient au pouvoir absolu de leur protectrice. C'est une des protégées de la déesse, Didon, qui l'appelle *maxima Iuno* [1] ; c'est quand elle arrache son protégé Turnus à la mort qu'elle mérite ce titre [2] ; c'est Allecto, pour l'instant au service de Junon, qui, apparaissant en songe à Turnus sous la forme de la vieille Calybé, prêtresse de la déesse à Ardée, lui dit qu'elle est l'interprète de l'*omnipotens Saturnia* [3].

Une seule fois, le poète parle en son propre nom de la toute-puissance de Junon : c'est quand il rapporte comment elle a pu faire hâter par Iris l'instant de la mort de Didon [4]. Mais quelque grande que soit en ce cas la puissance de Junon, elle n'est ici, comme ailleurs, qu'une puissance de divinité protectrice qui ne s'exerce que dans des occasions particulières, alors que la déesse veut sauver ou secourir un de ses protégés, et qui est le plus souvent bien limitée.

On a vu comme le *numen* de Junon est faible en face du destin ; on a entendu la déesse se plaindre sans cesse de l'impuissance de sa divinité, dont les volontés sont toujours infirmées par le *fatum*, quand elles lui sont contraires [5]. Certes, elle a le pouvoir d'imposer à Hercule une nécessité fatale, un *fatum* [6], qui contraint le héros à de durs travaux ; mais, le plus souvent, c'est elle qui est forcée de céder au *fatum* de ses ennemis. Elle le constate avec indignation : le destin des Troyens

---

1. *Én.*, IV, v. 371.
2. *Én.*, X, v. 685.
3. *Én.*, VII, v. 428.
4. *Én.*, IV, v. 693 : *Tum Iuno omnipotens...*
5. Voir, plus haut, l. II, ch. II, p. 263-264.
6. *Én.*, VIII, v. 292 : *...fatis Iunonis iniquae.*

est supérieur au sien, c'est-à-dire à celui qu'elle voudrait leur imposer [1]. Elle essaie en vain d'obtenir du *fatum* la permission de faire de Carthage la reine du monde [2]. Elle doit reconnaître que les *fata* opposent un obstacle insurmontable à ses volontés [3].

Inférieure aux destins, elle voit ses projets devinés et traversés par d'autres divinités. Quand les Argonautes quittent l'île de Circé, ils ne restent pas longtemps cachés à l'épouse du Cronide Zeus [4], qui pénètre habilement les desseins de son mari. Dans l'*Énéide*, au contraire, les ruses péniblement préparées par Junon sont dévoilées : Neptune comprend sans peine que c'est la déesse qui a déchaîné la tempête contre la flotte d'Énée [5]. La reine des dieux doit se rendre compte, malgré son dépit, que son pouvoir divin n'est pas assez fort pour faire prévaloir ses volontés [6], qu'il lui est impossible de fléchir les divinités du ciel pour les amener à son parti [7], que toute sa puissance de déesse protectrice est brisée quand les ordres précis de Jupiter la contraignent d'abandonner ses amis [8].

Toute la puissance de Junon est bien vaine; elle n'existe que dans l'esprit de la déesse et dans les espérances de ses clients; et bien des circonstances où la force du *fatum* maîtrise brutalement la reine des dieux doivent convaincre la protectrice et les protégés de la folie de leurs illusions communes. Les victimes de Junon ont, sans doute, le droit de la nommer la cruelle déesse, *saeva Iuno;* mais ils doivent mettre leur recours dans la justice immanente du *fatum* qui prévaut contre

---

1. *Én.*, VII, v. 293 : *...fatis contraria nostris Fata Phrygum.*
2. *Én.*, I, v. 18 : *Siqua fata sinant.*
3. *Én.*, I, v. 39 : *Quippe vetor fatis.*
4. *Argon.*, IV, v. 753.
5. *Én.*, I, v. 130.
6. *Én.*, VII, v. 297 et 310.
7. *Én.*, VII, v. 312 : *Flectere si nequeo Superos.*
8. *Én.*, IX, v. 802-805.

les colères sans effet d'une déesse qui fait plus de bruit que de mal.

Il semble que, prenant au pied de la lettre l'épithète *saeva*, les critiques s'accordent à calomnier la Junon de l'*Énéide*. Pour ne citer que les plus récents, Hémardinquer, opposant à l'Héra d'Apollonios la Junon de Virgile, parle du caractère impérieux de cette dernière, de ses haines de femme, de ses rancunes tenaces [1]. Courdaveaux [2] prétend que si, dans l'*Iliade*, Héra avait au moins le mérite d'être une amie fidèle, Junon, dans l'*Énéide*, « n'est bonne qu'à compromettre les gens pour sa cause et à les abandonner ensuite... Son égoïsme et son amour-propre une fois satisfaits, que lui importent les malheureux dont elle s'est servie ! »

Junon n'a pas dans l'*Énéide* cette méchanceté particulière qu'on veut lui attribuer. Virgile, après Apollonios, lui conserve le caractère rancunier qu'elle avait dans l'*Iliade*; le poète romain lui donne d'autre part la dignité austère d'une matrone romaine, comme le poète alexandrin lui donnait l'affectation et la préciosité d'une reine d'Alexandrie. Dans les *Argonautiques*, Héra fait des façons pour aller rendre visite à Aphrodite; dans l'*Énéide*, quand Junon vient offrir comme récompense à Éole une de ses Nymphes en mariage légitime, « la femme promise à Éole sera comme une matrone romaine, une *mater familias* du bon temps. Ce que garantit *Pronuba Juno*, c'est la fidélité, la concorde, la perpétuité du lien; l'idée de postérité et de fécondité domine et chasse la pensée chatouilleuse du plaisir [3]. » Certes, quand elle offre à Hypnos, comme prix de ses services, la Charite Pasithée, l'Héra de l'*Iliade* ne songe pas plus à ces grandes idées morales qu'elle ne croit se compromettre en s'entretenant avec

---

1. Hémardinquer, *De Apollonii Argonauticis*, p. 43.
2. Courdaveaux, *Eschyle, Xénophon et Virgile*, Paris, 1872, p. 303.
3. Sainte-Beuve, *Étude sur Virgile*, p. 203.

Aphrodite. Mais au fond, malgré ces différences qui tiennent au temps d'Apollonios et au temps de Virgile, la personnalité divine d'Héra reste la même dans les trois épopées.

Les circonstances seules aigrissent l'humeur de la Junon de Virgile, de manière à la rendre plus insupportable qu'elle n'est dans les poèmes grecs. Protectrice des Argiens, vainqueurs de Troie, dans l'*Iliade*; protectrice de Jason qui l'emporte sur Pélias et sur Aiétès dans les *Argonautiques*, la déesse, dans l'*Énéide*, ne protège que des vaincus : Didon, qui, trahie par Énée, se tuera; Turnus, qui périra de la main même du Troyen. Ces mauvais succès exaspèrent les rancunes de Junon : mais que l'on s'imagine ce que diraient et ce que feraient l'Héra de l'*Iliade*, si les Argiens succombaient devant Troie, et l'Héra des *Argonautiques*, si Jason, mis en pièces par les taureaux d'Aiétès, laissait libre carrière à l'insolence de Pélias !

III

« Junon, dit Sainte-Beuve, reparaît dans le poème à tous les moments décisifs, pour le prolonger et le faire durer plus longtemps. Elle est la grande *cheville ouvrière* de l'action [1]. » Mais cette action, elle est impuissante à la diriger. M. Bertrand l'a fait fort bien remarquer : « Le rôle actif de Héra semble finir après la guerre de Troie. Elle ne retrouve toute sa gloire qu'à Rome, où, sous un nom nouveau, elle est l'idéal de la matrone, *Pronuba Juno* [2]. »

La Junon de l'*Énéide* ne connaît plus les succès guerriers de l'Héra de l'*Iliade*, victorieuse des Troyens;

---

1. Sainte-Beuve, *ouvr. cité*, p. 195.
2. Bertrand, *Les dieux protecteurs*, p. 60-61.

elle n'a pas encore l'autorité morale de la *Iuno Pronuba* qui sera adorée à Rome.

Nous ne savons si le mariage d'Éole et de Déiopéa aura lieu; d'ailleurs, peu nous importe. Ce qui est certain, c'est que les deux projets de mariages auxquels *Iuno Pronuba* s'intéresse particulièrement échoueront l'un et l'autre. Elle croit avoir marié Didon et Énée, comme dans les *Argonautiques*, elle avait marié Jason et Médée : elle s'aperçoit trop tard qu'elle n'a présidé qu'à une union illégitime et éphémère. Elle espère marier Lavinie et Turnus, et elle sera forcée de consentir à l'union de Lavinie avec Énée. Même comme déesse des mariages, elle va d'échec en échec.

Quand le lecteur de l'*Énéide* se trouve pour la première fois en présence de Junon, dont il connaît déjà les griefs contre Énée et ses compagnons, c'est au moment où les Troyens fugitifs ont perdu de vue la Sicile et naviguent vers l'Italie. La déesse alors exhale ses plaintes et son ressentiment dans un monologue célèbre qu'on a rapproché de celui que le Poseidon homérique prononce quand il se prépare à se venger d'Ulysse [1]. Mais, si la violence des plaintes de Junon fait penser à la primitive divinité atmosphérique qui jadis grondait quelquefois dans les hauteurs de l'éther, la précision des griefs qu'elle formule prouve bien que nous avons affaire à une déesse romaine, soucieuse de la hiérarchie divine et de sa propre dignité. Ce que Minerve a pu faire lui serait interdit, à elle, la sœur et la femme de Jupiter, la reine des dieux? Qui donc maintenant l'honorera comme il convient, si son impuissance est rendue manifeste aux yeux de tous [2]? Dans ce monologue furieux, ce qui éclate ce n'est pas précisément la haine de Junon contre les Troyens, mais son souci de maintenir son rang au-dessus de celui de

---

1. *Odyssée*, V, v. 286 et suiv.
2. *Én.*, I, v. 37-49.

Minerve, sa crainte de ne plus recevoir les honneurs qui lui sont dus.

Junon est moins vindicative qu'orgueilleuse. Cet orgueil ne fléchit pas quand elle va demander à Éole d'exciter la tempête contre la flotte d'Énée. Sainte-Beuve a bien remarqué le « caractère romain »[1] qui fait différer l'entrevue de Junon avec Éole de celle d'Héra avec Hypnos[2] que l'on en rapproche. Les paroles de la déesse sont « plutôt un ordre donné par la femme du souverain maître, un ordre avec promesse d'une récompense honnête, qu'une séduction »[3]. Sainte-Beuve, on l'a déjà vu[4], compare Éole à ce Burrhus de *Britannicus*, qui aurait pu vieillir « dans les honneurs obscurs de quelque légion ». La Junon du Chant Ier de l'*Énéide*, a quelque chose de cette Agrippine de Racine, qui se cramponne avec une ardeur jalouse au pouvoir qu'elle sent lui échapper. Maîtrisée par Jupiter, comme la mère de Néron est mise à l'écart par le jeune empereur qui veut être seul à diriger l'empire, Junon cherche à se faire un parti parmi les subalternes. Elle va trouver Éole, comme Agrippine, fléchissant son orgueil, est allée prier Pallas. Matrone chaste de la bonne époque, elle ne s'offre pas, comme Agrippine s'offrira à Pallas : déesse *pronuba*, c'est en légitime mariage qu'elle promet à Éole une de ses suivantes, et l'offre est faite avec un tel ton d'autorité qu'Éole comprend qu'il doit l'accepter comme on obéit à un ordre. L'attitude altière de la déesse la protège contre toute familiarité des subalternes, alors même qu'en réalité elle doit implorer leur assistance.

Le grand défaut de l'orgueilleuse Junon, c'est d'être

---

1. Sainte-Beuve, *ouvr. cité*, p. 202.
2. *Iliad.*, XIV, v. 267 et suiv.
3. Sainte-Beuve, *ouvr. cité*, p. 203.
4. Voir, plus haut, l. II, ch. II, p. 235-236.

toujours persuadée qu'elle se trouve en face d'inférieurs auxquels elle peut donner des ordres dont quelques paroles aimables dissimulent plus ou moins mal la sécheresse autoritaire.

Junon rentre en scène au Chant IV, alors que Didon, éprise d'Énée, est encouragée par Anna, sa sœur, à épouser le héros troyen. La reine des dieux va se concerter avec Vénus, dans l'espoir de faciliter cette union qui écarterait à jamais Énée de l'Italie [1]. La situation est à peu près la même qu'au commencement du Chant III des *Argonautiques*, où Héra, accompagnée d'Athéné, va prier Cypris d'inspirer à Médée de l'amour pour Jason. Il n'est pas question d'inspirer à Didon de l'amour pour le héros troyen ; craignant les pièges qui pourraient atteindre les fugitifs dans un pays placé sous la protection spéciale de Junon, Vénus s'est dès longtemps chargée de ce soin : Énée a conquis facilement le cœur de la reine. *Iuno Pronuba* tient à unir la Carthaginoise et le Troyen par les liens de ce mariage indissoluble qu'elle promettait à Éole.

Virgile n'a pas voulu refaire, après Apollonios, la jolie scène entre Héra, Athéné et Cypris. La Minerve de l'*Énéide* n'a aucun rôle à jouer dans l'entrevue; la situation respective d'Héra et de Cypris est renversée dans l'*Énéide*, où Vénus, mère et protectrice d'Énée qui doit sortir vainqueur des épreuves de tout genre auxquelles il est soumis, est instruite elle-même par Jupiter de l'avenir, où Junon, au contraire, tenue dans une ignorance absolue de ce qui doit arriver, protège le parti condamné à succomber. Le poète latin s'inspire plutôt d'une scène de l'*Iliade* [2], où Héra vient demander à Aphrodite de lui prêter, pour séduire Zeus, sa ceinture brodée, d'un merveilleux travail,

---

1. *Én.*, IV, v. 90-128.
2. *Iliad.*, XIV, v. 187 et suiv.

pleine de séductions qui ravissent les cœurs les plus sages. Mais la Junon de l'*Énéide* ignore les manières de parler aimables et familières dont la déesse homérique usait avec Aphrodite. Son orgueil est maladroit; elle ne sait pas dissimuler. Vénus devine ses ruses, comme Neptune devinait qu'Éole avait déchaîné la tempête par un effet de sa perfidie.

Les méprisantes ironies de Junon sont bien faites pour mettre Vénus en éveil. La reine des dieux, naguère furieuse quand elle constatait que le pouvoir de Minerve était supérieur au sien, ne peut maintenant cacher le dépit qu'elle éprouve de la victoire remportée par Vénus et par l'Amour. Son dépit la rend maladroite; Vénus lui répond avec une feinte modestie : c'est à elle qui est l'épouse du maître des dieux d'obtenir de lui ce qu'elle veut. Trompée par cette humilité apparente, Junon donne libre carrière à son orgueil. Elle reprend le ton d'impératrice qu'elle avait en s'adressant à Éole : elle donne, en peu de mots, ses instructions formelles à Vénus[1], qui ne répond pas et qui se contente de sourire, sachant quels désastres l'orgueil de Junon va amener.

Les événements se sont précipités : Didon est morte et Junon n'a pu qu'abréger son agonie et l'aider à mourir plus vite. Les Troyens sont arrivés en Italie. Junon les voit installés sur les rivages dont elle voulait les éloigner, comme jadis elle les a vus voguer à pleines voiles vers ce pays dont elle n'a pu les écarter que pour un temps, en persuadant à Éole d'exciter contre eux la tempête.

Incapable de maîtriser sa fureur, elle s'abandonne à un monologue passionné[2] qui rappelle celui du Chant Ier : Virgile a eu soin, au commencement de chacune des parties de son épopée, de montrer Junon

---

1. *Én.*, IV, v. 116 : ...*paucis, adverte, docebo.*
2. *Én.*, VII, v. 293-322.

acharnée contre les Troyens. Il a raison puisque, après avoir été la cause des courses errantes d'Énée, sujet des cinq premiers Chants, la déesse doit encore amener par sa colère les combats qui remplissent les six derniers.

Le monologue du Chant VII est plus violent que celui du Chant Ier. Heyne [1] fait observer que Virgile emprunte, pour la transporter dans l'épopée, la rhétorique passionnée de la tragédie d'Euripide. Mais il n'y a pas que de la rhétorique dans les déclamations furieuses de Junon. Pour être exagérée, l'expression de ses sentiments n'en est pas moins sincère; exaspéré pas ses échecs à Carthage et en Sicile, son orgueil, incapable de se maîtriser, se répand en discours insensés.

Elle a, comme au Chant Ier, recours à une divinité subalterne qui l'aide dans ses vengeances. Mais il n'est pas nécessaire d'user de ménagements avec Allecto comme avec Éole. Junon ne fait aucune promesse à la Furie dont, la déesse le sait bien, la récompense sera dans les malheurs causés par son intervention : elle peut demander beaucoup en peu de mots, sûre d'être obéie [2]. Fière de ses rapides succès, Allecto vient bientôt rendre compte de sa mission et faire de nouvelles offres de service [3]. Trop orgueilleuse pour remercier la Furie, Junon la congédie simplement. D'ailleurs, Jupiter se fâcherait s'il voyait la divinité infernale sortir des Enfers; une certaine crainte se laisse deviner à travers les ironies dont Junon, moins rassurée qu'elle n'en a l'air, poursuit « le remarquable fils de Vénus » [4]. Elle n'a besoin de personne; elle s'occupera elle-même de ce qu'il y aura besoin de faire encore. C'est, en effet, Junon qui ouvre les portes du temple de la guerre

---

1. Heyne, note au v. 295 du Ch. VII.
2. *Én.*, VII, v. 331-340.
3. *Én.*, VII, v. 545-551.
4. *Én.*, VII, v. 553-560.

et qui va mener vigoureusement la campagne contre les Troyens.

La tempête du Chant Ier n'avait provoqué que l'intervention de Neptune : la guerre soulevée par Junon rend nécessaire une intervention plus haute. Jupiter doit convoquer l'assemblée des dieux. Il avait interdit tout conflit entre les Italiens et les Troyens : d'où vient ce mépris de ses ordres? Vénus s'empresse d'expliquer que la responsabilité de la guerre défendue revient à Junon : celle-ci répond, dominée par la fureur, dit Virgile [1]. Ce n'est pas pourtant la fureur qui inspire le discours de Junon [2] : la déesse ne s'abandonne à sa colère que dans ses monologues ou dans ses allocutions aux dieux inférieurs qui ne la contredisent pas.

Devant l'assemblée des grands dieux, elle ne s'emporte point, elle plaide : Virgile le dit lui-même [3]. Protectrice de Turnus, elle démontre les droits du héros à conserver son pays et sa fiancée : mais, elle le sait, supérieurs à ce droit, les *fata* veulent l'établissement d'Énée dans le pays de Turnus et son mariage avec Lavinie. Aussi, la déesse n'insiste pas, et, au lieu de défendre plus longtemps une mauvaise cause, elle attaque Vénus.

Quand elle est seule avec Jupiter, quand elle ne peut déverser sa mauvaise humeur sur Vénus et compter, comme au conseil des dieux, sur l'assentiment de quelques-uns des immortels [4], le ton de Junon est bien autre : elle parle en épouse soumise [5] des ordres du maître qu'elle redoute et à qui elle obéit. Elle défend Turnus, rappelle l'antiquité de la race du héros, ses propres mérites, sa piété envers Jupiter : cependant,

---

1. *Én.*, X, v. 63 : *Acta furore gravi.*
2. *Én.*, X, v. 63-95.
3. *Én.*, X, v. 96 : *Talibus orabat Iuno.*
4. *Én.*, X, v. 96-99.
5. *Én.*, X, v. 611 : *...Iuno submissa.*

puisqu'il le faut, elle abandonne son protégé [1]. Elle pleure, en apprenant qu'il est condamné et qu'elle ne peut que retarder pour lui le terme fatal [2].

Mais les larmes de Junon se sèchent vite et sa soumission dure peu. Un combat singulier a été arrêté entre Turnus et Énée : le pacte est consacré par un serment solennel. Junon veut faire rompre ce pacte et, dans ce but, elle s'adresse, suivant sa coutume, à une divinité subalterne. C'est à sa protégée, Juturne, que la déesse du Mont-Albain a recours ; elle fait venir la Nymphe des sources du Latium et lui parle, à peu près comme l'Héra des *Argonautiques* parlait à Thétis [3]. Mais, alors qu'Héra explique à Thétis qu'elle l'aime parce que la Néréide a refusé d'entrer dans la couche de Zeus, Junon dompte son orgueil et assure à Juturne que sa faveur l'a distinguée parmi toutes les filles du Latium que le magnanime Jupiter fit entrer dans sa couche infidèle [4]. Héra demandait à Thétis d'aider les Argonautes à franchir le détroit que les Roches-Errantes rendent si dangereux : Junon prie Juturne d'écarter de Turnus la mort qui le menace ; qu'elle rompe le traité, qu'elle rallume la guerre. Elle est autorisée à tout essayer [5].

Prenant la forme de Camertus [6], Juturne a persuadé aux Rutules de violer le pacte. La bataille s'engage ; mais Turnus va succomber sous les coups d'Énée. C'est alors que Jupiter annonce à Junon que l'heure suprême est arrivée ; il lui défend de s'opposer plus longtemps aux succès du Troyen [7]. Junon se soumet [8] : elle demande seulement que le nom de Troie, qui lui est odieux, ne

---

1. *Én.*, X, v. 611-620.
2. *Én.*, X, v. 628 : *Et Iuno adlacrimans*.
3. *Argon.*, IV, v. 782 et suiv.
4. *Én.*, XII, v. 142-145.
5. *Én.*, XII, v. 159 : *Auctor ego audendi*.
6. *Én.*, XII, v. 224.
7. *Én.*, XII, v. 793-806.
8. *Én.*, XII, v. 807 : *...submisso... vultu*.

revive pas en Italie. Jupiter y consent et l'assure que le peuple nouveau qui va grandir en Italie ne portera pas le nom de troyen, et que, plus que tous les autres, il adorera la divinité de Junon. Heureuse de cette promesse, l'épouse de Jupiter change de sentiments; elle abandonne Turnus et remonte au ciel.

Le rôle de Junon protectrice de Turnus est fini. La voici, bientôt, déesse du Capitole, dévouée au peuple nouveau qui naîtra de la fusion des Troyens et des Latins; le temps approche où, suivant la prédiction de Jupiter [1], l'âpre Junon favorisera, de concert avec son époux divin, le peuple qui porte la toge et qui doit devenir le maître du monde.

1. *Én.*, I, v. 279-282.

CHAPITRE III

ATHÉNÉ

I. Athéné dans l'*Iliade* et dans l'*Odyssée*. La déesse d'esprit qui protège Ulysse, homme d'esprit. Influence de l'Athéné des *Argonautiques* sur les Argonautes instruits, sur Tiphys et Argos. Argo est l'œuvre de la déesse.
  Athéné *Jasonienne* protectrice de Jason. La légende d'Athéné dans les *Argonautiques*. Naissance de la déesse ; origine de l'épithète *Tritonide*. Alliance d'Athéné avec la famille de Jason. Athéné *Itonide*. Athéné adorée en Colchide. Rapports d'Athéné avec Cadmos et avec Aiétès. Athéné *Minoïde* adorée en Crète. Pallas, nom et surnom d'Athéné. Pallas-Athéné, déesse vierge.

II. Caractère alexandrin de la Pallas-Athéné des *Argonautiques*. Rôle de la déesse dans la visite qu'elle fait avec Héra à Cypris.
  L'Athéné d'Apollonios n'est pas une déesse guerrière ; elle préside aux travaux des femmes et aux arts industriels. Le navire Argo et le manteau de Jason.

III. Les relations de l'Athéné d'Apollonios avec ses protégés ; leur manque absolu d'intimité. Aide invisible donnée aux Argonautes par Athéné ; circonstances où cette aide leur fait défaut. Athéné *Jasonienne* se tient toujours très loin de Jason. Caractère nettement alexandrin de l'Athéné archaïque d'Apollonios.

I

Dans l'*Iliade*, Héra et Athéné sont, à peu près au même titre, les protectrices des Achaiens. Zeus luimême dit que Ménélas est particulièrement protégé par deux déesses, Héra d'Argos et Athéné d'Alalcomène [1].
Divinité guerrière dans l'*Iliade* [2], Athéné, dans

---

[1]. *Iliad.*, IV, v. 7. — Voir Bertrand, *Les dieux protecteurs*, p. 90 et suiv.
[2]. Voir Bertrand, *Les dieux protecteurs*, p. 91, note 3.

l'*Odyssée*, où Héra n'a plus un rôle important, est la déesse de l'esprit pur; elle protège, non plus un peuple entier par reconnaissance du culte qu'il lui rend, mais un seul homme, Ulysse, parce que, entre cet homme et elle il existe, par suite de la communauté d'intelligence, une sorte d'harmonie préétablie, d'invincible amitié qui rapproche le mortel de l'Olympienne. « C'est une déesse d'esprit qui aime un homme d'esprit[1]. »

Apollonios avait assurément un sens critique trop aiguisé pour ne pas se rendre compte que son Jason n'est pas et ne peut pas être un homme d'esprit comme l'Ulysse homérique.

Sans doute, le navire Argo compte dans son équipage, sinon des gens d'esprit, du moins un certain nombre d'hommes instruits, versés dans les arts intellectuels que la déesse favorise.

C'est elle, en effet, qui a envoyé se joindre aux héros l'Agniade Tiphys[2], le bon pilote, « habile, soit à prévoir le moment où vont se soulever les flots de la vaste mer, soit à présager les tempêtes des vents et à diriger la navigation, en se fixant sur le Soleil et la Grande Ourse[3] ».

C'est elle qui a conseillé au charpentier Argos de construire le navire Argo[4]; elle l'a fait travailler sous ses ordres[5], travaillant elle-même, « disposant les premiers étais destinés à soutenir le navire et enseignant à Argos l'art de régler les dimensions des traverses[6] ». Elle a enfoncé dans le corps du navire la poutre divine tirée d'un chêne de Dodone, qu'elle a adaptée au milieu de l'étrave[7]. En somme, Argo est bien l'œuvre d'Athéné

---

1. M. Croiset, *Histoire de la Littérature grecque*, t. I, p. 386.
2. *Argon.*, I, v. 109-110.
3. *Argon.*, I, v. 106-108.
4. *Argon.*, I, v. 18-19.
5. *Argon.*, I, v. 226.
6. *Argon.*, I, v. 723-724.
7. *Argon.*, I, v. 526-527; IV, v. 582-583.

Tritonide [1]. Jason le reconnaît : « L'art d'Athéné — dit-il à Argos, fils de Phrixos — a fabriqué notre vaisseau. Sa hache d'airain en a coupé les poutres sur les sommets du Pélion ; et, avec la déesse, Argos l'a construit [2]. » Et Argos, fils de Phrixos, répète à Aiétès que le navire des héros est l'œuvre de Pallas-Athéné [3].

Alors qu'Héra protège les Argonautes à cause des services qu'elle a reçus de Jason, il se peut — et ce serait là une conception bien humaine et bien moderne du caractère d'Athéné — que la déesse Tritonide s'attache aux Argonautes en raison même des services qu'elle leur rend, et que, si elle tient à sauver Argo de tous les périls, c'est que le navire est son œuvre.

Mais Athéné ne s'intéresse pas seulement à Tiphys et à Argos ou aux Argonautes en général, à cause de Tiphys et d'Argos : elle est la protectrice de Jason, la déesse *Jasonienne* [4]. Le héros dit lui-même à sa mère, pour ranimer son courage au moment où il va s'embarquer : « Sois confiante dans notre alliance avec Athéné [5] ! » Il ne semble pas qu'il soit question de cette alliance avant les *Argonautiques* : Héra, dans l'*Odyssée* [6], est représentée comme la seule protectrice de Jason ; dans la *IVe Pythique* [7], c'est Héra qui persuade aux héros de s'embarquer sur le navire Argo. Pindare ne parle pas d'Athéné.

Il faut se demander si l'on trouve dans la légende d'Athéné, telle que les *Argonautiques* l'exposent, des faits qui permettent d'expliquer cette alliance de la déesse avec Jason.

« Les héroïnes tutélaires de la Libye, — dit Apol-

---

[1]. *Argon.*, I, v. 551.
[2]. *Argon.*, II, v. 1187-1189.
[3]. *Argon.*, III, v. 340.
[4]. *Argon.*, I, v. 960 : ...'Ἰησονίης... Ἀθήνης.
[5]. *Argon.*, I, v. 300.
[6]. *Odyssée*, XII, v. 72.
[7]. Pindare, *Pythiques*, IV, v. 184 et suiv.

lonios, — lorsque Athéné s'élançait dans tout son éclat de la tête de son père, allèrent la chercher pour la baigner dans les eaux du lac Triton [1]. » Ce passage est très important; il indique, à la fois, la théorie sur la naissance d'Athéné adoptée par le poète, et le sens qu'a, dans les *Argonautiques*, l'épithète *Tritonide* (Τριτωνίς), souvent donnée à la déesse [2].

Dans l'*Iliade*, Athéné est la fille puissante du puissant Zeus, qui l'a enfantée lui-même [3]. Mais le mythe de la naissance d'Athéné, s'élançant tout armée du crâne de Zeus, est postérieur aux poèmes homériques : d'après le Scoliaste d'Apollonios, « Stésichore est le premier qui ait dit que la déesse Athéné a bondi armée de la tête de Zeus [4] ». Nous ne connaissons que par l'allusion du Scoliaste le poème de Stésichore où il était question de la naissance de la déesse; dans ses *Olympiques* [5], Pindare montre Héphaistos fendant de sa hache d'airain le front de Zeus, d'où Athéné s'élance en poussant des cris effroyables qui font frémir le ciel et la terre. L'*Hymne homérique à Athéné* [6] donne une description de la naissance de la déesse qui rappelle celle de la *VIIe Olympique*. Stésichore, né vers 640, est antérieur de près d'un siècle à Pindare, dont la naissance est placée en 521 ou 517 [7]. Si l'on ajoute foi au Scoliaste d'Apollonios, l'*Hymne homérique à Athéné* est postérieur, sinon à la *VIIe Olympique*, du moins aux poèmes de Stésichore. Quoi qu'il en soit, Apollonios suit, pour ce qui est de la naissance d'Athéné, une tradition posthomérique.

Si l'épithète Τριτωνίς ne se trouve pas dans les poèmes homériques, l'*Iliade* et l'*Odyssée* désignent déjà Athéné

---

1. *Argon.*, IV, v. 1309-1311.
2. *Argon.*, I, v. 109, 551 (?), 721, 768; III, v. 1183.
3. *Iliad.*, V, v. 875 et 880. — Voir, plus haut, l. II, ch. I, p. 167.
4. Scol. *Argon.*, IV, v. 1310.
5. Pindare, *Olympiques*, VII, v. 35 et suiv.
6. *Hymne XXVIII* (édit. Didot), v. 4-16.
7. A. Croiset, *Hist. Littér. grecque*, t. II, p. 310 et 367.

par le surnom de Τριτογένεια [1]. On a très diversement interprété cette épithète [2]. Apollonios indique nettement le sens qu'il lui attribue : la déesse a été nommée Tritonide, parce que, aussitôt après sa naissance, les héroïnes tutélaires de la Libye l'ont baignée dans les eaux du lac Triton. Il concilie ainsi avec la tradition de Stésichore celle des Minyens, compatriotes des Argonautes, qui, établis en Libye où ils avaient apporté avec eux le culte d'Athéné, prétendaient que leur divinité était fille de Poseidon et de la déesse du lac Triton [3].

Dans les *Argonautiques*, la déesse, fille de Zeus, est regardée, au même titre qu'Héra, comme la protectrice des Hellènes de Thessalie. Le Ménélas de l'*Iliade* était protégé par Héra, déesse d'Argos, et par Athéné, déesse d'Alalcomène. Au temps de Jason, Héra, on l'a déjà vu, n'est pas encore la déesse d'Argos ; Athéné n'est pas encore la déesse d'Alalcomène : comme Héra, elle est une divinité pélasgique. « Nous pouvons regarder Athéné comme la déesse guerrière des races pélasgiques, dont Héra était une des déesses agricoles. Toutes deux, chastes, sévères, morales, ont été primitivement conçues sous des influences analogues... Il est donc tout naturel que, dans les légendes où les Achéens Pélasges jouent le rôle principal, Athéné ait sa place tout auprès de l'Argienne Héra [4]. »

Si ce caractère primitif d'Athéné explique bien qu'elle

1. *Iliad.*, VIII, v. 39; XXII, v. 183. *Odyssée*, III, v. 378. Cf. *Hymne XXVIII*, v. 4.
2. Decharme, *Mythol.*, p. 75-76; Ploix, *La Nature des Dieux*, p. 231-232; Preller, *Griech. Mythol.*, erster Band, p. 152; Maury, *Hist. Relig. Grèce*, t. I, p. 96, 97, 427, 428, etc. — Cf. Scol. *Argon.*, IV, v. 1311.
3. Decharme, *Mythol.*, p. 76; cf. Pausanias, I, 14, 6. — Suivant Hérodote (IV, CLXXX), les Machlyes et les Auséens, peuples voisins du lac Triton, prétendaient qu'Athéné, fille de Poseidon et de la déesse du lac, ayant eu quelque sujet de plainte contre son père, se donna à Zeus qui l'adopta comme son enfant. Mais Hérodote a parlé (IV, CLXXIX) du passage des Argonautes sur les eaux du lac Triton : il est probable que c'est la confusion des doctrines des Minyens au sujet d'Athéné avec les légendes concernant quelque déesse locale qui a amené la tradition en faveur chez les populations voisines du lac Triton.
4. Bertrand, *Les dieux protecteurs*, p. 93.

protège les Achaiens Pélasges en général, il ne nous instruit pas sur l'alliance particulière qu'elle a contractée avec Jason.

M. Bertrand fait remarquer que, dans l'*Iliade*, des familles semblent être spécialement sous la tutelle de la déesse; il se demande à quel titre Ulysse, Diomède et Achille, par exemple, sont en rapports plus intimes avec Athéné que les deux Ajax ou Patrocle, et il conclut que l'on peut regarder comme un fait établi et antéhomérique les relations traditionnelles entre les héros protégés et la déesse protectrice [1].

Il doit en être de même pour les rapports entre Athéné et la famille de Jason. Comme son maître Callimaque [2], Apollonios a des preuves à l'appui de tout ce qu'il chante. Dès le commencement de son poème, comprenant qu'il pourrait choquer des lecteurs habitués par les traditions de l'*Odyssée* et de la *IVe Pythique* à ne voir dans l'expédition des Argonautes que l'influence protectrice et directrice d'Héra et non celle d'Athéné, il a soin de se couvrir de l'autorité des poètes primitifs: « Quant au navire, les anciens aèdes chantent qu'il fut construit par Argos sur les conseils d'Athéné [3]. » Il fait ainsi aux légendes antéhomériques une allusion qu'il ne pourrait rendre plus claire sans insérer une véritable scolie dans le texte même de son épopée. Le Scoliaste n'a pas su nous dire quels étaient les anciens poèmes sur lesquels Apollonios se fonde; mais le lecteur comprend à demi-mot que Jason est en droit de parler de son alliance avec Athéné. Ce n'est pas sans raison que, plus tard, les Ioniens, qui, émigrant d'Attique avec Nélée, fils de Codros, s'étaient établis à Cyzique, adoraient Athéné Jasonienne [4].

---

[1]. Bertrand, *Les dieux protecteurs*, p. 94-100.
[2]. Cf. Couat, *La Poésie alexandrine*, p. 294.
[3]. *Argon.*, I, v. 18-19.
[4]. *Argon.*, I, v. 959 et suiv.; v. 1076 et suiv.; voir les scolies à ces vers.

Athéné est, en effet, une déesse *Jasonienne*, plutôt qu'une déesse thessalienne : c'est Jason, en particulier, ce n'est pas la Thessalie, en général, qu'elle protège. En tout cas, il n'est question, dans les *Argonautiques*, d'aucun sanctuaire thessalien d'Athéné ; aucune épithète attribuée à la déesse n'indique le culte public qui lui aurait été rendu en Thessalie.

Toutefois, suivant l'autorité de la plupart des manuscrits, les éditeurs des *Argonautiques* et Merkel lui-même, dans son *edit. minor*, admettaient au vers 551 du Chant Ier la leçon Ἀθηναίης Ἰτωνίδος. Athéné *Itonide* est bien connue [1]. Il est déjà question de la ville d'Itôn dans l'*Iliade* [2] : mais Homère ne dit pas qu'un temple y ait été consacré à la déesse. Strabon parle du sanctuaire d'Athéné *Itonia* en Thessalie [3]. La ville d'Itôn, où il est situé, domine la plaine Crocienne : c'est à l'imitation et en souvenir de ce temple que les Béotiens, revenant de Thessalie après la guerre de Troie, en construisirent un autre à Coronée, en Béotie, dédié lui aussi à Athéné Itonia [4]. Le temple béotien d'Athéné Itonia est postérieur à la guerre de Troie : le temple et le culte d'Athéné à Itôn, en Thessalie, sont-ils antérieurs à l'expédition des Argonautes ? Le Scoliaste, qui reconnaît que le temple de Coronée n'était pas bâti au moment de la construction du navire Argo, semble admettre implicitement que celui d'Itôn, en Thessalie, existait déjà [5]. Hécatée, dit-il, parle de ce temple de Thessalie : mais le Scoliaste ne nous apprend pas si Hécatée fixait la date de sa fondation. Je ne trouve nulle part, dans les hisoriens et les géographes grecs, l'indication de cette date.

D'autre part, comme la ville d'Itôn en Thessalie n'est

---

1. Voir l'article *Itonia* dans le *Lexicon* de Roscher, II, p. 567-569.
2. *Iliad.*, II, v. 696.
3. Strabon, IX, v, 17.
4. Strabon, IX, II, 29 ; v, 14.
5. Scol. *Argon.*, I, v. 551.

pas bien éloignée de Pagases, il semble naturel de supposer qu'en parlant de l'œuvre de la déesse qui a construit Argo, Apollonios lui donne le nom d'*Itonide*, qui se rapporterait au culte de la déesse en Thessalie, plutôt que celui de *Tritonide*, qui se rapporterait à une tradition particulière concernant sa naissance : c'est pour cela, sans doute, que quelques copistes ont écrit Ἰτωνίδος et que des éditeurs sagaces, comme Brunck et Wellauer[1], ont adopté cette leçon.

Mais il faut remarquer que les copistes ont pu parfaitement changer la vraie leçon Τριτωνίδος en Ἰτωνίδος à cause de la notoriété qui s'attachait à l'Athéné Itonide de Béotie, non de Thessalie. De plus, si Apollonios avait fait allusion à la déesse d'Itôn, il l'aurait indiqué d'une manière moins obscure. La ville d'Itôn n'est mentionnée nulle part dans les *Argonautiques;* l'épithète Tritonide s'y trouve quatre fois, sans tenir compte de cette leçon contestée. Ce sont, semble-t-il, des raisons suffisantes d'admettre que, malgré la vraisemblance apparente de la leçon Ἰτωνίδος, Apollonios ne parle pas ici d'Athéné Itonienne.

Déesse Jasonienne, Athéné n'est pas une déesse locale de Thessalie, comme Apollon, qui habite Pagases et la ville Aisonide[2], ou Artémis, qui a une prêtresse, et par conséquent un temple à Iolcos[3], dont elle est la protectrice.

---

1. Cf., en particulier, Wellauer, note au v. 551 du Ch. I : « Τριτωνίδος Reg. A. et alii fortasse Regiorum, Vrat. Vind. (ubi in marg. vulg.) Guelph. (teste Hörstel., nam Piers. Veris. p. 200 Ἰριωνίδος in eo legi dicit [*Merkel lit bien* Τριτωνίδος *dans le Guelph.*]) et var. lect. in Schol. utrisque, quod valde dubitavi an recipiendum sit, quia reliquis omnibus locis Apollonius eam Tritonidem vocat, cujus omnino magnae sunt in fabulis ad Minyas pertinentibus partes, cf. C. O. Müller Orchom. p. 213, 355. Sed Ἰτωνίδος non potuit a librariis proficisci, Τριτωνίδος facile reponere potuerunt, quum id reliquis locis reperissent. Praeterea vulgatam eandemque librorum plurimorum lectionem tuetur etiam Etymol. M. l. l. et qui ejus verba exscripserunt Tzetz. ad Lycophron. 355. Eudoc. p. 322 et Phavorin. »

2. *Argon.*, I, v. 411.

3. *Argon.*, I, v. 312.

L'Athéné homérique, secourable à plusieurs héros Achaiens, possède cependant un temple à Ilion [1] : de même, l'Athéné des *Argonautiques* est en bons rapports avec l'ennemi de Jason qu'elle favorise, avec Aiétès à qui elle a fait présent d'une partie des dents du dragon tué par Cadmos.

Ce dernier héros, allant à la recherche de sa sœur Europé, était arrivé à Thèbes Ogygienne, merveilleusement conduit par une génisse que l'oracle d'Apollon lui avait donnée, comme guide de son chemin. A Thèbes, un serpent Aonien était le gardien de la source consacrée à Arès. Cadmos tua le monstre et la déesse Tritonide, ayant arraché les dents des mâchoires du serpent, en fit présent, partie à Cadmos, partie à Aiétès [2]. Apollonios suit une tradition empruntée à Phérécyde : « Phérécyde dit dans son livre V : Lorsque Cadmos se fut établi à Thèbes, Arès et Athéné lui donnèrent une moitié des dents du serpent et l'autre à Aiétès [3]. » Apollodore répète la même légende [4]. Il semble difficile d'expliquer les rapports amicaux qui unissaient Athéné à Aiétès et à Cadmos, à moins qu'on n'admette avec M. Ploix « le caractère crépusculaire d'Athéné » [5], représentant « la lumière pure d'une aube sereine » [6], et qu'on soutienne avec Max Müller que « le mot grec ’Αθηνᾶ est une forme légèrement modifiée du mot sanscrit *Ahanâ (la brûlante)*, qui est une des épithètes de l'Aurore » [7]. Si Athéné est la déesse de l'Aurore, il est naturel qu'elle soit en relations d'amitié avec Aiétès, fils d'Hélios, héros solaire lui-même, qui

---

1. Voir Bertrand, *Les dieux protecteurs*, p. 106-108.
2. *Argon.*, III, v. 1177-1184.
3. Scol. *Argon.*, III, v. 1179. — Le même récit de Phérécyde est rapporté par le Scoliaste de Pindare, *Isthmiques*, VII, v. 13.
4. Apollodore, I, 9, 23.
5. Ploix, *La Nature des Dieux*, p. 229.
6. Ploix, *La Nature des Dieux*, p. 223.
7. *Science du langage*, Nouv. Leç., t. II, p. 252 de la traduction Perrot et Harris. Cf. Decharme, *Mythol.*, p. 75.

occupe l'Orient, ainsi qu'avec Cadmos, « héros solaire vainqueur de la nue qui emprisonne les eaux [1], » symbole de la marche du Soleil, puisque, après être arrivé à Thèbes, venant des régions de l'Orient, il va ensuite mourir dans les régions occidentales [2]. — Quoi qu'il en soit, Pausanias a ses autorités, quand il affirme que les Colchiens adoraient Athéné Asiatique [3].

D'après les *Argonautiques*, le culte d'Athéné était établi en Crète au moment où les héros, revenant de Colchide, relâchèrent dans cette île : les Argonautes y construisirent un temple à Athéné Minoïde [4]. L'épithète Minoïde [5] n'est pas au nombre de celles qui accompagnent d'ordinaire le nom de la déesse. Minos, père de cette Ariane dont Jason entretient Médée [6], a évidemment régné, d'après Apollonios, avant l'époque de l'expédition des Argonautes. On sait, d'autre part, qu'aux temps historiques le culte d'Athéné existait en Crète [7]. M. Ploix semble indiquer, d'une manière d'ailleurs peu claire, qu'Athéné Minoïde désigne une divinité lunaire, que *Minoïde* est le même mot que *Méné* [8]. Mais l'épithète Minoïde, qui se trouve souvent dans les *Argonautiques* [9], se rapporte toujours à Minos et désigne soit les îles soumises au roi de Crète, soit la Crète, son royaume propre, soit Ariane, sa fille.

1. Decharme, *Mythol.*, p. 571.
2. Apollonios rapporte que le tombeau de Cadmos et d'Harmonia se trouve auprès du profond et sombre fleuve d'Illyrie (*Argon.*, IV, v. 517; voir ma note à ce vers). Au chapitre *Apollon*, il sera question des rapports du dieu avec Cadmos.
3. Pausanias, III, 24, 5 : Ὅτι δὲ Ἀθηνᾶν Ἀσίαν τιμῶσιν οἱ Κόλχοι, παρὰ Λαῶν ἀκούσας γράφω.
4. *Argon.*, IV, v. 1691.
5. Bruchmann (*Epitheta deorum*, p. 10) n'en cite pas d'autre exemple
6. *Argon.*, III, v. 998 et suiv.
7. Maury, *ouvr. cité*, t. III, p. 149.
8. Ploix, *La Nature des Dieux*, p. 228-229. M. Ploix commet une erreur de chiffres quand il dit : « Dans Apollonius se trouve Ἀθηναίη Μινωίς [sic] (*Argon.*, IV, 621). » C'est au v. 1691 du Ch. IV des *Argonautiques* qu'on lit ἱερὸν Ἀθηναίης Μινωίδος.
9. *Argon.*, II, v. 299 : Κρήτης Μινωίδος; v. 516 : Μινωίδας... νήσους; III, v. 998 : Παρθενικὴ Μινωίς; IV, v. 433 : ...παρθενικῆς Μινωίδος.

Athéné Minoïde ne peut signifier autre chose qu'Athéné, adorée dans le pays de Minos. Apollonios avait, sans doute, ses autorités que nous ne connaissons pas pour attribuer à Minos l'établissement du culte d'Athéné en Crète et pour faire allusion au temple élevé par les héros à la déesse. Strabon dit que, de son temps, il subsistait en Crète des traces du passage des Argonautes [1]. Il est naturel que Jason ait songé à élever un temple à sa protectrice; il est naturel aussi qu'il l'invoque, en Crète, sous le nom de Minoïde : le sage législateur des Crétois méritait entre tous le titre de favori d'Athéné.

Dans les *Argonautiques*, Pallas est à la fois, comme dans l'*Iliade* et dans l'*Odyssée*, un surnom, et comme dans les poèmes de Pindare, un autre nom de la déesse Athéné, désignée ici par le simple nom de Pallas [2], ailleurs par l'apposition homérique, Pallas-Athéné [3]. Apollonios ne donne aucun renseignement qui aide à fixer le sens très controversé du mot Pallas [4]. Si on admet que *Pallas*, équivalent de *pallax*, signifie *jeune fille vierge*, l'Athéné d'Apollonios mérite aussi bien ce nom que l'Athéné homérique.

II

La déesse des *Argonautiques* n'a eu aucune de ces faiblesses pour Hélios, pour Héphaistos ou pour Héraclès, dont il est question dans quelques récits en désaccord avec la légende traditionnelle [5]. L'*Hymne*

1. Strabon, I, II, 39.
2. *Argon.*, I, v. 723.
3. *Argon.*, III, v. 340.
4. Decharme, *Mythol.*, p. 87.
5. Cf. Ploix, *ouvr. cité*, p. 223.

homérique à Aphrodite [1] compte trois déesses à qui n'ont jamais plu les œuvres d'Aphrodite toute d'or : ce sont, d'abord Athéné, puis Artémis et Hestia. On sait qu'irritée d'avoir été surprise au bain par Actaiôn, Artémis change le malheureux chasseur en un chien que sa meute ne reconnaît plus sous cette nouvelle forme et dévore : c'est, à notre connaissance, l'Alexandrin Callimaque qui, le premier, a rapporté cette légende dans son *Hymne aux bains de Pallas* [2]. Le même poème donne au sujet d'Athéné une tradition analogue : le devin Tirésias a surpris, sans le vouloir, la déesse au moment où elle sortait du bain; elle punit l'indiscret malgré lui, en le privant de la vue.

Apollonios emprunte à son maître Callimaque cette tradition de la virginité farouche d'Athéné. Le type de la déesse semble conçu par les poètes du Musée à la ressemblance des précieuses, qui devaient ne pas être rares dans la société alexandrine. L'Athéné des *Argonautiques* a le ton prétentieux et les manières prudes de l'Armande des *Femmes savantes*, quand elle répond à Héra qui lui demandait d'aller avec elle auprès de Cypris, la prier d'inspirer à Médée une passion pour Jason : « Héra, mon père m'a fait naître ignorante des traits d'Éros, et je ne connais aucune des choses nécessaires pour séduire à l'amour. Mais, si ce projet te plaît, certes je te suivrai. Tu prendras la parole, quand tu seras arrivée auprès de Cypris [3]. »

C'est un grand sacrifice de la part d'Athéné, elle pour qui le beau nom de fille est un titre dont elle ne veut pas quitter la charmante douceur, que d'aller chez une déesse comme Cypris, dont la vie est loin d'être un modèle de chasteté. Il faut qu'elle prenne bien au

---

[1]. *Hymne homérique* III (édit. Didot), v. 7-32.
[2]. Callimaque, *Hymne aux bains de Pallas*, v. 110 et suiv. Cf. Decharme, *Mythol.*, p. 251-252.
[3]. *Argon.*, III, v. 32-35.

sérieux son rôle de déesse Jasonienne pour écouter la mère d'Éros sans un mal au cœur. Quant à lui adresser elle-même la parole, ce serait au-dessus des forces d'une vierge qui traite de mépris les sens et la matière. Athéné nous fait penser à Armande : mais Molière se moque d'Armande, tandis qu'Apollonios semble, comme Callimaque, admirer la virginité prude et aigrie d'Athéné.

Cette déesse ne peut, dans les *Argonautiques*, être, comme elle l'était dans l'*Iliade*[1], une divinité guerrière. On comprend que l'Athéné homérique se mêle aux combats des hommes, comme la Pucelle d'Orléans le fera plus tard ; mais la place d'une précieuse n'est pas sur les champs de bataille.

Dans l'*Iliade*, la déesse, armée comme un guerrier[2], se tient à côté de ses protégés, au milieu des combats. Elle se place devant Ménélas pour écarter le trait qui va le frapper : on dirait une mère qui chasse les mouches loin de son enfant endormi[3]. Elle sauve Achille des coups d'Hector[4]. Elle hurle dans la mêlée[5].

La déesse alexandrine ne hurle pas, ce qui serait inconvenant : c'est, on l'a vu, Héra qui pousse un cri, non de colère ou de peur, mais d'avertissement pour les Argonautes. Si parfois Héra est accessible à la crainte, Athéné, cette fille forte, connaît aussi peu la terreur que l'amour ; son cœur ne se trouble jamais. Quand, effrayée des dangers que court le navire Argo passant au milieu des Roches-Errantes, l'épouse de Zeus s'évanouit presque d'épouvante, elle entoure de ses bras Athéné qui, elle, reste impassible. Aucun sentiment féminin ne fait battre le cœur de cette déesse implacablement froide.

On comprend qu'une divinité aussi sage, aussi peu

---

1. Sur le caractère d'Athéné, divinité guerrière dans l'*Iliade*, voir Bertrand, *Les dieux protecteurs*, p. 91, et la note 3 de cette page.
2. *Iliad.*, V, v. 733 et suiv. ; XVIII, v. 516 et suiv.
3. *Iliad.*, IV, v. 128-131.
4. *Iliad.*, XXII, v. 277 et suiv.
5. *Iliad.*, XX, v. 48.

passionnée, ne puisse se couvrir d'une armure, qui conviendrait mal à la modestie de son sexe, et se mêler aux batailles, où sa présence serait déplacée. Dans la lutte nocturne contre les Dolions, Jason est serré de près par Cyzicos; c'est le héros seul qui se débarrasse de son adversaire [1]. Athéné n'est pas là pour écarter la lance de Cyzicos ou pour diriger celle de Jason. La déesse n'intervient pas davantage dans la lutte des Argonautes contre les Bébryces [2]. On s'étonnerait qu'elle aidât l'Aisonide à maîtriser les taureaux d'Aiétès et à vaincre les Géants nés des dents du dragon : le héros est aidé par les charmes de Médée qui l'aime, et on sait, pour l'avoir entendu dire à la déesse elle-même, que son père l'a fait naître ignorante des choses de l'amour. En somme, le rôle d'Athéné comme déesse guerrière est nul dans les *Argonautiques*.

En même temps qu'elle s'occupe des batailles, l'Athéné des poèmes homériques est une déesse qui préside aux arts de la paix, en particulier aux travaux féminins [3]. On a vu que, dans les *Argonautiques*, elle dirige la construction du navire Argo : elle fait travailler le charpentier Argos, comme, plus tard, elle inspirera tous les artisans et tous les artistes en général [4]. Elle ne dédaigne même pas d'être la maîtresse des femmes dans leurs travaux domestiques [5]. Elle donne une preuve de sa maîtrise dans les arts de la femme en faisant pour Jason ce manteau double, couleur de pourpre, dont il eût été impossible de supporter l'éclat : le fond en était rouge et les bords couleur de pourpre pure; à chaque extrémité des sujets variés, en grand nombre, étaient tissés avec un art extrême [6].

1. *Argon.*, I, v. 1030 et suiv.
2. *Argon.*, II, v. 98-153.
3. Cf. Decharme, *Mythol.*, p. 85.
4. Cf. Decharme, *Mythol.*, p. 84.
5. *Argon.*, I, v. 629 : ...'Αθηναίης... ἔργων.
6. *Argon.*, I, v. 721-729.

On sait quels sont ces sujets variés : la déesse a représenté les Cyclopes occupés à forger la foudre pour le roi Zeus; puis les deux fils de l'Asopide Antiopé, Amphion et Zéthos, qui jettent les fondements de Thèbes; plus loin, Cythéréia qui se mire dans le bouclier d'Arès; ensuite, le combat des fils d'Électryon avec les Téléboens, la course des deux chars de Pélops et d'Oinomaos, la victoire de Phoibos encore enfant sur le géant Tityos, enfin Phrixos le Minyen, qui semble écouter les sages paroles du bélier[1].

Le Scoliaste s'est demandé quel sens symbolique il faut attribuer aux sujets brodés sur le manteau de Jason. Il suppose que le poète a voulu simplement représenter l'ordre de l'univers et les actes de l'humanité. « D'abord, par le tonnerre et les Cyclopes, il fait une allusion allégorique à la divinité et à la nature divine....; ensuite, il indique la fondation des villes, grâce à la lyre d'Amphion. Puis, tous les événements qui arrivent dans les villes, les amours et les guerres; c'est ce que signifie, dans son idée, Aphrodite, porteuse d'armes. La violence et les combats sont représentés par l'histoire des Taphiens; les jeux et les mariages par la course en char de Pélops; l'impiété et le châtiment qui vient des dieux, par Tityos; les embûches, les trajets sur mer et le salut final par l'histoire de Phrixos : en un mot, à peu près tout ce qui arrive dans les villes est poétiquement décrit sur la chlamyde[2]. »

Dübner trouve ces tableaux fort bien faits; mais il leur reproche de ne se rapporter en rien, pour la plupart, à l'histoire de Jason[3]. En effet, la représentation de Phrixos et du bélier a, seule, quelque rapport

---

1. *Argon.*, I, v. 730-767.
2. Scol. *Argon.*, I, v. 763.
3. Optime Apollonius ἐποίησεν, hac una in re vituperandus quod pleraeque, quas recenset, picturae ad Iasonem proprie non pertinent.

avec la légende des Argonautes ; et les tableaux qui précèdent cette dernière description ne l'amènent et ne la préparent aucunement. Les scènes brodées sur le manteau de Jason n'ont rien de commun avec les sujets gravés sur le bouclier d'Énée, qui font tous allusion à des faits historiques de Rome, que le fils de Vénus est d'ailleurs incapable de deviner [1].

Apollonios a voulu reprendre la tradition homérique : les ciselures du bouclier d'Achille [2] et les broderies de la chlamyde d'Ulysse [3] ne représentent que des scènes générales de la vie humaine, qui ne se rapportent en rien à la situation et aux aventures des deux héros. L'Athéné des *Argonautiques*, déesse bien alexandrine, a fait simplement œuvre d'archéologue érudite, en traçant sur le manteau de Jason ces divers tableaux qui permettent au poète d'étaler, dans une digression ingénieuse, toute sa science mythologique.

III

La déesse Tritonide a fait don de ce manteau à Jason, au moment où, commençant la construction du navire Argo, elle disposait les premiers étais destinés à le soutenir, et enseignait à régler les dimensions des traverses. Le poète s'abstient de décrire l'entrevue de Jason et d'Athéné, de montrer la protectrice en face de son protégé, lui donnant d'utiles conseils, en même temps qu'elle lui remet le splendide manteau de pourpre. Jamais nous ne voyons, dans les *Argonautiques*, la déesse s'entretenir amicalement avec ceux

---

1. *Én.*, VIII, v. 730 : *...rerumque ignarus imagine gaudet.*
2. *Iliad.*, XVIII, v. 478-608.
3. *Odyssée*, XIX, v. 225 et suiv.

des Argonautes qu'elle honore de sa faveur particulière. Il ne faut pas, en effet, s'attendre à voir une déesse que le poète nous montre si réservée témoigner à Jason la sympathie familière dont elle entourait Achille ou Ménélas, dans l'*Iliade*, Ulysse ou Télémaque, dans l'*Odyssée*. « C'est, dit M. Croiset, une des beautés dramatiques de l'*Iliade* que ces relations incessantes des dieux avec les héros [1]. » Dans l'*Odyssée*, les relations entre les divinités et les humains ont un caractère différent [2]. Mais, pour ce qui est du personnage d'Athéné en particulier, les deux poèmes nous montrent une intervention fréquente et à peu près semblable de la déesse dans les affaires de ses protégés.

Athéné encourage Diomède et Achille à combattre les Troyens : elle fera cause commune avec les héros qu'elle excite par ses paroles amies [3]. Aussi soucieuse de la dignité morale que des succès guerriers de ses alliés, elle empêche Achille de se laisser aller à un mouvement funeste de colère contre Agamemnon. Elle descend du haut des airs, s'arrête derrière le héros, lui pose la main sur la tête et le force à se retourner : ce muet langage des yeux étincelants d'Athéné fait rentrer Achille en lui-même [4].

Dans l'*Odyssée*, l'intimité entre la déesse et ses protégés est plus étroite encore. Athéné n'hésitait pas à revêtir un costume guerrier pour secourir ses amis dans la plaine de Troie; elle n'hésite pas non plus à prendre la forme du sage Mentor pour guider Télémaque [5] et pour protéger Ulysse au moment du meurtre des prétendants et de la révolte que leurs amis excitent contre le roi [6]. Elle se déguise en jeune fille phaiacienne

[1]. M. Croiset, *Hist. Littér. grecque*, t. I, p. 257.
[2]. M. Croiset, *ouvr. cité*, t. I, p. 383-387.
[3]. *Iliad.*, V, v. 124 et suiv.; XXII, v. 216.
[4]. *Iliad.*, I, v. 193 et suiv.
[5]. *Odyssée*, II, v. 268 et suiv., etc.
[6]. *Odyssée*, XXII, v. 205 et suiv.; XXIV, v. 445 et suiv.

pour donner à Ulysse d'utiles renseignements sur Alcinoos[1], en jeune pasteur de brebis pour l'entretenir familièrement de ses intérêts, au moment où il vient de rentrer dans Ithaque[2].

Dans les *Argonautiques*, il n'est plus question d'une pareille intimité. Constamment invisible et présente, Athéné protège Jason depuis le jour où, après avoir conseillé à Argos de construire le navire et s'être mise à l'œuvre elle-même, elle a fait d'Argo un navire capable — comme le diront les fils de Phrixos qui l'ont vu aux prises avec la tourmente — de résister au choc de toutes les tempêtes[3]. Au moment du départ, elle a, sans doute, « avec toutes les divinités, regardé du haut du ciel le navire et la force des hommes demi-dieux, qui, pleins de courage, naviguaient alors sur les flots[4] ». Elle éprouvait probablement un certain orgueil en voyant son chef-d'œuvre prendre la mer; mais elle ne manifeste aucun intérêt particulier pour ceux qui partent.

Les Argonautes ont un bon pilote qu'elle leur a envoyé elle-même[5] : confiante dans l'habileté de Tiphys, Athéné n'interviendra que si des circonstances difficiles se présentent. — La déesse alexandrine sait, comme l'auteur de l'*Épître aux Pisons*, qu'un dieu ne doit intervenir que si la situation l'exige absolument. — Le devin Phinée, qui connaît bien les dieux, tels que les poètes du Musée les conçoivent, sait qu'ils ont pour maxime : « Aide-toi, le ciel t'aidera. » Il le donne clairement à entendre aux héros quand il leur conseille de ne compter que sur eux-mêmes dans les difficultés du passage entre les Roches-Cyanées[6]. Les navigateurs suivent ces sages avis. Ils font consciencieusement leur

---

1. *Odyssée*, VII, v. 19 et suiv.
2. *Odyssée*, XIII, v. 221 et suiv.
3. *Argon.*, III, v. 339-344.
4. *Argon.*, I, v. 547-549.
5. *Argon.*, I, v. 109-110.
6. Voir, plus haut, l. II, ch. I, p. 211-212.

devoir; ils exécutent de leur mieux les prudentes manœuvres commandées par Tiphys.

Athéné ne s'est pas encore mêlée de la direction du navire, depuis le départ de Pagases; car il ne s'est produit que des difficultés que la sagesse du pilote et la bonne volonté des matelots pouvaient surmonter. La situation est maintenant très grave; la déesse veille. Le départ des Argonautes vers les Roches-Cyanées ne lui est pas resté caché [1]. « Aussitôt, elle mit impétueusement les pieds sur un nuage léger, qui la transporta vite, malgré son poids. Elle se hâta d'arriver à la mer, pleine de bonnes dispositions pour les rameurs [2]. »

Mais elle se garde bien de leur montrer ces bonnes dispositions. Si, dans les poèmes homériques, elle encourageait par des paroles familières les héros qu'elle venait secourir, dans les *Argonautiques,* elle reste toujours invisible et muette. Son empressement est pourtant incontestable : aussi rapide que la pensée d'un exilé songeant aux routes qui pourraient le ramener dans sa patrie, aussi prompte que l'éclair, — dont elle a été, peut-être, à l'origine la personnification [3], — la déesse s'élance du haut du ciel vers le détroit où Argo va s'engager [4]. Elle veille de très près sur les héros, mais elle n'agit pas encore.

Tant que les forces humaines peuvent lutter contre les éléments, elle s'abstient. C'est seulement quand le navire semble en perdition qu'elle intervient. « Des deux côtés, les rochers s'ébranlaient en mugissant. Et le bois dont le vaisseau était construit restait là, comme captif. Mais alors Athéné, de sa main gauche, arracha le navire au rocher qui le tenait fortement, et, de sa droite, le poussa pour qu'il franchît d'outre en outre le

---

1. *Argon.*, II, v. 537.
2. *Argon.*, II, v. 538-540.
3. Decharme, *Mythol.*, p. 77.
4. *Argon.*, II, v. 541-548.

passage ¹. » Les Argonautes sont sauvés ; la présence d'Athéné ne leur est plus nécessaire. Sans perdre un instant à se réjouir de la joie de ses protégés, sans se rendre visible à leurs yeux, comme ferait naïvement une divinité homérique, heureuse de recevoir les actions de grâces de ceux qu'elle a arrachés à la mort, la froide déesse s'éloigne une fois son devoir de protectrice accompli. « Elle s'élança vers l'Olympe, du moment qu'ils furent hors de danger². »

Elle se soucie peu de leur reconnaissance ; elle ne daigne même pas leur faire savoir que c'est elle qui les a sauvés. Les héros ne se doutent pas du secours qu'elle vient de leur donner. C'est Athéné, pensent-ils, qui a été cause de leur salut en construisant le navire ; ils ne savent pas qu'elle vient de les arracher effectivement à la mort, en dégageant Argo des rochers. « J'espère que, grâce au navire, nous voilà définitivement sauvés. Et personne n'est cause de notre salut autant qu'Athéné qui a animé ce navire d'une force divine, alors qu'Argos en unissait les pièces avec des chevilles ³. » C'est Tiphys qui parle ainsi, animé de l'orgueil bien naturel à un pilote fier de son bon navire. Aucun des héros ne le contredit pour affirmer que ce n'est pas seulement en aidant Argos à bâtir le vaisseau que la déesse a aidé à leur salut. Tous savent bien qu'Athéné a construit Argo d'une manière divine ; mais elle intervient si peu, elle s'est si bien rendue invisible que nul parmi les Argonautes n'a deviné la présence de la déesse dégageant Argo du milieu des rochers.

Il n'y a, on l'a déjà vu, aucune familiarité entre la déesse Jasonienne et Jason. Le héros est un timide, un irrésolu, toujours en proie à l'inquiétude ; la protec-

1. *Argon.*, II, v. 596-599.
2. *Argon.*, II, v. 602-603.
3. *Argon.*, II, v. 611-614.

trice ne vient jamais rassurer son protégé. Elle ne lui
apparaît pas, comme elle apparaissait à Achille ; elle
ne lui parle pas, comme elle parlait à Diomède ; elle
ne se déguise pas en vieillard, en jeune fille, en berger,
pour lui donner familièrement ces renseignements, ces
conseils, ces exhortations qu'elle prodiguait à Ulysse.
Au moment du départ, Jason, inquiet, songe en lui-
même à tous les dangers de l'expédition, semblable à
un homme qui baisse la tête sous le poids de la tristesse [1]. Athéné ne fait rien pour dissiper cette tristesse.
Au moment critique où les héros sont cachés dans
les marais du Phase, inquiets de l'accueil que leur
fera Aiétès, anxieux à propos de la conduite à tenir,
Athéné, qui les voit du haut du ciel [2], ne songe pas
à leur apparaître sous quelque déguisement, comme
ferait la déesse homérique, pour leur indiquer la voie
à suivre. Elle discute sagement avec Héra, dans leur
intérêt, mais à leur insu ; elle ne s'inquiète pas de leur
faire sentir qu'elle s'occupe d'eux. Cependant, elle a
examiné bien des projets, essayé, mais en vain, de
combiner bien des ruses pour venir en aide aux Argonautes [3] : simplement par acquit de conscience, pour
donner à Jason la protection officielle qu'elle lui doit
en vertu de cette alliance conclue entre la famille du
héros et la déesse.

Du moment où Héra prend la direction du complot
qui mettra l'Aisonide en possession de la toison d'or,
Athéné, pleine de déférence pour la reine des dieux,
abdique volontiers toute prétention à s'occuper davantage d'un client auquel elle semble peu attachée. Elle
assiste silencieuse à l'entrevue d'Héra et de Cypris ;
personnage muet, elle a donné par avance son con-
sentement tacite à toute résolution qu'Héra jugerait

---

1. *Argon.*, I, v. 460-461.
2. *Argon.*, III, v. 8.
3. *Argon.*, III, v. 18-21.

bon de prendre. Après l'entrevue, elle s'en va avec la compagne de Zeus[1], et se désintéresse désormais des affaires de Jason. Confiées par Héra à Cypris et à son fils Éros, elles sont en bonnes mains. Athéné paraît heureuse de se voir déchargée d'une mission qu'elle accomplissait par devoir, consciencieusement, mais sans goût.

D'ailleurs, Jason est désormais engagé dans une intrigue d'amour à laquelle, on l'a vu, il ne convient pas au caractère de l'Athéné alexandrine de prendre la moindre part. Le rôle d'Athéné protectrice de Jason cesse du moment où le héros va être, d'abord l'amant de Médée, grâce à la protection occasionnelle de Cypris et d'Éros, puis le mari de la jeune fille, grâce à la protection permanente d'Héra.

Athéné n'a aucune parole d'encouragement pour l'Aisonide qui va combattre les taureaux d'airain et les Géants, nés de la Terre. Au retour de Colchide, elle s'abstient de se mêler aux faits et gestes du héros. Elle ne met pas la main sur la tête de Jason qui va tuer Apsyrtos, comme, dans l'*Iliade*, elle mettait la main sur la tête d'Achille, pour l'empêcher de tuer Agamemnon. Quand le meurtre a été commis, elle ne s'inquiète pas de juger le criminel, comme, dans les *Euménides*, elle jugeait Oreste. — Athéné se désintéresse systématiquement de l'action des *Argonautiques*.

Les Argonautes éprouvent sur la mer Tyrrhénienne, en revenant de Colchide, des dangers aussi terribles que ceux qu'ils avaient subis à l'entrée du Pont-Euxin, alors qu'ils se rendaient au pays d'Aiétès. Les Roches-Errantes ne sont pas moins redoutables que les Roches-Cyanées. Athéné, qui a arraché le navire Argo aux Roches-Cyanées, ne songe plus à secourir les héros quand ils doivent se faire un passage au

---

[1]. *Argon.*, III, v. 111.

milieu des Roches-Errantes. Héra, qui, on l'a vu, se
vantait à tort d'avoir fait échapper les héros aux écueils
du Pont-Euxin, s'est chargée de les sauver des roches
de la mer Tyrrhénienne. Par son ordre, les Néréides
conduisent Argo au milieu des passes difficiles. Héra
tremble, s'effraie, doit, pour pouvoir rester debout,
entourer Athéné de ses bras[1] : car c'est elle qui a
assumé toute la responsabilité de l'entreprise. Athéné
reste calme, impassible; il semble qu'elle ne s'intéresse
plus aux dangers des Argonautes, du moment que
Médée les partage. D'ailleurs, c'est maintenant Héra
qui s'occupe d'eux : leur salut ne regarde plus Athéné
et la laisse indifférente. Alors même que les Argonautes ne savent comment sortir des eaux de ce lac
Triton, auquel elle doit son surnom, où elle a été
baignée au moment de sa naissance par les héroïnes
tutélaires de la Libye, ce n'est pas Athéné Tritonide
qui vient à leur secours; et l'accès de la Crète ne leur
est facilité en rien par Athéné Minoïde, à qui ils s'empressent cependant de construire un temple, aussitôt
qu'il leur a été permis de pénétrer dans l'île.

En dernière analyse, c'est peut-être parmi toutes les
divinités du poème alexandrin, dans la constitution du
personnage d'Athéné, tel que les *Argonautiques* nous
le représentent, que les disparates les plus caractéristiques se remarquent entre la science érudite et l'art
moderne d'Apollonios. Athéné Jasonienne est évidemment antérieure à Athéné d'Alalcomène : mais combien
la déesse froide et indifférente, la vierge prude et
précieuse, imaginée par l'art alexandrin, nous apparaît
d'une époque postérieure à ces temps homériques où
Athéné belliqueuse hurlait sur les champs de bataille
et guidait, en amie familière et dévouée, ses protégés
de l'*Iliade* et de l'*Odyssée!*

1. *Argon.*, IV, v. 959-960.

CHAPITRE IV

MINERVE

I. Minerve, dans l'*Énéide*, est, comme Junon, l'ennemie des Troyens. Minerve dans les deux premiers Chants de l'*Énéide*. La déesse homérique ; le *Palladium ;* Minerve et Nautès ; la science de la divination conférée par Minerve. Minerve et Ajax, fils d'Oïlée ; Minerve et le Diomède de l'*Énéide*. Pourquoi Virgile insiste sur les haines posthomériques de la déesse à l'endroit de certains Grecs. Minerve construit le cheval de bois ; son rôle pendant le sac de Troie.

II. Essai d'assimilation d'Athéné et de Minerve. Le temple de Minerve sur la côte d'Apulie. Le temple de Minerve à Laurente. Minerve alliée des Romains à Actium. Double caractère guerrier et pacifique de Minerve dans l'*Énéide*.
La Minerve de Virgile fait la transition entre la déesse homérique et la déesse du Capitole, protectrice des Romains.

I

Comme le rôle d'Athéné était à peu près le même que celui d'Héra, dans l'*Iliade*, il est naturel que la Minerve de l'*Énéide* soit, au même titre que Junon, parmi les divinités hostiles à Énée et aux Troyens.

Dans les deux premiers Chants de son épopée, Virgile fait de nombreuses allusions au rôle que la déesse, protectrice des Grecs, a joué dans la guerre de Troie. « Tout l'espoir des Danaens, — dit Sinon, habile dans l'art des perfidies, — toute la confiance dans la guerre qu'ils avaient entreprise, reposèrent toujours sur la protection de Pallas [1]. » Cette affirmation de

---

1. *Én.*, II, v. 162 : *Omnis spes Danaum et coepti fiducia belli Palladis auxiliis semper stetit.*

Sinon n'est pas mensongère : les Grecs de l'*Iliade* mettent leur confiance aussi bien dans Athéné que dans Héra. Mais Pallas protégeait aussi Ilion : « C'était une tradition de l'époque homérique qu'il y avait à Pergame, au temps de la guerre, un temple et une statue de Pallas [1]. » Virgile ne peut omettre cette tradition, puisque, dans le temple du Capitole, Minerve devait, avec Jupiter et Junon, faire partie de la triade divine, spécialement honorée par les Romains, descendants légitimes des Troyens.

D'après Sinon, qui ment maintenant d'une manière évidente, la déesse aurait retiré son appui aux Danaens et aurait fait éclater sa colère à leurs yeux par des prodiges manifestes, depuis le jour où Diomède et Ulysse avaient enlevé de son temple troyen son image divine, ce *fatale Palladium*, auquel les destinées de Troie étaient attachées [2]. Il n'est pas utile de s'occuper davantage de cet antique *xoanon* troyen de Pallas, connu sous le nom de *Palladion* [3], puisqu'il n'en est plus question dans l'*Énéide* [4]. Ce n'est pas Virgile, c'est Servius qui rapporte que le Palladium, enlevé de Troie par Diomède et Ulysse, passa ensuite dans la famille de Nautès, où le culte de Pallas se perpétua [5] : mais le vieux Nautès est mentionné dans l'*Énéide;* il a été, entre tous, instruit avec un soin particulier par la *Tritonienne* [6] Pallas. La déesse l'a rendu illustre en lui donnant une science profonde et capable d'expliquer à Énée ce que présage la colère des dieux et ce qu'exige

---

1. Bertrand, *Les dieux protecteurs*, p. 106-107.
2. *Én.*, II, v. 164-175.
3. Cf. Collignon, *Mythol. figurée*, p. 62-63.
4. Le v. 151 du Ch. IX, maladroitement reproduit d'après le v. 166 du Ch. II, ne peut être qu'une interpolation. — « *Versus ineptus* », dit Forbiger. Voir aussi la note de Benoist à ce vers.
5. Servius, *ad Aen.*, II, v. 166. — Cf. Preller-Jordan, *Röm. Mythol.*, erster Band, p. 298; zweiter Band, p. 333.
6. *Én.*, V, v. 704 : ...*Tritonia Pallas*. — L'épithète *Tritonis* (*Én.*, II, v. 226) ou *Tritonia* (*Én.*, II, v. 171, 615; XI, v. 483) se trouve souvent dans l'*Énéide*, mais Virgile n'en indique nulle part l'étymologie.

l'ordre immuable des destins [1]. Nous ne savons de quelle manière Minerve a enseigné la divination de l'avenir au sage Nautès, suivant quels procédés elle lui a permis d'interpréter les volontés des dieux et les ordres du destin [2]. Mais la protection que Minerve accorde au Troyen Nautès est un fait particulier.

Ce n'est pas Cassandre que la déesse protège, mais bien son propre temple où la fille de Priam s'était réfugiée et d'où Ajax, fils d'Oïlée, après avoir outragé la prophétesse, la fait arracher, enchaînée, les cheveux épars, levant en vain vers le ciel ses yeux courroucés [3]. C'est pour punir le crime et la folie du seul Ajax que Minerve — Junon le rappelle dans sa jalousie de la puissance dont la fille de Jupiter a fait preuve — a brûlé la flotte des Grecs, englouti les matelots dans la mer et cloué sur un roc aigu le fils d'Oïlée [4]. On a déjà vu qu'Athéné a le privilège de lancer la foudre de Zeus [5] : d'après les croyances étrusques, la Minerve italienne avait le droit de manier le tonnerre, ainsi que Jupiter et Junon [6].

Comme le temple de Junon où les Grecs mettaient en dépôt le butin conquis dans Ilion, le temple troyen de Minerve, dont la déesse venge la profanation en foudroyant Ajax, est un refuge plus sûr pour les ennemis que pour les citoyens de Troie. C'est là, en effet, que les deux serpents, après avoir étouffé Laocoon et ses fils, vont se cacher aux pieds de la déesse, sous l'orbe de son bouclier [7].

---

1. *Én.*, V, v. 704-707.
2. M. Bouché-Leclercq dit simplement : « En Étrurie, Menrfa est donnée parfois pour la mère du révélateur Tagès. La Minerve de l'*Énéide* forme elle-même le devin Nautès (*Aen.*, V, v. 704). C'est partout la même idée, à savoir que les principes de la science sont révélés. » (*Hist. Divination*, t. II, p. 402, n. 4.)
3. *Én.*, II, v. 403-406. — Il sera parlé de Cassandre au chapitre *Apollon dans l'Énéide*.
4. *Én.*, I, v. 39-42.
5. Voir, plus haut, l. II, ch. II, p. 223-224.
6. Cf. Servius, *ad Aen.*, I, v. 42.
7. *Én.*, II, v. 225-227. — Heyne fait observer que, si Virgile a raison de

Mais la colère de la vindicative déesse n'est pas apaisée par l'éclatante vengeance qu'elle a tirée du fils d'Oïlée et de ses compagnons. Réfugié en Apulie, Diomède, qui, dans l'*Iliade*, implorait Athéné comme la protectrice de sa famille [1], se souvient avec terreur de l'astre funeste que Minerve fit paraître et sous lequel se déchaîna la tempête qui brisa Ajax et les matelots grecs contre les écueils vengeurs de Capharée, promontoire d'Eubée [2]. Le Diomède de l'*Énéide* est sans doute effrayé du sort d'Ajax, parce qu'il a conscience d'en avoir mérité, en enlevant le Palladion avec Ulysse, un aussi triste: mais la légende de l'enlèvement du Palladion par Ulysse et Diomède est postérieure à l'époque homérique; on sait que, dans l'*Odyssée*, Ulysse n'a pas de protectrice plus dévouée que la déesse Athéné, et que, plus heureux encore que le roi d'Ithaque, Diomède revient rapidement et sans encombre à Argos [3].

Virgile insiste sur ces légendes posthomériques, sur ces haines de la déesse à l'endroit de certains héros grecs, pour rendre moins inattendu le rôle de Minerve protectrice du Capitole : elle aidera les Romains à renverser Argos et Mycènes, à venger sur un Éacide, descendant d'Achille, à la fois les ancêtres troyens et son propre temple outragé [4]. Le seul crime d'Ajax, fils d'Oïlée, causait le naufrage de toute la flotte du prince locrien ; bien des siècles après la guerre de Troie, c'est le souvenir de ce crime qui fait de Minerve l'alliée de Rome et l'ennemie de toute la Grèce.

---

montrer les serpents se réfugiant aux pieds de la déesse, puisque certaines statues de Minerve représentent un serpent étendu à ses pieds (Pausanias, I, 24, 7), le poète vient cependant de rappeler (*Én.*, II, v. 164) que le Palladion a été enlevé de Troie : la mention d'une statue de Pallas est, par suite, ici inattendue.

1. *Iliad.*, X, v. 284; cf. V, v. 115 et 255; XXIII, v. 405. — Voir Bertrand, *Les dieux protecteurs*, p. 94 et suiv.
2. *Én.*, XI, v. 259-260. — Voir la note de Benoist au v. 260.
3. *Odyssée*, III, v. 167-182.
4. *Én.*, VI, v. 837-841.

Mais, au moment où se passe l'action de l'*Énéide*, Minerve est une alliée fidèle des Achaiens. C'est dans le récit mensonger de Sinon que la déesse témoigne aux Grecs son courroux par des signes éclatants [1] ; en réalité, elle donne aux ennemis de Troie le moyen de s'introduire par ruse dans la ville assiégée.

C'est son art divin [2] qui préside à la construction du cheval de Troie, comme il a présidé à celle du navire Argo. Elle semble la complice de Sinon dont les mensonges persuaderont aux Troyens de faire franchir les murailles renversées de leur ville par la fatale machine, remplie d'hommes armés, qui passe pour un don expiatoire offert à la déesse par ses fidèles [3]. Le jour est venu où, comme disait le Zeus homérique, les Achaiens doivent s'emparer d'Ilion, grâce aux ruses d'Athéné [4].

Minerve ne se désintéresse pas du combat suprême : elle laisse Coroebus tomber aux pieds de son autel sous les coups de Pénéleus [5]. Et Vénus peut montrer à Énée Pallas, oublieuse de son temple et de la protection qu'elle accordait jadis à Troie, se dressant, comme dans une apothéose de féerie, au sommet de la citadelle : elle tient l'égide où se trouve la tête de la Gorgone ; elle est enveloppée d'un nuage, sur lequel l'incendie projette ses reflets rougeâtres ; et, ainsi, dominant les hautes tours de Pergame, elle se détache d'une manière fantastique sur le ciel embrasé [6]. Comme l'Apollon de l'*Iliade* [7] se retirait sur les sommets de la citadelle de Troie pour couvrir la ville de ses regards de dieu

---

1. *Én.*, II, v. 171-175.
2. *Én.*, II, v. 15 : ...*divina Palladis arte.* — On sait que la légende du cheval de Troie est déjà indiquée dans l'*Odyssée*, VIII, v. 493 et suiv.
3. *Én.*, II, v. 31 : ...*innuptae donum exitiale Minervae; v.* 189 : ...*dona Minervae.*
4. *Iliad.*, XV, v. 70-71.
5. *Én.*, II, v. 425 : ...*divae armipotentis ad aram.*
6. *Én.*, II, v. 615 et suiv. — Voir la note de Benoist.
7. *Iliad.*, V, v. 460.

protecteur, Pallas s'établit en haut de l'acropole pour ne rien perdre des scènes de destruction auxquelles elle préside.

L'hostilité de la déesse à l'endroit d'Ilion est un fait bien connu, même en dehors de Troie, puisqu'Énée peut voir, dans la suite de tableaux qui décorent le temple élevé par Didon à Junon protectrice de Carthage, une peinture qui représente les femmes troyennes au temple de Pallas : tristes et suppliantes, elles sont venues porter un péplos à l'injuste déesse; elles se meurtrissent la poitrine. Pallas-Athéné détourne la tête et tient ses yeux attachés au sol[1]. Ce tableau reproduit simplement une scène de l'*Iliade*[2], comme tous les renseignements donnés sur Minerve par les deux premiers Chants de l'*Énéide* se rapportent au caractère de la déesse dans les poèmes homériques. Virgile rappelle que Minerve a été l'ennemie acharnée et impitoyable de Troie, tant que la ville de Priam a subsisté.

II

C'est au IIIe Chant que nous voyons la première tentative d'assimilation entre cette déesse homérique et une divinité italienne.

Énée et ses compagnons sont en vue des côtes d'Italie, quand ils aperçoivent un port que domine le temple de Minerve, élevé sur une hauteur[3]. Les Troyens descendent à terre et vont invoquer dans son sanctuaire la déesse aux armes retentissantes[4]. Aussi-

---

1. *Én.*, I, v. 479-482.
2. *Iliad.*, VI, v. 86-101 ; v. 264-312.
3. *Én.*, III, v. 531 : *...templumque apparet in arce Minervae.*
4. *Én.*, III, v. 543 : *...numina sancta precamur Palladis armisonae.*

tôt leur prière terminée, ils se hâtent de reprendre la mer et de fuir ce rivage suspect où se trouvent les demeures des Grecs [1]. En effet, ce temple, situé sur la côte d'Apulie, a été édifié par le Grec Idoménée [2], fondateur de la ville qui, une fois colonisée par les Romains, prendra le nom de *Castrum Minervae* ou *Minervium* [3].

La déesse qu'Énée et ses compagnons vont prier n'est pas encore la Minerve romaine; c'est la protectrice grecque d'Idoménée, la Pallas-Athéné qu'ils retrouveraient aussi acharnée contre eux en Apulie qu'elle l'a été en Troade. Ils ont raison de ne pas compter sur sa bienveillance et de ne pas s'attarder auprès de son temple.

Jusqu'à la fin de l'*Énéide,* Pallas se tient du côté des ennemis de Troie. Une scène du Chant XI, imitée de celle du Chant VI de l'*Iliade* qui, comme on l'a vu, était retracée dans les peintures du temple carthaginois de Junon, montre la reine Amata montée sur un char, ayant Lavinie à ses côtés et entourée d'un nombreux cortège de femmes. Elle se rend à travers la ville de Latinus vers la haute citadelle où se trouve le temple de Pallas, comme Hécube, entourée de ses filles et de ses brus, accompagnée de la foule des Troyennes, se rendait à la citadelle de Pergame où s'élevait le temple de la déesse. L'épouse de Latinus supplie la vierge Tritonienne, aux armes puissantes, qui préside aux combats [4], de briser de sa main invincible les armes du brigand phrygien et de lui faire mordre la poussière. Mais les prières des femmes latines de l'*Énéide* ne seront pas plus exaucées que ne l'étaient celles des femmes phrygiennes de l'*Iliade*.

---

1. *Én.,* III, v. 550.
2. Denys d'Halicarnasse, I, LI.
3. Velléius Paterculus, I, xv. — Cf. Gossrau, note au v. 531 du Ch. III de l'*Énéide*.
4. *Én.,* XI, v. 483 : *Armipotens, belli praeses, Tritonia virgo*.

Heyne s'étonne que Virgile montre le culte de Minerve connu à Laurente, alors que l'on admet généralement qu'il a été introduit en Italie par les Troyens [1]. Mais la Minerve italienne, la *Menrfa* ou *Menerfa* étrusque, était une déesse des montagnes dont les sanctuaires se trouvaient sur les hauts lieux [2], comme dans les acropoles ceux d'Athéné protectrice des villes. L'influence grecque devait peu à peu caractériser et modifier la vague personnalité de la déesse latine et étrusque en l'identifiant avec l'Athéné hellénique. Quand il transporte de Troie à Laurente la scène où les femmes de la ville assiégée viennent supplier la déesse protectrice des acropoles, quand il adapte à Minerve ce qu'Homère disait de Pallas-Athéné, Virgile veut préparer l'assimilation de la déesse hellénique et de la déesse italienne. Comme il ne peut faire de la divinité ennemie de Troie, dont le culte a été porté en Italie par le Grec Idoménée, une protectrice d'Énée, il imagine qu'elle protège Laurente et le pays de Latinus. Quand Laurente sera au pouvoir des Troyens, quand Énée sera devenu le gendre de Latinus, Athéné-Minerve sera naturellement la protectrice des Troyens et d'Énée; le culte de la déesse passera plus facilement de Laurente, devenue troyenne, au Capitole romain qu'il n'aurait pu y parvenir directement de Pergame, qu'Athéné, amie des Grecs, abandonnait.

Minerve sera désormais l'alliée fidèle des Romains; après les avoir aidés, par haine des descendants d'Ajax, à vaincre la Grèce, elle sera, au moment de la bataille d'Actium, à côté de Neptune et de Vénus, une des divinités qui combattront contre l'aboyeur Anubis et les dieux monstrueux du Nil [3].

1. Heyne, *ad Aen.*, XI, v. 477 : *Illud miror quod... non animadvertit Palladem iam tum coli a Laurentibus non potuisse, quam Troianos primum intulisse communis fama obtinuit.*
2. Preller-Jordan, *Röm. Mythol.*, erster Band, p. 289-290.
3. *Én.*, VIII, v. 699.

Il était impossible à Virgile de combiner la légende latine de Minerve, qui n'existe guère, avec celle d'Athéné qui devait peu à peu absorber la divinité latine, simple nom sans personnalité. Le poète se contente d'identifier l'Athéné de l'*Iliade* avec la future Minerve du Capitole, qui combattra pour Rome à Actium.

Après le récit de la ruine de Troie, où il conserve à Athéné son caractère homérique, Virgile ne fait jouer aucun rôle dans l'action de l'*Énéide* à la déesse qui ne peut encore protéger les Troyens, tant qu'ils ne sont pas devenus Romains, et qui n'a pas les mêmes motifs que Junon pour s'acharner contre eux. Il insiste sur sa haine à l'endroit d'Ajax, fils d'Oïlée, haine qui l'amènera, pour se venger d'un Grec qui a profané son temple, à protéger contre les Grecs les Romains qui lui consacrent au Capitole un sanctuaire honoré.

L'*Énéide* ne peut que faire allusion au double caractère guerrier et pacifique d'Athéné dont la Minerve romaine héritera. Le poète montre les Cyclopes polissant l'effrayante égide dont s'arme Pallas irritée : on y voit des serpents aux écailles dorées, des couleuvres enlacées, et, pour couvrir le sein de la déesse, la Gorgone elle-même dont la tête, séparée du corps, semble remuer encore les yeux [1]. Minerve est aussi, comme Athéné en Grèce, la déesse pacifique des arts domestiques de la femme [2]. Les travaux de Minerve [3] sont le filage et le tissage de la laine; ses ustensiles, la quenouille et les corbeilles [4], que la belliqueuse Camille méprise, comme faisaient les femmes de Lemnos [5]. Enfin, les ambassadeurs d'Énée portent les

---

1. *Én.*, VIII, v. 435-438.
2. Preller-Jordan, *Röm. Mythol.*, erster Band, p. 294.
3. *Én.*, V, v. 284 : ...*operum... Minervae*.
4. *Én.*, VII, v. 805 : ...*colo calathisque Minervae*. — Cf., *Én.*, VIII, v. 409 et suiv., un passage imité de deux endroits des *Argonautiques* (III, v. 291, et IV, v. 1062).
5. *Én.*, VII, v. 804-807. Cf. *Argon.*, I, v. 627.

rameaux de Pallas, en signe de paix[1], comme le faisaient les suppliants Grecs[2], comme le feront les Italiens de l'époque classique[3].

Pallas-Athéné, déesse grecque, a été l'ennemie des Troyens et la protectrice des Achaiens qui assiégaient Ilion; Minerve, déesse du Capitole, sera l'ennemie des Grecs et la protectrice des Romains qui soumettront l'Hellade.

Énée, qui a été un personnage de l'*Iliade*, ne connaît que la déesse homérique, hostile aux Troyens. Mais le poète, qui sait l'avenir, insiste sur les haines particulières de la déesse à l'endroit de certains Grecs, ce qui amènera plus tard Athéné à prêter son concours aux Romains, qui lui consacreront un temple, contre les descendants des Grecs qui ont profané son temple de Troie. L'*Énéide* fait prévoir ce rôle nouveau de la Minerve romaine : mais, au temps où Ilion, qu'Athéné attaquait, n'existe plus et où Rome, que Minerve protégera, n'existe pas encore, la déesse ne peut avoir aucune place dans les événements qui concernent Énée, parti de Troie pour fonder une nouvelle patrie.

Ne pouvant attribuer à la Minerve latine une légende que la Mythologie italienne ne lui connaissait pas, Virgile se contente de lui prêter quelques traits de la légende homérique d'Athéné. Sans insister sur un personnage divin qui ne peut avoir une place considérable dans l'*Énéide*, il rappelle son importance passée au temps de la guerre de Troie, et il fait quelques allusions discrètes à l'importance future qu'elle aura, quand elle sera une des divinités du Capitole romain.

---

1. *Én.*, VII, v. 154 : *...ramis velatos Palladis.* — Virgile rappelle, dans les *Géorgiques*, que Minerve a créé l'olivier. Cf. *Géorg.*, I, v. 18 : *...oleaeque Minerva Inventrix.*

2. Cf. Decharme, *Mythol.*, p. 85.

3. Cf. Tite-Live, XXIV, xxx, 14 : *...ramos oleae ac velamenta alia supplicum porrigentes...*

CHAPITRE V

L'APOLLON DES *ARGONAUTIQUES*

I. L'Apollon de l'*Iliade* et l'Apollon antéhomérique des *Argonautiques*.
Légende d'Apollon. Apollon, fils de Létô, vainqueur de Tityos et du serpent Delphyné. L'antre Corycien du Parnasse. Apollon, dieu qui lance les traits. Sa victoire sur les fils Aloïades. Apollon et Eurytos.
Apollon divinité solaire. Apollon et Cadmos. La rayonnante chevelure d'Apollon. Beauté d'Apollon. Apollon, dieu du matin et de la lumière éclatante. Apollon au repos et Apollon victorieux.
Apollon Hyperboréen. Apollon et Asclépios. Les sanctuaires d'Apollon : Délos, Claros, Pytho, Amyclées ; le temple d'Apollon Isménien en Béotie. Les descendants d'Apollon Lycoréios en Libye. Cyrène et Aristée. Apollon Nomios. Rôle effacé des Muses dans les *Argonautiques*. Apollon distingué de Paiéôn, le médecin des dieux.

II. Apollon protecteur de Jason. Rôle actif d'Apollon Jasonien pendant tout le cours de l'expédition des Argonautes. Les trépieds d'Apollon. Apollon, dieu des embarquements, des débarquements et des rivages. L'alliance d'Apollon et de Jason. Le culte d'Apollon institué par les Argonautes dans tous les pays où ils s'arrêtent.
Apollonios a essayé de reconstituer le type antéhomérique d'Apollon.

I

On sait que, dans l'*Iliade*, Apollon est le plus actif protecteur des Troyens : M. Bertrand explique ce rôle, étrange au premier abord, du grand dieu dorien-hellène, en faisant remarquer que l'*Iliade* a conservé les traditions du dieu lycien-hyperboréen de l'époque antéhomérique, qui était adoré à Patare, à Délos-Ortygie, à Claros et à Chryse [1]. — C'est ce dieu antéhomérique

---

[1]. Bertrand, *Les dieux protecteurs*, p. 71.

que l'on trouve dans les *Argonautiques* d'Apollonios.

Apollon est le fils de Létô. Parmi les « sujets variés, en grand nombre, qui sont tissés avec un art extrême »[1] sur le manteau de Jason, se trouve un des épisodes de l'enfance du dieu : « Phoibos Apollon était aussi représenté, robuste enfant, quoique encore dans un âge tendre, lançant des flèches sur un insolent qui tirait sa mère par son voile, le grand Tityos que la divine Élaré avait enfanté, mais que Gaia avait nourri et mis au monde de nouveau[2]. » — On sait que cet épisode de l'enfance d'Apollon a été souvent représenté par l'art antique[3].

Dès son enfance, Apollon est regardé comme le dieu qui lance au loin les traits : c'est sous ce nom que Jason, au moment de quitter l'Hellade, invoque le Létoïde[4], et les *Argonautiques* rapportent plusieurs faits de la légende d'Apollon ἐκηβόλος. C'est grâce à ses trait inévitables que le dieu tue le serpent Python, comme il avait vaincu, étant enfant, le géant Tityos. « Les Argonautes célébraient le bel Iépaiéôn, Phoibos Iépaiéôn... Orphée disait comment autrefois, au pied de la rocheuse montagne du Parnasse, le dieu avait

1. *Argon.*, I, v. 729.
2. *Argon.*, I, v. 759-762. — Sur Tityos, voir plus haut, l. I, ch. II, p. 45.
3. Voir, en particulier, « *Élite des monuments céramographiques,* » par Ch. Lenormant et J. de Witte, t. II, Paris, 1857, pl. LV : « Apollon perçant de ses traits Tityus qui veut enlever Latone, amphore de Nola, de la collection Durand, aujourd'hui au Musée britannique. » — Description, p. 163 : « On voit ici Apollon qui accourt à la défense de sa mère ; le dieu est jeune et imberbe ; il est nu, à l'exception d'une chlamyde brodée, jetée sur ses épaules. Sa tête est ceinte d'une couronne de lauriers, et ses longs cheveux, relevés par derrière, forment le nœud appelé κρωβύλος. D'une main tendue en avant, il porte l'arc ; de l'autre, il saisit une flèche qu'il tire de son carquois. Outre ces armes, il porte une épée, suspendue à un baudrier, particularité qui rappelle l'épithète de χρυσάορος qu'Homère donne à Apollon. Déjà, Tityus, percé de deux flèches, est renversé aux pieds de Latone. Le géant est barbu ; son corps est nu, à l'exception d'une longue chlaena, qui retombe le long de son dos. Ses cheveux, disposés à peu près comme ceux d'Apollon, sont ceints d'une bandelette. Quoique blessé, Tityus veut retenir d'une main le péplos de la déesse ; de l'autre, il semble reprocher à Apollon sa cruauté en lui montrant les blessures qu'il lui a faites. »
4. *Argon.*, I, v. 420 : Ἐκηβόλε.

tué à coups de flèches et dépouillé le monstrueux serpent Delphyné; il était encore tout jeune et combattait nu, heureux de ses cheveux bouclés. — O dieu favorable, pardonne! Jamais tes cheveux ne seront coupés; ils ne subiront d'atteinte jamais : telle est la loi éternelle. La Coïogène Létô est la seule qui puisse les manier dans ses mains amies. — Orphée disait aussi combien les Nymphes Coryciennes, filles de Pleistos, l'encourageaient par leurs paroles en lui criant : *O Iéios!* cri d'où est venu ce beau refrain qui accompagne l'hymne de Phoibos [1]. »

Ce passage des *Argonautiques* fait allusion à un des premiers et des plus fameux exploits du dieu ἑκηβόλος : on sait que « le premier acte important de la vie divine d'Apollon et le mythe le plus célèbre de sa légende est sa victoire sur Python »[2]. La tradition de cette victoire s'est localisée à Pytho, ancien nom de Delphes[3] : c'est pourquoi Apollonios donne au serpent Python le nom de Delphyné, qui, au dire du Scoliaste des *Argonautiques*, était, suivant Maiandrios et Callimaque, le dragon femelle, gardien de l'oracle de Delphes[4]. Preller se fonde justement sur ce vers d'Apollonios et sur les scolies qui l'expliquent pour conjecturer que c'est une tradition alexandrine qui a remplacé dans la légende d'Apollon vainqueur du serpent le monstre Python par le dragon femelle Delphyné[5].

Le combat du dieu et du serpent a pour témoins les Nymphes Coryciennes, filles de Pleistos. Pleistos est le dieu éponyme d'un fleuve de Phocide[6]. On connaît bien, dit Strabon, la belle caverne des Nymphes dans

---

1. *Argon.*, II, v. 702-713.
2. Decharme, *Mythol.*, p. 103.
3. Decharme, *Mythol.*, p. 105.
4. Scol. *Argon.*, II, v. 706. — Voir la note de Spanheim au v. 101 de l'*Hymne à Apollon*.
5. Preller, *Griech. Mythol.*, erster Band, p. 194. — Cf. Roscher, *Lexicon*, I, p. 985, *Delphyne*, 1.
6. Strabon, IX, III, 3.

le Parnasse, nommée Corycienne, comme celle de Cilicie [1]. Pausanias dit que ce nom vient de la Nymphe Corycia qui donna à Apollon un fils nommé Lycoreus, héros éponyme de l'antique ville de Lycoréia, qui était située au-dessus de Delphes, et que ses habitants abandonnèrent pour s'établir à Delphes même [2].

Cette étymologie est ici inadmissible : tout jeune quand il combat le serpent, Apollon n'a pu encore avoir commerce avec une Nymphe Corycia qui serait l'éponyme de l'antre Corycien : c'est plutôt parce qu'elle était une des Nymphes, filles de Pleistos, qui habitaient l'antre Corycien que la Nymphe, aimée d'Apollon, aura été désignée en particulier par le nom de Corycia.

Quant à l'antre Corycien du Parnasse, il a dû recevoir son nom de l'antre Corycien de Cilicie qui était, sans doute, un des sanctuaires archaïques du dieu, adoré primitivement en Asie-Mineure. Cependant, on n'a pas de renseignements sur le culte antique d'Apollon en Cilicie : quoique antérieur probablement à la fondation de la ville de Séleucie en Cilicie, le culte d'Apollon dans cette ville et dans la région ne doit pas remonter à l'époque archaïque où le dieu était adoré en Lycie [3]. On sait, au contraire, que la Sibylle d'Érythrées, prophétesse d'Apollon Sminthée, résidait dans une caverne du mont Corycien, celui-là situé en Ionie [4]. C'est donc l'antre Corycien d'Ionie, plutôt que l'antre Corycien de Cilicie, qui aura donné son nom à l'antre homonyme du Parnasse.

C'est au cri d'encouragement, ô *Iéios!* poussé par les Nymphes Coryciennes, qu'est due l'origine du beau refrain qui accompagne l'hymne de Phoibos. Le Sco-

---

1. Strabon, IX, III, 1.
2. Pausanias, X, 6, 2 ; cf. Strabon, IX, III, 3. Voir l'article *Korykia* de Stoll, dans le *Lexicon* de Roscher, II, p. 1392-1393.
3. Bouché-Leclercq, *Hist. Divination*, t. III, p. 257.
4. Pausanias, X, 12, 4. Cf. Bouché-Leclercq, *ouvr. cité*, t. II, p. 167.

liaste explique : « Elles lui crient : *lance, lance* (ἴη, ἴη) *les traits !* D'où le surnom de ἰηπαιήων. » *Iéios* et *Iépaiéôn* sont des surnoms d'Apollon, synonymes de ἑκηβόλος et de ἑκατηβόλος [1].

Le dieu qui lance les traits est souvent cité dans les *Argonautiques* : Idmon, fils d'Apollon, pour rappeler à l'insolent Idas un exemple des vengeances que le divin archer tire des gens impudents, lui dit l'histoire des fils Aloïades : « Ta parole, à toi, a été tout à fait odieuse. C'est de la sorte, à en croire la renommée, que jadis ils invectivaient contre les dieux, ces fils Aloïades, auxquels tu ne peux guère te prétendre égal en courage ; et, cependant, ils furent domptés tous deux par les flèches du fils de Létô, malgré leur force puissante [2]. » Il a déjà été parlé de l'origine des fils Aloïades [3] ; quant à leur caractère symbolique, Éphialtès, *celui qui s'élance*, et Otos, *celui qui ébranle*, semblent personnifier les phénomènes de l'orage dont les traits d'Apollon solaire sont vainqueurs [4]. Le Létoïde les perce de ses flèches, au moment où ils veulent escalader le ciel, c'est-à-dire au temps des luttes des Géants, dont ils font partie, contre les Olympiens. — Apollon était tout jeune alors, et sa victoire sur les Aloïades est un des premiers épisodes de la légende du dieu Ἐκηβόλος.

Plus tard, Apollon donne un arc à Eurytos, qui ne profite pas de ce présent, car, de lui-même, il entre en lutte avec celui qui le lui a fait [5]. Cette tradition se trouve déjà dans l'Odyssée, où il est dit qu'Eurytos, ayant osé provoquer Apollon au combat de l'arc, fut tué par le dieu irrité [6]. La Mythologie voit dans Eurytos

---

1. Pour les mots *Iéios* et *Iépaiéôn*, voir Roscher, *Lexicon*, II, p. 109-110. — Voir aussi ma note au v. 711 du Ch. II des *Argonautiques*.
2. *Argon.*, I, v. 480-484.
3. Voir, plus haut, l. I, ch. II, p. 43-44.
4. Decharme, *Mythol.*, p. 598.
5. *Argon.*, I, v. 88-89.
6. *Odyssée*, VIII, v. 224-228.

un héros solaire, qui fut vaincu par un héros de même ordre, mais plus fort, Héraclès, et tué par le dieu même du soleil, Apollon [1].

Les traits lancés par Apollon étaient primitivement les rayons solaires que le dieu darde sur ses ennemis pour les faire mourir.

On a vu que, dans les *Argonautiques*, le Soleil est personnifié en Hélios, père d'Aiétès. Mais si Apollon n'est plus le Soleil proprement dit, l'épopée alexandrine rappelle bien des légendes où le dieu qui lance au loin les traits doit être considéré comme une divinité solaire. Il a déjà été question du caractère solaire de Cadmos [2] : or, Cadmos n'est qu'un serviteur d'Apollon, un héros qui agit d'après les ordres du dieu. Il tue le serpent Aonien à Thèbes Ogygienne, où il s'établit, après y avoir été merveilleusement conduit par une génisse que l'oracle d'Apollon lui avait donnée comme guide de son chemin [3]. La lutte de Cadmos contre le serpent Aonien correspond à celle d'Apollon contre le serpent Python ; Cadmos sème dans les champs d'Aonie les dents du serpent d'où naissent des guerriers qui se combattent entre eux [4] : c'est ce que Jason — héros solaire, lui aussi, d'après les traditions primitives — fera dans le champ d'Arès. La génisse, qui sert de guide à Cadmos, est un animal consacré au soleil : qu'on se rappelle les troupeaux de bœufs d'Apollon et les troupeaux de génisses que les filles d'Hélios font paître. Cadmos ne dérobe pas les génisses d'Apollon, comme tente de le faire Hermès, le dieu du crépuscule qui se réconcilie plus tard avec le dieu solaire [5] :

---

1. Decharme, *Mythol.*, p. 537.
2. Voir, plus haut, l. III, ch. III, p. 427-428.
3. *Argon.*, III, v. 1178-1182.
4. *Argon.*, III, v. 1185 et suiv.
5. Si Hermès est un dieu du vent, il semble qu'à l'origine, au moment où il vient de naître, on peut le considérer comme le dieu du crépuscule. — Voir le chapitre *Hermès*.

il suit l'un des animaux du troupeau, qui lui est donné pour guide par le dieu lui-même. Ce qui prouve, non l'hostilité de Cadmos et d'Apollon, mais bien la subordination du héros solaire qui vient de l'Orient au dieu solaire de l'Hellade. Cadmos est, pour les Grecs, le serviteur d'Apollon.

Dans les *Argonautiques*, Apollon, s'il n'est plus le Soleil proprement dit, conserve cependant certains caractères et certains attributs convenables au fils divin de Zeus, le dieu de l'atmosphère, et de Létô, la déesse de la nuit.

« Du Soleil seul les Grecs pouvaient dire qu'il était ἀκερσεκόμης, celui dont la rayonnante chevelure n'est jamais coupée [1], ἑκατηβόλος, celui dont les traits atteignent et frappent de loin [2]. » Dans le chant d'Orphée, Apollon est à la fois considéré comme le dieu dont la rayonnante chevelure n'est jamais coupée, et comme le dieu dont les traits frappent de loin : « Il est heureux de ses cheveux bouclés qui jamais ne seront coupés, qui ne subiront d'atteinte jamais : telle est la loi éternelle. La Coiogène Létô est la seule qui puisse les manier dans ses mains amies [3]. » Dübner trouve ce détail familier indigne de l'épopée [4] : mais ce détail rappelle l'origine et le caractère premier du dieu. Seule, la déesse nocturne, Létô, peut manier, pour amener le soir les ombres sur la terre, la rayonnante chevelure de son fils, le dieu lumineux.

Le poète des *Argonautiques* insiste sur la beauté et l'abondance de la chevelure du dieu dans le portrait qu'il fait d'Apollon apparaissant aux Argonautes sur le rivage de l'île Thynias : « Or, à leurs yeux, le fils de

---

1. Le mot ἀκερσεκόμης se trouve déjà comme épithète d'Apollon dans l'*Iliade*, XX, v. 39. — Voir Preller, *Griech. Mythol.*, erster Band, p. 234.
2. Decharme, *Mythol.*, p. 99-100.
3. *Argon.*, II, v. 707-710.
4. Mss. Dübner : *Gaudet Latona crines eius permulcens : epico poeta indignum.* — Voir ma note au v. 710 du Ch. II des *Argonautiques*.

Létô, qui revenait de Lycie et se dirigeait au loin vers le peuple innombrable des hommes Hyperboréens, apparut. Des deux côtés de ses joues, des boucles de cheveux d'or tombaient en grappes et s'agitaient à chacun de ses mouvements. Sa main gauche brandissait un arc d'argent; sur son dos était un carquois suspendu à son épaule. Sous ses pieds, l'île entière tremblait et les flots agités débordaient sur le rivage. Les héros, à cette vue, furent saisis d'une terreur pleine d'angoisses : aucun d'eux n'osa fixer son regard sur les yeux éclatants du dieu. Ils se tenaient, la tête penchée vers la terre. Mais le dieu était déjà loin d'eux et passait dans les airs au-dessus des flots de la mer [1]. »

On se rappelle que l'éclat brillant des yeux, qu'il est impossible aux mortels de fixer, est un des traits caractéristiques d'Hélios et de sa famille; il permet à Circé de reconnaître en Médée la fille de son frère [2]. Comme les divinités solaires, Apollon a des yeux éclatants sur lesquels aucun des Argonautes n'ose fixer son regard : mais, depuis bien longtemps, à l'époque de la composition des *Argonautiques*, Apollon a été remplacé par Hélios dans le rôle de dieu particulier du Soleil. Il n'est pour le poète alexandrin que le dieu de la lumière en général. Comme il apparaît devant les Argonautes « au moment où la lumière divine ne brille pas encore et où l'obscurité n'est déjà plus si profonde, alors que, dans la nuit, s'est répandue cette faible lumière que les hommes qu'elle réveille appellent le crépuscule » [3], Orphée peut invoquer le dieu sous le nom d'*Apollon Matinal* : c'est à Apollon Matinal que l'île est consacrée, qu'un autel est élevé, qu'on immole des victimes et qu'autour des victimes on institue un chœur de danse et des chants en l'honneur du dieu.

---

1. *Argon.*, II, v. 674-684.
2. Voir, plus haut, l. I, ch. IV, p. 132.
3. *Argon.*, II, v. 669-672.

Ces cérémonies célèbrent la victoire d'Apollon Ἑῷος [1], qui a dompté les ombres de la nuit pour faire paraître l'aurore. Hélios, comme lui, est victorieux, chaque matin, de l'obscurité nocturne : mais Apollon, dieu de la lumière en général, a un pouvoir qu'Hélios ne possède pas; il triomphe, en pleine nuit, de l'obscurité, quelle qu'en soit la cause.

Perdus au milieu des ténèbres épouvantables qui se sont étendues sur la mer de Crète et que les astres ni les rayons de la lune ne peuvent traverser, enveloppés d'une profonde obscurité qui tombe du ciel et qui s'élève du fond des abîmes de la mer, les Argonautes vont périr. Alors Jason invoque Phoibos. « Certes, tu l'entendis, ô Létoïde, et du haut du ciel, tu vins en hâte vers les rochers Mélantiens, qui sont assis dans la mer ; te plaçant sur l'un de ces deux rochers, tu tins élevé ton arc d'or dans ta main droite : et l'arc projeta de toutes parts un éclat splendide [2]. »

Cette lumière merveilleuse permet d'apercevoir une petite île où les Argonautes abordent. Au matin, ils élèvent un autel à Apollon qu'ils honorent sous le nom d'*Aiglétès*, à cause de la lumière éclatante (αἴγλη) que le dieu a fait paraître, et ils appellent l'île *Anaphé*, parce que c'est le dieu qui la leur a découverte (Φοῖβος... ἀνέφηνεν).

L'épithète *Aiglétès* a un sens beaucoup plus large que l'épithète *Éoios*. Comme Apollon, Hélios, dieu secondaire, simple personnification du soleil, dissipe au matin les ombres de la nuit. Seul, le dieu par excellence de la lumière est capable d'affirmer sa puissance miraculeuse par la production d'une lueur éclatante, qui n'est pas celle du soleil et qui se manifeste en pleine nuit, triomphant d'une obscurité particulière-

---

1. Cette épithète du dieu ne se trouve dans aucun autre poète grec qu'Apollonios. Cf. Bruchmann, *Epitheta deorum*, p. 24.
2. *Argon.*, IV, v. 1706-1710.

ment funeste que les rayons de la lune et des étoiles ne pouvaient traverser.

Les deux passages où il est question d'Apollon *Éoios* et d'Apollon *Aiglétès* méritaient d'être rapprochés; ils nous font assister tous les deux à une miraculeuse apparition, à une fantastique apothéose du maître de la lumière.

Le portrait d'Apollon *Aiglétès* n'est pas tracé : le poète se contente d'indiquer la fière attitude du dieu qui se dresse sur l'un des rochers Mélantiens, tenant élevé dans sa main droite son arc d'or qui projette de toutes parts un éclat splendide : c'est une statue d'*Apollon au repos*[1] qui est indiquée au IVe Chant des *Argonautiques*. Au IIe Chant, c'est un *Apollon victorieux*, en qui on reconnaît les principaux traits que la nouvelle école attique donne au dieu, en particulier « le visage encadré par les boucles d'une épaisse chevelure relevée sur le front »[2].

Qu'il soit au repos, s'abandonnant à la nonchalance d'attitude que lui prêtent les monuments figurés et qu'il ne doit pas avoir quand il se dresse sur le roc Mélantien pour aider les Argonautes; qu'il soit en marche, s'avançant à pas rapides, la tête haute, la figure animée, tel qu'il apparaît à Jason et à ses compagnons, quand il fait trembler sous ses pieds l'île Thynias tout entière, le dieu lumineux, « semblable à un homme plein de sève et de vigueur, dans l'éclat de la première jeunesse[3], » est toujours le type de la beauté parfaite. C'est l'éloge suprême pour Jason, fortifié et paré grâce à la substance magique de Médée, que le poète puisse dire de lui qu'il « semble aussi beau qu'Apollon, le dieu aux armes d'or »[4]. De même,

---

1. Collignon, *Mythol. figurée*, p. 93 : « La main droite tenait l'arc. »
2. Collignon, *Mythol. figurée*, p. 93.
3. *Hymne homérique à Apollon*, v. 449-450.
4. *Argon.*, III, v. 1283.

pour donner une idée de la démarche fière et assurée de son héros, quand il va, escorté par ses compagnons et ses esclaves, de la maison paternelle à l'endroit où il doit s'embarquer, Apollonios ne peut mieux faire que de le comparer au dieu, quand il s'avance hors de son temple que l'encens parfume [1].

Quand Apollon apparaît aux Argonautes dans l'île Thynias, il revient de Lycie et se dirige au loin vers le peuple innombrable des Hyperboréens [2]. Apollonios fait ici allusion au mythe solaire bien connu d'*Apollon Hyperboréen* [3]. Chaque année, Apollon Lycien quitte le pays de l'Asie-Mineure qui lui est le plus cher et les bords du fleuve Xanthos [4], pour se diriger vers la mystérieuse région hyperboréenne où les rigueurs de l'hiver sont inconnues, où les rayons du soleil brillent sans cesse [5]. C'est à la fin de l'automne, au moment où la Lycie et les régions de l'Asie-Mineure allaient être privées de la bienfaisante chaleur du soleil, que l'on imaginait l'exil du dieu chez les Hyperboréens.

Mais, au contraire du bannissement imposé par Zeus à Apollon en Thessalie où le dieu devait servir Admète, l'exil du fils de Létô chez les Hyperboréens était un exil volontaire et qui se reproduisait chaque année [6].

Apollonios parle d'Admète qui régnait à Phères en Thessalie [7], et du fleuve Amphrysos [8], sur les bords duquel, d'après la tradition commune, Apollon, le *pastor ab Amphryso* [9] de Virgile, aurait conduit les troupeaux de son maître Admète : mais il ne fait aucune allusion à l'esclavage du dieu en exil chez le

---

1. *Argon.*, I, v. 306 et suiv.
2. *Argon.*, II, v. 674-675.
3. Voir ma note au v. 675 du Ch. II des *Argonautiques*.
4. *Argon.*, I, v. 309.
5. Decharme, *Mythol.*, p. 107-108.
6. Decharme, *Mythol.*, p. 106-107.
7. *Argon.*, I, v. 49.
8. *Argon.*, I, v. 54.
9. *Géorg.*, III, v. 2.

fils de Phérès. La délicatesse alexandrine du poète aurait eu peut-être des scrupules à placer l'ancien maître d'Apollon au nombre des adorateurs du dieu Éoios de l'île Thynias et du dieu Aiglétès de l'île Anaphé; ou l'érudition d'Apollonios avait ses raisons pour faire de l'exil du dieu chez Admète un épisode postérieur à l'expédition des Argonautes.

Par contre, le poète cite une tradition, d'origine celtique, prétend-il, d'après laquelle le premier exil d'Apollon chez les Hyperboréens lui aurait été imposé par la colère de son père Zeus. Sur les rivages de l'Éridan, se trouvent en abondance des gouttes transparentes que le soleil sèche; ce sont, suivant la tradition ordinaire, les larmes des Héliades qui pleurent leur frère Phaéthon, précipité du char d'Hélios dans l'estuaire de l'Éridan [1]. Le poète des *Argonautiques* rapporte une autre légende qui fait de ces gouttes d'ambre les larmes du dieu de la lumière lui-même. « Les Celtes cependant ont attribué à ce fait une autre origine : ce sont, disent-ils, les larmes du Létoïde Apollon qui sont emportées dans ce tourbillon, les larmes sans nombre qu'il versa autrefois, alors qu'il se dirigeait vers le peuple sacré des Hyperboréens, chassé du ciel éclatant par les reproches de son père; car il s'était irrité au sujet de son fils, celui que, dans la riche Lacéréia, la divine Coronis lui avait enfanté près de l'embouchure de l'Amyros. Telle est la tradition répandue parmi ces hommes [2]. » On sait que le fils d'Apollon mis au monde par Coronis, fille de Phlégyas, dans la riche Lacéréia, ville de Thessalie, voisine de l'embouchure de l'Amyros, n'est autre qu'Asclépios [3]. Quant à la légende des larmes d'Apollon qui serait empruntée aux Celtes, elle ne se trouve

---

1. Voir, plus haut, l. I, ch. IV, p. 103-106.
2. *Argon.*, IV, v. 611-618.
3. Decharme, *Mythol.*, p. 293.

pas dans la Mythologie ordinaire des Grecs. Sturz [1], énumérant les divers auteurs qui ont parlé de la mort d'Asclépios et du châtiment d'Apollon, fait remarquer que la tradition citée dans les *Argonautiques* est en désaccord avec la tradition consacrée. D'ordinaire, en effet, on raconte [2] que Zeus foudroya Asclépios dont la science médicale rendait les hommes immortels; ayant vengé son fils en tuant les Cyclopes, qui fabriquent la foudre, Apollon fut puni de ce meurtre par Zeus qui l'exila du ciel et le condamna à être l'esclave d'Admète.

On a vu qu'Apollonios s'abstient, avec intention évidemment, de parler de l'esclavage du dieu chez Admète : il a, sans doute, ses raisons pour remplacer la légende de ce servage par celle du bannissement du dieu chez les Hyperboréens ; on connaît d'ailleurs son goût pour les légendes ignorées où son érudition alexandrine se complaît.

L'Éridan, où seraient tombées les larmes du dieu partant pour l'exil, était, à l'époque classique, considéré comme un fleuve du légendaire pays des Hyperboréens [3], pays sur la position duquel les opinions des anciens étaient très diverses [4] : Apollonios en fixe la situation au delà des contrées où souffle le Borée, dans la région où murmurent les sources lointaines de l'Ister [5]. C'est là, du côté du Nord, l'extrême limite des pays qui connaissent la légende et le culte d'Apollon, dieu solaire ; du côté du Midi, cette légende et ce culte dépassent la Lycie.

Entre la vaste Lycie et le pays hyperboréen, borné pas les Monts-Riphées, Apollonios cite, au nombre des localités qui possèdent des sanctuaires bien connus

---

1. *Pherecydis Fragmenta,* editio altera, Lipsiae, 1824, p. 84.
2. Apollodore, III, 10 ; Diodore de Sicile, IV, LXXI, etc. — Cf. Decharme, *Mythol.,* p. 294.
3. Voir ma note au v. 596 du Ch. IV des *Argonautiques.*
4. Voir ma note au v. 675 du Ch. II des *Argonautiques.*
5. *Argon.,* IV, v. 286-287. — Voir mes notes aux v. 284 et 286 de ce Chant.

d'Apollon, la divine Délos, dans les Cyclades ; Claros, ville d'Ionie, voisine de Colophon, dans l'Asie-Mineure ; Pytho, dans la Grèce continentale.[1] C'est à Pytho — Delphes se nommait ainsi primitivement[2] — que Jason est allé consulter l'oracle au sujet de l'expédition projetée[3]. C'est à Pytho qu'il promet au dieu de lui envoyer des offrandes sans nombre après le succès de son voyage[4]. C'est à Pytho que les jeunes hommes instituent des chœurs de danse en l'honneur de Phoibos; ils se tiennent autour de l'autel, et, au son de la phorminx, frappent le sol en cadence de leurs pieds rapides[5]. Depuis la victoire du dieu sur le serpent Delphyné, Pytho est le principal sanctuaire d'Apollon dans la Grèce continentale.

Délos, qui se nomme aussi Ortygie[6], est son lieu de naissance et un de ses sanctuaires que le dieu fréquente le plus volontiers[7]; les jeunes gens célèbrent des chœurs de danse en l'honneur de Phoibos à Ortygie, comme à Pytho, ou sur les bords de l'Isménos[8]. Jason promet à son protecteur de lui envoyer des offrandes à Ortygie aussi bien qu'à Pytho[9] et à Amyclées[10]. En effet, le dieu est honoré dans le temple d'Apollon Isménien[11], auprès de l'Isménos, fleuve de Béotie, et à Amyclées, ville de Laconie où s'élevait le temple fameux d'Apollon Amyclaien[12].

1. *Argon.*, I, v. 308. — Voir ma note à ce vers.
2. Voir ma note au v. 207 du Ch. I des *Argonautiques*.
3. *Argon.*, I, v. 207-210; v. 413; IV, v. 530.
4. *Argon.*, I, v. 418; IV, v. 1704.
5. *Argon.*, I, v. 536 et suiv.
6. Sur Ortygie, voir ma note au v. 419 du Ch. I des *Argonautiques*, et Decharme, *Mythol.*, p. 102.
7. *Argon.*, I, v. 307-308.
8. *Argon.*, I, v. 537.
9. *Argon.*, I, v. 419.
10. *Argon.*, IV, v. 1705.
11. *Argon.*, I, v. 537. Voir ma note à ce vers. — Cf. Pausanias, IX, 10, 2. Maury, *Hist. Relig.*, t. II, p. 419.
12. Strabon, VIII, v, 1. — Cf. Maury, *ouvr. cité*, t. II, p. 49; Preller *Griech. Mythol.*, erster Band, p. 204.

Apollon visite aussi la Libye, au sud de l'Asie-Mineure, et quelques-uns de ses fils y naissent ou même s'y établissent. C'est ainsi que, lorsque les Argonautes sont dans le pays des Hespérides, en Libye, l'un d'eux, Canthos, est tué par un berger à qui il voulait dérober ses brebis. « Ce n'était pas un adversaire à dédaigner, ce berger, petit-fils de Phoibos Lycoréios et de la vénérable Acacallis, fille de Minos, qu'autrefois son père avait fait partir pour la Libye, alors que, dans son sein appesanti, elle portait l'enfant d'un dieu. Elle donna à Phoibos un fils illustre, qu'on nomme Amphithémis ou Garamas. Amphithémis s'unit plus tard à la Nymphe Tritonis qui lui enfanta Nasamon et le robuste Caphauros, celui qui, à cause de ses brebis, tua alors Canthos [1]. »

D'après le Scoliaste des *Argonautiques* [2], Lycoréios serait ici pour Delphique : car, d'abord, les Delphiens se nommaient Lycoréiens ; ils tiraient ce nom d'un village appelé Lycoréia. On sait que la Nymphe Corycia donna à Apollon un fils, Lycoreus, de qui Delphes prit autrefois le nom de Lycoréia [3]. Mais, si Apollon Lycoréios signifie ici Apollon Delphique, on ne voit pas pourquoi le poète désignerait spécialement par l'épithète de dieu de Delphes le dieu qui a aimé une jeune fille de Crète et qui l'a rendue mère d'un héros habitant de la Libye. *Lycoréios* doit être plutôt synonyme ici de *Lycios*, qui désigne le dieu de la lumière [4]. M. Decharme fait observer que les Grecs, n'ayant aperçu que le rapport du mot λύκιος avec le mot λύκος, *loup*, avaient fait jouer un rôle important au loup dans les légendes des pays où le culte d'Apollon Lycien s'était établi [5] : Apollon a d'ailleurs pour mère Létô,

---

1. *Argon.*, IV, v. 1489-1497.
2. Scol. *Argon.*, IV, v. 1490.
3. Voir ma note au v. 711 du Ch. II des *Argonautiques*.
4. Decharme, *Mythol.*, p. 110.
5. Decharme, *Mythol.*, p. 110-111.

qui est un personnification de la nuit [1]. Le loup est un animal qui exerce ses ravages pendant la nuit; Philostéphane, au dire du Scoliaste des *Argonautiques* [2], rapportait que, lorsque Létô arriva enceinte à Délos, elle resta pendant douze jours changée en louve.

Enfin, les loups ont un rôle dans la légende d'Apollon et d'Acacallis. La fille de Minos, Acacallis, eut, dit Alexandre, dans le livre I de ses *Crétiques* [3], commerce avec Apollon à qui elle donna Naxos, et avec Hermès à qui elle donna Cydon, héros éponyme de la ville de Cydonia en Crète. Suivant Antoninus Liberalis [4], Acacallis eut d'Apollon, non pas Naxos, mais Milétos. Redoutant la vengeance de Minos, Acacallis exposa son enfant dans une forêt où Apollon le fit nourrir par des loups. Apollonios suit, sans doute, une légende où Garamas remplace Milétos, et le nom de Lycoréios peut venir des loups par lesquels le dieu fit nourrir l'enfant qu'il avait eu de la fille de Minos. — C'est, semble-t-il, l'opinion de Brünck [5].

Garamas, fils d'Apollon et d'Acacallis, est le héros éponyme des Garamantes, peuple de Libye. Mais ce héros semble également inconnu sous ses deux noms de Garamas et d'Amphithémis. Agroitas, cité par Hérodien [6], rapporte qu'Amphithémis, uni à diverses Nymphes, eut d'elles plusieurs fils, entre autres Psyllos, qui donna son nom au peuple des Psylles. Agroitas ne cite pas Caphauros parmi les fils de Garamas-Am-

---

1. Decharme, *Mythol.*, p. 100.
2. Scol. *Argon.*, II, v. 123.
3. Scol. *Argon.*, IV, v. 1492. — Cf. Pausanias, VIII, 53, 4.
4. *Transform.*, lib. XXX. — Voir ma note au v. 1490 du Ch. IV des *Argonautiques*.
5. Apollonii Rhodii *Argonautica*, Argentorati, 1780, vol. II, *Variae lectiones, notae et emendationes*, p. 193 : *Acacallidis Minois filiae ex Nicandro meminit Antoninus Liberalis, cuius ex narratione, cap. 30, colligere quis possit non temere hic a poeta Apollini epithetum* Λυκωρείοιο *tributum fuisse, sed ad nominis etymon eum respexisse.* — Sur Acacallis, voir Roscher, *Lexicon*, I, p. 203, *Akakallis*.
6. *Fragm. Hist. Graec.*, vol. IV, p. 294.

phithémis. On ne sait rien de ce Caphauros, ni de sa mère, la Nymphe Tritonis, qui était probablement une Nymphe du lac Triton [1].

Caphauros est un héros berger, ce qui n'a rien d'étonnant, puisque Apollon est souvent considéré comme un dieu berger. Le meurtre de Canthos, commis par un descendant d'Apollon, ne prouve rien contre la protection accordée par le dieu aux Argonautes pendant toute la durée de leur expédition. Canthos avait été l'agresseur. Mais cet épisode permet de conjecturer que le culte d'Apollon s'était très anciennement répandu aux environs du lac Triton, en Libye : le poète attribue à ses héros l'importation de ce culte. Alors que le navire Argo ne peut trouver les passes qui lui permettraient de sortir du lac Triton, Orphée ordonne que l'on prenne le trépied remis par Apollon à Jason, quand il était venu consulter l'oracle de Delphes, et qu'on l'expose sur le rivage, comme offrande aux dieux indigènes. Le dieu Triton apparaît, s'empare du grand trépied et fait sortir du lac le navire Argo [2]. — Le représentant des dieux indigènes a accepté l'offrande, et Apollon, dont le trépied est reçu par Triton, devient un des protecteurs de la Libye orientale.

Nous connaissons par des documents plus précis l'établissement du culte d'Apollon dans la Libye occidentale. Callimaque rapporte qu'on entretenait un feu perpétuel sur les autels du dieu à Cyrène [3]. L'auteur des *Argonautiques* rappelle qu'au temps des hommes d'autrefois Apollon enleva une jeune thessalienne, nommée Cyrène, qui était fière de sa virginité ; le dieu la ravit, alors qu'elle faisait paître ses troupeaux sur

---

[1]. L'article de Stoll sur *Kaphauros* (*Lexicon* de Roscher, II, p. 952) reproduit simplement les indications données par Apollonios.

[2]. *Argon.*, IV, v. 1537-1638.

[3]. Callimaque, *Hymne à Apollon*, v. 83. Cf. la fin de la note de Spanheim à ce vers, p. 102.

les bords du Pénée ; il la transporta loin de l'Haimonie et la confia aux Nymphes indigènes qui habitaient en Libye auprès du sommet du Myrtose. Cyrène devint elle-même une Nymphe chasseresse[1].

On sait que la légende de l'enlèvement de Cyrène par Apollon est d'une époque relativement récente; elle peut se mettre au nombre des mythes qui ont eu pour occasion un événement réel dont on connaît la date : « Depuis Otfried Müller, on a souvent cité comme exemple de ces mythes historiques celui qui se rapporte à la fondation de Cyrène. Vers la XXXVIIe Olympiade, une colonie grecque, composée surtout de Minyens originaires de Thessalie, partait, sur l'avis de l'oracle d'Apollon Pythien, pour aller s'établir en Libye. Bientôt, cet événement donna naissance à un mythe où Cyrène, la nouvelle ville, était représentée comme une jeune vierge thessalienne, aimée d'Apollon, qui l'avait enlevée et transportée à travers les mers sur la côte libyenne[2]. » L'érudit Apollonios, qui s'était plu à raconter les *ctiseis* de diverses villes[3], ne pouvait se dispenser de faire allusion à la fondation de Cyrène, d'autant plus qu'elle est due aux Minyens de Thessalie dont les *Argonautiques* sont ou ont la prétention d'être le poème national. Cyrène ne sera fondée que longtemps après l'expédition des Argonautes, par Aristotélès ou Battos[4], un des descendants de cet Euphémos à qui Triton fait présent d'une motte de terre qui, jetée au milieu des flots, donne naissance à l'île Callisté. « Ces événements arrivèrent bien après le temps d'Euphémos[5]. »

Mais Apollonios tient à indiquer nettement l'endroit

---

1. *Argon.*, II, v. 500 et suiv. — Voir ma note au v. 500.
2. Decharme, *Mythol., Introduction*, p. XXVII.
3. Cf. *De Apollonii Rhodii fragmentis...* dissertatio... defendet J. Michaelis, Halis Saxonum, 1875, p. 5-16.
4. Voir ma note au v. 1751 du Ch. IV des *Argonautiques*.
5. *Argon.*, IV, v. 1764.

où Cyrène fut conduite par Apollon et où la ville homonyme devait s'élever plus tard : c'est aux environs du Mont-Myrtose, dont Callimaque fait mention [1]. « C'est là que Cyrène enfanta à Phoibos Aristée, que les Haimoniens, riches en nombreuses terres à blé, surnomment *Agreus* et *Nomios* [2]. » L'origine de ces deux surnoms vient, au dire du Scoliaste [3], de ce que c'est dans un champ (ἐν ἀγρῷ) qu'Apollon s'unit à Cyrène, qui était bergère (νεμούσῃ), ou de ce qu'Aristée enseigna aux bergers l'art de cultiver les champs.

En effet, Aristée, l'*excellent*, est le bon génie de la campagne cultivée. Il préside à l'élève des troupeaux, à la chasse, à l'éducation des abeilles, à l'art de cailler le lait, à la plantation des arbres, de la vigne et de l'olivier [4]. Mais il semble que l'expression ὁ Ἀγρεύς signifie plutôt *le chasseur* que *le dieu des champs*. Apollon, dieu chasseur, a souvent pour épithète ἀγρεύς ou ἀγρευτής [5]. Son caractère de dieu de la chasse vient de ce que, pour protéger les animaux domestiques confiés à ses soins, il doit poursuivre les bêtes sauvages, les frapper et les percer de ses traits [6]. Il est d'ailleurs naturel que le héros solaire dont les traits atteignent au loin et tuent les loups, symbole de l'obscurité, devienne peu à peu le chasseur dont les flèches détruisent le gibier.

Les épithètes ἀγρεύς et ἀγρευτής ne sont pas appliquées au dieu par Apollonios. Mais il est dit expressément, dans les *Argonautiques*, que le Létoïde, ami des chasseurs, fait trouver du gibier (ἄγρην) aux Argonautes qui veulent lui immoler sur ses autels des chèvres sauvages

---

1. *Hymne à Apollon*, v. 91. — Cf. la note de Spanheim à ce vers.
2. *Argon.*, II, v. 506-507.
3. Scol. *Argon.*, II, v. 507.
4. Decharme, *Mythol.*, p. 492.
5. Preller, *Griech. Mythol.*, erster Band, p. 216. Cf. Bruchmann, *Epitheta deorum*, p. 20.
6. Decharme, *Mythol.*, p. 128.

et des faons, très nombreux dans les forêts profondes de l'île Thynias [1].

On a vu qu'il n'est pas fait allusion, dans les *Argonautiques*, à la légende d'Apollonios pasteur de brebis ou de bœufs chez Admète : mais le petit-fils du dieu, Caphauros, est un pasteur de brebis [2] ; et le propre fils du Létoïde, Aristée, est un dieu νόμιος, *protecteur des troupeaux*. La même épithète est appliquée à Apollon. « Dans l'île des Phaiaciens, aujourd'hui encore, des victimes sont immolées, chaque année, en l'honneur des Moires et des Nymphes, au temple d'Apollon Nomios, sur les autels que Médée a élevés [3]. » Nous n'avons aucun renseignement sur le culte d'Apollon *Nomios* dans l'île des Phaiaciens : le Scoliaste, qui n'en savait pas sans doute plus que nous, prétend que « c'est parce que la décision d'Alcinoos a été rendue *suivant la loi* (κατὰ νόμον) que Médée a élevé le temple d'Apollon *Nomios* » [4]. L'étymologie de νόμιος est νέμω, *paître* : il semble que le Scoliaste imagine, pour les besoins de sa cause, l'étymologie νόμος, loi. Souvent attribuée à Apollon, l'épithète νόμιος désigne « le dieu pasteur qui habite les pâturages et qui veille sur les troupeaux » [5]. Cette attribution du dieu, d'où dérive son caractère de chasseur qui frappe les bêtes sauvages pour protéger ses bœufs ou ses brebis, est en rapport avec ses fonctions primitives de divinité solaire. On connaît les troupeaux d'Hélios, dans l'*Odyssée :* la Mythologie aryenne, on le sait, compare les nuages qui accompagnent le soleil dans sa marche à une troupe de blanches génisses qui, sous la conduite de leur berger divin, s'avancent [6], le

---

1. *Argon.*, II, v. 698.
2. *Argon.*, IV, v. 1487.
3. *Argon.*, IV, v. 1217-1219. — Pour l'épithète νόμιος d'Apollon, voir Bruchmann, *Epitheta deorum*, p. 28.
4. Scol. *Argon.*, IV, v. 1218.
5. Decharme, *Mythol.*, p. 127.
6. Decharme, *Mythol.*, p. 128.

matin, dans les pâturages célestes. « Telle, parfois, — pour emprunter à Apollonios un tableau qui développe cette image [1], — telle, sur les traces d'un maître rustique, va une longue suite de brebis qui rentrent au bercail, bien rassasiées d'herbes : le berger marche devant, en modulant harmonieusement sur sa syrinx perçante une mélodie pastorale. » Telles, à la suite du dieu solaire, les génisses blanches, image des nuages, s'avancent dans les pâturages célestes; telles, dans les pâturages de la Troade ou de la Thessalie, s'avancent, à la suite d'Apollon Nomios, les cavales de Laomédon ou les brebis d'Admète.

Fils du dieu solaire, Aristée est, lui-même, un génie solaire qui « personnifie l'action bienfaisante qu'exerce sur la terre le soleil du printemps et de l'été » [2]. Ce rôle d'Aristée est bien indiqué dans les *Argonautiques* : le fils de Cyrène n'est pas resté dans la Libye, son pays natal. Apollon l'en a retiré tout enfant pour le faire élever dans l'antre de Chiron [3]. On sait que Chiron, le plus doux et le plus juste des Centaures, est le maître en médecine de tous les héros thessaliens, de Jason entre autres, comme l'indique le Scoliaste [4], qui prétend que le nom du fils d'Aison vient de son succès dans les études médicales (Ἰάσων παρὰ τὴν ἴασιν). Lorsque Aristée fut grand, les Muses s'entremirent pour le marier, et elles lui enseignèrent l'art de guérir les maladies et celui d'interpréter les présages divins [5]. C'est Autonoé, fille de Cadmos, que les Muses firent épouser à Aristée [6].

Il n'est pas étonnant que les déesses se soient occu-

[1]. *Argon.*, I, v. 575-578.
[2]. Decharme, *Mythol.*, p. 492. — Pour la légende d'Aristée, voir, parmi les travaux les plus récents, les articles de Schirmer, dans le *Lexicon* de Roscher, I, p. 547-551, et de Hild, dans *La Grande Encyclopédie*, t. III, p. 917.
[3]. *Argon.*, II, v. 510.
[4]. Scol. *Argon.*, I, v. 554.
[5]. *Argon.*, II, v. 511-512.
[6]. Apollodore, III, 4, 2.

pées du fils d'Apollon *Musagète*, qu'elles reconnaissent comme leur maître, et qu'elles aient enseigné à Aristée la divination, qui est leur attribut, aussi bien que celui d'Apollon, puisque « génies harmonieux des sources et des eaux limpides, les Muses sont, par là même, douées du don prophétique » [1]. Considérées, à l'origine, comme des divinités des eaux, les Muses sont, au même titre que les Nymphes en général, les déesses des eaux thermo-minérales qui guérissent les maladies, et les prophétesses qui peuvent prévoir et révéler aux hommes l'issue de leurs souffrances [2]. Elles ont d'autant mieux le droit d'enseigner au fils d'Apollon l'art de guérir les maladies que cet art est au nombre des attributs du dieu.

Sans doute, l'épopée d'Apollonios, comme les poèmes homériques, distingue Apollon de Paiéôn, le médecin des dieux [3]. Quand Mopsos va mourir, empoisonné par le venin noirâtre du serpent qui l'a piqué, le poète s'écrie que tout secours est inutile, « Paiéôn lui-même, s'il m'est permis de tout dire ouvertement, eût-il donné

---

1. Decharme, *Mythol.*, p. 228.
2. Decharme, *Mythol.*, p. 352-353. — Les Muses ne jouent qu'un rôle très effacé dans les *Argonautiques*. Ce sont les déesses de la poésie qu'Apollonios invoque (*Argon.*, I, v. 22), comme Homère le faisait (*Iliad.*, XI, v. 604). La Muse est enfant de Zeus (voir, plus haut, l. II, ch. 1, p. 168). Il n'est rien dit du nombre des Muses. Le poète des *Argonautiques* s'inspire de leur récit : « Pour moi, c'est en écoutant les *Piérides* que je chante, et j'ai entendu leur voix d'une manière très certaine » (*Argon.*, IV, v. 1381-1382). Apollonios suit la doctrine de la *Théogonie* d'Hésiode qui fait naître en Piérie les Muses, filles de Zeus et de Mnémosyné (*Théogon.*, v. 53 et 915). Les Muses ordonnent au poète de tout dire sans détour (*Argon.*, II, v. 844-845). Et cependant, quand il lui faut rapporter des récits scabreux, il s'écrie : « Muses, pardonnez-moi ; ce n'est pas de mon plein gré que je répète les paroles des anciens. » (*Argon.*, IV, v. 984-985.) Les Muses que l'on trouve citées par leurs noms dans les *Argonautiques* sont :

Érato, qui partage la destinée de Cypris (*Argon.*, III, v. 1 ; cf. Decharme, *Mythol.*, p. 233-234) ;

Calliope, qui est la mère d'Orphée (*Argon.*, I, v. 23 ; cf. Decharme, *Mythol.*, p. 616) ;

Terpsichore, qui, unie à Achéloos, enfanta les Sirènes (*Argon.*, IV, v. 895-896) : il sera question de Terpsichore, à propos des Sirènes, dans le chapitre *Les dieux des eaux*.

3. *Iliad.*, V, v. 401, etc.

des remèdes à celui sur lequel se seraient appliquées seulement les dents du monstre [1]. » Le médecin homérique des dieux ne se confond pas avec Apollon, en l'honneur de qui on chante le *péan* (παιήων), non pour le prier de guérir les héros malades de la peste, mais pour le remercier d'avoir fait cesser le fléau [2]. Le dieu en l'honneur de qui on chante le péan et le médecin Paiéôn seront identifiés bientôt après l'époque homérique. Mais, fidèle aux traditions anciennes, Apollonios a soin de distinguer Paiéôn et Apollon. Il a, d'ailleurs, noté scrupuleusement l'origine de l'épithète ἰηπαιήων d'Apollon [3], qui n'a aucun rapport avec le mot παιήων [4]. — Mais, quoiqu'il ne se confonde ni avec Hélios, ni avec Paiéôn, Apollon participe de la nature de ces deux dieux symboliques; divinité solaire dont les rayons dessèchent les marais et rendent la force aux hommes exténués par les maladies [5], Apollon peut avoir pour fils, en même temps qu'Asclépios, qui sera le dieu par excellence de la médecine, Aristée qui a appris des Nymphes l'action salutaire des eaux, et qui tient de son père le pouvoir bienfaisant du soleil sur la santé humaine.

Les Muses font d'Aristée le berger de leurs nombreux troupeaux qui paissent dans la plaine Athamantienne de Phthie et aux environs de l'abri protecteur du Mont-Othrys et du cours sacré du fleuve Apidanos [6]. Il est tout naturel, on l'a vu, qu'Aristée Nomios, fils d'Apollon Nomios, fasse paître des troupeaux : mais je ne crois pas qu'il soit question, ailleurs que dans ce passage des *Argonautiques*, des nombreux troupeaux des Muses.

1. *Argon.*, IV, v. 1511-1512.
2. *Iliad.*, I, v. 473.
3. *Argon.*, II, v. 702.
4. Ce mot vient de παώ, παύω, *faire cesser le mal*, d'après l'*Etymol. Magnum.* Cf. Theil, *Dictionnaire d'Homère et des Homérides*, Paris, 1841, p. 506, col. 1.
5. Decharme, *Mythol.*, p. 115.
6. *Argon.*, II, v. 513-515.

Associées au dieu solaire Apollon, les Muses ont peut-être été à l'origine des déesses semblables aux filles d'Hélios, qui possèdent de nombreux troupeaux, symboles des jours et des nuits ou des nuages blancs qui accompagnent le soleil dans sa course. Hélios ne fait pas paître lui-même ses bœufs et ses brebis : le soin des troupeaux d'Apollon serait, de même, commis aux Muses dont il est le chef, et qui en remettraient à leur tour la charge au fils du dieu.

La suite de l'épisode d'Aristée montre bien le rôle solaire du héros. Apollon ordonne à son fils d'aller à Céos faire cesser les souffrances des habitants qui sont brûlés par les feux de Seirios. Grâce aux prières d'Aristée, Zeus, qui envoie la pluie, fait souffler les vents Étésiens, qui rafraîchissent la terre pendant quarante jours [1]. Aristée est le dieu solaire qui a le pouvoir d'amener la pluie et de faire souffler les vents bienfaisants, au moment où la chaleur caniculaire devient intolérable.

On le voit : les *Argonautiques* étendent la légende d'Apollon depuis le pays des Hyperboréens jusqu'aux contrées de la Libye. Partout, au delà des Monts-Riphées, comme aux environs du Mont-Myrtose et du lac Triton, le dieu de Delphes et de la Lycie est une divinité solaire, ou, tout au moins, la divinité par excellence de la lumière.

II

Mais Apollon a, dans l'épopée alexandrine, une importance spéciale comme protecteur de Jason, et ce sont les Argonautes, suivis et secourus fidèlement par

---

[1]. *Argon.*, II, v. 516-527. Cf. Decharme, *Mythol.*, p. 250-251. Voir, plus haut, l. II, ch. I, p. 172.

le Létoïde dans les circonstances difficiles de leur voyage, qui, au dire du poète, ont introduit son culte dans la plupart des pays où ils se sont arrêtés.

Apollon est un dieu *Jasonien* : cette épithète ne se trouve pas dans les *Argonautiques*; mais, au dire du Scoliaste [1], l'historien Déilochos parlait d'*Apollon Jasonien*, à qui les Argonautes avaient élevé un autel. Ce titre d'Apollon est facilement justifié par la perpétuelle protection que le dieu accorde à Jason, depuis le moment où l'Aisonide vient le consulter à Pytho sur le succès de son entreprise, jusqu'à cette nuit terrible où il sauve les Argonautes en les éclairant de sa lumière merveilleuse, et en faisant apparaître à leurs yeux l'île d'Anaphé.

Ce n'est pas Apollon Musagète, mais bien Apollon Jasonien dont le poète rappelle le nom au commencement de son épopée, quand il s'écrie : « C'est après avoir commencé par t'invoquer, ô Phoibôs, que je rappellerai les exploits de ces héros d'autrefois qui, sur l'ordre du roi Pélias, firent voguer vers le détroit qui ouvre le Pont et au travers des Roches-Cyanées, à la conquête de la toison d'or, le navire Argo muni de bancs nombreux de rameurs [2]. » Car le dieu Phoibos a aidé utilement l'expédition : il est naturel qu'il soit invoqué par le poète qui va en faire le récit.

On comprend que, la conquête de la toison d'or étant, dans les légendes primitives, un mythe solaire, Apollon, considéré à l'origine comme le dieu du soleil, ait pu en être l'inspirateur et le chef. Mais le poète alexandrin n'a pas écrit cette épopée mythologique où les luttes fantastiques des grandes forces de la nature auraient été décrites. Le Jason d'Apollonios n'est pas un héros solaire, mais simplement un prince thessalien.

---

[1]. Scol. *Argon.*, I, v. 966 : ...'Ιασονίου 'Απόλλωνος. — Bruchmann *(Epitheta deorum)* ne donne aucun exemple de cette épithète.
[2]. *Argon.*, I, v. 1-4.

A l'époque de la guerre de Troie, dit M. Bertrand [1], — à plus forte raison, à l'époque de l'expédition des Argonautes, — la présence du culte d'Apollon sur les côtes de l'Asie-Mineure est un fait incontestable, « tandis que toutes les traditions où ce dieu joue un rôle dans le Péloponèse et dans la Thessalie sont à la fois vagues et incertaines. » La tradition d'Apollon Jasonien est donc un souvenir de l'ancienne légende qui faisait de l'expédition des Argonautes un mythe solaire.

Apollon Jasonien protège l'expédition en permettant d'en faire partie à deux devins, Mopsos [2] et Idmon, qui sont, l'un et l'autre, ses élèves, et dont le second est son fils [3]. Jason, d'ailleurs, est allé à Pytho, dans le pays des Phocéens, consulter l'oracle d'Apollon au sujet de l'expédition projetée [4]. Les réponses divines ont été favorables : au moment de quitter Iolcos, l'Aisonide le rappelle à sa mère [5]. Non content de donner des réponses favorables à son protégé, le dieu lui a fait des cadeaux d'un prix inestimable. « Phoibos avait donné deux trépieds à l'Aisonide, pour qu'il les emportât au loin dans le voyage qu'il était forcé d'entreprendre; il les lui avait donnés quand le héros était venu dans la ville sacrée de Pytho consulter l'oracle au sujet de cette expédition même. Or, il était dans les destinées que, là où ces trépieds seraient établis, là les ennemis ne pourraient faire d'invasion [6]. » On sait que ces trépieds étaient une des grandes richesses du temple de Pytho : l'enfant Hermès de l'*Hymne homérique* se vante qu'il ira les voler à Pytho, ainsi que les objets précieux qui ornent la demeure d'Apollon [7].

---

1. Bertrand, *Les dieux protecteurs*, p. 71.
2. *Argon.*, I, v. 65-66.
3. *Argon.*, I, v. 139-145.
4. *Argon.*, I, v. 207-210.
5. *Argon.*, I, v. 301-302.
6. *Argon.*, IV, v. 529-533.
7. *Hymne homérique à Hermès*, v. 179.

Quel est le sens symbolique de ce trépied consacré à Apollon ? Le trépied où s'assied la prophétesse inspirée par le dieu de Pytho est, dit-on, un emblème du feu [1]. Cet emblème convient parfaitement au dieu de la lumière sur les autels de qui on entretenait un feu perpétuel aussi bien à Cyrène qu'à Delphes et à Argos [2]. On comprend que la perpétuité du feu brûlant sur les autels d'une ville soit le signe et le gage de la perpétuité de cette ville : mais les Hylléens s'empressent d'enfouir profondément dans le sol le trépied d'Apollon qui leur a été donné par Jason, pour qu'il reste à jamais invisible aux yeux des mortels [3]. Il faut donc, semble-t-il, admettre que le trépied, emblème du feu, est un symbole primitif, une représentation archaïque du dieu de la lumière, comme le *Palladion* était l'antique *xoanon* de Pallas-Athéné. Le trépied était, sans doute, au même titre que le Palladion, l'objet d'une dévotion particulière. La fortune des cités devait être attachée à leur possession ; on enfouissait les trépieds, comme les Troyens auraient bien fait d'enfouir leur Palladion pour éviter qu'il leur fût enlevé par Diomède et par Ulysse.

Il faut d'ailleurs noter qu'Apollonios commet, sans doute, un anachronisme en parlant de l'oracle de Pytho, qui ne devait pas exister avant l'époque homérique, et en faisant allusion aux trépieds qui ornaient le temple d'Apollon au temps où l'*Hymne homérique à Hermès* fut composé. M. Bertrand, qui ne s'occupe

---

1. Bouché-Leclercq, *Hist. Divination*, t. I, p. 358 ; t. III, p. 89-92. — M. Bouché-Leclercq dit (t. III, p. 91) : « Ce trépied avait aussi sa légende. On prétendait qu'il avait été donné jadis par Jason, enfoui par les Hylléens... » L'auteur de l'*Histoire de la Divination* ne dit pas de quelle source il tire cette légende ; pour ce qui est des *Argonautiques*, le Jason d'Apollonios ne donne pas un trépied à Apollon : il en reçoit du dieu deux dont il confie l'un aux Hylléens et l'autre à Triton.
2. Ploix (*La Nature des Dieux*, p. 257), qui cite Callimaque, *Hymne à Apollon*, v. 83 ; Eschyle, *Choéphores*, v. 1037 ; Scol. Sophocle, *Électre*, v. 4.
3. *Argon.*, IV, v. 534-536.

que de l'*Iliade*, remarque qu'Homère, qui fait constamment allusion aux temples d'Apollon en Troade, en Lycie, à Ténédos, ne connaît en Grèce aucun temple du dieu [1] : il est cependant question dans l'Iliade même [2] du seuil d'Apollon au milieu des rochers de Pytho; et il est dit, dans l'*Odyssée* [3], qu'Agamemnon est allé consulter l'oracle d'Apollon Pythien. C'est dans l'*Hymne homérique à Apollon* que se trouve le plus ancien récit concernant la fondation de cet oracle [4]. — On a vu [5] que Phoibos-Apollon, dieu de la divination, n'est que le prophète de Zeus dans les *Argonautiques* : son rôle, comme divinité des oracles, a été assez étudié pour qu'il ne soit pas nécessaire d'y revenir ici.

Le dieu qui a fait don des trépieds à Jason est le premier que l'Aisonide songe à invoquer au moment du départ : « Tout d'abord, rendons-nous Phoibos favorable par l'immolation des victimes... Élevons un autel sur le rivage à Apollon qui protège les embarquements, lui qui m'a promis, dans ses prédictions, qu'il nous indiquerait par des signes certains les routes de la mer, si toutefois je commençais en lui offrant des sacrifices les travaux que j'entreprends pour le roi [6]. » On voit qu'un vrai contrat a été passé entre Jason et le dieu; en quittant la maison d'Aison, le fils d'Alcimédé disait : « Sois confiante, ma mère, dans notre alliance avec Athéné [7]. » Ce n'est pas seulement une alliance qui unit Jason et Apollon : un véritable traité est intervenu entre le dieu protecteur et le mortel protégé.

1. Bertrand, *Les dieux protecteurs*, p. 72.
2. *Iliad.*, IX, v. 405.
3. *Odyssée*, VIII, v. 79-81.
4. Bouché-Leclercq, *Hist. Divination*, t. III, p. 66.
5. Voir, plus haut, l. II, ch. 1, p. 197.
6. *Argon.*, I, v. 353; v. 359-362.
7. *Argon.*, I, v. 300.

Apollon est invoqué par Jason sous les noms de dieu des embarquements [1], dieu des débarquements [2], dieu des rivages [3]. Ces épithètes semblent venir de ce que le dieu prophète est le fondateur des colonies qui avaient souvent pour origine les prescriptions d'un oracle. Comme il guide les colonies à travers la mer, Apollon est un dieu de la navigation, honoré sur les rivages d'où l'on part et aux rivages où l'on arrive [4].

Mais, au moment de l'expédition des Argonautes, la première que les Hellènes de l'âge mythique aient tentée, il n'y a pas encore eu de colonies qu'Apollon ait pu protéger. D'ailleurs, les Minyens ne vont pas fonder une colonie : ils partent avec le désir et l'espérance du retour dans leur patrie bien-aimée. Il semble donc que ces épithètes ont ici une valeur particulière. Les colons futurs pourront invoquer Apollon, dieu des rivages, qui protège les embarquements et les débarquements : Jason s'adresse à Apollon Jasonien, qui préside aux embarquements et aux débarquements des Argonautes, qui veille sur les rivages d'où ils partent et sur ceux où ils feront relâche. C'est l'Apollon paternel, habitant de Pagases et de la ville Aisonide, qu'il invoque expressément sous le nom de dieu des rivages et de dieu de l'embarquement et du débarquement [5].

La prière qu'il fait au dieu, quand l'autel est élevé sur le rivage et quand le sacrifice va commencer, formule nettement les conditions du traité conclu entre le héros et son divin protecteur : « Écoute, roi, toi qui

---

1. *Argon.*, I, v. 359 : Ἐμβασίοιο... Ἀπόλλωνος. — Cf. v. 404.
2. *Argon.*, I, v. 966 : Ἐκβασίῳ... Ἀπόλλωνι — Cf. v. 1186.
3. *Argon.*, I, v. 403 : ...Ἀπόλλωνος...Ἀκτίου. — Bruchmann (*Epitheta deorum*, p. 20, 23, 24) ne cite pas d'autre exemple de ces trois épithètes.
4. Decharme, *Mythol.*, p. 124-126. Roscher, *Lexicon*, I, p. 429-430.
5. *Argon.*, I, v. 402-404; 411-412. — Les plus jeunes des Argonautes entraînent vers l'autel les deux bœufs qui doivent être assommés par Ancaios et par Héraclès. Le Scoliaste (Scol. *Argon.*, I, v. 407 et 409) fait observer que le nombre de deux bœufs est naturellement amené par les deux appellations sous lesquelles on invoque le dieu. Il ajoute que le soin de ces préparatifs revient aux plus jeunes des héros, puisque Apollon est un dieu toujours jeune.

habites Pagases et la ville Aisonide, qui porte le nom de notre père; toi qui m'as promis, alors que j'interrogeais ton oracle à Pytho, de m'enseigner comment accomplir et terminer avec succès ce voyage; car c'est toi qui m'as poussé à entreprendre ces travaux. — Maintenant, conduis toi-même ce navire avec mes compagnons sains et saufs là où nous devons aller, et ensuite fais-le revenir en Hellade. Alors, dans un nouveau sacrifice, autant nous serons revenus d'hommes, autant sur l'autel nous placerons de taureaux, riches victimes. Et je t'enverrai des offrandes sans nombre, les unes à Pytho, les autres à Ortygie. Mais maintenant, ô dieu qui lances au loin les traits, accueille de notre part ce sacrifice, comme prix de notre voyage, le premier que nous fassions en l'honneur du navire. Puissé-je avec un sort favorable, ô roi, détacher le câble suivant tes desseins. Qu'il souffle, le vent propice qui nous fera aller sur la mer, heureux du beau temps [1] ! »

Ce discours est très habile; il ne peut être adressé qu'à un protecteur dont on est sûr. Jason rappelle au dieu qu'il est responsable du succès, puisque c'est lui qui a conseillé l'expédition : un nouveau sacrifice, au retour, et des présents splendides récompenseront Apollon. Maintenant, on lui paie le prix du voyage (ἐπίβαθρον), que le passager doit payer au patron du navire sur lequel il s'embarque [2].

Le contrat est conclu de bonne foi, de part et d'autre; Jason a donné des arrhes : au dieu maintenant de conduire le navire où il doit aller et de le faire revenir en Hellade, après avoir procuré les vents favorables à la navigation. C'est en dirigeant le navire Argo, le premier qui se soit aventuré sur les mers, que le dieu Jasonien fait son apprentissage de dieu naviga-

---

1. *Argon.*, I, v. 411-424.
2. *Odyssée*, XV, v. 449.

teur. C'est Apollon d'Iolcos et de Pagases, Apollon *Aiglétès*, qui sera plus tard « le dieu solaire qui perce les ténèbres des tempêtes, qui dissipe les nuées amoncelées sur la mer dont il calme et endort les fureurs »[1].

Le poëte tient à rattacher la légende du dieu Jasonien à celle du dieu qui dirige la fondation des colonies. Ainsi, quand les héros ont abordé au port Calos, dans la presqu'île de Cyzique, ils détachent, sur les conseils de Tiphys, la pierre de fond, qui était petite, la laissent auprès de la source Artacié, et en prennent une autre qui convient mieux, étant très pesante. « Mais celle qu'ils avaient laissée fut, plus tard, suivant les ordres du dieu qui lance au loin les traits, placée, pierre consacrée, par les Ioniens, compagnons de Nélée, dans le sanctuaire d'Athéné, protectrice de Jason[2]. » Apollon, dieu des colonies et protecteur de Nélée, le fils de Codros, qui devait, au dire d'Hellanicos[3], aller fonder la ville d'Érythra, fait honorer par les Ioniens les signes commémoratifs de l'expédition des Minyens, la première qu'il ait conseillée et protégée.

A peine débarqués dans la presqu'île de Cyzique, le premier soin des Argonautes est d'élever, sur le rivage, un autel à Apollon qui préside aux débarquements, et de s'occuper des sacrifices[4]. C'est ainsi qu'au moment de quitter Pagases ils avaient sacrifié au dieu. D'après le Scoliaste[5], Déilochos dit que l'autel n'était pas dédié à Apollon qui préside aux débarquements, mais à Apollon Jasonien, et Socrate, dans son ouvrage sur les *Dénominations*, dit qu'il était dédié à Apollon de Cyzique : mais Apollon Jasonien se confond avec Apollon qui préside aux débarquements de Jason ; et c'est le culte d'Apollon Jasonien que les Argonautes

---

1. Decharme, *Mythol.*, p. 126.
2. *Argon.*, I, v. 958-960.
3. *Fragm. Hist. Graec.*, vol. I, p. 53.
4. *Argon.*, I, v. 966-967.
5. Scol. *Argon.*, I, v. 966.

introduisent à Cyzique, où le dieu prendra le surnom d'Apollon de Cyzique.

Le dieu, de qui viennent tous les oracles, a ménagé aux Argonautes, qu'il protège, un bon accueil de la part du roi de Cyzique, à qui « un oracle a prédit que, lorsqu'il viendrait une divine expédition de héros, il faudrait aussitôt la recevoir avec bienveillance, loin d'avoir contre elle des sentiments hostiles »[1].

Quand ils arrivent en Mysie, où ils sont reçus d'une manière hospitalière, les Argonautes ne manquent pas de faire au crépuscule un sacrifice en l'honneur d'Apollon qui préside aux débarquements[2] : il faut remarquer à quel moment de la journée les héros sacrifient; car « Apollon est non seulement un dieu lumineux, mais il est un dieu crépusculaire »[3].

Après leur victoire sur les Bébryces, Jason et ses compagnons offrent des sacrifices aux immortels. « Ayant couronné, au-dessus du front, leurs chevelures blondes avec les branches d'un laurier voisin de la mer (les amarres du navire étaient fixées à l'arbre et aux alentours), Orphée prit sa phorminx; et tous accompagnaient la phorminx harmonieusement, en chantant un hymne à l'unisson; tout autour des chanteurs, le rivage était tranquille et joyeux : c'est le fils Thérapnaïen de Zeus qu'ils célébraient[4]. » Le Scoliaste suppose que l'ἐπινίκιον d'Orphée s'adresse à Apollon, qui avait un sanctuaire à Thérapnai[5]; il est beaucoup plus probable que l'on chante en l'honneur du Thérapnaïen Pollux, vainqueur d'Amycos[6]. Mais le Scoliaste a raison de dire que c'est en l'honneur d'Apollon que les Argonautes se couronnaient de branches de laurier. « Ces couronnes

---

1. *Argon.*, I, v. 969-971.
2. *Argon.*, I, v. 1186.
3. Ploix, *La Nature des Dieux*, p. 256.
4. *Argon.*, II, v. 159-163.
5. Scol. *Argon.*, II, v. 162.
6. Voir, plus haut, l. II, ch. I, p. 166.

étaient faites avec le laurier auquel étaient fixées les amarres du navire. Ce n'est pas par une fiction poétique qu'Apollonios a imaginé ce laurier; il y en avait un en cet endroit, qui était un très grand arbre, comme dit Androitas le Ténédien, dans son *Périple de la Propontide* [1]. » On sait que le laurier, dont le bois brûle facilement, était consacré à Apollon [2]. Le poète profite de la tradition locale qui avait consacré l'existence d'un laurier de dimensions merveilleuses sur le littoral des Bébryces pour en faire l'occasion d'une preuve nouvelle de la bienveillance que le dieu Jasonien accorde à ses protégés : Apollon, dieu des rivages et des débarquements, permet aux Argonautes de fixer leurs amarres solidement à son arbre sacré qui a grandi sur le rivage, ce qui leur donne la facilité de débarquer et de combattre, sans souci de leur navire.

C'est la protection de Phoibos qui ménage aux Argonautes l'utile prédiction qui leur est faite par Phinée. Instruit dans la science de la divination par le Létoïde lui-même [3], à qui il est resté profondément reconnaissant, même au milieu de ses pénibles misères, c'est au nom de Phoibos et d'Héra qui, il le sait, protègent particulièrement les Argonautes dans leur expédition [4], qu'il les supplie de lui venir en aide. C'est, sans doute, pour obéir aux intentions de Phoibos qu'il révèle à ses bienfaiteurs ce qu'il est permis par les dieux de leur faire connaître. Les Argonautes le comprennent bien, puisque, après que le vieillard a fini de parler, aussitôt que le fidèle Paraibios a eu amené deux moutons de son troupeau, ils s'empressent d'invoquer Apollon, dieu des oracles, et de célébrer des sacrifices en son honneur au moment où le jour finit [5].

1. Scol. *Argon.*, II, v. 159.
2. Cf. Decharme, *Mythol.*, p. 102-103, etc.
3. *Argon.*, II, v. 181-182.
4. *Argon.*, II, v. 216-217.
5. *Argon.*, II, v. 493-494.

Les héros ont quitté les rivages de Phinée : c'est Athéné qui leur fait franchir les passes dangereuses des Roches-Cyanées. Mais Apollon veut montrer à ses protégés qu'il ne les abandonne pas : c'est pourquoi, lorsqu'ils ont fait entrer Argo dans le port de l'île déserte de Thynias, le dieu qui revient de Lycie, se dirigeant vers le pays des Hyperboréens, leur apparaît dans toute sa gloire. L'île est consacrée au dieu Matinal : le traité d'alliance entre Apollon et les Argonautes est renouvelé ; les promesses d'offrandes, faites au départ de Pagases, sont confirmées. « Élevons, dit Orphée, élevons un autel sur le rivage, pour offrir en sacrifice ce que nous pouvons avoir. Que si, plus tard, Apollon nous fait revenir sains et saufs vers la terre d'Haimonie, alors, en son honneur, nous placerons sur l'autel des cuisses de chèvres cornues. Maintenant, laisse-toi apaiser par ce que nous pouvons t'offrir, par la fumée de la graisse brûlée et par des libations, je t'en conjure ! Sois-nous propice, sois-nous propice, toi qui as apparu devant nous[1] !... » Le sacrifice est célébré, le chœur de danse institué, et la légende de Phoibos-Iépaiêon chantée par Orphée.

L'île Thynias possédait un temple d'Apollon[2]. Le poète des *Argonautiques* veut faire remonter à l'expédition des Minyens l'origine de ce temple, comme celle du sanctuaire de Cyzique.

Les Argonautes continuent leur voyage. Idmon, le fils d'Apollon, meurt dans le pays des Mariandyniens, transpercé par la défense d'un sanglier monstrueux. On fait de belles funérailles à Idmon ; un tertre est élevé sur sa tombe ; un tronc d'olivier sauvage, abondant en feuilles vertes, y est planté. Mais ces honneurs ne sont pas assez pour Apollon : « S'il faut que, par l'ordre des Muses, je dise toute chose sans détours,

---

[1]. *Argon.*, II, v. 688-693.
[2]. Scol. *Argon.*, II, v. 684.

Phoibos ordonna en termes formels aux Béotiens et aux Nisaiens d'honorer Idmon comme protecteur de la ville qu'ils devaient fonder auprès de ce tronc d'antique olivier sauvage, semblable à un rouleau de navire. Ce culte est encore observé aujourd'hui : mais, à la place du religieux Aiolide Idmon, ils vénèrent Agamestor [1]. »
On le voit : Apollonios veut rattacher la légende des Argonautes à l'histoire de la fondation d'Héraclée [2] ; il prétend que c'est Apollon colonisateur qui ordonne aux Nisaiens et aux Béotiens d'honorer comme leur protecteur l'Argonaute Idmon. Agamestor [3], dit le Scoliaste [4], était quelque héros indigète. C'est ce héros inconnu que le poète prétend identifier avec Idmon, pour prouver que l'expédition des Argonautes avait laissé des souvenirs sur le littoral des Mariandyniens et qu'Apollon lui-même, inspirateur et protecteur du voyage, avait voulu faire honorer particulièrement son fils Idmon, l'un des héros.

Plus tard, débarqués sur la côte de Paphlagonie, auprès du tombeau de Sthénélos, les Argonautes élèvent un autel à Apollon sauveur de leur vaisseau (νηοσσόῳ Ἀπόλλωνι); ils font brûler en son honneur les cuisses des victimes. Orphée consacre sa lyre, d'où le nom de Lyré reste encore à cet endroit où elle a été consacrée [5]. Apollon, le futur dieu de la navigation de ceux qui iront fonder des colonies, ne mérite pas encore l'épithète de *sauveur des vaisseaux* : il n'a pas eu encore l'occasion de sauver des navires, à l'exception d'Argo qu'il protège : c'est à ce titre particulier qu'Apollonios le nomme νηοσσόος. Dans le nom de Lyré, qui devait rester celui d'un endroit de la Paphlagonie [6],

---

1. *Argon.*, II, v. 844-850.
2. Cf. mes notes aux v. 747 et 845 du Ch. II des *Argonautiques*.
3. Sur Agamestor, voir Roscher, *Lexicon*, I, p. 97-98.
4. Scol. *Argon.*, II, v. 849.
5. *Argon.*, II, v. 927-929.
6. *Argon.*, II, v. 929.

le poète veut voir le souvenir persistant d'un épisode de l'expédition où le culte d'Apollon Jasonien a sa place.

Les héros abordent ensuite sur la terre assyrienne où Sinopé, fille d'Asopos, fut établie par Zeus lui-même [1]. Il a déjà été dit comment Zeus fut trompé par la fille d'Asopos [2]. L'auteur des *Argonautiques* rapporte qu'Apollon fut la dupe d'un pareil artifice de la part de Sinopé avec laquelle il voulait s'unir, lui aussi. Cette légende est en contradiction avec la légende ordinaire d'après laquelle Sinopé, enlevée par Apollon et transportée dans la région et à l'endroit même où devait plus tard s'élever la ville de Sinope, donna au dieu un fils, Syros, héros éponyme des Syriens [3] : sous cette forme traditionnelle, l'enlèvement de Sinopé, conduite sur le littoral du Pont-Euxin, semble une simple variante de l'enlèvement de Cyrène, conduite par le même dieu sur les côtes de Libye.

Quoi qu'il en soit, après avoir fait allusion à cette histoire où Apollon joue un aussi sot personnage que Zeus, le poète s'abstient pendant longtemps de parler du dieu protecteur des Minyens. Les raisons de cette abstention se comprennent facilement : Jason est arrivé dans le pays des Colchiens où il lui faut, par force ou par ruse, ravir la toison d'or au roi Aiétès. Héros solaire, Aiétès est le fils d'Hélios, le dieu du Soleil, qui, dans les légendes primitives de la conquête de la toison d'or, devait se confondre avec Phoibos-Apollon lui-même. Aussi le Létoïde ne peut-il jouer aucun rôle dans tout l'épisode d'Aiétès et de Médée. Son nom n'est prononcé qu'une fois et incidemment dans le cours du IIIe Chant, quand le poète dit que, grâce à la substance magique qui lui a été donnée par Médée,

---

1. *Argon.*, II, v. 946 et suiv.
2. Voir, plus haut, l. II, ch. I, p. 169-170.
3. Voir ma note au v. 946 du Ch. II des *Argonautiques*.

Jason paraît aussi beau qu'Apollon, le dieu aux armes d'or [1]. C'est, je crois, une comparaison banale fondée sur l'opinion que les Hellènes se faisaient de la divine beauté d'Apollon : il ne faut pas en conclure que, paré grâce aux substances magiques de la petite-fille d'Hélios, l'Aisonide semble un héros solaire comparable au dieu par excellence de la lumière éclatante.

Il n'est plus question d'Apollon qu'après que les héros, en possession de la toison, se sont mis en route. Au retour de l'expédition, comme à l'aller, le poète s'évertue à attribuer aux Argonautes l'introduction du culte d'Apollon dans les diverses contrées où ils ont dû faire relâche. Ainsi, dans l'épisode du trépied d'Apollon que Jason offre aux Hylléens, Apollonios veut montrer que c'est une expédition de Minyens qui a fait connaître le culte du dieu sur le littoral de l'Illyrie [2]; dans l'épisode du séjour des héros chez les Phaiaciens, l'érection dans l'île d'Alcinoos des autels d'Apollon Nomios et la construction d'un temple consacré au dieu sont attribuées à Médée, qui est maintenant la femme légitime de Jason [3]; dans l'épisode de Triton, l'offrande du deuxième trépied d'Apollon au fils de Poseidon indique l'introduction par les Argonautes du culte du Létoïde dans la région du lac Triton [4].

C'est au milieu des difficultés du retour, quand les héros sont rentrés dans les mers helléniques, qu'Apollon reprend nettement son caractère de protecteur de Jason. Il ne sera pour les navigateurs futurs « le dieu solaire qui perce les ténèbres des tempêtes » [5], qu'après avoir été pour l'Aisonide le dieu qui éclaire subitement et d'une manière resplendissante, le dieu ἀναφαῖος et αἰγλήτης qui fait paraître en pleine mer l'île Anaphé aux yeux

---

[1]. *Argon.*, III, v. 1283.
[2]. *Argon.*, IV, v. 522 et suiv. — Cf. ma note au v. 524 de ce Chant.
[3]. *Argon.*, IV, v. 1218.
[4]. *Argon.*, IV, v. 1537-1637.
[5]. Decharme, *Mythol.*, p. 126.

des Argonautes. Jason et ses compagnons consacrent à Apollon cette île qu'il a fait apparaître devant eux, comme ils lui avaient consacré l'île Thynias où il était apparu lui-même. Strabon [1] parle du temple fameux d'Apollon Aiglétès qui se trouvait dans l'île Anaphé : Apollonios attribue aux Argonautes la fondation de ce temple ; mais il donne sur les cérémonies célébrées en l'honneur du dieu des renseignements particuliers que nous ne connaissons que par lui. « Au milieu du bois ombreux, les Argonautes tracèrent pour Apollon une magnifique enceinte sacrée où ils élevèrent un autel que l'ombre des arbres couvrait; ils donnèrent à Phoibos le surnom d'Aiglétès, à cause de l'éclatante lumière qui leur avait permis d'y voir, et ils appelèrent Anaphé cette île plate, parce que le dieu la leur avait découverte au milieu de leurs inquiétudes. Ils préparèrent encore toutes les cérémonies sacrées que des hommes peuvent préparer sur un rivage désert. Aussi, en les voyant jeter de l'eau sur des charbons ardents, les suivantes phaiaciennes de Médée ne purent plus retenir leur rire dans leur poitrine, car elles avaient toujours vu chez Alcinoos les sacrifices consister dans l'immolation de bœufs nombreux. Les héros ripostaient par de libres paroles de raillerie et s'amusaient de leurs moqueries. Un agréable échange de plaisanteries, une lutte de mots piquants, s'engageaient entre elles et eux. C'est en souvenir de ce jeu des héros que les femmes de cette île font assaut de railleries avec les hommes, chaque fois qu'on institue des cérémonies sacrées en l'honneur d'Apollon Aiglétès, protecteur d'Anaphé [2]. »

On ne comprend guère quel peut être le sens symbolique de ces libations d'eau jetées sur des charbons ardents : on n'a aucun renseignement sur l'usage de ces railleries que les hommes et les femmes d'Anaphé

---

1. Strabon, X, v, 1.
2. *Argon.*, IV, v. 1714-1730.

échangeaient dans les cérémonies célébrées en l'honneur d'Apollon Aiglétès.

Apollodore ne fait que résumer le récit d'Apollonios [1]. En fait de pratiques similaires, Hérodote parle de cérémonies religieuses célébrées à Aiginé, où des chœurs de femmes échangeaient des invectives [2]; et Pausanias [3] rapporte que, dans les fêtes de Déméter Mysia, qui avaient lieu au Mysaion, sanctuaire de la déesse en Achaïe, les hommes échangeaient avec les femmes des sarcasmes et des plaisanteries [4].

Phoibos-Apollon a protégé les Argonautes depuis le moment où Jason est allé le consulter dans son sanctuaire de Pytho, sur le succès de l'expédition projetée, jusqu'au moment où il a ramené les héros à l'île Anaphé, près de son sanctuaire de Délos.

Il s'est manifesté à eux dans l'île Thynias, alors qu'ils étaient au moment de parvenir en Colchide, et dans l'île Anaphé, alors qu'ils étaient au moment de rentrer en Hellade. Le dieu ne se contente pas d'aider de ses conseils et de son secours efficace les navigateurs dans leur expédition vers Aia; ses prophéties concernent même les destinées de leurs descendants, puisque, « après avoir médité dans son cœur les prédictions du dieu qui lance au loin les traits [5], » Jason peut expliquer à Euphémos quelle grande gloire est réservée à la postérité de cet Argonaute.

Le poète des *Argonautiques* s'est efforcé de restituer le type de l'Apollon antéhomérique, qui est le dieu de la lumière par excellence, mais qui ne se confond pas avec Hélios; qui est un dieu bienfaisant, mais qui ne se

---

1. Apollodore, I, 9, 26.
2. Hérodote, V, LXXXIII.
3. Pausanias, VII, 27, 3.
4. Cf. Heyne, *Ad Apollodori Bibliothecam Observationes*, Gottingae, 1803, p. 26 et 88.
5. *Argon.*, IV, v. 1747-1748.

confond pas avec Paiéôn, le médecin des immortels ; qui n'est pas encore le dieu Musagète, tenant en mains la lyre, mais bien le dieu aux armes d'or qui lance au loin ses flèches inévitables.

Tous les épisodes de la légende du dieu qu'Apollonios a recueillis peuvent se placer à l'époque qui précède la guerre de Troie. Mais le caractère particulier de l'Apollon des *Argonautiques*, c'est qu'il est un dieu Jasonien. Si Héra et Athéné sont des déesses protectrices de Jason, Apollon est, par excellence, son dieu protecteur. L'alliance est indissoluble entre le protecteur et le protégé ; la reconnaissance est égale aux bienfaits : ce sont les Argonautes qui instituent le culte de leur dieu dans toutes les contrées où les aventures de leur voyage les amènent successivement.

CHAPITRE VI

APOLLON DANS L'*ÉNÉIDE*

I. Le culte d'Apollon restitué par Auguste. Antiquité de ce culte à Rome. L'Apollon de l'*Énéide* est le même que l'Apollon de l'*Iliade*.
Légende d'Apollon dans l'*Énéide*. La beauté du dieu. Honneurs rendus à Apollon Délien. Apollon chez Admète. Apollon père d'Esculape. L'Apollon de l'*Énéide* est le dieu de la médecine. Apollon confondu, dans l'*Énéide*, avec le dieu du Soleil. Apollon Lycien.

II. Légende d'Apollon protecteur de Troie. Apollon dieu Troyen. Cassandre. Panthus, prêtre de l'Apollon Troyen. Rôle important d'Apollon dans le Chant III de l'*Énéide*. Apollon de Délos et son prêtre Anius. Apollon de Thymbra. Sacrifice à Apollon de Délos. Apollon et les Pénates. Apollon et les Harpyes. Apollon d'Actium; jeux célébrés en son honneur.
Hélénus, prêtre d'Apollon en Épire. Son art divinatoire; ses prédictions à Énée.

III. L'Apollon d'Italie communiquera avec Énée par l'intermédiaire de la Sibylle. Le temple d'Apollon à Cumes. La Sibylle prêtresse d'Hécate et d'Apollon. Sacrifices à Apollon et à Hécate; prédictions de la Sibylle. Rôle de la Sibylle dans le Chant VI de l'*Énéide*. Énée prend des engagements qui seront tenus par Auguste. Apollon n'est pas encore dans le monde romain le dieu de l'art et de la poésie. Rôle effacé des Muses grecques, rôle nul des Camènes latines dans l'*Énéide*.

IV. Apollon honoré par Latinus; le laurier de Phébus et le prodige des abeilles. L'Italien Haemonides, prêtre d'Apollon. L'Arcadien Évandre adorateur d'Apollon hellénique. Le dieu Soranus des Tyrrhéniens identifié par Virgile avec Apollon. L'Apollon du Mont-Soracte. Abas a une statue d'Apollon à la poupe de son navire. L'haruspice Asilas est sans doute inspiré par l'Apollon du Mont-Soracte.

V. Rapports d'Apollon avec Iule fondateur de la famille des Jules.

I

« Auguste créa ou renouvela trois cultes importants qui se rattachaient tous à sa dynastie, celui de Vénus

Mère *(Venus Genetrix)*, celui de Mars Vengeur *(Mars Ultor)*, et celui d'Apollon Palatin *(Apollo Palatinus)*... Le culte d'Apollon était plus personnel à l'empereur que les deux autres. Auguste paraît avoir eu de tout temps, pour Apollon, une dévotion particulière... Il aimait à se faire représenter avec les attributs et sous le costume de son dieu favori. Les flatteurs disaient qu'il en était le fils[1]. » D'autre part, Apollon est un des rares dieux purement helléniques qui aient passé de très bonne heure dans la religion romaine, sans perdre leur caractère grec et en conservant même leur nom[2]. Le témoignage historique le plus ancien du culte d'Apollon à Rome date de l'époque des décemvirs; mais la légende faisait remonter à Tarquin le Superbe les premiers rapports d'un Romain avec la Sibylle, prêtresse du dieu.

Virgile, dans l'*Énéide*, tient compte et de l'antiquité du culte d'Apollon et de la dévotion d'Auguste à ce dieu. Il recule cette antiquité de l'époque de Tarquin à celle d'Énée, et attribue au héros troyen la même dévotion qu'Auguste manifestait. L'Apollon de l'*Énéide* est l'Apollon de l'*Iliade*, dieu protecteur des Troyens, du premier fondateur de Rome et du rénovateur qui, en instituant l'Empire, a rétabli l'ancienne religion. Toutes les cérémonies organisées par Auguste en l'honneur d'Apollon seront renouvelées de celles qu'Énée avait jadis imaginées. Auguste sera le successeur légitime d'Énée, et l'Apollon Palatin sera, sous un autre nom, l'Apollon Troyen qui protégeait Pergame, ce Mont-Palatin de l'antique Ilion.

Tels sont l'idée maîtresse qui domine la conception mythologique de l'Apollon de l'*Énéide* et le rôle qui lui est attribué par le poète.

Il est à remarquer que si Virgile donne à Diane le

---

1. Boissier, *Relig. rom.*, t. I, p. 78-79, 80-81.
2. Preller-Jordan, *Röm. Mythol.*, erster Band, p. 299 et suiv.

nom de *Latonia virgo*, il n'appelle jamais Apollon fils de Latone. Apollon et Diane sont désignés, dans l'*Énéide*, sous le titre collectif de double postérité de Latone [1]. Mais, s'il est fait allusion par le poète à la joie que Latone éprouve à contempler la beauté de sa fille [2], il n'est jamais rien dit de celle qu'elle pourrait éprouver à contempler la beauté de son fils. Cependant, Apollon est fort beau : pour idéaliser Énée, Virgile compare son héros à Apollon, comme Apollonios lui comparaît Jason. — Cette comparaison de l'*Énéide* est, en réalité, une flatterie du poète à l'adresse d'Auguste qui était fier de sa beauté et qui aimait, comme on sait, à revêtir le costume traditionnel d'Apollon, et à se parer de ses insignes divins. « Tel Apollon quitte la Lycie, où il a passé l'hiver, et les eaux du Xanthe; il revient visiter Délos, île consacrée à sa mère. Il y institue des chœurs de danse, et, réunis autour de ses autels, les Crétois et les Dryopes chantent en dansant avec les Agathyrses qui se tatouent. Le dieu lui-même s'avance sur les sommets du Cynthe. Un souple feuillage façonne et presse sa chevelure ondoyante qu'une bandelette d'or entoure. Ses flèches retentissent sur ses épaules [3]. »

Ce tableau et ce portrait du dieu sont une habile adaptation de deux passages des *Argonautiques* : le premier [4], où Apollonios compare Jason, qui marche vers son navire, à Apollon qui s'avance dans la divine Délos, dans Claros, dans Delphes Pythienne ou dans la vaste Lycie, au bord des eaux du Xanthos; le second [5], où le poète décrit l'apparition du dieu qui revient de Lycie, et se dirige vers le peuple innom-

---

[1]. *Én.*, XII, v. 198 : *Latonaeque genus duplex*.
[2]. *Én.*, I, v. 502 : *Latonae tacitum pertentant gaudia pectus*.
[3]. *Én.*, IV, v. 143-149. — Cf. Heyne, *Excursus II ad librum IV Aeneidos*, « *Apollinis accessus ad Delum*. »
[4]. *Argon.*, I, v. 307 et suiv.
[5]. *Argon.*, II, v. 674 et suiv.

brable des Hyperboréens. Des deux côtés de ses joues, des boucles de cheveux d'or tombent en grappes, s'agitant à chacun de ses mouvements; sa main gauche brandit un arc d'argent; sur son dos est un carquois suspendu à son épaule.

Il faut remarquer que, dans ce passage, en particulier, Virgile se tient, suivant sa coutume, à cette « antiquité moyenne » dont parle M. Boissier. L'Apollon de l'*Énéide* ne va pas chez les Hyperboréens pour y passer l'hiver; mais il se rend en été à Délos; son retour ramène dans l'île les fêtes où accourent les théories venues des pays les plus éloignés. Parmi les peuples qui sont représentés à ces fêtes, le poète cite les Crétois [1], les Dryopes, habitants de la Doride, qui honoraient Apollon Pythien [2], les Agathyrses, peuple Sarmate qui se tatouait [3].

Virgile parle de la chevelure ondoyante d'Apollon Délien : le dieu est toujours représenté, dans l'*Énéide*, comme un dieu chevelu [4]; mais le poète ne donne pas au sujet de cette chevelure les renseignements que l'on trouve dans les *Argonautiques*.

Si Virgile ne dit rien de l'exil annuel et volontaire du dieu chez les Hyperboréens, il fait une allusion à la servitude d'Apollon chez Admète quand il nomme *Amphrysia vates* [5] la Sibylle, prêtresse du dieu qu'il appelait, dans les *Géorgiques*, *pastor ab Amphryso* [6]. Dans les *Églogues* [7], Apollon est cité, à côté de Palès,

1. *Hymne homérique à Apollon,* v. 393 et 525; cf. Tibulle, IV, 1, v. 8.
2. O. Müller, *Dorier*, I, c. 2, § 4, p. 41. — Cf. Maury, *Hist. Relig. Grèce*, t. I, p. 125. D'ailleurs, d'après Pausanias (IV, 34, 11), Dryops, héros éponyme des Dryopes, serait le fils d'Apollon.
3. Servius, *ad Aen.*, IV, v. 146 : *Agathyrsi populi sunt Scythiae colentes Apollinem Hyperboreum.* Forbiger (note à ce même vers) dit mieux : *Hunc populum commemorans poeta nihil aliud vult significare quam undique, vel ex remotissimis terris, homines ad sacra Apollinis Delii celebranda confluxisse.*
4. *Én.*, IX, v. 638 : *...crinitus Apollo.*
5. *Én.*, VI, v. 398.
6. *Géorg.*, III, v. 2.
7. *Égl.*, V, v. 35.

au nombre des divinités champêtres; mais il n'est jamais question, dans l'*Énéide*, d'Apollon Νόμιος.

Au demeurant, le poète latin s'occupe très peu de la légende mythologique d'Apollon. Il rappelle, en racontant le châtiment d'Esculape, que le dieu de la médecine était le fils de Phébus, *Phoebigena* [1]. D'ailleurs, au contraire des poèmes homériques et des *Argonautiques*, l'*Énéide* fait d'Apollon lui-même le dieu de la médecine : en cela, Virgile se conforme à la tradition romaine. A Rome, en effet, Apollon a été considéré tout d'abord comme un dieu ἀλεξίκακος. Les Vestales invoquaient *Apollo Medicus* longtemps avant qu'Apollon fût honoré comme le dieu de la musique et des arts [2]. L'Apollon de l'*Énéide* avait voulu, par amour pour Iapyx, lui communiquer tous ses arts, l'*augurium* [3], l'habileté à jouer de la cithare et à lancer les flèches. Mais, par piété filiale, pour prolonger la vie de son père dont l'état est désespéré, Iapyx a préféré un art sans gloire, qui dépend aussi du dieu, l'art de la médecine. — Il ne faut pas oublier qu'exercée par les Grecs, des esclaves ou des affranchis, la médecine était fort méprisée à Rome. — Iapyx apprend donc d'*Apollo Paeonius* le pouvoir des herbes médicinales et la pratique de l'art de guérir [4].

Virgile appelle indifféremment les plantes salutaires *herbes puissantes de Phébus* [5] ou *herbes Péoniennes* [6]. Il n'est plus question, dans l'*Énéide*, du médecin des dieux, Paiéôn, qui est cité par les *Argonautiques* après les poèmes homériques. Paiéôn se confond avec l'Apol-

---

1. *Én.*, VII, v. 772 : ...*repertorem medicinae... Phoebigenam*.
2. Preller-Jordan, *Röm. Mythol.*, erster Band, p. 302. — Au sujet d'Apollon, dieu de la médecine, voir « de Apollinis vi medica », p. 26-31 de « De Apollinis apud Romanos cultu », scripsit Ricardus Hecker, Lipsiae, 1879.
3. Pour l'*augurium*, voir, plus haut, l. II, ch. II, p. 337 et suivantes; p. 342.
4. *Én.*, XII, v. 391-397.
5. *Én.*, XII, v. 402 : ...*Phoebique potentibus herbis*.
6. *Én.*, VII, v. 769 : ...*Paeoniis... herbis*.

lon virgilien : c'est d'Apollon, maître de l'art de guérir [1], qu'Iapyx se recommande quand il essaie de soigner la blessure qu'une main inconnue a faite à Énée. Mais la médecine est impuissante : prêtant à son fils le même secours que l'Apollon de l'*Iliade* — qui n'est pas cependant le médecin des dieux — prêtait à Glaucos [2], Vénus va chercher le dictamne de Crète, l'ambroisie et la panacée. Appliqués par Iapyx, ces remèdes font merveille, comme il convient.

Un autre passage de l'*Énéide* rappelle la croyance populaire d'après laquelle Apollon était le médecin divin par excellence : Lichas, dit le poète, est consacré à Phébus parce qu'il a été tiré par le fer du ventre de sa mère déjà morte [3]. Servius explique : « *Omnes qui, secto matris ventre procreantur, ideo sunt Apollini consecrati, quia deus est medicinae per quam lucem sortiuntur.* » C'est, d'après le même commentateur, pour cette raison que la famille des Césars avait une dévotion particulière à l'endroit d'Apollon : en effet, le premier de la race aurait dû son surnom à l'opération *césarienne* grâce à laquelle il aurait été mis au monde.

Virgile confond Apollon et Paiéôn : il confond aussi, ce que ne faisait pas Apollonios, le fils de Latone avec le dieu du Soleil. *Phaethon, Sol, Titan* et *Phoebus* sont, dans l'*Énéide*, des termes synonymes. Virgile dit *la torche de Phébus* [4] pour indiquer la lumière solaire, et, pour désigner le coucher du soleil, il parle du moment où l'éclatant Phébus baigne ses chevaux fatigués dans la mer d'Ibérie et ramène la nuit [5]. Au temps de Virgile, en effet, Apollon était identifié avec le dieu oriental du Soleil; on remarque cette identification dans le *Carmen saeculare* d'Horace. Les prédictions contem-

1. *Én.*, XII, v. 405 : ...*auctor Apollo.*
2. *Iliad.*, XVI, v. 523-529.
3. *Én.*, X, v. 316-317.
4. *Én.*, III, v. 637 : ...*Phoebeae lampadis;* IV, v. 6 : ...*Phoebea... lampade.*
5. *Én.*, XI, v. 913-914.

poraines annonçaient, comme devant être le dixième âge du monde, celui que le règne d'Apollon-Soleil allait ouvrir. *Iam regnat Apollo,* disait Virgile, dans sa IVe *Églogue :* et Auguste voyait volontiers, dans ce règne souhaité, une allusion à son propre empire [1].

II

La seule légende du dieu qui soit développée dans l'*Énéide* est celle d'Apollon protecteur de Troie; toutes les autres traditions qui concernent le dieu se groupent autour de cette légende centrale.

Ainsi, Apollon Lycien se confond avec Apollon Troyen. Sarpédon, roi de Lycie, combattait dans les rangs troyens[2]; deux des frères de Sarpédon, Clarus et Thaemon, ont suivi en Italie la fortune d'Énée; ils contribuent vaillamment à défendre le camp troyen assiégé par les Rutules[3]. Ils tombent sous les coups de Turnus, « ces frères qui sont venus de Lycie et du territoire sacré d'Apollon[4]. » Dieu national de ces alliés fidèles d'Énée, Apollon Lycien est, par le fait même, un dieu protecteur de Troie presqu'au même titre qu'Apollon Troyen.

Quand il arrive en Italie, Énée a le droit d'adresser à Apollon cette prière qui rappelle au dieu ses premiers bienfaits par lesquels il est engagé moralement à continuer, dans le pays où les Troyens vont avoir à combattre, sa protection à ceux qu'il n'a pas cessé d'aider dans leurs longs voyages : « O Phébus, toi qui

---

1. Preller-Jordan, *Röm. Mythol.*, erster Band, p. 307. — Voir l'argument de la *IVe Églogue* dans le Virgile de Benoist; voir aussi la dissertation déjà citée de Hecker, p. 31 et suiv. : « *De Apolline in Solem deum converso.* »
2. *Iliad.*, XVI, v. 419 et suiv.
3. *Én.*, X, v. 126.
4. *Én.*, XII, v. 516.

as toujours pris en pitié les dures épreuves de Troie, toi qui as dirigé contre le corps de l'Éacide les traits et la main du Dardanien Pâris ; c'est sous ta conduite que j'ai pénétré dans tant de mers qui bordent d'immenses contrées, que je suis allé dans le pays si lointain des Massyles, dans les plaines qui s'étendent le long des Syrtes. Enfin, nous prenons possession des rivages de l'Italie qui fuyait devant nous. Que la fortune de Troie ne nous poursuive pas plus loin[1] ! »

En effet, Apollon, dieu protecteur des Troyens dans l'*Iliade*, a dirigé le bras de Pâris lançant une flèche contre Achille : cet événement post-homérique est déjà prédit au héros achaien dans l'*Iliade*[2]. Après la ruine d'Ilion, le dieu a conservé aux exilés, à tout ce qui a pu échapper aux fureurs des Danaens et de l'impitoyable Achille, la faveur qu'il étendait sur la ville de Priam et sur son peuple innombrable. C'est parce que le dieu le conduisait qu'Énée a pu parvenir de Troade en Italie.

Apollon est un dieu troyen. C'est pour assurer le succès de ses mensonges que le traître Sinon imagine un prétendu oracle d'Apollon qui le met à couvert : le dieu aurait demandé qu'on l'apaisât par le sacrifice d'une victime humaine ; à cette condition, il serait permis aux Grecs de retourner dans leur patrie[3]. Cette immolation d'une victime humaine demandée par Apollon n'a rien d'invraisemblable. On sait que « les sacrifices humains avaient un caractère d'expiation, surtout dans les cultes de Poseidon et d'Apollon »[4]. Pendant la période héroïque, ces exigences du dieu n'étaient pas sans exemple : au temps de Pausanias[5], on pouvait voir encore à Delphes la table sacrée sur

---

1. *Én.*, VI, v. 56 et suiv.
2. *Iliad.*, XXII, v. 359.
3. *Én.*, II, v. 114-121.
4. Maury, *Hist. Relig. Grèce*, t. II, p. 102.
5. Pausanias, X, 24, 5.

laquelle le prêtre d'Apollon avait sacrifié Néoptolème [1], fils d'Achille. Les Troyens peuvent supposer que leur protecteur impose aux Grecs une condition aussi dure pour leur assurer, non pas la victoire, mais la possibilité du retour dans leur pays.

Les auditeurs de Sinon acceptent sans défiance la prétendue prédiction du dieu qui leur est rapportée par le traître; ils se défieraient seulement s'ils entendaient Cassandre leur annoncer l'avenir au nom et avec l'inspiration d'Apollon. Virgile, en effet, admet que, par l'ordre du dieu, Cassandre a beau prophétiser l'avenir, les Troyens n'ajoutent jamais foi à ses paroles [2]. Le jeune Coroebus, fils de Mygdon, roi de Phrygie, Coroebus lui-même, qui est venu se joindre aux Troyens par amour pour Cassandre, n'écoute pas les avis de la prophétesse qu'il aime [3].

C'est seulement après la ruine de Troie, qui aurait été évitée si l'on avait écouté les révélations de Cassandre au moment de l'entrée du cheval de bois, c'est seulement alors que l'on rend justice au pouvoir prophétique de la fille de Priam. Le prudent Anchise dit à Énée : « Cassandre, seule, me prédisait ces événements.... Mais, qui donc alors eût fait attention aux prophéties de Cassandre [4]? » Anchise n'est pas le seul qui rende justice à Cassandre : il suffit qu'Iris, qui a pris les traits de la vieille Béroé, s'autorise d'une pré-

---

1. Par suite d'une erreur qui n'est pas corrigée dans les *Errata*, Maury, citant ce passage de Pausanias (*Hist. Relig. Grèce*, t. I, p. 185), parle de « *Triptolème*, fils d'Achille ».

2. *Én.*, II, v. 246 : ...*fatis aperit Cassandra futuris Ora, dei iussu, non unquam credita Teucris.*

3. *Én.*, II, v. 345 : ...*non sponsae praecepta furentis Audierit.* — Pour la légende de Coroebus, voir Heyne, *Excursus X ad librum II Aeneidos*, et l'article, *Koroibos* du *Lexicon* de Roscher. — Il n'est pas question, avant l'*Énéide*, de l'amour de Coroebus pour Cassandre : l'*Iliade* (XIII, v. 363 et suiv.) parle d'Othryoneus venu de Cabésos par amour pour Cassandre ; mais ce héros ne peut pas recevoir d'avis prophétiques de celle qu'il aime, puisque, comme on le verra plus loin, la Cassandre homérique n'est pas une prophétesse.

4. *Én.*, III, v. 183 : *Sola mihi tales casus Cassandra canebat... Quem tum vates Cassandra moveret?*

tendue révélation de la prophétesse [1] pour amener les femmes troyennes à incendier la flotte. A entendre Junon qui, dans l'assemblée des dieux, se raille des oracles invoqués par Vénus, ce seraient les folles prédictions de Cassandre qui auraient suffi à conduire Énée en Italie [2].

« Toute cette légende de Cassandre prophétesse est postérieure aux poèmes homériques [3]. » En effet, dans l'*Iliade*, Cassandre n'est que l'une des plus belles des filles de Priam [4], la vierge semblable à Aphrodite toute d'or [5]. L'*Odyssée* raconte sa mort [6]. Mais l'*Iliade* et l'*Odyssée* ne disent rien du pouvoir prophétique de la fille de Priam. C'est, semble-t-il, dans les poèmes du Cycle [7] qu'il est parlé, pour la première fois, de ces prédictions que la tragédie d'Eschyle devait rendre célèbres. D'après la légende vulgaire [8], Apollon aurait accordé à Cassandre le don de la prophétie en échange de ses faveurs qu'elle lui promettait. Trompé par la fille de Priam, comme il l'est, dans les *Argonautiques*, par Sinopé, le dieu se venge de Cassandre en décidant que personne n'ajoutera foi aux prédictions de la prophétesse.

C'est une vengeance personnelle qui n'atteindra les Troyens qu'indirectement. Hélénus, frère jumeau de Cassandre, est, lui aussi, un prophète d'Apollon; et tout le monde est confiant dans ses prédictions. Mais Hélénus, qui apparaîtra plus tard dans l'*Énéide*, ne joue aucun rôle dans le Chant II : c'est que les révé-

---

1. *Én.*, V, v. 636.
2. *Én.*, X, v. 68 : *Cassandrae impulsus furiis*.
3. Bouché-Leclercq, *Hist. Divination*, t. II, p. 49. — Cf. même tome, p. 45-51, *passim*.
4. *Iliad.*, XIII, v. 366. — Elle partage ce titre avec Laodicé; cf. *Iliad.*, III, v. 121 et suiv.
5. *Iliad.*, XXIV, v. 699.
6. *Odyssée*, XI, v. 421 et suiv.
7. Homère-Didot, p. 581, col. 2.
8. Apollodore, III, 12, 5.

lations d'Hélénus auraient pu sauver Pergame; et le *fatum* veut que Pergame périsse. Apollon ne peut pas lutter contre la force du destin, même en faveur de la ville qu'il protège et où il est adoré.

Autant, en effet, les Troyens méprisent les prédictions de Cassandre, autant ils vénèrent la divinité d'Apollon. L'Apollon de l'*Iliade* avait un temple dans Ilion même et un autre dans Pergame, l'acropole[1]. L'Apollon de l'*Énéide* a, dans la citadelle, son temple dont le prêtre est le vieux Panthus, fils d'Othrys, qui, au moment du sac de Troie, s'empresse d'emporter du sanctuaire, pour les faire échapper aux ennemis, les objets sacrés et la statue du dieu, comme Énée s'empressera d'emporter lui-même les Pénates[2]. Apollon est un dieu national et domestique au même titre que les Pénates. Mais, moins heureux qu'Énée, Panthus ne réussit pas dans son entreprise; sa piété, la bandelette même d'Apollon qui ceint sa tête, ne le protègent pas contre la fureur des Grecs[3]. On sait la vengeance éclatante qu'Apollon avait tirée des Grecs qui méprisaient le sceptre et les bandelettes d'un autre de ses prêtres[4]. Chrysès n'avait été qu'outragé; la mort de Panthus est un grief plus grave qui excitera Apollon à protéger davantage Énée, en haine des Achaiens impies.

Si l'on donnait un titre spécial à chacun des divers Chants de l'*Énéide*, comme l'on fait pour ceux des poèmes homériques, le Chant III de l'épopée latine devrait s'intituler : Ἀπόλλωνος ἀριστεία. Apollon y joue le rôle prépondérant; il dirige les diverses étapes du voyage des Troyens. Ce n'est pas que Virgile adopte les traditions grecques qui faisaient parfois d'Apollon un dieu de la navigation : c'est par ses oracles que le

---

[1]. *Iliad.*, V, v. 446; VII, v. 83. — Voir Bertrand, *Les dieux protecteurs*, p. 73.
[2]. *Én.*, II, v. 318-321. — Voir, plus haut, l. II, ch. II, p. 353.
[3]. *Én.*, II, v. 429-430.
[4]. *Iliad.*, I, v. 28.

prophète de Jupiter donne sans cesse à ses protégés des indications toujours utiles, mais souvent obscures.

La flotte d'Énée se rend d'abord à Délos, l'île qui accueillit jadis Latone et que le dieu qui porte l'arc [1] a rendue stable en reconnaissance de l'hospitalité donnée à sa mère. Le poète rappelle la légende de l'île d'après l'*Hymne à Délos* de Callimaque. Les Troyens entrent, pleins de respect, dans la ville d'Apollon [2]. Virgile s'ingénie à démontrer que l'Apollon de Délos est le même dieu que celui qu'on adorait à Troie. En effet, Anchise reconnaît un vieil ami dans Anius, qui, suivant la coutume des temps homériques, est à la fois le roi du pays et le prêtre du dieu national. Fils d'Apollon, Anius, qui est lui-même le père d'une fille nommée Lavinie confondue parfois avec la fille homonyme de Latinus, Anius se trouvait donc mêlé à la légende d'Énée [3]. C'est pourquoi, ne pouvant passer ce personnage sous silence, ne pouvant pas non plus faire de lui le père de la Lavinie qu'Énée doit épouser, Virgile, pour concilier la tradition qu'il suit avec celle qu'il néglige, donne une place définie à Anius : la légende de ce héros sera localisée à Délos et bien distincte de celle de Latinus, le roi du Latium dont la fille nommée Lavinie, comme la fille d'Anius, doit être la femme d'Énée.

Énée ne peut s'arrêter à Délos sans y consulter l'oracle d'Apollon. Il entre donc dans le temple antique pour interroger le dieu de Thymbra [4] : cette appellation a son importance ; Thymbra était une localité de la Troade, célèbre par son temple d'Apollon [5]. Apollon de

---

1. *Én.*, III, v. 75 : *Arcitenens*.
2. *Én.*, III, v. 79 : ...*egressi veneramur Apollinis urbem*.
3. Au sujet d'Anius, voir les notes de Benoist, de Forbiger, etc., au v. 80 du Ch. III de l'*Énéide* ; Heyne, *Excursus I ad librum III Aeneidos* ; Bouché-Leclercq, *Hist. Divinat.*, t. III, p. 22 et 28 ; Roscher, *Lexicon*, I, p. 352-354.
4. *Én.*, III, v. 85 : ...*Thymbraee*.
5. Strabon, XIII, 1, 35, etc.

Thymbra était « le patron de la Troade »[1]; c'est dans son temple qu'Hélénus et Cassandre avaient reçu leur privilège mantique[2]. A Délos même, ce n'est donc pas l'Apollon Délien principalement adoré par les Grecs, mais c'est l'Apollon Troyen de Thymbra, le dieu protecteur de ce qui reste d'Ilion, qu'Énée supplie de fixer aux exilés en quelle contrée ils doivent fonder d'une manière stable leur ville nouvelle.

Anius avait reçu d'Apollon le don de prophétie : ce n'est pas cependant le roi de Délos qui prophétise l'avenir à Énée au nom de son dieu.

La réponse d'Apollon est donnée au héros troyen à peu près par les mêmes procédés qui étaient en usage à Delphes, mais toutefois sans l'intervention d'un agent prophétique qui corresponde à la Pythie. Un tremblement de terre agite le seuil du temple et le laurier consacré au dieu et planté à l'extérieur de l'édifice ; il ébranle même les sommets voisins du Cynthe ; le sanctuaire s'ouvre, et le trépied qui y est placé mugit avec un bruit sourd[3]. Les Troyens se prosternent et c'est la voix même du dieu qui frappe leurs oreilles et qui leur ordonne de se rendre dans le pays qui a été, à l'origine, le berceau de leur race. Énée a obtenu *un oracle autophone;* le dieu n'a eu besoin d'aucun interprète. « La hardiesse de la fiction nous dispense de discuter ce procédé sommaire[4]. » Mais il semble que

1. Bouché-Leclercq, *Hist. Divinat.*, t. III, p. 262 et suiv.
2. L'expression Θυμβραῖος Ἀπόλλων se lit assez souvent dans les poètes grecs. Voir Bruchmann, *Epitheta deorum*, p. 25, col. 1. — Dans les *Géorgiques* (IV, v. 232), *Thymbraeus Apollo* désigne Apollon, père d'Aristée. Ce n'est pas évidemment le dieu de Thymbra, en Troade, qui a enlevé Cyrène, en Thessalie, pour la transporter en Libye. Mais Virgile ne pense qu'à l'Apollon Troyen et donne à tort à l'Apollon Hellène cette épithète qui ne peut lui convenir. — L'épisode d'Aristée est célèbre : dans l'*Énéide*, il n'est fait aucune mention du fils de Cyrène et d'Apollon.
3. Voir la note de Forbiger au v. 90 du Ch. III de l'*Énéide*; la note de Spanheim au v. 89 de l'*Hymne à Délos* de Callimaque (E. Spanhemii Observationes in *Hymnum in Delum*, p. 381-393).
4. Bouché-Leclercq, *Hist. Divinat.*, t. III, p. 23.

Virgile avait le droit d'imaginer *ce procédé sommaire*, et Énée, le privilège d'en profiter. M. Bouché-Leclercq reconnaît que l'on ne sait rien de la manière dont l'oracle de Délos fonctionnait : Virgile pouvait donc le faire agir comme il lui convenait. D'autre part, s'il est permis au dieu de la divination de se débarrasser de ses interprètes pour communiquer avec un mortel, n'est-il pas naturel qu'il use de ce droit en faveur du Troyen Énée, son protégé, qui l'invoque comme une divinité nationale, comme le dieu de Thymbra?

Anchise, interprète malavisé malgré sa sagesse ordinaire, prétend que la Crète est le pays désigné par le dieu comme le berceau primitif de la race troyenne. On fait donc voile vers la Crète, après avoir sacrifié un taureau à Neptune, un taureau aussi à Apollon, une brebis noire à la Tempête et une brebis blanche aux Zéphyres secourables [1].

Au moment de prendre la mer, Jason immolait deux bœufs à Apollon considéré comme dieu des rivages et comme dieu des embarquements [2]. Ce double sacrifice était l'ἐπίβαθρον, le prix du voyage, payé par les Argonautes à leur dieu protecteur [3]. Énée offre un taureau à Apollon considéré à la fois comme le dieu de l'oracle à qui il doit un témoignage de reconnaissance pour sa prophétie, et comme le dieu protecteur de l'embarquement et de la navigation vers la Crète, à qui il solde l'ἐπίβαθρον, en même temps qu'à Neptune, à la Tempête et aux Zéphyres.

Cependant, les Troyens quittent les ports d'Ortygie [4], arrivent en Crète et s'y établissent. Mais une épidémie,

---

1. *Én.*, III, v. 118-120. — Voir, plus haut, l. II, ch. II, p. 242.
2. *Argon.*, I, v. 407.
3. *Argon.*, I, v. 421.
4. *Én.*, III, v. 124 : *Linquimus Ortygiae portus*. — Dans l'*Énéide*, comme dans les *Argonautiques*, Ortygie est synonyme de Délos. — Virgile cite plus loin l'île d'Ortygie, voisine de la Sicile (*Én.*, III, v. 694). Pour cette île, voir ma note au v. 419 du Ch. I des *Argonautiques*.

preuve manifeste de la colère des dieux, les avertit qu'ils ne doivent pas y rester. Anchise engage son fils à aller consulter Phébus, de nouveau, à son oracle d'Ortygie [1], pour savoir de quel côté les exilés doivent se diriger. Mais ce retour à Délos est épargné à Énée : les Pénates lui apparaissent pendant la nuit et lui indiquent clairement l'Italie comme but de son pèlerinage. « Ce qu'Apollon t'aurait révélé si tu étais allé à Ortygie, il va te l'annoncer ici; c'est lui qui, sans attendre que tu l'aies consulté, nous envoie vers toi [2]. » Les Pénates sont les messagers d'Apollon Délien [3] : Anchise, à qui Énée rapporte les conseils des Pénates, n'en doute pas plus que son fils : « Cédons à la volonté de Phébus, dit-il, et, dûment avertis, suivons une route meilleure [4]. » Il semble étrange qu'Apollon Délien, divinité grecque par excellence, se trouve en rapports avec les Pénates et fasse d'eux ses messagers. Mais l'Apollon Romain paraît être en relations intimes avec les Pénates. Au dire de Macrobe [5], un érudit romain, contemporain de Varron, P. Nigidius Figulus, qui s'occupa en particulier de théologie [6], s'était demandé, au livre XIX de son ouvrage *De Diis,* si Apollon n'était pas lui-même un des dieux Pénates. Au temps de Virgile, Apollon, dieu du Palatin, pouvait être, à la rigueur, considéré comme le dieu Pénate d'Auguste.

En tout cas, les Pénates sont des interprètes que l'Apollon Romain pouvait seul avoir. L'Apollon de l'*Énéide* va user bientôt de messagers encore plus singuliers.

C'est, en effet, la plus âgée des Harpyes, Célaeno, qui fait aux Troyens la fameuse prédiction des tables

---

1. *Én.*, III, v. 143 : ...*oraclum Ortygiae Phoebumque.*
2. *Én.*, III, v. 154-155.
3. *Én.*, III, v. 162 : *Delius... Apollo.*
4. *Én.*, III, v. 188.
5. *Saturnales*, III, IV, 6.
6. Cf. Teuffel, *Hist. Litt. Rom.*, § 170.

qu'ils seront forcés de manger. L'oracle que Célaeno proclame lui a été confié par Apollon qui, lui-même, le tenait de Jupiter [1]. Virgile se conforme à la tradition grecque en disant qu'Apollon a reçu de Jupiter, qui connaît seul le destin, le pouvoir de prédire et de communiquer lui-même son art de l'avenir à ses propres prophètes [2]. Mais il ne suit aucune légende grecque quand il établit des relations entre Apollon et les Harpyes [3] : c'est par une innovation assez malheureuse que le poète donne pour interprètes à l'Apollon Romain les déesses des tempêtes et des orages.

Les Troyens ont quitté la demeure des Harpyes; après avoir passé devant un certain nombre d'îles et de rivages du continent, ils aperçoivent « les sommets nuageux du mont de Leucate et Apollon redouté des matelots » [4]. Apollon signifie ici le temple d'Apollon [5], bâti sur le promontoire rocheux d'Actium, comme dans un autre passage du même Chant [6], *diva Lacinia* signifie le temple de *Iuno Lacinia* [7]. On peut s'étonner que le temple d'Apollon, dieu grec protecteur de la navigation, soit redouté des matelots : c'est, disent les interprètes, à cause des rochers, dangereux pour les navires, sur lesquels le temple s'élève. Il semble, au contraire, que le temple doit être un secours et non un danger; il tient lieu, sinon de phare, du moins d'*amer*, et indique de loin à ceux qui naviguent l'existence de rochers redoutables qu'il faut éviter.

---

1. *Én.*, III, v. 250-252.
2. Voir la note de Forbiger au v. 251 du Ch. III de l'*Énéide*.
3. Voir, plus haut, l. II, ch. II, p. 246.
4. *Én.*, III, v. 274 :
    *Mox et Leucatae nimbosa cacumina montis
    Et formidatus nautis aperitur Apollo.*
5. Voir Forbiger, note au v. 275 du Ch. III de l'*Énéide*, qui indique pour quelles raisons on doit admettre que ce temple était sur le cap d'Actium et non sur celui de Leucate.
6. *Én.*, III, v. 552.
7. Voir, plus haut, l. III, ch. II, p. 397.

On sait qu'Apollon-Leucate ('Απόλλων Λευκάτας) avait un temple au sommet du promontoire de Leucate [1]. Apollon Actius ('Απόλλων Ἄκτιος, expression qui semble synonyme d'*Apollon, dieu des rivages*) avait aussi un temple à Actium et Strabon constate que les jeux célébrés en son honneur remontent à une haute antiquité [2].

C'est à l'initiative d'Énée que Virgile prétend les faire remonter : le héros et ses compagnons célèbrent, en effet, sur les rivages d'Actium les *Jeux troyens* [3] en l'honneur d'Apollon, de cet *Actius Apollo* [4] qui sera représenté sur le bouclier d'Énée, lançant des flèches du haut du promontoire d'Actium, pendant la fameuse bataille navale, et mettant en fuite les Égyptiens, les Indiens, les Arabes, les Sabéens, tous les ennemis d'Octave. Les ciselures du bouclier montrent aussi le vainqueur d'Actium recevant sur le seuil en marbre blanc d'Apollon Palatin [5] les offrandes des nations vaincues et les consacrant à l'intérieur du temple. Si Énée ne comprend pas le sens des descriptions gravées sur le bouclier qu'il porte [6], les Romains comprenaient du moins que, pour eux, la protection du dieu datait de longtemps. Si Apollon leur a fait remporter la victoire d'Actium, c'est en reconnaissance des cérémonies qu'Énée célébra jadis auprès de son temple. En rétablissant les jeux Actiaques, après sa victoire sur Antoine, Octave n'innovait pas : il ne faisait que reprendre la tradition donnée bien des siècles avant lui par le Troyen qui devait fonder la grandeur romaine. Virgile unit ainsi très habilement par un lien religieux le héros fondateur et l'empereur Auguste; l'un et

---

1. Strabon, X, ii, 9. — Sur Apollon Λευκάτας, voir Preller, *Griech. Mythol.*, erster Band, p. 208, n. 2.
2. Strabon, VII, vii, 6, etc.
3. *Én.*, III, v. 280 : *Actiaque Iliacis celebramus litora ludis.*
4. *Én.*, VIII, v. 704.
5. *Én.*, VIII, v. 720.
6. *Én.*, VIII, v. 730-731.

l'autre ont été également protégés par Apollon qui, après avoir été le grand dieu des Troyens, devient le dieu officiel de l'empire romain.

Les Troyens ont quitté Actium ; ils arrivent en Épire où ils trouvent Hélénus, devenu le roi du pays et l'époux d'Andromaque. Le fils de Priam les reçoit en ami et prédit à Énée tous les dangers qui l'attendent encore. Cette prophétie est un nouvel effet de la protection qu'Apollon accorde aux Troyens. — Après leur avoir procuré lui-même à Délos un oracle qu'ils n'ont pas compris, après leur avoir fait adresser d'utiles instructions par les Pénates et des avis aussi menaçants que peu clairs par les Harpyes, Apollon, cette fois, prend pour intermédiaire entre eux et lui un prince troyen qui est, en même temps que l'ami d'Énée, un prophète divin, Hélénus, ce frère jumeau de Cassandre qui a été, comme sa sœur, gratifié par Apollon du don de prédire.

On a vu qu'Hélénus ne fait aucune prédiction au Chant II de l'*Énéide* : c'était déjà cependant un illustre devin troyen dans l'*Iliade* [1]. Au Chant III de l'épopée latine, il renseigne Énée « en mettant expressément ses révélations sous la garantie d'Apollon » [2].

Si, en effet, Hélénus est l'interprète des dieux en général [3], il est surtout celui de Phébus [4], qui a rempli son esprit de prédictions véridiques [5].

Hélénus connaît tous les moyens de divination :

1º La divination directe des volontés que le dieu lui communique *(numina Phoebi)* [6] ;

2º La divination par le moyen du trépied sacré, qui

---

1. *Iliad.*, VI, v. 76. Cf. Bouché-Leclercq, *Hist. Divinat.*, t. I, p. 131, 275 ; t. II, p. 7.
2. Bouché-Leclercq, *Hist. Divinat.*, t. II, p. 47.
3. *Én.*, III, v. 359 : ...*interpres divum*.
4. *Én.*, III, v. 474 : ...*Phoebi interpres*.
5. *Én.*, III, v. 434 : ...*animum... veris implet Apollo*.
6. *Én.*, III, v. 359.

était le procédé spécial de la Pythie de Delphes *(tripodas)* [1];

3° La divination par l'entrée dans le bois sacré de lauriers, suivant le procédé du prêtre de Claros *(Clarii laurus)* [2];

4° La divination par le moyen de l'*astrologie (sidera)* [3]; inconnue à l'époque homérique [4], l'astrologie n'est pas un des procédés ordinaires à Apollon : mais le dieu, ayant en principe le monopole de tous les genres de divination, peut bien avoir communiqué celui-là aussi à Hélénus;

5° La divination par le langage des oiseaux *(volucrum linguas)* [5];

6° La divination par le vol des oiseaux *(praepetis omina pennae)* [6] : c'était une tradition de l'Iliade qu'Hélénus était un devin οἰωνοπόλος [7].

C'est à tous ces titres qu'Énée fait appel à la science d'Hélénus : mais l'énumération de tous ces talents divinatoires est précédée d'un nom, *Troiugena* [8], qui prouve bien que c'est surtout comme compatriote et ami qu'il invoque le devin. Le Troyen Hélénus s'intéresse tout particulièrement à celui qui porte dans une patrie nouvelle et inconnue la fortune de Troie.

C'est ce qui fait essentiellement différer sa prédiction de celle de Phinée dont elle est, au demeurant, directement inspirée [9].

---

1. *Én.*, III, v. 360.
2. *Én.*, III, v. 360. Cf. Pausanias, VII, 3, 1 ; Tacite, *Annales*, II, LIV, etc. — Sur l'oracle de Claros, voir Bouché-Leclercq, *Hist. Divinat.*, t. III, p. 249-254.
3. *Én.*, III, v. 360.
4. Note de Forbiger au v. 360 du Ch. III de l'*Énéide* : *Sequitur in his poeta suae aetatis mores; nam ab Homeri temporibus astrologia aliena est.* — Cf. Bouché-Leclercq, *Hist. Divinat.*, t. I, p. 205 et suiv.
5. *Én.*, III, v. 361.
6. *Én.*, III, v. 361.
7. *Iliad.*, VI, v. 76.
8. *Én.*, III, v. 359.
9. Il faut d'ailleurs remarquer qu'Apollonios et Virgile se souviennent, l'un et l'autre, des conseils que Circé donnait à Ulysse (*Odyssée*, XII, v. 37 et suiv.).

Phinée expliquait aux Argonautes quel devait être leur itinéraire pour se rendre à Aia et quels dangers ils auraient à surmonter avant d'y arriver ; il se défendait de leur donner des détails trop précis parce qu'il n'est pas permis par les dieux que les hommes connaissent toute chose clairement ; il leur annonçait, à mots couverts, que de la mer fâcheuse un secours souhaité leur viendrait ; il leur recommandait de se ménager le secours artificieux de Cypris, sans leur dire pourquoi le succès de l'entreprise devait dépendre de la déesse.

De même, après avoir immolé, selon l'usage, des taureaux à Apollon devant le seuil du temple qui a été élevé au dieu dans la ville nouvelle, à l'exemple, sans doute, du temple de Troie [1], Hélénus prédit à Énée les dangers qui l'attendent dans sa navigation. Mais il n'a le pouvoir de lui dévoiler que quelques-uns des nombreux événements qui doivent se produire [2]. — Énée lui-même rappellera que l'interprète d'Apollon ne lui a pas fait prévoir la mort d'Anchise [3]. — Si Hélénus ne peut pas tout annoncer, ce n'est point que les dieux en général interdisent à l'homme une science trop sûre de l'avenir : mais Junon empêche Hélénus de parler [4]. Le prophète dit à peu près au sujet de l'oracle redoutable de Célaeno ce que Phinée disait du bonheur inattendu qui devait venir pour les Argonautes de la mer effrayante. Enfin, la déesse que les Troyens doivent se concilier et vaincre à force d'offrandes, ce n'est pas une divinité inconnue et indifférente, comme l'était Cypris pour les Argonautes, mais bien l'éternelle ennemie, Junon. D'ailleurs, une assistance continue sera donnée aux Troyens par Apollon, d'accord avec les destins, qui déclarent qu'Énée sera le fondateur d'un

---

1. *Én.*, III, v. 369 : *...caesis primum de more iuvencis.*
2. *Én.*, III, v. 377 : *Pauca tibi e multis.*
3. *Én.*, III, v. 712.
4. *Én.*, III, v. 380. — Voir, plus haut, l. III, ch. II, p. 406.

empire nouveau : c'est cet accord avec les destins qui rend la puissance du dieu protecteur invincible. Mais, loin de dire aux Troyens, comme Phinée le disait aux Argonautes, que leur salut ne sera pas tant dans leurs prières que dans la force de leurs bras, le pieux interprète d'Apollon leur recommande d'invoquer le dieu[1].

Ce n'est pas seulement pendant le voyage qu'il faudra prier Apollon ; à peine arrivé en Italie, Énée devra aller consulter la Sibylle, l'*insana vates* du dieu. Auprès de la ville de Cumes et du lac divin de l'Averne, la prophétesse siège au fond d'une grotte ; elle dévoile les destins et inscrit ses prédictions sur des feuilles d'arbre ; si le vent souffle, ces feuilles s'envolent en désordre, et les hommes qui sont venus consulter la Sibylle se retirent déçus, sans réponse. Aussi Hélénus recommande à Énée de supplier la prophétesse de s'expliquer de vive voix : il apprendra ainsi quelles seront les guerres à soutenir en Italie, quel sera le moyen de surmonter ou d'éviter tous les obstacles[2].

Les rites divinatoires de la Sibylle ne diffèrent pas sensiblement de ceux que la Pythie de Delphes mettait en pratique. « Virgile, si curieux des traditions antiques, n'a pas certainement cru contrevenir aux idées reçues en dépeignant sa Sibylle possédée, comme une Pythie, d'un accès violent et passager d'enthousiasme prophétique[3]. »

Telle est l'interprète d'Apollon qui doit diriger la suite des travaux d'Énée. Le dieu indique encore à Énée, par la bouche d'Hélénus, qu'au loin une partie de l'Ausonie lui appartiendra[4]. Mais, dorénavant, c'est l'Apollon Italien qui sera le protecteur des exilés qui vont devenir des citoyens de l'Italie ; il communiquera

---

1. *Én.*, III, v. 395 : *Fata viam invenient, aderitque vocatus Apollo.*
2. *Én.*, III, v. 441-462.
3. Bouché-Leclercq, *Hist. Divinat.*, t. II, p. 135.
4. *Én.*, III, v. 479 : *Ausoniae pars illa procul quam pandit Apollo.*

avec Énée par l'intermédiaire de la Sibylle de Cumes, de même qu'il avait communiqué avec lui, pendant le cours du voyage, par l'intermédiaire des Pénates, de Celaeno et surtout d'Hélénus.

III

On sait l'autorité dont les livres Sibyllins jouissaient à Rome. La légende ordinaire attribuait au roi Tarquin le Superbe les premiers rapports d'un Romain avec la Sibylle de Cumes[1]. Virgile veut les faire remonter jusqu'à Énée, le plus ancien fondateur de Rome, comme il a prétendu faire de lui le créateur des jeux d'Actium. C'est aussi une manière habile de rattacher le culte asiatique et le culte italien d'Apollon : il n'y a pas de solution de continuité dans le temps entre l'époque des devins homériques, tels qu'Hélénus, et celle des Sibylles. C'est le fils de Priam qui recommande lui-même à Énée d'aller consulter la prophétesse de Cumes.

Démontrer l'existence du temple d'Apollon à Cumes, peu de temps après la guerre de Troie, c'est prouver que l'influence des colonies grecques n'a pas propagé tardivement la religion d'Apollon, dieu hellénique, dans l'Italie méridionale, mais que le dieu est un dieu autochtone, très ancien en Italie, disposé à y protéger les Troyens comme il les a protégés en Asie tant que le royaume de Priam a subsisté.

Hélénus n'a pas prédit le séjour d'Énée à Carthage : ce séjour est dû à l'intervention personnelle de Junon et de Vénus qui interrompent un instant l'accomplissement de la suite des destinées qui pouvait être dévoilée par Hélénus.

---

[1]. Bouché-Leclercq, *Hist. Divinat.*, t. II, p. 187.

Apollon n'intervient pas pendant que son protégé s'attarde dans le royaume de Didon : mais nous voyons la reine offrir un sacrifice au dieu [1], en même temps qu'elle sacrifie à Cérès, qui donne des lois, à Bacchus et surtout à Junon, qui préside aux mariages.

Les interprètes de Virgile ont cherché les causes de ce sacrifice en l'honneur d'Apollon. D'après Servius [2], si Didon sacrifie à Apollon, c'est que le dieu préside aux auspices qui régissent les villes. Heyne [3] suppose, sans citer d'autorités à l'appui de sa supposition, qu'Apollon était un des dieux que l'on honorait le plus à Carthage. Gossrau [4] identifie Apollon avec le Soleil qui sait tout. Henry [5] affirme qu'Apollon, à cause des chants d'épithalame, était mis au nombre des dieux du mariage. — Je pense que le dieu Phébus-Apollon était tout à fait inconnu aux Phéniciens : mais Didon a compris par le récit d'Énée quelle aide ce dieu a portée aux Troyens, et elle tient à se concilier le dieu protecteur de son amant.

Or, c'est des oracles de ce dieu qu'Énée se réclame pour démontrer qu'il lui faut quitter Carthage. « C'est la grande Italie qu'Apollon, le dieu du bois de Grynium, c'est la grande Italie que les oracles de Lycie m'ordonnent d'atteindre [6]. » Le bois de Grynium, consacré à Apollon, est en Asie-Mineure, sur les côtes d'Éolie, non loin de la Lycie. « Comme le fait observer Servius, ce n'est pas à Grynium, ni en Lycie, c'est à Délos qu'Énée a recueilli les oracles du dieu qui règne à Clazomènes et en Lycie [7]. » Énée l'a dit lui-même à Didon, quand il lui racontait son voyage : mais il

---

1. *Én.*, IV, v. 58.
2. Servius, *ad Aen.*, IV, v. 58.
3. Note au v. 58 du Ch. IV.
4. Note au v. 58 du Ch. IV.
5. Henry cité par Forbiger, note au v. 58 du Ch. IV.
6. *Én.*, IV, v. 345-346.
7. Benoist, note au v. 346 du Ch. IV.

suppose probablement que la reine, originaire de Tyr, connaît Apollon — si elle le connaît — comme le dieu de l'Asie-Mineure bien plutôt que comme le dieu de Délos. D'ailleurs, le nom et l'autorité du dieu de Grynium ne font aucune impression sur Didon : « C'est maintenant, — s'écrie-t-elle, — maintenant que tu es fatigué de moi, que tu songes au prophète Apollon, aux oracles de Lycie dont tu te fais des prétextes [1]. »

Énée a quitté enfin Carthage. Il est en Sicile, où les Troyennes, obéissant aux perfides conseils de la messagère de Junon, ont incendié une partie de la flotte. Il ne faut pas que ce malheur décourage le héros de passer en Italie : envoyé par Jupiter, Anchise lui apparaît en songe et lui recommande [2], comme avait fait Hélénus, d'aller, aussitôt arrivé en Italie, consulter la chaste Sibylle [3]. Mais — Hélénus ne le disait pas — non contente de lui donner d'utiles avis, la Sibylle conduira Énée vers son père qui lui révélera la suite de sa postérité et lui indiquera quelles seront les villes de sa race. C'est avec la permission de Jupiter, qui l'envoie maintenant, qu'Anchise fera ces révélations à son fils : mais il ne sera mis en rapport avec lui que grâce à la Sibylle, prophétesse et servante d'Apollon. — Nous voyons que toujours, dans l'*Énéide*, soit par lui-même, soit par ses agents, Apollon est l'intermédiaire entre Jupiter et les hommes.

A peine a-t-il abordé à Cumes, le pieux Énée, fidèle aux avis d'Hélénus et d'Anchise, se rend vers la montagne où s'élève le temple d'Apollon ; aux environs de ce temple se trouve l'antre effrayant, retraite de cette terrible Sibylle à qui le dieu prophétique de Délos donne de vastes inspirations et révèle l'avenir [4]. Pour

---

1. *Én.*, IV, v. 376-377, et note de Benoist au v. 377.
2. *Én.*, V, v. 722-740.
3. Sur le sens de *casta*, voir Ovide, *Mét.*, XIV, v. 130-153.
4. *Én.*, VI, v. 9-12.

arriver au temple d'or d'Apollon, il faut traverser le bois qui l'entoure et qui est, comme les environs de l'Averne, consacré à Hécate, déesse infernale [1].

On a vu [2] que Virgile confond Diane avec Trivia-Hécate, et qu'il fait de cette dernière la sœur de Phébus-Apollon; c'est, d'ordinaire, le même prêtre ou la même prêtresse qui sert à la fois les deux divinités composant le couple fraternel.

Le temple de Cumes est peut-être consacré à Apollon seul : mais la forêt qui l'entoure appartient à Trivia. Ce temple a été élevé par Dédale en témoignage de sa reconnaissance pour Apollon qui lui a permis de s'échapper du royaume de Minos et d'arriver à Cumes sain et sauf; il a déposé ses ailes en ex-voto dans le temple et gravé sur les portes d'or divers épisodes où il joue lui-même un rôle. Au dire de Servius, Salluste, dans ses *Histoires*, aurait constaté l'origine de ce temple d'Apollon à Cumes, bâti par Dédale [3].

La prêtresse du temple est la Sibylle servante à la fois de Trivia et d'Apollon; elle se nomme Déiphobe et est fille de Glaucus [4]. On donne généralement à la Sibylle de Cumes le nom de *Démo* ou de *Démophile*. « Virgile, dit M. Bouché-Leclercq [5], nous ne savons sur quelles autorités transforme ou rejette ce nom et lui substitue celui de *Déiphobe*, fille de Glaucos. » M. Bouché-Leclercq se demande si le Glaucos, père de la Sibylle, est le dieu prophétique ou le fils de Minos et l'élève du Mélampodide Polyidos: mais Glau-

---

1. *Én.*, VI, v. 13.
2. L. I, ch. IV, p. 146 et suiv.
3. Servius, *ad Aen.*, VI, v. 14 : *Daedalus vero primo Sardiniam, ut dicit Sallustius, post delatus est Cumas : et templo Apollini condito, sacratisque ei alis, in foribus haec universa depinxit.* — Il se peut que l'allusion à Salluste ne retombe que sur la première partie de la phrase, et que Servius veuille dire simplement : d'après Salluste, Dédale alla en Sardaigne avant d'aller à Cumes.
4. *Én.*, VI, v. 35-36.
5. *Hist. Divinat.*, t. II, p. 186.

cos, fils de Minos, est peu connu ; on sait au contraire que le dieu marin Glaucos est un prophète dont Apollonios fait l'interprète du vieux Nérée et que Virgile mentionne dans les *Géorgiques* [1] et dans l'*Énéide* [2]. Il me semble donc naturel d'admettre que la prophétesse Déiphobe est fille de Glaucos, le prophète marin.

Prêtresse d'Apollon, Déiphobe a le pouvoir prophétique qui lui permet de donner à Énée la suite des prédictions d'Hélénus ; prêtresse de Trivia, la déesse infernale, elle a le privilège que n'aurait pas un simple devin comme Hélénus, que n'aurait même pas une Sibylle qui ne serait que Sibylle, de conduire le fils d'Anchise vers son père, dans le royaume de Pluton.

La Sibylle ordonne à Énée de commencer par un sacrifice : qu'on prenne deux taureaux qui appartiennent à un troupeau dont aucun animal n'a encore porté le joug ; qu'on choisisse aussi, suivant les rites, sept brebis de deux ans [3]. L'expression *grege de intacto* correspond à la formule homérique βοῶν ἀδμήτην [4]. Les *bidentes* sont des brebis de deux ans que leur âge permet d'immoler et qui, de plus, réunissent certains caractères qui les rendent dignes d'être choisies pour être sacrifiées suivant les rites.

On n'offre d'ordinaire que des taureaux à Apollon : pourquoi le sacrifice d'Énée comprend-il des brebis ? Prêtresse de Phébus et de Trivia, on peut supposer que la Sibylle exige un sacrifice qui s'adresse à la fois aux deux divinités qu'elle sert, et que les brebis sont immolées en l'honneur de la sœur d'Apollon. S'il faut immoler sept brebis et sept taureaux, c'est, disent les commentateurs, que le nombre sept est un nombre

---

1. *Géorg.*, I, v. 437.
2. *Én.*, V, v. 823 : *Et senior Glauci chorus.*
3. *Én.*, VI, v. 38 :
   Nunc grege de intacto septem mactare iuvencos
   Praestiterit, totidem lectas de more bidentes.
4. *Odyssée*, III, v. 382.

sacré [1]. Au départ de Pagases, les Argonautes n'immolaient que deux bœufs à Apollon, à cause, dit le Scoliaste, des deux surnoms par lesquels ils invoquaient le dieu; Énée lui-même, en quittant Délos, ne sacrifiait qu'un seul taureau à Apollon [2]. Il faut donc admettre que ce sont les rites spéciaux et mystérieux de la Sibylle qui exigent ce nombre sacré de sept victimes.

Tout, d'ailleurs, est mystérieux et compliqué dans le sanctuaire de Cumes; ce n'est plus la simplicité primitive de l'oracle de Délos. La montagne est creusée de manière à former une caverne où la Sibylle se tient pour prophétiser; cent couloirs, fermés par des portes au dehors, convergent vers cette caverne; et, par ces cent couloirs, les paroles de la prophétesse se précipitent à l'extérieur.

A peine se trouve-t-elle devant les couloirs qui mènent à son sanctuaire, la Sibylle est déjà en proie au délire sacré où la présence du dieu la jette; elle change de couleur, sa chevelure se répand sur ses épaules; elle respire avec peine; la fureur prophétique gonfle son cœur; elle semble plus grande et sa voix n'a rien d'une voix humaine. Elle pénètre alors dans sa caverne; quand elle a entendu la prière d'Énée, elle court çà et là, comme une Bacchante, possédée par le dieu qui la maîtrise et la force enfin à parler. Aussitôt, les cent portes qui fermaient les cent couloirs s'ouvrent d'elles-mêmes et la prophétie de la Sibylle arrive aux oreilles d'Énée. Cette description réaliste du délire de la Sibylle sera exagérée encore dans la *Pharsale* [3] : mais, dans l'*Énéide* même, elle n'a rien d'homérique ou d'alexandrin. Je crois qu'on en chercherait en vain

---

1. Cf. Forbiger, *ad Aen.*, VI, v. 38 : *Septenarius numerus erat sacer*. Benoist, note au v. 85 du Ch. V de l'*Énéide* : Le nombre sept est un nombre sacré.
2. *Én.*, III, v. 119.
3. *Pharsale*, V, v. 174 et suiv.

des modèles dans les tableaux que la littérature grecque donne du délire prophétique de la Pythie [1].

Après avoir rappelé tous les services qu'Apollon a rendus à Troie et, plus tard, aux Troyens exilés, depuis leur fuite loin d'Ilion jusqu'à leur arrivée à Cumes, Énée annonce ce qu'il fera, une fois maître du royaume qui lui est annoncé, pour témoigner sa reconnaissance au dieu et à la Sibylle. Les engagements du héros sont précis; ce ne sont pas de banales promesses d'offrandes qui seront envoyées aux divers sanctuaires du dieu, comme fait Jason, chaque fois qu'il adresse ses prières à Apollon.

Unissant dans un même sentiment de gratitude le dieu et sa prêtresse, Énée promet d'élever un temple tout en marbre à Phébus et à Trivia et d'instituer des jours de fête qui porteront le nom de Phébus; la Sibylle ne sera pas oubliée : les oracles, les destins qu'elle annonce seront conservés dans le temple, et la garde en sera confiée à des hommes choisis [2].

Ces engagements, Virgile le sait, ne seront exécutés que longtemps après Énée : c'est Auguste qui s'acquittera de la plupart des vœux exprimés par le héros troyen.

Le temple de marbre, c'est le temple d'Apollon Palatin, où la statue du dieu se trouve entre celles de Latone et de Diane [3]. Les jours de fête, ce sont les jours consacrés aux jeux Apollinaires qui étaient célébrés, pendant la République, le 5 juillet de chaque année sous la présidence du préteur urbain [4], et qui furent rétablis par Auguste. C'est l'empereur qui fera

---

[1]. Cf. la Pythie des *Euménides* (v. 1 et suiv.) et d'*Ion* (v. 1355 et suiv.); le début de l'*Hymne à Apollon* de Callimaque ne donne qu'une idée très éloignée de la description virgilienne.

[2]. *Én.*, VI, v. 69-74.

[3]. Pour le temple d'Apollon Palatin, voir Hecker, *De Apollinis apud Romanos cultu*, p. 10-11.

[4]. Voir Tite-Live, XXV, xii, 9; XXVII, xxiii, 5; Macrobe, *Saturn.*, I, xvii. — Cf. la dissertation de R. Hecker, p. 41-49, et les auteurs qui y sont cités.

déposer dans le temple d'Apollon Palatin, sous la base de la statue du dieu, les livres Sibyllins qui, durant la République, avaient été conservés au Capitole [1]. Les hommes choisis pour être les gardiens et les interprètes de ces livres furent d'abord deux, puis dix, enfin quinze, d'où leur nom de *Quindécemvirs* [2].

Dans tout cet épisode, Virgile semble négliger Énée pour ne penser qu'à Auguste. Déjà, en faisant du héros troyen l'organisateur des jeux d'Actium, il lui enlevait sa personnalité propre : Énée n'était plus que le précurseur inconscient d'Auguste. De même, à mesure que l'action de l'*Énéide* s'avance, le poète oublie Troie de plus en plus pour ne songer qu'à prévoir Rome. L'Apollon protecteur d'Ilion perd peu à peu son caractère homérique pour se confondre, au prix de nombreux anachronismes, avec l'Apollon Romain adoré sur le Palatin. L'esprit du poète ne devient pas antique à raconter les choses d'autrefois, comme Tite-Live le disait de l'esprit de l'historien : les préoccupations contemporaines amènent Virgile à déformer le type de l'Apollon homérique, qu'il doit faire ressembler autant que possible à l'Apollon Palatin, consacré par la dévotion particulière d'Auguste.

Il ne sera plus question que deux fois d'Apollon dans la suite du Chant VI : Énée lui adresse un reproche qui semble immérité, et le poète lui donne une attribution qui ne convient guère encore à l'Apollon de l'âge homérique.

Rencontrant Palinure aux Enfers, Énée lui dit : « Apollon, que je n'ai jamais trouvé mensonger, m'a trompé par cette seule réponse, quand il m'a annoncé qu'échappé aux périls de la mer tu arriverais sain

---

1. Voir Suétone, *Octav.*, XXXI; Tacite, *Annales*, VI, XII; Tibulle, II, v, v. 1, etc.

2. Voir Cicéron, *De Divin.*, I, 2, 4; *De Harusp. Resp.*, 13; Tite-Live, V, XIII, 6; X, VIII, 2; Horace, *Carm. Saec.*, v. 70; Tacite, *Annales*, VI, XII; XI, XI; XVI, XXII, etc.

et sauf sur la terre d'Ausonie [1]. » Benoist remarque qu'« Énée fait ici allusion à un oracle dont Virgile, dans tout ce qui précède, n'a rien dit » [2].

Plus loin, Virgile place dans les Champs-Élysées les poètes pieux qui, par leurs œuvres, se sont montrés dignes de Phébus [3]. Cette idée, que l'on a déjà trouvée dans l'*Églogue VII* [4], sera reprise par Silius Italicus [5] et par Valérius Flaccus [6] : mais elle semble postérieure à l'époque où se passe l'action de l'*Énéide*.

C'est assez tard, d'ailleurs, que l'Apollon Romain, dont le premier caractère est celui d'un dieu sauveur, devait devenir le dieu de l'art, de la musique et de la poésie [7]. Il ne semble pas que le dieu soit considéré comme Musagète avant l'époque où Auguste édifia le temple d'Apollon Palatin et y plaça les statues des neuf Muses à côté de celle du fils de Latone [8].

Virgile cite les Muses assez souvent, mais il ne dit rien de leur légende ni de leurs rapports avec Apollon [9].

Au commencement de l'*Énéide*, il invoque la Muse en général [10], comme Homère, au premier vers de l'*Iliade* et de l'*Odyssée*, invoquait la θεά ou la Μοῦσα. Au début de la seconde partie de son épopée, où il sera question de l'union future de Lavinie avec Énée, le poète invoque Érato [11], comme Apollonios invoquait

---

1. *Én.*, VI, v. 343-346.
2. Benoist, note au v. 343 du Ch. VI de l'*Énéide*. — Cf. la note de Forbiger au v. 344.
3. *Én.*, VI, v. 662 : ...*pii vates et Phoebo digna locuti*.
4. *Égl.*, VII, v. 22 : ...*proxima Phoebi Versus ille facit*.
5. *Pun.*, XIII, v. 538.
6. *Argon.*, I, v. 839.
7. Preller-Jordan, *Röm. Mythol.*, erster Band, p. 306.
8. Cf. Hecker, *ouvr. cité*, p. 11 ; Preller-Jordan, *Röm. Mythol.*, erster Band, p. 311, n. 4, et les passages de Pline l'Ancien, de Juvénal, de Martial, etc., cités par Hecker et par Preller-Jordan.
9. Aussi bien dans l'*Énéide* (X, v. 191) que dans les *Églogues* (I, v. 2 : *Silvestrem... musam*; VI, v. 8 : *Agrestem... musam*), le mot *musa* est employé comme nom commun, synonyme poétique de *cantus*.
10. *Én.*, I, v. 8 : *Musa, mihi causas memora*.
11. *Én.*, VII, v. 37 : *Nunc age... Erato*; v. 41 : *Tu vatem, tu, diva, mone*.

la même Muse au début du Chant III des *Argonautiques* où il allait être question des amours de Jason et de Médée [1]. Au moment de faire l'énumération des alliés de Turnus [2], et, plus tard, celle des auxiliaires étrusques d'Énée [3], Virgile s'adresse dans les mêmes termes aux divinités de l'Hélicon : cette double invocation est imitée de celle qu'Homère faisait aux Muses Olympiennes avant de commencer le catalogue des vaisseaux [4].

Avant de dire les exploits de Turnus, le poète demande aux Muses, et particulièrement à Calliope, d'inspirer ses chants [5] : Calliope est, en effet, la plus puissante des Muses; à l'époque classique, elle est la déesse de l'épopée [6]. — Calliope et Érato sont les seules Muses auxquelles Virgile s'adresse dans l'*Énéide* d'une manière spéciale en les appelant par leur nom [7].

A l'exemple d'Apollonios, Virgile invoque les Muses pour se recommander de leur autorité, quand il doit exposer un fait peu croyable. « C'est la tradition des Muses que je chante, » disait l'auteur des *Argonautiques* [8], lorsqu'il rappelait que pendant douze jours et douze nuits les Argonautes avaient porté leur navire sur leurs épaules au travers des dunes solitaires de la Libye. C'est le témoignage des Muses que l'auteur de l'*Énéide* invoque pour dire la merveilleuse métamorphose des vaisseaux d'Énée en autant de Nymphes [9].

Les Muses de Virgile sont celles d'Homère et d'Apol-

---

1. *Argon.*, III, v. 1.
2. *Én.*, VII, v. 641.
3. *Én.*, X, v. 163 : *Pandite nunc Helicona, deae.* — On sait que la religion des Muses s'était constituée en Béotie, autour de l'Hélicon. — Cf. Decharme, *Mythol.*, p. 224.
4. *Iliad.*, II, v. 484-493.
5. *Én.*, IX, v. 525 : *Vos, o Calliope, precor, adspirate canenti.*
6. Cf. Decharme, *Mythol.*, p. 235-236. — L'*Églogue IV* (v. 57, *Orphei Calliopea*) rappelle que Calliope est la mère d'Orphée.
7. Thalie est mentionnée dans l'*Églogue VI*, v. 2.
8. *Argon.*, IV, v. 1381 et suiv.
9. *Én.*, IX, v. 77 et suiv.

Ionios; déesses grecques de l'Hélicon, elles ont pour compagnon, pour ami, un allié d'Énée, le héros Crétheus [1], qui doit être d'origine grecque [2]. Crétheus est un véritable aède homérique, épris de musique et de poésie, habile à chanter, en s'accompagnant sur sa cithare, les chevaux, les exploits des héros et les batailles [3].

Les Muses latines n'ont aucun serviteur parmi les compagnons de Turnus ou de Latinus; leur nom n'est pas même prononcé dans l'*Énéide*. C'est seulement dans les *Églogues* que se trouve un exemple unique du mot *Camenae* [4]. Les Camènes, Nymphes des sources qui, entre autres attributions, avaient celle de présider au chant [5], devaient, peu à peu, se confondre avec les Muses grecques [6].

Mais, au moment où se passe l'action de l'*Énéide*, il n'est encore question que des Muses homériques : et l'Apollon de Virgile n'a aucun rapport avec ces Muses.

La Sibylle joue un grand rôle dans tout le Chant VI. Mais nous avons vu qu'elle sert deux maîtres divins à la fois; et c'est comme servante de la déesse infernale Trivia-Hécate qu'elle donne, pour les funérailles de Misène, des ordres scrupuleusement exécutés par Énée [7], qu'elle se fait porter le rameau d'or dans sa

---

1. *Én.*, IX, v. 774 : ...*amicum Crethea Musis, Crethea Musarum comitem*. — Cf. *Hymne homérique* XXXII (édit. Didot), v. 19 : ...ἀοιδοὶ, Μουσάων θεράποντες.
2. Crétheus, ami des Muses, est tué par Turnus (*Én.*, IX, v. 774-775). Virgile rapporte, à propos d'une autre bataille, que Crétheus, le plus courageux des Grecs, n'a pu échapper à Turnus (*Én.*, XII, v. 538 : ...*Graium fortissime, Cretheu*). La *Table des noms propres* de l'édit. Benoist confond ces deux Crétheus; la majorité des *Index* distingue, avec raison, je crois, ces deux personnages. Mais il me semble que, tout en étant des personnages distincts, les deux héros doivent être Grecs l'un et l'autre.
3. *Én.*, IX, v. 775-777.
4. *Égl.*, III, v. 59.
5. Les mots *camenae* et *carmen* sont de la même famille. — Cf. Bréal, *Dictionn. étymol.*, p. 32-33.
6. Preller-Jordan, *Röm. Mythol.*, zweiter Band, p. 129-130.
7. *Én.*, VI, v. 176 : ...*iussa Sibyllae*; v. 236 : ...*propere exsequitur praecepta Sibyllae*.

demeure [1], et qu'enfin elle conduit Énée dans les Enfers [2]. Pendant que le héros parcourt le royaume de Pluton, c'est simplement pour éviter la répétition trop fréquente du mot *Sibylla* [3] que Virgile désigne la conductrice d'Énée par le nom d'*Amphrysia vates*, quand elle calme les craintes de Charon [4], ou par le titre de *Phoebi longaeva sacerdos* [5], quand elle énumère les crimes divers qui sont châtiés dans le Tartare : car ce n'est pas la prêtresse inspirée par Apollon, mais la servante de la déesse infernale Hécate qui parle et qui agit aux Enfers.

IV

Apollon n'est pas adoré seulement à Cumes au moment de l'arrivée d'Énée en Italie. Il n'est pas au nombre des dieux particuliers qu'Énée devait apporter dans le Latium [6], où le fils de Latone a déjà ses dévots.

Latinus, en effet, connaît et honore Apollon : pour expliquer le nom de Laurentins que portent les sujets du père de Lavinie, Virgile imagine que Latinus, en jetant les fondements de sa cité, a découvert un laurier dont le feuillage était religieusement respecté depuis bien des années. Le laurier est l'arbre d'Apollon : le roi consacre au dieu son arbre, autour duquel il bâtit son palais; le laurier se trouve ainsi dans l'*impluvium*, cette partie de la maison romaine où souvent des arbres étaient plantés [7].

1. *Én.*, VI, v. 211 : ...*vatis portat sub tecta Sibyllae*.
2. *Én.*, VI, v. 268 et suiv.
3. Ce mot se trouve employé, v. 538, 666, 752.
4. *Én.*, VI, v. 398.
5. *Én.*, VI, v. 628. — L'expression *longaeva sacerdos* se retrouve au v. 321. La vieillesse de la Sibylle de Cumes était proverbiale. Voir la note de Servius au v. 321, et Bouché-Leclercq, *Hist. Divinat.*, t. II, p. 185 et suiv.
6. Cf. *Én.*, I, v. 6 : *Inferretque deos Latio*.
7. *Én.*, VII, v. 59-63.

Ce laurier est le théâtre d'un étrange prodige. D'innombrables abeilles viennent, en bourdonnant, se poser sur la cime de l'arbre; et, les pattes entrelacées, l'essaim reste suspendu aux branches : le *vates* de Latinus voit dans ce prodige le présage d'une invasion étrangère qui, conduite par un héros, s'établira dans la citadelle de la ville, comme l'essaim s'est établi au sommet du laurier [1]. L'interprétation du *vates* est orthodoxe, ou tout au moins classique : Tite-Live met l'apparition d'un essaim d'abeilles sur le Forum au nombre des prodiges que l'on doit expier, d'après la réponse des haruspices, par des sacrifices d'animaux adultes et des supplications à tous les dieux [2]. Pline assure que l'apparition des abeilles suspendues en grappe dans les maisons ou dans les temples est, pour les particuliers ou pour l'État, le présage de grands événements, heureux ou malheureux : mais, paraît-il, les haruspices — comme le *vates* de Latinus — estiment toujours qu'un tel prodige est funeste [3].

Quoi qu'il en soit, le prodige qui se produit dans le palais de Latinus, sur l'arbre consacré à Apollon, ne semble pas l'œuvre du dieu qui, d'ordinaire, n'use pas de semblables moyens pour communiquer avec les hommes : ce n'est pas à Phébus, mais bien à son propre père Faunus, que Latinus va demander l'explication du *monstrum* [4].

Cependant, l'ambassadeur envoyé par Énée à Latinus, Ilionée, a raison de se recommander d'Apollon auprès du roi : ce sont, dit-il, les ordres impérieux d'Apollon qui poussent les Troyens à venir s'établir sur le territoire des Latins [5]. Une demande faite au nom du dieu

---

[1]. *Én.*, VII, v. 63-70.
[2]. Tite-Live, XXIV, x, 11-12.
[3]. Pline, *N. H.*, XI, 55 : *Perpetua haruspicum coniectura, qui dirum id ostentum existimant semper.*
[4]. Voir, plus haut, l. II, ch. II, p. 324-325.
[5]. *Én.*, VII, v. 241 : *...iussisque ingentibus urget Apollo.*

ne peut être repoussée. Car Apollon, comme sa sœur Diane, est au nombre des divinités vénérées par Latinus : le roi prendra à témoin de son serment solennel les deux enfants de Latone [1].

D'après l'*Énéide*, le culte d'Apollon est répandu à peu près dans toute l'Italie au moment de l'arrivée des Troyens. Le dieu a ses adorateurs et ses prêtres, aussi bien parmi les alliés d'Énée que parmi ceux de Turnus. C'est un Rutule, — il combat, tout au moins, dans leurs rangs, — cet Haemonides qu'Énée, ardent à venger Pallas, immole et plonge dans la profonde nuit de la mort [2]. Comme la Sibylle, Haemonides est le prêtre, à la fois, de Phébus et de Trivia : par ce second exemple, Virgile tient, sans doute, à montrer combien les cultes fraternels des enfants de Latone étaient étroitement associés dans l'Italie primitive. Comme Panthus, Haemonides n'est pas mieux garanti de la mort par les bandelettes sacrées qui ornent ses tempes que par les belles armes qui devraient le défendre. La mort d'Haemonides tué par Énée ne prouve pas qu'Apollon se détourne des Rutules et sacrifie son prêtre à son protégé : le dieu a bien été forcé de laisser, pendant le sac de Troie, son fidèle Panthus succomber sous les coups des Grecs.

On peut remarquer, cependant, que c'est du côté d'Énée que se trouvent en plus grand nombre les adorateurs d'Apollon.

Voici d'abord Évandre [3] : mais son exemple ne prouve rien pour ce qui est du culte d'Apollon dans l'Italie primitive, puisque le roi est un Grec d'Arcadie. C'est Apollon, dit-il, qui l'a poussé à s'établir sur les bords du Tibre [4]. Mais c'est le culte purement hellé-

---

1. *Én.*, XII, v. 198 : *Latonaeque genus duplex.*
2. *Én.*, X, v. 537-541.
3. Pour la légende d'Évandre, voir Roscher, *Lexicon*, I, p. 1393-1395, *Euandrus*.
4. *Én.*, VIII, v. 336 : *...deus auctor Apollo.*

nique d'Apollon Arcadien qu'Évandre aura importé dans la région où Rome doit plus tard s'élever.

Les Tyrrhéniens amenés par Tarchon à Énée sont les fidèles d'Apollon adoré sur le Soracte, montagne voisine de Faléries, sur la rive gauche du Tibre. C'est le dieu du Mont-Soracte que l'Étrurien Arruns invoque en le suppliant de lui donner la gloire de tuer Camille : « O dieu souverain, dieu gardien de la cime sacrée du Soracte, toi que nous sommes les premiers à adorer, toi en l'honneur de qui nos pins entassés alimentent un immense brasier, toi en l'honneur de qui nous, tes dévots, soutenus par notre piété, nous marchons au milieu des flammes, foulant aux pieds des charbons ardents...[1]. » Phébus[2], dit Virgile, exauce une partie des vœux d'Arruns : mais Phébus, semble-t-il, n'a aucun rapport avec le dieu du Mont-Soracte à qui le poète assimile témérairement Apollon.

Le dieu *Soranus*, qui a donné son nom au Soracte, est un dieu solaire qui se confond peut-être avec Jupiter Anxur[3]. Ses prêtres, les *Hirpi Sorani*, franchissaient en son honneur, nu-pieds et la flûte aux lèvres, des bûchers enflammés sans se brûler. Ce dieu solaire des Étrusques ne peut être identifié avec l'Apollon des Hellènes qui, tout au moins dans la mythologie classique d'Homère et d'Apollonios, est bien distinct du dieu du Soleil, Hélios.

Un autre Étrurien allié d'Énée, Abas, montre par une image sensible sa profonde dévotion à Apollon. Une statue en or d'Apollon est placée à l'arrière de son navire dont elle est la divinité protectrice[4]. Virgile commet un anachronisme en imaginant l'existence d'une *tutela* à l'arrière d'un navire archaïque : on sait

---

1. *Én.*, XI, v. 785-788.
2. *Én.*, XI, v. 794 : *Audiit... Phoebus.*
3. Preller-Jordan, *Röm. Mythol.*, erster Band, p. 268-270.
4. *Én.*, X, v. 171 : *...aurato fulgebat Apolline puppis.*

que les barques homériques n'ont pas cet ornement qu'Apollonios se garde bien d'attribuer à Argo. Mais, l'anachronisme étant admis, il est regrettable que le poète n'ait pas fait la description de cet *auratus Apollo :* il ressemblait moins, sans doute, au type grec du dieu qu'à cette figure de bronze, dont Preller mentionne la découverte dans le Picenum [1], et qui est la représentation d'un beau jeune homme à demi vêtu, dont la tête porte une couronne de rayons. Sur l'inscription de la statue, on lit le mot *Iuvi*, qui désigne *Jupiter Anxur*, dieu solaire. C'est une figure semblable que la *tutela* du navire d'Abas doit reproduire en or; c'est la représentation de *Iupiter Anxur* ou du *deus Soranus*, dieu souverain de l'Étrurie, que le Tyrrhénien Abas aurait placée à la poupe de son navire, si les navires, en ce temps archaïque, avaient eu déjà des *tutelae*.

En compagnie d'Abas, arrive un devin d'Étrurie, Asilas, qui connaît tous les genres et tous les procédés de divination : interprète des hommes et des dieux, les entrailles des victimes, les astres du ciel, le langage des oiseaux et les présages que donne le feu du ciel n'ont aucun secret pour sa science[2]. On a déjà vu que deux des procédés employés par Asilas, l'extispicine *(pecudum fibrae)* et l'art fulgural *(praesagi fulminis ignes)*, le classent naturellement parmi les haruspices[3]. L'ensemble de ses talents fait penser à l'énumération que Virgile a donnée ailleurs de ceux d'Hélénus. Si le devin troyen a, comme l'haruspice étrusque, des procédés spéciaux, ces deux interprètes des dieux possèdent l'un et l'autre la connaissance des astres et du

---

1. Preller-Jordan, *Röm. Mythol.*, erster Band, p. 270.
2. *Én.*, X, v. 175 :
    ...*hominum divumque interpres Asilas,
    Cui pecudum fibrae, caeli cui sidera parent.
    Et linguae volucrum et praesagi fulminis ignes.*
3. L. II, ch. II, p. 339, n. 8.

langage des oiseaux[1]. Il semble que Virgile ait voulu faire en la personne d'Hélénus et d'Asilas le parallèle des sciences divinatoires, telles qu'elles existent, d'une part dans le monde gréco-troyen, de l'autre dans le monde étrusque. Le poète ne dit pas de quel dieu Asilas tient sa merveilleuse science ; mais, étant donné les traits communs de cette science avec celle d'Hélénus, qui, lui, on le sait, est l'élève direct d'Apollon, il est permis de conclure que l'haruspice d'Étrurie est inspiré par l'Apollon du Mont-Soracte comme le prophète Hélénus était instruit par l'Apollon de Troie. Virgile tient à identifier en tout l'Apollon gréco-troyen avec cet Apollon du Soracte, dont il est, je crois, le premier à prononcer le nom[2].

V

Dans les batailles qui remplissent les derniers Chants de l'*Énéide*, le rôle d'Apollon protecteur d'Énée devient bien moins important que dans les voyages des premiers Chants où le dieu guidait sans cesse par ses oracles le héros vers le pays où il devait aller s'établir. Énée, en Italie, ne s'adresse qu'une fois à son dieu ; c'est au moment où il se trouve en face de Mézence. Puisse le père des dieux, dit-il, puisse le souverain *(altus*[3]*)* Apollon accomplir le vœu du Thyrrhénien qui cherche son ennemi, puissent-ils permettre le combat aussi désiré par Énée que par Mézence[4] !

---

1. *Én.*, III, v. 359 et suiv.
2. Strabon (V, 11, 9) parle des dévots de Féronia, déesse du Soracte, qui marchent nu-pieds sur des charbons ardents. L'Apollon du Soracte n'est, à ma connaissance, mentionné que par des auteurs postérieurs à Virgile, tels que Pline (*N. H.*, VII, 19) et Silius Italicus (*Puniques*, V, v. 175 et suiv.).
3. Je ne pense pas qu'*altus* signifie Apollon de Cumes dont le temple est sur une élévation ; cf. *Én.*, VI, v. 9 : *...arces quibus altus Apollo Praesidet.*
4. *Én.*, X, v. 875 : *Sic pater ille deum faciat, sic altus Apollo!*

Mais un épisode caractéristique montre bien comment, se détachant peu à peu d'Énée qu'il a conduit de Troie en Italie, Apollon, le futur protecteur de la famille des Jules, de César et d'Octave en particulier, reporte sur Iule, le fondateur de cette famille, toute l'affection dont il a entouré Énée depuis le moment du départ jusqu'à l'arrivée à Cumes.

Iule est encore un enfant; malgré le courage viril, qui a devancé les années [1], il n'a fait encore autre chose que de prendre part à la chasse organisée par Didon [2], et que de frapper d'une flèche habilement dirigée, grâce, il est vrai, au secours perfide d'Allecto, le cerf apprivoisé des enfants de Tyrrhus [3].

La valeur précoce de Iule est, à en croire Ovide, un trait commun à toute la famille des Jules dont le fils d'Énée sera l'ancêtre [4]. Cette valeur n'a pas encore eu l'occasion de s'exercer; l'adolescent n'a pas encore combattu : il n'est armé que d'un arc, il ne porte ni l'épée, ni la lance des guerriers. Ce sont les outrages lancés aux Troyens par l'insolent Rémulus Numanus qui l'excitent à faire œuvre d'homme, lui qui avait eu jusqu'alors coutume de n'effrayer que les bêtes sauvages promptes à s'enfuir [5]. Le fils d'Énée vise avec le plus grand soin. « C'est le premier trait qu'Ascagne lance à la guerre; c'est donc un événement d'une certaine importance, et voilà pourquoi le poète décrit l'action si longuement [6]. » C'est ainsi que Pandaros se prépare longuement à lancer sa flèche à Ménélas [7]; c'est ainsi

---

1. *Én.*, IX, v. 310 : *...pulcher Iulus Ante annos animumque gerens curamque virilem.*
2. *Én.*, IV, v. 156.
3. *Én.*, VII, v. 496 et suiv. — Voir, plus haut, l. II, ch. II, p. 311-312.
4. Ovide, *Art. Am.*, I, v. 184 : *Caesaribus virtus contigit ante diem, Ingenium caeleste suis velocius annis Surgit...* — Voir les autres passages que Forbiger cite dans sa note au v. 311 du Ch. IX.
5. *Én.*, IX, v. 590-591.
6. Benoist, note au v. 622 du Ch. IX de l'*Énéide*.
7. *Iliad.*, IV, v. 116 et suiv.

qu'Éros vise avec un soin minutieux avant de décocher le trait qui doit frapper Médée au cœur [1]. L'importance de l'acte de Iule est d'ailleurs singulièrement accrue par l'intervention des dieux. *Nec deus intersit nisi dignus vindice nodus :* aussi bien qu'Horace, Virgile sait qu'il ne faut pas faire intervenir un dieu mal à propos ; mais le dénouement de l'épisode mérite bien que la divinité y prenne part.

Iule a supplié Jupiter de diriger sa flèche ; le père des dieux a entendu la prière ; il fait retentir le tonnerre à gauche, et la flèche du jeune homme atteint Rémulus en plein visage. Les Troyens poussent des cris d'enthousiasme. C'est alors qu'Apollon, qui n'a pas été invoqué, intervient de lui-même, d'une manière théâtrale, comme dans les *Argonautiques*. Au milieu des plaines éthérées, le dieu repose sur un nuage et regarde d'en haut la bataille [2], comme l'*Apollo Actius*, gravé sur le bouclier d'Énée considérait la bataille d'Actium du haut du ciel, en tenant son arc tendu [3]. Mais l'Apollon de l'*Énéide* ne s'enferme pas dans le mutisme obstiné d'où l'on ne voit jamais se départir l'Apollon des *Argonautiques*, qu'il apparaisse sur le rivage de l'île Thynias ou sur un des rochers Mélantiens. Au contraire, le dieu adresse la parole à Iule, pour lui prédire sa gloire de fondateur d'une race illustre : « Déploie ton jeune courage, enfant ; c'est ainsi que l'on va jusqu'aux astres, ô toi, fils des dieux, de qui naîtront des dieux ! C'est avec raison que le destin termine sous la race d'Assaracus toutes les guerres à venir. Troie ne suffit pas à te contenir [4]. »

Ce n'est pas assez de s'être manifesté comme dieu des oracles : Apollon prend aussitôt auprès de Iule le

---

1. *Argon.*, III, v. 275 et suiv.
2. *Én.*, IX, v. 638-640.
3. *Én.*, VIII, v. 704-705.
4. *Én.*, IX, v. 641-644.

rôle de dieu protecteur. Il abandonne sa forme divine et revêt l'apparence du vieux Butès : il ne se métamorphose pas ainsi, comme le faisait Héra, protectrice de Jason, pour éprouver son protégé, mais, comme le faisait Athéné, protectrice d'Ulysse et de Télémaque, pour donner de bons conseils à ses amis mortels. Le faux Butès adresse la parole au jeune homme : « Qu'il te suffise, fils d'Énée, d'avoir impunément fait tomber Numanus sous tes traits. Le grand Apollon t'accorde cette première victoire et n'est pas jaloux de la manière dont tu uses des armes qui lui sont propres. Mais, pour le moment, cesse, enfant, de prendre part à la guerre[1]. »

Apollon n'est pas jaloux : il pourrait, en vertu de l'envie bien connue des dieux (ὁ φθόνος τῶν θεῶν), en vouloir à un tireur si adroit et surtout être blessé de ce que Iule ne lui a pas demandé de diriger sa flèche. Mais c'est un sentiment de bienveillance qui anime le dieu quand il ordonne à l'enfant de s'abstenir des batailles. Il ne faut pas exposer une vie si précieuse ; il doit au contraire se conserver pour donner naissance à la longue suite de héros qui descendront de lui. L'ardeur ignorante du fils d'Énée ne comprendrait pas la justesse de ce qui lui a été recommandé par le dieu : mais, docile à la parole d'Apollon dont la divinité a été reconnue au moment où il se dérobait aux regards des mortels, l'entourage de Iule empêche l'adolescent de se mêler davantage aux batailles[2].

Bientôt, Iule va succéder à Énée, comme Rome à Troie. Le rôle protecteur d'Apollon Troyen a pris fin ; dès cet épisode du Chant IX de l'*Énéide*, on voit commencer le rôle de l'Apollon qui sera honoré sur le Mont-Palatin, de l'Apollon protecteur de Iule qui doit donner naissance à des dieux, à César et à Auguste.

1. *Én.*, IX, v. 653-656.
2. *Én.*, IX, v. 661-662.

Au moment où l'action de l'*Énéide* se passe, Troie n'est plus et Rome n'existe pas encore. Apollon n'a plus son sanctuaire de Pergame et n'est pas encore adoré sur le Mont-Palatin.

Négligeant la plupart des légendes qui ont rapport à Apollon, s'inquiétant peu de le confondre, contrairement à la doctrine classique, avec le dieu du Soleil ou le dieu de la médecine, Virgile ne s'attache qu'à la tradition homérique qui faisait du Létoïde un protecteur de Troie. Cette protection suit Énée jusqu'à son arrivée en Italie.

Le poète essaie de prouver que le culte du dieu Troyen était également connu à Cumes, dans la ville de Latinus, dans le pays des Étrusques : dieu de l'Italie aussi bien que de Troie, Apollon devient naturellement le protecteur de Iule, fils du Troyen Énée et fondateur futur de la race romaine des Jules qui auront une vénération particulière et domestique pour l'Apollon du Palatin, héritier de l'Apollon de Pergame et des divinités locales de l'Italie primitive qui pouvaient s'identifier avec le fils de Latone.

CHAPITRE VII

ARTÉMIS

Artémis, fille de Zeus et de Létô, protectrice d'Iolcos. Artémis, déesse des montagnes, des caps, des ports maritimes et des eaux douces. Apollonios ne confond pas Artémis avec Séléné. Artémis, déesse de la chasse. Le fleuve Parthénios, en Paphlagonie, et le fleuve Amnisos, en Crète, consacrés à Artémis. Artémis distincte d'Eiléithyia. Britomartis, de Crète, ne se confond pas, dans les *Argonautiques,* avec Artémis. Artémis comparée à Médée. Le char d'Artémis. Caractère homérique de l'Artémis d'Apollonios : ses flèches frappent les femmes de mort subite. Artémis honorée par les Brygiens, peuple de Thrace ; Artémis est l'objet d'un culte de la part de tous les Thraces. Pourquoi Apollonios n'a pas attribué un rôle actif à Artémis dans les *Argonautiques.*

Artémis, fille de Zeus[1] et de Létô[2], est la protectrice d'Iolcos, où elle a une prêtresse, et, par suite, un temple. Au moment où Jason quitte la maison paternelle pour se rendre à l'endroit où il doit s'embarquer, une femme se précipite à sa rencontre, la vieille Iphias, prêtresse d'Artémis, protectrice de la ville[3]. Quand le navire Argo, sorti du port, commence à voguer en pleine mer, le fils d'Oiagros dit à ses compagnons « sur la phorminx, dans un chant harmonieux, les louanges de la gardienne des vaisseaux, fille d'un père illustre, Artémis, qui veille sur ces hauteurs qui domi-

---

1. *Argon.*, I, v. 570 : ...εὐπατέρειαν Ἄρτεμιν. — Voir, plus haut, l. II, ch. 1, p. 168.
2. *Argon.*, II, v. 937 : ...κούρη Λητωίς; III, v. 878 : ...Λητωίς; IV, v. 346 : ..κούρη Λητωίδι.
3. *Argon.*, I, v. 311-313; v. 312 : ...Ἀρτέμιδος πολιηόχου.

nent la mer, protectrice aussi de la terre d'Iolcos » [1].

Ces deux passages prouvent bien qu'Artémis est une déesse d'Iolcos et de la région voisine. Iolcos est, sans doute, au nombre des trente villes que Zeus, d'après Callimaque [2], a données en propre à sa fille Artémis ; la déesse est aussi l'habitante des montagnes et la surveillante des ports, et elle préside aux îles [3].

Sœur d'Apollon, il est naturel qu'Artémis soit, comme son frère, une divinité Jasonienne, protectrice d'Iolcos. Amie de la vie sauvage au milieu des montagnes et des forêts, elle se plaît dans la rude Thessalie aux hauteurs escarpées. Elle fréquente, en particulier, les promontoires élevés qui dominent la mer : le cap Tisée, que les Argonautes longent en quittant le port de Pagases, lui était consacré [4]. Du haut de ces caps, elle voit les navires qu'elle protège comme Apollon, et qu'elle fait entrer dans les ports qui sont sous sa surveillance [5].

Déesse des eaux douces, aussi bien que des ports maritimes, elle est honorée sous le titre de ποταμία [6] près des sources, des fleuves et des lacs où elle vient se baigner avec les Nymphes pour former ensuite des chœurs de danse dans les clairières des forêts [7]. C'est à la fois Artémis déesse des caps et Artémis ποταμία que les Nymphes des montagnes, des grottes et des eaux célèbrent chaque nuit par leurs chants au bord des sources voisines de ce riant promontoire de la Propontide, près duquel les Argonautes viennent d'aborder et où Hylas va être ravi par la Nymphe de la fontaine [8].

---

1. *Argon.*, I, v. 569-572.
2. *Hymne à Artémis*, v. 32-34.
3. Callimaque, *Hymne à Artémis*, v. 20, 37 et suiv. — Voir les notes de Spanheim, p. 155-156.
4. Scol. *Argon.*, I, v. 571. — Cf. Valérius Flaccus, II, v. 7 : *Templaque Tisaeae... Dianae.*
5. Cf. Roscher, *Lexicon*, I, p. 561-562.
6. Pindare, *Pythiques*, II, v. 12, etc.
7. Decharme, *Mythol.*, p. 137 ; Roscher, *Lexicon*, I, p. 559-561.
8. *Argon.*, I, v. 1221-1227.

Ces chœurs de Nymphes ne s'adressent pas à la déesse lunaire : dans les *Argonautiques*, on l'a vu, Artémis ne se confond jamais avec Méné-Séléné, pas plus que son frère Apollon, « dont elle n'est à certains égards que la forme féminine [1], » n'est identifié avec le dieu solaire, Hélios [2].

Déesse de la nature agreste, Artémis se plaît naturellement à la chasse, qui est facile et abondante au milieu des hauteurs montagneuses, et auprès des sources des bois où les bêtes fauves viennent se désaltérer [3].

Apollonios rappelle que, lorsqu'après la chasse, la fille de Létô se prépare à remonter vers le ciel, elle aime à rafraîchir ses membres dans les eaux du Parthénios, fleuve qui va très paisiblement vers la mer [4]. Le Parthénios coule en Paphlagonie et se jette dans le Pont, aux environs de la ville de Sésamos; d'après Strabon, son nom lui vient de ce que, parcourant les plaines fleuries, il a, pour ainsi dire, un air virginal : suivant Callisthène, c'est parce qu'Artémis se baigne dans ses eaux qu'il a reçu le nom de Parthénios [5]. C'est ainsi que le fleuve Imbrasos, dans l'île de Samos, aurait reçu le surnom de Parthénien parce qu'Héra, vierge encore, fut nourrie sur ses bords [6]. La virginité de la déesse qui reste éternellement vierge, sans connaître ni les joies de l'hymen, ni les souillures de l'amour [7], avait bien mieux le droit de laisser à un fleuve le nom durable de Parthénios que la virginité temporaire et provisoire d'Héra, la future déesse du mariage et de la maternité. Nous n'avons d'ailleurs aucun renseignement qui confirme l'étymologie donnée par Callisthène du nom du Parthénios, fleuve de Paphlagonie. Strabon,

---

1. Decharme, *Mythol.*, p. 135.
2. Voir, plus haut, l. I, ch. IV, p. 89 et suiv.
3. Decharme, *Mythol.*, p. 138.
4. *Argon.*, II, v. 936-939.
5. Voir ma note au v. 936 du Ch. II des *Argonautiques*.
6. Voir, plus haut, l. III, ch. I, p. 366.
7. Decharme, *Mythol.*, p. 136. — Cf. les exemples des épithètes d'Artémis, παρθένος, παρθενίη, dans l'ouvrage de Bruchmann, *Epitheta deorum*.

qui semble même ignorer cette étymologie, en propose une autre, sans discuter celle de Callisthène. Mais on comprend qu'Artémis ait aimé à se baigner dans les eaux d'un fleuve de Paphlagonie, qui se dirige paisiblement vers le Pont-Euxin : car on sait que le culte de la déesse, qui est d'origine asiatique, s'était primitivement répandu dans presque toute la grande péninsule d'Asie, depuis la Tauride jusqu'aux frontières de la Syrie, en particulier sur le littoral du Pont-Euxin[1].

Le fleuve Parthénios n'est pas le seul où Artémis ait coutume de rafraîchir son corps fatigué à la chasse : Apollonios parle aussi des eaux tièdes de l'Amnisos, dans lesquelles la fille de Létô aime à se baigner[2], en compagnie des Nymphes qui habitent à la source même du fleuve. L'Amnisos est un fleuve de Crète; Strabon dit qu'à son embouchure se trouvait une ville homonyme où le temple d'Eiléithyia s'élevait[3]; déjà l'*Odyssée* mentionnait la caverne d'Eiléithyia située auprès du port Amnisos, en Crète[4].

Eiléithyia, déesse de la maternité et fille d'Héra[5], a aidé Létô à mettre au monde Artémis et Apollon[6]. Plus tard, Eiléithyia devient un surnom qui appartient à plusieurs déesses, en particulier à Artémis, « souvent représentée comme la déesse secourable qui vient en aide au travail de l'enfantement[7]. » Eiléithyia se confond généralement avec Artémis : mais Apollonios distingue toujours la Létoïde de la déesse des accouchements avec qui son maître Callimaque l'identifiait[8]. Alcimédé

---

1. Bertrand, *Les dieux protecteurs*, p. 131 et suiv.
2. *Argon.*, III, v. 877.
3. Strabon, X, iv, 8.
4. *Odyssée*, XIX, v. 188.
5. Decharme, *Mythol.*, p. 69.
6. Decharme, *Mythol.*, p. 100.
7. Decharme, *Mythol.*, p. 292. — Voir Ἄρτεμις εἰλείθυια, Bruchmann, *Epitheta*, p. 45, col. 1; Roscher, *Lexicon*, article *Artemis-Eileithyia*, I, p. 571-573; article *Eileithyia*, I, p. 1219-1221.
8. *Hymne à Artémis*, v. 21-25.

dit à son fils Jason : « La déesse Eiléithyia m'a absolument envié les accouchements nombreux [1]. » Cette seule mention de la déesse qui se trouve dans les *Argonautiques* prouve que la mère de Jason établit une différence entre la déesse qui préside aux naissances et Artémis qui protège le pays d'Iolcos. L'*Odyssée* n'assimilait pas non plus la Létoïde Artémis à la fille de Zeus et d'Héra, Eiléithyia, à qui une caverne était consacrée auprès de la ville d'Amnisos. C'est au temps de Strabon que le temple d'Amnisos appartiendra à la déesse Artémis, identifiée avec Eiléithyia.

Une autre déesse adorée en Crète, où elle était une divinité locale, Britomartis [2], s'est aussi confondue avec l'Artémis hellénique dont elle partageait à peu près les attributions. Mais l'Artémis des *Argonautiques,* qui se baigne dans les eaux du Parthénios de Paphlagonie ou dans celles de l'Amnisos de Crète, et qu'Apollonios compare à Médée, est toujours la déesse homérique de l'*Iliade* et de l'*Odyssée*, qu'Homère comparait à Nausicaa. « Telle, après s'être baignée dans les eaux tièdes du Parthénios ou du fleuve Amnisos, la fille de Létô, montée sur son char d'or, se fait emporter par ses biches rapides à travers les collines et vient de loin pour une hécatombe qui exhale une forte odeur de graisse; elle est suivie par la foule des Nymphes, ses compagnes, qui se sont rassemblées, les unes aux sources mêmes de l'Amnisos [3], les autres dans les bois et au milieu des rochers d'où les cours d'eau jaillissent en abondance. Et, tout autour de la déesse qui s'avance, les bêtes sauvages, pleines d'effroi, remuent la queue en poussant des gémissements plaintifs [4]. » C'est ainsi

---

1. *Argon.*, I, v. 288-289.
2. Maury, *ouvr. cité*, t. III, p. 149-150; Decharme, *Mythol.*, p. 142-143; Roscher, *Lexicon*, article *Britomartis*, I, p. 821-828.
3. L'Artémis de Callimaque (*Hymne à Artémis*, v. 15) a, au nombre de ses compagnes, vingt Nymphes de l'Amnisos. — Voir la note de Spanheim.
4. *Argon.*, III, v. 876-884.

que l'*Odyssée* décrivait le départ de Nausicaa pour le lavoir : « Telle Artémis, qui aime à lancer les traits, s'avance sur le Taygète aux âpres sommets, ou sur l'Érymanthe, heureuse de poursuivre les sangliers ou les biches rapides; avec elle, les Nymphes champêtres, filles de Zeus qui porte l'égide, prennent part à son plaisir. Létô se réjouit dans son cœur; mais Artémis dépasse du front et de la tête ses compagnes. Sans peine, on la reconnaît, si belles qu'elles soient toutes [1]. »

Je ne crois pas qu'il soit question avant la période alexandrine du char d'Artémis, déesse que la poésie et les monuments figurés de l'époque classique représentent à pied, lancée dans une course rapide, souvent accompagnée d'une biche qui bondit à ses côtés [2]. C'est, semble-t-il, Callimaque qui, le premier, fait allusion aux quatre biches agiles qu'Artémis attelle à son char [3], et que les Nymphes de l'Amnisos détellent, après que la course a été fournie, étrillent, abreuvent d'eau fraîche et nourrissent d'herbes choisies [4]. Quand il montre les bêtes sauvages se retirant, effrayées à la vue de la déesse, Apollonios se souvient de l'*Hymne homérique à Aphrodite* [5], où l'on voit la déesse de l'amour, qui s'avance sur le mont Ida, soumettre à la passion les animaux féroces qui la suivent en lui faisant des caresses.

L'Artémis de Paphlagonie et de Crète conserve, dans les *Argonautiques*, tous les caractères propres de l'Artémis homérique : c'est la divinité de l'*Iliade* et de l'*Odyssée* qui est connue, même en Colchide, puisque Médée s'écrie : « Oh! si Artémis, de ses flèches rapides, avait pu me tuer...[6]! » — C'est l'Artémis homérique

---

1. *Odyssée*, VI, v. 102-108.
2. Collignon, *Mythologie figurée*, p. 104-106.
3. *Hymne à Artémis*, v. 105-106.
4. *Hymne à Artémis*, v. 162 et suiv.
5. *Hymne homérique*, III (Homère-Didot), v. 70-73.
6. *Argon.*, III, v. 773-774.

qui, en lançant ses douces flèches, fait périr les femmes de mort subite [1].

C'est encore le culte de l'Artémis de l'*Iliade* et de l'*Odyssée* qu'Apollonios transporte dans un pays inconnu à la géographie homérique. Les Brygiens, peuple d'Illyrie dont Strabon fixe la position sur le littoral de l'Adriatique, entre la côte d'Épidamne et les Monts-Cérauniens [2], possèdent deux îles nommées les îles Brygéiennes d'Artémis [3]; dans l'une d'elles se trouve un lieu spécialement consacré à la déesse. C'est auprès de ce lieu que Médée est laissée par les Argonautes pour attirer Apsyrtos dans un guet-apens [4]. Jason frappe le fils d'Aiétès près du temple élevé à Artémis par les Brygiens qui demeuraient sur le continent, en face de l'île; et c'est dans le vestibule même du temple qu'Apsyrtos vient mourir [5]. Hérodote parle des Brygiens qui habitent en Thrace, près du mont Athos [6]; il dit aussi qu'Artémis est au nombre des divinités spécialement adorées par les Thraces en général [7]. Callimaque adopte cette tradition, puisqu'il place les premiers sanctuaires de la déesse sur le Mont-Haimos, en Thrace, où Artémis conduisit tout d'abord son char attelé d'animaux aux cornes brillantes [8]. Une colonie de Brygiens aura passé de Thrace en Illyrie, emportant ses dieux avec elle et prenant soin d'élever à Artémis, qui aime les îles, un temple, non pas sur le littoral, mais bien dans une des îles Brygéiennes : c'est ainsi que s'explique l'existence en Illyrie de ce sanctuaire de la déesse originaire de la Thrace.

Ce qui s'explique moins, c'est qu'Artémis se soucie

---

1. *Iliad.*, VI, v. 205, 428; XIX, v. 59. — *Odyssée*, XI, v. 172, 198, etc.
2. Strabon, VII, vii, 8.
3. *Argon.*, IV, v. 330 : Δοιὰς Ἀρτέμιδος Βρυγηΐδας... νήσους.
4. *Argon.*, IV, v. 452.
5. *Argon.*, IV, v. 469-473.
6. Hérodote, VI, xlv; VII, clxxxv.
7. Hérodote, V, vii.
8. *Hymne à Artémis*, v. 113-116.

aussi peu qu'elle le fait du meurtre qui souille son temple. C'est l'impitoyable Érinys qui considère de son œil au regard oblique le forfait que Jason et Médée viennent de commettre : Artémis semble ne rien voir ; elle ne songe pas à percer de ses flèches inévitables les meurtriers qui ont profané son sanctuaire.

L'Artémis des îles Brygéiennes n'agit pas plus que l'Artémis d'Iolcos. Protectrice de la ville de Jason, elle n'aide le héros dans aucune des difficultés de la traversée, comme Héra, Athéné et Apollon s'empressaient de le faire. Son rôle est nul dans les *Argonautiques* ; Apollonios a su donner au caractère de la déesse l'unité qu'il avait dans les poèmes homériques et qu'il ne conserve pas dans l'*Hymne* de Callimaque ; il évite de la confondre avec Hécate, Britomartis, Séléné, Eiléithyia : mais il ne sait pas ou ne veut pas la faire vivre.

Peut-être, en lui attribuant un rôle actif, craignait-il qu'Artémis ne fît double emploi avec Apollon dont elle est la forme féminine. Peut-être, comme, à l'époque homérique, Artémis ne possédait encore qu'une seule enceinte sacrée dans le Nord de l'Hellade [1], — et le fait est même contestable [2], — Apollonios a-t-il jugé assez audacieux de faire d'Artémis la protectrice d'Iolcos à l'époque antéhomérique, sans oser, par surcroît, lui attribuer, dans les *Argonautiques*, une action de déesse thessalienne qu'elle ne devait pas avoir dans l'*Iliade*.

1. *Iliad.*, XVI, v. 183.
2. Bertrand, *Les dieux protecteurs*, p. 137.

CHAPITRE VIII

DIANE

Le rôle de Diane est aussi restreint dans l'*Énéide* que celui d'Artémis dans les *Argonautiques*.
La Diane de l'*Énéide* est une divinité collective qui comprend la Diana latine, l'Artémis grecque, la déesse de la Lune et Hécate. *Diana Nemorensis*. La légende de la déesse d'Aricie rattachée à la légende de l'Artémis grecque. La Diane de l'*Énéide* est toujours représentée sous les traits d'Artémis chasseresse. Vénus prend la figure et la forme de Diane; Didon comparée à Diane. Diane et Camille. Diane est au nombre des grandes divinités que Latinus prend à témoin de son serment.

    Diane n'a pas, dans l'*Énéide,* un rôle plus actif qu'Artémis dans les *Argonautiques*. Mais, si Apollonios a eu soin de conserver l'unité du caractère de l'Artémis homérique, Virgile a confondu sous le nom collectif de Diane la vieille déesse italique *Iana* ou *Diana*, l'Artémis hellénique, qui entre de bonne heure dans la religion romaine puisque Preller remarque qu'elle figure au *lectisternium* de l'an 399 av. J.-C.[1], et enfin l'Hécate orphique qui est identifiée avec Diane, comme elle l'a été avec Artémis.

    Assurément, l'*Énéide* ne confond pas Diane avec *Lucina*, la déesse latine des accouchements, comme la Mythologie grecque, après la période classique, confondait la Létoïde Artémis avec Eiléithyia : l'épopée de Virgile ne mentionne nulle part *Lucina*. Mais, dans

---

1. Preller-Jordan, *Röm. Mythol.*, erster Band, p. 321.

les *Géorgiques*, il est question de la déesse de l'enfantement[1], et la *IVe Églogue* fait de Lucina, sœur d'Apollon, la même déesse qu'Artémis-Diane[2] : cette confusion était d'ailleurs générale dans la littérature romaine à l'époque de Virgile[3].

On a déjà vu que, dans l'*Énéide* même, Diane est identifiée avec Hécate et avec la déesse de la Lune[4]. Le nom de *Trivia* désigne une triple divinité collective, sœur d'Apollon, puissante aux Enfers sous le nom d'Hécate, sur la terre, sous le nom de Diane, au ciel, sous le nom de *Luna*. A la vérité, en faisant de Diane-Artémis une divinité lunaire, Virgile peut se souvenir, moins de l'identification récente en Grèce de Méné et d'Artémis, que de la vieille tradition latine d'après laquelle *Diana* était la déesse de la Lune[5]. Quant à l'identification de Diane avec Hécate, elle vient naturellement des traditions grecques qui assimilaient Artémis et Hécate.

Les passages sont assez rares où le nom de *Diana* désigne, soit la déesse grecque Artémis, soit la déesse latine Diane, abstraction faite de toute légende se rapportant à la Lune ou à Hécate.

Pour ce qui est de la déesse latine, Virgile donne le nom de *Triviae lacus*[6] au lac d'Aricie, dans le Latium, au bord duquel se trouvaient un temple et un bois sacré de *Diana Nemorensis*[7]. Le poète de l'*Énéide* raconte tout au long la légende de la Diane d'Aricie, légende qu'il veut rattacher à celle d'Artémis, la chaste et sauvage déesse des montagnes et des forêts de l'Hellade, la protectrice sévère et aimante du héros

---

1. *Géorg.*, III, v. 60 : *Aetas Lucinam iustosque pati hymenaeos;* IV, v. 340 : *...primos Lucinae experta labores.*
2. *Égl.*, IV, v. 10.
3. Preller-Jordan, *Röm. Mythol.*, erster Band, p. 321, n. 2.
4. Voir, plus haut, l. I, ch. IV, p. 146 et suiv.
5. Preller-Jordan, *Röm. Mythol.*, erster Band, p. 313.
6. *Én.*, VII, v. 516.
7. Preller-Jordan, *Röm. Mythol.*, erster Band, p. 313-314.

Hippolyte, telle qu'Euripide la dépeint dans sa tragédie : pour arriver à ce but, il faut faire, comme Benoist le remarque, « un singulier mélange de la fable latine et de la fable grecque [1]. » En effet, Artémis-Diane a rappelé à la vie le fils de Thésée, l'a transporté en Italie, l'a marié à Aricie, une de ses Nymphes, et l'a fait demeurer inconnu, sous le nom de Virbius, dans son bois sacré du Latium [2]. La figure de *Diana Nemorensis*, dit Preller [3], à en juger par une image découverte dans les environs d'Aricie, rappelait celle d'Artémis chasseresse : il devient donc aisé pour Virgile d'identifier Diana Nemorensis, protectrice de Virbius, génie de la chasse, le premier *Rex Nemorensis* ou gardien des bois sacrés de la déesse, avec Artémis, déesse des forêts et des montagnes, protectrice du héros chasseur Hippolyte ; la similitude des deux héros protégés entraîne l'assimilation de leurs deux protectrices divines.

D'ailleurs, la Diane de l'*Énéide* est toujours représentée sous les traits d'Artémis chasseresse. Quand Vénus veut apparaître *incognito* à Énée, elle s'offre à la vue de son fils, au milieu d'une forêt voisine de Carthage, ayant le visage, le costume, les armes d'une vierge chasseresse ; elle porte, suivant l'usage, suspendu à ses épaules, un arc facile à manier ; ses cheveux flottent au vent, son genou est nu, et un nœud relève les plis ondoyants de sa robe [4]. En présence d'une semblable apparition, nous reconnaîtrions la Diane chasseresse du Louvre. Quant à Énée, il est persuadé qu'il voit Diane : « Es-tu la sœur de Phébus ? » lui demande-t-il naturellement [5]. Vénus a fait tout ce qu'il fallait pour amener cette confusion dans l'esprit d'Énée.

Plus tard, une comparaison de Didon avec Diane,

---

1. Note de Benoist au v. 762 du Ch. VII de l'*Énéide*.
2. *Én.*, VII, 761-782.
3. Preller-Jordan, *Röm. Mythol.*, erster Band, p. 314-315.
4. *Én.*, I, v. 315-320.
5. *Én.*, I, v. 329 : *An Phoebi soror?*

imitée très exactement de la fameuse comparaison de Nausicaa avec Artémis [1], prouve bien que la Diane chasseresse de l'*Énéide* a les mêmes traits, le même port, le même cortège que l'Artémis de l'*Odyssée* : « Telle, au bord de l'Eurotas, ou sur les sommets du Cynthos, Diane conduit ses chœurs, escortée de mille Oréades qui se groupent autour d'elle ; la déesse qui s'avance, le carquois sur l'épaule, dépasse toutes les Nymphes de la tête et une joie secrète pénètre le cœur de Latone [2]. » C'est là le portrait de la sauvage déesse homérique, qui, comme Junon le rappelle, a pris un plaisir féroce à ravager le territoire de Calydon [3]. Née à Délos, comme son frère Apollon, la déesse aime à parcourir les sommets du Cynthos, qui est une montagne de l'île, montagne où, suivant quelques traditions, elle serait née ; et l'Eurotas ne coule pas loin du Taygète dont l'Artémis de l'*Odyssée* fréquente les hauteurs. Nymphes des montagnes, les Oréades forment naturellement le cortège de la déesse amie des cimes élevées.

C'est en qualité, sinon sous l'aspect de Diane chasseresse, puisque Virgile ne trace pas le portrait de la déesse, que la fille de Latone nous apparaît la seule fois que l'*Énéide* la fait intervenir et lui prête un discours, adressé à Opis, Nymphe chasseresse de Thrace, qui fait partie de son cortège et qu'elle a mandée dans l'Olympe pour l'entretenir [4]. Au demeurant, l'intervention de Diane est inattendue et l'on peut qualifier d' « étrange discours » la narration de la déesse, comme M. Girard [5] qualifiait le monologue de la Séléné des *Argonautiques*.

Voici, en effet, les circonstances où Diane prend la parole. Camille va s'engager dans des combats qui lui

1. *Odyssée*, VI, v. 102 et suiv.
2. *Én.*, I, v. 498-502.
3. *Én.*, VII, v. 305-307. — Cf. *Iliad.*, IX, v. 529-599.
4. Sur *Opis*, voir Forbiger, note au v. 532 du Ch. XI de l'*Énéide*.
5. Voir, plus haut, l. I, ch. IV, p. 92.

seront funestes. Camille est déjà connue du lecteur de l'*Énéide* : on l'a vue, quand elle venait se joindre aux alliés de Turnus [1] ; comme les femmes de Lemnos [2], elle dédaigne les travaux de Minerve ; comme l'Argonaute Euphémos [3], elle a une démarche si rapide et si légère, qu'elle est capable de voler sur la cime verdoyante des moissons, sans l'effleurer et sans porter atteinte aux tendres épis ; glissant sur les vagues gonflées, au milieu de la mer, elle traverserait les flots sans mouiller la plante de ses pieds agiles. Comme les Nymphes de Diane, elle couvre ses épaules d'une fine chlamyde et porte le carquois de Lycie et le myrte champêtre armé d'un fer acéré. La jeune guerrière a proposé un audacieux plan de combat à Turnus qui l'a accepté [4] ; et les hasards de la bataille qu'elle demande vont causer sa mort. Diane le sait et veut communiquer à Opis ses inquiétudes.

Le long récit de la déesse [5] a étonné les commentateurs de l'*Énéide*, qui ne savent comment l'interpréter [6]. Quoi qu'il en soit, le développement semble être une maladroite amplification des paroles où le Zeus de l'*Iliade* manifestait ses inquiétudes au sujet de Sarpédon [7], et surtout des recommandations que l'Héra des *Argonautiques* [8] adresse à Iris, quand elle l'envoie sur la terre prendre les mesures nécessaires au salut d'Argo : c'est ainsi que Diane charge Opis d'aller venger la mort prochaine de Camille. Auparavant, elle lui raconte les soins qu'elle a pris de l'enfance de Camille, comme l'Héra des *Argonautiques* rappelait à

---

1. *Én.*, VII, v. 803-817.
2. *Argon.*, I, v. 627.
3. *Argon.*, I, v. 183 et suiv.
4. *Én.*, XI, v. 498 et suiv.
5. *Én.*, XI, v. 532-596.
6. Voir les notes de Benoist, *Én.*, XI, v. 537 ; de Forbiger, *Én.*, XI v. 539 ; de Gossrau, *Én.*, XI, v. 532, etc.
7. *Iliad.*, XVI, v. 431-437.
8. *Argon.*, IV, v. 753 et suiv.

Thétis, mandée auprès d'elle par Iris, toute la sollicitude dont elle l'avait entourée depuis ses premières années. Camille est, par excellence, la prêtresse de Diane à qui son père l'a consacrée [1]. — D'un nom commun, Virgile fait le nom propre de l'héroïne qui sert la déesse : on sait que *Camillus* et *Camilla* désignent le jeune garçon et la jeune fille d'illustre origine qui assistent les prêtres des dieux dans leurs sacrifices [2]. — S'inspirant d'anciennes traditions italiennes, Virgile fait de Camille qui va à la bataille, munie de l'arc et des armes de Diane [3], la servante bien-aimée de la déesse [4]. Mais ces armes divines ne peuvent pas garantir Camille de la mort mieux que les bandelettes sacrées ne protégeaient Panthus, le prêtre d'Apollon [5]. « Que t'a servi, — dit Opis, en face du cadavre de Camille, — que t'a servi d'avoir rendu un culte à Diane dans les halliers solitaires [6] ? » La Nymphe ne peut que venger la mort de la prêtresse de Diane, en faisant périr le meurtrier sous les flèches de la fille de Latone [7].

Diane n'a pas fait échapper Camille à la mort : mais le Zeus de l'*Iliade*, lui-même, ne pouvait sauver son fils Sarpédon. Diane, d'après Virgile, est déjà une déesse importante dans le Latium, à l'époque où les Troyens vont s'y établir ; elle a une prêtresse, Camille ; elle est placée, à côté de son frère Apollon, au nombre des grandes divinités que Latinus prend à témoin de son serment [8].

---

1. *Én.*, XI, v. 558.
2. Note de Benoist au v. 543 du Ch. XI de l'*Énéide*. — Cf. Roscher, *Lexicon*, article *Camilla*, I, p. 848-849.
3. *Én.*, XI, v. 652.
4. On peut remarquer que, dans son discours à Opis, Diane se désigne successivement par les noms de *Diana*, de *Latonia virgo*, de *Trivia*. — Voir, plus haut, l. I, ch. IV, p. 148, n. 1.
5. *Én.*, II, v. 429-430.
6. *Én.*, XI, v. 843-844.
7. *Én.*, XI, v. 857.
8. *Én.*, XII, v. 198 : *Latonaeque genus duplex*.

CHAPITRE IX

HERMÈS

Hermès messager de Zeus et conducteur des songes. Le sceptre d'Hermès, dieu des ambassades. Aithalidès, fils d'Hermès, héraut des Argonautes. Les fils d'Hermès qui sont au nombre des Argonautes. Hermès dieu qui enrichit. La légende d'Aithalidès. Hermès psychopompe. Hermès et Dionysos enfant. Hermès ne joue aucun rôle dans l'action des *Argonautiques*.

Il a déjà été question d'Hermès considéré comme messager de Zeus [1] et comme conducteur des songes [2]. — Apollonios parle très peu du dieu : il ne dit pas son origine ; il ne lui fait prendre aucune part à l'action des *Argonautiques;* il ne cite que quelques-uns de ses attributs et ne fait que rarement allusion à sa légende.

Le poète se contente de rappeler qu'Hermès est le dieu porteur de la baguette ou sceptre qui est l'insigne du héraut et le symbole de la paix. Le caducée d'Hermès est désigné par le simple mot σκῆπτρον [3], comme le sceptre royal d'Alcinoos [4], de Thoas [5] ou d'Aiétès [6]. Dans son poème antéhomérique, Apollonios évite avec soin de faire de la baguette d'Hermès le bâton à deux branches dont les extrémités se rapprochent, et, à plus

---

1. Voir, plus haut, l. II, ch. 1, p. 178 et suiv.
2. Voir, plus haut, l. II, ch. 1, p. 196.
3. *Argon.*, I, v. 642 ; III, v. 198.
4. *Argon.*, IV, v. 1178.
5. *Argon.*, I, v. 891.
6. *Argon.*, III, v. 353, 376, 395, 597.

forte raison, de lui donner la forme du caducée artistique autour duquel s'enroulent deux serpents entrelacés. Il n'est parlé, dans les *Argonautiques*, que du sceptre primitif d'Hermès. D'ailleurs, nous ne voyons pas ce sceptre entre les mains du dieu : il est porté, d'ordinaire, par un fils d'Hermès[1], et, dans les conjonctures graves, par Jason lui-même[2], qui prend en personne les insignes du messager de paix, quand il s'agit de faire une tentative de conciliation auprès d'Aiétès.

Le héraut attitré des Argonautes est Aithalidès, que la fille de Myrmidon, la Phthienne Eupoléméia, avait enfanté à Hermès auprès du courant de l'Amphrysos[3]. Le fils d'Hermès remplit auprès des Minyens les mêmes fonctions que son père remplissait auprès des dieux.

Avec Aithalidès, deux autres fils d'Hermès font partie de l'expédition : Érytos et Échion, riches en champs de blé, habiles en ruses, nés tous les deux d'Antianéiré, la fille de Ménétos[4]. Ces deux Argonautes, déjà cités par Pindare[5], ne jouent aucun rôle dans le poème d'Apollonios, et la Mythologie grecque ne donne aucun renseignement sur eux et sur leur mère[6]. Alopé, patrie de ces héros, est, sans doute, une ville de la Phthiotide[7]. Apollonios doit suivre quelque tradition locale : on sait d'ailleurs que, dès l'époque homérique, la légende d'Hermès, le dieu d'Arcadie, s'était répandue en Thessalie, puisque l'*Iliade* rappelle l'union d'Hermès avec la Nymphe thessalienne Polyméla, union qui donna naissance à Eudoros, l'un des chefs des Myrmidons[8].

Fils du dieu dont l'*Hymne homérique* a célébré les

1. *Argon.*, I, v. 640-642.
2. *Argon.*, III, v. 197-198.
3. *Argon.*, I, v. 54-55.
4. *Argon.*, I, v. 51-52, 56.
5. *Pythiques*, IV, v. 179.
6. Voir Roscher, *Lexicon*, I, p. 370, 1213 et 1384.
7. Voir ma note au v. 51 du Ch. I des *Argonautiques*.
8. *Iliad.*, XVI, v. 179 et suiv.

habiletés [1], il n'est pas étonnant qu'Échion et Érytos soient féconds en ruses. Il n'est pas étonnant non plus qu'ils soient riches en champs de blé : Hermès a donné la richesse au Troyen Phorbas qu'il a fait possesseur de nombreux troupeaux [2]. L'union d'Hermès avec Polyméla (μῆλον, *troupeau*), qui enfante Eudoros (δῶρον, *présent*), est le symbole des bienfaits que les vents, — on a vu qu'Hermès est un dieu du vent [3], — en amenant à propos la pluie ou la sécheresse, apportent aux campagnes fertiles en champs de blé et en prairies nourricières de troupeaux [4]. De là vient naturellement la conception d'Hermès considéré comme dieu qui enrichit : à l'époque primitive où la richesse consiste en champs de blé et en troupeaux, le dieu fait mûrir les moissons et croître l'herbe des prairies. Quand l'or devient le signe de la richesse, le dieu χρυσόρραπις (le mot se trouve déjà dans l'*Odyssée*, V, v. 87) change en or tout ce qu'il touche de sa baguette magique, symbole d'abondance et de fortune [5] : c'est à ce titre qu'Hermès change en bélier d'or le merveilleux bélier qui a porté Phrixos jusqu'à la ville d'Aiétès [6].

On a vu que le troisième des fils d'Hermès qui prennent part à l'expédition des Argonautes, Aithalidès, a pour mère une Phthienne, fille de ce Myrmidon en qui les Myrmidons conduits, dans l'*Iliade*, par Eudoros, un autre fils d'Hermès, reconnaissaient leur ancêtre : né auprès du fleuve Amphrysos, Aithalidès appartient lui aussi à la légende thessalienne d'Hermès.

Aithalidès est le héraut des Argonautes. Quand l'expé-

---

1. Cf. l'épithète habituelle d'Hermès, δόλιος. — Voir Preller, *Griech. Mythol.*, erster Band, p. 328; Bruchmann, *Epitheta deorum*, p. 105.
2. *Iliad.*, XIV, v. 490 : Φόρβαντος πολυμήλου.
3. Voir, plus haut, l. II, ch. II, p. 250.
4. Voir Decharme, *Mythol.*, p. 157, n. 3.
5. Decharme, *Mythol.*, p. 162. — Voir les exemples de l'épithète χρυσόρραπις cités par Bruchmann (*Epitheta deorum*, p. 111).
6. *Argon.*, II, v. 1144-1145; IV, v. 120. — Voir ma note au v. 1144 du Ch. II des *Argonautiques*.

dition est arrivée à Lemnos, les Minyens envoient aux maîtres du pays « Aithalidès, héraut rapide auquel ils confiaient le soin des ambassades et le sceptre d'Hermès, son propre père, qui lui avait donné de toutes choses une mémoire inaltérable » [1]. Aithalidès a non seulement la bonne mémoire indispensable à un diplomate, mais aussi l'art de la persuasion si nécessaire dans les ambassades : « C'est lui qui, en cette circonstance, persuada par de douces paroles Hypsipylé de recevoir ceux qui arrivaient [2]. » On a déjà vu que Jason tient à remplir lui-même l'office d'ambassadeur, quand il fait une tentative de conciliation auprès d'Aiétès : le chef de l'expédition peut traiter avec le roi étranger d'une manière plus décisive qu'un héraut ne le ferait. Mais, dans les autres occasions, Aithalidès reprend sa baguette de héraut : quand il s'agit d'obtenir d'Aiétès les dents terribles du dragon que Jason doit semer dans le champ d'Arès, c'est Aithalidès, assisté de Télamon, qui est envoyé pour en faire la demande au roi [3].

Aithalidès est le digne fils d'Hermès, dieu messager, comme Échion et Érytos le sont d'Hermès, dieu habile en ruses qui donne la richesse.

A propos d'Aithalidès, l'érudition si bien informée d'Apollonios ne peut omettre une légende qui concerne le fils d'Hermès. Bien postérieure à l'époque où se passe l'action des *Argonautiques*, cette légende ne devait pas trouver place dans le poème. C'est sous forme de digression que le poète l'indiquera : « Maintenant encore qu'il [Aithalidès] s'en est allé vers les terribles tournants d'eau de l'Achéron, l'oubli n'a pu pénétrer dans son âme. Or, il a été arrêté par le destin qu'une alternative éternelle le ferait tantôt compter parmi ceux qui habi-

---

1. *Argon.*, I, v. 640 et suiv.
2. *Argon.*, I, v. 650-651.
3. *Argon.*, III, v. 1175.

tent sous la terre, tantôt parmi les hommes qui vivent à la clarté du soleil. Mais quelle nécessité de raconter la suite des récits qui ont rapport à Aithalidès [1] ? » Ce récit n'est évidemment pas nécessaire dans les *Argonautiques* où il se trouverait, au contraire, fort déplacé. Mais le personnage d'Aithalidès avait pris une telle importance dans la philosophie pythagoricienne qu'un Alexandrin ne pouvait se résigner à prononcer le nom du fils d'Hermès sans indiquer, au moins par une allusion, que les traditions au sujet d'Aithalidès lui étaient familières. C'est ainsi qu'Apollonios concilie ce qu'il doit à la fois à sa réputation d'érudit et à son art de poète soucieux de la bonne économie de son épopée.

Les traditions sur Aithalidès abondent, en effet. Il est rapporté par Phérécyde que le fils d'Hermès avait reçu de son père le privilège que son âme séjournât tantôt sur la terre, tantôt dans la demeure d'Adès [2]. Grâce à la mémoire éternelle qu'il tenait de son père, Aithalidès avait toujours conscience de son être primitif dans les diverses conditions humaines que la métempsycose lui faisait occuper successivement. Pythagore, d'après Héraclide du Pont, disait que sa propre âme, avant d'animer son corps, avait appartenu à beaucoup d'autres personnages dont le premier était Aithalidès, fils d'Hermès [3]. Au dire d'Aulu-Gelle, Cléarque et Dicéarque mettaient aussi Aithalidès au nombre des incarnations de Pythagore [4].

Il n'y a rien d'étonnant à ce que les Pythagoriciens aient fait d'Aithalidès, fils d'Hermès, un des types de la métempsycose. Dans le nom αἰθαλίδης, on reconnaît le radical αἴθω, *brûler* : si on considère Hermès comme

---

[1]. *Argon.*, I, v. 645-649.
[2]. Scol. *Argon.*, I, v. 645. — Voir ma note à ce vers. Cf. Sturz, *Pherecydis Fragmenta*, nº LXXIII, p. 208-209, où l'on trouve beaucoup de renseignements sur Aithalidès.
[3]. Diogène de Laerce, l. VIII, cap. I, § 4.
[4]. Aulu-Gelle, IV, XI, 14.

un dieu du vent et Aithalidès, dont le nom a la forme d'un patronymique [1], comme un génie du feu, il est naturel d'admettre que le vent ranime le feu, que par son souffle il lui donne une série de vies successives, chaque fois que la flamme semble éteinte par la mort.

Cette conception d'Hermès, rénovateur de la vie, comme le vent ranime la flamme, n'est pas en contradiction avec le caractère antique du dieu *psychopompe* ou *psychagogue*.

Si, dans l'*Odyssée*[2], Hermès est le dieu qui conduit les âmes des morts vers la demeure d'Adès, après l'époque homérique, il est souvent regardé comme le dieu qui les ramène des ombres infernales à la lumière du jour : le souffle du vent éteint la flamme, et peut aussi la ranimer alors qu'elle semble morte. Les monuments figurés, aussi bien que les textes des poètes, montrent Hermès arrachant aux Enfers les morts ou les vivants qui sont accidentellement descendus chez Adès, et les reconduisant sur la terre [3].

De ce que l'Hermès des *Argonautiques* a pour fils Aithalidès en qui il est permis de voir un génie du feu, on ne peut pas conclure cependant qu'Apollonios ait prétendu faire du dieu psychagogue une divinité du feu. C'est sans aucune raison que M. Ploix écrit : « Suivant Apollonius (*Argon.*, IV, v. 1137), il [Hermès] aurait emprunté l'art de faire le feu à Héphaistos [4]. » Voici ce que dit Apollonios dans le passage auquel M. Ploix fait appel d'une manière si malencontreuse : « C'est elle [la Nymphe Macris] qui reçut dans ses bras le fils Nyséien de Zeus, dès sa naissance; c'est elle qui humecta de miel les lèvres sèches de l'enfant qu'Hermès

---

1. Le Scol. des *Argon.*, I, v. 54, fait remarquer que, malgré sa forme, Aithalidès est un ὄνομα κύριον.
2. *Odyssée*, XXIV, v. 1 et suiv.
3. Decharme, *Mythol.*, p. 155.
4. Ploix, *La Nature des dieux*, p. 184.

venait d'arracher au feu et lui apportait [1]. » Assurément, en faisant intervenir Macris dans l'épisode de la première éducation de Dionysos, Apollonios suit une variante peu connue de la tradition ordinaire [2]. « La légende disait, en effet, que Dionysos, à peine né, avait été confié par les soins d'Hermès aux Nymphes ses nourrices : sujet populaire, souvent reproduit par les artistes grecs [3]. » Mais, si la tradition locale, que nous ne connaissons que par Apollonios qui l'adopte, met la seule Nymphe d'Eubée, Macris, à la place des Nymphes en général, ou des Nymphes du Nysa en particulier, qui figurent dans les versions ordinaires de la légende, elle ne modifie en rien le rôle d'Hermès. Que le dieu porte l'enfant Dionysos aux Nymphes ou à la seule Macris, le sens du mythe reste le même : embrasé par les ardeurs orageuses du soleil d'été, le fruit de la vigne se dessécherait et périrait si le vent ne lui amenait la pluie ou les rosées nourricières ; Hermès, dieu du vent, confie Dionysos aux Nymphes, qui représentent l'humidité de la terre. Le vent se lève, couvre le soleil de nuées qui permettent à l'humidité du sol de se développer et de nourrir le jeune fruit.

On voit que, dans les *Argonautiques*, les allusions à la légende d'Hermès sont rares. Il n'est pas question des sanctuaires du dieu ni des cultes qu'on lui rend. Hermès n'est invoqué qu'une seule fois, en qualité de dieu conducteur des songes. « Euphémos se souvint d'un songe qu'il avait eu dans la nuit : il vénéra le fils illustre de Maia [4]. » Ce caractère d'Hermès *conducteur des songes*, noté avec précision dans l'*Hymne homé-*

---

1. *Argon.*, IV, v. 1134-1137.
2. C'est par erreur que Maury dit : « C'est Hermès qui, sur les ordres de Zeus, porta l'enfant [Dionysos] à ses nourrices (Apollon. Rhod., *Argon.*, IV, v. 1137). » (*Hist. Relig.*, t. I, p. 503.) Apollonios parle de Macris et non des nourrices de Dionysos. — Pour Macris, voir, plus haut, l. III, ch. I, p. 366-367.
3. Decharme, *Mythol.*, p. 437.
4. *Argon.*, IV, v. 1732-1733.

rique à Hermès [1], est déjà indiqué dans l'*Iliade* : il se rapporte à la nature d'Hermès considéré comme dieu des vents : « On croyait que les fantômes des songes avaient une nature aérienne, qu'ils étaient amenés par les vents auprès des hommes endormis. Hermès est donc le dieu des songes et du sommeil. Il a une baguette merveilleuse, *dont il se sert à son gré, soit pour charmer les yeux des humains, soit pour les tirer de leur sommeil* (*Iliade*, XXIV, v. 343-344) [2]. »

En somme, si Apollonios ne donne aucune place à Hermès dans l'action de son poème, s'il ne trace de lui aucune représentation figurée, cependant, soit par ce qu'il rappelle de la légende du dieu, soit par ce qu'il dit de ceux de ses fils qui sont au nombre des Argonautes, il reste fidèle à la tradition homérique et il la complète par des allusions au rôle que le fils Aithalidès du psychagogue de l'*Odyssée* devait jouer dans les doctrines pythagoriciennes. L'Hermès des *Argonautiques* est le messager de Zeus et le conducteur des songes ; il enrichit les possesseurs de champs de blé et de troupeaux ; il permet aux âmes de revenir sur la terre ; il concourt à sauver l'enfant Dionysos : toute la légende du dieu, d'après Apollonios, toutes les fonctions que le poète lui fait remplir, confirment la théorie mythologique moderne qui voit dans Hermès un dieu du vent.

1. *Hymne homérique*, II (Homère-Didot), v. 14 : ...ἡγήτορ' ὀνείρων.
2. Decharme, *Mythol.*, p. 156.

CHAPITRE X

MERCURE

Mercure messager de Jupiter. L'Hermès grec et le Mercurius latin. Détails sur la généalogie de Mercure qui est à la fois un ancêtre d'Énée et d'Évandre. Légende du géant Atlas. Mercure est, dans l'*Énéide*, l'envoyé de Jupiter et le conducteur des songes. Assimilation imparfaite du Mercurius latin avec l'Hermès grec. Mercure a un rôle très restreint dans l'action de l'*Énéide*.

On a déjà vu que, dans l'*Énéide*, Mercure est le messager de Jupiter[1]; Virgile fait du vol du dieu une description que l'on ne trouve pas dans les *Argonautiques* et qui prouve que le caractère de Mercure considéré comme divinité du vent est nettement admis dans l'épopée romaine.

C'est comme dieu des voyages et du négoce que l'Hermès hellénique se confondit avec le dieu latin Mercurius, « qui avait avec lui cette unique ressemblance d'être un dieu présidant à l'échange et à la vente des marchandises[2]. »

Mais, dans l'*Énéide*, identifié complètement avec l'Hermès hellénique, Mercure n'a en rien le caractère de dieu du commerce qui appartenait au primitif Mercurius latin. Par ses attributs, ses fonctions, sa généalogie, Virgile fait de lui un dieu tout à fait grec : il n'agit que comme messager de Jupiter. Mais, alors

---

[1]. Voir, plus haut, l. II, ch. II, p. 249-250; 315 et suiv.
[2]. Decharme, *Mythol.*, p. 157.

qu'Apollonios se contentait de rappeler incidemment qu'Hermès est le fils de Maia[1], l'auteur de l'*Énéide* a des raisons pour insister sur les origines de Mercure qui est un parent commun d'Énée et de son futur allié Évandre. Le héros troyen se réclame de cette parenté auprès du roi arcadien : « Nos ancêtres sont communs, lui dit-il ; Dardanus, le premier père, le premier fondateur de la ville d'Ilion, né, comme disent les Grecs, de l'Atlantide Électra, aborde chez les Troyens. Électra était née du très grand Atlas[2], dont l'épaule supporte la voûte éthérée. Vous, votre père est Mercure, que la belle Maia mit au monde sur le froid sommet du Cyllène[3]. Or, Maia, s'il faut en croire la tradition, est née d'Atlas, du même Atlas qui soutient le ciel étoilé. C'est ainsi que, pour être séparées, nos deux races n'en sortent pas moins du même sang[4]. » Fils des deux sœurs, Dardanus et le Mercure arcadien sont cousins germains. Le Mercure romain n'aura aucune place dans l'*Énéide*, où il ne sera question que de l'Hermès grec, qui est le grand-oncle des héros troyens et dont la légende sera rappelée d'après les poèmes homériques.

L'ancêtre commun de Dardanus et d'Évandre est Atlas, dont l'*Odyssée* faisait le « conservateur »[5] des longues colonnes qui séparent la terre du ciel. Plus tard, la Mythologie grecque a vu en lui un géant dont les pieds s'appuient sur la terre et dont les épaules soutiennent le globe céleste. Il est, d'après Hésiode, « devant les Hespérides, aux extrémités de la terre[6] : » conformément à cette tradition, Apollonios montre les

---

1. *Argon.*, IV, v. 1733.
2. Pour *Atlas* et *Électra*, voir plus haut, l. I, ch. III, p. 69-70, 76.
3. *Én.*, I, v. 297 : ...*Maia genitum*; IV, v. 252 : ...*Cyllenius*; v. 258 : ...*Cyllenia proles*.
4. *Én.*, VIII, v. 132, 134-142.
5. *Odyssée*, I, v. 52-53. — Voir Decharme, *Mythol.*, p. 314.
6. *Théogon.*, v. 517-518.

Hespérides empressées autour du serpent Ladon qui gardait les pommes d'or dans le champ d'Atlas[1].

Mais les *Argonautiques*, qui rappellent qu'Atlas est le père de Calypso[2] et d'Électra, la reine mystérieuse de Samothrace[3], ne font aucune allusion à la légende d'Atlas soutien du ciel : cette légende est souvent mentionnée dans l'*Énéide*. Roi mythique de la Libye, c'est Atlas qui a enseigné à Iopas les sciences de la nature[4]; identifié avec la haute montagne qui supporte le ciel, il est représenté sous les traits d'un vieillard dur à la peine, dont la tête couronnée de pins est environnée de sombres nuages et battue par les vents et la pluie; une couche de neige couvre ses épaules, de son menton des fleuves se précipitent, et sa bouche est hérissée d'âpres glaçons[5]. Il se tient aux extrémités du monde, non loin des limites de l'Océan, vers les régions où le soleil se couche, dans la contrée la plus reculée des Éthiopiens. C'est là que son épaule supporte le ciel qui exécute un mouvement circulaire et auquel sont fixées les étoiles étincelantes[6].

Messager de Jupiter, le petit-fils d'Atlas n'a, dans l'*Énéide*, aucune des attributions du Mercure latin ; il n'en conserve que quelques-unes de l'Hermès hellénique. Il est, à Carthage, l'ambassadeur persuasif du maître des dieux : dociles à sa volonté, les Carthaginois dépouillent leur humeur farouche et Didon surtout prend pour les Troyens un esprit de paix et des sentiments bienveillants[7]; dieu éloquent, il fait à Énée un habile discours pour l'engager à quitter la ville de Didon[8]. Virgile rappelle, d'après les poèmes homéri-

1. *Argon.*, IV, v. 1396 et suiv.
2. *Argon.*, IV, v. 574.
3. *Argon.*, I, v. 916.
4. *Én.*, I, v. 741. — Voir, plus haut, l. I, ch. I, p. 23.
5. *Én.*, IV, v. 247-251.
6. *Én.*, IV, v. 480-482; cf. VI, v. 797-798.
7. *Én.*, I, v. 302-304.
8. *Én.*, I, v. 265-276.

ques¹, l'appareil merveilleux du dieu, en particulier sa baguette magique : « Tout d'abord, il attache à ses pieds ses talonnières d'or, dont les ailes le soutiennent dans les airs et l'emportent au-dessus de la mer ou sur la terre, aussi vite que le vent. Puis il prend sa baguette qui rappelle du fond de l'Érèbe les pâles ombres ou en conduit d'autres sous le sombre Tartare, qui donne aussi ou enlève le sommeil et rouvre les yeux fermés par la mort². » Le Mercure de Virgile n'est pas seulement l'Hermès psychagogue d'Homère : comme le père d'Aithalidès, il ramène les âmes à la lumière du jour.

Il est aussi le dieu des songes. — Énée est résolu à partir, mais il n'a pas encore donné le signal du départ : il dort sur la poupe de son navire quand il voit, dans son sommeil, le même dieu qui lui était déjà apparu alors qu'il était en état de veille, reparaître sous la même forme qu'il avait lors de sa première apparition et lui renouveler les mêmes avis. C'est un dieu semblable à Mercure, par sa voix, son teint, ses blonds cheveux, son corps brillant de jeunesse, qui lui dit de quitter en hâte le rivage libyen³. Réveillé par cette apparition, Énée ne vénère pas le fils de Maia, comme le faisait l'Euphémos des *Argonautiques*. Il appelle ses compagnons : il obéira, dit-il, au dieu qui lui a apparu, à ce dieu auguste entre les dieux, quel qu'il soit⁴. Énée reconnaît bien l'intervention de la divinité ; mais dans l'apparition qu'il a eue, il ne reconnaît pas la divinité de Mercure alors qu'un Grec y reconnaîtrait sans peine celle d'Hermès.

Les Romains ne seront jamais plus familiers qu'Énée avec le dieu grec des songes et des ambassades. Mercure, dans le Prologue de l'*Amphitryon*, n'est encore

---

1. *Odyssée*, V, v. 43 ; *Iliad.*, XXIV, v. 339 et suiv.
2. *Én.*, IV, v. 239-244.
3. *Én.*, IV, v. 556-570. — Voir, plus haut, l. II, ch. II, p. 315 et suiv.
4. *Én.*, IV, v. 576 : ...*sequimur te, sancte deorum Quisquis es, imperioque iterum paremus ovantes*.

que le dieu du commerce; il ne sera jamais le patron des Féciaux qui ignoreront toujours l'usage du caducée[1].

Dans l'*Énéide*, quand Ilionée vient demander la protection et l'hospitalité de Didon[2], il ne tient pas dans sa main le sceptre d'Hermès qu'Aithalidès et Jason portaient à l'exemple des ambassadeurs homériques. Les cent *oratores* qu'Énée envoie à Latinus pour lui offrir des présents et solliciter son alliance ont dans la main le rameau de Pallas, symbole de la paix[3] : le chef de l'ambassade ne porte pas le sceptre d'Hermès. Lorsque les ambassadeurs envoyés par Tarchon se rendent vers Évandre avec un sceptre et une couronne, ce sceptre et cette couronne sont simplement les insignes de la royauté qu'ils offrent au vieillard[4]. Les ambassadeurs de Latinus à Énée ne portent eux aussi pour emblème que le rameau d'olivier[5].

Les Latins et les Troyens ignorent le Mercure patron des hérauts, aussi bien qu'Énée était incapable de reconnaître le fils de Maia dans le dieu de qui il avait reçu un songe.

Virgile n'a pas essayé de concilier les caractères de Mercure et d'Hermès; il a simplement voulu, à cause de la parenté d'Hermès avec l'ancêtre mythique de la race troyenne, introduire dans son épopée le personnage du dieu grec. Il l'a pris tel quel dans les poèmes homériques et l'a fait entrer dans l'*Énéide* où Mercure ne pouvait jouer un rôle actif à côté des autres divinités helléniques mieux assimilées aux vieilles divinités de l'Italie et plus nécessaires à la fable de l'épopée romaine.

1. Preller-Jordan, *Röm. Mythol.*, zweiter Band, p. 232-233.
2. *Én.*, I, v. 520 et suiv.
3. *Én.*, VII, v. 153-155.
4. *Én.*, VIII, v. 505 et suiv.
5. *Én.*, XI, v. 100-101 ; v. 331 et suiv.

CHAPITRE XI

ARÈS

Nullité du rôle d'Arès dans les *Argonautiques*. Sens de l'épithète *aréios*; *arès* désigne simplement la guerre.
ArèsÉnyalios.
Le culte d'Arès en Colchide. Arès n'est pas considéré comme un dieu solaire dans les *Argonautiques*. Rapports d'Arès et d'Aiétès.
Lieux consacrés à Arès. La *source d'Arès*, à Thèbes Ogygienne. L'île Arétias. Légende des Amazones, filles d'Arès; leurs rapports avec les Argonautes.
Les oiseaux de l'île Arétias mis en fuite par les Argonautes. Sacrifice des héros à Arès dans l'île.
Allusion aux rapports d'Arès et d'Aphrodite.

Arès n'a aucun rôle dans l'action des *Argonautiques;* il n'y paraît même pas.

Apollonios le cite simplement comme le dieu des combats et le type par excellence du guerrier : *cher à Arès, digne d'Arès*, sont de banales épithètes que le poète donne aux héros dont il veut mettre en lumière le courage et les vertus belliqueuses. C'est ainsi que, malgré son âge, Polyphémos vieillissant reste digne d'Arès [1]; Boutès [2], Télamon [3], Jason [4], sont chers à Arès; quand ils exterminent les Géants de Cyzique, tous les héros sont dignes d'Arès [5]. Le cheval guerrier,

---

1. *Argon.*, I, v. 44 : ...θυμὸς ἀρήιος.
2. *Argon.*, I, v. 95 : ...ἀρήιος... Βούτης.
3. *Argon.*, III, v. 1174 : ...ἀρηίφιλον... Τελαμῶνα.
4. *Argon.*, I, v. 349 : ...ἀρήιος... Ἰήσων; cf. II, v. 122.
5. *Argon.*, I, v. 1000 : ...ἥρωες ἀρήιοι.

lui-même, qui désire la bataille, est digne d'Arès [1]. — Dans tous ces cas, la banale épithète ἀρήϊος peut se traduire simplement par *martial*.

Arès signifie aussi la guerre [2]. Avoir recours à Arès signifie avoir recours au combat [3]. Les armes, les lances d'Arès [4] sont les armes, les lances de guerre. Arès est le type du guerrier : armé et transfiguré par le secours magique de Médée, Jason semble, à la fois, aussi fort qu'Arès et aussi beau qu'Apollon [5]. La force d'Arès est, en effet, proverbiale, comme la beauté d'Apollon.

Le brutal Idas célèbre la grande force d'Arès Ényalios [6] : Ényalios est un surnom d'Arès [7] qui indique le caractère farouche du dieu des batailles. Eustathe fait dériver ce mot d'un verbe ἐνύω, selon lui synonyme de φονεύω, *tuer*. Mais il est plus simple de noter la ressemblance de ce surnom homérique d'Arès avec le nom de la déesse Ényo, nom qui « n'est probablement que l'antique cri de guerre des Grecs : Ényo, la destructrice des villes, la déesse meurtrière des batailles, qui devint plus tard la mère, la fille ou la nourrice d'Arès » [8]. Ényalios, c'est Arès poussant les sauvages cris de guerre qui charment le cœur farouche d'Idas.

Si le terme ἀρήϊος appliqué à Jason et aux Argonautes en général n'est qu'une épithète banale, on peut admettre qu'en certains cas cette épithète a un caractère plus précis.

Il y a des raisons sérieuses pour que les Colchiens

---

1. *Argon.*, III, v. 1259 : ...ἀρήϊος ἵππος.
2. *Argon.*, I, v. 189 : ...ἄρεος ; III, v. 393 : ...ἄρηι.
3. *Argon.*, III, v. 183 : ...ἄρηι συνοισόμεθα.
4. *Argon.*, I, v. 266 : ...ἀρήϊα τεύχεα ; cf. IV, v. 206 ; IV, v. 1156 : δούρατα... ἀρήϊα ; III, v. 1187 : Ἄρεος... δουρί.
5. *Argon.*, III, v. 1282-1283.
6. *Argon.*, III, v. 560 : ...Ἐνυαλίοιο μέγα σθένος.
7. *Argon.*, III, v. 1366 : ...Ἐνυαλίου... Ἄρεος.
8. Decharme, *Mythol.*, p. 189. Cf. Preller, *Griech. Mythol.*, erster Band, p. 265. — Pour *Ényalios* et *Ényo*, voir Roscher, *Lexicon*, I, p. 1250-1252. — Il n'est pas question d'*Ényo* dans les *Argonautiques*.

soient chers à Arès [1]; Aiétès n'a pas, comme Jason, besoin de charmes magiques pour sembler aussi redoutable que le dieu de la guerre : sa voix terrible rappelle le cri d'Ényalios, sa grande force fait penser à la vigueur d'Arès [2].

De cette ressemblance d'Aiétès avec Arès, faut-il conclure qu'Apollonios a voulu faire d'Arès un dieu solaire dont Aiétès, fils d'Hélios, est un serviteur ? « Aux traits antiques et essentiels de l'Arès hellénique — dit M. Decharme — s'en est ajouté tardivement un autre. D'après la légende des Argonautes, Æétès, fils du Soleil, est un serviteur du culte d'Arès, dans le bois sacré duquel il suspend la fameuse toison d'or [3]. » Cette légende des Argonautes n'est pas celle que l'on trouve dans l'épopée d'Apollonios : elle ne sera, à notre connaissance, rapportée que bien plus tard, par Apollodore [4].

Dans les *Argonautiques,* Argos, le propre fils de Phrixos, dit que le bélier a été changé par Hermès en bélier d'or; l'animal a demandé lui-même à être immolé au Cronide Zeus, protecteur de la fuite du fils d'Athamas : Hermès et Zeus interviennent dans la légende du bélier; Arès n'y joue aucun rôle. Quant à Aiétès, il n'a pas réclamé la toison pour la placer dans le bois

1. *Argon.*, II, v. 397 : ...Κόλχοι... ἀρήιοι.
2. *Argon.*, II, v. 1205-1206.
3. Decharme, *Mythol.*, p. 191. — Sur le caractère d'Arès considéré comme dieu solaire, voir Roscher, *Lexicon*, I, p. 486, et Ploix, *La Nature des dieux*, p. 312 et suiv. L'auteur d'un *Hymne homérique à Arès,* hymne qui semble devoir être attribué aux Orphiques (cf. Decharme, *Mythol.*, p. 191), parle du disque *ardent, étincelant,* que le dieu roule dans l'éther (*Hymn. Hom.*, édit. Didot, VII, v. 6 : ...πυραυγέα κύκλον ἑλίσσων). Apollonios désigne la pierre immense que Jason lance au milieu des Géants par l'expression de *disque terrible d'Arès Ényalios* (*Argon.*, III, v. 1366 : δεινὸν Ἐνυαλίου σόλον Ἄρεος). Le dieu solaire Apollon est un *discobole*, puisque c'est son disque qui frappe à la tête et tue Hyacinthe (cf. Decharme, *Mythol.*, p. 113). Mais il semble difficile, quelle que soit la synonymie qu'on établisse entre les mots σόλος et κύκλος, de trouver, dans ce passage des *Argonautiques,* un rapprochement entre le disque d'Arès et le disque étincelant d'Hélios. L'Arès d'Apollonios, type du guerrier vigoureux, peut être un merveilleux *discobole* : ce n'est pas un dieu solaire.
4. Apollodore, I, 9, 1 et I, 9, 16.

d'Arès, puisque, dit encore Argos, le roi a reçu Phrixos dans son palais et lui a donné sa fille Chalciopé en mariage, *sans exiger de présents de noces,* car son esprit était bienveillant [1]. Si l'accueil d'Aiétès a été si favorable, c'est, le roi des Colchiens le dit lui-même, parce que Zeus lui a envoyé du ciel le messager Hermès pour que Phrixos trouvât en lui un hôte bien disposé [2]. C'est d'après l'auteur de l'*Aigimios* [3] qu'Aiétès reçut volontairement Phrixos à cause de la toison que le fils d'Athamas lui portait à titre de présent dans sa demeure. Pour Apollonios, le roi n'a fait accueil à Phrixos que sur l'ordre de Zeus; la tradition des *Argonautiques* au sujet d'Aiétès et de la toison ne varie pas. On ne relève que quelques divergences de détail pour ce qui est de l'immolation du bélier. Ainsi, Argos disait que le bélier avait demandé lui-même à être immolé à Zeus: ailleurs [4], parlant en son propre nom, le poète dit que l'Aiolide Phrixos immola le prodigieux animal tout en or, suivant les instructions qu'Hermès bienveillant était venu lui donner.

C'est bien dans le bois d'Arès [5] que la toison est suspendue à un chêne sous la garde du redoutable dragon, fils de Gaia. La toison est semblable à un nuage que rougissent les rayons enflammés du soleil levant [6]. Mais, consacré à Zeus qu'Aiétès lui-même révère, ce symbole solaire n'est qu'en dépôt dans le bois d'Arès: si Aiétès a placé dans cet endroit la dépouille de l'animal immolé à Zeus, c'est qu'Arès semble être le dieu national de la Colchide.

On sait qu'Arès, divinité violente et odieuse que l'on

---

1. *Argon.*, II, v. 1141-1149. — Voir mes notes aux v. 1144, 1146, 1149 de ce Chant.
2. *Argon.*, III, v. 586-588.
3. Voir ma note au v. 587 du Ch. III des *Argonautiques.*
4. *Argon.*, IV, v. 120.
5. *Argon.*, IV, v. 166.
6. *Argon.*, IV, v. 125-126.

regarde d'ordinaire comme une personnification de l'orage, habite, à l'époque homérique, la Thrace, qui, dans la langue mythologique désigne la rude région du Nord [1]. Apollonios recule encore du centre de l'Hellade la demeure du dieu sauvage : il la place dans la Colchide, qui est la région barbare du Nord-Est, située aux confins du monde connu des Hellènes, à partir de l'expédition du navire Argo.

Aiétès est l'ami d'Arès : il a reçu de lui la cuirasse toute d'une pièce que le dieu avait enlevée au Phlégraien Mimas après l'avoir tué de ses propres mains [2]. Héphaistos, lui aussi, a fait divers présents à Aiétès en reconnaissance de l'aide qu'Hélios lui avait prêtée à la suite du combat du Phlégra [3]. C'est peut-être la même cause qui explique les dons d'Arès et ceux d'Héphaistos.

La Colchide tout entière est pleine du nom d'Arès. Dès leur arrivée dans le royaume d'Aiétès, les Argonautes ont, à leur gauche, le Caucase élevé et la ville Cytaienne d'Aia, et, à leur droite, la plaine d'Arès et le bois sacré de ce dieu, où le dragon attentif veille sur la toison suspendue en haut des branches feuillues d'un chêne [4]. C'est dans cette plaine [5], dans cette jachère [6], dans cette enceinte [7] d'Arès que Jason doit dompter les taureaux d'airain. Aiétès possède, en effet, deux taureaux dont les pieds sont d'airain et dont le mufle exhale des flammes. Il leur fait labourer la jachère d'Arès, vaste de quatre arpents. Dans le sillon ouvert par la charrue il jette les dents d'un terrible serpent, qui croissent sous la forme nouvelle d'hommes armés. Il tue avec sa lance ces ennemis qui l'entourent. Tel

---

1. Preller, cité par Decharme, *Mythol.*, p. 185.
2. *Argon.*, III, v. 1225 et suiv. — Voir, plus haut, l. I, ch. IV, p. 96.
3. *Argon.*, III, v. 233.
4. *Argon.*, II, v. 1266-1270. — Cf. II, v. 404.
5. *Argon.*, III, v. 409, 495 et 1270 : ...πεδίον τὸ Ἀρήιον.
6. *Argon.*, III, v. 411 et 754 : ...νειὸν Ἄρηος.
7. *Argon.*, III, v. 1357 : Ἄρηος τέμενος.

est le travail qu'il accomplit, qu'il impose à Jason [1], et dont le héros doit sortir vainqueur.

Le champ de la lutte est consacré à Arès, comme peuvent l'être tous les champs de bataille : mais ce n'est pas à Arès qu'Aiétès doit les dents du serpent qui donnent naissance aux combattants. On a déjà vu [2] que c'est Athéné qui a arraché, pour en faire présent partie à Cadmos, partie à Aiétès, les dents du serpent monstrueux que l'Agénoride avait tué. Mais ce serpent Aonien appartient à la légende du dieu de la guerre, puisqu'il était, dans Thèbes Ogygienne, le gardien d'une source consacrée à Arès [3]. Cette *source d'Arès* est bien connue [4]. On sait qu'Arès, dieu de la Thrace, « n'eut jamais droit de cité dans la Grèce proprement dite... A part les contrées où les Thraces ont pénétré en conquérants, Béotie, Attique, on chercherait en vain un temple d'Arès ayant une antiquité relative bien constatée [5]. » Apollonios ne cite aucun temple, aucun sanctuaire du dieu dans la Grèce continentale ; il ne mentionne que cette fontaine d'Arès en Béotie.

Les autres lieux consacrés à Arès, dont il est question dans les *Argonautiques*, se trouvent non loin du pays des Colchiens et près de la région des Scythes, où, dit Hérodote, le dieu sauvage était particulièrement adoré [6].

Dans sa prédiction aux Argonautes, Phinée leur annonce qu'ils devront aborder sur le rivage d'une île au sol nu, île solitaire infestée d'oiseaux dangereux et où un temple de pierre a été élevé par les reines des Amazones, Otréré et Antiopé, pendant une expédition [7].

---

1. *Argon.*, III, v. 417-421 ; v. 492-500.
2. Voir, plus haut, l. III, ch. III, p. 427.
3. *Argon.*, III, v. 1180. — Voir ma note au v. 1178 du Ch. III des *Argonautiques*.
4. Cf. Decharme, *Mythol.*, p. 190. — Roscher, *Lexicon*, I, p. 483, cite les principaux auteurs grecs qui ont mentionné la κρήνη Ἄρεως de Thèbes.
5. Bertrand, *Les dieux protecteurs*, p. 112-113.
6. Hérodote, V, VII, cité par Bertrand, *ouvr. cité*, p. 112.
7. *Argon.*, II, v. 382-387.

Otréré était la mère, et Antiopé, la sœur d'Hippolyté [1]. Le Scoliaste constate que l'on ne sait pas dans le cours de quelle expédition les reines des Amazones ont élevé ce temple [2] ; mais le culte qu'elles rendent au dieu de la guerre est naturel. Car « elles se plaisaient aux travaux d'Arès ; elles étaient, en effet, de la race d'Arès et de la Nymphe Harmonia, qui, s'étant unie au dieu dans les profondeurs du bois Acmonios, lui enfanta des filles amies de la guerre » [3].

Ce n'est pas ici le lieu de rappeler et, comme dit M. Decharme, d'« interpréter la légende obscure et compliquée »[4] des Amazones. L'étude que l'auteur de la *Mythologie de la Grèce antique* n'a pas jugé utile de leur consacrer serait évidemment déplacée dans un travail particulier sur la Mythologie des *Argonautiques*. Mais, comme on a prétendu qu'Apollonios, le premier, a introduit les Amazones dans la légende des Argonautes [5], comme, en tous cas, il est assez souvent question de ces filles d'Arès dans l'épopée alexandrine, il convient de rappeler les renseignements que les *Argonautiques* donnent sur leur compte.

Elles sont nées d'Arès et de la Nymphe Harmonia, qu'il ne faut pas confondre avec Harmonia, fille d'Arès et d'Aphrodite : cette seconde Harmonia fut la femme de Cadmos [6]. Les traditions ordinaires, en donnant Arès pour père aux Amazones, leur donnent pour mère Otréré [7] ou Aphrodite [8]. Apollonios suit Phéré-

---

1. Voir Roscher, *Lexicon*, Antiope (2), I, p. 382-383 ; *Hippolyte* (1), I, p. 2679-2680.
2. Scol. *Argon.*, II, v. 387.
3. *Argon.*, II, v. 989-992.
4. Decharme, *Mythol.*, p. 145.
5. Voir ma note au v. 965 du Ch. II des *Argonautiques*.
6. Voir, sur les deux Harmonia, mes notes aux *Argonautiques* : I, v. 916 ; II, v. 965 et 990 ; IV, v. 517. — Le *Lexicon* de Roscher (I, p. 1830-1833) distingue bien les deux *Harmonia*, mais ne cite la mère des Amazones que d'après Phérécyde et néglige la mention qui en est faite par Apollonios.
7. Hygin, *Fab.*, XXX.
8. Scol. *Iliad.*, I, v. 189.

cyde quand il fait naître les Amazones d'Arès et de la Nymphe Harmonia [1]; c'est aussi probablement d'après Phérécyde qu'il place le lieu de leur naissance dans le bois Acmonios, voisin du fleuve Thermodon [2], qui prend sa source dans les monts nommés Amazoniens à cause des filles d'Arès [3].

Les Amazones occupent sur le littoral du Pont-Euxin, aux environs du promontoire dit *cap des Amazones* (ἡ Ἀμαζονίδων ἄκρη) [4], entre la plaine de Doias et le pays des Chalybes, une région où s'élèvent leurs trois villes, Lycastia, Thémiscyra et Chadésia [5]. Car, dit le poète, « elles ne demeuraient pas réunies dans une seule ville; mais, divisées par tribus, elles habitaient des parties distinctes du pays. Les Amazones Thémiscyréiennes demeuraient à part, et elles avaient alors pour reine Hippolyté; à part aussi étaient les Lycastiennes, et, à part, les Chadésiennes, habiles à lancer les traits [6]. »

Ce sont les Amazones Thémiscyréiennes qui s'arment quand elles voient passer le navire Argo : et, si Zeus n'avait pas envoyé le souffle du vent Argestès, qui permet au navire de fuir le rivage, les héros auraient dû engager la bataille avec les filles d'Arès. Hippolyté et ses sujettes ont des raisons sérieuses d'être hostiles aux Hellènes. En effet, dans la campagne entreprise contre les Amazones, en compagnie de Sthénélos qui y trouva la mort [7], Héraclès avait pris par ruse l'Arétiade Mélanippé et ne l'avait renvoyée, exempte de tout dommage, qu'après avoir reçu

---

1. Voir Scol. *Argon.*, II, v. 990 et ma note au v. 965 de ce Chant.
2. Voir mes notes aux v. 373 et 992 du Ch. II des *Argonautiques*.
3. *Argon.*, II, v. 977. — Voir ma note à ce vers, et, dans la *Revue de Philologie*, 1891, p. 84-85, mon article sur le *Mons Armonius*.
4. *Argon.*, II, v. 965. — Voir mes notes aux v. 370, 961, 965 du Ch. II des *Argonautiques*.
5. *Argon.*, II, v. 373-374. — Voir ma note aux v. 373.
6. *Argon.*, II, v. 994-1000. — Voir ma note aux v. 995-999.
7. *Argon.*, II, v. 911 et suiv.

d'Hippolyté, sœur de sa captive, à titre de rançon, un baudrier éclatant, de diverses couleurs [1].

Les Amazones avaient coutume d'aller faire des sacrifices à Arès dans l'île Arétias [2]. Le temple d'Arès était sans toit ; à l'intérieur, était enfoncée une pierre sacrée, noire, à laquelle les Amazones adressaient leurs prières. A l'extérieur, se trouvait un autel sur lequel l'usage des filles d'Arès était, alors qu'elles revenaient du continent situé en face de l'île, de sacrifier des chevaux qu'elles avaient nourris pendant une année [3].

Les temples sans toits étaient fréquents dans l'architecture archaïque ; une pierre noire peut avoir été la représentation primitive d'Arès dans la région du Pont-Euxin, comme à Pessinonte, dans la Grande-Phrygie, une pierre, noire aussi, représentait la mère des dieux, comme, à Thespies, une pierre non travaillée (ἀργὸς λίθος) était conservée à titre d'antique simulacre d'Éros [4]. On sait, d'ailleurs, que même à l'époque classique, le type artistique du dieu de la guerre a été reproduit assez rarement [5]. Les héros homériques s'imaginent Arès à la ressemblance d'un guerrier très fort, armé de toutes pièces [6] ; les héros d'Apollonios, eux aussi, estiment que Jason ressemble à Arès, quand ils voient leur chef armé de toutes pièces et en possession, grâce aux substances magiques de Médée, d'une vigueur extraordinaire. Les *Argonautiques* ne donnent aucune représentation figurée du dieu de la guerre.

1. *Argon.*, II, v. 966-969. — Pour les rapports d'Héraclès avec les Amazones, voir ma note au v. 965.
2. Pour cette île, voir mes notes aux v. 382 et 1031 du Ch. II des *Argonautiques*.
3. *Argon.*, II, v. 1170-1177.
4. Pausanias, IX, 27, 1. — Le mot ἀργός peut signifier aussi une pierre *blanche*.
5. Decharme, *Mythol.*, p. 192.
6. Collignon, *Mythol. figurée*, p. 131 ; Roscher, *Lexicon*, I, p. 487-488.

Le cheval est le compagnon d'Arès : on sait que le dieu combat sur un char traîné par de merveilleux coursiers aux pieds agiles, dont l'épopée célèbre la vigueur et l'élan [1]. Mais il n'est pas dit qu'on sacrifiât d'ordinaire des chevaux au dieu; on lui immolait surtout des béliers, et le cheval était réservé à Poseidon et à Hélios [2]. C'est pourquoi Apollonios fait remarquer que les Amazones immolent à Arès, non des brebis et des bœufs, animaux qui figurent d'ordinaire dans les sacrifices, mais bien des chevaux qu'elles ont nourris pendant une année [3]. Héroïnes guerrières, peu soucieuses de l'élève des troupeaux, elles se procurent des chevaux pour le sacrifice plus facilement que des béliers. Mais les Argonautes font au dieu le sacrifice ordinaire : ils lui immolent des brebis, peut-être des béliers [4].

Ce n'est pas sans de grandes difficultés qu'il a été possible aux Argonautes d'aller rendre au dieu dans son île le culte convenable. Phinée, on l'a vu, avait prédit aux Argonautes que l'accès de l'île Arétias, où il leur était nécessaire d'aborder, leur serait rendu pénible par les oiseaux dangereux qui l'infestaient.

En effet, dès que les héros se trouvent en face de l'île, ils voient voler dans l'air un oiseau d'Arès qui, battant fortement des ailes, lance une de ses plumes aiguës et blesse Oïleus à l'épaule gauche; à peine le blessé a-t-il reçu les soins nécessaires, qu'un autre oiseau apparaît. Celui-ci vient tomber en tournoyant auprès du navire : car le héros Clytios, qui avait tendu d'avance son arc recourbé, l'a atteint d'une flèche rapide. Cependant, Amphidamas fait comprendre à ses compagnons qu'ils ne parviendront pas à tuer tous

---

1. *Iliad.*, V, v. 355, etc.
2. Maury, *Hist. Relig. Grèce antique*, t. II, p. 98-99.
3. *Argon.*, II, v. 1175-1177.
4. *Argon.*, II, v. 1170. Μῆλα : ce mot peut désigner les mâles ou les femelles.

les oiseaux à coup de flèches ; mieux vaut user de ruse. « Car Héraclès, lorsqu'il vint en Arcadie, n'a pas eu le pouvoir de chasser avec ses flèches du marais où ils nageaient les oiseaux Stymphalides : moi-même, je l'ai vu. Mais, agitant en ses mains une cliquette d'airain, il faisait un grand bruit, les guettant sur une vaste hauteur ; et les oiseaux s'enfuyaient au loin ; la crainte terrible les faisait crier. » Amphidamas propose donc un expédient bruyant : la moitié des héros va ramer, l'autre couvrira Argo de boucliers, et tous ensemble pousseront de grands cris pour effrayer les oiseaux. Les Argonautes font ce qu'Amphidamas leur a indiqué. « Et ils ne virent plus un seul des oiseaux ; mais, comme après avoir échoué le navire sur le rivage de l'île Arétias, ils faisaient résonner leurs boucliers, les oiseaux, par milliers, voltigeaient, incertains, s'enfuyant de côté et d'autre... Ils lancèrent aux Argonautes des plumes nombreuses, en s'élevant bien haut au-dessus de la mer, vers les montagnes des régions situées de l'autre côté des flots [1]. » Ils ne reviennent plus dans l'île, — de quelque temps, du moins, — puisque les fils de Phrixos, qui y ont été jetés par la tempête le lendemain du jour où les Argonautes ont abordé, peuvent dire à Aiétès : « Ces oiseaux d'Arès, qui jusqu'alors étaient à demeure dans l'île déserte, nous ne les y avons plus trouvés : ces hommes qui étaient sortis de leur navire depuis la veille les avaient chassés » [2].

D'après le Scoliaste [3], les oiseaux de l'île Arétias ne seraient autres que les oiseaux Stymphalides, qui, chassés d'Arcadie par Héraclès, se seraient réfugiés dans cette île du Pont-Euxin : dans le *Phrixos* d'Euripide [4], il était question de cette île infestée d'oiseaux

---

1. *Argon.*, II, 1030-1089, *passim.*
2. *Argon.*, III, v. 324-327.
3. Scol. *Argon.*, II, v. 382.
4. Cf. Euripide-Didot, p. 819.

qui se servaient de leurs plumes en guise de flèches. La tradition commune est qu'Héraclès détruisit les oiseaux du lac Stymphale, « oiseaux monstrueux, nourrissons d'Arès, qui lancent leurs plumes comme des flèches, qui ravagent et souillent les fruits du sol, qui se repaissent de chair humaine [1]. » Le Scoliaste ne dit pas sur quelle autorité il se fonde pour affirmer que les oiseaux de l'île Arétias sont les mêmes que ceux du lac Stymphale; il ne semble pas que ce soit sur une tradition empruntée au *Phrixos* d'Euripide. Je crois plutôt que la similitude des moyens qui ont permis à Héraclès et aux Argonautes de triompher des oiseaux du lac et de ceux de l'île a amené le commentateur à identifier les monstres d'Arcadie et ceux du Pont-Euxin. Le texte même des *Argonautiques* favorise cette doctrine. Amphidamas, qui se donne pour témoin oculaire du sixième travail d'Héraclès (aucun des auteurs qui racontent cette lutte du héros ne dit qu'il y ait assisté), Amphidamas ne parle pas de la destruction des oiseaux, mais de leur fuite au loin : on peut donc admettre qu'ils se sont enfuis jusqu'à l'île Arétias d'où les Argonautes devaient plus tard les déloger.

Les oiseaux Stymphalides « offrent un certain rapport avec les Harpyes et doivent s'interpréter dans le même sens » [2]. Si les oiseaux de l'île Arétias ne sont pas les mêmes, ils leur ressemblent du moins beaucoup par leur origine et par leur aspect : il est naturel que les Argonautes les chassent, comme ils ont chassé les Harpyes. C'est pour expier cette expulsion, sans laquelle ils n'auraient pu pénétrer dans l'île, que les héros vont offrir un sacrifice à Arès.

C'est la seule cérémonie que les Argonautes célè-

---

[1]. Decharme, *Mythol.*, p. 522. — Voir ma note au v. 1052 du Ch. II des *Argonautiques*.

[2]. Decharme, *Mythol.*, p. 522.

brent par nécessité, ou tout au moins par convenance, en l'honneur du dieu, dans une île qui lui est consacrée, bien loin de l'Hellade, au moment d'arriver dans la Colchide qui leur sera hostile et dont il est le protecteur.

Dans les *Argonautiques,* comme dans l'*Iliade*, Arès est un dieu à peu près étranger au monde grec. A l'exception de la source qui lui est consacrée à Thèbes, tous ses sanctuaires se trouvent dans la région orientale du Pont-Euxin et en Colchide.

Apollonios ne dit rien de sa légende hellénique; il ne fait qu'une simple allusion à l'histoire fameuse des amours d'Arès et d'Aphrodite, si longuement racontée par le Démodocos de l'*Odyssée* [1], quand il montre, au nombre des sujets représentés sur le manteau de Jason par Athéné, « la déesse aux tresses épaisses et longues, Cythéréia, tenant en mains le bouclier commode à manier d'Arès... En face d'elle, son image apparaissait visible dans le bouclier d'airain [2]. »

1. *Odyssée*, VIII, v. 267-356.
2. *Argon.*, I, v. 742-746. — Voir, plus bas, ch. xv.

CHAPITRE XII

MARS

Nullité du rôle de Mars dans l'*Énéide*. Mars souvent synonyme de *la guerre* ou de *la bataille*; sens banal de l'épithète *Martius*.
La légende grecque de Mars confondu avec Arès. Les amours de Mars et de Vénus rappelés dans les *Géorgiques*. Mars, *pater Gradivus*, considéré comme un dieu originaire de la Thrace. Mars et les Lapithes. Mars et les Amazones.
Portrait de Mars ; son cortège homérique. Mars n'est pas un dieu protecteur. Impartiale férocité de Mars. Mars et son cortège à la bataille d'Actium.
L'*Énéide* laisse de côté la légende du Mars italique, protecteur des campagnes. Le Mars du Mont-Palatin, père de Romulus. Le loup, animal consacré à Mars.
Bellona, vieille déesse latine. *Victoria*, déesse allégorique supérieure à Mars. *Bellum*, divinité primitive de la guerre dans le Latium. Les portes du temple de *Bellum*. La déesse allégorique *Furor*. Janus-Quirinus, qui garde dans son temple la divinité *Bellum*, est le vrai dieu de la guerre dans le Latium.

Virgile ne donne pas dans l'*Énéide* au dieu Mars un rôle plus actif que celui que le dieu Arès remplissait dans les poèmes homériques et dans les *Argonautiques*.

Bien souvent, comme le mot ἄρης, le mot *mars* est un nom commun qui signifie simplement *la bataille*; et, comme l'épithète ἀρήιος, l'épithète *martius* peut se traduire par *guerrier* ou *martial*. Lersch l'a fait remarquer : « *Mars ...dubius saepenumero est, utrum deus sit ipse, an bellum, vel pugna per deum significata*[1]. »

Tout d'abord, le nom de *Mars* entre dans beaucoup de périphrases, ou, comme dans la périphrase homé-

---

[1]. Lersch, *Antiquitates Vergilianae*, p. 145.

rique, μέγα ἔργον Ἄρηος [1], il perd tout sens de personnalité divine et ne signifie que la guerre :

Én......	VIII, v.	516,...*grave Martis opus*.
—	XI,	110,...*Martis sorte* [2].
—	XII,	73,...*duri certamina Martis*.
—	XII,	124,...*aspera Martis Pugna*.
—	XII,	790,...*certamina Martis anheli* [3].

Dans les passages suivants, Mars, employé seul, ne peut signifier que la guerre en général ou une bataille en particulier :

Égl.....	X, v.	44,...*insanus amor duri... Martis*.
Géorg..	I,	511,...*saevit toto Mars impius orbe*.
Én......	II,	335,...*caeco Marte* [4].
—	IX,	518,...*caeco... Marte* [5].
—	II,	440,...*Martem indomitum* [6].
—	VI,	165,...*Martemque accendere cantu*.
—	VII,	540,...*aequo... Marte* [7].
—	—	550,...*insani Martis amore*.
—	—	582,...*Martemque fatigant* [8].
—	—	603,...*prima movent in proelia Martem* [9].
—	VIII,	495,...*praesenti Marte* [10].
—	—	557,...*maior Martis... apparet imago* [11].
—	—	676,...*instructo Marte* [12].

[1]. *Iliad.*, XI, v. 734.
[2]. Forbiger : *Martis sorte*, ut XII, v. 54, *pugnae sorte*.
[3]. Benoist : *Mars anhelus*, c'est le combat qui essouffle.
[4]. Benoist : Combat où l'on est emporté par une aveugle passion, sans considérer l'issue de la lutte.
[5]. Benoist : Un combat où ils ne voient pas l'ennemi, puisqu'ils sont sous leurs boucliers qui leur en dérobent la vue.
[6]. Benoist : Un combat acharné.
[7]. Heyne : *Pari utrimque belli fortuna*.
[8]. Forbiger : *Martem*, id est *bellum*.
[9]. Benoist : C'est-à-dire, *cum primum bellum incipiunt*.
[10]. Benoist : Par une guerre immédiate, qui n'admet pas de délais. Cf. Servius : *Sine aliqua dilatione*. Heyne : *Bello non dilato*.
[11]. Forbiger : *Terribilior fit cogitatio Martis, scilicet belli proxime instantis*. A rapprocher de *Én.*, II, v. 369 : ...*plurima mortis imago*.
[12]. Forbiger : *Classe instructa*.

Én.....   X,   280, *In manibus Mars ipse viris* [1].
    —   XI,   153, ...*saevo... Marti.*
    —   —   374, ...*patrii... Martis* [2].
    —   —   389,   ...*an tibi Mavors*
Ventosa in lingua pedibusque fugacibus istis
Semper erit [3]?
    —   XII,   108, *Aeneas acuit Martem* [4].
    —   —   187, ...*nostrum... Martem* [5].
    —   —   410, ...*duro sub Marte cadentem.*
    —   —   712, *Invadunt Martem clipeis* [6].

Dans les autres passages de l'*Énéide* où il est employé, le mot Mars désigne une personnalité divine; mais cette divinité est tantôt l'Arès hellénique, tantôt le dieu latin de la guerre. Le Mars de l'*Énéide* hérite des légendes grecques qui concernaient Arès et qui se combinent avec les traditions italiennes.

Le poète des *Géorgiques* montrait, au milieu des Nymphes occupées à filer de merveilleux tissus dans la grotte de Cyrène, Clymène racontant les précautions inutiles de Vulcain, les ruses de Mars et ses doux larcins [7]. L'épopée nationale de Rome, qui omet toute allusion aux aventures scandaleuses de Saturne, racontées, elles aussi, dans les *Géorgiques* [8], ne revient pas non plus sur ce thème des amours de Mars et de

---

1. Benoist : Le moment du combat, la faculté de combattre est en vos mains. Cf. *Iliad.*, XVI, v. 630 : Ἐν γὰρ χερσὶ τέλος πολέμου.

2. Benoist : *Patrii Martis*, c'est-à-dire *patriae virtutis.*

3. Forbiger : *Non manu (in qua viris fortibus Mars est : X, v. 280), sed lingua et pedibus fortis es.*

4. Servius : *Irritat se ad futura certamina.*

5. Benoist : Le succès dans le combat. Forbiger, au contraire, admet que le mot Mars indique ici un dieu protecteur : *Dum Mars nobis favet, Marte favente, ita volente.*

6. Benoist : C'est-à-dire *incipiunt pugnam.* — Voici les passages où l'épithète *Martius* n'a d'autre sens que *martial* ou *guerrier* : *Égl.*, IX, v. 12 : ...*tela... Martia; Géorg.*, IV, v. 71 : *Martius ille aeris rauci canor; Én.*, VII, v. 182 : *Martia... vulnera.*

7. *Géorg.*, IV, v. 345 :

Inter quas curam Clymene narrabat inanem
Vulcani, Martisque dolos et dulcia furta.

8. Voir, plus haut, l. I, ch. III, p. 51-52.

Vénus, si connu depuis le chant de Démodocos, et que le maître de Virgile, Lucrèce, rappelait encore en quelques vers admirables au début de son poème[1].

Mais le Mars guerrier est toujours considéré dans l'*Énéide* comme un dieu d'origine étrangère : il est originaire de Thrace[2], aussi bien que l'Arès homérique[3] dont l'*Odyssée* racontait les amours avec Aphrodite.

Quand, après la chute de Troie, Énée fugitif a abordé en Thrace, il invoque le dieu qui habite les plaines des Gètes, c'est-à-dire les plaines voisines du Danube, qui sont la demeure des Thraces les plus reculés. Les héros contemporains d'Énée ne connaissaient pas plus les Gètes que le nom sous lequel le fils d'Anchise invoque le dieu de la guerre, *pater Gradivus*[4]. C'est avec un peu moins d'invraisemblance que, sur un champ de bataille, en Italie, le Troyen Séreste consacre comme trophée au *rex Gradivus* les armes d'Haemonides tué par Énée[5] : car le *Mars Gradivus* est le dieu belliqueux des Sabins[6]. Si le roi Numa passe pour avoir donné comme prêtres à *Mars Gradivus* les douze Saliens[7], le dieu belliqueux n'entrera complètement dans la religion romaine que du jour où il aura apparu aux Romains pour les encourager au combat, dans une rencontre avec les Lucaniens et les Bruttiens, 472 ans après la fondation de Rome par les descendants d'Énée. C'est ce dieu romain, d'origine sabine, que Virgile veut identifier avec l'Arès homérique d'origine thrace.

Le poète fait allusion à l'Arès homérique quand il montre Junon, dans sa colère de ne pouvoir exterminer

---

1. Lucrèce, I, v. 31-40.
2. *Én.*, III, v. 13 : *Terra... Mavortia.*
3. *Iliad.*, XIII, v. 301 ; *Odyssée*, VIII, v. 361.
4. *Én.*, III, v. 35 : *Gradivumque patrem, Geticis qui praesidet arvis.*
5. *Én.*, X, v. 542 : *... tibi, rex Gradive, tropaeum.*
6. Preller-Jordan, *R m. Mythol.*, erster Band, p. 348.
7. Tite-Live, I, xx.

la race des Troyens, rappelant que Mars a pu détruire la race féroce des Lapithes [1]. Cependant, d'après les traditions ordinaires, Arès n'intervient pas dans la lutte des Centaures et des Lapithes [2]. Servius rapporte bien que, Peirithoos ayant convié à ses noces tous les dieux, excepté Arès, celui-ci se vengea en excitant la guerre entre les Centaures et les Lapithes [3]. Il se peut que le commentateur, dont l'autorité est généralement médiocre, ait inventé cette légende pour justifier le texte qu'il voulait expliquer : l'explication est, d'ailleurs, insuffisante, puisque, selon la légende traditionnelle, ce sont les Lapithes qui sortent victorieux de la guerre contre les Centaures dont le mariage de Peirithoos a été l'occasion ; ce n'est donc pas en suscitant cette guerre que Mars aurait détruit le peuple des Lapithes. — Il faut admettre, ou que la passion trouble la mémoire de Junon, ou que Virgile se trompe dans l'allusion qu'il fait à la guerre des Centaures et des Lapithes.

Comme Arès, le Mars de l'*Énéide* est père des Amazones, en particulier de cette Penthésilée, qui a conduit au secours de Priam ses escadrons d'Amazones munies de boucliers échancrés [4], et, sans doute aussi, de carquois remplis de flèches thraces [5]. Une comparaison du XIe Chant de l'*Énéide* montre les Amazones de Thrace foulant sous les pieds de leurs chevaux le Thermodon, fleuve dont la surface est gelée, soit qu'elles combattent avec leurs armes peintes, autour d'Hippolyté, soit que, suivant le char de Penthésilée, fille de Mars [6], qui revient victorieuse, les escadrons féminins poussent des

---

1. *Én.*, VII, v. 304 : ...*Mars perdere gentem Immanem Lapithum valuit*.
2. Cf. Decharme, *Mythol.*, p. 595-596.
3. Servius, *ad Aen.*, VII, v. 304.
4. *Én.*, I, v. 490-494.
5. *Én.*, V, v. 311 : ...*Amazoniam pharetram, plenamque sagittis Threiciis*. — Énée propose, parmi les prix de la course, un carquois dans le genre de ceux des Amazones.
6. *Én.*, XI, v. 662 : ... *Martia... Penthesilea*. — L'épithète *Martia* est employée dans son sens propre, Penthésilée étant la fille de Mars.

hurlements bruyants et confus, et bondissent en agitant leurs boucliers arrondis en forme de croissant [1].

Le père de Penthésilée est aussi représenté au milieu des batailles, comme sa belliqueuse fille. On sait que Vulcain et les Cyclopes s'occupent avec ardeur à forger ce char aux roues rapides que le dieu λαοσσόος [2] fait retentir pour exciter à la guerre les hommes et les villes [3]. Une comparaison du XIIe Chant de l'*Énéide* [4] montre le dieu sanguinaire, au bord de l'Hèbre, fleuve de Thrace, se mettant en route pour les batailles. Il va exciter les guerres; il frappe son bouclier de son épée et lance ses chevaux furieux, qui volent à travers la plaine découverte, plus rapides que les souffles du Notus et du Zéphyre; le choc de leurs sabots fait gémir jusqu'à ses frontières le sol de la Thrace. Autour du char de Mars s'agitent les divinités allégoriques qui forment le cortège ordinaire du dieu : *la Terreur (Formido)*, qu'une nuée sombre environne [5], *les Colères (Irae)* et *les Embûches (Insidiae)*.

Tel Mars est évoqué dans ce tableau où Virgile compare Turnus au dieu, — comme Apollonios comparait au dieu Arès le héros Jason armé de toutes pièces, — tel il apparaît en personne, revêtu de ses armes puissantes [6], quand il vient aider Turnus à mettre les Troyens en fuite : le dieu de la guerre envahit l'âme des Latins et lance sur les soldats d'Énée *la Fuite (Fugam)* et *la Terreur (atrumque Timorem)*.

Dans ces deux passages, imités de l'*Iliade*, c'est l'Arès homérique qui est décrit par Virgile : comme les soldats d'Énée, les Achaiens sont domptés par la

---

1. *Én.*, XI, v. 659-663.
2. *Iliad.*, XVII, v. 398.
3. *Én.*, VIII, v. 433-434.
4. *Én.*, XII, v. 331-336.
5. *Én.*, XII, v. 335 : ...*atrae Formidinis ora.* — Je traduis suivant l'explication que Forbiger donne de *atrumque Timorem* (*Én.*, IX, v. 719) : *Nocte et tenebris involutum quo magis terribilis fiat.*
6. *Én.*, IX, v. 717 : ...*Mars armipotens.*

compagne de *la Terreur*, qui glace [1], *la Fuite*, qu'un dieu, c'est-à-dire Arès, leur envoie [2]. Ailleurs [3], Arès apparaît, escorté de *l'Effroi* et de *la Terreur* (Δεῖμός τ'ἠδὲ Φόβος) et d'*Éris*, aux fureurs insatiables (Ἔρις ἄμοτον μεμαυῖα), ou simplement de *Phobos (la Terreur)*, qui est le fils chéri du dieu [4].

Les divinités allégoriques *Formido* et *Timor*, imaginées à l'exemple de *Phobos* et de *Deimos*, semblent ne pas avoir eu de place dans la religion romaine. Seul après Virgile [5], Claudien cite *Formido* [6] à côté de *Pavor*, divinité qui, elle, avait une existence légale dans le culte romain : on sait que Tullus Hostilius fonda des temples spéciaux en l'honneur de *Pavor*, dieu de l'épouvante, et de *Pallor*, dieu de la *pâleur*, manifestation extérieure de l'épouvante, qui appartiennent tous deux au cortège de Mars [7]. — Virgile n'emploie jamais les mots *Pallor* et *Pavor* en tant que signifiant des divinités. — Horace [8], au temps de Virgile, et Ovide [9], un peu après, citent *Timor* et *Timores*. Le poète de l'*Énéide* place dans le vestibule des Enfers une autre déesse de la peur, *Metus* [10], qui ne fait pas partie du cortège de Mars et dont la *Mythologie* de Preller-Jordan ne parle pas plus que de *Formido* et de *Timor*.

Imaginée à l'imitation de la Θεσπεσίη Φύζα de l'*Iliade*, *Fuga* [11] n'est pas, à ma connaissance, personnifiée ailleurs qu'au vers 719 du Chant IX de l'*Énéide :* en particulier, il

---

1. *Iliad.*, IX, v. 2 : ...Φόβου χρυόεντος ἑταίρη.
2. *Iliad.*, IX, v. 2 : Θεσπεσίη... Φύζα.
3. *Iliad.*, IV, v. 440-441.
4. *Iliad.*, XIII, v. 299.
5. Roscher, *Lexicon*, I, p. 1498.
6. *In Rufinum*, I, v. 342-343.
7. Preller-Jordan, *Röm. Mythol.*, zweiter Band, p. 248.
8. *Odes*, III, 1, v. 37 : ...*Timor et Minae*.
9. *Mét.*, XII, v. 60 : ...*consternatique Timores*.
10. *Én.*, VI, v. 276.
11. Cette déesse n'est pas citée dans la *Mythologie* de Preller-Jordan ; l'article *Fuga* manque au *Lexicon* de Roscher.

n'est fait mention de cette déesse dans aucun des trois passages classiques où Silius Italicus [1], Stace [2] et Claudien [3] se sont successivement proposé de développer la description que Virgile donnait du cortège de Mars.

Les *Irae* et les *Insidiae*, dont la *Mythologie* de Preller-Jordan ne dit rien [4], semblent aussi ne pas avoir été personnifiées avant Virgile. Stace, après lui, montre dans le temple de Mars, en Thrace, les *Insidiae*, les *Irae*, les *Metus*, qui se tiennent parmi les divinités familières du maître des batailles [5]. Dans la *Thébaïde* [6], *Ira* fait partie du cortège de Mars, et l'armée des *Irae*, du cortège qui est décrit dans les *Puniques* [7]. Valérius Flaccus montre aussi les *Irae* aux joues pâles, accourant à l'appel de Vénus, l'amante de Mars [8].

Comme l'Arès homérique, qui « se plaît dans la mêlée sans distinction de parti » [9], le Mars de l'*Énéide* aime la guerre pour la guerre et n'est le protecteur attitré ni des Latins ni des Troyens.

Si, comme on l'a déjà vu, il aide Turnus à mettre les Troyens en fuite [10], s'il inspire une ardeur belliqueuse aux Latins [11], le Troyen Séreste peut cependant lui consacrer comme offrande les armes enlevées à Haemonides, allié de Turnus [12]; et Énée, vainqueur de Mézence, un

---

1. *Puniques*, IV, v. 430-444.
2. *Théb.*, III, v. 420-431.
3. *In Rufinum*, I, v. 341 et suiv.
4. Voir le *Lexicon* de Roscher, *Insidiae*, II, p. 262; *Ira*, II, p. 317. Roscher ne donne pas l'article *Irae*, et, par conséquent, ne fournit aucun des exemples que je cite.
5. *Théb.*, VII, v. 48 et suiv. : ...*occultisque ensibus adstant Insidiae*.
6. *Théb.*, III, v. 424.
7. *Puniques*, IV, v. 436 : ...*exercitus... Irarum*.
8. *Argon.*, II, v. 205 : ...*genis pallentibus Irae*.
9. Bertrand, *Les dieux protecteurs*, p. 110.
10. *Én.*, IX, v. 717.
11. *Én.*, X, v. 237 : ...*ardentes* (Palatinus, Gudianus, Ribbeck, Ladewig, Benoist) *Marte Latinos*. — La vulgate (Heyne, Forbiger, etc.) admet *horrentes* (ou *horrentis*), « que, dit Benoist, on explique assez péniblement par *habentes arma horrentia*. » Avec *horrentes*, il faut prendre *Mars* pour un nom commun signifiant la *fureur martiale*.
12. *Én.*, X, v. 541-542.

autre allié de Turnus, dépouille de ses rameaux un grand chêne qui s'élève sur un tertre et le revêt des armes brillantes du vaincu qu'il a tué : c'est au grand dieu, puissant à la guerre, qu'il consacre ce trophée [1].

D'ailleurs, si, au commencement de la guerre, Vénus pouvait se plaindre que Mars fût favorable au héros rutule [2], plus tard les choses changent de face : Acca annonce à Turnus que les Troyens, secondés par Mars, sont maîtres du champ de bataille [3]. Le dieu ennemi brise les forces des Latins : Turnus s'en aperçoit lui-même [4]. Enfin, quand Énée tue son rival, c'est la faveur de Mars qui rend le Troyen si terrible [5].

Mars, en effet, est impartial dans sa férocité. Il accable tantôt les uns, tantôt les autres, et il se réjouit des désastres communs. Comme la Fortune, il aide les audacieux ; comme le *fatum*, il est secourable à ceux qui doivent fatalement être les vainqueurs. Il est bien le dieu dont Nisus disait : « La passion qui nous entraîne au milieu du danger devient-elle un dieu pour chacun de nous [6] ? » Confondu avec la passion belliqueuse de chaque guerrier, Mars perd, le plus souvent, sa personnalité divine ; il n'a pas d'existence propre en dehors de ceux qui se croient animés par lui et qui peuvent vaincre à la guerre, parce qu'il leur semble que le dieu envahit leur âme et leur donne ce pouvoir en même temps que sa protection.

Cela n'empêche pas les hommes d'invoquer ce dieu à qui leur passion seule donne une réalité divine. Dans le serment solennel qui consacre le pacte entre Énée

---

1. *Én.*, XI, v. 5-11.
2. *Én.*, X, v. 21 : ...*secundo Marte*. — Cette expression (cf. XI, v. 899) correspond trop exactement à l'expression *Iunone secunda* (IV, v. 45) pour qu'on n'admette pas que *Mars* est ici le nom propre du dieu de la guerre.
3. *Én.*, XI, v. 899 : ...*Marte secundo*.
4. *Én.*, XII, v. 1 : *Turnus, ut infractos adverso Marte Latinos Defecisse videt...*
5. *Én.*, XII, v. 497 : ...*Marte secundo Terribilis*.
6. *Én.*, IX, v. 185 : ...*an sua cuique deus fit dira cupido ?*

et Latinus, le héros troyen ne manque pas de prendre à témoin, au même titre que les autres grands dieux, l'illustre Mars, le père qui dirige toutes les guerres, soumises à sa volonté divine [1] : mais il les dirige avec une cruelle impartialité. Alors que, réunis dans les hautes demeures de Jupiter, les dieux contemplent, le cœur attristé, la bataille où les Troyens et les Latins sont engagés, alors que Junon s'intéresse à ceux-ci, Vénus à ceux-là, Mars s'appesantit sur les deux armées et égalise, de part et d'autre, les deuils et les morts [2] : c'est ainsi que l'Éris homérique qui, seule des divinités, assistait à la lutte des Troyens et des Achaiens, se réjouissait à la vue des désastres des deux armées [3].

Le Mars romain conserve toujours dans l'*Énéide* ce caractère de farouche indifférence pour ceux qui combattent, d'ardeur et de passion pour la bataille seule. Bien longtemps après les luttes de Turnus et d'Énée, au combat suprême d'Actium, alors que Neptune, Vénus et Minerve défendent l'armée d'Octave contre les dieux monstrueux de l'Égypte, les figures gravées sur le bouclier d'Énée montrent le dieu Mars exerçant ses fureurs au milieu de la mêlée. Du haut des airs, les Furies [4] le secondent; la Discorde, heureuse du meurtre, promène çà et là sa robe déchirée; Bellone la suit, en agitant son fouet sanglant [5].

Ce dieu qui anime les colères des combattants diffère peu de l'Arès homérique qui excitait les Troyens et les Latins. Les *Dirae* ont, à la vérité, dans l'entourage de Mars une place insolite que les Érinyes n'avaient pas auprès d'Arès. Mais la Discorde, que le carnage réjouit, correspond à l'*Éris* de l'*Iliade*, qui prenait son plaisir

---

1. *Én.*, XII, v. 179 : *...tuque, inclite Mavors, Cuncta tuo qui bella, pater, sub numine torques.*
2. *Én.*, X, v. 755 : *Iam gravis aequabat luctus et mutua Mavors Funera.*
3. *Iliad.*, XI, v. 73-74.
4. Voir, plus haut, l. II, ch. II, p. 303-304.
5. *Én.*, VIII, v. 698-703.

à contempler les batailles des hommes. La déesse latine, à la chevelure de serpents liée par des bandelettes sanglantes, habite d'ordinaire dans le vestibule de l'Orcus, auprès des chambres des Euménides, fermées par des portes de fer [1], et de la guerre elle-même personnifiée, *Bellum*. Bellone correspond à la déesse homérique Ényo, la déesse meurtrière qui accompagne sur les champs de bataille Arès, dont elle est, suivant des traditions différentes, la mère, la nourrice ou la fille.

Cependant, entre l'époque où Turnus et Énée étaient rivaux en Italie et celle où Antoine et Octave combattent pour l'empire du monde, des siècles nombreux se sont écoulés. Mars, qui est, avec Jupiter, le dieu italique par excellence [2], Mars, dieu antique de la campagne italienne et des agriculteurs à qui il est secourable, Mars, père du fondateur de Rome, Romulus, avec qui il fut même identifié, devrait être un des protecteurs des Romains à Actium et se tenir aux côtés de Neptune, de Minerve et de Vénus.

Mais Virgile ne s'occupe pas de concilier la légende de Mars avec celle d'Arès. Il ne fait pas entrer Picus et Faunus dans le cortège de Mars, dieu de la campagne : il néglige même toutes les traditions qui ont rapport à Mars considéré comme dieu ami des champs et des cultivateurs. Il ne garde, il ne fait revivre que le type d'Arès guerrier qu'il essaie d'identifier avec le Mars du Mont-Palatin.

C'est ce dieu — Jupiter le prédit à Vénus inquiète des destinées futures d'Énée et de ses descendants [3] —

---

1. *Én.*, VI, v. 279-281. — La Discorde, simple transcription de l'Éris homérique, n'a aucune place dans la Mythologie romaine : il n'en est pas question dans la *Röm. Mythol.* de Preller-Jordan. Elle ne semble pas avoir été personnifiée avant l'*Énéide*. Cf. Roscher, *Lexicon*, I, p. 1179. — Voir, plus haut, l. II, ch. II, p. 312-313.

2. Preller-Jordan, *Röm. Mythol.*, erster Band, p. 333.

3. *Én.*, I, v. 273-277.

qui rendra mère de deux fils jumeaux une vestale issue de la race d'Énée, Rhéa Sylvia ou Ilia. L'un de ces enfants, Romulus, fier de porter la fauve dépouille de la louve, sa nourrice, donnera son nom à la nation romaine dont il sera le chef, et fondera Rome, la ville de Mars [1]. Fils authentique du dieu, l'épithète *Mavortius* [2] est pour Romulus un patronymique et non un titre honorifique, comme elle l'est, par exemple, pour le courageux guerrier Haemon [3].

Énée voit, parmi les tableaux que Vulcain a gravés sur son bouclier, une louve couchée dans l'antre verdoyant de Mars [4], c'est-à-dire dans la caverne du Lupercal, au pied du Mont-Palatin [5]; Romulus et Rémus tout enfants jouent suspendus autour des mamelles de la bête, et tettent sans effroi la nourrice sauvage dont Romulus portera plus tard la dépouille. La louve, repliant doucement le cou, caresse tour à tour ses deux nourrissons et assouplit les formes de leur corps en les léchant [6].

En effet, le loup est consacré à Mars : une comparaison de l'*Énéide* [7] met en scène le loup, animal de Mars [8], arrachant aux étables un agneau que sa mère redemande avec de longs bêlements. On sait que l'ancienne religion romaine faisait du loup l'animal de Mars [9], au même titre, sans doute, qu'il était un peu l'animal d'Apollon Λυκοκτόνος : le Mars archaïque d'Italie, divinité bienfaisante de la campagne et de la végétation printanière, devait être, comme Apollon, le vainqueur et le meurtrier du loup, symbole de la dévastation

---

1. *Én.*, I, v. 276 : ...*Mavortia condet Moenia.*
2. *Én.*, VI, v. 777 : ...*Mavortius... Romulus.*
3. *Én.*, IX, v. 685 : ...*Mavortius Haemon.*
4. *Én.*, VIII, v. 630 : ...*viridi... Mavortis in antro.*
5. *Én.*, VIII, v. 343.
6. *Én.*, VIII, v. 630-634.
7. *Én.*, IX, v. 565-566.
8. *Én.*, IX, v. 566 : ...*Martius... lupus.*
9. Preller-Jordan, *Röm. Mythol.*, erster Band, p. 337.

que la mauvaise saison produit dans les champs et de l'horreur mystérieuse des forêts pendant l'hiver. — Mais Virgile, qui ne voit dans Mars que le dieu farouche de la guerre et non le dieu bienfaisant de la campagne, doit faire du loup un animal qui lui est consacré pour des raisons tout autres. C'est Ἄρης Θηρεῖτας [1] qui, dans l'*Énéide*, a pour animal consacré le loup féroce et cruel qui se plaît à verser le sang.

C'est ce dieu farouche qui, seul, a une place dans l'*Énéide* : on a vu que *Bellona*, qui correspond à l'Ényo hellénique, fait partie de son cortège. Femme ou sœur de Mars, Bellone, vieille divinité sabine, est devenue à Rome la déesse de la guerre en même temps que Mars en devenait le dieu [2], déesse funeste, puisque Junon qui préside aux mariages souhaite, dans sa colère contre Énée, que, si Lavinie doit fatalement épouser le Troyen, elle ait du moins Bellone pour *pronuba*, et que le sang des Rutules et des Troyens soit la dot de ce mariage auquel la divinité méchante de la guerre présidera [3].

Virgile semble placer, non dans le cortège, mais au-dessus de Mars qui se plaît dans la mêlée, sans s'inquiéter de son résultat, une déesse allégorique, *Victoria* [4], qui fait le succès des batailles. Victoria, « l'amie fidèle des Romains [5], » est une antique divinité latine qui fixe les destinées aveugles de la guerre. « Si, dit Énée, si la Victoire consent à ce que Mars soit de notre côté [6] ! » Ce vers a choqué les commentateurs, depuis Servius, qui y voit une hypallage [7], jusqu'à

---

[1]. Pausanias, III, 19, 8; cf. Decharme, *Mythol.*, p. 189; Preller, *Griech. Mythol.*, erster Band, p. 268.
[2]. Ploix, *La Nature des dieux*, p. 175-176; Preller-Jordan, *Röm. Mythol.*, zweiter Band, p. 247-248; Roscher, *Lexicon*, I, p. 774-777.
[3]. *Én.*, VII, v. 318-319.
[4]. *Én.*, XI, v. 436.
[5]. Preller-Jordan, *Röm. Mythol.*, zweiter Band, p. 244.
[6]. *Én.*, XII, v. 187 : *Sin nostrum adnuerit nobis Victoria Martem.*
[7]. Hypallage *pro* : Si noster Mars adnuerit nobis victoriam. *Nam Martem Victoria comitatur.*

Peerlkamp, qui veut détruire cette hypallage par une correction qui semble inutile [1]. Mars, en effet, n'est pas supérieur à la Victoire : il ne peut la fixer, puisqu'il est indifférent entre les partis qu'il accable également.

En dernière analyse, il n'est autre chose que la guerre brutale, *Bellum*, cette divinité allégorique, porteuse de la mort, que le poète place au nombre des êtres monstrueux qui ont leur demeure à l'entrée de l'Orcus [2]. *Bellum* doit être une divinité de la guerre antérieure à Mars dans le culte romain : alors que Mars était encore le dieu de la végétation et de la nature agreste, alors que son caractère primitif n'avait pas encore fait place au type de dieu guerrier, qui devait l'emporter, *Bellum* était la divinité des guerres, en possession d'un temple, crainte et honorée par les peuples du Latium.

Dans sa prédiction à Vénus, Jupiter annonce qu'un jour viendra où le temple romain de *Bellum* sera fermé : « Les funestes portes de *Bellum*, ces portes formées d'un assemblage de plaques de fer seront closes; à l'intérieur du temple, la Fureur impie, assise sur des armes meurtrières, les mains liées derrière le dos par cent nœuds d'airain, frémira de rage, la bouche rouge de sang [3]. » *Furor* est une divinité allégorique qui sera placée dans le cortège de Mars par les poètes postérieurs à Virgile [4]. La fondation du temple dont Jupiter prédit la fermeture remonte à une haute antiquité; il existait dès le temps de Latinus : « Il y a deux portes de *Bellum* : tel est le nom de la divinité; elles sont consacrées par la religion et par la crainte qu'inspire Mars, dieu cruel. Cent verrous d'airain et des barres

---

1. *Si nostro adnuerit nobis Victoria Marte.*
2. *Én.*, VI, v. 279 : ...*Mortiferumque... adverso in limine Bellum.*
3. *Én.*, I, v. 294-296.
4. Cf. Roscher, *Lexicon*, I, p. 1565. C'est par erreur que G. Wissowa dans l'article *Bellum* de ce *Lexicon* (I, p. 777), attribue à *Bellum* les mots *ore cruento* (*Én.*, I, v. 296), qui se rapportent à *Furor*.

de fer à l'épreuve du temps les ferment; et, gardien de ces portes, Janus ne s'éloigne jamais du seuil qui lui est confié [1]. » Ce sont ces portes que, sous la République romaine, le consul ouvrira lui-même, chaque fois que le Sénat sera irrévocablement décidé à la guerre : ce sont ces portes que l'on presse en vain Latinus d'ouvrir pour déclarer la guerre aux Troyens [2]. Le vieux roi se dérobe. Alors, Junon, en personne, descendant du ciel, enfonce les portes de fer qui retiennent *Bellum* dans le temple [3].

Ce temple est celui du dieu Janus [4] : la tradition d'après laquelle *Bellum* y est renfermé remonte au moins au temps d'Ennius, puisque l'expression *Belli ferratos postes* se retrouve déjà dans les *Annales* [5]. Janus-Quirinus tient la divinité *Bellum* enfermée dans son propre temple pendant la paix et la déchaîne contre les ennemis quand le moment des combats est arrivé. Janus est le plus ancien et le plus national des dieux de l'Italie : Latinus confond dans le même respect le *Saturnus senex* [6] et le *pater Ianus* [7], dont la statue aux deux visages [8] orne le vestibule de son palais, à côté de celle de Saturne lui-même. Dans son serment solennel, il prend Janus à témoin [9], au même titre que les plus grands des dieux.

C'est, en somme, Janus qui, dans le Latium primitif, est le dieu véritable de la guerre dont il tient enfermé ou dont il déchaîne à sa volonté le démon, *Bellum*, qui, même dans l'*Énéide*, reste bien distinct de Mars et de Bellone [10].

1. *Én.*, VII, v. 607-610.
2. *Én.*, VII, v. 611-619.
3. *Én.*, VII, v. 622 : *Belli ferratos rumpit Saturnia postes.*
4. Preller-Jordan, *Röm. Mythol.*, erster Band, p. 174-175.
5. Cf. Horace, *Satires*, I, IV, v. 60.
6. *Én.*, VII, v. 180. — Voir, plus haut, l. I, ch. III, p. 55.
7. *Én.*, VIII, v. 357 : ...*Ianus pater.*
8. *Én.*, VII, v. 180 : ...*Iani... bifrontis imago.*
9. *Én.*, XII, v. 198 : ...*Ianum... bifrontem.*
10. Heyne, *Excursus IX ad Aeneidos l. I* : *Diversa Belli a Bellona et Marte persona.*

Quoiqu'il fasse de Mars le père de Romulus, Virgile ne conserve rien de la légende latine du dieu de la végétation et de la campagne sauvage; quand il le montre prenant part aux batailles, comme un meurtrier impartial et impitoyable, c'est le portrait de l'Arès homérique qu'il retrace. Le dieu s'agite, égalise les deuils et les morts du côté des Troyens et du côté des Latins, comme, plus tard, à Actium, il exercera également ses fureurs au milieu des navires d'Octave et des navires d'Antoine. Mais c'est le démon *Bellum* qui préside à toutes les guerres du pays latin : c'est *Bellum* que Junon déchaîne contre les Troyens; c'est *Bellum* que le consul romain, décoré de la trabée quirinale et la toge ceinte à la manière des Gabiens, évoquera du temple de Janus pour lancer la guerre contre les ennemis de la ville éternelle. C'est *Bellum*, enfin, qu'Auguste enfermera dans le temple, quand viendra l'ère de la paix, quand s'adouciront les âpres générations humaines, quand les guerres seront abolies [1].

1. *Én.*, I, v. 291 : *Aspera tum positis mitescent saecula bellis.*

CHAPITRE XIII

HÉPHAISTOS

Représentation figurée d'Héphaistos au repos. — Héphaistos, père de Palaimonios, fils d'Héra, époux de Cypris. — Déférence d'Héphaistos pour Héra ; égards de Cypris pour Héphaistos. — La demeure et les forges d'Héphaistos. — Héphaistos est le dieu de Lemnos.

Œuvres d'Héphaistos ; présents merveilleux qu'il a faits à Aiétès. — Situation des forges d'Héphaistos, dans l'*Iliade*, dans l'*Odyssée* et dans les *Argonautiques*. — L'île errante d'Héphaistos. — Le dieu travaille seul, sans l'aide des Cyclopes. — Le type d'Héphaistos reste, dans les *Argonautiques*, le même que dans les poèmes homériques.

Les *Argonautiques* ne nous laissent apercevoir qu'une seule fois le dieu Héphaistos. Au moment où les Néréides s'occupent à dégager le navire Argo des Roches-Errantes, debout au sommet d'un rocher uni, le roi Héphaistos, sa lourde épaule appuyée sur le manche d'un marteau, les considère [1]. Pour dépeindre cette attitude du divin forgeron, Apollonios doit s'être inspiré de quelque statue célèbre. « L'infirmité traditionnelle du dieu était une difficulté pour les artistes, qui souvent la supprimèrent [2]. » L'infirmité de l'illustre boiteux n'est pas supprimée ici ; elle est simplement dissimulée par l'appui du marteau au long manche qui soutient, comme une béquille, l'épaule de l'infatigable forgeron, que nous devons nous représenter

1. *Argon.*, IV, v. 956-958.
2. Decharme, *Mythol.*, p. 175.

« sous les traits d'un homme robuste, dans toute la vigueur de l'âge, à la figure barbue, aux bras nerveux, à la poitrine velue » [1].

Au demeurant, cette attitude d'ouvrier au repos ne doit pas être fréquente chez Héphaistos. Comme l'Héraclès des *Argonautiques* qui, incapable de ramer depuis qu'il a brisé son aviron, « s'assied oisif, silencieux, tournant de tous côtés des yeux étonnés, car ses mains n'avaient pas l'habitude de rester en repos [2], » Héphaistos semble peu habitué à l'oisiveté : il est toujours représenté par Apollonios comme un travailleur obstiné ; c'est seulement sa déférence aux prières d'Héra qui lui a fait interrompre un instant les travaux de sa forge, pour faciliter le passage d'Argo.

L'Héphaistos de l'*Iliade* n'a « point de fils, point de protégés ; il est toujours le dieu du feu, le forgeron de l'Olympe, mais il est aussi la divinité de Lemnos » [3]. Le dieu des *Argonautiques* ressemble beaucoup à celui des poèmes homériques.

A vrai dire, s'il n'a pas de protégés, il a, parmi les Argonautes, un fils qu'il ne protège en rien, Palaimonios, qui passe pour le fils de Lernos Olénien, mais dont le vrai père est Héphaistos ; « aussi était-il infirme d'un pied ; mais personne n'aurait osé adresser un reproche à la vigueur de son corps [4]. » Ce héros est un des plus inconnus parmi les Argonautes d'Apollonios : il ne fait que figurer dans le catalogue des *Argonautiques* et ne joue aucun rôle dans l'action de l'épopée [5].

Héphaistos ne s'occupe pas de lui : il n'a d'égards que pour sa mère, Héra, et pour sa femme, Cypris.

Le dieu est, en effet, « le fils illustre d'Héra [6] ; »

---

1. Decharme, *Mythol.*, p. 175.
2. *Argon.*, I, v. 1168-1171.
3. Bertrand, *Les dieux protecteurs*, p. 128.
4. *Argon.*, I, v. 203-205.
5. Voir ma note au v. 202 du Ch. I des *Argonautiques*.
6. *Argon.*, I, v. 859.

Apollonios ne dit jamais qu'il soit le fils de Zeus et d'Héra. « Il suit, dit le Scoliaste [1], Hésiode, d'après qui [2] Héphaistos est le fils de la seule Héra. Selon Homère, il est fils de Zeus et d'Héra. » Apollonios semble adopter la tradition d'après laquelle Héra a enfanté seule Héphaistos « sans s'unir à Zeus, dans un jour de mauvaise humeur et d'irritation contre son époux » [3].

Dans les *Argonautiques*, Héphaistos, fils respectueux d'Héra, obéit avec empressement à ses prières [4].

D'autre part, Cypris, qui est la femme d'Héphaistos, se montre pleine de déférence pour le dieu très sage [5]. C'est de la main même de Zeus que le dieu boiteux des deux pieds [6] a reçu Cypris comme épouse, et il l'a conduite vers une belle demeure qu'il lui a bâtie; la déesse prépare le lit d'Héphaistos dans leur chambre commune et reste seule à la maison, car l'ouvrier divin part dès l'aurore pour ses forges [7]. — Dans l'*Iliade* Héphaistos était l'époux de Charis [8]; dans l'*Odyssée*, le mari trompé d'Aphrodite [9] : mais, on l'a vu [10], Apollonios ne fait qu'une seule allusion, très détournée, aux amours adultères de Cypris et d'Arès.

Le mari de Cypris ne séjourne guère dans la maison olympienne qu'il a construite pour sa femme. Comme dans l'*Iliade*, il est avant tout le dieu forgeron; ses forges sont sa demeure ordinaire.

L'*Iliade* plaçait ces ateliers fameux dans l'Olympe

---

1. Scol. *Argon.*, I, v. 859.
2. *Théogon.*, v. 927.
3. Decharme, *Mythol.*, p. 167. — Cf. Roscher, *Lexicon*, I, p. 2048 : *Hephaestos, ein Sohn der Hera*.
4. *Argon.*, IV, v. 753 et suiv.
5. *Argon.*, I, v. 851 : Ἡφαίστοιο... πολυμήτιος. Cf. *Iliad.*, XXI, v. 355.
6. *Argon.*, III, v. 37 : ...ἀμφιγυήεις. Cf. *Iliad.*, I, v. 607 : ...περικλυτὸς ἀμφιγυήεις, etc. — Pour toutes ces épithètes d'Héphaistos, voir Bruchmann, *Epitheta deorum*, p. 155-157.
7. *Argon.*, III, v. 36 et suiv.
8. *Iliad.*, XVIII, v. 369 et suiv.
9. *Odyssée*, VIII, v. 283 et suiv.
10. Livre III, ch. XI, p. 573.

même; l'*Odyssée,* à Lemnos. Mais, dans l'*Iliade* déjà, Héphaistos est le dieu de Lemnos : c'est là que les Sintiens l'ont recueilli, après qu'il a été précipité du haut de l'Olympe[1]; il a donné son nom à Héphaistia, la ville principale de l'île[2]. Dans les *Argonautiques* aussi, Héphaistos est le dieu de Lemnos. C'est par égard pour son mari — peut-être est-ce pour se faire pardonner des infidélités dont le poète ne parle pas que Cypris se croit tenue à tant d'égards — que la déesse de l'amour met dans l'âme des femmes de Lemnos un doux désir, afin que l'arrivée des Argonautes puisse compléter la population de l'île du dieu, singulièrement diminuée depuis que les femmes ont tué tous les hommes[3]. C'est Héphaistos et Cypris, au-dessus de tous les autres dieux immortels, que les femmes de Lemnos, hôtesses des Argonautes, célèbrent par leurs chants et honorent par leurs sacrifices[4].

Mais il n'est pas question que le dieu ait à Lemnos ou dans l'Olympe les forges d'où sortent tellement de chefs-d'œuvre. Les objets les plus admirables, même ceux qui sont de fabrication divine, sont comparés à ceux qui viennent des ateliers d'Héphaistos[5]. Le forgeron divin a donné des présents merveilleux au roi Aiétès : il a creusé devant son palais quatre sources intarissables qui fournissent, l'une du vin, l'autre du lait, la troisième un liquide huileux et parfumé, la dernière de l'eau chaude en hiver et de l'eau froide comme la glace en été. En outre, il a fait des taureaux aux pieds d'airain, dont les mufles, d'airain eux aussi, exhalent une flamme terrible; enfin, une charrue toute d'une pièce et du métal le plus résistant : tous ces

---

1. *Iliad.*, I, v. 590 et suiv.
2. Bertrand, *Les dieux protecteurs,* p. 129. — Voir mes notes aux v. 602 et 851 du Ch. I des *Argonautiques.*
3. *Argon.*, I, v. 850-852.
4. *Argon.*, I, v. 857-860.
5. *Argon.*, III, v. 135-136.

dons, en témoignage de sa reconnaissance pour le père d'Aiétès, Hélios, qui l'avait recueilli sur son char, alors qu'il était épuisé par le combat de Phlégra [1].

L'imagination érudite d'Apollonios lui a indiqué facilement les motifs des diverses œuvres merveilleuses qui devaient parer la demeure d'Aiétès : les fontaines nous font penser aux quatre sources de Calypso [2], comme les taureaux d'airain aux chiens d'or fabriqués par le dieu pour le roi Alcinoos [3]. D'ailleurs, avant Apollonios, Phérécyde [4] et Antimaque [5], dans sa *Lydé*, avaient parlé de ces taureaux, œuvre d'Héphaistos, dont les pieds étaient d'airain et dont le mufle exhalait des flammes. — Toutes ces créations miraculeuses, aussi bien que les servantes d'or que la Thétis de l'*Iliade* voit dans la maison olympienne du dieu, semblables à des jeunes filles vivantes, douées de la voix et du mouvement [6], sont autant de preuves de cette puissance productrice d'Héphaistos dont Pandore est le chef-d'œuvre [7].

Mais de quel atelier sortent toutes ces merveilles? L'Héphaistos de l'*Iliade*, qui n'a pas de résidence terrestre et dont les ateliers sont dans le ciel [8], a construit toutes les demeures olympiennes des dieux [9] : on peut admettre que la maison que l'Héphaistos des *Argonautiques* a bâtie pour Cypris et pour lui-même date de cette époque primitive, et qu'elle a été construite sur place dans le ciel.

L'Héphaistos de l'*Odyssée* a transporté ses ateliers

---

1. *Argon.*, III, v. 221-234. — Pour le rôle d'Héphaistos dans le combat des Géants, voir, plus haut, l. I, ch. II, p. 38; ch. IV, p. 96.
2. *Odyssée*, V, v. 70.
3. *Odyssée*, VII, v. 91.
4. Scol. *Argon.*, III, v. 409.
5. Scol. *Argon.*, III, v. 230.
6. *Iliad.*, XVIII, v. 413 et suiv
7. Decharme, *Mythol.*, p. 174.
8. Decharme, *Mythol.*, p. 172.
9. *Iliad.*, I, v. 606-608.

dans l'île de Lemnos dont le volcan, symbole naturel des forges divines, s'est éteint vers le temps d'Alexandre[1]. La poésie de l'époque alexandrine place les forges du dieu aux environs de la Sicile, dont les Grecs, établis maintenant dans l'île, ont fait connaître le volcan, l'Etna, et l'ont rendu aussi célèbre que le volcan de Lemnos avait pu l'être jadis.

Au moment où se passe l'action des *Argonautiques*, les ateliers divins où le dieu va chaque matin sont situés « dans les profondeurs de l'île errante, où il fabrique en airain toute sorte d'ouvrages merveilleux, grâce à la puissance du feu »[2]. Apollonios ne dit ni le nom ni la situation précise de cette île errante, sur le rivage de laquelle « les enclumes d'airain d'Héphaistos sont heurtées par de durs marteaux »[3] : mais il est facile d'en fixer la position.

Cette île, en effet, n'est pas éloignée de la demeure d'Aiolos, qui commande aux vents nés de la région supérieure[4]. Héra envoie sa messagère Iris à la fois à Héphaistos et à Aiolos, pour prier le maître des vents d'arrêter tous les souffles dans l'espace, excepté le Zéphyre, jusqu'au moment où les Argonautes seront arrivés dans l'île d'Alcinoos, et pour demander à Héphaistos de faire cesser le mouvement de ses marteaux de fer. Aussitôt, les soufflets, noircis par le feu, retiennent leur haleine[5]. Cependant, les héros sont partis d'Aia, dans le pays des Tyrrhéniens[6]. C'est après avoir dépassé l'île des Sirènes[7], et avant de se trouver en vue de l'île de Trinacrie[8], que les Argonautes, franchissant les passes difficiles entre le rocher

---

1. Decharme, *Mythol.*, p. 172.
2. *Argon.*, III, v. 41-43.
3. *Argon.*, IV, v. 761-762.
4. *Argon.*, IV, v. 764-766.
5. *Argon.*, IV, v. 776-777.
6. *Argon.*, IV, v. 885 et suiv.
7. *Argon.*, IV, v. 920.
8. *Argon.*, IV, v. 965.

abrupt de Scylla et le gouffre mugissant de Charybde [1], aperçoivent aux environs les demeures d'Héphaistos. « Ailleurs encore frémissaient sous les flots immenses les Roches-Errantes qui, naguère, exhalaient de la cime de leurs pics, par-dessus les rocs brûlants, une flamme ardente ; la fumée obscurcissait l'air : on ne pouvait apercevoir l'éclat du soleil. Héphaistos avait bien cessé alors ses travaux, mais la mer continuait de lancer une chaude vapeur [2]. » Battues par les vagues, les Roches-Errantes tantôt s'élèvent dans les airs, comme des pics escarpés, tantôt se plongent au plus profond des abîmes de la mer [3] : c'est sur la cime d'un de ces rochers qu'Héphaistos s'est placé pour assister au travail des Néréides [4].

On le voit : Apollonios ne place pas les forges d'Héphaistos en Sicile, dans l'Etna, mais bien dans une île errante, au milieu des Roches-Errantes, non loin des demeures d'Aiolos. Cette « île errante », qui n'est pas nommée dans les *Argonautiques*, doit être une des sept îles Aioliennes, probablement, suivant la tradition de Callimaque, le maître d'Apollonios, Lipara, qui était d'abord nommée Méligounis [5] : Strabon mentionne ce changement de nom [6]. D'après le Scoliaste, qui se fonde sur l'autorité de Callias de Syracuse, historien du IIIe siècle avant l'ère chrétienne, Héphaistos aurait eu sa forge dans l'île nommée Hiéra. « Callias dit, dans le livre X de son ouvrage sur Agathocle, qu'il y a dans l'île Hiéra une montagne élevée, à deux cratères, dont l'un, qui a un périmètre de trois stades, produit une lumière capable d'éclairer un grand espace de pays aux alentours. En outre, il sort par cette ouverture

---

1. *Argon.*, IV, v. 922-923.
2. *Argon.*, IV, v. 924-929.
3. *Argon.*, IV, v. 945-947.
4. *Argon.*, IV, v. 958-959.
5. Callimaque, *Hymne à Artémis*, v. 47.
6. Strabon, VI, II, 10.

des pierres enflammées d'une grosseur démesurée; et un bruit si fort retentit, quand Héphaistos travaille, qu'on l'entend à cinq cents stades. Les matières enflammées, rejetées par l'éruption, ont une teinte complètement violette, à cause de leur embrasement, et leur combustion fait qu'elles ont l'aspect et la puissance du soleil. La nuit, on voit parfaitement tous les actes du travail du dieu; et, pendant le jour, on aperçoit comme un nuage en suspension au-dessus du sommet d'où sort la lueur éclatante [1]. »

Strabon rappelle que Hiéra est l'île sacrée d'Héphaistos [2]; il fait allusion aussi à un phénomène semblable à celui dont les Argonautes sont témoins : il n'est pas rare, dit-il, de voir des flammes courir à la surface de la mer, dans les parages des îles d'Aiolos, par suite apparemment de l'ouverture de quelque cratère sous-marin, due aux efforts que le feu intérieur fait sans cesse pour se frayer de nouvelles issues au dehors [3].

Les traditions sur Héphaistos changeaient déjà de l'*Iliade*, qui le faisait l'époux de Charis, à l'*Odyssée*, qui le fait l'époux d'Aphrodite et qui établit ses forges, non plus dans le ciel, mais à Lemnos. Apollonios, dont le poème met en scène les héros de la génération qui précède celle des personnages de l'*Iliade*, a le tort de suivre la tradition de l'*Odyssée*, pour ce qui est du mariage d'Héphaistos. L'anachronisme s'aggrave encore, si l'on songe qu'il est parlé des forges du dieu situées dans l'île de Lemnos à la cour d'Alcinoos que l'*Odyssée* nous représente comme un vieillard, et que, dans les *Argonautiques*, les héros passent en vue de l'île errante où sont les forges d'Héphaistos, avant d'arriver chez Alcinoos, qui est un jeune roi, encore sans enfants.

1. Scol. *Argon.*, III, v. 41. — Ces renseignements sont confirmés et complétés dans la scolie au v. 761 du Ch. IV.
2. Strabon, VI, II, 10.
3. Strabon, VI, II, 11.

Mais le type du dieu forgeron est, dans le poème d'Apollonios, le même que dans les épopées homériques. C'est un bon ouvrier qui ne s'occupe que de son ouvrage : il ne protège personne; il aide tout le monde, soit par reconnaissance, soit par déférence. C'est pour complaire à Héra qu'il rend facile le passage entre les Roches-Errantes aux Argonautes qui ont ravi à Aiétès sa fille et sa toison d'or; c'est par reconnaissance pour les services rendus par Hélios qu'il a fabriqué à Aiétès ces taureaux merveilleux qu'il est si difficile à Jason de dompter. Les œuvres qu'Héphaistos exécute à Hiéra ou à Lipara sont aussi remarquables que celles qu'il exécutait dans l'Olympe ou à Lemnos. Quand il quitte sa forge, il nous apparaît avec la forme et l'aspect que l'anthropomorphisme homérique lui attribuait. Comme le dieu homérique, le dieu des *Argonautiques* travaille seul : il n'a pas pour ouvriers ces Cyclopes, inconnus à Homère, qui sont dans les *Argonautiques* [1], comme dans la *Théogonie* hésiodique [2], les forgerons de la foudre et des éclairs de Zeus qu'ils fabriquent sans avoir besoin de la direction ou même du concours d'Héphaistos [3]. Apollonios est, en cela, plus fidèle aux traditions homérique et hésiodique que Callimaque qui montrait les Cyclopes courbés sur les enclumes d'Héphaistos dans les ateliers de l'île Lipara [4].

Il ne faut donc pas croire, comme le dit M. Decharme, qui prétend s'appuyer en particulier sur une citation d'Apollonios, qu' « à l'époque des premiers établissements grecs en Sicile, Héphaestos eut pour demeure et pour atelier l'immense fournaise de l'Etna, où il est aidé dans son travail par les Cyclopes... (Callim., *in Dian.*, 46 sqq. Strab., VI, 275. Apollon., *Argon.*, IV,

---

1. *Argon.*, I, v. 510-511. — Voir, plus haut, l. I, ch. I, p. 5; ch. II, p. 33; l. II, ch. I, p. 163 et 170.
2. *Théogon.*, v. 140.
3. *Argon.*, I, v. 730-734.
4. Callimaque, *Hymne à Artémis*, v. 46-48.

761) »[1]. — Or, Strabon ne dit nulle part qu'Héphaistos travaille dans l'Etna avec les Cyclopes; Callimaque fait aider Héphaistos par les Cyclopes, mais il place les ateliers divins dans l'île de Lipara. Quant à Apollonios, on a vu qu'il ne donne pas les Cyclopes pour ouvriers au dieu, et qu'il ne place pas les forges d'Héphaistos dans l'Etna, mais dans une île errante qui est Hiéra ou Lipara.

1. Decharme, *Mythol.*, p. 173 et n. 4 de cette page.

CHAPITRE XIV

VULCAIN

I. Le Vulcain de l'*Énéide* et les Cyclopes. — Situation de l'île où se trouvent les forges de Vulcain. — Œuvres de Vulcain et des Cyclopes.
  L'Héphaistos grec identifié dans l'*Énéide* avec le *Vulcanus* italien. — Vulcain personnifie le phénomène du feu bienfaisant ou funeste. — Sens du mot *Mulciber*.
  Légende du Vulcain italien, père de Caeculus et de Cacus, et protecteur de Daunus.
  Les armes d'Énée, chef-d'œuvre du Vulcain italien confondu avec l'Héphaistos homérique.

II. L'épisode de Vulcain et de Vénus. — Combinaison malencontreuse dans l'*Énéide* de la légende grecque d'Héphaistos et de la légende latine de Vulcain. — Le caractère de l'Héphaistos des poèmes homériques et des *Argonautiques* perd toute sa noblesse dans l'*Énéide*.

I

C'est le Vulcain de l'*Énéide* qui travaille avec les Cyclopes de l'Etna [1] non pas, il est vrai, dans les antres du volcan de Sicile, mais dans les cavernes de l'île Hiéra, qui, semblables aux cavernes de l'Etna [2], vomissent au loin le feu et les matières incandescentes.

Virgile fixe avec précision la situation de l'île où est la demeure de Vulcain et qui a pris le nom de *terre Vulcanienne* [3] : elle se trouve aux environs de la Sicile

---

1. *Én.*, VIII, v. 440 : *Aetnaei Cyclopes.*
2. *Én.*, VIII, v. 419 : *Antra Aetnaea.* — Benoist dit bien : Des antres qui vomissent le feu, comme ceux de l'Etna.
3. *Én.*, VIII, v. 422 : *Vulcani domus et Vulcania nomine tellus.*

et de Lipara, demeure d'Éole [1]; elle est consacrée au dieu (c'est l'île Hiéra des Grecs), qui lui a donné son nom *(Vulcania tellus)*. Sous cette île, une caverne s'étend, minée par les feux des Cyclopes; on y entend des coups lourds frappés sur les enclumes qui gémissent; l'acier frémit en jetant des étincelles, et la flamme pétille dans la fournaise [2]. Virgile, on l'a déjà vu [3], confond les Cyclopes d'Homère avec ceux d'Hésiode et en fait les serviteurs de Vulcain. Comme les Cyclopes de la *Théogonie*, ils travaillent à forger la foudre de Jupiter : « Dans leur antre immense, les Cyclopes Brontès, Stéropès et Pyracmon [4], les membres nus, façonnent le fer. Ils avaient déjà formé en partie et poli la foudre que le Père lance souvent du ciel sur la terre. Mais une partie restait imparfaite : ils avaient combiné trois rayons d'une grêle épaisse, trois d'une pluie orageuse, trois d'un feu ardent et trois d'un vent rapide; maintenant, ils y mêlaient les éclairs terrifiants, le bruit, l'effroi et la colère impétueuse de la flamme [5]. » On reconnaît la description des *Argonautiques* : « Les Cyclopes, courbés sur leur ouvrage éternel, forgeaient la foudre pour le roi Zeus. Ils étaient déjà si avancés dans sa fabrication, la foudre était si brillante déjà qu'il n'y manquait plus qu'un rayon; et ce rayon s'étendait sous les marteaux de fer, étincelante émanation du feu vigoureux [6]. » En même temps que la foudre, Vulcain et les Cyclopes forgent d'autres ouvrages, le char de Mars, l'égide de Pallas [7], qui sont

1. *Én.*, VIII, v. 416-417.
2. *Én.*, VIII, v. 417-421.
3. L. II, ch. II, p. 221, n. 2.
4. Les Cyclopes d'Hésiode se nomment Brontès, Stéropès et Argès. Pyracmon (πῦρ, ἄκμων, *enclume*) n'est pas mentionné avant Virgile; après lui, les poètes latins le citent à côté de Brontès et de Stéropès. — Voir Forbiger, note au v. 425 du Ch. VIII de l'*Énéide*.
5. *Én.*, VIII, v. 424-432.
6. *Argon.*, I, v. 730-734.
7. *Én.*, VIII, v. 433-438.

du même ordre que les travaux merveilleux exécutés d'ordinaire par l'Héphaistos des poèmes homériques ou des *Argonautiques*, dans ses ateliers de l'Olympe ou de « l'île errante ».

Quoique Virgile ne fasse pas le portrait de Vulcain, comme c'est évidemment le même dieu qui, dans les *Argonautiques*, se rend, dès le matin, à ses forges de l'île errante, et, dans l'*Énéide*, à celles de l'île Vulcanienne, Vulcain doit être représenté de la même manière qu'Héphaistos.

Virgile, en effet, identifie absolument l'Héphaistos grec et le *Volcanus* ou *Vulcanus* italien, qui personnifient, l'un et l'autre, le phénomène du feu. Vulcanus signifie souvent le feu lui-même, comme Mars signifie la bataille [1]. Quand il est personnifié, Vulcanus désigne avant tout le maître du feu, le dieu puissant par le feu qui lui permet de forger ses ouvrages merveilleux, *Ignipotens, deus ignipotens* [2].

Si « la philologie comparée nous apprend qu'il faut reconnaître dans le nom d'Héphaestos la forme grecque d'une des épithètes les plus fréquentes d'Agni, le dieu védique du feu » [3], la science n'a pas encore trouvé d'étymologie satisfaisante au nom du dieu latin Vulcanus [4]. Le nom de *Mulciber*, attribué au dieu considéré comme forgeron, s'explique mieux par l'étymologie *mulcere* [5], *adoucir, amollir* les durs métaux par le tra-

---

[1]. *Géorg.*, I, v. 295 : *...dulcis musti Vulcano decoquit humorem*; *Én.*, IX, v. 76 : *Vulcanus* = ignis; II, v. 311 : *Vulcano superante* = incendio. — *Vulcanus* est ici le dieu dévorant ou, simplement, le feu dévorant qui détruit les édifices dans les incendies. Cf. Preller-Jordan, *Röm. Mythol.*, zweiter Band, p. 152 et n. 4 de cette page. Dans le même sens : *Én.*, V, v. 662 : *...furit immissis Vulcanus habenis*; *Én.*, VII, v. 77 : *...totis Vulcanum spargere tectis*; *Én.*, X, v. 408 : *...acies Vulcania* : l'incendie; littéralement : la troupe, l'armée de Vulcain. (Note de Benoist.)

[2]. *Én.*, VIII, v. 414. Virgile est le seul poète à donner à Vulcain ce nom qui s'explique aisément. (Note de Benoist.) Voir la note de Forbiger à ce vers. — Cf. *Én.*, VIII, v. 423, 628, 710; X, v. 243; XII, v. 90.

[3]. Decharme, *Mythol.*, p. 166-167, et n. 1 de la p. 167.

[4]. Preller-Jordan, *Röm. Mythol.*, zweiter Band, p. 147-148.

[5]. Preller-Jordan, *Röm. Mythol.*, zweiter Band, p. 148.

vail de la forge : Virgile fait de *Mulciber* [1] un synonyme de Vulcain, auteur du bouclier d'Énée.

Vulcain, dieu bienfaisant du feu générateur, passait, à Préneste, pour avoir donné la vie au héros Caeculus, né d'une étincelle qui avait atteint et rendu mère la sœur d'un des dieux indigètes de Préneste. Vulcain, dieu malfaisant du feu destructeur et des volcans souterrains dont les éruptions désolent les campagnes, était le père du funeste monstre Cacus, qui fut vaincu et tué par Hercule.

Virgile fait allusion à la première de ces deux légendes du Vulcain italien [2], en se contentant de rappeler qu'elle est l'objet de la croyance générale [3], et il développe longuement la seconde dans le célèbre épisode d'Hercule et de Cacus [4]. Au demeurant, les noms de *Cacus* et de *Caeculus* se rapportent l'un et l'autre au verbe καίω, brûler. Ils conviennent bien au héros fondateur de Préneste, qui est un des meilleurs alliés de Turnus [5], et au monstre destructeur qui se cache dans une montagne volcanique : car ils sont nés tous les deux du dieu qui préside au feu bienfaisant, nécessaire à la fondation des villes et à la civilisation, et au feu malfaisant, qui détruit les récoltes et les demeures des hommes.

On le voit, si l'Héphaistos de l'*Iliade* n'a ni fils ni protégés; si celui des *Argonautiques* ne s'intéresse à personne, le Vulcain de l'*Énéide* a des fils, Caeculus et Cacus; il a aussi un protégé, Daunus, le propre père de Turnus.

Le dieu, maître du feu, a forgé lui-même pour Dau-

---

1. *Én.*, VIII, v. 724.
2. *Én.*, VII, v. 679 et suiv. — Sur Caeculus, voir Preller-Jordan, *Röm. Mythol.*, zweiter Band, p. 148, 219, 287, 339; Roscher, *Lexicon*, I, p. 843-844.
3. *Én.*, VII, v. 680 : *...omnis quem credidit aetas.*
4. *Én.*, VIII, v. 184-267. — Cf. Preller-Jordan, *Röm. Mythol.*, zweiter Band, p. 287 et suiv.; Roscher, *Lexicon*, I, p. 2270-2281 ; Bréal, *Hercule et Cacus* (Thèse, 1868, et *Mélanges*, 1878), etc.
5. *Én.*, X, v. 543-544.

nus une épée qu'il a rendue incorruptible en la plongeant dans l'eau du Styx, alors que le métal en était encore incandescent [1]. « Il n'existe pas de légende spéciale sur l'épée donnée à Daunus par Vulcain [2]. » Je ne trouve même, nulle part, aucune mention de rapports d'amitié entre le père de Turnus et le dieu du feu [3]. On peut aussi s'étonner, avec Heyne [4], de voir un dieu qui n'appartient pas aux Enfers, y pénétrer pour donner à une épée qu'il a faite la trempe du Styx, le fleuve inviolable : le procédé de Vulcain nous surprend d'autant mieux que le *Vulcanus* latin, protecteur de Daunus, ne connaît même pas l'existence du Styx qui appartient seulement aux croyances helléniques.

Il semble aussi étrange que Turnus marche au combat contre Énée, armé de l'épée de Daunus, œuvre du Vulcain latin, alors que son ennemi s'avance muni des armes merveilleuses que l'Héphaistos grec a fabriquées pour lui.

En effet, si l'*Énéide* rapporte quelques traits de la légende du Vulcain latin, c'est l'Héphaistos homérique qui joue surtout un rôle dans l'épopée de Virgile. Alors même qu'il travaille au fond des antres de l'île Vulcania, il est désigné sous le nom de *pater Lemnius* [5]; et l'œuvre principale qu'il y fabrique, ce sont les armes d'Énée qui lui ont été demandées par sa femme Vénus — l'Aphrodite de l'*Odyssée*, qui le trompait avec Arès, la Cypris des *Argonautiques*, qui l'attendait en peignant sa belle chevelure dans le vestibule de la maison qu'il lui avait construite.

Les armes d'Énée seront le chef-d'œuvre du Vulcain de l'*Énéide*. Il en est parlé très souvent. Pour fabriquer

1. *Én.*, XII, v. 90-91.
2. Note de Benoist au v. 90 du Ch. XII de l'*Énéide*.
3. Voir l'article *Daunus* de G. Wissowa, dans le *Lexicon* de Roscher, I, p. 964.
4. Heyne, note au v. 91 du Ch. XII de l'*Énéide*.
5. *Én.*, VIII, v. 454.

l'armure de ce héros, les Cyclopes doivent interrompre tous les travaux commencés, même la préparation de la foudre de Jupiter [1]. A peine terminées, ces armes sont déjà célèbres; elles effraient les ennemis d'Énée : Turnus oublie volontairement qu'il porte l'épée que Vulcain a fabriquée à Daunus; et, pour relever le courage des Rutules [2], il leur dit bien haut qu'il n'a pas besoin contre les Troyens d'armes forgées par Vulcain [3]. Heyne voit, à tort semble-t-il, dans ce vers une allusion aux armes d'Achille, œuvre d'Héphaistos [4] : quoique la Sibylle ait désigné le fils de Daunus comme l'Achille du Latium [5] à Énée qui, lui, ne connaît que trop pour son malheur le véritable Achille, il est peu probable que Turnus, et surtout les Rutules à qui il parle, connaissent les exploits du fils de Thétis et l'existence de l'armure merveilleuse que sa mère a obtenue pour lui. Mais ils ne peuvent ignorer que Vulcain a fait pour Énée des armes divines. Cymodocée, l'une des Nymphes que Cybèle a fait naître de la métamorphose des navires troyens, rappelle à Énée lui-même qu'il doit prendre l'offensive, muni du bouclier invincible que le maître du feu a forgé pour lui et dont il a couronné d'or les vastes contours [6]. Enfin, c'est sur ce bouclier, œuvre de Vulcain [7], que se brise l'épée, ouvrage d'un mortel [8], que Turnus emprunte à son écuyer Métiscus, oublieux, dans son impatience, de s'armer du glaive paternel [9], de ce glaive que Daunus avait reçu de Vulcain et qui aurait combattu sans inégalité avec les armes vulcaniennes d'Énée.

1. *Én.*, VIII, v. 439-443.
2. *Én.*, IX, v. 127 et suiv.
3. *Én.*, IX, v. 148 : *Non armis mihi Vulcani... Est opus in Teucros.*
4. *Respicit Turnus arma a Thetide Achilli apportata.* (Note de Heyne.)
5. *Én.*, VI, v. 89 : *...alius Latio iam partus Achilles.*
6. *Én.*, X, v. 242-243.
7. *Én.*, XII, v. 739 : *...arma dei... Vulcania.*
8. *Én.*, XII, v. 740 : *Mortalis mucro.*
9. *Én.*, XII, v. 736 : *...patrio mucrone relicto.*

II

Nous ne savons pour quelles causes le Vulcanus italien avait fait à Daunus présent de ce glaive. Mais les raisons qui amènent Héphaistos-Vulcain à accorder des armes merveilleuses au fils d'Aphrodite-Vénus nous semblent peu avouables : le dieu consent, en somme, à un marché déshonorant que sa femme lui propose.

Inquiète du sort d'Énée, son fils bien-aimé, Vénus profite de la nuit et du moment où elle est couchée dans les bras de Vulcain pour lui inspirer par ses paroles un amour divin [1]. Quand le dieu est pénétré de cet amour, elle lui demande des armes pour Énée : c'est une mère qui implore en faveur de son fils [2]. — Il semble étonnant que Virgile n'ait pas compris ce qu'il y a d'indélicat à montrer une mère sollicitant son époux légitime en faveur de son fils adultérin à elle, en faveur d'Énée dont l'existence seule est un outrage pour Vulcain. — Mais le dieu ne se laisse pas convaincre tout de suite : il hésite [3] — et cela se conçoit — à accorder ce qui lui est demandé. Vénus a recours aux grands moyens : elle s'efforce de provoquer chez son époux des sentiments qu'elle ne partage pas [4].

Ce n'est pas ici le lieu d'apprécier la conduite de Vénus qui se prostitue par amour maternel. Il convient simplement de remarquer quel caractère grotesque et méprisable Virgile attribue à Vulcain.

L'Héphaistos de l'*Iliade* avait le bonheur d'être marié à l'honnête Charis; l'Héphaistos de l'*Odyssée*,

---

1. *Én.*, VIII, v. 373 : ...*dictis divinum adspirat amorem.*
2. *Én.*, VIII, v. 383 : *Arma rogo genetrix nato.*
3. *Én.*, VIII, v. 388 : *Cunctantem.*
4. *Én.*, VIII, v. 393 : *Sensit laeta dolis et formae conscia coniux.*

marié à Aphrodite, est trompé par elle, mais le dieu πολύμητις se venge avec esprit. Rien ne permet de supposer que la chambre de l'Héphaistos des *Argonautiques*, cette chambre si soigneusement parée par Cypris, soit le théâtre de scènes semblables à celle que Virgile décrit trop longuement. Le Vulcain de l'*Énéide* est un barbon amoureux [1] : il ne peut résister aux caresses de Vénus, et, quand elle se livre, il promet le prix qui lui a été demandé [2].

On pourrait penser à chercher des circonstances atténuantes à cette scène pénible en rappelant qu'elle est imitée de l'épisode de l'*Iliade* où Héra séduit Zeus [3].

Héra veut détourner quelque temps l'attention de Zeus loin de la bataille où les Achaiens vont succomber. Alors, elle se pare; grâce à la ceinture d'Aphrodite, elle se déguise presque en courtisane, pour mieux exciter les sens de son époux, toujours ardent et volage. Elle réussit; bientôt, Zeus s'endort dans ses bras et les Troyens sont vaincus. Héra est très discrète, elle n'a rien demandé : elle a, d'ailleurs, sur Zeus, dont elle est l'épouse aimante et irréprochablement fidèle, des droits conjugaux que Vénus ne saurait faire valoir auprès de Vulcain. Elle n'a passé aucun marché qui la rende méprisable; Zeus lui-même ne devient pas ridicule pour s'être laissé ainsi surprendre. A son réveil, comprenant la ruse d'Héra, il se fâche et menace.

Il n'y a donc pas de rapprochement à établir entre l'épisode de l'*Iliade* et celui de l'*Énéide* : on comparerait mieux ce dernier au passage de la *Thébaïde* [4], où Stace montre Vénus séduisant sans peine Mars, le dieu brutal et inintelligent de la guerre, qui est, d'ailleurs, son complice et à qui le rappel de leurs anciennes

---

1. *Én.*, VIII, v. 394 : *...aeterno... devinctus amore.*
2. *Én.*, VIII, v. 395-405.
3. *Iliad.*, XIV, v. 294 et suiv.
4. *Thébaïde*, III, v. 262 et suiv.

amours adultères est le gage de voluptés nouvelles. Mais Héphaistos est un dieu chaste à la fois et plein de sagesse et d'esprit.

Il semble particulièrement maladroit de la part de Vénus de s'autoriser, pour demander des armes en faveur d'Énée, des présents du même genre que Vulcain a faits à Thétis et à l'Aurore [1]. On le sait, les armes de Memnon, fils de l'Aurore [2], sont l'œuvre de Vulcain [3]. Éôs est la sœur d'Hélios : il se peut — mais nous n'en savons rien — que les mêmes raisons de reconnaissance qui ont poussé Héphaistos, dieu du feu terrestre, à fabriquer pour Aiétès, fils d'Hélios, les merveilles que les Argonautes admirent devant le palais du roi des Colchiens, lui aient fait faire aussi une armure pour Memnon, le neveu d'Hélios. Quant à Thétis, l'Héphaistos homérique avait à son endroit bien des obligations : le dieu reconnaissant tient à les rappeler, quand la mère d'Achille vient lui demander une armure pour son fils bien-aimé [4]; il exprime sa gratitude à Thétis, en présence de sa femme Charis, qui, ainsi qu'Héphaistos, accable la Néréide de témoignages de reconnaissance.

Il n'est pas admissible que la Vénus de l'*Énéide* s'autorise, quand elle demande des armes pour Énée, de la légende postérieure à l'époque homérique, d'après laquelle la confection de l'armure d'Achille aurait été, comme celle de l'armure d'Énée, le prix d'un marché honteux, conclu, celui-ci, entre Héphaistos et Thétis.

En effet, au dire de Phylarque, historien, qui, suivant Polybe, vivait au temps d'Aratos, c'est-à-dire au IIIe siècle avant l'ère chrétienne [5], quand Thétis vint demander

---

1. *Én.*, VIII, v. 383-384.
2. *Én.*, I, v. 751 : ...*quibus Aurorae venisset filius armis*.
3. Homère-Didot, *Cycli Fragmenta,* p. 583, col. 1.
4. *Iliad.*, XVIII, v. 428-467.
5. Polybe, II, LVI. Cf. C. Müller, *de Phylarcho*, p. LXXVII-LXXX de l'Introduction au volume I des *Fragm. Hist. Graec.*

à Héphaistos de lui faire des armes pour Achille, elle fut obligée de lui promettre qu'il aurait, en récompense, commerce avec elle. La Néréide ne put échapper au dieu que par un stratagème : sous prétexte qu'elle était de la même taille que son fils, elle demanda à essayer l'armure, et, une fois qu'elle en fut revêtue, elle prit la fuite. Le divin boiteux, qui ne pouvait l'atteindre à la course, réussit seulement à la blesser au talon en lui lançant son marteau[1]. — Cette légende est tout à fait en désaccord avec ce que nous connaissons du caractère de l'Héphaistos hellénique : mais la légende virgilienne, qui montre Vulcain séduit par un amour sénile pour Vénus et abdiquant toute dignité de mari et de dieu, ne nous semble pas moins choquante.

Le bouclier d'Énée est aussi merveilleux que celui d'Achille; Vulcain est un aussi habile ouvrier qu'Héphaistos. Mais son caractère moral est indigne de son habileté artistique. Le dieu de l'*Odyssée* qui se venge si spirituellement d'Arès et d'Aphrodite n'aurait certes pas travaillé pour le fils adultérin d'Arès et d'Aphrodite ou pour le bâtard obscur d'Aphrodite et d'un pâtre du Mont-Ida. L'Héphaistos des *Argonautiques* n'abaisserait pas son art jusqu'à fabriquer un jouet pour Éros : Cypris promet au petit dieu « une boule qui roule si bien qu'il ne pourrait obtenir d'Héphaistos un présent plus précieux »[2]. Mais elle n'a garde de solliciter d'Héphaistos un pareil présent pour Éros.

Le Vulcain latin, père de Caeculus, qui est un allié de Turnus, auteur de l'épée immortelle de Daunus, père de ce même Turnus, n'a aucune raison pour armer Énée contre son propre fils Caeculus et contre le fils de son protégé Daunus.

---

1. Scol. de Pindare, *Néméennes*, IV, v. 81 ; cf. *Fragm. Hist. Graec.*, vol. I, p. 357, n° 82.
2. *Argon.*, III, v. 135-136.

En combinant mal à propos les légendes de l'Héphaistos grec et du Vulcanus latin, Virgile n'a réussi qu'à donner sous le nom de Vulcain l'esquisse d'un dieu ridicule et répugnant, très habile ouvrier, mais amoureux sénile d'une déesse courtisane qui lui fait acheter ses faveurs au prix de sa dignité conjugale.

CHAPITRE XV

CYPRIS

I. Aphrodite est toujours nommée, dans les *Argonautiques*, Cypris ou Cythéréia, la déesse de Cypre ou de Cythère. Cypris, femme d'Héphaistos; ses égards pour son mari; l'affaire de Lemnos. Cythéréia et Arès. *La Vénus drapée.* Rôle de Cypris dans les *Argonautiques*. Il est beaucoup question d'elle avant son entrée en scène.

II. L'épisode des trois déesses au Chant III. Cypris à sa toilette, dans les *Argonautiques* et dans les monuments figurés. Cypris et Éros. Transformation du type d'Éros. L'Éros alexandrin. Ses rapports avec sa mère; importance de son rôle.

III. Cypris et Boutès. L'Aphrodite du Mont-Éryx, en Sicile. Éros et Médée. Les Éros. Imprécation du poète contre le dieu de l'amour. Cypris n'est pas responsable des crimes que son fils fait commettre.

I

La déesse que la Mythologie grecque connaît d'ordinaire sous le nom d'Aphrodite est toujours désignée, dans les *Argonautiques*, par des surnoms qui indiquent les endroits où elle était principalement adorée. Déjà, dans l'*Iliade* et dans l'*Odyssée*, Aphrodite « reçoit le surnom de Cypris et de Cythérée, ce qui montre qu'à l'époque homérique, l'Aphrodite grecque était déjà identifiée à l'Astarté phénicienne, adorée dans Chypre, à Paphos et à Amathonte »[1]. Mais, ces deux surnoms, qui sont, en somme, assez rares dans les poèmes homé-

---

[1]. Maury, *Hist. Relig. Grèce*, t. I, p. 297.

riques, et dont l'un, Cypris, ne se trouve que dans l'*Iliade*[1], l'autre, Cythéréia, que dans l'*Odyssée*[2], deviennent, dans les *Argonautiques*, les seuls noms de la déesse[3] adorée spécialement à Cypre[4] et à Cythère[5].

Il a déjà été question des diverses légendes qui concernent la naissance de la déesse[6]. Apollonios n'en dit rien; mais l'omission systématique du nom d'Aphrodite dans l'épopée alexandrine prouve bien que le poète n'admet pas la légende hésiodique qui fait naître la déesse de l'écume de la mer fécondée par les parties sexuelles d'Ouranos mutilé. Mais, en employant toujours les noms de Cypris et de Cythéréia, il tient à établir que, quelle que soit sa naissance, la déesse est d'origine étrangère : ce n'est pour lui que la divinité de Cypre ou de Cythère[7].

On a vu aussi que, dans les *Argonautiques*, Cypris est la femme d'Héphaistos. Si elle n'est pas une épouse fidèle, du moins les apparences sont gardées : les bons rapports des deux époux se manifestent clairement dans l'affaire de Lemnos. Les Lemniennes, dit Apollonios, étaient poursuivies par le terrible courroux de Cypris, parce que, depuis longtemps, elles ne l'avaient pas honorée de leurs offrandes. Par vengeance, la déesse pousse les hommes de Lemnos à négliger leurs épouses pour des captives qu'ils amènent dans leurs maisons, et excite les femmes à tuer leurs maris. Mais, depuis ce meurtre général, habitée seulement par des femmes, l'île consacrée à Héphaistos deviendrait bientôt déserte.

---

1. *Iliad.*, V, v. 330, et souvent dans ce Chant V.
2. *Odyssée*, VIII, v. 288; XVIII, v. 193.
3. Κύπρις = *Argon.*, I, v. 615, 803, 850, 860, 1233; II, v. 424; III, v. 3, 25, 37, 76, 80, 90, 127, 549, 559, 936, 942; IV, v. 918. — Κυθέρεια = I, v. 742; III, v. 108, 553.
4. Sur le culte d'Aphrodite à Cypre, voir, en particulier, Maury, *ouvr. cité*, t. III, p. 201 et suiv.
5. Sur le culte d'Aphrodite à Cythère, voir, en particulier, Maury, *ouvr. cité*, t. I, p. 117; t. III, p. 203-204.
6. Voir, plus haut, l. II, ch. II, p. 229-230.
7. Cf. Bertrand, *Les dieux protecteurs*, p. 123.

Aussi, quand le navire Argo aborde à Lemnos, Cypris, par égard pour Héphaistos, met dans l'âme des Lemniennes un doux désir, afin que désormais, grâce à l'arrivée des héros, la population de l'île soit complète. Les Argonautes acceptent volontiers l'hospitalité qui leur est offerte par les femmes; les Minyens et les Lemniennes font des sacrifices à Cypris et à Héphaistos et chantent des hymnes en l'honneur du couple divin [1].

Nous n'avons pas de renseignements précis sur les causes de la vengeance d'Aphrodite. Apollodore reproduit à peu près textuellement le récit d'Apollonios [2], que le Scoliaste paraphrase [3]. Mais le Scoliaste explique de quelle manière Aphrodite se vengea des Lemniennes : elle les affligea d'une puanteur insupportable; ce détail important, qui est une circonstance atténuante pour les maris infidèles, est omis par le poète alexandrin. Au demeurant, les traditions diffèrent beaucoup sur le séjour des Argonautes à Lemnos. Pindare dit que c'est au retour d'Aia que les héros s'arrêtèrent dans l'île [4]; et, d'après l'historien Myrsilos [5], ce serait Médée elle-même qui, par jalousie, aurait jeté dans l'île une substance magique, cause de la mauvaise odeur des femmes de Lemnos.

Quoi qu'il en soit, l'épisode du séjour des Argonautes à Lemnos est une preuve de la bonne intelligence d'Héphaistos et de Cypris.

Le lecteur des *Argonautiques* n'a pour preuve indirecte de la mauvaise conduite de la déesse qu'un des sujets brodés sur le manteau de Jason. Mais il ne faut pas oublier que c'est Athéné qui a fait les brode-

---

1. *Argon.*, I, v. 609-861.
2. Apollodore, I, 9, 17.
3. Scol. *Argon.*, I, v. 609.
4. Pindare, *Pythiques*, IV.
5. Scol. *Argon.*, I, v. 615.

ries du manteau, et on se rappelle la répugnance que la déesse vierge éprouvait à accompagner Héra chez Cypris : Athéné a, sans doute, ses raisons, et agit en connaissance de cause.

Sur le manteau « était tracée la déesse aux tresses épaisses et longues, Cythéréia, tenant le bouclier commode à manier d'Arès. Depuis l'épaule jusqu'au coude gauche, sa tunique était entr'ouverte au-dessous du sein : en face d'elle, son image apparaissait visible dans le bouclier d'airain [1]. » Apollonios s'inspire évidemment ici de quelque statue connue, semblable à la *Vénus drapée* du Louvre. M. S. Reinach [2] décrit ainsi cette statue : « Au-dessus de la tunique, elle porte un himation enroulé sur le coude gauche, dont elle tire un pli de la main droite, pour le ramener sur l'autre épaule. Le manteau a glissé et laisse un sein à découvert. Visconti rappelle à ce propos (*Mus. Pio Clem.*, t. III, p. 46) Apoll. Rhod., I, 743-746 [3]. » — L'usage du bouclier d'Arès, employé comme miroir par la déesse, est assurément compromettant pour Cypris : mais nous sommes loin du flagrant délit constaté dans l'*Odyssée*.

Pourquoi Athéné a-t-elle eu l'idée de représenter Aphrodite sur le manteau de Jason ? Le Scoliaste [4] suppose que, par les dessins de la chlamyde, le poète a voulu simplement représenter la condition et les actes de l'humanité : Aphrodite « porteuse d'armes » serait le symbole de tous les événements qui se passent dans les villes, les amours et les guerres. Cette interprétation ne me semble pas exacte : la représentation d'Aphrodite victorieuse enseigne plutôt aux Minyens la puissance

---

1. *Argon.*, I, v. 742-746.
2. *Gazette archéologique*, 1887, p. 250 et suiv., *La Vénus drapée* au Musée du Louvre.
3. Cf. Collignon, *Mythol. figurée*, p. 147 : « Sur des monnaies impériales, Vénus victorieuse se mire dans un bouclier. »
4. Scol. *Argon.*, I, v. 763. — Voir, plus haut, l. III, ch. III, p. 433.

décisive de cette déesse de Cypre ou de Cythère qu'ils connaissent très peu; Athéné indique à peu près à Jason ce que la Sibylle dit à Énée : « La première voie de salut, ce dont tu ne te doutes guère, te viendra d'une ville grecque [1]. » Ce n'est pas d'une ville appartenant à une race ennemie, mais d'une divinité qui n'a point d'autel à Iolcos, qui n'est pas parmi les protectrices de la race de l'Aisonide, que le salut viendra aux Minyens.

Voilà, je crois, pour le sens du dessin; quant au dessin lui-même, Apollonios le décrit pour que ses héros et ses lecteurs connaissent, dès le commencement du voyage, la déesse qui, absente ou présente, aura tant d'influence sur le dénouement du drame.

Cypris ne doit paraître qu'au IIIe Chant; elle sera alors la déesse νικηφόρος dont l'intervention assurera le succès des Argonautes. Mais, pour préparer ce rôle inattendu de la déesse, le poète a soin de faire souvent allusion à son action indirecte et lointaine. Il a montré son pouvoir irrésistible sur les femmes de Lemnos et sur les Argonautes eux-mêmes qui, tous, à l'exception d'Héraclès et de quelques héros de sa trempe, y ont cédé [2]. Il montre encore son pouvoir dans l'épisode d'Hylas : c'est parce que Cypris a frappé le cœur de la Nymphe de la fontaine que celle-ci entraîne le jeune homme au fond des eaux, pleine du désir de baiser sa bouche délicate [3].

Le sage devin Phinée dit bien à Jason qu'il doit se ménager l'aide de Cypris : « Ayez soin, mes amis, de vous préparer le secours artificieux de la déesse Cypris : c'est en elle que réside le succès glorieux de vos épreuves [4]. » Hélénus ne recommandait pas autrement.

---

1. *Én.*, VI, v. 96-97.
2. *Argon.*, I, v. 855-856.
3. *Argon.*, I, v. 1233-1240.
4. *Argon.*, II, v. 423-424.

à Énée de se concilier Junon [1] : mais Junon est une ennemie que le héros troyen doit désarmer par ses prières; Cypris est simplement une inconnue que les Minyens doivent apprendre à connaître et à adorer.

Ce n'est pas sans intention que Phinée dit aux Argonautes de faire par une colombe l'essai du passage entre les Roches-Cyanées [2] : en employant la colombe qui est l'oiseau de Cypris, les héros se mettent, sans le savoir peut-être, sous la protection de la déesse. La colombe joue encore son rôle pour encourager les héros, quand ils sont désespérés par l'accueil d'Aiétès. Un timide oiseau de Cypris, poursuivi par un faucon, vient se réfugier dans le sein de Jason. Aussitôt, Mopsos interprète ce présage : « Phinée s'est montré véridique en prédisant que notre retour aurait lieu grâce à la déesse Cypris. Or, ce doux oiseau, qui lui est consacré [3], a échappé à la mort... Aussi, mes amis, implorez Cythéréia à votre aide [4]. »

Cette protection ne plaît point à tous les héros : le rude Minyen Idas s'indigne qu'on invoque le secours de Cypris qu'il ne connaît pas [5]. Mais la majorité des Argonautes se soucie peu de récriminations semblables, et Jason va, plein de confiance, sous les auspices de la déesse, à l'entrevue qui lui a été ménagée avec Médée. Rassuré par un présage qui vient d'Héra, Mopsos peut lui dire : « La jeune fille sera bien disposée en ta faveur, grâce à Cypris qui luttera avec toi dans tes épreuves, suivant ce que l'Agénoride Phinée a prédit [6]. »

---

1. *Én.*, III, v. 437. — Voir, plus haut, l. III, ch. II, p. 394.
2. *Argon.*, II, v. 328.
3. « Apollodore, dans son ouvrage sur les dieux, dit que la colombe est consacrée à Aphrodite, à cause de sa lasciveté; car son nom [περιστερά] vient de περισσῶς ἐρᾶν [*aimer avec excès*]. » (Scol. *Argon.*, III, v. 549.)
4. *Argon.*, III, v. 549-553.
5. *Argon.*, III, v. 559.
6. *Argon.*, III, v. 941-943.

II

Mopsos ne peut qu'invoquer l'autorité des prédictions de Phinée, car il ne sait pas ce que les déesses protectrices de Jason, Héra et Athéné, ont fait pour concilier au héros le secours de Cypris et de son fils Éros. Le lecteur des *Argonautiques*, lui, est au courant de cette démarche qui a été si pénible à la pudeur virginale d'Athéné.

On a assisté à ce *mime* qui a pour actrices les trois déesses; on a apprécié le rôle d'Athéné et d'Héra dans leur entrevue avec la mère d'Éros [1]. Il reste à étudier le caractère de Cypris, à voir ce qu'elle est et comment elle parle.

Au moment où Héra et Athéné se mettent en route vers la grande maison olympienne qu'Héphaistos a bâtie pour l'épouse qu'il devait recevoir de la main de Zeus, nous ne connaissons encore Cypris, qui n'a point paru dans le poème, que par son portrait qu'Athéné a brodé sur le manteau de Jason. Le portrait paraît ressemblant; il montre, tout au moins, la déesse à une de ses occupations favorites. La Cypris du manteau se mirait dans le bouclier d'Arès. Quant à la Cypris réelle, alors que les visiteuses, entrées dans l'enceinte de la demeure, s'arrêtent sous le portique, elles l'aperçoivent « seule à la maison, assise vis-à-vis des portes sur un siège fait au tour; elle avait ses blanches épaules couvertes des deux côtés de sa chevelure déployée qu'elle ordonnait avec un peigne d'or, avant de tresser ses longues boucles » [2]. Cypris, qui arrange sa belle chevelure, fait le pendant de Cypris qui se mire complaisam-

1. Voir, plus haut, l. III, ch. I, p. 383-386; ch. III, p. 430-431.
2. *Argon.*, III, v. 43-47.

ment dans le bouclier. En la décrivant, Apollonios pense, sans doute, à quelque œuvre d'art représentant la déesse à sa toilette. Un marbre du Vatican montre Aphrodite debout, les bras relevés en arrière, tordant sa chevelure [1]. Plusieurs vases peints représentent la déesse, un miroir à la main, entourée des Charites qui l'aident à se parer [2]. Il est probable que d'autres monuments figurés donnaient la déesse à sa toilette, assise et seule.

Cypris se coiffe et se pare, les portes ouvertes; du portique où elles s'arrêtent, les visiteuses l'aperçoivent facilement. Les déesses homériques n'avaient pas coutume de faire ainsi leur toilette, presque en public. Quand l'Héra de l'*Iliade* veut se parer, elle a soin de se renfermer dans la chambre qu'Héphaistos lui a bâtie et dont les portes aux solides jambages sont assujetties par une serrure secrète qu'aucune autre divinité que la femme de Zeus ne peut ouvrir [3]. Héra est ainsi à l'abri de toutes les indiscrétions; si la Cypris des *Argonautiques* ne recherche pas les indiscrets, elle ne fait rien pour les éviter : on peut la voir assise dans sa chambre vis-à-vis de la porte ouverte. Quand Héra se mettait en frais de toilette, elle avait un but, elle voulait séduire Zeus; les soins donnés à sa parure n'étaient qu'un moyen. Cypris, au contraire, se pare sans autre but que de se parer, pour le plaisir. C'est une habitude quotidienne, un passe-temps de désœuvrée. Seule tout le jour, puisque, dès le matin, Héphaistos est parti pour ses forges, et que — Cypris va le dire elle-même, non sans dépit [4] — les déesses de haut rang n'ont pas coutume de fréquenter chez une divinité dont la vertu est

---

1. Baumeister, *Denkmäler*, t. I, p. 90, fig. 97.
2. *Élite des Monuments céramographiques*, par Ch. Lenormant et J. de Witte, t. IV, pl. IX, XV et XXXIV.
3. *Iliad.*, XIV, v. 166-170.
4. *Argon.*, III, v. 52-54.

sujette à caution, elle tue le temps à s'occuper des soins de sa toilette.

Cette occupation frivole et absorbante est propre à Cypris. Si Apollonios s'attarde à la décrire, il ne faut pas voir dans ce souci du poète une affectation de la poésie alexandrine qui se complairait à peindre des sujets mignards. Trompé, sans doute, par une note de Spanheim [1], qui rapproche les vers 46-47 du Chant III des *Argonautiques* du vers 31 de l'*Hymne à Pallas* de Callimaque, M. Couat veut que l'on compare les deux passages sur la toilette de Cypris et sur celle de Pallas-Athéné [2]. Mais la comparaison mettra simplement en lumière la différence du but que les deux déesses poursuivent quand elles peignent, l'une et l'autre, leur chevelure.

Fatiguée de sa course, souillée de poussière, Pallas va se rafraîchir dans les eaux bienfaisantes du bain: la vierge austère ne veut ni parfums, ni miroir [3]: c'est Cypris, seule, qui a besoin d'un airain où elle se mire, pour arranger sa chevelure à plusieurs reprises [4]. Pallas ne demande qu'un peigne d'or pour démêler ses cheveux salis et mis en désordre pendant sa course rapide [5]. — On voit la différence des deux situations: Athéné se livre à des soins de propreté élémentaire; Cypris se complaît à des artifices de coquetterie.

Dérangée au milieu de sa toilette, Cypris fait aux visiteuses un accueil empressé, mais dont Héra peut comprendre sans peine l'ironie mal dissimulée sous des apparences de politesse affectée. « Tu railles, » dit-elle à la femme d'Héphaistos, quand celle-ci, après s'être levée à la vue des déesses, les a priées d'entrer, leur a

---

1. Ezechielis Spanhemii *Observationes in Hymnum in Palladis lavacrum*, p. 563, note au v. 31.
2. Couat, *Poésie alexandrine*, p. 306, n. 2.
3. *Hymne à Pallas*, v. 12-17.
4. *Hymne à Pallas*, v. 21-22.
5. *Hymne à Pallas*, v. 31-32.

indiqué des sièges à dossier en leur adressant ces paroles : « Vénérables amies, quel dessein, quelle nécessité vous amène, vous si rares ? Pourquoi donc venez-vous toutes deux, vous qui, jusqu'à présent, ne fréquentiez guère ici, car vous êtes au plus haut rang parmi les déesses[1] ? »

La visite d'Athéné, la vierge austère, et d'Héra, l'épouse irréprochable, chez Cypris, qui a fait beaucoup parler d'elle, est chose insolite. Cypris comprend que, si on vient la voir, c'est qu'on a besoin d'elle ; elle profite de ses avantages et n'épargne pas les ironies polies aux grandes dames qui l'honorent d'une visite intéressée.

Héra doit exposer sa requête. Mais Cypris est bonne fille ; l'embarras de la reine des dieux qui s'humilie devant elle la touche vivement ; elle est « saisie de stupeur, émue de respect, en se voyant suppliée par Héra »[2]. Aussi, elle lui adresse de douces paroles : « Vénérable déesse, il n'y aurait, certes, rien de pire que Cypris, si, quand tu le désires, je négligeais de parler ou d'accomplir quelque œuvre dont mes mains sont capables, malgré leur faiblesse. Je ne demande pas même de reconnaissance en retour[3]. » Elle se met à la disposition de ses visiteuses : malheureusement, ce n'est pas d'elle qu'on a besoin, mais de son fils Éros, ce qui change la question du tout au tout.

La poésie homérique ne connaît point Éros ; dans la poésie hésiodique, Éros est un des dieux primitifs, une des puissances qui ont pris part à l'œuvre de formation du monde[4]. C'est assez tard que, pour l'associer et le subordonner à Aphrodite, déesse de l'amour, on rapetisse l'Éros théogonique et on en fait

---

1. *Argon.*, III, v. 47-51 ; v. 52-54.
2. *Argon.*, III, v. 76-77.
3. *Argon.*, III, v. 79-82.
4. *Théogon.*, v. 120 et suiv.

le dieu toujours enfant, fils de la déesse. Dans le temple de Zeus Olympien, Phidias représentait encore Éros faisant accueil à Aphrodite qui s'élève du milieu des flots [1]. C'est la poésie anacréontique qui constitue le type du petit dieu nouveau, enfant cruel, impitoyable, qui torture ses victimes et se joue de leurs souffrances. On sait que la poésie alexandrine n'a pas connu d'autre type d'Éros [2]. Malgré son souci ordinaire d'érudition archaïque, Apollonios lui-même n'ose pas laisser de côté le petit dieu cher à ses contemporains et ne sait pas résister au plaisir de faire entrer dans son épopée l'Éros malicieux d'Anacréon.

Depuis la poésie anacréontique, le dieu de l'amour est regardé comme le fils d'Aphrodite; mais il est né de père inconnu, ou, tout au moins, incertain. En tout cas, il n'est pas le fils légitime du divin boiteux qui part dès le matin pour ses forges et de la belle coquette qui passe sa journée à peigner et à tresser son opulente chevelure. Né d'une fille-mère qu'il dompte et dont il fait sa première victime, Éros ne peut avoir aucune déférence pour Cypris. Cependant, à l'époque alexandrine, le respect du fils pour la mère est beaucoup plus développé qu'à l'époque homérique : on a vu que Zeus lui-même recule respectueusement devant sa vénérable mère quand elle entre dans le ciel immense [3]. Mais Éros sait que sa mère ne mérite aucun respect, et il agit en conséquence. « Héra et Athéné, — dit Cypris aux deux déesses, — mon fils n'a aucun souci de moi; au contraire, il me provoque, il se joue de moi sans cesse. Certes, toujours en proie à sa méchanceté, j'ai pris une fois la résolution de briser, en même temps que son arc, ses flèches au bruit odieux, et cela sans me cacher. Alors, plein de colère, il me dit avec

---

1. Pausanias, V, 11, 3.
2. Voir Couat, *Poésie alexandrine*, p. 176 et 308-309.
3. *Argon.*, I, v. 1100-1101. — Voir, plus haut, l. I, ch. III, p. 59.

menaces que, si je ne tenais les mains loin de lui, pendant qu'il maîtrisait encore sa colère, j'aurais ensuite à m'adresser des reproches à moi-même[1]. »

Ces plaintes font sourire les deux déesses : Athéné, la vierge austère et grave, juge tout cela bien inconvenant; Héra, la mère de famille, aimée et respectée de ses enfants, trouve ridicule et pitoyable cette mère sans autorité qui se vante, comme d'un acte méritoire de courage, d'avoir voulu briser l'arc de son enfant, « et cela sans se cacher. »

Cypris voit le sourire que ses deux visiteuses échangent; elle continue, très triste : « Pour les autres, mes peines sont un sujet de risée et je ne devrais pas les dire à tout le monde; c'est assez que je les connaisse moi-même[2]. » En prononçant ces paroles, la déesse a, sans doute, les yeux baignés de ces larmes qui rendent la Vénus de l'*Énéide* si touchante, sans nuire à sa beauté[3]. Rien, dans cet épisode, qui rappelle la gravité épique : Cypris semble une héroïne de comédie bourgeoise. « Ce morceau, dit M. Dalmeyda[4], pourrait passer pour un véritable mime : Métrotimé se plaignant de Kottalos est une variante réaliste et vulgaire des doléances de Kypris. » Sans doute, mais Métrotimé est une bonne bourgeoise, femme mariée et honnête mère de famille. Ses plaintes ne restent pas sans effet : le maître d'école, Lampriskos, s'empresse de faire fouetter dans les règles le petit drôle dont la mère a de si justes raisons de se plaindre. Il n'est pas de Lampriskos qui ait le pouvoir de châtier Éros. Comme l'Aphrodite des *Dialogues des dieux*, — à qui Lucien aurait bien pu réserver un rôle dans les *Dialogues des courtisanes*, — la Cypris d'Apollonios ne peut que dire

---

[1]. *Argon.*, III, v. 91-99.
[2]. *Argon.*, III, v. 102-103.
[3]. Cf. *Én.*, I, v. 228 : ...*lacrimis oculos suffusa nitentes*.
[4]. G. Dalmeyda, *Les Mimes d'Hérondas*, traduct. franç., Paris, 1893, *Introduction*, p. 52.

à son fils : « Comme tu es terrible, comme tu es maître de tout [1] ! »

A la vérité, c'est un enfant terrible, maître surtout de sa mère, que Cypris va rejoindre dans la plaine fleurie où il se trouve en compagnie de Ganymède [2]. « Tous deux jouaient avec des osselets d'or, comme de jeunes amis : et l'insolent Éros cachait déjà contre sa poitrine le creux de sa main gauche plein d'osselets; il était debout, ses joues s'illuminaient d'une douce rougeur. A côté de lui, Ganymède était à genoux, silencieux et tête basse : il n'avait plus que deux osselets, ayant jeté en vain les autres tour à tour; il était furieux contre Éros qui riait aux éclats. Ayant aussi perdu ses derniers osselets, bientôt après les autres, il s'en alla les mains vides, ne sachant plus que faire; il ne s'aperçut pas de l'arrivée de Cypris [3]. » Brunck [4] fait remarquer que cette description d'Éros et de Ganymède jouant aux osselets est, sans doute, empruntée au groupe célèbre de Polyclète, les *Astragalizontes*, qui, au temps de Pline, qui en parle avec admiration [5], se trouvait dans l'atrium du palais de Titus.

La déesse, fière et heureuse au fond de l'habileté malhonnête de son fils, le gourmande pour la forme : « Pourquoi souris-tu, affreuse peste ? Tu l'as donc trompé ainsi; tu as injustement triomphé de sa simplicité... [6]. » Mais la déesse n'insiste pas; il faut que, « plein de bonne volonté pour sa mère, Éros termine l'affaire dont elle va lui parler [7]. » L'affaire — la séduction de Médée — est vite expliquée; mais il est plus long d'en

---

1. Lucien, *Dialogues des dieux*, XII, 2.
2. Sur Ganymède, voir, plus haut, l. II, ch. I, p. 168.
3. *Argon.*; III, v. 117-127.
4. Brunck, *In Apollonii Rhodii Argonautica variae Lectiones, Notae et Emendationes*, Argentorati, 1780, p. 309. — Voir Couat, *Poésie alexandrine*, p. 309.
5. Pline, *N. H.*, XXXIV, 55.
6. *Argon.*, III, v. 129-130.
7. *Argon.*, III, v. 131.

débattre les conditions. Cypris n'a pas le droit d'ordonner; elle ne peut que proposer un marché. Si Éros veut bien frapper d'une flèche la fille d'Aiétès, il recevra en récompense « un très beau jouet de Zeus, celui que lui fit sa chère nourrice Adrestéia, alors que, dans l'antre Idaien, il s'amusait en enfant. C'est une boule qui roule si bien qu'Éros ne pourrait obtenir des mains d'Héphaistos un présent plus précieux [1]. » J'ai déjà fait observer [2] que, du moins, la Cypris des *Argonautiques* n'a pas, comme la Vénus de l'*Énéide*, l'impudeur de demander à son mari pour quelque enfant né hors du mariage quelque merveille sortie de ses forges divines : la boule est aussi précieuse qu'un ouvrage d'Héphaistos, mais elle n'est pas l'œuvre d'Héphaistos.

Dieu toujours jeune, Éros s'amuse en enfant, comme Zeus lui-même a fait autrefois. Aussi impatient que peut l'être un enfant mal élevé, Éros jette tous ses jouets dans l'attente de celui qui lui est promis; des deux mains, il tient ferme la tunique de sa mère qu'il a saisie des deux côtés; il la supplie de faire son cadeau tout de suite [3]. Cette fois, Cypris résiste : que diraient Héra et Athéné, si elle se laissait tromper par Éros, comme Ganymède ? Elle donnera la boule merveilleuse aussitôt qu'Éros aura percé d'une flèche le cœur de Médée : elle ne la donnera pas avant.

Le petit dieu s'exécute; il fait ses préparatifs de départ. Il sort des demeures de Zeus; il franchit les portes éthérées de l'Olympe, d'où descend une route céleste. « Au-dessous apparaissaient et la terre qui porte les moissons, et les villes des hommes, et les cours sacrés des fleuves; d'autre part, les crêtes des montagnes et, tout autour, la mer. Éros voyait tout

---

[1]. *Argon.*, III, v. 132-136. — Voir, plus haut, l. I, ch. III, p. 66-67; l. II, ch. I, p. 162.

[2]. Voir, plus haut, l. III, ch. XIV, p. 609.

[3]. *Argon.*, III, v. 145-148.

cela pendant qu'il s'avançait au milieu des airs [1]. » — Et tout ce que voit Éros est son domaine : la terre qui porte les moissons, les villes des hommes, les crêtes des montagnes et les cours sacrés des fleuves, tout est soumis à l'empire irrésistible d'Éros.

III

Le rôle de Cypris est désormais terminé. Comme elle l'avait promis à Héra et à Athéné, puisque cela leur était agréable à toutes les deux, elle a tenté l'expérience ; et, comme elle l'espérait, elle a apaisé Éros qui ne lui a pas été indocile. Maintenant, elle va, sans doute, terminer sa toilette que l'arrivée des déesses a interrompue ; pour recevoir ses visiteuses, elle a dû lier ses cheveux qui n'étaient pas encore peignés [2] ; elle aura tout le loisir de les ordonner avec son peigne d'or.

Cypris ne reparaîtra plus dans les *Argonautiques*. Il n'est question dans la fin du poème qu'une seule fois de la déesse qui manifeste sa bienveillance à l'endroit de l'un des Argonautes. Alors que les héros passaient en vue de l'île des Sirènes, l'un d'eux, Boutès, le noble fils de Téléon, séduit par la voix harmonieuse des Muses funestes de la mer, s'est lancé au milieu des vagues avec l'espoir d'aborder. « Certes, les Sirènes lui auraient fait perdre tout espoir de retour, si, prise de pitié pour lui, la déesse qui règne sur l'Éryx, Cypris, ne l'avait enlevé, alors qu'il était encore dans les flots tourbillonnants, et sauvé en venant vers lui, bienveillante, pour l'établir sur le cap Lilybéen [3]. »

Nous retrouverons *Venus Erycina* dans l'*Énéide* :

1. *Argon.*, III, v. 159-166.
2. *Argon.*, III, v. 50.
3. *Argon.*, IV, v. 912-919.

mais il faut remarquer que la déesse du Mont-Éryx, en Sicile, Ἀφροδίτη Ἐρυκίνη, est déjà bien connue du monde grec [1]. Strabon dit que le mont Éryx, avec son temple d'Aphrodite, a été, en tout temps, l'objet d'une vénération extraordinaire [2]. Quant à la légende d'après laquelle la déesse de l'Éryx, saisie de pitié pour Boutès, l'établit sur le cap Lilybéen, Flangini [3] pense qu'elle est de l'invention d'Apollonios, car on ne la trouve pas mentionnée avant les *Argonautiques*, dont le récit sera, plus tard, résumé par Apollodore [4] et mis en latin par Hygin [5]. Il est probable qu'au temps d'Apollonios la légende de l'Argonaute Boutès ou d'un héros homonyme était liée à celle de la déesse Aphrodite dont le culte était déjà répandu en Sicile [6].

Quoi qu'il en soit, du moment que la Cypris des *Argonautiques* a donné mission à Éros de percer d'une flèche le cœur de Médée, elle se désintéresse de toute cette affaire que le petit dieu suffira à terminer suivant les désirs d'Héra.

Éros, en effet, est bientôt parvenu dans le palais d'Aiétès. « Cependant, à travers l'air transparent, Éros arriva invisible, portant avec lui le trouble de la passion : tel, au milieu des jeunes génisses, le taon s'élance, lui que les gardiens des bœufs appellent *myops*. Aussitôt, s'arrêtant dans le passage qui mène de la cour à la maison, contre le montant de la porte, le dieu bande son arc et tire de son carquois une flèche qui n'a pas

---

1. Sur l'Aphrodite de l'Éryx, voir Preller, *Griech. Mythol.*, erster Band, p. 273, 278, 298, 303, 305.
2. Strabon, VI, II, 6. — Cf. Pausanias, VIII, 24, 3.
3. *L'Argonautica di Apollonio Rodio*, tradotta ed illustrata, tomo secondo, Roma, 1794, p. 494.
4. Apollodore, I, 9, 25.
5. Hygin, *Fab.*, XXIV.
6. D'après Diodore de Sicile (IV, XXIII, 2 ; LXXXIII, 2) Aphrodite enfanta Éryx à un Boutès, qui n'était pas au nombre des Argonautes, mais qui était un roi indigène de Sicile (βασιλέως τινὸς ἐγχωρίου). — Voir Roscher, *Lexicon*, I, p. 837-838, article *Butes* oder *Butas* (3).

encore servi, une flèche qui doit causer bien des gémissements. Toujours invisible, il franchit le seuil de ses pieds rapides : ses yeux perçants regardent de tous côtés. Le petit dieu se blottit aux pieds mêmes de Jason, fixe la coche de la flèche au centre de la corde, tend l'arc des deux mains, bien droit, et tire sur Médée : une stupeur envahit l'âme de la jeune fille. Et lui, il s'élança du palais au toit élevé, en riant aux éclats [1]. » Le petit dieu ne paraîtra plus dans les *Argonautiques* : sa présence n'est plus nécessaire ; il a allumé l'incendie qui doit consumer l'âme de Médée. Le trait qu'il a lancé brûle comme une flamme au fond du cœur de Médée... blotti au fond du cœur de la jeune fille, il brûle en secret, le cruel amour [2].

Apollonios ne donnait pas le portrait d'Éros jouant aux osselets ; il décrit longuement Éros bandant son arc et tirant sur Médée : cette description fait penser à bien des statues connues [3] et rappelle aussi un tableau classique de la littérature légère, l'*Amour mouillé* d'Anacréon. Comme M. Couat le remarque, « l'imitation d'Anacréon, qu'on n'attendrait pas en une situation si dramatique, est cependant incontestable. Le poète épique a pris l'idée du chansonnier et même ses expressions, en leur donnant l'ampleur du mètre héroïque [4]. » Mais faut-il « avouer que le tableau est plus joli que touchant et nous prépare bien peu aux tragiques effets qui vont suivre » [5] ? Faut-il admettre qu'Apollonios ramène ensuite « notre pensée d'abord séduite et touchée par son pathétique récit vers les banalités de la littérature érotique » [6] ?

1. *Argon.*, III, v. 275-286.
2. *Argon.*, III, v. 286-287 ; v. 296-297.
3. Cf. Decharme, *Mythol.*, p. 210, fig. 63, *Éros du Musée Capitolin*; Collignon, *Mythol. figurée*, p. 163, fig. 60, *Éros tendant son arc* (Rome, Vatican) ; Roscher, *Lexicon*, I, p. 1363, *Érosstatue in Berlin*, etc.
4. Couat, *Poésie alexandrine*, p. 309, n. 2.
5. Couat, *ouvr. cité*, p. 309.
6. Couat, *ouvr. cité*, p. 310.

Je ne le crois pas; Apollonios, semble-t-il, tient à montrer comment les grands événements viennent des petits motifs. La poésie alexandrine se complaît à ces disparates entre les causes et les effets. Et, dans une jolie comparaison, le poète indique lui-même que, telle « du petit tison s'élève une flamme prodigieuse qui réduit en cendres tous les brins de bois »[1], tel le petit trait, lancé par Éros, fera naître le cruel amour qui doit consumer le cœur de Médée. Nous voyons, dit Lucrèce, qu'il suffit d'une seule étincelle pour répandre au loin l'incendie[2] : un incendie que rien ne pourra arrêter va s'élever dans l'âme de Médée. Ce n'est pas Cypris, c'est Éros tout entier à sa proie attaché.

Mais Éros semble se multiplier : ce n'est plus un dieu unique, ce sont les Éros qui forcent l'âme de la jeune fille à penser sans relâche à sa passion naissante[3], — les Éros qu'Apollonios paraît être le premier à introduire dans la haute poésie, qui ne connaissait encore qu'Éros et Himéros, faisant partie, l'un et l'autre, du cortège d'Aphrodite[4]. A l'époque alexandrine, l'art grec a multiplié les Éros, petits génies ailés qui symbolisent les diverses nuances de la passion. « Un seul Éros ne suffit pas et c'est tout un petit peuple ailé qui voltige dans le champ des peintures céramiques[5]. » Ils voltigent autour de Médée, les Éros audacieux[6], qui incitent la fille d'Aiétès à adresser des paroles artificieuses à sa sœur Chalciopé dans l'espoir inavoué de sauver Jason. Ils ne se lassent pas, les génies infatigables, de faire pénétrer dans l'âme de leur victime l'aiguillon des tourments de l'amour[7]. Seule, la corneille, inter-

---

1. *Argon.*, III, v. 294-295.
2. Lucrèce, V, v. 606 : ...*Videmus Accidere ex una scintilla incendia passim.*
3. *Argon.*, III, v. 452.
4. *Théogon.*, v. 201.
5. Collignon, *Mythol. figurée*, p. 162.
6. *Argon.*, III, v. 687 : ...θρασέες... Ἔρωτες.
7. *Argon.*, III, v. 765 : Ἀκάμητοι... Ἔρωτες.

prête d'Héra qui veut l'union de Jason et de Médée, peut donner le nom d'aimables Éros [1] à ces dieux cruels qui torturent la jeune fille d'Aia.

Chef responsable des génies ailés qui portent son nom et qui sont faits à sa ressemblance, Éros n'intervient — et encore sans paraître — que dans les grandes occasions. C'est lui qui inspire la conversation de Jason et de Médée, ou, comme dit le poète, c'est sous le souffle d'Éros que le fils d'Aison et la fille d'Aiétès vont s'entretenir ardemment [2]; c'est lui qui, pour mieux dompter Médée, fait rayonner de la tête blonde de Jason un éclat charmant [3], comme la Vénus de l'*Énéide* embellit elle-même son fils Énée, quand il doit se trouver en présence de Didon. C'est lui aussi qui mérite d'être l'objet des imprécations du poète : « Misérable Éros, peine cruelle, grand objet de haine pour les mortels, de toi viennent les discordes funestes, les gémissements, les cris de deuil, et, par surcroît, toutes les innombrables douleurs dont l'âme est troublée ! Arme-toi contre les fils de mes ennemis, ô dieu, élève-toi contre eux, tel que tu t'es élevé contre Médée... [4] »

Apollonios n'a aucune imprécation contre Cypris. Déesse aimable, qui retient les Argonautes à Lemnos pour complaire à Héphaistos, déesse bienveillante qui arrache Boutès à la mort, Cypris est incapable de faire le mal; elle ne pense qu'à peigner et à tresser son épaisse chevelure blonde. C'est pour obéir à Héra qu'elle déchaîne Éros contre Médée; on ne peut lui reprocher les malheurs que doit causer l'intervention de ce fils désobéissant qui n'a aucun respect pour sa mère, qui, au contraire, la provoque et se joue d'elle sans cesse [5].

1. *Argon.*, III, v. 937: ...ἀγανοὶ... Ἔρωτες.
2. *Argon.*, III, v. 972.
3. *Argon.*, III, v. 1018.
4. *Argon.*, IV, v. 445-449.
5. Cf. *Argon.*, III, v. 92-94.

CHAPITRE XVI

VÉNUS

I. Auguste et le culte de *Venus Genetrix*. Antiquité à Rome de la légende de Vénus, mère d'Énée. Nécessité pour Virgile d'identifier la Vénus romaine avec l'Aphrodite de l'*Iliade*. Légende grecque de Vénus dans l'*Énéide*; ses sanctuaires : Amathonte, Paphos, Cythère, Idalie.
Venus Acidalia. Venus Erycina; les divers Butès de l'*Énéide*. Les colombes et le myrte de Vénus.

II. Légende de *Venus Genetrix*. Anchise et Énée.
Rôle protecteur de Vénus. Elle apparaît à Énée pendant la nuit de la ruine de Troie. Vénus dans le Chant I de l'*Énéide*. Ses conversations avec Jupiter et avec Énée.
Intervention de Cupidon auprès de la reine Didon. Différence entre les rapports de Vénus et de Cupidon et ceux de Cypris et d'Éros ; dignité maternelle de la déesse.
Junon et Vénus dans le Chant IV de l'*Énéide*. Vénus et Neptune.
Les colombes envoyées à Énée. L'armure fabriquée pour Énée. Vénus et Vulcain; la scène de la séduction.
Rôle de Vénus à l'assemblée des dieux ; son habileté oratoire.
La protection de Vénus ne cesse qu'avec l'action de l'*Énéide*.

I

Il a déjà été dit qu'Auguste créa ou renouvela trois cultes importants qui se rattachaient tous à sa dynastie : celui de Vénus Mère *(Venus Genetrix)*, celui de Mars Vengeur *(Mars Ultor)*, celui d'Apollon Palatin *(Apollo Palatinus)*[1]. On a vu que, s'il est peu question de *Mars Ultor*, dans l'*Énéide*, par contre, Apollon Troyen, qui

---

1. Voir, plus haut, l. III, ch. VI, p. 492-493.

doit devenir Apollon Palatin, joue un rôle très important dans l'épopée latine.

Venus Genetrix était déjà une déesse nationale et officielle au moment où Virgile composait son *Énéide*. Quand Lucrèce invoquait Vénus, au commencement du *De Rerum Natura*, c'est par le nom de *Aeneadum Genetrix* [1] qu'il la désignait. Dès l'époque des guerres puniques, les Romains croyaient à leur origine troyenne, et l'on sait que César se donnait volontiers pour le descendant de Vénus, mère du Troyen Énée [2]. Auguste avait eu soin de recueillir cette prétention généalogique dans l'héritage de César.

Virgile n'avait donc rien à innover : il lui fallait simplement identifier la Vénus romaine à l'Aphrodite de l'*Iliade*, à l'Aphrodite soucieuse d'Énée, son fils, et de la race qui doit naître d'Énée.

Qu'elle soit fille de Jupiter ou qu'elle soit sortie de l'écume de la mer, — on a vu [3] que l'*Énéide* admet ces deux traditions contradictoires, mais que le plus souvent la déesse est regardée comme la fille de Jupiter et de Dioné, — la Vénus de l'*Énéide* est la divinité hellénique de Cythère [4], de Paphos [5], d'Amathonte [6] et d'Idalie [7]. A l'assemblée des dieux, elle donne, non sans orgueil, la liste de ses principaux sanctuaires : « Je possède Amathonte, et la haute Paphos, et Cythère, et mes demeures d'Idalie [8]. » Et Junon lui répond ironiquement : « Oui, tu possèdes Paphos, Idalie et la haute Cythère [9]. »

1. *De Rer. nat.*, I, v. 1.
2. Cf. Cicéron, *Epist. Fam.*, VIII, xv, 2 : *Caesar, Venere prognatus.* — Voir Preller-Jordan, *Röm. Mythol.*, erster Band, p. 442-444.
3. Livre II, ch. II; p. 229-230.
4. *Én.*, I, v. 257, 657, 680; IV, v. 128; V, v. 800; VIII, v. 523; X, v. 51, 86.
5. *Én.*, I, v. 415-417; X, v. 51, 86. — Cf. Maury, *Hist. Relig. Grèce*. t. III, p. 201 et 223, etc.
6. *Én.*, X, v. 51.
7. *Én.*, I, v. 681, 693; V, v. 760; X, v. 52, 86.
8. *Én.*, X, v. 51-52.
9. *Én.*, X, v. 86.

Tous ces sanctuaires appartenaient déjà à la déesse surnommée Cypris et Cythéreia [1]. On sait le culte qui était rendu à Aphrodite dans l'île de Cythère. Paphos et Amathonte sont deux villes de l'île de Cypre; Idalie est une montagne de la même île.

Le sanctuaire de Paphos est déjà connu à l'époque de l'*Odyssée* où il est dit : « Aphrodite, au doux sourire, se rendit dans l'île de Cypre, à Paphos; là, elle possède un temple et un autel parfumé [2]. » Virgile se souvient de ce passage, quand il montre « Vénus s'élevant dans les airs pour aller à Paphos, heureuse de revoir ses demeures où un temple lui est consacré, où l'encens sabéen échauffe cent autels parfumés de fraîches guirlandes » [3].

Il n'est pas question du temple d'Amathonte dans la poésie homérique, mais ce sanctuaire est très souvent cité par les auteurs anciens [4]. *Idalium* (τὸ Ἰδάλιον ὄρος) est une montagne de l'île de Cypre, où se trouvait un temple *(sacrata aedes)* d'Aphrodite; une ville homonyme, *Idalia*, bâtie sur cette montagne, est entourée de bois sacrés où la douce marjolaine exhale l'agréable parfum de ses fleurs [5].

Dans les poèmes homériques, comme dans les *Argonautiques*, il n'est question d'aucun lieu de la Grèce continentale consacré à Aphrodite, « qui est une déesse exclusivement asiatique [6]. » Virgile attribue à Vénus un sanctuaire en Béotie : il la nomme *Mater Acidalia* [7], à cause de la fontaine Acidalia où les Charites se baignent. Telle est du moins l'indication donnée par Servius, car aucun autre auteur ne men-

---

1. Voir, pour la déesse de Cypre et de Cythère, plus haut, l. III, ch. xv, p. 612.
2. *Odyssée*, VIII, v. 362-363.
3. *Én.*, I, v. 415-417.
4. Voir la note de Forbiger au v. 51 du Ch. X de l'*Énéide* et les auteurs qui y sont cités.
5. *Én.*, I, v. 692-694.
6. Bertrand, *Les dieux protecteurs*, p. 123.
7. *Én.*, I, v. 720.

tionne la fontaine Acidalia [1], et l'épithète *Acidalia* ne semble avoir été attribuée à Aphrodite par aucun poète grec [2].

Il a déjà été question de la déesse Érycine, qui est bien connue des Grecs [3]. C'est à Énée et à ses compagnons que Virgile rapporte la fondation du temple célèbre qui s'élevait sur le Mont-Éryx, comme il leur attribue la fondation du temple d'Actium et du culte d'*Apollo Actius*. Après la célébration des jeux funèbres en l'honneur d'Anchise, on fonde sur le sommet de l'Éryx pour Vénus d'Idalie un temple voisin des astres [4] : c'est donc Énée qui introduit en Sicile, d'où il passera en Italie, le culte de la déesse de Cypre avec laquelle Virgile identifie la divinité adorée sur le Mont-Éryx dès les temps reculés. Le Mont-Éryx, comparé par le poète à l'Athos de Macédoine, si célèbre chez les Grecs, et à l'Apennin d'Italie, si connu de tous les lecteurs romains de l'*Énéide* [5], est souvent cité dans l'épopée latine. Il doit son nom à un héros que Didon elle-même connaît, puisqu'elle donne à la Sicile, royaume d'Aceste, le nom de territoire d'Éryx [6]. Cet Éryx est le fils, soit d'Aphrodite et de Poseidon [7], soit d'Aphrodite et de Boutès que nous avons vu, dans les *Argonautiques*, arraché par la déesse aux pièges des Sirènes et établi sur le cap Lilybéen [8].

1. Voir les notes de Benoist et de Forbiger au v. 720 du Ch. I de l'*Énéide*.
2. Tout au moins, cette épithète n'est pas mentionnée par Bruchmann (*Epitheta deorum*). La leçon *Matris Acidaliae* se trouvait déjà dans le texte que Servius interprète. Mais la leçon primitive était peut-être *Idaliae matris*, dont une transposition aurait fait *Matris Idaliae*; et la répétition du mot *at*, qui se trouve au vers précédent, *Matris at Idaliae*, d'où *Matris Acidaliae*. En tout cas, *Idaliae matris* offrirait un sens bien plus satisfaisant. — Sur *Venus Acidalia*, voir Preller, *Griech. Mythol.*, erster Band, p. 395, note 4.
3. Voir, plus haut, l. III, ch. XV, p. 625-626.
4. *Én.*, V, v. 759-760.
5. *Én.*, XII, v. 701-703.
6. *Én.*, I, v. 570 : ...*Erycis fines*; cf. *Én.*, X, v. 36 : ...*Erycino in litore*; V, v. 23 : ...*litora* ...*Erycis*.
7. Apollodore, II, 5, 10.
8. *Argon.*, IV, v. 912-919. — Cf. Roscher, *Lexicon*, article *Eryx*. (1), I, p. 1385.

Virgile cite plusieurs Butès : un personnage, d'ailleurs inconnu, redoutable au combat du ceste, et qui se prétendait issu de la race d'Amycos, ce roi des Bébryces qui provoquait les étrangers et qui fut vaincu et tué par l'Argonaute Pollux[1] ; — un vieil écuyer d'Anchise qu'Énée donne comme compagnon et gouverneur à Ascagne[2] ; — un guerrier troyen, autre probablement que l'écuyer d'Anchise, et qui périt dans une bataille en Italie[3]. Aucun de ces divers Butès ne peut être le père d'Éryx. D'ailleurs, Virgile ne mentionne que la mère du héros, Vénus. Énée sait qu'Éryx est son frère[4]. Aceste rappelle qu'il provoquait au combat du ceste les étrangers qui abordaient en Sicile et qu'il les tuait après les avoir vaincus[5]. Entelle raconte comment il fut à son tour vaincu et tué par Hercule[6] ; il regarde comme un dieu le héros qui a été son propre maître dans l'art du ceste[7]. Énée lui-même, au moment de quitter la Sicile, immole trois veaux à Éryx, dieu tutélaire de la contrée d'où la flotte troyenne va partir[8]. Éryx, le féroce agresseur des étrangers, joue sur les côtes de Sicile le même rôle qu'Amycos sur le littoral du Pont-Euxin : comme le roi des Bébryces, il est vaincu et tué par un héros fils de Zeus ; comme lui, Éryx doit être fils de Poseidon, le dieu de la mer violente qui empêche les navires d'aborder à terre.

Aphrodite Érycine est une déesse d'origine orientale que les Phéniciens importèrent en Sicile[9]. Les Grecs

---

1. *Én.*, V, v. 372 et suiv. ; cf. *Argon.*, II, v. 1 et suiv. ; Roscher, *Lexicon*, article *Butes* (6), I, p. 838.
2. *Én.*, IX, v. 647-649.
3. *Én.*, XI, v. 690-691. — Dans l'article *Butes* (7) du *Lexicon* de Roscher (I, p. 838), Engelmann confond ces deux derniers personnages.
4. *Én.*, V, v. 23 : *Litora... fraterna Erycis* ; v. 412 ...*germanus Eryx* ; v. 630 : ...*Erycis fines fraterni*.
5. *Én.*, V, v. 391-392. — Voir la note de Servius.
6. *Én.*, V, v. 402-420.
7. *Én.*, V, v. 483.
8. *Én.*, V, v. 772 : *Tres Eryci vitulos*.
9. Preller-Jordan, *Röm. Mythol.*, erster Band, p. 437.

ont donné à cette déesse un fils, Éryx, héros éponyme de la montagne où était établi ce temple vénéré, dit Strabon, depuis la plus haute antiquité [1]. Maîtres de la Sicile, en 241, les Romains s'approprièrent le culte de la divinité gréco-phénicienne [2], qu'ils firent bientôt passer à Rome : après la défaite du lac Trasimène, en 217, les décemvirs décrétèrent un temple à Vénus Érycine [3], temple qui fut dédié sur le Capitole par Fabius, en 215 [4]. — Vénus Érycine n'aura donc de temple romain qu'à l'époque des guerres puniques : mais, d'après Virgile, le culte de la déesse, avant de passer à Rome, n'aura pas été introduit en Sicile par les Phéniciens. C'est Énée qui a voué à sa mère le temple du Mont-Éryx ; et, en 215, Fabius n'a fait que rappeler à Rome même une déesse nationale, *Venus Genetrix*.

Virgile identifie Vénus avec la déesse du Mont-Éryx ; mais il s'occupe peu des légendes grecques relatives à la mère d'Énée. Il rappelle combien elle aime Lucifer, l'étoile du matin, qui se nomme aussi l'étoile de Vénus [5]; il rappelle aussi que le myrte est l'arbre [6] et que les colombes sont les oiseaux de Vénus [7].

II

Mais, pour Énée, le myrte est l'arbuste maternel [8], les colombes sont les oiseaux maternels [9]; et, pour le

---

1. Strabon, VI, II, 6.
2. Preller-Jordan, *Röm. Mythol.*, erster Band, p. 445.
3. Tite-Live, XXII, IX, 10. — Cf. Preller-Jordan, *Röm. Mythol.*, erster Band, p. 151.
4. Tite-Live, XXIII, XXXI, 9.
5. *Én.*, VIII, v. 589-590.
6. *Én.*, V, v. 72 ; cf. *Géorg.*, I, v. 28 ; *Égl.*, VII, v. 62 : *Formosae myrtus Veneri*.
7. *Én.*, VI, v. 193.
8. *Én.*, V, v. 72 : *...materna ...myrto*.
9. *Én.*, VI, v. 193 : *Maternas... aves*.

lecteur de l'*Énéide*, Vénus est, avant tout, la mère d'Énée. Elle est bien la femme légitime de Vulcain : mais elle a aimé le berger troyen Anchise, qui est le père d'Énée [1].

L'histoire des amours de Vénus et d'Anchise est connue de tous, des Phéniciens eux-mêmes et de Didon qui peut s'écrier : « Es-tu donc cet Énée que la bienfaisante Vénus a enfanté au Dardanien Anchise sur les bords du Simoïs de Phrygie [2]? » « Anchise, dit Hélénus, ô toi que Vénus a jugé digne d'une glorieuse union avec elle... [3]! » Vénus est la mère d'Énée, *Aeneae genetrix* [4]. Le héros parle volontiers de sa mère, qui est une déesse [5] bienveillante [6], fille de Dioné [7] : Palinure lui rappelle qu'il est né d'une déesse [8]; Junon donne ironiquement au héros le titre de fils excellent de Vénus [9]; Turnus parle avec dédain de la déesse, mère d'Énée, qui protège au moyen d'un nuage la fuite de son fils [10]. Le plus souvent l'expression *natus dea* devient synonyme d'Énée. Achate [11], l'ombre d'Hector [12], Andromaque [13], Hélénus [14], Mercure [15], Darès [16], Entelle [17],

---

1. *Venus* signifie quelquefois simplement la passion. Cf. *Én.*, VI, v. 26 : *Minotaurus... Veneris monumenta nefandae;* XI, v. 736 : *At non in Venerem segnes;* IV, v. 33 : *...Veneris...praemia,* « la joie, les plaisirs de Vénus » (note de Benoist).
  2. *Én.*, I, v. 617-618. — Cf. *Iliad.*, II, v. 819-821. Voir tout l'*Hymne homérique à Aphrodite* (III, Homère-Didot).
  3. *Én.*, III, v. 475-476.
  4. *Én.*, XII, v. 554.
  5. *Én.*, I, v. 382 : *Matre dea.*
  6. *Én.*, II, v. 664 : *...alma parens.*
  7. *Én.*, III, v. 19 : *...Dionaeae matri.*
  8. *Én.*, VI, v. 367 : *...diva creatrix.*
  9. *Én.*, VII, v. 556 : *Egregium Veneris genus;* cf. VII, v. 321 : *...Veneri partus suus.*
  10. *Én.*, XII, v. 52-53.
  11. *Én.*, I, v. 582.
  12. *Én.*, II, v. 289.
  13. *Én.*, III, v. 311.
  14. *Én.*, III, v. 374 et 435.
  15. *Én.*, IV, v. 560.
  16. *Én.*, V, v. 383.
  17. *Én.*, V, v. 474.

Nautès [1], le dieu du Tibre [2], les hommes comme les divinités, les vivants comme les fantômes des morts, tous adressent la parole à Énée en l'appelant *Nate dea*.

La déesse maternelle protège Énée, ainsi que le fait Apollon depuis le départ de Troie : mais sa protection est toujours fidèle alors que, comme on l'a vu, Apollon semble, à un moment donné, négliger Énée pour Iule, le fondateur de la race des Jules dévots au dieu du Mont-Palatin [3]. Ascagne est assurément le petit-fils dardanien de Vénus [4], le très digne objet de la sollicitude de la déesse [5]. Mais Vénus n'est pas, comme Apollon, la divinité protectrice de la race des Jules : elle est, avant tout, la mère d'Énée, et c'est son fils qu'elle protège jusqu'au moment où la victoire du héros sur Turnus lui aura assuré la possession de Lavinie et de l'héritage de Latinus.

L'Aphrodite homérique avait pu faire disparaître Énée aux yeux des Achaiens, pendant une des batailles qui se livraient sous les murs de Troie [6], comme Junon le rappelle avec aigreur à l'assemblée des dieux [7]. Mais c'est pendant la nuit du sac de Troie que commence le rôle protecteur de la Vénus de l'*Énéide*. Sainte-Beuve a remarqué avec raison « la grandeur, la sévérité inaccoutumées » [8] de Vénus dans cette nuit terrible. Emporté par la colère, Énée va tuer Hélène, cause de tous les malheurs de Troie, quand Vénus, sa mère bienveillante, lui apparaît — c'est lui-même qui le raconte à Didon [9] — sans cacher sa divinité, telle et

---

1. *Én.*, V, v. 709.
2. *Én.*, VIII, v. 59.
3. Voir, plus haut, l. III, ch. VI, p. 532.
4. *Én.*, IV, v. 163 : *Dardaniusque nepos Veneris*.
5. *Én.*, X, v. 132 : ...*Veneris iustissima cura* ; cf. I, v. 678 : ...*mea maxima cura*.
6. *Iliad.*, V, v. 314-317.
7. *Én.*, X, v. 81-82.
8. *Étude sur Virgile*, p. 247.
9. *Én.*, II, v. 589-623.

aussi majestueuse qu'elle se laisse voir aux Olympiens (le poète ne fait pas de la déesse une description plus précise). Elle saisit la main du héros et l'arrête : cette apparition fait penser à celle de Pallas-Athéné se laissant voir aux yeux seuls d'Achille, pour l'empêcher de se déshonorer en tirant l'épée contre Agamemnon[1]. Mais Vénus a des raisons particulières de s'intéresser à Hélène, qu'elle a elle-même entraînée vers le mal, et surtout à Énée, son fils, à qui elle va donner d'utiles conseils.

La ruine de Troie se précipite : il s'agit de sauver Anchise, Créuse, Ascagne ; qu'Énée s'échappe, toujours présente à ses côtés, Vénus va le conduire en sûreté au palais d'Anchise[2]. Le péril est pressant : la déesse n'a pas pris le soin de revêtir un de ces déguisements dont les dieux ont l'habitude, quand ils veulent conseiller les mortels. La mère s'est hâtée de se montrer, telle qu'elle apparaît aux Olympiens, pour que son fils n'ait aucune raison de douter de sa vraie personnalité. Malgré les instructions que Vénus bienveillante lui a données[3], Énée veut mourir en combattant. Il faut un présage de Jupiter, plus puissant que les conseils de Vénus, pour contraindre le héros à la fuite.

On a déjà vu qu'Apollon dirige tous les événements qui sont racontés dans le Chant III. Vénus n'a pas à intervenir une seule fois depuis le départ de la côte troyenne jusqu'à l'arrivée en Sicile. Il n'est question de la déesse qu'en une seule occasion. Arrivé en Thrace, pays consacré à Mars[4], Énée fonde une ville et offre un sacrifice à sa mère, fille de Dioné, et aux dieux en général pour qu'ils soient favorables aux travaux commencés : ce sacrifice s'adresse, non seulement à Vénus,

---

1. *Iliad.*, I, v. 194-222.
2. *Én.*, II, v. 620 : *Nusquam abero et tutum patrio te limine sistam.*
3. *Én.*, II, v. 664 : *...alma parens.*
4. *Én.*, III, v. 13 : *Terra... Mavortia.* — Voir, plus haut, l. III, ch. XII, p. 577.

mère du fondateur de la ville, mais surtout à la campagne du dieu Mars, dans le pays favori duquel la ville nouvelle est fondée.

On sait comment, après avoir quitté la Sicile, alors qu'il cherche à gagner l'Italie, Énée est jeté sur les côtes de Libye par un orage dû à la rancune de Junon. C'est alors que commence le rôle actif de Vénus dans des circonstances particulières et délicates où le concours d'Apollon serait au moins inutile.

Sainte-Beuve a étudié en détail ce rôle de la déesse dans le Chant I de l'*Énéide* 1. « Vénus, dit-il, est partout dans le poème ravissante de grâce, de pitié, de décence... C'est une Vénus charmante, toujours tendre, amoureuse, sobre pourtant et sérieuse, maternelle avant tout pour les Troyens et pour cette tige des Césars, d'où sortira le plus aimable des grands hommes. Elle n'est qu'indispensablement, et là où il le faut, la déesse de l'amour 2. » On doit apporter des réserves à ce jugement trop louangeur dans sa généralité un peu vague. On a déjà pu apprécier la conduite de Vénus avec Vulcain; il y aura d'ailleurs à y revenir. Mais, pour ce qui est du commencement du Chant I, on ne peut qu'approuver et partager l'opinion de Sainte-Beuve.

Quand Vénus vient se plaindre à Jupiter du malheur qui poursuit sans relâche Énée et les Troyens, quand elle s'approche en pleurant du maître des dieux et des hommes, son attitude et ses paroles nous rappellent assurément les passages homériques où l'on voit Artémis, insultée et frappée par Héra, s'asseoir en pleurant sur les genoux de son père Zeus, qui écoute ses plaintes et qui la console.3; — où l'on entend Thétis adresser à Zeus des prières en faveur d'Achille outragé par Agamemnon 4; Athéné plaider la cause d'Ulysse auprès

---

1. Sainte-Beuve, *ouvr. cité*, p. 245-291, *passim*.
2. Sainte-Beuve, *ouvr. cité*, p. 246.
3. *Iliad.*, XXI, v. 505-513.
4. *Iliad.*, I, v. 497 et suiv.

du père tout-puissant [1]. Mais, si Artémis et Athéné sont des filles qui implorent leur père, elles s'occupent, la première d'elle-même, la seconde d'un protégé pour lequel elle n'a qu'une solide amitié faite d'estime; et Thétis, qui parle pour son fils, n'est pas la fille de Zeus.

La Vénus de l'*Énéide* est une fille qui supplie son père, non pour elle-même, mais pour son propre fils. Elle est triste; les larmes brillent dans ses yeux; si elle pleure, ce n'est pas, comme la Cypris des *Argonautiques*, en présence d'Héra et d'Athéné railleuses, à cause de la désobéissance de son fils Éros, mais en face de Jupiter, son père très grand et très bon qu'elle veut intéresser à la cause de son fils aimé et malheureux, Énée.

Son discours [2] est très habile et très persuasif : la timidité décente n'exclut pas la confiance qu'elle a en son droit. Elle est forte des promesses de Jupiter [3]; elle parle, comme une matrone romaine, de son Énée [4] qui est le petit-fils de Jupiter, dont elle fait les intérêts siens [5]. Elle plaide en avocat romain, usant avec à-propos d'un argument admis par l'histoire romaine : le Troyen Anténor a pu s'établir chez les Liburnes [6], le Troyen Énée ne pourra-t-il pas s'établir dans ce Latium que les destins lui réservent? Touché par ce discours, Jupiter sourit, donne un baiser à sa fille [7], et, pour la rassurer pleinement, lui fait une magnifique description de la grandeur romaine dont Énée sera le premier fondateur [8]. Puis il envoie Mercure sur la terre pour disposer Didon à bien recevoir les Troyens.

La cause de Vénus est gagnée; mais sa sollicitude

1. *Odyssée*, I, v. 45-62.
2. *Én.*, I, v. 227-253.
3. *Én.*, I, v. 237: *Pollicitus*.
4. *Én.*, I, v. 231 : ...*meus Aeneas*.
5. *Én.*, I, v. 250: *Nos, tua progenies*; v. 253: ...*nos*.
6. *Én.*, I, v. 242-249. — Cf. Tite-Live, I, 1.
7. *Én.*, I, v. 256 : *Oscula libavit natae*.
8. *Én.*, I, v. 257-296.

maternelle n'est pas encore satisfaite. Avant qu'Énée se trouve en présence de Didon, elle veut le rassurer et lui donner des avis utiles. Elle apparaît donc à son fils, mais, cette fois, elle ne se montre pas sous sa vraie forme, comme pendant la nuit fatale de la prise d'Ilion. Elle se présente sous l'aspect d'une Nymphe chasseresse [1] : on a déjà vu [2] que Vénus a pris exactement le type que les monuments figurés attribuent à Artémis-Diane.

C'est, on le sait, l'habitude des divinités grecques d'apparaître aux mortels sous une forme empruntée [3]. Athéné, qui veut guider Ulysse, se manifeste à lui avec l'aspect d'un jeune berger [4] ou d'une jeune fille [5]. Héra se montre à Jason, pour éprouver ses bonnes dispositions, sous les traits d'une vieille femme infirme [6]. Mais Virgile a, semble-t-il, une intention quand il fait apparaître à Énée Vénus semblable à la chaste Diane : la mère du *pius Aeneas* commettrait une sorte d'inconvenance en se montrant à son fils sous les traits de la déesse lascive de Cypre ou de Cythère, telle que les humains se la représentent.

Vénus fait à son fils un long récit qui lui sera très utile : elle lui explique qui est Didon, pourquoi elle s'est établie à Carthage [7]. Puis elle lui adresse sur lui-même des questions qui lui permettent, en provoquant un récit des infortunes d'Énée, de le réconforter par la soudaine apparition d'un *augurium* dans le ciel [8]. Le héros est instruit du pays et des hôtes au milieu de qui il va se trouver, rassuré à propos du sort de ses vaisseaux. Vénus peut le quitter ; mais, auparavant, pour que son interprétation de l'*augurium* ait plus d'auto-

---

1. *Én.*, I, v. 314-320.
2. Voir, plus haut, l. III, ch. VIII, p. 544.
3. Cf. Heyne, *Excursus XIII ad librum I Aeneidos*.
4. *Odyssée*, XIII, v. 221.
5. *Odyssée*, VII, v. 19.
6. Voir, plus haut, l. III, ch. I, p. 376.
7. *Én.*, I, v. 335-368.
8. Sur cet *augurium*, voir, plus haut, l. II, ch. II, p. 338.

rité, pour que ses renseignements sur Didon acquièrent plus de certitude, elle reprend sa véritable forme. « Elle se détourna et son cou resplendit ; ses cheveux parfumés d'ambroisie exhalèrent une odeur divine ; les plis de sa robe coulèrent jusqu'à ses pieds et, à sa démarche, une vraie déesse se révéla[1]. » Il faut le remarquer, quand elle se manifeste à Énée, ce n'est pas sous la forme d'une déesse nue, comme la Vénus du Capitole[2], ou d'une déesse à demi-nue, comme la célèbre Vénus de Milo, que la mère du héros troyen se laisse deviner par son fils. Elle apparaît dans le costume de l'*Aphrodite Ourania*, cette déesse à la physionomie sérieuse, strictement vêtue du long *chiton* qui descend jusqu'aux pieds[3].

L'Aphrodite et l'Athéné homériques se faisaient ainsi reconnaître d'Hélène[4] et d'Ulysse[5], au moment de les quitter. Mais, dans l'épisode de l'*Énéide*, il y a un sentiment touchant qui ne se retrouve pas dans les épisodes correspondants de l'*Iliade* et de l'*Odyssée* : Énée est un fils qui reconnaît sa mère trop tard et qui déplore de ne pouvoir s'entretenir avec elle comme font les fils avec leurs mères mortelles : « Pourquoi, cruelle, abuser si souvent ton fils par de vaines images ? Que ne m'est-il permis de mettre ma main dans la tienne, de t'entendre et de te parler sans déguisement[6] ? » C'est ainsi que, dans l'*Odyssée*[7], Ulysse se plaint de ne pouvoir toucher la main de sa mère dont il a évoqué l'ombre : comme la mort, la condition divine empêche tout contact des humains aussi bien avec les Olympiens qu'avec les habitants des Enfers.

---

1. *Én.*, I, v. 402-405.
2. Collignon, *Mythol. fig.*, p. 151, fig. 56.
3. Decharme, *Mythol.*, p. 206-207 ; Collignon, *Mythol. fig.*, p. 141.
4. *Iliad.*, III, v. 395.
5. *Odyssée*, XIII, v. 287. — Cf. Déméter, v. 275 et suiv. de l'*Hymne homérique à Déméter*.
6. *Én.*, I, v. 407-409.
7. *Odyssée*, XI, v. 210 et suiv.

Vénus ne répond rien aux plaintes de son fils: mais, avant de s'élever dans les airs pour retourner à Paphos, elle épaissit l'atmosphère autour d'Énée et de son compagnon et les recouvre d'un voile nébuleux, pour que personne ne puisse les voir, les toucher, les retarder en leur demandant les causes de leur arrivée[1]. C'est ainsi qu'Athéné[2] et Héra[3] enveloppaient d'un nuage Ulysse et Jason pour leur permettre de parvenir sans être aperçus par les Phaiaciens ou par les Colchiens à la demeure d'Alcinoos ou au palais d'Aiétès. Quand Ulysse doit se trouver en face de Nausicaa, Athéné a soin de le rendre plus beau, plus grand, de couvrir sa tête d'une épaisse chevelure[4]. Au moment où Jason part pour le rendez-vous qui lui a été ménagé avec Médée, ses compagnons sont frappés d'admiration, car il resplendit de grâces, tellement Héra a donné de charmes à son aspect et à sa parole[5]. De même, après qu'Énée, entré invisible chez Didon, a pu, en entendant parler la reine, se convaincre de ses dispositions favorables aux Troyens, le nuage se dissipe, le héros apparaît tout resplendissant de lumière, avec les traits et la taille d'un dieu: car sa mère elle-même, de son souffle divin, lui avait donné une chevelure gracieuse, l'éclat brillant de la jeunesse et le charme séduisant du regard[6].

Didon se montre pleine d'égards pour le bel étranger. Mais la déesse de Cythère n'est pas encore rassurée; son amour maternel pour Énée tient son inquiétude en éveil; elle craint toujours des dangers pour son fils chéri. Les Tyriens sont perfides, la haine de Junon est implacable. Si la protégée de la reine des dieux

---

1. *Én.*, I, v. 411-414.
2. *Odyssée*, VII, v. 14 et suiv.
3. *Argon.*, III, v. 210 et suiv.
4. *Odyssée*, VI, v. 229-235.
5. *Argon.*, III, v. 919 et suiv.
6. *Én.*, I, v. 588-591.

s'éprend d'Énée, il n'y aura rien à craindre, ni de la haine de la déesse, ni de la perfidie possible de Didon. Pour rendre la Carthaginoise amoureuse d'Énée, il faut que Cupidon, prenant la forme et le visage de Iule, vienne porter lui-même à la reine les présents que le héros troyen veut lui faire offrir par son fils [1].

Vénus a besoin du concours de Cupidon. Après la plupart des commentateurs qui se sont succédé depuis Orsini jusqu'à Heyne, Benoist fait observer que « Virgile, dans ce passage, semble avoir imité d'une manière générale Apollonius, III, 7, et 112 et suiv. » [2]. Mais, si le poète latin s'inspire des *Argonautiques*, c'est pour mettre en lumière la différence qui sépare la Vénus et le Cupidon de l'*Énéide* de la Cypris et de l'Éros des *Argonautiques*.

Cupidon est un dieu que les Romains ont imaginé à la ressemblance de l'Éros grec et qui n'a jamais été populaire dans la Mythologie italienne [3]. Libre de constituer à sa convenance le type du dieu Amour, Virgile s'est bien gardé de le faire semblable à l'Éros anacréontique, cet enfant gâté insolent avec sa mère et malveillant pour tous. Fils de la mère d'Énée, Cupidon doit être, tout le premier, respecteux envers *Venus Genetrix*. « Virgile, dit Sainte-Beuve [4], ne badine point avec la mère d'Énée, avec la mère des Jules, ni même avec l'Amour qui, lui aussi, est pour les Romains un ancêtre. » Un ancêtre, c'est beaucoup dire; un grand-oncle, tout au plus. Vénus lui rappelle qu'il est le frère d'Énée [5]. Il faut le remarquer: Virgile note avec soin toutes ces relations de parenté entre la famille des Jules et Vénus et son fils. Créuse se donnait le titre de

---

1. *Én.*, I, v. 657-663.
2. Benoist, note au v. 657 du Ch. I de l'*Énéide*.
3. Cf. Roscher, *Lexicon*, article *Cupido*, I, p. 931.
4. *Étude sur Virgile*, p. 285.
5. *Én.*, I, v. 667 : *Frater ...Aeneas ...tuus*.

bru de Vénus [1], et le poète lui-même appelle Ascagne le petit-fils dardanien de Vénus [2]. A la vérité, la *Venus aurea* [3] n'a guère le type sous lequel nous nous représentons une belle-mère ou une grand'mère. Mais Virgile ne pense qu'à mettre en valeur les relations de parenté qui unissent la déesse à la grande famille romaine.

Vénus a recours à Cupidon ; elle s'adresse à lui d'un ton suppliant, mais très digne, avec la confiance que ce qu'elle demande lui sera accordé. Elle ne s'abaisse pas en adressant des prières à son fils Cupidon, comme elle en a adressé à son père Jupiter, puisque l'Amour possède un pouvoir à certains égards égal à celui du maître des hommes et des dieux. « Mon fils, toi qui es ma force, toi qui fais seul ma grande puissance, mon fils, toi qui méprises les traits du Père Souverain, les traits qui ont foudroyé Typhoeus, c'est vers toi que je me réfugie, c'est ta puissance divine que j'invoque en suppliante [4]. » Après cette entrée en matière la déesse expose ce qu'elle demande à Cupidon dans l'intérêt de son frère Énée. C'est chose délicate de la part de Vénus de parler à Cupidon de *son frère Énée* : mais la majesté toute romaine de la déesse sauve ce que la situation a de scabreux ; on ne s'imagine pas autrement Louis XIV parlant au Grand Dauphin de *son frère*, le duc du Maine. Certes, l'Amour qui méprise la foudre [5] est un dieu puissant : mais, tout en le suppliant, Vénus garde son caractère de *mater familias*, comme Junon savait rester *matrone*, alors qu'elle demandait son concours à Éole.

---

1. *Én.*, II, v. 787 : ...*divae Veneris nurus*.
2. *Én.*, IV, v. 163.
3. *Én.*, X, v. 16.
4. *Én.*, I, v. 664-666.
5. L'Amour était quelquefois représenté brisant la foudre de Jupiter ; cf. Ottfr. Müller, *Archaeologie der Kunst*, p. 624. (Note de Benoist au v. 665 du Ch. I de l'*Énéide*.)

Il n'y a pas entre Vénus et son fils ces scènes de marchandage que l'on a vues dans l'épisode correspondant des *Argonautiques*. Pour Cupidon, comme pour Éole, entendre c'est obéir. Le dieu se dépouille de ses ailes [1], docile aux paroles de sa mère chérie, et se réjouit d'imiter la marche de Iule [2], cet enfant qu'il connaît si bien [3], comme lui disait Vénus, qu'il aime sans doute, comme « un si jeune oncle » [4] doit aimer un neveu de son âge.

Iule est déjà un grand garçon : bientôt il va faire ses débuts à la guerre et recevoir les félicitations d'Apollon, qui sera désormais le protecteur de la famille des Jules, dont le fils d'Énée doit être le fondateur [5]. Le Cupidon de l'*Énéide*, qui va ressembler comme un frère à cet éphèbe, le Cupidon qui comprend les raisonnements de sa mère et qui obéit, sans qu'il soit nécessaire de lui promettre un jouet, n'est pas un petit enfant mal élevé, comme l'Éros des *Argonautiques*. Sainte-Beuve aime à se représenter « ce Cupidon déguisé en Ascagne par la statue de l'Amour de Bouchardon [6]... Le dieu est déjà sorti de la première enfance, de l'enfance proprement dite ; c'est un adolescent de onze à treize ans [7]. » L'imagination de Sainte-Beuve a libre carrière, car Virgile néglige de faire le portrait de Cupidon : c'est sous l'aspect d'Ascagne, qui a été endormi par Vénus et emporté dans les profonds bocages d'Idalie [8], que le dieu, obéissant aux paroles de sa mère, entre dans le palais de Didon, victime dévouée à Vénus, qui presse le faux Iule sur son sein, ignorant, l'infortunée,

---

1. *Én.*, I, v. 663 : ...*aligerum... Amorem*.
2. *Én.*, I, v. 689-690.
3. *Én.*, I, v. 684.
4. Sainte-Beuve, *Étude sur Virgile*, p. 288.
5. Voir, plus haut, l. III, ch. vi, p. 532-533.
6. « *L'Amour se faisant un arc de la massue d'Hercule.* » (Musée du Louvre.)
7. *Étude sur Virgile*, p. 287.
8. *Én.*, I, v. 691-694.

quel dieu terrible repose sur ses genoux[1]. Cupidon, qui continue à obéir à sa mère, efface le souvenir de Sychée et fait entrer une vive passion pour Énée dans ce cœur de veuve, depuis longtemps apaisé et oublieux de l'amour[2].

Le rôle du jeune dieu est fini. Fils docile et discipliné, comme un *puer bullatus* de la bonne époque, il a donné un exemple de patience romaine en restant sur les genoux de Didon pendant tout le temps qu'Énée racontait ses aventures. L'Éros alexandrin décoche sa flèche, atteint Médée au cœur et retourne jouer aux osselets. Le consciencieux Cupidon fait peu à peu oublier Sychée à Didon, s'insinue dans le cœur désenchanté de la veuve, y allume et y entretient le feu secret qui doit la consumer.

L'Amour ne reparaît plus dans l'*Énéide*. A l'assemblée des dieux, Junon[3] lui reproche d'avoir excité la guerre de Troie. L'accusation semble injuste : « Comment l'aurais-je fait, si je n'étais pas né ! » pourrait répondre le dieu Éros, qui n'existait pas au temps de l'*Iliade*. Une autre accusation, aussi injuste, est dirigée contre le dieu par le poète lui-même. Alors que Didon est réduite à supplier Énée, Virgile s'écrie : « Cruel Amour, à quoi ne forces-tu pas les cœurs des mortels[4] ? » C'est une maladroite imitation de la fameuse imprécation d'Apollonios[5]. Dans les *Argonautiques*, Éros agit seul, depuis le moment où Cypris a obtenu son concours : on a vu que la déesse n'apparaît que pour demander à son fils de frapper le cœur de Médée, et qu'ensuite elle s'efface. Les situations sont renversées dans l'*Énéide* où Vénus agit tout le temps et où le rôle de Cupidon n'est qu'épisodique.

1. *Én.*, I, v. 718 : ...*inscia Dido Insidat quantus miserae deus.*
2. *Én.*, I, v. 719-722.
3. *Én.*, X, v. 93.
4. *Én.*, IV, v. 412 : *Improbe Amor, quid non mortalia pectora cogis?*
5. *Argon.*, IV, v. 445-448.

Dans le Chant I, qui appartient à Vénus, comme le Chant III appartient à Apollon, la déesse s'est montrée sous l'aspect d'une charmante jeune mère romaine, respectée par son fils Cupidon, dévouée à son fils Énée, comme Cornélie pouvait être dévouée aux Gracques et respectée par eux. Ainsi qu'Agrippine intriguant pour Néron, elle intrigue pour Énée : mais elle n'intrigue pas auprès d'un vieillard stupide comme Claude, ou d'un affranchi vicieux comme Pallas. Elle s'adresse au dieu souverain Jupiter, qui est son père, au dieu puissant Cupidon, qui est son fils.

Dans le Chant IV, qui est la suite du Chant I, — il ne faut pas oublier que les Chants II et III sont uniquement consacrés au récit des aventures antérieures d'Énée, — le rôle protecteur et maternel de la déesse se continue et s'affirme. Passant des *Argonautiques* à l'*Énéide*, nous assistons à la revanche de Vénus. La Cypris des *Argonautiques* devait s'effacer devant Éros, son fils désobéissant et irrespectueux : la Vénus romaine commande en mère à Cupidon, qui est heureux de lui obéir, qui lui est subordonné et qui n'agit que suivant ses instructions. La Cypris des *Argonautiques* était un instrument dont Héra se servait pour faire aimer de Médée son protégé Jason : la Vénus romaine se moque de Junon et de sa protégée, Didon[1].

Il a déjà été question de l'entrevue de Junon et de Vénus, au commencement du Chant IV de l'*Énéide*[2]. On a vu le dépit, l'orgueil maladroit, la perfidie inhabile de Junon.

C'est Vénus qui a le beau rôle. Junon ne vient pas, comme la déesse des *Argonautiques*, lui demander, en craignant de se compromettre, son aide professionnelle pour une œuvre qui ne peut l'intéresser. Vénus est une mère qui agit dans l'intérêt de son fils; plus dévouée à

---

1. *Én.*, IV, v. 90-116.
2. Voir, plus haut, l. III, ch. II, p. 413-414.

Énée que scrupuleuse au fond, elle lui a assuré, à Carthage, bon gîte et le reste, mais elle sait que tout cela n'est que temporaire et elle ne demande qu'à seconder les destins qui promettent au héros troyen une position stable et glorieuse en Italie.

Elle comprend bien que Junon veut la tromper et se faire perfidement aider par elle pour écarter Énée de l'Italie [1]. Les discours de Vénus à Jupiter et à Cupidon ont déjà prouvé que la déesse est éloquente : sa réponse à Junon est un modèle d'ironie adroite. Ce n'est pas l'ironie naïve de la Cypris des *Argonautiques*, cette ironie qui fait bientôt place à la sympathie, quand la mère d'Éros voit la femme de Zeus s'humilier devant elle. Vénus est sans pitié; mais Junon, qui l'a provoquée, veut nuire aux intérêts d'Énée. Vénus prétend ne rien savoir des volontés de Jupiter et du destin : qui pourrait les connaître mieux que Junon, l'épouse du maître des dieux [2] ? — On sait combien l'aristocratique déesse aime à se vanter de son titre de sœur et d'épouse de Jupiter. — A elle, dit Vénus, d'essayer sur son mari le pouvoir de ses prières [3]. — On sait combien peu Junon réussit en adressant à Jupiter des prières qui vont toujours contre les ordres du destin.

Junon expose ses volontés d'un ton rogue; Vénus approuve toute chose et, une fois Junon partie, sourit des ruses inventées par la femme de Jupiter, ruses qu'elle a parfaitement devinées [4].

Les habiletés de Junon ont eu pour Didon le résultat fatal que l'on connaît. La reine de Carthage est morte et Énée a passé en Sicile, où il a élevé sur le Mont-Éryx un temple à sa mère [5]. La perfidie de Junon a

---

1. *Én.*, IV, v. 105 : *...sensit enim simulata mente locutam, Quo regnum Italiae Libycas averteret oras.*
2. *Én.*, IV, v. 113 : *Tu coniux...*
3. *Én.*, IV, v. 113 : *...tibi fas animum tentare precando.*
4. *Én.*, IV, v. 128 : *...dolis risit Cytherea repertis.*
5. *Én.*, V, v. 759.

réussi à faire incendier quatre navires de la flotte troyenne : mais la sollicitude de la mère d'Énée est toujours en éveil, comme la haine de son ennemie dont elle sait déjouer les complots.

Vénus va demander à Neptune que la navigation d'Énée ne soit point troublée [1]. L'habileté de ce nouveau discours est remarquable. Neptune est le frère de Jupiter, mais un frère beaucoup moins puissant : Vénus ne le suppliera pas, comme, au Chant I, elle suppliait le maître des hommes et des dieux. Elle veut attendrir le maître de la mer par ses plaintes, mais elle tient à lui prouver qu'elles sont fondées; elle montre la haine insatiable de Junon, rebelle à Jupiter et au destin [2]. Elle lui rappelle, ce qui doit particulièrement exciter la colère de Neptune, la tempête que la déesse a osé soulever dans son propre empire, à lui [3]. Elle conclut en démontrant que ses demandes sont d'accord avec le destin : que Neptune laisse Énée arriver au pays où les Parques lui promettent une ville [4]. Une requête si modeste et si adroitement présentée ne peut qu'être accueillie favorablement : Neptune laisse arriver Énée en Italie.

A Cumes, Apollon reprend son rôle protecteur et c'est sa prêtresse, la Sibylle, qui va guider Énée aux Enfers. Mais Vénus ne cesse pas de veiller sur son fils, et elle l'aide à accomplir les formalités qui lui ouvriront l'accès du royaume de Pluton et de Proserpine. La Sibylle l'a averti qu'il n'est pas possible de pénétrer dans les profondeurs de la terre avant d'avoir détaché, pour le porter en hommage à Proserpine, un rameau d'or qui se cache sur un arbre touffu, au milieu d'un bois sacré, situé au fond d'une vallée fermée de toutes

---

[1]. *Én.*, V, v. 781-798.
[2]. *Én.*, V, v. 784.
[3]. *Én.*, V, v. 792 : *In regnis hoc ausa tuis!*
[4]. *Én.*, V, v. 798.

parts [1]. Énée doit trouver cette vallée aux environs de Cumes, y découvrir l'arbre qui porte le rameau d'or, enfin essayer de détacher ce rameau qui ne cédera que si les destins permettent cette descente aux Enfers. Le héros est très embarrassé : heureusement, deux colombes viennent se reposer sur le gazon, devant lui ; il reconnaît les oiseaux maternels. « Soyez mes guides du haut des airs, dit-il, dirigez mes pas, si quelque route y mène, vers le bois sacré où la terre féconde est ombragée par ce précieux rameau. Et toi, déesse ma mère, ne m'abandonne pas dans l'embarras où je suis. » Vénus n'abandonne pas son fils et les colombes le guident jusqu'à l'arbre désiré dont le rameau d'or se laisse cueillir [2].

Les commentateurs de l'*Énéide* ont comparé cet épisode des colombes à celui de la colombe des *Argonautiques*, qui vient se réfugier dans le sein de Jason [3]. Mais l'intervention de Mopsos est nécessaire pour expliquer le présage que la déesse n'a envoyé que, parce qu'ayant promis à Héra de s'intéresser à Jason, elle s'acquitte de ses engagements. Dans l'*Énéide*, au contraire, c'est une mère qui agit pour son fils ; elle ne lui adresse pas un présage plus ou moins clair, mais elle lui envoie ses propres oiseaux pour le guider vers l'arbre qu'il ne pourrait découvrir sans leur aide. L'apparition des colombes n'est pas un présage qui relève de l'*ornithoscopie*, mais une manifestation de la tendresse maternelle d'une divinité.

Cette tendresse n'a pas l'occasion d'agir pendant les premiers jours qui suivent l'arrivée d'Énée dans le pays de Latinus. Mais la haine clairvoyante de Junon comprend bien que Vénus sera sa rivale acharnée et puissante dans la lutte qu'elle va engager. Chaque fois

---

1. *Én.*, VI, v. 136-148.
2. *Én.*, VI, v. 190-211.
3. Voir, plus haut, l. III, ch. xv, p. 616.

qu'elle songe à Énée, dont les prétentions sur Lavinie contrecarrent tous ses projets, elle ne peut que le désigner par le nom de « fils de Vénus »[1] : car elle se rend bien compte que c'est la protection maternelle qui fait le héros redoutable.

Cette protection est toujours active, et Vénus va donner une preuve extraordinaire d'amour maternel en allant demander à Vulcain des armes pour Énée[2], comme elle a imploré Cupidon en faveur du héros. La scène de la séduction a été étudiée[3]. On a vu combien l'impudeur de la déesse qui propose un marché et la lâcheté du dieu qui l'accepte répugnent à nos sentiments modernes. Il faut supposer que Sainte-Beuve avait oublié cet épisode, quand il disait que « *partout, dans le poème, Vénus est ravissante de grâce, de pitié, de décence* ».

C'est, à la vérité, le seul endroit de l'*Énéide* où Vénus abdique sa dignité de matrone romaine pour redevenir la déesse courtisane. *Venus Caelestis* est, pour un instant, *Venus Lubentina* ou *Venus Salacia*, mais elle reste toujours *Venus Genetrix* : c'est par amour maternel qu'elle se vend. L'impudique Agrippine était, à sa manière, une mère aussi aimante que la chaste Cornélie. On sait ce que signifient la visite et les supplications de la future épouse de Claude à Pallas, quand elle fléchit son orgueil pour aller prier le tout-puissant affranchi[4]. Vénus, de son côté, est allée prier Vulcain, et, comme Agrippine, elle a acheté par le *stuprum*[5] la faveur qu'elle ambitionnait pour son fils.

Dès avant l'aube, Vulcain se hâte d'aller fabriquer

---

1. *Én.*, VII, v. 321 : ...*Veneri partus suus;* v. 556 : *Egregium Veneris genus.*
2. *Én.*, VIII, v. 370-406.
3. Voir, plus haut, l. III, ch. xiv, p. 606-608.
4. Cf. Racine, *Britannicus*, acte IV, scène ii.
5. Tacite, *Annales*, XII, xxv, 1 : *Pallantis... qui obstrictus Agrippinae ut conciliator nuptiarum et mox stupro eius illigatus.*

les armes d'Énée [1] ; au jour naissant, la bienfaisante lumière du soleil et le chant matinal des oiseaux ont éveillé Évandre et Énée qui causent ensemble de la guerre [2]. Vénus ne tarde pas davantage à faire éclater un prodige qui est aussi intelligible que le présage de la colombe envoyée par Cypris et qui prouve bien plus de puissance de la part de la divinité qui a le droit d'en user : Vénus fait retentir le tonnerre, ce qui est un signe convenu entre la déesse et son fils. « La déesse, ma mère, — dit Énée à Évandre, — m'a promis qu'au moment où la guerre éclaterait, elle me donnerait ce signal du haut du ciel et m'apporterait à travers les airs le secours d'armes fabriquées par Vulcain [3]. »

Ces armes, Vénus va les porter à son fils. Énée a quitté Évandre ; la déesse profite de l'instant où le héros est seul, à l'écart de ses compagnons, pour descendre du ciel et s'offrir sans déguisement à ses regards. « Voici les dons que je t'ai promis et que je dois à l'art de mon époux ; ne crains plus, ô mon fils, d'appeler au combat les superbes Laurentins ou le violent Turnus. » Elle parle ainsi, recherche les embrassements de son fils [4], et disparaît, pendant qu'Énée reste muet, abîmé dans la contemplation des armes étincelantes que sa mère a déposées au pied d'un chêne, surtout de ce bouclier semblable, comme la toison d'or [5], à la nuée qui s'embrase aux rayons du soleil et renvoie au loin son éclat [6].

Vénus s'est hâtée, comme faisait Thétis [7], de porter l'armure attendue. Elle a dit, à peu près comme la Néréide : «Mon enfant, reçois, de la part d'Héphaistos,

1. *Én.*, VII, v. 407 et suiv.
2. *Én.*, VIII, v. 454-519.
3. *Én.*, VIII, v. 533-536. — Pour ce présage, voir, plus haut, l. II, ch. II, p. 329.
4. *Én.*, VIII, v. 608-615.
5. *Argon.*, IV, v. 125.
6. *Én.*, VIII, v. 621-623.
7. *Iliad.*, XVIII, v. 614-617.

ces armes glorieuses, si belles que jamais épaules d'un mortel n'en portèrent de semblables [1]. » Vénus n'ose pas dire que les armes d'Énée viennent de la part de Vulcain : elle prononce cependant un mot de trop, quand elle rappelle que l'armure est due à l'art de son époux. Ce n'est pas cette considération qui empêche Énée de remercier sa mère comme Achille remerciait Thétis [2] : mais le héros est tout entier à la contemplation des merveilles du bouclier qu'il admire sans les comprendre [3]. Il peut du moins reconnaître l'image de sa mère gravée sur le bouclier, se rendre compte que Vénus combat du côté de ceux qui seront les Romains [4], et conclure avec raison que la déesse doit rester toujours la protectrice de sa race.

La guerre est commencée : c'est en vain que, d'après Turnus, il suffit à Vénus et aux *fata* que les Troyens soient arrivés en Italie [5]. La déesse ne sera satisfaite que lorsqu'Énée aura vaincu Turnus et épousé Lavinie. Ce sont les prétentions contraires de Junon et de Vénus qui rendent nécessaire l'assemblée des dieux où Jupiter rappelle à leur devoir sa femme et sa fille. Vénus, la première, prend la parole; elle prononce un long discours [6], qui est fort bien fait et qui rappelle celui du Chant I.

Mais on a vu que la déesse sait habilement adapter son talent oratoire aux circonstances ; elle ne parle pas à Junon, à Cupidon ou à Neptune, comme à Jupiter; elle ne parle pas au maître du monde qui préside le conseil des dieux, comme elle parlait à son père dans l'effusion d'un entretien intime. En présence de Junon, elle fait tous ses efforts pour provoquer chez sa rivale

---

1. *Iliad.*, XIX, v. 8-11.
2. *Iliad.*, XIX, v. 19 et suiv.
3. *Én.*, VIII, v. 729-730.
4. *Én.*, VIII, v. 699.
5. *Én.*, IX, v. 135.
6. *Én.*, X, v. 16 : ...*at non Venus aurea contra Pauca*.

une explosion de colère qui mettra celle-ci dans son tort. Elle ne prononce jamais le nom de son ennemie, mais elle fait tout le temps allusion à ses manœuvres qui doivent blesser Jupiter dans son affection paternelle et dans son orgueil de maître du monde : Junon a tâché de faire tout le mal possible à la fille chérie du roi des dieux; elle viole constamment les ordres de son mari et se plaît à porter atteinte à son autorité. En effet, les Troyens sont de nouveau assiégés, comme jadis dans Ilion; Diomède va marcher contre eux, et elle sera elle-même, elle, la fille de Jupiter *(tua progenies)*, exposée, comme devant Troie, aux coups du fils de Tydée[1]. Cependant, ce sont les *fata* et la volonté de Jupiter qui ont amené les Troyens en Italie. Si, malgré la volonté du maître des dieux, les compagnons d'Énée doivent être vaincus en Italie comme ils l'ont été devant Troie, elle se résigne. L'épouse de Jupiter *(tua coniux)* ne veut laisser aucun pays à Énée : qu'il soit du moins permis à Vénus de retirer Ascagne des périls de la guerre et de lui assurer une vie sûre et sans gloire dans un de ses sanctuaires de Cythère, d'Amathonte, de Paphos ou d'Idalie.

Vénus est une habile parleuse; il ne faut pas prendre au pied de la lettre ses protestations d'humilité résignée. Tissot[2] se laisse assurément duper plus que Jupiter par les artifices oratoires de la déesse « corrigée de l'ambition par l'excès de l'infortune », quand il « observe des ressemblances frappantes entre l'Andromaque de Racine et la mère d'Énée ». Un parallèle est impossible entre la déesse et la veuve d'Hector : mais il faut reconnaître que c'est l'amour maternel qui inspire à *Venus Genetrix* toutes les habiletés, toutes les insinuations qui rendront très difficile la réponse de Junon à une plaidoirie si bien conduite.

1. *Iliad.*, V, v. 330-336.
2. *Études sur Virgile*, t. IV, p. 195-197.

Ce n'est pas seulement par sa parole que Vénus défend Énée et les Troyens. Pendant les combats qui occupent la fin du Chant X, malgré la neutralité qui a été prescrite aux dieux, Vénus protectrice [1] détourne les traits qui visent son fils. Les Troyens combattent vaillamment, et Jupiter peut dire ironiquement à Junon : « Tu avais raison, Vénus soutient les forces troyennes ; sans son secours, les Troyens, qui sont des lâches, ne pourraient rien [2]. » Jupiter se moque de sa femme ; mais il est certain que l'appui moral donné par Vénus aux compagnons d'Énée les aide puissamment. Vénus n'intervient plus ; comme Junon [3], elle regarde la bataille du haut du ciel ; les deux déesses ne peuvent plus que faire des vœux, chacune pour le parti qu'elle protège.

D'ailleurs Vénus n'a plus besoin de descendre sur le champ de bataille ; les pires ennemis des Troyens refusent en effet de les combattre. Ce Diomède, qui a jadis blessé la déesse sous les murs de Troie, ne veut pas se joindre à Latinus et à Turnus : il rappelle, en s'accusant, la folie qui l'a égaré autrefois, quand il a osé outrager Vénus en la frappant à la main [4].

Deux batailles perdues ont brisé les forces des Latins. Turnus veut proposer un combat singulier à Énée : cette fois, dit-il, la déesse sa mère ne sera pas auprès du héros troyen, comme elle était à ses côtés sous les murs de Troie, pour couvrir sa fuite d'un nuage [5]. Mais, quoique le duel soit décidé, la bataille devient générale ; Énée est blessé par une main inconnue [6]. Vénus a le droit de porter secours à son fils qui a été frappé par trahison, alors que, sans songer à son propre péril, il

---

1. *Én.*, X, v. 332 : *Alma Venus.*
2. *Én.*, X, v. 606-610.
3. *Én.*, X, v. 760.
4. *Én.*, XI, v. 277.
5. *Én.*, XII, v. 52.
6. *Én.*, XII, v. 311-323.

étendait son bras désarmé entre les deux partis, uniquement préoccupé de la majesté des dieux en présence de qui le traité avait été juré.

Enveloppée d'un nuage obscur, Vénus porte à son fils le dictamne additionné du suc bienfaisant de l'ambroisie et de l'odorante panacée. Le médecin Iapyx baigne la plaie avec cette mixture dont il ignore la composition et la provenance, mais dont il comprend l'origine divine, quand il voit son malade miraculeusement guéri[1].

Énée court au combat ; sa mère ne l'abandonne pas ; mais, sans lui apparaître, sans lui adresser la parole, elle lui suggère de marcher aussitôt vers les ennemis pour les épouvanter par un assaut imprévu[2]. Ce plan, inspiré par la déesse, amène le succès définitif d'Énée : pour empêcher l'assaut, Turnus se présente enfin à son ennemi. Le duel, si longtemps retardé par des manœuvres perfides, va avoir lieu. C'est en vain que Juturne veut porter secours à son frère : furieuse de voir la Nymphe remettre à Turnus l'épée qu'il a perdue[3], Vénus rend à Énée son propre javelot qui était profondément enfoncé dans les racines d'un olivier consacré à Faunus. Le fatal javelot a bientôt transpercé Turnus dont l'âme s'enfuit en gémissant vers les ombres infernales.

L'action de l'*Énéide* est terminée : tout le temps qu'elle a duré, la protection de *Venus Genetrix*, dont l'amour maternel va jusqu'à l'abdication de sa dignité de déesse et de femme, a entouré et soutenu Énée, du moment où elle lui apparaît pendant la nuit fatale de Troie, jusqu'à celui où elle lui permet de rentrer en possession du javelot qui doit percer Turnus.

1. *Én.*, XII, v. 411-429.
2. *Én.*, XII, v. 554-556.
3. *Én.*, XII, v. 785-788.

CHAPITRE XVII

LES DIEUX DES EAUX

I. Océanos-Océanus. Téthys et les Océanides.

II. Nérée. Glaucos. Les Néréides ; rôle de Thétis dans les *Argonautiques*. Nérée dans les *Églogues*, dans les *Géorgiques* et dans l'*Énéide*. Doris et les Néréides.

III. Poseidon et Amphitrite. Rôle d'Amphitrite. Légende et postérité du Poseidon des *Argonautiques*. Les chevaux et le char de Poseidon. Triton, fils de Poseidon et d'Amphitrite.

Poseidon, dieu de la génération. Ses fils : Eurypylos, roi de Cyrène ; les Argonautes Euphémos, Ancaios, Erginos ; l'Argonaute Nauplios, descendant du dieu ; l'Argonaute Périclyménos, petit-fils de Poseidon. Poseidon, dieu des Minyens, honoré en particulier par Pélias. Descendance monstrueuse de Poseidon : Amycos. Les Dolions tirent leur origine de Poseidon. Poseidon et Cercyra.

Rares honneurs rendus par les Argonautes à Poseidon. Sanctuaires de Poseidon : l'Isthme de Corinthe, Tainaros, la source de Lerne, le bois d'Onchestos Hyantien, Calauréia, Petra Haimonienne, le Géraistos.

Charybde ; Scylla ; les Sirènes. Légende des Sirènes ; leur rôle dans les *Argonautiques ;* leur représentation figurée.

IV. Neptune est, dans l'*Énéide*, le maître Saturnien, le Jupiter de la mer. Partage du monde entre les trois fils de Saturne. Pouvoirs respectifs de Neptune et de Jupiter.

Triton et Misène, fils d'Éole. Représentation figurée de Triton. Les Tritons. La Néréide Cymothoé.

Grand nombre des divinités marines. — Le chœur de Phorcus. Portunus, dieu romain.

Représentation du char et du cortège de Neptune.

Neptunus Aegaeus. Neptunus Genitor, père de Messapus, allié de Turnus. Rôle très actif de Messapus dans l'*Énéide*.

Légende troyenne de Poseidon-Neptune. Le parjure de Laomédon. Destruction de Troie par Neptune. Laocoon, prêtre de Neptune à Troie.

Le Neptune de l'*Énéide* n'est ni le protecteur ni l'ennemi d'Énée. La cause d'Énée séparée de la cause de Troie. Les jeux nautiques en Sicile. Entretien de Neptune et de Vénus. Palinure, victime expiatoire. Le rôle de Neptune se termine à l'arrivée des Troyens en Italie.

Charybde, Scylla, les Sirènes dans l'*Énéide*.

V. *Les divinités des eaux douces.*

    A. Les Fleuves. Fleuves personnifiés par Apollonios et par Virgile. Le Tibre est le seul fleuve qui ait un rôle dans l'*Énéide*.

    B. Les Nymphes. Classification des Nymphes. Les Naïades. La Nymphe qui enlève Hylas. Macris. Adrestéia. Les Nymphes nourricières. Les Nymphes de la mer, des sources, des fleuves, de la campagne, des forêts, des montagnes et des cavernes. Les Nymphes de Libye. Les Nymphes Hespérides.

    Culte rendu par Enée aux Nymphes de la Thrace et aux Nymphes du Latium. Juturne. Marica. Vénilia, mère de Turnus. Dryopé, épouse de Faunus.

    Les navires de Virgile changés en Nymphes de la mer. Les Nymphes de Junon et de Diane. Les Nymphes de Libye.

I

OCÉANOS - OCÉANUS

Il a déjà été question d'Océanos, qui forme avec Téthys le couple primitif des divinités des eaux[1] et qui donne naissance à Eurynomé, à Philyra, à Eidyia, et aux Nymphes en général. Océanos et Téthys ne jouent aucun rôle dans l'action des *Argonautiques*.

Oceanus n'est pas un dieu latin[2]. Il n'est jamais personnifié dans l'*Énéide*; c'est seulement dans l'épisode d'Aristée que l'on voit Cyrène faire des libations à Océanus considéré comme l'auteur du monde et le père des Nymphes qui sont sœurs[3]. Dans le même épisode, Virgile cite comme Océanides *(Oceanitides)*, Clio et Béroé[4], d'ailleurs inconnues[5]. Eurynomé et Eidyia n'ont aucune place dans l'épopée latine; le nom de Téthys est cité dans les *Géorgiques*[6], où les aventures de Philyra et de Cronos-Saturne sont rappelées sans que le nom de l'Océanide soit mentionné[7].

---

    1. Voir, plus haut, l. I, ch. I, p. 13 et suiv.
    2. Il n'est pas question de lui dans la *Mythologie romaine* de Preller.
    3. *Géorg.*, IV, v. 381 : *Oceano libemus*; v. 383: *Oceanum, patrem rerum, Nymphasque sorores.*
    4. *Géorg.*, IV, v. 341.
    5. Cf. Roscher, *Lexicon*, I, p. 784, article *Beroe* (2).
    6. *Géorg.*, I, v. 31.
    7. *Géorg.*, III, v. 93-95. — Voir, plus haut, l. I, ch. III, p. 51-52.

II

NÉRÉE ET LES NÉRÉIDES

Après Océanos, dieu primitif et général « de tous les fleuves, de toute la mer, de toutes les eaux jaillissantes, de tous les puits profonds »[1], Nérée est le plus antique dieu de l'eau salée, en particulier, de la mer.

Il ne joue aucun rôle dans les *Argonautiques*. D'après l'*Iliade*[2], la demeure de Nérée était une grotte brillante au fond des abîmes de la mer. Apollonios[3] place cette demeure au-dessous de la mer Égée, la mer grecque par excellence.

On a vu que Nérée, dieu prophétique, a Glaucos pour interprète[4]. Le vieillard marin est père de beaucoup de filles, les Néréides, dont Thétis est la plus connue : on sait quelle est, dans l'*Iliade*, l'importance de la mère d'Achille. Dans son poème antéhomérique, Apollonios rappelle les légendes de la passion malheureuse de Zeus pour Thétis[5] et de la protection d'Héra à l'endroit de la Néréide à qui elle tient lieu de mère[6]. — Il n'est pas parlé, dans les *Argonautiques*, de Doris, femme de Nérée et mère des Néréides. — Héra a le pouvoir, en faisant appel à la reconnaissance de Thétis, de la contraindre à porter secours, de concert avec les autres Néréides, aux Argonautes, parmi lesquels se trouve Pélée, son propre mari[7]. Ce n'est pas parce que Pélée est parmi les Argonautes, mais c'est

---

1. *Iliad.*, XXI, v. 195.
2. *Iliad.*, XVIII, v. 36, 50, 140.
3. *Argon.*, IV, v. 772.
4. Voir, plus haut, l. II, ch. I, p. 194.
5. Voir, plus haut, l. II, ch. I, p. 169.
6. Voir, plus haut, l. III, ch. I, p. 368.
7. Voir, plus haut, l. III, ch. I, p. 380-381.

quoiqu'il y soit, que les prières d'Héra décident Thétis à venir, avec ses sœurs les Néréides, dégager le navire Argo des Roches-Errantes.

La fille de Nérée a, en effet, complètement abandonné son époux mortel. « Pélée ne l'avait plus revue venir vers lui, depuis qu'elle avait quitté sa chambre et sa couche, pleine de colère à cause de l'illustre Achille, qui était encore un tout petit enfant. Car elle avait coutume de brûler ses chairs mortelles, au milieu de la nuit, à la flamme du feu; pendant le jour, d'autre part, elle oignait d'ambroisie son tendre corps, pour qu'il devînt immortel, pour que sa chair fût garantie de l'odieuse vieillesse. Mais Pélée, ayant sauté de sa couche, vit son fils se débattre au milieu des flammes; à cette vue, il poussa un cri affreux: grande était son imprudence! Car, en l'entendant, Thétis arracha son fils aux flammes, le lança à terre, gémissant; elle-même, son corps devint semblable au vent, et, comme un songe, elle s'élança rapide, hors de sa demeure et se précipita dans les flots, indignée. Et, depuis, elle ne revint plus [1]. » Elle a délaissé son fils, comme son mari: au moment où le navire Argo passe en vue du Mont-Pélion, la femme du centaure Chiron, nourrice d'Achille, porte dans ses bras l'enfant sans mère et le présente à Pélée [2].

La légende de la fuite de Thétis loin de la demeure conjugale semble d'origine récente [3]. Quoi qu'il en soit, c'est uniquement à cause de la prière d'Héra que la Néréide prête aux Argonautes son aide et celle de ses sœurs. Elle leur expose les instructions de l'épouse de Zeus [4], puis elle va prévenir Pélée de ce que les Néréides feront pour le salut d'Argo — à la demande.

---

1. *Argon.*, IV, v. 866-879.
2. *Argon.*, I, v. 557-558.
3. Voir ma note au v. 816 du Ch. IV des *Argonautiques*. Cf. Decharme, *Mythol.*, p. 603-604.
4. *Argon.*, IV, v. 843-846.

d'Héra, elle ne manque pas de le dire. « Une cruelle douleur blessa Pélée[1], » dit le poète. Il serait difficile qu'un mari ne fût pas affligé et blessé après l'entrevue qui est racontée dans les *Argonautiques* : « Elle s'approcha de l'Aiacide Pélée et le toucha de l'extrémité de la main : car il était son époux ; personne ne put la voir d'une manière certaine ; à lui seul, elle lui apparut devant les yeux, et elle lui parla ainsi : Ne vous attardez pas plus longtemps sur les rivages Tyrrhéniens ; mais, au point du jour, déliez les amarres de votre vaisseau rapide, dociles à Héra qui vous aide. Car, suivant son ordre, toutes ensemble, les jeunes Néréides vont se réunir pour tirer le navire hors des roches qu'on nomme les Roches-Errantes ; là se trouve, en effet, la route où vous devez passer. Quant à toi, ne me montre à personne, lorsque tu me verras m'avancer avec mes sœurs ; garde mes paroles dans ton esprit, pour ne pas m'irriter encore plus que tu ne l'as fait autrefois, quand tu as agi avec moi sans nul ménagement. Elle dit, et se plongea invisible dans les abîmes de la mer.[2] »

Fidèle aux promesses qu'elle a faites à Héra, Thétis dirige le gouvernail d'Argo au milieu des Roches-Errantes[3], et, pendant toute la durée d'une journée de printemps, les Néréides s'occupent à faire avancer le navire au travers des écueils au bruit retentissant[4]. Thétis et les Néréides ont sauvé le navire Argo : mais elles n'ont droit à aucune reconnaissance de la part des Argonautes qui sont des indifférents pour les Néréides, en général, et dont l'un, Pélée, a blessé involontairement Thétis de manière à se faire d'elle une ennemie irréconciliable. Les filles de Nérée n'ont

---

1. *Argon.*, IV, v. 866.
2. *Argon.*, IV, v. 852-865.
3. *Argon.*, IV, v. 931-932.
4. *Argon.*, IV, v. 933-964.

aidé les héros que sur la demande de leur sœur Thétis qui ne pouvait rien refuser aux prières d'Héra : elles n'ont aucun titre à être mises au nombre des divinités protectrices des Argonautes.

Comme Océanus, Nérée est un dieu grec inconnu à la Mythologie romaine [1] : mais il est souvent question de lui et de ses filles dans les œuvres de Virgile.

Dans la cosmogonie du Silène de la *VIe Églogue* [2], Nérée représente la conception la plus antique de l'eau qui se sépare de la terre au commencement du monde.

Les *Géorgiques*, suivant la tradition de l'*Iliade* [3], font de Nérée un personnage très vieux, *grandaevus Nereus*, qui vénère le prophète Protée [4], alors que, dans les *Argonautiques*, où il n'est pas question de Protée, le devin Glaucos n'est que l'interprète du dieu marin, et non l'objet de sa vénération.

Contrairement aux idées grecques qui font du vieux Nérée un dieu très pacifique, une comparaison de l'*Énéide* montre le vieillard de la mer soulevant une tempête : « Couvert d'écume, Nérée fait rage avec son trident et bouleverse les mers jusqu'au fond de leurs abîmes [5]. » Le poète donne à Nérée le trident qui est l'attribut de Neptune : il est donc probable qu'il entend ici par Nérée le dieu de la mer en général, comme lorsqu'il appelle la mer elle-même « les grands étangs de Nérée » [6].

Le dieu est le père des Néréides et, suivant la *Théogonie* hésiodique [7], l'époux de Doris, qui est nommée

---

1. Il n'est pas cité dans la *Mythologie romaine* de Preller.
2. *Égl.*, VI, v. 35 : ...*discludere Nerea ponto.* — C'est au moyen de la mer que la terre se sépare des eaux. (Note de Benoist.)
3. *Iliad.*, I, v. 358 : ...πατρὶ γέροντι.
4. *Géorg.*, IV, v. 391-392. — Sur *Protée*, voir Decharme, *Mythol.*, p. 312-313.
5. *Én.*, II, v. 418-419.
6. *Én.*, X, v. 764 : ...*medii per maxima Nerei stagna.*
7. *Théogon.*, v. 240 et suiv. — Cf. Roscher, *Lexicon*, I, p. 1198, article *Doris*.

dans les *Églogues*[1] et désignée dans l'*Énéide*[2] par le titre de mère des Néréides.

Le chœur des Néréides va de compagnie avec l'armée de Phorcus[3], qui se compose de monstres marins. Cette armée de monstres et ce chœur de déesses de la mer font partie du cortège de Neptune. Virgile cite, en particulier, Thétis, Mélité, Panopéa, Nesaeé, Spio, Thalia, Cymodocé[4]; il nomme aussi la Néréide Galatée[5], la Néréide Doto[6] et Cymothoé[7]. Les noms de toutes ces déesses se retrouvent parmi ceux que Hésiode donnait aux cinquante filles de Nérée[8], à l'exception de Thalia, qui n'est pas dans la *Théogonie*, mais qui était, dans l'*Iliade*[9], le nom d'une des sœurs de Thétis.

C'est, naturellement, la mère d'Achille, la fille de Nérée par excellence[10], qui est la plus connue des Néréides : mais il n'y a, dans l'épopée latine, aucune allusion à la légende de la déesse. Les *Géorgiques* parlent des alcyons, « oiseaux chers à Thétis[11], » et les *Églogues* font de Thétis, peut-être par une confusion avec Téthys, la personnification de la mer[12].

Dans l'*Énéide*, les filles de Nérée sont, comme toutes les autres divinités marines, subordonnées à Neptune. La Thétis des *Argonautiques* avait assez d'autorité sur

---

1. *Égl.*, X, v. 5 : *Doris amara.*
2. *Én.*, III, v. 74 : *Nereidum matri.*
3. *Én.*, V, v. 240 : *Nereidum Phorcique chorus;* v. 824 : *...Phorcique exercitus omnis.* — Pour les dieux marins, *Phorcos* et *Phorcys*, voir, plus haut, l. I, ch. IV, p. 115-116.
4. *Én.*, V, v. 825 : *Thetis et Melite, Panopeaque virgo, Nesaee, Spioque, Thaliaque, Cymodoceque.*
5. *Égl.*, VII, v. 37 : *Nerine Galatea;* cf. *Én.*, IX, v. 103.
6. *Én.*, IX, v. 102 : *...Nereia Doto.*
7. *Én.*, I, v. 144.
8. *Théogon.*, v. 243 et suiv.
9. *Iliad.*, XVIII, v. 38.
10. *Én.*, VIII, v. 383 : *...filia Nerei.*
11. André Chénier, *La jeune Tarentine*, v. 2. — *Géorg.*, I, v. 399 : *Dilectae Thetidi Alcyones.*
12. *Égl.*, IV, v. 32 : *...tentare Thetim ratibus.*

ses sœurs et, en même temps, assez de soumission à
Héra, pour amener, suivant le désir de la déesse, les
Néréides au secours d'Argo. Quand les navires d'Énée
sont ensablés dans la Syrte et retenus au milieu des
récifs, c'est sur l'ordre de Neptune que les Néréides [1]
viennent le dégager. Virgile imite Apollonios : mais le
caractère des Néréides a été transformé ; elles ne
reconnaissent plus d'autre autorité que celle du Jupiter
de la mer.

III

POSEIDON ET AMPHITRITE

Pas plus que son frère Zeus, Poseidon ne parle,
n'est mis en scène, dans les *Argonautiques*. Mais il y est
souvent question de sa légende et de sa nombreuse
postérité.

Le Poseidon des *Argonautiques* est l'époux de la
belle Amphitrite, qui a la fonction de dételer le char
du dieu [2]. Divinité relativement récente, Amphitrite
n'est pas citée dans l'*Iliade*; elle est mentionnée dans
l'*Odyssée* [3] et c'est à partir de la *Théogonie* hésiodique [4]
qu'elle est regardée comme une Néréide, femme de
Poseidon, qui participe au pouvoir et aux honneurs
du dieu de la mer, ainsi qu'Héra participe à ceux
de Zeus. Souvent représentée par les monuments
de l'art grec et surtout de l'art gréco-romain, on
la voit d'ordinaire, à côté de Poseidon, sur un char

---

1. *Én.*, I, v. 143 et suiv. — Virgile ne nomme que l'une des Néréides, Cymothoé, qui n'a aucune raison spéciale de venir plutôt que ses sœurs au secours d'Énée : il est probable qu'elles participent toutes au sauvetage de la flotte troyenne.
2. *Argon.*, IV, v. 1325-1326; v. 1355-1356; v. 1370-1371.
3. *Odyssée*, III, v. 91 ; V, v. 421 ; XII, v. 60 et 97.
4. *Théogon.*, v. 243, 254, 930.

traîné par des chevaux marins [1]. En montrant Amphitrite occupée à dételer ce char, Apollonios a voulu vieillir cette déesse trop récente, en faire une divinité homérique : ne voit-on pas, en effet, dans cette *Iliade* où Amphitrite n'a aucune place, Héra, s'acquittant des fonctions serviles que les dieux de l'âge héroïque ne dédaignaient pas, atteler elle-même ses propres chevaux [2] ?

Les chevaux qu'Amphitrite détèle ne sont pas les animaux marins représentés par les monuments, puisque les héros reconnaissent que le char du dieu a été dételé [3] quand ils voient sortir de la mer un admirable cheval, qui n'a rien d'un monstre marin, qui est de la même race que les chevaux des hommes et qui n'en diffère que par la taille et la beauté. « Sortant de la mer, un cheval d'une taille merveilleuse bondit sur le rivage ; une crinière dorée retombait des deux côtés de son cou qu'il portait très haut. A peine eut-il secoué l'eau salée qui découlait de ses membres, il commença à courir ; et ses pieds étaient aussi rapides que le vent [4]. » Dans l'*Iliade* aussi, dont Apollonios suit les traditions, les chevaux de Poseidon ne sont pas des monstres, mais bien « de rapides coursiers aux pieds d'airain, à la crinière dorée » [5]. Tels sont, dans les *Argonautiques*, « les chevaux de Poseidon, aux pieds agiles comme les tempêtes [6], » ces chevaux qui conduisent le dieu monté sur son char aux divers endroits où l'on célèbre des fêtes en son honneur [7]. Les chevaux marins du dieu

---

1. Cf. Decharme, *Mythol.*, p. 331-334 ; Preller, *Griech. Mythol.*, erster Band, p. 489-490 ; Collignon, *Mythol. figurée*, p. 210 ; Roscher, *Lexicon*, I, p. 320-321.
2. *Iliad.*, V, v. 731-732.
3. *Argon.*, IV, v. 1365 et suiv.
4. Sur les rapports de l'apparition de ce cheval avec celle des quatre chevaux que les Troyens aperçoivent sur les côtes d'Italie, voir, plus haut, l. II, ch. II, p. 346.
5. *Iliad.*, XIII, v. 23-24.
6. *Argon.*, I, v. 1158.
7. *Argon.*, III, v. 1240 et suiv.

semblent être une imagination des artistes à une époque de décadence. On sait la comparaison que les Hellènes établissaient entre la course de la vague et celle du cheval qui est consacré au dieu de la mer. « Il est à peine besoin de rappeler l'épithète d'Hippios que porte parfois Poseidon, et la légende d'après laquelle il fait naître le cheval d'un coup de trident. Les représentations où cet animal est associé à Poseidon sont surtout fréquentes sur les monnaies [1]. »

De Poseidon et d'Amphitrite la *Théogonie* fait naître Triton, dieu aux nombreuses métamorphoses, comme Protée, comme, en général, tous les dieux de la mer, images des flots dont l'aspect changeant se renouvelle sans cesse. On a déjà vu quel rôle Triton joue dans les *Argonautiques* [2] : il faut remarquer que, dans l'épopée alexandrine, ce n'est pas le vieillard de la mer, Nérée, qui parle aux Argonautes, mais c'est son interprète, Glaucos; ce n'est pas Poseidon, dieu de la mer, qui agit en leur faveur, mais c'est son fils Triton. C'est une préoccupation constante d'Apollonios d'éviter de mettre en scène les grands dieux qu'Homère faisait agir et à qui Virgile, à son tour, ne craindra pas de donner un rôle actif dans l'*Énéide*.

Triton a bien voulu se manifester aux héros « tel qu'il devait être vu sous sa forme véritable » [3] : « A partir du haut de la tête jusqu'au ventre, dans la région du dos et au-dessus des hanches, son corps était d'une conformation admirablement pareille à celle du corps des dieux bienheureux; mais, au-dessous de ses flancs, de part et d'autre, s'allongeaient les deux extrémités d'une queue traînante de baleine. Il fendait la surface de la mer, au moyen des arêtes de cette queue dont les

---

1. Collignon, *Mythol. figurée*, p. 209.
2. Voir, plus haut, l. II, ch. I, p. 195. — Voir aussi mes notes aux v. 1552, 1558, 1561, 1562, 1588, 1598 et 1603 du Chant IV des *Argonautiques*.
3. *Argon.*, IV, v. 1603.

extrémités courbées se partageaient, semblables au croissant de la lune [1]. » Apollonios décrit « Triton, le monstre marin » [2], tel que nous le voyons représenté par l'art antique [3].

En même temps que ce fils légitime du dieu et de la déesse de la mer, remarquable par une forme monstrueuse qu'il n'a pas héritée de ses divins parents, on voit figurer, on entend mentionner, dans les *Argonautiques*, bien des héros semblables en tout aux fils des hommes et nés de Poseidon, « le dieu de la génération [4] », et d'une autre compagne qu'Amphitrite. « Apollonios, dit le Scoliaste [5], appelle Poseidon *dieu de la génération*, parce que, maître de l'élément humide, il nourrit et engendre toute chose, puisque l'eau fait tout naître. » En effet, « cette heureuse union de l'eau et de la terre, d'où naissent les fruits nourriciers de la vie humaine, s'exprimait, dans le langage mythique, par l'image du commerce amoureux de Poseidon avec des Nymphes ou avec des filles de personnages fabuleux [6]. »

Triton lui-même, avant de prendre sa forme réelle, se présente aux Argonautes, non sans vraisemblance, sous le nom et sous l'aspect d'Eurypylos, roi de Cyrène, que Poseidon avait eu de Célaino, fille d'Atlas [7]. Apollonios emprunte d'ailleurs à la *IVe Pythique* l'idée de ce travestissement : le Triton de Pindare dit aux Argonautes qu'il se nomme « Eurypylos, fils du dieu qui embrasse la terre de ses eaux et l'ébranle » [8].

---

1. *Argon.*, IV, v. 1610-1616.
2. *Argon.*, IV, v. 1598.
3. Cf. Pausanias, IX, 21, 1. — Voir Decharme, *Mythol.*, p. 335; Collignon, *Mythol. figurée*, p. 212.
4. *Argon.*, II, v. 3 : ...Ποσειδάωνι Γενεθλίῳ.
5. Scol. *Argon.*, II, v. 4.
6. Decharme, *Mythol.*, p. 325.
7. *Argon.*, IV, v. 1561. — Voir mes notes à ce vers et au v. 500 du Ch. II des *Argonautiques*.
8. Pindare, *Pythiques*, IV, v. 57-59.

C'est surtout parmi les Argonautes eux-mêmes que les fils de Poseidon sont nombreux.

Une inscription inédite de l'île de Chios, bien antérieure à l'épopée d'Apollonios, donne le commencement d'un catalogue d'Argonautes; elle comprend les noms de six héros, dont deux, Castor et Pollux, sont les fils de Zeus; quatre, Nauplios, Euphémos, Ancaios et Erginos, les fils de Poseidon [1].

Dans les *Argonautiques*, Nauplios n'est pas le fils de Poseidon, mais le descendant d'un ancêtre homonyme, « ce Nauplios, qui l'emportait sur tous dans l'art de la navigation et que, jadis, la jeune Danaïde Amymoné, unie à Poseidon, avait enfanté au dieu [2]. » Ce Nauplios ne joue aucun rôle dans l'épopée, mais, en se mettant, d'ailleurs sans succès, au nombre des héros qui veulent prendre le gouvernail après la mort de Tiphys, il affirme bien qu'il descend de Poseidon [3].

Euphémos est bien le fils de Poseidon : c'est le plus rapide des hommes; il court à la surface de la mer, sans y enfoncer les pieds [4]. Virgile imite, à propos de Camille, la description d'Apollonios [5]; mais cette légèreté et cette rapidité conviennent bien moins à la jeune fille latine qu'au fils du dieu marin qui a pour attribut le cheval, rapide et léger comme les vagues de la mer. Euphémos est né auprès du cap Tainaros qui est consacré à Poseidon [6] et qui a pour héros éponyme un autre fils du dieu [7]. La mère d'Euphémos est Europé, fille du géant Tityos, laquelle ne doit pas être confondue avec Europé, sœur de Cadmos. Ce fils

---

1. B. Haussoullier, *Bulletin épigraphique* de la *Revue des Études grecques*, 1890, n° 10, p. 207-210.
2. *Argon.*, I, v. 133-138. — Voir ma note au v. 134 du Ch. I des *Argonautiques*.
3. *Argon.*, II, v. 896 et suiv.
4. *Argon.*, I, v. 179-184.
5. *Én.*, VII, v. 808-811. — Voir, plus haut, l. III, ch. VIII, p. 546.
6. *Argon.*, III, v. 1241.
7. Voir ma note au v. 179 du Ch. I des *Argonautiques*.

de Poseidon est un des Argonautes dont le rôle est le mieux indiqué. Au moment où le navire va franchir les Roches-Cyanées, il est chargé de tenir la colombe qui sera lâchée pour faire l'expérience du passage difficile [1]. Il lance l'oiseau au moment voulu; quand le navire lutte dans le détroit dangereux, digne fils de Poseidon, il dirige la marche d'Argo : il court à tous ses compagnons en leur criant de se courber sur leurs rames de toutes leurs forces. Ses conseils contribuent puissamment à sauver le navire du danger qui le menace. Comme Nauplios, il se met naturellement sur les rangs pour succéder à Tiphys [2].

Quand il s'agit de s'élancer à la recherche d'Héraclès, Euphémos est tout désigné par sa fameuse légèreté; si l'Argonaute aux pieds rapides revient, comme ses compagnons, après avoir fait d'inutiles efforts, c'est que la destinée ne veut pas que le fils d'Alcmène soit rejoint par les Minyens [3].

Le rôle d'Euphémos est surtout notable dans l'épisode de Triton. Le monstre marin s'est présenté aux Argonautes sous le nom d'Eurypylos, fils de Poseidon; il a offert aux étrangers une motte de terre, comme gage d'hospitalité. C'est Euphémos qui, en sa qualité de fils de Poseidon, s'empresse de tendre la main vers la motte de terre et de répondre au nom de ses compagnons [4]. On sait que tout cet épisode, à l'exception du songe d'Euphémos, est directement imité et embelli de la *IVe Pythique* : mais Apollonios semble se souvenir plutôt de l'œuvre de Pindare que du Chant I de sa propre épopée. On ne comprend pas très bien comment l'auteur des *Argonautiques* admet que les descendants d'Euphémos aient habité Lemnos. La chose est

---

1. *Argon.*, II, v. 556 et suiv.
2. *Argon.*, II, v. 896 et suiv.
3. *Argon.*, IV, v. 1461 et suiv.
4. *Argon.*, IV, v. 1537 et suiv.

naturelle pour Pindare qui dit que les Argonautes se sont arrêtés à Lemnos au retour de Colchide, et qu'Euphémos, ayant partagé la couche des femmes étrangères et étant resté à Lemnos, y engendra une race de héros qui devaient coloniser Théra, après avoir vécu dans le pays des Lacédémoniens. Apollonios, qui n'a pas parlé des fils qu'Euphémos aurait laissés à Lemnos, paraît ici se contredire lui-même [1].

Ancaios et Erginos sont aussi deux fils de Poseidon que le catalogue des *Argonautiques* ne sépare pas : « Deux autres fils de Poseidon vinrent aussi : l'un, Erginos, qui abandonnait la ville de l'illustre Milétos ; l'autre, le très vigoureux Ancaios, qui venait de Parthénia, demeure d'Héra Imbrasienne. Tous deux étaient habiles et glorieux de leur habileté, soit dans l'art de la navigation, soit dans les travaux d'Arès [2]. » Erginos est un simple figurant dans les *Argonautiques* : on le voit seulement, en sa qualité de fils de Poseidon, se mettre au nombre de ceux qui, après la mort de Tiphys, se présentent pour prendre le gouvernail [3]. D'après Hérodore [4], Erginos était choisi comme pilote : Valérius Flaccus exagère même cette tradition, qui n'est pas celle d'Apollonios, quand il prétend qu'Erginos fut réclamé comme pilote par le chêne fatidique d'Argo dont les héros ne pouvaient négliger les conseils [5].

Comme Tainaros, patrie d'Euphémos, Milet et Samos, patries d'Erginos et d'Ancaios, sont des villes où le culte de Poseidon était très répandu. On sait qu'un cap nommé Poseidion se trouvait sur le territoire des Milésiens [6]; un cap du même nom se trouvait à

---

1. Voir mes notes aux v. 1736, 1751, 1758, 1763 du Ch. IV des *Argonautiques*.
2. *Argon.*, I, v. 185-189.
3. *Argon.*, II, v. 896.
4. Voir ma note au v. 898 du Ch. II.
5. Valér. Flacc., *Argon.*, V, v. 65.
6. Strabon, XIV, 1, 2.

Samos; tous les deux étaient évidemment consacrés à
Poseidon, mais Strabon mentionne spécialement le temple du dieu qui s'élevait sur le Poseidion de Samos [1].

C'est Ancaios qui, dans les *Argonautiques*, est
accepté avec faveur comme pilote par l'ensemble des
héros. « Ancaios, qu'Astypalaia avait enfanté à Poseidon
auprès des eaux Imbrasiennes, était particulièrement
doué de l'art de diriger un navire [2]. » La conscience
de ce talent ne l'empêche pas de participer à cette
timidité, à cette irrésolution qui sont communes à tous
les Argonautes. Ce n'est pas de lui-même qu'il se
propose pour succéder à Tiphys : il faut que la déesse
Héra lui inspire une audace extraordinaire [3]. Alors
même qu'il obéit aux inspirations d'Héra, il ne s'offre
pas de lui-même et sans détours à Jason, le chef de
l'expédition; c'est Pélée qu'il va trouver, et tout en
rappelant que « ce n'est pas tant pour son habileté à
la guerre que pour sa science des navires que Jason l'a
amené vers la Colchide » [4], il ajoute modestement :
« Il y a ici d'autres hommes habiles; faisons monter à
la poupe n'importe lequel d'entre eux; aucun ne mettra
l'expédition en péril [5]. » S'il promet avec empressement
à Jason qu'il dirigera le navire rapide, c'est qu'il est
entraîné par un élan venu de la déesse. Les Argonautes
l'acceptent avec faveur comme pilote : mais, en cette
qualité, il ne fait rien de remarquable; c'est le fils de
Phrixos, Argos, qui, ayant l'expérience des parages de
la Colchide, doit le remplacer au gouvernail pour faire
entrer Argo dans le Phase [6]. Quand on est arrivé en
Colchide, c'est comme conseiller et non comme pilote [7]

---

1. Strabon, XIV, 1, 14.
2. *Argon.*, II, v. 866-867.
3. *Argon.*, II, v. 865-866.
4. *Argon.*, II, v. 870-872.
5. *Argon.*, II, v. 874-876.
6. *Argon.*, II, v. 1260.
7. *Argon.*, II, v. 1276 et suiv.

qu'Ancaios provoque une délibération au sujet de la conduite à tenir avec Aiétès. Au départ de Colchide, il dirige le navire [1] avec l'aide de Jason, mais bientôt, prompt au découragement [2], il renonce à gouverner plus longtemps le navire Argo, jeté par la tempête au milieu des Syrtes, et il tient à ses compagnons un discours lâche et désespéré. On dirait qu'Apollonios a voulu mettre en parallèle ce médiocre pilote avec l'irréprochable Tiphys, pour montrer combien un héros qui a le bonheur d'être inspiré par Athéné, la déesse de la sagesse intelligente, l'emporte sur un personnage qui est simplement le fils du dieu de la mer.

On trouve encore parmi les Argonautes un petit-fils de Poseidon, le Néléien Périclyménos : « C'était le plus âgé des enfants du divin Nélée qui naquirent à Pylos; Poseidon lui avait donné une force sans limites et permis de prendre, au milieu des périls de la mêlée, toute forme qu'il souhaiterait d'avoir en combattant [3]. ». Poseidon a des raisons toutes paternelles de s'intéresser à ce héros qui, d'après une légende qu'Apollonios ne suit pas, serait le propre fils du dieu [4], et qui tout au moins, d'après les *Argonautiques,* est né de Nélée, fils de Poseidon. Hésiode [5] donne le détail de toutes les formes que Périclyménos pouvait prendre; mais ce pouvoir surnaturel, présent du dieu des transformations, fut rendu inutile par la sagesse d'Athéné, déesse qui, depuis l'épisode de l'olivier et du cheval, l'emporte sur Poseidon chaque fois que les deux divinités se trouvent en conflit. Périclyménos n'use pas de son pouvoir surnaturel pendant le cours de l'expédition des Argonautes, où il ne joue aucun rôle.

D'après une tradition qu'Apollonios ne suit pas,

1. *Argon.*, IV, v. 210.
2. *Argon.*, IV, v. 1260 et suiv.
3. *Argon.*, I, v. 156-160.
4. Voir ma note au v. 156 du Ch. I des *Argonautiques*.
5. Hésiode-Didot, Fragment n° XXX.

Polyphémos serait fils de Poseidon [1]; dans les *Argonautiques*, il est fils d'Élatos. Mais des rapports d'amitié existent entre Poseidon et la famille d'Élatos, puisque c'est le dieu de la mer qui donne le moyen à Caineus, frère de Polyphémos, de se changer en jeune fille. D'ailleurs, que les divers Argonautes soient ou non ses fils, Poseidon peut s'intéresser en père à tous ces héros « que les peuples voisins désignaient sous le nom de Minyens, car la plupart et les meilleurs d'entre eux pouvaient se glorifier d'être du sang des filles de Minyas » [2]. Or, Minyas, qui habita à Orchomène, est né soi-disant d'Orchomène, en réalité de Poseidon et d'Hermippé, fille de Boiotos [3]; ou, suivant une autre tradition, Minyas serait né de Poseidon et de Chrysogoné, fille d'Almos, fils lui-même de Sisyphe et petit-fils d'Aiolos [4]. Quoi qu'il en soit, « Poseidon était un des dieux principaux des Minyens. Minyas, le père de la race, passait pour être le fils du dieu [5]. »

On peut s'étonner que Poseidon ne soit pas le dieu protecteur des Minyens qui partent pour une expédition longue et lointaine sur mer; il semble étrange que le dieu n'intervienne jamais, pas plus au moment où le navire passe au milieu des Roches-Errantes qu'à celui où il passe au milieu des Roches-Cyanées, pas plus pendant la tempête qui jette Argo dans les Syrtes que pendant cette nuit obscure dont les ténèbres effraient les Argonautes perdus sur la mer de Crète. Mais il ne faut pas oublier que Pélias, l'ennemi acharné de Jason et par suite des Argonautes, est fils de Crétheus et petit-fils d'Aiolos, roi des Minyens d'Orchomène [6]. Une tradition qu'Apollonios ne suit pas faisait même de

---

1. Voir ma note au v. 40 du Ch. I des *Argonautiques*.
2. *Argon.*, I, v. 228-233.
3. Voir ma note au v. 230 du Ch. I des *Argonautiques*.
4. Voir ma note au v. 1091 du Ch. III des *Argonautiques*.
5. Decharme, *Mythol.*, p. 324.
6. Voir ma note au v. 3 du Ch. I des *Argonautiques*.

Pélias le fils de Poseidon [1] : en tout cas, dans les *Argonautiques*, le fils de Crétheus est un des dévots du dieu en l'honneur de qui il offre un festin auquel toutes les divinités prennent part, à l'exception d'Héra Pélasgienne dont Pélias ne s'est pas soucié.

« On donnait une monstrueuse descendance à Poseidon... conçu comme un dieu farouche, intraitable, aux violentes colères [2]. » C'est, peut-être, ce qui explique pourquoi le dieu de la mer sauvage s'est uni à Europé, fille du monstrueux géant Tityos. Il est, sinon d'après l'affirmation expresse d'Apollonios, du moins suivant Hésiode, cité par le Scoliaste [3], le père des Aloïades, Otos et Éphialtès. Dans les *Argonautiques*, il a eu de la Nymphe Mélia le cruel Amycos [4], qui provoque les Argonautes au pugilat et qui est tué par Pollux, ce qui ne doit pas encourager Poseidon à se faire le protecteur du voyage des Minyens.

Certains peuples descendent du dieu de la génération, en particulier les Dolions que les Géants, fils de Gaia, n'osent pas attaquer, parce qu'ils sont protégés par Poseidon de qui ils tirent leur origine [5]. — Je ne trouve nulle part aucun renseignement sur cette origine des Dolions [6]. — Apollonios rapporte enfin que Poseidon enleva la jeune Asopide Cercyra, à la belle chevelure, pour l'établir bien loin de Phlionte, sa patrie, dans l'île que les matelots surnommèrent Cercyra-Mélaina [7]. De Poseidon et de Cercyra serait né, d'après Hellanicos, Phaiax, l'ancêtre des Phaiaciens [8].

---

1. Voir ma note au v. 13 du Ch. I des *Argonautiques*.
2. Decharme, *Mythol.*, p. 321.
3. Voir ma note au v. 482 du Ch. I des *Argonautiques*.
4. *Argon.*, II, v. 1-4.
5. *Argon.*, I, v. 936 et suiv.
6. Flangini; l'*Argonautica*, note au v. 1407 du Ch. I de sa traduction en vers italiens, avoue ne pouvoir donner aucun renseignement « su questo oscuro punto di Mitologia ».
7. *Argon.*, IV, v. 552-591.
8. Voir mes notes aux v. 540 et 564 du Ch. IV des *Argonautiques*.

Si Apollonios parle beaucoup de la postérité de Poseidon, il ne donne aucun renseignement sur la légende proprement dite du dieu. A peine peut-on admettre qu'en parlant du grand tombeau d'Aigaiôn, que les Argonautes aperçoivent sur la côte d'Asie, un peu au-dessous de la Phrygie [1], il fait allusion à la victoire de Poseidon sur cet Aigaiôn-Briarée, qui fut, dit Conon [2], précipité dans la mer à l'endroit appelé par Apollonios tombeau d'Aigaiôn.

On a vu que Pélias rend un culte particulier à Poseidon : c'est naturel de la part d'un descendant de Minyas. Il n'est pas moins naturel que les Argonautes, qui ne reçoivent aucun secours du dieu et qui doivent en venir aux mains avec le peuple de son fils Amycos, s'abstiennent de toute démonstration respectueuse à l'endroit de Poseidon. Timosthène rapporte qu'ils élevèrent un autel en l'honneur du dieu de la mer aux environs de la demeure de Phinée [3]. Les héros d'Apollonios se contentent d'élever un autel en l'honneur des douze dieux dont Poseidon fait partie [4] : mais le père d'Amycos ne mérite pas des Minyens un autel particulier. C'est seulement quand ils ont été arrachés aux dangers de la Syrte, grâce à Triton, que les Argonautes jugent convenable d'élever à l'endroit où ils parviennent à la mer, des autels aussi bien au père du monstre marin qu'au monstre marin lui-même qui les a sauvés [5].

Mais si les héros sont des dévots très tièdes de Poseidon, Apollonios tient à faire montre de sa science archéologique en énumérant tous les endroits consacrés au culte du dieu. Il compare Aiétès à Poseidon qui, monté sur son char, se rend aux combats de l'Isthme,

---

1. *Argon.*, I, v. 1165. — Pour Aigaiôn, voir, plus haut, l. I, ch. II, p. 44.
2. Voir ma note au v. 1165 du Ch. I des *Argonautiques*.
3. Voir ma note au v. 532 du Ch. II des *Argonautiques*.
4. *Argon.*, II, v. 532.
5. *Argon.*, IV, v. 1621-1622.

ou à Tainaros, ou à la source de Lerne, ou au bois d'Onchestos Hyantien, ou à Calauréia, ou à Pétra Haimonienne, ou au Géraistos planté d'arbres [1]. On sait que les jeux Isthmiques étaient célébrés dans l'isthme de Corinthe en l'honneur de Poseidon [2]. Au cap Tainaros, le dieu était honoré comme constructeur de masses gigantesques de rochers [3]; à Lerne, comme dieu des eaux douces qui sortent des rocs [4]. La ville d'Onchestè avait été le premier centre de la religion de Poseidon en Béotie [5]. Calauréia est une petite île de la côte de l'Argolide, qui possédait un temple célèbre de Poseidon [6] où Démosthène mourut. Pétra Haimonienne est, dit le Scoliaste, une place de Thessalie où se donnent des jeux en l'honneur de Poseidon Pétraien : l'épithète Πετραῖος se retrouve dans les *Pythiques* [7], mais le Scoliaste de Pindare la fait dériver de ce que le premier cheval, créé par Poseidon, serait sorti d'une pierre. Enfin, le Géraistos est un cap de l'île d'Eubée : la ville qui y était construite possédait un temple de Poseidon dont Strabon fait mention [8].

Apollonios cite, après Homère, d'autres divinités marines de médiocre importance qui occupent dans les *Argonautiques* la place qu'elles avaient dans l'*Odyssée*. Les Argonautes doivent, comme Ulysse, passer devant Charybde et Scylla et en vue de l'île des Sirènes. On a déjà vu les renseignements donnés par le poète sur l'origine de Scylla [9]. Scylla a une légende alors que « Charybde est une simple image

---

1. *Argon.*, III, v. 1240-1244.
2. Pour tous les endroits consacrés au culte de Poseidon, voir ma note au v. 1240 du Ch. III des *Argonautiques*.
3. Decharme, *Mythol.*, p. 324.
4. Decharme, *Mythol.*, p. 326.
5. Decharme, *Mythol.*, p. 329.
6. Strabon, VIII, vi, 14.
7. *Pythiques*, IV, v. 246 : ...Ποσειδᾶνος Πετραίου.
8. Strabon, X, 1, 7.
9. Voir, plus haut, l. I, ch. iv, p. 115.

empruntée au spectacle des dangers de la mer »[1] : comme le poète de l'*Odyssée*, Apollonios s'abstient de faire de Charybde une personnalité divine ; il se borne d'ailleurs à résumer les descriptions des deux monstres marins qui se trouvent dans le poème homérique[2].

Pour ce qui est des Sirènes, Apollonios donne sur leur légende certains renseignements qui ne sont pas dans l'*Odyssée*. Mais leur caractère reste le même : c'est par une allusion évidente au récit que Circé fait à Ulysse[3], que l'auteur des *Argonautiques* rappelle que les déesses « ont déjà privé d'un doux retour bien des hommes en les faisant périr peu à peu de langueur »[4]. Grâce aux accents d'Orphée et de sa phorminx, les Argonautes échappent à la séduction du chant des Sirènes, comme Ulysse y échappera par sa docilité aux utiles avis de Circé. On a vu que, seul des héros, Boutès, qui s'est laissé charmer par les Sirènes, deviendrait leur victime, si la bienveillante Cypris ne venait à son secours[5].

Apollonios ne dit pas le nom et le nombre des Sirènes ; mais il explique leur origine, il raconte leur légende, il donne le nom de l'île où elles demeurent et fait leur portrait. Elles habitent une île charmante, l'île Anthémoessa ; elles sont nées de la belle Terpsichore, une des Muses, unie à Achéloos. « Autrefois, elles servaient l'irréprochable fille, vierge encore, de Déméter, chantant avec elle, mais alors elles apparaissaient semblables en partie à des oiseaux, en partie à des jeunes filles[6]. » C'est, d'après le Scoliaste, à Hésiode

---

1. Decharme, *Mythol.*, p. 341.
2. *Odyssée*, XII, v. 73 et suiv.; v. 234 et suiv. — *Argon.*, IV, v. 825-831 ; v. 922-923.
3. *Odyssée*, XII, v. 39 et suiv.
4. *Argon.*, IV, v. 901-902.
5. Voir, plus haut, l. III, ch. xv, p. 625.
6. *Argon.*, IV, v. 891-896 ; v. 897-899.

qu'Apollonios emprunte le nom de l'île Anthémoessa [1].
Le fleuve Achéloos [2] est généralement considéré comme
le père des Sirènes. Pour leur mère, les traditions
varient : on cite aussi Melpomène [3] ou Stéropé [4], comme
ayant enfanté « les Sirènes Achéloïdes » [5]. Apollonios
ne dit pas en quel lieu, avant leur transformation, ces
Nymphes fluviales furent les compagnes de la fille de
Déméter; je ne trouve nulle part, avant les *Argonautiques*, aucune mention des rapports des Sirènes avec
Perséphoné. C'est sans aucune raison que M. Decharme
cite le vers 896 du Chant IV de l'épopée alexandrine
à l'appui de ce passage de sa *Mythologie :* « D'après
certaines versions de la légende de Perséphoné, les
Sirènes jouaient avec la vierge divine dans les prairies
d'Achéloos quand la terre s'entr'ouvrit et apparut le
ravisseur. Après l'enlèvement, elles volèrent sur terre
et sur mer, et elles vinrent enfin s'abattre sur les côtes
de Sicile où elles fixèrent désormais leur séjour [6]. »
Apollonios ne dit rien de semblable; il ne parle pas de
l'enlèvement de Perséphoné auquel les Sirènes auraient
assisté. C'est peut-être à l'auteur des *Argonautiques*
qu'Ovide emprunte la tradition d'après laquelle les
Sirènes formaient autrefois le cortège de Perséphoné
avant d'être transformées, de voir leur corps se revêtir
d'un plumage doré alors que leur visage restait celui

1. Voir, dans ma note au v. 892 du Ch. IV des *Argonautiques,* les diverses
opinions des érudits sur le nom de l'île des Sirènes. Cf. aussi, *Revue des
Études grecques,* n° 25, janvier-mars 1894, p. 64-65, mes *Additions au
Dictionnaire Mythologique* de Roscher.
2. Roscher, *Lexicon,* I, p. 7-8. — Pour les diverses traditions relatives à
l'origine des Sirènes, voir Heyne, *Ad Apollodori Bibliothecam Observationes,* p. 15.
3. Apollodore, I, 3, 4.
4. Apollodore, I, 7, 10.
5. *Argon.,* IV, v. 893 : Σειρῆνες... Ἀχελωίδες.
6. Decharme, *Mythol.,* p. 338 et note 2 de cette page. — D'ailleurs, ce
passage est à peu près traduit de Preller (*Griech. Mythol.,* erster Band,
p. 505), qui ne dit pas l'origine de ces « versions de la légende de Perséphoné » et qui cite simplement le v. 896 du Ch. IV des *Argonautiques* au
sujet de la filiation des Sirènes.

des vierges et leur voix celle des humains [1]. Apollonios se conforme à la tradition de l'art classique quand il dépeint, « semblables en partie à des oiseaux, en partie à des jeunes filles, » ces divinités que les monuments figurés représentent avec un buste de femme et un corps d'oiseau [2].

IV

NEPTUNE

Le Neptune de l'*Énéide* a un tout autre caractère et un tout autre rôle que le Poseidon des *Argonautiques*. Le dieu romain de la mer, *Neptunus*, emprunte son nom au *Nethuns* ou *Nethunus* des Étrusques et toute sa légende au Poseidon des Grecs. Il est peu populaire à Rome où aucune tradition particulière ne concerne le dieu de la mer et des exercices équestres [3].

Virgile pouvait donc établir, suivant les nécessités de son poème, le personnage de Neptune; il en fait le frère très ressemblant de Jupiter, « un Neptune César inconnu à la Mythologie grecque » [4], un triumvir dont la situation, pour être inférieure à celle du maître des dieux et des hommes, n'en est pas cependant moins importante dans la trinité divine des fils de Saturne.

Il est le maître Saturnien de la mer [5]; il a, par droit de partage, l'empire des flots et le trident redoutable [6].

---

1 *Mét.*, V, v. 559 :
                                                 ...*artus*
    Vidistis vestros subitis flavescere pennis...
    Virginei vultus et vox humana remansit.

2. Collignon, *Mythol. figurée*, p. 289.
3. Preller-Jordan, *Röm. Mythol.*, zweiter Band, p. 120-125, *Neptunus*.
4. Bouché-Leclercq, *Hist. Divination*, t. II, p. 265, n. 3.
5. *Én.*, V, v. 799 : ...*Saturnius... domitor maris.*
6. *Én.*, I, v. 138 : *Non illi imperium pelagi saevumque tridentem,*
    Sed mihi, sorte datum.

Après Virgile, Lucain[1] et Ausone[2] indiqueront avec précision cette hiérarchie des trois frères d'après le lot qui leur est échu dans leur partage : Neptune a obtenu le second lot, intermédiaire entre ceux de Jupiter et de Pluton. On sait que la tradition de ce partage du monde remonte à l'*Iliade*[3] : mais Virgile imagine entre les trois dieux une sévère distribution des pouvoirs, qui est bien conforme aux idées romaines d'ordre et de discipline.

Neptune règne en maître absolu sur la mer et ses habitants. Si Protée a reçu le pouvoir de la divination, c'est parce que tel a été le bon plaisir de Neptune[4], qui dirige à son gré la divination marine, comme Jupiter dirige la divination pratiquée sur la terre. On le comprend, le domaine du maître de la terre et de l'air et celui du maître des eaux ne sont pas si exactement délimités qu'il ne puisse y avoir parfois des conflits d'attribution, sinon entre Jupiter et Neptune, du moins entre Neptune et les subordonnés de Jupiter qui se laissent entraîner par un zèle indiscret.

C'est ce qui arrive dans l'épisode d'Éole. On a vu que Jupiter, maître souverain de l'atmosphère, a confié à Éole la garde des vents[5] : si le dieu juge bon de soulever une tempête, il est évident que cette tempête s'exercera également sur les plaines de la mer et sur celles de la terre. C'est, en ce cas, d'un commun accord que les deux frères se concertent pour donner des ordres à Éole, et Neptune surveille la tempête marine, pendant que Jupiter dirige l'ouragan qui se déchaîne sur la terre. Que si, au contraire, désobéissant à Jupiter

---

1. Lucain, *Pharsale*, IV, v. 110.   ...*sic, sorte secunda,*
   Aequorei rector facias, Neptune, tridentis.
2. Ausone, *La Moselle*, v. 50 ...*ille... cui cura secundae*
   Sortis et aequorei cessit tutela tridentis.
3. *Iliad.*, XV, v. 187 et suiv.
4. *Géorg.*, IV, v. 393 : *Quippe ita Neptuno visum est.*
5. Voir, plus haut, l. II, ch. II, p. 234 et suiv.

et trop docile aux sollicitations de Junon, Éole soulève la tempête de sa propre autorité, Neptune oppose son *veto* : il sait qu'il le peut et il affirme nettement son droit.

Dans l'*Énéide*, Neptune n'est pas, comme il le sera dans la *Thébaïde*, où Stace, trompé peut-être par le rôle que Virgile fait jouer au dieu dans la tempête du Chant I, exagère singulièrement sa puissance, le conducteur des vents aussi bien que le maître de la mer [1]. Il ne dirige pas les vents, ce qui est l'office d'Éole; mais il les arrête d'un seul mot, quand ils n'ont pas été déchaînés par l'ordre même de Jupiter.

Neptune repose en paix dans son palais sous-marin, quand la tempête vient ébranler sa demeure elle-même [2]. Il éprouve une vive indignation; trop maître de lui, comme tous les forts, pour la laisser paraître, il élève son visage calme à la surface des eaux et, d'un seul coup d'œil qui parcourt l'étendue des mers, il se rend compte de la situation. Sûr de son frère, il ne suppose pas un instant que Jupiter ait soulevé la tempête sans le prévenir; il comprend d'où vient l'insurrection. « Les ruses et les colères de Junon [3] » ne peuvent rester cachées à son frère qui la connaît bien. Un mot du maître apaise les flots; renvoyés dédaigneusement à leur roi, les vents, en s'enfuyant, entraînent les nuages et le soleil reparaît. L'autorité morale du *Genitor* [4] triomphe sans peine et sans retard de la sédition.

Il reste à annihiler les effets de cette tempête qui doit être considérée comme nulle et non avenue, puisqu'elle n'est pas l'œuvre du dieu. Neptune lui-

---

[1]. *Théb.*, III, v. 432 : *Qualis ubi Aeolio dimissos carcere ventos
    Dux prae se Neptunus agit.*
[2]. *Én.*, I, v. 124.
[3]. *Én.*, I, v. 130.
[4]. *Én.*, I, v. 155.

même arrache, au moyen de son trident, les navires des rochers entre lesquels ils sont retenus et leur ouvre à travers les bancs de sable de la Syrte une route par laquelle ils regagnent la haute mer. C'est à peu près ainsi que Triton guidait le navire Argo pour le retirer des Syrtes et le conduire à la Méditerranée.

Triton coopère aussi au sauvetage des navires d'Énée [1]. Mais Virgile ne dit pas qu'il soit le fils de Neptune et d'Amphitrite, déesse inconnue, comme Triton, à la Mythologie romaine [2] et qui n'est pas citée dans l'*Énéide*. Triton joue ici le même rôle bienfaisant qu'il avait dans les *Argonautiques*. Mais, ailleurs, il a, conformément aux anciennes traditions, un caractère farouche et haineux. Personnification du flot bruyant, représenté sous la forme d'un être moitié homme, moitié monstre marin, qui souffle dans une conque sonore, Triton exerce sa *némésis* divine sur Misène, fils d'Éole, l'habile trompette qui, pour avoir osé défier le fils de Neptune, est puni à peu près comme Marsyas par Apollon [3]. L'âme pieuse de Virgile a peine à admettre cette cruauté de la part d'un dieu [4]. Mais Neptune n'a guère plus de ménagement envers Éole que Triton à l'endroit de Misène.

Virgile multiplie les Tritons, comme Apollonios multipliait les Éros. « Les Tritons rapides [5] » font partie du cortège de Neptune ; l'*Énéide* ne donne pas la description de ces Tritons : mais les monuments de l'art grec ont souvent représenté, dans la bruyante escorte de Poseidon, ces dieux marins « armés de conques sonores et dont le corps se termine en queue

---

1. *Én.*, I, v. 144.
2. Il n'est pas question d'Amphitrite et de Triton dans la *Mythologie romaine*, de Preller-Jordan.
3. Pour Misène, voir, plus haut, l. II, ch. II, p. 247.
4. *Én.*, VI, v. 173 : ...*si credere dignum est.*
5. *Én.*, V, v. 824 : *Tritonesque citi.*

de poisson »[1]. Triton lui-même n'est pas décrit dans l'épopée latine, alors qu'il porte secours à la flotte d'Énée ou qu'il noie Misène au milieu des rochers couverts d'écume. Mais, par un de ces anachronismes familiers à Virgile et que l'on chercherait en vain dans le poème érudit d'Apollonios, le navire d'Aulestès porte à la poupe une de ces figures sculptées dont l'usage était inconnu à l'époque homérique[2]. Cet emblème est un Triton soufflant dans sa conque : Virgile semble s'être contenté, pour décrire le dieu marin, de traduire la description des *Argonautiques*[3] : « Triton, plongé dans les flots jusqu'à la ceinture, présente la figure velue d'un homme; son ventre se termine en baleine et les flots écument et murmurent sous sa poitrine qui appartient à la fois à l'homme et à la bête[4]. »

À côté de Triton, la Néréide Cymothoé rend à la flotte d'Énée un service identique à celui que ses sœurs, avec qui elle se trouvait sans doute, rendaient jadis au navire Argo. La poésie latine associera encore Cymothoé à Triton que Claudien montre occupé à poursuivre la Néréide de ses obsessions[5].

Quand Neptune a eu calmé la tempête et dégagé les vaisseaux d'Énée avec l'aide de Triton et de Cymothoé, il fait voler à la surface des eaux son char traîné par des chevaux, semblables, comme dans l'*Iliade* et les *Argonautiques*, aux chevaux des hommes, et parcourt ses domaines où le calme est rétabli[6]. Heyne fait remarquer que diverses gemmes antiques représentent Neptune sur son char[7]. Mais l'*Énéide* elle-même le

---

1. Collignon, *Mythol. figurée*, p. 212.
2. Voir, plus haut, l. III, ch. vi, p. 527-528.
3. *Argon.*, IV, v. 1607 et suiv.
4. *Én.*, X, v. 210-212.
5. Claudien, *Nupt. Honor. et Mar.*, v. 166; *Laus Serenae*, v. 126 et suiv.
6. *Én.*, I, v. 147, 155-156.
7. Note au v. 147 du Ch. I: *Talis Neptunus quadrigis vectus in variis gemmis conspicitur.*

représentera lançant son char en pompeux appareil, suivi d'une nombreuse escorte.

Cymothoé et Triton ne sont pas, en effet, les seules divinités marines qui composent le cortège du dieu. Latinus invoque, dans son serment, la divinité de la mer elle-même [1], et Énée, toutes les divinités des flots azurés [2]. C'est à ces dieux que Cloanthe demandait le succès dans la course des vaisseaux [3], c'est à eux qu'il promettait un taureau en sacrifice. Virgile nomme les dieux qui se sentent atteints par cette prière et qui l'écoutent favorablement. « Au fond des flots, toute la troupe des Néréides, tout le chœur de Phorcus et la vierge Panopée entendirent sa voix. Le vénérable Portunus lui-même poussa le navire de sa puissante main [4]. » Il a déjà été parlé des Néréides, dont Panopée fait partie, de Phorcus et de son escorte [5]. Quant à Portunus, c'est un vieux dieu latin que Virgile introduit au milieu des divinités grecques : confondu d'abord avec Janus, Portunus, dieu des *ports* et des *portes*, fut ensuite identifié avec Mélicerte, fils d'Ino [6]. C'est sous son autre nom, Palémon, que Mélicerte fait partie du cortège de Neptune où Portunus ne figure pas. Quand il s'agissait de parcourir les flots à peine apaisés pour y faire une sorte de tournée d'inspection, l'appareil du dieu des mers était assez simple. Mais Virgile a voulu décrire une vraie promenade triomphale du dieu entouré d'un cortège de parade. Il s'est inspiré des descriptions que l'*Iliade* donne du char de Poseidon [7], il s'est souvenu de ce qu'Apollonios dit du dieu se rendant

---

1. *Én.*, XII, v. 197 : ...*mare*.
2. *Én.*, XII, v. 182 : ...*quae caeruleo sunt numina ponto*.
3. *Én.*, V, v. 234-238.
4. *Én.*, V, v. 239-242.
5. Voir, pour Phorcus, plus haut, l. I, ch. IV, p. 115-116.
6. Voir Preller-Jordan, *Röm. Mythol.*, erster Band, p. 177 et 323; zweiter Band, p. 124 et 133.
7. *Iliad.*, XIII, v. 23 et suiv.

aux jeux célébrés en son honneur[1], il a pensé au célèbre groupe de Scopas placé dans le cirque Flaminien[2] et aux « vastes compositions décoratives, qui, à l'époque romaine, traitent ce sujet avec prédilection »[3], quand il s'est plu à montrer Neptune entouré de toute sa suite et parcourant sur son char le domaine qui lui appartient, *arva Neptunia*[4]. Le Père attelle ses coursiers à son char d'or, — ce soin, dans l'*Énéide*, ne regarde pas Amphitrite — leur met un mors écumant, et sa main leur lâche les rênes. Le char azuré vole, léger, à la surface des eaux; les flots s'abaissent, la mer courroucée s'aplanit sous l'essieu retentissant et les nuages disparaissent de la vaste étendue des airs. Les compagnons du dieu ont des aspects divers, les baleines difformes, le chœur antique de Glaucus, Palémon, fils d'Ino, les Tritons rapides, toute l'armée de Phorcus; à la gauche du dieu, Thétis, Mélité, la vierge Panopée, Nesaeé, Spio, Thalia et Cymodocé[5]. Le Neptune romain réunit autour de lui des représentants de toutes les générations de divinités marines, depuis l'époque de Glaucus et de Phorcus jusqu'à celle des Tritons.

Si Virgile décrit souvent et complaisamment le Neptune romain à la ressemblance du Poseidon grec, il ne s'occupe pas, dans l'*Énéide*, de la légende grecque de Poseidon-Neptune. C'est dans les *Géorgiques* que l'on trouve une allusion au cheval que Poseidon ἵππιος fait sortir de terre d'un coup de son trident[6], et à la race illustre de chevaux qui tire son origine du dieu lui-même[7]. L'*Énéide* ne touche à la légende du dieu de

---

1. *Argon.*, III, v. 1240.
2. Pline, *N. H.*, XXXVI, 25-26.
3. Collignon, *Mythol. figurée*, p. 214.
4. *Én.*, VIII, v. 695.
5. *Én.*, V, v. 816-826.
6. *Géorg.*, I, v. 12-14.
7. *Géorg.*, III, v. 122. — Cf. Maury, *Hist. Relig. Grèce*, t. I, p. 86, 96, au sujet de la métamorphose de Déméter en cavale qui a, sous cette forme, de Poseidon, changé en étalon, le cheval Arion, père d'une race illustre.

la mer Égée, du *Neptunus Aegaeus* [1] qu'en ce qu'elle concerne les traditions troyennes et permet de constituer le rôle de Neptune dans l'épopée romaine, conformément à ce qu'était le rôle de Poseidon dans les poèmes homériques.

Le Neptune romain n'est pas considéré comme le dieu de la génération : Virgile l'appelle bien *Genitor* [2], mais cette épithète n'a pas le même sens que l'épithète γενέθλιος qu'Apollonios attribue à Poseidon. *Genitor* est simplement synonyme du titre de *Pater*, si souvent attribué, dans un sens honorifique, aux dieux romains, en général, et tout particulièrement à Neptune [3]. L'*Énéide* ne cite qu'un seul fils de Neptune, l'Étrurien Messapus, un des auxiliaires les plus dévoués et les plus influents de Turnus. Messapus est dompteur de chevaux, ce qu'explique facilement son origine, et invulnérable au fer comme au feu [4], privilège qui lui vient sans doute des *Hirpi Sorani* [5], qui sont ses sujets.

Messapus lève des troupes pour Turnus [6], dont il commande plus tard l'avant-garde [7]. En voyant la métamorphose des navires d'Énée en Nymphes marines — spectacle qui n'a rien pour étonner le fils du dieu de la mer et des transformations — il est saisi d'effroi et ses chevaux prennent peur [8]. Chargé d'assiéger le camp des Troyens [9], il donne l'assaut [10], se couvre de gloire en attaquant les ennemis [11], en tuant Clonius et Erichaetès, fils de Lycaon [12]. Turnus l'envoie dissiper

1. *Én.*, III, v. 74.
2. *Én.*, I, v. 155 ; V, v. 817.
3. Preller-Jordan, *Röm. Mythol.*, erster Band, p. 56.
4. *Én.*, VII, v. 691-692.
5. Cf. *Én.*, XI, v. 785.
6. *Én.*, VIII, v. 6.
7. *Én.*, IX, v. 27.
8. *Én.*, IX, v. 123.
9. *Én.*, IX, v. 159.
10. *Én.*, IX, v. 523.
11. *Én.*, X, v. 353.
12. *Én.*, X, v. 750.

la cavalerie troyenne [1], soin dont il s'acquitte avec succès, aidé par Camille [2]. Au moment où le serment solennel va être prêté par Latinus et par Énée, Messapus parade, à cheval, au milieu du brillant état-major de l'armée latine [3]. Quand la dernière bataille s'engage, il est vainqueur d'Aulestès, qu'il immole comme victime aux dieux [4]; il ne craint pas même de s'attaquer à Énée, contre qui il lance un trait [5]. Tout le temps, il se tient au premier rang des combattants [6], et, à la fin, il reste seul avec Atinas à soutenir l'effort des chefs troyens [7]. Le poète n'indique pas si, après la mort de Turnus, il doit faire la paix avec Énée [8].

En somme, Messapus joue un grand rôle dans les derniers Chants de l'*Énéide;* c'est un des plus braves compagnons de Turnus. Mais tout autre héros qu'un fils de Neptune pourrait se montrer aussi brave que lui : rien ne décèle son origine, sinon qu'il est dompteur de chevaux et peut-être aussi qu'il ébranle dans les assauts les murs des villes, comme le dieu fait trembler la terre immense et les hauts sommets des montagnes [9]. Son courage le rend digne du Neptune belliqueux qui est représenté sur le bouclier d'Énée combattant à côté de Vénus et de Minerve contre les dieux de l'Égypte [10].

Mais, si, au moment de la bataille d'Actium, Neptune combat pour Rome, on sait que, jadis, Poseidon a combattu contre Troie [11].

Virgile résume toute la légende troyenne de Posei-

---

1. *Én.*, XI, v. 464.
2. *Én.*, XI, v. 518 et suiv.; v. 603 et suiv.
3. *Én.*, XII, v. 126 et suiv.
4. *Én.*, XII, v. 289.
5. *Én.*, XII, v. 488-494.
6. *Én.*, XII, v. 550.
7. *Én.*, XII, v. 661.
8. Sur Messapus, voir Heyne, *Excursus VIII ad Aen. librum VII.*
9. *Iliad.*, XX, v. 56 et suiv.
10. *Én.*, VIII, v. 699.
11. Bertrand, *Les dieux protecteurs, Poseidon,* p. 115-122.

don-Neptune. Dans les *Géorgiques* [1], il faisait allusion au parjure de Laomédon, ce roi troyen dont la mauvaise foi avait frustré Apollon et Neptune de la récompense qui leur était promise pour la construction des murs de Troie [2]. Didon voit dans ce parjure un antécédent qui explique la perfidie d'Énée à son endroit [3]. Le Neptune de l'*Énéide* rappelle lui-même qu'il a travaillé à détruire de fond en comble la ville parjure dont il avait autrefois construit les murailles [4], dont il était, suivant des traditions, peut-être d'origine récente, un des dieux primitifs [5].

L'*Iliade* ne cite pas de temples de Poseidon dans Troie, la ville de Neptune, comme Virgile l'appelle [6]. L'*Énéide* ne mentionne pas de temple troyen du dieu [7]; mais elle donne le nom du dernier prêtre de Neptune à Troie, Laocoon, dont on sait la fin misérable. Élevé au sacerdoce d'une manière peu régulière, Laocoon, suivant une tradition que Servius rapporte d'après Euphorion [8], aurait commis un sacrilège puni par les dragons envoyés pour l'étouffer. Neptune se désintéresse de sa ville comme de son prêtre et, pendant la nuit du sac d'Ilion, Vénus montre à Énée le dieu de la mer ébranlant à coups de trident la muraille de Troie jusque dans ses fondements [9].

Mais Neptune ne sera pas impitoyable pour Énée exilé et futur fondateur de l'empire romain, comme il l'a été pour les derniers successeurs de Laomédon. Virgile doit ménager la transition entre le rôle de

---

1. *Géorg.*, I, v. 502 : *Laomedonteae... periuria Troiae*.
2. Cf. *Iliad.*, XXI, v. 441-458.
3. *Én.*, IV, v. 541.
4. *Én.*, V, v. 810-811 ; cf. *Iliade*, VII, v. 452 et suiv.
5. Denys d'Halicarnasse, I, LXVIII.
6. *Én.*, II, v. 625 : *...Neptunia Troia*.
7. Le vers 360 du Chant V, *Neptuni sacro Danais de poste refixum*, n'indique pas un temple de Neptune situé à Troie.
8. Servius, *ad Aen.*, II, v. 201.
9. *Én.*, II, v. 610-612.

Poseidon, destructeur de Troie, et celui de Neptune qui doit combattre pour Rome contre les dieux de Cléopâtre. Cette transition est facilitée par un passage de l'*Iliade*, qui est peut-être apocryphe, mais qui devait exister déjà dans le texte connu de Virgile, passage où l'on entend Poseidon plaindre le fils d'Anchise, où on le voit sauver le héros destiné à régner, lui et sa postérité, sur les Troyens, à la place de la famille de Priam qui est devenue odieuse à Zeus [1].

A la vérité, le dieu ne protège pas l'Énée de Virgile pendant ses longs voyages, comme il protégeait le héros homérique dans cet épisode de l'*Iliade*. Si, par exemple, au Chant I de l'*Énéide*, il apaise la tempête et sauve les navires d'Énée, ce n'est pas à cause d'une bienveillance spéciale à l'égard du héros; c'est parce qu'il tient à réparer les effets d'un ouragan qui a été soulevé sans sa permission. Il ne persécute pas Énée comme le Poseidon homérique s'acharnait à persécuter Ulysse pendant ses traversées; mais il ne l'aide en rien.

Anchise a bien soin de séparer la cause de Troie, ville de Laomédon, de celle des Troyens exilés à qui un nouvel empire est promis. A Délos, il fait élever des autels en l'honneur d'Apollon et de Neptune et immoler un taureau à chacun des deux dieux [2]. Ce sacrifice ne s'adresse pas au dieu de Troie, mais bien à *Neptunus Aegaeus*, maître de toute la mer Égée et protecteur spécial de Délos [3], qu'il possédait autrefois et qu'il a cédée à Latone en échange de Calauréia [4]. L'offrande est agréée, car la flotte d'Énée n'éprouve aucun mal dans la traversée de Délos à la Crète.

---

1. *Iliad.*, XX, v. 298-308. — Les vers 307-308 ont été traduits à peu près par Virgile (*Én.*, III, v. 97-98), mais, dit Pierron (note au v. 307-308 du Ch. XX de l'*Iliade*), suivant un texte différent de celui que nous avons.
2. *Én.*, III, v. 119.
3. *Én.*, III, v. 73-74.
4. Strabon, VIII, VI, 14.

Sans doute, au départ de cette dernière île [1], les Troyens sont assaillis par une tempête affreuse, dont la description rappelle celle qui s'abat sur Ulysse après qu'il a quitté l'île de Trinacrie [2]. Mais, au demeurant, cette tempête n'a pas pour Énée des conséquences aussi graves que celle de l'*Odyssée* pour Ulysse, et elle est nécessaire à l'arrivée des Troyens aux Strophades où doit se produire l'épisode des Harpyes, indispensable à l'économie du poème. Pendant le cours du voyage, Anchise fait encore une prière [3] aux dieux de la mer et de la terre en général à qui il demande leur bienveillance et leur concours, qui ne doit pas faire défaut aux voyageurs. C'est seulement après qu'Énée a quitté la Sicile dans la direction de l'Italie que se produit la tempête, dont Neptune qui la réprime ne peut être fait responsable, à la suite de laquelle la flotte troyenne est jetée sur les côtes de Libye.

Au départ de Carthage, nouvelle tempête [4]. Le bon pilote Palinure invoque Neptune, lui demandant ce qu'il prépare [5] : mais le dieu de la mer ne prépare rien de bien redoutable contre Énée. Il le force seulement d'aborder en Sicile : c'est justement le pays où il plaît le mieux à Énée de faire relâche, puisque la Sicile est le royaume d'Aceste et le sol qui conserve les restes d'Anchise [6].

Le séjour en Sicile permet à Énée de rendre à Anchise les honneurs funèbres qu'il mérite et à Virgile d'introduire dans son poème l'épisode des jeux qu'il imite du Chant XXIII de l'*Iliade*. Parmi ces jeux, il y a une joûte navale, qui semble placée sous la haute présidence de Neptune. « Qu'ils soient vainqueurs,— s'écrie

---

1. *Én.*, III, v. 192-208.
2. *Odyssée*, XII, v. 402-406.
3. *Én.*, III, v. 528-529.
4. *Én.*, V, v. 8-34.
5. *Én.*, V, v. 14 : *Quidve, Pater Neptune, paras ?*
6. *Én.*, V, v. 28-31.

Mnesthée, — ceux, ô, Neptune, à qui tu as donné de vaincre [1] ! » Pour se rendre le dieu favorable, le chef de chacun des quatre navires engagés dans la lutte lui a élevé un autel : c'est même au feu de ces quatre autels qu'Iris, — la fausse Béroé, — envoyée par Junon conseille aux Troyennes d'allumer les torches qui incendieront les vaisseaux. « Voici, — dit-elle, — voici quatre autels consacrés à Neptune : c'est le dieu lui-même qui nous offre des brandons et de l'audace [2]. » Iris ment quand elle parle ainsi. Neptune n'a pas plus de part à cet incendie, excité à l'instigation de Junon, qu'il n'en avait à la tempête excitée par Éole, toujours sur la demande de Junon.

Neptune tient à rester neutre, comme Jupiter : il le dit formellement à Vénus, quand elle vient le supplier de laisser les Troyens aborder en Italie [3]. Le dieu rappelle les services qu'il a rendus à Énée au moment de la tempête due à Éole et à Junon, et aussi, à une époque plus ancienne, quand il l'a arraché à la colère d'Achille, sous les murs de cette Troie qu'il voulait détruire. Neptune sépare la cause d'Énée, fondateur futur d'un empire nouveau, de celle de Laomédon, le roi parjure. Le fils de Vénus abordera sans encombre au port de l'Averne. Mais il faut une victime humaine : un seul homme, perdu dans les abîmes de la mer, paiera de sa vie le salut de tous [4].

On a vu que cette victime expiatoire est Palinure, que le dieu Somnus fait tomber dans la mer [5]. L'épisode de Palinure rappelle celui de la mort de Phrontis, le pilote de Ménélas [6]. Mais il semble difficile de comprendre pourquoi Neptune réclame une victime

---

1. *Én.*, V, v. 194.
2. *Én.*, V, v. 639-640.
3. *Én.*, V, v. 779-798.
4. *Én.*, V, v. 800-815.
5. Voir, plus haut, l. II, ch. II, p. 323-324.
6. *Odyssée*, III, v. 278 et suiv.

expiatoire. Preller¹ admet que Palinure est une personnification du vent de retour (πάλιν οὖρος), vent favorable, qui prend la forme du pilote pour guider le vaisseau. S'il en est ainsi, on admet facilement que le vent du large s'apaise — meurt, plongé dans les flots — au moment où le navire approche du port vers lequel le mouvement seul des vagues suffira à le faire aborder. En effet, fidèle à ses promesses, Neptune lui-même amène à terre le navire privé de pilote². — Mais Virgile n'a pas habitué le lecteur de l'*Énéide* à ce symbolisme.

Quoi qu'il en soit, voici maintenant les Troyens en Italie. L'action des sept derniers Chants de l'épopée se passera sur la terre ferme. Neptune, qui rappelait à Vénus qu'il avait secouru Énée sur la terre troyenne, ne doit ni l'aider ni le combattre sur la terre italienne; son rôle est terminé.

Pour ce qui est des Sirènes, de Charybde et de Scylla, Apollonios s'était attaché à compléter les traditions homériques. Virgile n'entre pas en lutte avec l'*Odyssée* et les *Argonautiques* dont il résume simplement les renseignements et les descriptions. Au moment d'arriver en Italie, la flotte que Neptune conduit passe sans danger « devant les rochers des Sirènes, ces rochers parfois *(quondam)* dangereux et blanchis par les ossements de bien des victimes »³. « C'est ici — dit Benoist, à propos de *quondam*⁴ — le poète qui parle. Ces dangers qui ont effrayé les anciens navigateurs ne sont plus rien de son temps. » Ils sont encore terribles au temps d'Énée qui doit passer devant l'île des Sirènes avant Ulysse : mais Virgile emploie souvent *quondam* dans le sens de *parfois*⁵; et on comprend

1. Preller-Jordan, *Röm. Mythol.*, zweiter Band, p. 316.
2. *Én.*, V, v. 863.
3. *Én.*, V, v. 864-865.
4. Benoist, note au v. 865 du Ch. V de l'*Énéide*.
5. Cf. *Géorg.*, III, v. 99; IV, v. 261; *Én.*, II, v. 367, 416; VII, v. 378, 699; XII, v. 863.

que si les écueils n'ont pas de danger pour les Troyens, c'est que Neptune lui-même guide leur flotte.

Hélénus fait à Énée de Charybde et de Scylla, entre lesquelles ses navires devront passer, une description qui est imitée de celle de l'*Odyssée* [1]. Anchise ordonne qu'on redouble de précautions, quand on arrive à ce passage dangereux [2]. Énée, après la tempête du Chant I, rappelle à ses compagnons, pour leur donner du courage, qu'ils ont affronté la rage de Scylla [3], et Junon s'indigne que Charybde et Scylla n'aient pas englouti les exilés qu'elle poursuit de sa haine acharnée [4]. — Il est souvent question, dans l'*Énéide*, de ces deux gouffres fameux; mais ils sont la cause de plus de déclamations que de naufrages.

V

LES DIVINITÉS DES EAUX DOUCES

A). *Les Fleuves.* — Le culte des fleuves est très ancien et très général dans le monde grec [5]. Les fleuves personnifiés sont des dieux qui jouent souvent un rôle actif : on se souvient de la lutte qu'Achille doit soutenir, dans le Chant XXI de l'*Iliade*, contre le fleuve Xanthos.

Dans les *Argonautiques*, il n'est pas question du culte rendu aux fleuves. Quand les héros arrivent en Colchide, Jason verse bien des libations dans le Phase; mais ces libations ne sont pas faites en l'honneur du

---

1. *Én.*, III, v. 420-428.
2. *Én.*, III, v. 557 et suiv.
3. *Én.*, I, v. 200.
4. *Én.*, VII, v. 302.
5. Decharme, *Mythol.*, p. 345 et suiv.

fleuve, elles s'adressent à Gaia, aux dieux du pays et aux héros morts [1]. Les fleuves n'ont aucune part à l'action du poème alexandrin. Il suffit de mentionner ceux qui sont personnifiés :

Le fleuve Achéloos, père des Sirènes [2].

Le fleuve Aigaios, père de la Naïade Mélité, de qui Héraclès eut Hyllos [3], et d'une partie des Naïades qu'Héra fait venir pour assister aux noces de Jason et de Médée [4].

L'Asopos, fleuve de Béotie, père d'Antiopé, la mère d'Amphion et de Zéthos [5], et de Sinopé, qui trompe Zeus, Apollon et le fleuve Halys [6]; l'Asopos, fleuve de Sicyonie, père de Cercyra, qui fut enlevée par Poseidon [7]. Le fleuve Halys que Sinopé trompa [8].

On sait que les Romains avaient un culte pour les fleuves de leur pays en général et surtout pour le Tibre [9]. Énée ne manque pas, à son arrivée en Italie, d'adresser ses prières aux fleuves du pays qui lui sont inconnus [10]; il n'oublie pas de prendre à témoin de son serment avec Latinus les fleuves et les sources [11].

Le seul fleuve qui ait un rôle dans l'*Énéide*, c'est le Tibre, le *Pater Tiberinus* [12]. Virgile ne fait qu'une simple allusion à l'Éridan [13], le roi des fleuves dans les *Géorgiques* [14], qui est trop éloigné du théâtre de la guerre entre Énée et Turnus, pour pouvoir y prendre part, et au Numicus [15], qui n'aura d'importance que du

---

1. *Argon.*, II, v. 1271-1275.
2. *Argon.*, IV, v. 885 et suiv.
3. *Argon.*, IV, v. 540 et suiv.
4. *Argon.*, IV, v. 1149.
5. *Argon.*, I, v. 735.
6. *Argon.*, II, v. 946-947.
7. *Argon.*, IV, v. 566-567.
8. *Argon.*, II, v. 953.
9. Cf. Preller-Jordan, *Röm. Mythol.*, zweiter Band, p. 126 et suiv.
10. *Én.*, VII, v. 137 : ...*adhuc ignota precatur Flumina*.
11. *Én.*, XII, v. 181 : *Fontesque fluviosque voco*.
12. *Géorg.*, IV, v. 369.
13. *Én.*, VI, v. 659.
14. *Géorg.*, I, v. 482 : *Fluviorum rex Eridanus*.
15. *Én.*, VII, v. 150.

moment où la légende y aura fait disparaître Énée. Le fleuve Crimisus ou Crinisus, qui coule en Sicile, est personnifié dans l'*Énéide*, pour avoir eu d'une Troyenne le roi Aceste, ami d'Anchise et hôte d'Énée [1]. Mais le Tibre est le seul dieu fluvial que l'on voie parler et vivre dans l'épopée latine.

Le Tibre a eu de la Nymphe prophétesse Manto, Ocnus, héros de Mantoue, qui vient se joindre aux alliés d'Énée [2]. Manto et Ocnus sont des divinités régionales que le patriotisme local de Virgile introduit dans son épopée, car on n'a pas de détails particuliers sur ces personnages. Évandre semble faire à Énée un cours d'évhémérisme, quand il lui démontre que Thybris était un roi farouche et gigantesque dont les Italiens ont donné le nom après sa mort au fleuve qui s'appelait d'abord l'Albula [3].

En tout cas, c'est sous sa forme de divinité fluviale, on l'a vu [4], que le Tibre apparaît en songe à Énée endormi pour lui faire ses recommandations prophétiques, et qu'il reçoit les remerciements et les prières du héros [5]. C'est aussi avec ses attributs de fleuve, laissant échapper un cours d'eau de son urne penchée, que l'artiste a représenté sur le bouclier de Turnus le fleuve d'Argos, l'Inachus, qui a le droit d'y être placé à cause de l'origine argienne du fils de Daunus [6]. D'autre part, Vulcain a sculpté sur le bouclier d'Énée le dieu gigantesque du Nil, triste, anxieux, ouvrant les pans de sa robe qu'il déploie tout entière pour appeler les vaincus dans son giron azuré et dans les retraites profondes de son fleuve [7].

---

1. *Én.*, V, v. 38-39.
2. *Én.*, X, v. 198-201.
3. *Én.*, VIII, v. 330-332.
4. Voir, plus haut, l. II, ch. II, p. 319.
5. *Én.*, VIII, v. 72-80.
6. *Én.*, VII, v. 789-792.
7. *Én.*, VIII, v. 711-713.

B). *Les Nymphes*. — Le terme général de Nymphes comprend un grand nombre de divinités d'origine et d'importance bien diverses. L'étymologie du mot indique seulement des déesses qui ont l'apparence de jeunes filles. On a vu [1] quelles sont les traditions sur la naissance et la filiation des Nymphes. Mais, en général, on entend par Nymphes toutes les déesses jeunes filles, qu'elles soient nées à l'origine du monde ou plus tard, qu'elles soient les enfants des grands dieux, comme Nérée et Océanos, ou de quelque obscure divinité fluviale : elles ont toutes pour trait commun de demeurer dans la mer, dans les fleuves et les sources ou dans la campagne, les forêts, les montagnes arrosées par les sources et les cours d'eau.

Il a déjà été question des Nymphes filles de Nérée et d'Océanos, qui sont les Néréides et les Océanides, divinités de la mer.

Il est difficile d'établir s'il y a une différence réelle entre les Nymphes et les Naïades « vierges des eaux courantes »[2]. L'*Odyssée*[3] parle du sanctuaire des Nymphes qu'on appelle Naïades. Les *Argonautiques* qualifient de Naïade[4] Mélité, fille du fleuve Aigaios, alors qu'ailleurs les autres filles du même fleuve sont appelées Nymphes[5]. « Les Naïades — dit Héra à Thétis — élèvent Achille dans la demeure du Centaure Chiron[6]. » Or, ces Naïades sont Philyra et Chariclo, mère et femme de Chiron et Océanides toutes deux[7]. Les deux termes me semblent synonymes : je ne sais si l'on serait en droit de dire que les Nymphes sont supérieures aux Naïades, en s'appuyant sur ce fait que

---

1. Voir, plus haut, l. I, ch. 1, p. 14.
2. Decharme, *Mythol.*, p. 351.
3. *Odyssée*, XIII, v. 104.
4. *Argon.*, IV, v. 542.
5. *Argon.*, IV, v. 1149.
6. *Argon.*, IV, v. 813.
7. Roscher, *Lexicon*, article *Chariklo*, I, p. 872.

les Nymphes sont de la suite de grandes divinités telles qu'Héra et Artémis, alors que les Naïades sont les servantes de divinités d'un ordre secondaire, telles que Circé, dans l'*Odyssée* [1] et dans les *Argonautiques*.[2]

Nymphes ou Naïades, ces divinités se trouvent un peu partout où il y a des montagnes, des plaines, des forêts où les sources et les cours d'eau entretiennent l'humidité nourricière.

Le Pélion a ses Nymphes : naïves et curieuses, comme il convient à des montagnardes, elles se tiennent sur les hauts sommets, saisies d'étonnement à la vue de l'œuvre d'Athéné et des héros dont les mains font mouvoir les rames [3].

Dans la presqu'île de Cyzique, il est aussi des Nymphes, qui, celles-ci, sont en rapports d'amitié avec les humains. Quand Cleité, désolée de la mort de son mari, s'est pendue, « sa mort est pleurée par les Nymphes des bois elles-mêmes. Toutes les larmes qui de leurs yeux coulèrent vers la terre, les déesses en firent une source appelée Cleité, nom illustre de la malheureuse jeune femme [4]. » L'existence de cette source est, d'après le Scoliaste, constatée par Néanthès et Déilochos [5] : il est probable que c'était un sanctuaire des Nymphes de Cyzique.

A l'intérieur de la région Cianide, à quelque distance du mont Arganthonéios et de l'embouchure du Cios, il est aussi une fontaine fréquentée par les Nymphes. Faisant d'un nom commun le nom propre de cette fontaine, les habitants du pays l'appellent, par excellence, « les sources » [6]. C'est là que s'installent les chœurs des Nymphes : toutes tant qu'elles sont, habitantes de

---

1. *Odyssée*, X, v. 348 et suiv.
2. *Argon.*, IV, v. 711.
3. *Argon.*, I, v. 549-552.
4. *Argon.*, I, v. 1068 et suiv.
5. Voir ma note au v. 1068 du Ch. I des *Argonautiques*.
6. *Argon.*, I, v. 1221-1223.

ce riant promontoire, elles ont soin, chaque nuit, de célébrer Artémis par leurs chants. Toutes celles à qui le sort a assigné les hauteurs ou les grottes des montagnes, celles aussi qui habitent les forêts arrivent de loin. Le soir où la destinée amène Hylas puiser de l'eau à la source, de cette source aux belles ondes s'élève la Nymphe de la fontaine qui va attirer le jeune homme et l'engloutir, symbole du charme irrésistible exercé par les eaux profondes [1].

La Nymphe qui enlève Hylas est la déesse de la source. Autour d'elle se groupent d'autres Nymphes qui ne sont pas des déesses des eaux, comme elle, mais dont le caractère commun à toutes est le culte rendu à Artémis. C'est ainsi que, parmi les Nymphes qui forment le cortège de la fille de Létô, les unes se rassemblent à la source même de l'Amnisos, les autres dans les bois ou au milieu des rochers d'où les cours d'eau jaillissent en abondance [2] : elles viennent toutes des endroits humides. Quand Héra convoque les Nymphes aux noces de Jason qu'elle veut honorer, il vient des déesses fluviales, filles du fleuve Aigaios, des habitantes du mont Mélitéien, des bois et des plaines [3]. On voit que toutes ces Nymphes, quel que soit le lieu de leur séjour, honorent et suivent Artémis et obéissent aux ordres d'Héra. On a vu que les Nymphes Coryciennes sont en rapport avec Apollon [4].

Parmi les Nymphes des montagnes et des grottes, on remarque Astérodéia, la mère d'Apsyrtos, qui est une Nymphe du Caucase [5]; Adrestéia, qui nourrit Zeus

---

1. Ce n'est pas ici le lieu de raconter la légende d'Hylas qu'Apollonios met en vers après Théocrite (*Idylles*, XIII). Voir mes notes aux v. 1207, 1236 du Ch. I des *Argonautiques*, et, pour l'interprétation du mythe d'Hylas, Decharme, *Mythol.*, p. 354.
2. *Argon.*, III, v. 876 et suiv. — Voir, plus haut, l. III, ch. VII, p. 537.
3. *Argon.*, IV, v. 1144-1151.
4. L. III, ch. V, p. 454-455.
5. *Argon.*, III, v. 242.

enfant dans l'antre Idaien en Crète [1]; Anchialé, qui enfanta les Dactyles Crétois dans une caverne du Mont-Dicté [2]. Macris est aussi une Nymphe des cavernes, elle à qui Déméter était tellement attachée, suivant une légende que nous ne connaissons que par Apollonios [3], que par amour pour elle, elle enseigna aux Titans l'art de faire la moisson. Fille d'Aristée, le dieu bienfaisant qui enseigna aux hommes à exprimer l'huile et à recueillir le miel, il est naturel que Macris soit en rapports d'amitié avec Déméter, déesse du blé, et avec Dionysos, dieu du raisin et du vin, de qui elle est la nourrice comme Adrestéia était celle de Zeus. Ce rôle de nourrices, souvent attribué aux Nymphes, convient bien à ces déesses qui sont la personnification de l'humidité nourricière des fruits de la terre.

Les Nymphes des bois, qui pleurent Cleité, qui célèbrent Artémis à Cyzique ou qui font partie de son cortège, auprès de l'Amnisos, doivent être distinguées des Hamadryades, sédentaires, immobiles dans les troncs des chênes dont elles ont l'âge et avec qui elles vivent dans une union intime [4]. Malgré les affirmations du Scoliaste [5], il n'y a aucun rapport entre les Hamadryades ou les Méliades, et la Nymphe Mélia de Bithynie, d'ailleurs absolument inconnue, qui, d'après les *Argonautiques*, a enfanté à Poseidon Amycos, roi des Bébryces. Harmonia qui, suivant les traditions ordinaires [6], est une fille d'Arès, est pour Apollonios une de ses épouses, une Nymphe Naïade, dit le Scoliaste, qui s'unit au dieu dans les profondeurs du bois Acmonios, aux environs du Thermodon, et qui lui enfanta

---

1. *Argon.*, III, v. 133. — Pour Adrestéia, voir, plus haut, l. I, ch. III, p. 66-67.
2. *Argon.*, I, v. 1131. — Pour Anchialé, voir, plus haut, l. I, ch. III, p. 61.
3. Voir, plus haut, l. I, ch. IV, p. 82.
4. Voir l'histoire du père de Paraibios et de l'Hamadryade, *Argon.*, II, v. 477 et suiv., et ma note au vers 477 du Ch. II des *Argonautiques*.
5. Voir ma note au v. 4 du Ch. II des *Argonautiques*.
6. Apollodore, III, 4, 2.

les Amazones [1]. Harmonia peut donc être mise au nombre des Nymphes des bois.

Les Nymphes des bois où jaillissent les sources diffèrent bien peu des Nymphes des plaines que les ruisseaux traversent, des prairies humides, des marais et des fleuves. Antiopé [2], Cercyra [3], Sinopé [4], filles de fleuves, sont des Nymphes fluviales. Les Nymphes des fleuves et des marais, qui traversent dans leurs courses errantes les plaines basses et humides du Phase, hurlent d'effroi à l'aspect du terrible cortège d'Hécate accourant au sacrifice qui lui est offert par Jason [5].

Dans le pays des Mariandyniens, un fleuve couvert de roseaux inonde les prairies basses : ces marais sont la demeure de Nymphes que terrifie le monstrueux sanglier qui doit tuer Idmon [6].

Auprès des bouches du fleuve Phyllis, sur la côte asiatique du Pont-Euxin, demeure le sage Dipsacos, fils d'une Nymphe des prairies : loin de se plaire à une vie orgueilleuse, il est heureux de demeurer avec sa mère auprès des eaux du fleuve son père et de faire paître des troupeaux sur les rives [7].

Les oasis de la Libye ont aussi leurs Nymphes indigènes qui habitent auprès des sommets du Myrtose. Apollon leur confie Cyrène, qui devient à son tour une Nymphe chasseresse [8]. D'ailleurs, la fille du fleuve Pénée est, par son origine même, une Nymphe fluviale.

C'est en Libye aussi que se trouve la Nymphe Tritonis, sur laquelle nous n'avons aucun renseignement et qui doit être une Nymphe du lac Triton : unie

---

1. *Argon.*, II, v. 965, 980; cf. mes notes aux v. 373, 992 du Ch. II des *Argonautiques*. — Voir, plus haut, l. III, ch. XI, p. 567-568.
2. *Argon.*, I, v. 735.
3. *Argon.*, IV, v. 567-568.
4. *Argon.*, II, v. 946.
5. *Argon.*, III, v. 1218 et suiv.
6. *Argon.*, II, v. 821-822.
7. *Argon.*, II, v. 650 et suiv.
8. *Argon.*, II, v. 500 et suiv.

à Amphithémis, fils de Phoibos et d'Acacallis, elle enfante Nasamon et Caphauros [1].

La Libyè elle-même a sa Nymphe éponyme, Libyé, épouse de Triton [2], fille, d'après Apollodore, d'Épaphos et de Memphis, et amante de Poseidon à qui elle aurait donné Agénor et Bélos [3]. Suivant Andron d'Halicarnasse [4], Libyé est une Océanide; en tout cas, dans les *Argonautiques*, elle n'est pas, comme Brunck le dit [5], la mère des Hespérides. Apollonios n'indique pas quelle est la mère des « Nymphes Hespérides » [6] et les traditions varient beaucoup sur l'origine de ces divinités [7]. Invoquées habilement par Orphée, les Hespérides qui veillent en chantant auprès du cadavre du dragon qui gardait les pommes d'or et qu'Héraclès a tué récemment, les Hespérides, après s'être changées en terre et en poussière à l'approche des Argonautes, consentent à leur indiquer une source. Elles font sortir du sol de l'herbe et des arbustes. Hespéré [8] elle-même devient un peuplier noir; Erythéis [9], un ormeau; Aiglé [10], un saule; et, c'est sous cette forme que d'une voix douce elle dit aux Argonautes où ils trouveront la source souhaitée [11]. On regarde d'ordinaire les Hespérides comme les nuages dorés du couchant [12] : il me semble que, dans cet épisode des *Argonautiques*, ces déesses aux transformations soudaines, tantôt sable et poussière, tantôt arbres verdoyants voisins des sources, personnifient le

1. *Argon.*, IV, v. 1494 et suiv.
2. *Argon.*, IV, v. 1742.
3. Apollodore, II, 1, 4.
4. *Fragm. Hist. Graec.*, vol. II, p. 349.
5. Voir ma note au v. 1323 du Ch. IV des *Argonautiques*.
6. *Argon.*, IV, v. 1398-1399.
7. Roscher, *Lexicon*, article *Hesperiden*, I, p. 2594-2603.
8. Roscher, *Lexicon*, I, p. 2594, donne dans l'article *Hesperethusa* les diverses traditions sur les noms des *Hespérides*.
9. Roscher, *Lexicon*, article *Erytheia*, I, p. 1384.
10. Roscher, *Lexicon*, article *Aigle* (2), I, p. 153.
11. *Argon.*, IV, v. 1400-1460.
12. Decharme, *Mythol.*, p. 248. Voir ma note au v. 1399 du Ch. IV des *Argonautiques*.

phénomène du mirage qui fait voir au voyageur altéré les fraîches oasis longtemps avant qu'il lui soit donné d'y parvenir.

Orphée adresse une prière aux Nymphes Hespérides pour obtenir d'elles de l'eau; on fait des sacrifices aux Nymphes en général, parce que, sur l'ordre d'Héra, elles ont assisté aux noces de Jason[1]. Mais, si Apollonios donne une foule de renseignements utiles sur l'existence des Nymphes et le culte qui leur est rendu dans bien des localités de l'Hellade, de l'Asie et de la Libye, les Argonautes ne sont pas plus dévots à ces divinités féminines des montagnes, des eaux courantes, des prairies et des bois qu'ils ne le sont aux dieux des fleuves.

Le pieux Énée, au contraire, honore les Nymphes, comme il honore les dieux des fleuves. On dirait le héros bucolique, Ménalcas, qui fait aux Nymphes des sacrifices de remercîment[2] : à son arrivée en Thrace, quand il voit un sang noir découler des arbustes qu'il arrache pour couvrir les autels de feuillage, Énée s'empresse de prier les Nymphes des champs où ces arbustes ont grandi[3] ; car ce sang peut provenir de la blessure faite à une de ces Nymphes qui, comme les Hamadryades, habitantes des chênes, demeurent dans les arbustes plus humbles, vivant et mourant avec eux. Débarqué sur le territoire de Laurente, le héros ne manque pas d'invoquer les Nymphes en même temps que les autres divinités[4]. Après que le Tibre lui est apparu en songe, il s'adresse plus spécialement aux Nymphes du pays laurentin qui président aux sources d'où sortent les fleuves[5]. Cette

---

1. *Argon.*, IV, v. 1217.
2. *Égl.*, V, v. 74 : *...cum sollemnia vota Reddemus Nymphis.*
3. *Én.*, III, v. 34 : *...Nymphas venerabar agrestes.*
4. *Én.*, VII, v. 137.
5. *Én.*, VIII, v. 71 : *Nymphae, Laurentes Nymphae, genus amnibus unde est.*

piété est bien romaine : on sait que, si le nom des Nymphes est grec, le culte des divinités des eaux est un des plus anciens cultes latins [1]. Les Nymphes indigènes ont habité le Latium avant l'apparition de la race humaine [2].

On a déjà vu que Juturne est la plus illustre des Nymphes du Latium [3]. Virgile cite encore, parmi les Nymphes du Latium, la fille du fleuve Sébéthus, qui coule près de Naples [4], Sébéthis, qui, unie à Télon, a enfanté Oebalus, un des alliés de Turnus [5] ; — Marica, qui, unie à Faunus, enfanta Latinus [6] : dans le pays laurentin, Marica semble avoir été une des formes locales de Fauna, la bonne déesse du printemps et de la végétation [7] ; — Vénilia, mère de Turnus [8], une déesse des sources dans l'antique Mythologie italienne [9] ; — Égérie, divinité de la naissance et des sources, qui a une place dans la légende de Virbius [10], avant de devenir célèbre à titre d'inspiratrice traditionnelle du roi Numa ; — Carmenta, Nymphe prophétesse, dont Virgile, d'après des traditions qui semblent d'origine récente, fait la mère du roi Évandre [11] ; — Dryopé, une des épouses de Faunus [12]. « La Nymphe Dryopé n'est nommée nulle part ailleurs, » dit Benoist [13].

1. Preller-Jordan, *Röm. Mythol.*, zweiter Band, p. 127.
2. *Én.*, VIII, v. 314.
3. L. II, ch. II, p. 231-232 ; l. III, ch. II, p. 398.
4. Sur le fleuve Sébéthus, voir Preller-Jordan, *Röm. Mythol.*, zweiter Band, p. 144, n. 1.
5. *Én.*, VII, v. 734.
6. *Én.*, VII, v. 47.
7. Cf. Preller-Jordan, *Röm. Mythol.*, erster Band, p. 386 et 412.
8. *Én.*, X, v. 76 : ...[*Turnus*] *cui diva Venilia mater*. — Cf. VI, v. 90 : *Natus et ipse dea*.
9. Preller-Jordan, *Röm. Mythol.*, erster Band, p. 378 ; zweiter Band, p. 121, 212, 230.
10. Preller-Jordan, *Röm. Mythol.*, erster Band, p. 97, 101, 315, 410 ; zweiter Band, p. 129, 209. — Roscher, *Lexicon*, I, article *Egeria*, p. 1216, 1217.
11. Tite-Live, I, VII, 8. — Roscher, *Lexicon*, I, article *Carmenta*, p. 851-854.
12. *Én.*, X, v. 551.
13. Note de Benoist au v. 551 du Ch. X de l'*Énéide*.

Weizsäcker[1] pense que c'est la fille de l'Arcadien Dryops, mère de Pan, qui aura été assimilée à une épouse de Faunus, le Pan des Italiens.

Il est à peine utile de rappeler que les navires d'Énée, à la suite d'une transformation miraculeuse opérée par Cybèle, sont devenus des Nymphes de la mer, *pelagi Nymphae* [2]. C'est l'imagination de Virgile qui crée ces Nymphes nouvelles auxquelles on ne pourrait assigner un rang hiérarchique parmi les divinités de la mer.

En même temps qu'il cite beaucoup de Nymphes italiennes, le poète de l'*Énéide* mentionne aussi un certain nombre de divinités du même ordre, qui appartiennent à la légende grecque. Pour séduire Éole, Junon lui promet en mariage Déiopéa, la plus belle des quatorze Nymphes qu'elle a à son service [3]. Dans l'épisode correspondant de l'*Iliade*, Héra promettait à Hypnos de lui donner comme épouse une des jeunes Charites, Pasithéa [4]. Les Charites font souvent partie du cortège d'Héra [5], plus souvent de celui d'Aphrodite [6]. Mais il faut remarquer que si, dans les *Argonautiques*, il est dit que les Charites ont fait pour Dionysos le péplos couleur de pourpre, qui, donné par le dieu à son fils Thoas, a passé ensuite aux mains d'Hypsipylé, fille de Thoas [7], Apollonios ne montre jamais les déesses dans le cortège d'Héra ou de Cypris; il n'est jamais question des Grâces dans l'*Énéide*.

Déiopéa, que Junon offre à Éole, n'est pas autrement connue [8]: une Nymphe du même nom fait partie de l'entourage de Cyrène, dans les *Géorgiques* [9]. Héra-

---

1. Roscher, *Lexicon*, article *Dryope* (2), I, p. 1204.
2. *Én.*, X, v. 231. Cf. X, v. 83 et 221.
3. *Én.*, I, v. 71 et suiv.
4. *Iliad.*, XIV, v. 267-275.
5. Decharme, *Mythol.*, p. 71.
6. Decharme, *Mythol.*, p. 201-202.
7. *Argon.*, IV, v. 425.
8. Roscher, *Lexicon*, article *Deïopeia* (1), I, p. 980.
9. *Géorg.*, IV, v. 343.

Junon a un pouvoir évident sur les Nymphes : elle les convoque au mariage de Jason et de Médée [1]; et quand l'union de Didon et d'Énée se consomme, on les entend hurler au sommet des montagnes [2], comme elles hurlaient dans les marais du Phase à l'approche d'Hécate [3].

Comme l'Artémis des *Argonautiques*, la Diane de l'*Énéide* a sa suite de Nymphes chasseresses : c'est la ressemblance de l'une d'elles que Vénus emprunte pour apparaître à Énée [4]. Le poète montre la déesse accompagnée d'une escorte d'Oréades, Nymphes des montagnes [5]. On peut mettre au nombre des compagnes de la déesse la Nymphe chasseresse Ida, *Ida venatrix*, qui, dans l'*Énéide*, est la mère de Nisus [6]. Virgile cite enfin, comme étant une compagne favorite de Diane, la Nymphe Opis, originaire de Thrace [7] : Opis est, d'ailleurs, un surnom de la déesse [8].

L'*Énéide* rappelle aussi l'existence des Nymphes de Libye. La description de leur grotte, située sur le littoral, est imitée de la description de la demeure des Nymphes à Ithaque, qui se trouve dans l'*Odyssée* [9]. C'est une des Nymphes de Libye, la Nymphe éponyme des Garamantes, qui a enfanté Iarbas [10]. Le mot *Garamantis* est-il un adjectif ou le nom propre de la Nymphe : c'est une question débattue entre les interprètes de l'*Énéide* ; les interprètes des *Argonautiques* se demandaient aussi si le mot *Bithynis* était le nom propre de la mère d'Amycos ou indiquait simplement

---

1. *Argon.*, IV, v. 1144 et suiv.
2. *Én.*, IV, v. 168.
3. *Argon.*, III, v. 1218-1220.
4. *Én.*, I, v. 329. — Voir, plus haut, l. III, ch. VII, p. 544.
5. *Én.*, I, v. 500. — Dans l'*Énéide*, il n'est pas question des Dryades que mentionnent les *Églogues* (V, v. 59) et les *Géorgiques* (I, v. 11 ; III, v. 40).
6. *Én.*, IX, v. 177. — Cf. Roscher, *Lexicon*, article *Ide* (4), II, p. 104.
7. *Én.*, XI, v. 532, 836; v. 858 : ...*Threissa*.
8. Bruchmann, *Epitheta deorum*, p. 51, col. 1.
9. *Én.*, I, v. 166 et suiv.; *Odyssée*, XIII, v. 96 et suiv.
10. *Én.*, IV, v. 198.

une Nymphe de Bithynie [1]. Il semble que Garamis est le nom propre de la Nymphe mère de la race des Garamantes [2].

Virgile, en somme, a suivi, pour ce qui est des Nymphes, les traditions qu'il trouvait dans les poèmes homériques et dans les *Argonautiques* et a essayé de les adapter aux déesses des sources et des fleuves qui étaient, de tout temps, honorées en Italie.

1. Voir ma note au v. 4 du Ch. II des *Argonautiques*.
2. Roscher, *Lexicon*, I, p. 1603.

CHAPITRE XVIII

LES DIEUX DE LA TERRE

I. Déméter-Cérès. Légende de Déméter dans les *Argonautiques*. — Cérès dans l'*Enéide*. Culte de Cérès à Troie et à Carthage.

II. Perséphoné et Adès. Légende et puissance de Perséphoné, déesse infernale.
Adès; route qui conduit chez Adès; les Kères, chiennes d'Adès.

III. Pluton et Proserpine. Orcus. Cerbère. Charon.
Pluton et Proserpine sont le Jupiter et la Junon du Styx. Importance du Styx. Le Phlégéthon, le Cocyte, l'Achéron, le Léthé. Le Tartare et les Champs-Élysées. L'Érèbe.
Dis ou *Pluton*. Pouvoirs de Proserpine sur lesquels Junon empiète.
L'entrée des Enfers. Grand nombre des divinités infernales de l'*Énéide*; impossibilité d'en établir la classification. Théorie des Mânes. Les monstres infernaux et les divinités allégoriques du Tartare.

IV. Dionysos-Bacchus. Naissance et éducation de Dionysos dans les *Argonautiques*. Dionysos et Ariane à Dia. L'Argonaute Phlias, fils de Dionysos. Le péplos de Dionysos, œuvre des Charites. Le fleuve Callichoros et l'antre Aulion de Dionysos.
Le Bacchus de l'*Énéide*. Le culte de Bacchus Indien en Italie; les Bacchanales. Le Dionysos grec, dieu de la vigne et du vin. Les orgies mystérieuses et condamnées de Bacchus, célébrées par les ennemis de Troie et de Rome, Hélène, Didon, Amata, les soldats du Tyrrhénien Tarchon.

Les dieux de la terre ne jouent aucun rôle dans les *Argonautiques* et dans l'*Énéide*. Ils ne sont les protecteurs d'aucun héros; Apollonios et Virgile ne donnent que peu de renseignements sur leur légende.

I

DÉMÉTER-CÉRÈS

Il a déjà été question plusieurs fois de Déméter. Il est à peine besoin de rappeler ici ce qui a été dit d'une déesse dont le poète des *Argonautiques* ne donne nulle part la représentation figurée, à laquelle il n'attribue aucun rôle dans l'action de son épopée, à laquelle les Argonautes, qui ne semblent pas la connaître, n'adressent aucune prière.

On a vu qu'Apollonios distingue nettement les trois déesses de la terre qui appartiennent à trois générations successives : Gaia, femme d'Ouranos; Rhéa, femme de Cronos; enfin, Déméter ou Déô (Δηώ), sœur de Zeus [1]. On a vu aussi que, d'après une légende qui ne nous est connue que par les *Argonautiques*, c'est la déesse qui enseigna aux Titans à faire la moisson [2]; il a été question également de l'affection particulière que Déméter manifeste pour la Nymphe Macris [3], fille d'Aristée qui, lui aussi, est « un habitant divin de la nature agreste » et peut se rattacher à la légende de la déesse des terres cultivées, puisqu'« il aime surtout les riantes vallées et les campagnes fertiles » [4].

Apollonios rappelle aussi que le blé est la semence que Déméter fait mettre dans le sillon [5], et que la déesse a pour fille Perséphoné [6].

La déesse latine Cérès, avec qui on a identifié

---

1. L. I, ch. II, p. 31 et suiv.
2. L. I, ch. IV, p. 80 et suiv.
3. L. III, ch. XVII, p. 700.
4. Decharme, *Mythol.*, p. 491. — Pour Aristée, voir, plus haut, l. III, ch. V, p. 470.
5. *Argon.*, III, v. 413 : ...σπόρον... Δηοῦς.
6. *Argon.*, IV, v. 896 : ...Δηοῦς θυγατέρα.

Déméter, n'a pas, dans l'*Énéide*, un rôle plus important que la déesse grecque dans les *Argonautiques*. Le plus souvent, elle n'est pas même personnifiée. *Rubicunda Ceres* [1] signifie les épis de blé mûrissants; *Ceres corrupta undis* [2], le blé avarié par l'eau de mer, comme, dans le même passage, l'expression *Cerealia arma* indique les ustensiles nécessaires pour faire le pain, lequel est désigné par la périphrase *dona laboratae Cereris* [3], ou, plus simplement, par le seul mot *Ceres* [4]. Par *Cereale solum* [5], Virgile entend des galettes plates qui servent d'assiettes.

La bienfaisante Cérès [6] était au nombre des divinités invoquées par le poète des *Géorgiques*. La blonde déesse [7] protège du haut de l'Olympe le travail du laboureur. C'est elle qui a enseigné aux hommes l'agriculture [8], comme, suivant Apollonios, elle a enseigné aux Titans l'art de faire la moisson : aussi les agriculteurs romains célèbrent des fêtes en son honneur [9].

Il n'est plus question, dans l'*Énéide*, du rôle de Cérès considérée comme déesse de l'agriculture.

Cérès étant une déesse romaine, Virgile veut faire de Déméter une déesse troyenne et il lui attribue à Ilion un temple dont il n'est pas question dans l'*Iliade*. M. Bertrand [10] a fait remarquer que Déméter a été laissée dans l'ombre par Homère, parce qu'elle ne jouait aucun rôle dans les légendes populaires du cycle troyen. L'*Iliade* [11] ne mentionne qu'un seul temple de Déméter, situé à Pyrasos, en Thessalie. Au demeu-

---

1. *Géorg.*, I, v. 297.
2. *Én.*, I, v. 177.
3. *Én.*, VIII, v. 181.
4. *Én.*, I, v. 701 : ...*Cererem*; VII, v. 113 : *Exiguam... Cererem.*
5. *Én.*, VII, v. 111.
6. *Géorg.*, I, v. 7 : ...*alma Ceres.*
7. *Géorg.*, I, v. 96 : *Flava Ceres.*
8. *Géorg.*, I, v. 147.
9. *Géorg.*, I, v. 339 et suiv.
10. Bertrand, *Les dieux protecteurs*, p. 161.
11. *Iliad.*, II, v. 696.

rant, le temple de Cérès dont Virgile imagine l'existence à Troie est en ruines et abandonné [1]. Servius suppose plusieurs raisons de cet abandon: selon lui, *deserta Ceres* signifie ou que la déesse a été quittée par sa fille, ou que le temple a été négligé par le prêtre, ou que le peuple l'a délaissé à cause de la durée de la guerre. Wagner pense que ce temple était situé dans une partie écartée et peu fréquentée de Troie. Quoi qu'il en soit, Virgile se contente d'attribuer un sanctuaire à la déesse, sans en exagérer l'importance.

Il donne aussi un prêtre à Cérès, Polyboetès ou Polyphoetès, qu'Énée rencontre aux Enfers, parmi les Troyens morts pendant le siège [2]. L'*Iliade* mentionne un Polyphétès qui combat dans les rangs des Troyens, mais il n'est pas dit que ce soit un prêtre [3].

Virgile imagine aussi que le culte de Cérès est établi à Carthage, ce qui paraît encore plus invraisemblable que l'existence du temple troyen de la déesse. Didon fait des sacrifices à Cérès législatrice [4]: *Ceres legifera*, la Δημήτηρ Θεσμοφόρος des Grecs, était bien une divinité romaine [5]. Mais je ne sais si, comme *Juno Regina*, elle correspondait à quelque divinité phénicienne.

II

PERSÉPHONÉ ET ADÈS

Le mythe de Perséphoné semble à peine formé aux temps homériques [6]. La légende de l'enlèvement de

---

1. *Én.*, II, v. 713: *...templumque vetustum Desertae Cereris.* — Voir les notes à ce vers de Servius et des éditeurs modernes.
2. *Én.*, VI, v. 484.
3. *Iliad.*, XIII, v. 791.
4. *Én.*, IV, v. 58: *Legiferae Cereri.*
5. Preller-Jordan, *Röm. Mythol.*, zweiter Band, p. 3.
6. Decharme, *Mythol.*, p. 379.

Coré ne se trouve pas dans l'*Iliade* et dans l'*Odyssée* où l'on voit Perséphoné partageant avec Adès la domination du royaume infernal [1].

Apollonios ne fait aucune allusion à cet enlèvement. Il rappelle seulement qu'au temps où elle était vierge encore, — c'est-à-dire avant son union avec Adès, dont il ne dit rien, — l'irréprochable fille de Déméter était servie par les Sirènes [2]. Ailleurs, le poète dit qu'au moment où le navire Argo était en vue de la sépulture de l'Actoride Sthénélos, « Perséphoné elle-même laissa sortir l'âme déplorable du héros, qui l'avait suppliée de lui permettre de voir quelques instants des hommes dans l'intimité desquels il avait vécu [3]. » Ce passage indique évidemment qu'au temps de l'expédition des Argonautes, la fille de Déméter a le droit de commander dans les Enfers et le privilège d'accorder aux ombres des héros morts les permissions qu'il lui plaît. Mais le poète ne donne aucun renseignement précis sur la place que Perséphoné doit occuper dans le royaume d'en bas à côté d'Adès.

La reine des Enfers n'est l'objet d'aucun culte de la part des Argonautes : ils font des libations à Sthénélos, ils n'offrent aucun sacrifice à Perséphoné. — J'ai déjà fait remarquer que le sacrifice nocturne offert par Jason s'adresse à Hécate et non à Perséphoné [4].

La légende d'Adès est encore moins développée que celle de Perséphoné dans les *Argonautiques*. Apollonios ne parle jamais de la parenté de Zeus avec Adès ; Adès n'est pas le Zeus infernal, mais simplement une divinité odieuse qui effraie les mortels [5], car c'est dans son royaume qu'il faut descendre après la mort.

---

1. *Iliad.*, IX, v. 457; *Odyssée*, X, v. 491.
2. Voir, plus haut, l. III, ch. XVII, p. 678-679.
3. *Argon.*, II, v. 916 et suiv.
4. Voir, plus haut, l. I, ch. IV, p. 143-144.
5. *Argon.*, III, v. 810.

Il est souvent question dans le poème alexandrin des terreurs de ce royaume. Quand les Argonautes commencent à respirer, après que leur navire a échappé aux Roches-Cyanées, « il leur semble qu'ils viennent de se sauver de chez Adès [1], » et Jason se sent désormais capable d'entreprendre une expédition au travers des abîmes d'Adès [2]. La mer, accablée par une nuit funeste que les rayons de la lune ne peuvent traverser, est comparée aux régions d'Adès [3]. La maison d'Adès est le séjour des Érinyes [4] et le lieu du supplice d'Ixion, retenu par des chaînes d'airain [5].

La route qui conduit chez Adès est plus courte qu'une coudée pour ceux qui sont piqués par certains serpents venimeux [6]. Mais en même temps que cette route invisible, toujours ouverte à ceux qui vont mourir, il en est d'autres que les vivants peuvent contempler sans s'y hasarder. Phinée signale aux Argonautes, auprès du cap Achérousis, qui est fendu en sa profondeur par l'Achéron tourbillonnant, « une route qui descend chez Adès [7] ; » c'est une vallée où se trouve l'ouverture de l'antre du dieu [8]. Il est probable qu'Apollonios reproduit des traditions locales qui assimilent un cours d'eau tributaire du Pont-Euxin au fleuve fameux, l'Achéron, devenu fleuve infernal, dont ce cours d'eau porte le nom, et qui placent dans le pays des Mariandyniens une des nombreuses entrées des Enfers [9]. On sait que tous les gouffres où s'abîment les eaux des rivières étaient considérés par les Grecs

---

1. *Argon.*, II, v. 609 : ... ἐξ Ἀΐδαο.
2. *Argon.*, II, v. 642 : ...δι' ἐξ Ἀΐδαο βερέθρων.
3. *Argon.*, IV, v. 1699.
4. *Argon.*, III, v. 704.
5. *Argon.*, III, v. 61-62.
6. *Argon.*, IV, v. 1510.
7. *Argon.*, II, v. 353.
8. *Argon.*, II, v. 735 et suiv.
9. Voir ma note aux v. 353-355 du Ch. II des *Argonautiques*.

comme autant de routes qui conduisent aux demeures infernales [1].

Les Kères, déesses de la mort, sont « les chiennes rapides d'Adès » [2].

III

PLUTON ET PROSERPINE

On sait que les idées sur le monde souterrain sont à peu près les mêmes dans la Grèce antique et dans l'Italie primitive [3]. La Mythologie romaine admettait l'existence d'un grand nombre de divinités mâles et femelles des régions d'en bas, souveraines des âmes des morts [4] : au moment de faire la description des Enfers, Virgile invoque le *numen* de ces divinités qui ont l'empire des âmes [5].

Orcus était le plus ancien et le plus populaire des dieux mâles de la mort [6]. Comme le mot grec Adès, le mot latin Orcus signifie à la fois les Enfers et le roi des Enfers. Dans les *Géorgiques*, le pâle Orcus est personnifié [7]. Mais, dans l'*Énéide*, l'Orcus, que le Styx traverse [8], est le séjour où sont envoyées les âmes des morts [9], et d'où Mercure les évoque [10]. Un défilé étroit

---

1. Decharme, *Mythol.*, p. 413.
2. *Argon.*, IV, v. 1665-1666. — Pour les Kères, voir, plus haut, l. II, ch. I, p. 187-188.
3. Preller-Jordan, *Röm. Mythol.*, zweiter Band, p. 61.
4. Preller-Jordan, *Röm. Mythol.*, zweiter Band, p. 62.
5. *Én.*, VI, v. 264 : *Di quibus imperium est animarum... sit numine vestro.* — Voir, plus haut, l. II, ch. II, p. 262.
6. Preller-Jordan, *Röm. Mythol.*, zweiter Band, p. 62 et suiv.
7. *Géorg.*, I, v. 277 : *...pallidus Orcus.*
8. *Én.*, IV, v. 699 : *...Stygio... Orco.*
9. *Én.*, II, v. 398 : *...multos Danaum demittimus Orco.* — Cf. *Iliad.*, I, v. 3 : *...ψυχὰς Ἄιδι προΐαψεν.* — *Én.*, IX, v. 527 : *...quem quisque virum demiserit Orco;* v. 785 : *...iuvenum primos tot miserit Orco.*
10. *Én.*, IV, v. 242.

mène à la demeure de l'Orcus [1] qui est défendue par un portier terrible, le chien Cerbère [2], et arrosée par des fleuves dont le nocher spécial est Charon [3].

Le chien Cerbère, inconnu à Homère, apparaît dans la *Théogonie* hésiodique [4]; il appartient à la légende grecque [5]. C'est d'après les monuments figurés qui le représentent que Virgile fait le portrait de ce gardien du Tartare [6]; c'est d'après les traditions helléniques qu'il imagine l'offrande du gâteau qu'Énée doit présenter au chien monstrueux pour l'apaiser et l'endormir [7].

Le nocher Charon est aussi un personnage des légendes grecques posthomériques; il n'est pas question de lui avant l'époque des tragiques [8]. Virgile lui donne d'autant plus volontiers un rôle dans l'épisode de la descente d'Énée aux Enfers [9], que le dieu grec Charon peut se rapprocher de Charun, dieu de la mort dans la religion des Étrusques [10].

On comprend facilement pourquoi Virgile a enlevé toute personnalité au vieux dieu infernal Orcus: dans l'*Énéide*, le dieu souverain des Enfers doit être Dis ou Pluton, comme le dieu de la terre et du ciel et le dieu de la mer sont Jupiter et Neptune. Depuis le partage du monde qui a été fait entre les fils de Saturne [11], les Enfers ne peuvent avoir d'autre roi, d'autre dieu suprême que Pluton, le roi [12], le Jupiter du Styx [13], le

---

1. *Én.*, VI, v. 273: ...*in faucibus Orci.* — Cf. Aulu-Gelle, XVI, v, 12, et Preller-Jordan, *Röm. Mythol.*, zweiter Band, p. 63, n. 1.
2. *Én.*, VIII, v. 296: ...*ianitor Orci;* cf. *Én.*, VI, v. 400: ...*ianitor*.
3. *Géorg.*, IV, v. 502: ...*portitor Orci*.
4. *Théogon.*, v. 311; 769 et suiv.
5. Decharme, *Mythol.*, p. 414-415, 534 et 536.
6. *Én.*, VI, v. 395: *Tartareum... custodem; Géorg.*, IV, v. 483; *Én.*, VI, v. 400 et suiv. — Decharme, *Mythol.*, p. 536, fig. 141.
7. *Én.*, VI, v. 417 et suiv. — Pour Cerbère, voir l. II, ch. II, p. 302, n. 4.
8. Decharme, *Mythol.*, p. 417-418.
9. *Én.*, VI, v. 299 et suiv.
10. Preller-Jordan, *Röm. Mythol.*, zweiter Band, p. 72.
11. Voir, plus haut, l. III, ch. XVII, p. 680-681.
12. *Én.*, VI, v. 252: ...*Stygio regi*.
13. *Én.*, IV, v. 638: ...*Iovi Stygio.* — Cf. *Iliad.*, IX, v. 457: Ζεύς τε καταχθόνιος.

frère Stygien du Jupiter d'en haut [1]. On sait que le Styx est un fleuve de la Mythologie homérique [2] inconnu à la Mythologie romaine [3]. On a déjà vu que ce fleuve est le témoin redoutable des serments prêtés par les divinités homériques [4], comme par celles d'Apollonios [5] et de Virgile [6].

« Au delà du Styx commencent véritablement les Enfers [7]. » C'est le fleuve qui en fait les limites; divisé en plusieurs branches, il coule neuf fois autour des Enfers [8]. Il forme des marais [9], des lacs [10], que des bois entourent [11]. Fleuve des Euménides infernales [12], traversé par la barque de Charon [13], ses eaux [14] sont célèbres : un rameau qui y est baigné donne un sommeil semblable à la mort [15]. Une épée qui y est trempée devient mortelle pour tous ceux qu'elle frappe [16] ; c'est des eaux du Styx que sortent tous les fléaux mortels pour les hommes [17]. On comprend qu'un fleuve aussi important mérite de désigner par extension les Enfers qu'il limite : Pluton peut, à bon droit, être nommé le *rex Stygius* ou le *Jupiter Stygius*.

Virgile fait aussi allusion aux autres fleuves infernaux bien connus par la Mythologie grecque : le Cocyte,

---

1. *Én.*, X, v. 113 : ...*Stygii... fratris*.
2. Decharme, *Mythol.*, p. 415-416.
3. Il n'en est pas question dans la *Mythologie romaine* de Preller-Jordan. — Voir, plus haut, l. III, ch. XIV, p. 604.
4. L. I, ch. II, p. 29.
5. L. II, ch. I, p. 177-178.
6. L. II, ch. II, p. 260.
7. Boissier, *Religion romaine*, t. I, p. 288.
8. *Én.*, VI, v. 439 : ...*novies Styx interfusa coercet*.
9. *Én.*, VI, v. 323, 369 : ...*Stygiam... paludem*.
10. *Én.*, VI, v. 134 : ...*Stygios... lacus*; VIII, v. 296 : ...*Stygii... lacus*.
11. *Én.*, VI, v. 154 : ...*lucos Stygis*.
12. *Én.*, VI, v. 374 : ...*Stygias... aquas, amnemque severum Eumenidum*. — Pour le rôle des Furies aux Enfers, voir, plus haut, l. II, ch. II, p. 306 et suiv.
13. *Én.*, VI, v. 391 : ...*Stygia... carina*.
14. *Én.*, VI, v. 385 : ...*Stygia... unda*; VII, v. 773 : ...*Stygias... undas*.
15. *Én.*, V, v. 855 : *Vique soporatum Stygia* [*ramum*].
16. *Én.*, XII, v. 91. — Voir, plus haut, l. III, ch. XIV, p. 604.
17. *Én.*, III, v. 215 : ... *Stygiis... undis*.

fleuve des gémissements [1]; si le Styx est le fleuve des Euménides, Allecto, en particulier, est désignée par le nom de vierge du Cocyte [2]; — le Phlégéthon [3], le fleuve des flammes, le Pyriphlégéthon de l'*Odyssée* [4], qui coule dans le Tartare [5]; — l'Achéron, le fleuve des peines et des douleurs, qui coule, lui aussi, dans le Tartare [6], le fleuve avide que les âmes des morts doivent traverser [7], et dont le nom est souvent synonyme des Enfers eux-mêmes [8]; — le Léthé, fleuve de l'oubli, qui coule dans les Champs-Élysées [9]; le sommeil qu'il procure est semblable à celui que donnent les pavots [10].

Le Léthé est le fleuve des Champs-Élysées; l'Achéron et le Phlégéthon sont les fleuves du Tartare : on sait que les Champs-Élysées sont le séjour des bienheureux [11], et le Tartare, le séjour des damnés [12]. Mais le mot Tartare désigne souvent l'Enfer en général [13], et l'expression *envoyer sous le Tartare* [14] est synonyme de l'expression *envoyer dans l'Orcus* [15]. L'Enfer, composé du Tartare et des Champs-Élysées, est désigné par Virgile, comme par Homère [16] sous le nom collectif

---

1. *Én.*, VI, v. 132 : *Cocytus*; v. 297 : ...*Cocyto*; v. 323 : ...*Cocyti stagna alta*.
2. *Én.*, VII, v. 479 : ...*Cocytia virgo*.
3. *Én.*, VI, v. 265 : ...*Phlegethon*.
4. *Odyssée*, X, v. 513.
5. *Én.*, VI, v. 551 : *Tartareus Phlegethon*.
6. *Én.*, VI, v. 295 : ...*Tartarei... Acherontis*.
7. *Géorg.*, II, v. 492 : ...*strepitumque Acherontis avari*.
8. *Én.*, V, v. 99; VII, v. 91; v. 312, où Achéron signifie l'Enfer et tous ses habitants; XI, v. 23.
9. *Én.*, VI, v. 705, 714, 749.
10. *Géorg.*, I, v. 78 : ...*Lethaeo perfusa papavera somno*; IV, v. 545 : ...*Lethaea papavera*; *Én.*, V, v. 854 : ...*ramum Lethaeo rore madentem*.
11. *Én.*, V, v. 734 : ...*amoena piorum Concilia Elysiumque*; IV, v. 543; v. 743 : ...*amplum... Elysium*.
12. *Géorg.*, IV, v. 482; *Én.*, V, v. 733 : ...*impia... Tartara*; cf. VI, v. 543 et suiv.
13. *Géorg.*, I, v. 36; *Én.*, IV, v. 446; VI, v. 134 : ...*nigra... Tartara*; XII, v. 205; VIII, v. 667 : *Tartareas etiam sedes, alta ostia Ditis*.
14. *Én.*, VIII, v. 563; XI, v. 397 : ...*sub Tartara misi*; XII, v. 14 : ...*sub Tartara mittam*.
15. Voir, plus haut, même chapitre, p. 714.
16. *Iliad.*, VIII, v. 368; IX, v. 572; *Odyssée*, X, v. 528; XI, v. 37, 564; XII, v. 81.

d'Érèbe, qui désignait primitivement le principe mâle de l'obscurité [1]. Dans l'*Énéide*, tous les fleuves infernaux sont les fleuves de l'Érèbe [2] ; les ombres des morts sont les pâles habitantes de l'Érèbe [3]. Didon invoque sous le nom d'Érèbe toutes les divinités d'en bas [4], et Énée appelle Hécate, déesse infernale, par le nom de déesse puissante dans l'Érèbe [5].

C'est sur l'Érèbe, c'est-à-dire sur l'Élysée et le Tartare, que s'exerce le pouvoir absolu de Jupiter Stygien, qui porte les deux noms, d'ailleurs synonymes [6], de *Dis* [7] et de *Pluton* [8]. Le dieu règne sur des espaces vides, sur des régions que des ombres vaines peuplent seules [9]. Son palais est situé dans les Champs-Élysées [10] ; il n'est pas seul à l'occuper : avec lui demeure la Junon infernale [11], la belle Proserpine [12], qui conserve sa chasteté dans la maison de Pluton, qui est son oncle, puisqu'il est frère de Cérès [13]. La preuve matérielle de cette chasteté dans le mariage, c'est l'infécondité de la déesse à qui Énée immole une vache stérile [14]. *Pater Pluto* signifie simplement le vénérable Pluton, puisque le dieu n'a pas de postérité [15].

---

1. Decharme, *Mythol.*, p. 5.
2. *Én.*, VI, v. 671 : ...*Erebi... amnes.*
3. *Én.*, IV, v. 26 : *Pallentes umbras Erebi;* VI, v. 404 : ...*Erebi... umbras.*
4. *Én.*, IV, v. 510.
5. *Én.*, VI, v. 247.
6. Preller-Jordan, *Röm. Mythol.*, zweiter Band, p. 64-65.
7. *Én.*, IV, v. 702 ; V, v. 731 ; VI, v. 127, 269, 397, 541 ; VII, v. 568, VIII, v. 607 ; XII, v. 199.
8. *Én.*, VII, v. 327.
9. *Én.*, VI, v. 269 : ...*domos Ditis vacuas et inania regna.*
10. *Én.*, VI, v. 541 : ...*Ditis... moenia;* cf. V, v. 731 : ...*Ditis... Infernas... domos.*
11. *Én.*, VI, v. 138 : *Iunoni infernae.*
12. *Én.*, VI, v. 142 : ...*pulchra... Proserpina.*
13. *Én.*, VI, v. 402 : *Casta... patrui servet Proserpina limen.* — Tel est je crois, le sens de ce vers, qui a été torturé par les commentateurs, en particulier par Peerlkamp.
14. *Én.*, VI, v. 251 : ...*sterilem... vaccam;* cf. *Odyssée*, XII, v. 30 : ...στεῖραν βοῦν.
15. *Én.*, VII, v. 327.

Maîtresse des Enfers [1], elle que Thésée et Pirithoüs, deux damnés enfermés dans le Tartare, ont en vain essayé d'arracher de la demeure de Pluton [2], Proserpine a des pouvoirs bien plus étendus que ceux de la Perséphoné des *Argonautiques*. Il est vrai que Junon empiète sur les droits de la déesse des Enfers, quand elle aide Didon à mourir avant le temps marqué [3]; car Proserpine doit enlever un cheveu à la femme qui meurt dévouée aux Enfers, comme le sacrificateur enlève quelques poils à la victime [4]. Mais ce n'est pas Junon qui aiderait son ennemi Énée à violer les ordres de Proserpine qui exige de tout mortel assez audacieux pour pénétrer dans les Enfers l'hommage d'un rameau d'or, difficile à découvrir et à détacher de l'arbre [5]. On a vu comment, grâce à l'aide de Vénus, le héros troyen peut se procurer le rameau d'or. Mais nous ne savons rien de la légende de ce rameau: au dire de Macrobe, le savant Cornutus avait fait en vain des recherches à ce sujet [6]. Quoi qu'il en soit, Énée ne descend aux Enfers qu'après avoir fait, suivant les rites, un sacrifice au Jupiter et à la Junon d'en bas [7], et il ne néglige pas de porter à Proserpine le présent exigé [8]. Didon, elle aussi, avant de mourir, offrait des sacrifices à Pluton [9]: mais les mortels qui veulent vivre et qui ne se préparent pas à descendre après leur mort imminente ou pendant

---

1. *Én.*, VI, v. 397.
2. *Én.*, VI, v. 601, 618. — Je n'ai pas à m'occuper ici des divers damnés enfermés dans le Tartare, les Titans, les Aloiades, les Lapithes, Salmonée, Ixion, Phlégyas, etc. Il a été déjà question incidemment de la plupart d'entre eux.
3. Voir, plus haut, l. III, ch. II, p. 406.
4. *Én.*, IV, v. 698: *Nondum illi flavum Proserpina vertice crinem Abstulerat*. — Cf. Macrobe, *Saturn.*, V, XIX.
5. *Én.*, VI, v. 140 et suiv.
6. Macrobe, *Saturn.*, V, XIX: « *Assuevit poetico more aliqua fingere, ut de aureo ramo*. » *Haec Cornutus... tantus vir, graecarum etiam doctissimus litterarum...*
7. Voir, plus haut, l. I, ch. IV, p. 154 et suiv.
8. *Én.*, VI, v. 637: ...*perfecto munere divae*.
9. *Én.*, IV, v. 635 et suiv.

leur vie aux Enfers n'adressent guère un culte inutile au dieu dont le royaume est interdit aux vivants [1] et fréquenté seulement par les ombres silencieuses [2].

La porte de l'Enfer est ouverte nuit et jour pour ceux qui sont morts [3]; mais elle se ferme, d'ordinaire, pour les vivants. L'issue qui s'ouvrira pour Énée est aux environs de Cumes, dans le marais nommé *Acherusia palus*, qui était formé par le débordement d'un de ces fleuves Achéron, si fréquents dans la géographie antique [4]. Près du marais Achérusien se trouve le lac Averne [5], aux exhalaisons pénibles [6], que les oiseaux ne peuvent supporter [7]; c'est là l'entrée par où Énée pénétrera aux Enfers. M. Boissier fait remarquer que Virgile suit l'opinion populaire des Italiens qui croyaient que les grottes du lac Averne étaient une des ouvertures du royaume infernal [8] : c'est d'ailleurs Anchise qui, apparaissant en songe à Énée, lui a indiqué qu'il fallait passer par l'Averne pour aller lui rendre visite aux Champs-Élysées [9]. Les Italiens confondent même l'Averne avec les Enfers [10]. Il est encore un autre endroit où l'Achéron exhale des vapeurs dans un antre horrible, soupirail de Pluton [11]. C'est par là que la Furie Allecto descend aux Enfers : on a déjà vu que la description de cette entrée infernale est imitée des *Argonautiques* [12].

Pays des ombres du Sommeil et de la Nuit qui endort [13], l'Enfer est aussi le séjour d'un très grand

---

1. *Én.*, VI, v. 154 : ...*regna invia vivis.*
2. *Én.*, VI, v. 264 : ...*umbraeque silentes.*
3. *Én.*, VI, v. 127 : *Noctes atque dies patet atri ianua Ditis.*
4. *Én.*, VI, v. 107. — Voir ma note au v. 353 du Ch. II des *Argonautiques.*
5. *Géorg.*, II, v. 164; IV, v. 493; *Én.*, III, v. 386 : *Infernique lacus.*
6. *Én.*, VI, v. 201 : ...*fauces graveolentis Averni.*
7. *Én.*, VI, v. 236 et suiv.
8. Boissier, *Religion romaine*, t. I, p. 286.
9. *Én.*, V, v. 732.
10. *Én.*, VII, v. 91.
11. *Én.*, VII, v. 568 et suiv.
12. Voir, plus haut, l. II, ch. II, p. 313-314.
13. *Én.*, VI, v. 390 : *Umbrarum hic locus est, Somni Noctisque soporae.*

nombre de dieux que Latinus invoque dans son serment à côté de Pluton lui-même [1] et dont, au moment de son sacrifice magique, Didon implore le secours [2]. On a vu que ces dieux d'en bas exercent un pouvoir absolu, sans contrôle de la part de Jupiter lui-même, sur les morts qui sont descendus aux Enfers [3]; ces dieux sont les dieux Mânes [4]. On sait que, d'ordinaire, les simples morts eux-mêmes sont désignés par le nom de *les Mânes* qui signifie *les purs*, *les transfigurés* : c'est ainsi qu'il est question, dans l'*Énéide*, des Mânes d'Hector, auxquels Andromaque adresse un sacrifice [5], des Mânes d'Eurydice [6], de Déiphobe [7], de Lausus [8], d'Anchise [9] qu'Énée invoque [10] et au nom desquels le héros latin Magus supplie, mais en vain, Énée de l'épargner [11].

Avant la purification complète, chacun, dit Anchise, souffre dans ses Mânes les châtiments mérités par les souillures de la vie [12]. La purification fait peu à peu des Mânes de vraies divinités; on leur élève des autels dans la cérémonie romaine des funérailles [13]; l'Enfer est leur domaine : aller chez les Mânes est synonyme de descendre dans le royaume d'en bas [14]. Mais, par une trans-

---

1. *Én.*, XII, v. 199 : *Vimque deum infernam et duri sacraria Ditis.*
2. *Én.*, IV, v. 510 : *Ter centum tonat ore deos.*
3. Voir, plus haut, l. II, ch. II, p. 289.
4. Pour les *Dii Manes*, voir Preller-Jordan, *Röm. Mythol.*, zweiter Band, p. 66 et suiv.
5. *Én.*, III, v. 303.
6. *Én.*, VI, v. 119.
7. *Én.*, VI, v. 506.
8. *Én.*, X, v. 828.
9. *Én.*, IV, v. 427.
10. *Én.*, V, v. 98.
11. *Én.*, X, v. 524 : *Per patrios Manes*; cf. v. 534.
12. *Én.*, VI, v. 743 : *Quisque suos patimur Manes.* — Voir, sur ce vers, les discussions des éditeurs.
13. *Én.*, III, v. 63 : *...stant Manibus arae.*
14. *Én.*, IV, v. 387 : *...Manes veniet mihi fama sub imos;* cf. *Géorg.*, I, v. 243; *Én.*, III, v. 565 : *...ad Manes imos*; XI, v. 181 : *...Manes perferre sub imos*; X, v. 819 : *...vita... Concessit maesta ad Manes*; XII, v. 884 : *...Manes... ad imos.*

formation étrange, une fois qu'ils sont devenus des divinités infernales qui ont l'horreur et l'effroi de la lumière du jour [1], les Mânes, infidèles au sens propre de leur nom qui veut dire « bons génies » [2], deviennent non seulement, comme le croit Anna, indifférents à ce qui se passe chez les vivants [3], mais même impitoyables [4] et hostiles aux hommes qu'ils trompent par des songes menteurs [5]. A la vérité, Énée a reçu des avis utiles des Mânes aussi bien que des dieux d'en haut [6] : mais ce sont des Mânes familiers, ceux d'Hector [7], d'Anchise [8] qui l'ont averti, et le héros qui a pu descendre aux Enfers est dans une situation privilégiée. La foule des Mânes se laisse mettre en mouvement pour causer du mal à l'humanité par la Furie Allecto [9] ou même par une simple sorcière [10].

Les Mânes sont les vrais dieux des Enfers ; on ne peut donner ce titre aux monstres infernaux cités par l'*Énéide*. « L'énumération qu'en fait Virgile est curieuse, dit M. Boissier ; elle nous annonce déjà le système qu'il va suivre dans toutes ses descriptions : à côté des inventions des plus anciennes mythologies qu'il a grand soin de conserver, des Titans, des Gorgones, des Harpyes, des Centaures, de l'Hydre de Lerne qui pousse d'horribles sifflements, de la Chimère armée de flammes, des Songes qui se cachent dans les branches d'un orme immense, il place des allégories dont

---

1. *Én.*, VIII, v. 246 : ...*trepident immisso lumine Manes*.
2. Bréal, *Dictionn. étymol.*, p. 180, *Manes*.
3. *Én.*, IV, v. 34.
4. *Géorg.*, IV, v. 489 : ...*scirent si ignoscere Manes*.
5. *Én.*, VI, v. 896. — Pour ce qui est des songes envoyés par les Mânes, voir, plus haut, l. II, ch. II, p. 319-320.
6. *Én.*, X, v. 34 : *Quae Superi Manesque dabant*.
7. *Én.*, II, v. 270 et suiv.
8. *Én.*, V, v. 723 et suiv.
9. *Én.*, X, v. 39 : *Nunc etiam Manes... movet*.
10. *Én.*, IV, v. 490 : *Nocturnosque movet Manes*. — A la vérité, on a vu (l. I, ch. IV, p. 152-154) que la Massylienne promet beaucoup plus qu'elle ne peut tenir.

quelques-unes sont évidemment d'un autre âge, la Discorde, la Guerre, la Pauvreté, la Faim, la Vieillesse, les pâles Maladies, les Remords vengeurs, et même les Joies malsaines de l'âme qui toutes abrègent la vie et pourvoient l'Enfer d'habitants [1]. » Benoist prétend qu'« il ne s'agit ici que de fantômes semblables à des Centaures,... à Scylla »[2]. Il veut aussi que l'Hydre placée dans le Tartare [3] ne soit pas la même que la *bellua Lernae* [4] que le poète a mise au nombre des monstres qui résident dans le vestibule des Enfers [5]. Assurément, on a vu que les Harpyes, qui sont en rapport sur la terre avec Énée, ne sont pas des divinités infernales [6] : mais on a vu aussi que l'*Énéide* offre bien des contradictions à propos de la demeure infernale des Euménides [7]. On peut aussi remarquer que la déesse allégorique *Bellum* n'est pas une habitante des Enfers, puisqu'elle réside dans son temple, en Italie [8]. Mais M. Boissier a fait avec grand sens remarquer l'existence dans la description virgilienne des Enfers de « contradictions que tous les efforts d'une critique complaisante et sagace ne parviennent pas à expliquer » [9]. Il a donné les raisons de « cette obscurité » et de « ces incohérences ».

Qu'il nous suffise de constater que l'Enfer de l'*Énéide*, où il nous est difficile de nous orienter, a pour maîtres et pour gouverneurs un couple divin, Pluton et Proserpine, le Jupiter et la Junon du Styx, qui correspondent absolument au vrai Jupiter et à la

---

1. Boissier, *Religion romaine*, t. I, p. 287.
2. Benoist, note au v. 286 du Ch. VI de l'*Énéide*.
3. *Én.*, VI, v. 576 : *Quinquaginta atris immanis hiatibus Hydra Saevior intus habet sedem.*
4. *Én.*, VI, v. 287.
5. Benoist, note au v. 576 du Ch. VI de l'*Énéide*.
6. Voir, plus haut, l. II, ch. II, p. 245 et suiv.
7. Voir, plus haut, l. II, ch. II, p. 302 et suiv.
8. Voir, plus haut, l. III, ch. XII, p. 587-589.
9. Boissier, *Religion romaine*, t. I, p. 282.

vraie Junon qui règnent dans l'Olympe et sur la terre, et pour habitants la foule immense des Mânes qui sont indépendants des dieux d'en haut et indifférents, sinon hostiles, à l'humanité.

IV

DIONYSOS-BACCHUS

Suivant la tradition hellénique, Dionysos était le plus jeune de tous les dieux [1]. Il est simplement nommé par Homère, qui ne rapporte que quelques traditions à son sujet [2], parce que le dieu ne jouait aucun rôle dans les légendes populaires du cycle troyen [3]. Dans son poème antéhomérique, Apollonios ne pouvait prétendre faire jouer un rôle au jeune dieu qui n'en a pas dans l'*Iliade* et dans l'*Odyssée;* mais il pouvait essayer de compléter les rares traditions qu'Homère rapportait sur Dionysos.

On a vu quels renseignements les *Argonautiques* donnent sur la naissance du fils Nyséien de Zeus [4] et sur la manière dont il fut élevé par la Nymphe Macris [5]. Le dieu de Nysa [6] est le père de l'Argonaute Phlias [7], qui vient d'Araithyréa, ville du Péloponèse plus tard nommée Phlious ou Phlionte; il est aussi le père de Thoas qu'il a eu d'Ariane et à qui il a donné le péplos

---

1. Hérodote, II, LII.
2. *Iliad.*, VI, v. 130 et suiv.; XIV, v. 325; *Odyssée*, XI, v. 325; XXIV, v. 74.
3. Bertrand, *Les dieux protecteurs*, p. 161.
4. Voir, plus haut, l. II, ch. I, p. 167-168.
5. Voir, plus haut, l. III, ch. XVII, p. 700. — Cf. ma note au v. 540 du Ch. IV des *Argonautiques*.
6. Pour le sens du mot Nysa, voir Decharme, *Mythol.*, p. 438, et ma note au v. 1134 du Ch. IV des *Argonautiques*.
7. *Argon.*, I, v. 115-117.

couleur de pourpre, œuvre des déesses Charites qui l'avaient fait elles-mêmes pour le dieu, alors qu'il était à Dia, que la mer entoure de tous côtés. Laissé par Thoas à sa fille Hypsipylé, ce péplos est remis à Jason par la reine de Lemnos comme cadeau d'hospitalité. « A le manier, à le voir même, on ne pouvait se rassasier de la douce passion qu'il inspirait, car il s'en exhalait un parfum divin depuis que le roi Nyséien lui-même s'y était endormi, ivre à demi de vin et de nectar, après avoir serré dans ses bras la belle poitrine de la vierge, fille de Minos, par qui Thésée s'était autrefois fait suivre depuis Cnosse et qu'il avait abandonnée dans l'île de Dia [1]. » L'épisode d'Ariane et de Dionysos est connu depuis l'*Odyssée* [2] où il est raconté d'une manière différente [3].

Mais Apollonios rapporte à propos des voyages du dieu une tradition particulière au littoral du Pont-Euxin, qui ne nous est connue que par les *Argonautiques* : En revenant de l'Inde pour aller s'établir à Thèbes, le fils Nyséien de Zeus se serait arrêté sur les bords d'un fleuve de Paphlagonie et aurait célébré des orgies et institué des chœurs devant une caverne où il passait des nuits sévères et saintes ; d'où les noms d'Aulion et de Callichoros donnés par les habitants du pays à cette caverne et à ce fleuve [4]. Cette tradition ne se retrouve que chez Ammien Marcellin qui traduit à peu près le passage d'Apollonios [5].

Introduit, dit-on, par un prêtre grec en Étrurie, puis dans le Latium, le culte du Bacchus de l'Inde amena dans la célébration des Bacchanales les désordres que l'on sait [6]. D'autre part, le dieu Liber, fils de Cérès,

[1]. *Argon.*, IV, v. 428-434.
[2]. *Odyssée*, XI, v. 321 et suiv.
[3]. Voir ma note au v. 1003 du Ch. III des *Argonautiques*.
[4]. *Argon.*, II, v. 904-910.
[5]. Ammien Marcellin, XXII, VIII, 22.
[6]. Preller-Jordan, *Röm. Mythol.*, zweiter Band, p. 364 et suiv.

avait été identifié d'assez bonne heure avec le Dionysos grec, protecteur de la vigne et de l'agriculture en général [1]. Ce sont ces deux dieux, le dieu grec du vin et le dieu asiatique de l'orgie, que Virgile confond sous le nom commun de Bacchus.

Tout d'abord, il faut remarquer que Bacchus signifie souvent le vin, comme Cérès, le pain [2]. Mais c'est dans les *Géorgiques* surtout que Bacchus est le dieu du vin et de la vigne : il est simplement fait allusion dans l'*Énéide* aux coteaux du Massique rendus féconds par Bacchus [3]; et Didon, qui ne doit pas connaître le fils de Sémélé, prie le dieu de rendre joyeux le festin qu'elle offre à Énée [4]; plus tard, elle offre des sacrifices, en même temps qu'à Cérès, au *Pater Lyaeus*, qui brise les chaînes et délivre des peines [5]. Le voisin de Didon, Iarbas, et le peuple Maure font en l'honneur de Jupiter des libations de la liqueur du *Pater Lenaeus*, le Dionysos qui préside aux pressoirs (Ληναῖος, de ληνός pressoir) [6]. Énée rappelle que, dans son voyage pour aller de Troie en Sicile, il a passé en vue de Naxos dont les montagnes sont foulées par les chœurs de danse institués en l'honneur de Bacchus [7]. Il n'est pas autrement question du culte rendu au Dionysos primitif. C'est déjà le Bacchus conquérant qu'Anchise désigne quand il compare à César Auguste, qui étendra son empire sur les Garamantes et sur les Indiens, le dieu Liber qui des hauteurs du Nysa dirige avec des rênes de pampres les tigres attelés à son char [8].

---

1. Preller-Jordan, *Röm. Mythol.*, zweiter Band, p. 50 et suiv.
2. *Én.*, I, v. 215 : *Implentur veteris Bacchi*; III, v. 354 : ...*pocula Bacchi*; V, v. 77 : ...*mero .. Baccho*; VIII, v. 181 : ...*Bacchum... ministrant*; IX, v. 336 : ...*multo... deo [Baccho] victus*.
3. *Én.*, VII, v. 725 : ...*felicia Baccho Massica*.
4. *Én.*, I, v. 734 : *Adsit laetitiae Bacchus dator*.
5. *Én.*, IV, v. 58 : ...*Patrique Lyaeo*.
6. *Én.*, IV, v. 207.
7. *Én.*, III, v. 125 : *Bacchatamque iugis Naxum*.
8. *Én.*, VI, v. 804-805.

C'est surtout du Bacchus, dieu des orgies mystérieuses et condamnées par le Sénatus-consulte de l'an 566, que Virgile parle, car ce dieu et ses pratiques excitaient l'attention publique ; mais il en parle défavorablement, puisque ce culte orgiaque était proscrit. A propos des Bacchanales, on peut répéter ce qui a été dit de la magie : ce sont les ennemis de Troie et de Rome qui s'adonnent à la magie et aux désordres inspirés par Bacchus [1].

Didon — qui aura recours à la magie — est comparée, quand le départ d'Énée la rend folle, à une Thyade qui court sur le Cithéron célébrer le culte nocturne du Dionysos de Thrace [2]. C'est, au dire de Déiphobe, en feignant de diriger un chœur de Bacchantes troyennes qui criaient *Évoé*, qu'Hélène a pu agiter la torche, signal convenu d'avance avec les Grecs [3]. C'est aussi au même cri d'*Évoé*, que, rendue folle par Allecto et feignant dans son délire l'ivresse de Bacchus, Amata fuit dans les forêts, entraînant avec elle sa fille et, à sa suite, les femmes du Latium [4] : Virgile, s'inspirant des *Bacchantes* d'Euripide, donne une description très vive du culte insensé que les femmes rendaient au dieu des orgies. Les fêtes de débauche nocturne, les chœurs de danse animés par les sons de la flûte se célébraient principalement en Étrurie : c'est le Tyrrhénien Tarchon qui le reproche à ses soldats qu'il gourmande [5]. Le lecteur de l'*Énéide* ne doit pas oublier que c'est l'Étrurie qui a donné à Rome le modèle de cette honteuse association de Bacchanales que le Sénat Romain dut briser.

1. Voir, plus haut, l. I, ch. IV, p. 148 et suiv.
2. *Én.*, IV, v. 300-303.
3. *Én.*, VI, v. 517-519.
4. *Én.*, VII, v. 385 et suiv.
5. *Én.*, XI, v. 736-737.

CONCLUSIONS

M. Decharme a dit fort justement : « Ce n'est pas aux écrivains de la période la plus brillante de la civilisation grecque que la science mythologique doit s'adresser pour obtenir ses plus sûrs renseignements. Si l'on veut trouver l'expression la plus sincère d'un mythe, il faut remonter beaucoup plus haut ou descendre beaucoup plus bas[1]. »

En descendant jusqu'à Apollonios, nous avons trouvé, soigneusement recueillis à propos de bien des mythes, les trésors de la célèbre érudition alexandrine. Très souvent, le disciple de Callimaque a puisé à ces « sources anciennes, aujourd'hui perdues pour nous », dont parle M. Decharme ; et, maintes fois, on a vu que telle ou telle légende ne nous est connue que par la mention qui en a été faite dans les *Argonautiques* et par le commentaire que les auteurs de Scolies en ont donné. Qu'il suffise de rappeler la légende d'Ophion et d'Eurynomé, la théorie de la succession d'Ophion, de Cronos et de Zeus, l'épisode de Cronos et de Philyra, les renseignements sur les Dactyles et les Cabires, sur Déméter et les Titans, sur Macris et Dionysos, sur les larmes d'Apollon, sur les cérémonies célébrées dans l'île Anaphé en l'honneur d'Apollon Aiglétès, sur la naissance d'Athéné et l'histoire d'Aithalidès. C'est, pour la

---

1. Decharme, *Mythol.*, Introduction, p. XXIX.

première fois, dans l'épopée d'Apollonios, que la divination et la magie apparaissent comme des sciences nettement constituées.

Le mythographe érudit des *Argonautiques* est orthodoxe : dans le poème antéhomérique qu'il a la prétention d'écrire, il complète la Mythologie de l'*Iliade* et de l'*Odyssée;* il ne la contredit jamais. Il a le souci de n'employer que des termes empruntés au vocabulaire homérique (on a vu qu'il n'use pas des mots *mage* et *magie*); il n'adopte aucune des doctrines hétérodoxes qui se trouvent dans les œuvres de Pindare, des tragiques, de Callimaque lui-même.

Les trois déesses de la terre, qui appartiennent à trois générations différentes, Gaia, Rhéa, Déméter, sont toujours distinguées scrupuleusement. Les Titans ne se confondent pas avec les Géants. Phorcos est distinct de Phorcys, Typhaon de Typhoeus. Aucune confusion entre les Courètes, les Corybantes, les Telchines, les Cabires et les Dactyles Idaiens. Apollon n'est pas le même qu'Hélios et Paiéôn; Artémis n'est pas la même que Méné-Séléné, Hécate, Britomartis et Eiléithyia.

Le poète des *Argonautiques* a-t-il su donner la vie aux divinités dont il expose si savamment la légende ? Les plus récents historiens de la littérature alexandrine — les seuls qu'il y ait lieu de citer — semblent refuser ce mérite à Apollonios et admettre que ses dieux ne sont que de simples expressions mythologiques. Faisant allusion à la thèse latine d'Hémardinquer, M. Couat écrit : « On a déjà fait heureusement remarquer le rôle effacé que jouent les divinités dans les *Argonautiques* et les transformations qu'elles ont subies d'Homère à Apollonios [1]. » M. Susemihl constate que les dieux des *Argonautiques* ne sont autre

---

[1]. *Poésie alexandrine*, p. 306.

chose que des personnages de la cour des Ptolémées et qu'ils manquent absolument d'originalité poétique [1]. Assurément, c'est une préoccupation constante d'Apollonios d'éviter de mettre en scène les grands dieux qu'Homère faisait agir. Le Zeus des *Argonautiques*, on l'a vu, ressemble à un Ptolémée, comme le Zeus de l'*Iliade* ressemblait à Agamemnon: dieux ou hommes, les héros d'une œuvre littéraire portent la marque du temps où cette œuvre est composée. Mais la plupart des divinités d'Apollonios agissent, de loin, il est vrai, sans se manifester aux hommes, sans partager les passions humaines, et il nous a été possible d'étudier le rôle des dieux protecteurs dans les *Argonautiques*, comme M. Bertrand étudiait le rôle des dieux protecteurs des héros grecs et troyens dans l'*Iliade*. On a vu aussi que si Zeus n'apparaît jamais, si Héphaistos ne se montre que dans des attitudes de statue et Apollon dans le vague féerique des apothéoses, les déesses, Héra, Cypris et Athéné, en particulier, vivent, parlent, agissent, d'une autre manière que les déesses homériques, mais avec une égale intensité de passion et de réalisme.

L'œuvre d'Apollonios a-t-elle exercé une influence réelle sur l'érudition mythologique et sur l'art de Virgile? Et, comme disait Hoelzlin, l'*Énéide* ne serait-elle pas ce qu'elle est si les *Argonautiques* n'avaient pas existé?

Je crois avoir démontré que l'épopée latine a emprunté à l'épopée alexandrine de nombreux éléments mythologiques qui ne se trouvent pas dans l'*Iliade* et dans l'*Odyssée*. Sans doute, l'érudition mythologique, qui est une fin pour Apollonios, n'est qu'un moyen pour Virgile, qui doit, pour être compris du grand public auquel il s'adresse, s'arrêter à cette antiquité

---

[1]. *Geschichte der Griechischen Litteratur in der Alexandrinerzeit*, erster Band, Leipzig, 1891, p. 388.

moyenne de l'*Iliade* et de l'*Odyssée*, dont parle M. Boissier. Et la nécessité d'adapter l'érudition alexandrine à l'ignorance romaine entraîne le poète de l'*Énéide* à bien des confusions, bien des erreurs inévitables : il n'est pas utile de rappeler ici toutes celles qui ont été relevées dans le cours de ce travail. Surtout, il convient de ne pas les reprocher à Virgile dont la gloire n'en est aucunement diminuée; car il essayait d'écrire un poème national, il ne tenait pas à faire œuvre de mythographe érudit. En dernière analyse, si quelques-unes des faiblesses évidentes de la Mythologie de Virgile nous choquent particulièrement, il faut nous souvenir que, dans les longs loisirs de son exil à Rhodes, Apollonios eut tout le temps de remanier les *Argonautiques* dont la lecture avait été accueillie défavorablement à Alexandrie. Virgile, au contraire, à ses derniers moments, voulait que l'on brulât l'*Énéide* inachevée, qu'il jugeait indigne de lui.

Vu et lu, en Sorbonne, le 19 janvier 1894,
par le Doyen de la Faculté des Lettres de Paris,

A. HIMLY.

Vu et permis d'imprimer :

Le vice-recteur de l'Académie de Paris,

GRÉARD.

INDEX

DES NOMS MYTHOLOGIQUES

A

Abas, dévot à Apollon, 527.
Acacallis, épouse d'Apollon, mère d'Amphithémis ou Garamas, 466, 702; mère de Naxos, de Milétos, 467; épouse d'Hermès, mère de Cydon, 467.
Ἀκερσεκόμης (Apollon), 458.
Aceste, fils du fleuve Crimisus, 696; prodige de la flèche d'A., 337, 340, 349.
Achéloïdes (les Sirènes), 679.
Achéloos (le fleuve), père des Sirènes, 473 (n. 2), 678, 679, 695.
Achéménide invoque les dieux, 287.
Achéron (les habitants de l'), 325; les eaux de l'A., 551, 713, 717, 720.
Achérousis (le cap), 166, 713.
Acherusia palus, 720.
Achille, fils de Thétis et de Pélée, 660, 661; A. et les songes, 317; — et Chiron, 661, 697; — et le Xanthos, 694; les armes d'A., 605, 608, 609, 653, 654.
Acidalia (Vénus), 632; la source A., 632.
Acmonios (le bois), 567, 568, 700.
Actaïon et Artémis, 430.
Actiaques (les jeux), 508; fondés par Enée, 513, 520.
Ἄκτιος et *Actius* (Apollon), 508, 531.
Adès, fils de Rhéa, 56; A. et Perséphoné, 712 et suiv.; la demeure, les régions d'A., 91, 118, 188, 383, 552, 553, 713; les Kères, chiennes d'A., 139, 187, 714.
Admète et Apollon, 462, 464.
Adrastée, ou la Nécessité, 7.
Adrastéa ou *Adrestéia*, la même que Némésis, 67, 68.
Adrastos ou *Adrestos*, 68.
Adrestéia, (1) déesse des montagnes, 68; la plaine Népéienne d'A. (2),

68; A. (3) nourrice de Zeus, 66, 67, 162, 699, 700; fait pour Zeus un jouet merveilleux, 162, 624.
Aegaeus Neptunus, 690.
Aello, Harpye, 178.
Aeolus, héros troyen, père de Misène, 247 (n. 6).
Aether, père de Caelus, 30.
Aethlios, père d'Endymion, 91.
Aetnaei Cyclopes, 221 (n. 2).
Africus (le vent), 238-240.
Agamemnon (serment d'), 30, 100; purification ordonnée par A., 125; prière et sacrifice d'A. à Zeus, 201, 355.
Agamestor (le héros), 486.
Agénor, fils de Poseidon, 702.
Agénoride, (1) Phinée, 177; (2) Cadmos, 566.
Agni, dieu védique du feu, 602.
Agniade, Tiphys, protégé d'Athéné, 420.
Agreus, (1) Aristée, 470; (2) Apollon, 470.
Ahanâ, épithète de l'Aurore, 427.
Aia, nom de contrées mythologiques en Colchide et en Tyrrhénie, 101, 192.
Aiacos, fils de Zeus, 168.
Aiétès, fils d'Hélios, 14, 83, 97, 98, 108; reçoit des dons d'Héphaistos, 38, 96, 565, 593, 598, 608; — d'Arès, 96, 563; — d'Athéné, 566; vénère Hélios et Zeus, 99, 182; héros solaire, 487, 563; comparé à Poseidon, 676.
Aigaiôn, géant, 44. Voir *Briareus*.
Aigaios, fleuve, père de Mélité, 695, 699.
Aiglé, (1) Héliade, 104; (2) Hespéride, 702.
Aiglétès (Apollon), 460-461.
Aioliennes (les îles), 596-597.

Aiolos, (1) dieu des vents, 171 et suiv., 235, 237; A. et Héra, 380, 595; demeure d'A., 596. Voir *Eole*. (2) père de Sisyphe, 674.

Aisa (l'), déesse de la destinée, 185-186, 274.

Aithalidès, fils d'Hermès, 549; sa légende, 550-553.

Aithérié, Héliade, 104.

Ajax, (1) fils de Télamon, prend le Soleil à témoin, 100; (2) fils d'Oïlée, foudroyé par Pallas, 223, 444, 445, 450.

Alalcomène, sanctuaire d'Athéné, 419, 441.

Albain (Mont), sanctuaire de Junon, 232, 398, 402, 403, 417.

Alcimédé (songes d'), 196; prière banale d'A., 208.

Alcinoos et Héphaistos, 594.

Alcmène, épouse de Zeus, 167; mère d'Héraclès, 367, 374.

Alétès invoque les dieux, 284.

Allecto, une des Furies, 42, 303, 720; fille de la Nuit, 305; vierge du Cocyte, 717; A. et Junon, 292, 309, 311-313, 406, 415; — et Juturne, 314, 400; — et Iule, 530; — et les Mânes, 722; A. chez Amata et chez Turnus, 310-311, 315, 727; A. sous le nom de Calybé, 315, 400, 407; A. assimilée à la Discorde, 314; demeure d'A., 304.

Almos, fils de Sisyphe, 674.

Aloeus, père des Aloïades, 43-44.

Aloïades (les); leur légende, 43-44; les A. fils de la Terre, 85; — de Poseidon, 675; vaincus par Jupiter, 221; tués par Apollon, 221 (n. 4).

Amalthée (la chèvre), 66-67.

Amata, effrayée par un présage, 334; invoque le *numen* de Bacchus, 263, 727; A. et Allecto, 310, 727; le *fatum* d'A., 268.

Amathonte, sanctuaire d'Aphrodite-Vénus, 611, 631-632, 655.

Amazones (les), armées contre les Argonautes, 171, 568; les A. et Arès, 567 et suiv., 701; les A. Chadésiennes, Lycastiennes et Thémiscyréiennes, 568; les A. de Thrace, 578-579.

Amazoniens (les monts), 568.

Amitié (l'), dans le système d'Empédocle, 6. Voir *Amour* (l').

Amnisos (l'), fleuve consacré à Artémis, 537-538; les Nymphes de l'A., 538-539, 699-700. — Amnisos, ville où se trouve un temple d'Artémis-Eiléithyia, 538.

Amour (l'), dans le système d'Empédocle, 6. Voir *Amitié* (l'). — L'A., fils de Vénus, 414, 644 et suiv. Voir *Cupidon* et *Eros*.

Amphion, fils d'Antiopé, 695; constructeur de Thèbes, 138, 433; la lyre d'A., 433.

Amphithémis ou Garamas, fils d'Apollon et d'Acacallis, 466, 702; père de Psyllos, 467.

Amphitrite, épouse de Poseidon, 683, 686; légende d'A., 665 et suiv.; A., jalouse de Scylla, 147 (n. 4).

Amphrysia vates, 495. Voir *Sibylle* (la). — Apollon, *pastor ab Amphryso*, 462, 495; Aithalidès, né près de l'Amphrysos, 549.

Ampsanctus (la vallée d'), 314.

Ampycide, Mopsos, 199, 204.

Ampycos, père de Mopsos, 198.

Amyclaien (Apollon), 465.

Amyclées, sanctuaire d'Apollon, 465.

Amyoos, fils de Poseidon, 33, 36, 634, 675, 676, 700, 706; épisode d'A., 165-166.

Amymoné, Danaïde, 669.

Ancaios, fils de Poseidon, 669, 671, 673; inspiré par Héra, 378, 672.

Anchialé, mère des Dactyles, 61, 700.

Anchise, fils de Capys et père d'Enée, 231; époux de Vénus, 222, 636; foudroyé par Zeus, 222; objet de la haine des dieux, 285; honore Apollon et Neptune, 690; invoque les dieux, 284, 287, 691; explique un *omen*, 346, 348; révèle à Enée ses *fata*, 267, 269; veut influer sur le *fatum*, 272; aide Enée à supporter le *casus*, 278; apparaît en songe à Enée, 318, 323, 515, 720; reçoit un présage de Jupiter, 329-330, 337; prédiction d'A., 344; le système d'A., dans l'*Enéide*, 26, 721; entrevue d'A. avec Enée, 271; jeux funèbres en l'honneur d'A., 633, 691; les Mânes d'A., 721, 722.

Andromaque, effrayée par un présage, 335.

Anius, fils et prophète d'Apollon, 503-504.

Anna sacrifie à Junon, 391.

Anna-Perenna, identifiée à Thémis, 85 (n. 5).

Ἀνταίη Μήτηρ, surnom de Rhéa, 63.

Anthémoessa, l'île des Sirènes, 678-679.

Antianéiré, fille de Ménétos, épouse d'Hermès, mère d'Echion et d'Erytos, 549.

Antiopé, (1) fille d'Asopos, mère d'Amphion et de Zéthos, 433, 695, 701; (2) reine des Amazones, 566.

Anubis, dieu monstrueux d'Egypte, 288, 449.

Anxur (Jupiter), 230, 527, 528.

Aonien (le serpent), 427, 566.

Aphrodite, fille de Zeus, 229; — de l'écume marine, 229; — de Dioné, 85, 230; épouse d'Héphaistos, 592, 597, 604, 606, 607, 609; amante d'Arès, 24, 573, 592; — de Poseidon, 633; — d'Anchise, 636; mère d'Harmonia, des Amazones, 567; — d'Eros, 620, 621; — d'Enée, 631, 637; — d'Eryx, 633; A. toute d'or, 430; porteuse d'armes, 433; à sa toilette, 618; Ourania, 642; Ἐρυκίνη, 626, 634-635; blessée à la main par Diomède, 182; représentée sur le manteau de Jason, 614; A. se venge des Lemniennes, 613; A. et Héra, 409, 410, 413, 414; — et Jason, 378; — et Hélène, 642; — et les Charites, 705; la ceinture d'A., 133, 607; le cortège d'A., 628; les sanctuaires d'A., 611, 631, 632; le nom d'A. ne se trouve pas dans les *Argonautiques*, 612; les surnoms d'A., 611. Voir *Cypris, Cythéréia*.

Apollinaires (les jeux), 519, 520.

Apollon, fils de Létô, 83, 453, 459, 463, 466; frère d'Artémis-Diane, 535, 545; de Trivia-Hécate, 516; père de Syros, 170, 487; père ou maître des devins, 197 et suiv.; père d'Idmon et maître de Mopsos, 198, 202, 204, 456, 477, 485; père d'Asclépios, 222, 463, 464; époux de Corycia, père de Lycoreus, 455, 466; époux d'Acacallis, père d'Amphithémis, grand-père de Caphauros, 466; père de Naxos et de Milétos, 467; époux de Cyrène, père d'Aristée, 468, 470, 473-475; dupé par Sinope, 169, 487; A. méprisé par Diomède, 182; honoré par Anchise, 690; donne à Phinée le don de la divination, 205-206, 484; tue les Aloïades, 221 (n. 4), 456; trompe Diomède, 405; protège Troie, 446, 452, 498 et suiv.; vainqueur de Tityos et du serpent Delphyné, 453-454; A. dieu de la divination, 194, 196, 197, 479; A. augure, 342; *Auctor* et *Augur Apollo*, 345; A. et les oracles, 351, 483-484, 514-515; A. interprète de Jupiter, 406, 479, 507, 515; A. et Oreste, 123; — et les Hyperboréens, 175, 459, 462-464, 485, 495; — et Cassandre, 342, 500-501; — et les Nymphes Coryciennes, 454, 699; — et Eurytos, 456; et Cadmos, 457-458; — et Hermès, 457, 477; — et Admète, 462, 464, 495; — et les Muses, dans les *Argonautiques*, 474-475; dans l'*Enéide*, 521-522; — et Pâris, 499; — et les Harpyes, 506-507; — et Dédale, 516; — et Latinus, 524, 526; — et Evandre, 527; — et Abas, 527; — et Asilas, 528, 529; — et Iule, 530 et suiv., 637, 646; — et Marsyas, 683; — et Laomédon, 689.

A. Lycien, 284, 455, 459, 462, 485, 498; A. de Pagases et de la ville Aisonide, 426, 481; A. Iéios et Iepaiéôn, 453-456, 485; A. de Cilicie, 455; A. Sminthée, 455; A. Ἑκατηβόλος et Ἑκηβόλος, 456; A. dieu solaire, 457, 458, 487, 497-498, 514; A. dieu de la lumière, 459 et suiv.; A. matinal, 459, 485; A. Ἑῶιος, 460, 461, 463; A. Aiglétès, 461-463, 482, 488-490; A. au repos, 461; A. victorieux, 461; A. aux armes d'or, 461, 488; A. Isménien, 465; A. Amyclaien, 465; A. Lycoréios, 466, 467; A. Delphique, 466; A. Lycios, 466; A. dieu berger, 468, 470-471; A. Pythien, 469, 477-479, 495; A. chasseur, 470-471; A. Musagète, 473; A. dieu guérisseur, distinct de Paiéôn, dans les *Argonautiques*, 473-474; confondu avec lui, dans l'*Enéide*, 496-497; A. Jasonien, protecteur des Argonautes, 478 et suiv.; A. Ἀχερσεκόμης, 458; A. Ἐκβάσιος et Ἐμβάσιος, 480, 505; A. dieu des colonies, 482; A. dieu de Cyzique, 483; A. dieu crépusculaire, 483; A. dieu de Thérapnai, 483; A. Ἄκτιος, 484, 508; A. Νηοσσόος, 486; A. Ἀναφαῖος, 488-490; A. Palatin, 493, 508, 519-521, 630-631; A. Ἀλεξίκακος, 496; A. Medicus, Paeonius, 496; A. Troyen, 498 et suiv., 630; A. de Délos, 503; A. de Thymbra, 503-504; A. dieu Pénate d'Auguste, 506; A. Leucate, 508; A. Actius, 508, 531, 632; A. Italien, 512-513; A. de Grynium, 514; A. du Mont-Soracte, 527, 529; A. Λυκοκτόνος, 585.

Temple d'A. à Cumes, 102, 148 (n. 2), 513, 515; sanctuaires d'A., 465, 466, 478, 479, 502; culte d'A. en Libye, 468; temple d'A. Nomios, 471-472, 488; le laurier consacré à A., 483-484, 524; temple d'A. dans l'île Thynias, 485; les îles Thynias et Anaphé consacrées à A., 489; sacrifices des Argonautes à A., 203, 209, 211-212, 482-483, 485, 489-490; prières et sacrifices de Jason à A., 479-481; A. invoqué par Jason, 460; A. consulté par Jason à Pytho, 477; sacrifices humains à A., 499-500; sacrifices de taureaux à A., 505, 511, 517 et suiv.; sacrifice de Didon à A., 514; les Pénates messagers d'A. Délien, 506; le *numen* d'A., 263; la Sibylle, prêtresse d'A., 306, 455, 495, 512, 516 et suiv.; Panthus, prêtre d'A., 353; Hélénus, prêtre d'A., 501, 509 et suiv.; oracle d'A. au sujet de Palinure, 520-521; les troupeaux d'A., 457; la chevelure d'A., 458-459, 495; portrait d'A., 459, 494, 495; beauté d'A, 461, 488, 494; statue d'or d'A., 527-528; les trépieds d'A., 468, 477-478, 488.

Apsyrtos, fils d'Aiétès et d'Astérodéia, surnommé Phaéthon, 103, 699; tué par Jason, 122.

Aquilon, l'un des vents, 238, 239, 242, 243; les Aquilons, 242.

Ara (l') et les Arai, 304.

Arcadie (Hermès, Pan, dieux d'), 96, 549; les oiseaux Stymphalides d'A., 571-572.

Arcadiens Apidanéens (les), peuple prosélénite, 21-22, 90, 111.

Arc-en-ciel (l'); sens de ce phénomène, 179 et suiv., 248. Voir *Iris*.

Arcture (l'), 23, 251-252.

Ardée, sanctuaire de Junon, 396-398, 402-403, 407.

Arès, époux d'Harmonia (1), père d'Harmonia (2), 567, 700; amant d'Aphrodite, 24, 573, 592; père du dragon de Thèbes, 46; — des Amazones, 566, 578, 701; tue le géant Mimas, 38; fait des présents à Aiétès, 96, 427, 563, 565; A. Enyalios, 562; A. dieu solaire, 563 (n. 3); dieu de la Colchide, 565, 573; de la Thrace et de la Scythie, 566, 577; étranger au monde grec, 573. A. Θηρείτας, 586; A. et le cheval, 570; — et les Lapithes, 578; — et Enyo, 562, 584; — et son cortège, 580; le champ d'A., 46, 457, 551, 565, 566; les Kères, aides d'A., 303; la source d'A., 427, 566; le bouclier d'A., 433, 573, 614, 617; le temple d'A., 569; les oiseaux d'A, 570-572; sacrifices des Argonautes à A., 209, 570-573; le bois d'A., 564; caractère odieux d'Arès, 564-565, 581, 583; héros chers à A., 561; A. synonyme de la guerre, 562, 671; type artistique d'A., 569.

Arété, inspirée par Héra, 381-382.

Arétiade (l') Mélanippé, 568.

Arétias (l'île), consacrée à Arès, 209, 247, 569; les oiseaux de l'île A., 570 et suiv.

Argestès (le vent), 171-172.

Argienne (Héra), 365, 366, 374, 388, 394, 423.

Argiva Iuno, 394-397.

Argo (la voix d'), 192-193, 212; la poutre merveilleuse d'A., 370.

Argonautes (prières et sacrifices des) aux diverses divinités, 209-213; à Poseidon, 676; aux Nymphes, 703.

Argos, ville d'Héra, 365, 366, 388, 390, 392, 395, 396, 402, 403, 423.

Argus, gardien d'Io, 231.

Ariane, fille de Minos, 93, 428; A. et Dionysos, 724-725.

Aricie, (1) Nymphe de Diane, 544; (2) sanctuaire de Diane, 543-544.

Arimes (les Monts), 40.

Arion, cheval légendaire, 686 (n. 7).

Aristaios (Zeus), 173.

Aristée, fils de Paiôn et père d'Hécate, 114; époux d'Autonoé, 472; père de Macris, 366, 700, 709; légende d'A., 172-174, 470-472; A. dans Virgile, 504 (n. 2), 659; A. Agreus et Nomios, 470, 474; dieu guérisseur, 474; berger du troupeau des Muses, 474; dieu solaire, 475.

Aristotélès ou Battos, fondateur de Cyrène, 469.

Arruns, dû au *fatum*, 272; aidé par la Fortune, 276; prie le dieu du Mont-Soracte, 527.

Artémis, fille de Zeus et de Létô, 83, 534, 536; sœur d'Apollon, 535, 545, 547; distinguée d'Hécate et de Séléné par Apollonios, 114; confondue avec Hécate et la Lune par Virgile, 146; confondue avec Eiléithyia, 537; comparée à Nausicaa et à Médée, 538-539, 545; assimilée à Diane, 542 et suiv.; A. suppliant Zeus, 639-640; l'A. homérique, 539-540; A. d'Iolcos, 426, 534-535, 538, 541; A. déesse des hauteurs et des caps, 535, 543; A. Jasonienne, 535; A. Ποταμία, 535; A. déesse de la chasse, 536, 544; fleuves consacrés à A., 537; A. divinité lunaire, 543; A. et Actaiôn, 430; — et les Brygiens, 540-541; — et Hippolyte, 544; — et les Nymphes, 698-700; le char d'A., 539.

Ascagne invoque Jupiter, 328. Voir *Iule*.

Asclépios, dieu de la médecine, 135, 474; fils d'Apollon, 463-464. Voir *Esculape*.

Asiatique (Athéné), 428.

Asilas, devin d'Etrurie, 528-529.

Asopide, (1) Antiopé, 433; (2) Cercyra, 28 (n. 6), 675.

Asopos, (1) fleuve de Béotie, père d'Antiopé, 695; (2) fleuve de Sicyonie, père de Cercyra, 695.

Assaracus, fils de Tros et ancêtre d'Enée, 231.

Astarté, déesse phénicienne, 392, 611.

Astéria, mère d'Hécate, 114.

Astérodéia, Nymphe, mère d'Apsyrtos, 699.

INDEX. 737

Astres (les) pris à témoin, 254-255.
Astrologie (l') et Apollon, 510.
Astypalaia, mère d'Ancaios, 672.
Até (l'), divinité allégorique, 185 (n. 4), 188, 190.
Athéné, fille de Zeus, 167, 422, 639-640; naissance d'A., 422; A. et Héra, 181, 214, 228, 370, 378, 380, 381, 384-386, 413, 439, 617, 621, 640; — et Prométhée, 109; — et Ulysse, 370, 372, 377, 405, 420, 424, 436, 439, 445, 532, 641, 642, 643; — et Achille, 424, 431, 435, 439, 440, 638; — et Diomède, 424, 435, 439, 445; — et Ménélas, 431, 435; — et Aiétès et Cadmos, 427, 566; — et Tirésias, 430; — et Télémaque, 435, 532; — et Idoménée, 448; — et Poseidon, 673; — et Tiphys, 673; — et le manteau de Jason, 138, 432, 434, 573, 613-614; — et la construction d'Argo, 192-193, 420-421, 424, 432, 436, 438, 698; — et la foudre, 224, 444; A. Jasonienne, protectrice de Jason et des Argonautes, 381, 421, 424, 425, 431, 436 et suiv., 438, 441, 482, 485; — déesse guerrière, protectrice des Achaiens, 419, 441, 443, 450; — protectrice des villes, 449; A. écarte les traits loin de ses protégés, 405; A. d'Alalcomène, 419, 423, 441; A. Tritonide, 423, 426, 441; A. Itonia ou Itonide, 425-426; A. déesse de l'aurore, 427; A. Asiatique, 428; A. Minoïde, adorée en Crète, 428, 429, 441; A. Pallas, 429. Voir *Pallas*. A. déesse vierge, 430-431; A. déesse des arts de la paix, 432, 450; A. repousse les offrandes des Troyennes, 447; les ruses d'A., 446; la toilette d'A., 619; A. hellénique identifiée à Minerve, 449-450. Voir *Minerve*.
Athéniens (la prière des) à Zeus, 171.
Atlantide (l'), (1) Electra, 69, 76, 231, 557; (2) Maia, 557.
Atlas, père d'Electra, 70, 557; — de Maia, 557; — de Célaino, 668; — de Calypso, 558; — grand-père d'Hermès-Mercure, 558; — maître d'Iopas, 23, 25, 558; légende d'A., 557-558.
Atossa (le songe d'), 120-121.
Atropos, l'une des Moires, 186.
Augéiès, Argonaute, fils d'Hélios, 83, 87.
Augurium (théorie de l'), 337-338; l'A. et Apollon, 496; — et Vénus, 641.
Aulestès, victime agréable aux dieux, 285, 688.
Aulion, caverne consacrée à Dionysos, 725.
Aurore, déesse, fille ou sœur du Soleil, 88; — femme de Tithon et mère de Memnon, 89, 608; — ramenée par les chevaux de Phaéthon, 103; l'astre de l'A., 254; Athéné, déesse de l'A., 427. Voir *Eôs*.
Auspicium (théorie de l'), 338 et suiv.
Auster, l'un des vents, 234, 240; les *Austri*, 240.
Autels élevés par les Argonautes en l'honneur des douze dieux, 209; — de Rhéa, 61, 210; — d'Apollon, 210-211, 459, 471, 482, 485, 486, 488, 489; — de Triton et de Poseidon, 211, 676.
Autolycos (les fils d'), enchanteurs, 133.
Autonoé, fille de Cadmos, épouse d'Aristée, 472.
Averne (l'eau de l'), 154, 155; les grottes de l'A., 155, 325, 720; les ports de l'A., 323, 692; le lac de l'A., 512.

B

Baal, dieu phénicien, et Cronos, 399, 401.
Bacchanales (les), 725, 727.
Bacchantes (les), 310, 518, 727.
Bacchus, dieu de l'Inde, 725; dieu romain, 726-727; le *numen* de B., 263; sacrifice de Didon à B., 514, 726; les orgies de B., 727.
Battos ou Aristotélès, fondateur de Cyrène, 469.
Baucis et Philémon, 376.
Bélier d'or (le), 179, 550, 563.
Bellone, déesse de la guerre, 303, 312, 583, 584, 586.
Bellum, divinité latine de la guerre personnifiée, 584, 587-589, 723.
Bélos, fils de Poseidon, 702.
Béotie (fontaine d'Arès en), 566.
Bérécynte (Rhéa-Cybèle, déesse du Mont), 74.
Béroé, (1) Troyenne; Iris sous la forme de B., 248, 280, 315, 335, 400, 500, 692; (2) Océanide, 659.
Boiotos, père d'Hermippé, 674.
Boréades (les) et Iris, 29; — et les Harpyes, 178, 247; arrêtés par Hermès, 178; tués par Héraclès, 177; piété des B., 183. Voir *Borée, Calaïs, Zétès*.
Borée, l'un des vents, 238; vent salutaire, 243; excite les tempêtes, 252; le souffle impétueux de B., 171, 172, 175; les Borées, 244; B. enlève Oréithyia, 176, 244; les fils de B., 175, 176, 373. Voir *Boréades* (les). B. et Héra, 237; — et les Hyperboréens, 464.

47

Boutès, cher à Arès, 561; B. et Cypris, 625, 626, 678.

Briarée, dans le Tartare, 44, 222 (n. 1). Voir *Aigaiôn* et *Briareus*.

Briareus, fils de Gaia, 44; B. et Poseidon, 676; tombeau de B., 676. Voir *Briarée* et *Egéon*.

Brimô, surnom d'Hécate, de Déméter, de Perséphoné, 114, 115.

Brimos, fils de Déméter, 114.

Britomartis, déesse de Crète, 538, 541.

Brontès, Cyclope, 601.

Brygéiennes (les îles) d'Artémis, 540.

Brygiens (les) élèvent un temple à Artémis, 540.

Butès (Apollon sous la forme de), 532; les divers B. cités dans l'*Enéide*, 634.

C

Cabires (les), 65 et suiv.; confondus avec les Dactyles, les Courètes et les Corybantes, 65; dieux mystérieux de Samothrace, 69-70; les C. Asiatiques, 70.

Cabiros (le), mont de Phrygie, lieu d'origine des Cabires, 70.

Cacus, fils de Vulcain, 333, 603.

Cadmos, époux d'Harmonia, 70, 567; frère d'Europé, 669; père de Sémélé, 167, et d'Autonoé, 472; C. et Apollon, 457-458; — et Athéné, 566; légende de C., 427-428.

Caeculus, fils de Vulcain, 603, 609.

Caelestis, (1) Junon, 391-392; (2) Vénus, 652.

Caelicolae (les), 259; au conseil de Jupiter, 262; leur pouvoir, 289-290.

Caelus ou Uranus, 30-31.

Caineus et Poseidon, 674.

Calaïs, fils de Borée, 175-176, 244-245. Voir *Borée*, *Boréades* (les), *Zétès*.

Calauréia, sanctuaire de Poseidon, 677, 690.

Calchas, devin, 342, 346-347, 349, 350.

Callichoros (le), fleuve consacré à Dionysos, 725.

Calliope, Muse, mère d'Orphée, 23, 473 (n. 2), 522 (n. 5); invoquée dans l'*Enéide*, 522.

Callisté (l'île), 469.

Calybé, prêtresse de Junon, 310, 315, 358, 398, 400, 407.

Calycé, mère d'Endymion, 91.

Calydon (territoire de), ravagé par Diane, 545.

Calypso, fille d'Atlas, 558; serment de C., 29; pouvoir magique de C., 133; les sources de C., 594; C. et Hermès, 249.

Camènes (les), 523.

Camertus (Juturne sous la forme de), 417.

Camille (légende de), 148 (n. 1), 669; C. pressée par la destinée, 272; vaincue par Arruns, grâce à la Fortune, 276; C. méprise les travaux de Minerve, 450; C. et Diane, 545 et suiv.; — et Messapus, 688.

Canens, surnom de la Nymphe Vénilia, 127.

Canidie, sorcière, 149, 154.

Canthos, dompté par les Kères, 187; condamné à mourir par l'Aisa, 274.

Caphauros, petit-fils d'Apollon, meurtrier de Canthos, 187, 466, 468, 471, 702.

Capitole (temple du), 389, 393-394, 443, 635; Junon du C., 402, 418; Minerve du C., 449-451.

Capitolin (Jupiter), 393.

Capnomancie (la), méthode divinatoire, 203.

Capys, père d'Anchise, 231.

Carie (la), théâtre de la légende d'Endymion, 90.

Carmenta, Nymphe, 704.

Carthage (la fortune de), 280; Junon de C., 389 et suiv.

Cassandre (légende de), 500 et suiv.; C. sœur d'Hélénus, 501, 509; prophétesse, 342; prédit les *fata* de Troie, 268, 500; apparition de C., 315, 337; C. et Athéné, 444; — et Coroebus, 446, 500; — et Othryoneus, 500 (n. 2).

Castor, fils de Zeus, 53, 164-165, 669; prie les dieux, 212.

Castrum Minervae, ou Minervium, 448.

Casus (théorie du), 273, 275, 278-279.

Καθάρσιος (Zeus), p. 356.

Caucase (le), Typhaon réfugié sur le C., 39; Prométhée enchaîné sur le C., 109-110, 111, 112.

Caurus ou *Corus*, vent du N.-O., 243; les *Cauri*, 243.

Celaeno, l'une des Harpyes, 178 (n. 4), 245; prédiction de C., 246, 327, 506-507, 511, 513.

Célaino, fille d'Atlas, 668.

Celtes (la légende d'Apollon chez les), 463-464.

Centaures (les), 52, 53, 472, 697; les C. aux Enfers, 147 (n. 4), 722, 723; les C. et les Lapithes, 578. Voir *Chiron*.

Céos (le culte de Zeus à), 172-173.
Céphale, père de Phaéthon, 103, 105.
Κεραυνοβόλος, épithète d'Héra, 224 (n. 5).
Cerbère, chien infernal, 302, 715.
Cercyra, fille d'Asopos, amante de Poseidon, 675, 695, 701.
Cérès, sœur de Pluton, 718; mère de Liber, 725; déesse troyenne, 711; assimilée à Déméter, 32, 709; C. dans l'*Enéide*, 710-711, 726; C. *legifera*, 711; sacrifices de Didon à Cérès, 514, 711.
Céto, mère du dragon des Hespérides, 42 (n. 7).
Chadésia, ville des Amazones, 568.
Chadésiennes (les Amazones), 568.
Chants magiques de Circé, 131; des Sirènes, 133; des fils d'Autolycos, 133; d'Orphée, 137; de Médée, 138-139; d'Umbro, 150-151.
Chaos (le), 6, 11, 16; père de Nyx et de Gaia, 305.
Chariclo, Océanide, femme de Chiron, 697. Voir *Chiron*.
Charis, épouse d'Héphaistos, 592, 597, 606, 608.
Charites (les), filles d'Eurynomé et de Zeus, 7; les Ch. et Aphrodite, 618, 705; — et Héra, 705; — et Dionysos, 705; les Ch. se baignent dans la fontaine Acidalia, 632; la Charite Pasithée, 409, 705.
Charon, nocher des Enfers, 524, 715, 716.
Charun, dieu étrusque, 715.
Charybde, monstre marin, 117, 213, 381, 596, 677-678, 693, 694.
Chien(la constellation du), 173, 251.
Chimère (la), monstre infernal, 722.
Chiron Philyride, 52; fils de Cronos et de Philyra, 51-52; — d'Ixion, 52; mari de Chariclo, 214, 661, 697; Ch. et Jason, 4, 472; — et Aristée, 472.
Chloreus, prêtre troyen de Cybèle, 73.
Chloris, Nymphe, mère de Mopsos, 198.
Chronos (1) ou Héraclès, être monstrueux, 7; (2) ou Cronos, dieu d'une partie du ciel, 9.
Chrysa, sanctuaire d'Apollon, 452.
Chrysès, prêtre d'Apollon, 502.
Chrysogoné, amante de Poseidon, 674.
Chthon, divinité de la masse terrestre, 9.
Ciel (le), né de la Nuit, 6, 31; père des Titans, 82, 85. Voir *Ouranos*.
Cilicie (le culte d'Apollon en), 455.

Circé, fille d'Hélios, 83, 102 (n. 4), 106, 108, 118, 126, 131; C. identifiée à Marica, femme ou amante de Picus, 126-127; mère de Latinos ou Latinus, 126, 128; ancêtre des Marses, 151; voyage de C. sur le char d'Hélios, 100-101; traditions latines sur la demeure de C., 129-130; C. magicienne et son cortège, 17, 118, 120; pouvoirs magiques et enchantements de C., 112, 118 et suiv., 130-131, 133, 335; prodige accompli par C., 131-132; la baguette de C., 118, 133; le songe de C., 120, 195-196; les Naïades de C., 125, 698; C. purifie Jason et Médée, 122 et suiv., 190-192, 355-356; C. et Ulysse, 106, 118-122, 130-131, 141-142, 144, 510 (n. 9), 678.
Cithéron (le), consacré à Dionysos, 727.
Claros, sanctuaire d'Apollon, 452, 465, 494, 510.
Clarus, frère de Sarpédon, 498.
Cléiopâtré, Boréade, 176, 183.
Cléromancie (la), 198.
Clio, Océanide, 659.
Cloanthe (prière de) aux dieux de la mer, 685.
Clotho, l'une des Moires, 186.
Clymène, (1) femme d'Hélios et mère de Phaéthon, 103, 105; (2) Nymphe citée dans les *Géorgiques*, 52, 576.
Clyménès, fils d'Hélios et père de Phaéthon, 104.
Cocyte, fleuve infernal, 311, 313, 716-717.
Codros, père de Nélée, 482.
Coeus, considéré comme un Géant dans l'*Enéide*, 85. Voir *Coios*.
Coiogène, Létô, 83, 454, 458.
Coios, Titan, père de Létô, 40, 82, 83, 86; frère d'Encélade, 222 (n. 2).
Colchide (la), consacrée à Arès, 564-565.
Colères (les), divinités du cortège de Mars, 579. Voir *Irae*.
Concorde (la), 313 (n. 2). Voir *Homonoia*.
Coré-Perséphoné, 113 (n. 5); C. et Adès, 712.
Corinthe (l'Isthme de), sanctuaire de Poseidon, 677.
Coroebus et Cassandre, 446, 500.
Coronée (temple d'Athéné à), 425.
Coronis, épouse d'Apollon, mère d'Asclépios, 463.
Corybantes (les), prêtres de Cybèle, 73, 75-76; confondus avec les Curètes, les Dactyles et les Telchines, 65, 76.
Corycia, Nymphe aimée par Apollon, 455, 466.

Corycienne (la caverne) des Nymphes, 455; les Nymphes Coryciennes, 454, 455, 699.
Cosmogonie (la) dans les *Argonautiques*, 4 et suiv., 16 et suiv.; dans l'*Enéide*, 14 et suiv., 20, 23 et suiv.; la C. orphique, 6 et suiv.; la C. de Phérécyde, 9-10; d'Archélaos, 17, 18; de Straton de Lampsaque, 18-19.
Courètes (les), (1) du Mont-Ida en Crète, confondus avec les Dactyles, nés de Gaia, nourriciers de Zeus, 65, 67, 76, 162; (2) d'Acarnanie, 68, 76; ennemis des Aitoliens, 69.
Κουροτρόφος, surnom d'Hécate, 116 (n. 5).
Crataïs, (1) nom de Scylla, 115; (2) mère de Scylla, 115; (3) fille d'Hécate, 115.
Créon, père de Glaucé, 375.
Crète (la), sanctuaire de Rhéa, 56; de Cybèle, 73; séjour de Zeus enfant, 62, 66, 67, 73, 79, 162, 700; de Jupiter, 220; des Dactyles, 61, 65; des Courètes, 67, 76; berceau légendaire de la race troyenne, 57, 72, 505; Talos, gardien de la C., 168; Britomartis, déesse de C., 538, 539; culte d'Athéné en C., 428-429, 441; la C. Minoïde, 428-429; la mer de C., 383, 460, 674; Amnisos, fleuve et ville de C., 537-538; le dictamne de C., 497; le monstrueux sanglier de C., 337; caverne de la C. où les Harpyes s'enfoncent, 176.
Crétheus, (1) père de Pélias, 674, 675; (2) héros grec, ami des Muses, 523.
Créuse, femme d'Enée, bru de Vénus, 644-645; sauvée par Cybèle, 73; interprète de Cybèle, 341; enlevée à Enée par le *fatum*, 271; apparition de C., 318.
Crimisus ou *Crinisus* (le), fleuve de Sicile, père d'Aceste, 696.
Crios, Titan, 82, 85; père de Persès, 83, 113.
Cronia, ville de Sicile fondée par Cronos, 54.
Cronide, (1) Poseidon, 194, etc. Voir *Poseidon*; (2) Zeus, 39, 59, etc. Voir *Zeus*.
Cronos, époux de Rhéa, 5, 7, 14, 47, 56, 62, 64, 71, 79, 709; amant de Philyra, 14, 51-53, 168, 169, 659; fils d'Ouranos, 28, 30, 50; frère d'Océanos, 13; frère et roi des Titans, 79, 82; père de Zeus, d'Héra, de Poseidon, 55, 229, 401; de Déméter, 80; de Chiron, 51-53; C. maître de l'Olympe, 5, 65-66, 79; C. et Ouranos, 11, 12, 13, 80; — et Ophion, 7, 9, 10, 11, 12, 23; — et Zeus, 9, 11, 12, 23, 28, 53, 80, 162, 172, 220; — et Saturne, 55, 399, 401; — et Baal, 399, 401; — et l'âge d'or, 55; la légende de C., 50 et suiv.; la mer de C., 53, 54, 162; C. dans le Tartare, 54; C. en Sicile, 54; C. en Italie, 54; C. roi des îles bienheureuses, 54.
Cumes (temple d'Apollon et de Trivia à), 102, 148 (n. 2), 515, 516, 518, 650; la Sibylle de C., 512, 513, 516-517, 524 (n. 5), 650.
Cupidon, fils de Vénus, 263, 644 et suiv. Voir *Amour* (l').
Curètes (les), nourriciers de Jupiter, 67, 220; *Curetes Dictaei*, 76. Voir *Courètes* (les).
Cybèle, déesse de la terre, 32; des montagnes, 58; du Dindymos, 64, 74; de la Crète, 73; du Bérécynte, 74; mère de Junon, 229; identifiée à Rhéa, 56, 84; protectrice de Troie et de Créuse, 73, 341; adorée par les Phrygiens, 57; priée par Enée, 341, 348; culte de C., 75; les prêtres de C., 63; C. et Jupiter, 59, 220, 221, 257, 260-261; prodige accompli par C., 75, 605, 705; C. sans pouvoir sur le *fatum*, 293; C. dans l'*Enéide*, 72 et suiv.
Cybèle (le Mont), sanctuaire de la déesse Cybèle, 73.
Cyclopes (les), nés de la Terre, 5, 33; tués par Apollon, 464; les C. et Héphaistos, 598-599; — et Vulcain, 600; les C., peste redoutable, 287; arment Zeus-Jupiter de la foudre, 163, 170, 221, 433; forgent le char de Mars, 579, 601; l'égide de Pallas, 601; les armes d'Enée, 605; les C. dans l'*Odyssée*, la *Théogonie* et l'*Enéide*, 221 (n. 2), 601; leurs travaux dans l'*Enéide*, 450.
Cydon, fils d'Hermès, 467.
Cyllène (le), lieu de naissance de Mercure, 557.
Cyllénos, un des Dactyles, 61, 62.
Cymodocé, Néréide, 664, 686.
Cymodocée, Nymphe, 605.
Cymothoé, Néréide, 664, 665 (n. 1); C. et Triton, 684-685.
Cynthe (le), consacré à Apollon, 494, 504; à Diane, 545.
Cypre, sanctuaire d'Aphrodite-Vénus, 611, 612, 615, 632, 633, 641.
Cypris, surnom d'Aphrodite, 611, 612, 632. Voir *Aphrodite*. C. épouse d'Héphaistos, 181, 591-592, 593, 612, 613; mère d'Eros, 379, 609, 620 et suiv.; C., Athéné et Héra, 374, 376,

378, 380, 382, 384-386, 413, 430, 439, 614, 617, 618 et suiv.; 640; — et Arès, 592, 604; — et Erato, 473 (n. 2); — et Boutès, 625, 678; — et les Charites, 705; — et les Lemniennes, 327, 612; C. dans l'épisode d'Hylas, 615; la maison de C., 164, 594, 604, 607; la toilette de C., 618-619; la colombe, oiseau de C., 616, 653; sacrifices à C.; 613; C. protectrice des Argonautes, 209, 439-440, 511, 615 et suiv.; donne un présage à Jason, 329.

Cyrène, (1) amante d'Apollon, mère d'Aristée, 24, 659, 701; légende de C., 468 et suiv., 487, 504 (n. 2); la grotte de C., 576; C. et Déiopéa, 705; (2) ville de Libye, sanctuaire d'Apollon, 468, 469, 478.

Cythère, sanctuaire d'Aphrodite-Vénus, 612, 615; 631; 632, 641, 643, 655.

Cythérée ou *Cythéréia*, surnom d'Aphrodite-Vénus, 230, 611, 612, 632. Voir *Aphrodite* et *Vénus*. C. et le bouclier d'Arès, 573, 614; C. implorée par les Argonautes, 616.

Cyzique (les Géants de), 37-38, 47, 367, 372, 561; Rhéa, déesse de C., 58; Athéné Jasonienne adorée à C., 424; Apollon, dieu de C., 483.

D

Dactyles (les) Idaiens, 61, 700; devins, magiciens, ouvriers du fer, 62; honorés par les Argonautes, 63; assesseurs de Rhéa, 65, 74, 75; confondus avec les Courètes, les Telchines, les Cabires et les Corybantes, 65, 68; rencontre de Rhéa avec les D., 63.

Dactylos, père des Dactyles, 62 (n. 1).

Danaé, amenée dans le Latium, 241.

Danaïde (Amymoné, la), 669.

Dardanos, 70, 76, ou *Dardanus*, 77, fils d'Electra, 70, 76-77, et de Zeus-Jupiter, 230-231, 557; ancêtre de Ganymède, 232-233; destruction du royaume de D., 285.

Daunus, père de Turnus, protégé de Vulcain, 603, 604, 605, 609.

Dédale élève un temple à Apollon, 102, 516; destinée de D., 279.

Deimos, (1) père de Scylla; 115; (2) divinité du cortège d'Arès, 580.

Déiopéa, (1) Nymphe de la suite de Junon, 411, 705; (2) Nymphe de la suite de Cyrène, 705.

Déiphobe (le *fatum* de), 268; prière de D., 287; les mânes de D., 721.

Déiphobé, Sibylle, 148 (n. 2), 516-517.

Délien (Apollon), 495, 504, 506.

Délos, sanctuaire d'Apollon, 341, 452, 465, 490, 494, 495; 505, 506, 509, 514, 515, 518, 690; de Neptune, 690; Anius, roi de D., 503-504; la légende de Latone à D., 86, 503. Voir *Ortygie*.

Delphes, anciennement nommée Pytho, 454, 465; sanctuaire d'Apollon; 122; D. Pythienne, 494; le serpent de D., 454; Apollon, dieu de D., 475; l'oracle de D., 465; 466; 468; 478, 499, 504, 510, 512.

Delphyné (le serpent), 454, 465.

Déméter, fille de Cronos et de Rhéa, 80, 82; sœur de Zeus; 709; mère d'Hécate, 113; mère de Perséphoné, 118, 678, 679, 709, 712; D. surnommée Brimô; mère de Brimos, 114; D. déesse de la terre; 31, assimilée à Cérès; 32, 709; D. Chthonienne, 81; Mysia; 490; déesse troyenne, 710-711; Θεσμοφόρος, 711; D. et les Titans, 80, 82; — et Triptolème, 82; — et Macris, 82, 700, 709; — et Poseidon, 686 (n. 7); D. à Drépané, 81; en Sicile, 81-82; la semence de D., 46; légende de D., 709 et suiv.

Démo ou *Démophile*, Sibylle de Cumes, 516.

Déô ou *Déméter*, 709; Chthonia, 81; mère d'Hécate, 113.

Deucalion, fils de Prométhée, 84, 108; époux de Pyrrha, 111; légende de D., 21, 86, 110-111.

Deus, synonyme de *numen*; 261. Voir *Numen*.

Devins (les), fils ou élèves d'Apollon, 197 et suiv.; triste destinée des d., 204 et suiv.; science des d. de l'âge mythique, 198 et suiv.; les d. de Telmesse, 43; les Dactyles d.; 62; Calchas d., 342; Hélénus d., 509 et suiv.; Asilas d.; 528: Voir *Idmon*, *Mopsos*.

Dia (l'île de), 725.

Diana ou *Iana*, déesse latine, 542; D. Nemorensis, 543, 544. Voir *Diane*.

Diane, fille de Latone, 86, 493-494; confondue avec Hécate et la Lune, 86, 95, 114; 146, 147, 148 (n. 1), 516, 542, 543; D. surnommée Phoebé, 85; D. chasseresse, 545; D. et les Nymphes; 706; — et Opis, 226, 545 et suiv., 706; — et Camille, 545 et suiv.; — et Hippolyte, 543-544; la statue de D., 519; la colère de D., 256, 545.

Dicté (l'antre du), habitation de Zeus enfant, 5, 66; lieu de naissance des Dactyles, 61, 700.

Didon prend le Soleil à témoin, 100; invoque Jupiter, 355-356; — Junon, 406-407; — les *dirae*, 304; — les dieux infernaux, 262, 718, 719, 721; imprécations de D., 224-225, 286, 353; le *fatum* de D., 268; la Fortune de D., 282; les songes de D., 316, 317, 318; D. et Junon, 391 et suiv., 719; — et la magie, 151 et suiv.; D. sacrifie aux dieux, 514; D. effrayée par le *fatum*, 271; D. ne meurt pas suivant le *fatum*, 272-273, 407.

Dies, divinité du jour, 30.

Dindymène ou *Dindymienne* (la Mère), surnom de Rhéa, 58.

Dindyme ou *Dindymos* (le Mont), sanctuaire de Rhéa, 37, 58, 60, 71, 77, 210, 378; prodige accompli sur le D., 64, 75.

Diomède enlève le Palladium, 443, 478; blesse Aphrodite, 656; D. trompé par Apollon, 405; protégé par Athéné, 424, 435, 439, 445; D. et les Troyens, 655; impiété de D., 182-183.

Dioné, Titan femelle, 82; mère d'Aphrodite-Vénus, 85, 230, 631, 636, 638.

Dionysos, fils Nyséien de Zeus, 167, 724, 725; double naissance de D., 45, 167, 724; légende de D., 724 et suiv.; D. nourri par Macris, 168, 366, 554, 700, 724; D. et Hermès, 554-555; — et les Charites, 705, 724; D. identifié à Liber, 725-726; D. dieu du Cithéron, 727; amant d'Ariane, 724-725; père de Phlias et de Thoas, 724.

Dioscures (origine des), 164 (n. 11), 165; légende des D., 166-167.

Dioxippé, une des Héliades, 104.

Dipsacos, fils d'une Nymphe, 701.

Dirae (les), filles de la Nuit, 301, 302, 303, 304, 308; les D. dans le cortège de Mars, 583. Voir *Furies* (les).

Dis, autre nom de Pluton, 715, 718.

Discessus caeli, prodige, 249, 348.

Discorde (la), dans le système d'Empédocle, 6. Voir *Lutte* (la). La D., divinité romaine, 312, 584 (n. 1); fille de la Nuit, 312 (n. 6); dans le cortège de Mars, 303; aux Enfers, 313, 723; représentée sur le bouclier d'Enée, 312, 583; assimilée à Allecto, 314.

Divinatoires (les livres), 148-149; les méthodes d., 202 et suiv., 509 et suiv., 528 et suiv. Voir *Capnomancie*, *Empyromancie*, *Ornithoscopie*, etc.

Dodone (les chênes de la forêt de), 192, 193, 420.

Dodonéen (Jupiter), 246.

Dolions (les), descendants de Poseidon, 675.

Doris, femme de Nérée, 660, 663.

Doto, une des Néréides, 664.

Dragon (le), (1) gardien de la toison d'or, 39, 564; (2) gardien des pommes d'or des Hespérides, 42-43, 153, 702; fils de Phorcys, 116 (n. 4); (3) de Thèbes, 46; les Géants nés des dents du d., 432, 565-566.

Drépané (séjour de Déméter dans l'île), 81.

Dryades (les), 20, 706 (n. 5).

Dryopé, Nymphe, 704.

Dryops, fils d'Apollon, 495 (n. 2), 705.

E

Eau (l'), née de Chronos, 9.

Ἑκατηβόλος (Apollon), 456, 458.

Ἐκβάσιος (Apollon), 480.

Ἑκηβόλος (Apollon), 453, 454, 456.

Echidna, mère du dragon des Hespérides, 42.

Echion, Argonaute, fils d'Hermès, 549, 550, 551.

Éeria (l'), ancien nom de l'Egypte, 21-22.

Eétion, fils d'Electra, 70.

Effroi, divinité du cortège d'Arès, 580. Voir *Deimos* (2).

Egéon, 44, 221, 222 (n. 1). Voir *Aigaiôn*.

Egérie, Nymphe, 704.

Ἐγκοίμησις (l'), pratique divinatoire, 324. Voir *Incubatio* (l').

Egypte (antiquité légendaire de l'), 22; dieux monstrueux de l'E., 334, 583, 668.

Eidyia, Océanide, épouse d'Aiétès, 14, 659.

Eiléithyia, déesse de la maternité, 537-538, 541, 542.

Elaré, mère de Tityos, 45, 46 (n. 1), 453.

Elatos, père de Polyphémos, 674.

Elector, surnom du Soleil, 104.

Electra (l'Atlantide), mère de Dardanus, 69, 70, 76, 231, 557, 558.

Electré, Océanide, mère des Harpyes, 178, 246.

Electryon (les fils d'), 433.

Eleusis (les Mystères d'), 71, 113, 114.

Elide (la légende d'Endymion en), 90.

Elohim et Noah, 180; l'esprit d'E., 215, 217.

Elysées (les Champs), 98, 717-718;

Anchise aux Ch. E., 272; le palais de Pluton aux Ch. E., 718.

'Εμβάσιος (Apollon), 480.

Embûches (les), divinités du cortège de Mars, 579. Voir *Insidiae* (les).

Empyromancie (l'), 198, 203.

Encélade, Géant, 85; enfoui sous l'Etna, 222; frère de Coios et de Fama, 222 (n. 2).

Enchanteurs Marses (les), 151.

Endymion (la légende d'), 90 et suiv., 96, 135.

Enée, fils d'Anchise, 636, et de Vénus, 631, 636-637; frère de Cupidon, 645; — d'Eryx, 634; généalogie mythique d'Enée, 231; prières d'E., 285; invocations, sacrifices, libations d'E. à Jupiter, 220, 234, 293, 355, 356, 357; — à Junon, 264, 394-397, 401-402; — à Cybèle, 341, 348; — à Apollon, 341, 498-499, 517-518, 529; — à Minerve, 263, 447-448; — à Mars, 263, 577, 581-582, 583, 638; — à Hécate, 156; — aux dieux des Enfers, 155, 157-158, 718, 721; — à Lucifer, 255; — à Eryx, 634; — aux dieux en général, 344; E. et Junon, 388, 389, 396, 398, 400, 401, 404, 405, 406, 408, 411, 413, 415; — et Vénus, 338, 544, 636 et suiv., 689; — et Apollon, 493, 502, 504, 505, 509, 512, 514, 518-521, 529; — et Minerve, 442, 449, 451; — et Mercure, 326, 328, 558-559; — et les Pénates, 502, 506; — et Neptune, 689-691; — et le Tibre, 695-696; — et les Nymphes, 703-704; — et les Mânes, 722; — et la Sibylle, 395, 512, 513, 515, 517, 518, 523-524, 615, 650; — et Hélénus, 509-513, 616, 694; — et Evandre, 270, 281, 653, 696; — le serment d'E., 31, 287; — le *fatum* d'E., 266 et suiv., 416; la Fortune d'E., 281 et suiv.; les songes et visions d'E., 318, 319, 720; les *omina* qui guident E., 341, 343, 348-351, 396-397; le bouclier et les armes d'E., 434, 508, 604, 605, 606, 608, 609, 652, 653, 654, 696; le titre de *pater* appliqué à E., 257; E. aux Enfers, 290, 524, 650, 715, 719, 722; E. comparé à Apollon, 494; E. fondateur des jeux troyens, 508; — du temple du Mont-Eryx, 633, 635, 649.

Enfers (les), séjour des songes, 320, 321, 322; Hécate puissante aux E., 147, 543; Perséphoné reine des E., 712; Proserpine reine des E., 719; Orcus roi des E., 714; Pluton, roi des E., 715; les dieux des E., 289, 721; les habitants des E., 642, 723; les monstres des E., 334; les fleuves des E., 716-717; l'ormeau des E., 322; le vestibule des E., 723; la porte des E., 312, 720; entrée des E., 713-714; Vulcain aux E., 604; rôle d'Hermès aux E., 553; les Euménides aux E., 306; Enée aux E., 290, 524, 650, 715, 719, 722; Hercule aux E., 40; Egéon aux E., 222 (n. 1); Salmonée aux E., 353; Ixion aux E., 376, 377. Voir *Averne*, *Elysées* (Champs), *Erèbe*, *Tartare*, etc.

'Ενύπνια (les), rêves sans valeur divinatoire, 196, 317. Voir *Insomnia* (les).

Enyalios, surnom d'Arès, 562, 563.

Enyo, déesse de la guerre, 562, 584, 586.

'Εώιος (Apollon), 460, 461, 463.

Eole, dans l'*Enéide*, 234 et suiv., 322; E. et Junon, 235, 405, 406, 412, 414, 415, 645, 646, 692; — et Neptune, 681-682; — et Déiopéa, 411, 705; E., père de Misène, 247, 683; la caverne d'E., 240, 601; la révolte d'E., 257, 414.

Eôs, fille d'Hypérion, 83, 87; sœur d'Hélios, 608; mère de Phaéthon, 105; E. Erigène, 87-88; le char d'E., 98 (n. 8); les chevaux d'E., 103.

Eous (Lucifer), astre de l'Aurore, 254.

Ephialtès, l'un des Aloïades, 43, 456; fils de Poseidon, 675.

Erato, l'une des Muses, 473 (n. 2); invoquée par Apollonios et par Virgile, 521-522.

Erèbe, principe mâle de l'obscurité, 147 (n. 3), 312 (n. 6), 718; nom de l'Enfer, 718; les ombres de l'E., 225, 559.

Erechthéide (Oréithyia), 176.

Erginos, Argonaute, fils de Poseidon, 669, 671.

Ericapaios, dieu orphique, 7.

Erichthonius, fils de Dardanus, 231.

Eridan (l') et la chute de Phaéthon, 104, 105, 108, 463; dans l'*Enéide*, 695.

"Ερίδες (les), 179 (n. 10). Voir *Eris*.

Erigène et *Erigénéia*, synonymes ou épithètes d'Eôs, 87, 88. Voir *Eôs*.

Erinyes (les), filles de Gaia, 30, 41, 305; confondues avec les *Dirae*, 304; — avec les Euménides, 305; les E. et Zeus, 301; et Arès, 303, 583; les E. chez Adès, 713; la colère des E., 125; nombre et noms des E., 303, 307, 314; rôle des E. dans les *Argonautiques*, 188 et suiv. Voir *Euménides* (les).

Erinys (l'), 189; — et Phinée, 189, 206; — et Hélène, 304; — et les meurtriers d'Apsyrtos, 541; le *numen* de l'E., 262; l'E. aux Enfers, 314. Voir *Allecto*.

Eris (l'), divinité homérique, 34, 180 (n. 2), 583; — et la Furie, 308, 312; — et Arès, 580.

Eros, dieu primitif, 6; le même que Phanès, 7; métamorphose de Zeus en E., 9; E. dieu hésiodique, 620; E. dieu anacréontique, 621, 627, 644; E. fils d'Aphrodite, 385, 431, 440, 609, 617, 620, 621, 623, 649; E. et sa mère, 385, 617 et suiv., 629, 640, 648; E. et Ganymède, 181, 214, 623, 624; E. vainqueur de Médée, 379, 626 et suiv., 647; les traits d'E., 379, 430, 531, 624, 626, 628, 647; puissance d'E., 625; statue primitive d'E., 569; imprécation d'Apollonios contre E., 629; les *Eros*, 628-629, 683; E. et Cupidon, 644.

Ἐρυκίνη Ἀφροδίτη, 626, 634.

Erycina Venus, 625, 633, 635.

Erythéis, l'une des Hespérides, 702.

Erythrées (la Sibylle d'), 455.

Erytos, Argonaute, fils d'Hermès, 549, 550, 551.

Eryx, (1) frère d'Énée, 634; fils d'Aphrodite et de Boutès, 626 (n. 6), 633; — d'Aphrodite et de Poseidon, 633; le *numen* d'E., 269; légende d'E., 634; (2) montagne consacrée à Aphrodite-Vénus, 625, 626, 633, 635, 649.

Esculape, fils d'Apollon, 496; foudroyé par Jupiter, 260. Voir *Asclépios*.

Espérance (l'), mère de Phémé, 34, 35, 36.

Étéocle invoque l'Erinys, 304.

Etésiens (origine des vents), 172, 173, 216, 475.

Ether, nom du ciel où Jupiter règne, 225.

Etna (l') et les Cyclopes, 221, 600; — et les forges d'Héphaistos, 595-600; Encélade enfoui sous l'E., 222; le *monstrum* de l'E., 334.

Etrurie (religions de l'), 339 (n. 8), 444, 527, 529, 715, 727.

Eubée (l'), consacrée à Héra, 367; patrie de la Nymphe Macris, 366, 554.

Eudoros, chef des Myrmidons, fils d'Hermès, 549, 550.

Euménides (les), filles de la Nuit, 32, 155, 305; — de Zeus souterrain et de Perséphoné, 309 (n. 3); confondues avec les Erinyes, 305; les E. aux Enfers, 306; le Styx, fleuve des E., 306, 716, 717; les chambres des E., 306, 307, 308, 313, 584, 723; le nombre des E., 307.

Euphémos, fils de Poseidon et d'Eu-
ropé, 45, 669; E. et Triton, 670; E. à la recherche d'Héraclès, 373, 670; postérité d'E., 469, 490, 671; rapidité d'E., 546, 669; le songe d'E., 195-196, 320-321, 554, 559.

Eupoléméia, amante d'Hermès et mère d'Aithalidès, 549.

Europé, (1) fille de Phoinix, amante de Zeus, 168; sœur de Cadmos, 427, 669; (2) fille de Tityos, amante de Poseidon, mère d'Euphémos, 45, 669, 675.

Euros ou *Eurus* (l'), un des vents principaux, 172, 238-240; les chevaux de l'E., 241, 244.

Eurotas (Artémis-Diane aux bords de l'), 545.

Eurydice (les Mânes d'), 721.

Eurymédon, autre nom de Persée, 41.

Eurynomé, Océanide, épouse d'Ophion, 5, 7, 10, 11, 12 (n. 3), 13, 14, 15, 80, 163, 659; — de Zeus, 7; mère de Leucothoé et des Grâces, 12 (n. 4).

Eurypylos, fils de Poseidon, 668.

Eurysthée et Héraclès-Hercule, 184, 292, 337, 367, 374.

Eurytion invoque Pandarus, 288.

Eurytos et Apollon, 456-457.

Euxeinos (Zeus), 182.

Évandre, fils de la Nymphe Carmenta, 704; descendant d'Atlas, 557; invoque Jupiter, 256, 355; — les dieux d'Arcadie, 261; rend un culte à Hercule, 288; — à Apollon, 526-527; plaintes d'E., 268; révélations d'E., 271; E. et Énée, 270, 281, 653, 696.

Extispicine (l'), 203, 339 (n. 8), 528.

F

Faim (la), déesse allégorique, 723.

Fama, déesse allégorique, 34; sœur de Coios et d'Encélade, 222 (n. 2); *monstrum*, 333. Voir *Renommée* (la).

Fas (sens du mot), 266, 269; le *f.* et le *fatum*, 291.

Fatum (théorie du), 265 et suiv.; le *f.* et la Fortune, 275 et suiv.; — et les dieux, 284, 291 et suiv., 338, 446; — et Jupiter, 294-295, 352, 655; — et Junon, 407-409; — et Vénus, 654; — et les Parques, 298.

Fauna ou *Marica*, épouse de Faunus, 704.

Faunus, vieux dieu de l'Italie, 288; fils de Picus, 55 (n. 9), 325 (n. 2); époux de Marica, père de Latinus, 128, 129, 325 (n. 2), 525, 704; époux de Dryopé, père des Faunes, 325 (n. 2),

704, 705; protecteur de Turnus, 326 (n. 5), 657; oracles de F., 271, 284, 525; F. et l'*incubatio*, 325-326, 525; — et Mars, 584.

Favonius, nom latin du Zéphire, 241.

Féciaux (les) et Mercure, 560.

Féronia, déesse du Soracte, 529 (n. 2).

Feu (le), né de Chronos, 9.

Filandières (les), 187. Voir *Moires* (les).

Formido, la Terreur, déesse du cortège de Mars, 579, 580.

Fors, synonyme de *Fortuna,* 275 (n. 8).

Fortune (sens du mot), 271; pouvoir de la F., 276 et suiv., 298-299; la F. et le *fatum*, 275 et suiv.; le culte de la F., 273-274; la F. et les dieux, 284; la F. de Carthage, 280; — de Troie, 280; de Turnus, de Sinon, d'Achéménide, 280; — d'Énée, 281; — de Didon, d'Hélénus et d'Andromaque, 282.

Fuga, la Fuite, déesse du cortège de Mars, 579, 580, 581.

Fulgural (l'art), 339 (n. 8), 528.

Fulgurator (Iupiter), 223.

Fulminaris (Iupiter), 223.

Fulminator (Iupiter), 223.

Furie (la) Allecto, 42. Voir *Allecto*. La F. correspond à l'Erinys, 301; la F. messagère de Jupiter, 302; sur les champs de bataille, 308; la F. et Pluton, 309; — et Junon, 406; la F. chez Amata, chez Turnus, 310; la F. aux Enfers, 720.

Furies (les), déesses infernales, 306; — *monstra*, 333; — filles de la Nuit, 305; jour de la naissance des F., 306; nombre des F., 307, 308; Allecto, la plus grande des F., 309. Voir *Allecto*. Les F. confondues avec les Harpyes, 246, 301, 302, 314; les F. et les *Dirae*, 303-304; les F. et Mars, 303-304, 583; — et Catilina, 304; — et Turnus, 304; — auprès de Jupiter, 314; les F. représentées sur le bouclier d'Énée, 312.

G

Gabina (Iuno), 397, 398.

Gaia, fille du Chaos, sœur de Nyx, 305; épouse d'Ouranos, 13, 80, 709; mère des Erinyes, 305; d'Océanos, 13; des Cyclopes, 33; de Rhéa, 56; des Courètes, 65; des Titans, 79, 80, 82; de Phorcys, 116 (n. 4); des Songes, 321; la postérité de G., 33, 36, 38, 39, 41, 42, 43, 44, 45, 46, 47, 675; colère de G. contre Zeus, 163; serment par G., 29, 30, 47, 100; libations de Jason en l'honneur de G., 210; caractère de G. dans les *Argonautiques,* 31, 32, 47; dans l'*Hymne homérique,* 64.

Galatée, Néréide, 664.

Ganymède, fils de Tros, 132, 231, 232; aimé par Zeus-Jupiter, 168, 232, 392; G. et Eros, 181, 214, 623, 624; les honneurs de G., 233.

Garamas ou Amphithémis, fils d'Apollon, 466, 467.

Garamis, Nymphe éponyme des Garamantes, 706, 707.

Géants (les), fils de Gaia, 41, 85, 675; en lutte contre les Olympiens, 456; les G. de Phlégra, 12 (n. 4), 38. Voir *Mimas*. Les G. de Cyzique, 36, 38, 47, 561; les G. nés des dents du dragon de Thèbes, 46, 47, 432; le G. d'airain, 139. Voir *Talos*.

Γηγενέες (les), fils de Gaia, 80. Voir *Géants* (les).

Geneta-Mana, identifiée à Hécate, 117, 148.

Génétaios (Zeus), 181.

Génétès (le cap), sanctuaire de Zeus, 181.

Genetrix Venus, 493, 630-631, 652; 655, 657.

Genitor Neptunus, 682, 687.

Géraistos (le), sanctuaire de Poseidon, 677.

Gètes (le pays des), habité par Mars, 577.

Glaucé, fille de Créon, 375.

Glaucos ou *Glaucus,* (1) interprète de Nérée, 194, 517, 660; père de Déiphobé, 516, 517; le chœur de G., 686; G. et Scylla, 128, 147 (n. 4); — et les Argonautes, 185; (2) héros de l'*Iliade*, 497; (3) fils de Minos, 516, 517.

Gorgone (la), sur l'égide, 41, 42, 446, 450; serpents nés du sang de la G., 42; les *Gorgones,* filles de Phorcos ou Phorcys, 116 (n. 4); aux Enfers, 722.

Goutte (la), divinité imaginée par Lucien, 11.

Grâces (les), 12 (n. 4).

Gradivus Mars, 577.

Graies (les), filles de Phorcos ou de Phorcys, 116 (n. 4).

Grynium (le bois de), consacré à Apollon, 514, 515.

Guerre (la), divinité des Enfers, 723. Voir *Bellum*.

H

Haemon, guerrier cher à Mars, 585.
Haemonides, prêtre d'Apollon et de Trivia, 526 ; tué par Enée, 577, 581.
Haimonienne (Pétra), sanctuaire de Poseidon, 677.
Haimos (le Mont), sanctuaire d'Artémis, 540.
Halys (le dieu du fleuve) et Sinopé, 169, 170, 695.
Hamadryades (les), 700, 703.
Hammon (Iupiter), père d'Iarbas, 230.
Harmonia, (1) amante d'Arès, mère des Amazones, 567, 568, 700, 701 ; (2) fille d'Arès et d'Aphrodite, femme de Cadmos, 70, 567.
Harpyes (les), filles de Thaumas et d'Electré, 178 ; sœurs d'Iris, 178 ; les H. dans les *Argonautiques*, 174 et suiv., 183 ; les H. et Phinée, 29, 174, 206, 309 ; les H., chiennes de Zeus, 302 ; les H. et les oiseaux Stymphalides, 572 ; les H. dans l'*Enéide*, 244 et suiv., 691 ; la prédiction des H., 337, 506-507, 509 ; le contact des H., 355 ; les H. *monstra*, 333 ; les H. confondues avec les Furies, 246, 301, 302 ; les H. aux Enfers, 722, 723.
Haruspices (les) dans l'*Enéide*, 339 (n. 8), 525, 528 ; un H. révèle les *fata*, 270.
Hèbre (Mars au bord de l'), 579.
Hécate, déesse Titanide, 117 ; fille de Déô, 113 ; de la Nuit, 113 ; de Persès et d'Astéria, 83, 87, 113, 114 ; de Latone, 148 ; mère de Scylla, de Crataïs, 115 ; H. surnommée Brimô, 114, 115 ; H. confondue avec Artémis, 543 ; avec Diane, 86, 95, 114, 146, 516, 542, 543 ; avec Perséphoné, 114, 157, 158 ; avec la Lune, 95, 114, 146, 543 ; H. distinguée par Apollonios d'Artémis et de Séléné, 114, 541 ; légende d'H., 113 et suiv. ; H. déesse de la magie, 116 et suiv., 135, 148 ; puissante dans l'Erèbe, 718 ; maîtresse de Médée, 113, 116, 135, 137, 139, 140, 144, 154 (n. 4) ; le culte d'H., 117, 141, 142 ; à Rome, 146, 150 ; le temple d'H. en Colchide, 140 ; H. priée par Médée, 138 ; par Jason, 140, 141, 142, 143, 712 ; par Enée, 156, 718 ; sacrifices à H., 117, 143, 145, 154, 155, 156, 157 ; cortège et manifestations d'H., 144, 701, 706 ; H. et les Nymphes, 706 ; et la Sibylle, 523, 524 ; et Proserpine, 158.
Hector apparaît à Enée, 318, 341, 636 ; prière d'H., 281-282 ; H. et Achille, 431 ; sacrifices en l'honneur d'H., 335 ; les Mânes d'H., 721, 722.
Hécube supplie Athéné, 448.
Hélène, fille de Léda, 229 ; comparée à l'Erinys, 304 ; sauvée de la colère d'Enée par Vénus, 637, 638 ; H. compose des breuvages magiques, 133 ; H. et Iris, 248 (n. 6) ; — et Aphrodite, 642 ; — et les Bacchantes, 727.
Hélénus, devin, fils de Priam, 130, 509-510, 513, 528, 529 ; le *fatum* d'H., 279 ; la fortune d'H., 282 ; H. et Apollon, 263, 501, 529 ; — et Junon, 264, 406, 511, 615-616 ; — et les Parques, 298 ; — et Anchise, 285, 636 ; — et Enée, 269, 296, 394, 395, 396, 399, 406, 509, 510, 511, 512, 513, 515, 517, 616, 694.
Héliades (les), 84 ; liste des H., 104 ; légende des H., 104 et suiv., 463.
Hélicon (les Muses de l'), 522, 523.
Hélié, l'une des Héliades, 104.
Hélios, Hypérionide, 126 ; Hypérion, 106 ; le même que Titan, 94 (n. 5) ; fils d'Hypérion, 80, 83 ; frère de Séléné, 93, 135 ; — d'Eôs, 608 ; époux de Persé, 83 ; père de Lampétia et de Phaéthousa, 106 et suiv. ; — d'Aiétès, 14, 87, 97, 101, 105, 108, 129, 427, 487, 563 ; — d'Augéiès, 87 ; — de Phaéthon, 103, 105 ; — de Pasiphaé, 101, 102 ; — de Circé, 101, 105, 108, 118, 126, 196, 459 ; H. oncle de Memnon, 608 ; H. grand-père d'Apsyrtos, 103 ; la postérité d'H., 83, 132 ; la légende d'H., 96 et suiv. ; la lumière sacrée d'H., 100 ; H. voit tout, 100 ; H. Phaéthon, 103 ; H. souverain, 144 ; H. assimilé à Apollon, 459, 460, 474, 490, 536 ; le char d'H., 38, 98, 99, 100, 101, 105, 463 ; les chevaux d'H., 97, 98, 99 ; les troupeaux d'H., 106-108, 247, 457, 471, 475 ; H., personnification du Soleil, 457 ; chevaux sacrifiés à H., 570 ; serments prêtés au nom d'H., 29, 30 ; H. pris à témoin par Aiétès, 99, 213 ; — par Agamemnon et par Ajax, 100 ; H. et Athéné, 429 ; — et Héphaïstos, 38, 80, 96, 565, 594.
Hellen, fils de Deucalion et de Pyrrha, 110.
Héméra, déesse du Jour, 89.
Héphaistos, fils d'Héra, 367, 591, 592 ; — de Zeus et d'Héra, 592 ; H. époux de Cypris, 181, 591, 592, 597, 607, 612, 613, 619, 629 ; — de Charis, 592, 597, 606, 608 ; H. et la naissance d'Athéné, 422 ; H. père de Palaimonios, 591 ; H. dieu de Lemnos, 591, 593, 595, 604, 612, 613 ; Hiéra,

île d'H., 596, 597, 599, 600, 601; ateliers d'H., 593 et suiv.; œuvres merveilleuses d'H., 66, 133, 134, 593, 594, 602, 604, 609, 624; H. construit une chambre pour Héra, 618; — une maison pour Cypris, 164, 607; H. fait les armes d'Achille, 605, 609, 653-654; — de Memnon, 608; dons d'H. à Aiétès, 38, 132, 134, 565, 593, 608; H. et Héra, 591, 592, 595, 598; — et Hélios, 38, 80, 96, 565, 594; — et les Cyclopes, 221 (n. 2), 598, 599; — et les Dactyles, 62; — et Thétis, 608, 609; — et Déméter, 81; — et Athéné, 429; — et Hermès, 553; portrait d'H., 590; H. identifié à Vulcain, 602 et suiv.

Héra, fille de Cronos, 55, 401; sœur et épouse de Zeus, 229, 364, 403; l'hymne nuptial d'H., 187; H. mère d'Héphaistos, 367, 591, 592; — d'Eiléithyia, 538; H. aimée par Endymion, 91; légende d'H., 365 et suiv., 618; fonctions d'H. dans l'*Iliade*, 666; caractère d'H. dans les *Argonautiques*, 371 et suiv., 383 et suiv.; H. et Zeus, 64, 164, 228, 607, 618, 665; H. punie par Zeus, 207; ruses d'H., 292, 607, 618; jalousie d'H., 45, 398; puissance d'H., 369, 405; H. et Athéné, 181, 214, 224, 228, 370, 378, 384-386, 413, 430, 439, 614, 617, 621, 640; — et Jason, 35, 48, 119, 372, 375, 377, 380, 383, 389, 405, 421, 440, 491, 643; — et les Argonautes, 192, 193, 224, 330, 369, 377, 378, 421, 424, 439, 441, 484, 541, 617, 626, 662; H. se change en vieille femme, 134, 532, 641; H. envoie un présage aux Argonautes, 199, 616; H. crie pour prévenir les Argonautes, 224, 370, 431; la corneille interprète des volontés d'H., 202, 369, 628; H. et Médée, 140, 327, 375, 378, 379, 380; H. et les Géants de Cyzique, 37, 367, 372; — et Borée, 237; — et Thétis, 169, 232, 368, 380, 381, 417, 547, 660, 661, 662, 663, 665, 697; — et Héraclès, 37, 292, 367, 372, 373; — et Aiolos, 171, 235; — et Iris, 178, 180, 235, 380, 546, 595; — et Hypnos, 237, 320, 409, 412, 705; — et Macris, 366, 367; — et les Charites, 705; — et les Nymphes, 186, 695, 699, 703, 706; — et les Moires, 187; — et Ancaios, 378, 383, 672; — et Pélias, 373, 376, 382, 389, 675; — et Arété, 382; — et Cypris, 384 et suiv., 409, 413, 439, 440, 614, 617, 619, 620, 621, 625, 629, 640, 651; H. insulte Artémis, 639; serment d'H., 29; H. protectrice d'Argos, 364, 365, 388, 390, 394, 402, 419, 423; H. d'Iolcos, 365, 388; H. identifiée à Junon d'Ardée, 396; H. Pélasgienne, 365, 423, 675; H. Imbrasienne, 366, 536, 671; H. déesse des mariages, 368, 369, 406, 536, 622; sanctuaires d'H., 366, 392; H. βασίλεα, 388; chambre bâtie à H. par Héphaistos, 618; toilette d'H., 618; type artistique d'H., 386.

Héraclès ou Chronos, 7.

Héraclès, fils de Zeus, 167; H. et Héra, 37, 372, 373, 403; — et Athéné, 429; — et les Géants, 37, 38, 47; — et les Boréades, 177; — et le dragon des Hespérides, 702; — et Polyphémos, 183, 184, 185; — et Euphémos, 670; — et Eurysthée, 184; — et Sthénélos, 199; — et les Argonautes, 372-373; — et le sacrifice à Apollon, 480 (n. 5); — et les Amazones, 568, 569; — et les oiseaux Stymphalides, 571, 572; — H. tue l'aigle qui ronge le foie de Prométhée, 109; H. à Lemnos, 615; H. et la Naïade Mélité, 695.

Hercule, fils de Jupiter, 229; H. et Jupiter, 297; H. vainqueur des serpents, 334; — de Cacus, 603; — d'Eryx, 634; H. soumis à Eurysthée par Junon, 292, 337, 403, 407; H. aux Enfers, 40; la massue d'H., 223 (n. 8); le *numen* d'H., 262; H. objet d'un culte, 288.

Hermès, fils de Zeus et de Maia, 179 (n. 3), 557; père d'Aithalidès, d'Érytos, d'Echion, d'Eudoros, 549-553; H. messager de Zeus, 178, 179, 190, 249, 548, 555, 564; conducteur des songes, 196, 321, 548, 554, 555; — des âmes des morts, 553, 559; H. Δόλιος, 550 (n. 1), 551; dieu de la richesse, 550, 551; dieu d'Arcadie et de Thessalie, 549, 550; dieu du vent, 250, 550, 553, 554, 555; H. vénéré par Euphémos, 321, 554, 558; la baguette, le sceptre d'H., 133, 548, 549, 551, 560; H. et Ulysse, 112, 118; — et Héphaistos, 553; — et le bélier d'or, 179, 550, 563; — et les Boréades, 178; — et les Harpyes, 178; — et Apollon, 457, 477; — et Dionysos, 554; — et Phorbas, 550; H. assimilé à Mercure, 250, 556 et suiv.

Hermioné, sanctuaire de Déméter Chtonienne, 81.

Hermippé, fille de Boiotos, amante de Poseidon, mère de Minyas, 674.

Hespéré, l'une des Hespérides, 702.

Hespérides (les), filles de Libyé, 702; se changent en poussière, 134, 702; les H. et Orphée, 211, 703; —

et Atlas, 557; — et le serpent Ladon, 558, 702; le temple des H., 152; le pays des H., 466.

Hestia, déesse chaste, 430; confondue avec Gaia, 48.

Hiems, divinité de la tempête, 242.

Hiéra, (1) autre nom de Cronia, ville fondée par Cronos, 54; (2) île d'Héphaistos, 596, 597, 599, 600, 601.

Himéros, dieu du cortége d'Aphrodite, 628.

Hipparque (le songe d'), 121.

Hippios, épithète de Poseidon, 667, 686.

Hippolyte et Artémis-Diane, 544.

Hippolyté, reine des Amazones, 568, 578; sœur de Mélanippé, 569.

Hippotade (Aiolos), 171. Voir *Aiolos*.

Hirpi Sorani (les), prêtres du dieu Soranus, 527, 687.

Homonoia, déesse de la Concorde, 313 (n. 2).

Hyacinthe frappé par le disque d'Apollon, 563 (n. 3).

Hyades (les), 23, 251; le lever des H., 252.

Hyantien (Onchestos), sanctuaire de Poseidon, 677.

Hydre de Lerne (l'), aux Enfers, 722, 723.

Hylas (l'épisode d'), 535, 615, 699.

Hylléens (les) et les trépieds d'Apollon, 478, 488.

Hyllos, fils d'Héraclès et de la Naïade Mélité, 695.

Hyperboréen (Apollon), 462.

Hyperboréens (les) et Apollon, 175, 459, 462-464, 475, 485, 495.

Hypérion, l'un des Titans, 80, 82, 83, 85; père d'Eôs, 87; de Séléné et du Soleil, 90, 93, 94, 96; grand-père d'Aiétès, 87; ancêtre de Médée, 112; la famille et la postérité d'H., 83, 87, 93; H. Hélios, 106.

Hypérionide (Hélios), 126.

Hypnos, invoqué par Médée, 138, 140; H. et Héra, 237, 320, 409, 412, 705; légende d'H., 320-322.

Hypsipylé, fille de Thoas, 725; H. et Jason, 209, 551, 725; le péplos d'H., 705, 725.

I

Iana ou *Diana*, déesse italienne, 542. Voir *Diane*.

Iapet, l'un des Titans, 40, 82; Géant, fils de la Terre, 85; père de Prométhée, 84, 86, 87, 108, 109, 112.

Iapétide (le), Prométhée, 110, 206.

Iapyx et Apollon, 496, 497; — et Enée, 657.

Iarbas, fils de Jupiter Hammon et de la Nymphe éponyme des Garamantes, 230, 706; I. invoque Jupiter, 293, 328; impiété d'I., 225, 353.

Iasios, fils d'Electra, 76.

'Ικέσιος ou 'Ικετήσιος, épithète de Zeus, 190 (n. 3), 191 (n. 2).

'Ικμαῖος, épithète de Zeus, 171.

Ida, (1) mère des Dactyles, 62 (n. 1); (2) Nymphe chasseresse, mère de Nisus, 706; (3) mont de Crète, sanctuaire de Rhéa, 56, 57, 61, 72, 73, 74; les Dactyles du Mont-I., 61; le Mont-I., séjour de Jupiter, 220; (4) mont de Phrygie, sanctuaire de Cybèle, 56, 59, 73, 74; les forêts sacrées du Mont-I., 75; Ganymède dans les forêts du Mont-I., 233; Aphrodite sur le Mont-I., 539; Anchise, pâtre du Mont-I., 609.

Idaea Parens, la Mère Idaienne ou *Idéenne*, épithète de Rhéa-Cybèle, 65, 74, 77.

Idaeus Iupiter, 220 (n. 5).

Idaien (l'antre), 66, 162, 700.

Idaiens (les Courètes), 66, 76, 162; (les Dactyles), 61, 62, 65, 68.

Idalia Mater, épithète de Vénus, 633 (n. 2.).

Idalie, sanctuaire de Vénus, 631, 632, 646, 655.

Idas, fils d'Aphareus, 4; méprise Zeus, 182, 183, 354; — Cypris, 616; admire Arès, 562; I. et Idmon, 456.

Idmon, devin, fils d'Apollon, 4, 198, 221 (n. 4); méthodes divinatoires d'I., 202 et suiv.; mort et funérailles d'I., 204-205, 485, 701; culte d'I., 486.

Idoménée, protégé par Athéné-Minerve, 448, 449.

Iéios, surnom d'Apollon, 454, 455, 456.

Iépaiéôn, surnom d'Apollon, 453, 456, 485.

Ilia ou *Rhéa Sylvia*, 585.

Ilion, protégée par Apollon, 504, 520; — par Pallas, 443; temples d'Athéné et de Junon à I., 427, 443, 393, 444; Athéné-Minerve ennemie d'I., 446, 447, 451; Neptune pendant le sac d'I., 689.

Ilionée, ambassadeur auprès de Didon, 560; prend à témoin les *fata*, 267; — la justice des dieux, 285; — Apollon, 526.

Ilus, fils de Tros et père de Laomédon, 231.

Imbrasienne (Héra), 366, 671; les eaux Imbrasiennes, 672.

Imbrasos (le fleuve), consacré à Héra, 366, 536.
Inachos ou *Inachus* (le dieu du fleuve), fondateur d'Argos, 396; père d'Io, 231, 696.
Inarimé (l'île d'), tombeau de Typhoeus, 40, 222.
Incubatio (l'), pratique divinatoire, 324, 325. Voir Ἐγκοίμησις (l').
Indien (le Bacchus), 725.
Ino, mère de Mélicerte ou Palémon, 685, 686.
Insidiae (les Embûches), divinités du cortège de Mars, 579, 581.
Insomnia (les), rêves sans valeur divinatoire, 317. Voir Ἐνύπνια (les).
Io, fille d'Inachus, amante de Jupiter, 231; I. et Prométhée, 109.
Iolcos, patrie de Jason, 110, 111, 365, 477; sanctuaire d'Héra, 366, 388; — d'Artémis, 426, 534, 535, 538, 541; Apollon d'I., 482; les habitants d'I. invoquent Zeus, 182; prière des femmes d'I., 208.
Iopas, élève d'Atlas, 23, 558; les théories d'I., 15; le chant d'I., 23-26, 251.
Iphias, prêtresse d'Artémis d'Iolcos, 534.
Iphigénie et la purification, 121.
Iphimédéia, mère des Aloïades, 43.
Ira, déesse de la colère, 581.
Irae (les Colères), divinités du cortège de Mars, 579, 581.
Iris, fille de Thaumas et d'Electré, 178, 248; déesse de l'arc-en-ciel, messagère de Zeus, 179, 180; — d'Héra, 178, 235, 380, 546, 547, 595; — de Jupiter, 248, 404-405; — de Junon, 226, 248, 249, 315, 395, 400, 404-405, 406, 407, 515; I., les Boréades et les Harpyes, 29, 177, 247; I. traversant le ciel, 249; serment d'I., 29, 177, 178; I. sous la forme de Béroé, 248, 315, 335, 337, 500, 692; — de Laodicé, 248 (n. 6).
Isménien (Apollon), 465.
Isménos (l'), fleuve de Béotie, 465.
Italie (croyances populaires de l'), 99, 100, 720; la magie en I., 148 et suiv.; le culte d'Apollon en I., 526; le culte de Janus en I., 588.
Italien (l'Apollon), 512.
Ithaque (les Nymphes d'), 706.
Iton, ville consacrée à Athéné, 425, 426.
Itonia, *Itonide* ou *Itonienne* (Athéné), 425, 426.
Iule et Enée, 270; — et Apollon, 530 et suiv.; — et Jupiter, 531; — et Cupidon, 644, 646; présage dont I. est l'objet, 329-330, 336, 348. Voir *Ascagne*.
Ixion, père des Centaures, 52; purifié par Zeus, 123; I. et Héra, 376-377, 383; I. dans la maison d'Adès, 713.

J

Janus, dieu du Latium, 55; le temple de J., 588, 589; J. et Portunus, 685.
Jason et Alcimédé, 208, 348, 477, 538; — et Médée, 140, 202, 378, 379, 440; — et Hypsipylé, 209, 551, 725; le mariage de J., 35, 48, 210, 369, 377, 382, 383, 411, 629, 695, 699, 703, 706; J. protégé par Héra, 37, 48, 365, 366, 372, 374, 375, 376, 378, 385, 389, 405, 410, 430, 532, 617, 641, 643, 648, 651; J. invoque Héra, 368; — Gaia, 47, 210; — les Dactyles, 61; — les déesses tutélaires de la Libye, 211; — Apollon, 453, 460, 479, 480, 481, 505, 519; libations de J., 31, 210, 357, 694; J. rend un culte à Rhéa, 57-59, 210, 378; J. sacrifie aux dieux, 483; — à Hécate, 141-145, 155-158, 701; sacrifices expiatoires de J., 190; J. tue Apsyrtos, 540-541; J. purifié par Circé, 122, 124, 190-192, 356; J. protégé par Athéné, 421, 424, 425, 429, 434-436, 438-440, 482, 615, 617; le manteau de J., 138, 432-434, 453, 573, 613-614, 617; J. et l'oracle de Pytho, 197, 465, 476, 477, 490; — et les trépieds d'Apollon, 468, 477-479, 488; J. héros solaire, 457, 476; J. comparé à Apollon, 466, 488, 494, 562; — à Arès, 562, 569, 579; J. cher à Arès, 561, 562; J. et Aphrodite, 378, 615; J. reçoit de Cypris un présage, 329, 616, 651; J. porteur du sceptre d'Hermès, 549, 551, 560; J. et Prométhée, 110-111; — et Pélias, 674; — et Phinée, 615; — et Chiron, 4, 472; — et Euphémos, 490; — et Ancaios, 672, 673; J. sème les dents du dragon, 46, 551; J. vainqueur des Géants nés des dents du dragon, 47; J. vainqueur des taureaux, 129, 565, 566.
Jasonien (Apollon), 476, 477, 480, 481, 482, 484, 491.
Jasonienne, (1) Athéné, 421, 424, 425, 426, 431, 438, 441; (2) Artémis, 535.
Jéhovah et Abraham, 328; la colonne de feu de J., 330.
Jeux (les) Mégalésiens, 72; — Troyens, 508; — Actiaques, 508, 520; — Apollinaires, 519; — funèbres en l'honneur d'Anchise, 633, 691.

Joies malsaines (les), 723.
Joseph (songes de), 324.
Junon, fille de Saturne, 55, 391, 401; *Saturnia Iuno*, 398, 399, 400, 401; J. sœur de Jupiter, 388, 403, 404, 411; — épouse de Jupiter, 229, 388, 403, 404, 411, 649, 655; — forme féminine de Jupiter, 237, 388, 724; déesse de l'atmosphère, 236, 411; — du ciel, 237; — déesse de la foudre, 223, 224, 328, 404, 444; J. envoie un orage, 331, 639; J. et Jupiter, 228, 237, 256, 292, 300, 358, 388, 398, 400, 401, 402, 403, 406, 408, 416, 417, 650, 656; le *numen* de J., 264, 407, 408; J. et les *fata*, 270, 292, 407, 408, 649; J. et les Parques, 298, 299; les ruses de J., 682; puissance de J., 406 et suiv.; *Iuno Regina*, 389, 403; J. reine des dieux, 388, 404, 408, 414; J. protectrice, 389; J. de Carthage, 390, 391, 392, 395, 396, 402, 403, 447, 448; *Iuno Caelestis*, 391, 392; J. et Didon, 35, 48, 248, 391, 403, 406, 407, 410, 411, 413, 447, 504, 706, 719; J. donne un *signum* à Didon, 332; J. du Mont-Albain, 232, 397, 398, 402, 403, 417; J. et Juturne, 226, 298, 398, 401, 403, 417; J. d'Ardée, 395, 396, 397, 398, 402, 403; J. *Lacinia*, 397, 507; J. de Gabies, *Iuno Gabina*, 397, 398; J. et Turnus, 248, 249, 401, 402, 403, 405, 406, 407, 410, 411, 416, 417, 418; — et Latinus, 402; — et Amata, 406; Calybé, prêtresse de J., 310, 315, 358, 398, 407; fantôme créé par J., 335, 405, 406; J. rompt le traité, 358; J. ouvre les portes du temple de la guerre, 402, 405, 415, 588; J. et la Furie Allecto, 309, 310, 313, 314, 400, 406, 407, 415; J. sur les champs de bataille, 405-406; J. ennemie de Troie, 395, 397, 402, 411, 415, 442, 450, 511, 643, 651; temple de J. à Ilion, 393, 444; J. et Hélénus, 511, 616; — et Énée, 394, 395, 396, 401, 402, 411, 616, 636, 719; — et Vénus, 228, 249, 258, 263, 296, 343, 395, 404, 406, 413, 414, 416, 631, 637, 648, 649, 654, 655; — et Cupidon, 647; — et Ganymède, 233, 392; — et Éole, 236, 237, 238, 406, 409, 411, 412, 414, 415, 682, 692, 705; J. déesse d'Argos, *Iuno Argiva*, 364, 388, 392, 394, 395, 396, 397, 402; — de Samos, 392, 402; J. déesse *pronuba*, 47, 391, 406, 409, 410, 413, 586; J. et Iris, 226, 248, 249, 315, 391, 395, 400, 404-407, 515, 692; J. du Capitole, 393, 394, 402, 443; *Iuno Moneta*, 393;

J. et les Nymphes, 705-706; — et Proserpine, 406, 719; — et Neptune, 408, 414, 416; — et Hercule, 403, 407; — et Diane, 545; — et Mars, 577-578; J. jure par le Styx, 406; caractère de J. dans l'*Énéide*, 409 et suiv.
Junon infernale (la), la *Junon du Styx*, Proserpine, 155, 157, 718, 719, 723.
Jupiter, fils de Saturne, 55, 257, 399, et de Cybèle, 59, 72, 74, 257; frère de Picus, 55; — de Pluton, 257, 716; — de Neptune, 257, 650, 680, 682; époux de Junon, 229, 388, 403, 404, 411, 649, 655; — amours de J., 229, 231; J. père de Minerve, 444; — d'Hercule, 229; — de Vénus, 229, 231, 631, 655; — de Dardanus, 231; — des dieux et des hommes, 256, 257; J. ancêtre d'Énée, 230, 640; — de César, 226; J. Sicilien, J. Hammon et leur postérité, 230; J. et Io, 231; — et Juturne, 231, 232, 300, 301, 309, 314, 349, 398, 417; — et Ganymède, 232, 392.
Enfance de J., 220; la Crète, île de J., 73; J. et Cybèle, 59, 74-75, 221, 360, 293; J. détrône Saturne, 221; J. et les Cyclopes, 221, 605; J. vainqueur du Géant Ophion, 12 (n. 4); — de Typhoeus-Typhon, 40, 222; — d'Égéon-Briarée, 44, 221; — des Aloïades, 221; J. *Fulgurator, Fulminaris, Fulminator*, dieu de la foudre, 223 et suiv., 226, 328, 329, 348, 359, 404, 444, 605; J. foudroie les Titans, 84-85, 221; — Encélade, 222; — Esculape, 222, 260; — Salmonée, 222, 353; — Anchise, 222.
Tirage au sort du monde entre J., Neptune et Pluton, 283 (n. 5); J. dieu de l'Olympe, 225, 226, 227, 254, 257, 258, 715, 724; — de l'atmosphère, 234 et suiv., 240, 250, 253, 255; 322, 357, 388; identifié au ciel, 233; J. et Éole, 234, 236, 257, 322, 681; J. arbitre de l'ordre moral, 255 et suiv., 322, 357; puissance de J., 256, 261, 294, 295, 297, 299, 351, 721; le *numen* de J., 262, 264; J. et le *fatum*, 266, 293-297, 300, 351, 352; J. et les Parques, 298; — et Mercure, 226, 249-250, 268, 300, 318, 326, 328, 356, 556, 558, 640; — et le conseil des dieux, 227, 257, 258, 259, 289, 295, 352, 416, 654; — et Junon, 228, 237, 257, 292, 300, 398, 400, 402, 403, 408, 416, 417, 583, 650, 654, 656; — et Vénus, 293, 300, 393, 403, 413, 416, 584, 587, 639, 640, 645, 649, 654, 655; — et Iris, 248,

404-405; — et la Furie, 301, 302, 314; — et les Pénates, 318-320; — et le dieu Somnus, 323 ; — et Apollon, 507, 515; serment de J. par le Styx, 260; le palais de J., 306, 401, 583; l'aigle de J., 339, 359; la beauté de J., 358.

Jupiter et la divination, 681 ; J. Dodonéen, 246; rapports de J. avec l'humanité, 300 et suiv., 315 et suiv., 326-329, 353 et suiv.; J. et les prières, 328, 354-355; J. envoie les songes et les apparitions, 317-319, 322, 515; J. et l'augure Tolumnius, 339; présages envoyés par J., 343; J. protecteur d'Enée, 271, 515, 638; J. et Enée, 356-357; — et Anchise, 329, 330, 337, 348, 515; — et Ascagne-Iule, 328; — et Iarbas, 328, 353, 531; — et Mézence, 327; — et Latinus, 326, 356 ; — et Mézence, 327, 354; — et Didon, 353; — et Panthus, 353; impartialité de J., 352; J. *Anxur*, 528; J. *Praedator*, 355; J. *Hospitalis*, 356; J. purificateur, 356; J. dieu des serments et des traités, 356; J. du Capitole, 389, 393, 394, 443.

Jupiter infernal (le), le *Jupiter du Styx*, *Iupiter Stygius*, Pluton, 155, 157, 715, 716, 718, 719, 723.

Juturne (légende de), 231-232 ; J. et Junon, 226, 339, 398, 401, 417; — et Jupiter, 231-232, 300, 301, 314, 348-349, 417; — et la Furie, 309, 313, 314, 334, 349; J. provoque un *augurium*, 339; J., Nymphe du Latium, 704.

K

Kèr (la), déesse de la mort, 188; la K. homérique dans les batailles, 308; *Kères* (les), déesses de la mort, 187, 188, 190; chiennes d'Adès, 139, 714; charmées par Médée, 140; les K. et les *Dirae*, 303.

L

Lacéréia, patrie d'Asclépios, 463.
Lachésis, l'une des Moires, 186.
Lacinia Iuno, 397, 507.
Laconie (le culte de Pollux en), 166; le culte d'Apollon en L., 465.
Ladon, dragon des Hespérides, 153.
Laerte (le linceul de), 142.
Lagus (le *fatum* de), 272.
Lamia, mère de Scylla, 115.
Lampétia ou *Lampétié*, l'une des Héliades, 84, 104 ; L. et les troupeaux d'Hélios, 106-108.

Laocoon, prêtre de Neptune à Troie, 689; étouffé par les serpents, 444.
Laodicé, fille de Priam, et Iris, 248 (n. 6).
Laomédon, père de Tithon, 89; le parjure de L., 689, 692 ; Troie, ville de L., 690.
Λαοσσόος, épithète d'Arès, 579.
Lapithes (les) et Mars, 578.
Latinos, fils d'Ulysse et de Circé, 126. Voir *Latinus*.
Latinus, fils d'Ulysse et de Circé, 126, 128; — de Faunus et de Marica, 126, 128, 129, 325, 525, 704; petit-fils de Picus, 55, 126; descendant du Soleil, 128; époux d'Amata, 448; père de Lavinie, 129, 269, 448, 524; le serment de L., 32, 255, 288, 356, 358, 526, 547, 582-583, 688, 695, 721; prières de L., 287; L. vénère Janus et Saturne, 588; prodige du laurier de L., 525; les ambassadeurs de L., 560; L. et le temple de la guerre, 588; — et les *fata*, 269, 271, 291; — et les présages, 333, 334, 341, 342, 343; — et Jupiter, 326, 356; — et Minerve, 449; — et Apollon, 524, 526.

Latium (le), royaume de Saturne, 54, 55; les dieux du L., 289; Diane, déesse du L., 547; les Nymphes du L., 704; Turnus, l'Achille du L., 605; Cybèle dans le L., 73; Danaé dans le L., 241; culte de Bacchus dans le L., 725-726.

Latmos (le Mont) et la légende d'Endymion, 90-92.

Latone, mère de Diane, 86, 494, 545, 547; — d'Apollon, 494, 497, 521, 524, 526, 533; — de la Lune, 95, 146; — d'Hécate, 148; légende de L. à Délos, 86, 503; joie de L., 545; L. et Tityos, 453 (n. 3); — et Neptune, 690. Voir *Létô*.

Latonia virgo, Diane, 494, 547.
Laurente (Marica, Nymphe de), 126; le culte de Minerve à L., 449.
Lausus et la Fortune, 274; le *fatum* de L., 267; les Mânes de L., 721.
Lavinie, (1) fille de Latinus et d'Amata, 129, 269, 448, 503; L. et les *fata*, 269, 294; — et Minerve, 448; (2) fille d'Anius, 503.
Léda, amante de Zeus, mère de Castor et de Pollux, 164, 165.
Legifera Ceres, 711.
Lemnos, séjour d'Hypnos, 320; Héphaistos, dieu de L., 591, 593, 613; les forges d'Héphaistos à L., 593, 595, 597, 598; les descendants d'Euphémos à L., 671; Hypsipylé, reine de L., 725; les femmes de L. et Cypris,

327, 593, 612, 613; — et Athéné-Minerve, 450, 546.
Lenaeus Pater, surnom de Bacchus, 726.
Lerne (la source de), consacrée à Poseidon, 677; l'Hydre de L., 722, 723.
Lernos Olénien, père putatif de Palaimonios, 591.
Léthé (les eaux du), 324; le L., fleuve de l'oubli, 717.
Létô, Coiogène, 454, 458; fille de Coios, 83; mère d'Apollon, 198, 204, 453, 456, 458, 459, 462, 466; — d'Artémis, 534, 536, 537, 538, 539, 699; L. déesse de la nuit, 458, 466-467; L. changée en louve, 467; L. et Tityos, 45, 453; — et Eiléithyia, 537; — et la chevelure d'Apollon, 458. Voir *Latone*.
Létoïde, (1) Apollon, 206, 453, 456, 460, 463, 470, 471, 476, 484, 487, 488, 533; (2) Artémis, 537, 538;
Létoïdes (les), Apollon et Artémis, 83.
Leucate (Apollon), 508.
Leucothoé, fille d'Eurynomé, 12 (n. 4).
Libations (les) de Jason à Gaia, 31, 210, 357, 694; — à Rhéa, 210; — à Hécate, 142, 143, 156; des Argonautes à Apollon, 203; — en l'honneur de Sthénélos, 199; de Circé pour purifier Jason, 125; d'Énée à Jupiter, 356, 357.
Liber, fils de Cérès, 725, 726.
Libye (les Nymphes de), 48, 469, 701-703, 706; les déesses tutélaires de la L., 211; origine des serpents de L., 41, 42; Athéné en L., 421-423, 441; Apollon en L., 466, 468, 475, 487.
Libyé, Nymphe éponyme de la Libye, 702.
Lichas, consacré à Phébus, 497.
Lilybéen (le cap) et Cypris, 625, 626, 633.
Lipara, île d'Héphaistos, 596, 598, 599; demeure d'Éole, 601.
Λίψ ou *Africus*, vent qui souffle de Libye, 239.
Lubentina Venus, 652.
Lucifer Eous, astre de l'Aurore, 254; aimé de Vénus, 635.
Lucina, déesse des accouchements, 542-543.
Λυκοκτόνος, épithète d'Apollon, 585.
Luna, divinité de la Sabine et de l'Etrurie, 93, 543. Voir *Lune* (la).
Lune (la), fille d'Hypérion et de Theia, 83. Voir *Méné*, *Séléné*. La L. sœur du Soleil, 93, 94; fille de Latone, 95, 146; confondue avec Hécate et Diane, 95, 114, 146, 147, 543; personnalité de la L., 89; le char de la L., 226; la L. et Endymion, 91, 92; — et les Magiciennes, 95, 135-136; — et Pan, 96.
Lupercal (la caverne du), 585.
Lutte (la), dans le système d'Empédocle, 6. Voir *Discorde* (la).
Lyaeus Pater, surnom de Bacchus, 726.
Lycastia, ville des Amazones, 568.
Lycastiennes (les Amazones), 568.
Lycie (la), consacrée à Apollon, 455, 459, 462, 464, 475, 479, 485, 494, 498, 514; 515; le carquois de L., 546.
Lycien (Apollon), 284, 462, 466, 498.
Lycios (Apollon), 466.
Lycophron de Cythère (légende de), 122.
Lycoréia, ville voisine de Delphes, 455, 466.
Lycoréios (Phoibos), 466, 467.
Lycoreus, fils d'Apollon, 455, 466.
Lycos rend un culte à Pollux, 166, 167.
Lycus (le *fatum* de), 267.
Lyncée à la recherche d'Héraclès, 373.
Lyrcéienne (Argos, ville), 365.
Lyrcios (le Mont), en Argolide, 365.
Lyré, nom de l'endroit où la lyre d'Orphée fut consacrée à Apollon, 486.
Lyssa, Furie de la rage, 305.

M

Machlyes (les) et Athéné, 423 (n. 3).
Macris, Nymphe, fille d'Aristée, 366, 700, 709; amie de Déméter, 82, 700, 709; M. et Dionysos, 168, 366, 553-554, 700, 724; — et Héra, 366-367.
Magie (la), 116 et suiv.; à Rome, 146 et suiv.; la m. homérique, 117 et suiv., 133-134; la m. d'Hécate, 114, 116, 117, 135-140; de Circé, 101, 117-121, 124, 126, 130-133, 142; de Médée, 87, 92, 96, 108, 111-112, 114, 132, 135-140, 142, 150, 153, 201, 432, 461, 487, 562, 569; d'Hermès, d'Aphrodite, d'Héphaistos, de Protée, de Calypso, d'Hélène, des fils d'Autolycos, 133; des Sirènes, 133, 137; de Poseidon, 134; d'Orphée, 137, 153; d'Amphion, 138; de Canidie et de Sagana, 149; d'Umbro, 150; des Marses, 150; de la prêtresse Massylienne, 152 et suiv.; pouvoir magique de l'herbe *Moly*, 133; influence ma-

gique de la Lune, 95; la Lune et les Magiciennes, 95, 136; sacrifice magique de Jason, 141 et suiv., 156 et suiv.; de Médée, 145-146, 152-153; de Didon, 151 et suiv.

Magus invoque les Mânes, 721.

Maia, fille d'Atlas, 557; mère d'Hermès-Mercure, 179 (n. 3), 196, 249, 321, 554, 557, 560.

Maladies (les), divinités allégoriques, 723.

Mana-Geneta, identifiée à Hécate, 117, 148.

Mânes (les) envoient les songes, 319-320; légende des M., 721-722.

Mantique (la) et Phoibos, 196.

Manto, Nymphe prophétesse, 696.

Marcellus et les *fata*, 272.

Mare, divinité de la mer, 32 (n. 5).

Mariandyniens (le culte de Pollux chez les), 166-167; l'entrée des Enfers chez les M., 713.

Marica, Nymphe de Laurente, épouse de Faunus, mère de Latinus, 126, 128, 325 (n. 2), 704; confondue avec Circé, 127.

Mars, époux ou frère de Bellone, 586; père des Amazones, 578-579; — de Romulus et de Rémus, 585, 589; M. et Vénus, 576-577, 581, 607, 639; — et les Lapithes, 578; — et *Bellum*, 587-588; — et la Victoire, 587; — et le loup, 585-586; M. dieu de Thrace, 577, 638; M. *Gradivus*, 577; M. *Ultor*, 493, 630; M. du Mont-Palatin, 584; impartialité de M., 582-583, 589; M. allié des Latins, 352; des Troyens, 582; le *numen* de M., 263; le cortège de M., 303, 579, 580-581, 587; le char de M., 601; M. dans l'*Énéide*, 574 et suiv.

Marses (les magiciens), 150; descendants d'un fils de Circé, 151.

Massylienne (la prêtresse), 153, 154.

Mater Acidalia (Vénus), 632, 633 (n. 2).

Matinal (Apollon), 459, 485.

Mavors, autre nom de Mars, 583 (n. 1 et 2).

Maxima Iuno, 407.

Maximus Iupiter, 352.

Médée, fille d'Aiétès et d'Eidyia, 14, 96, 129, 213; petite-fille d'Hélios, 96; petite-nièce de Séléné, 93; M. élève d'Hécate, 116, 135, 138-140; M. magicienne, 87, 92, 96, 108, 111, 112, 114, 132, 135, 136-142, 144-146, 151, 153, 201, 320, 323, 327, 432, 461, 487, 562, 569; M. attire Méné sur la terre, 96, 114; M. et Jason, 108, 110, 173, 375, 379, 380-383, 413, 428, 440, 487, 643, 648; le mariage de M., 35, 48, 186, 210, 369, 377, 378, 382, 411, 488, 629, 695, 706; M. jure par Ouranos et Gaia, 29; M. et Circé, 128, 129, 132, 356, 459; — et l'Erinys, 189; — et Hypnos, 320; — et le dragon, 323; — et Talos, 327; — et Héra, 327, 375, 379, 380, 383, 413, 430; — et les Moires, 471; — et le trait d'Eros, 531, 623-624, 626-628, 647; — et Artémis, 539; M. comparée à Artémis, 538; les songes de M., 195, 196, 317 (n. 5).

Medicus Apollo, 496.

Médon (impiété de), 354.

Méduse (la tête de), 42. Voir *Gorgone* (la).

Megaera ou *Mégère*, l'une des *Dirae*, 301; l'une des Erinyes, 303; M. aux Enfers, 308, 314.

Mégalésiens (les jeux), 72.

Mélampodide (le) Polyidos, 516.

Mélanippé, Amazone, 568.

Mélia, Nymphe, mère d'Amycos, 675, 700.

Méliades (les), nées des arbres, 20, 700.

Mélicerte, fils d'Ino, 685.

Méliennes (les Nymphes), nées du sang d'Ouranos, 41.

Méligounis, ancien nom de Lipara, 596.

Mélité, (1) Néréide, 664, 686; (2) Naïade, fille d'Aigaios, 695, 697.

Melpomène, Muse, mère des Sirènes, 679.

Memnon, fils de l'Aurore, 89, 608; les armes de M., 608.

Memphis, mère de Libyé, 702.

Méné (la Titanienne), 83; la même que Séléné ou la Lune, 89, 90, 536; attirée par Médée sur la terre, 96; distincte d'Artémis, 536; identifiée à Artémis, 543; — à Athéné Minoïde, 428.

Ménélas, protégé par Héra et par Athéné, 419, 423, 431, 435; M. et Pandaros, 530.

Menerfa ou *Menrfa*, déesse d'Etrurie, 444, 449.

Ménétos, père d'Antianéiré, 549.

Mentor (Athéné sous la forme de), 377, 435.

Mercure, fils d'Uranus, 39; — de Maia, 249, 321, 557, 560; M. messager de Jupiter, 225, 249, 250, 268, 270, 300, 315, 328, 356, 556, 558, 640; M. dieu du vent, 250, 556; M. invoque les vents, 241; M. et Enée, 315, 318, 326, 328, 558, 636; — et les hérauts, 559-560; — et les âmes des morts, 714; — et Hermès, 560; les ailes de

48

M., 241, 250; la baguette de M., 559; la rapidité de M., 250.

Mercurius, dieu latin, 556. Voir *Mercure*.

Mère (la), surnom de Cybèle, 73; la M. du Mont-Ida, 56, 57, 61; 71, 72; la M. Dindymène ou Dindymienne, 58; la M. Idaienne, 65; la M. Idéenne, 77; la M. des dieux, 293; Vénus Mère, 493, 630.

Mérope, Nymphe, mère de Phaéthon, 104.

Méropé, l'une des Héliades, 104.

Messapus, fils de Neptune, 687-688.

Métamorphoses (les) opérées par Circé, 120-121, 130-131; Poseidon, dieu des m., 673; les m. de Protée, 133; — de Périclyménos, 134, 673; — d'Héra, 134, 376-377, 384, 532, 641; — de Triton, 134, 668; — des Hespérides, 134, 211, 702-703; — des navires d'Enée en Nymphes, 705; — de Scylla, 147 (n. 4); — de Zeus en Eros, 9; — d'Iris en Béroé, 248; — d'Athéné en Mentor, en berger, en jeune fille, 377, 435, 532, 641; — de Juturne en Camertus, 417; — de Vénus en Nymphe, 544, 641; — d'Apollon en Butès, 532.

Μήτηρ Ἀνταίη, surnom de Rhéa, 63; M. Ἰδαίη, surnom de Rhéa-Cybèle, 74.

Métis, divinité orphique, 7.

Metus, déesse allégorique de la peur, 580, 581.

Mézence (impiété de), 353-354; M. et Jupiter, 327; — et les Furies, 305; — et Enée, 355, 529, 581; — et la prédiction de l'haruspice, 270; — et la prédiction d'Orodès, 272.

Milétos, (1) fils d'Apollon et d'Acacallis, 467; (2) héros éponyme de Milet, 671.

Mimas, géant tué par Arès, 38, 96, 565.

Minae (les), déesses allégoriques des menaces, 580 (n. 8).

Minerve, fille de Jupiter, 229; M. lance la foudre, 224, 329, 404, 444; le temple troyen de M., 444; le temple de M. en Apulie, 448; les statues de M., 444 (n. 7); culte de M. à Laurente, 449; M. du Capitole, 389, 393, 394, 443, 449, 450, 451; le *numen* de M., 263; *omen* donné par M., 349; M. et Junon, 403-404, 411-414, 444; — et Nautès, 444; — et Ajax, 444-445; — et Coroebus, 446; M. ennemie d'Enée et de Troie, 442, 447; M. alliée des Achaïens, 446; — de Rome, 289, 445, 449, 450, 451, 583, 584, 688; M. déesse pacifique, 450; les travaux de M., 546.

Minervium ou *Castrum Minervae*, 448.

Minoïde (Athéné), 428, 429.

Minos, fils de Zeus, 168; époux de Pasiphaé, 101; père d'Ariane, 428, 725; — d'Acacallis, 466, 467; — de Glaucos, 516, 517; M. et Athéné, 429; — et Dédale, 516.

Minotaure (le), 102.

Minyas, ancêtre des Minyens, 674; — de Pélias, 676.

Minyens (les), issus de Minyas, 674; les M. d'Orchomène, 674; Phrixos le Minyen, 433; Idas le M., 616; les M. et Rhéa, 57, 210; — et Athéné, 423; — et Cyrène, 469; — et Apollon, 480, 482, 485, 487, 488; — et Cypris, 613, 614, 616; — et Héraclès, 670; — et Poseidon, 674, 675, 676.

Misène et Triton, 683-684; — et la jalousie des dieux, 285; M. victime expiatoire, 323 (n. 3); légende de M., 247.

Mnémosyné, l'un des Titans femelles, 82, 85; mère des Muses, 473.

Mnesthée et Neptune, 692.

Moira ou *Moire* (la), déesse de la destinée, 184, 185; *Moires* (les), triple personnification de la destinée, 186, 190; les M. et Médée, 471; victimes immolées aux M., 186, 471; rôle des M., 187, 188; les M. aux mariages, 187; les M. assimilées aux Parques, 298.

Moly (l'herbe magique), 133.

Monita (les) des dieux, 326 et suiv.

Monstres (les) de la mer, 664.

Monstrum (sens du mot), 331-337; le *m.* confondu avec l'*augurium*, 339.

Montagneuse (la déesse), surnom de Cybèle, 58.

Mopsos, fils de Chloris et d'Ampycos, 198; devin, élève d'Apollon, 198, 477; limites de la science divinatoire de Mopsos, 198-201, 203, 616-617, 651; M. et Jason, 58-60, 199; mort de M., 205, 274, 473.

Mulciber, surnom de Vulcain, 602, 603.

Musagète (Apollon), 473, 476, 491, 521.

Muse (la), fille de Zeus, 168; inspire Virgile, 128; invoquée par Apollonios, 522; — par Virgile, 388, 521; *Muses* (les), filles de Jupiter, 229; — de Zeus et de Mnémosyné, 473; invoquées par Apollonios, 28, 473, 485; — par Virgile, 521; les Muses dans les *Argonautiques*, 473, 522; dans l'*Enéide*, 521-523; Terpsichore, l'une des M., 678; les M. et Aristée, 472,

474; — et Crétheus, 523; les troupeaux des M., 474-475; les statues des M., 521; les M., de la mer, 625. Voir *Sirènes* (les).

Mycènes, consacrée à Héra, 366; vaincue par Minerve, 445.

Mygdon, père de Coroebus, 500.

Myrmidon, père d'Eupolémeia, 549; ancêtre des Myrmidons, 549, 550.

Myrtose (les Nymphes du M¹), 469, 470, 475, 701.

Mysaion (le), sanctuaire de Déméter, 490.

Mysia (Déméter), 490.

Mystères (les) de Samothrace, 65, 71, 76, 145, 210; d'Eleusis, 71, 113, 114; d'Hécate, 132 et suiv. Voir *Hécate*.

N

Naïades (les), servantes de Circé, 121, 125, 698; les N. et les Nymphes, 697; — et Héra, 695; — et Achille, 697; les N. Philyra et Chariclo, 697; Mélité, 695, 697; Harmonia, 700.

Nasamon, fils d'Amphithémis, 466, 702.

Nauplios, fils ou descendant de Poseidon, 669, 670.

Nausicaa et Ulysse, 643; N. comparée à Artémis, 538, 545.

Nautès, instruit par Pallas, 270, 443, 444; sagesse de N., 277; N. et le culte de Pallas, 443; N. et Énée, 637.

Naxos, fils d'Apollon et d'Acacallis, 467.

Néaira, mère des Héliades, 106.

Nécessité (la) ou Adrastée, 7; la N., synonyme de la volonté de Zeus dans les *Argonautiques*, 184-185, 205.

Nécromancie (la), 199, 200, 325.

Nékyia (la) homérique, 200.

Nékyomancie (la), 200.

Nélée, (1) fils de Poseidon, 673; (2) fils de Codros, 482.

Néléien (le) Périclyménos, 673.

Némée (le lion de), 6.

Némésis, fille de la Nuit, 67, 68; confondue avec Adrastéia, 67; N. personnification de la vengeance divine, 188, 190.

Nemorensis (Diane), 544; le Rex N., 544.

Néoptolème, fils d'Achille, 500.

Népéienne (la plaine), 68.

Neptune, fils de Saturne, 55; frère de Jupiter, 257, 650, 681, 682; père de Triton, 247 (n. 6), 683; — de Messapus, 687-688; partage du monde entre Jupiter, Pluton et N., 283 (n. 5), 681, 715; N. et Junon, 408, 682; — et Vénus, 230, 323, 650, 654, 692; — et Éole, 237, 247 (n. 6), 681, 682, 684; — et Protée, 681; — et les Néréides, 664, 665; le trident de N., 663; le cortège de N., 664, 682, 685, 686; N. dans l'*Enéide*, 680 et suiv.; N. et Laomédon, 689; — et Troie, 689; Troie, ville de N., 689; Laocoon, prêtre de N., 689; N. et Énée, 690-694; sacrifice d'Énée à N., 505, 690; N. et Palinure, 691, 692; — et Mnesthée, 691-692; N., dieu romain, 687; N. combat pour Rome, 289, 449, 583, 584, 688.

Neptunus Aegaeus, 687, 690.

Nérée, dieu marin, 116; époux de Doris, 660, 663; père de Thétis, 661; — des Néréides, 662, 663, 664, 697; légende de N., 660 et suiv.; les étangs de N., 253, 663; le trident de N., 663; N. et Glaucos, 194, 517, 660, 667; — et Protée, 663.

Néréide (la) Thétis, 84, 169, 368, 608, 609, 660, 661, 664. Voir *Amphitrite, Cymodocé, Cymothoé, Doto, Galatée, Mélité, Nesaeé, Panopéa, Spio, Thalia*.

Néréides (les), dans l'*Iliade*, 194 (n. 4); confondues avec les Moires, 186-187; filles de Doris, 664; les N. et Neptune, 664, 665; — et Argo, 381, 384, 441, 596, 660, 661, 662, 665; le chœur des N., 664, 665; catalogue des N., 664.

Nesaeé, Néréide, 664, 686.

Nestor et Diomède, 354; prière de N. à Zeus, 256-257.

Nethuns ou *Nethunus*, dieu des Etrusques, 680.

Νικηφόρος (Cypris), 615.

Nisos, père de Scylla, 147 (n. 4).

Nisus, fils de la Nymphe Ida, 706; N. prend à témoin le ciel et les astres, 31, 255; impiété de N., 327, 354, 582; la mort de N. et le *numen*, 284.

Noah et Elohim, 180.

Nomios, (1) Apollon, 471, 472, 474, 488, 496; (2) Aristée, 474.

Notos ou *Notus*, l'un des vents principaux, 172, 238, 239, 240, 243; les *Noti*, 241.

Nuit (la), dans le système d'Eudème, 6; la N. sœur de la Terre, 32, 155, 305; mère des Euménides, 32, 155; — des Furies, 303, 305; — de Némésis, 67; — d'Hécate, 113; — des *Dirae*, 301; — de la Discorde, 312 (n. 6); la N. et le Sommeil, 321; l'Enfer, séjour de la N., 720; sacrifice d'Énée à la N., 156, 157.

Numen (théorie du) et hiérarchie des divers *numina*, 261 et suiv.; le *n.* de Vénus, 326 (n. 5); — de Junon, 407.

Numicus (le fleuve), 695.

Nymphe (la), mère d'Iarbas, 230;— de Dipsacos, 701; la N. et Hylas, 535, 615, 698-699; Vénus sous la forme d'une N., 338, 544, 641, 706. Voir *Adrestéia, Anchialé, Antiopé, Aricie, Astérodéia, Carmenta, Cercyra, Chloris, Clymène, Corycia, Cymodocée, Cyrène, Déiopéa, Dryopé, Egérie, Garamis, Harmonia, Ida, Juturne, Lampétia, Libyé, Macris, Manto, Marica, Mélia, Mérope, Opis, Phaéthousa, Sébéthis, Sinopé, Tritonis, Vénilia.*

Nymphes (les), filles d'Océanos, 14; — de Zeus, 14; — du fleuve Aigaios, 697; légende des N., 697 et suiv.; naissance des N., 5, 17; classification des N., 697-703; les N. Héliades, 104; — Hespérides, 702, 703; — Méliennes, 41; — Phaiaciennes, 48; — Coryciennes, 454-455, 699; — Camènes, 523; — du Pélion, 698; — de Nysa, 554; — du Myrtose, 469, 700; — de Libye, 48, 701, 706; les Sirènes, N. fluviales, 679; les N. et les Naïades, 697; autel élevé aux N., 186, 471, 703; les N. au conseil de Zeus, 258; navires d'Enée changés en N., 262, 335, 341, 348, 605, 687, 705; le *numen* de ces N., 262; les N. de Junon, 406, 409, 705-706; les N. et Cyrène, 24; — et Aristée, 474; — et Héra, 186-187, 382, 698, 699; — et Amphithémis, 467; — et Artémis, 535-539, 698-700; — et Diane, 544-546, 706; — et Hermès, 554; — et Dionysos, 554;— et Poseidon, 668; — et Cleité, 698, 700; — et Hylas, 698-699; — et Enée, 703-704.

Nysa (la plaine et le mont de) et Typhaon, 39; Dionysos, dieu de N., 724, 726; les Nymphes de N., 554.

Nyséien (Dionysos), 167, 366, 553, 724, 725.

Nyx, sœur de Gaia, 305; mère d'Hypnos et des Songes, 321. Voir *Nuit* (la).

O

Ocnus, héros de Mantoue, 696.

Océan (l') et Téthys, nés du Ciel et de la Terre, 6, 16; l'O. père du monde, 16; — d'Eurynomé, 16; l'O. et la course du Soleil, 23, 99, 100, 101; — et l'Aurore, 89; — et Seirios, 173; — et les Pléiades, 253; — et Orion, 253; — et Vesper, 254; — et Atlas, 558; les flots de l'O., 5, 7. Voir *Océanos*.

Océanides (les), filles d'Océanos, 82. Voir *Béroé, Chariclo, Clio, Eidyia, Electré, Eurynomé, Libyé, Persé, Philyra*.

Océanos, dieu primitif des eaux, 85, 660; fils d'Ouranos et de Gaia, 13; frère de Cronos, 13; époux de Téthys, 13, 14, 83, 659; père de tous les dieux, 13, 82-83; — des Nymphes, 14, 697; — d'Eurynomé, 13, 14; — de Philyra, d'Eidyia, 14; — de Dioné, 82; — de Persé ou Perséis, 102 (n. 4).

Oceanus et Cyrène, 659. Voir *Océanos*.

Ocypété, l'une des Harpyes, 178.

Oebalus, fils de la Nymphe Sébéthis, 704.

Ogygienne (Thèbes), 427, 457, 566.

Oiagros, père d'Orphée, 137, 534.

Oïlée ou *Oïleus*, père d'Ajax, 223, 450, 570.

Oinomaos et Pélops, 433.

Olympe (l'), (1) montagne de Thessalie, 163; l'O. neigeux, 5, 7, 74, 163; l'O. royaume d'Ophion et d'Eurynomé, 5, 7, 163; — de Cronos et de Rhéa, 51, 66; (2) ciel en général, 52, 92, 144, 438, 545, 624, 710, 724; demeure de Saturne, 226; — de Zeus, 163, 181, 227, 364; — de Jupiter, 225-227, 257-258, 260, 262, 359; — des Furies, 303; Zeus maître de l'O., 163, 178, 213; Jupiter maître de l'O., 59, 157, 225, 226, 230, 318, 319, 353; les astres de l'O., 254-255; l'O. et le tonnerre, 328; l'O. et les forges d'Héphaistos, 593, 602; l'O. d'Homère, 59, 71, 164, 227, 259; — d'Apollonios, 163, 181, 227; — de Virgile, 225, 227-229, 259.

Olympien (1) (Zeus), 163, 217; le Zeus O. de Phidias, 359, 621; (2) (Héphaistos), 80.

Olympienne (Athéné), 420.

Olympiens (les), 190, 197, 322, 377, 638, 642; les O. subordonnés à Zeus, 86; l'assemblée des O., 357, 359; Gaia mère des O., 47; Rhéa mère des O., 57, 74; les O. meurtriers des Titans, 34; les fils de Gaia ennemis des O., 47, 80, 456; les O. ancêtres des Argonautes, 87; les O. et Hélios, 96; — et la magie, 87.

Omen (théorie de l'), 265, 300, 337 et suiv., 345 et suiv.; o. confirmé par Jupiter, 330, 337.

Oncheste ou *Onchestos*, sanctuaire de Poseidon, 677.

Ὄνειροι (les), 317. Voir *Somnia* (les) et *Songes* (les).

Onirocritique (l'), 319.
Oniroscopie (l'), 324, 325.
Ophion et Eurynomé, maîtres de l'Olympe, 5, 7, 10, 11, 13, 14, 15, 80, 163; O. vaincu par Cronos, 5, 7, 9, 11, 12, 14, 23, 50; O. père de la Goutte, 11; O., l'un des Géants, 10 (n. 1), 12 (n. 4); O., l'un des Spartes, 12 (n. 4); O., père du Centaure Amycos, 12 (n. 4).
Ophionée, Titan, vaincu par Cronos, 7, 9, 10. Voir *Ophion*.
Ophionides Amycus, 12 (n. 4).
Opis, Nymphe de Diane, 226, 545-547, 706.
Optimus (Jupiter), 352.
Oracles (les) de Zeus, 193 et suiv.; — de Jupiter, 356; — d'Apollon, 197, 351, 479, 483, 484, 502, 514; — de Faunus, 271, 325-326; — de Celaeno, 327; — de Pytho, 197, 477, 478; — d'Ortygie, 506; — de Lycie, 514; les o. et Enée, 269.
Orchomène, (1) père d'Elaré, 45; — de Minyas, 674; (2) ville de Minyas et des Minyens, 674.
Orcus, roi des Enfers, 714, 715.
Orcus (l'), demeure infernale, 306, 307, 308, 321, 714, 715, 717.
Oréades (les) et Diane, 545, 706.
Oreste et la purification, 123, 124; — et Athéné, 440; — et les Furies, 305, 307.
Oréithyia et Borée, 175-176.
Orion aux armes étincelantes, 251; légende du chasseur O., 173, 252-253; la constellation d'O., 173; O. et l'Océan, 253; — et les tempêtes, 240, 251, 252; le chien d'O., 173, 251. Voir *Seirios* et *Sirius*.
Orithyia et Borée, 244; — et Pilumnus, 244. Voir *Oréithyia*.
Ornithomancie (l'), 199.
Ornithoscopie (l'), 198, 200, 202, 203, 651.
Orodès (prédiction d') à Mézence, 272.
Orphée, fils d'Oiagros, 137, 534, et de Calliope, 473 (n. 2); le chant d'O., 4-6, 9-10, 13-16, 23, 27, 50, 80, 162, 453-454, 458; O. invoque les Nymphes, 14; — Apollon, 459, 485; O. célèbre Pollux, 483; théories d'O. sur la naissance des Nymphes, 17; la lyre d'O., 486; O. et Jason, 4; — et les mystères de Samothrace, 69-71, 76; — et le culte de Rhéa, 71; — et les chênes de Zône, 137; — et l'extispicine, 203; — et les Hespérides, 211, 702, 703; — et le trépied d'Apollon, 468; — et les Sirènes, 678.

Orphisme (l'), 4 et suiv., 138, 563 (n. 3); l'O. et Hécate, 116 et suiv.
Ortygie, sanctuaire d'Apollon, 452, 465, 481, 505 (n. 4), 506. Voir *Délos*.
Ossa, déesse de la renommée, 34, 35. Voir *Fama*, *Renommée* (la).
Othryoneus, amoureux de Cassandre, 500 (n. 3).
Othrys, père de Panthus, 502.
Otos, l'un des Aloïades, 43, 456, 675.
Otréré, reine des Amazones, 566, 567.
Ourania (Aphrodite), 642.
Ouranide (l') Cronos, 51.
Ouranides (les), 50.
Ouranos, époux de Gaia, 13, 33, 47, 48, 709; père de Cronos, 13, 28, 30, 50, 55; — de Rhéa, 56; — d'Océanos et de Téthys, 13; — des Titans, 33, 50, 80, 82, 85, 94; — des Cyclopes, 33 (n. 2); ancêtre des Phaiaciens, 28; légende d'O., 28, 50, 80, 87; O. vaincu et mutilé par Cronos, 11, 12, 28, 81; O. et Zeus, 28 (n. 5); serment par O., 29, 30; le sang d'O., 41, 305; — et la naissance d'Aphrodite, 229, 612.
Ourses (les deux), constellation, 23, 251, 252; la grande O. et Tiphys, 420.

P

Paeonius Apollo, 496.
Pagases, ville d'Apollon, 426, 480, 481, 482.
Paiéôn, médecin des dieux, 473, 474, 491; confondu avec l'Apollon de l'*Enéide*, 496-497. Voir *Paiôn*.
Paiôn, père d'Aristée, 114.
Palatin (Apollon), 493, 506, 508, 519, 520, 521, 532, 533, 630, 631, 637.
Palémon, autre nom de Mélicerte, 685, 686.
Palès, dieu champêtre, 495.
Palinure invoque Neptune, 691; observe les astres, 251, 252, 323; jure par les astres, 255; P. victime d'un dieu, 285, 323, 692; ballotté par le Notus, 241; P. aux Enfers, 520; P. et Enée, 636; — et la Sibylle, 292; — et le dieu Somnus, 323, 324, 335, 692; sens symbolique du nom de P., 693.
Palique (le génie), fils de Jupiter, 230.
Palladion ou *Palladium* (le), 332, 443-445, 478.
Pallas, nom et surnom d'Athéné, 429; l'égide de P., 41, 450, 601; les armes de P. forgées par les Cyclopes, 221 (n. 2), 601; P. lance la foudre,

223; Argo, œuvre de P., 421; P. protectrice d'Ilion, 443; P. destructrice d'Ilion, 446; les rameaux de P., 451, 560; la toilette de P., 619; P. et Junon, 403-404; — et Achille, 638; — et Oreste, 123; — et Nautès, 270-271, 443; — et les Troyennes, 447; — et Amata, 448; P. assimilée à Minerve, 449, 451. Voir *Athéné*, *Minerve*.

Pallas, fils d'Evandre, 261, 268; prière de P. au Tibre, 284; P. et Enée, 289; le *fatum* de P., 267.

Pallor, dieu allégorique de la pâleur, 580.

Pan, fils de Dryopé, 705; P. et la Lune, 96; — et Faunus, 705.

Pandaros ou *Pandarus*, (1) invoqué par Eurytion, 288; P. et Ménélas, 530; (2) guerrier troyen, 405.

Pandore, chef-d'œuvre d'Héphaistos, 594; épouse de Prométhée, mère de Deucalion, 110.

Panopéa ou *Panopée*, Néréide, 664, 685, 686.

Panthus, prêtre d'Apollon, 502, 526, 547; impiété de P., 353.

Paphos, sanctuaire d'Aphrodite-Vénus, 611, 631, 632, 643, 655.

Paraibios (la légende de), 484, 700 (n. 4).

Pâris, meurtrier d'Achille, 499; le jugement de P., 384, 392.

Parnasse (le) et Apollon, 453; l'antre des Nymphes dans le P., 455.

Parques (les) dans l'*Enéide*, 298-299; les P. et Enée, 650.

Parthénia, demeure d'Héra, 366.

Parthénien (l'Imbrasos), 366.

Parthénios (le), fleuve consacré à Artémis, 536, 537, 538.

Pasiphaé, fille d'Hélios, 83, 93, 101, 102, 106; mère de Phèdre, 102; légende de P., 102-103.

Pasithéa ou *Pasithée*, l'une des Charites et Héra, 409, 705.

Pataro, sanctuaire d'Apollon, 452.

Pauvreté (la), divinité allégorique des Enfers, 723.

Pavor, dieu de l'épouvante, 580.

Peirithoos ou *Pirithoüs*, fils d'Ixion, 52; les noces de P., 578; P. et Proserpine, 719.

Pélasges (les), protégés par Athéné, 424.

Pélasgienne, *Pélasgique* ou *Pélasgis* (Héra), 365, 374, 675.

Pélée, père d'Achille, 214; P. et Thétis, 381, 660-662; — et Ancaios, 672.

Pélias, fils de Crétheus, 674; — de Poseidon, 675; P. et Poseidon, 374, 675, 676; — et Héra, 372, 374, 375, 376, 377, 378, 382, 386, 389, 410, 675; — et les Argonautes, 476, 674-675; l'ordre fatal de P., 208; les funérailles de P., 177.

Pélion (le) et Eôs, 88; Saturne sur le P., 51; Argo enfant du P., 192; les Nymphes du P., 698.

Pélops et Oinomaos, 433.

Pénates (les) et Enée, 256, 267, 318-319, 502, 506, 509, 513.

Pénée (le fleuve), père de Cyrène, 701; Cyrène sur les bords du P., 469.

Pénéleus, meurtrier de Coroebus, 446.

Pénélope et Ulysse, 20; — et le linceul de Laerte, 142; — et les rêves, 315.

Penthée et les Euménides, 305, 307.

Penthésilée, fille de Mars, 578, 579.

Péoniennes (les herbes), 496.

Pergame (le *fatum* de), 502; Pallas détruisant P., 446; le temple de Pallas à P., 443; le temple d'Apollon à P., 502, 532, 533.

Périclyménos, petit-fils de Poseidon, 134, 673.

Persé, Océanide, épouse d'Hélios, 83, 105, 118.

Persée ou Eurymédon, fils de Zeus, 53; P. et la Gorgone, 41, 42,

Perséis, la même que *Persé*, 101 (n. 6), 102 (n. 4).

Perséphoné, fille de Déméter, 709; épouse d'Adès, 118, 712; le mythe de P., 711 et suiv.; l'enlèvement de P., 712; P. en Sicile, 82; P. surnommée Brimô, 114; distincte d'Hécate, 114, 712; confondue avec Hécate, 157; P. ne joue aucun rôle dans la magie des *Argonautiques*, 143-144, 712; P. et les Sirènes, 679, 712; — et Tirésias, 119; — et Sthénélos, 199, 712.

Persès, Titan, 87, 147; fils de Crios, 83; père d'Hécate, 83, 87, 113, 114, 117, 140, 141, 143, 144.

Pétra-Haimonienne, sanctuaire de Poseidon, 677.

Πετραῖος, épithète de Poseidon, 677.

Phaéthon, (1) fils d'Hélios et de Clymène, 83, 103, 105; — d'Hélios et de Rhodé, 105; légende de Ph., 104-106, 108; les sœurs de Ph., 106, 107 (n. 2), 463; (2) fils de Clyménès et de Méropé, 104; (3) fils d'Eôs et de Céphale, 103, 105; (4) cheval d'Eôs, 103; (5) surnom d'Hélios-Sol, 103; (6) surnom d'Apsyrtos, 103.

Phaethontiades (les), sœurs de Phaéthon, 106 (n. 1).

Phaéthousa, fille d'Hélios, 84, 106;

INDEX.

Ph. et les troupeaux d'Hélios, 107-108.

Phaiaciens (les), issus d'Ouranos, 28; — de Poseidon, 28; — de Phaiax, 675; les Ph. et le culte d'Apollon, 471, 488; Alcinoos, roi des Ph., 381; l'île des Ph. et Macris, 367; origine du nom de l'île des Ph., 80-81; les Nymphes phaiaciennes, 48.

Phaiax, fils de Poseidon, 675.

Phanès, dieu orphique, 7.

Phébus, frère de Diane, 146, 148, 516; père d'Esculape, 496; le *numen* de Ph., 263; Ph. prophète de Jupiter, 351; Ph. confondu avec le Soleil, 497; Ph. invoqué par Enée, 498-499; temple et fêtes en l'honneur de Ph., 519; Ph. et les Harpyes, 246; — et la Sibylle, 148 (n. 2), 517, 524; — et Lichas, 497; — et Anchise, 506; — et Hélénus, 509; — et les Phéniciens, 514; — et les poètes, 521; — et Latinus, 525; — et Haemonides, 526; — et Arruns, 527. Voir *Apollon, Phoibos*.

Phèdre, fille de Pasiphaé, 93, 102.

Phémé, déesse de la Renommée, fille de l'Espérance, 34, 35.

Phérès, père d'Admète, 463.

Philémon et Baucis, 376.

Philoctète (impiété de), 182.

Philyra, fille d'Océanos, 14, 51, 52, 659; mère de Chiron, 52, 697; Ph. et Cronos, 51, 52, 168, 169, 231.

Philyride (Chiron), 52.

Phinée, mari de Cléiopâtré, 176, 183; Ph. et Apollon-Phoibos, 205, 484; le pouvoir divinatoire de Ph., 205-207, 378, 436; le châtiment de Ph., 206; Ph. et l'Erinys, 189; — et les Harpyes, 29, 174, 176, 177, 245, 247, 309; — et les Argonautes, 50, 484, 485, 510-511, 566, 570, 615, 616, 617, 713; serment de Ph., 183; piété de Ph., 212; idées de Ph. sur la prière, 211, 512.

Phlégéthon (le), fleuve du Tartare, 717.

Phlégra (la bataille de), 12 (n. 4), 37, 38, 96, 565, 594.

Phlégraien (le) Mimas, 38, 96, 565.

Phlégyas, père de Coronis, 463.

Phlias, fils de Dionysos, 724.

Phobos, dieu allégorique de la terreur, 580.

Phoebé, surnom de Diane, 85.

Phoibé, (1) Titan femelle, 82; mère de Létô, 83; (2) l'une des Héliades, 104.

Phoebigena, épithète d'Esculape, 496.

Phoibos, prophète de Zeus, 351; dieu de la divination, 196, 197, 479; Ph. vainqueur de Tityos, 433, 453; Ph. Iépaiéôn, 453, 485; l'hymne de Ph., 454, 455, 485; Ph. Lycoreus, 466; sanctuaires de Ph., 465; Ph. prié par les Argonautes, 212; invoqué par Jason, 460, 479; — par Apollonios, 476; les trépieds de Ph., 477, 478, 488; Ph. et Oreste, 123; — et Acacallis, 466, 702; — et Cyrène, 470; — et Phinée, 484; — et le culte d'Idmon, 486; Ph. Aiglétès, 489. Voir *Apollon, Phébus*.

Phoinix, père d'Europé, 168.

Phorbas, (1) père de Scylla, 115; (2) Troyen et Hermès, 550; le dieu Somnus sous la forme du Troyen Ph., 323.

Phorcos ou *Phorcus*, dieu funeste, 116; père de Scylla, 83, 115; — des Graies, des Gorgones et des Sirènes, 116 (n. 4); l'armée de Ph., 664, 686; le chœur de Ph., 685; Ph. confondu avec Phorcys, 115.

Phorcys, dieu bienfaisant de la mer, 116; fils de Pontos et de Gaia, 116 (n. 4); père de Scylla, 115; — du dragon des Hespérides, 42 (n. 7); — des Graies et des Gorgones, 116 (n. 4); Ph. confondu avec Phorcos-Phorcus, 115.

Phoroneus, génie du feu, 62 (n. 3), 66; la fille de Ph., 66.

Phrixos, père d'Argos, 421, 672; les fils de Ph., 170, 171, 175, 190, 436, 571; les fils de Ph. et Aiétès, 186; — et Médée, 380; Ph. et Zeus, 180, 249; — et Hermès, 179, 190, 249, 564; — et Aiétès, 179, 182, 190, 249, 564; — et le bélier, 433, 550, 564; Ph. élève un autel à Zeus, 190; l'exil de Ph., 197; les restes de Ph., 190, 196.

Phrontis, pilote de Ménélas, 692.

Phrygie (les religions de), 65; Cybèle déesse de Ph., 73; le culte d'Héra en Ph., 392.

Phrygiens (les) et le culte de Rhéa, 57, 61, 75.

Phyllis (le fleuve), père de Dipsacos, 701.

Φύξιος, épithète de Zeus, 190 (n. 5), 191 (n. 2).

Picus, fils de Saturne, 55; époux de Vénilia, 127; époux ou amant de Circé, 126-128; frère de Pilumnus, 128 (n. 2); P. et Mars, 584; le temple de P., 347, 358.

Piérides (les), nom des Muses, 473 (n. 2).

Piéros (les chênes du) et Orphée, 137.

Pilumnus, frère de Picus, 128 (n. 2); P. et Orithyia, 244.
Pithécousa(l'île) et Typhaon, 39, 40.
Pléiades (les) et Orion, 253.
Pleistos, père des Nymphes Coryciennes, 454, 455.
Pluton, frère de Jupiter, 257, 715, 716; — de Cérès, 718; époux de Proserpine, 718; partage du monde entre Jupiter, Neptune et P., 283 (n. 5), 681, 715; P., le Jupiter du Styx, 155, 157, 715-716, 718, 723; le royaume de P., 517, 524, 650, 715, 718, 719; le palais de P. forgé par les Cyclopes, 221 (n. 2); le soupirail de P., 314, 720; Cerbère, chien de P., 302, 715; P. et Junon, 406; — et les Furies, 306, 309; P. invoqué par Latinus, 721; sacrifices d'Énée à P., 155-158; — de Didon à P., 719-721.
Pollux, fils de Zeus, 53, 669; — de Zeus et de Léda, 164, 165; — de Jupiter, 229; P. Tyndaride, 165; légende de P., 165-167; P. de Thérapnai, 483; P. vainqueur d'Amycos, 634, 675; P. prie les dieux, 165-166, 212.
Polyboetès ou *Polyphoetès*, prêtre de Cybèle, 711.
Polyidos (le Mélampodide), 516.
Polyméla (la Nymphe) et Hermès, 549, 550.
Πολύμητις, épithète d'Héphaistos, 607.
Polyphème, Cyclope, 221 (n. 2), 333.
Polyphémos, fils d'Elatos, 674; — de Poseidon, 674; frère de Caineus, 674; P. cher à Arès, 561; P. et la Moire, 185; — et la volonté de Zeus, 183-184.
Polyxo et les Kères, 187.
Pontos, père de Phorcys, 116 (n. 4); — de Thaumas, 178; — de Nérée, 194.
Portentum (sens du mot), 331-333.
Portunus, dieu latin des ports et des portes, 685.
Poseidion (le cap), consacré à Poseidon, 671-672.
Poseidon, Cronide, 194, 399; fils de Cronos, 55, et de Rhéa, 56; P. père des Aloïades, 43, 675; — d'Athéné, 423; — de Triton, 195, 488, 667; — d'Éryx, 634; — d'Eurypylos, 668, 670; — de Nauplios, 669; — d'Euphémos, 669-670; — de Nélée, 673; — de Polyphémos, 674; — d'Amycos, 675, 676, 700; — de Phaiax, 675; — de Pélias, 675; — de Minyas et dieu des Minyens, 674; P. ancêtre des Dolions, 675; — des Phaiaciens, 28, 675; — de Périclyménos, 673; les fils de P., 669; Ancaios et Erginos, fils de P., 671-672; P. époux d'Amphitrite, 665; P. et Astypalaia, 672; — et Cercyra, 675, 695; — et Libyé, 702; P. Hippios, 667, 686; — dieu de la génération, 668; — Πετραῖος, 677; — Γενέθλιος, 687; P. vainqueur d'Aigaiôn-Briarée, 676; — ennemi de Troie, 688, 690; légende troyenne de P., 688-689; P. et Énée, 690; P. comparé à Aiétès, 676; P. et Athéné, 673; — et Déméter, 81, 686 (n. 7); — et Périclyménos, 134; — et Scylla, 147 (n. 4); — et Thétis, 169; — et Pélias, 374, 676; — et Ulysse, 411, 690; — et le cap Tainaros, 669; le culte de P., 499; les sanctuaires de P., 677; autel élevé à P. par les Argonautes, 211, 676; le cheval immolé à P., 570; les chevaux de P., 666, 667; le char de P., 346, 665-666, 685; l'escorte de P., 683; P. et Neptune, 680, 686, 687.
Ποταμία, surnom d'Artémis, 535.
Praedator, épithète de Jupiter, 355.
Préneste (légende de Vulcain à), 603.
Présages (les) donnés par le Soleil, 100; — par Zeus, 191; p. donné par Zeus à Agamemnon, 201; — par Cypris à Jason, 329; — par Vénus à Énée, 329, 338; — par la foudre de Jupiter, 323; les p. et Jupiter, 328; — et Mopsos, 202, 203; — et Idmon, 201, 202, 203; théorie des p., 330 et suiv. Voir *Augurium, Auspicium, Monstrum, Omen, Portentum, Signum*.
Priam, père de Cassandre, 444, 500, 501; — d'Hélénus, 509, 513; P. et les dieux, 286; — et Penthésilée, 578; le *fatum* de P., 267, 294; le palais de P., 393; la ville de P., 447, 499; le royaume de P., 513; la famille de P., 690.
Priape et les Sorcières, 149.
Prières (les), dans les *Argonautiques*, 188 et suiv., 208-213, 355; — dans l'*Énéide*, 287 et suiv., 355; idée de Phinée sur les p., 211; la p. des Athéniens à Zeus, 171; les Prières filles de Zeus, 188, 190; les p. et Jupiter, 328; les p. pour le mariage, 210; p. d'Agamemnon à Zeus, 201; les p. des Argonautes à Phoibos-Apollon, 209, 212; — aux déesses de Libye, 211; — aux Hespérides, à Triton, 211, 703; — à Rhéa et aux Dactyles, 61-63; — de Castor et de Pollux aux dieux, 165-166, 212; — de Pallas au Tibre, 284; — d'Énée à Jupiter, 328-329; —

aux fleuves, 695; aux Nymphes, 703;
— d'Ascagne et d'Iarbas à Jupiter, 328;
— de Didon à Junon, 391; — d'Anchise aux dieux de la mer, 691.
Prodige (le) opéré par Vénus, 329;
— envoyé par Jupiter à Anchise, 329-330; sens du mot *Prodigium*, 336 et suiv. Voir *Présages* (les).

Prométhée, fils de Iapet, 84, 108, 110; Titanide, 108; père de Deucalion, 21, 110, 111; époux de Pandore, 110; P. contemporain de Saturne, 12; philanthropie de P., 206; le châtiment de P., 86, 108-109; P. et Zeus, 54; — et Athéné, 109; P. sur le Caucase, 109; — en Scythie, 109 (n. 5); la plante née du sang de P., 84, 87, 108, 111, 112, 140, 144, 154; P. et les Argonautes, 110-111.

Pronuba, (1) Junon, 47, 410, 411; (2) Terra, 47-48.

Proserpine, fille de Cérès, 718; femme de Pluton, 718; P., Junon infernale, 155, 157, 718, 719, 723; le royaume de P., 650, 718, 719; le cortège de P., 158; sacrifice d'Enée à P., 155-158; offrande d'Enée à P., 650, 719; pouvoir de P., 719; P. et Junon, 406, 719; et Peirithoos, 719; P. confondue avec Hécate, 117; P. et Perséphoné, 719. Voir *Perséphoné*.

Protée et Nérée, 663; — et Neptune, 681; transformations de P., 133-134, 667.

Psychagogue ou *Psychopompe* (Hermès-Mercure), 553, 559.

Psyllos, fils d'Amphithémis, 467.

Purification (la), dans Eschyle, 123, 124; dans les *Argonautiques*, 123 et suiv.; la p. et Iphigénie, 121; — et Circé, 122 et suiv., 132, 192, 195, 356; — et Ulysse, 122; — et Agamemnon, 125; — et les Mânes, 721; la p. d'Ixion, 123; — d'Oreste, 123; — des Troyens, 355.

Pyracmon, l'un des Cyclopes, 601.

Pyrasos, sanctuaire de Déméter, 710.

Pyrgo et Iris, 248.

Pyriphlégéthon (le), fleuve du Tartare, 717. Voir *Phlégéthon* (le).

Pyromancie (la), 349.

Pyrrha et Deucalion, 21, 110.

Pythie (la), prêtresse d'Apollon, 504; procédés divinatoires de la P., 510, 512, 519.

Pythien (Apollon), 469, 479, 495.

Pythienne (Delphes), 494.

Pytho, ancien nom de Delphes, 454; P. sanctuaire d'Apollon, 465, 477-479; l'oracle de P., 197, 465, 477, 481, 490.

Python (le serpent), vaincu par Phoibos-Apollon, 453, 454, 457.

Q

Quirinus ou Janus, 588. Voir *Janus*.

R

Regina Iuno, 388, 389, 403, 404.

Religio (sens du mot), 288.

Remords vengeurs (les), aux Enfers, 723.

Rémulus Numanus et Iule, 530, 531.

Rémus, frère de Romulus, 585. Voir *Romulus*.

Renommée (la), fille de la Terre, 34, 35, 85; la R. dans l'*Enéide*, 35, 36, 48. Voir *Fama*, *Ossa*, *Phémé*.

Rêves (les). Voir *Songes* (les).

Rhadamanthe, fils de Zeus, 168.

Rhamnès, augure, 339.

Rhéa, Titan femelle, 82; fille d'Ouranos et de Gaia, 56, 79; épouse de Cronos, 5, 7, 14, 47, 51, 56, 79; mère de Zeus, 56, 162, 220; — de Poseidon et d'Adès, 56; — de Déméter, 80, 82; Rh. et Zeus, 56, 59, 62; légende de Rh., 50, 56 et suiv., 71, 77; Rh. distincte de Gaia et de Déméter, 31, 47; — confondue avec Cybèle, 72, 84; Rh. déesse bienfaisante de la terre, 47; — déesse des montagnes, 164; — déesse de Crète, 56; — déesse du Mont-Ida, 56; — déesse de Cyzique, 58; Rh. reine des Titans, 66, 79; le golfe de Rh., 54; Rh. et les Dactyles, 61, 65; — et les Telchines, 63; — et les Argonautes, 57 et suiv., 71; les prêtres de Rh., 63; prodiges accomplis par Rh., 75; représentation figurée de Rh., 60.

Rhéa Sylvia ou *Ilia*, 585.

Rhodé, mère de Phaëthon, 105.

Romulus, fils de Rhéa Sylvia, 585; — de Mars, 589; R. Mavortius, 585; R. et la louve, 585; R. divinisé, 344; les *auspices* de R., 344; le serment de R., 356.

Rutules (les) et Apollon, 526; — trompés par un *augurium*, 339; Turnus roi des R., 397, 605; le R. Haemonides, 526.

S

Sacrifices des Argonautes à Gaia, 47; — à Rhéa, 60 et suiv., 71, 210; — à Hécate, 145; — à Sthénélos, 199, 200; — à Apollon, 203, 204, 209,

210, 211, 480, 483, 484, 485, 489; — — aux dieux en général, 209, 210; — à Arès, 209, 210, 572, 573; s. de Jason à Gaia, 32; — à Hécate, 141-144, 156, 712; s. mystérieux de Médée à Hécate, 145; s. d'Ulysse aux dieux infernaux, 118, 141-144; s. des Troyens à Jupiter, 355; s. d'Enée aux dieux infernaux, 32, 155 et suiv.; — aux dieux protecteurs, 344; — à Iuno Argiva, 394-397; — à Apollon, 505, 517-518; — à Neptune, à la Tempête et aux Zéphyres, 505; — à Vénus, 638; s. magique de Didon, 152 et suiv.; s. de purification, 123 et suiv., 355; s. expiatoires, 190, 499; s. à Zeus et à Seirios, 172; s. aux Vents, 242; s. aux Moires, 471; s. aux Nymphes, 471, 703; s. humains à Apollon et à Poseidon, 499-500.

Sagana, sorcière romaine, 149.
Salacia Venus, 652.
Saliens (les), prêtres de Mars Gradivus, 577.
Salmonée et Zeus, 154; — et la vengeance de Jupiter, 353; S. foudroyé par Zeus, 222.
Samos, sanctuaire d'Héra, 365, 366, 390, 392, 402, 536; S. patrie d'Ancaios, 671; temple de Poseidon à S., 672.
Samothrace (les mystères de), 65, 71, 76, 145, 210; les Cabires et Electra à S., 70, 76; Electra reine de S., 558.
Sarpédon, fils de Zeus, vaincu par la fatalité, 184, 297, 547; S. roi de Lycie et ses frères, 498.
Saturne, fils d'Uranus, 30; père de Jupiter, 55, 220, 257; — de Junon, 55, 229, 313, 401, 404; — de Neptune, 55, 680; — de Pluton, 715; — de Picus, 55, 126; S. postérieur à Ophion, 10 (n. 1); S. contemporain de Prométhée, 12; S. dans l'Olympe, 226; dans le Latium, 20, 54, 55; sur le Pélion, 51; la terre de S., 402; S. et Janus, 588; S. mutile Caelus, 30; S. détrôné par Jupiter, 55, 221, 226; S. métamorphosé en cheval, 51; légende de S., 55, 659; S. identifié à Cronos, 84.
Saturnia, épithète de Junon, 398; sens de cette épithète, 398 et suiv.
Saturnius, épithète de Jupiter et de Neptune, 399.
Schéria, ancien nom de l'île Drépané, 81.
Scylla, (1) fille de Nisos, 147 (n. 4); (2) fille de Phorcos et d'Hécate, 83, 115; — de Phorcys et d'Hécate, 115, 147; — de Crataïs, 115; — de Phorbas et d'Hécate, 115; — de Crataïs et de Deimos, 115; — de Lamia, 115; S. surnommée Crataïs, 115; S. voisine de Charybde, 117, 213, 596, 677, 693, 694; S. monstre des Enfers, 147 (n. 4), 723; S. et Circé, 128, 147 (n. 4); — et les bêtes marines, 334.
Scythes (les), adorateurs d'Arès, 566.
Sébéthis, Nymphe, 704.
Seirios, astre malfaisant, 251; légende de S., 173, 251; l'image de S., 174; S. brûle les Cyclades, 172, 473; sacrifices en l'honneur de S., 172.
Séléné, Titanide, 112; fille d'Hypérion et de Théia, 87; sœur d'Hélios, 93; S. et le Soleil, 91; — et Médée, 92, 135; S. postérieure aux Arcadiens Apidanéens, 21; S. Titanienne et Endymion, 90-92; sens du nom de S., 89-90; discours de S., 92, 545; S. distincte d'Hécate et d'Artémis, 114, 536, 541. Voir *Lune* (la), *Méné*.
Selles (les), interprètes de Zeus, 193.
Sémélé, mère de Dionysos, 167, 367, 726.
Serbonis (le marais) et Typhaon, 39.
Séreste et Mars Gradivus, 577, 581.
Serments (les) de Zeus-Jupiter par le Styx, 260, 358-359; — d'Héra, de Calypso, 29; — de Junon par le Styx, 406; — d'Iris par le Styx, 29, 177-178; — de Médée par Gaia et Ouranos, 29, 47; — d'Agamemnon, 30; — d'Enée et de Latinus, 31, 32, 255, 288, 356, 547, 588, 695; — de Nisus, 31, 255; — d'Achéménide, 254; — de Didon, 254; — de Palinure, 255; — de Sinon par les astres, 263; — de Romulus et de Tatius, 356; s. terrible par le Styx, 262; — par les astres, 254-255; Jupiter, dieux des s., 356.
Sibylle (la) Déiphobé, 148 (n. 2), 516; fille de Glaucos, 516; prêtresse d'Apollon, 495, 515, 516, 517, 526; la S. et le *numen* d'Apollon, 263; les *sortes* de la S., 284; prédiction de la S., 333, 518; la S. et Enée, 155, 269, 270, 271, 277, 281, 306, 395, 512, 513, 515, 516, 519, 605, 615, 650; les aides de la S., 156; la S. et Hécate-Trivia, 147 (n. 2), 516, 517, 523, 524, 526; la S. dans le Tartare, 43-44; la S. et Tarquin, 493, 513; la S. d'Erythrées, 455.
Sibyllins (les livres), 72, 513, 520.
Sicile (la) consacrée à Déméter et à Perséphoné, 82; le culte d'Aphrodite-Vénus en S., 626, 633, 635; le culte d'Eryx en S., 634.
Sidera, les astres divinisés, 32 (n. 5).
Signum (sens du mot), 330 et suiv., 345.

Silène (le chant de), 15, 23, 26, 102, 663.

Sinon (serment de), 263 ; mensonges de S., 272, 332, 443, 446, 499, 500 ; la Fortune de S., 280.

Sinopé, fille du fleuve Asopos, 695, 701 ; — et Zeus, 169, 170, 231, 487, 695 ; — et Apollon, 169, 170, 487, 501, 695 ; — et le fleuve Halys, 169, 170, 701.

Sintiens (les) et Héphaistos, 593.

Sirènes (les), filles d'Achéloos et de Terpsichore, 678, 679, 695 ; — de Melpomène ou de Stéropé, 679 ; les S. et Perséphoné, 678-679, 712 ; — et Orphée, 137, 678 ; — et Boutès, 625, 633, 678 ; légende des S., 678 ; les enchantements des S., 133 ; l'île des S., 130, 595, 625, 677, 678, 693.

Sirius, astre malfaisant, 251. Voir *Seirios*.

Sisyphe, père d'Almos, 674.

Sminthée (Apollon), 455.

Sol, divinité de la Sabine et de l'Etrurie, 93, 99, 100 ; S. synonyme de *Phaëthon*, *Phébus* et *Titan*, 497. Voir *Soleil* (le).

Soleil (le), Titan, 94, 95 ; fils du Titan Hypérion, 93, 94 ; frère de la Lune, 93 ; frère ou père de l'Aurore, 88 ; père de Pasiphaé, 101, 103 ; — de Circé, 126, 131 ; grand-père de Phaéthon, 104 ; ancêtre de Latinus, 128, 129 ; le S. surnommé Elector, 104 ; Phaéthon, épithète ou synonyme du S., 103 ; apparition du S., 11 ; le S. et Séléné, 91 ; le char du S., 89, 97, 99 ; les chevaux du S., 97, 99 ; les troupeaux du S., 107, 247 ; le symbole du S., 129 ; présages donnés par le S., 100 ; le S. pris à témoin par Agamemnon, Aiétès, Ajax, Didon, Enée, 100 ; temple du S. à Rome, 98 ; le S. dans Virgile, 97 et suiv. ; le S. et Apollon, 457, 458, 459, 497, 498, 533. Voir *Hélios*.

Sommeil (le dieu du), habitant des Enfers, 321, 322, 720 ; le dieu du S. et les songes, 320. Voir *Somnus*.

Somnia (les), 317. Voir Ὄνειροι (les) et *Songes* (les).

Somnus, dieu et père des songes, 320, 321, 322 ; S. et Palinure, 322, 324, 335, 692.

Songes (les) viennent de Zeus, 195, 196, 317 ; — de Jupiter, 317, 320, 322 ; Hermès, conducteur des s., 196, 321, 548, 554, 555 ; les classes de s., 315-321 ; les s. et Achille, 317 ; — et Pénélope, 315 ; les s. perfides, 319-320 ; les s. fils de Nyx, 321 ; l'orme des s., 321, 322, 722 ; les s. de *Circé*, 120, 121, 195, 196 ; — d'Atossa, 120 ; — d'Alcimédé, 196 ; — d'Hipparque, 121 ; — de Médée, 195-196 ; — d'Euphémos, 195-196, 321. Voir Ἐνύπνια (les), *Insomnia* (les), Ὄνειροι (les), *Rêves* (les), *Somnia* (les).

Soracte (le dieu du), 527, 529 ; Féronia, déesse du S., 529 (n. 2).

Sorani Hirpi (les), prêtres du dieu Soranus, 527, 687.

Soranus (le dieu), 527, 528.

Sors (sens du mot), 283 ; les *Sortes*, 283-284.

Sorts sacrés (les) et Mopsos, 198. Voir *Cléromancie* (la).

Sparte, ville d'Héra, 366.

Spartes (Ophion, l'un des), 12 (n. 4).

Spio, l'une des Néréides, 664, 686.

Stéropé, mère des Sirènes, 679.

Stéropès, l'un des Cyclopes, 601.

Sthénélos et Perséphoné, 712 ; — et les Amazones, 568 ; apparition de S., 199-200.

Stymphalides (les oiseaux) et Héraclès, 571, 572.

Styx (le), fleuve des Euménides, 306, 717 ; Tisiphone habitante des ténèbres du S., 308 ; le S. traverse l'Orcus, 714 ; légende du S., 716-717 ; le *numen* du S., 262 ; les vertus soporifiques du S., 324 ; les monstres du S., 246 ; serment par le S., 29, 177-178, 262 ; serment de Zeus-Jupiter par le S., 260, 358-359 ; — d'Iris par le S., 177 ; — de Junon par le S., 406 ; Esculape précipité dans les eaux du S., 222 ; l'épée de Daunus trempée dans le S., 604, 716 ; Pluton, le Jupiter du S., 155, 539, 715, 716, 718, 723 ; Proserpine, la Junon du S., 723.

Superstitio (sens du mot), 288.

Sychée, oublié par Didon, 647 ; le *fatum* de S., 268 ; apparition de S., 318.

Sylvia Rhéa ou *Ilia*, 585.

Syros, fils d'Apollon et de Sinopé, 170, 487.

T

Tainaros (le culte de Poseidon à), 671, 677.

Talos, Géant, 19, 20 ; gardien de la Crète, 168 ; dompté par Médée, 139, 140, 327.

Taphiens (les), 433.

Tarchon et Jupiter, 352 ; — et les Haruspices, 339 (n. 8) ; — et Enée, 527 ; — et Evandre, 560 ; — et les Bacchanales, 727.

Tartare (le), privé du Soleil, 98 ;

demeure de Mégaera, 301, 303, 308; l'entrée du T., 313; les fleuves du T., 717; Cerbère gardien du T., 715; le T. et Pluton, 718; — et Mercure, 559; les crimes châtiés dans le T., 524; la Sibylle dans le T., 43-44; les Harpyes dans le T., 246; les Furies dans le T., 306-307; l'Hydre de Lerne dans le T., 723; Cronos dans le T., 54; les Titans dans le T., 85, 163; Briarée dans le T., 44; Typhoeus dans le T., 40; Thésée et Pirithoüs dans le T., 719; Salmonée dans le T., 222.

Tatius (le serment de), 356.
Tauride (le culte d'Artémis en), 537.
Taurobole (le), 124, 126.
Taygète (le) et Artémis, 539, 545.
Télamon, cher à Arès, 562.
Telchines (les), 63, 65.
Téléboens (les) et les fils d'Electryon, 433.
Télémaque et Pallas-Athéné, 377, 435, 532; — et Médon, 354.
Téléon, (1) père de Boutès, 625; (2) époux de la Nymphe Sébéthis, 704.
Tellus, invoquée par Enée, 32, 48, (n. 4); présage envoyé par T., 331.
Telmesse (les devins de), 43.
Temple (le) de Zeus Euxeinos, 181-182; — d'Héra en Thessalie, 365; les principaux temples d'Héra, 392; le Dindymos, t. de Rhéa, 58; le t. de Junon à Troie, 392, 393, 444; — au Capitole, 393; le t. de Junon Lacinienne, 397; — de Junon à Ardée, 398; — à Carthage, 448; le t. des Dioscures, 166-167; — de Pallas-Athéné à Ilion, 443, 444, 446; les temples d'Athéné, 425-427; le t. de Jupiter, de Junon et de Minerve au Capitole, 443; le t. de Minerve en Apulie, 447-448; — à Laurente, 448; les temples d'Apollon, 479, 502-503, 511; le t. commun d'Apollon et de Trivia, 148, 516, 519; — d'Apollon-Palatin, 519, 520, 521; — d'Apollon à Cumes, 102, 513, 515, 516, 529 (n. 3); — dans l'île Thynias, 485; le t. d'Artémis à Iolcos, 534; — chez les Brygiens, 540; le t. d'Hécate en Colchide, 140; — en Paphlagonie, 145; le t. d'Arès élevé par les Amazones, 566-567, 569; le t. de *Bellum*, 587-588, 723; le t. d'Aphrodite-Vénus sur le Mont-Eryx, 626, 633, 635; les temples de Vénus-Aphrodite, 632-633; les temples de Poseidon, 677; — de Neptune, 689; — de Déméter-Cérès, 710-711; le t. des Hespérides, 152.

Τερπικέραυνος, épithète de Zeus, 223.

Terpsichore, l'une des Muses, mère des Sirènes, 471 (n. 2), 678.
Terra-Mater, 32; déesse *pronuba*, 47-48; mère des Titans, 221 (n. 4). Voir *Gaia, Tellus, Terre* (la).
Terre (la), sœur de la Nuit, 32, 155, 305; épouse de Jupiter, 233; — du Ciel, 6; mère de l'Océan et de Téthys, 6; — de la Renommée, 34, 35, 85; — de Typhoeus, 40, 85; — des serpents, 43; — des Aloïades, 44, 85; — des Titans, 82, 85; — d'Egéon-Briarée, 44; — des Géants, 85, 440; — d'Encélade, 85; — des Furies, 309; la T. fécondée par le sang de la Gorgone, 42; invoquée par Enée, 155; la T. et Tityos, 45-46; sacrifice d'Enée à la T., 156, 157; la T. d'Italie invoquée par Enée et par Latinus, 32.
Terreur (la), divinité du cortège de Mars, 579, 580.
Téthys, Titan femelle, 82; fille du Ciel et de la Terre, 6; femme d'Océanos, 13, 14, 16, 83, 659; postérité de T., 14, 16, 659; T. confondue par Virgile avec Thétis, 85 (n. 3), 664.
Thaemon, frère de Sarpédon, 498.
Thalia, l'une des Néréides, 664, 686.
Thalie, l'une des Muses, 522 (n. 7).
Thanatos, dieu de la mort, 320.
Thaumas, père des Harpyes, 178, 246; — d'Iris, 248.
Thébains (les), issus du Sparte Ophion, 12 (n. 4).
Thèbes Ogygienne, 427, 457, 566; bâtie par Amphion, 138, 433; le dragon de Th., 46, 427, 457, 566; source de Th. consacrée à Arès, 566, 573; Dionysos à Th., 725.
Théia, Titan femelle, 82, 83, 85; mère d'Eôs, d'Hélios et de Séléné, 87.
Thémis, Titan femelle, 82; Th. et Zeus, 84, 169; prédiction de Th., 169; Th. identifiée à Anna-Perenna, 85 (n. 5).
Thémiscyra, ville des Amazones, 568.
Thémiscyriennes (les Amazones), 568.
Théogonie (la) d'Homère et d'Hésiode, 4, 13, 14, 27; — de Phérécyde, 8; — d'Apollonios, 23.
Théra et les descendants d'Euphémos, 671.
Thérapné ou *Thérapnai*, sanctuaire de Pollux, 166; — d'Apollon, 483.
Thérapnaïen (Pollux), 164, 166, 483.

Θηρείτας, épithète d'Arès, 586.
Thermodon (le) et les Amazones, 568, 578, 700.

Thésée, père d'Hippolyte, 544; Th. et Ariane, 725; Th. dans le Tartare, 719.

Θεσμοφόρος, épithète de Déméter, 711.

Thespies (le simulacre d'Eros à), 569.

Thessalie (la), civilisée par Deucalion, 110, 111; les magiciennes de Th., 136; la Th. et le culte d'Héra, 365, 366; — d'Artémis, 535; — d'Hermès, 549; les Hellènes de Th. et Athéné, 423, 425, 426; Apollon banni en Th., 462; l'Olympe, mont de Th., 163. Voir *Olympe* (l').

Thétis, fille de Nérée, 660, 664, 686; les noces de Th. et Pélée, 187; le fils de Th., 169, 605, 661; Th. et Zeus, 84, 169, 639, 660; — et Héra, 169, 232, 368, 380, 417, 547, 660, 663, 665, 697; — et Pélée, 381, 660-661; — et les Argonautes, 381, 662; — et Héphaistos, 594, 608; — et Vulcain, 608; — et les armes d'Achille, 653, 654; — et les Néréides, 663-665; Th. confondue par Virgile avec Téthys, 85 (n. 3), 664.

Thoas, fils de Dionysos, 705, 724; père d'Hypsipyle, 705, 725; le sceptre de Th., 548; le péplos de Th., 705, 725.

Thrace (le culte d'Hécate en), 116; le culte d'Artémis en Th., 540; Borée dieu de Th., 176, 244; Arès dieu de Th., 565, 566; Mars dieu de Th., 577, 638; Opis Nymphe de Th., 545, 706; les Amazones de Th., 578; le Dionysos de Th., 727.

Thyade (Didon comparée à une), 727.

Thybris (le roi), 696. Voir *Tibre* (le dieu du).

Thymbra, sanctuaire d'Apollon, 503, 504, 505.

Thymbraeus Apollo, 504 (n. 2).

Thynias (l'île) et Phoibos, 210-212, 458, 461, 462, 463, 471, 485, 489, 490, 531; le monument d'Homonoia dans l'île Th., 313 (n. 2).

Tibre (le dieu du) et Enée, 285, 319, 396, 637, 695, 696, 703.

Timor, divinité du cortège de Mars, 579, 580. *Timores*, 580.

Tiphys et Athéné, 420, 421, 436, 437, 438, 673; — et les astres, 252; la mort de T., 378, 669, 670, 671, 672.

Tirésias et Athéné, 430; l'ombre de T. et Ulysse, 118, 119.

Tisée (le cap), consacré à Artémis, 535.

Tisiphoné, l'une des Erinyes, 303;

rôle de T. aux Enfers, 306-307, 314; — sur la terre, 308.

Titan, synonyme du Soleil, 94, 95, 497.

Titan ou *Titanus* (le fleuve), 84.

Titanides (les divinités), 85, 93. Voir *Hécate*, *Lune* (la), *Médée*, *Prométhée*, *Séléné*, *Soleil* (le).

Titanienne (la) Méné, 83; — Aia, 84, 87; — Séléné, 90; — la racine, 84, 112; les astres Titaniens, 93.

Titans (les), dieux bienheureux, 5; nés d'Ouranos et de Gaia, 30, 33, 50, 79, 82, 94; liste des T., 82; les T. et Cronos, 51, 66, 79; — et Rhéa, 66, 79; — et Zeus, 33, 36, 80; les T. et Déméter, 80, 81, 82, 710; les T. dans le Tartare, 84-85, 163, 722; les T. tués par les Olympiens, 34; le sang des T., 41; les T. dans les *Argonautiques*, 86, 194.

Titaron, père d'Ampycos, 198.

Tithon, fils de Laomédon, époux de l'Aurore, 89.

Titias, l'un des Dactyles, 61, 62.

Tityos, père d'Europe, 669, 675; la naissance de T., 45, 46; T. et Léto, 45; T. vaincu par Apollon, 433, 453.

Tityus, 453 (n. 2). Voir *Tityos*.

Tolumnius (l'augure), 331; science augurale de T., 339.

Trinacrie (l'île de), voisine de la demeure de Circé, 130; l'île de T. et les troupeaux d'Hélios, 106, 107, 108.

Triptolème et Déméter, 82.

Τριτογένεια, surnom d'Athéné, 423.

Triton, (1) fils de Poseidon et d'Amphitrite, 195, 667; époux de Libyé, 702; père de Crataïs, 115; T. et les Argonautes, 195-196, 211, 346, 468, 488, 667, 676, 683; — et Misène, 247 (n. 6), 683; — et Euphémos, 469, 670; — et Cymothoé, 683-685; — et les navires d'Enée, 683-684; T. dieu bienveillant de la mer, 118; métamorphoses de Triton, 134, 668; portrait de T., 667, 684. Les *Tritons* dans le cortège de Neptune, 683, 684, 686; (2) le lac T. et Athéné, 422, 423, 441, 468, 475, 488, 701.

Tritonide, *Tritonienne* ou Τριτωνίς, surnom d'Athéné, 421, 422, 426, 427, 434, 441, 448.

Tritonis, Nymphe du lac Triton, 468, 701.

Trivia, confondue avec Diane et Hécate, 147, 148 (n. 1 et 2), 516, 543; origine du nom de T., 147; T. et la Sibylle, 147 (n. 2), 516, 517, 523; — et Haemonides, 526; le temple de T., 148, 516, 519; *lacus Triviae*, 543.

Troie, fondée par Dardanus, 231; les *numina* de T., 261, 288; les dieux alliés de T., 183, 284; les dieux ennemis de T., 284, 285; Poseidon ennemi de T., 688-689, 692; T. et Héra Argienne, 374; la destinée de T., 266, 268, 291, 293, 294; la Fortune de T., 279, 280; les Pénates de T., 318; le cheval de T., 334, 446; le temple de Junon à T., 392-393, 444; le temple de Déméter-Cérès à T., 710-711.

Tros, père de Ganymède, 231, 232, 233; T. et Zeus, 132.

Troyens (les) et le *fatum*, 263; — et le *numen* de Jupiter, 264; — et les *omina*, 346, 349; — et les *fata* d'Énée, 267; — et les oracles, 269; — et l'Etna, 334; — et Jupiter Praedator, 355; — et Junon, 395, 399, 401, 402, 411, 589; la Fortune des T., 280; le destin des T., 407; les T. aidés par les dieux, 183; — protégés par Apollon, 452, 493, 498, 499, 509, 511, 519, 525, 533; Minerve ennemie des T., 442, 447, 449, 451; prières des T., 287; — à Minerve, 263, 447; — à Junon, 394.

Troyennes (les) et Iris, 248, 315, 335, 395, 400, 501, 515, 692; les T. supplient Pallas, 448.

Turnus, roi d'Ardée, 398; fils de Vénilia et de Daunus, 128 (n. 2), 603, 604, 704; frère de Juturne, 231, 232, 301, 417; les destinées de T., 266-267; les prières de T., 287, 326 (n. 5); — aux dieux infernaux, 289; le bouclier de T., 231, 696; l'épée de T., 605; les alliés de T., 522; T. et les *omina*, 348; — et Jupiter, 295, 300, 353, 355; — et Junon, 248, 298, 300, 397, 398, 400, 401, 402, 405, 416, 418; — et Vénus, 292-293, 636; — et Mars, 581; — et Faunus, 326 (n. 5); — et Iris, 249; — et la Furie, 301, 302, 304, 305, 310-311, 315, 334, 349, 400, 407; — et la Fortune, 276-277, 280, 284; — et Énée, 270, 301, 390, 417, 583, 584, 604, 656, 657, 695; — et Umbro, 150; — et Latinus, 326, 333; — et Rhamnès, 339; — et Amata, 347; — et Achille, 395; — et Lavinie, 411; — et les frères de Sarpédon, 498; — et Camille, 546; — et Haemonides, 581; — et Mézence, 581-582; — et Caeculus, 603, 609; — et Messapus, 687-688; — et Oebalus, 704; les alliés de T., 522; les exploits de T., 522; T. comparé à Mars, 579; T. tue Crétheus, 523 (n. 2); T. invoque les vents, 242.

Tyché, déesse grecque de la Fortune, 273-274.

Tydée, père de Diomède, 655.

Tyndare et Léda, 165.

Tyndarides (les), Castor et Pollux, 165, 166; prières des T. 165-166; les T. et Lycos, 166. Voir *Castor* et *Pollux*.

Typhaon, monstre distingué par Hésiode et Apollonios de Typhoeus, 33, 39, 116; — confondu par Virgile avec Typhoeus, 40; le sang de T., 40, 41; T. foudroyé par Zeus, 39, 163, 216; T. père du dragon des Hespérides, 42.

Typhaonienne (la pierre), 39, 40.

Typhoeus, monstre distingué par Hésiode et Apollonios de Typhaon, 33, 39, 116; — confondu par Virgile avec Typhaon, 40; T. fils de Gaia, 36; — de la Terre, 40, 85; variétés de la légende de T., 40; T. foudroyé par Zeus-Jupiter, 39, 645; — plongé dans le Tartare, 40.

Typhon, foudroyé par Jupiter, 222. Voir *Typhaon*.

Tyrrhus (le cerf de) et Ascagne, 311, 530.

U

Ultor (Mars), 630.

Ulysse, père de Latinos ou Latinus, 126; U. maudit par Philoctète, 182; U. enlève le Palladium, 443, 445, 478; le sacrifice d'U., 118, 141-144; offrande d'U. aux dieux infernaux, 156; prière d'U. à Zeus, 256-257, 328; la chlamyde d'U., 434; U. et Pallas-Athéné, 372, 405, 420, 424, 435, 436, 439, 445, 532, 639, 642, 643; — et Hermès, 112, 118, 249; — et Poseidon, 411, 691; — et Circé, 118 et suiv., 130, 131, 510 (n. 9), 678; — et les Sirènes, 678, 693; — et Calypso, 133; — et Orion, 252-253; — et les fils d'Autolycos, 133; — et sa mère, 642; — et Pénélope, 20; — et Nausicaa, 643; — et les troupeaux d'Hélios, 106-107; — et l'ombre de Tirésias, 118, 119; — et la purification, 122.

Umbro, magicien, allié de Turnus, 150, 151.

Uranus, père de Saturne, de Vulcain, de Mars, de Vénus, 30; — contemporain de Prométhée, 12. Voir *Ouranos*.

V

Vénilia, Nymphe, épouse de Picus, 127, 128 (n. 2); mère de Turnus, 704.

Vent (le); engendré par Chronos, 9.

Vénus, fille d'Uranus, 30; — de

Dioné, 85, 631; — de Jupiter, 231, 631; V. née du sang de Caelus, 30; traditions sur la naissance de V., 229-230, 631; V. épouse de Vulcain, 604, 606, 607, 608, 609, 636, 639, 652; — amante de Mars, 577, 581, 582, 638-639; — d'Anchise, 231, 636; mère d'Enée, 231, 267, 271, 413, 415, 433, 631, 636, 637, 652, 692; — d'Eryx, 262, 633, 634; belle-mère de Créuse, 644-645; grand'mère d'Ascagne-Iule, 637, 645, 646, 655; ancêtre de César, 226, 631; V. Mère *(Venus Genetrix)*, 493, 630, 631, 644, 654, 655, 657; V. *Erycina*, 625, 633, 635; V. *Acidalia*, 632-633; V. *Idalia*, 633 (n. 2); V. *Caelestis*, 652; V. *Lubentina*, 652; V. *Salacia*, 652; le *numen* de V., 263, 326 (n. 5); les *fata* de V., 292-293, 654; les sanctuaires de V., 631-633; présages donnés par V. à Enée, 226, 329, 331, 339, 641, 653; V. et l'*augurium*, 338, 641; V. au conseil des dieux, 238, 249, 258, 296, 314 (n. 2), 416, 501, 649, 654, 655; V. à la bataille d'Actium, 289, 449, 583, 584; V. sous la forme de Circé, 128; — d'une Nymphe, 338, 641, 706; — de Diane, 544, 641; V. prie Jupiter, 228, 293, 639, 640, 649; V. et Jupiter, 293, 294, 300, 393, 403, 584, 587; — et Junon, 249, 258, 296, 343, 395, 400, 404, 406, 413, 414, 416, 648, 649, 651, 654, 655; — et le *numen* de Jupiter, 264; — Mars et Vulcain, 576; — et Neptune, 650, 654, 692; — et Cupidon, 644, 645, 646, 647, 648, 649, 654; — et les Parques, 298; — et Lucifer, 254, 255, 635; — et Enée, 285, 338, 339, 446, 544, 637, 638, 641, 642, 643, 650, 651, 653, 654, 656, 657, 689; — et Turnus, 292, 293; — et Pâris, 392; — et les Troyens, 583; — et Diomède, 656; — et le dictamne, 497; — et le myrte, 635; — et les colombes, 635.

Vesper (l'étoile), 226, 254.

Victoire (la) ou *Victoria*, déesse allégorique, 586, 587.

Virbius (la légende de), 704.

Virgo Caelestis, déesse phénicienne, 391-392.

Volcanus ou *Vulcanus*, 602, 604, 606, 610. Voir *Vulcain*.

Vulcain, fils d'Uranus, 30; époux de Vénus, 604, 606, 607, 608, 609, 610, 652; père de Cacus et de Caeculus, 603, 609; protecteur de Daunus, 603, 604, 605; le *numen* de V., 263; V. et les *fata*, 294; la demeure de V., 601; les Cyclopes ouvriers de V., 221 (n. 2);

579, 600, 601; V., Mars et Vénus, 576; V. et le char de Mars, 579; — et les armes d'Enée, 331, 585, 604, 605, 652, 653, 654, 696; — et les armes de Memnon, 608; — et l'épée de Daunus, 604, 605; V. identifié à Héphaistos, 602, 609, 610.

Vulcania (l'île), 604.

X

Xanthos (le fleuve) et Apollon, 462, 494; — et Achille, 694.

Ξείνιος (Zeus), 182, 190 (n. 3), 191 (n. 5), 356.

Xoanon (le) de Rhéa, 60, 61, 64, 210; — de Minerve, 443, 478.

Z

Zéphyre, l'un des vents principaux, 172, 238, 239, 579, 595; les *Zéphyres*, 241, 260; sacrifice aux Z., 242, 505; les Z. et Hermès, 250.

Zétès, fils de Borée et d'Oréithyia, 175, 176, 244, 245.

Zéthos, fils d'Antiopé, 695; constructeur de Thèbes, 138, 433.

Zeus, fils de Cronos, 55, 162, 172, 220; — de Rhéa, 56, 162, 220, 621; frère de Poseidon, 665; — de Déméter, 709; — d'Héra, 364; — d'Adès, 118, 712; Z. enfant, 5, 66, 67, 162, 216, 624; Z. élevé en Crète, 67, 68, 79, 162; Z. et Adrestéia, 66, 67, 68, 162, 624, 699, 700; le jouet de Z., 66, 162, 624; Z. et la chèvre Amalthée, 67; Z. et les Courètes, 65, 66, 67, 76, 162; existence éternelle de Z, 10. Succession d'Ophion, de Cronos et de Zeus, 9, 11, 12, 23, 162; avènement de Z., 4, 163; domination définitive de Z., 87, 163; colère de Gaia contre Z., 33, 36, 163; Z. chasse les Titans du ciel, 33, 80, 87, 163, 221; Z. tue les Titans, 33; Z. détrône Cronos, 53; précipite Cronos dans le Tartare, 54; Z. et Rhéa, 56, 59, 62, 74, 621; — et les Cyclopes, 33, 163, 170, 433, 601; la foudre, le tonnerre et l'éclair de Z., 5, 33, 163, 170, 223, 444, 598, 601; Z. Τερπικέραυνος, 223; Z. foudroie Typhaon, 39, 163, 216; — Asclépios, 464; — Typhoeus, 39; — Phaéthon, 105; Z. engloutit Phanès, 7; Z. dieu du ciel supérieur, 9; Z. métamorphosé en Eros, 9; — en cygne, en pluie d'or, 53; Z. fait naître une race d'hommes des frênes, 20.

Z. maître de l'Olympe, 163; Z. grand dieu masculin du ciel, 237,

634; l'Olympe demeure de Z., 163, 164, 624; Z. époux d'Héra, 64, 164, 169, 229, 364, 367, 369, 371, 376, 380, 383, 384, 385, 386, 403, 408, 413, 431, 440, 618, 661; les amours de Z., 168-170, 216, 398; Z. et Eurynomé, 7; — et Elaré, 45; — et Létô, 83; — et Thétis, 84, 169, 639, 660; — et Léda, 164; — et Sémélé, 167; — et Europé, 168; — et Ganymède, 168, 232; — et Sinopé, 169-170, 231, 487, 695; — et Electra, 231; Z. père des Nymphes, 14, 539; — de Persée, 53; — de Castor et de Pollux, 53, 164-165, 166, 483, 634, 669; — d'Aethlios, 91; — d'Hécate, 113, 114; — d'Héraclès, 167; — d'Héphaistos, 367, 592; — d'Athéné, 167, 422, 423; — de Dionysos, 167, 366, 553, 724, 725; — d'Artémis, 168, 534; — de la Muse, 168; — d'Éiléithyia, 538; — d'Aiacos, 168; — de Minos, 168; — de Sarpédon, 547; — de Rhadamanthe, 168; — d'Apollon, 206, 458; — d'Aphrodite, 229; — d'Hermès, 250; — de Dardanos, 231; — d'Até et des Prières, 188, 208 et suiv.

Z. dieu de la pluie, 170-171, 302; — des vents, 171, 172, 175, 254, 568; — des tempêtes, 174, 175, 178, 252; Z. et Aiolos, 171, 235; Z. crée les vents Etésiens, 172, 173, 216, 475; sacrifice d'Aristée à Z., 172; Z. Aristaios, 173; les Harpyes, chiennes de Z., 174, 176, 177, 302; Z. et les fils de Borée, 176, 177; — et Iris, 177-180.

Z. conservateur de l'ordre moral, 181 et suiv., 217, 255, 357; Z. et les dieux, 190, 213-214, 227-228, 257, 259; — et les dieux de la divination, 194-195, 206-207; — et les Ouranides, 50; — et les Olympiens, 86; — et Hélios, 80; — et Ossa, 34; — et Thémis, 84, 169; — et les Dioscures, 166-167; — et Artémis, 535, 639; — et Allecto, 312; — et Apollon, 462, 463, 464; — et Héphaistos, 592, 617; — et Athéné, 639; — et Héra, 178, 192, 228, 292, 607, 618; — et Hermès, 179, 190, 196, 249, 321, 548, 554 (n. 2), 555, 563, 564; — et les Erinyes, 188-189, 301; serment de Z. par le Styx, 260.

Z. et les hommes, 183 et suiv., 190, 191, 193, 213, 215-216, 300, 351, 371; — et Endymion, 91; — et Prométhée, 108-109; — et Circé, 122, 124, 125, 196, 355; — et Tros, 132; — et Salmonée, 154, 222 (n. 5); — et Phrixos, 190, 563, 564; — et Phinée, 183, 189, 205-207, 212; — et Sarpédon, 546, 547; — et Aiétès, 564; — et le bélier à la toison d'or, 564; — et la famille de Priam, 690; serment par Z., 30; Z. pris à témoin par Aiétés, 99; — par Agamemnon, 100; Z. prié par Agamemnon, 201; — par Ulysse, 256-257, 328; prières adressées à Z., 182, 208, 212-213; Z. voit tout, 183-184; la Moira, l'Aisa de Z., 184-186, 205; les Moires et Z., 187-188; la justice et la bonté de Z., 190-191; la colère de Z., 192; Z. et la purification, 122 et suiv., 356; Z. Génétaios, 181; Z. Καθάρσιος, 536; Z. Ξείνιος, 182, 356; Z. Panhellénique, 230; Z. Lycaios, 230; Z. Πανομφαῖος, 328; présages envoyés par Z., 370; Z. et les devins, 204 et suiv.; — et les chênes de Dodone, 193; Apollon prophète de Z., 197, 479; Z. et les songes, 195-196, 317, 331; toute-puissance de Z., 207-208.

Z. invoqué par Apollonios, 139, 208, 357; le Z. d'Homère et le Z. d'Apollonios, 215-217, 257, 267, 302, 328, 351, 357-358, 359, 446; le Z. d'Aratos, 215, 216; Z. et le dieu des Juifs et des chrétiens, 217-218; le Z. Olympien de Phidias, 217, 359, 621.

Zôné (les chênes de), 137.

TABLE DES MATIÈRES

Introduction .... VII à VIII

LIVRE I

Chapitre premier. — *Théogonie et Cosmogonie*........ 3 à 26

I. Le chant d'Orphée. En quoi le système exposé par l'Orphée des *Argonautiques* diffère des systèmes orphiques d'Eudème et de Damascios. Importance d'Ophion dans le système orphique adopté par Apollonios. Ophion cité par Lycophron, Lucien, Nonnos. La succession d'Ophion, de Cronos et de Zeus.
Antiquité d'Océanos dans le système orphique d'Apollonios. L'Océanide Eurynomé épouse d'Ophion. Océanos époux de Téthys et père des Nymphes. Comparaisons établies entre le chant d'Orphée et les chants du Silène des *Eglogues* et de l'Iopas de l'*Enéide*.

II. La cosmogonie de l'Orphée des *Argonautiques* est vague. Théories d'Apollonios sur l'origine des êtres. Leur ressemblance avec celles d'Archélaos et de Straton de Lampsaque.
Théories hésiodiques d'Apollonios sur les hommes d'airain nés des frênes. Apollonios ne dit pas que l'humanité tire son origine des arbres ou des rochers. Il ne fait pas allusion au rôle de Deucalion créateur d'une humanité nouvelle. Renseignements sur les peuples les plus anciens, les Egyptiens et les Arcadiens. Apollonios ne dit rien de l'origine première de ces peuples et de celle de l'humanité en général.
Théories de Virgile sur les premières générations humaines. Etude des chants d'Iopas et de Silène.

Chapitre II. — *La première génération hésiodique (Ouranos et Gaia, Tellus ou Terra)*................ 27 à 48

I. La légende hésiodique d'Ouranos dans les *Argonautiques*. La mutilation d'Ouranos. Les Phaiaciens nés du sang d'Ouranos. Vénération particulière des Colchiens pour Ouranos et Gaia. Le dieu Caelus ne peut avoir aucune place dans l'*Enéide*.

II. Importance de Gaia dans la théogonie d'Apollonios. Gaia divinité infernale. Terra ou Tellus divinité infernale dans l'*Enéide*. Distinction entre la Terre en général et la terre d'Italie.
Gaia est la mère des Titans, des Cyclopes et des monstres redoutables. L'être qui fut enfanté par Gaia irritée contre Zeus. La Renommée *(Fama)*, fille de Terra dans l'*Enéide*.
Les Géants monstrueux de Cyzique, fils de Gaia. Distinction entre les Géants de Cyzique et les Géants de Phlégra.
Gaia mère du dragon qui garde la Toison d'or. Typhaon et Typhoeus distingués par Apollonios et confondus par Virgile. Origine des serpents de Libye et du dragon des Hespérides.
Les nourrissons de Gaia; Otos et Ephialtès; Aigaiôn-Briareus; le géant Tityos. Confusion de Gaia avec la terre elle-même.
Rôle malfaisant de Gaia; pourquoi Terra a ce même rôle malfaisant, quand elle est la déesse *pronuba* d'Enée et de Didon.

49

CHAPITRE III. — *La deuxième génération hésiodique (Cronos et Rhéa, Saturne et Cybèle)* .... 49 à 77

I. La légende de Cronos dans les *Argonautiques*. Cronos fils d'Ouranos. Sens du mot *ouranide* dans les *Argonautiques*.
L'aventure de Cronos avec Philyra dans les *Argonautiques* et dans les *Géorgiques* de Virgile. Traditions sur la naissance de Chiron.
Cronos détrôné par Zeus. Traditions diverses sur le sort de Cronos après son expulsion de l'Olympe. La mer de Cronos.

II. Le dieu latin Saturne confondu avec Cronos. Saturne père de Jupiter, de Junon, de Neptune. L'âge d'or sous le règne de Cronos Olympien et l'âge d'or sous le règne de Cronos-Saturne, dieu et roi du Latium.

III. Rhéa. Indications sur Rhéa données par l'*Iliade* et par la *Théogonie*. Rhéa confondue avec la déesse asiatique Cybèle. Virgile donne une origine crétoise à Rhéa-Cybèle. La mère du Mont-Ida. La légende de Rhéa dans les *Argonautiques*. D'après Apollonios, ce sont les Argonautes qui instituent le culte phrygien de Rhéa. Rhéa honorée à Cyzique sous le nom de Mère Dindymène. Pouvoir souverain de cette déesse mère des dieux ; respect que Zeus a pour elle. Vénération du Jupiter de l'*Enéide* à l'endroit de Cybèle.
Cérémonies des Argonautes en l'honneur de Rhéa ; le *xoanon* de la déesse ; danses religieuses.
Titias et Cyllénos, les Dactyles Crétois, invoqués en même temps que Rhéa. Traditions sur les Dactyles. Rhéa, la Mère *Antaié*. Rhéa déesse des montagnes et de la terre cultivée. Caractère bienfaisant et fécond de Rhéa.

IV. Distinction à établir entre les Courètes, les Corybantes, les Telchines, les Cabires et les Dactyles Idaiens. Les Courètes Crétois nourriciers de Zeus enfant. Adrestéia, sœur des Courètes ; la balle qu'elle donne comme jouet au petit dieu. Distinction entre Adrestéia, sœur des Courètes, et Adrestéia, divinité phrygienne assimilée à Némésis.
Les Courètes d'Acarnanie. Électra et les Cabires de Samothrace. Les Argonautes initiés par Orphée aux mystères cabiriques de Samothrace. Toutes les légendes qu'Apollonios donne sur les Dactyles et les Cabires semblent procéder des doctrines orphiques.

V. Cybèle dans l'*Enéide*. Antiquité du culte de la déesse à Troie et à Rome, d'après Virgile. Chloreus, prêtre troyen de Cybèle ; Cybèle et Créuse. Renseignements donnés par Tite-Live sur l'introduction récente du culte de Cybèle à Rome. Ovide concilie la légende de l'*Enéide* avec le récit historique de Tite-Live. La Cybèle de l'*Enéide* est la déesse du Mont-Bérécynte, de l'Ida de Crète et de l'Ida de Phrygie, du Dindymos. Toute-puissance de la mère des dieux.
Prodiges accomplis à la demande de Cybèle. Virgile veut faire de Cybèle une déesse nationale de Rome. Il néglige tous les détails érudits donnés par Apollonios sur le cortège de Rhéa. La Cybèle de l'*Enéide* n'est que la mère vénérée et puissante de Jupiter.

CHAPITRE IV. — *Les Titans et la Magie* .... 78 à 158

I. Les Titans, nés d'Ouranos et de Gaia, appartiennent à la même génération divine que Cronos et Rhéa à qui ils sont soumis. Les Titans et Déméter dans l'île de Drépané ; cette légende ne nous est connue que par Apollonios. Les douze Titans cités dans la *Théogonie* d'Hésiode. Apollonios suit en général la tradition hésiodique.
Importance de la postérité des Titans dans les *Argonautiques*. Pourquoi les Titans ne peuvent avoir une place dans l'*Enéide*. Virgile ne donne sur eux que peu de renseignements. La conquête de la Toison d'or est une victoire des descendants des Olympiens sur la postérité des Titans.

II. La postérité des Titans dans les *Argonautiques*. Éôs ; pourquoi la légende de l'Aurore a une place dans l'*Enéide*. La lune, Sèléné ou Méné. La légende d'Endymion. Rapports de Sèléné avec Médée. Contradictions de Virgile au sujet de l'origine de la Lune. Sens de l'expression *Titania astra*. Dans l'*Enéide*, le Soleil est un Titan et la Lune se confond avec Hécate et avec Diane. Rôle effacé de la Lune dans l'*Enéide*. La Lune et Pan dans les *Géorgiques*.
La légende d'Hélios est très développée dans les *Argonautiques*. Hélios aide les Olympiens dans leur lutte contre les Géants. Les chevaux d'Hélios. Rôle du Soleil dans les poèmes de Virgile. Le dieu *Sol* en Italie. Le char et les chevaux du Soleil dans Virgile. Hélios et Sol voient tout et devinent tout.
Aiétès demeure à l'extrême Orient, Circé à l'extrême Occident. Sens primitif d'Aia de Colchide et d'Aia de Tyrrhénie.
Pasiphaé, fille d'Hélios, d'après les *Argonautiques*. Renseignements donnés par Virgile sur Pasiphaé.
Phaéthon, fils d'Hélios. Phaéthon est aussi le surnom d'Hélios dans les poèmes homériques,

d'Apsyrtos dans les *Argonautiques*, et le nom d'un des chevaux d'Éôs dans l'*Odyssée*. Confusions que fait Virgile au sujet des divers sens de Phaéthon. La légende de Phaéthon, fils d'Hélios, dans les *Argonautiques*; les Héliades. La légende de Phaéthon rappelée par Virgile.

Légende homérique de Lampétia et de Phaéthousa, filles d'Hélios et gardiennes de ses troupeaux. Cette légende passe dans les *Argonautiques* et dans les *Métamorphoses* d'Ovide ; pourquoi Virgile n'y fait pas allusion.

Comment Apollonios rattache la légende de Prométhée au sujet des *Argonautiques*. La racine de Prométhée ; Deucalion considéré comme le civilisateur de la Thessalie, patrie de Jason. Prométhée et la magie.

III. Hécate inconnue à l'époque homérique. La légende d'Hécate dans les *Argonautiques*. Apollonios distingue Hécate de Séléné et d'Artémis. Le surnom Brimô donné à Hécate par Apollonios. Hécate a eu de Phorcos Scylla-Crataïs. Traditions diverses sur l'origine de Scylla.

Hécate est, dans les *Argonautiques*, la déesse de la magie. Rôle important d'Hécate dans l'*Énéide*. Le culte d'Hécate en Grèce depuis l'époque attique, et en Italie au temps de Virgile.

La magie dans les poèmes homériques. La Circé de l'*Odyssée*. Sa magie est enfantine et primitive. La Circé des *Argonautiques* conserve le caractère qu'elle avait dans l'*Odyssée*. Le songe de Circé ; la purification de Jason et de Médée. La doctrine de la purification ; la cérémonie mise en scène par Apollonios. La Circé de l'*Énéide*. Légendes latines qui identifient Circé et Marica. Cette identification ne se trouve pas dans l'*Énéide*. Rapports de Circé et de Picus dans l'*Énéide* et dans les *Métamorphoses*. Pourquoi, au XIIe Chant de l'*Énéide*, Latinus est donné pour un descendant du Soleil.

Les traditions sur la demeure de Circé dans les *Argonautiques* et dans l'*Énéide*. Prodiges attribués à Circé par Virgile. Le pouvoir magique de Circé est médiocre dans les *Argonautiques* et dans l'*Énéide*. Beaucoup d'autres personnages homériques possèdent le même pouvoir que Circé.

L'ancienne magie homérique dans les *Argonautiques* à côté de la nouvelle magie savante d'Hécate. Médée prêtresse d'Hécate. Nature et puissance de ses divers procédés d'enchantement. Pouvoirs de Médée sur la lune, les fleuves, les hommes et les personnages placés au-dessus de l'humanité. Puissance magique des Sirènes, d'Amphion, d'Orphée.

Union intime de Médée et d'Hécate. Jason doit se rendre Hécate propice. Le sacrifice offert par Jason à Hécate comparé au sacrifice d'Ulysse. Le sacrifice mystérieux offert par Médée à Hécate ; pourquoi Apollonios s'abstient de le décrire.

IV. Hécate identifiée dans l'*Énéide* avec Artémis-Diane. La triple Hécate. Hécate-Diane, sœur de Phébus Apollon, adorée dans les mêmes temples que son frère.

Importance de la magie à Rome ; persécutions fréquentes dirigées contre les pratiques de la magie. Comment Virgile pouvait décrire les cérémonies magiques populaires et proscrites. Les seuls magiciens, dans l'*Énéide*, sont des ennemis de Rome.

La vieille magie italienne ; Umbro le charmeur de serpents. Les enchanteurs Marses.

La magie savante qui relève d'Hécate. La magie dans le IVe Chant de l'*Énéide*. Sacrifice magique de Didon, l'ennemie de Rome. La magicienne africaine. Pouvoirs qu'elle prétend posséder.

Au VIe Chant de l'*Énéide* le sacrifice d'Énée n'est pas une cérémonie magique. Comparaison de ce sacrifice avec celui de Jason. Énée sacrifie à Proserpine et non à Hécate. Caractère romain de ces cérémonies célébrées en l'honneur des dieux infernaux de Rome.

LIVRE II

CHAPITRE PREMIER. — *Zeus* .... 161 à 218

I. Zeus fils de Cronos et de Rhéa. Son enfance. Luttes de Zeus pour assurer sa domination. Zeus, armé par les Cyclopes, maître de l'Olympe. L'Olympe demeure de Zeus. Zeus a Héra pour femme légitime. Ses autres épouses et ses enfants. Léda. Castor et Pollux. Héraclès. Athéné. Dionysos. Renseignements fournis par les *Argonautiques* sur la naissance de Dionysos. Artémis, la Muse, Aiacos, enfants de Zeus.

Aventures et tentatives amoureuses de Zeus : Europé ; Ganymède ; Thétis ; Sinopé.

II. Zeus considéré comme le dieu de tous les phénomènes atmosphériques. Le tonnerre, la foudre, l'éclair. Zeus maître de la pluie et des vents. Aiolos. L'Argestès, le Borée, le Notos, le Zéphyre. Les vents Étésiens créés par Zeus. Seirios et Orion. Les vents de tempête : les Harpyes, chiennes de Zeus. La lutte des Harpyes et des Boréades. La légende attique de Borée et d'Oréithyia. Les Boréades, Zétès et Calaïs. Iris envoyée en messagère par Zeus aux Boréades. Iris, déesse de l'arc-en-ciel, sœur des Harpyes, déesses de la tempête. L'arc-en-ciel, signe de paix dans les *Argonautiques*. Rôles divers d'Iris et d'Hermès messagers de Zeus.

III. Zeus arbitre souverain du monde moral. Le Zeus des *Argonautiques* vit éloigné des autres dieux sur lesquels sa puissance s'exerce. Zeus est le chef de tous les dieux, vénéré par tous les hommes. Rareté des hommes impies. Zeus voit tout; il est très juste et très puissant. Le rôle de la *Moira* et de l'*Aisa* dans les *Argonautiques*. Les Moires considérées comme déesses dans les poèmes homériques et dans les *Argonautiques*. Les *Kères* et les *Erinyes*.

Rapports du Zeus des *Argonautiques* avec les hommes. Son courroux implacable quand la loi morale a été violée. Sa bonté pour les étrangers, les fugitifs, les suppliants. Sa compassion pour les meurtriers qui se repentent. Comment le Zeus d'Apollonios fait connaître ses desseins aux hommes. Rareté des présages dans les *Argonautiques*. Nécessité d'intermédiaires entre Zeus et les Argonautes : la voix prophétique du navire Argo. Les chênes de Dodone.

IV. Les dieux de la divination interprètent aux hommes les volontés de Zeus. Puissance divinatoire des dieux de la mer : Glaucos, interprète de Nérée; Triton, fils de Poseidon. Les songes envoyés par Zeus. Hermès conducteur des songes. Phoibos-Apollon, dieu de la divination; la *mantique* dépend de lui. L'oracle de Pytho. L'Apollon des *Argonautiques* n'est que le prophète de Zeus.

V. Rôle des devins dans les *Argonautiques*. Les devins Argonautes, Mopsos et Idmon. Science rudimentaire de ces devins; l'*ornithomancie*. L'épisode de Sthénélos n'est pas une scène de *nécromancie*. Méthode divinatoire d'Idmon; l'*empyromancie* et la *capnomancie*.

La puissance de Zeus est jalouse de la science rudimentaire des devins. Mort sans gloire réservée à Idmon et à Mopsos. Misérable vieillesse du devin Phinée. Limites mises par Zeus à la révélation de l'avenir. Pouvoir absolu de Zeus sur les hommes et sur les dieux.

Rareté, dans les *Argonautiques*, des prières adressées aux dieux et surtout à Zeus. Opinion de Phinée sur l'efficacité de la prière.

VI. Conclusions. Zeus est très loin des hommes et des dieux. Pourquoi Apollonios ne donne aucune représentation figurée de Zeus. Zeus, dégagé de sa légende humaine, est un dieu esprit qui se rapproche du Dieu des chrétiens.

CHAPITRE II. — *Jupiter*............................ 219 à 359

I. Jupiter, fils de Saturne et de Cybèle. Son enfance. Jupiter armé de la foudre par les Cyclopes. Jupiter a foudroyé les Titans, les Aloïades, Égéon, Encélade, Typhon, Salmonée et Anchise. La foudre de Jupiter aux mains d'Héra et d'Athéné.

L'Olympe demeure de Jupiter et des dieux du ciel. Conception virgilienne de l'Olympe. Les dieux s'assemblent dans l'Olympe sous la présidence de Jupiter. Entretiens de Jupiter avec les dieux.

Jupiter a Junon pour femme légitime. Renseignements donnés par Virgile sur ses divers enfants. Hercule. Vénus. Le génie Palique. Iarbas. Jupiter considéré, dans l'*Enéide*, comme le père des races de Dardanus et d'Énée.

Aventures amoureuses de Jupiter : Io, Juturne, Ganymède.

II. Jupiter considéré comme le dieu de tous les phénomènes atmosphériques. Jupiter dieu de la pluie. Caractère de l'Éole de Virgile. Les vents dont les conflits causent les tempêtes : l'Eurus, le Notus, l'Africus; l'Aquilon, le Zéphyre; l'Auster. Sacrifices aux vents et à la tempête. Le Caurus. Personnification du vent Borée; Orithyia; la postérité de Borée. L'épisode des Harpyes, dans l'*Enéide*, complète l'épisode correspondant des *Argonautiques*. Description et caractère des Harpyes. Rôle d'Iris dans l'*Enéide*. Iris messagère de Jupiter et de Junon; Mercure messager de Jupiter. Les astres qui excitent les tempêtes ou qui amènent la sécheresse. Orion et Sirius. Les astres soumis à Jupiter.

III. Jupiter arbitre souverain du monde moral. Jupiter est le père et le maître des hommes et des dieux. Le Jupiter de l'*Enéide* ne vit pas à l'écart des autres Olympiens. Le conseil des dieux.

Dans quels rapports sont entre eux les pouvoirs de Jupiter et ceux des autres dieux. La théorie des *numina*. Hiérarchie des divers *numina*.

Dans quels rapports sont entre eux les pouvoirs de Jupiter et des autres dieux avec le pouvoir de la destinée. La théorie du *Fatum*. Le hasard (*fortuna*, *sors*, *casus*). Puissance de la Fortune dans l'*Enéide*. La Fortune des nations et la Fortune des individus. Influence sur la Fortune que les hommes attribuent aux dieux. Prières à la divinité. Les dieux n'ont aucun pouvoir sur le *Fatum*. Limites de la puissance de Jupiter. Jupiter et le *Fatum*. Les Parques, agents subalternes du *Fatum*.

IV. Rapports de Jupiter avec les hommes. Comment Jupiter fait connaître à l'humanité ce qu'il a décrété de concert avec le *Fatum*. Conversations de Jupiter avec les dieux. Communications avec les hommes par l'intermédiaire de Mercure. La Furie, messagère de Jupiter. Les Furies dans l'*Enéide*. Leurs rapports avec les Harpyes des *Argonautiques*. Tisiphoné, Allecto et Mégère. Théories contradictoires de l'*Enéide* sur les Furies. Les *Dirae*. Noms divers des Furies. Leur origine; leur demeure et leur rôle aux Enfers. Tisiphoné punit les damnés du Tartare. Allecto agent de Junon sur la terre et messagère de Jupiter.

Communications de Jupiter et des dieux avec les hommes par le moyen des songes. Les apparitions qui se présentent aux hommes endormis sous forme de songes. Les songes vrais et les songes trompeurs. Les songes naturels dus à des préoccupations morales. Les songes envoyés par les dieux. Interprétation facile ou nécessité de l'*onirocritique*. Songes envoyés par les dieux autres que Jupiter. Apparition du Tibre à Enée endormi. D'où viennent les Songes. Le dieu Somnus. Son autorité subordonnée au pouvoir suprême de Jupiter. Somnus et Palinure. Faunus et les pratiques de l'*incubatio*.

V. *Monita* que les dieux donnent aux hommes; les suggestions divines. Les présages. Valeur relative des termes dont Virgile se sert pour désigner les présages. Les *signa*; les *portenta*; les *monstra*; les *prodigia*. L'*augurium*; la science augurale dans l'*Enéide*. Les *haruspices*. Sens du mot *augurium* et du mot *auspicium*. Rapports des *omina* et des *auguria*.

VI. Conclusions. Le Jupiter de l'*Enéide* est le *Jupiter Optimus Maximus* de Rome. Il est impartial, équitable, bienveillant. Rareté, dans l'*Enéide*, des impies et des sceptiques qui blasphèment Jupiter ou qui ne se soucient pas de lui. Jupiter est universellement invoqué et pris à témoin par les personnages de l'*Enéide*. Jupiter est le dieu purificateur et hospitalier, le dieu des serments et des traités. Le Jupiter de l'*Enéide*, qui est représenté à l'image du Zeus homérique, est aimé et prié comme ne l'était pas le Zeus des *Argonautiques*.

LIVRE III

Chapitre premier. — *Héra*.................... 363 à 386

I. Héra, femme et sœur de Zeus, a bien moins de pouvoir divin que son époux, mais elle se mêle bien davantage aux affaires humaines.

Dans les *Argonautiques*, Héra est la déesse d'Iolcos. Héra Pélasgienne. Le culte d'Héra à Samos. Légende de la déesse. Jeunesse d'Héra à Samos. Héra et Macris. Héra et Héraclès. Héra mère d'Héphaistos. Héra protectrice de la Néréide Thétis. Héra préside au mariage de Médée comme à celui de Thétis; Héra, déesse des mariages dans les *Argonautiques*. Faible pouvoir dans l'ordre physique de l'Héra d'Apollonios.

II. Héra protectrice des Argonautes. Son intervention au moment des dangers d'Argo. Caractère d'Héra dans les *Argonautiques*. Opinion d'Hémardinquer. Les haines de l'Héra d'Apollonios. Héra, dans les *Argonautiques*, se montre la persécutrice de Pélias plus que la protectrice de Jason.

Cause romanesque de l'intérêt qu'Héra prend à Jason. Héra protège Jason jusqu'au moment où il a épousé Médée qui châtiera Pélias; ensuite, elle l'abandonne. Persistance, dans les *Argonautiques*, du caractère rancunier de l'Héra homérique.

III. Caractère alexandrin de l'Héra des *Argonautiques*. L'entrevue avec Cypris. Apollonios ne donne aucune représentation figurée d'Héra.

Chapitre II. — *Junon*.................... 387 à 418

I. La Junon de l'*Enéide* correspond à l'Héra Argienne de l'*Iliade*. Sens du titre *Regina deum*. Il n'est pas encore question dans l'*Enéide* de la *Iuno Regina* romaine.

Junon n'est qu'une déesse protectrice dont le pouvoir est en proportion de la fortune de ceux qu'elle protège. La Junon de l'*Enéide* est la synthèse de toutes les déesses qui protègent les ennemis d'Enée. Griefs de Junon contre Enée. L'Héra hellénique et la *Iuno Caelestis* de Carthage. Junon a un temple à Troie, mais elle est hostile aux Troyens. Allusion au temple Capitolin de la Junon romaine. *Iuno Argiva* honorée par Enée. La Junon d'Ardée. *Iuno Lacinia*. La Junon de Gabies. La Junon du Mont-Albain et Juturne. *Saturnia Iuno*, déesse protectrice du Latium en général. Junon Saturnienne mène la campagne contre les envahisseurs étrangers.

II. La légende de Junon dans l'*Énéide*. Junon, femme et sœur de Jupiter. Junon et Hercule. Ce qu'il faut penser de la puissance et de la cruauté de Junon. Le pouvoir de la déesse est beaucoup plus apparent que réel. Opinion générale de la critique moderne sur la cruauté de Junon. Ressemblance de la Junon de l'*Énéide* avec l'Héra de l'*Iliade* et l'Héra des *Argonautiques*. Pourquoi la déesse semble beaucoup plus méchante dans l'épopée de Virgile que dans celles d'Homère et d'Apollonios.

III. Rôle de Junon dans l'*Énéide*. Junon et Eole. L'orgueil de Junon. Junon et Vénus. Junon et Allecto. Junon à l'assemblée des dieux. Junon et Juturne. Junon cesse d'être la déesse protectrice de Turnus.

CHAPITRE III. — *Athéné* .... 419 à 441

I. Athéné dans l'*Iliade* et dans l'*Odyssée*. La déesse d'esprit qui protège Ulysse, homme d'esprit. Influence de l'Athéné des *Argonautiques* sur les Argonautes instruits, sur Tiphys et Argos. Argo est l'œuvre de la déesse.

Athéné *Jasonienne* protectrice de Jason. La légende d'Athéné dans les *Argonautiques*. Naissance de la déesse ; origine de l'épithète *Tritonide*. Alliance d'Athéné avec la famille de Jason. Athéné *Itonide*. Athéné adorée en Colchide. Rapports d'Athéné avec Cadmos et avec Aiétès. Athéné *Minoïde* adorée en Crète. Pallas, nom et surnom d'Athéné. Pallas-Athéné, déesse vierge.

II. Caractère alexandrin de la Pallas-Athéné des *Argonautiques*. Rôle de la déesse dans la visite qu'elle fait avec Héra à Cypris.

L'Athéné d'Apollonios n'est pas une déesse guerrière ; elle préside aux travaux des femmes et aux arts industriels. Le navire Argo et le manteau de Jason.

III. Les relations de l'Athéné d'Apollonios avec ses protégés ; leur manque absolu d'intimité. Aide invisible donnée aux Argonautes par Athéné ; circonstances où cette aide leur fait défaut. Athéné *Jasonienne* se tient toujours très loin de Jason. Caractère nettement alexandrin de l'Athéné archaïque d'Apollonios.

CHAPITRE IV. — *Minerve* .... 442 à 451

I. Minerve, dans l'*Énéide*, est, comme Junon, l'ennemie des Troyens. Minerve dans les deux premiers Chants de l'*Énéide*. La déesse homérique ; le *Palladium* ; Minerve et Nautès ; la science de la divination conférée par Minerve. Minerve et Ajax, fils d'Oïlée ; Minerve et le Diomède de l'*Énéide*. Pourquoi Virgile insiste sur les haines posthomériques de la déesse à l'endroit de certains Grecs. Minerve construit le cheval de bois ; son rôle pendant le sac de Troie.

II. Essai d'assimilation d'Athéné et de Minerve. Le temple de Minerve sur la côte d'Apulie. Le temple de Minerve à Laurente. Minerve alliée des Romains à Actium.

Double caractère guerrier et pacifique de Minerve dans l'*Énéide*.

La Minerve de Virgile fait la transition entre la déesse homérique et la déesse du Capitole, protectrice des Romains.

CHAPITRE V. — *L'Apollon des* Argonautiques .... 452 à 491

I. L'Apollon de l'*Iliade* et l'Apollon antéhomérique des *Argonautiques*.

Légende d'Apollon. Apollon, fils de Létô, vainqueur de Tityos et du serpent Delphyné. L'antre Corycien du Parnasse. Apollon, dieu qui lance les traits. Sa victoire sur les fils Aloïades. Apollon et Eurytos.

Apollon divinité solaire. Apollon et Cadmos. La rayonnante chevelure d'Apollon. Beauté d'Apollon. Apollon, dieu du matin et de la lumière éclatante. Apollon au repos et Apollon victorieux.

Apollon Hyperboréen. Apollon et Asclépios. Les sanctuaires d'Apollon : Délos, Claros, Pytho, Amyclées ; le temple d'Apollon Isménien en Béotie. Les descendants d'Apollon Lycoréios en Libye. Cyrène et Aristée. Apollon Nomios. Rôle effacé des Muses dans les *Argonautiques*. Apollon distingué de Paiéôn, le médecin des dieux.

II. Apollon protecteur de Jason. Rôle actif d'Apollon Jasonien pendant tout le cours de l'expédition des Argonautes. Les trépieds d'Apollon. Apollon, dieu des embarquements, des débarquements et des rivages. L'alliance d'Apollon et de Jason. Le culte d'Apollon institué par les Argonautes dans tous les pays où ils s'arrêtent.

Apollonios a essayé de reconstituer le type antéhomérique d'Apollon.

TABLE DES MATIÈRES.

CHAPITRE VI. — *Apollon dans l'Énéide*.............. 492 à 533

 I. Le culte d'Apollon restitué par Auguste. Antiquité de ce culte à Rome. L'Apollon de l'*Énéide* est le même que l'Apollon de l'*Iliade*.
 Légende d'Apollon dans l'*Énéide*. La beauté du dieu. Honneurs rendus à Apollon Délien. Apollon chez Admète. Apollon père d'Esculape. L'Apollon de l'*Énéide* est le dieu de la médecine. Apollon confondu, dans l'*Énéide*, avec le dieu du Soleil. Apollon Lycien.

 II. Légende d'Apollon protecteur de Troie. Apollon dieu Troyen. Cassandre. Panthus, prêtre de l'Apollon Troyen. Rôle important d'Apollon dans le Chant III de l'*Énéide*. Apollon de Délos et son prêtre Anius. Apollon de Thymbra. Sacrifice à Apollon de Délos. Apollon et les Pénates. Apollon et les Harpyes. Apollon d'Actium; jeux célébrés en son honneur.
 Hélénus, prêtre d'Apollon en Épire. Son art divinatoire; ses prédictions à Énée.

 III. L'Apollon d'Italie communiquera avec Énée par l'intermédiaire de la Sibylle. Le temple d'Apollon à Cumes. La Sibylle prêtresse d'Hécate et d'Apollon. Sacrifices à Apollon et à Hécate; prédictions de la Sibylle. Rôle de la Sibylle dans le Chant VI de l'*Énéide*. Énée prend des engagements qui seront tenus par Auguste. Apollon n'est pas encore dans le monde romain le dieu de l'art et de la poésie. Rôle effacé des Muses grecques, rôle nul des Camènes latines dans l'*Énéide*.

 IV. Apollon honoré par Latinus; le laurier de Phébus et le prodige des abeilles. L'Italien Haemonides, prêtre d'Apollon. L'Arcadien Évandre adorateur d'Apollon hellénique. Le dieu Soranus des Tyrrhéniens identifié par Virgile avec Apollon. L'Apollon du Mont-Soracte. Abas a une statue d'Apollon à la poupe de son navire. L'haruspice Asilas est sans doute inspiré par l'Apollon du Mont-Soracte.

 V. Rapports d'Apollon avec Iule fondateur de la famille des Jules.

CHAPITRE VII. — *Artémis*........................ 534 à 541

 Artémis, fille de Zeus et de Létô, protectrice d'Iolcos. Artémis, déesse des montagnes, des caps, des ports maritimes et des eaux douces. Apollonios ne confond pas Artémis avec Séléné. Artémis, déesse de la chasse. Le fleuve Parthénios, en Paphlagonie, et le fleuve Amnisos, en Crète, consacrés à Artémis. Artémis distincte d'Eiléithyia. Britomartis, de Crète, ne se confond pas, dans les *Argonautiques*, avec Artémis. Artémis comparée à Médée. Le char d'Artémis. Caractère homérique de l'Artémis d'Apollonios : ses flèches frappent les femmes de mort subite. Artémis honorée par les Brygiens, peuple de Thrace; Artémis est l'objet d'un culte de la part de tous les Thraces. Pourquoi Apollonios n'a pas attribué un rôle actif à Artémis dans les *Argonautiques*.

CHAPITRE VIII. — *Diane*........................ 542 à 547

 Le rôle de Diane est aussi restreint dans l'*Énéide* que celui d'Artémis dans les *Argonautiques*.
 La Diane de l'*Énéide* est une divinité collective qui comprend la Diana latine, l'Artémis grecque, la déesse de la Lune et Hécate. *Diana Nemorensis*. La légende de la déesse d'Aricie rattachée à la légende de l'Artémis grecque. La Diane de l'*Énéide* est toujours représentée sous les traits d'Artémis chasseresse. Vénus prend la figure et la forme de Diane. Didon comparée à Diane. Diane et Camille. Diane est au nombre des grandes divinités que Latinus prend à témoin de son serment.

CHAPITRE IX. — *Hermès*........................ 548 à 555

 Hermès messager de Zeus et conducteur des songes. Le sceptre d'Hermès, dieu des ambassades. Aithalidès, fils d'Hermès, héraut des Argonautes. Les fils d'Hermès qui sont au nombre des Argonautes. Hermès dieu qui enrichit. La légende d'Aithalidès. Hermès psychopompe. Hermès et Dionysos enfant. Hermès ne joue aucun rôle dans l'action des *Argonautiques*.

CHAPITRE X. — *Mercure*........................ 556 à 560

 Mercure messager de Jupiter. L'Hermès grec et le Mercurius latin. Détails sur la généalogie de Mercure qui est à la fois un ancêtre d'Énée et d'Évandre. Légende du géant Atlas. Mercure est, dans l'*Énéide*, l'envoyé de Jupiter et le conducteur des songes. Assimilation imparfaite du Mercurius latin avec l'Hermès grec. Mercure a un rôle très restreint dans l'action de l'*Énéide*.

CHAPITRE XI. — Arès .... 561 à 573

Nullité du rôle d'Arès dans les *Argonautiques*. Sens de l'épithète *aréios*; *arès* désigne simplement la guerre.
Arès Enyalios.
Le culte d'Arès en Colchide. Arès n'est pas considéré comme un dieu solaire dans les *Argonautiques*. Rapports d'Arès et d'Aiètès.
Lieux consacrés à Arès. La *source d'Arès*, à Thèbes Ogygienne. L'île Arétias. Légende des Amazones, filles d'Arès; leurs rapports avec les Argonautes. Les oiseaux de l'île Arétias mis en fuite par les Argonautes. Sacrifices des héros à Arès dans l'île.
Allusion aux rapports d'Arès et d'Aphrodite.

CHAPITRE XII. — Mars .... 574 à 589

Nullité du rôle de Mars dans l'*Énéide*. Mars souvent synonyme de *la guerre* ou de *la bataille*; sens banal de l'épithète *Martius*.
La légende grecque de Mars confondu avec Arès. Les amours de Mars et de Vénus rappelés dans les *Géorgiques*. Mars, *pater Gradivus*, considéré comme un dieu originaire de la Thrace. Mars et les Lapithes. Mars et les Amazones.
Portrait de Mars; son cortège homérique. Mars n'est pas un dieu protecteur. Impartiale férocité de Mars. Mars et son cortège à la bataille d'Actium.
L'*Énéide* laisse de côté la légende du Mars italique, protecteur des campagnes. Le Mars du Mont-Palatin, père de Romulus. Le loup, animal consacré à Mars.
Bellona, vieille déesse latine. *Victoria*, déesse allégorique supérieure à Mars. *Bellum*, divinité primitive de la guerre dans le Latium. Les portes du temple de *Bellum*. La déesse allégorique *Furor*. Janus-Quirinus, qui garde dans son temple la divinité *Bellum*, est le vrai dieu de la guerre dans le Latium.

CHAPITRE XIII. — Héphaistos .... 590 à 599

Représentation figurée d'Héphaistos au repos. Héphaistos, père de Palaimonios, fils d'Héra, époux de Cypris. — Déférence d'Héphaistos pour Héra; égards de Cypris pour Héphaistos. — La demeure et les forges d'Héphaistos. Héphaistos est le dieu de Lemnos.
Œuvres d'Héphaistos; présents merveilleux qu'il a faits à Aiètès. — Situation des forges d'Héphaistos, dans l'*Iliade*, dans l'*Odyssée* et dans les *Argonautiques*. — L'île errante d'Héphaistos. — Le dieu travaille seul, sans l'aide des Cyclopes. — Le type d'Héphaistos reste, dans les *Argonautiques*, le même que dans les poèmes homériques.

CHAPITRE XIV. — Vulcain .... 600 à 610

I. Le Vulcain de l'*Énéide* et les Cyclopes. — Situation de l'île où se trouvent les forges de Vulcain. — Œuvres de Vulcain et des Cyclopes.
L'Héphaistos grec identifié dans l'*Énéide* avec le *Vulcanus* italien. — Vulcain personnifie le phénomène du feu bienfaisant ou funeste. — Sens du mot *Mulciber*.
Légende du Vulcain italien, père de Caeculus et de Cacus, et protecteur de Daunus.
Les armes d'Énée, chef-d'œuvre du Vulcain italien confondu avec l'Héphaistos homérique.

II. L'épisode de Vulcain et de Vénus. — Combinaison malencontreuse dans l'*Énéide* de la légende grecque d'Héphaistos et de la légende latine de Vulcain. — Le caractère de l'Héphaistos des poèmes homériques et des *Argonautiques* perd toute sa noblesse dans l'*Énéide*.

CHAPITRE XV. — Cypris .... 611 à 629

I. Aphrodite est toujours nommée, dans les *Argonautiques*, Cypris ou Cythéréia, la déesse de Cypre ou de Cythère. Cypris, femme d'Héphaistos; ses égards pour son mari; l'affaire de Lemnos. Cythéréia et Arès. *La Vénus drapée*. Rôle de Cypris dans les *Argonautiques*. Il est beaucoup question d'elle avant son entrée en scène.

II. L'épisode des trois déesses au Chant III. Cypris à sa toilette, dans les *Argonautiques* et dans les monuments figurés. Cypris et Eros. Transformation du type d'Eros. L'Eros alexandrin. Ses rapports avec sa mère; importance de son rôle.

III. Cypris et Boutès. L'Aphrodite du Mont-Éryx, en Sicile. Eros et Médée. Les Eros. Imprécation du poète contre le dieu de l'amour. Cypris n'est pas responsable des crimes que son fils fait commettre.

TABLE DES MATIÈRES.

777

CHAPITRE XVI. — *Vénus*............................. 630 à 657

I. Auguste et le culte de *Venus Genetrix*. Antiquité à Rome de la légende de Vénus, mère d'Énée. Nécessité pour Virgile d'identifier la Vénus romaine avec l'Aphrodite de l'*Iliade*. Légende grecque de Vénus dans l'*Enéide*; ses sanctuaires : Amathonte, Paphos, Cythère, Idalie.
Venus Acidalia. *Venus Erycina*; les divers Butès de l'*Enéide*. Les colombes et le myrte de Vénus.

II. Légende de *Venus Genetrix*. Anchise et Énée.
Rôle protecteur de Vénus. Elle apparaît à Énée pendant la nuit de la ruine de Troie. Vénus dans le Chant I de l'*Enéide*. Ses conversations avec Jupiter et avec Énée.
Intervention de Cupidon auprès de la reine Didon. Différence entre les rapports de Vénus et de Cupidon et ceux de Cypris et d'Éros ; dignité maternelle de la déesse.
Junon et Vénus dans le Chant IV de l'*Enéide*. Vénus et Neptune.
Les colombes envoyées à Énée. L'armure fabriquée pour Énée. Vénus et Vulcain ; la scène de la séduction.
Rôle de Vénus à l'assemblée des dieux ; son habileté oratoire.
La protection de Vénus ne cesse qu'avec l'action de l'*Enéide*.

CHAPITRE XVII. — *Les dieux des eaux*................ 658 à 707

I. Océanos-Oceanus. Téthys et les Océanides.

II. Nérée. Glaucos. Les Néréides ; rôle de Thétis dans les *Argonautiques*. Nérée dans les *Eglogues*, dans les *Géorgiques* et dans l'*Enéide*. Doris et les Néréides.

III. Poseidon et Amphitrite. Rôle d'Amphitrite. Légende et postérité du Poseidon des *Argonautiques*. Les chevaux et le char de Poseidon. Triton, fils de Poseidon et d'Amphitrite.
Poseidon, dieu de la génération. Ses fils : Eurypylos, roi de Cyrène ; les Argonautes Euphêmos, Ancaios, Erignos ; l'Argonaute Nauplios, descendant du dieu ; l'Argonaute Périclymênos, petit-fils de Poseidon. Poseidon, dieu des Minyens, honoré en particulier par Pélias. Descendance monstrueuse de Poseidon : Amycos. Les Dolions tirent leur origine de Poseidon. Poseidon et Cercyra.
Rares honneurs rendus par les Argonautes à Poseidon. Sanctuaires de Poseidon : l'Isthme de Corinthe, Tainaros, la source de Lerne, le bois d'Onchestos Hyantien, Calauréia, Petra Haimonienne, le Géraistos.
Charybde ; Scylla ; les Sirènes. Légende des Sirènes ; leur rôle dans les *Argonautiques*; leur représentation figurée.

IV. Neptune est, dans l'*Enéide*, le maître Saturnien, le Jupiter de la mer. Partage du monde entre les trois fils de Saturne. Pouvoirs respectifs de Neptune et de Jupiter.
Triton et Misène, fils d'Éole. Représentation figurée de Triton. Les Tritons. La Néréide Cymothoé.
Grand nombre des divinités marines. — Le chœur de Phorcus. Portunus, dieu romain.
Représentation du char et du cortège de Neptune.
Neptunus Aegaeus. Neptunus Genitor, père de Messapus, allié de Turnus. Rôle très actif de Messapus dans l'*Enéide*.
Légende troyenne de Poseidon-Neptune. Le parjure de Laomédon. Destruction de Troie par Neptune. Laocoon, prêtre de Neptune à Troie.
Le Neptune de l'*Enéide* n'est ni le protecteur ni l'ennemi d'Énée. La cause d'Énée séparée de la cause de Troie. Les jeux nautiques en Sicile. Entretien de Neptune et de Vénus. Palinure, victime expiatoire. Le rôle de Neptune se termine à l'arrivée des Troyens en Italie.
Charybde, Scylla, les Sirènes dans l'*Enéide*.

V. *Les divinités des eaux douces*.
A. Les Fleuves. Fleuves personnifiés par Apollonios et par Virgile. Le Tibre est le seul fleuve qui ait un rôle dans l'*Enéide*.
B. Les Nymphes. Classification des Nymphes. Les Naïades. La Nymphe qui enlève Hylas. Macris. Adrestéia. Les Nymphes nourricières. Les Nymphes de la mer, des sources, des fleuves, de la campagne, des forêts, des montagnes et des cavernes. Les Nymphes de Libye. Les Nymphes Hespérides.
Culte rendu par Énée aux Nymphes de la Thrace et aux Nymphes du Latium. Juturne. Marica. Vénilia, mère de Turnus. Dryopé, épouse de Faunus.
Les navires de Virgile changés en Nymphes de la mer. Les Nymphes de Junon et de Diane. Les Nymphes de Libye.

CHAPITRE XVIII. — *Les dieux de la terre*............ 708 à 727

I. Déméter-Cérès. Légende de Déméter dans les *Argonautiques*. — Cérès dans l'*Enéide*. Culte de Cérès à Troie et à Carthage.

II. Perséphoné et Adès. Légende et puissance de Perséphoné, déesse infernale. Adès; route qui conduit chez Adès; les Kères, chiennes d'Adès.

III. Pluton et Proserpine. Orcus. Cerbère. Charon.
Pluton et Proserpine sont le Jupiter et la Junon du Styx. Importance du Styx.
Le Phlégéthon, le Cocyte, l'Achéron, le Léthé. Le Tartare et les Champs-Elysées. L'Erèbe. *Dis* ou *Pluton*. Pouvoirs de Proserpine sur lesquels Junon empiète.
L'entrée des Enfers. Grand nombre des divinités infernales de l'*Enéide;* impossibilité d'en établir la classification. Théorie des Mânes. Les monstres infernaux et les divinités allégoriques du Tartare.

IV. Dionysos-Bacchus. Naissance et éducation de Dionysos dans les *Argonautiques*. Dionysos et Ariane à Dia. L'Argonaute Phlias, fils de Dionysos. Le péplos de Dionysos, œuvre des Charites. Le fleuve Callichoros et l'antre Aulion de Dionysos.
Le Bacchus de l'*Enéide*. Le culte de Bacchus Indien en Italie; les Bacchanales. Le Dionysos grec, dieu de la vigne et du vin. Les orgies mystérieuses et condamnées de Bacchus, célébrées par les ennemis de Troie et de Rome, Hélène, Didon, Amata, les soldats du Tyrrhénien Tarchon.

CONCLUSIONS................................... 729 à 732

INDEX... 733 à 768

Bordeaux. — Imp. G. GOUNOUILHOU, rue Guiraude, 11.

www.ingramcontent.com/pod-product-compliance
Lightning Source LLC
Chambersburg PA
CBHW052035290426
44111CB00011B/1513